EDITORA CONCEITO EDITORIAL

MANUAL DE DIREITO PREVIDENCIÁRIO

13ª Edição

1ª edição................março, 2001
2ª edição................setembro, 2001
3ª edição................maio, 2002
3ª edição................outubro, 2002 (2ª tiragem)
4ª edição................julho, 2003
5ª edição................maio, 2004
5ª edição................julho, 2004 (2ª tiragem)
5ª edição................setembro, 2004 (3ª tiragem)
6ª edição................março, 2005
7ª edição................maio, 2006
8ª edição................abril, 2007
8ª edição................outubro, 2007 (2ª tiragem)
9ª edição................março, 2008
10ª edição ....agosto, 2008
11ª edição ....março, 2009
12ª edição ....janeiro, 2010
13ª edição ....janeiro, 2011
13ª edição ....maio, 2011 (2ª tiragem)

grupo conceito
Editora, Livrarias e Distribuidora
Editora MODELO

CARLOS ALBERTO PEREIRA DE CASTRO
Juiz do Trabalho da 12ª Região – SC. Mestre em Ciência Jurídica pela Universidade do Vale do Itajaí. Professor de Direito Previdenciário do Curso de Especialização à Magistratura do Trabalho de Santa Catarina – AMATRA 12.

JOÃO BATISTA LAZZARI
Juiz Federal em Florianópolis/SC. Mestre em Ciência Jurídica pela Universidade do Vale do Itajaí. Professor de Direito Previdenciário em Cursos de Especialização e de Preparação à Magistratura Federal e do Trabalho em Santa Catarina.

MANUAL DE DIREITO PREVIDENCIÁRIO

13ª Edição

Revista e atualizada conforme a legislação em vigor até janeiro de 2011.

grupo conceito
Editora, Livrarias e Distribuidora
Editora MODELO

Apresentamos a nova assinatura do Grupo Conceito, união das capacidades e competências da editora Conceito Editorial e da Editora Modelo para fazer ainda mais por todo mercado editorial.

São Paulo - 2011

Catalogação na Publicação: Bibliotecária Cristina G. de Amorim CRB-14/898

C355m

Castro, Carlos Alberto Pereira de
Manual de Direito Previdenciário / Carlos Alberto Pereira de Castro; João Batista Lazzari – 13. ed. São Paulo: Conceito Editorial, 2011.
1.066p.

ISBN 978-85-7874-211-9

1. Previdência Social – Legislação – Brasil 2. Direito Previdenciário – Brasil
I. Lazzari, João Batista II. Título

CDU – 368.4(094.3)

Data de fechamento: 4 de maio de 2011.

Editora CONCEITO EDITORIAL
Rua Barão de Jaguara, 194 - Mooca, CEP 03105-120 - São Paulo/SP
Fone (11) 3105-0573 / 3104-9774
www.conceitojur.com.br

Comercial – comercial@conceitojur.com.br
Divulgação – divulgacaosp@conceitojur.com.br
Editorial – editorial@conceitojur.com.br
Representante – vendas@conceitojur.com.br

grupo conceito
Editora, Livrarias e Distribuidora
Editora MODELO

Agradecimentos

Aos meus queridos pais, Fermino e Dozolina, agradeço os exemplos de vida, marcados pelo amor e dedicação aos filhos, pela educação, pelo trabalho, pela humildade e respeito ao próximo.

À minha amada esposa Patrícia, pelo incentivo e pela compreensão nos muitos momentos de ausência em virtude da dedicação ao trabalho e aos estudos.

Às minhas lindas filhas Nicole e Natália, motivo de imenso amor, alegria e felicidade.

João Batista Lazzari

Aos meus familiares, a quem agradeço na pessoa do meu eterno professor, Ernesto Castro, Mestre da disciplina Viver, que, tendo cumprido sua missão de ensinador neste mundo, não permaneceu entre nós a ponto de ver esta obra concluída.

Ao meu filho Victor Hugo, em cuja geração deposito minhas esperanças de um mundo melhor.

À Carolina, fonte de minha inspiração, razão de ser do meu futuro, pelo carinho e pelo companheirismo nos momentos de estudo e reflexão.

Carlos Alberto Pereira de Castro

Um agradecimento especial ao Professor Júlio Queiroz, que, com sua incomum sabedoria, foi muito mais do que um revisor, tornando nossos contatos verdadeiras lições de como utilizar, com correção e estilo, o vernáculo.

Aos nossos amigos e a todos os nossos alunos, que por vezes, mais até do que nós mesmos, acreditaram na realização desta obra.

Aos professores do Brasil, heróis solitários e abnegados de uma Pátria que luta para sair do subdesenvolvimento cultural.

Os autores

SUMÁRIO

Capítulo 5 – Reajustamento e revisão do valor dos benefícios ... 529

PARTE V – REGIMES PRÓPRIOS DE PREVIDÊNCIA SOCIAL

Abreviaturas

AC .... Apelação Cível
ADC............ Ação Declaratória de Constitucionalidade
ADIn .... Ação Direta de Inconstitucionalidade
AISS............. Associação Internacional de Seguridade Social
AMS .... Apelação em Mandado de Segurança
Ap. MS .... Apelação em Mandado de Segurança
ARF .... Agência da Receita Federal do Brasil
ART .... Anotação de Responsabilidade Técnica
CARF .... Conselho Administrativo de Recursos Fiscais
CAT .... Comunicação de Acidente de Trabalho
CDA .... Certidão de Dívida Ativa
CEI .... Cadastro Específico do INSS
CF .... Constituição da República Federativa do Brasil
CLT.............. Consolidação das Leis do Trabalho
CLPS .... Consolidação das Leis da Previdência Social (revogada)
CND............ Certidão Negativa de Débito
CNAS .... Conselho Nacional de Assistência Social
CNIS .... Cadastro Nacional de Informações Sociais
CNPJ .... Cadastro Nacional de Pessoas Jurídicas
CNPS........... Conselho Nacional de Previdência Social
CNS .... Conselho Nacional de Saúde
COFINS...... Contribuição para o Financiamento da Seguridade Social
CP................ Código Penal
CPC............. Código de Processo Civil
CPP .... Código de Processo Penal
CPD............. Certidão Positiva de Débito
CPD-EN ..... Certidão Positiva de Débito com Efeitos Negativos
CPMF.......... Contribuição Provisória sobre Movimentação ou Transmissão de Valores e de Créditos de Natureza Financeira
CREA .... Conselho Regional de Engenharia, Arquitetura e Agronomia

CRPS........... Conselho de Recursos da Previdência Social
CSLL............ Contribuição Social sobre o Lucro Líquido
CSRF........... Câmara Superior de Recursos Fiscais
CTN............ Código Tributário Nacional
CTPS........... Carteira de Trabalho e Previdência Social
DE................ Diário Oficial Eletrônico
DJ................. Diário da Justiça
DJe............... Diário Judicial Eletrônico
DRP............. Delegacia da Receita Previdenciária
EC................ Emenda Constitucional
ECA............. Estatuto da Criança e do Adolescente
EPC............. Equipamento de Proteção Coletiva
EPI............... Equipamento de Proteção Individual
FGTS........... Fundo de Garantia do Tempo de Serviço
FNPS........... Fórum Nacional da Previdência Social
HC............... Habeas Corpus
ICMS........... Imposto sobre Operações Relativas à Circulação de Mercadorias e sobre Prestação de Serviços de Transporte Interestadual e Intermunicipal e de Comunicação
IGP-DI........ Índice Geral de Preços - Disponibilidade Interna
IE................. Imposto de Exportação
II.................. Imposto de Importação
IN................ Instrução Normativa
INAMPS..... Instituto Nacional de Assistência Médica da Previdência Social (extinto)
INPS............ Instituto Nacional de Previdência Social (extinto)
INSS............ Instituto Nacional do Seguro Social
IPC.............. Índice de Preços ao Consumidor
IPI................ Imposto sobre Produtos Industrializados
ISS................ Imposto sobre Serviços de Qualquer Natureza
IUJEF.......... Incidente de Uniformização nos JEFs
JEF............... Juizados Especiais Federais
LBPS............ Lei de Benefícios da Previdência Social
LC................ Lei Complementar
LEF.............. Lei de Execuções Fiscais
LTCAT....... Laudo Técnico de Condições Ambientais de Trabalho
MP............... Medida Provisória
MPAS.......... Ministério da Previdência e Assistência Social (atualmente desmembrado)

MPS .... Ministério da Previdência Social
MTE .... Ministério do Trabalho e Emprego
NIT .... Número de Identificação do Trabalhador
NFLD .... Notificação Fiscal de Lançamento de Débito
NL .... Notificação de Lançamento
OIT .... Organização Internacional do Trabalho
PASEP .... Programa de Formação do Patrimônio do servidor público
PCSS .... Plano de Custeio da Seguridade Social
PIS .... Programa de Integração Social
PPP .... Perfil Profissiográfico Previdenciário
PREVIC ...... Superintendência Nacional de Previdência Complementar
PSSS .... Plano de Seguridade Social do servidor público Federal - Lei n. 8.112/90
PU .... Pedido de Uniformização
RAT .... Riscos Ambientais do Trabalho
RE .... Recurso Extraordinário
REsp .... Recurso Especial
REFIS .... Programa de Recuperação Fiscal
RFB .... Receita Federal do Brasil
RGPS .... Regime Geral de Previdência Social
RPS .... Regulamento da Previdência Social
RPV .... Requisição de Pequeno Valor
RTT .... Regime Tributário de Transição
SAT .... Seguro de Acidentes de Trabalho
SINE .... Sistema Nacional de Emprego do Ministério do Trabalho e Emprego
SRF .... Secretaria da Receita Federal
SRP .... Secretaria da Receita Previdenciária
STF .... Supremo Tribunal Federal
STJ .... Superior Tribunal de Justiça
SUS .... Sistema Único de Saúde
TJ .... Tribunal de Justiça
TR .... Turma Recursal
TRF .... Tribunal Regional Federal
TRT .... Tribunal Regional do Trabalho
TST .... Tribunal Superior do Trabalho
UARP .... Unidade de Arrecadação da Receita Previdenciária

Nota à 13ª Edição

A edição que ora se apresenta contempla a tradicional atualização e revisão da obra, com vistas a manter os estudiosos do Direito Previdenciário a par das mais significativas alterações e inovações por que passa a disciplina.

O ano de 2010 foi marcado pela edição de atos administrativos normativos importantes, tendo como principal exemplo a Instrução Normativa INSS/PRES n. 45, que, revogando a IN 20, passou a disciplinar, no âmbito interno do INSS, o conteúdo relativo às prestações da Previdência Social. Ainda que tais regras não possam gerar obrigações a segurados, dependentes e demais pessoas que se relacionam com o órgão previdenciário, convém salientar a interpretação conferida pela administração previdenciária, a fim de identificar aspectos favoráveis, bem como antever problemas e chamar a atenção da comunidade jurídica para a necessidade de buscar soluções para eventuais entraves causados por determinações equivocadas decorrentes da referida Instrução Normativa.

A jurisprudência utilizada no texto da presente edição também foi revista e atualizada, de modo a trazer o posicionamento mais recente das instâncias judiciárias em matéria de custeio e prestações previdenciárias. A edição de súmulas vinculantes pelo STF, bem como de súmulas dos Tribunais Superiores, Tribunais Regionais, e ainda, de toda a estrutura dos Juizados Especiais Federais, desde a Turma Nacional de Uniformização, sinaliza de modo importante respostas às questões não enfrentadas pela normatização, ou que causam severas divergências doutrinárias e interpretativas. Da mesma forma, os enunciados do CRPS, da AGU, e de instâncias de debate, como o FONAJEF, permitem aos profissionais e acadêmicos um olhar panorâmico sobre o pensamento jurídico em matéria de Direitos Sociais.

Em paralelo, a obra ganhou nova estrutura. O texto passa a contar com seis Partes, em vez das cinco que havia até a 12ª edição, para contemplar, de modo mais aprofundado, as questões relacionadas aos Regimes Próprios de Previdência dos Servidores Públicos, ocupantes de cargos efetivos e vitalícios. Nessa nova Parte, dividida em dez Capítulos, fixamos o marco teórico da matéria, buscamos a abordagem histórica e a identificação de todas as regras constitucionais e legais mais importantes sobre o assunto, bem como debatemos com o leitor os problemas relacionados à não-regulamentação, até o presente, de diversas normas constitucionais, ganhando destaque as aposentadorias especiais e o reajustamento de aposentadorias e pensões concedidas após a Emenda n. 41.

Também foi incluída uma abordagem específica sobre o Processo Administrativo Previdenciário, seus principais aspectos, as normas relativas ao assunto e alguns aspectos relacionados à legalidade dos atos praticados no âmbito administrativo pelo INSS, de modo a permitir maiores esclarecimentos sobre a prática dos requerimentos de benefícios e recursos cabíveis.

As novas teses sobre ações previdenciárias também foram contempladas, merecendo ser ressaltada a que concede revisão da renda mensal inicial aos segurados que se aposentaram em valores próximos ao valor teto, quando da promulgação das Emendas n. 20 e 41, e que obtiveram êxito na aplicação do "novo teto" a seus benefícios. No campo do custeio, não poderíamos deixar de incluir o debate sobre o Fator Acidentário de Prevenção – FAP, que vem causando polêmica ante a majoração da tributação incidente sobre empresas, relacionada aos riscos ambientais do trabalho.

Referenciamos, ainda, na Parte final, alguns assuntos relacionados à perspectiva do Direito Previdenciário, à vista dos debates que ocorreram mais recentemente, especialmente a I Conferência Mundial sobre Desenvolvimento de Sistemas Universais de Seguridade Social, que ocorreu em dezembro de 2010, e do qual tivemos a honra de participar.

Concluímos esperando ter realizado um trabalho apto a cumprir a contento a expectativa da comunidade jurídica e acadêmica, compartilhando nossas concepções acerca de como buscar a máxima efetividade possível dos Direitos Fundamentais Sociais.

Os autores.

Apresentação

O tema da Seguridade Social no Brasil tem estado em evidência constante, uma vez que a manutenção de uma rede de ações nos campos de sua atuação é, por muitos doutrinadores, considerada uma forma de estabelecer-se a justiça social mediante a redistribuição de renda e a assistência aos menos favorecidos; de outro lado, é tida por inviável, nos termos em que se encontra normatizada, por um grupo considerável de estudiosos do tema.

Nesse contexto, devemos declarar nos parecer insofismável ser a Seguridade Social uma necessidade, que não pode deixar de existir nos seus moldes clássicos. Mesmo entre muitos dos que entendem difícil, ou mesmo impossível, a gestão do atual sistema, não há controvérsia a respeito da insubstituível atuação do Estado no campo da segurança social, protegendo os indivíduos contra os riscos inerentes à perda da capacidade laborativa, permanente ou temporária, ou à inexistência de condições de subsistência por conta própria, bem como na provisão da saúde pública.

Vivemos numa sociedade que tem o trabalho como valor social - dentro da noção de que ele insere o indivíduo na comunidade como ser útil; como forma de desenvolvimento das riquezas materiais e espirituais - pois é pelo labor que se tem a produção de bens; e, ainda, como meio de satisfação das necessidades primordiais do ser humano - uma vez que é a contraprestação pelo trabalho que fornece ao indivíduo as condições para sua sobrevivência.

O indivíduo - assalariado ou não - na maioria das vezes tem como única fonte de recursos a si mesmo; é ele sua própria força de trabalho. Com a perda ou a redução, definitiva ou temporária, de sua capacidade laborativa, sem as políticas de atuação estatal na esfera da Previdência, mediante a manutenção de um seguro social, é levado, junto com seus dependentes, à miséria, tendo de recorrer à caridade, caso não tenha sido precavido ou tenha tido condições de poupar economias para um futuro incerto.

A Previdência Social surge primordialmente da preocupação com o sustento dos que, tendo sido trabalhadores, se encontram fora do mercado de trabalho por falta de condições físicas ou mentais.

Já com relação àqueles que sequer tiveram a oportunidade de ingressar no mercado de trabalho, por desde antes se encontrarem incapazes de exercer qualquer ofício ou profissão, tem-se que estes dependem ainda mais de amparo, que deve ser concedido assistencialmente pelo Estado.

Sem que tenham de despender recursos financeiros próprios, tanto uns quanto outros necessitam manter diuturnamente sua integridade física e mental, mediante medidas preventivas ou curativas.

Sob este aspecto de proteção a todos os grupos de indivíduos de uma mesma sociedade, é relevante o papel do Estado no sentido de, ao mesmo tempo, assegurar a criação e manutenção de um sistema de proteção aos infortúnios que atingem a capacidade de subsistência, e obrigar os integrantes economicamente capazes da coletividade, por meio do poder coercitivo de que é detentor, a participar compulsoriamente deste sistema, para que nenhum indivíduo fique ao desamparo, e para que a sociedade tenha sua cota de participação no custeio desta proteção, para a manutenção de uma existência digna.

É esta a concepção de seguridade social a que nos acostumamos.

Esta concepção, todavia, vem sendo modificada em vários dos seus aspectos e mesmo contestada em algumas sociedades contemporâneas, seja no tocante à gestão estatal, seja relativamente ao custeio dos benefícios e serviços por toda a sociedade. Há países que adotaram o regime privado de previdência como regra geral, com o custeio das prestações mediante contribuições tão-somente dos segurados e não mais de outros segmentos da sociedade, do Estado e dos empregadores. Outros pretendem manter o sistema de repartição, alterando regras de concessão de benefícios e aumentando a idade mínima para a aposentação.

Nunca é demais lembrar que a questão da segurança social envolve não só a necessidade particular dos indivíduos vitimados por algum evento previsto na norma jurídica de proteção, mas também as relações de trabalho e consumo, como lembra a introdução dos anais da Conferência de Estocolmo sobre "O Futuro da Seguridade Social", ocorrida em junho/julho de 1998: "La protección social pública para los que no pueden mantenerse a sí mismos, es crucial para el bienestar de las personas privadas y las familias, así como para la economía y la sociedad en su conjunto. Además de la dignidad y la independencia que la protección de la seguridad social proporciona al individuo, las prestaciones en metálico son importantes para sostener la demanda de los consumidores. Un sistema bien diseñado de seguridad social mejora directamente el funcionamiento del mercado de trabajo. Una asistencia sanitaria adecuada para todos es importante para el desarrollo de la economía. En suma, la seguridad social constituye un programa eficaz para fomentar la paz social y la cohesión económica en las sociedades modernas".*

No momento em que se discutem alternativas ao sistema de seguridade vigente, é fundamental que se coloquem em discussão todos os aspectos da questão

* *El futuro de la seguridad social*, Estocolmo, Federación de las Oficinas del Seguro Social, 1998, p. 7.

da proteção social ao indivíduo, analisando o surgimento da Previdência Social e sua evolução histórica, bem como a situação atual, as reformas realizadas e as pretendidas, e as perspectivas futuras do problema.

Dessa forma, organizamos esta obra de modo a abordar tais temas.

Na Parte I do livro tenciona-se fazer uma incursão sobre a noção de seguridade social e previdência social, analisando o surgimento da ideia de proteção estatal dos eventos danosos ao indivíduo, as etapas de sua fixação como ramo do Direito, o apogeu da noção de Estado-Providência e seus fundamentos e sistemas. Há breve escorço histórico sobre a Previdência Social no Brasil, passando, necessariamente, pela adoção do conceito de "Seguridade Social" da Constituição de 1988, e pela Emenda Constitucional n. 20, a chamada "Reforma da Previdência". Analisamos o ramo da ciência jurídica denominado Direito Previdenciário e as fontes de onde emanam suas normas; estudamos sua aplicação no tempo e no espaço, a questão das lacunas e da interpretação diante de seus regramentos. Focalizamos os princípios gerais norteadores da Seguridade Social e os específicos da Previdência Social. Por fim, diferenciamos o Regime Geral de Previdência Social dos demais regimes, para facilitar a compreensão das demais partes da obra, já que a complexidade do assunto normalmente gera confusão entre o "regime do INSS" e os demais regimes.

O objeto de estudo da Parte II são as pessoas abrangidas e as relações jurídicas disciplinadas pelo Direito Previdenciário. Assim, procuramos conceituar a relação de custeio e de prestações; a pessoa do contribuinte e do beneficiário, e, dentro destas, as diversas categorias e espécies, com suas definições legais e questões polêmicas, como a da idade mínima para ingresso no regime. Mencionam-se as figuras da filiação e inscrição de segurados, para identificar seus momentos de ocorrência e traços distintivos.

O financiamento da Seguridade Social foi o tópico abordado na Parte III, com a análise das diversas fontes de custeio, da natureza jurídica das contribuições sociais e suas espécies, da isenção e da matrícula das empresas. Também visamos esclarecer o item relativo ao inadimplemento das obrigações perante o ente arrecadador e a responsabilização por débitos e infrações em geral, sanções administrativas e penais.

A Parte IV do trabalho cuida das prestações previdenciárias, mas antes disso fixa conceitos fundamentais como carência, salário de benefício, cálculo da renda mensal inicial, reajustamento e pagamento dos benefícios, sem deixar de mencionar o "fator previdenciário", instituto mais recente da nossa Previdência Social. Analisados foram todos os benefícios em espécie, existentes e já extintos. Abordou-se a questão do reconhecimento do tempo de serviço – agora, de contribuição – e as medidas administrativas e judiciais à disposição do indivíduo, com as restrições da incidência da prescrição e da decadência. O acidente de trabalho e as doenças a ele equiparadas foram objeto de discussão, bem como a responsabilidade civil do empregador.

A Parte V desta obra é voltada à análise das regras dos Regimes Próprios de Previdência Social onde apresentamos um histórico da evolução desses regimes e das reformas do texto constitucional de 1988. Abordamos as regras de custeio e de concessão dos benefícios, inclusive as de transição em face das Emendas Constitucionais n. 20/1998, 41/2003 e 47/2005 e, ainda, as matérias não regulamentadas, como as aposentadorias especiais e a questão do reajustamento das aposentadorias e pensões. Conferimos atenção à necessidade do respeito dos direitos adquiridos e a possibilidade de implantação da previdência complementar para os servidores públicos ocupantes de cargos efetivos nos termos previstos no art. 40 da Constituição.

Na derradeira Parte do livro, visamos dar nossa contribuição ao debate sobre as reformas na questão da proteção social ao indivíduo, trazendo a lume um panorama mundial das mudanças em andamento, as abordagens críticas aos sistemas vigentes e concebidos, as tendências verificadas pelos estudiosos e, finalizando, a nossa opinião acerca do futuro da Previdência Social brasileira.

Este, caro leitor, é o nosso trabalho, fruto de pesquisas iniciadas na época em que atuávamos como Procuradores do Instituto Previdenciário, e consolidadas com o exercício da Magistratura e da atividade docente. Com a sua divulgação, pretendemos colaborar para o grande debate sobre o Direito Previdenciário, o atual estágio e as tendências da Seguridade Social e da Previdência Social no Brasil e no mundo.

Carlos Alberto Pereira de Castro e
João Batista Lazzari

Prefácio

A presente obra é, com certeza, o maior tratado existente até o presente momento sobre direito previdenciário brasileiro. Seus autores, eméritos magistrados e professores, conseguem traduzir, em linguagem técnica, de forma extremamente acessível, todo o sistema legal previdenciário, de modo que os operadores possam compreender o complexo sistema.

É de se observar que o entendimento da previdência social tem suprema importância, visto que tratamos do maior problema que aflige não somente o Brasil, mas todos os países, em razão do rápido envelhecimento da população, mercê à baixa taxa de natalidade que se agrava de forma muito rápida, bem como do prolongamento da expectativa de vida.

Os conceitos de seguridade social são ampliados e modernizados a cada momento, mercê as mudanças que acontecem no mercado de trabalho, gerando a necessidade cada vez maior de um estudo aprofundado para que a gestão administrativa do sistema tenha governança acurada, em busca da solução dos problemas que se avolumam e ficam transparentes em razão da rápida informatização dos órgãos gestores.

Os autores conseguem traduzir o que de mais moderno externa o pensamento e o debate previdenciário.

O detalhamento e a sistematização apresentados nas cinco partes em que foi dividida a obra, propiciam facilidade ímpar na busca das informações necessárias ao bom entendimento da matéria e levam não só aos estudiosos, mas também aos que buscam apenas novos conhecimentos para a difusão da cultura previdencial, uma excelente fonte de consulta.

Os princípios da universalidade e da compulsoriedade bem demonstram a importância da matéria, pois, ao nascer, todo e qualquer individuo, mais cedo ou mais tarde, por si ou por seus descendentes, necessitará da proteção da previdência social.

Tenho este Manual desde sua primeira edição em março de 2001, seguida de suas edições posteriores, como obra imprescindível não em minha estante, mas como a principal existente em minha mesa de trabalho, fonte principal de minhas consultas.

Jefferson Luis Kravchychyn
Conselheiro do CNJ

Parte I

Introdução ao Direito Previdenciário

Capítulo 1
O Estado e a proteção social ao trabalhador

1.1 Prólogo

O direito à proteção social do trabalhador pelo Estado tem sua gênese umbilicalmente relacionada ao desenvolvimento da sua estrutura e da discussão histórica sobre quais deveriam ser as suas funções.

O Estado Contemporâneo possui, entre suas funções, a proteção social dos indivíduos em relação a eventos que lhes possam causar a dificuldade ou até mesmo a impossibilidade de subsistência por conta própria, pela atividade laborativa. Tal proteção, que tem formação embrionária do Estado Moderno, encontra-se consolidada nas políticas de Seguridade Social, dentre as quais se destaca, para os fins deste estudo, a Previdência Social.

O ser humano, desde os primórdios da civilização, tem vivido em comunidade. E neste convívio, para sua subsistência, aprendeu a obter bens, trocando os excedentes de sua produção individual por outros bens. Com o desenvolvimento das sociedades, o trabalho passou a ser considerado, numa determinada fase da história - mais precisamente na Antiguidade Clássica - como ocupação abjeta, relegada a plano inferior, e por isso confiada a indivíduos cujo *status* na sociedade era excludente - os servos e escravos. Dizia Aristóteles que para se obter cultura era necessário o ócio, razão pela qual deveria existir o escravo. Muitos mencionam advir daquela época a etimologia do vocábulo *trabalho* - derivando do latim *tripalium*.[1]

Mais adiante no tempo, dentro do chamado sistema feudal, aparecem os primeiros agrupamentos de indivíduos que, fugindo das terras dos nobres, fixavam-se nas *urbes*, estabelecendo-se, pela identidade de ofícios entre eles, uma aproximação maior, a ponto de surgirem as denominadas corporações de ofício, nas quais se firmavam contratos de locação de serviços em subordinação ao "mestre" da corporação.

---

1 MORAES FILHO, Evaristo de; MORAES, Antônio Carlos Flores de. *Introdução ao Direito do Trabalho*. 6. ed. rev. atual. São Paulo: LTr, 1993, p. 17.

Mas é com o Estado Moderno – assim considerado em contraposição ao *modelo político Medieval*, como antecedente, e ao *Estado Contemporâneo*, como sucessor daquele –, a partir da Revolução Industrial, que desponta o trabalho tal como hoje o concebemos. O surgimento dos teares mecânicos, dos inventos movidos a vapor e das máquinas em geral estabeleceu uma separação entre os detentores dos meios de produção e aqueles que simplesmente se ocupavam e sobreviviam do emprego de sua força de trabalho pelos primeiros. Paralelamente a esse fenômeno, a Revolução Francesa e seus ideais libertários proclamaram a liberdade individual plena e a igualdade absoluta entre os homens, conceitos que, tempos após, foram contestados tal como concebidos naquela oportunidade.

Nos primórdios da relação de emprego moderna, o trabalho retribuído por salário, sem regulamentação alguma, era motivo de submissão de trabalhadores a condições análogas às dos escravos, não existindo, até então, nada que se pudesse comparar à proteção do indivíduo, seja em caráter de relação empregado-empregador, seja na questão relativa aos riscos da atividade laborativa, no tocante à eventual perda ou redução da capacidade de trabalho. Vale dizer, os direitos dos trabalhadores eram aqueles assegurados pelos seus contratos, sem que houvesse qualquer intervenção estatal no sentido de estabelecer garantias mínimas.

Começaram, então, a eclodir manifestações dos trabalhadores por melhores condições de trabalho e de subsistência, com greves e revoltas – violentamente reprimidas pelo próprio Poder constituído. Surgiram daí as primeiras preocupações com a proteção previdenciária do trabalhador, ante a inquietação dos detentores do poder nos Estados com a insatisfação popular, o que acarretou a intervenção estatal no que diz respeito às relações de trabalho e segurança do indivíduo quanto a infortúnios. Como disse *Bismarck*, governante alemão daquela época, justificando a adoção das primeiras normas previdenciárias: "Por mais caro que pareça o seguro social, resulta menos gravoso que os riscos de uma revolução".[2]

Nesse contexto, as revoltas operárias permaneceram por todo o século XIX, ocorrendo, de modo simultâneo e paulatino, um movimento de cada vez maior tolerância às causas operárias (cessação da proibição de coalizões entre trabalhadores, primeiras leis de proteção ao trabalhador), o que culminaria numa concepção diversa de Estado, a que se denominaria Estado Social, Estado de Bem-Estar, ou ainda, Estado Contemporâneo.

1.2 O surgimento da noção de proteção social

Nem sempre, como visto, houve a preocupação efetiva com a proteção dos indivíduos quanto a seus infortúnios. Somente em tempos mais recentes, a partir do final do século XIX, a questão se tornou importante dentro da ordem jurídica

2 Citação de RUIZ MORENO, *in Nuevo derecho de la seguridad social*. México: Porrúa, 1997, p. 49.

dos Estados. Comenta *Russomano* que "o mundo contemporâneo abandonou, há muito, os antigos conceitos da Justiça Comutativa, pois as novas realidades sociais e econômicas, ao longo da História, mostraram que não basta *dar a cada um o que é seu* para que a sociedade seja justa. Na verdade, algumas vezes, é dando a cada um *o que não é seu* que se engrandece a condição humana e que se redime a injustiça dos grandes abismos sociais".[3]

Utilizando-nos do irretocável conceito fornecido por *Celso Barroso Leite*, "proteção social, portanto, é o conjunto de medidas de caráter social destinadas a atender certas necessidades individuais; mais especificamente, às necessidades individuais que, não atendidas, repercutem sobre os demais indivíduos e, em última análise, sobre a sociedade".[4]

Em verdade, a marcha evolutiva do sistema de proteção, desde a assistência prestada por caridade até o estágio em que se mostra como um direito subjetivo, garantido pelo Estado e pela sociedade a seus membros, é o reflexo de três formas distintas de solução do problema: a da beneficência entre pessoas; a da assistência pública; e a da previdência social, que culminou no ideal de seguridade social.

1.3 A mútua assistência e a caridade

Embora seja recente na história do homem a concepção de proteção social aos riscos no trabalho, é certo que desde os tempos mais remotos e em qualquer lugar do mundo, as civilizações sempre tiveram em mente a preocupação com a insegurança natural dos seres humanos.

Em períodos passados, anteriormente ao surgimento das primeiras leis de proteção social, a defesa do trabalhador quanto aos riscos no trabalho e perda da condição de subsistência se dava pela assistência caritativa individual ou pela reunião de pessoas. *Feijó Coimbra*, citando *Oscar Saraiva*, menciona que nas sociedades romanas e gregas da Antiguidade se encontram referências a associações de pessoas com o intuito de, mediante contribuição para um fundo comum, receberem socorro em caso de adversidades decorrentes da perda da capacidade laborativa.[5]

No período das corporações de ofício, Idade Média Europeia, tem-se o aparecimento das guildas, entre cujos escopos estava também o de associação de assistência mútua.

Porém, é somente com o desenvolvimento da sociedade industrial que vamos obter um salto considerável em matéria de proteção, com o reconhecimento de que a sociedade no seu todo deve ser solidária com seus incapacitados.

---

3 RUSSOMANO, Mozart Victor. *Comentários à Consolidação das Leis da Previdência Social*, 2. ed., São Paulo: Revista dos Tribunais, 1981, p. 18.

4 LEITE, Celso Barroso. *A proteção social no Brasil*, 2. ed., São Paulo: LTr, 1978, p. 16.

5 *Direito previdenciário brasileiro*, 7. ed., Rio de Janeiro: Edições Trabalhistas, 1997.

1.4 A assistência social estatal

Buscando novamente fundamentos em *Russomano*, concluímos com o grande doutrinador que, até o século XVIII, não havia a sistematização de qualquer forma de prestação estatal, pois, "de um modo geral, não se atribuía ao Estado o dever de dar assistência aos necessitados".[6] A exceção registrada na História, a *Poor Law*, editada em 1601 na Inglaterra, instituía contribuição obrigatória para fins sociais, com intuito assistencial.

Na Idade Moderna havia um fosso imenso separando a classe operária da classe dos detentores dos meios de produção. E o Estado Moderno, dentro da concepção liberal, limitava-se a assistir, inerte, às relações entre particulares, sem estabelecer normas de limitação à autonomia pessoal. Desse modo, a proteção ao trabalhador, até então voluntariamente feita por aqueles que se preocupavam com a dignidade humana, muitas vezes só existia sob a forma de caridade.

Não obstante isso, a intervenção estatal, no período do liberalismo econômico, limitava-se a prestar benefícios assistenciais, ou seja, oferecia pensões pecuniárias e abrigo aos financeiramente carentes.

Nota-se, portanto, que, no tocante à atuação no campo do amparo aos indivíduos, "o primeiro tipo de proteção social que podemos reconhecer no mundo é o tipo liberal, em que predomina a assistência aos pobres enquanto uma preocupação do Estado. Então, o Estado dá assistência; e o mercado, o resto".[7]

Como bem adverte *Rocha*, as manifestações assistenciais de até então tinham ínsito o caráter de mutualidade, mas não o de seguro, não havendo garantia plena de proteção em caso de necessidade. O seguro de vida surge somente em 1762, com a fundação, em Londres, "da primeira companhia de seguros de vida dentro de bases científicas". Em 1849, surgiram empresas que se dedicavam à instituição de seguros populares, destinados à classe trabalhadora.[8]

Frisando o pensamento liberal da época, *Rocha* salienta que, como decorrência dos postulados de tal doutrina, eram limitados os instrumentos de proteção social, que eram, pois, em síntese, a assistência social privada e pública, a poupança individual, o mutualismo e o seguro privado.[9]

---

6 *Comentários...*, cit., p. 19.

7 ANDRADE, Eli Iôla Gurgel. "Estado e Previdência no Brasil". *In*: MARQUES, Rosa Maria [*et al*]. *A Previdência Social no Brasil*. São Paulo: Fundação Perseu Abramo, 2003, p. 18.

8 ROCHA, Daniel Machado da. *O Direito Fundamental à Previdência Social na Perspectiva dos Princípios Constitucionais Diretivos do Sistema Previdenciário Brasileiro*. Porto Alegre: Livraria do Advogado, 2004, p. 28.

9 ROCHA, Daniel Machado da. *Op. cit.*, p. 29.

1.5 A formação do conceito de bem-estar social

A primeira vez em que tem lugar uma mudança na concepção da proteção ao indivíduo ocorre na Declaração dos Direitos do Homem e do Cidadão, em 1789, que inscreve o princípio da Seguridade Social como direito subjetivo assegurado a todos: "*Les secours publiques sont une dette sacrée*". Já se está diante do chamado liberalismo político, influenciado por movimentos de trabalhadores, o que vai acarretar a deflagração da ideia de previdência social, pública, gerida pelo Estado, com participação de toda a sociedade.

Com o desenvolvimento da sociedade industrial vai se obter um salto considerável em matéria de proteção social, com o reconhecimento de que a sociedade no seu todo deve ser solidária com seus integrantes, o que é ressaltado por *Duguit*:

> *O ser humano nasce integrando uma coletividade; vive sempre em sociedade e assim considerado só pode viver em sociedade. Nesse sentido, o ponto de partida de qualquer doutrina relativa ao fundamento do direito deve basear-se, sem dúvida, no homem natural; não aquele ser isolado e livre que pretendiam os filósofos do século XVII, mas o indivíduo comprometido com os vínculos da solidariedade social. Não é razoável afirmar que os homens nascem livres e iguais em direito, mas sim que nascem partícipes de uma coletividade e sujeitos, assim, a todas as obrigações que subentendem a manutenção e desenvolvimento da vida coletiva.*[10]

No âmbito dos fatores que, segundo os estudiosos, teriam demarcado o caminho para o surgimento do Estado Contemporâneo, imprescindível iniciar-se com a Revolução Industrial e seus efeitos sobre a sociedade[11] e, a partir dela, em função do ideário liberal do Estado Moderno, fundado no individualismo e na liberdade contratual,[12] os problemas gerados pelo trabalho assalariado, pela concentração de renda, e o anseio por uma ruptura com aquele modelo marcado pela exploração do trabalho sem salvaguarda de espécie alguma.[13]

---

10 DUGUIT, Léon. *Fundamentos do Direito*. Trad. Márcio Pugliesi. São Paulo: Ícone, 1996, p. 16.

11 CRUZ, Paulo Márcio. *Poder, Política, Ideologia e Estado Contemporâneo*. Florianópolis: Diploma Legal, 2001, p. 217.

12 "A igualdade e a liberdade, como conceitos abstratos, importavam na aceitação do conceito de Fouillé - 'quem diz contratual, diz justo' – e permitiam que se instituísse uma nova forma de escravidão, com o crescimento das forças dos privilegiados da fortuna e a servidão e a opressão dos mais débeis. Entregue à sua própria fraqueza, abandonado pelo Estado que o largava à sua própria sorte, apenas lhe afirmando que era livre, o operário não passava de um simples meio de produção" (SÜSSEKIND, Arnaldo [*et al*]. *Instituições de Direito do Trabalho*. 14. ed. 1993, p. 34).

13 Como bem resumem *Evaristo de Moraes Filho e Antônio Carlos Flores de Moraes*, "a suposta liberdade de contratar dos dogmas da Revolução Francesa, apesar dos nobres ideais que a inspiravam, degenerou na exploração do fraco pelo forte. A intervenção estatal significou o restabelecimento do equilíbrio rompido pelo liberalismo econômico. A partir de 1848, a grita doutrinária foi geral, sempre no sentido de, pelo menos, melhor justiça comutativa (contratual), já que não se podia alterar fundamentalmente a justiça distributiva da riqueza social" (MORAES FILHO, Evaristo de; MORAES, Antônio Carlos Flores de. *Introdução ao Direito do Trabalho*. 6. ed. rev. atual. São Paulo: LTr, 1993, p. 48.

O aumento da marginalização social, pouco a pouco, estimulou convulsões sociais, acarretando o embate – muitas vezes sangrento – dos proletários com o aparato policial-estatal, pelos movimentos de trabalhadores. Assim, os cartistas,[14] na Inglaterra; as revoluções de 1848 e 1871, na França; a revolução de 1848, na Alemanha, representaram muito no despertar dos então governantes dos Estados para a intervenção e regulamentação na vida econômica.[15]

Os Estados da Europa, precursores da ideia de proteção estatal ao indivíduo vítima de infortúnios, estabeleceram, de maneira gradativa, da segunda metade do século XIX até o início do século XX, um sistema jurídico que garantiria aos trabalhadores normas de proteção em relação aos seus empregadores nas suas relações contratuais, e um seguro – mediante contribuição destes – que consistia no direito a uma renda em caso de perda da capacidade de trabalho, por velhice, doença ou invalidez, ou a pensão por morte, devida aos dependentes. Assim se define uma nova política social, não mais meramente *assistencialista* – está lançada a pedra fundamental da *Previdência Social.*

A distinção entre os conceitos de Seguro Social e Assistência Social é bem identificada por *Augusto Venturi*:

> *seguro e assistência, por suas naturezas e técnicas completamente diferentes, agem, em realidade, em dois planos completamente distintos. O seguro social garante o direito a prestações reparadoras ao verificar-se o evento previsto, antes que os danos possam determinar o estado de indigência, de privação, da pessoa golpeada. A assistência intervém, não de direito, mas segundo avaliação discricionária, somente quando, por causa de eventos previstos ou não previstos, esteja já em ato um estado de indigência, de privação, que ela tem o fim de combater.*[16]

Na obra de *Paulo Márcio Cruz* admite-se como pioneiro da ideia de um "Estado Social" o jurista alemão Lorenz von Stein (1815 -1890), a partir de sua obra "História do movimento social na França", de 1850, logo após, portanto, ao Manifesto Comunista de Marx (1848). Stein teria defendido, então, reformas capazes de corrigir os problemas da sociedade industrial. "Este autor, defensor do modelo que corresponde ao que ele mesmo qualifica como 'monarquia social', argumenta a favor das reformas sociais institucionalizadas como instrumento para evitar as revoluções".[17]

---

14 As *trade unions* (embrião dos sindicatos) inglesas, sob inspiração de Robert Owen, fundaram, em 1833, a "União Nacional Consolidada", que chegou a reunir meio milhão de trabalhadores. Ela comandou a deflagração de uma série de greves, num movimento denominado "cartismo", porque tinha por finalidade a conquista de direitos políticos e sociais do homem, expostos numa Carta elaborada entre 1837 e 1838 pelo movimento sindical (conforme SÜSSEKIND, Arnaldo. *Curso de Direito do Trabalho*. Rio de Janeiro: Renovar, 2002, p. 17).

15 MORAES FILHO, Evaristo de; e MORAES, Antônio Carlos Flores de; *Op. cit.*, p. 61.

16 *Apud* CARDONE, *Marly*. Previdência, assistência, saúde: o não trabalho na Constituição de 1988. São Paulo: LTr, 1990, p. 24.

17 CRUZ, Paulo Márcio. *Poder, Política, ... cit.*, p 212.

As origens de um pensamento dirigido ao modelo contemporâneo de Estado – Democrático – devem ser creditadas a Ferdinand Lassale, o qual teria inspirado a Social Democracia, com seus ideais de exigência do sufrágio universal, proteção trabalhista e "uma repartição mais igualitária do Poder político, social e econômico", propostos no Programa de Gotha (1875) em contraponto ao pensamento socialista científico de Marx, "que insistia que todo Direito é um Direito desigual e que sua superação e a do próprio Estado só se produziria com a superação da Sociedade de classes, com o estabelecimento da Sociedade Comunista".[18]

Importante papel desempenhou também o economista alemão Adolph Wagner, que formulou uma teoria econômica conhecida por "Lei de Wagner", a qual "anunciou a progressiva transformação do Estado até o que o próprio Wagner define como 'o Estado de bem estar e de cultura', impulsionado por crescimento dos gastos públicos superiores ao crescimento da economia; criação de novas instituições dotadas de formas inovadoras de intervenção estatal; e a previsão de que a receita do Estado poderia ser obtida por um imposto progressivo sobre a renda".[19] Wagner, assim, "se tornava o centro de uma escola do socialismo do Estado, entendendo que entre os indivíduos e as classes de uma nação existe uma solidariedade moral, ainda mais profunda do que a econômica".[20]

Costuma-se referir, ainda, à publicação da Encíclica Papal "*Rerum Novarum*" (no pontificado de Leão XIII), de 15 de maio de 1891, como um marco importante na caminhada rumo às mudanças que se deram nesse período. Por aquele texto, "reconhecia a Igreja a tremenda injustiça social dos nossos dias, acabando por aceitar e recomendar a intervenção estatal na economia como único meio capaz de dar cobro aos abusos do regime".[21]

O advento da Primeira Guerra Mundial (1914-1918) também pode ser considerado fator primordial na formação de um novo molde estatal. "Como acentua Leo Wolman, as conseqüências econômicas e sociais da Guerra Mundial foram causa de uma aceleração na marcha e possivelmente uma revisão nos próprios princípios da legislação social. O Estado interveio na questão do trabalho, por necessidade mesma de sobrevivência".[22]

Por fim, no que tange aos fatores sociológicos de deflagração do Estado Contemporâneo, há que se frisar a Revolução Soviética de 1917, como sinal da grave

18 CRUZ, Paulo Márcio. *Poder, Política, ... cit.*, p. 145.

19 CRUZ, Poder, *Política, ... cit.*, pp. 213-214.

20 SÜSSEKIND, Arnaldo; MARANHÃO, Délio; e VIANNA, José de Segadas. *Instituições de Direito do Trabalho.* 14. ed. atual. São Paulo: LTr, 1993, v. 1, p. 38.

21 MORAES FILHO, Evaristo de e MORAES, Antônio Carlos de *op. cit.*, p. 62.

22 *Apud* MORAES FILHO, Evaristo de e MORAES, Antônio Carlos Flores. *Op. cit.*, p. 63.

ameaça imposta aos Estados Modernos liberais caso não se modificasse a estrutura da sociedade.[23] Mas, também, indicava que:

> *A superação do liberalismo, começada pelos socialistas, foi, igualmente, obra dos movimentos de direita, como o fascismo e o nazismo. Destruídas, na II Grande Guerra, essas concepções totalitárias, não ressuscitou, porém, a idéia do Estado liberal. Ao contrário, o intervencionismo do Estado se foi acentuando cada vez mais (...). Nesse quadro, rapidamente esboçado, os discípulos do liberalismo recuaram: abandonaram a idéia do Estado liberal puro e admitiram que ele, sem deixar de ser democrático, pode e deve intervir, não apenas na organização, mas, igualmente, na direção do processo econômico-social.*[24]

Assim, o que se percebe é que o surgimento do Estado Contemporâneo é produto de uma situação em que os detentores do poder, no afã de obter a manutenção de tal estado de coisas, e a partir dos movimentos sociais, num processo lento e gradativo, modificam a ação do Estado, que tende a interferir diretamente em determinadas relações privadas, inicialmente, como será visto, de modo específico no campo das relações de trabalho e na proteção social de indivíduos alijados do mercado de trabalho.

Todavia, o intervencionismo estatal toma as feições definitivas no período que vai da quebra da Bolsa de Valores de Nova Iorque, em 1929, ao período imediatamente posterior à Segunda Guerra Mundial. Nesse período, surgem teorias econômicas aliadas a políticas estatais (como o *New Deal* norte-americano) que servirão de norte a profundas mudanças no molde estatal contemporâneo. É nesse interregno que se irá cunhar, de forma indelével, a expressão Estado do Bem-Estar Social (*Welfare State*).

Passava-se a entender que a proteção social era dever da sociedade como um todo, apresentando o caráter de solidariedade até hoje presente, pelo qual todos contribuem para que os necessitados de amparo possam tê-lo. Este conceito é fundamental para a noção de seguro social, já que sem o caráter de proteção de todos por todos, mediante a cotização geral dos indivíduos, não se pode falar em previdência social.

1.6 Evolução da previdência social – Do modelo de Bismarck ao modelo de Beveridge

Paulo Cruz, citando Jean Touchard, indica quatro fases evolutivas da proteção social ao trabalhador: a) experimental; b) de consolidação; c) de expansão; e, finalmente, segundo o autor brasileiro, d) de redefinição, que tem início na década de oitenta e se encontra em curso.[25]

---

23 Vide CRUZ, Paulo Márcio. *Poder, Política, ... cit.*, p. 231.

24 RUSSOMANO, Mozart Victor. *Curso de Direito do Trabalho*. 6. ed. rev. ampl. Curitiba: Juruá, 1997, p. 15.

25 CRUZ, Paulo Márcio. *Política, Poder, ... cit.*, p. 219.

Na fase dita experimental, encontra-se a política social de Otto von Bismarck, que durante os anos de 1883 a 1889 faz viger um conjunto de normas que serão o embrião do que hoje é conhecido como Previdência Social, assegurando aos trabalhadores o seguro-doença, a aposentadoria e a proteção a vítimas de acidentes de trabalho, tema que será aprofundado em capítulo específico. Também dessa época é a luta pelo direito de voto em muitos Estados europeus, conquistado paulatinamente pelos indivíduos que não pertenciam à elite dominante.[26] Outros países da Europa Ocidental adotaram, na mesma época, conduta semelhante. Na Inglaterra, foi promulgada, em 1907, uma lei de reparação de acidentes de trabalho, e, em 1911, outra lei tratou da cobertura à invalidez, à doença, à aposentadoria voluntária e à previsão de desemprego, tornando-a, na época, o país mais avançado em termos de legislação previdenciária.

Na fase de consolidação, destaca-se a constitucionalização de direitos sociais e políticos. A Constituição Mexicana de 1917 foi a primeira a arrolar e dar sistematização a um conjunto de direitos sociais, no que foi seguida pela Constituição de Weimar, no ano de 1919. Desta última, relevante transcrever, como fez *Rocha*, o art. 161 de seu texto: "O império promoverá a criação de um sistema geral de segurança social, para conservação da saúde e da capacidade para o trabalho, proteção da maternidade e prevenção de riscos de idade, da invalidez e das vicissitudes da vida".[27] A Organização Internacional do Trabalho surgiu com o Tratado de Versailles, em 1917. Em 1927, foi criada a Associação Internacional de Seguridade Social, com sede em Bruxelas, Bélgica.

Deflagrada a constitucionalização dos direitos sociais,

> *Abandonou o Estado, nestes últimos três quartos de século, o seu papel negativo, absenteísta, ausente, para se transformar em Estado positivo, procurando conscientemente equilibrar as forças econômicas da sociedade, mitigando as conseqüências do próprio princípio individualista de produção. (...) Interveio decididamente no domínio econômico e no mercado de mão-de-obra, com novos princípios de Estado de direito e de bem estar.*[28]

No âmbito das constituições dos Estados nesse período, observa-se que "os direitos sociais são alçados ao mesmo plano dos direitos civis, passando as constituições do primeiro pós-guerra a ser, não apenas políticas, mas políticas e sociais".[29]

Também são indicativos dessa fase de maturação, a experiência norte-americana do então presidente Franklin Roosevelt, ao instituir a política do *New Deal*, com forte intervenção no domínio econômico e injeção de recursos orçamentários.[30]

26 TORRES, Marcelo Douglas de Figueiredo. *Estado, Democracia e Administração Pública no Brasil*. Rio de Janeiro: Editora FGV, 2004, p. 25.

27 ROCHA,Daniel Machado da. *Op. cit.*, p. 33.

28 MORAES FILHO, Evaristo de e MORAES, Antônio Carlos Flores de. *Op. cit.*, p. 48.

29 ROCHA, Daniel Machado da. *Op. cit.*, p. 33.

30 CRUZ, Paulo Márcio. *Política, Poder, ... cit.*, p. 228.

A fase de expansão é notada a partir do período pós-Segunda Guerra, com a disseminação das ideias do economista inglês John Maynard Keynes, o qual pregava, em síntese, o crescimento econômico num contexto de intervenção estatal no sentido de melhor distribuir - ou até mesmo redistribuir - a renda nacional.[31]

Até então, é importante frisar, os planos previdenciários (de seguro social), em regra, obedeciam a um sistema chamado *bismarckiano*,[32] *ou de capitalização*, ou seja, somente contribuíam os empregadores e os próprios trabalhadores empregados, numa poupança compulsória, *abrangendo a proteção apenas destes assalariados contribuintes*. Ou seja, embora o seguro social fosse imposto pelo Estado, ainda faltava a noção de solidariedade social, pois não havia a participação da totalidade dos indivíduos, seja como contribuintes, seja como potenciais beneficiários.

As propostas de Keynes foram aprofundadas por Lorde William Henry Beveridge, que havia sido seu colaborador e que, em 1941, foi designado pelo governo britânico para reexaminar os sistemas previdenciários da Inglaterra.[33] A partir de 1944, então, foram estes alterados pela adoção, naquele país, do chamado *Plano Beveridge*, o qual, revendo todas as experiências até então praticadas pelos Estados que tinham adotado regimes de previdência, criou um sistema universal - abrangendo todos os indivíduos[34], com a participação compulsória de toda a população, com a noção de que a seguridade social é "o desenvolvimento harmônico dos economicamente débeis".[35]

Nas palavras de *Borges*,

> *Em seu trabalho, Beveridge, usando as teorias de Keynes e revendo o conjunto das* poor laws, *propôs um amplo sistema de proteção ao cidadão, chamado de "Sistema Universal de Luta Contra a Pobreza". Este sistema propiciou a universalização da previdência social na Grã-Bretanha, já que a proteção social se estendia a toda a população, não apenas aos trabalhadores, e propiciava um amplo atendimento à saúde e um sistema de proteção ao desemprego.*[36]

31 CRUZ, Paulo Márcio. *Política, Poder, ... cit.*, p. 233.

32 AFONSO, Luís Eduardo; FERNANDES, Reynaldo. *Uma estimativa dos aspectos distributivos da previdência social no Brasil.* São Paulo: *mimeo*, FEA-USP, 2004, p. 2.

33 "Os keynesianos afirmavam, corretamente, que a demanda a ser gerada pela renda de trabalhadores com pleno emprego teria o mais estimulador efeito nas economias em recessão. Apesar disso, o motivo pelo qual esse meio de aumentar a demanda recebeu tão urgente prioridade - o governo britânico empenhou-se nele mesmo antes do fim da Segunda Guerra Mundial - foi que se acreditava que o desemprego em massa era política e socialmente explosivo, como de fato mostrara ser durante a Depressão" (HOBSBAWM, *Eric. A era dos extremos: o breve século XX: 1914-1991.* Marcos Santarrita. São Paulo: Companhia das Letras, 1995, p. 100).

34 "A expressão seguridade social é aqui usada para designar a garantia de um rendimento que substitua os salários, quando se interrompem estes pelo desemprego, por doença ou acidente, que assegure a aposentadoria na velhice, que socorra os que perderam o sustento em virtude da morte de outrem, e que atenda a certas despesas extraordinárias, tais como as decorrentes do nascimento, da morte e do casamento. Antes de tudo, segurança social significa segurança de um rendimento mínimo; mas esse rendimento deve vir associado a providências capazes de fazer cessar, tão cedo quanto possível, a interrupção dos salários" (BEVERIDGE, William. *O Plano Beveridge.* Trad. Almir Andrade. Rio de Janeiro: José Olympio Editora, 1943, p. 189).

35 MORENO. *Op. cit.*, p. 51.

36 BORGES, Mauro Ribeiro. *Previdência Funcional e Regimes Próprios de Previdência.* Curitiba: Juruá, 2003, p. 31.

A partir daí, nasce o regime *beveridgeano*,[37] ou de repartição, em que toda a sociedade contribui para a criação de um fundo previdenciário, do qual são retiradas as prestações para aqueles que venham a ser atingidos por algum dos eventos previstos na legislação de amparo social.

Conforme relata *Borges*, como decorrência desse processo formaram-se duas correntes quanto aos sistemas de proteção social:

> *A primeira corrente, que seguia as proposições de Bismarck, possuía uma conotação muito mais "securitária". Propunha que a proteção social ou previdenciária fosse destinada apenas aos trabalhadores que, de forma compulsória, deveriam verter contribuições para o sistema. Para esta corrente a responsabilidade do Estado deveria ser limitada à normatização e fiscalização do sistema, com pequeno aporte de recursos. O financiamento do sistema se dava com a contribuição dos trabalhadores e empregadores. A corrente "bismarquiana" encontrou campo para desenvolvimento em vários países, destacando-se a Alemanha, a França, a Bélgica, a Holanda e a Itália.*
>
> *A segunda corrente se formou a partir do trabalho de Beveridge, e, para ela, a proteção social deve se dar, não somente ao trabalhador, mas também de modo universal a todo cidadão, independentemente de qualquer contribuição para o sistema. Segundo esta corrente, a responsabilidade do Estado é maior, com o orçamento estatal financiando a proteção social dos cidadãos. As propostas de Beveridge se desenvolveram de forma mais acentuada nos países nórdicos, especialmente na Suécia, na Noruega, na Finlândia, na Dinamarca e no Reino Unido.*[38]

Existem, pois, dois modelos fundamentais de proteção social, que coexistem no Estado Contemporâneo após a Segunda Guerra Mundial, ambos, todavia, baseados no ideal de solidariedade e na intervenção do Estado no domínio econômico, diferenciando-se quanto à parcela da população destinatária e aos limites da participação do Estado no sistema de proteção: "Um sistema previdenciário cuja característica mais relevante seja a de funcionar como um seguro social pode ser designado como *Bismarckiano*. Um sistema que enfatize funções redistributivas, objetivando também a redução da pobreza pode ser qualificado por *Beveridgeano*".[39]

Em função da expansão do modelo de segurança social concebido por Beveridge, no pós-Segunda Guerra, "depois das experiências totalitárias, nada menos que cinquenta Estados elaboraram novas constituições, buscando adaptação às novas exigências políticas e sociais, nas quais os direitos sociais ocupam um lugar de destaque."[40] Com isso, concluímos que dessa época em diante se materializa a universalização dos direitos sociais, acrescendo-se aí o seu reconhecimento como categoria integrante do rol de direitos fundamentais,[41] o que fica patente em nível

37 AFONSO, Luís Eduardo e FERNANDES, Reynaldo. *Op. cit.*, p. 3.

38 BORGES, Mauro Ribeiro. *Op. cit.*, pp. 32-33.

39 AFONSO, Luís Eduardo e FERNANDES, Reynaldo. *Op. cit.*, p. 23.

40 ROCHA, Daniel Machado da. *Op. cit.*, p. 38.

41 Paulo Cruz aponta, com fundamento em Bobbio, quatro gerações de direitos fundamentais: a primeira, relativa à constitucionalização dos direitos de liberdade e políticos; a segunda, relativa à constitucionalização dos direitos prestacionais econômicos e de bem-estar social; a terceira, que corresponde aos direitos coletivos; e a quarta,

mundial a partir da Declaração Universal dos Direitos Humanos (1948), mais especificamente em seu art. 25.[42]

Por fim, uma fase de "crise" ou de redefinição do papel do Estado Contemporâneo (como preferimos identificar a fase atual) é tida como iniciada com "a decisão dos Estados Unidos de não manter a convertibilidade do dólar em ouro, tomada em virtude da quantidade da moeda norte americana em circulação em outros países".[43] Assim, embora o Estado Contemporâneo tenha evoluído, até mesmo em maior escala que no período entre guerras, na dicção e proteção dos direitos sociais no período que se estende do fim da Segunda Guerra Mundial até a década de setenta do século XX, nos anos que se seguiram, as políticas sociais, em velocidades e escalas de grandezas diversas, de modo geral, sofreram retrações do ponto de vista protetivo, ou promocional. As razões que têm sido indicadas para esse processo são: o fim do ciclo de prosperidade econômica iniciado na década de cinquenta e o crescimento acentuado dos gastos públicos,[44] aliado a fatores de diminuição dos postos de trabalho (automação) e demográficos.[45]

Como relata *Cláudia Pereira*, de acordo com uma doutrina (denominada neoliberal) que visa "readequar" o Estado em sua condição de interventor e patrocinador de políticas sociais mediante dispêndio de verbas orçamentárias, houve uma exacerbação do papel do Estado Contemporâneo no campo das relações particulares, gerando despesas insustentáveis, devendo, portanto, retroceder em alguns de seus postulados.[46]

Entretanto, em países – tais como o Brasil – que não atingiram o mesmo nível de proteção social que os dos continentes precursores de tais ideias – Europa, América do Norte, Oceania – o período atual gera problemas de outra ordem: a redução de gastos públicos com políticas sociais, o que, em verdade, significa o não atingimento do prometido Bem-Estar Social.

Por esse motivo, existem críticas à utilização da expressão "Estado de Bem-Estar", que advém da doutrina econômica ligada a Keynes e Beveridge, na Inglaterra, e o *New Deal,* nos Estados Unidos, pois, em razão de problemas na implementa-

---

que envolve os novos direitos relacionados à informática, à biologia genética, entre outros (CRUZ, Paulo Márcio. *Fundamentos do Direito Constitucional*, p. 138).

42 O art. 25 da Declaração Universal dos Direitos Humanos assim preceitua: "Todo homem tem o direito a um padrão de vida capaz de assegurar-lhe a saúde, e o bem-estar próprio e da família, especialmente no tocante à alimentação, ao vestuário, à habitação, à assistência médica e aos serviços sociais necessários; tem direito à segurança no caso de desemprego, doença, invalidez, viuvez, velhice ou em qualquer outro caso de perda dos meios de subsistência, por força de circunstâncias independentes de sua vontade".

43 CRUZ, Paulo Márcio. *Política, Poder, Ideologia e Estado Contemporâneo*, p. 239.

44 CRUZ, Paulo Márcio. *Política, Poder, Ideologia e Estado Contemporâneo*, p. 240.

45 ROCHA, Daniel Machado da. *Op. cit.*, p. 40.

46 PEREIRA, Cláudia Fernanda de Oliveira. *Reforma da Previdência*. Brasília: Brasília Jurídica, 1999, p. 23.

ção das políticas sociais propugnadas, muitos estudiosos observam não ter chegado a existir "bem-estar" em muitos Estados que se disseram adeptos de tal modelo.[47]

Há que se assinalar, todavia, que o modelo previdenciário vislumbrado na política do bem-estar social, o *Welfare State*, vem sendo substituído, em diversos países, por um outro, no qual o principal fundamento é a poupança individual, sem a centralização dos recursos das contribuições em órgãos estatais. Países da América Latina, como Chile – precursor desta nova modalidade de previdência –, Peru, Argentina, Colômbia, Uruguai, Venezuela, Equador e Bolívia vêm adotando a privatização da gestão previdenciária, uns mantendo a presença estatal em níveis mínimos, outros deixando totalmente ao encargo da iniciativa privada a questão da poupança previdenciária. O México, um dos primeiros países da América a ter regras previdenciárias, acabou por sofrer profundas alterações no seu regime previdenciário, por lei de dezembro de 1995, cuja vigência se deu em janeiro de 1997.[48]

Em alguns países do Leste Europeu também há notícia de que houve adoção de regimes mistos, à semelhança do modelo argentino, fundado em "dois pilares": "um regime público compulsório baseado na repartição, financiado por empregadores e assalariados e, regime capitalizado como segundo pilar, constituído por fundos de pensão privados de capitalização individual a cargo dos assalariados", estes últimos de natureza compulsória na Hungria, e parcialmente compulsória, na Polônia.[49]

As chamadas "reformas" dos sistemas previdenciários públicos obedecem, em síntese, a dois moldes, segundo a classificação de *Carmelo Mesa-Lago*: (1) reformas estruturais, que visam modificar radicalmente o sistema público, seja introduzindo um componente privado como complemento ao público, seja criando um sistema privado que concorra com o público; e (2) reformas não-estruturais, ou paramétricas, que visam melhorar um sistema público de benefícios a fim de fortalecê-lo financeiramente a longo prazo, por exemplo, incrementando a idade de aposentadoria ou o valor das contribuições, ou ainda tornando mais exata a fórmula de calcular o benefício.[50]

Concluída esta breve visão histórica do surgimento e da evolução das políticas de proteção social como característica da formação do Estado Contempo-

47 Conforme aponta Rocha, "a minimização do Estado em países que passaram pela etapa do Estado-Providência apresenta conseqüências absolutamente diversas da minimização do Estado em países onde não houve o Estado Social", pois os benefícios das políticas sociais atingiram apenas as elites (ROCHA. Daniel Machado da. *Op. cit.*, p. 40).

48 DE BUÉN, Néstor. *El estado de malestar*. México: Porrúa, 1997, pp. 14-15.

49 COSTA, Eliane Romeiro. "Tendências do sistema de previdência social". *In: Revista de Previdência Social*, 252/791, nov./2001.

50 MESA-LAGO, Carmelo. "A reforma estrutural dos benefícios de seguridade social na América Latina". In: COELHO, Vera Schattan Pereira (org.). *A Reforma da Previdência Social na América Latina*. Rio de Janeiro: Editora FGV, 2003, p. 229.

râneo, contrapondo-se ao Estado Moderno, segue-se a análise dos fundamentos da Previdência Social – suas fontes materiais – para melhor compreensão de seu regramento.

Capítulo 2
Fundamentos da Previdência Social

A necessidade de um conjunto de normas ditadas pelo Estado que estabeleçam a obrigatoriedade de filiação dos trabalhadores em geral a um regime de previdência social é verificada com fulcro em algumas noções de caráter sociológico e outras, de caráter político.

2.1 A intervenção do Estado e a dignidade da pessoa humana

Para a consecução das políticas sociais estabelecidas pelo modelo do Estado Contemporâneo, nota-se como característica marcante o intervencionismo estatal, a partir do reconhecimento de que o Estado "tem importante papel a desempenhar não só no que diz respeito a garantir a segurança material para todos e a buscar outros objetivos sociais, mas também como promotor do desenvolvimento econômico."[51]

Com efeito, o seguro social, imposto por normas jurídicas emanadas do poder estatal, caracteriza uma intervenção do Estado na economia e na relação entre os particulares. E não é outra a função do poder estatal, senão a de assegurar o bem comum da sociedade a que serve.[52] A ação estatal se justifica a partir da constatação de que as relações de trabalho estabelecem, em regra, cláusulas para vigorarem enquanto o trabalhador as pode executar. A ausência de previsão para a hipótese de impossibilidade de execução dos serviços pelo obreiro, em face de sua incapacidade laborativa - temporária ou permanente –, acarreta a este a possibilidade, sempre presente, de vir a ser colocado à margem da sociedade, como um ser não-útil, e, por esta razão, ignorado pelos detentores dos meios de produção, sem direito a qualquer retribuição por parte daquele que empregava a sua mão-de-obra.

---

51 PRZEWORSKI, Adam. "Sobre o desenho do Estado: uma perspectiva *agent x principal*". *In*: PEREIRA, Luiz Carlos Bresser, e SPINK, Peter (org.). *Reforma do Estado e Administração Pública Gerencial*. 5. ed. Rio de Janeiro: Editora FGV, 2003, p. 40.

52 COIMBRA, J. R. *Direito previdenciário brasileiro*. 7 ed. Rio de Janeiro: Edições trabalhistas, 1997, p. 8.

Nesse sentido, impõe-se afirmar que concordamos seja necessária a intervenção estatal, uma vez que, conforme a própria doutrina internacional preconiza, o Estado utiliza a regulamentação e a prestação de serviços no campo previdenciário para fazer frente às falhas do mercado, no que tange aos ingressos jubilatórios,[53] ou seja, a fim de garantir um regime que trate isonomicamente a todos os trabalhadores – garantia esta não concedida por um regime de previdência puramente privada –, permitindo o acesso universal aos benefícios previdenciários.

Como visto no Capítulo 1, uma das características do Estado Contemporâneo é a inclusão, no rol de direitos fundamentais, dos chamados Direitos Sociais,[54] de proteção quanto às vicissitudes causadoras de uma perda, ou uma diminuição, da condição de subsistência, a partir da concepção de um Estado intervencionista, capaz de não só regular, mas também impor determinadas obrigações, com a finalidade de amparar as pessoas, tendo por objetivo garantir a todos uma vida com dignidade:

> *O respeito à dignidade não deve ser encarado somente como um dever de abstenção do Estado na invasão do espaço individual de autonomia. Isto é pouco. Cabe à organização estatal criar mecanismos de proteção do homem para que este não seja tratado como mero instrumento econômico ou político pelos órgãos do poder público ou por seus semelhantes.*[55]

Os Direitos Sociais são considerados Direitos Fundamentais partindo-se da concepção de que o Estado não deve se manter inerte diante dos problemas decorrentes das desigualdades causadas pela conjuntura econômica e social. Conforme sintetiza *Alexandre de Moraes*,

> *Direitos sociais são direitos fundamentais do homem, caracterizando-se como verdadeiras liberdades positivas, de observância obrigatória em um Estado Social de Direito, tendo por finalidade a melhoria das condições de vida dos hipossuficientes, visando à concretização da igualdade social.*[56]

Os Direitos Sociais se legitimam também em função da construção de um mínimo de condições existenciais do ser humano, como retrata *Robert Alexy*. Este, ao tratar do regramento dos Direitos Fundamentais, divide as normas de

53 *El debate sobre la reforma de la seguridad social: en busca de un nuevo consenso*, Genebra, Associação Internacional de Seguridade Social, 1998, p. 8.

54 "Como observa *Burdeau*, no contexto de idéias em que hoje se situa o papel do Poder, os direitos são ao contrário exigências; seu conteúdo é fixado em função de uma necessidade da qual eles são a consagração jurídica. O direito do homem não é mais a delimitação de uma faculdade que lhe é inata ou a proteção de uma prerrogativa de que ele goza. Ele é a medida de uma necessidade. Assim entendidos, os direitos são qualificados de sociais, de um lado porque são reconhecidos, não a um ser abstrato, mas ao homem situado cuja dependência em relação ao meio nós conhecemos, e de outro lado porque, obrigando os governantes a uma intervenção positiva, podem ser considerados como créditos do indivíduo em relação à sociedade" (*Apud* GALVÃO, Paulo Braga. *Os Direitos Sociais nas Constituições*. São Paulo: LTr, 1981, p. 15).

55 TAVARES, Marcelo Leonardo. Previdência e Assistência Social: legitimação e fundamentação constitucional brasileira. Rio de Janeiro: Lumen Juris, 2003, pp. 49-50.

56 MORAES, Alexandre de. *Direito Constitucional*. 15. ed. São Paulo: Atlas, 2004, p. 203.

direito fundamental em normas escritas e adscritas, ambas, todavia, com conteúdo normativo pleno, pois que se revelam em um conteúdo de argumentação jusfundamental.[57]

Na mesma obra, *Alexy* refere-se aos Direitos Sociais Fundamentais como direitos do indivíduo em face do Estado, afirmando que, em função da preservação da autodeterminação do ser humano – que se obtém não apenas a partir da liberdade de agir, mas sim de uma liberdade de fato – há que se ter um conteúdo mínimo a ser provido,[58] para assegurar as condições mínimas de vida digna.[59]

Os fenômenos que levaram a existir uma preocupação maior do Estado e da sociedade com a questão da subsistência no campo previdenciário são de matiz específica: são aqueles que atingem indivíduos que exercem alguma atividade laborativa, no sentido de assegurar direitos mínimos na relação de trabalho, ou de garantir o sustento, temporária ou permanentemente, quando diminuída ou eliminada a capacidade para prover a si mesmo e a seus familiares.

2.2 A solidariedade social

Poder-se-ia sustentar que caberia ao trabalhador se proteger de infortúnios, seja pela assistência de seus familiares e amigos, seja por meio da realização de poupança, prevenindo-se contra um futuro no qual não possa mais ser considerado como economicamente ativo. Ocorre, todavia, que a dependência da caridade alheia importa considerar-se como certo o fato de que sempre há alguém capaz de dar assistência ao inválido, quando tal noção não pode ser tida como minimamente razoável, mesmo nas sociedades nas quais a miséria atinge níveis ínfimos.

Já a tese que propõe se transferir ao trabalhador a responsabilidade por sua subsistência futura, quando venha a deixar de ser capaz para o trabalho, esbarra em situações como a daquele que, ainda no início de sua idade produtiva, venha a sofrer um acidente, tornando-se doravante incapaz para o trabalho. Logo, por mais precavido que possa ser o indivíduo, estará ele sempre sujeito à hipótese de múltiplos infortúnios durante toda a sua vida profissional, e não somente com o advento de sua velhice.

Se a principal finalidade da Previdência Social é a proteção à dignidade da pessoa, não é menos verdadeiro que a solidariedade social é verdadeiro princípio

57 ALEXY, Robert. *Teoria de los Derechos Fundamentales*. Madrid: Centro de Estudios Políticos y Institucionales, 2002, pp. 65-71.

58 Ainda que esse mínimo possa ser diferenciado em razão da sociedade em que está inserida o indivíduo, pois embora possa existir um mínimo ideal a todos os indivíduos em qualquer sociedade, as limitações de cunho material impedem, muitas vezes, que se possa trabalhar concretamente com os mesmos patamares, devendo ser fixados, pois, objetivos fundamentais, tais como os inscritos no art. 3º da Constituição da República Federativa do Brasil.

59 ALEXY, Robert. *Op. cit.*, pp. 482-485.

fundamental do Direito Previdenciário,[60] caracterizando-se pela cotização coletiva em prol daqueles que, num futuro incerto, ou mesmo no presente, necessitem de prestações retiradas desse fundo comum.

Importa ressaltar que os países que, em face de mudanças nos seus regimes previdenciários, adotaram o sistema de capitalização de recursos - mediante contas individualizadas em nome de cada segurado - abandonaram, a nosso ver, a noção de "previdência social", já que esta só se observa quando a sociedade, como um todo, presta solidariedade a cada um dos indivíduos que dela necessitem, por meio do sistema de repartição, ou de fundo único. A partir do momento em que cada trabalhador faça cotizações para si próprio, e não para um fundo mútuo, desaparece a noção de solidariedade social.

2.3 A compulsoriedade da filiação

Deve-se dizer, ainda, que o trabalhador nem sempre está em condições de destinar, voluntariamente, uma parcela de seus rendimentos para uma poupança. Pode ocorrer - e ocorre, via de regra, nos países onde o nível salarial da população economicamente ativa é baixo - de o trabalhador necessitar utilizar todos seus ganhos com sua subsistência e a de seus dependentes, não havendo, assim, excedentes que possam ser economizados.

De outra vertente, pode ocorrer o que parcela da doutrina chama de "miopia social", caracterizada pela ausência de prevenção acerca de suas necessidades econômicas futuras.[61] Assim, o regime legal previdenciário, em regra, estabelece o caráter compulsório à filiação, a fim de que se evite o efeito danoso da imprevidência do trabalhador. Não se pode falar em previdência social se cada trabalhador puder, a seu talante, escolher se vai ou não contribuir para o fundo, pois estaria, mais uma vez, quebrando o ideal de solidariedade social.

Do caráter compulsório da vinculação jurídica do trabalhador à Previdência Social decorre que o *status* de filiado - segurado de um Regime de Previdência Social - é situação que independe de manifestação de vontade do indivíduo, quando este exerça qualquer atividade laborativa remunerada. Assim, além de compulsória, a vinculação jurídica, pela filiação, é automática, e se dá de imediato, com o exercício de trabalho remunerado.

Dúvida poderia advir do fato de que as leis de Previdência Social admitem, em certos casos, a filiação de segurados facultativos. Em verdade, trata-se de situação peculiar, em que indivíduos que não exercem atividade laborativa remunerada são autorizados pela norma, caso assim desejem, a vincular-se a Regime de Previ-

60 BOLLMANN, Vilian. *Hipótese de Incidência Previdenciária e Temas Conexos*. São Paulo: LTr, 2005, p. 22.

61 *El debate sobre la reforma de la seguridade social: en busca de um novo consenso*. Genebra, Associação Internacional de Seguridade Social, 1998, p. 9.

dência Social. Como tais indivíduos não auferem renda advinda do trabalho, sua participação não pode ser compulsória, permitindo-se sua participação para efeito de maior proteção social.

2.4 A proteção aos previdentes

Baseando-se nas mesmas premissas das quais se utiliza o legislador previdenciário para estabelecer a obrigatoriedade de filiação, sustenta-se que a Previdência Social cria para todos os indivíduos economicamente ativos uma proteção a sua renda, uma vez que, sendo o sistema calcado no ideal de solidariedade, se apenas os mais previdentes resolvessem fazer a contribuição para o seguro social, os demais, ao necessitarem da tutela estatal por incapacidade laborativa, causariam um ônus ainda maior a estes trabalhadores previdentes.[62]

Para compreender melhor tal fundamento, costuma-se aludir a um exercício fictício de atuária: caso existisse um Estado com apenas 100 habitantes, dos quais todos trabalhadores, e apenas 50 deles contribuíssem para a formação de um fundo previdenciário, caso os 50 restantes, não contribuintes, se tornassem incapazes para o trabalho, caberia àqueles "previdentes" que contribuíram e formaram a poupança amparar os "imprevidentes", o que lhes acarretaria um encargo "em dobro".

Assim, a compulsoriedade da filiação não deixa de ser uma proteção àqueles que, mesmo de forma não-obrigatória, se protegem de eventos futuros que possam lhes causar incapacidade laborativa.

2.5 A redistribuição de renda

Acrescenta-se às razões da manutenção da Previdência Social o fato de não existir igualdade entre os indivíduos no plano material, mas somente no plano jurídico-legal, de acordo com o princípio de que "todos são iguais perante a lei". Assim, cabe à Previdência Social também a incumbência da redução das desigualdades sociais e econômicas, mediante uma política de redistribuição de renda, retirando maiores contribuições das camadas mais favorecidas e, com isso, concedendo benefícios a populações de mais baixa renda. Por esta razão, defende-se que a Previdência Social deva ser universal, ou seja, abranger, num só regime, toda a população economicamente ativa, exigindo-se de todos contribuições na mesma proporção e, em contrapartida, pagando-se benefícios e prestando-se serviços de igual magnitude, de acordo com a necessidade de cada um – conforme a noção de seletividade das prestações previdenciárias. Tem-se aí uma das finalidades da Previdência, qual seja, o alcance da justiça social.

62 *El debate sobre la reforma de la seguridad social: en busca de um novo consenso*. Genebra, Associação Internacional de Seguridade Social, 1998, p. 9.

Para este fim, como se proclama em texto de *Bobbio*, resulta imperativo que o próprio Estado faça discriminações, no sentido de privilegiar os menos favorecidos, com o que, "desse modo, uma desigualdade torna-se um instrumento de igualdade pelo simples motivo de que corrige uma desigualdade anterior: a nova igualdade é o resultado da equiparação de duas desigualdades".[63]

Na obra de *Del Vecchio* se encontra a afirmação de que

> *A justiça exige igualmente que todos os meios de que o Estado pode legitimamente dispor sejam por este devolvidos, mais do que a qualquer outro escopo, à tutela da vida e da integridade física e moral de seus componentes, e principalmente daqueles que não dispõem de meios para os obter ou de outras pessoas a isso particularmente obrigadas (justiça providencial ou assistencial, também denominada social).*[64]

Dessa forma, são as consequências da vida laborativa moderna, do trabalho moderno,[65] posterior à Revolução Industrial, que levam à criação dos primeiros modelos de Seguro Social, como forma de amparar o trabalhador quando incapacitado e, posteriormente, à instituição das políticas de Seguridade Social, visando, além disso, a uma melhor redistribuição de renda e condições sociais.[66]

A gênese dos Direitos Sociais decorre do momento histórico em que o proletariado lutava por melhores condições de vida e trabalho, após a Revolução Industrial e simultaneamente a doutrinas socialistas e comunistas. Em verdade, demonstra a existência de um clamor popular pelas regras de justiça retributiva,[67] sendo vistos também como forma de conservação do domínio da burguesia liberal, que cede vantagens aos não-detentores do poder, mediante um "recuo estratégico".[68]

Segundo *Evaristo de Moraes Filho*,

> *Ao lado da justiça comutativa que regula os contratos, da justiça distributiva que regula os encargos e as vantagens sociais, importa dar o seu lugar à justiça social, que vela pelo bem comum e da qual a autoridade é gerente e a que todo o indivíduo membro do corpo social é obrigado a servir e corroborar. Beneficiário do bem comum, o indivíduo tem-no, de certo modo, a seu cargo, muito embora os governantes sejam os primeiros responsáveis por ele. A justiça social deve*

---

63 BOBBIO, Norberto. *Igualdade e Liberdade*. Trad. Carlos Nelson Coutinho. Rio de Janeiro: Ediouro, 1996, p. 32.

64 DEL VECCHIO, Giorgio. *A Justiça*. Trad. Antônio Pinto de Carvalho. São Paulo: Saraiva, 1960, p. 109.

65 "A era moderna trouxe consigo a glorificação teórica do trabalho, e resultou na transformação efetiva de toda a sociedade em uma sociedade operária" (ARENDT, Hannah. *A condição humana*. Trad. Roberto Raposo. Rio de Janeiro: Forense Universitária, 2001, p. 12).

66 Como bem pondera Rocha, "Os direitos sociais prestacionais, como saúde, previdência, habitação, educação, na medida que sua implementação reclama a mediação estatal, têm a sua realização umbilicalmente relacionada com a organização de políticas públicas" (ROCHA, Daniel Machado da. *Op. cit.*, p. 96).

67 Conceitua *Bobbio* a "regra de justiça" como sendo aquela segundo a qual se devem tratar os iguais de modo igual e os desiguais de modo desigual, tida a justiça como o valor que preside a conservação da ordem social. Com efeito, o autor conclui que antes de se aplicar esta regra, devem estar preestabelecidos os critérios de justiça – atributiva ou retributiva – que indicam serem os destinatários da aplicação da regra iguais ou desiguais, e que a justiça retributiva é "constitutiva ou reconstitutiva da ordem social", enquanto a atributiva "tende a mantê-la segundo os modos e formas em que foi estabelecida" (BOBBIO, Norberto. *Igualdade e ... cit.*, p.21).

68 BONAVIDES, Paulo. *Teoria do Estado*. 3. ed. São Paulo: Malheiros, 1993, p. 224.

penetrar as instituições e a vida toda dos povos. A sua eficácia deve manifestar-se sobretudo pela criação de uma ordem jurídica e social que informe toda a vida econômica.[69]

Concebe-se que o desenvolvimento da atuação do Estado no âmbito da proteção social culmina – ou deveria culminar – na obtenção da Justiça Social, já que "a redução das desigualdades sociais – tarefa que exige esforço colossal da comunidade – prepara o terreno onde se assenta uma sociedade mais justa".[70]

2.6 O risco social

Os infortúnios causadores da perda, permanente ou temporária, da capacidade de trabalhar e auferir rendimentos foram objeto de várias formulações no sentido de estabelecer de quem seria a responsabilidade pelo dano patrimonial causado ao trabalhador, partindo da responsabilidade subjetiva ou aquiliana do tomador dos seus serviços até chegar-se à responsabilidade da sociedade como um todo, pela teoria do risco social.

Segundo essa teoria, hoje predominante, é da sociedade a responsabilidade, materializada pelas políticas públicas, pela manutenção daqueles indivíduos que, em função de terem exercido seu labor, tenham se inabilitado para prover meios de subsistência. Ou seja, não se cogita, em regra, da responsabilidade do tomador dos serviços do obreiro pela renda necessária à provisão das necessidades do indivíduo incapacitado. Evidentemente, em caso de dolo ou culpa do empregador, existe uma responsabilidade *concorrente*, que é de natureza *civil*, de reparar os *danos* causados.

Nas palavras de *Daniel Machado da Rocha*, "tal desiderato é viabilizado pela redistribuição dos riscos sociais horizontalmente (entre grupos profissionais distintos) e verticalmente (entre gerações) pelo equacionamento da economia coletiva".[71]

Segundo tal teoria, cabe à sociedade assegurar seu sustento ao indivíduo vitimado por uma incapacidade laborativa, já que toda a coletividade deve prestar solidariedade aos desafortunados, sendo tal responsabilidade de cunho objetivo – não se cogitando, sequer, da culpa do vitimado. Se a proteção dos infortúnios decorrentes de acidente do trabalho, por exemplo, vier a ser feita somente por intermédio de seguros privados, desaparece o conceito de risco social, ficando a encargo do tomador dos serviços, exclusivamente, a obrigação de reparar o dano à capacidade de trabalho.

---

69 MORAES FILHO, Evaristo de. *O Direito e a Ordem Democrática*. São Paulo: LTr, 1984, p. 31.

70 BALERA, Wagner. *Noções Preliminares de Direito Previdenciário*. São Paulo: Quartier Latin, 2004, p. 23.

71 ROCHA, Daniel Machado da. *Op. cit.*, p. 144.

2.7 Da previdência à segurança social

Segundo bem esclarece o Relatório sobre a Seguridade Social de 2009, da Conferência Interamericana de Seguridade Social, os programas de benefícios "têm como objetivo prevenir que pessoas caiam na pobreza através de prover padrões de vida adequados", protegendo os indivíduos trabalhadores e as pessoas que deles dependem.

A Previdência Social é, portanto, o ramo da atuação estatal que visa à proteção de todo indivíduo ocupado numa atividade laborativa remunerada, para proteção dos riscos decorrentes da perda ou redução, permanente ou temporária, das condições de obter seu próprio sustento. Eis a razão pela qual se dá o nome de seguro social ao vínculo estabelecido entre o segurado da Previdência e o ente segurador estatal.

Esta, contudo, não esgota as necessidades da população mais carente; é que os planos, benefícios e serviços desta só atingem uma parte da população, vale dizer, aquela que tem uma ocupação definida no mercado formal de trabalho e, ainda, quando reconhecida a relação laboral, aos que, mesmo trabalhando no mercado informal, tenham exercido atividade laborativa. Ficam, contudo, excluídos deste sistema de proteção aqueles que não têm atividade – os desempregados, os inválidos que nunca trabalharam, os idosos que não tiveram direito à aposentação e os menores carentes. A todos estes, cumpre ao Estado prestar outra forma de proteção: a da assistência social. Neste campo de atuação, o Estado não exige – pois não tem como exigir – qualquer contribuição dos beneficiários.

A proteção à saúde, por seu turno, também não é objeto das políticas de previdência social. Caracteriza-se pela concessão gratuita de serviços e medicamentos a qualquer pessoa que deles necessite, ou seja, da mesma forma que ocorre com a assistência social, se torna inexigível a contribuição por boa parte dos beneficiários.

Numa análise mais ampla, poder-se-ia dizer que o Estado, na sua função primordial de promover o bem-estar de todos (art. 3º, IV, da CF), deve velar pela segurança do indivíduo. Este conceito de segurança abrange três vertentes: a segurança da integridade física e moral do ser humano, mediante o exercício do monopólio da força pela supremacia estatal, impedindo o exercício arbitrário das próprias razões e punindo o atentado à vida, à integridade física, à intimidade, à privacidade, à honra e à imagem, bem como ao patrimônio dos indivíduos; a segurança jurídica, gerada pelo Estado de Direito, com seus princípios de legalidade e igualdade perante a lei, e da inafastabilidade de apreciação pelo Poder Judiciário de qualquer lesão ou ameaça de lesão a direito; e a segurança social, que se busca pelas políticas nas áreas de interesse da população menos favorecida, no escopo de erradicação da pobreza e redução das desigualdades sociais, sendo, pois, direito subjetivo fundamental, exercitado contra o Estado e a Sociedade.

Assim, a noção de segurança social - ou, nos termos da Constituição vigente, Seguridade Social - abarca não só a Previdência Social, como também as ações nos campos da Assistência Social e da Saúde, sendo todas, a partir de então, custeadas pelos aportes chamados de contribuições sociais, somados aos recursos orçamentários dos entes públicos.

Capítulo 3
Modelos de Previdência Social

Uma vez estabelecida a noção majoritária de que a Previdência Social é um direito subjetivo do indivíduo, exercitado em face da sociedade a que pertence, personificada na figura do Estado-Providência, impõe-se que esta sociedade participe do regime de seguro social, por meio de aportes que garantam recursos financeiros suficientes à aplicação da política de segurança social.

Não existe um modo único de se prover aos indivíduos a proteção social quanto a infortúnios que afetem sua capacidade de labor e subsistência. Assim, têm-se no âmbito mundial vários sistemas em funcionamento, estando muitos deles em fase de transição, e outros, em que o modelo originário já foi substituído. Cabe, nesta oportunidade, distinguir os vários modelos de previdência social e, por último, responder à indagação se os regimes privatizados são, ou não, modelos de previdência social.

O fato de que o desenvolvimento do arcabouço de técnicas de proteção social é fenômeno típico do século XX, e não de antes disso, revela um outro, o de que na verdade há, no presente, diversos modelos de sistemas de previdência e seguridade social, quando feito o estudo do Direito Comparado.

Vista a questão sob o ponto de vista político-ideológico, como o faz *Gosta Esping-Andersen*[72], são identificados três modelos de regimes.

O primeiro, denominado regime social-democrata, típico dos países nórdicos, cuja ênfase é a universalidade da cobertura a todos os cidadãos, é marcado por benefícios de montante consideravelmente elevado em comparação a outros países, mesclando-se benefícios baseados em contribuições e não-contributivos, além de uma vasta malha de serviços públicos, gratuitos.

O segundo, chamado conservador-corporativo, tem por nascedouro a Europa ocidental, cuja tendência é priorizar o seguro social compulsório voltado à proteção dos riscos sociais, com foco na população que exerce trabalho remunerado, cujo custeio tem por base principal a contribuição destes trabalhadores e de seus

---

72 ESPING-ANDERSEN, Gosta. *The Three Worlds of Welfare Capitalism*. Princeton: Princeton University Press, 1990.

tomadores de serviços, com benefícios proporcionais às contribuições. Há também benefícios não contributivos para atender demandas assistenciais.

O terceiro, identificado como liberal, garante uma proteção residual, com benefícios contributivos e não contributivos que visam o combate à pobreza e a garantia de um patamar mínimo de renda, com limitada rede de serviços públicos gratuitos. Este modelo é adotado, entre outros países, no Reino Unido, Irlanda, Canadá e Estados Unidos.

Um quarto modelo, segundo alguns estudiosos, seria denominado mediterrâneo, por ser típico dos países do sul da Europa (Espanha, Portugal, Itália, Grécia) e diferenciar-se do regime dito conservador-corporativo por haver um sistema de saúde pública universal e, dada a grande quantidade de pessoas trabalhando na informalidade ou em regime de economia familiar, haver uma preocupação específica, além da proteção à população assalariada.[73]

3.1 Sistemas contributivos e não contributivos

Separam-se os sistemas previdenciários em relação ao custeio, entre outros modos, de acordo com a fonte de arrecadação da receita necessária ao desempenho da política de proteção social.

Há, assim, sistemas que adotam, em seus regramentos, que a arrecadação dos recursos financeiros para a ação na esfera do seguro social dar-se-á por meio de aportes diferenciados dos tributos em geral, de modo que as pessoas especificadas na legislação própria ficam obrigadas a contribuir para o regime. Entre as pessoas legalmente obrigadas a contribuir estão aqueles que serão os potenciais beneficiários do sistema – os segurados –, bem como outras pessoas – naturais ou jurídicas – pertencentes à sociedade a quem a lei cometa o ônus de também participar no custeio do regime. É o sistema dito contributivo, embasado nas contribuições sociais.

Contribuições sociais são aquelas destinadas exclusivamente a servir de base financeira para as prestações previdenciárias,[74] e, no sistema brasileiro, também para as áreas de atuação assistencial e de saúde pública.

Noutros sistemas de financiamento, a arrecadação provém não de um tributo específico, mas sim da destinação de parcela da arrecadação tributária geral, de modo que os contribuintes do regime não são identificáveis, já que qualquer pessoa que tenha pago tributo ao Estado estará, indiretamente, contribuindo para o custeio da Previdência. São os sistemas ditos não contributivos. A Austrália e alguns países da Europa – a Dinamarca, por exemplo – adotam o sistema não contributivo.

---

73 BATISTA, Analía Soria *et alii*. *Envelhecimento e Dependência: desafios para a organização da proteção social*. Brasília: MPS, SPPS, 2008, pp. 21-22.

74 COIMBRA, J. R. Feijó. *Direito previdenciário brasileiro*. 7. ed., Rio de Janeiro: Edições Trabalhistas, 1997, p. 240.

A Previdência Social brasileira, como será melhor explicitado no capítulo 8, é composta por mais de um regime jurídico. O Regime Geral de Previdência Social, que abarca a maior parte dos indivíduos, sempre foi de natureza contributiva, tal como indica o art. 201 da Constituição, já que os trabalhadores, desde a criação do sistema, sempre contribuíram de forma compulsória para o custeio deste regime. Além do Regime Geral, há os regimes previdenciários instituídos pela União, Estados, Distrito Federal e Municípios, para proteção, quanto aos riscos sociais, dos agentes públicos titulares de cargos efetivos e vitalícios, conforme previsão contida nos artigos 40 e 149 da Constituição. Quanto a esses últimos, durante muito tempo houve a concessão de benefícios de aposentadorias (e em alguns casos, de outros benefícios) sem a exigência de contribuição por parte dos servidores, apresentando-se, até a promulgação da Emenda Constitucional n. 20/98, como regimes tipicamente não-contributivos. Com a exigência de contribuição, que passou a constar expressamente do texto do caput do art. 40 da Carta a partir de 16.12.1998, também os chamados "regimes próprios" passaram a ter caráter contributivo.

No sistema contributivo, os recursos orçamentários do Estado para o custeio do regime previdenciário também concorrem para este, mas não com a importância que os mesmos possuem no modelo não-contributivo. Cumpre ao Estado garantir a sustentação do regime previdenciário, com uma participação que pode variar, já que eventuais insuficiências financeiras deverão ser cobertas pelo Poder Público (art. 16, parágrafo único, da Lei n. 8.212/91).

3.2 Sistemas contributivos de repartição e capitalização

Entre os sistemas baseados em contribuições sociais, encontramos nova divisão, no que tange à forma como os recursos obtidos são utilizados.

Alguns sistemas adotam regras que estabelecem, como contribuição social, a cotização de cada indivíduo segurado pelo regime durante certo lapso de tempo, para que se tenha direito a benefícios. Assim, somente o próprio segurado - ou uma coletividade deles - contribui para a criação de um fundo - individual ou coletivo - com lastro suficiente para cobrir as necessidades previdenciárias dos seus integrantes. O modelo de capitalização, como é chamado, é aquele adotado nos planos individuais de previdência privada, bem como nos "fundos de pensão", as entidades fechadas de previdência complementar.

Nesse sistema, a participação do Estado é mínima, e a do empregador vai variar conforme a normatização de cada sistema (*vide* art. 202 da Constituição, com a redação conferida pela Emenda Constitucional n. 20/98). Primordial no sistema de capitalização é a contribuição do próprio segurado, potencial beneficiário, que deverá cumprir o número de cotas ou o valor estabelecido para garantir a proteção pelo sistema para si e seus dependentes.

Já no sistema de repartição, as contribuições sociais vertem para um fundo único, do qual saem os recursos para a concessão de benefícios a qualquer beneficiário que atenda aos requisitos previstos na norma previdenciária. A participação do segurado continua sendo importante, mas a ausência de contribuição em determinado patamar não lhe retira o direito a benefícios e serviços, salvo nas hipóteses em que se lhe exige alguma carência. Como salienta *Feijó Coimbra*, este modelo repousa no ideal de solidariedade,[75] no pacto entre gerações – já que cabe à atual geração de trabalhadores em atividade pagar as contribuições que garantem os benefícios dos atuais inativos, e assim sucessivamente, no passar dos tempos –, ideia lançada no Plano Beveridge inglês, e que até hoje norteia a maior parte dos sistemas previdenciários no mundo.

3.3 Sistemas privados de previdência

No ano de 1981, o Chile, então sob a ditadura de Augusto Pinochet, inaugurou uma nova forma de gerir a questão previdenciária, na qual as contribuições dos trabalhadores não mais seriam vertidas para um fundo público, mas para entidades privadas, denominadas Administradoras de Fundos de Pensões - AFPs, de forma compulsória. Caberia ao Estado o estabelecimento de regras de funcionamento e fiscalização. Para os que não conseguissem cotizar o suficiente para ter direito a uma aposentadoria, foi previsto um benefício assistencial mínimo. Houve, ainda, a assunção pelo Estado das despesas com o passivo das aposentadorias e pensões que então era extinto.

Pelo sistema estabelecido, os trabalhadores chilenos devem destinar entre 10 e 12% de seu ganho mensal às AFPs, que investem estes recursos em ações e bônus, tanto no Chile quanto no exterior - sujeitando o capital investido, portanto, às incertezas do mercado e da economia interna e mundial.

O modelo chileno, totalmente privatizante da previdência - mantida pelo Estado apenas a assistência social - foi daí para frente paradigma para diversos estudos, ganhando adeptos no campo doutrinário e, na década seguinte, sendo implantado, com algumas alterações, em outros países latino-americanos, como México, Argentina e Peru. Transformou-se, assim, no modelo preconizado pelo Banco Mundial (no estudo *Averting the Old Age Crisis: Policies to Protect the Old and Promote Growth*, 2004).

Diga-se, de plano, que não se considera tal modelo um verdadeiro sistema de previdência social. É que a concepção de seguro social fica totalmente comprometida pelo fato de não haver, na verdade, participação da sociedade no custeio (quebrando-se o fundamento da solidariedade).

75 COIMBRA, *op. cit.*, p. 233.

O que se nota, todavia, é que o modelo privatizante parece ter atingido o seu ocaso. O Chile, precursor da privatização, decidiu modificar substancialmente o sistema, passando a vigorar novas regras a partir de julho de 2008. Nestas, ainda que não se observe um retorno ao modelo estatal, podem ser notadas mudanças de caráter social, como a instituição de um *aporte previsional solidario* a qualquer pessoa que tenha cotizado valores insuficientes, para assegurar um complemento de renda - custeado pelo Estado - a partir destes aportes, o que assegura uma proteção social pouco maior que a assistencial.

Mantém-se, portanto, o regime das Administradoras de Fundos de Pensões, privadas, mas é assegurado um patamar de proteção previdenciária a ser entregue pelo Estado, caso a cotização privada seja pequena.

Entretanto, um dos pontos fundamentais da reforma proposta por Michelle Bachelet, a criação de uma AFP estatal, foi vetado pelo legislativo (informações retiradas do *site* http://www.bcn.cl/guias/reforma-previsional-las-pensiones-solidarias, acesso em 2.1.2009).

3.4 O sistema de pilares

A doutrina e os organismos ligados à pesquisa em matéria de seguridade social têm lançado suas luzes sobre a formação de modelos mais recentes de financiamento e distribuição de benefícios, superando a noção de uma só forma de custeio (baseada em contribuições exclusivamente, ou não) e de níveis de cobertura aos beneficiários, com o fito de atingir o objetivo da universalidade do atendimento àqueles que necessitam de proteção.

A isto se costuma denominar de modelos construídos sobre mais de um "pilar". Segundo o Relatório sobre a Seguridade Social de 2009 da Conferência Interamericana de Seguridade Social, a literatura sobre o tema sugere a formação de três pilares: o primeiro seria uma rede de seguridade ou pensão mínima para todos os cidadãos, financiada por impostos gerais; o segundo, um sistema de benefícios contributivo, voltado à atividade laborativa, financiado por contribuições sobre salários; e o terceiro, baseado na economia voluntária individual. O modelo brasileiro atual vai de encontro a esta tendência, se observarmos que ao chamado "primeiro pilar" podemos associar as políticas de assistência social e saúde, ao "segundo pilar" os Regimes de Previdência Social - atualmente todos contributivos e em modelo de repartição simples -, e ao "terceiro pilar", a Previdência Complementar Privada, em forma de capitalização. No Chile, paradigma de muitos estudiosos, o segundo pilar foi entregue a administradoras de fundos de pensão, como visto.

O Banco Mundial, em estudo de 2005, denominado *Old Age Income Support in the 21st Century*, tem defendido não mais o modelo de três pilares, o qual sustentou até 2004, no já lembrado texto *Averting the Old Age Crisis: Policies to*

Protect the Old and Promote Growth. A proposta mais recente englobaria cinco níveis de proteção:

> *Estes são: pilar "zero" ou não contributivo, "um"- o qual é contributivo em função dos ingressos; "dois" - o qual é obrigatório e baseia-se na criação de contas individuais; "três" - que consiste em acordos voluntários flexíveis (financiados pelo empregador, de tipo contribuição definida ou benefício definido); e "quatro" - que consiste em transferências adicionais em espécie ou monetárias (inter ou intrageracionais, incluindo seguro de saúde, transferências familiares, etc.).*

No âmbito das reformas previdenciárias em outros países, pode-se identificar também a questão da existência de um ou mais sistemas, de acordo com o estudo de *Mercedes Hoces Quinteros*: nos países de "sistema único", a filiação a este é de caráter obrigatório; nos países de "sistema misto integrado", como o do Uruguai, "o regime de capitalização individual e o de repartição coexistem", sendo obrigatória a filiação a um dos dois regimes, ou a ambos; e nos de "sistema misto em concorrência", como o da Colômbia, o regime de capitalização e o de repartição são concorrentes, cabendo aos trabalhadores escolher, obrigatoriamente, um dos regimes, sendo a contribuição destinada integralmente ao regime escolhido.[76]

O modelo brasileiro, segundo esta linha de pensamento, se divide da seguinte forma:

Pilar 1 - Previdência Social Básica: pública, compulsória em forma de repartição, com financiamento misto (trabalhadores, tomadores de serviços e poder público), dividida em múltiplos regimes: o Regime Geral, administrado pela União, cuja atribuição é descentralizada à autarquia INSS; e os Regimes Próprios de Previdência dos Servidores, administrados pelos entes da Federação, baseados no princípio da solidariedade e com o objetivo de oferecer proteção à classe trabalhadora em geral (empregados de qualquer espécie, trabalhadores avulsos, por conta própria e empresários dos meios urbano e rural, servidores públicos).

Pilar 2 - Previdência Complementar: privada, em regime de capitalização, na modalidade contribuição definida, facultativa à classe trabalhadora na modalidade fechada (financiada, neste caso, com contribuições dos trabalhadores e tomadores de serviços), e a todos os indivíduos, na modalidade aberta (com contribuição somente do indivíduo), administrada por entidades de previdência complementar.

Pilar 3 - Assistência Social: para idosos e portadores de necessidades ou cuidados especiais, abrangendo as pessoas que estejam carentes de condições de subsistência, segundo critérios estabelecidos em lei financiada pelos contribuintes da Seguridade Social e pelos entes da Federação.

---

76 QUINTEROS, Mercedes Hoces. Portabilidade dos fundos previdenciários: uma nova alternativa para os trabalhadores migrantes. In: BRASIL. MINISTÉRIO DA PREVIDÊNCIA SOCIAL. *Migrações Internacionais e a Previdência Social.* Brasília: MPAS, SPS, CGEP, 2006, p. 93.

Há múltiplos regimes, mas todos são de filiação obrigatória, porque "únicos" em relação a cada um dos grupos de indivíduos protegidos: trabalhadores da iniciativa privada, agentes públicos federais, estaduais e municipais.

Para um aprofundamento de ideias acerca das perspectivas da Seguridade Social brasileira e mundial, sugerimos ao leitor a leitura da Parte V desta obra.

Capítulo 4
A Evolução da proteção social no Brasil

A formação de um sistema de proteção social no Brasil, a exemplo do que se verificou na Europa, se dá por um lento processo de reconhecimento da necessidade de que o Estado intervenha para suprir deficiências da liberdade absoluta[77] – postulado fundamental do liberalismo clássico – partindo do assistencialismo para o Seguro Social, e deste para a formação da Seguridade Social.

É relevante acentuar, para uma análise de tal processo, alguns aspectos da sociedade brasileira descritos por *Rocha*, contextualizando o Estado patrimonialista herdado, por assim dizer, da cultura ibérica, no período que antecede a primeira Constituição brasileira:

> *O desenvolvimento do Brasil, como o da América Latina em geral, não foi caracterizado pela transição do feudalismo para o capitalismo moderno, com um mínimo de intervenção estatal. A relação entre o Estado brasileiro e a sociedade civil sempre foi uma relação peculiar, pois as condições nas quais aquele foi concebido – tais como partidos políticos regionais e oligárquicos, clientelismo rural, ausência de camadas médias organizadas politicamente, inviabilizando a institucionalização de formas de participação política e social da sociedade civil – determinaram o nascimento do Estado antes da sociedade civil. Por conseguinte, a questão social, tão antiga quanto a história nacional do Brasil como nação independente, resultará complexa. Enquanto a primeira revolução industrial estava na sua fase de maturação na Inglaterra (1820 a 1830), o Brasil acabara de promover a sua independência, deixando de ser colônia, mas permanecendo com uma economia arcaica baseada no latifúndio e no trabalho escravo. Por isto, antes de ingressar na era industrial, nosso País já apresentava contornos sociais marcados por desigualdades, em especial, uma distribuição de renda profundamente desigual.*[78]

O Brasil só veio a conhecer verdadeiras regras de caráter geral em matéria de previdência social no século XX. Antes disso, apesar de haver previsão constitucional a respeito da matéria, apenas em diplomas isolados aparece alguma forma

---

77 "A sociedade, no seio da qual o indivíduo vive, e que por razões de conveniência geral, lhe exige a renúncia de uma parcela de liberdade, não poderá deixar de compensá-lo da perda que sofre, com a atribuição da desejada segurança" (COIMBRA, J. R. Feijó. *Op. cit.*, p. 45).

78 ROCHA, Daniel Machado da. *Op. cit.*, p. 45.

de proteção a infortúnios. A Constituição de 1824 – art. 179, XXXI – mencionava a garantia dos socorros públicos, em norma meramente programática; o Código Comercial, de 1850, em seu art. 79, garantia por três meses a percepção de salários do preposto acidentado, sendo que desde 1835 já existia o Montepio Geral da Economia dos Servidores do Estado (MONGERAL) – primeira entidade de previdência privada no Brasil.

4.1 Primeiras regras de proteção

À semelhança do que se observa no âmbito mundial, as primeiras formas de proteção social dos indivíduos no Brasil tinham caráter eminentemente beneficente e assistencial. Assim, ainda no período colonial, tem-se a criação das Santas Casas de Misericórdia, sendo a mais antiga aquela fundada no Porto de São Vicente, depois Vila de Santos (1543),[79] seguindo-se as Irmandades de Ordens Terceiras (mutualidades) e, no ano de 1785, estabeleceu-se o Plano de Beneficência dos Órfãos e Viúvas dos Oficiais da Marinha.[80] No período marcado pelo regime monárquico, pois, houve iniciativas de natureza protecionista.

Segundo pesquisas feitas por *Antonio Carlos de Oliveira*, "o primeiro texto em matéria de previdência social no Brasil foi expedido em 1821, pelo ainda Príncipe Regente, Dom Pedro de Alcântara. Trata-se de um Decreto de 1º de outubro daquele ano, concedendo aposentadoria aos mestres e professores, após 30 anos de serviço, e assegurado um abono de 1/4 (um quarto) dos ganhos aos que continuassem em atividade".[81] Em 1888, o Decreto n. 9.912-A, de 26 de março, dispôs sobre a concessão de aposentadoria aos empregados dos Correios, fixando em trinta anos de serviço e idade mínima de 60 anos os requisitos para tal. Em 1890, o Decreto n. 221, de 26 de fevereiro, instituiu a aposentadoria para os empregados da Estrada de Ferro Central do Brasil, posteriormente estendida aos demais ferroviários do Estado pelo Decreto n. 565, de 12 de julho do mesmo ano.

A Constituição de 1891, art. 75, previu a aposentadoria por invalidez aos servidores públicos.

Em 1892, a Lei n. 217, de 29 de novembro, instituiu a aposentadoria por invalidez e a pensão por morte dos operários do Arsenal de Marinha do Rio de Janeiro.

O peculiar em relação a tais aposentadorias é que não se poderia considerá-las como verdadeiramente pertencentes a um regime previdenciário contributivo, já que os beneficiários não contribuíam durante o período de atividade. Vale dizer,

79 TAVARES, Marcelo Leonardo. *Direito Previdenciário*, p. 208.

80 CAMPOS, Marcelo Barroso Lima Brito de. *Regime Próprio de Previdência Social dos Servidores Públicos*. Belo Horizonte: Líder, 2004, p. 38.

81 OLIVEIRA, Antonio Carlos de. *Direito do trabalho e previdência social: estudos*. São Paulo: LTr, 1996, p. 91.

as aposentadorias eram concedidas de forma graciosa pelo Estado. Assim, até então, não falava em previdência social no Brasil.

A primeira lei sobre proteção do trabalhador contra acidentes do trabalho surgiu em 1919; antes, o trabalhador acidentado tinha apenas como norma a lhe proteger o art. 159 do antigo Código Civil, vigente a partir de 1917, e antes disso, as normas das Ordenações Filipinas.

4.2 A Lei Eloy Chaves

Em termos de legislação nacional, a doutrina majoritária considera como marco inicial da Previdência Social a publicação do Decreto Legislativo n. 4.682, de 24.1.23, mais conhecido como Lei Eloy Chaves, que criou as Caixas de Aposentadoria e Pensões nas empresas de estradas de ferro existentes, mediante contribuições dos trabalhadores, das empresas do ramo e do Estado, assegurando aposentadoria aos trabalhadores e pensão a seus dependentes em caso de morte do segurado, além de assistência médica e diminuição do custo de medicamentos. Entretanto, o regime das "caixas" era ainda pouco abrangente, e, como era estabelecido por empresa, o número de contribuintes foi, às vezes, insuficiente.[82]

Saliente-se, contudo, que antes mesmo da Lei Eloy Chaves, já existia o Decreto n. 9.284, de 30.12.11, que instituiu a Caixa de Aposentadoria e Pensões dos Operários da Casa da Moeda, abrangendo, portanto, os então funcionários públicos daquele órgão.

A Lei Eloy Chaves criou, de fato, a trabalhadores vinculados a empresas privadas, entidades que se aproximam das hoje conhecidas entidades fechadas de previdência complementar, ou fundos de pensão, já que se constituíam por empresas, embora, como relata *Stephanes*,

> *muitas vezes não se atingia o número necessário de segurados para o estabelecimento de bases securitárias – ou seja, um número mínimo de filiados com capacidade contributiva para garantir o pagamento dos benefícios a longo prazo. Mesmo assim, Eloy Chaves acolheu em sua proposta dois princípios universais dos sistemas previdenciários: o caráter contributivo e o limite de idade, embora vinculado a um tempo de serviço.*[83]

De regra, o modelo contemplado na Lei Eloy Chaves se assemelha ao modelo alemão de 1883, em que se identificam três características fundamentais: (a) a obrigatoriedade de participação dos trabalhadores no sistema, sem a qual não seria atingido o fim para o qual foi criado, pois mantida a facultatividade, seria mera alternativa ao seguro privado; (b) a contribuição para o sistema, devida pelo trabalhador, bem como pelo empregador, ficando o Estado como responsável pela

82 STEPHANES, Reinhold. *Reforma da previdência sem segredos*. Rio de Janeiro: Record, 1998, p. 94.

83 *Idem, ibidem.*

regulamentação e supervisão do sistema; e (c) por fim, um rol de prestações definidas em lei, tendentes a proteger o trabalhador em situações de incapacidade temporária, ou em caso de morte do mesmo, assegurando-lhe a subsistência.[84]

Em seguida ao surgimento da Lei Eloy Chaves, criaram-se outras Caixas em empresas de diversos ramos da atividade econômica. Todavia, a primeira crise do sistema previdenciário ocorreria em 1930. Em face de inúmeras fraudes e denúncias de corrupção, o governo de Getúlio Vargas suspendeu, por seis meses, a concessão de qualquer aposentadoria. A partir de então, passou a estrutura, pouco a pouco, a ser reunida por categoria profissional, surgindo os IAP – Institutos de Aposentadoria e Pensões (dos Marítimos, dos Comerciários, dos Bancários, dos Empregados em Transportes de Carga).[85]

4.3 Os institutos de classe

A primeira instituição brasileira de previdência social de âmbito nacional, com base na atividade econômica, foi o IAPM – Instituto de Aposentadoria e Pensões dos Marítimos, criada em 1933, pelo Decreto n. 22.872, de 29 de junho daquele ano. Seguiram-se o IAPC – Instituto de Aposentadoria e Pensões dos Comerciários – e o IAPB – Instituto de Aposentadoria e Pensões dos Bancários, em 1934; o IAPI – Instituto de Aposentadoria e Pensões dos Industriários, em 1936; o IPASE – Instituto de Previdência e Assistência dos Servidores do Estado, e o IAPETC – Instituto de Aposentadoria e Pensões dos Empregados em Transportes e Cargas, estes em 1938.

A Constituição de 1934 foi a primeira a estabelecer, em texto constitucional, a forma tripartite de custeio: contribuição dos trabalhadores, dos empregadores e do Poder Público (art. 121, § 1º, *h*). A Constituição de 1937 não trouxe evoluções nesse sentido, apenas tendo por particularidade a utilização da expressão "seguro social".

Também foi regulamentada a aposentadoria dos funcionários públicos (1939). As normas indicam uma tendência existente desde o Império, segundo a qual a extensão de benefícios, no Brasil, parte sempre de uma categoria para a coletividade, e inicia-se no serviço público para depois se estender aos trabalhadores da iniciativa privada.[86]

Em matéria de assistência social, foi criada a Legião Brasileira de Assistência – LBA, em 1942 (Decreto-lei n. 4.890/42).

84 PEREIRA NETTO, Juliana Pressotto. *A Previdência Social em Reforma: o desafio da inclusão de um maior número de trabalhadores*. São Paulo: LTr, 2002, p. 36.

85 *Idem, ibidem*.

86 RUSSOMANO, Mozart Victor. *Comentários à Consolidação das Leis da Previdência Social*. 2. ed., São Paulo: Revista dos Tribunais, 1981, p. 7.

No ano de 1945, o Decreto-Lei n. 7.526 tencionava o estabelecimento de um verdadeiro sistema de Previdência Social, com a tentativa de uniformização das normas a respeito dos benefícios e serviços devidos por cada instituto de classe, tendo nítida influência das diretrizes dos Relatórios de Beveridge.[87] Contudo, tal diploma não chegou a ser eficaz, por ausência de regulamentação – que deveria ter normatizado a organização e funcionamento do que seria o Instituto dos Serviços Sociais do Brasil, instituição que nunca chegou a existir.[88]

A Constituição de 1946 previa normas sobre previdência no capítulo que versava sobre Direitos Sociais, obrigando, a partir de então, o empregador a manter seguro de acidentes de trabalho. Foi a primeira tentativa de sistematização constitucional de normas de âmbito social, elencadas no art. 157 do texto. A expressão "previdência social" foi empregada pela primeira vez numa Constituição brasileira.

Em 1949, o Poder Executivo editou o Regulamento Geral das Caixas de Aposentadorias e Pensões (Decreto n. 26.778, de 14.6.49), padronizando a concessão de benefícios, já que, até então, cada Caixa tinha suas regras próprias. Quatro anos depois estabelecia-se a fusão de todas as Caixas remanescentes, por meio do Decreto n. 34.586, de 12.11.53, surgindo a Caixa Nacional, transformada em Instituto pela Lei Orgânica da Previdência Social, de 1960.

Paralelamente aos regramentos de Previdência dos trabalhadores da iniciativa privada, o Estatuto dos Funcionários Públicos Civis da União – Lei n. 1.711/52, regulava, em separado, o direito à aposentadoria dos ocupantes de cargos públicos federais, e o instituto da pensão por morte a seus dependentes,[89] diploma que se manteve vigente até 1990.

Também em 1953 o profissional liberal de qualquer espécie foi autorizado, pelo Decreto n. 32.667, a se inscrever na condição de segurado na categoria de trabalhador autônomo.

Em 1960 foi criado o Ministério do Trabalho e Previdência Social e promulgada a Lei n. 3.807, Lei Orgânica da Previdência Social – LOPS, cujo projeto tramitou desde 1947. Este diploma não unificou os organismos existentes, mas criou normas uniformes para o amparo a segurados e dependentes dos vários Institutos existentes, tendo sido efetivamente colocado em prática. Como esclarece *Antonio Carlos de Oliveira*, por meio da LOPS estabeleceu-se um único plano de benefícios, "amplo e avançado, e findou-se a desigualdade de tratamento entre os segurados das entidades previdenciárias e seus dependentes".[90] Continuavam excluídos da Previdência, contudo, os rurais e os domésticos.

---

87 ROCHA, Daniel Machado da. *Op. cit.*, p. 62.

88 RUSSOMANO, Mozart Victor. *Comentários à Consolidação ... cit.*, p. 12.

89 SOBRINHO, Eduardo Pinto Pessoa. *Manual dos Servidores do Estado*. 13. ed. Rio de Janeiro: Freitas Bastos, 1985, p. 12.

90 OLIVEIRA, Antonio Carlos de. *Direito do Trabalho...*, cit., p. 113.

Em 1963, a Lei n. 4.296, de 3 de outubro, criou o salário-família, destinado aos segurados que tivessem filhos menores, visando à manutenção destes. No mesmo ano foi criado o décimo terceiro salário e, no campo previdenciário, pela Lei n. 4.281, de 8 de novembro daquele ano, o abono anual, até hoje existente.

Em 1965, pela Emenda Constitucional n. 11, foi estabelecido o princípio da precedência da fonte de custeio em relação à criação ou majoração de benefícios.

4.4 Da criação do INPS à Constituição de 1988

Apenas em 1º de janeiro de 1967 foram unificados os IAP, com o surgimento do Instituto Nacional de Previdência Social – INPS, criado pelo Decreto-lei n. 72, de 21.11.66, providência de há muito reclamada pelos estudiosos da matéria, em vista dos problemas de déficit em vários dos institutos classistas.

A unificação da então chamada Previdência Social Urbana, no entanto, não tinha por função apenas a unidade das regras de proteção. Como relata *Borges*, "a previdência brasileira, sob o argumento de controle e da segurança nacional, começou a perder seu rumo, pois todos os recursos dos institutos unificados foram carreados para o Tesouro Nacional, confundindo-se com o orçamento governamental".[91]

A Constituição de 1967 estabeleceu a criação do seguro-desemprego, que até então não existia, regulamentado com o nome de auxílio-desemprego. A Emenda Constitucional n. 1/69 não inovou na matéria previdenciária.

Ainda em 1967, o SAT – Seguro de Acidentes de Trabalho foi incorporado à Previdência Social pela Lei n. 5.316, de 14 de setembro, embora sua disciplina legal não estivesse incluída no mesmo diploma que os demais benefícios. Assim, o SAT deixava de ser realizado com instituições privadas para ser feito exclusivamente por meio de contribuições vertidas ao caixa único do regime geral previdenciário.

Os trabalhadores rurais passaram a ser segurados da Previdência Social a partir da edição da Lei Complementar n. 11/71 (criação do FUNRURAL). Os empregados domésticos, em função da Lei n. 5.859/72, art. 4º. Assim, a Previdência Social brasileira passou a abranger dois imensos contingentes de indivíduos que, embora exercessem atividade laboral, ficavam à margem do sistema.

A última lei específica sobre acidentes de trabalho foi a Lei n. 6.367, de 1976. Nesse ano, foi feita nova compilação das normas previdenciárias estatuídas em diplomas avulsos, pelo Decreto n. 77.077/76.

Em 1977 foi promulgada a Lei n. 6.435, que regulou a possibilidade de criação de instituições de previdência complementar, matéria regulamentada pelos Decretos ns. 81.240/78 e 81.402/78, quanto às entidades de caráter fechado e aberto, respectivamente.

91 BORGES, Mauro Ribeiro. *Op. cit.*, p. 40.

No mesmo ano, a Lei n. 6.439/77 trouxe novas transformações ao modelo previdenciário, desta vez quanto a seu aspecto organizacional. Criou-se o SINPAS – Sistema Nacional de Previdência e Assistência Social, que teria as atribuições distribuídas entre várias autarquias. Foram criados o IAPAS – Instituto de Administração Financeira da Previdência e Assistência Social (para arrecadação e fiscalização das contribuições) e o INAMPS – Instituto Nacional de Assistência Médica da Previdência Social (para atendimentos dos segurados e dependentes, na área de saúde), mantendo-se o INPS (para pagamento e manutenção dos benefícios previdenciários), a LBA (para o atendimento a idosos e gestantes carentes), a FUNABEM (para atendimento a menores carentes), a CEME (para a fabricação de medicamentos a baixo custo) e a DATAPREV (para o controle dos dados do sistema), todos fazendo parte do SINPAS. Até então, mantinha-se à margem do sistema o IPASE, extinto juntamente com o FUNRURAL.

A extinção do IPASE, contudo, não significou a uniformização da proteção previdenciária entre trabalhadores da iniciativa privada e servidores públicos; estes permaneceram regidos por normas específicas, na Lei n. 1.711/52 – o Estatuto dos Servidores Civis da União.

Antonio Carlos de Oliveira, comentando o assunto, demonstra a natureza da alteração ocorrida:

> *A Lei n. 6.439, que instituiu o SINPAS, alterou, portanto, apenas estruturalmente a previdência social brasileira, racionalizando e simplificando o funcionamento dos órgãos. Promoveu uma reorganização administrativa, sem modificar nada no que tange a direitos e obrigações, natureza e conteúdo, condições das prestações, valor das contribuições, etc., como ficara bem claro na Exposição de Motivos com que o então Ministro da Previdência, Nascimento e Silva, encaminhara o anteprojeto.*[92]

Observa-se, ainda, em relação à criação do SINPAS, certa confusão entre os conceitos de previdência social, assistência social e saúde pública. Como bem salienta *Celso Barroso Leite*, houve uma ampliação do sentido de previdência social para abarcar também a assistência social, entendendo-se àquela época previdência social como sendo a soma das ações no campo do seguro social e das iniciativas assistenciais.[93]

A Emenda Constitucional n. 18, de junho de 1981, dispôs sobre o direito à aposentadoria com proventos integrais dos docentes, contando exclusivamente tempo de efetivo exercício em funções de magistério, após trinta anos de serviço – para os professores – e vinte e cinco anos de serviço, para as professoras.

Em 1984, a última Consolidação das Leis da Previdência Social – CLPS reuniu toda a matéria de custeio e prestações previdenciárias, mais as decorrentes de acidentes do trabalho.

---

92 *Direito do Trabalho*... cit., p. 124.

93 LEITE, Celso Barroso. *A proteção social no Brasil*. 2. ed., São Paulo: LTr, 1978, p. 18.

O benefício do seguro-desemprego, previsto no art. 165, XVI, da Constituição então vigente, foi criado pelo Decreto-lei n. 2.284/86, para os casos de desemprego involuntário, garantindo um abono temporário.

4.5 A Constituição de 1988 e a Seguridade Social

A Constituição Federal de 1988 estabeleceu o sistema de Seguridade Social, como objetivo a ser alcançado pelo Estado brasileiro, atuando simultaneamente nas áreas da saúde, assistência social e previdência social, de modo que as contribuições sociais passaram a custear as ações do Estado nestas três áreas, e não mais somente no campo da Previdência Social. Porém, antes mesmo da promulgação da Constituição, já havia disposição legal que determinava a transferência de recursos da Previdência Social para o então Sistema Único Descentralizado de Saúde - SUDS, hoje Sistema Único de Saúde - SUS.

O Regime Geral de Previdência Social - RGPS, nos termos da Constituição atual (art. 201), não abriga a totalidade da população economicamente ativa, mas somente aqueles que, mediante contribuição e nos termos da lei, fizerem jus aos benefícios, não sendo abrangidos por outros regimes específicos de seguro social.

Ficam excluídos do chamado Regime Geral de Previdência: os servidores públicos civis, regidos por sistema próprio de previdência; os militares; os membros do Poder Judiciário e do Ministério Público; e os membros do Tribunal de Contas da União, todos por possuírem regime previdenciário próprio; e os que não contribuem para nenhum regime, por não estarem exercendo qualquer atividade. Por isso, em sua redação original, o art. 201 da Carta Magna aludia a "planos de previdência", apontando na direção da existência de mais um regime previdenciário. Também neste sentido, a atual redação dos artigos 40, 73, § 3º, 93, VI, 129, § 4º, e 149, § 1º. Observe-se, também, que a proteção ao desemprego involuntário é considerada benefício da Previdência Social (seguro-desemprego, Lei n. 7.998/90), embora sua concessão fique a cargo do Ministério do Trabalho.

Garante-se que o benefício substitutivo do salário ou rendimento do trabalho não será inferior ao valor do salário mínimo (art. 201, § 2º). Os benefícios deverão, ainda, ser periodicamente reajustados, a fim de que seja preservado seu valor real, em caráter permanente, conforme critérios definidos na lei.

Pelas ações na área de saúde, destinadas a oferecer uma política social com a finalidade de reduzir riscos de doenças e outros agravos, é responsável o SUS (art. 198 da Constituição), de caráter descentralizado. O direito à saúde, que deve ser entendido como direito à assistência e tratamento gratuitos no campo da Medicina, é assegurado a toda a população, independentemente de contribuição social, para que se preste o devido atendimento, tendo atribuições no âmbito da repressão e prevenção de doenças, produção de medicamentos e outros insumos básicos, bem como ordenar a formação de recursos humanos na área de saúde, participar da política e execução das ações de saneamento básico, incrementar o desenvolvimento científico e tecnológico, exercer a vigilância sanitária e as políticas de saúde pública, além de auxiliar na proteção do meio ambiente (art. 200 da CF). Em termos de regramentos legais, ressalte-se a edição da Lei n. 8.689/93, que extinguiu o INAMPS – autarquia federal, absorvida sua competência funcional pelo SUS (sem personalidade jurídica própria), este gerido pelo Conselho Nacional de Saúde, na órbita federal, e pelos colegiados criados junto às Secretarias Estaduais e Municipais de Saúde, nas instâncias correspondentes.

O Fundo Nacional de Saúde, que reúne os recursos de custeio das ações e serviços no campo da Saúde, recebeu fonte de custeio adicional, com o surgimento da Contribuição Provisória sobre Movimentação Financeira (CPMF) - regulamentada pela Lei 9.311, de 24.10.1996, cuja arrecadação revertia, em parte, para o referido Fundo. Esta fonte de custeio, todavia, deixou de existir em 1.12.2008, ante a rejeição, pelo Senado Federal, da proposta de emenda constitucional que ampliava sua cobrança para além da referida data. Cumpre ressaltar, ainda, que a Constituição prevê a prestação de serviços de saúde pela iniciativa privada, sem restrições (art. 199), podendo participar do SUS, de forma complementar, mediante contrato de direito público ou convênio (§ 1º), vedada a destinação de recursos públicos para auxílio ou subvenção de instituições privadas com fins lucrativos (§ 2º).

No âmbito da Assistência Social, são assegurados, independentemente de contribuição à Seguridade Social, a proteção à família, à maternidade, à infância, à adolescência e à velhice; o amparo às crianças e aos adolescentes carentes; a promoção da integração ao mercado de trabalho; a habilitação e reabilitação profissional das pessoas portadoras de deficiência; e a renda mensal vitalícia – de um salário mínimo – à pessoa portadora de deficiência e ao idoso que comprovem não possuir meios de subsistência, por si ou por sua família (art. 203). É prestada por entidades e organizações sem fins lucrativos, no atendimento e assessoramento aos beneficiários da Seguridade Social, bem como pelos que atuam na defesa e garantia de seus direitos, segundo as normas fixadas pelo Conselho Nacional de Assistência Social – CNAS. No âmbito federal, foram extintas a LBA e a CBIA (antiga FUNABEM), em 1995 (Medida Provisória n. 813, de 1.1.95, convertida na Lei n. 9.649/98), ficando responsável pela política de Assistência Social o CNAS. A execução das ações na área da Assistência Social fica a encargo dos poderes públicos estaduais e municipais, entidades beneficentes e de assistência social (CF, art. 204, I).

A habilitação e a reabilitação profissionais decorrentes da atividade laborativa são encargos da Previdência, ficando a cargo das entidades de assistência social a habilitação e reabilitação das pessoas portadoras de deficiência congênita, ou não decorrente do trabalho (ex.: APAE, ABBR).

Neste ponto, é de se frisar que a Assembleia Nacional Constituinte, ao dispor sobre a matéria em 1988, assegurou direitos até então não previstos, como por exemplo, a equiparação dos Direitos Sociais dos trabalhadores rurais com os dos trabalhadores urbanos, nivelando-os pelos últimos; a ampliação do período de licença-maternidade para 120 dias, com consequente acréscimo de despesas no pagamento dos salários-maternidade, e a adoção do regime jurídico único para os servidores públicos da Administração Direta, autarquias e fundações públicas das esferas federal, estadual e municipal, unificando também, por conseguinte, todos os servidores em termos de direito à aposentadoria, com proventos integrais, diferenciada do restante dos trabalhadores (vinculados ao Regime Geral), que tinham sua aposentadoria calculada pela média dos últimos 36 meses de remuneração.

4.6 A criação do INSS e as primeiras reformas

Em 1990 foi criado o Instituto Nacional do Seguro Social – INSS, autarquia que passou a substituir o INPS e o IAPAS nas funções de arrecadação, bem como nas de pagamento de benefícios e prestação de serviços, aos segurados e dependentes do RGPS. As atribuições no campo da arrecadação, fiscalização, cobrança de contribuições e aplicação de penalidades, bem como a regulamentação da matéria ligada ao custeio da Seguridade Social foram transferidas, em 2007, para a Secretaria da Receita Federal do Brasil - Lei n. 11.457/2007.

Em 1991 foram publicadas as Leis ns. 8.212 e 8.213, que tratam respectivamente do custeio da Seguridade Social e dos benefícios e serviços da Previdência, incluindo os benefícios por acidentes de trabalho, leis que até hoje vigoram, mesmo com as alterações ocorridas em diversos artigos.

Houve, no período posterior à Constituição de 1988, significativo aumento do montante anual de valores despendidos com a Seguridade Social, seja pelo número de benefícios previdenciários[94] e assistenciais[95] concedidos, seja pela diminuição da relação entre número de contribuintes e número de beneficiários, em função do "envelhecimento médio" da população e diante das previsões atuariais de que, num futuro próximo, a tendência seria de insolvência do sistema pelo esgotamento da capacidade contributiva da sociedade.[96]

Todavia, o fator mais frisado dentre todos para fundamentar o processo de modificação das políticas sociais é aquele relacionado ao endividamento dos países periféricos, como o Brasil, e sua relação com reformas "estruturais"[97] ou

94 Aposentadorias, pensões, auxílios-doença e reclusão, salários-maternidade, salários-família.

95 Renda mensal a idosos e deficientes, programas sociais em geral.

96 "O cenário que se desenha é de agravamento do desequilíbrio, a partir de 2020, decorrente do envelhecimento populacional. O aumento da participação dos idosos na população e, por conseqüência, dos beneficiários, acarreta esforço adicional de toda a sociedade no seu financiamento" (BRASIL. Ministério da Previdência Social. *Livro Branco da Previdência Social*. Brasília: MPAS/GM, 2002, p. 6).

97 Utilizando o conceito de *Mesa-Lago e Müller*, "reformas estruturais são as que transformam radicalmente um sistema de seguridade social (portanto, público), substituindo-o, suplementando-o ou criando um sistema privado

"incrementais"[98], apregoadas por organismos internacionais, como o Fundo Monetário Internacional - FMI e o Banco Mundial:

O elevado grau de endividamento externo (...) freqüentemente induziu os governos a enfatizar o compromisso com reformas pró-mercado. O anúncio da privatização da previdência fazia parte de uma estratégia da sinalização, uma vez que em meados da década de 1990 as agências de classificação de risco incluíam a reforma previdenciária como ponto positivo em sua avaliação do país. Além disso, o endividamento em níveis críticos aumentava a probabili-dade de as instituições financeiras internacionais envolverem-se na arena de reformas.

Na década de 1980, o FMI e o Banco Mundial começaram a condicionar seus empréstimos para ajustes estruturais à reforma da previdência (como na Costa Rica e no Uruguai), tornando-se atores externos poderosos em vários países endividados da América Latina. Após a publicação do relatório de 1994,[99] a campanha do Banco Mundial em favor da privatização da previdência intensificou-se.[100]

Entre os anos de 1993 e 1997, vários pontos da legislação de Seguridade Social foram alterados, sendo relevantes os seguintes: a criação da Lei Orgânica da Assistência Social - LOAS (Lei n. 8.742, de 7.12.93), com a transferência dos benefícios de renda mensal vitalícia, auxílio-natalidade e auxílio-funeral para este vértice da Seguridade Social; o fim do abono de permanência em serviço e do pecúlio; a adoção de critérios mais rígidos para aposentadorias especiais, e o fim de várias delas, como a do juiz classista da Justiça do Trabalho e a do jornalista (Lei n. 9.528/97).

4.7 A Emenda Constitucional n. 20

No ano de 1995, o então Chefe do Poder Executivo enviou ao Congresso Nacional uma proposta de emenda constitucional visando alterar várias normas a respeito do Regime Geral de Previdência Social e da Previdência Social dos servidores públicos.

A Emenda n. 20, que modificou substancialmente a Previdência Social no Brasil, foi promulgada no dia 15.12.98, no encerramento do ano legislativo, após três anos e nove meses de tramitação no Congresso Nacional. A votação da Emen da foi acelerada nos últimos meses da legislatura, por conta da crise econômica alardeada em meados de outubro, o que exigiu do Legislativo providências imediatas no sentido da aprovação de medidas capazes de conter o déficit público. Com

paralelo" (COELHO, Vera Schattan Pereira (org.). *A Reforma da Previdência Social na América Latina*. Rio de Janeiro: Editora FGV, 2003, p. 28).

98 Segundo os mesmos autores, "reformas incrementais são as que preservam o sistema público, reforçando suas finanças e/ou alterando benefícios e requisitos para habilitação como beneficiário" (COELHO, Vera Schattan Pereira, *idem*).

99 Trata-se do relatório: WORLD BANK. *Averting the Old Age Crisis: Policies to Protect the Old and Promote Growth*. Oxford: 1994. Disponível em http://econ.worldbank.or/files/625_wps1572.pdf. Acesso em 30.set.2004.

100 COELHO, Vera Schattan Pereira. *Op. cit.*, p. 51.

isso, lamentavelmente, o debate acerca das questões envolvidas na reforma deixou de ser feito sob os pontos de vista estritamente jurídico e social, e passou a ser capitaneado pelo enfoque econômico, atuarial e dos resultados financeiros esperados com a aprovação do texto.

A proposta original da Emenda, de iniciativa do Presidente da República, sofreu diversas alterações. Três pontos básicos da reforma foram derrubados pelos deputados: a cobrança de contribuição previdenciária dos servidores públicos inativos, a idade mínima para a aposentadoria dos trabalhadores da iniciativa privada e o fim da aposentadoria integral dos servidores públicos, com a criação de um "redutor" para aposentadorias de maior valor.

A Reforma realizada em 1998 pretendeu modificar a concepção do sistema, pois, conforme o texto, as aposentadorias passaram a ser concedidas tendo por base o tempo de contribuição, e não mais o tempo de serviço, tanto no âmbito do Regime Geral de Previdência Social, tanto – e principalmente – no âmbito dos Regimes de Servidores Públicos, aos que ingressaram em tais regimes após a publicação da Emenda, ou aos que optaram pelas regras da mesma, já sendo segurados anteriormente.

Todavia, a fixação desta nomenclatura dificilmente criará diferenças visíveis, em curto prazo, na concessão de benefícios. Explica-se: aqueles que obtiveram contagem de tempo de serviço para fins de aposentadoria sem contribuição correspondente têm direito adquirido à contagem; o tempo de serviço considerado pela legislação vigente, para fins de aposentadoria, cumprido até que lei venha a disciplinar a matéria, será contado como tempo de contribuição (art. 4º da Emenda n. 20). E, conforme seja o teor da lei regulamentadora, períodos de afastamento por motivo de doença ou acidente de qualquer natureza continuarão certamente a ser considerados como tempo a ser computado para fins previdenciários.

A alteração proposta só terá eficácia se vier a ser adotado, futuramente, pela Previdência Social, o regime de capitalização, com contas individualizadas, ou se o próprio segurado for responsabilizado pelas contribuições – atualmente, a maioria dos segurados, que pertencem às categorias de empregados e trabalhadores avulsos, não possui tal responsabilidade tributária, que fica a encargo do empregador ou do órgão que intermedia o trabalho, no caso dos avulsos. Porém, convém salientar que, com os altos índices de sonegação e de informalidade nas relações de trabalho, o único penalizado com a adoção deste mecanismo seria o segurado.

Manteve-se a possibilidade de adoção, por lei complementar, de aposentadorias especiais, concedidas com menor tempo de contribuição que as demais, desde que tenham por fundamento a exposição a condições prejudiciais à saúde ou à integridade física.

Outro aspecto importante, é que, a partir de 16.12.1998, a idade mínima para o ingresso na condição de trabalhador – e, por conseguinte, de segurado da previdência – passou a ser de 16 anos, salvo na condição de aprendiz, a partir de quatorze anos. Aos menores de 16 anos já filiados ao RGPS até essa data, segundo linha de interpretação constante do Decreto n. 3.048/99, são assegurados todos os direitos previdenciários.

O mesmo entendimento se verifica quanto a pessoas que começaram a trabalhar aos 12 anos de idade, quando a ordem jurídica assim autorizava (antes da Constituição de 1988 e mesmo após a promulgação desta, quando na condição de aprendiz, até a publicação da Emenda Constitucional n. 20), pois não poderia a lei atual desconsiderar tempo de trabalho prestado conforme as normas vigentes.

O tempo de contribuição dos segurados vinculados a uma relação de trabalho em que a responsabilidade pelo recolhimento de suas contribuições seja transferido integralmente ao tomador dos serviços (caso do segurado empregado, empregado doméstico e do trabalhador avulso) será igual ao tempo de serviço prestado e comprovado por meio de documentos, imputando-se eventual inadimplemento ao responsável, e não ao segurado. Já para os demais segurados, permanece a obrigação de realizar os recolhimentos de contribuições para fazer jus aos benefícios.

Foram criadas regras diferenciadas para os trabalhadores que já contribuíam para a Previdência e para os que entraram no mercado de trabalho após 16.12.1998.

Para a concessão da aposentadoria integral daqueles que já pertenciam ao RGPS, em 16.12.1998, mas não tinham o tempo suficiente para a concessão do benefício, foi prevista exigência de cumprimento dos limites mínimos de idade, 53 anos para os homens e 48 anos para as mulheres, mais 20% do período que faltava (pedágio) para os respectivos tempos de contribuição mínimos exigidos (trinta anos de contribuição, no caso de mulheres, e trinta e cinco anos, no caso dos homens). Sendo facultado aos segurados optar pelo critério mais vantajoso (art. 9º, *caput*, da EC n. 20/98) o requisito desta norma de transição perdeu sua razão de ser. A exigência do pedágio e da idade mínima não teve aplicabilidade, pois as regras permanentes do art. 201, § 7º, I da Constituição exigem apenas a prova do tempo de contribuição de 35 anos para o homem e de 30 anos para a mulher.

Para a concessão da aposentadoria proporcional, os segurados terão de cumprir os limites de idade – 53 anos para os homens e 48 anos para as mulheres – e acrescer 40% ao período que falta para os respectivos tempos de contribuição mínimos exigidos (vinte e cinco anos no caso de mulheres, e trinta anos, no caso dos homens). Neste caso, o segurado também possui a opção pelas novas regras, que em muitos casos, tende a ser mais vantajosa.

Os professores que comprovem exclusivamente tempo de efetivo exercício das funções de magistério na educação infantil e no ensino fundamental e médio preservaram o direito à aposentadoria especial, com vinte e cinco anos de atividades, no caso das mulheres, ou trinta anos, no caso dos homens, sem observância do limite mínimo de idade.

O professor – inclusive o universitário – poderá contar o tempo trabalhado em atividade docente com acréscimo de 17%, se homem, e de 20%, se mulher, antes do cálculo do pedágio, desde que se aposente exclusivamente com tempo de magistério e pelas regras de transição.

A aposentadoria proporcional foi extinta para quem começou a trabalhar na data da publicação da emenda. Na fase de transição, este benefício corresponderá a 70% do salário de benefício calculado para a aposentadoria integral, acrescendo-se 5% por ano adicional, até o limite de 100%, regra que também passou a ser aplicada no serviço público. Anteriormente, a aposentadoria proporcional no serviço público era calculada tomando-se uma percentagem entre o tempo de serviço completado e o tempo necessário à aposentadoria integral.

A situação dos trabalhadores rurais não mudou. Continuam podendo se aposentar por idade, com cinco anos a menos do que os demais trabalhadores – 60 anos de idade para os homens e 55 anos para as mulheres.

Outra alteração importante – e que não pode passar despercebida no contexto – é a regra do § 10 do art. 201, que estabelece a livre concorrência, para a cobertura do risco de acidentes de trabalho, entre o Regime Geral de Previdência (INSS) e a iniciativa privada (seguradoras), o que se dará mediante regulamentação por lei ordinária.

Os direitos adquiridos de quem já reunia os requisitos exigidos pela legislação anterior – seja no serviço público, seja no regime do INSS – foram resguardados. Neste caso, o trabalhador e o servidor público poderão se aposentar, a qualquer tempo, sob as regras anteriores, de forma integral ou proporcional.

A Emenda trouxe, basicamente, reduções de despesas no que tange aos benefícios do regime geral, gerido pelo INSS, não tendo sido tomada qualquer medida para o aumento da arrecadação. Assim, no mesmo diapasão, o salário-família e o auxílio-reclusão passaram a ser devidos somente a dependentes de segurados de "baixa renda" – entendidos assim, no texto da Emenda, os que percebiam, mensalmente, até R$ 360,00 na data da promulgação – e o salário-maternidade, único benefício que não era limitado pelo "teto" do salário de contribuição, passou a ter valor máximo de R$ 1.200,00 – da mesma forma que os demais benefícios do regime geral. Contudo, o Supremo Tribunal Federal, deferindo liminar em Ação Direta de Inconstitucionalidade, suspendeu a eficácia da Emenda no que tange à limitação do valor do salário-maternidade, mantendo o ônus da Previdência Social quanto ao pagamento integral do salário durante a licença à gestante de 120 dias, tal como antes; a decisão fundamentou-se na violação do princípio isonômico.

4.8 O fator previdenciário e o novo período básico de cálculo

Com a publicação da Lei n. 9.876, de 28.11.1999, adotou-se, em substituição à exigência de idade mínima para aposentadoria voluntária no RGPS, uma forma de cálculo que leva em consideração a idade do segurado, o tempo de contribuição do mesmo e a expectativa de sobrevida da população brasileira. A adoção do chamado "fator previdenciário" visou reduzir despesas com a concessão de aposentadorias por tempo de contribuição a pessoas que se aposentem com idades bem abaixo daquela considerada ideal pelos atuários da Previdência Social. Trata-se de uma fórmula que, aplicada a segurados com idade e tempo de contribuição menores, tende a reduzir o valor do salário de benefício e, consequentemente, reduzir a renda mensal da aposentadoria. Em compensação, aplicada a segurados com idade e tempo de contribuição maiores, tende a elevar o salário de benefício e a renda mensal. Segundo *Martinez*, "o pressuposto lógico-jurídico da Lei n. 9.876/99 é alcançar o equilíbrio do Plano de Benefícios do RGPS. Seu escopo inicial é, a médio prazo, eliminar o déficit da Previdência Social; fundamentalmente, estabelecer correlação sinalagmática entre a contribuição (expressa por um salário de benefício mais largo) e o benefício, levando em consideração a esperança média de vida aferida estatisticamente quando da aposentação".[101]

Além da criação do fator previdenciário, a Lei n. 9.876/99 estabeleceu nova forma de cálculo dos benefícios de prestação continuada apurados com base na noção de salário de benefício (aposentadorias, pensões, auxílios-doença, auxílios-reclusão e auxílios-acidente): foi ampliada a gama de salários de contribuição, que até então era fixada nos trinta e seis últimos valores que serviram de base para a contribuição do segurado, para o período de julho de 1994 até o mês anterior ao do benefício. Àqueles que ingressaram no RGPS após julho de 1994, o período básico de cálculo se inicia no mês em que o segurado iniciou a atividade laborativa (no caso dos empregados e trabalhadores avulsos), ou quando iniciou a contribuir (demais casos). De todos os salários de contribuição, corrigidos monetariamente até o mês da concessão do benefício, são utilizados no cálculo da média que servirá de base para o cálculo da renda mensal apenas 80% dos mesmos, desprezando-se a quinta parte correspondente aos salários de contribuição de menor valor dentre todos os existentes no período básico de cálculo.

Convém frisar que ambas as alterações produzidas não atingem direitos adquiridos, ou seja, o benefício a que fazia jus o segurado antes da publicação da Lei n. 9.876/99, mesmo que requerido posteriormente, será calculado com base nos últimos trinta e seis salários de contribuição, sem aplicação do fator previdenciário,

101 "Nova forma de cálculo de benefício previdenciário", *in Revista Jurídica Virtual* n. 10, março/2000. Site do Governo Federal: www.planalto.gov.br.

resguardando-se a utilização das novas regras, se mais benéficas ao segurado. Os temas referentes ao fator previdenciário e ao novo período básico de cálculo serão examinados com mais detalhamentos na Parte IV, Capítulo 4, desta obra, dentro do estudo que envolve o cálculo do valor dos benefícios.

4.9 As Emendas Constitucionais ns. 41 e 42

No ano de 2003, o Governo Federal encaminhou ao Congresso Nacional duas Propostas de Emendas Constitucionais, as quais a mídia denominou de PEC da Reforma da Previdência e Reforma Tributária, respectivamente. Após tramitação em tempo recorde, os textos foram promulgados pela Mesa do Congresso em 19.12.2003, e publicados no Diário Oficial no dia 31.12.2003, sob os números 41 e 42.

Em termos gerais, pouco se alterou o Regime Geral de Previdência Social, objeto de estudo do Direito Previdenciário. As Emendas afetam fundamentalmente os regimes próprios de agentes públicos da União, Estados, Distrito Federal e Municípios, e apenas em aspectos pontuais, o regime que é administrado pelo INSS.

No âmbito do custeio da Seguridade Social, prorrogou-se, mais uma vez, a cobrança da CPMF, e foi inserido um inciso IV no art. 195 do texto constitucional, prevendo nova fonte de custeio, com a contribuição incidente sobre importação de bens. Em relação a tais modificações, remetemos o leitor à leitura dos capítulos 2.6 e 2.12 da Parte III desta obra. A prorrogação da cobrança da CPMF teve seus efeitos até 31.12.2007, ante a rejeição da proposta de emenda constitucional que previa mais uma vez a sua continuidade.

No RGPS estabeleceu-se, como limite máximo dos benefícios, a partir da promulgação da Emenda n. 41, o valor de R$ 2.400,00. Em caráter programático, o § 12 do art. 201, cuja redação foi alterada pela Emenda, prevê agora que "Lei disporá sobre sistema especial de inclusão previdenciária para trabalhadores de baixa renda, garantindo-lhes acesso a benefícios de valor igual a um salário mínimo, exceto aposentadoria por tempo de contribuição", acolhendo sugestão do renomado previdenciarista Wladimir Novaes Martinez.

Muitos dos pontos da proposta original encaminhada pelo Governo Federal foram retirados do texto quando da votação no Senado, por acordo de lideranças, formando-se nova Proposta de Emenda Constitucional, alcunhada de "PEC paralela", que foi promulgada como Emenda Constitucional n. 47, em 5.7.2005.

Os detalhes a respeito das modificações introduzidas pela referida Emenda são tratados na Parte V desta obra, em que é abordada a matéria pertinente aos regimes de agentes públicos ocupantes de cargos efetivos e vitalícios.

4.10 A Emenda Constitucional n. 47/2005

A Emenda n. 47, de 5.7.2005, modificou regras de transição estabelecidas pela Emenda n. 41 a agentes públicos ocupantes de cargos efetivos e vitalícios, pertencentes aos chamados Regimes próprios, com efeitos retro-operantes a 1.1.2004, revogando, ainda, o parágrafo único do art. 6º da Emenda n. 41, de 31.12.2003.

Trata-se, em verdade, de parte da Proposta de Emenda Constitucional que tramitou em 2003 e que, por falta de consenso entre os parlamentares, constituiu nova PEC, apelidada de PEC paralela da Previdência, em que houve retorno à primeira casa legislativa para votação das matérias alteradas no Senado.

A referida Emenda trata especialmente dos regimes de agentes públicos, adentrando, principalmente, em aspectos muito específicos dos chamados Regimes Próprios de que trata o art. 40 da Constituição.

Um aspecto interessante a ser observado é a previsão de seus efeitos retroativos. É dizer, muitos benefícios de aposentadoria já concedidos, no interregno entre 1.1.2004 e 4.7.2005 deverão ser objeto de revisão, para adequação à norma mais favorável, quando for o caso, por força das novas disposições incluídas pela referida Emenda.

Os detalhes a respeito das modificações introduzidas pela referida Emenda são tratados na Parte V desta obra, em que é abordada a matéria pertinente aos regimes de agentes públicos ocupantes de cargos efetivos e vitalícios.

Capítulo 5
O Direito Previdenciário

Passamos, a seguir, à análise do surgimento do ramo autônomo do Direito que visa ao estudo dos princípios, dos institutos jurídicos e das normas de previdência social, a que se denomina Direito Previdenciário.

5.1 Conceito e objeto de estudo

Em que pese atualmente se observar não mais restarem dúvidas a respeito da possibilidade de se considerar o conjunto de princípios, institutos jurídicos e normas relativas à Previdência Social como uma disciplina autônoma, ramo próprio do Direito, entendemos conveniente reforçar tais convicções.

Antes de adentrar no mérito do exame de todos os princípios e normas de Direito Previdenciário, é adequado estabelecer-se o conceito deste ramo, bem como seu objeto de estudo.

Diferencia-se o Direito Previdenciário do que habitualmente se chama de Previdência Social, bem como do que se denomina Seguridade Social.

Previdência Social é o sistema pelo qual, mediante contribuição, as pessoas vinculadas a algum tipo de atividade laborativa e seus dependentes ficam resguardadas quanto a eventos de infortunística (morte, invalidez, idade avançada, doença, acidente de trabalho, desemprego involuntário), ou outros que a lei considera que exijam um amparo financeiro ao indivíduo (maternidade, prole, reclusão), mediante prestações pecuniárias (benefícios previdenciários) ou serviços. Desde a inserção das normas relativas ao acidente de trabalho na CLPS/84, e, mais atualmente, com a isonomia de tratamento dos beneficiários por incapacidade não decorrente de acidente em serviço ou doença ocupacional, entende-se incorporada à Previdência a questão acidentária. É, pois, uma política governamental.

A Seguridade Social abrange tanto a Previdência Social como a Assistência Social (prestações pecuniárias ou serviços prestados a pessoas alijadas de qualquer atividade laborativa), e a Saúde Pública (fornecimento de assistência médico-hospitalar, tratamento e medicação), estes dois últimos sendo prestações do Estado devidas independentemente de contribuições.

Ponderar-se-ia, talvez, ser mais adequado utilizar-se o termo "Direito da Seguridade Social" do que o por nós utilizado, "Direito Previdenciário", como o fez *Sergio Pinto Martins*.[102] Contudo, há que se considerar que as normas de Saúde e Assistência Social escapam ao estudo ao qual dedicamos esta obra, estando apenas citadas para demonstrar a delimitação da atuação estatal em termos de Previdência – por exclusão, em relação aos que são beneficiários da Assistência Social e das ações no campo da Saúde Pública. Logo, reputamos correta a denominação Direito Previdenciário ao conjunto de princípios e das regras de custeio e benefícios do regime de seguro social, fixando o conteúdo deste ramo do Direito.

O Direito Previdenciário, ramo do Direito Público, tem por objeto estudar, analisar e interpretar os princípios e as normas constitucionais, legais e regulamentares que se referem ao custeio da Previdência Social – que, no caso do ordenamento estatal vigente, também serve como financiamento das demais vertentes da Seguridade Social, ou seja, Assistência Social e Saúde –, bem como os princípios e normas que tratam das prestações previdenciárias devidas a seus beneficiários.

Fogem ao estudo do Direito Previdenciário as normas que tratam da atuação estatal no campo da Saúde e da Assistência Social, pois envolvem outros princípios e regras, guardando identidade apenas em relação às fontes de custeio.

Por fim, registra-se o entendimento que, em razão das significativas alterações introduzidas na ordem jurídica vigente pelas Emendas ns. 3/93, 20/98 e 41/2003, a relação jurídica envolvendo os ocupantes de cargos públicos efetivos e vitalícios e seus dependentes, no que tange às aposentadorias e pensões, e os entes públicos mantenedores dos regimes previdenciários de que trata o art. 40 da Constituição é de natureza eminentemente *previdenciária*, guardando cada vez mais similaridade com os benefícios do Regime Geral, razão pela qual pertence, desde então, ao campo de estudo do Direito Previdenciário, e não mais do Direito Administrativo, como tradicionalmente ocorria. Nesse diapasão, esta obra também faz menção aos direitos estampados no art. 40 da Carta Magna.

5.2 Autonomia Científica

A fixação da autonomia do Direito Previdenciário reveste-se de importância, uma vez que é necessário estabelecer critérios de análise das relações jurídicas específicas que ocorrem neste campo tão complexo de atuação estatal que é a segurança social. Para tanto, há que se reconhecer seus princípios, diferenciados dos demais ramos do Direito, bem como a tipicidade das relações jurídicas a serem normatizadas, únicas no espectro da ordem jurídica: a relação jurídica de custeio, entre o contribuinte ou responsável e o ente arrecadador; e a relação jurídica de seguro social, entre o beneficiário e o ente previdenciário.

102 MARTINS, Sergio Pinto. *Direito da seguridade social*. 8. ed., São Paulo: Atlas, 1997.

Deve-se ressaltar, inicialmente, que a autonomia de que tratam os doutrinadores, segundo uma concepção mais recente, não significa, em momento algum, deixar de reconhecer a vinculação que um ramo do Direito tenha com os demais, por fazerem parte do mesmo ordenamento jurídico. Dizer-se autônomo o Direito Previdenciário, como o queremos adiante concluir, traz a ideia de uma disciplina que merece estudo à parte, calcado em princípios e normas singulares.

A autonomia científica de um ramo do Direito, segundo critérios pacificamente aceitos pela doutrina, e creditados a *Alfredo Rocco*, é observada quando a matéria a ser disciplinada contém: um conteúdo vasto de estudo e pesquisa; princípios gerais ou institutos peculiares; e método ou processo próprio.[103]

No que tange ao primeiro aspecto, de muito tempo se pode afirmar que o estudo do Direito Previdenciário não é simples, tampouco carece de conteúdo. Seja em função da evolução histórica de seus institutos, seja pela complexidade e especificidade das normas e das relações tuteladas, com objetivo próprio, qual seja, ditar as normas pelas quais se estabelecem direitos e obrigações no âmbito do custeio do sistema, como no de prestações previdenciárias, é inevitável aceitar-se a vastidão de material de estudo e pesquisa, no âmbito do direito interno, bem como no do direito comparado.

A doutrina previdenciária conta com obras em quantidade suficiente para o cotejo de sua natureza, evolução e tendências, devendo ser ressaltado, além do trabalho de pesquisa dos estudiosos do ramo em vários países, o trabalho de compilação de dados e de estudos realizados pela Associação Internacional de Seguridade Social – AISS e pela Organização Internacional do Trabalho – OIT.

A peculiaridade das relações jurídicas que se traduzem no Direito Previdenciário impõe o reconhecimento de princípios também próprios, em muito diferenciados de outras relações normadas pela ordem positiva. Assim, não mais se admite confundir-se o Direito Previdenciário com o Direito do Trabalho, uma vez que tratam de relações entre partes totalmente distintas: no primeiro, o indivíduo é parte numa relação com o ente previdenciário, regida por normas de direito público; no segundo, é parte numa relação contratual com uma pessoa de direito privado (em regra), regida por normas de direito privado, em que pese a quantidade de regras de ordem pública, garantes dos direitos mínimos do trabalhador perante seu empregador. Também não merece acolhida a tese de que se trata de parcela do Direito Administrativo, essa já com bem menos defensores.

O método de realização deste Direito Previdenciário também se observa diferenciado em vista dos demais ramos da ciência jurídica. Basta observar-se que, diferentemente de outras relações obrigacionais, a relação jurídica previdenciária se dá em caráter compulsório para ambas as partes – para o indivíduo, pelo mero

103 RUSSOMANO, Mozart Victor. *Curso de direito do trabalho*. 6. ed., Curitiba: Juruá, 1997.

exercício de atividade que o enquadre como segurado; para o ente previdenciário, pela assunção das atribuições que a lei lhe impõe. Neste ponto, semelhança existe com o Direito Tributário, em matéria de custeio; só que, nesse outro ramo do Direito, o único credor é o ente arrecadador, e nunca o contribuinte, o que não ocorre no ramo do Direito que é objeto desta obra.

No meio judicial, já existe, há bastante tempo, a fixação de competência para lides que envolvam acidentes de trabalho, em algumas comarcas acarretando inclusive a previsão de órgãos jurisdicionais específicos para o exame destas matérias – as Varas de Acidentes do Trabalho. O mesmo vem acontecendo com a Justiça Federal, que tem Varas especializadas em lides previdenciárias e juizados especiais com competência exclusiva para tais ações. Por sua vez, os Tribunais Regionais Federais das 3ª e 4ª Regiões, com sede em São Paulo e Porto Alegre, respectivamente, possuem Turmas especializadas na mesma matéria, assim como o Superior Tribunal de Justiça.

Por fim, o Direito Previdenciário há bom tempo se encontra estabelecido nos currículos das nossas universidades, tanto quanto no exterior, como disciplina autônoma. Como salienta *Ruprecht*, ainda que se referindo à seguridade social, esta é ensinada como disciplina autônoma na maioria dos países desenvolvidos.[104]

5.3 Classificação perante a divisão didático-enciclopédica do Direito

Cumpre aqui fixar se o Direito Previdenciário, ramo da ordem jurídico-positiva em exame, se enquadra, na clássica divisão do Direito, na sua vertente pública, no campo da ordem privada, ou se pertence a uma terceira classe, por alguns denominada Direito Social.

De início, registramos que a classificação em comento tem efeito puramente didático-científico, uma vez que, diante do reconhecimento da ordem jurídica como una, logo, incapaz de ser formada por compartimentos legais estanques, não se pode falar em divisão do Direito com outra intenção.

Afastemos, de plano, a possibilidade de enquadramento na esfera do Direito Privado. As normas de Direito Previdenciário envolvem a atuação da norma sem possibilidade de alteração por particulares. Vale dizer, não há discricionariedade na atuação do indivíduo, em se tratando de previdência social. Sua filiação é compulsória; a fixação dos contribuintes e das contribuições se dá por lei, sem possibilidade de convenção entre as partes envolvidas. Do mesmo modo, o direito ao benefício é irrenunciável; os beneficiários do regime são taxativamente enumerados pela norma legal.

104 RUPRECHT, Alfredo J. *Direito da seguridade social.* São Paulo: LTr, 1996, p. 53.

Assim, em se considerando apenas a divisão entre Direito Privado e Público, prevaleceria a classificação das normas de Direito Previdenciário neste último, já que se verifica a regulação total do mesmo por meio das normas legais, não restando aos particulares o exercício de autonomia da vontade. *Alfredo J. Ruprecht*, embora mantendo a denominação de Direito da Seguridade Social, comunga deste entendimento, justificando a tese a partir da regra geral de que a gestão dos fundos é ônus do Estado, e suas fontes decorrem das leis e atos normativos de organismos públicos.[105]

Resta saber se podemos reconhecer a existência de uma terceira ramificação, como defendida por alguns estudiosos.

Relata a doutrina pátria ser de *Cesarino Júnior* a paternidade da expressão "Direito Social", para estabelecer um *tertium genus* entre o Direito Privado e o Público. Segundo o ilustre professor, existiria uma zona cinzenta, fronteiriça, entre os dois principais ramos do Direito, no qual estariam inseridos: o Direito do Trabalho e o Direito Previdenciário.

A principal crítica a tal concepção vem no sentido de que todo direito, em última análise, é social.[106] A nosso ver, a terceira vertente sustentada pelo Professor *Cesarino Júnior* não encontra fundamentos razoáveis para sua existência. Façamos breve análise, apenas comparando o Direito Previdenciário com o Direito do Trabalho. Ambos contêm, é fato, normas de ordem pública, cogentes. Porém, o conteúdo normativo do Direito do Trabalho é suficiente apenas para fixar os direitos mínimos dos trabalhadores, de modo que, acima destes direitos, há prevalência da autonomia da vontade, desde que respeitados os princípios norteadores deste ramo (CLT, arts. 9º e 444). Já no campo do Direito Previdenciário, as normas estabelecem, de maneira taxativa, o *modus operandi* da realização do direito. Diga-se, ainda, que a relação de emprego – objeto principal de estudo do Direito Laboral – é de índole contratual, enquanto o Direito Previdenciário estuda a relação contribuinte/ente arrecadador, ou beneficiário/ente pagador, ambos de natureza não-contratual, ou seja, institucional.

Por tais razões, mantemo-nos reconhecendo ao Direito Previdenciário o enquadramento como ramo do Direito Público.

5.4 Relação do Direito Previdenciário com outros ramos do Direito

Como já asseverado, o Direito não pode ser visto como um conjunto de ramos estanques, como um todo fragmentado em partes. A coerência do ordena-

105 *Ibidem*, p. 51.

106 MARTINS, Sergio Pinto. *Op. cit.*, p. 37.

mento jurídico, de que nos fala *Bobbio*, não permite que tenhamos normas que sejam incompatíveis entre si.[107] Importa, pois, demonstrar de forma exemplificativa a relação do Direito Previdenciário com alguns ramos do Direito.

O primeiro ramo com o qual há íntima relação é o Direito Constitucional. Dada a fixação de diversos princípios e normas no texto constitucional, resulta que o Direito Previdenciário tem sofrido grande influência deste ramo, principalmente no tópico referente à concessão de benefícios: requisitos, cálculo dos proventos, fixação de limites mínimo e máximo, entre outros. No que tange ao custeio da Previdência Social, interferem diretamente os princípios e normas relativos ao sistema tributário nacional. No mesmo sentido, a fixação da competência dos entes públicos para a criação de contribuições sociais. Com a alteração promovida pela Emenda Constitucional n. 19, servidores públicos contratados sob o regime da Consolidação das Leis do Trabalho podem ser abrangidos pelo Regime Geral de Previdência Social – RGPS.

Identifica-se também grande relação com o Direito do Trabalho. Sendo a grande maioria dos segurados da Previdência de empregados, as alterações no campo do Direito Laboral trazem repercussões efetivas no Direito Previdenciário, e vice-versa. Questões que sempre envolvem a análise destes dois ramos são facilmente verificáveis. Veja-se, a propósito, a questão da idade mínima para o trabalho – embora prevista no texto constitucional; o salário-maternidade (benefício previdenciário) e a licença à gestante (instituto de Direito do Trabalho); o afastamento do trabalho por motivo de doença, que nos primeiros quinze dias gera a obrigação ao empregador de pagar o salário, e, após isso, o direito ao benefício auxílio-doença; a sempre atual discussão sobre os efeitos da aposentadoria sobre o contrato de trabalho; o acidente de trabalho e o direito à estabilidade provisória do acidentado.

Com o Direito Civil, a relação do Direito Previdenciário se dá a partir de vários aspectos. O principal deles, a nosso ver, é a conceituação da responsabilidade civil, da qual vai se socorrer o Direito Previdenciário, nas questões envolvendo acidentes de trabalho e doenças ocupacionais, para revelar a responsabilidade do tomador dos serviços. Também se verifica a necessidade de interação com o Direito Civil na caracterização do estado das pessoas – filiação, casamento e sua dissolução; ainda cabe salientar a aplicação dos conceitos de capacidade e incapacidade civil, emancipação, ausência e morte presumida, todos obtidos das normas do Código Civil.

Em relação ao Direito Tributário, vale-se o Direito Previdenciário de um sem-número de princípios e normas para o suprimento de lacunas na legislação de custeio, trazendo daí os conceitos de contribuinte, responsabilidade por substitui-

107 BOBBIO, Norberto. *Teoria do ordenamento jurídico*. Trad. de Maria Celeste C. J. Santos, 10. ed., Brasília: Editora Universidade de Brasília, 1997, p. 81.

ção, sub-rogação, solidariedade, moratória. Naturalmente, a utilização de institutos do Direito Tributário pressupõe a ausência de norma específica na legislação própria do Direito Previdenciário.

Do Direito Comercial vai-se extrair toda a matéria relativa à classificação dos empresários como segurados obrigatórios, bem como a responsabilidade dos sócios gestores pelo inadimplemento de obrigações perante a legislação de custeio, a conceituação de cotas de participação nos lucros e dividendos. A escrituração contábil, objeto de estudo do Direito Comercial, é de extrema relevância para a ação fiscal, que deverá observar sua regularidade, conforme as normas deste ramo do Direito Privado.

O Direito Administrativo guarda correlação com o Direito Previdenciário em função da atividade estatal desenvolvida pela autarquia gestora – entidade da Administração Indireta. Assim, a organização da Previdência Social na estrutura do Poder Executivo, a expedição dos atos administrativos – normativos ou não –, os direitos, deveres e obrigações dos servidores que atuam na autarquia previdenciária em relação aos beneficiários e contribuintes com que se relacionam, merecem especial atenção no estudo do Direito Previdenciário. Assim, os atos de concessão de benefícios, o exercício do poder de polícia pela fiscalização do INSS, o procedimento contencioso administrativo, estarão diretamente jungidos aos seus princípios e normas.

Na ocorrência de prática de infração à legislação previdenciária, há que se observar se a conduta do agente caracteriza delito ou contravenção penal. Daí a importância da relação com o Direito Penal. Desse ramo obter-se-á a tipificação de condutas reprováveis sob o ponto de vista criminal, sujeitas à sanção penal, cabendo ao estudioso do Direito Previdenciário ter delas noção.

O Direito Processual tem recebido diversas alterações com base em normas inseridas na legislação da Previdência Social. Desse modo, tem-se na Lei de Custeio diversos privilégios ao ente autárquico previdenciário, na execução fiscal; no que tange a prestações, o Instituto goza de prazo especial para embargar a execução contra si movida, bem como para impugnar cálculos de liquidação como exequente, perante a Justiça do Trabalho. Em contrapartida, o processo contencioso administrativo, de interesse de contribuinte ou beneficiário, se abastece de vários princípios processuais, para a consecução do princípio-mor, do devido processo legal.

5.5 Fontes do Direito Previdenciário

Fonte do direito, na concepção majoritária dos estudiosos, é todo fato social. Contudo, deve-se estudar quais os fatos sociais geradores de normas jurídicas no campo do Direito Previdenciário, vale dizer, de onde se originam os princípios e regras aplicáveis a este ramo do Direito. Seguindo a melhor doutrina, *Délio Mara-*

nhão, citando *Du Pasquier* e *Coviello*, indica que as fontes do Direito se classificam em fontes materiais e formais. "As primeiras são as fontes potenciais do direito e compreendem o conjunto dos fenômenos sociais, que contribuem para a formação da substância, da matéria do direito. As fontes formais são os meios pelos quais se estabelece a norma jurídica".[108] Não é diferente a concepção tirada por *Ruiz Moreno*, doutrinador mexicano: "Las fuentes de derecho o fuentes jurídicas, para Eduardo Pallares, es todo aquello que da nacimiento al derecho objetivo o sea, a las normas jurídicas. En nuestra opinión, por tal concepto debemos entender: las instituciones, los hechos y las formas por medio de las cuales la sociedad determina y formula la norma jurídica, como derecho positivo obligatorio, tratándose entonces del origen del ordenamiento jurídico que nos rige".[109]

– Fontes Materiais

Por fontes materiais deve-se ter em mente as variáveis sociais, econômicas e políticas que, em determinado momento, ou durante a evolução histórica de uma sociedade, informam a produção das normas jurídicas. Como afirma *Délio Maranhão*, "em cada sociedade, em cada 'cultura', vários serão os fatores sociais que, em cada momento histórico, contribuirão para fornecer a matéria, a substância de determinada norma ou de determinado sistema de normas do direito. Esses fatores são as fontes materiais do direito".[110] Concordamos com este conceito, não seguindo, assim, o estabelecido por *Kelsen* e *Recaséns Siches*, de que a única fonte material do direito seja a vontade do Estado, ou a vontade do legislador.[111]

Assim sendo, fontes materiais do Direito Previdenciário são os fatores que interferem na produção de suas normas jurídicas. Pode-se apontar, destarte, que por fontes materiais deste ramo se encontram os fundamentos do surgimento e da manutenção dos seguros sociais, já devidamente elencados no Capítulo 2, *retro*.

– Fontes Formais

Segundo *Marcelo Leonardo Tavares*, "fonte de direito é uma estrutura de poder capaz de criar normas. Miguel Reale expõe que é *indispensável empregarmos o termo fonte do direito apenas para indicar os processos de produção das normas jurídicas*".[112]

---

108 SÜSSEKIND, Arnaldo *et alii*. *Instituições de direito do trabalho*. 14. ed., São Paulo: LTr, 1993, v. 1, p. 148.

109 MORENO, Angel Guillermo Ruiz. *Nuevo derecho de la seguridad social*. México: Porrúa, 1997, p. 19.

110 SÜSSEKIND, Arnaldo *et alii*. *Op. cit.*, p. 149.

111 MORENO, Ruiz. *Op. cit.*, p. 20.

112 TAVARES, Marcelo Leonardo. *Direito previdenciário*. 4. ed. rev., atual. e ampl., Rio de Janeiro: Lumen Juris, 2002, pp. 27-28.

Sendo o Direito Previdenciário composto por normas de Direito Público, deve-se afirmar, de plano, que todas as suas fontes formais – as normas que regem as relações em questão – emanam do Estado. É dizer, embora movido por inúmeros fatores sociais, econômicos e políticos, o conjunto de normas do Direito Previdenciário contempla, tão-somente, regras decorrentes da atividade legiferante: constitucional, legal ou regulamentar. Não há lugar para se entender como fonte formal do Direito Previdenciário, por exemplo, o costume.

A Constituição, ou seja, os princípios e preceitos insculpidos no texto constitucional, são as fontes de maior hierarquia. É do texto da Lei Magna que se retira o fundamento de validade das normas infraconstitucionais. No atual texto constitucional se estabelecem, taxativamente, os eventos cobertos pela Previdência Social, limites mínimos de benefícios substitutivos dos salários, e, no art. 7º, até mesmo, alguns benefícios em espécie. Assim, a constitucionalização do Direito Previdenciário tem trazido à tona, constantemente, discussões sobre a constitucionalidade ou inconstitucionalidade de normas, como ocorreu, recentemente, com a tentativa de fixação de um valor máximo para o pagamento do salário-maternidade pela Previdência Social, inserto no texto da Emenda Constitucional n. 20/98, matéria que mereceu análise do Supremo Tribunal Federal em Ação Direta de Inconstitucionalidade, para declarar, em caráter liminar, a suspensão da eficácia de tal limitação.

As emendas à Constituição, por seu turno, são espécies legislativas decorrentes do exercício do chamado Poder Constituinte derivado, detentor de poderes inferiores ao Poder Constituinte dito originário, uma vez que, ao emendar o texto constitucional, o legislador não pode invadir matérias consideradas intocáveis pela própria Constituição – as cláusulas pétreas, previstas no art. 60, § 4º, da Constituição vigente. As emendas, uma vez que transformadas em parte do texto constitucional, adquirem o *status* de norma constitucional, salvo se contrariarem cláusula pétrea – a exemplo do que aconteceu com relação ao valor do salário-maternidade, na promulgação da Emenda n. 20/98, já comentada.

Seguem-se as leis – complementares, ordinárias e delegadas –, bem como as medidas provisórias. Sendo tanto o Regime Geral de Previdência Social quanto o custeio da Seguridade Social matérias que envolvem a fixação de obrigações, impõe-se sua regulamentação pela via legal, em obediência ao princípio da legalidade (art. 5º, II, da Constituição), estando atualmente regidas pelas Leis n. 8.212 e 8.213, de 24.7.91, e suas inúmeras alterações promovidas por leis posteriores. Há, todavia, preceitos que dependem de promulgação por lei complementar – como nos casos de criação de novas contribuições sociais, conforme o art. 195, § 4º, da Carta Magna. Não se tem notícia de leis delegadas utilizadas para dispor sobre matéria previdenciária. É conveniente salientar que a Constituição veda a delegação ao Presidente da República para expedir leis cuja matéria seja reservada à lei complementar.

De outro lado, o Poder Executivo vinha se utilizando, com desaconselhável constância, do instituto das medidas provisórias para disciplinar regras do Direito

Previdenciário. Observa-se, desde logo, que muitos dos preceitos assim estabelecidos não se revestiam de caráter de relevância e urgência, exigido pelo art. 62 da Constituição. A expedição frequente de medidas provisórias, em terreno tão complexo como é o da Previdência Social, transmite à sociedade e aos operadores do Direito uma insegurança jurídica diuturna, prejudicando a fixação de bases sólidas para o estudo e a interpretação do sistema. Veja-se, como exemplo, a Medida Provisória n. 1.523, editada originariamente em outubro de 1996, e reeditada por treze vezes, até ser "fundida" na Medida Provisória n. 1.596-14, de 10.11.97, e esta, por sua vez, transformada na Lei n. 9.528, de 10.12.97, não sem antes ter sofrido – em suas quase incontáveis reedições – diversas alterações de conteúdo, com inclusão de novos artigos, ou supressão de outros preceitos, originalmente escritos. Mais recentemente, estabeleceu-se por Medida Provisória a alteração de prazos processuais (MP n. 2.102-26 e suas reedições, até a MP n. 2.180-35, de 24.8.2001, que permanece vigente até deliberação do Congresso Nacional sobre a matéria, conforme disposto no art. 2º da Emenda Constitucional n. 32, de 2001), em favor da Fazenda Pública e dos devedores em execução trabalhista, pela inclusão de um artigo "1º-B" no texto da Lei n. 9.494/97, verdadeira heresia jurídica em termos de direito à ampla defesa, pois, caso a Medida Provisória venha a ser rejeitada pelo Congresso Nacional, caem no vácuo legislativo as medidas judiciais intentadas pelas partes no prazo ditado pela referida Medida Provisória. Coaduna-se com esta ideia o fato de que o constituinte derivado, ao tratar de vedar o uso de tal espécie normativa, o fez, entre outras matérias, para impedir seu uso no disciplinamento de regras processuais civis e penais.

Frise-se que importante alteração se deu com a promulgação da Emenda Constitucional n. 32, de 11.9.2001, reduzindo-se a possibilidade de edição de medidas provisórias, embora mantendo-se intocada a questão relativa ao conceito de "relevância e urgência", dispositivo que veio a reduzir sensivelmente a desmesurada profusão de atos emanados do Poder Executivo com esta finalidade normativa.

Ainda há, no âmbito legislativo, os decretos legislativos, com os quais são colocados em vigor no território nacional os tratados, convenções e acordos internacionais, integrando, a partir de então, a ordem jurídica interna.[113] Discordamos, assim, do entendimento de *Wladimir Martinez*, que assegura existirem fontes internacionais de Direito Previdenciário.[114]

Sobre as mencionadas fontes de direito, o art. 85-A da Lei n. 8.212/91, acrescentado pela Lei n. 9.876/99, dispõe que: "Os tratados, convenções e outros acordos internacionais de que Estado estrangeiro ou organismo internacional e o Brasil

113 SÜSSEKIND, Arnaldo. *Tratados ratificados pelo Brasil*. Rio de Janeiro: Freitas Bastos, 1981, p. 20.

114 MARTINEZ, Wladimir Novaes. *Curso de direito previdenciário. Tomo I – Noções de direito previdenciário*. São Paulo: LTr, 1997, p. 35.

sejam partes, e que versem sobre matéria previdenciária, serão interpretados como lei especial".

Nessa matéria, merece destaque o Decreto Legislativo n. 269, de 18.9.2008, que ratificou a Convenção n. 102 da Organização Internacional do Trabalho, com o que o Brasil se tornou o 44º país do mundo a aderir a seus termos, assumindo o compromisso, perante a comunidade internacional, de seguir os princípios e padrões consagrados pela OIT para a organização dos sistemas de seguridade social.

A Convenção n. 102 define níveis mínimos de cobertura populacional, além de estabelecer parâmetros para as condições de elegibilidades nas nove contingências clássicas amparadas por políticas de seguridade: auxílio-doença, assistência médica, amparo ao desemprego, acidentes do trabalho e doenças ocupacionais, velhice, invalidez, morte, maternidade e subsídios familiares (conforme Nota Informativa da OIT, divulgada na Conferência Interamericana de Seguridade Social, em Salvador, em novembro de 2008, publicada em www. oitbrasil.org.br/download/trab_dec_protsocial_novembro2008.pdf, acesso em 4.1.2009).

No que concerne aos atos administrativos, são fontes formais do Direito Previdenciário: o decreto regulamentador das Leis de Custeio e Benefícios – atualmente, Decreto n. 3.048/99; as portarias, instruções normativas e ordens de serviço do Ministério da Previdência Social; as resoluções do Conselho Nacional de Previdência Social e do Conselho de Recursos da Previdência Social; as instruções normativas, ordens de serviço e resoluções expedidas pelo INSS; os pareceres normativos emitidos pelos órgãos internos. Há que se dizer, por relevante, que tais atos são fontes formais na medida em que não contrariem dispositivos constitucionais ou legais, ou seja, desde que se limitem a efetivamente regulamentar, em forma mais minudente, os preceitos preexistentes. Quanto muito, naquilo que não se contraponha à norma legal, os atos administrativos normativos podem criar efeito vinculante exclusivamente para os órgãos e entidades partícipes da Administração.

Não podem ser consideradas fontes formais do Direito Previdenciário os costumes, como já mencionado, pois, em se tratando de ramo do Direito Público, apenas as normas emanadas do Estado se aplicam às relações contribuinte/ente da arrecadação, ou beneficiário/ente concedente do benefício.

Tampouco se aplicam no âmbito interno as normas de direito estrangeiro; quando muito, servem como critério de interpretação da norma jurídica pátria, pela análise do direito comparado.

A jurisprudência – aplicação do Direito por meio das decisões judiciais – não se caracteriza, em regra, como fonte formal do direito. No sistema de *civil law*, a fonte primordial é a norma legislada,[115] de modo que os órgãos judiciais, ainda que atuando na lacuna da lei, não criam direito, apenas suprindo a ausência de

115 Cf. TAVARES, Marcelo Leonardo. *Op. cit.*, p. 28.

norma específica, ou seja, não gerando qualquer *precedente vinculativo*, nem mesmo quando da edição de enunciados de súmula de jurisprudência dominante dos Tribunais. O efeito vinculante das decisões judiciais se dá, exclusivamente, no que tange às decisões definitivas do Supremo Tribunal Federal nas ações diretas de inconstitucionalidade ou nas ações declaratórias de constitucionalidade – arts. 102 e 103 da Constituição e, a partir da publicação da Emenda Constitucional n. 45, de 2004, que inseriu o art. 103-A, à súmula de efeito vinculante, quando aprovada por voto de dois terços dos membros do STF, conforme se nota da redação da norma: "Art. 103-A. O Supremo Tribunal Federal poderá, de ofício ou por provocação, mediante decisão de dois terços dos seus membros, após reiteradas decisões sobre matéria constitucional, aprovar súmula que, a partir de sua publicação na imprensa oficial, terá efeito vinculante em relação aos demais órgãos do Poder Judiciário e à administração pública direta e indireta, nas esferas federal, estadual e municipal, bem como proceder à sua revisão ou cancelamento, na forma estabelecida em lei".

Bobbio, a respeito do tema, comenta: "Quando se diz que o juiz *deve* aplicar a Lei, diz-se, em outras palavras, que a atividade do juiz está limitada pela Lei, no sentido de que o conteúdo da sentença deve corresponder ao conteúdo de uma lei. Se essa correspondência não ocorre, a sentença do juiz pode ser declarada inválida, tal como uma lei ordinária não conforme à Constituição".[116] Logo, se a decisão judicial não pode contrariar a lei, salvo a lei contrária à Constituição e a seus princípios, já que, neste caso, a lei seria nula, por não poder pertencer à mesma ordem jurídica que outra norma de hierarquia superior, que dispõe de maneira que não se admita a regra legal em sentido diverso, não poderia daí surgir, a nosso ver, nova fonte formal do direito.

Como salienta *Caio Mário da Silva Pereira*, "nos regimes de separação de poderes, ao Judiciário cabe aplicar contenciosamente a lei aos casos particulares, e, não competindo aos Tribunais formular regras jurídicas, senão aplicá-las, a manifestação jurisprudencial não se pode qualificar como fonte criadora da norma de direito, porque não passa de um processo de aplicação da lei".[117] A jurisprudência é, portanto, critério – importante, muitas vezes fundamental – de integração das normas jurídicas, observando-se qual tenha sido a conclusão a que chegaram os órgãos julgadores. Excepcionem-se, no âmbito extrajudicial, as decisões sumuladas do CRPS, que têm caráter vinculante para os órgãos e entidades da Administração, sendo então, apenas no âmbito interno da Previdência Social, fontes formais de Direito Previdenciário.

Da mesma forma, a doutrina – composta pelo conteúdo científico das obras escritas pelos estudiosos da matéria – não caracteriza fonte formal do direito. A opinião dos autores pátrios, por mais respeitada que seja, não tem o condão de al-

116 BOBBIO, Norberto. *Op. cit.*, p. 56.

117 PEREIRA, Caio Mário da Silva. *Instituições de direito civil.* Rio de Janeiro: Forense, 1966, v. 1, p. 46.

terar a ordem jurídica vigente. Serve, tanto quanto a jurisprudência, para eliminar dúvidas quanto à integração da norma.

Os princípios de direito não-escritos (ou adstritos) vêm sendo considerados fontes de Direito, por corrente respeitável da doutrina em Hermenêutica Jurídica, principalmente quando se verifica a colisão de regras com princípios reconhecidamente existentes, ainda que não positivados, como o da proporcionalidade e o da razoabilidade. Como bem salienta *Lênio Streck*, com base nas lições de *Robert Alexy*, "os direitos fundamentais constituem-se de princípios donde se retiram regras adstritas que, como mandados de otimização, valem, num juízo de ponderação, quando fática e juridicamente realizáveis".[118] Se escritos, são normas jurídicas, e nesta condição se fixam como fontes formais.[119]

A equidade – a noção do que é justo, de acordo com o bem comum, a moral, a distinção entre o certo e o errado – também não é fonte formal do direito. Na medida em que somente possa ser utilizada na ausência da norma escrita, é critério de integração da ordem jurídica. Diga-se o mesmo da aplicação dos critérios de analogia a casos omissos da lei.

---

118 STRECK, Lênio Luiz. *Hermenêutica jurídica e(m) crise*. 5. ed. rev. e atual. Porto Alegre: Livraria do Advogado, 2004, p. 246.

119 BOBBIO, Norberto. *Op. cit.*, p 160.

Capítulo 6
Aplicação das normas de Direito Previdenciário

Cumpre analisar, no presente momento, as imperfeições das normas jurídicas referentes ao Direito Previdenciário. Para tanto, deve-se observar os vários questionamentos e dúvidas que possam advir da aplicação do direito positivado aos casos concretos.

Necessário caracterizar as espécies de normas que são aplicáveis às relações jurídicas abrangidas pelo Direito Previdenciário, para que se adentre, após isso, no tema da aplicação dessas normas.

Há duas classificações de que se pode partir. A primeira, de *Feijó Coimbra*, divide as normas segundo o objeto de seu comando em: (1) normas de filiação, ou de vinculação, que dispõem sobre a formação, manutenção e dissolução do vínculo entre o indivíduo e a Previdência Social; (2) normas de proteção, ou de amparo, cujo objeto é a concessão de prestação previdenciária; e (3) normas de custeio, de natureza tributária, que delimitam situações fáticas que se ocorridas geram uma relação jurídica tributária-previdenciária. A outra, de Fábio Lopes Vilela Berbel, acrescenta outras duas espécies: (4) normas de manutenção do valor real dos benefícios; e (5) normas de irredutibilidade dos benefícios.[120]

Adotada uma ou outra classificação, nota-se que as normas tratam, ao menos, de duas relações jurídicas distintas: a relação de custeio e a relação de seguro social. Às primeiras, deve se dar o adequado tratamento de norma tributária, adotando-se os princípios e normas gerais da Constituição e do Código Tributário Nacional acerca do assunto. Na aplicação das normas que envolvem a relação de seguro social – que tratam tanto de filiação ao sistema, como de concessão, manutenção e irredutibilidade de benefícios, deve-se recordar, sempre, que se trata de direito fundamental, logo, de largo espectro, interpretando-se na busca dos fins sociais da norma (art. 6º da Lei de Introdução ao Código Civil), ante sua

120 BERBEL, Fábio Lopes Vilela. *Teoria Geral da Previdência Social*. São Paulo: Quartier Latin, 2005, pp. 115-117.

indelével característica protecionista do indivíduo, com vistas à efetividade de seus Direitos Sociais.

6.1 Antinomias e critérios de solução

Como diz *Bobbio*, "se um ordenamento jurídico é composto de mais de uma norma, disso advém que os principais problemas conexos com a existência de um ordenamento são os que nascem das relações das diversas normas entre si".[121]

Sendo assim, pode ocorrer de existir, num mesmo ordenamento e momento histórico, mais de uma norma vigente e eficaz, todas supostamente disciplinadoras do mesmo caso concreto.

A questão em comento pode ocorrer entre normas de mesma espécie, ou de espécies distintas.

Vejamos, inicialmente, as antinomias entre normas de espécies distintas. Neste caso, há uma situação que merece estudo à parte, qual seja, a da antinomia entre norma principiológica ou constitucional e norma infraconstitucional. A princípio, a questão se resolve de forma simples: a norma constitucional se sobrepõe à norma legal, ou ao ato administrativo. Contudo, deve-se recordar que, em termos de Direito Previdenciário, as normas deste ramo estabelecem direitos e obrigações para os segurados, dependentes, contribuintes e para o próprio Estado – gestor do regime. Assim, as regras infraconstitucionais que se caracterizem como normas *mais favoráveis* para o indivíduo integrante do regime devem ser consideradas válidas. Exemplificando, não se pode taxar de inconstitucional a Lei n. 9.876/99, que estendeu o benefício do salário-maternidade às contribuintes individuais, alegando que a Constituição somente prevê o benefício expressamente a empregadas urbanas, rurais e domésticas e trabalhadoras avulsas. A norma favorece as seguradas e há fonte de custeio correspondente, logo, não se reveste tal norma do vício de inconstitucionalidade.

Se duas normas da mesma espécie são, cronologicamente, postadas no ordenamento em momentos distintos, deverá prevalecer a norma posterior, que, então, revoga, ainda que tacitamente, a anterior. Dessa forma, a lei que modifica alíquota de contribuição social, após decorridos os noventa dias de sua publicação, revoga a anterior, deixando de ser exigida a alíquota antes prevista.

Se, no entanto, duas normas de mesma espécie se confrontam, sendo ambas, a princípio, vigentes e eficazes no momento em que surge a dúvida, a solução se dá conforme a espécie normativa.

Em se tratando de regras infraconstitucionais, a solução em regra se consegue pelo critério da especialidade. "Por efeito da lei especial, a lei geral *cai*

121 BOBBIO, Norberto. *Teoria do ordenamento jurídico*. Trad. de Maria Celeste C. J. Santos. 10. ed., Brasília: Editora Universidade de Brasília, 1997, p. 34.

parcialmente."[122] Exemplificando, a Lei n. 8.870/94, que regia a contribuição social do produtor rural pessoa jurídica, fez com que deixasse de ser aplicada, durante a vigência da referida norma, a exceção do § 4º do art. 25 da Lei n. 8.212/91, considerando-se, para os fatos geradores do período, a totalidade da produção comercializada.

Já quando a antinomia é entre normas principiológicas ou constitucionais, não se admite, segundo a doutrina de hermenêutica mais recente, falar em conflito, mas em colisão, e a solução, daí, não se dá pela extinção de uma norma do ordenamento jurídico, como sói acontecer com as regras em geral, mas pela ponderação entre os princípios, em cada caso concreto.[123]

6.2 Lacunas do ordenamento e sua solução

O problema da aplicação do Direito, contudo, pode ser não o excesso de normas, mas a ausência total delas, em certo caso concreto. Está-se diante da lacuna do ordenamento jurídico. Não se podendo, certamente, declarar não haver direito a ser aplicado para certo conflito de interesses, deve socorrer-se o intérprete – via de regra, o juiz – de critérios de solução destas mesmas lacunas. São os critérios de integração da norma jurídica.

Ensina *Norberto Bobbio* que, em princípio, há duas formas de integração: a heterointegração e a autointegração. Na primeira, recorre-se a ordenamentos jurídicos diversos, ou a fontes diversas daquela que é dominante. Na segunda, a integração se dá sem o recurso a fontes ou ordenamentos distintos.[124]

É da tradição pátria esgotarem-se, a princípio, todas as possibilidades de autointegração, para, depois, tentar-se a solução pela via da heterointegração. Assim, o art. 4º da Lei de Introdução ao Código Civil determina que, na lacuna da lei, o juiz se utilize da analogia, do costume e dos princípios gerais de direito.

A primeira forma de autointegração é o uso da analogia. Para tanto, segundo *Washington de Barros Monteiro*, cumpre ao operador do Direito observar os seguintes requisitos: "a) é preciso que o fato não tenha sido especificamente objetivado pelo legislador; b) este, no entanto, regula situação que apresenta ponto de contato, relação de coincidência ou algo idêntico ou semelhante; c) finalmente, requer-se esse ponto comum às duas situações (a prevista e a não prevista), haja sido o elemento determinante ou decisivo na implantação da regra concernente à situação considerada pelo julgador".[125] Ter-se-á emprego de analogia, no Direito

122 BOBBIO, Norberto. *Teoria do ... cit.*, p. 97.

123 BOLLMANN, Vilian. *Op. cit.*, p. 77.

124 BOBBIO, Norberto. *Teoria do ... cit.*, p. 146.

125 MONTEIRO, Washington de Barros. *Curso de direito civil.* Parte geral. 16. ed., São Paulo: Saraiva, 1986, v. 1, p. 39.

Previdenciário, nas hipóteses de enquadramento de indivíduo na condição de segurado obrigatório, toda vez que, na falta de regra específica que o enquadre como tal, seja ele considerado filiado ao regime previdenciário.

Os princípios gerais de direito, para serem considerados critérios de integração da ordem, como já salientado, são os que não se encontram expressos em normas positivas. Apenas para efeito didático, apreendemos do mestre civilista *Washington de Barros Monteiro* alguns princípios gerais por ele enumerados: "a) ninguém pode transferir mais direitos do que possui; b) ninguém deve ser condenado sem ser ouvido; c) ninguém pode invocar a própria malícia; d) quem exercita o próprio direito não prejudica a ninguém; e) *pacta sunt servanda*; f) *quod initio vitiosum est non potest tractu temporis convalescere*".[126]

A doutrina, em muitos casos, vai auxiliar o operador do Direito, seja na integração do ordenamento, seja na interpretação de norma existente. A opinião dos doutos pode caracterizar critério de heterointegração, quando, ausente a norma, o juiz adota o julgamento por equidade, valendo-se das posições observadas na doutrina. Em última análise, a doutrina não é exatamente a forma de heterointegração, mas sim a equidade.

Na heterointegração da ordem jurídica, tem-se a técnica de solução do conflito pela equidade. Esta, por seu turno, é aplicada por meio de decisões judiciais, ou seja, pela jurisprudência. A solução pela via da equidade não se baseia em norma presente na ordem jurídica, mas na ausência desta mesma norma. Diz o Código de Processo Civil que o juiz somente poderá valer-se de tal critério quando autorizado por lei (art. 127). São exemplos clássicos de aplicação do juízo de equidade as decisões judiciais que passaram a contemplar o direito da companheira à pensão por morte do segurado, antes mesmo da alteração legislativa que fixou tal direito.

6.3 Interpretação das normas

Solucionado o problema da verificação de qual norma é aquela aplicável para o caso concreto, surge outro aspecto da sua aplicação, qual seja, a busca do significado da norma, do bem jurídico que é tutelado, das condições em que se exercita o direito. Está-se diante do problema da interpretação da norma.

Para tanto, os estudiosos enumeram, comumente, as seguintes formas de interpretação:

a) gramatical – por tal critério interpretativo, busca-se o sentido da norma pelo significado da linguagem empregada, de acordo com a etimologia de cada vocábulo;

126 *Idem, ibidem*, p. 42.

b) histórica – decorre da observação da evolução do instituto sobre o qual versa a norma; com base neste critério, pode-se entender o sentido da norma vigente, considerando-se as normas anteriores;
c) autêntica – significa o estudo dos motivos mencionados pelo legislador, à época; trata-se da análise de documentos geradores pelo idealizador da norma, para buscar a intenção deste. Via de regra, as legislações de maior envergadura e os códigos possuem uma "exposição de motivos", na qual seus elaboradores fazem digressões a respeito da matéria positivada;
d) sistemática – consiste na análise da norma no contexto do ordenamento de certo ramo do Direito, ou do ordenamento jurídico como um todo e não isoladamente; busca-se, com isso, a integração da norma com os princípios norteadores e demais institutos;
e) teleológica – tem-se na análise da finalidade que se pretendeu atingir com a norma. Segundo o art. 6º da Lei de Introdução ao Código Civil, deve o intérprete buscar o fim social visado com a expedição do comando normativo.

6.4 Vigência e eficácia das normas no tempo

Uma questão de não menor importância no estudo da aplicação do Direito Previdenciário é a da relação entre a norma e o momento em que ela é aplicada. Para tanto, devemos agora estabelecer a diferenciação entre normas de custeio e normas de prestações previdenciárias.

Uma vez em vigor, a norma de custeio do sistema, quando disponha sobre criação ou modificação de contribuições sociais, só poderá ser exigida após decorridos noventa dias de sua publicação. É a regra do art. 195, § 6º, da Constituição. Não é aplicado, no caso, o princípio da anterioridade do exercício financeiro, inserto no art. 150, III, *b*, da Carta Magna.

Já as demais normas de custeio, bem como as relativas a prestações previdenciárias, são eficazes a partir da data em que a própria norma previr sua entrada em vigor, e, na ausência de tal fixação, no prazo estabelecido pela Lei de Introdução ao Código Civil para a *vacatio legis*, ou seja, quarenta e cinco dias após sua publicação.

Naturalmente, obedecida a regra principiológica da irretroatividade da lei, tem-se que a lei não surte efeitos pretéritos. No caso do Direito Previdenciário, nem mesmo para beneficiar eventuais infratores da norma de custeio. Observe-se, não se está tratando da norma de Direito Penal (ante a possível existência de crime de sonegação fiscal ou apropriação indébita), mas daquela que tem natureza tributária, e que fixa a obrigação tributária e a mora do devedor.

A lei nova, obedecendo à garantia constitucional, não prejudica o direito adquirido, o ato jurídico perfeito ou a coisa julgada. Assim, por exemplo, o segurado que já possuía direito à aposentadoria antes da vigência da Lei n. 9.876/99 tem direito de, a qualquer tempo, requerer o benefício com base nas regras antigas de cálculo – ou seja, sem a aplicação do fator previdenciário. Neste caso, mesmo estando a lei revogada, ao tempo em que era vigente houve o preenchimento de todos os requisitos nela previstos. Portanto, havendo adquirido o direito à época em que vigorava a lei, é ele exercitável a qualquer tempo, mesmo após a revogação da norma jurídica em que se baseia.

Não caracteriza direito adquirido o fato de um indivíduo já estar filiado a um Regime de Previdência Social, para efeito de pretensão de ultra-atividade de normas que vierem a ser revogadas antes que o mesmo tenha implementado todos os requisitos legais para o exercício do direito. Em suma, como costuma frisar a jurisprudência dominante, "não há direito adquirido a regime jurídico". Se ao tempo da modificação da norma o indivíduo não tinha ainda possibilidade de postular a prestação previdenciária, a mudança legislativa pode alterar sua expectativa. A possibilidade de edição de regras de transição, embora defendida ardorosamente pela doutrina portuguesa como direito daqueles que se encontram em vias de adquirir o direito, não encontra base jurídica tal que seja assegurada aos detentores de expectativa de direito.

O fato de serem utilizados como base de cálculo do benefício salários de contribuição que antes não eram considerados, não caracteriza retroação da eficácia da lei – hipótese de aplicação da Lei n. 9.876/99 no que tange ao cálculo do valor-base da aposentadoria.

As normas constitucionais que dependem de regulamentação não são exigíveis antes da lei – complementar ou ordinária – que discipline a matéria. É o caso, por exemplo, da previdência complementar dos servidores públicos prevista no art. 40, § 15, da Constituição, sendo que a Lei Complementar n. 109, de 29.5.2001, estabeleceu normas gerais, porém não instituiu o regime previdenciário complementar dos entes da Administração Pública Federal direta, autarquias e fundações públicas, o que deverá ser objeto de lei específica.

6.5 Vigência e eficácia das normas no espaço

Em relação à aplicação das normas de Direito Previdenciário, tem-se que, como regra, se adote o princípio da territorialidade. Não há cabimento para utilizar-se genericamente da hipótese de extraterritorialidade da lei. Em sendo assim, são taxativas as situações em que se adotará a lei brasileira em relações jurídicas fora de nosso território.

Uma importante exceção aparece com a Lei n. 6.887/80, que prevê a adoção da legislação previdenciária brasileira também aos entes diplomáticos existentes no Brasil. Como leciona *Martinez*, "quem presta serviços para embaixadas e consulados ou a órgãos a elas (*sic*) subordinados está sujeito à regulamentação própria. São segurados obrigatórios na condição de empregados, mas o não-brasileiro sem residência permanente no Brasil ou o brasileiro, protegido pela legislação do País representado, está excluído do RGPS".[127]

Fugindo à regra de que a lei que rege a relação jurídica é a do lugar da execução do contrato – *lex loci executionis* –, a legislação pátria admite como segurado obrigatório o brasileiro ou estrangeiro, residente e domiciliado no Brasil e contratado para trabalhar no exterior para empresa brasileira, independentemente de estar amparado por outro regime previdenciário, no local da execução do contrato. O mesmo ocorre com o brasileiro civil que trabalha para a União Federal no exterior, em organismos oficiais brasileiros ou internacionais em que o Brasil seja membro efetivo, mesmo sendo domiciliado e contratado no estrangeiro, nesse caso, excepcionada a hipótese de possuir amparo por regime previdenciário do país em que labora.

6.6 Acordos Internacionais de Previdência Social firmados pelo Brasil

Diante do cada vez mais comum fenômeno da migração de pessoas, resultante não somente da globalização da economia, mas também dos movimentos populacionais em busca de novas oportunidades de trabalho, tem sido frequente a adoção de tratados internacionais que celebram acordos de reciprocidade de tratamento em matéria de proteção social, tendo o Brasil também firmado diversos deles.

A Convenção de Viena (1969) considera tratado um acordo internacional celebrado por escrito entre Estados e regido pelo Direito Internacional (art. 24). Utilizando-nos da definição de *Walter Arrighi*, é "o acordo assinado por dois ou mais países, regulado pelo Direito Internacional Público, pelo qual se estabelecem regras recíprocas às quais as pessoas compreendidas em seu âmbito deverão ajustar-se, a fim de adquirir as prestações da seguridade social previstas pela legislação de cada um dos países contratantes".[128]

Como esclarece *Heinz-Dietrich Steinmeyer*, pessoas que iniciaram sua vida laboral em um país podem querer computar o tempo trabalhado em outro país, no qual se encontra no momento em que entende ter direito a um benefício previdenciário. "Por várias razões, pode haver dificuldades para que isso ocorra. Por um

127 *Curso de direito previdenciário...*, cit., p. 106.

128 ARRIGHI, Walter. Portabilidade de fundos nos sistemas previdenciários In: BRASIL. MINISTÉRIO DA PREVIDÊNCIA SOCIAL. *Migrações Internacionais e a Previdência Social.* Brasília: MPAS, SPS, CGEP, 2006, p. 178.

lado, o país de origem pode não estar disposto a pagar os benefícios de uma pessoa que vive em outro país. Por outro, a pessoa pode não preencher os requisitos para ter acesso aos benefícios de seu novo país por não ter passado aí tempo suficiente para qualificar-se como parte de sua força de trabalho".[129]

Há, em síntese, dois tipos de acordos em matéria de proteção social: os bilaterais, entre dois países apenas; e os multilaterais, como são os de comunidades de países (União Europeia, Mercosul).

A cobertura prevista nos acordos depende do que restar estabelecido no tratado. Alguns acordos se referem apenas a tratamento recíproco entre cidadãos dos países contratantes, estendendo-se a refugiados e a apátridas residentes nos respectivos países. Já outros acordos, denominados "acordos abertos", não são restritos a seus próprios cidadãos, dependendo tal cláusula da normatização interna de cada país abrir ou não a possibilidade de estrangeiros residentes serem beneficiários do sistema.

É importante observar que, no Brasil, não existe tal restrição no direito interno, vez que, seja por força do art. 5º da Constituição, que iguala em tratamento os brasileiros e os estrangeiros residentes no país, seja com fundamento nas Leis n. 8.212 e 8.213/91, que enumera os segurados obrigatórios, não se exige a nacionalidade brasileira como requisito, mas sim o trabalho em território nacional como regra.

Alguns princípios devem ser observados nos acordos internacionais. O primeiro deles é o da igualdade de tratamento entre os indivíduos oriundos dos países contratantes, atendendo ao que dispõe a Convenção n. 118 da OIT sobre a igualdade de tratamento em matéria de seguridade social. Outro é o que estipula a vedação de cláusulas que vinculem a aquisição de direitos à residência no país contratante, com respeito às pessoas que residem legalmente em outro país contratante. Também deve ser observada a eliminação de dupla cobertura, ou seja, a oportunidade de fruição em duplicidade, por exemplo, do cômputo do tempo de trabalho ou de contribuição em dois países ao mesmo tempo.[130]

Também é de regra a previsão de que os indivíduos beneficiários dos acordos internacionais em matéria de previdência possam usufruir de outros serviços, como os da área da saúde, quando da estada em outro país contratante.

Um problema evidente nesta matéria é a diversidade cada vez maior de modelos de gestão e regimes previdenciários, como foi visto no Capítulo 3 retro. Assim, "faz-se necessário que os Estados considerem a possibilidade de incorporar às Convenções de Seguridade Social normas relativas à portabilidade das poupanças previdenciárias, quando se trata de países com regimes previdenciários baseados

---

129 STEINMEYER, Heinz-Dietrich. Experiências Européias com Acordos Internacionais de Seguridade Social. In: BRASIL. MINISTÉRIO DA PREVIDÊNCIA SOCIAL. *Migrações Internacionais e a Previdência Social.* Brasília: MPAS, SPS, CGEP, 2006, p. 68.

130 STEINMEYER, *op. cit.*, p. 70.

na capitalização individual, a fim de outorgar uma melhor proteção aos trabalhadores migrantes".[131]

Outra questão que irá ganhar relevância é a crescente onda de modificações -estruturais ou incrementais – nos regimes de cada país, o que pode interferir na aplicação dos acordos internacionais de previdência celebrados. Convém que os países que realizem reformas previdenciárias observem a repercussão delas nos tratados já firmados, evitando eventuais percalços para que os indivíduos potencialmente protegidos não venham a ser prejudicados.

A esse respeito já teve oportunidade de se pronunciar o TRF da 4ª Região:

> *PREVIDENCIÁRIO. AVERBAÇÃO DE TEMPO DE SERVIÇO PRESTADO NO EXTERIOR PARA FINS DE APOSENTADORIA. MAGISTÉRIO. ACORDO BILATERAL CELEBRADO ENTRE BRASIL E ARGENTINA. DECRETO LEGISLATIVO Nº 95/82. O Acordo de Previdência firmado entre Brasil e Argentina viabiliza o reconhecimento do tempo de labor prestado no exterior para fins de aposentadoria por tempo de serviço, ainda que a legislação do país de regência não anteveja a possibilidade do jubilamento desatrelado a uma idade mínima. Isso porque a exegese mais apurada do artigo VII do acordo, diz que a legislação do local de prestação do serviço rege o cômputo de períodos de serviço - e não o direito ao cômputo destes períodos para efeitos de concessão dos benefícios (TRF4, AC 97.04.52954-6, Sexta Turma, Relator Alcides Vettorazzi, D.E. 18/02/2009).*

Não se pode olvidar da situação dos que emigram e depois retornam ao país originário, como é o caso de muitos brasileiros que trabalham, quando jovens, no exterior.

No âmbito do Mercosul, o Acordo Multilateral sobre Seguridade Social, firmado em 14.12.1997, e adotado pelo Brasil com a promulgação do Decreto Legislativo n. 451/2001, prevê em seu artigo 2º que "os direitos de seguridade social serão reconhecidos para os trabalhadores que prestem ou tenham prestado serviços em qualquer dos Estados-membros, reconhecendo-se os mesmos direitos para seus familiares e dependentes, e, além disso, estão sujeitos às mesmas obrigações que os nativos de determinados países membros com respeito aos especificamente mencionados no presente Acordo".

A complexidade das situações concretas envolvendo o cumprimento de tais acordos internacionais se revela no acórdão abaixo transcrito:

> *(...) O Acordo Brasileiro-Uruguaio de Previdência Social, ao estabelecer em seu Artigo 1º que o Acordo se refere "às prestações existentes em ambos" os países, permite a concessão de todos os benefícios previstos nas legislações respectivas, inclusive, portanto, a aposentadoria por tempo de contribuição, ainda que essa espécie de benefício não encontre previsão no Uruguai, nada justificando uma exegese restritiva para excluir as aposentadorias por tempo de contribuição. O próprio INSS reconhece, no art. 547 das Instruções Normativas 11/2006 e 20/2007, a possibilidade de concessão de aposentadoria por tempo de contribuição aos segurados amparados pelo*

---

131 QUINTEROS, Mercedes Hoces. Portabilidade dos fundos previdenciários: uma nova alternativa para os trabalhadores migrantes. In: BRASIL. MINISTÉRIO DA PREVIDÊNCIA SOCIAL. *Migrações Internacionais e a Previdência Social.* Brasília: MPAS, SPS, CGEP, 2006, p. 92.

Acordo de Previdência Social Brasil e Uruguai, desde que o segurado comprove a implementação dos requisitos necessários no período em que esteve em vigência o acordo bilateral entre os dois países, ou seja, até a data anterior à vigência do Acordo Multilateral do Mercosul, aprovado pelo Decreto Legislativo n. 451, , de 14/11/2001, em vigor a partir de 1º de maio de 2005. Caso em que a autora havia perdido a qualidade de segurada em 15/02/1989, sem que tivesse direito adquirido a benefício, sendo que, na DIB em 1994 ou 1996, embora tivesse qualidade de segurada, não tinha carência, pois não havia realizado o recolhimento de 1/3 das contribuições exigidas para a carência do benefício. Reconhecido o direito à aposentadoria por tempo de contribuição no Brasil, mediante totalização dos períodos computados no Brasil e no Uruguai, a partir da vigência da MP 83/2002 (12-12-2002), a qual passou a considerar irrelevante a perda da qualidade de segurado para a concessão das aposentadorias por tempo de contribuição e por idade. No caso, considerando que o tempo de serviço no Brasil foi de 5 anos e 1 mês e no Uruguai 24 anos, 11 meses e 03 dias, a renda mensal a ser paga pelo INSS será equivalente a 16,94% da RMI apurada. Quanto ao cálculo da RMI do benefício, deve ser aplicada a regra do art. 553, inc. III, da IN/INSS/PRES n. 11, de 20/09/2006 (mesmo artigo da IN 20/2007), que determina que o salário-de-benefício do segurado com contribuição para a Previdência Social Brasileira, para fins de cálculo da prestação dos benefícios por totalização no âmbito dos acordos internacionais, que esteja sem contribuição, no Brasil, a partir da competência julho de 1994, será apurado "com base na média aritmética simples de todo o período contributivo, multiplicado pelo fator previdenciário, observado o disposto no § 2º do art. 188-A do RPS e, quando for o caso, observado o disposto nos no arts. 77 a 83 desta Instrução Normativa", sendo que "O tempo de contribuição a ser considerado na aplicação da fórmula do fator previdenciário é o somatório do tempo de contribuição para a Previdência Social brasileira e o tempo de contribuição para a Previdência Social do país acordante". Em se tratando de benefício concedido com totalização de tempos de contribuição em regimes de países diferentes, o que implica obrigação de pagamento de benefício em valor proporcional ao tempo totalizado no Estado respectivo, o valor da prestação final proporcional poderá ser inferior a um salário mínimo. Diante da ausência de comprovação de ofensa ao patrimônio subjetivo da segurada, somada a peculiaridade da situação jurídica que envolveu o exame do pedido de concessão do benefício, inexiste direito à indenização por dano moral. (...)

(TRF4, AC 2006.71.00.004780-1, Turma Suplementar, Relator Eduardo Tonetto Picarelli, D.E. 25.1.2010).

Em importante estudo sobre o tema, *Cássio Mesquita Barros* elenca os tratados bilaterais em matéria de previdência firmados pelo Brasil: com a Espanha, assinado em 25.4.69; com Portugal, celebrado em 17.8.69; com a Itália, datado de 19.3.73; com Cabo Verde, estendendo a cidadãos deste os direitos previstos no acordo com Portugal; com o Uruguai, com data de 1.10.78; com o Chile, firmado em 10.10.80; e com a Argentina, de 20.8.80.[132]

Vigoram atualmente os seguintes Acordos Internacionais de Previdência Social, firmados pelo Brasil:

- Argentina: assinado em 20 de agosto de 1980 (Decreto Legislativo n. 95, de 5 de outubro de 1982);
- Cabo Verde: assinado em 7 de fevereiro de 1979 (registrado no Secretariado na ONU em 28 de dezembro de 1979, sob n. 18.216);

132 BARROS, Cássio Mesquita. "Cômputo de tempo de serviço prestado no estrangeiro por força de acordo internacional". *In* MARTINEZ, Wladimir Novaes (coord.). *Temas atuais de previdência social.* São Paulo: LTr, 1998.

- Espanha: assinado em 25 de abril de 1969 (Decreto Legislativo n. 68, de 2 de outubro de 1970);
- Grécia: assinado em 12 de setembro de 1984 (Decreto Legislativo n. 3, de 23 de outubro de 1987);
- Chile: assinado em 16 de outubro de 1993 (Decreto Legislativo n. 75, de 4 de maio de 1995);
- Itália: assinado em 9 de dezembro de 1960 (Decreto Legislativo n. 57.759, de 8 de fevereiro de 1966);
- Luxemburgo: assinado em 16 de setembro de 1965 (Decreto Legislativo n. 52, de 1966);
- Uruguai: assinado em 27 de janeiro de 1977 (Decreto Legislativo n. 67, de 5 de outubro de 1978);
- Portugal: assinado em 17 de outubro de 1969 (Decreto n. 67.695, de 3 dezembro de 1970); e
- Mercosul (Argentina, Uruguai e Paraguai) Acordo Multilateral de Seguridade Social do Mercado Comum do Sul celebrado em 15 de dezembro de 1997, aprovado pelo Decreto Legislativo nº 451 de 14 de novembro de 2001, em vigor a partir de 1º de maio de 2005.

Normatizando a aplicação dos acordos internacionais em matéria previdenciária, o Decreto n. 4.729, de 9.6.2003, inseriu, no art. 32 do Regulamento da Previdência Social, os §§ 18 e 19, transcritos a seguir:

> *§ 18. O salário-de-benefício, para fins de cálculo da prestação teórica dos benefícios por totalização, no âmbito dos acordos internacionais, do segurado com contribuição para a previdência social brasileira, será apurado:*
>
> *I – quando houver contribuído, no Brasil, em número igual ou superior a sessenta por cento do número de meses decorridos desde a competência julho de 1994, mediante a aplicação do disposto no art. 188-A e seus §§ 1º e 2º;*
>
> *II – quando houver contribuído, no Brasil, em número inferior ao indicado no inciso I, com base no valor da média aritmética simples de todos os salários-de-contribuição correspondentes a todo o período contributivo contado desde julho de 1994, multiplicado pelo fator previdenciário, observados o § 2º do art. 188-A, o § 19 e, quando for o caso, o § 14, ambos deste artigo; e*
>
> *III – sem contribuição, no Brasil, a partir da competência julho de 1994, com base na média aritmética simples de todo o período contributivo, multiplicado pelo fator previdenciário, observados o disposto no § 2º do art. 188-A e, quando for o caso, no § 14 deste artigo.*
>
> *§ 19. Para a hipótese de que trata o § 18, o tempo de contribuição a ser considerado na aplicação da fórmula do fator previdenciário é o somatório do tempo de contribuição para a previdência social brasileira e o tempo de contribuição para a previdência social do país acordante.*

Quanto aos brasileiros residentes em países com os quais o Brasil não mantenha acordo de previdência social, estes podem contribuir para o RGPS na condição de facultativo. O mesmo ocorre com aqueles que residem em países com os quais o Brasil mantém acordo, mas que não estejam vinculados ao regime previdenciário local.

O segurado facultativo, desde que cumpridas as condições estabelecidas para cada benefício, faz jus às aposentadorias por invalidez, por idade e por tempo de contribuição, auxílio-doença e salário-maternidade, bem como pensão por morte e auxílio-reclusão para os seus dependentes.

A inscrição do segurado facultativo é feita no Instituto Nacional do Seguro Social (INSS), ou pela internet, no site www.previdencia.gov.br, no link "serviços", ou pelo telefone 135. Na impossibilidade de a inscrição ser efetuada pelo próprio segurado, poderá ser feita por terceiros.

O pagamento das contribuições pode ser efetuado por terceiros, no Brasil, por meio da Guia da Previdência Social (GPS) ou por débito em conta corrente, via *internet*, para quem tem conta bancária no Brasil. Já o requerimento e o recebimento de benefícios devem ser feitos exclusivamente no Brasil, mediante procuração. Atualmente, não há meios de captar as contribuições e efetuar o pagamento dos benefícios no exterior (informações retiradas do site do Ministério do Trabalho e Emprego - www.mte.gov.br - acesso em 2.1.2009).

Segundo a publicação Panorama da Previdência Social Brasileira – 4ª edição, lançada durante a I Conferência Mundial sobre Desenvolvimento de Sistemas Universais de Seguridade Social, desde 2008 estão sendo negociados novos acordos cobrindo diversos países, entre os quais a Alemanha, a Bélgica, o Canadá, os Estados Unidos e o Japão, os quais estão em fase final de elaboração para entrada em vigor.

Capítulo 7
Princípios do Direito Previdenciário

Proclamada a autonomia científica do Direito Previdenciário, incumbe apresentar os princípios pelos quais se norteia este ramo do Direito. É certo que princípio é uma ideia, mais generalizada, que inspira outras ideias, a fim de tratar especificamente de cada instituto. É o alicerce das normas jurídicas de certo ramo do Direito; é fundamento da construção escalonada da ordem jurídico-positiva em certa matéria.

Miguel Reale, em suas "Lições Preliminares de Direito", trabalha essa categoria sob o ponto de vista lógico, como enunciados admitidos como condição ou base de validade das demais asserções que compõem dado campo do saber, "verdades fundantes" de um sistema de conhecimento.[133]

As regras ordinárias, portanto, devem estar embebidas destes princípios, sob pena de se tornarem letra morta, ou serem banidas do ordenamento. Não tem sentido, por exemplo, fixar-se uma norma legal que isente todos os empregadores da obrigação de contribuir para a Seguridade Social, se há um princípio que determina a diversidade da base de financiamento, e outro, que impõe a equidade no custeio.

Adota-se, aqui, para efeitos deste estudo, que os princípios não deixam de ser normas jurídicas, segundo a elaboração constante da obra de Robert Alexy, citada, entre outros, por *Daniel Machado da Rocha*, em que as normas jurídicas são subdivididas em princípios e regras, sendo a diferença entre estas duas espécies traduzida na ideia de que os princípios são "mandados de otimização", enquanto as regras são imposições definitivas, que se baseiam nos princípios norteadores do sistema, sendo, portanto, os princípios erigidos à categoria de normas mais relevantes do ordenamento jurídico.[134]

Passemos, pois, à análise de cada um dos princípios.

---

133 REALE, Miguel. *Lições Preliminares de Direito*. São Paulo: Saraiva, 2003, p. 303.

134 ROCHA, Daniel Machado da. *Op. cit.*, p. 125.

7.1 Princípios gerais de Direito Previdenciário

I – Princípio da solidariedade – a Previdência Social se baseia, fundamentalmente, na solidariedade entre os membros da sociedade.[135] Assim, como a noção de bem-estar coletivo repousa na possibilidade de proteção de todos os membros da coletividade, somente a partir da ação coletiva de repartir os frutos do trabalho, com a cotização de cada um em prol do todo, permite a subsistência de um sistema previdenciário. Uma vez que a coletividade se recuse a tomar como sua tal responsabilidade, cessa qualquer possibilidade de manutenção de um sistema universal de proteção social. Ressalta *Daniel Machado da Rocha* que "a solidariedade previdenciária legitima-se na idéia de que, além de direitos e liberdades, os indivíduos também têm deveres para com a comunidade na qual estão inseridos",[136] como o dever de recolher tributos (e contribuições sociais, como espécies destes), ainda que não haja qualquer possibilidade de contrapartida em prestações (é o caso das contribuições exigidas dos tomadores de serviços).[137] Envolve, pelo esforço individual, o movimento global de uma comunidade em favor de uma minoria – os necessitados de proteção – de forma anônima.[138]

II – Princípio da vedação do retrocesso social – princípio bem retratado por *Marcelo Leonardo Tavares*, "consiste na impossibilidade de redução das implementações de direitos fundamentais já realizadas".[139] Impõe-se, com ele, que o rol de direitos sociais não seja reduzido em seu alcance (pessoas abrangidas, eventos que geram amparo) e quantidade (valores concedidos), de modo a preservar o mínimo existencial. Tal princípio, como salienta *Vilian Bollmann*,[140] ainda que não expresso de forma taxativa, encontra clara previsão constitucional quando da leitura do § 2º do art. 5º da Constituição e mais, ainda, a nosso ver, no art. 7º, *caput*, o qual enuncia os direitos dos trabalhadores urbanos e rurais, "sem prejuízo de outros que visem à melhoria de sua condição social". Diante de tal princípio, padecem de inconstitucionalidade, em tese, normas infraconstitucionais como as que limitam o pagamento de salário-família e auxílio-reclusão aos "segurados de baixa renda".[141] Trata-se de princípio que já foi adotado pela jurisprudência, na ADI que apreciou a inconstitucionalidade do art. 14 da EC n. 20/98, que limitava o valor do salário-maternidade ao teto do RGPS:

---

135 RUPRECHT, Alfredo. *Op. cit.*, p. 70.

136 ROCHA, Daniel Machado da. *Op. cit.*, p. 135.

137 PEREIRA NETTO, Juliana Presotto. *Op. cit.*, p. 166.

138 RUPRECHT, Alfredo. *Op. cit.*, p. 73.

139 TAVARES, Marcelo Leonardo. *Previdência e Assistência Social: legitimação e fundamentação constitucional brasileira*. Rio de Janeiro: Lumen Juris, 2003, p. 176.

140 BOLLMANN, Vilian. *Op. cit.*, p. 77.

141 BERBEL, Fábio Lopes Vilela. *Op. cit.*, p. 209.

1. O legislador brasileiro, a partir de 1932 e mais claramente desde 1974, vem tratando o problema da proteção à gestante, cada vez menos como um encargo trabalhista (do empregador) e cada vez mais como de natureza previdenciária. Essa orientação foi mantida mesmo após a Constituição de 05.10.1988, cujo art. 6º determina: a proteção à maternidade deve ser realizada "na forma desta Constituição", ou seja, nos termos previstos em seu art. 7º, XVIII: "licença à gestante, sem prejuízo do empregado e do salário, com a duração de cento e vinte dias".

2. Diante desse quadro histórico, não é de se presumir que o legislador constituinte derivado, na Emenda 20/98, mais precisamente em seu art. 14, haja pretendido a revogação, ainda que implícita, do art. 7º, XVIII, da Constituição Federal originária. Se esse tivesse sido o objetivo da norma constitucional derivada, por certo a EC n. 20/98 conteria referência expressa a respeito. E, à falta de norma constitucional derivada, revogadora do art. 7º, XVIII, a pura e simples aplicação do art. 14 da EC n. 20/98, de modo a torná-la insubsistente, implicará um retrocesso histórico, em matéria social-previdenciária, que não se pode presumir desejado.

(...)

(STF, ADI 1.946-DF, Pleno, Rel. Min. Sydney Sanches, DJ 16.5.2003).

III – Princípio da proteção ao hipossuficiente – ainda que não aceito de modo uniforme pela doutrina previdenciarista, vem sendo admitido com cada vez mais frequência o postulado de que as normas dos sistemas de proteção social devem ser fundadas na ideia de proteção ao menos favorecido. Na relação jurídica existente entre o indivíduo trabalhador e o Estado, em que este fornece àquele as prestações de caráter social, não há razão para gerar proteção ao sujeito passivo – como, certas vezes, acontece em matéria de discussões jurídicas sobre o direito dos beneficiários do sistema a determinado reajuste ou revisão de renda mensal, por dubiedade de interpretação da norma. Daí decorre, como no Direito do Trabalho, a regra de interpretação *in dubio pro misero*, ou *pro operario*, pois este é o principal destinatário da norma previdenciária. Observe-se que não se trata de defender que se adote entendimento diametralmente oposto na aplicação das normas, por uma interpretação distorcida dos enunciados dos textos normativos: o intérprete deve, dentre as várias formulações *possíveis* para um mesmo enunciado normativo, buscar aquela que melhor atenda à função social, protegendo, com isso, aquele que depende das políticas sociais para sua subsistência.

Vistos os princípios fundantes, passa-se ao estudo dos princípios expressamente previstos na Constituição.

7.2 Princípios constitucionais da Seguridade Social

A Constituição Federal estabeleceu, como norma, fixar uma gama de princípios e objetivos regentes da Seguridade Social, e outros deles, disciplinadores dos campos de atuação em que ela se desdobra. Em face do objeto de estudo desta obra, observar-se-ão, tão-somente, os objetivos gerais de seguridade social, e os pertinentes à previdência social.

O art. 194 da Constituição enumera, em sete incisos, os chamados princípios constitucionais da Seguridade Social. São eles:

I - Universalidade da cobertura e do atendimento - Por universalidade da cobertura entende-se que a proteção social deve alcançar todos os eventos cuja reparação seja premente, a fim de manter a subsistência de quem dela necessite. A universalidade do atendimento significa, por seu turno, a entrega das ações, prestações e serviços de seguridade social a todos os que necessitem, tanto em termos de previdência social - obedecido o princípio contributivo - como no caso da saúde e da assistência social. Conjuga-se a este princípio aquele que estabelece a filiação compulsória e automática de todo e qualquer indivíduo trabalhador no território nacional a um regime de previdência social, mesmo que "contra a sua vontade", e independentemente de ter ou não vertido contribuições; a falta de recolhimento das contribuições não caracteriza ausência de filiação, mas inadimplência tributária, é dizer, diante do ideal de universalidade não merece prevalecer a interpretação de que, "ausente a contribuição, não há vinculação com a Previdência". Como será visto adiante, a filiação decorre do exercício de atividade remunerada, e não do pagamento da contribuição. Neste sentido:

> *PREVIDENCIÁRIO. CONCESSÃO DE BENEFÍCIO. PENSÃO POR MORTE. AUTÔNOMO/ CONTRIBUINTE INDIVIDUAL. REGULARIZAÇÃO POST MORTEM. 1. A concessão do benefício de pensão por morte depende da ocorrência do evento morte, da demonstração da qualidade de segurado do de cujus e da condição de dependente de quem objetiva a pensão. 2. "Filiação" é fato jurídico que decorre automaticamente do exercício de atividade laboral, independendo da vontade do trabalhador. Já a "inscrição" é ato jurídico formal, pelo qual o trabalhador é cadastrado no Regime Geral de Previdência Social, materializando-se pela entrega da documentação ao órgão competente. 3. Assim, ainda que sempre tenha competido ao autônomo/contribuinte individual o ônus de provar que efetivamente contribuiu (art. 30, II, da Lei 8.212/91), uma vez comprovado o exercício de atividade que justifique o enquadramento, nada obsta o recolhimento post mortem para fins de concessão de pensão, haja vista o disposto no § 1º do artigo 45 da Lei 8.212/91. Possibilidade, a propósito, expressamente autorizada pelo artigo 282 da Instrução Normativa do INSS nº 11/2006. (TRF 4ª Região, AC 2001.71.04.005062-0/RS, Rel. Des. Federal Ricardo Teixeira do Valle Pereira, D.E. de 22.3.2007.)*

II - Uniformidade e equivalência dos benefícios e serviços às populações urbanas e rurais - O mesmo princípio já contemplado no art. 7º da Carta trata de conferir tratamento uniforme a trabalhadores urbanos e rurais, havendo assim idênticos benefícios e serviços (uniformidade), para os mesmos eventos cobertos pelo sistema (equivalência). Tal princípio não significa, contudo, que haverá idêntico valor para os benefícios, já que equivalência não significa igualdade. Os critérios para concessão das prestações de seguridade social serão os mesmos; porém, tratando-se de previdência social, o valor de um benefício pode ser diferenciado - caso do salário-maternidade da trabalhadora rural enquadrada como segurada especial.

III - Seletividade e distributividade na prestação dos benefícios e serviços - O princípio da seletividade pressupõe que os benefícios são concedidos a quem deles efetivamente necessite, razão pela qual a Seguridade Social deve apontar os requisitos para a concessão de benefícios e serviços. Vale dizer, para um trabalhador que não possua dependentes, o benefício salário-família não será concedido; para aquele que se encontre incapaz temporariamente para o trabalho, por motivo de doença, não será concedida a aposentadoria por invalidez, mas o auxílio-doença. Não há um único benefício ou serviço, mas vários, que serão concedidos e mantidos de forma *seletiva*, conforme a necessidade da pessoa. Por distributividade, entende-se o caráter do regime por repartição, típico do sistema brasileiro, embora o princípio seja de seguridade, e não de previdência. O princípio da distributividade, inserido na ordem social, é de ser interpretado em seu sentido de distribuição de renda e bem-estar social, ou seja, pela concessão de benefícios e serviços visa-se ao bem-estar e à justiça social (art. 193 da Carta Magna). Ao se conceder, por exemplo, o benefício assistencial da renda mensal vitalícia ao idoso ou ao deficiente sem meios de subsistência, distribui-se renda; ao se prestar os serviços básicos de saúde pública, distribui-se bem-estar social, etc. O segurado, ao contribuir, não tem certeza se perceberá em retorno a totalidade do que contribuiu, porque os recursos vão todos para o caixa único do sistema, ao contrário dos sistemas de capitalização, em que cada contribuinte teria uma conta individualizada (como ocorre com o FGTS).

IV – Irredutibilidade do valor dos benefícios – Princípio equivalente ao da intangibilidade do salário dos empregados e dos vencimentos dos servidores, significa que o benefício legalmente concedido – pela Previdência Social ou pela Assistência Social – não pode ter seu valor nominal reduzido, não podendo ser objeto de desconto – salvo os determinados por lei ou ordem judicial –, nem de arresto, sequestro ou penhora. Dentro da mesma ideia, o art. 201, § 2º, estabelece o reajustamento periódico dos benefícios, para preservar-lhes, em caráter permanente, seu valor real.

V – Equidade na forma de participação no custeio – Trata-se de norma principiológica em sua essência, visto que a participação equitativa de trabalhadores, empregadores e Poder Público no custeio da seguridade social é meta, objetivo, e não regra concreta. Com a adoção deste princípio, busca-se garantir que aos hipossuficientes seja garantida a proteção social, exigindo-se dos mesmos, quando possível, contribuição equivalente a seu poder aquisitivo, enquanto a contribuição empresarial tende a ter maior importância em termos de valores e percentuais na receita da seguridade social, por ter a classe empregadora maior capacidade contributiva, adotando-se, em termos, o princípio da progressividade, existente no Direito Tributário, no tocante ao Imposto sobre Renda e Proventos de Qualquer Natureza (art. 153, § 2º, da CF). Em razão disso, a empresa passou a contribuir sobre o seu faturamento mensal e o lucro líquido, além de verter contribuição incidente sobre a folha de pagamentos.

VI – Diversidade da base de financiamento – Estando a Seguridade Social brasileira no chamado ponto de hibridismo entre sistema contributivo e não contributivo, o constituinte quis estabelecer a possibilidade de que a receita da Seguridade Social possa ser arrecadada de várias fontes pagadoras, não ficando adstrita a trabalhadores, empregadores e Poder Público. Assim, com base nesse princípio, existe a contribuição social incidente sobre a receita de concursos de prognósticos, e a própria CPMF - Contribuição Provisória sobre Movimentação Financeira, enquanto foi cobrada. Com a adoção desse princípio, está prejudicada a possibilidade de estabelecer-se o sistema não contributivo, decorrente da cobrança de tributos não vinculados, visto que o financiamento deve ser feito por meio de diversas fontes e não de fonte única.

VII - Caráter democrático e descentralizado da administração, mediante gestão quadripartite, com participação dos trabalhadores, dos empregadores, dos aposentados e do Governo nos órgãos colegiados - A gestão dos recursos, programas, planos, serviços e ações nas três vertentes da Seguridade Social, em todas as esferas de poder, deve ser realizada mediante discussão com a sociedade. Para isso, foram criados órgãos colegiados de deliberação: o Conselho Nacional de Previdência Social - CNPS, criado pelo art. 3º da Lei n. 8.213/91, que discute a gestão da Previdência Social; o Conselho Nacional de Assistência Social - CNAS, criado pelo art. 17 da Lei n. 8.742/93, que delibera sobre a política e ações nesta área; e o Conselho Nacional de Saúde - CNS, criado pela Lei n. 8.080/90, que discute a política de saúde. Todos estes conselhos têm composição paritária e são integrados por representantes do Governo, dos trabalhadores, dos empregadores e dos aposentados.

7.3 Princípios específicos de custeio

A Constituição estabelece, ainda, princípios específicos em relação ao custeio da Seguridade Social, aos quais analisaremos na sequência.

I - Do orçamento diferenciado - A Constituição estabelece que a receita da Seguridade Social constará de orçamento próprio, distinto daquele previsto para a União Federal (art. 165, § 5º, III; art. 195, §§ 1º e 2º). O legislador constituinte originário pretendeu, com tal medida, evitar que houvesse sangria de recursos da Seguridade para despesas públicas que não as pertencentes às suas áreas de atuação. No regime constitucional anterior, não havia tal distinção, o que tem acarretado, até hoje, déficits em face da ausência de um "fundo de reserva", dizimado que foi por regimes anteriores. É o relato do ex-Ministro *Reinhold Stephanes*:

> *Quando o sistema era jovem - ou seja, o número de trabalhadores contribuintes era muito superior ao número de inativos - verificaram-se saldos de caixa que deveriam ser utilizados para garantir a viabilidade do sistema em conjunturas desfavoráveis. Entretanto, esses saldos, muitas vezes, foram utilizados para outras finalidades, distintas dos interesses previdenciários.*
>
> *Os saldos da Previdência foram usados na construção de Brasília, na constituição e no aumento de capital de várias empresas estatais* (sic)*, na manutenção de saldos na rede bancária como compensação pela execução de serviços de arrecadação de contribuições e de pagamento de benefícios. De 1986 a 1988, as transferências da Previdência Social para a área de saúde cresceram por conta da implantação do Sistema Único Descentralizado de Saúde (SUDS), chegando a 35% da arrecadação sobre a folha de salários. De 1988 até meados de 1993, as transferências para o*

Sistema Único de Saúde (SUS), que substituiu o SUDS, chegaram a 15% de toda a arrecadação sobre a folha de salários.[142]

Ou seja, é importante salientar que grande parte das dificuldades financeiras da Previdência é causada pela má administração do fundo pelo Poder Público. E esta dívida interna não é assumida pelo Governo nas discussões sobre a questão da sustentabilidade do regime, acarretando um ônus desnecessário aos atuais contribuintes. A cientista política *Célia Opice Carbone*, ao tratar do tema, recorda que "a 'Contribuição da União', como são chamados os aportes do Estado, correspondia em média a 6% da receita total do FPAS entre 1977 e 1986. A dívida acumulada da União para com a Previdência no período de 1967/86 era, segundo relatório do GT/MPAS, até o exercício de 1985, da ordem de Cz$ 7,9 bilhões (em valores de 1985)", e que, "dada a negligência por parte do Governo, a União não só cortou suas transferências para a Previdência, como também acumulou débitos referentes à não-cobertura de suas despesas de pessoal e administração geral".[143]

José Eduardo Soares de Melo, citando *Ives Gandra da Silva Martins*, entende que as normas constitucionais do § 5º, art. 165 e do art. 195, §§ 1º e 2º, da Constituição geram a "incomunicabilidade dos orçamentos e de sua administração", e, mais adiante, com espeque na doutrina de *Hugo de Brito Machado*, afirma que "lei que institua contribuição social, com fundamento no art. 195, I, da Constituição Federal, indicando como sujeito ativo pessoa diversa da que administra a seguridade social, viola a Constituição", não discrepando deste arremate as opiniões de *Miguel Reale, Sacha Calmon, Gilberto de Ulhoa Canto, Misabel Derzi* e *Wagner Balera*. É o caso, *verbi gratia*, da Contribuição para o Financiamento da Seguridade Social – COFINS, cuja arrecadação está a encargo da Receita Federal, e não do INSS. Apesar disso, indica o mesmo autor que o Supremo Tribunal Federal decidiu que, "para que fosse inconstitucional essa forma de arrecadação, necessário seria que a Constituição tivesse criado um sistema de seguridade social cuja realização, em todas as suas etapas, tivesse de ser da competência exclusiva de um órgão autônomo de seguridade social" (RE 146733-9/SP, Rel. Min. *Moreira Alves*, j. 29.6.92).[144]

II – Da precedência da fonte de custeio – É o princípio segundo o qual não pode ser criado benefício ou serviço, nem majorado ou estendido a categorias de segurados, sem que haja a correspondente fonte de custeio total (§ 5º do art. 195). Estabelecido pela Constituição que antecedeu a de 1988 (art. 158, § 1º, da CF/67; art. 165, parágrafo único, da Emenda n. 1/69), nem por isso chegou a ser respeitado pelo legislador, como no caso da edição da Emenda Constitucional n. 18/81, que concedia aposentadoria com tempo de serviço diferenciado ao professor, como

142 STEPHANES, Reinhold. *Reforma da previdência sem segredos*. Rio de Janeiro: Record, 1998, p. 95.

143 CARBONE, Célia Opice. *Seguridade social no Brasil: ficção ou realidade?* São Paulo: Atlas, 1994, p. 103.

144 Cf. MELO, José Eduardo Soares de. *Contribuições sociais no sistema tributário*. 3. ed., São Paulo: Revista dos Tribunais, 2000, pp. 121-122.

bem assinala *Marly Cardone*.[145] Trata-se de princípio, pois nenhuma norma legal poderá violar tal preceito, sob pena de inconstitucionalidade. Veja-se, a propósito, o ocorrido quando da edição da Lei n. 9.876/99, que estendeu o benefício do salário-maternidade às trabalhadoras autônomas, majorando, contudo, a contribuição das empresas calculada sobre os pagamentos feitos a contribuintes individuais.

Em verdade, tal princípio tem íntima ligação com o princípio do equilíbrio financeiro e atuarial, de modo que somente possa ocorrer aumento de despesa para o fundo previdenciário quando exista também, em proporção adequada, receita que venha a cobrir os gastos decorrentes da alteração legislativa, a fim de evitar o colapso das contas do regime. Tal determinação constitucional nada mais exige do legislador senão a conceituação lógica de que não se pode gastar mais do que se arrecada.

A observância deste princípio é de fundamental importância para que a Previdência Social pública se mantenha em condições de conceder as prestações previstas, sob pena de, em curto espaço de tempo, estarem os segurados definitivamente sujeitos à privatização de tal atividade, em face da incapacidade do Poder Público em gerar mais receita para cobertura de déficits.

III – Da compulsoriedade da contribuição – Por serem as atividades que caracterizam a política de segurança social exercidas em caráter exclusivo pelo Estado – permitida a atuação da iniciativa privada apenas em caráter complementar –, e por ser necessário que a sociedade participe do financiamento da Seguridade Social, a Constituição Federal prevê a possibilidade de que o Poder Público, por meio de suas entidades estatais, institua contribuições sociais (art. 149). É dizer, na ordem jurídica interna vigente, ter-se o regime de solidariedade social garantido pela cobrança compulsória de contribuições sociais, exigidas de indivíduos segurados e também de não-segurados do regime previdenciário, bem como de pessoas jurídicas.

Assim é que ninguém pode escusar-se de recolher contribuição social, caso a lei estabeleça como fato gerador alguma situação em que incorra. A obrigatoriedade de contribuir para a Seguridade Social não ocorre em todos os Estados que possuem tal múnus público, sendo exemplo clássico o da Nova Zelândia, que tem o custeio do seu regime pela receita tributária.

Sendo o sistema previdenciário pautado pela universalidade de atendimento, nenhuma pessoa que exerça trabalho remunerado pode ficar isenta de contribuir com parcela de seus ganhos, seja este trabalhador vinculado à iniciativa privada ou ao serviço público – uma vez que mesmo os servidores públicos contribuem para os chamados regimes próprios de previdência.

145 CARDONE, Marly. *Previdência, assistência, saúde: o não trabalho na Constituição de 1988*. São Paulo: LTr, 1990, p. 44.

Diante desta compulsoriedade, o indivíduo que tenha exercido atividade que o enquadrava como segurado obrigatório é sempre considerado devedor das contribuições que deveria ter feito, salvo na ocorrência de decadência, transferindo-se tal responsabilidade à fonte pagadora quando a lei assim estabeleça.

IV – Da anterioridade tributária em matéria de contribuições sociais – As contribuições sociais, quando criadas ou majoradas, só podem ser exigidas após um prazo de *vacatio legis*, a exemplo do que acontece com os tributos em geral. Todavia, conforme o regime previdenciário, este prazo é diferenciado. No caso das contribuições de que trata o art. 194 da Constituição, que vertem para o RGPS e custeiam também as políticas de Saúde e Assistência Social, o prazo a ser obedecido é de noventa dias após a vigência da lei que as instituiu ou majorou. Já na hipótese de contribuições devidas em função de custeio dos regimes próprios de previdência a que alude o art. 40 da Constituição, o prazo é analisado no Capítulo 8, item 8.2, ao qual remetemos o leitor.

O princípio não se aplica, contudo, a leis que venham a reduzir o valor das contribuições, ou isentar do recolhimento. Estas terão vigência a partir da data prevista no próprio diploma, ou no prazo do art. 1º da Lei de Introdução ao Código Civil, em caso de ausência de data prevista para a vigência (quarenta e cinco dias a partir da publicação).

Também não se aplica este princípio à legislação que cria novos benefícios ou serviços em qualquer das áreas de atuação da Seguridade Social.

7.4 Princípios específicos de Previdência Social

Além dos princípios da Seguridade Social aplicáveis à Previdência Social, dos quais merecem destaque o da universalidade; o da uniformidade e equivalência dos benefícios e serviços às populações urbanas e rurais; o da seletividade e distributividade; o da irredutibilidade do valor dos benefícios; e o da gestão descentralizada, constam do texto constitucional mais alguns princípios no que tange à relação previdenciária.

I – Da filiação obrigatória – Na mesma linha doutrinária do princípio da compulsoriedade da contribuição, todo trabalhador que se enquadre na condição de segurado é considerado pelo regime geral como tal, desde que não esteja amparado por outro regime próprio (art. 201, *caput*). O esforço do Estado em garantir o indivíduo em face dos eventos protegidos pela Previdência não surtiria o efeito desejado caso a filiação fosse meramente facultativa.

Não se confundam, todavia, os dois princípios: na compulsoriedade de contribuição se exige a participação dos indivíduos pertencentes à sociedade – e das pessoas jurídicas – no financiamento do sistema de seguridade; enquanto a filiação somente se aplica aos indivíduos que exercem atividade vinculada ao regime geral previdenciário que lhes garanta a subsistência, estando, a partir da inserção na parcela da população economicamente ativa, a salvo da perda ou redução dos ganhos decorrentes da atividade laborativa, nas hipóteses de eventos cobertos pela norma previdenciária. Pode-se dizer, assim, que nem todo indivíduo que contribui para a Seguridade é, ao mesmo tempo, filiado ao regime geral previdenciário. É o que ocorre, por exemplo, com um servidor público federal que, simultaneamente, seja empregador doméstico, ou faça apostas em concursos de prognósticos: embora não seja filiado ao Regime Geral de Previdência Social – pois, como servidor, tem regime próprio – será contribuinte da Seguridade Social, pois o fato de ser empregador ou apostador se enquadra em fato gerador da contribuição respectiva, devida numa ou noutra hipótese.

II – Do caráter contributivo – Estabelece a Constituição que a Previdência Social, em qualquer de seus regimes, terá caráter contributivo (art. 40, *caput*; art. 201, *caput*), ou seja, que será custeada por contribuições sociais (Constituição, art. 149). Cabe à legislação ordinária dos regimes previdenciários (no caso do RGPS, a Lei n. 8.212/91; no caso dos regimes próprios de agentes públicos, a lei de cada ente da Federação) definir como se dará a participação dos segurados, fixando hipóteses de incidência, alíquotas de contribuição e bases de cálculo, obedecendo, em todo caso, às regras gerais estabelecidas no sistema tributário nacional - previstas, atualmente, na Constituição e no Código Tributário Nacional. Assim, não há regime previdenciário na ordem jurídica brasileira que admita a percepção de benefícios sem a contribuição específica para o regime, salvo quando a responsabilidade pelo recolhimento de tal contribuição tenha sido transmitida, por força da legislação, a outrem que não o próprio segurado. Ainda assim, isto não significa dizer que haja possibilidade jurídica de se estabelecer, na ordem vigente, benefício previdenciário sem que tenha havido a participação do segurado no custeio. O não pagamento da contribuição, nos casos em que há concessão de benefício apesar de tal fato, configura mero inadimplemento da obrigação tributária, por parte do responsável pelo cumprimento da obrigação, mas não a ausência de filiação, ou a perda da qualidade de segurado. Ou seja, não há que se confundir caráter contributivo com filiação ao sistema, que acontece ao passo em que há exercício de atividade laboral remunerada, desde então incluindo o indivíduo no campo da proteção previdenciária. Basta observar que se um trabalhador, em seu primeiro dia de seu primeiro emprego, sofre acidente do trabalho, mesmo não tendo havido qualquer contribuição ainda ao sistema, fará jus a benefícios, caso necessite.

Os regimes previdenciários estabelecidos na Constituição Federal e na legislação seguem a forma de repartição simples entre os segurados que dela necessitem. Não há vinculação direta entre o valor das contribuições vertidas pelo segurado e o benefício que possa vir a perceber, quando ocorrente algum dos eventos sob a cobertura legal. Isto significa que há segurados que contribuem mais do que irão receber à guisa de benefícios, e outros que terão situação inversa. Exemplificando, tenha-se um segurado que trabalhe durante trinta e cinco anos, contribuindo para algum regime previdenciário, e outro, ainda jovem, que trabalhe e contribua há apenas um mês; se ambos vierem a sofrer acidente que lhes retire permanentemente a capacidade laborativa, terão direito à aposentadoria por invalidez pelo resto de suas vidas. O primeiro talvez não venha a receber tudo o que contribuiu; o segundo certamente receberá mais do que recolheu aos cofres da Previdência.

III – Do equilíbrio financeiro e atuarial – Princípio expresso somente a partir da Emenda Constitucional n. 20/98 (art. 40, *caput* e art. 201, *caput*), significa que o Poder Público deverá, na execução da política previdenciária, atentar sempre para a relação entre custeio e pagamento de benefícios, a fim de manter o sistema em condições superavitárias, e observar as oscilações da média etária da população, bem como sua expectativa de vida, para a adequação dos benefícios a estas variáveis.

Segundo *Stephanes*, comentando a necessidade de adotar-se tal princípio, ainda quando a Emenda n. 20/98 tramitava: "No que diz respeito à Previdência Social, os impactos da dinâmica demográfica refletem-se tanto nas despesas quanto do lado das receitas. Em um sistema de repartição simples como o brasileiro, o elemento fundamental para manter seu equilíbrio, considerando-se somente as variáveis demográficas, é a estrutura etária da população em cada momento, pois é ela que define a relação entre beneficiários (população idosa) e contribuintes (população em idade ativa)".[146]

Com base nesse princípio, o RGPS foi recentemente modificado para incluir, no cálculo de benefícios de aposentadoria por tempo de contribuição e idade, o chamado "fator previdenciário", resultante das variáveis demográficas e atuariais relativas à expectativa de vida, comparativamente à idade de jubilação – Lei n. 9.876/99.

IV – Da garantia do benefício mínimo – O § 2º do art. 201 da Constituição estabelece como princípio de Previdência Social a garantia de renda mensal não inferior ao valor do salário mínimo, no que tange aos benefícios substitutivos do salário de contribuição ou do rendimento do trabalho – aposentadorias, auxílio-reclusão e auxílio doença, pensão por morte e salário-maternidade (Lei n. 8.213/91, art. 2º, VI).

Com isso, tem-se a sempre discutida equiparação do salário mínimo dos trabalhadores com o benefício mínimo pago pela Previdência – e também pela Assistência Social. Matéria que causa polêmica, geralmente em épocas de reajuste do salário mínimo, quando, periodicamente – ano após ano –, o valor é majorado em percentuais menores que os inicialmente propostos, haja vista o efeito da majoração sobre as contas do RGPS.

146 STEPHANES, Reinhold. *Reforma...*, cit., p. 135.

Entendemos, entretanto, que a proposta de desvinculação do benefício substitutivo do rendimento do trabalho daquele salário mínimo pago aos trabalhadores na atividade é retrocesso inaceitável. O beneficiário da Previdência também tem direito a uma existência digna, tal como preconiza o art. 1º, III, da Carta Magna. Ora, se o trabalhador tem necessidades básicas, que devem ser cobertas pelo valor do salário mínimo, o beneficiário da Previdência também as tem, e não em menor escala, senão pelo contrário. Deve-se recordar que, antes da previsão constitucional vigente, os segurados recebiam como valor mínimo a metade do salário mínimo devido aos trabalhadores. Não se vislumbra em que finalidade social se sustentou tal tese, uma vez que a desvinculação somente aumentava o "abismo social" existente entre segurados de baixa renda e as classes mais abastadas.

V – Da correção monetária dos salários de contribuição – Determinam o art. 40, § 17, e o art. 201 § 3º, da Constituição Federal, que os salários de contribuição considerados no cálculo dos benefícios sejam corrigidos monetariamente. Princípio salutar, exige ele que o legislador ordinário, ao fixar o cálculo de qualquer benefício previdenciário em que se leve em conta a média de salários de contribuição, adote fórmula que corrija nominalmente o valor da base de cálculo da contribuição vertida, a fim de evitar distorções no valor do benefício pago. Antes de tal princípio, nem todos os salários de contribuição adotados no cálculo eram corrigidos, o que causava um achatamento no valor pago aos beneficiários.

A norma constitucional, contudo, não indica qual o índice que deva ser adotado na correção, deixando a critério do legislador a escolha do indexador a ser utilizado como fator de atualização monetária para a preservação do valor real dos benefícios.

VI – Da preservação do valor real dos benefícios – Dispõe o § 4º do art. 201 da Constituição no sentido de assegurar o reajustamento dos benefícios para preservar-lhes, em caráter permanente, o valor real, conforme critérios definidos em lei.

Trata-se de preceito que suplanta a noção de irredutibilidade salarial (art. 7º, VI, da Constituição) e de vencimentos e subsídios (art. 37, X, da mesma Carta), pois nos dois casos não há previsão de manutenção do valor real dos ganhos de trabalhadores e servidores, mas apenas nominal, enquanto no princípio supraelencado a intenção é "proteger o valor dos benefícios de eventual deterioração, resguardando-o em seu poder de compra".[147] A matéria se encontra disciplinada, no âmbito do RGPS, pelo art. 41-A da Lei n. 8.213/91, com redação conferida pela Lei n. 11.430, de 26.12.2006, que assegura o reajuste do valor dos benefícios, anualmente, na mesma data do reajuste do salário mínimo, com base no Índice Nacional de Preços ao Consumidor - INPC, apurado pela Fundação Instituto Brasileiro de Geografia e Estatística - IBGE. O mesmo índice deverá ser observado no âmbito do

147 TAVARES, Marcelo Leonardo. "A manutenção do valor real dos benefícios previdenciários". *Revista RPS*, São Paulo: LTr, n. 249, agosto de 2001.

regime previdenciário próprio dos agentes públicos federais, ocupantes de cargos efetivos e vitalícios, por força do disposto no art. 1º, § 1º, da Lei n. 10.887/2004, que estabeleceu como critério de reajuste dos salários de contribuição considerados para o cálculo da aposentadoria o mesmo índice aplicado ao RGPS, o que leva, necessariamente, à aplicação do índice para fins de reajustamento dos benefícios. Visando uniformizar o tratamento dispensado à matéria pelos diversos órgãos públicos envolvidos, o Ministério da Previdência Social editou a Orientação Normativa nº 3/2004, que em seu art. 65, § único, indica que, na ausência de definição de índice de reajuste, utilizar-se-á o mesmo índice de correção dos benefícios do Regime Geral.

VII – Da facultatividade da previdência complementar – Apesar de o regime previdenciário estatal ser compulsório e universal, admite-se a participação da iniciativa privada na atividade securitária, em complemento ao regime oficial, e em caráter de facultatividade para os segurados (CF, art. 40, §§ 14 a 16, no âmbito dos regimes próprios de agentes públicos; art. 202, no âmbito do RGPS).

A organização da previdência privada (que, em verdade, é apenas um seguro privado, de cunho individual) é feita de forma autônoma, desvinculada do regime previdenciário oficial, e, segundo o texto constitucional, deverá ser regulada por lei complementar. Compete ao Estado, pois, a função de fiscalizar a atividade das instituições de previdência privada, abertas e fechadas, no exercício do poder de polícia.

Segundo o § 2º do art. 202 da Carta, as contribuições vertidas para planos de previdência privada pelo empregador, os benefícios e condições contratuais previstas em normas disciplinadoras das entidades de previdência privada não integram o contrato de trabalho, nem integram a remuneração dos participantes, à exceção dos benefícios concedidos. É que se trata de duas relações jurídicas distintas: numa, o empregado possui direitos e obrigações para com seu empregador; na outra, agora na condição de participante de plano de previdência privada, de entidade aberta ou fechada, terá direitos e obrigações para com esta entidade, e não mais para com o seu empregador.

VIII – Da indisponibilidade dos direitos dos beneficiários – Em se tratando do valor do benefício devido ao segurado ou a seu dependente de direito de natureza alimentar, inadmissível se torna que o beneficiário, pelo decurso do prazo, perca o direito ao benefício. Tem-se assim que são indisponíveis os direitos previdenciários dos beneficiários do regime, não cabendo a renúncia, preservando-se, sempre, o direito adquirido daquele que, tendo implementado as condições previstas em lei para a obtenção do benefício, ainda não o tenha exercido (art. 102, § 1º, da Lei n. 8.213/91).

Da mesma forma, não se admite seja o benefício sujeito a penhora, arresto ou sequestro, sendo nula de pleno direito a venda ou cessão dos direitos do beneficiário ou a constituição de qualquer ônus sobre o benefício (art. 114 da Lei n. 8.213/91), à exceção de valores devidos a título de contribuição devida pelo segurado (por exemplo, na concessão do salário-maternidade), devolução de valor de benefício concedido indevidamente pela Previdência, tributação sobre a renda, cumprimento de ordem judicial decorrente da obrigação de prestar alimentos e, quando autorizados pelo beneficiário, mensalidades de entidades civis ou pagamento de empréstimos, financiamentos e operações de arrendamento mercantil, sendo que, na última hipótese, limitado o pagamento de tais obrigações a 30% do valor do benefício, por mês (art. 115 da Lei n. 8.213/91).

A lei somente estabelece a decadência quanto a pedidos de revisão de cálculo de benefício (art. 103 da Lei n. 8.213/91), mas não há perda do direito ao benefício em si, embora *Fábio Zambitte Ibrahim* em seu artigo "Decadência e Prescrição no Benefício Previdenciário", sustente se tratar de prazo prescricional.[148]

148 *In* Jornal do 17º Congresso Brasileiro de Previdência Social, São Paulo: LTr, 2004.

Capítulo 8
Regimes Previdenciários

Em que pese o princípio da uniformidade de prestações previdenciárias, contemplado no texto constitucional, o fato é que no âmbito da Previdência Social no Brasil não existe somente um regime previdenciário, mas vários deles. Destarte, cumpre distinguir os vários regimes existentes, para, a seguir, centrar nossos estudos sobre o Regime Geral de Previdência Social, principal objeto de análise nesta obra.

Entende-se por regime previdenciário aquele que abarca, mediante normas disciplinadoras da relação jurídica previdenciária, uma coletividade de indivíduos que têm vinculação entre si em virtude da relação de trabalho ou categoria profissional a que está submetida, garantindo a esta coletividade, no mínimo, os benefícios essencialmente observados em todo sistema de seguro social – aposentadoria e pensão por falecimento do segurado.

Alguma polêmica poderia advir do fato de não se considerar como benefício essencial de um regime previdenciário aquele que proteja o indivíduo de incapacidades temporárias para o trabalho. Contudo, se o tomador dos serviços do trabalhador garante a este remuneração integral durante o afastamento por motivo de saúde, não há necessidade de cobertura deste evento. Como a legislação do trabalho – Consolidação das Leis do Trabalho – não prevê tal garantia, senão nos primeiros quinze dias de incapacidade, cumpre à Previdência Social proteger o indivíduo que fique incapacitado por mais tempo.

Visto isso, passemos à análise dos regimes previdenciários em espécie.

8.1 O Regime Geral de Previdência Social – RGPS

Principal regime previdenciário na ordem interna, o RGPS abrange obrigatoriamente todos os trabalhadores da iniciativa privada, ou seja: os trabalhadores que possuem relação de emprego regida pela Consolidação das Leis do Trabalho (empregados urbanos, mesmo os que estejam prestando serviço a entidades paraestatais, os aprendizes e os temporários), pela Lei n. 5.889/73 (empregados rurais) e pela Lei n. 5.859/72 (empregados domésticos); os trabalhadores autônomos, eventuais ou não; os empresários, titulares de firmas individuais ou sócios gestores e prestadores de serviços; trabalhadores avulsos; pequenos produtores rurais e pescadores artesanais trabalhando em regime de economia familiar; e outras categorias de trabalhadores, como garimpeiros, empregados de organismos internacionais, sacerdotes, etc. Segundo estudos, atinge cerca de 86% da população brasileira amparada por algum regime de previdência.[149]

É regido pela Lei n. 8.213/91, intitulada "Plano de Benefícios da Previdência Social", sendo de filiação compulsória e automática para os segurados obrigatórios, permitindo, ainda, que pessoas que não estejam enquadradas como obrigatórios e não tenham regime próprio de previdência se inscrevam como segurados facultativos, passando também a serem filiados ao RGPS. É o único regime previdenciário compulsório brasileiro que permite a adesão de segurados facultativos, em obediência ao princípio da universalidade do atendimento – art. 194, I, da Constituição.

Sua gestão é realizada pelo Instituto Nacional do Seguro Social – INSS, autarquia federal responsável, pela concessão de benefícios e serviços do RGPS.

Durante o decorrer desta obra, centraremos nossa atenção sobre as regras que disciplinam o RGPS, já que os demais regimes têm regras próprias que devem ser objeto de estudo em separado.

8.2 Regimes de previdência de agentes públicos ocupantes de cargos efetivos e vitalícios

O estudo da aposentadoria dos servidores públicos e demais regras de cunho previdenciário a este segmento de trabalhadores em obras de Direito Previdenciário não era frequente até que surgiram as Emendas Constitucionais que alteraram de forma bastante significativa a matéria.

A nosso ver, o fato de ter sido durante muito tempo tratado o tema como sendo matéria de Direito Administrativo, estudado portanto nos grandes manuais dos publicistas brasileiros, levou a uma concepção de aposentadoria diversa da que se nota quando o assunto diz respeito a segurados do Regime Geral de Previdência Social.

Com efeito, durante décadas a aposentadoria do servidor público era vista como um "prêmio" concedido a este pelos serviços prestados à sociedade, mera continuação de seu vínculo com a Administração Pública que o admitira.

Em razão desse raciocínio, até os dias atuais existem distorções conceituais graves em matéria de aposentadoria no serviço público. Dois exemplos são marcantes: o primeiro, a existência de uma aposentadoria "a bem do serviço público", ou seja, "concedida" como punição disciplinar a magistrados que pratiquem fal-

149 STEPHANES, Reinhold. *Reforma da previdência sem segredos*. Rio de Janeiro: Record, 1998, p. 34.

ta funcional grave, nos termos da Lei Orgânica da Magistratura Nacional (LC n. 35/79); e de outro lado, a histriônica figura da "cassação de aposentadoria" na Lei n. 8.112/90 – que dispõe sobre o Regime Jurídico dos Servidores da União, autarquias e fundações públicas federais, "pena disciplinar" aplicada a servidor público já aposentado, que tenha sido considerado culpado em processo disciplinar cuja sanção prevista para a falta seria a demissão do serviço público. Na primeira hipótese, confunde-se a noção de aposentadoria, que de direito se transforma em curiosa punição; na segunda, ocorre a cassação de um direito adquirido, não mais como prêmio, mas em razão de contribuições vertidas a um Regime Previdenciário, cuja concessão e manutenção, na norma constitucional, não prevê exceção alguma. Insta observar, por fim, que tais "figuras jurídicas" não constam do Regime Geral de Previdência Social, em que a aposentadoria é tratada como direito fundamental, somente sendo passível de cancelamento em caso de fraude ou erro na concessão.

Foi somente com a introdução do caráter contributivo, pela Emenda n. 3, de 1993, e da noção de "Regime Próprio" de Previdência, pela Emenda n. 20, de 1998, que a aposentadoria dos servidores ocupantes de cargos efetivos mereceu destaque maior na literatura previdenciária.

Num breve escorço histórico, é curial dizer que as regras de aposentadoria dos servidores públicos sempre foram diferenciadas dos trabalhadores da iniciativa privada, sendo traços marcantes, até as Reformas Constitucionais da Previdência, (1) a fixação da base de cálculo dos proventos como sendo a última remuneração, e não uma média das remunerações auferidas, e (2) a chamada "regra da paridade", em que se estabelecia o reajuste dos proventos de aposentadorias e pensões no mesmo índice e na mesma data em que fossem reajustados os servidores públicos em atividade.

A Constituição Federal de 1988, quando promulgada, concedia o mesmo tratamento diferenciado aos agentes públicos ocupantes de cargos efetivos da União, dos Estados, do Distrito Federal e dos Municípios, bem como os das autarquias e fundações públicas.

Foi a Emenda Constitucional n. 20, de 15.12.1998, que inovou na matéria ao prever a instituição de um regime previdenciário próprio, o qual também se aplica aos agentes públicos ocupantes de cargos vitalícios (magistrados, membros do Ministério Público e de Tribunais de Contas) – art. 40, *caput*, com a redação conferida pela EC n. 41, de 2003.

A Constituição Federal estabelece que para os agentes públicos ocupantes de cargos efetivos da União, dos Estados, do Distrito Federal e dos Municípios, bem como os das autarquias e fundações públicas, deve haver Regimes Previdenciários próprios, os quais também se aplicam aos agentes públicos ocupantes de cargos vitalícios (magistrados, membros do Ministério Público e de Tribunais de Contas) - art. 40, *caput*, com a redação conferida pela EC n. 41, de 2003.

Tais agentes públicos não se inserem no Regime Geral de Previdência Social, o que significa dizer que lhes é assegurado estatuto próprio a dispor sobre seus direitos previdenciários e a participação destes no custeio do regime diferenciado.

Em função da autonomia político-administrativa de cada um dos Entes da Federação, incumbe especificamente à União estabelecer, normatizar e fazer cumprir a regra constitucional do artigo 40 em relação aos seus servidores públicos; a cada Estado-membro da Federação e ao Distrito Federal, em relação a seus servidores públicos estaduais ou distritais; e a cada Município, em relação aos seus servidores públicos municipais, o que acarreta a existência milhares de Regimes de Previdência Social na ordem jurídica vigente.

Se o servidor público ocupante de cargo efetivo exerce atividade paralelamente na iniciativa privada, sujeita-se à filiação em dois Regimes de Previdência Social, pois há filiação obrigatória em relação a cada uma das atividades desempenhadas, por força dos regimes jurídicos vigentes. A mesma condição de duplamente filiado acontecerá se um indivíduo acumular, licitamente, dois cargos públicos de provimento efetivo, no quadro funcional de Entes da Federação distintos.

As questões relacionadas aos Regimes Próprios de Previdência dos Servidores Públicos são tratadas na Parte V desta obra.

8.3 Regime Previdenciário Complementar

Como já salientado, a Previdência Social no Brasil é composta por regimes públicos, quais sejam, o Regime Geral de Previdência Social e os Regimes Próprios de Agentes Públicos, todos em sistema de repartição, compulsórios, geridos pelo Poder Público, que cobrem a perda da capacidade de gerar meios para a subsistência até um valor-teto; e um outro, complementar, privado e facultativo, gerido por entidades de previdência fiscalizadas pelo Poder Público. Assim, a exploração da previdência pela iniciativa privada é tolerada pela ordem jurídica, porém apenas em caráter supletivo, ao contrário do que ocorre, por exemplo, no Chile, onde o regime previdenciário adotou a privatização da proteção previdenciária como fórmula básica.

A Constituição Federal de 1988 previa, desde sua redação original, a existência de um regime complementar de previdência, gerido pela própria Previdência Social, sem, no entanto, trazer maiores disciplinamentos à matéria, que foi remetida para lei específica, jamais editada (§ 7º do art. 201 da Constituição – art. 28, § 6º, da Lei n. 8.212/91).

Existe, contudo, desde antes da Carta Magna vigente, o regime complementar privado, que tem por prestadoras de benefícios previdenciários as entidades de previdência complementar. O diploma regente das entidades de previdência privada complementar era a Lei n. 6.435/77, regulamentada por dois Decretos: o n. 81.240/78, que tratava das entidades fechadas de previdência privada, e o n.

81.402/78, que tratava das entidades abertas de mesmo gênero. Tais textos foram recepcionados pela ordem constitucional vigente.

Até o advento da Emenda Constitucional n. 20, a matéria relativa à previdência complementar na Constituição se limitava a estabelecer, como ônus da Previdência Social, a criação de um "seguro coletivo, de caráter complementar e facultativo, custeado por contribuições adicionais" (art. 201, § 7º, do texto original).

Com a Emenda, a matéria passou a ser disciplinada nos arts. 40 e 202, determinando, ao contrário do texto anterior, a autonomia do regime previdenciário complementar em face dos regimes públicos de previdência, o que, de fato, já ocorria com os segurados do Regime Geral de Previdência Social, que participam compulsoriamente desse regime, em sistema contributivo de repartição e, facultativamente, de planos de previdência complementar, mediante sistema de capitalização. Com a Emenda n. 20, o art. 40, nos §§ 14 a 16, passou a prever a possibilidade de fundos de previdência complementar também para os agentes públicos ocupantes de cargos efetivos e vitalícios.

Após a promulgação da Emenda n. 20, houve a publicação das Leis Complementares ns. 108 e 109, ambas datadas de 29.5.2001, para atender ao disposto no art. 202 da Lei Maior, revogando, assim, a Lei n. 6.435/77. A primeira dispõe sobre a relação entre a União, os Estados, o Distrito Federal e os Municípios, suas autarquias, fundações, sociedades de economia mista e outras entidades públicas e suas respectivas entidades fechadas de previdência complementar. A segunda dispõe sobre a Lei Básica da Previdência Complementar.

A Lei Complementar n. 109/2001 inicia preconizando os mesmos princípios estabelecidos no art. 202 da Constituição da República, quais sejam, o caráter meramente complementar do regime privado e a autonomia deste em relação à Previdência Social, assim como a facultatividade no ingresso e a necessidade de constituição de reservas que garantam a concessão dos benefícios (art. 1º).

Entende-se por entidades de previdência privada "as que têm por objetivo principal instituir e executar planos privados de benefícios de caráter previdenciário" (art. 2º). Para a constituição e início de funcionamento de uma entidade previdenciária privada, a Lei prevê a necessidade de autorização governamental prévia (art. 33, inciso I, e art. 38, inciso I).

O controle governamental é exercido pela Superintendência Nacional de Previdência Complementar - PREVIC, autarquia de natureza especial criada pela Lei n. 12.154, de 23.12.2009, vinculada ao Ministério da Previdência Social, com atribuição de fiscalizar e supervisionar as atividades das entidades fechadas de previdência complementar e de execução das políticas para o regime de previdência complementar operado pelas entidades fechadas de previdência complementar, observadas as disposições constitucionais e legais aplicáveis.

As entidades de previdência complementar dos trabalhadores da iniciativa privada se dividem em fechadas e abertas (art. 4º da Lei).

Entidade fechada de previdência privada é aquela constituída sob a forma de fundação ou sociedade civil, sem fins lucrativos, e que é acessível exclusivamente a empregados de uma empresa ou grupo de empresas, aos servidores dos entes públicos da Administração, quando o tomador dos serviços será denominado *patrocinador* da entidade fechada, e aos associados ou membros de pessoas jurídicas de caráter profissional, classista ou setorial, quando estas serão denominadas "instituidores" (*sic*) da entidade (art. 31 da Lei). Não pode o próprio empregador explorar a atividade de previdência complementar; para estabelecer o plano previdenciário privado, deverá constituir entidade própria para este fim. Não se confunde, portanto, a personalidade jurídica da empresa patrocinadora ou instituidora (empregador) com a da entidade previdenciária complementar.

Entidade aberta de previdência privada é aquela que não se enquadra na hipótese anterior. São instituições financeiras que exploram economicamente o ramo de infortúnios do trabalho, cujo objetivo é a instituição e operação de planos de benefícios de caráter previdenciário em forma de renda continuada ou pagamento único, constituídas unicamente sob a forma de sociedades anônimas, podendo as seguradoras que atuem exclusivamente no ramo de seguro de vida virem a ser autorizadas a operar também planos de previdência complementar (Lei Complementar n. 109, art. 36 e seu parágrafo único).

Neste regime complementar, utiliza-se para a pessoa do segurado, associado ou beneficiário o termo "participante" ou "assistido". Para que um indivíduo se torne participante de um plano previdenciário de entidade fechada de previdência privada há necessidade de que preencha os requisitos exigidos pela entidade, geralmente, a vinculação a um empregador (empresa); já para ingressar num plano de entidade aberta, basta a adesão voluntária a ele, não havendo necessidade de vinculação a um empregador (art. 8º, inciso I, da Lei Complementar n. 109). Assistido é o participante ou seu beneficiário que estejam fruindo benefício de prestação continuada referente aos planos de previdência complementar (art. 8º, II, da Lei Complementar n. 109).

As entidades – abertas e fechadas – de previdência privada não podem requerer concordata e não estão sujeitas ao processo falimentar; caso estejam em estado de insolvência, comportam o regime de liquidação extrajudicial, tal como ocorre com as instituições financeiras (art. 47 da Lei Complementar n. 109). Podem, ainda, sofrer intervenção estatal, mediante ato do Ministro de Estado competente para a autorização de funcionamento da entidade, que nomeará interventor com plenos poderes de administração e gestão (art. 44).

O custeio dos planos de previdência complementar de entidades fechadas de que trata a Lei será feito por meio de contribuições dos participantes (trabalhadores que aderirem), dos assistidos (dependentes de trabalhadores que possam aderir também ao plano) e do patrocinador (empregador). Já os de entidades abertas são custeados exclusivamente com aportes do trabalhador participante (cotização individual).

Importante salientar, ainda, que, em se tratando de entidade fechada, há norma que obriga o oferecimento dos planos a todos os possíveis participantes (art. 16 da Lei Complementar n. 109), bem como impondo a facultatividade da adesão a qualquer dos planos previstos (§ 2º do mesmo artigo). Ou seja, não pode o patrocinador ou instituidor exigir que o empregado participe do plano de previdência complementar.

No caso da previsão constitucional de previdência complementar facultativa para os agentes públicos ocupantes de cargos efetivos e vitalícios, convém frisar que os fundos de previdência complementar terão de ser instituídos por lei de iniciativa do respectivo Poder Executivo (portanto, apenas poderá haver um fundo de previdência complementar para a União, um para cada Estado e para cada Município da Federação e um para o Distrito Federal), e terão de ser geridos por entidade com personalidade jurídica de direito público (autarquia ou fundação), não se enquadrando, pois, nas hipóteses das Leis Complementares n. 108 e 109.

A União pretende instituir o referido fundo de previdência complementar em breve, uma vez que já tramita no Congresso Nacional o projeto de lei que prevê sua criação (PL n. 1992/2007), com o nome de Fundação de Previdência Complementar do servidor público Federal - FUNPRESP, estabelecendo sua natureza jurídica como sendo de fundação privada, cujos patrocinadores seriam a União, suas autarquias e fundações públicas federais, e participantes, os titulares de cargos públicos federais, optando-se pela criação de um fundo de pensão único para todos os agentes públicos federais, incluindo Magistrados, membros do Ministério Público Federal e do Tribunal de Contas da União, independente do cargo ocupado ou de pertencer a órgãos ou entidades distintas da Administração Federal.

É dizer, os entes que chegarem a instituir fundo de previdência complementar terão que conviver, durante um longo período, com uma duplicidade de situações: de um lado, os ocupantes de cargos públicos que ingressaram antes da instituição do fundo de previdência complementar, que continuarão recolhendo contribuição sobre a totalidade da remuneração auferida e terão direito a benefícios cujo valor máximo será a própria remuneração do cargo, e o teto de remuneração da Administração Pública a que pertence; de outro lado, os que ingressarem após a instituição do fundo, que contribuirão sobre a remuneração, desde que esta não ultrapasse o valor-teto fixado para o RGPS, e receberão benefícios calculados por média, com valor máximo igual ao do RGPS. Ou seja, essa nova condição se assemelha praticamente em tudo à condição dos segurados do RGPS, salvo pela inexistência do "fator previdenciário" incidindo sobre aposentadorias voluntárias no serviço público.

Finalmente, merece atenção o fato de que, mesmo no âmbito dos entes federativos que criarem fundos de previdência complementar para seus agentes públicos, não há obrigatoriedade de adesão, por parte de novos ingressantes em cargos públicos efetivos ou vitalícios. Apenas a contribuição destes se limitará a 11% do valor estabelecido como "teto" para o regime de que trata o art. 40, caput, da Constituição. Caberá a cada pessoa atingida pela alteração decidir se irá ou não contribuir para o fundo de previdência complementar.

Sobre esta matéria, interessante frisar que paira grande controvérsia sobre a competência jurisdicional para julgar litígios envolvendo o participante e a entidade fechada de previdência complementar, sendo que tanto o TST quanto o STJ possuem até mesmo jurisprudência sumulada sobre o tema. Veja-se, por exemplo, a Súmula n. 427 do STJ, editada em 2010: "A ação de cobrança de diferenças de valores de complementação de aposentadoria prescreve em cinco anos contados da data do pagamento".

O STF considerou a matéria como sendo de repercussão geral, todavia ainda não houve o julgamento do mérito.

8.4 Regime dos Militares das Forças Armadas

Os militares não são mais considerados, pelo texto constitucional, servidores públicos, em face das alterações propostas pelo Poder Executivo e promulgadas pela Emenda Constitucional n. 18, de 5.2.98, criando tratamento diferenciado para os membros das Forças Armadas em vários aspectos, fundamentalmente acabando com o tratamento isonômico exigido pelo texto original da Constituição entre servidores civis e militares.

Além da diferenciação no que tange ao modo de reajuste da remuneração, permitindo-se que os oficiais e graduados das Forças Armadas tenham índices de majoração e épocas diversas em relação aos servidores públicos "civis", também no que concerne à concessão de benefícios de inatividade são os militares privilegiados pela ordem jurídica, tendo passado incólumes pelas reformas constitucionais.

Assim, a Constituição, em seu atual art. 142, X, remete à lei ordinária o tratamento de várias matérias de interesse dos militares, entre as quais as "condições de transferência do militar para a inatividade", apenas exigido que sejam respeitados os §§ 7º e 8º do art. 40.

A Lei n. 6.880, de 9.12.80, que dispõe sobre o Estatuto dos Militares – considerados assim os membros das Forças Armadas –, norma recepcionada pela ordem constitucional vigente, prevê a transferência para a reserva remunerada, nos arts. 96 a 103, e a reforma, nos arts. 104 a 114. O Estatuto em comento sofreu recentes alterações pela Lei n. 10.416, de 27.3.2002, e pela Medida Provisória n. 2.215-10, de

31.8.2001, esta mantendo-se vigente até deliberação do Congresso Nacional sobre a matéria, conforme disposto no art. 2º da Emenda Constitucional n. 32, de 2001.

Segundo os dados coletados por *Stephanes*, a sustentabilidade do regime dos militares é ainda menor do que a dos demais regimes diferenciados. É o que explica: "A atual discrepância entre os valores arrecadados pela União e o pagamento efetuado é um problema de difícil solução. Isto em função do crescimento do número de aposentadorias e pensões, dada a precocidade com que são obtidas e ao longo período durante o qual são usufruídas. As simulações realizadas mostram que para financiar plenamente os benefícios auferidos na reserva, o Governo deveria participar com uma contribuição anual de 25%, e cada membro das Forças Armadas com 16%".[150]

150 STEPHANES, Reinhold. *Reforma*..., cit., p. 108.

Parte II

A Seguridade Social brasileira

Capítulo 1
A organização da Seguridade Social

A Seguridade Social, segundo o conceito ditado pela ordem jurídica vigente, compreende um conjunto integrado de ações de iniciativa dos poderes públicos e da sociedade nas áreas da saúde, previdência e assistência social, conforme previsto no Capítulo II do Título VIII da Constituição Federal, sendo organizada em Sistema Nacional, que é composto por conselhos setoriais, com representantes da União, dos Estados, do Distrito Federal, dos Municípios e da sociedade civil.

A Lei n. 8.212/91 dispõe sobre a organização da Seguridade Social, mas, segundo *Wladimir Novaes Martinez*, "o legislador fica devendo as normas sobre a efetivação da seguridade social, por falta de definição política e reconhecida incapacidade de efetivamente atender as diretrizes constitucionais da ambiciosa matéria. Seguridade social é uma técnica de proteção social avançada em relação à Previdência Social, capaz de integrá-la com a assistência social e incorporar as ações de saúde. Mas, mais ainda, é um esforço nacional extraordinário no sentido de um amplo atendimento à população, obreira ou não, empenho cujos objetivos estão a distância".[151]

1.1 Sistema Nacional de Seguridade Social

Embora não exista uma disciplina adequada do que a legislação chama de Sistema Nacional de Seguridade Social (Lei n. 8.212/91, art. 5º), é certo que existe certa estrutura administrativa que tem por atribuição executar as políticas no âmbito da segurança social.

Dentro da estrutura do Poder Executivo, os Ministérios da área social são os responsáveis pelo cumprimento das atribuições que competem à União em matéria de Seguridade Social. Há os Conselhos setoriais - de Previdência (CNPS), da Saúde (CNS) e da Assistência Social (CNAS), que atendem ao objetivo da gestão quadripartite da Seguridade Social. Na estrutura do Ministério da Previdência Social, vincu-

151 MARTINEZ, Wladimir Novaes. *CD - Comentários à Lei Básica da Previdência Social*, Brasília, LTr/Rede Brasil, 1999.

lados a este, ainda há o INSS, como autarquia federal, a Superintendência Nacional de Previdência Complementar - PREVIC, autarquia de natureza especial, e a DATAPREV, como empresa pública, responsável pela gestão dos bancos de dados informatizados, e junto ao Ministério da Saúde, a CEME - Central de Medicamentos.

1.2 Ministérios da área da Seguridade Social

Na atual estrutura da Presidência da República e Ministérios, estabelecida pela Lei n. 10.683, de 28.5.2003, alterada pela Medida Provisória n. 163, de 23.1.2004, convertida na Lei n. 10.869, de 13.5.2004, passam a compor a área da Seguridade Social os Ministérios: da Previdência Social, da Saúde e do Desenvolvimento Social e Combate à Fome.

Segundo o art. 27 da lei em questão, os assuntos que constituem áreas de competência de cada ministério são os seguintes:

- **Ministério da Previdência Social:**

a) previdência social;
b) previdência complementar.

- **Ministério da Saúde:**

a) política nacional de saúde;
b) coordenação e fiscalização do Sistema Único de Saúde;
c) saúde ambiental e ações de promoção, proteção e recuperação da saúde individual e coletiva, inclusive a dos trabalhadores e dos índios;
d) informações de saúde;
e) insumos críticos para a saúde;
f) ação preventiva em geral, vigilância e controle sanitário de fronteiras e de portos marítimos, fluviais e aéreos;
g) vigilância de saúde, especialmente drogas, medicamentos e alimentos;
h) pesquisa científica e tecnologia na área de saúde.

- **Ministério do Desenvolvimento Social e Combate à Fome:**

a) política nacional de desenvolvimento social;
b) política nacional de segurança alimentar e nutricional;
c) política nacional de assistência social;
d) política nacional de renda de cidadania;
e) articulação com os governos federal, estaduais, do Distrito Federal e municipais e a sociedade civil no estabelecimento de diretrizes para as políticas nacionais de desenvolvimento social, de segurança alimentar e nutricional, de renda de cidadania e de assistência social;
f) articulação entre as políticas e programas dos governos federal, estaduais, do Distrito Federal e municipais e as ações da sociedade civil ligadas ao

desenvolvimento social, à produção alimentar, alimentação e nutrição, à renda de cidadania e à assistência social;

g) orientação, acompanhamento, avaliação e supervisão de planos, programas e projetos relativos às áreas de desenvolvimento social, segurança alimentar e nutricional, de renda de cidadania e assistência social;

h) normatização, orientação, supervisão e avaliação da execução das políticas de desenvolvimento social, segurança alimentar e nutricional, de renda de cidadania e de assistência social;

i) Gestão do Fundo Nacional de Assistência Social;

j) coordenação, supervisão, controle e avaliação da operacionalização de programas de transferência de renda;

l) aprovação dos orçamentos gerais do Serviço Social da Indústria - SESI, do Serviço Social do Comércio - SESC e do Serviço Social do Transporte - SEST.

1.3 Instituto Nacional do Seguro Social - INSS

O Instituto Nacional do Seguro Social - INSS, autarquia federal, com sede e foro no Distrito Federal, está vinculado ao Ministério da Previdência Social e foi instituído com base na Lei n. 8.029, de 12.4.90, cujas atribuições, com as alterações promovidas pela Lei n. 11.457, de 16.3.2007, são:

- conceder e manter os benefícios e serviços previdenciários.
- emitir certidões relativas a tempo de contribuição perante o RGPS;
- gerir os recursos do Fundo do Regime Geral de Previdência Social; e
- calcular o montante das contribuições incidentes sobre a remuneração e demais rendimentos dos trabalhadores, devidas por estes, pelos empregadores domésticos e pelas empresas com vistas à concessão ou revisão de benefício requerido.

Por força da Lei n. 11.457/2007, foi transferida do Ministério da Previdência Social para a recém criada Secretaria da Receita Federal do Brasil, órgão subordinado ao Ministério da Fazenda, a competência para arrecadar, fiscalizar, lançar e normatizar o recolhimento das contribuições sociais previstas nas alíneas *a*, *b* e *c* do parágrafo único do art. 11 da Lei n. 8.212, de 24 de julho de 1991, e das contribuições instituídas a título de substituição e, ainda, as contribuições devidas a terceiros, que antes eram arrecadadas pela Secretaria da Receita Previdenciária do Ministério da Previdência Social.

A referida norma extinguiu a Secretaria da Receita Previdenciária, que era composta pelos Departamentos de Administração da Receita Previdenciária, de Fiscalização da Receita Previdenciária e de Informações Estratégicas.

O INSS passa a se dedicar mais intensamente às atividades de prestação de serviços aos beneficiários da Previdência Social, concentrando seus esforços na melhoria do atendimento ao cidadão e aperfeiçoamento do sistema de concessão, manutenção e pagamento de benefícios.

O INSS é dirigido por um Presidente e cinco Diretores, e tem sua estrutura definida atualmente pelo Decreto n. 6.934/2009, possuindo os seguintes órgãos:

I - órgão de assistência direta e imediata ao Presidente: Gabinete;

II - órgãos seccionais:

a) Procuradoria Federal Especializada;

b) Auditoria-Geral;

c) Corregedoria-Geral;

d) Diretoria de Orçamento, Finanças e Logística; e

e) Diretoria de Recursos Humanos;

III - órgãos específicos singulares:

a) Diretoria de Benefícios;

b) Diretoria de Saúde do Trabalhador; e

c) Diretoria de Atendimento;

IV - unidades e órgãos descentralizados:

a) Superintendências Regionais;

b) Gerências-Executivas;

c) Agências da Previdência Social;

d) Procuradorias-Regionais;

e) Procuradorias-Seccionais;

f) Auditorias-Regionais; e

g) Corregedorias-Regionais.

À Procuradoria Federal Especializada, órgão de execução da Procuradoria-Geral Federal, compete (art. 6º do Decreto n. 6.934/2009):

I - representar judicial e extrajudicialmente o INSS e outras entidades, mediante designação da Procuradoria-Geral Federal;

II - zelar pela observância da Constituição, das leis e dos atos emanados pelos Poderes Públicos, sob a orientação normativa da Procuradoria-Geral Federal e da Advocacia-Geral da União;

III - exercer as atividades de consultoria e assessoramento jurídicos no âmbito do INSS, aplicando-se, no que couber, o disposto no art. 11 da Lei Complementar n. 73, de 10 de fevereiro de 1993;

IV - fixar a orientação jurídica do INSS, intervindo na elaboração e edição de seus atos normativos e interpretativos, em articulação com os órgãos componentes do INSS;

V - coordenar e supervisionar, técnica e administrativamente, as Procuradorias Regionais e Seccionais;

VI - encaminhar à Procuradoria-Geral Federal ou à Advocacia-Geral da União, conforme o caso, pedido de apuração de falta funcional praticada, no exercício de suas atribuições, por seus respectivos membros; e

VII - encaminhar ao Presidente proposta de estruturação e localização das Procuradorias Regionais e Seccionais, ouvida previamente a Procuradoria-Geral Federal.

Às Procuradorias Regionais compete (art. 18 do Decreto n. 6.934/2009):

I - quando atuarem junto a órgão de segundo grau, acompanhar os processos judiciais no âmbito do Tribunal Regional Federal e da Turma de Uniformização Regional do Juizado Especial Federal respectivos, bem como do Tribunal Regional do Trabalho, do Tribunal de Justiça e da Turma Recursal do Juizado Especial Federal na sua área de atuação, além de estabelecer uniformidade de procedimentos nos processos de interesse do INSS que tramitem em grau de recurso perante esses órgãos judiciais;

II - quando atuarem junto a órgão judicial de primeiro grau, representar o INSS e outras entidades, mediante designação do Procurador-Geral Federal; e

III - exercer as atividades de consultoria e assessoramento jurídicos ao INSS e às entidades designadas pelo Procurador-Geral Federal, aplicando-se, no que couber, o disposto no art. 11 da Lei Complementar n. 73, de 1993.

Às Procuradorias-Seccionais compete representar judicial e extrajudicialmente o INSS e outras entidades, mediante designação do Procurador-Geral Federal, além de exercer atividades de consultoria e assessoramento jurídicos, aplicando-se, no que couber, o disposto no art. 11 da Lei Complementar n. 73, de 1993 (art. 19 do Decreto n. 6.934/2009).

1.4 Gestão descentralizada

A gestão da Seguridade Social está baseada em órgãos colegiados, em estrito cumprimento ao disposto no art. 194, parágrafo único, inciso VII, da Constituição Federal, que estabelece o "caráter democrático e descentralizado da administração, mediante gestão quadripartite, com participação dos trabalhadores, dos empregadores, dos aposentados e do Governo nos órgãos colegiados".

As Leis ns. 8.212/91 e 8.213/91 foram as responsáveis pela instituição dos Conselhos de Seguridade Social e Previdência Social, respectivamente, órgãos de deliberação colegiada, com a participação da União, dos Estados, do Distrito Federal, dos Municípios e de representantes da sociedade civil, e a Lei n. 8.742/93, pelo Conselho Nacional de Assistência Social. Entretanto, parte dessa estrutura deixou de existir com a Medida Provisória n. 1.799-5, de 13.5.1999, e suas reedições (atualmente, Medida Provisória n. 2.216-37, de 31.8.2001, que se manterá vigente até deliberação do Congresso Nacional sobre a matéria, conforme disposto no art. 2º da Emenda Constitucional n. 32, de 2001), extinguindo-se o Conselho Nacional de Seguridade Social e os Conselhos Estaduais, Distrital e Municipais de Previdência Social.

Aos órgãos em questão foram ou são atribuídas funções importantes, delimitadas nas leis instituidoras e nos seus regimentos, como veremos a seguir.

1.5 Conselho Nacional da Seguridade Social – CNSS

O CNSS, até ser extinto pela Medida Provisória n. 1.799-5/99, era um órgão superior de deliberação colegiada, composto por representantes da União, dos Estados, do Distrito Federal, dos Municípios e da sociedade civil. A composição estava prevista no art. 6º da Lei n. 8.212/91 e a competência no art. 7º da mesma Lei.

O Fórum Nacional da Previdência Social, em suas conclusões, fixou como um de seus pontos de consenso a recriação do CNSS, com a finalidade de articular as políticas sociais nos campos da Saúde, Previdência Social e Assistência Social.

1.6 Conselho Nacional de Previdência Social – CNPS

O CNPS é órgão superior de deliberação colegiada, composto de representantes do Governo Federal e da sociedade civil, num total de quinze membros, conforme previsto no art. 3º da Lei n. 8.213/91, dos quais seis representantes do Governo Federal e nove representantes da sociedade civil, sendo destes: três representantes dos aposentados e pensionistas, três representantes dos trabalhadores em atividade e três representantes dos empregadores.

Cabe ao Presidente da República nomear os membros do Conselho Nacional de Previdência Social e seus respectivos suplentes, tendo os representantes titulares da sociedade civil mandato de dois anos, podendo ser reconduzidos, de imediato, uma única vez. Como ocorria no CNSS, os representantes do Governo não possuem mandato.

A indicação dos representantes dos trabalhadores em atividade, dos aposentados, dos empregadores e seus respectivos suplentes é feita pelas centrais sindicais e confederações nacionais – art. 3º, § 2º, da Lei n. 8.213/91. Observe-se, por oportuno, que a Lei de Benefícios é o primeiro diploma legal a reconhecer as centrais sindicais como entidades legítimas para a representação da classe trabalhadora, paralelamente ao chamado sistema confederativo, criado com a Consolidação das Leis do Trabalho e mantido pelo texto constitucional vigente – art. 8º, IV.

Compete ao CNPS, segundo as disposições do art. 4º da Lei n. 8.213/91 e do art. 296 do Decreto n. 3.048/99:

- estabelecer diretrizes gerais e apreciar as decisões de políticas aplicáveis à Previdência Social;
- participar, acompanhar e avaliar, sistematicamente, a gestão previdenciária;
- apreciar e aprovar os planos e programas da Previdência Social;
- apreciar e aprovar as propostas orçamentárias da previdência social, antes de sua consolidação na proposta orçamentária da Seguridade Social;
- acompanhar e apreciar, mediante relatórios gerenciais por ele definidos, a execução dos planos, programas e orçamentos no âmbito da previdência social;
- acompanhar a aplicação da legislação pertinente à previdência social;
- apreciar a prestação de contas anual a ser remetida ao Tribunal de Contas da União, podendo, se for necessário, contratar auditoria externa;
- estabelecer os valores mínimos em litígio, acima dos quais será exigida a anuência prévia do Procurador-Geral ou do Presidente do Instituto Nacional do Seguro Social para formalização de desistência ou transigência judiciais, conforme o disposto no art. 353 do Decreto n. 3.048/99;
- elaborar e aprovar seu regimento interno;
- aprovar os critérios de arrecadação e de pagamento dos benefícios por intermédio da rede bancária ou por outras formas; e
- acompanhar e avaliar os trabalhos de implantação e manutenção do Cadastro Nacional de Informações Sociais.

Competia, ainda, ao CNPS a supervisão dos extintos Conselhos Estaduais e Municipais, órgãos de deliberação colegiada, subordinados ao CNPS, conforme previsto no art. 7º da Lei n. 8.213, de 24.7.1991.

As reuniões do CNPS se realizam, ordinariamente, uma vez por mês, por convocação de seu Presidente. É admitida a realização de reunião extraordinária mediante a convocação do Presidente do Conselho ou a requerimento de um terço de seus membros, conforme dispõe seu regimento interno e são iniciadas com a presença da maioria absoluta dos membros do Conselho, sendo exigida para deliberação a maioria simples de votos.

As ausências ao trabalho dos representantes dos trabalhadores em atividade, decorrentes das atividades do CNPS, serão abonadas, computando-se como jornada efetivamente trabalhada para todos os fins e efeitos legais.

A lei prevê garantia do emprego para os representantes dos trabalhadores eleitos para o CNPS, desde a nomeação até um ano após o término do mandato de representação, somente podendo ter o contrato de trabalho extinto pelo empregador por motivo de falta grave, regularmente comprovada mediante processo judicial – art. 3º, § 7º, da Lei n. 8.213/91. Trata-se, pois, de hipótese de estabilidade absoluta conferida ao trabalhador integrante do Conselho, de modo que, durante o exercício do mandato e até um ano após o término deste, o empregado só pode ser dispensado por justa causa, e, mesmo assim, após o ajuizamento, pelo empregador, da ação intitulada inquérito para apuração de falta grave (art. 494 da CLT), cujo prazo – decadencial, de trinta dias – e rito estão previstos nos arts. 853 a 855 da mesma Consolidação. Caso seja dispensado, sem justo motivo, o trabalhador terá direito à reintegração no emprego, com todas as vantagens do período de afastamento.

Aos órgãos governamentais cabe prestar toda e qualquer informação necessária ao adequado cumprimento das competências do CNPS, fornecendo inclusive estudos técnicos, e encaminhar ao CNPS, com antecedência mínima de dois meses do seu envio ao Congresso Nacional, a proposta orçamentária da Previdência Social, devidamente detalhada.

Compete ao Ministério da Previdência Social proporcionar ao CNPS os meios necessários ao exercício de suas competências.

As decisões tomadas pelo CNPS, no âmbito de suas atribuições, são baixadas por resoluções e publicadas no Diário Oficial da União.

1.7 Conselhos de Previdência Social – CPS

Os Conselhos de Previdência Social têm previsão no art. 296-A do Regulamento da Previdência Social, com redação conferida pelo Decreto n. 5.699/2006, nos termos que segue:

> *Art. 296-A. Ficam instituídos, como unidades descentralizadas do Conselho Nacional de Previdência Social - CNPS, Conselhos de Previdência Social - CPS, que funcionarão junto às Gerências-Executivas do INSS.*
>
> *§ 1º Os CPS serão compostos por dez conselheiros e respectivos suplentes, designados pelo titular da Gerência Executiva na qual for instalado, assim distribuídos:*
>
> *I - quatro representantes do Governo Federal; e*
>
> *II - seis representantes da sociedade, sendo:*
>
> *a) dois dos empregadores;*
>
> *b) dois dos empregados; e*
>
> *c) dois dos aposentados e pensionistas.*
>
> *§ 2º O Governo Federal será representado:*
>
> *I - nas cidades onde houver mais de uma Gerência-Executiva:*
>
> *a) pelo Gerente-Executivo da Gerência-Executiva a que se refere o § 1º; e*
>
> *b) outros Gerentes-Executivos; ou*
>
> *c) servidores da Divisão ou do Serviço Benefícios ou de Atendimento ou da Procuradoria Federal Especializada junto ao INSS de Gerência-Executiva sediadas na cidade, ou de representante da Secretaria da Receita Federal do Brasil, ou de representante da DATAPREV;*

II - nas cidades onde houver apenas uma Gerência-Executiva:

a) pelo Gerente-Executivo;

b) servidores da Divisão ou do Serviço de Benefícios ou de Atendimento ou da Procuradoria Federal Especializada junto ao INSS da Gerência-Executiva, ou de representante da Secretaria da Receita Federal do Brasil, ou de representante da DATAPREV.

§ 3º As reuniões serão mensais ou bimensais, a critério do respectivo CPS, e abertas ao público, cabendo a sua organização e funcionamento ao titular da Gerência-Executiva na qual for instalado o colegiado.

§ 4º Os representantes dos trabalhadores, dos aposentados e dos empregadores serão indicados pelas respectivas entidades sindicais ou associações representativas.

§ 5º Os CPS terão caráter consultivo e de assessoramento, competindo ao CNPS disciplinar os procedimentos para o seu funcionamento, suas competências, os critérios de seleção dos representantes da sociedade e o prazo de duração dos respectivos mandatos, além de estipular por resolução o regimento dos CPS.

§ 6º As funções dos conselheiros dos CPS não serão remuneradas e seu exercício será considerado serviço público relevante.

§ 7º A Previdência Social não se responsabilizará por eventuais despesas com deslocamento ou estada dos conselheiros representantes da sociedade.

§ 8º Nas cidades onde houver mais de uma Gerência-Executiva, o Conselho será instalado naquela indicada pelo Gerente Regional do INSS cujas atribuições abranjam a referida cidade.

§ 9º Cabe ao Gerente-Executivo a designação dos conselheiros.

§ 10 É facultado ao Gerente Regional do INSS participar das reuniões do CPS localizados em região de suas atribuições e presidi-las.

1.8 Conselho Nacional de Assistência Social – CNAS

O CNAS, criado pela Lei n. 8.742/93, passou a integrar a estrutura do Ministério da Assistência e Promoção Social, criado pela Medida Provisória n. 103, de 1.1.2003, convertida na Lei n. 10.683, de 28.5.2003.

As instâncias deliberativas do sistema descentralizado e participativo de Assistência Social são de caráter permanente e de composição paritária entre Governo e sociedade civil, as quais estão previstas na Lei Orgânica da Assistência Social (Lei n. 8.742/93), da seguinte forma:

a) o Conselho Nacional de Assistência Social;

b) os Conselhos Estaduais de Assistência Social;

c) o Conselho de Assistência Social do Distrito Federal;

d) os Conselhos Municipais de Assistência Social.

A instituição desses Conselhos é feita mediante lei específica a cargo desses entes federativos, sendo que muitos deles se encontram em funcionamento.

O CNAS é o órgão da Administração Pública Federal responsável pela coordenação da Política Nacional da Assistência Social, composto por dezoito membros e respectivos suplentes, sendo:

a) nove representantes governamentais, incluindo um representante dos Estados e um dos Municípios;

b) nove representantes da sociedade civil, dentre representantes dos usuários ou de organizações de usuários, das entidades e organizações de assistência social e dos trabalhadores do setor, escolhidos em foro próprio sob fiscalização do Ministério Público Federal.

A composição do CNAS está prevista no art. 17 da Lei n. 8.742/93, sendo que seus membros são nomeados pelo Presidente da República, para um mandato de dois anos, permitida uma única recondução à função por igual período. Neste Conselho, mesmo os representantes do Governo são detentores de mandato.

A presidência do Conselho é exercida por um de seus integrantes, eleito dentre seus membros, para mandato de um ano, permitida uma única recondução à Presidência, por igual período.

O CNAS possui a seguinte competência:

- aprovar a Política Nacional de Assistência Social;
- normatizar as ações e regular a prestação de serviços de natureza pública e privada no campo da assistência social;
- fixar normas para a concessão de registro e certificado de fins filantrópicos às entidades beneficentes de assistência social;
- conceder atestado de registro e certificado de entidades de fins filantrópicos, na forma do regulamento a ser fixado, observado o disposto no art. 9º da Lei n. 8.742, de 7.12.93;
- zelar pela efetivação do sistema descentralizado e participativo de assistência social;
- convocar ordinariamente a cada quatro anos, ou extraordinariamente, por maioria absoluta de seus membros, a Conferência Nacional de Assistência Social, que terá a atribuição de avaliar a situação da assistência social e propor diretrizes para o aperfeiçoamento do sistema;
- apreciar e aprovar a proposta orçamentária da Assistência Social a ser encaminhada pelo Ministério;
- aprovar critérios de transferência de recursos para os Estados, Municípios e Distrito Federal, considerando, para tanto, indicadores que informem sua regionalização mais equitativa, tais como: população, renda *per capita*, mortalidade infantil e concentração de renda, além de disciplinar os procedimentos de repasse de recursos para as entidades e organizações de assistência social, sem prejuízo das disposições da Lei de Diretrizes Orçamentárias;
- acompanhar e avaliar a gestão dos recursos, bem como os ganhos sociais e o desempenho dos programas e projetos aprovados;

- estabelecer diretrizes, apreciar e aprovar os programas anuais e plurianuais do Fundo Nacional de Assistência Social - FNAS;
- indicar o representante do Conselho Nacional de Assistência Social - CNAS junto ao Conselho Nacional de Seguridade Social - CNSS (sem eficácia a partir da edição da Medida Provisória n. 1.799-5, de 13.5.99, e suas reedições, atualmente, Medida Provisória n. 2.216-37, de 31.8.2001, que se manterá vigente até deliberação do Congresso Nacional sobre a matéria, conforme disposto no art. 2º da Emenda Constitucional n. 32 de 2001, por ter sido extinto o CNSS);
- elaborar e aprovar seu regimento interno;
- divulgar, no *Diário Oficial da União*, todas as suas decisões, bem como as contas do Fundo Nacional de Assistência Social - FNAS e os respectivos pareceres emitidos.

1.9 Conselho Nacional de Previdência Complementar - CNPC

A estrutura do Ministério da Previdência Social também foi modificada pela Lei n. 12.154, de 23.12.2009, e em substituição ao Conselho de Gestão da Previdência Complementar foi criado o Conselho Nacional de Previdência Complementar.

Os processos administrativos em tramitação no Conselho de Gestão da Previdência Complementar e na Secretaria de Previdência Complementar do Ministério da Previdência Social, respeitadas as competências mantidas no âmbito das unidades do referido Ministério, foram transferidos para a Câmara de Recursos da Previdência Complementar e para a PREVIC, respectivamente.

A Superintendência Nacional de Previdência Complementar - PREVIC, autarquia de natureza especial, dotada de autonomia administrativa e financeira e patrimônio próprio, vinculada ao Ministério da Previdência Social, com sede e foro no Distrito Federal e atuação em todo o território nacional, foi criada pela Lei n. 12.154/2009.

Cabe a PREVIC atuar como entidade de fiscalização e de supervisão das atividades das entidades fechadas de previdência complementar e de execução das políticas para o regime de previdência complementar operado pelas entidades fechadas de previdência complementar, observadas as disposições constitucionais e legais aplicáveis.

As competências atribuídas à Secretaria de Previdência Complementar do Ministério da Previdência Social passaram para a PREVIC.

O então Conselho de Gestão da Previdência Complementar — CGPC, funcionou como órgão colegiado, normativo, de deliberação, controle e avaliação da execução da política nacional das entidades fechadas de previdência privada, integrante da Estrutura Regimental do Ministério da Previdência Social, tendo por finalidade exercer as competências estabelecidas ao "órgão regulador e fiscalizador" de que trata o art. 5º da Lei Complementar n. 109, de 29.5.2001.

Ao CNPC, colegiado integrante da estrutura básica do Ministério da Previdência Social, cabe, na forma do Decreto n. 7.123, de 3.3.2010, exercer a função de órgão regulador do regime de previdência complementar operado pelas entidades fechadas de previdência complementar.

Ao CRPC, órgão recursal colegiado no âmbito do Ministério da Previdência Social, compete apreciar e julgar, encerrando a instância administrativa, os recursos interpostos contra decisão da Diretoria Colegiada da Superintendência Nacional de Previdência Complementar - Previc:

I – sobre a conclusão dos relatórios finais dos processos administrativos iniciados por lavratura de auto de infração ou instauração de inquérito, com a finalidade de apurar responsabilidade de pessoa física ou jurídica, e sobre a aplicação das penalidades cabíveis; e

II – sobre as impugnações referentes aos lançamentos tributários da Taxa de Fiscalização e Controle da Previdência Complementar – Tafic.

1.10 Conselho de Recursos da Previdência Social – CRPS

O Conselho de Recursos da Previdência Social – CRPS, colegiado integrante da estrutura do Ministério da Previdência Social, é órgão de controle jurisdicional das decisões do INSS, nos processos referentes a benefícios a cargo desta Autarquia. O CRPS tem sede em Brasília-DF e jurisdição em todo o território nacional.

O Conselho de Recursos da Previdência Social – CRPS, conforme a composição prevista pelo art. 303 do Regulamento da Previdência Social, compreende os seguintes órgãos:

I – vinte e nove Juntas de Recursos, com competência para julgar, em primeira instância, os recursos interpostos contra as decisões prolatadas pelos órgãos regionais do INSS, em matéria de benefício administrado pela autarquia ou quanto a controvérsias relativas à apuração do FAP, a que se refere o art. 202-A, conforme sistemática a ser definida em ato conjunto dos Ministérios da Previdência Social e da Fazenda;

II – quatro Câmaras de Julgamento, com sede em Brasília, com a competência para julgar, em segunda instância, os recursos interpostos contra as decisões proferidas pelas Juntas de Recursos que infringirem lei, regulamento, enunciado ou ato normativo ministerial;

III – Conselho Pleno, com a competência para uniformizar a jurisprudência previdenciária mediante enunciados, podendo ter outras competências definidas no Regimento Interno do Conselho de Recursos da Previdência Social.

De acordo com o art. 305 do Decreto, com a redação conferida pelo Decreto n. 6.957, de 9.9.2009, das decisões do INSS nos processos de interesse dos beneficiários e das controvérsias relativas à apuração do FAP caberá recurso para o CRPS, conforme disposto no Regulamento e no Regimento Interno do Conselho.

A Lei n. 11.457, de 16.3.2007, que criou a Secretaria da Receita Federal do Brasil, estabeleceu, em seu art. 28, a criação de cinco Delegacias de Julgamento e 60 Turmas de Julgamento com competência para julgar, em 1ª instância, os processos de exigência de tributos e contribuições arrecadados pela nova Secretaria (Super-Receita) e, no art. 29 da mesma Lei, transferiu do CRPS para o 2º Conselho de Contribuintes do Ministério da Fazenda a competência para julgamento de recursos referentes às contribuições à Seguridade Social, que serão divididas em Câmaras especializadas.

O CRPS era o órgão competente também para os litígios envolvendo notificações e autos de infração emitidos em função de regras de custeio da Seguridade Social (contribuições e obrigações acessórias) até 25.7.2007. Após, a competência passou para as 5ª e 6ª Câmaras do 2º Conselho de Contribuintes do Ministério da Fazenda (Portaria MF n. 147, de 25.6.2007).

A Medida Provisória n. 449, de 3.12.2008, convertida na Lei n. 11.941/2009, alterou novamente a competência para a matéria, ao estabelecer, em seu art. 23, a modificação do Decreto n. 70.235/72, passando a ser competente para tais litígios o Conselho Administrativo de Recursos Fiscais, órgão colegiado, paritário, integrante da estrutura do Ministério da Fazenda, que é estudado no tópico seguinte.

A presidência do CRPS é atribuída a um dos representantes do Governo com notório conhecimento da legislação previdenciária, nomeado pelo Ministro de Estado da Previdência Social.

As Juntas de Recursos são órgãos de deliberação coletiva que constituem a primeira instância do CRPS em matéria de benefício, com jurisdição no Estado ou região onde estão localizadas, quando assim estabelecido pelo Ministro da Previdência Social.

As Câmaras de Julgamento são órgãos de deliberação coletiva que constituem a segunda instância do CRPS em matéria de benefício, com jurisdição em todo o território nacional.

Os recursos tempestivos contra decisões das Juntas de Recursos do Conselho de Recursos da Previdência Social têm efeito suspensivo e devolutivo, não se considerando recurso o pedido de revisão de acórdão endereçado às Juntas de Recursos e Câmaras de Julgamento (art. 308 do Decreto n. 3.048/99, com a redação conferida pelo Decreto n. 5.699/2006).

O CRPS é um tribunal administrativo que tem por atribuição solucionar, no âmbito não judicial, os conflitos entre a Autarquia Previdenciária e os beneficiários do Regime Geral de Previdência Social (quando a matéria em questão é a concessão, a manutenção, a revisão ou o cancelamento de benefício ou serviço), sendo que suas decisões não têm força de coisa julgada para o particular, mas somente para o INSS, para qual surge o por alguns tão festejado "efeito vinculante". Vale dizer, o litigante pode recorrer à via judicial, mesmo após ter sido parte vencida perante os órgãos do CRPS. Também não é obrigatório o esgotamento da instância administrativa para o ingresso em Juízo.

O art. 24 da Lei n. 11.457, de 16.3.2007, inovou na matéria ao estabelecer o prazo máximo de 360 dias a contar da data do protocolo para que seja proferida decisão administrativa em quaisquer petições, defesas ou recursos em processos administrativos.

É vedado ao INSS escusar-se de cumprir as diligências solicitadas pelo Conselho de Recursos da Previdência Social, bem como deixar de dar cumprimento às decisões definitivas daquele colegiado, reduzir ou ampliar o seu alcance ou executá-las de modo que contrarie ou prejudique seu evidente sentido (§ 2º do art. 308 do Decreto n. 3.048/99).

Como bem esclarece *Meire Lúcia Gomes Monteiro*: "Perante o CRPS os litígios têm, de um lado, beneficiários (segurados e dependentes) ou empresas, e, do outro, o INSS. Todavia, a utilização da via jurisdicional não é obrigatória: a empresa ou o beneficiário pode recorrer à Justiça em qualquer fase do processo administrativo; pode, inclusive, abandonar a instância jurisdicional e reclamar diretamente na Justiça. O INSS, porém, não pode questionar na Justiça, estando obrigado a acatar os ditames da instância jurisdicional. Assim, a força coativa do julgado alcança apenas a autarquia previdenciária. A outra parte interessada, repita-se, tem liberdade de utilizar ou não a instância jurisdicional".[152]

1.11 Conselho Administrativo de Recursos Fiscais

O Conselho Administrativo de Recursos Fiscais – CARF, órgão colegiado, paritário, integrante da estrutura do Ministério da Fazenda, constituído por seções e pela Câmara Superior de Recursos Fiscais, foi instituído pela Medida Provisória n. 449, de 3.12.2008, convertida na Lei n. 11.941/2009, para atuar com atribuição de julgar recursos de ofício e voluntários de decisão de primeira instância, bem como recursos de natureza especial.

O novo conselho é fruto da unificação do Conselho de Contribuintes e da Câmara Superior de Recursos Fiscais. Não compõe, por assim dizer, a estrutura da Seguridade Social brasileira, porém integra a Administração Fazendária com atribuições relacionadas ao custeio do sistema, já que se trata de órgão jurisdicional administrativo em matéria de contribuições sociais.

152 "O contencioso administrativo da previdência social", *in Temas atuais de previdência social*. Wladimir Novaes Martinez (coord.). São Paulo: LTr, 1998.

As seções do Conselho Administrativo de Recursos Fiscais serão especializadas por matéria e constituídas por câmaras, que poderão ser divididas em turmas.

Já a Câmara Superior de Recursos Fiscais será constituída por turmas, compostas pelos Presidentes e Vice-Presidentes das câmaras.

O Ministro da Fazenda poderá criar, nas seções, turmas especiais, de caráter temporário, com competência para julgamento de processos que envolvam valores reduzidos ou matéria recorrente ou de baixa complexidade, que poderão funcionar nas cidades onde estão localizadas as Superintendências Regionais da Receita Federal do Brasil.

Na composição das câmaras, das suas turmas e das turmas especiais, será respeitada a paridade entre representantes da Fazenda Nacional e representantes dos contribuintes.

As turmas da Câmara Superior de Recursos Fiscais serão constituídas pelo Presidente do Conselho Administrativo de Recursos Fiscais, pelo Vice-Presidente, pelos Presidentes e pelos Vice-Presidentes das câmaras.

A presidência das turmas da Câmara Superior de Recursos Fiscais será exercida pelo Presidente do Conselho Administrativo de Recursos Fiscais e a vice-presidência, por conselheiro representante dos contribuintes.

Os cargos de Presidente das Turmas da Câmara Superior de Recursos Fiscais, das câmaras, das suas turmas e das turmas especiais serão ocupados por conselheiros representantes da Fazenda Nacional, que, em caso de empate, terão o voto de qualidade, e os cargos de Vice-Presidente, por representantes dos contribuintes.

Os conselheiros serão designados pelo Ministro de Estado da Fazenda para mandato, limitando-se as reconduções, na forma e no prazo estabelecidos no regimento interno.

O Ministro da Fazenda, observado o devido processo legal, decidirá sobre a perda do mandato para os conselheiros que incorrerem em falta grave, definida no regimento interno.

Capítulo 2

Relação jurídica de custeio

No campo do Direito Previdenciário, há sempre relação de uma pessoa - natural ou jurídica - com o ente previdenciário estatal. Contudo, há duas espécies distintas de relações jurídicas decorrentes da aplicação da legislação previdenciária: a relação de custeio e a relação de prestação. Numa delas, o Estado é credor, noutra, devedor. Na primeira, o Estado impõe coercitivamente a obrigação de que as pessoas consideradas pela norma jurídica como contribuintes do sistema de seguridade - logo, contribuintes também da Previdência Social - vertam seus aportes, conforme as regras para tanto estabelecidas. Na segunda, o Estado é compelido, também pela lei, à obrigação de dar - pagar benefício - ou de fazer - prestar serviço - aos segurados e dependentes que, preenchendo os requisitos legais para a obtenção do direito, o requeiram.

A existência de uma relação jurídica de custeio própria para o âmbito da Previdência Social caracteriza o modelo de previdência de caráter contributivo. A ordem jurídica interna estabelece, desde a Lei Maior, este caráter (art. 201, *caput*). Pelo sistema contributivo, a receita da Previdência Social - e, no caso brasileiro, da Seguridade Social como um todo - decorre de pagamentos feitos por pessoas com destinação específica para o financiamento das ações no campo da proteção social. *A contrario sensu*, há países que adotam o modelo de financiamento por meio da destinação de uma parte da arrecadação tributária, sem que se caracterize a existência de um ou mais tributos cuja receita seja destinada especificamente para a área do seguro social.

2.1 Definição da relação obrigacional

Obrigação previdenciária de custeio é espécie do gênero obrigação tributária. Decorre da relação jurídica representada pelo vínculo entre o ente público responsável pela arrecadação das contribuições, acréscimos de mora e penalidades pecuniárias devidos, por um lado, e por outro, o responsável pelo cumprimento das obrigações previstas em lei, relativas ao recolhimento de contribuições previdenciárias, acréscimos de mora ou pagamento das penalidades pecuniárias decorrentes do descumprimento de obrigações.

A obrigação de custeio tem evidente natureza tributária, como será exposto no item 1.3 da Parte III desta obra. Assim, ela decorre da existência de norma legal prévia que estabelece, na dicção de *Geraldo Ataliba*,[153] as hipóteses de incidência, ou seja, os fatos que, uma vez concretizados, estabelecem o nascimento do vínculo obrigacional entre o contribuinte ou responsável e o ente responsável pela arrecadação da contribuição.

Por seu turno, o fato imponível (denominado pelo Código Tributário Nacional "fato gerador") é a situação concreta que deflagra a aplicação da norma de índole tributária, independentemente da vontade do particular.[154]

Há pessoas que têm obrigação de contribuir porque desta decorre sua condição de beneficiário do sistema – são os segurados do regime. A obrigatoriedade de sua participação se impõe para que possam fruir dos benefícios e serviços previstos em lei, sendo fundamental a comprovação das contribuições – ou, pelo menos, do enquadramento como segurado obrigatório – para este fim.

Outras pessoas têm a obrigação de contribuir porque a lei simplesmente lhes determina tal ônus, sem que tenham qualquer contraprestação pelo fato de verterem recursos para o sistema. O liame obrigacional tem fundamento, nestes casos, no ideal de solidariedade que fundamenta a Previdência Social, embasado na teoria do risco social, segundo a qual toda a sociedade deve suportar o encargo de prover a subsistência dos incapacitados para o trabalho. É o que ocorre com as empresas, ao contribuírem sobre a folha de pagamento de seus trabalhadores, bem como sobre o faturamento e o lucro; também é o mesmo fundamento para se exigir do empregador doméstico e do produtor rural que verta contribuições para o regime; também é o motivo invocado para a cobrança de contribuições sobre apostas em concursos de prognósticos.

2.2 Autonomia da relação de custeio

Sendo regida por lei, e não pela vontade de particulares, a relação obrigacional de custeio é autônoma com referência à relação jurídica de prestação previdenciária. Como bem diz *Feijó Coimbra*, "nesta, que ora examinamos, sujeito ativo é o Estado, passivo o cidadão ou a empresa, e objeto material da prestação a quantia em dinheiro devida pelo sujeito passivo ao ativo. Não há correspondência entre a obrigação de custeio e a de amparo. (...) A obrigação de recolher contribuições não é, na maior parte dos casos, nem mesmo condição para o exercício do direito à prestação. Decorrentemente, a relação de custeio é autônoma, forma-se e se extin-

153 ATALIBA, Geraldo. *Hipótese de incidência tributária*. 6. ed. São Paulo: Malheiros, 2004, p. 76.

154 ATALIBA, Geraldo. *Op. cit.*, p. 72.

gue por modos e em ocasiões diversas das que regulam as demais relações jurídicas de Direito Previdenciário".[155]

Em que pese a autonomia desta em relação à concessão de benefícios, tem-se que se torna inadmissível, uma vez atingida a condição de obtenção da qualidade de beneficiário do sistema, pela concessão da aposentadoria, ou no caso de falecimento do segurado, pela percepção da pensão *post mortem* por seus dependentes, a exigência de contribuição para o sistema por parte de inativos e pensionistas.

Neste ponto, permitimo-nos discordar frontalmente das ilações do ex-Ministro *Reinhold Stephanes* sobre o tema.[156]

Inicialmente, há que se contrapor à tese de que a contribuição dos inativos do serviço público vinha contemplada na redação original do § 6º do art. 40 da Constituição: esta somente mencionava a "contribuição dos servidores". Ora, inativos e pensionistas não podem ser assim considerados, visto que os primeiros, ao se aposentarem, perdem o vínculo jurídico que até então possuíam com a Administração, por força de lei, e os segundos sequer mantiveram qualquer vínculo com esta.

A prática adotada por alguns Estados e Municípios de exigirem contribuição de beneficiários de seus regimes (aposentados e pensionistas), citada por *Stephanes*, vinha sendo sistematicamente considerada inconstitucional pelo Supremo Tribunal Federal, no julgamento de várias Ações Diretas de Inconstitucionalidade sobre a matéria,[157] justamente sob o mesmo fundamento que acarretou a declaração de inconstitucionalidade da Lei n. 9.783/99, no que tange ao serviço público federal.[158]

O ato concessivo de aposentadoria, ou de pensão, é ato jurídico perfeito, insuscetível de alteração, já que realizado nos estritos termos do que a lei vigente à época exigia como requisitos. Qualquer alteração do valor do benefício para menor poderia assim caracterizar, em tese, infringência a direito fundamental do indivíduo, por violação ao princípio presente no art. 5º, XXXVI, da Constituição.

Não bastasse isso, a Constituição prevê, como princípio norteador da Previdência Social, entre outros, o da irredutibilidade dos benefícios (art. 194, parágrafo único, IV), e taxativamente impede a incidência de contribuição sobre aposentadorias e pensões (art. 195, II, com a redação conferida pela Emenda Constitucional n. 20/98).

Entretanto, a Emenda Constitucional n. 41 prevê, expressamente, a possibilidade de incidir contribuição sobre proventos de aposentadorias e pensões dos regimes próprios de agentes públicos, acarretando tratamento desigual entre aposentados e pensionistas do RGPS e dos regimes próprios dos agentes públicos.

---

155 *Direito previdenciário brasileiro*. 7. ed., Rio de Janeiro: Edições Trabalhistas, 1997, p. 235.

156 *Reforma da previdência sem segredos*. Rio de Janeiro: Record, 1998, pp. 191-193.

157 ADIn 2.176-RJ, rel. Min. Sepúlveda Pertence, decisão liminar em 22.3.2000; ADIn 2.138-RJ, rel. Min. Sydney Sanches, decisão liminar em 16.3.2000; ADIn 2.188-RJ, rel. Min. Néri da Silveira, decisão liminar em 14.4.2000.

158 ADIn 2.010-DF, rel. Min. Celso de Mello, liminar concedida em 30.9.99.

A alegação de déficit nas contas públicas não pode ser considerada como fundamento razoável para a criação de contribuição sobre proventos, já que a causa de tal despesa não decorre do fato de que estes não tenham contribuído, mas sim da malversação do fundo previdenciário pelos entes de direito público interno, já que raras são as hipóteses de cumprimento da obrigação de manter a higidez dos regimes previdenciários, é dizer, não foi resguardado lastro suficiente para cobrir as despesas com os benefícios e, no mais das vezes, nunca houve a contribuição devida pelo ente público que admitiu agentes públicos a seu serviço.

Em relação à matéria, o Supremo Tribunal Federal, por sete votos a quatro, considerou constitucional a cobrança de inativos e pensionistas instituída no art. 4º da Emenda Constitucional n. 41/03. Os ministros que decidiram pela constitucionalidade da cobrança seguiram o voto do ministro Cezar Peluso, que fez ressalva quanto à instituição de alíquotas diferentes (incisos I e II do parágrafo único do art. 4º da EC n. 41/03) para a contribuição de servidores dos Estados, Municípios e Distrito Federal (50%) e de servidores da União (60%). Para ele, o tratamento diferenciado é inconstitucional por ferir o princípio da igualdade. O resultado prático da decisão do Supremo é que, para todos os inativos e pensionistas, sejam eles federais ou estaduais, a contribuição previdenciária deve incidir somente sobre a parcela dos proventos e pensões que exceder o teto estabelecido no art. 5º da EC n. 41/03. O dispositivo fixou em R$ 2.400,00 o teto para incidência da contribuição, devendo este valor ser atualizado pelos mesmos índices aplicados aos benefícios do Regime Geral de Previdência Social. Ao votar pela constitucionalidade da contribuição, o Ministro Peluso argumentou que o sistema previdenciário vigente no País não é regido por normas de Direito privado, mas sim pelo Direito público. Para ele: "O regime previdenciário público tem por escopo garantir condições de subsistência, independência e dignidade pessoais ao servidor idoso, mediante o pagamento de proventos de aposentadoria durante a velhice, e, conforme o art. 195 da Constituição, deve ser custeado por toda a sociedade, de forma direta e indireta, o que bem poderia chamar-se de princípio estrutural da solidariedade". Afirmou, ainda, que "no rol dos direitos subjetivos inerentes à situação de servidor inativo não consta o de imunidade tributária absoluta dos proventos correlatos". Porém, considerou inconstitucional a diferença de alíquotas contributivas estabelecidas nos incisos I e II do parágrafo único do art. 4º da Emenda.

A ministra-relatora Ellen Gracie e os ministros Carlos Ayres Britto, Marco Aurélio e Celso de Mello votaram contra a cobrança. A Ministra Ellen entendeu que a contribuição está despida de causa eficiente, posto que não corresponde à necessária contrapartida de novo benefício (art. 195, § 5º), além de a norma insultar a isonomia (art. 150, II), por discriminar indevidamente contribuintes em condição idêntica, e configura bitributação em relação ao imposto sobre a renda, tendo por fato gerador a própria percepção dos mesmos proventos e pensões. O Ministro Marco Aurélio sustentou que a EC n. 41/03 afrontou o § 4º do art. 60 da Constituição Federal, segundo o qual não será objeto de deliberação a proposta de emenda tendente a abolir os direitos e garantias individuais, "porque cobra-se a seriedade dos representantes do povo". Ele salientou, ao finalizar, que o Estado tudo pode, desde que observe de forma irrestrita a Constituição Federal. "E a esta altura, considerados servidores que estão aposentados há 15 anos ou mais, introduzir quanto a eles, a título de contribuição, um ônus, diminuindo-se os proventos, é algo que conflita frontalmente com a Constituição Federal e implica até mesmo o maltrato à dignidade da pessoa humana", afirmou. Ao votar com a relatora, o ministro Celso de Mello abordou o princípio da proibição do retrocesso que, em termos de direitos fundamentais de caráter social, impede que sejam desconstituídas conquistas já alcançadas pelo cidadão. Segundo ele, a cláusula proíbe o retrocesso em matéria social, exceto quando há a implementação de políticas compensatórias pelas instâncias governamentais.

Na proclamação do resultado do julgamento, o então presidente do STF, Nelson Jobim, esclareceu que a Ação Direta de Inconstitucionalidade n. 3.105-8/DF, sobre a taxação dos inativos, foi considerada improcedente no que se refere ao *caput* do art. 4º da Emenda Constitucional n. 41/03, e procedente com relação aos incisos I e II do parágrafo único do art. 4º da Emenda, sendo, portanto, inconstitucionais as expressões "50% do" e "60% do", constantes nos incisos.[159]

2.3 Identidade com a relação obrigacional tributária

Conforme será melhor detalhado no item 1.3 da Parte III desta obra, sendo a contribuição à Seguridade Social de matiz tributária, a relação obrigacional de custeio se identifica com as obrigações tributárias. Em ambas, o sujeito ativo é um ente pertencente ao Estado (no caso das contribuições à Seguridade Social, o sujeito ativo é a União), que se vale de sua supremacia para exigir o cumprimento da obrigação, pela via coercitiva. O sujeito passivo não tem possibilidade de alterar a incidência da norma, uma vez concretizado o fato imponível, nem transferir, por negócio entre particulares, a obrigação de prestar a devida contribuição. Assim é que, se a lei estabelece ao empregador que este venha a recolher a contribuição a que está obrigado e, ainda, retenha a contribuição dos empregados a seu serviço, recolhendo-as também aos cofres do Fundo do Regime Geral de Previdência Social, tal responsabilidade é intransferível e, caso descumprida, arcará ele – o empregador – com os efeitos decorrentes do descumprimento da norma, não se penalizando os empregados.

Da mesma forma que ocorre com a obrigação de pagar tributo, o Estado se utiliza do poder de polícia para verificar a exatidão das contribuições vertidas, bem

159 Informações colhidas no site: http://www.stf.jus.br – notícias do dia 18.8.2004.

como das obrigações acessórias decorrentes da aplicação da lei previdenciária, podendo, em caso de violação, aplicar as sanções cabíveis.

Finalmente, em caso de ausência de pagamento voluntário das obrigações decorrentes da aplicação das regras de custeio, cumpre ao Poder Público exigir judicialmente a prestação pecuniária, mediante Ação de Execução Fiscal, de rito próprio, após o registro do débito em Dívida Ativa e a expedição do título executivo extrajudicial.

Capítulo 3
Contribuintes da Seguridade Social

Os termos "contribuinte" e "segurado" possuem diferenças de significado importantes no âmbito do Direito Previdenciário, que podem ser observadas na sequência deste tópico.

Contribuinte é o sujeito passivo da obrigação tributária, podendo ser pessoa física ou jurídica, sendo assim considerada toda pessoa que, por determinação legal, está sujeita ao pagamento de tributo.

A definição de sujeito passivo estabelecida no Código Tributário Nacional é a seguinte:

- sujeito passivo da obrigação principal é a pessoa obrigada ao pagamento de tributo ou penalidade pecuniária (art. 121, *caput*);
- sujeito passivo da obrigação acessória é a pessoa obrigada às prestações que constituam o seu objeto (art. 122).

O sujeito passivo da obrigação principal pode assumir a condição de contribuinte ou responsável. Diz-se ser contribuinte quando tenha relação pessoal e direta com a situação que constitua o respectivo fato gerador; chama-se responsável quando, sem revestir a condição de contribuinte, sua obrigação decorra de disposição expressa de lei (art. 121, parágrafo único, inciso II, do CTN). Assim, por exemplo, os segurados empregados, empregados domésticos e trabalhadores avulsos são contribuintes da Seguridade Social, entretanto, não são os responsáveis pela obrigação principal - recolhimento da contribuição por eles devida -, já que a legislação de custeio cometeu tal encargo aos tomadores dos seus serviços (art. 30, incisos I e V, da Lei n. 8.212/91). Eventuais inadimplementos das contribuições de segurados dessas espécies não serão debitados a estes, mas sim à empresa, ao empregador doméstico, ou à empresa que explorou a mão-de-obra avulsa, respectivamente (art. 33, § 5º, da Lei n. 8.212/91).

Segundo *Hugo de Brito Machado*, "a identificação de quem seja o sujeito passivo das contribuições sociais, como em princípio ocorre com qualquer tributo, depende do exame das hipóteses de incidência de cada uma delas, especificamente consideradas".[160]

A Constituição, ao delinear o âmbito das contribuições para a Seguridade Social, no art. 195, I, II, III e IV, estabeleceu quem será contribuinte do sistema:

- o empregador, a empresa e a entidade a ela equiparada;
- o trabalhador e os demais segurados da Previdência Social;
- os apostadores de concursos de prognósticos;
- o importador de bens ou serviços do exterior, ou de quem a lei a ele equiparar.

Iniciaremos a análise dos contribuintes a partir daqueles que, além de contribuintes, são beneficiários potenciais do sistema.

3.1 Segurados da Previdência Social

Os segurados da Previdência são os principais contribuintes do sistema de seguridade social previsto na ordem jurídica nacional. São contribuintes em função do vínculo jurídico que possuem com o regime de previdência, uma vez que, para obter os benefícios, devem teoricamente verter contribuições ao fundo comum. Diz-se teoricamente porque, em certos casos, ainda que não tenha ocorrido contribuição, mas estando o indivíduo enquadrado em atividade que o coloca nesta condição, terá direito a benefícios e serviços: são os casos em que não há carência de um mínimo de contribuições pagas.

Os segurados são classificados em obrigatórios e facultativos. Obrigatórios são os segurados de quem a lei exige a participação no custeio, bem como lhes concede, em contrapartida, benefícios e serviços, quando presentes os requisitos para a concessão. Facultativos são aqueles que, não tendo regime previdenciário próprio (art. 201, § 5º, da CF, com a redação da EC n. 20/98), nem se enquadrando na condição de segurados obrigatórios do regime geral, resolvem verter contribuições para fazer jus a benefícios e serviços.

São segurados obrigatórios, e por tal razão contribuintes do sistema, os indivíduos enquadrados nos conceitos de: empregado, empregado doméstico, contribuinte individual, trabalhador avulso e segurado especial, na forma prevista no art. 12 da Lei n. 8.212/91, com a redação conferida pela Lei n. 9.876/99.

São segurados facultativos as pessoas naturais maiores de 16 anos que se filiarem de forma não compulsória ao RGPS, mediante contribuição vertida na forma do art. 21 da Lei n. 8.213/91, com redação dada pela Lei n. 9.876/99.

---

160 MACHADO, Hugo de Brito. *Curso de direito tributário*. 10. ed., São Paulo: Malheiros, 1995, p. 317.

A caracterização das várias espécies de segurados e as questões envolvendo a interpretação de normas relativas ao enquadramento dos mesmos, filiação e desfiliação do regime, serão estudadas no capítulo destinado a este tema específico.

3.2 Empresa e entidades equiparadas

De acordo com o art. 15, inciso I, da Lei n. 8.212/91, considera-se empresa, para fins de aplicação da legislação de custeio, a firma individual ou sociedade que assume o risco da atividade econômica urbana ou rural, com fins lucrativos ou não, bem como os órgãos e entidades da administração direta, indireta e fundacional, estes quanto aos exercentes de cargos em comissão, empregados públicos e contratados temporariamente, filiados obrigatoriamente ao RGPS.

Equipara-se à empresa, para fins previdenciários, de acordo com o art. 12, parágrafo único, do Decreto n. 3.048/99:

- o contribuinte individual em relação a segurado que lhe presta serviço;[161]
- a cooperativa;
- a associação ou entidade de qualquer natureza ou finalidade;
- a missão diplomática e a repartição consular de carreira estrangeiras;
- o operador portuário e o órgão gestor de mão-de-obra de que trata a Lei n. 8.630, de 25.2.93;
- o proprietário ou dono de obra de construção civil, quando pessoa física, em relação a segurado que lhe presta serviço.

Como visto, o conceito de empresa adotado pelo legislador para incidência da contribuição previdenciária inclui a pessoa jurídica de direito privado, o ente público, bem como equipara à empresa a missão diplomática ou repartição consular, o contribuinte individual que mantém segurado a seu serviço, a cooperativa, a associação ou entidade de qualquer natureza ou finalidade. Não importa que o empreendimento seja urbano ou rural, em face do princípio constitucional da equivalência entre trabalhadores urbanos e rurais, nem se a atividade seja lucrativa ou não.

Aplicam-se às microempresas e às empresas de pequeno porte todas as obrigações estabelecidas pela legislação previdenciária para as empresas em geral, estando obrigadas ao recolhimento das contribuições previdenciárias e das destinadas a outras entidades e fundos, permitida, nas hipóteses previstas em lei, a opção pelo sistema próprio de recolhimento de contribuições e tributos, cujo detalhamento se encontra na Parte III desta obra.

161 A Lei n. 9.876, de 26.11.99, substituiu as categorias de "empresário", "autônomo" e "equiparado a autônomo" pela categoria de "contribuinte individual", englobando as anteriores.

3.3 Matrícula da Empresa, do Produtor Rural Pessoa Física e do Segurado Especial

A matrícula é o ato pelo qual a empresa é cadastrada como contribuinte da Seguridade Social, sendo obrigatória, na forma do art. 49 da Lei n. 8.212/91, regulamentado pelo art. 256 do Decreto n. 3.048/99.

A nova redação do referido artigo, conferida pelo Decreto n. 6.722/2008, é a seguinte:

> *Art. 256. A matrícula da empresa será feita:*
>
> *I - simultaneamente com a inscrição no Cadastro Nacional da Pessoa Jurídica; ou*
>
> *II - perante o Instituto Nacional do Seguro Social, no prazo de trinta dias contados do início de suas atividades, quando não sujeita a inscrição no Cadastro Nacional da Pessoa Jurídica.*
>
> *§ 1º Independentemente do disposto neste artigo, o Instituto Nacional do Seguro Social procederá à matrícula:*
>
> *I - de ofício, quando ocorrer omissão; e*
>
> *II - de obra de construção civil, mediante comunicação obrigatória do responsável por sua execução, no prazo do inciso II do caput.*
>
> *§ 2º A unidade matriculada na forma do inciso II do caput e do § 1º receberá certificado de matrícula com número cadastral básico, de caráter permanente.*
>
> *§ 3º O não cumprimento do disposto no inciso II do caput e no inciso II do § 1º sujeita o responsável à multa prevista no art. 283.*
>
> *§ 4º O Departamento Nacional de Registro do Comércio, por intermédio das juntas comerciais, bem como os cartórios de registro civil de pessoas jurídicas, prestarão obrigatoriamente ao Instituto Nacional do Seguro Social todas as informações referentes aos atos constitutivos e alterações posteriores relativos a empresas neles registradas, sem ônus para o Instituto.*
>
> *§ 5º São válidos perante o Instituto Nacional do Seguro Social os atos de constituição, alteração e extinção de empresa registrados nas juntas comerciais.*
>
> *§ 6º O Ministério da Previdência e Assistência Social estabelecerá as condições em que o Departamento Nacional de Registro do Comércio, por intermédio das juntas comerciais, e os cartórios de registro civil de pessoas jurídicas cumprirão o disposto no § 4º.*
>
> *Art. 256-A. A matrícula atribuída pela Secretaria da Receita Federal do Brasil ao produtor rural pessoa física ou segurado especial é o documento de inscrição do contribuinte, em substituição à inscrição no Cadastro Nacional de Pessoa Jurídica - CNPJ, a ser apresentado em suas relações:*
>
> *I - com o Poder Público, inclusive para licenciamento sanitário de produtos de origem animal ou vegetal submetidos a processos de beneficiamento ou industrialização artesanal;*
>
> *II - com as instituições financeiras, para fins de contratação de operações de crédito; e*
>
> *III - com os adquirentes de sua produção ou fornecedores de sementes, insumos, ferramentas e demais implementos agrícolas.*
>
> *§ 1º Para fins de recolhimento das contribuições previdenciárias, a matrícula de que trata o caput será atribuída ao grupo familiar no ato de sua inscrição.*
>
> *§ 2º O disposto no caput não se aplica ao licenciamento sanitário de produtos sujeitos à incidência do IPI ou ao contribuinte cuja inscrição no CNPJ seja obrigatória.*

A matrícula atribuída pela Secretaria da Receita Federal do Brasil ao produtor rural pessoa física ou segurado especial é o documento de inscrição do contribuinte, em substituição à inscrição no Cadastro Nacional de Pessoa Jurídica – CNPJ, a ser apresentado em suas relações: - com o Poder Público, inclusive para licenciamento sanitário de produtos de origem animal ou vegetal submetidos a processos de beneficiamento ou industrialização artesanal; - com as instituições financeiras, para fins de contratação de operações de crédito; e - com os adquirentes de sua produção ou fornecedores de sementes, insumos, ferramentas e demais implementos agrícolas.

Para as demais (os contribuintes desobrigados à inscrição no CNPJ; as obras de construção civil em geral; os condomínios, exceto os inscritos no CNPJ; o autônomo e equiparado que remunere outros autônomos ou empregados), a matrícula deverá ser feita no prazo de trinta dias contados do registro dos atos constitutivos em cartório, por meio do Cadastro Específico do INSS – CEI.

Procede-se à matrícula de obras de construção civil, após prévia comunicação do responsável pela execução da mesma (construção, reforma, acréscimo ou demolição), e ainda, de ofício, quando ocorrer omissão por parte da empresa ou do responsável pela obra. Neste último caso (omissão), cabe a aplicação de multa (§ 3º do art. 49 da Lei n. 8.212/91).

Deverá ser emitida matrícula para cada consórcio simplificado de produtores rurais e para cada propriedade rural pertencente a um mesmo produtor rural, ainda que situadas no âmbito do mesmo Município, bem como para cada contrato com produtor rural, parceiro, meeiro, arrendatário ou comodatário.

Na ocorrência de pessoas físicas explorarem, em conjunto, com o auxílio de empregados, uma única propriedade rural, partilhando os riscos do empreendimento e os produtos colhidos, será atribuída apenas uma matrícula, em nome do produtor indicado na inscrição estadual.

Caso a empresa ou pessoa a ela equiparada não proceda à matrícula, ocorre então a matricula de ofício, a ser feita pelo auditor-fiscal da RFB, emitindo, ainda, o devido Auto de Infração, para aplicação da multa prevista no § 3º do art. 49, além de emitir o documento de notificação de débito fiscal das contribuições não recolhidas.

O prazo de trinta dias para a matrícula é contado do início das atividades, quando não sujeita a Registro do Comércio. A matrícula não efetuada no prazo sujeita o infrator à multa aplicada na forma do regulamento, ressalvada a hipótese de sua regularização espontânea.

A Lei n. 11.941/2009 altera diversos dispositivos da Lei n. 9.430/96, tratando, também, da matéria relacionada à inscrição no CNPJ, prevendo a "baixa" desta nas hipóteses indicadas, *verbis*:

Art. 80. As pessoas jurídicas que, estando obrigadas, deixarem de apresentar declarações e demonstrativos por 5 (cinco) ou mais exercícios poderão ter sua inscrição no Cadastro Nacional da Pessoa Jurídica - CNPJ baixada, nos termos e condições definidos pela Secretaria da Receita Federal do Brasil, se, intimadas por edital, não regularizarem sua situação no prazo de 60 (sessenta) dias, contado da data da publicação da intimação.

§ 1º Poderão ainda ter a inscrição no CNPJ baixada, nos termos e condições definidos pela Secretaria da Receita Federal do Brasil, as pessoas jurídicas:

I - que não existam de fato; ou

II - que, declaradas inaptas, nos termos do art. 81 desta Lei, não tenham regularizado sua situação nos 5 (cinco) exercícios subsequentes.

§ 2º No edital de intimação, que será publicado no Diário Oficial da União, as pessoas jurídicas serão identificadas pelos respectivos números de inscrição no CNPJ.

§ 3º Decorridos 90 (noventa) dias da publicação do edital de intimação, a Secretaria da Receita Federal do Brasil publicará no Diário Oficial da União a relação de CNPJ das pessoas jurídicas que houverem regularizado sua situação, tornando-se automaticamente baixadas, nessa data, as inscrições das pessoas jurídicas que não tenham providenciado a regularização.

§ 4º A Secretaria da Receita Federal do Brasil manterá, para consulta, em seu sítio na internet, informação sobre a situação cadastral das pessoas jurídicas inscritas no CNPJ.

Art. 80-A. Poderão ter sua inscrição no CNPJ baixada, nos termos e condições definidos pela Secretaria da Receita Federal do Brasil, as pessoas jurídicas que estejam extintas, canceladas ou baixadas nos respectivos órgãos de registro.

Art. 80-B. O ato de baixa da inscrição no CNPJ não impede que, posteriormente, sejam lançados ou cobrados os débitos de natureza tributária da pessoa jurídica.

Art. 80-C. Mediante solicitação da pessoa jurídica, poderá ser restabelecida a inscrição no CNPJ, observados os termos e condições definidos pela Secretaria da Receita Federal do Brasil.

Art. 81. Poderá ser declarada inapta, nos termos e condições definidos pela Secretaria da Receita Federal do Brasil, a inscrição no CNPJ da pessoa jurídica que, estando obrigada, deixar de apresentar declarações e demonstrativos em 2 (dois) exercícios consecutivos.

....

§ 5º Poderá também ser declarada inapta a inscrição no CNPJ da pessoa jurídica que não for localizada no endereço informado ao CNPJ, nos termos e condições definidos pela Secretaria da Receita Federal do Brasil.

3.4 Empregador Doméstico

O empregador doméstico, que não pode ser confundido com o empresário, é a pessoa física que admite a seu serviço, mediante remuneração, sem finalidade lucrativa, empregado doméstico (art. 15, II, da Lei n. 8.212/91), ou seja, para prestação laboral não eventual, no âmbito residencial, sem exploração de atividade econômica (definição contida na Lei n. 5.859/72).

O tratamento dispensado ao empregador doméstico pela legislação previdenciária difere das pessoas consideradas como empresa, salvo quanto à responsabilidade de arrecadar a contribuição do empregado doméstico a seu serviço e recolhê-la juntamente com a parcela a seu cargo. Segundo *Wladimir Novaes Martinez*, "a distinção era necessária porque o legislador não quis cometer ao patrão doméstico os mesmos encargos da empresa. O empregador doméstico, só por ter doméstico a seu serviço, não é empresário".[162]

Recorde-se, ainda, que o empregador doméstico é contribuinte nesta condição, porém não é segurado em função disso – não faz jus a benefícios ou serviços; também não estará isento de contribuir pelo fato de possuir regime próprio diferenciado de previdência, como no caso de um empregador doméstico que seja servidor público federal. O empregador doméstico recolhe contribuições na qualidade de contribuinte, mas não de segurado. Apenas será segurado do RGPS se exercer atividade que o enquadre como segurado obrigatório ou venha a contribuir como segurado facultativo, observadas as vedações legais.

3.5 Apostadores de concursos de prognósticos

A contribuição social incidente sobre apostas feitas em concursos de prognósticos é prevista no texto constitucional no art. 195, III, e disciplinada pelo art. 26 da Lei n. 8.212/91. Os contribuintes, no caso, são os indivíduos que vertem valores em apostas feitas em concursos de loterias, reuniões hípicas e sorteios patrocinados pelo Poder Público. O Decreto n. 3.048/99, dispondo sobre a matéria em seu art. 212, incluiu como hipóteses de incidência os concursos realizados por sociedades comerciais ou civis (é o caso dos "bingos", na forma da Lei n. 9.615/98).

O fato de caber à pessoa jurídica responsável pelo concurso o recolhimento das contribuições não retira do apostador sua condição de contribuinte, transferindo-se apenas a responsabilidade pela entrega do numerário ao ente arrecadador da Seguridade Social.

162 MARTINEZ, Wladimir Novaes. *CD - Comentários à Lei Básica da Previdência Social*, Brasília, LTr/Rede Brasil, 1999.

Capítulo 4
Relação jurídica de Seguro Social

A ação do Estado no âmbito da Previdência Social se dá pela efetiva proteção do indivíduo que se enquadra na condição de filiado ao regime – obrigatória ou facultativamente – e dos que se classificam como dependentes, com a concessão dos benefícios e serviços que caracterizam as prestações previdenciárias.

A relação jurídica previdenciária, ou de seguro social é, pois, aquela em que, ao contrário do que ocorre com a relação de custeio, credor é o indivíduo filiado ao regime de previdência ou seus dependentes, e devedor o Estado, por meio da entidade cuja atribuição é a concessão de benefícios e serviços.

O objetivo da relação jurídica de seguro social é a entrega da prestação correspondente ao fato ocorrido com o segurado, seja tal prestação estabelecida como obrigação de dar (o pagamento de benefícios previstos na Lei do Regime de Previdência Social) ou de fazer (a prestação de serviços de reabilitação profissional e as relativas ao serviço social).

4.1 Definição da relação de Seguro Social

A condição de beneficiário de um regime de Previdência, objeto de nosso estudo, decorre da atuação da vontade da lei. Trata-se de direito indisponível do indivíduo, de maneira que, mesmo não tendo interesse na proteção social conferida pelo regime, mas estando enquadrado numa das hipóteses legais, a pessoa será considerada, pelo ente previdenciário, como segurado ou como dependente, logo, beneficiário do regime. A inércia do indivíduo que tem direito a benefício não lhe acarreta a caducidade do direito, salvo em casos taxativamente enumerados na lei – art. 103 da Lei n. 8.213/91, ainda que tal perecimento pareça padecer, em tese, de vício de inconstitucionalidade, como defende Vilian Bollmann.[163]

A obrigação de prover o benefício não decorre de qualquer circunstância subjetiva; não se perquire de atuação dolosa ou culposa, nem de intenção do segurado em causar o infortúnio. A responsabilidade do ente previdenciário é pu-

---

163 BOLLMANN, Vilian. *Op. cit.*, pp. 96-118.

ramente objetiva, fundada na teoria do risco social, que independe de resposta às indagações subjetivas sobre a causa do evento deflagrador do direito ao benefício.

O ente previdenciário, por seu turno, não tem a menor discricionariedade na concessão do benefício, uma vez preenchidos os requisitos legais para a obtenção desse direito. Não há escolha por parte do administrador. A negativa de concessão do benefício, ou sua concessão, sem motivo justo, caracteriza, em tese, falta funcional e delito de prevaricação, posto que, além de violar dever ético-profissional, o agente público que assim agir atingirá direito intangível do indivíduo, causando-lhe prejuízos patrimoniais e morais, pela perda, momentânea ou duradoura, de sua subsistência. A Previdência Social, por suas entidades, órgãos e agentes, não presta favor algum a seus beneficiários: é o exemplo mais vivo de serviço público na sua acepção mais adequada. Os benefícios e serviços ali deferidos não são objeto de barganha política ou mesmo de favorecimento pessoal. É ato plenamente vinculado o deferimento ou o indeferimento da prestação do seguro social.

4.2 Vinculação da relação previdenciária com a filiação

Não há relação de seguro social sem filiação prévia. Se no campo da relação de custeio a obrigação de pagar contribuição social não se vinculava ao fato de ser, ou não, segurado do regime de previdência, no âmbito da relação de prestação a regra se inverte. O direito do indivíduo à proteção previdenciária só se perfaz quando este se encontra, compulsória ou facultativamente, filiado a um regime de Previdência Social.

Além do período de filiação, depende o segurado, em alguns casos, do cumprimento de um período mínimo de contribuições para ter direito a certos benefícios, o que se denomina "período de carência", matéria a ser estudada no capítulo específico.

O período de filiação se estende ainda que o segurado perca sua atividade laborativa, que o enquadrava como tal, durante certo tempo; este lapso é chamado de "período de graça", porque, neste período, o indivíduo mantém a qualidade de segurado, embora não esteja contribuindo para o regime.

Já o dependente do segurado, por não ter vinculação direta com o ente previdenciário, mas apenas com este se relacionar indiretamente, somente faz jus a benefícios se o indivíduo com o qual guarda relação conjugal, de companheirismo ou parentesco, nas hipóteses legais, se se encontrar filiado, ainda que no "período de graça". Para fazer jus ao benefício, o dependente não precisa ter sido previamente inscrito pelo segurado; vale dizer, a relação de dependência é de fato, bastando a comprovação da relação com o segurado quando da ocorrência do evento que gera direito ao benefício – art. 22 do Decreto n. 3.048/99, com a redação conferida pelo Decreto n. 4.079/02.

Não se deve confundir a filiação com o pagamento das contribuições. É dizer, existe direito à proteção previdenciária caso o segurado, já filiado (pelo exercício de atividade laboral remunerada que o enquadre como segurado obrigatório), deixe de verter recolhimentos no prazo oportuno. O mero inadimplemento de contribuições devidas não afasta a filiação, que se mantém durante todo o período em que o segurado de qualquer categoria (exceto o facultativo) exercer a atividade (Neste sentido: TRF da 4ª Região, AC 2002.72.06.000754-3, 6ª Turma, Rel. Des. Federal Victor Luiz dos Santos Laus, DJU 29.09.2004).

Nasce a relação de seguro social, assim, no primeiro dia de trabalho dos segurados obrigatórios, porque é nesta data que se dá a sua filiação automática e compulsória ao regime previdenciário a que passa a pertencer. No caso dos segurados facultativos, a relação se inicia no dia em que ocorre sua inscrição no regime, pois não havendo exercício de atividade laboral remunerada, somente com a manifestação de vontade de filiar-se ao sistema, a partir da primeira contribuição vertida, inaugura a relação jurídica (art. 20, parágrafo único, do Decreto n. 3.048/99).

4.3 Natureza jurídica da relação de Seguro Social

Como já mencionado linhas atrás, a relação de seguro social é direito indisponível para o indivíduo, seja ele segurado ou dependente. Já para o ente responsável pela obrigação de conceder os benefícios e serviços, a natureza é de um múnus público, como o é toda atividade prestada pela Administração Pública na consecução das finalidades da atividade estatal.

O direito às prestações da Previdência Social se encontra consagrado no rol dos Direitos Sociais, como um direito fundamental (decorrente do direito à segurança), como bem salientou *Daniel Machado da Rocha* em sua obra.[164]

Trata-se de direito de natureza eminentemente alimentar, gerador, no mais das vezes, da subsistência básica do ser humano, cuja demora ou indeferimento descabido podem causar danos irreparáveis à existência digna de quem dependa das prestações do seguro social.

Acrescente-se a isso a condição de hipossuficiência da maior parte dos potenciais beneficiários da Previdência, tanto de ordem econômica quanto de conhecimento acerca de seus direitos de índole previdenciária, o que gera a necessidade de que o tratamento conferido a estes direitos assuma contornos especiais.

Por conta de tal distinção, impõe-se assegurar ao indivíduo o pleno acesso às informações de que necessita para a defesa de seus interesses junto à Previdência Social, bem como garantir que ingresse com os requerimentos de concessão de benefício mesmo quando não apresente a documentação necessária, para salva-

164 ROCHA, Daniel Machado da. *O Direito Fundamental à Previdência Social na Perspectiva dos Princípios Constitucionais Diretivos do Sistema Previdenciário Brasileiro*. Porto Alegre: Livraria do Advogado, 2004.

guarda de tais direitos fundamentais, como estabelece, com bastante clareza, a Lei n. 8.213/91 em seu art. 105.

O respeito ao referido art. 105 da Lei n. 8.213/91 não tem sido verificado em agências do INSS que têm por procedimento "padrão" impedir até mesmo o acesso do indivíduo quando, já na triagem que se costuma fazer na entrada de tais repartições, não apresente documentação exigida, causando com isso, muitas vezes, o perecimento de direitos.

Não por outro motivo se vê o Judiciário diante de mandados de segurança como o que mereceu a decisão abaixo transcrita:

> *PREVIDENCIÁRIO. MANDADO DE SEGURANÇA. NEGATIVA DO INSS EM RECEBER REQUERIMENTO DE OUTORGA DE BENEFÍCIO.*
>
> *O Instituto Nacional de Seguro Social não pode se escusar a protocolizar pedido de outorga de benefício, sob pena de violação ao direito de petição insculpido no artigo 5º, inciso XXXIV, da Constituição Federal de 1988, que assegura a todos o direito de requerer aos poderes públicos em defesa de direitos ou contra ilegalidade ou abuso de poder, princípio ao qual deve observância incondicional, mesmo quando o pedido não for instruído com toda a documentação necessária à competente apreciação (TRF da 4ª Região, AMS 2006.72.06.003633-0, 6ª Turma, Rel. Des. Federal João Batista Pinto Silveira, j. 19.07.2007).*

Outro grave problema enfrentado pelos segurados e beneficiários do RGPS diz respeito à demora na resposta a requerimentos formulados, o que, diante da natureza de direito fundamental em apreço, comporta tutela emergencial, como no caso abaixo transcrito:

> *PREVIDENCIÁRIO. MANDADO DE SEGURANÇA. DIREITO DE PROTOCOLO E CONCESSÃO DE BENEFÍCIO. GREVE DOS SERVIDORES DA PREVIDÊNCIA SOCIAL.*
>
> *1. A legislação processual administrativa, em especial a Lei 9.784/99, assegura ao administrado a prestação de um serviço orientado pela cláusula do devido processo legal, em que se almeja a composição dos interesses da Administração e do administrado da forma mais justa possível.*
>
> *2. O direito à obtenção de uma resposta da Administração acerca de pedido de benefício previdenciário, apesar da deflagração de movimento grevista, é assegurado ao cidadão pelos princípios da celeridade, eficiência e da continuidade dos serviços públicos.*
>
> *3. Ainda que o direito de greve seja constitucionalmente assegurado e que até o momento inexista lei específica que o regule no âmbito do Serviço Público Federal, não pode o cidadão, mormente se tratando de segurado da Previdência Social, sofrer prejuízos em decorrência da não prestação de serviço público que venha a comprometer sua própria subsistência (TRF da 4ª Região, 6ª Turma, REO 2005.70.04.002877-0, Rel. Des. Federal Ricardo Teixeira do Valle Pereira, DJU 28.06.2006).*

Sobre o reconhecimento de que a demora na prestação do atendimento pelo INSS é ensejadora de reparação civil, por se tratar de grave violação a direitos fundamentais do indivíduo, há jurisprudência neste sentido, citando-se, apenas como exemplo, o aresto *infra*:

> *ADMINISTRATIVO - PROCESSUAL CIVIL - DANO MORAL - PENSÃO POR MORTE - PERCEPÇÃO 50% - DEMORA NA INTEGRALIZAÇÃO DO BENEFÍCIO- INDENIZAÇÃO.*

Para que se configure a responsabilidade civil do agente, necessária a presença de três requisitos básicos: a culpa ou dolo, o dano e o nexo causal entre eles. A ausência de um desses três elementos descaracteriza a responsabilidade, inibindo a obrigação de indenizar. - Não obstante o dano moral independer de prova concreta, porque subjetivo e interno, necessita de comprovação do fato que o ensejou. Assim, para que haja o dever de indenizar é indispensável a comprovação da ocorrência de um dano patrimonial ou moral, o que restou provado nos autos. - Comprovado o fato ensejador do ato ilícito praticado pelo INSS, ao desdobrar a pensão da autora, ao arrepio da lei, exsurge o dever de indenizar. - Recurso da autora parcialmente provido. Majoração do valor da indenização por danos morais para R$ 5.000,00 (cinco mil reais). Recurso do INSS improvido (TRF 2ª Região, 6ª Turma Especializada, AC 2003.51.01.014109-0, Rel. Des. Federal Fernando Marques, DJU 01.12.2006).

Trata-se, ademais, de medida de cunho pedagógico, no sentido de que o INSS aprimore seu atendimento ao indivíduo, de modo a eliminar o tratamento ainda muitas vezes desumano a que são submetidos os segurados, aposentados e pensionistas da Previdência.

Há que se apontar, ainda, os problemas operacionais gerados não por condutas específicas de servidores da Previdência Social, mas por problemas relacionados ao próprio "sistema" que gerencia as informações e promove o pagamento dos benefícios, que muitas vezes não ocorre, ou ocorre de forma equivocada, ou em atraso, causando sérios abalos à subsistência e, conseguintemente, à moral do beneficiário.

Os problemas causados aos beneficiários, nesse caso, podem ser objeto de indenização em razão da responsabilidade objetiva que os entes da Administração Pública têm pelos atos praticados por seus agentes que, nessa qualidade, causarem prejuízo (art. 37, § 6º, da Constituição). Veja-se o acórdão a seguir:

PREVIDENCIÁRIO. AUXÍLIO-DOENÇA. DIREITO À PERCEPÇÃO DO BENEFÍCIO RECONHECIDO ADMINISTRATIVAMENTE. PAGAMENTO NÃO EFETIVADO EM RAZÃO DE PROBLEMAS OPERACIONAIS. INDENIZAÇÃO POR DANOS MORAIS. CABIMENTO. 1. O simples indeferimento de benefício previdenciário, ou mesmo o cancelamento de benefício por parte do INSS, não se prestam para caracterizar dano moral. Somente se cogita de dano moral quando demonstrada violação a direito subjetivo e efetivo abalo moral, em razão de procedimento flagrantemente abusivo ou equivocado por parte da Administração, já que a tomada de decisões é inerente à sua atuação. 2. Os pressupostos para o reconhecimento da responsabilidade objetiva da Administração correspondem à demonstração de fato, dano e nexo de causalidade entre aqueles. 3. Hipótese na qual a ausência de pagamento do benefício, devido a problemas operacionais do INSS em lançar dados de perícia médica favorável à segurada, implicam direito à indenização, uma vez que em decorrência desta situação restou caracterizado dano moral concreto, atingindo a esfera subjetiva da demandante, a lhe ocasionar ansiedade, angústia, tensão e incerteza, não se lhe podendo exigir a demonstração da extensão do dano (TRF4. AC 2006.71.14.003321-5. Turma Suplementar. Relator Des. Federal Ricardo Teixeira do Valle Pereira. D.E. 18.1.2010).

Capítulo 5
Segurados do Regime Geral de Previdência Social

5.1 Segurados – Definição

É segurado da Previdência Social, nos termos do art. 9º e seus parágrafos do Decreto n. 3.048/99, de forma compulsória, a pessoa física que exerce atividade remunerada, efetiva ou eventual, de natureza urbana ou rural, com ou sem vínculo de emprego, a título precário ou não, bem como aquele que a lei define como tal, observadas, quando for o caso, as exceções previstas no texto legal, ou exerceu alguma atividade das mencionadas acima, no período imediatamente anterior ao chamado "período de graça". Também é segurado aquele que se filia facultativa e espontaneamente à Previdência Social, contribuindo para o custeio das prestações sem estar vinculado obrigatoriamente ao Regime Geral de Previdência Social – RGPS ou a outro regime previdenciário qualquer.

Portanto, existem duas espécies de segurados: os obrigatórios e os facultativos.

5.2 Segurados obrigatórios

Segurados obrigatórios são aqueles que devem contribuir compulsoriamente para a Seguridade Social, com direito aos benefícios pecuniários previstos para a sua categoria (aposentadorias, pensões, auxílios, salário-família e salário-maternidade) e aos serviços (reabilitação profissional e serviço social) a encargo da Previdência Social.

O pressuposto básico para alguém ter a condição de segurado do RGPS é o de ser pessoa física (art. 12 da Lei n. 8.212/91), pois é inconcebível a existência de segurado pessoa jurídica. Outro requisito para ser segurado obrigatório é o exercício de uma atividade laborativa, remunerada e lícita, pois o exercício de atividade com objeto ilícito não encontra amparo na ordem jurídica.

O segurado obrigatório exerce atividade remunerada, seja com vínculo empregatício, urbano, rural ou doméstico, seja sob regime jurídico público estatutário (desde que não possua regime próprio de previdência social), seja trabalhador autônomo ou a este equiparado, trabalhador avulso, empresário, ou segurado especial. A atividade exercida pode ser de natureza urbana ou rural. Ainda que exerça, nessas condições, suas atividades no exterior, a pessoa será amparada pela Previdência Social, nas hipóteses previstas em lei. Impõe-se lembrar, outrossim, que não importa a nacionalidade da pessoa para a filiação ao RGPS e seu consequente enquadramento como segurado obrigatório, sendo permitido aos estrangeiros com domicílio fixo no Brasil o ingresso, desde que o trabalho tenha sido desenvolvido no território nacional, ou nas repartições diplomáticas brasileiras no exterior.

Ainda é possível à pessoa física obter a condição de segurado obrigatório do RGPS, mesmo que a prestação laboral se dê no exterior, quando a contratação tenha ocorrido no território nacional, ou em virtude de tratados ou acordos internacionais firmados pelo Brasil. Trata-se de hipóteses de extraterritorialidade da lei brasileira, em face do princípio da universalidade do atendimento à população que necessita de seguridade social.

Via de regra, é o trabalho mediante retribuição pecuniária que enseja a qualidade de segurado obrigatório. Segundo *Wladimir Novaes Martinez*, "o trabalho não remunerado normalmente não conduz à filiação. Então, as situações devem ser examinadas em particular. Existem hipóteses onde (*sic*) a remuneração é presumida, não necessariamente demonstrada, como acontece, por exemplo, com a do sócio-gerente. Ao contrário, há pessoas remuneradas não-filiadas, como o estagiário".[165] Mesmo assim, ressalte-se, quando a situação do estagiário esteja em desacordo com os preceitos da Lei n. 11.718/2008, este passa a ser considerado empregado, logo, segurado obrigatório.

De acordo com o art. 12 da Lei n. 8.212/91, são segurados obrigatórios da Previdência Social as pessoas físicas classificadas como: empregado, empregado doméstico, contribuinte individual (empresário, trabalhador autônomo e equiparado a trabalhador autônomo), trabalhador avulso e segurado especial. A partir de 29.11.99, data da publicação da Lei n. 9.876, de 26.11.99, o empresário, o trabalhador autônomo e equiparado passaram a ser classificados como contribuintes individuais.

O reconhecimento do indivíduo como segurado do Regime de Previdência Social é condição fundamental para a obtenção de direitos de tal natureza. Evidentemente, nem sempre o trabalhador consegue fazer prova cabal e inequívoca de tal qualidade, mormente em se tratando das chamadas relações informais de trabalho.

Mesmo assim, a ausência de tal prova, quando o indivíduo pretenda comprovar a sua condição mediante os procedimentos administrativos ou judiciais per-

165 MARTINEZ, Wladimir Novaes. *O salário de contribuição na Lei Básica da Previdência Social*. São Paulo: LTr, 1993, p. 45.

tinentes, não o impede de requerer benefícios, sendo inadmissível que o cidadão seja "barrado" na entrada de agência do INSS por não demonstrar, de imediato, possuir "carteira assinada", como às vezes acontece. O procedimento adequado é permitir que o indivíduo requeira o que entender de direito, assegurando-lhe o direito de provar a sua condição de segurado.

5.2.1 Empregado Urbano e Rural

Segundo o art. 3º da Consolidação das Leis do Trabalho, empregado é a pessoa física que presta serviços de natureza não eventual a empregador, sob a dependência deste e mediante salário.

O conceito de empregado adotado pela legislação do RGPS abrange tanto o trabalhador urbano quanto o rural, submetidos a contrato de trabalho, cujos pressupostos são:

- ser pessoa física e realizar o trabalho de modo personalíssimo;
- prestar serviço de natureza não eventual;
- ter afã de receber salário pelo serviço prestado;
- trabalhar sob dependência do empregador (subordinação).

A relação de emprego é relação jurídica de direito pessoal. Em sendo assim, exigir trabalho do obreiro é direito do empregador, exercitado contra a pessoa do trabalhador, que tem esta obrigação de fazer, personalíssima. É assente na doutrina juslaboralista que o contrato de trabalho se realiza *intuitu personae* para o empregado.

Entende-se por serviço prestado em caráter não eventual aquele relacionado direta ou indiretamente com as atividades normais da empresa, não sendo necessária a prestação diária de serviços. Basta, para a configuração da relação de emprego, que a relação não tenha sido eventual. É o caso, por exemplo, do bilheteiro de um cinema que só abre aos domingos; o fato de laborar um dia apenas por semana não o descaracteriza como empregado.

O trabalho, para ser considerado relação de emprego, deve ser realizado por conta alheia – os frutos do trabalho (a produção) ficam com pessoa distinta da que executa o trabalho. Não é emprego o trabalho realizado por conta própria, quando os frutos ficam, na sua totalidade, com o próprio trabalhador, estabelecendo sua condição de autônomo.

O trabalho produtivo – fonte de recursos econômicos para o trabalhador – é o considerado para o reconhecimento do vínculo de emprego; há, em princípio, exclusão das atividades de lazer e do trabalho por caridade ou solidariedade. O trabalhador deve ter a intenção de receber uma contraprestação pelo serviço prestado.

A subordinação, contudo, é o traço fundamental que diferencia a relação de emprego das demais, significando a submissão do trabalhador às ordens do empregador, bem como a seu poder hierárquico/disciplinar; sendo o empregador o detentor dos meios de produção, impõe ao empregado a execução da prestação de serviços.

Não são requisitos essenciais para a caracterização da relação de emprego:

- *a exclusividade*: não há obrigatoriedade de que o empregado esteja todo o tempo à disposição do empregador; logo, nada impede que um trabalhador possua duas ou mais relações de emprego simultaneamente, desde que haja compatibilidade de funções (*verbi gratia*, não se pode ser empregado como vendedor pracista de empresas concorrentes) e horários (não se pode trabalhar para duas empresas em horários de trabalho que se sobrepõem);
- *o trabalho em estabelecimento do empregador:* embora possa ser um traço característico da maioria das relações de emprego, não é requisito essencial o trabalho no ambiente da empresa; caso contrário, trabalhadores em domicílio e externos não seriam assim caracterizados;
- *o trabalho diário*: a não-eventualidade da prestação laboral diz respeito a uma continuidade desta, à existência de uma necessidade permanente, habitual, constante do empregador, de modo que pouco importa quantos dias por semana o empregado preste serviços;
- *o trabalho mediante salário fixo*: a não-existência de salário fixo não é fator que descaracterize a relação de emprego; nada impede que a remuneração do empregado seja concedida por comissões somente, desde que atendidas as exigências legais (*v.g.*, periodicidade mensal, valor igual ou superior ao salário mínimo).

Algumas observações a respeito do tema fazem-se necessárias:

- *síndicos de condomínio, administradores de condomínio e dirigentes de associações de classe*: não há como caracterizar vínculo de emprego, por haver exercício de gestão e não trabalho subordinado; quando remunerados, são segurados obrigatórios na categoria de contribuinte individual; quando não remunerados, é permitido filiarem-se como segurados facultativos.
- *cooperativas*: o parágrafo único do art. 442 da Consolidação das Leis do Trabalho é norma inútil, pois é evidente que não há vínculo de emprego entre a sociedade cooperativa e os seus associados; a condição *sine qua non* para a validade da constituição de uma cooperativa é que tenha sido feita por vontade dos cooperativados, repartindo-se os ganhos conforme o trabalho despendido por cada um; a fixação de "cooperativados" num só "cliente" descaracteriza a relação, reconhecendo-se o trabalho como subordinado diretamente à empresa tomadora dos serviços, com vínculo de emprego;

- *boias-frias*: trabalhadores "volantes" que são contratados por um "agenciador" de mão-de-obra rural para fazer serviços típicos de relação de emprego rural; se o trabalho for de natureza não eventual e o agenciador não estiver constituído como pessoa jurídica, entender-se-á formado o vínculo de emprego com o tomador dos serviços, para fins de aplicação das normas de arrecadação e benefícios, inclusive na condição de safrista (contratado por prazo determinado); se a prestação laboral do boia-fria for eventual, o enquadramento previsto é o de contribuinte individual.
- *residência médica*: caracteriza uma espécie de pós-graduação, legalmente considerada como prestação de trabalho autônomo (Lei n. 6.932/81); não caracteriza vínculo de emprego, salvo fraude à lei;
- *estágio curricular ou comunitário e bolsas de estudos*: atendidos todos os requisitos da Lei n. 6.494/77, que trata da relação de estágio, não se caracteriza o vínculo de emprego, e, assim, o estagiário não se enquadra na categoria de empregado; se não há relação entre o objeto do estágio e o curso frequentado, ou se não há correlação com nenhum tipo de estudo de nível médio ou superior, é caso de relação empregatícia, cabendo o enquadramento como segurado empregado; no caso dos estagiários de advocacia, inscritos na Ordem dos Advogados do Brasil, é entendimento do INSS o enquadramento na categoria de contribuinte individual.
- *ministros de confissão religiosa,*[166] *membros de instituto de vida religiosa,*[167] *membros de ordem ou congregação religiosa:*[168] não há relação de emprego entre estes e a instituição à qual pertencem, pois o trabalho é gracioso por natureza; o mesmo ocorre com o trabalho voluntário, para instituições de beneficência; quando mantidos pela entidade a que pertençam, os ministros de confissão religiosa e assemelhados são contribuintes individuais (segurados obrigatórios, portanto), salvo se obrigatoriamente filiados à Previdência Social, em razão de outra atividade, ou se pertencerem a

166 Definição dada pelo INSS em suas consecutivas Instruções Normativas: "são aqueles que consagram sua vida ao serviço de Deus e do próximo, com ou sem ordenação, dedicando-se ao anúncio de suas respectivas doutrinas e crenças, à celebração dos cultos próprios, à organização das comunidades e à promoção de observância das normas estabelecidas, desde que devidamente aprovados para o exercício de suas funções pela autoridade religiosa competente".

167 Definição dada pelo INSS em suas consecutivas Instruções Normativas: "são os que emitem voto determinado, ou seu equivalente, devidamente aprovado pela autoridade religiosa competente". Já o instituto de vida religiosa é definido como "sociedade aprovada por legítima autoridade religiosa, na qual seus membros emitem votos públicos ou assumem vínculos estáveis para servir à confissão religiosa adotada, além do compromisso comunitário independentemente de convivência sob o mesmo teto".

168 Definição dada pelo INSS em suas consecutivas Instruções Normativas: "são aqueles que emitem ou nela professam os votos adotados; a mesma Instrução define ordem ou congregação religiosa: "sociedade aprovada por legítima autoridade religiosa, na qual os membros emitem votos públicos determinados, perpétuos ou temporários, passíveis de renovação, e assumem o compromisso comunitário regulamentar de convivência sob o mesmo teto".

outro regime previdenciário, militar ou civil, ainda que na condição de inativos, na forma da Lei n. 6.696, de 9.10.1979.

- *construção civil*: caracteriza a relação de emprego a utilização de trabalhadores com o fito de lucro – atividade-fim do tomador da mão-de-obra, na construção, reforma, ampliação ou demolição; não há vínculo de emprego entre o pedreiro e o proprietário de imóvel que o contrata para construção de sua própria residência ou a empresa que, não explorando a atividade de construção civil, realiza obra em imóvel seu.

A Consolidação das Leis do Trabalho utiliza os termos empregador e empresa como sinônimos. A Lei n. 8.212/91 emprega a expressão empresa, abrangendo a pessoa física ou jurídica (inclusive entes de direito público), que contrata, dirige e remunera o trabalho.

São considerados empregados para fins previdenciários e, portanto, segurados obrigatórios do RGPS as pessoas físicas relacionadas no inciso I do art. 12 da Lei n. 8.212/91 e no inciso I do art. 9º do Decreto n. 3.048/99, quais sejam:

a) aquele que presta serviço de natureza urbana ou rural à empresa, em caráter não eventual, sob sua subordinação e mediante remuneração, inclusive como diretor empregado;

b) aquele que, contratado por empresa de trabalho temporário, por prazo não superior a três meses, prorrogável, presta serviço para atender a necessidade transitória de substituição de pessoal regular e permanente ou a acréscimo extraordinário de serviço de outras empresas, na forma da legislação própria;

c) o brasileiro ou o estrangeiro domiciliado e contratado no Brasil para trabalhar como empregado no exterior, em sucursal ou agência de empresa constituída sob as leis brasileiras e que tenha sede e administração no País;

d) o brasileiro ou o estrangeiro domiciliado e contratado no Brasil para trabalhar como empregado em empresa domiciliada no exterior com maioria do capital votante pertencente à empresa constituída sob as leis brasileiras, que tenha sede e administração no País e cujo controle efetivo esteja em caráter permanente sob a titularidade direta ou indireta de pessoas físicas domiciliadas e residentes no País ou de entidade de direito público interno;

e) aquele que presta serviço no Brasil à missão diplomática ou à repartição consular de carreira estrangeira e a órgãos a elas subordinados, ou a membros dessas missões e repartições, excluídos o não-brasileiro sem residência permanente no Brasil e o brasileiro amparado pela legislação previdenciária do país da respectiva missão diplomática ou repartição consular;

f) o brasileiro civil que trabalha para a União no exterior, em organismos oficiais internacionais dos quais o Brasil seja membro efetivo, ainda que lá domiciliado e contratado, salvo se amparado por regime próprio de previdência social;

g) o brasileiro civil que presta serviços à União no exterior, em repartições governamentais brasileiras, lá domiciliado e contratado, inclusive o auxiliar local de que tratam os arts. 56 e 57 da Lei nº 11.440, de 29 de dezembro de 2006, este desde que, em razão de proibição legal, não possa filiar-se ao sistema previdenciário local; (Redação dada pelo Decreto n. 6.722, de 2008);

h) o bolsista e o estagiário que prestam serviços à empresa, em desacordo com a Lei nº 11.788, de 25 de setembro de 2008; (Redação dada pelo Decreto n. 6.722, de 2008);

i) o servidor da União, Estado, Distrito Federal ou Município, incluídas suas autarquias e fundações, ocupante, exclusivamente, de cargo em comissão declarado em lei de livre nomeação e exoneração;

j) o servidor do Estado, Distrito Federal ou Município, bem como o das respectivas autarquias e fundações, ocupante de cargo efetivo, desde que, nessa qualidade, não esteja amparado por regime próprio de previdência social;

l) o servidor contratado pela União, Estado, Distrito Federal ou Município, bem como pelas respectivas autarquias e fundações, por tempo determinado, para atender a necessidade temporária de excepcional interesse público, nos termos do inciso IX do art. 37 da Constituição Federal;

m) o servidor da União, Estado, Distrito Federal ou Município, incluídas suas autarquias e fundações, ocupante de emprego público;

n) o servidor civil ocupante de cargo efetivo ou o militar da União, Estado, Distrito Federal ou Município, bem como o das respectivas autarquias e fundações, amparados por regime próprio de previdência social, quando requisitados para outro órgão ou entidade cujo regime previdenciário não permita filiação nessa condição, relativamente à remuneração recebida do órgão requisitante;[169]

o) o escrevente e o auxiliar contratados por titular de serviços notariais e de registro a partir de 21 de novembro de 1994, bem como aquele que optou pelo Regime Geral de Previdência Social, em conformidade com a Lei n.8.935, de 18 de novembro de 1994;

p) o exercente de mandato eletivo federal, estadual, distrital ou municipal, nos termos da Lei n. 9.506, de 30 de outubro de 1997, desde que não aposentado e nem amparado por regime próprio de previdência social;[170]

q) o empregado de organismo oficial internacional ou estrangeiro em funcionamento no Brasil, salvo quando coberto por regime próprio de previdência social.[171]

r) o trabalhador rural contratado por produtor rural pessoa física, na forma do art. 14-A da Lei nº 5.889, de 8 de junho de 1973, para o exercício de atividades de natureza temporária por prazo não superior a dois meses dentro do período de um ano.

Equipara-se ao segurado empregado o ocupante de cargos em comissão de Ministro de Estado, de Secretário Estadual, Distrital ou Municipal, sem vínculo efetivo com a União, Estados, Distrito Federal e Municípios, suas autarquias, ainda que em regime especial, e fundações (art. 12, § 6º, da Lei n. 8.212/91, com redação dada pela Lei n. 9.876/99).

É considerado diretor empregado aquele que, participando ou não do risco econômico do empreendimento, seja contratado ou promovido para cargo de direção, mantendo as características inerentes à relação de emprego.

Trabalhador temporário é aquele que presta serviços a uma empresa para atender a necessidade transitória de substituição de seu pessoal regular e permanente ou o acréscimo extraordinário de serviço, por período não superior a três meses, por intermédio de empresa de trabalho temporário. Não se confunde com o trabalho eventual; é aquele em que uma empresa de recrutamento de pessoal para trabalho temporário coloca à disposição de outra empresa trabalhadores, com

169 O Decreto n. 3.265, de 29.11.99, revogou a alínea *n* do art. 9º do Decreto n. 3.048/99, suprimindo, assim, a filiação, como segurado empregado, do servidor civil ocupante de cargo efetivo ou do militar requisitado, já que estes possuem regime próprio de previdência social, mesmo enquanto cedidos a outro órgão ou entidade pública.

170 Inclusão efetuada pela Lei n. 9.876, de 26.11.99, novamente prevista pela Lei n. 10.887, de 18.6.2004, e incluída no Decreto n. 3.048/99 por força do Decreto n. 3.265, de 29.11.99.

171 Inclusão efetuada a partir da Lei n. 9.876, de 26.11.99, e Decreto n. 3.265, de 29.11.99.

a finalidade de prover, por tempo determinado, uma necessidade transitória desta empresa, decorrente de acréscimo de demanda ou substituição de empregados efetivos (regulares e permanentes), salvo autorização do Ministério do Trabalho e Emprego; a relação de emprego se forma com a empresa de recrutamento, salvo comprovada fraude a direitos dos trabalhadores, bem como quando ultrapassado o prazo previsto por lei (Lei n. 6.019/74), quando então se considera empregador o tomador dos serviços temporários.

O trabalho prestado por brasileiro ou estrangeiro no exterior, quando o contrato tenha sido firmado no Brasil, com pessoa aqui domiciliada, caracteriza filiação ao RGPS na condição de segurado empregado, matéria disciplinada a partir da edição da Lei n. 7.064, de 6.12.82, em seu art. 3º, parágrafo único.

O trabalhador que presta serviços a missões diplomáticas, repartições consulares ou órgãos destas, ou, ainda, a seus membros, bem como a organismos internacionais, a partir da edição da Lei n. 9.876/99 – quando sediados no território nacional –, também é considerado segurado empregado para fins de filiação ao RGPS, exceção feita ao estrangeiro não domiciliado no País (cuja legislação de regência deve ser a de seu país de origem) e ao trabalhador que já possua proteção previdenciária concedida pelo país representado.

A disciplina legal dos trabalhadores de missões diplomáticas e repartições consulares se encontra em nosso ordenamento jurídico desde 1966, sendo que, a partir da edição da Lei n. 6.887/80, a Previdência Social passou a reconhecê-los como segurados empregados, e não mais como equiparados a autônomos.[172] Excetua-se desta regra, também, o empregado doméstico de diplomatas ou servidores de tais órgãos, cujo enquadramento, naturalmente, será o de segurado empregado doméstico, já que ausente a prestação de serviços nos termos da Consolidação das Leis do Trabalho.

O brasileiro que presta serviços à União Federal em organismos oficiais brasileiros, mesmo em caráter precário,[173] no exterior, ou nas representações do Brasil junto a organismos internacionais, também é considerado filiado obrigatoriamente na condição de segurado empregado, ressalvada a hipótese de ter direito à filiação por outro regime previdenciário.

O servidor civil da União, dos Estados ou dos Municípios, bem como o das autarquias e fundações públicas, e o militar das Forças Armadas, são excluídos do RGPS, desde que estejam sujeitos a sistema próprio de previdência social. Porém, caso o servidor ou o militar venha a exercer, concomitantemente, uma ou mais atividades abrangidas pelo RGPS, tornar-se-á segurado obrigatório em relação a essas atividades (art. 13 da Lei n. 8.212/91 – redação original). Não caracteriza

---

172 MARTINEZ, Wladimir Novaes. *Comentários à Lei Básica da Previdência Social*. 2. ed., São Paulo: LTr, 1996, tomo I.

173 *Vide* Lei n. 7.501/86.

exercício de atividade abrangida pelo RGPS a cessão de servidor ou militar amparado por regime próprio de previdência para prestar serviços a órgão ou entidade cujo regime não permita filiação como cedido, mantida, portanto, a filiação ao regime de origem (§ 2º do art. 10 do Regulamento, alterada a redação pelo Decreto n. 3.265/99).

De acordo com o § 3º do art. 10 do Decreto n. 3.048/99, com nova redação conferida pelo Decreto n. 3.452, de 9.5.2000 (*DOU* de 10.5.2000), "Entende-se por regime próprio de previdência social o que assegura pelo menos as aposentadorias e pensão por morte previstas no art. 40 da Constituição Federal".

É questionável, sob o ponto de vista de sua constitucionalidade, o dispositivo que submete o servidor ocupante de cargo efetivo de qualquer das esferas da Administração Pública ao RGPS. Com o advento da Emenda Constitucional n. 20/98, o art. 40 do texto constitucional prevê, indene de dúvidas, regime próprio para "titulares de cargos efetivos", regime este que prevê a aposentadoria com proventos integrais, atendidas as exigências dos §§ 1º a 6º do mesmo art. Assim, a inclusão no RGPS de ocupantes de cargos efetivos de Estados e Municípios que não possuem regime próprio de previdência social, com a concessão de aposentadoria com base nas regras dispostas na Lei n. 8.213/91, que são menos favoráveis que as do art. 40 da Constituição, atinge o direito individual desses servidores.

Trata-se de um verdadeiro impasse, pois caberia a cada ente público custear o regime previdenciário de seus servidores efetivos, o que, na prática, contudo, não se observa, por diversos fatores, inclusive de natureza orçamentária. Todavia, a solução seria a adoção das mesmas regras de aposentação previstas na Constituição a servidores públicos de Estados e Municípios que não possuem regime próprio, ainda que estes servidores estejam filiados ao RGPS. É dizer, estariam assim sujeitos a um regime especial, mantido pelo INSS, com contribuições que poderiam incidir sobre a totalidade da remuneração, garantindo-se, em contrapartida, o cumprimento da regra do § 3º do art. 40 da Carta vigente. A matéria é melhor explicitada no Capítulo 8 da Parte I desta obra.

O servidor público de qualquer das esferas – federal, estadual ou municipal –, ocupante de cargo em comissão, de livre nomeação e exoneração, sem vínculo efetivo com a administração pública federal, isto é, que não seja também detentor de um cargo de provimento efetivo que tenha exigido prévia aprovação em concurso público, é vinculado ao RGPS como empregado, conforme previsto no art. 40, § 13, da Constituição, com a redação dada pela Emenda Constitucional n. 20/98, e no art. 3º da Lei n. 8.647, de 13.4.93.

Aplica-se a mesma regra ao pessoal contratado por tempo determinado para atender a necessidade temporária de excepcional interesse público, em face do disposto no art. 37, IX, da Constituição, regulamentado pelo art. 8º da Lei n. 8.745/93, já que não estão sujeitos ao regime previdenciário do servidor público ocupante de cargo efetivo.

Os parlamentares ocupantes de cargos de deputados federais e senadores contavam com um instituto próprio de previdência, o IPC – Instituto de Previdência dos Congressistas, criado pela Lei n. 4.284/63 e regido pela Lei n. 7.087/82. Isolados de todos os trabalhadores, os parlamentares aposentavam-se, em regra, ao final do exercício de oito anos de atividade parlamentar. Os recursos que mantinham o IPC eram provenientes de contribuições dos próprios parlamentares, mas principalmente da União.

A Lei n. 9.506/97, que extinguiu o IPC, previu sua liquidação até o mês de fevereiro de 1999. Estabeleceu, em substituição às normas da Lei n. 7.087/82, novas regras para a aposentação de parlamentares, garantindo o direito adquirido daqueles que, até a liquidação do Instituto, tivessem preenchido os requisitos para a obtenção de benefícios sob as regras do anterior regime.

A partir da nova lei, criou-se um Plano de Seguridade Social dos Congressistas, de caráter facultativo, cujas regras de aposentação e direito à pensão por morte se encontram estabelecidas no art. 2º do precitado diploma.

Os agentes políticos, detentores de mandato eletivo, com a edição da referida Lei foram equiparados a empregados e incluídos no rol dos segurados obrigatórios, desde que não estivessem amparados por regime próprio de previdência social.

O exercício de mandato eletivo federal, estadual, distrital ou municipal é contado como tempo de serviço para fins previdenciários, nos termos do art. 55, IV, da Lei n. 8.213/91, com redação dada pela Lei n. 9.506/97.

No entanto, o Plenário do Supremo Tribunal Federal ao julgar o Recurso Extraordinário n. 351717-PR declarou, em 8.10.2003, a inconstitucionalidade do § 1º do art. 13 da Lei n. 9.506/97, que instituiu a cobrança de contribuição previdenciária incidente sobre a remuneração dos detentores de mandato eletivo federal, estadual ou municipal. O ministro *Carlos Velloso*, relator do recurso, entendeu que ao criar nova figura de segurado obrigatório, a Lei n. 9.506/97 instituiu nova fonte de custeio da Seguridade Social e que a contribuição social somente poderia ser instituída por Lei Complementar. A partir de tal decisão, o Senado Federal editou a Resolução n. 26, de 21.6.2005, suspendendo a execução da alínea *h* do inciso I do art. 12 da Lei n. 8.212/91, com a redação dada pela Lei n. 9.506/97.

Com a promulgação da Emenda Constitucional n. 41/2003, a polêmica voltou à baila, já que a Medida Provisória n. 167, posteriormente convertida na Lei n. 10.887, de 18.6.2004, reincluiu na alínea *j* do art. 12, inciso I, da Lei n. 8.212/91, como segurado obrigatório do RGPS, "o exercente de mandato eletivo federal, estadual ou municipal, desde que não vinculado a regime próprio de previdência social". A cerca desse tema, o TRF da 4ª Região, acolheu a tese de que após a Lei n. 10.887/2004, passou a ser devida a referida contribuição, porém tão-somente da sua entrada em vigor, respeitada a anterioridade nonagesimal, ou seja, a partir de 21/09/2004 (EI em AC n. 2003.70.01.017762-3/PR, DJU de 16/8/2006).

O INSS disciplinou internamente a questão, permitindo que o exercente de mandato eletivo, no período de 1º de fevereiro de 1998 a 18 de setembro de 2004, restitua os valores retidos indevidamente pelos entes federativos ou opte pela manutenção da filiação na qualidade de segurado facultativo, mediante recolhimento complementar das contribuições relativas ao respectivo período, abatendo-se os valores retidos.

Sobre a possibilidade da contagem do tempo de exercício de mandato eletivo para fins de aposentadoria, o TRF da 4ª. Região firmou orientação de que o art. 55, IV da Lei n. 8.213/91 não autoriza esse computo sem a indenização das contribuições previdenciárias. Faz interpretação restritiva, sob alegação de que até o advento da Lei n. 10.887/04, o exercício de mandato eletivo não implicava filiação obrigatória e nos termos do § 1º do art. 55 da Lei n. 8.213/91, a averbação de tempo de serviço cujo exercício não determinava filiação obrigatória ao RGPS só será admitida mediante o recolhimento das constribuições correspondentes. (EINF 2001.71.14.000516-7/TRF. 3ª. Seção. Rel. Des. Federal João Batista Pinto Silveira, DE em 01/10/2009).

Também será considerado segurado empregado do RGPS o servidor público de órgão ou entidade da Administração Direta federal, estadual ou municipal que venha a ser contratado para emprego público, em face da possibilidade aberta pela Emenda Constitucional n. 19/98, que novamente permite a existência de servidores admitidos pelas regras de direito público concomitantemente com servidores regidos pela legislação do trabalho. Quanto aos empregados de entidades da Administração Indireta – empresas públicas e sociedades de economia mista –, já eram eles filiados ao RGPS, na qualidade de segurados empregados, bem como o serão todos aqueles contratados para empregos nestas entidades.

Com a decisão proferida pelo STF na Ação Direta de Inconstitucionalidade n. 2135, em 02.08.2007, no sentido de suspender liminarmente, *ex nunc*, até o julgamento final da ADI, os efeitos do art. 39, *caput*, da Constituição, com a redação conferida pela Emenda Constitucional n. 19, voltou a vigorar a redação anterior à EC 19/98. Ou seja, volta a vigorar, a partir da referida decisão, a exigência de fixação de regime jurídico único para servidores que vierem a exercer cargos efetivos.

A Emenda Constitucional n. 20 incluiu os §§ 12 e 13 no art. 40 da Constituição, para tratar da aplicação do RGPS em relação aos servidores públicos, dispondo:

> *§ 12. Além do disposto neste artigo, o regime de previdência dos servidores públicos titulares de cargo efetivo observará, no que couber, os requisitos e critérios fixados para o regime geral de previdência social.*

§ 13. Ao servidor ocupante, exclusivamente, de cargo em comissão declarado em lei de livre nomeação e exoneração bem como de outro cargo temporário ou de emprego público, aplica-se o regime geral de previdência social.

Tais normas são autoaplicáveis, tendo-se em vista que elas visam, tão-somente, suprir lacuna na legislação previdenciária do servidor público, quando isso ocorra; por isso a expressão "no que couber"; ou seja, não há necessidade de o legislador explicitar onde caiba a aplicação subsidiária, no caso do § 12. *Wladimir Novaes Martinez,* ao comentar a regra prevista no § 12, afirma que: "o RGPS só pode ser invocado quando ausente norma própria do servidor". E mais adiante conclui: "Não é fácil, antes de suscitados os problemas, apontar quais as normas aproveitáveis do RGPS, mas algumas podem ser listadas: a) critérios de concessão e manutenção do auxílio-doença; b) cobertura do salário-maternidade; c) concessão do auxílio-reclusão e sua semelhança com a pensão por morte; d) extensão do seguro-desemprego; e) salário-família e auxílio-reclusão para servidor de baixa renda; f) normas sobre aposentadoria especial; g) valor mínimo; h) definição do abono anual; i) cômputo do tempo de serviço rural".[174] Com isso, procura-se implementar uma das tendências da Reforma da Previdência Social, qual seja, assegurar a aplicação de critérios uniformes para os diferentes regimes previdenciários.

Ainda se enquadram como segurados obrigatórios, na qualidade de empregados, os detentores de mandato de ministro ou juiz temporário da Justiça Eleitoral, que, antes da assunção da função, tinham a condição de empregados, apesar de não enumerados nas alíneas da Lei de Custeio e do Decreto n. 3.048/99. Quanto aos antigos classistas da Justiça do Trabalho (vogais) que já não tinham direito a regime previdenciário próprio – a Lei n. 6.903/81 foi revogada pela Lei n. 9.528/97 –, passaram os representantes classistas de empregados a estar, automaticamente, filiados ao RGPS durante o mandato. Quanto aos representantes de empregadores, ficam enquadrados na condição de contribuintes individuais, caso se enquadrem na condição de empresários ou autônomos (profissionais liberais). Oportuno salientar que a função de representante classista perante a Justiça do Trabalho, em todos os seus órgãos, foi extinta pela Emenda Constitucional n. 24/99, tendo os últimos exercentes dos cargos extintos cumprido até o fim o mandato que vinham exercendo, que era de três anos.

Embora seja execrada pela ordem jurídica a hipótese de trabalho escravo, mas tendo em vista a constatação de que ainda há casos em que se verifica tal ocorrência, esse trabalhador deverá ser considerado segurado obrigatório, na categoria de empregado, já que se trata de prestação laborativa subordinada, ainda que não remunerada, ou remunerada abaixo dos níveis considerados lícitos. A violação da ordem jurídica, no caso, partiu de quem submeteu o indivíduo à condição análoga

174 MARTINEZ, Wladimir Novaes. *Reforma da previdência social: comentários à Emenda Constitucional n. 20/98*. São Paulo: LTr, 1999, p. 66.

à de escravo, não podendo a vítima de tal conduta deixar de ter amparo previdenciário, caso dele necessite, durante o período em que prestou trabalho em condições desumanas.

As contribuições ao RGPS, evidentemente, deverão ser exigidas daquele que exigiu o trabalho em tal condição, que para tais efeitos, é considerado empregador, satisfazendo, ainda, as contribuições do trabalhador escravizado (art. 33, § 5º, da Lei n. 8.212/91).

A idade mínima para filiação na qualidade de segurado empregado é de 16 anos, a partir da alteração da redação do inciso XXXIII do art. 7º da Constituição Federal, introduzida pela Emenda Constitucional n. 20/98, salvo na condição de aprendiz, quando então é possível a filiação a partir dos 14 anos.

O Regulamento da Previdência Social prevê em seu art. 60 o cômputo, como tempo de contribuição, do tempo exercido na condição de aluno-aprendiz, referente ao período de aprendizado profissional realizado em escola técnica, desde que comprovada a remuneração, mesmo que indireta, à conta do orçamento público e o vínculo empregatício (redação conferida pelo Decreto n. 6.722/2008).

5.2.2 Empregado Doméstico

Empregado doméstico é aquele que presta serviço de natureza contínua à pessoa ou família, no âmbito residencial desta, em atividades sem fins lucrativos (art. 12, II, da Lei n. 8.212/91).

Os pressupostos básicos dessa relação de emprego são: a natureza contínua; a finalidade não lucrativa, isto é, o caráter não econômico da atividade; o serviço prestado no âmbito residencial. O conceito de âmbito residencial não se limita, exclusivamente, ao espaço físico da residência da pessoa ou da família; compreende, também, sua casa de campo, sítio, fazenda, inclusive veículos de transporte particular (automóvel, helicóptero, avião particular ou embarcação, utilizados com finalidade não econômica).

Neste sentido, a cozinheira que trabalhe para uma família, na residência desta, é empregada doméstica. Porém, se essa família comercializa produtos (congelados, salgados, doces, etc.) decorrentes do trabalho dessa cozinheira, o vínculo empregatício será regido pela Consolidação das Leis do Trabalho, em virtude da finalidade lucrativa da atividade.

Da mesma forma, aquele que presta serviço em fazenda, chácara ou sítio, onde existe exploração de atividade econômica com finalidade lucrativa, será empregado rural, e não doméstico.

Para diferenciar o empregado doméstico do diarista doméstico, o Regulamento da Previdência (Decreto n. 3.048/99) estabelece que se enquadra como trabalhador autônomo aquele que presta serviço de natureza não contínua, por conta própria, a pessoa ou família, no âmbito residencial desta, sem fins lucrativos (art. 9º, § 15, VI).

É considerado empregado doméstico e inscrito nessa categoria aquele que exerce atividade específica no âmbito residencial, tais como: babá, caseiro, copeiro, cozinheiro, enfermeiro (trabalho permanente), faxineiro, governanta, dama-de-companhia, jardineiro, lavadeira, mordomo, motorista particular, passadeira, piloto, vigia, empregado de sítio de veraneio, de casa de praia e de casa de campo, entre outros.

Não é considerado empregado doméstico:

- Aquele que exerce as atividades elencadas acima para o próprio cônjuge ou companheiro, para pais ou para filhos.

- O trabalhador que presta serviço de natureza não contínua à pessoa ou família, no âmbito residencial desta, sem fins lucrativos, em atividades de limpeza e conservação (ex.: diaristas, pintores, eletricistas, bombeiros hidráulicos, etc.).[175]

A idade mínima para filiação na qualidade de segurado empregado doméstico é de 16 anos, a partir de 16.12.98, data da alteração da redação do inciso XXXIII do art. 7º da Constituição Federal, introduzida pela Emenda Constitucional n. 20/98, já que inexiste a figura do contrato de aprendizagem nesta atividade.

5.2.3 Contribuinte Individual

A Lei n. 9.876, de 26.11.99, criou a categoria de contribuinte individual, englobando os segurados empresário, autônomo e equiparado a autônomo, restando alteradas partes dos dispositivos das Leis ns. 8.212 e 8.213/91 e do Decreto n 3.048/99. A regulamentação se deu pelo Decreto n. 3.265, de 29.11.99.

De acordo com a nova redação do art. 12, V, da Lei n. 8.212/91 e do art. 9º, V do Decreto n. 3.048/99, são considerados contribuintes individuais:

a) a pessoa física, proprietária ou não, que explora atividade agropecuária, a qualquer título, em caráter permanente ou temporário, em área, contínua ou descontínua, superior a quatro módulos fiscais; ou, quando em área igual ou inferior a quatro módulos fiscais ou atividade pesqueira ou extrativista, com auxílio de empregados ou por intermédio de prepostos; ou ainda nas hipóteses dos §§ 8º e 23 deste artigo; (Redação dada pelo Decreto n. 6.722, de 2008).

b) a pessoa física, proprietária ou não, que explora atividade de extração mineral - garimpo - em caráter permanente ou temporário, diretamente ou por intermédio de prepostos, com ou sem o auxílio de empregados, utilizados a qualquer título, ainda que de forma não contínua;

c) o ministro de confissão religiosa e o membro de instituto de vida consagrada, de congregação ou ordem religiosa (redação conferida pela Lei n. 10.403/2002 e pelo Decreto n. 4.079/2002);

d) o brasileiro civil que trabalha no exterior para organismo oficial internacional do qual o Brasil é membro efetivo, ainda que lá domiciliado e contratado, salvo quando coberto por regime próprio de previdência social;

e) o titular de firma individual urbana ou rural;

175 Ministério da Previdência e Assistência Social. Sistema de Legislação, Jurisprudência e Pareceres da Previdência e Assistência Social, Brasília, DATAPREV, 1999.

f) o diretor não empregado e o membro de conselho de administração na sociedade anônima;

g) todos os sócios, nas sociedades em nome coletivo e de capital e indústria;

h) o sócio-gerente e o sócio-cotista que recebam remuneração decorrente de seu trabalho e o administrador não-empregado na sociedade por cotas de responsabilidade limitada, urbana ou rural;

i) o associado eleito para cargo de direção em cooperativa, associação ou entidade de qualquer natureza ou finalidade, bem como o síndico ou administrador eleito para exercer atividade de direção condominial, desde que recebam remuneração;

j) quem presta serviço de natureza urbana ou rural, em caráter eventual, a uma ou mais empresas, sem relação de emprego;

l) a pessoa física que exerce, por conta própria, atividade econômica de natureza urbana, com fins lucrativos ou não;

m) o aposentado de qualquer regime previdenciário nomeado magistrado classista temporário da Justiça do Trabalho, na forma dos incisos II do § 1º do art. 111 ou III do art. 115 ou do parágrafo único do art. 116 da Constituição Federal, ou nomeado magistrado da Justiça Eleitoral, na forma dos incisos II do art. 119 ou III do § 1º do art. 120 da Constituição Federal;[176]

n) o membro de cooperativa de produção que, nesta condição, presta serviço à sociedade cooperativa, mediante remuneração ajustada ao trabalho executado (alínea incluída pelo Decreto n. 4.032/2001);

o) revogado pelo Decreto n. 7.054, de 28.12.2009;

p) o Micro Empreendedor Individual - MEI de que tratam os arts. 18-A e 18-C da Lei Complementar no 123, de 14 de dezembro de 2006, que opte pelo recolhimento dos impostos e contribuições abrangidos pelo Simples Nacional em valores fixos mensais.

Inclui-se ainda como contribuinte individual o cônjuge ou companheiro do produtor que participe da atividade rural por este explorada (§ 12 do art. 12 da Lei n. 8.212/91, redação da Lei n. 11.718/2008).

São também considerados contribuintes individuais: o bolsista da Fundação Habitacional do Exército, contratado em conformidade com a Lei n. 6.855, de 18.11.80, e o árbitro de competições desportivas e seus auxiliares que atuem de conformidade com a Lei n. 9.615, de 24.3.98.

– Empresário

O art. 12, III, da Lei n. 8.212/91 classificava como segurado empresário: o titular de firma individual urbana ou rural, o diretor não-empregado, o membro de conselho de administração em sociedade anônima, o sócio solidário em relação às obrigações da sociedade (em todas as sociedades mercantis), o sócio de indústria (na sociedade de capital e indústria) e o sócio-cotista que participe da gestão ou receba remuneração decorrente de seu trabalho em empresa urbana ou rural.

A Lei n. 9.876, de 26.11.99, que deu nova redação ao art. 12 da Lei n. 8.212/91, passou a classificar o empresário como contribuinte individual, conforme se ob-

176 A Emenda Constitucional n. 24/99 extinguiu, no âmbito da Justiça do Trabalho, a representação classista, alterando a redação dos artigos mencionados.

serva do texto legal: "Art. 12. São segurados obrigatórios da Previdência Social as seguintes pessoas físicas: (...) V - como contribuinte individual: (...) f) o titular de firma individual urbana ou rural, o diretor não empregado e o membro de conselho de administração de sociedade anônima, o sócio solidário, o sócio de indústria, o sócio-gerente e o sócio-cotista que recebam remuneração decorrente de seu trabalho em empresa urbana ou rural, e o associado eleito para cargo de direção em cooperativa, associação ou entidade de qualquer natureza ou finalidade, bem como o síndico ou administrador eleito para exercer atividade de direção condominial, desde que recebam remuneração".

É importante distinguir o diretor que seja empregado daquele que se constitui empresário. A figura do diretor somente se verifica nas sociedades anônimas, logo, nas demais espécies de sociedades comerciais o dirigente ou é sócio, ou se enquadra na condição de empregado.

Considera-se diretor empregado aquele que, participando ou não do risco econômico do empreendimento, seja contratado ou promovido para cargo de direção das sociedades anônimas, mantendo as características inerentes à relação de emprego.

Considera-se diretor não-empregado aquele que, participando ou não do risco econômico do empreendimento, seja eleito, por assembleia geral dos acionistas, para cargo de direção das sociedades anônimas, não mantendo as características inerentes à relação de emprego.

Nesta matéria, é importante observar o contido na Súmula n. 269 do Tribunal Superior do Trabalho: "O empregado eleito para ocupar cargo de diretor tem o respectivo contrato de trabalho suspenso, não se computando o tempo de serviço deste período, salvo se permanecer a subordinação jurídica inerente à relação de emprego".

Observe-se, ainda, que, independentemente das formalidades contratuais, caso a fiscalização verifique a existência dos elementos que caracterizem a relação de emprego deverá proceder à apuração das contribuições devidas nessa categoria.

- Trabalhador autônomo

Trabalhador autônomo é aquele que exerce, por conta própria, atividade econômica remunerada de natureza urbana, com fins lucrativos ou não, ou, ainda, o que presta serviço de natureza urbana ou rural, em caráter eventual, a uma ou mais empresas, sem relação de emprego.

A partir da Lei n. 9.876, de 26.11.99, o trabalhador autônomo passou a ser classificado como contribuinte individual, conforme se observa da redação dada ao art. 12, V, *g* e *h*, da Lei n. 8.212/91.

Para a caracterização do trabalho autônomo importa muito a situação em que de fato é exercida a profissão. O trabalhador não é autônomo só porque está inscrito no INSS e pagando contribuições. É importante observar o cumprimento dos pré-requisitos básicos exigíveis para o exercício profissional, mas estes, por si sós, não autorizam a configuração do autônomo, exigindo o trabalho remunerado por conta própria, sem relação de emprego.

Há alguns casos controvertidos sobre relação de trabalho:

- *o trabalho dos profissionais liberais*: há casos em que são considerados como contribuintes individuais, outros, como empregados; com efeito, se submetidos a regras de conduta (subordinação) e a uma disciplina na relação de trabalho, podem caracterizar-se como segurados empregados;
- *o representante comercial autônomo e o vendedor pracista*: a Lei n. 4.886/65, art. 2º, exigia registro do representante comercial autônomo no órgão de fiscalização da atividade, como requisito formal; o novo Código Civil disciplina a relação de trabalho do representante comercial sem vínculo de emprego nos arts. 710 a 721;
- *corretores de imóveis, de seguros, de planos de saúde*: adota-se o mesmo entendimento esposado em relação aos representantes comerciais autônomos.

Dirimindo controvérsia acerca da incidência de contribuição paga a corretores, o STJ publicou a Súmula n. 458, nos seguintes termos: "A contribuição previdenciária incide sobre a comissão paga ao corretor de seguros".

– Pessoa equiparada a autônomo

Alguns trabalhadores, embora não possuindo as características dos trabalhadores autônomos, eram com eles equiparados, por expressa disposição legal, para fins de recolhimento da contribuição previdenciária, passando, a partir da Lei n. 9.876, de 26.11.99, a ser classificados, juntamente com estes, como contribuintes individuais.

5.2.4 Trabalhador Avulso

O conceito de trabalhador avulso, adotado pela legislação previdenciária, é o da pessoa que, sindicalizada ou não, presta serviço de natureza urbana ou rural a diversas empresas, sem vínculo empregatício com qualquer delas, com intermediação obrigatória do órgão gestor de mão-de-obra, nos termos da Lei n. 8.630, de 25.2.93, ou do sindicato da categoria.

Wladimir Novaes Martinez, ao comentar o Plano de Custeio, diz que o trabalhador avulso guarda traços característicos tanto da condição de empregado como da condição de autônomo: "São suas principais características: a) liberdade laboral - inexiste vínculo empregatício entre eles e o sindicato ou com o armador (proprietário do veículo transportador); b) prestação de serviços para mais de uma empresa, bastante comum no caso de portuário, e dada a natureza do meio de transportes; c) execução de serviços não-eventuais às empresas tomadoras de mão-de-obra, sem subordinação a elas; d) trabalho para terceiros com mediação de entidades representativas ou não; e e) exclusividade na execução de atividades portuárias".[177]

São considerados trabalhadores avulsos pelo art. 9º, VI, do Decreto n. 3.048/99:

a) o trabalhador que exerce atividade portuária de capatazia, estiva, conferência e conserto de carga, vigilância de embarcação e bloco;
b) o trabalhador de estiva de mercadorias de qualquer natureza, inclusive carvão e minério;
c) o trabalhador em alvarenga (embarcação para carga e descarga de navios);
d) o amarrador de embarcação;
e) o ensacador de café, cacau, sal e similares;
f) o trabalhador na indústria de extração de sal;
g) o carregador de bagagem em porto;
h) o prático de barra em porto;
i) o guindasteiro; e
j) o classificador, o movimentador e o empacotador de mercadorias em portos.

O Regulamento da Previdência Social conceitua, no § 7º do art. 9º, os termos capatazia, estiva, conferência de carga, conserto de carga, vigilância de embarcações e bloco, da seguinte forma:

I - capatazia - a atividade de movimentação de mercadorias nas instalações de uso público, compreendendo o recebimento, conferência, transporte interno, abertura de volumes para conferência aduaneira, manipulação, arrumação e entrega, bem como o carregamento e descarga de embarcações, quando efetuados por aparelhamento portuário;

II - estiva - a atividade de movimentação de mercadorias nos conveses ou nos porões das embarcações principais ou auxiliares, incluindo transbordo, arrumação, peação e despeação, bem como o carregamento e a descarga das mesmas, quando realizados com equipamentos de bordo;

III - conferência de carga - a contagem de volumes, anotação de suas características, procedência ou destino, verificação do estado das mercadorias, as-

177 MARTINEZ, Wladimir Novaes. *Comentários à Lei Básica da... cit.*, p. 135.

sistência à pesagem, conferência do manifesto e demais serviços correlatos, nas operações de carregamento e descarga de embarcações;

IV – conserto de carga – o reparo e a restauração das embalagens de mercadoria, nas operações de carregamento e descarga de embarcações, reembalagem, marcação, remarcação, carimbagem, etiquetagem, abertura de volumes para vistoria e posterior recomposição;

V – vigilância de embarcações – a atividade de fiscalização da entrada e saída de pessoas a bordo das embarcações atracadas ou fundeadas ao largo, bem como da movimentação de mercadorias nos portalós, rampas, porões, conveses, plataformas e em outros locais da embarcação; e

VI – bloco – a atividade de limpeza e conservação de embarcações mercantes e de seus tanques, incluindo batimento de ferrugem, pintura, reparo de pequena monta e serviços correlatos.

5.2.5 Segurado Especial

A última categoria de segurados obrigatórios enumerada pela legislação é a dos segurados especiais. Esta se estabelece a partir da redação do art. 195, § 8º, da Constituição, que determina ao legislador que observe tratamento diferenciado àqueles que, trabalhando por conta própria em regime de economia familiar, realizem pequena produção, com a qual retiram sua subsistência. O dispositivo constitucional determina que a base de cálculo das contribuições à Seguridade Social destes seja o produto da comercialização de sua produção, criando assim regra diferenciada para a participação no custeio. É que, sendo a atividade destes instável durante o ano (em função dos períodos de safra, no caso dos agricultores, temporadas de pesca, para os pescadores, criação e engorda do gado, no caso dos pecuaristas, etc.), não se pode exigir dos mesmos, em boa parte dos casos, contribuições mensais, em valores fixos estipulados.

Considera-se segurado especial, segundo a nova redação conferida ao art. 12, VII, da Lei n. 8.212/91, pela Lei n. 11.718/2008, a pessoa física residente no imóvel rural ou em aglomerado urbano ou rural próximo a ele que, individualmente ou em regime de economia familiar, ainda que com o auxílio eventual de terceiros a título de mútua colaboração, na condição de:

a) produtor, seja proprietário, usufrutuário, possuidor, assentado, parceiro ou meeiro outorgados, comodatário ou arrendatário rurais, que explore atividade:

1. agropecuária em área de até 4 (quatro) módulos fiscais; ou

2. de seringueiro ou extrativista vegetal que exerça suas atividades nos termos do inciso XII do caput do art. 2º da Lei n. 9.985, de 18 de julho de 2000, e faça dessas atividades o principal meio de vida;

b) pescador artesanal ou a este assemelhado, que faça da pesca profissão habitual ou principal meio de vida; e

c) cônjuge ou companheiro, bem como filho maior de 16 (dezesseis) anos de idade ou a este equiparado, do segurado de que tratam as alíneas a e b deste inciso, que, comprovadamente, trabalhem com o grupo familiar respectivo.

Segundo o § 1º do art. 12 da Lei de Custeio, também alterado pela Lei n. 11.718/2008, "entende-se como regime de economia familiar a atividade em que o trabalho dos membros da família é indispensável à própria subsistência e ao desenvolvimento socioeconômico do núcleo familiar e é exercido em condições de mútua dependência e colaboração, sem a utilização de empregados permanentes".

De acordo com as definições constantes das sucessivas Instruções Normativas expedidas pelo INSS em matéria de procedimentos nas linhas de Benefícios e Arrecadação, são considerados:

I – produtor: aquele que, proprietário ou não, desenvolve atividade agrícola, pastoril ou hortifrutigranjeira, por conta própria, individualmente ou em regime de economia familiar;

II – parceiro: aquele que, comprovadamente, tem contrato de parceria com o proprietário da terra ou detentor da posse e desenvolve atividade agrícola, pastoril ou hortifrutigranjeira, partilhando o lucro conforme o ajuste;

III – meeiro: aquele que, comprovadamente, tem contrato com o proprietário da terra ou detentor da posse e da mesma forma exerce atividade agrícola, pastoril ou hortifrutigranjeira, dividindo os rendimentos auferidos;

IV – arrendatário: aquele que, comprovadamente, utiliza a terra, mediante pagamento de aluguel, em espécie ou *in natura*, ao proprietário do imóvel rural, para desenvolver atividade agrícola, pastoril ou hortifrutigranjeira, individualmente ou em regime de economia familiar, sem utilização de mão-de-obra assalariada de qualquer espécie;

V – comodatário: aquele que, comprovadamente, explora a terra pertencente a outra pessoa, por empréstimo gratuito, por tempo determinado ou não, para desenvolver atividade agrícola, pastoril ou hortifrutigranjeira;

VI – condômino: aquele que se qualifica individualmente como explorador de áreas de propriedades definidas em percentuais;

VII – pescador artesanal ou assemelhado: aquele que, individualmente ou em regime de economia familiar, faz da pesca sua profissão habitual ou meio principal de vida, desde que:

a) não utilize embarcação;
b) utilize embarcação de até seis toneladas de arqueação bruta, ainda que com auxílio de parceiro;
c) na condição, exclusiva, de parceiro outorgado, utilize embarcação de até dez toneladas de arqueação bruta;

VIII – mariscador: aquele que, sem utilizar embarcação pesqueira, exerce atividade de captura ou de extração de elementos animais ou vegetais que tenham na água seu meio normal ou mais frequente de vida, na beira do mar, no rio ou na lagoa;

IX – índios em via de integração ou isolado: aqueles que, não podendo exercer diretamente seus direitos, são tutelados pelo órgão regional da Fundação Nacional do Índio (FUNAI).

Por força da decisão proferida nos autos da Ação Civil Pública n. 2008.71.00.024546-2/RS, o INSS passou a considerar como segurado especial o índio reconhecido pela Fundação Nacional do Índio – FUNAI, inclusive o artesão que utilize matéria-prima proveniente de extrativismo vegetal, independentemente do local onde resida ou exerça suas atividades, sendo irrelevante a definição de indígena aldeado, indígena não-aldeado, índio em vias de integração, índio isolado ou índio integrado, desde que exerça a atividade rural em regime de economia familiar e faça dessas atividades o principal meio de vida e de sustento.

Importante frisar que serão considerados segurados especiais os integrantes da entidade familiar que exerçam a atividade rural, mas o fato de algum dos integrantes não realizar o trabalho em regime de economia familiar não descaracteriza a condição dos demais familiares, como se observa da Súmula n. 41 da TNU: "A circunstância de um dos integrantes do núcleo familiar desempenhar atividade urbana não implica, por si só, a descaracterização do trabalhador rural como segurado especial, condição que deve ser analisada no caso concreto."

Para serem considerados segurados especiais, o cônjuge ou companheiro e os filhos maiores de 16 (dezesseis) anos ou os a estes equiparados deverão ter participação ativa nas atividades rurais do grupo familiar.

De acordo com a nova redação do art. 12, especificamente seu § 8º, da Lei de Custeio, o grupo familiar que se enquadra como segurado especial poderá utilizar-se de empregados contratados por prazo determinado ou trabalhador de que trata a alínea g do inciso V do caput deste artigo, em épocas de safra, à razão de no máximo 120 (cento e vinte) pessoas/dia no ano civil, em períodos corridos ou intercalados ou, ainda, por tempo equivalente em horas de trabalho.

Não descaracterizam a condição de segurado especial, de acordo com o § 9º do art. 12 da Lei n. 8.212/91:

> *I - a outorga, por meio de contrato escrito de parceria, meação ou comodato, de até 50% (cinqüenta por cento) de imóvel rural cuja área total não seja superior a 4 (quatro) módulos fiscais, desde que outorgante e outorgado continuem a exercer a respectiva atividade, individualmente ou em regime de economia familiar;*
>
> *II - a exploração da atividade turística da propriedade rural, inclusive com hospedagem, por não mais de 120 (cento e vinte) dias ao ano;*
>
> *III - a participação em plano de previdência complementar instituído por entidade classista a que seja associado, em razão da condição de trabalhador rural ou de produtor rural em regime de economia familiar;*
>
> *IV - ser beneficiário ou fazer parte de grupo familiar que tem algum componente que seja beneficiário de programa assistencial oficial de governo;*

V - a utilização pelo próprio grupo familiar, na exploração da atividade, de processo de beneficiamento ou industrialização artesanal, na forma do § 11 do art. 25 desta Lei; e

VI - a associação em cooperativa agropecuária.

Consoante definição adotada pelo Decreto n. 6.722, de 2008, que inseriu o § 25 no art. 9º do RPS, considera-se processo de beneficiamento ou industrialização artesanal aquele realizado diretamente pelo próprio produtor rural pessoa física, desde que não esteja sujeito à incidência do Imposto Sobre Produtos Industrializados - IPI.

O auxílio eventual de terceiros é aquele que é exercido ocasionalmente, em condições de mútua colaboração, não existindo subordinação nem remuneração (§ 6º do art. 9º do Decreto n. 3.048/99).

Na composição do grupo familiar estão incluídos: cônjuge ou companheiro; o filho maior de 16 anos de idade; e mediante declaração junto ao INSS: o enteado, maior de 16 anos de idade; o menor sob guarda ou tutela, maior de 16 anos e menor de 21 anos de idade, que não possua bens suficientes para o próprio sustento e educação.

O aumento da idade mínima para filiação, de 14 para 16 anos, decorre da interpretação dada pelos órgãos da Previdência Social à nova redação do art. 7º, XXXIII, da Constituição, a partir da Emenda Constitucional n. 20/98, que estabelece a "proibição de trabalho noturno, perigoso ou insalubre a menores de dezoito e de qualquer trabalho a menores de dezesseis anos, salvo na condição de aprendiz, a partir de quatorze anos".

A partir de 14.10.96, o menor sob guarda não faz parte do grupo familiar acima caracterizado, em face da Lei n. 9.528, de 10.12.97. Essa exclusão tem sido afastada pelo Poder Judiciário, pois representa uma vulneração aos arts. 6º e 227 da Constituição e ao art. 33 do Estatuto da Criança e do Adolescente.

Ademais, pelos princípios da universalidade de cobertura e da filiação compulsória de todo aquele que exerce atividade laborativa, inclusive a rural, não há fundamento em tal concepção, já que o indivíduo com mais de 16 anos de idade é livre para prestar trabalho, e assim o fazendo, deve contar com proteção previdenciária, não se admitindo logicamente que, apenas em função de ter sido determinada sua guarda judicial a pessoa que não os pais, por situação alheia à sua vontade, seja alijada do rol de segurados obrigatórios do RGPS, ainda que preste trabalho e comprove tal fato.

O falecimento de um dos cônjuges ou de ambos não retira a condição de segurado especial do filho maior de 16 anos de idade, desde que permaneça em atividade individualmente ou em regime de economia familiar.

De acordo com o § 10 do art. 12 da Lei de Custeio, redação conferida pela Lei n. 11.718/2008, não será considerado segurado especial o membro de grupo familiar que possuir outra fonte de rendimento, exceto se decorrente de:

I - benefício de pensão por morte, auxílio-acidente ou auxílio-reclusão, cujo valor não supere o do menor benefício de prestação continuada da Previdência Social;

II - benefício previdenciário pela participação em plano de previdência complementar instituído nos termos do inciso IV do § 9º deste artigo;

III - exercício de atividade remunerada em período de entressafra ou do defeso, não superior a 120 (cento e vinte) dias, corridos ou intercalados, no ano civil, observado o disposto no § 13 deste artigo;

IV - exercício de mandato eletivo de dirigente sindical de organização da categoria de trabalhadores rurais;

V - exercício de mandato de vereador do município onde desenvolve a atividade rural, ou de dirigente de cooperativa rural constituída exclusivamente por segurados especiais, observado o disposto no § 13 deste artigo;

VI - parceria ou meação outorgada na forma e condições estabelecidas no inciso I do § 9º deste artigo;

VII - atividade artesanal desenvolvida com matéria-prima produzida pelo respectivo grupo familiar, podendo ser utilizada matéria-prima de outra origem, desde que a renda mensal obtida na atividade não exceda ao menor benefício de prestação continuada da Previdência Social; e

VIII - atividade artística, desde que em valor mensal inferior ao menor benefício de prestação continuada da Previdência Social.

Ocorrendo tais hipóteses, fica excluído dessa categoria o segurado:

I - a contar do primeiro dia do mês em que:

a) deixar de satisfazer as condições estabelecidas no inciso VII do caput deste artigo, sem prejuízo do disposto no art. 15 da Lei n. 8.213, de 24 de julho de 1991, ou exceder qualquer dos limites estabelecidos no inciso I do § 9º deste artigo;

b) se enquadrar em qualquer outra categoria de segurado obrigatório do Regime Geral de Previdência Social, ressalvado o disposto nos incisos III, V, VII e VIII do § 10 deste artigo, sem prejuízo do disposto no art. 15 da Lei n. 8.213, de 24 de julho de 1991; e

c) se tornar segurado obrigatório de outro regime previdenciário;

II - a contar do primeiro dia do mês subseqüente ao da ocorrência, quando o grupo familiar a que pertence exceder o limite de:

a) utilização de trabalhadores nos termos do § 8º deste artigo;

b) dias em atividade remunerada estabelecidos no inciso III do § 10 deste artigo; e

c) dias de hospedagem a que se refere o inciso II do § 9º deste artigo. (§ 11 do art. 12 da Lei n. 8.212/91, redação conferida pela Lei n. 11.718/2008).

5.3 Segurado Facultativo

Ao lado do segurado obrigatório, o qual é filiado independentemente de sua vontade, encontramos o segurado facultativo, que desfruta do privilégio constitucional e legal de se filiar ao RGPS. É a pessoa que, não estando em nenhuma situação que a lei considera como segurado obrigatório, desejar contribuir para a Previdência Social, desde que seja maior de 14 anos (segundo o Decreto n. 3.048/99, a partir dos 16 anos somente) e não esteja vinculado a nenhum outro regime previdenciário (art. 11 e § 2º do Regulamento).

A partir de 16.12.1998, a idade mínima para o trabalho passou de 14 para 16 anos, exceto para o caso do aprendiz, para o qual a idade mínima continua a ser de 14 anos, em face da nova redação dada ao art. 7º, XXXIII, da Constituição Federal pela Emenda Constitucional n. 20/98. Trata-se, pois, de um contrasenso permitir o trabalho ao aprendiz a partir de 14 anos e não permitir a filiação do mesmo ao RGPS, razão pela qual, como já dito, entendemos cabível a filiação facultativa a partir dos 14 anos de idade.

A Constituição Federal, no texto original do § 1º do art. 201, dispunha que "qualquer pessoa poderá participar dos benefícios da Previdência Social, mediante contribuição na forma dos planos previdenciários".

Com esse dispositivo, quis o constituinte incorporar ao sistema determinados grupos, que não possuem os requisitos para serem segurados obrigatórios, mas que desejam a proteção previdenciária.

Com as alterações operadas pela Emenda Constitucional n. 20/98, entendemos que qualquer pessoa maior de 14 anos de idade pode filiar-se facultativamente ao RGPS (art. 14 da Lei n. 8.212/91), desde que não esteja vinculada, como segurado obrigatório, a nenhum outro regime previdenciário (art. 195, § 4º, da Constituição).

É admitida a filiação na qualidade de segurado facultativo das pessoas físicas que não exerçam atividade remunerada, entre outros:

- da dona de casa;
- o síndico de condomínio, desde que não remunerado;
- o estudante;
- o brasileiro que acompanha cônjuge que presta serviço no exterior;
- aquele que deixou de ser segurado obrigatório da Previdência Social;
- o membro de conselho tutelar de que trata o art. 132 da Lei nº 8.069, de 1990, quando não remunerado e desde que não esteja vinculado a qualquer regime de Previdência Social;
- o bolsista e o estagiário que prestam serviços a empresa, de acordo com a Lei nº 11.788, de 2008;
- o bolsista que se dedica em tempo integral à pesquisa, curso de especialização, pós-graduação, mestrado ou doutorado, no Brasil ou no exterior, desde que não esteja vinculado a qualquer regime de Previdência Social;
- o presidiário que não exerce atividade remunerada nem esteja vinculado a qualquer regime de Previdência Social;
- o brasileiro residente ou domiciliado no exterior, salvo se filiado a regime previdenciário de país com o qual o Brasil mantenha acordo internacional;
- o segurado recolhido à prisão sob regime fechado ou semi-aberto, que, nesta condição, preste serviço, dentro ou fora da unidade penal, a uma ou mais empresas, com ou sem intermediação da organização carcerária ou entidade afim, ou que exerce atividade artesanal por conta própria; e
- o beneficiário de auxílio-acidente ou de auxílio suplementar, desde que simultaneamente não esteja exercendo atividade que o filie obrigatoriamente ao RGPS.

Poderá contribuir como segurado facultativo, ainda, o segurado afastado temporariamente de suas atividades, desde que não receba remuneração no período de afastamento e não exerça outra atividade que o vincule ao RGPS ou a regime próprio. É o caso, por exemplo, de um empregado que tenha pactuado a suspensão do seu contrato de trabalho para realização de curso de capacitação profissional - como no caso de professores que frequentam cursos de mestrado ou doutorado até mesmo fora do território nacional, ou ainda, nas hipóteses do art. 476-A da CLT.

A filiação ao RGPS, na qualidade de segurado facultativo, é vedada para pessoa participante de regime próprio de previdência social, salvo na hipótese de afastamento de servidor público em licença sem vencimentos e desde que não permitida, nesta condição, contribuição ao respectivo regime próprio.

Considera-se a filiação, na qualidade de segurado facultativo, um ato volitivo, gerador de efeito somente a partir da inscrição e do primeiro recolhimento, não podendo retroagir e não permitindo o pagamento de contribuições relativas a competências anteriores à data da inscrição.

Após a inscrição, o segurado facultativo somente poderá recolher contribuições em atraso quando não tiver ocorrido perda da qualidade de segurado, o que ocorre após seis meses da cessação das contribuições.

5.4 A menoridade e a filiação como segurado

Considera-se menor, para os efeitos da legislação previdenciária e trabalhista, a partir da Emenda Constitucional n. 20, de 15.12.98, o trabalhador de 14 a 18 anos de idade.

É proibido o trabalho noturno, perigoso ou insalubre a menores de 18 anos e qualquer trabalho a menores de 16 anos de idade, salvo na condição de aprendiz, quando a idade mínima é de 14 anos (CF, art. 7º, XXXIII – redação dada pela EC n. 20/98).

Com fundamento no art. 80, parágrafo único, da CLT, atualmente revogado pela Lei n. 10.097/2000, considerava-se aprendiz o menor de 12 a 18 anos, sujeito à formação profissional metódica de ofício ou profissão, de acordo com as diretrizes e bases da legislação da educação. As regras do contrato de aprendizagem passaram a ser dispostas nos arts. 428 a 433 da CLT, com a redação conferida pela Lei n. 10.097/2000, fixando-se a idade entre 14 e 18 anos, e a duração máxima de dois anos para o referido contrato.

O Estatuto da Criança e do Adolescente (Lei n. 8.069, de 13.7.90), ao tratar do direito à profissionalização e à proteção ao menor no trabalho, considerou a aprendizagem como sendo a formação técnico-profissional ministrada segundo as diretrizes e bases da legislação da educação em vigor (art. 62 do ECA).

O limite mínimo de idade para o trabalho, tanto do trabalhador urbano como do rural, tem sido alterado frequentemente; vejamos:

- até 28.2.67: 14 anos – CF/46

- de 1.3.67 a 5.10.88: 12 anos – CF/67
- de 6.10.188 a 15.12.98: 14 anos, permitida a filiação na condição de aprendiz, se contratado desta forma, a partir dos 12 anos (CF/88 e Estatuto da Criança e do Adolescente)
- a partir de 16.12.98: 16 anos, salvo na condição de aprendiz, a partir dos 14 anos – EC n. 20/98.

Em que pese a alteração da idade mínima estabelecida pela Emenda Constitucional n. 20, de 1998, as Leis de Custeio e Benefícios e o Decreto n. 3.048/99 não tiveram suas redações totalmente adequadas aos novos limites, já que em nível legal ainda está fixada a idade mínima de 14 anos para a filiação como segurado facultativo (art. 14 da Lei n. 8.212/91 e art. 13 da Lei n. 8.213/91), e o Regulamento, no seu art. 18, § 2º, dispõe que a filiação ao RGPS exige a idade mínima de 16 anos, em qualquer caso; as Instruções Normativas do INSS, admitem a filiação do aprendiz, a partir dos 14 anos, em conformidade com o disposto no art. 7º, XXXIII, da Constituição, e, nos demais casos, fixa a idade mínima de filiação em 16 anos.

Não obstante os limites de idade *retro*, uma vez comprovada a prestação de serviço com os pressupostos da relação de emprego, configura-se o fato gerador, cuja definição legal é interpretada abstraindo-se a validade jurídica dos atos praticados e a incapacidade civil das pessoas físicas. Nesse sentido: "Previdenciário. Tempo de serviço. Prova. Idade mínima para o trabalho. Início do benefício. I – A Constituição Federal, ao fixar a idade mínima para o trabalho do menor, buscou exatamente a sua proteção, não podendo, portanto, tal norma servir de escusa ao reconhecimento do tempo de serviço anterior, ainda que laborado ao arrepio da disposição constitucional, sem o que o menor restaria duplamente espoliado. II – Aposentadoria deferida a contar da data do respectivo requerimento na órbita administrativa" (AC n. 92.01.28972-3-MG,TRF da 1ª Região, 1ª Turma, rel. Juiz Aldir Passarinho Jr., DJU de 6.3.95).

O Superior Tribunal de Justiça decidiu no REsp n. 335.213-RS, Rel. Min. Vicente Leal (DJU de 29.10.2001), que "o trabalho precoce, quanto mais de crianças menores de quatorze anos, tem sido repudiado pelo nosso sistema normativo com vistas à proteção da infância. No entanto, a proibição do trabalho em idade inferior a quatorze anos pela Carta Magna, respeitada pelas leis ordinárias, foi estabelecida em benefício dos menores, sendo desarrazoada a interpretação que implique em prejuízo aos mesmos".

Seguindo os entendimentos jurisprudenciais dominantes antes referidos, o INSS tem admitido a contagem do tempo de contribuição abaixo do limite legalmente permitido para o trabalho, desde que comprovada a atividade mediante documento contemporâneo em nome do próprio segurado.

Trata-se, pura e simplesmente, da aplicação do princípio da universalidade da cobertura da Seguridade Social (CF, art. 194, I), segundo o qual nenhum indivíduo deve ficar desprotegido quanto a eventos protegidos, caso se enquadre em atividade laborativa remunerada.

Em relação aos segurados especiais o trabalho anterior aos 12 anos, no período que antecedeu a Lei n. 8.213/91, não tem sido computado na via administrativa e judicial. Trata-se de situação diferenciada em relação ao menor que trabalha como empregado. O trabalho no meio rural com os familiares antes dos 12 anos de idade deve ser considerado mera colaboração sem o caráter da indispensabilidade não gerando efeitos para fins previdenciários. Neste sentido: "*A idade mínima para a filiação à Previdência Social na condição de segurado especial pode se dar a partir dos 12 anos, conforme decidiu a 3ª Seção desta Corte, ao reconhecer o tempo de serviço rurícola de menor com esse tempo de vida.*" (TRF da 4ª Região. AC n. 200070050055606/PR. D.E. 27.6.2008).

5.5 Aposentado que retorna à atividade

O aposentado pelo RGPS que estiver exercendo ou que voltar a exercer atividade abrangida por este Regime é segurado obrigatório em relação a essa atividade, ficando sujeito às contribuições de que trata a Lei n. 8.212/91.

Por outro lado, o aposentado que pretenda permanecer em atividade ou a ela retornar não terá direito a novas prestações previdenciárias, exceto o salário-família e a reabilitação profissional, quando for o caso. É o que estabelece o art. 18, § 2º, da Lei n. 8.213/91.

As contribuições realizadas pelo segurado aposentado ou que retorne à atividade não gerarão direito a nova prestação previdenciária, nem terão reflexo no valor da renda mensal do benefício em manutenção.

Com a extinção do instituto do pecúlio, que consistia na devolução das contribuições quando não fosse possível a concessão de benefício, e considerada a natureza sinalagmática da relação contributiva, vale dizer, impondo-se a reciprocidade de obrigações, considera-se contestável a exigência da contribuição. Comunga desse entendimento *Marcelo Leonardo Tavares*: "A norma, além de possuir caráter extremamente injusto, desrespeita o princípio da contraprestação relativo às contribuições devidas pelos segurados, tendo em vista que as prestações oferecidas ao aposentado que retorna à atividade são insignificantes, diante dos valores a serem recolhidos. Pode-se afirmar, inclusive, que pela natureza das prestações oferecidas (salário-família, reabilitação profissional e salário-maternidade), não haveria filiação a regime previdenciário; pois a lei não admite nova aposentação do segurado, recálculo da aposentadoria anterior ou prevê o pagamento de pecúlio – as novas prestações vertidas não garantem as espécies mínimas de benefícios para que se tenha um regime previdenciário: nova aposentadoria e nova pensão".[178]

Ressalte-se, por oportuno, que a contribuição do aposentado que volta a exercer atividade incide somente sobre os seus ganhos na atividade laborativa, e não sobre os proventos de aposentadoria, em face da expressa vedação do art. 195, II, da Constituição, com a redação dada pela Emenda Constitucional n. 20/98. Entretanto, o Tribunal Regional Federal da 4ª Região decidiu, na Apelação Cível n. 2000.71.05.001320-1/RS, Relator Desembargador Federal Carlos Eduardo Thompson Flores Lenz (Sessão do dia 2.10.2001), que "no atual regime da Previdência Social o aposentado que permanece ou retorna ao trabalho deve continuar contribuindo para o INSS a teor do § 3º do art. 11 da Lei n. 8.213/91, com a redação que lhe foi dada pela Lei n. 9.032/95, não sendo inconstitucional tal dispositivo.

No mesmo sentido foi definida a questão pelo Supremo Tribunal Federal: "Contribuição previdenciária: aposentado que retorna à atividade: CF, art. 201, § 4º; Lei n. 8.212/91, art. 12: aplicação à espécie, *mutatis mutandis*, da decisão plenária da ADIn 3.105, red. p/ acórdão Min. Cezar Peluso, DJ 18.2.2005. A contribuição previdenciária do aposentado que retorna à atividade está amparada no princípio da universalidade do custeio da Previdência Social (CF, art. 195); o art. 201, § 4º, da Constituição Federal 'remete à lei os casos em que a contribuição repercute nos benefícios'." (RE n. 437.640, Rel. Min. Sepúlveda Pertence, julgamento em 5.9.2006, *DJ* de 2.3.2007).

O enquadramento do aposentado que retorna à atividade será feito de acordo com a atividade que ele passar a exercer depois de aposentado. Se volta a trabalhar como empregado, assim será filiado; se como empresário, autônomo, ou equiparado, será enquadrado como contribuinte individual; se volta na atividade de empregado doméstico, trabalhador avulso, ou segurado especial, será enquadrado na categoria específica.

178 TAVARES, Marcelo Leonardo. *Direito previdenciário*. 4. ed. rev., atual. e ampl., Rio de Janeiro: Lumen Juris, 2002, pp. 58-59.

Capítulo 6
Filiação dos segurados

Filiação é o vínculo jurídico que se estabelece entre pessoas que contribuem como segurados para a Previdência Social e esta, vínculo este do qual decorrem direitos e obrigações (art. 20, *caput*, do Decreto n. 3.048/99). Em sendo a pessoa filiada ao RGPS, sujeita-se às regras da legislação de custeio e benefícios do regime.

Segundo *Alfredo Ruprecht*, a filiação se inicia "no exato momento em que o indivíduo entra no campo da seguridade social e perdura por todo o tempo em que este – que preenche as condições pertinentes – mantém-se como segurado". E, mais, que "a circunstância de haver perdido o caráter de filiado não impede, superada a causa da cessação da filiação, sua recuperação", para concluir que "o objeto da filiação é determinar quais são os indivíduos que, tendo satisfeito as disposições respectivas, estão em condições de obter os benefícios da seguridade social, ou seja, liga a pessoa a esta. É também o de controlar as variações que, com o passar do tempo, podem ser produzidas na situação de cada filiado".[179]

A filiação decorre automaticamente do exercício de atividade remunerada para os segurados obrigatórios e da inscrição formalizada com o pagamento da primeira contribuição para o segurado facultativo. É dizer, a filiação não depende de ato volitivo para o segurado obrigatório, mas somente para o facultativo (art. 20, § 1º, do Decreto n. 3.048/99, redação conferida pelo Decreto n. 6.722/2008).

A filiação do trabalhador rural contratado por produtor rural pessoa física por prazo de até dois meses dentro do período de um ano, para o exercício de atividades de natureza temporária, decorre automaticamente de sua inclusão na GFIP, mediante identificação específica, de acordo com o § 2º do RPS, redação do Decreto n. 6.722/2008.

Como mencionado, o menor de 16 anos de idade, constitucionalmente, está impedido de trabalhar, salvo a partir de seus 14 anos, na condição de aprendiz. Porém, ocorrendo a infringência, não há como deixar de reconhecer os direitos do menor, mesmo ilegalmente contratado, porque, realizado o trabalho, a filiação é au-

179 RUPRECHT, Alfredo J. *Direito da seguridade social*. São Paulo: LTr, 1996.

tomática. O não-reconhecimento deste direito importaria gratificar o empregador infrator, que se locupletaria com a ilegalidade cometida.

A norma proibitiva do trabalho do menor tem finalidade protetiva do indivíduo. Se, ao arrepio da lei, tiver havido prestação de serviço enquanto abaixo da faixa etária permitida, a proteção ao menor se fará garantindo-lhe os direitos oriundos da relação de emprego: salários, vantagens e cômputo do tempo de serviço, ainda que em caráter indenizatório.

Filiação, pois, é situação objetivamente observada. O fato de ter o indivíduo prestado atividade remunerada que o enquadre como segurado obrigatório é condição suficiente para o estabelecimento deste vínculo entre ele e a Previdência Social. Tanto que, mesmo depois de anos de exercício da atividade, o segurado tem o direito de ver o tempo computado – com a obrigação, em contrapartida, de recolhimento das contribuições devidas no mesmo interregno, obrigação que poderá, conforme a lei, ficar a seu encargo ou ser transferida ao responsável tributário.

Oportuno mencionar que a legislação de custeio considera que o indivíduo detentor de mais de uma atividade remunerada em caráter simultâneo é obrigatoriamente filiado em relação a cada uma destas atividades, limitando-se a sua contribuição, contudo, ao valor máximo do salário de contribuição, considerado o somatório dos valores auferidos em cada atividade simultânea.

Já para o indivíduo que pretenda ingressar no RGPS como segurado facultativo, exige-se que não esteja amparado, quando de sua filiação, por nenhum regime próprio de previdência social (permitindo-se a filiação do servidor público que esteja em licença sem vencimentos, para tratar de interesse particular), considerando-se amparado aquele que se encontre inativo, percebendo proventos de aposentadoria de regime próprio de previdência social.

O segurado obrigatório que deixar de exercer atividade remunerada que o enquadrava como tal pode filiar-se como facultativo, a partir da competência seguinte à da cessação da atividade sujeita à filiação obrigatória.

O vínculo do segurado facultativo só se confirma com o pagamento da primeira contribuição, sendo que, se esta for recolhida fora do prazo, é entendimento do INSS que a filiação será convalidada para a competência relativa ao mês da efetivação do pagamento, ou seja, não retroagindo. O INSS também é autorizado a converter a inscrição indevida, na categoria de segurado obrigatório, realizada após a vigência da Lei n. 8.213/91, em filiação ao RGPS como segurado facultativo.

É importante ressaltar novamente que o limite de idade para filiação do trabalhador urbano e rural foi modificado várias vezes, em face das alterações constitucionais. Até 28.2.67 a idade mínima era 14 anos; de 1.3.67 a 5.10.88 o limite foi reduzido para 12 anos; de 6.10.88 a 15.12.98 voltou a ser 14 anos, permitida a filiação de menor, na condição de aprendiz; e a partir de 16.12.98 aumentou-se a idade mínima para 16 anos, salvo na condição de aprendiz, a partir dos 14 anos. Sobre o limite mínimo de idade, *vide* o item 5.4.

Antes da publicação da Lei n. 8.213/91, havia previsão de uma idade máxima de filiação ao RGPS, que era de 60 anos. Atualmente, as Leis que tratam do RGPS não mais estabelecem limite máximo de idade para ingresso, por conflitar com o princípio da universalidade do atendimento.

Importante alteração se verificou com a publicação do Decreto n. 4.079, de 9.1.2002, que estabeleceu como meio de prova do tempo de filiação, a partir da competência julho de 1994, os dados constantes do Cadastro Nacional de Informações Sociais – CNIS, evitando que o segurado que trabalhou e contribuiu tenha que fazer prova disso perante o INSS, o que antes era regra geral. A partir da alteração promovida no Regulamento (art. 19), apenas quando tais informações não constem do CNIS é que caberá ao segurado fazer prova da atividade exercida, bem como dos salários de contribuição.

Capítulo 7

Manutenção e perda da qualidade de segurado

O instituto da manutenção da qualidade de segurado trata do período em que o indivíduo continua filiado ao Regime Geral de Previdência Social - RGPS, por estar no chamado período de graça. Nesse período, continua amparado pelo Regime - bem como seus dependentes - em caso de infortúnios, mesmo não estando a exercer atividade que o enquadre como segurado obrigatório, nem contribuir mensalmente, como facultativo; trata-se de exceção em face do sistema do RGPS, de caráter eminentemente contributivo (Constituição, art. 201, *caput*).

A qualidade de segurado é mantida, independentemente de contribuições, conservando todos os direitos perante a Previdência Social, nos prazos previstos no art. 15 da Lei n. 8.213/91, quais sejam:

- sem limite de prazo, quem está em gozo de benefício - o fato de o segurado estar em fruição de benefício previdenciário impede que o mesmo, por motivo alheio à sua vontade, permaneça contribuindo para o RGPS. Em virtude disso, a legislação estabelece que, durante o tempo de fruição (por exemplo, durante o gozo de auxílio-doença), se mantenha a qualidade de segurado, para todos os fins. Nessa linha de entendimento, o INSS reconhece a manutenção da qualidade de segurado inclusive durante o período de percepção do auxílio-acidente ou de auxílio suplementar (art. 11, inciso I, da IN nº. 11, de 20.09.2006);
- até doze meses após a cessação de benefício por incapacidade ou após a cessação das contribuições, o segurado que deixar de exercer atividade remunerada abrangida pela Previdência Social ou estiver suspenso ou licenciado sem remuneração - esse prazo será prorrogado para até vinte e quatro meses, se o segurado já tiver pago mais de 120 contribuições mensais sem interrupção que acarrete a perda da qualidade de segurado.

Os prazos *supra* são acrescidos em doze meses para o segurado desempregado, desde que comprove esta situação por registro no órgão próprio do Ministério do Trabalho e Emprego.

Ou seja, o período de graça do segurado que deixa de exercer atividade laborativa pode ser de doze meses (para o segurado com menos de 120 contribuições mensais sem perda da qualidade de segurado), vinte e quatro meses (para o segurado com mais de 120 contribuições mensais, sem perda da condição de segurado; ou para o segurado com menos de 120 contribuições, comprovando que depois dos primeiros 12 meses de período de graça permanece na situação de desemprego, pelas anotações referentes ao seguro-desemprego ou ao registro no Sistema Nacional de Emprego – SINE, do Ministério do Trabalho e Emprego) ou trinta e seis meses (quando o segurado com mais de 120 contribuições mensais sem perda da qualidade de segurado comprove, após os primeiros vinte e quatro meses, que permanece desempregado, conforme registro do SINE-MTE). A regra também se aplica ao indivíduo que se tenha desvinculado de regime próprio de previdência social (ex.: servidor que pede exoneração ou é demitido), nos termos do § 4º do art. 13 do Regulamento, incluído pelo Decreto n. 3.265/99.

A respeito da comprovação da condição de desemprego, a Turma Nacional de Uniformização dos JEFs editou a Súmula nº. 27: "*A ausência de registro em órgão do Ministério do Trabalho não impede a comprovação do desemprego por outros meios admitidos em Direito*". Contudo, segundo o STJ, a referida ausência não é suficiente para comprovar a situação de desempregado, pois não afasta a possibilidade do exercício de atividade remunerada na informalidade: "*Dessa forma, esse registro não deve ser tido como o único meio de prova da condição de desempregado do segurado, especialmente considerando que, em âmbito judicial, prevalece o livre convencimento motivado do Juiz e não o sistema de tarifação legal de provas. Assim, o registro perante o Ministério do Trabalho e da Previdência Social poderá ser suprido quando for comprovada tal situação por outras provas constantes dos autos, inclusive a testemunhal.*" (Pet n. 7.115/PR. Terceira Seção. Rel. Min. Napoleão Nunes Maia Filho, DJE 6.4.2010).

Consigamos ainda importante precedente da Turma Regional de Uniformização (TRU) dos Juizados Especiais Federais (JEFs) da 4ª Região que reconheceu ao segurado contribuinte individual (autônomo) a condição de desempregado, permitindo-lhe o aumento do período de graça previsto na Lei n. 8.213/91. (IUJEF 2008.70.51.003130-5/TRF. Relator Juiz Federal Antônio Fernando Schenkel do Amaral e Silva, DE 6.4.2010)

Aquele que já era segurado antes de prestar o serviço militar permanece nessa condição, durante o período junto às Forças Armadas, até três meses após o seu licenciamento, ou "baixa".

Como ressaltado no item anterior, não adquire a qualidade de segurado após a prestação do serviço militar o conscrito que não era segurado obrigatório antes de ingressar no serviço militar. Observe-se, ainda, que, embora a legislação previdenciária seja omissa a respeito, aplica-se esta mesma regra, analogicamente, ao segurado que vier a prestar serviço civil alternativo, por motivo de crença religiosa ou convicção filosófica ou política, na forma do art. 143, § 1º, da Constituição, com a redação da Emenda Constitucional n. 19/98, regulamentado pela Lei n. 8.239/91;

- até seis meses após a cessação das contribuições, o segurado facultativo – esta categoria de segurado, uma vez tendo iniciado a contribuir como tal, tem o permissivo legal de não contribuir por até seis meses contínuos, permanecendo durante este prazo na condição de segurado; evidentemente, o período em que não houve contribuição não será computado para fins de contagem de tempo para aposentadoria, salvo se houver recolhimento das contribuições em atraso.

A perda da qualidade de segurado, segundo a regra prevista no § 4º do art. 15 da Lei n. 8.213/91, ocorrerá no dia seguinte ao do término do prazo fixado no Plano de Custeio da Seguridade Social para recolhimento da contribuição referente ao mês imediatamente posterior ao final dos prazos referidos acima.

A regra, lida sem maior cuidado, pode dar ao intérprete a impressão de haver contradição entre os prazos dos incisos do art. 15 da Lei n. 8.213/91 e a data de término do chamado período de graça, conforme o § 4º do art. 15. A explicação é simples. Durante o período de graça, o segurado não está efetuando contribuições. Se o segurado tem a sua atividade laborativa assegurada ao final do período (por exemplo, segurado empregado após retornar do auxílio-doença), a contribuição se presume realizada tão logo este retorne ao posto de trabalho (art. 33, § 5º, da Lei n. 8.212/91), não cabendo falar em perda da qualidade de segurado nessas circunstâncias.

A questão que causa maior dificuldade de compreensão é o caso do segurado sem ocupação. Se, expirado o período de graça, este não consegue outra colocação, então o indivíduo, para manter-se na condição de segurado, deverá filiar-se como facultativo. Para tanto, o prazo de recolhimento da contribuição como segurado facultativo é o dia 15 do mês subsequente ao da competência. Então, se o período de graça, por exemplo, expirar em abril, a primeira contribuição como facultativo deverá ser feita sobre o mês de maio. Esta, por seu turno, deverá ser recolhida pelo contribuinte até o dia 15 do mês seguinte, ou seja, 15 de junho. Se a pessoa não fizer a contribuição até esta data, então, perderá a qualidade de segurado.

Diz o Regulamento que, se o dia 15 recair no sábado, domingo ou feriado, inclusive o municipal, o pagamento das contribuições deverá ser efetuado no dia útil imediatamente posterior.[180]

A perda da qualidade de segurado importa a caducidade dos direitos inerentes a essa qualidade, segundo a redação do art. 104 da Lei n. 8.213/91, conferida pela Lei n. 9.528/97.

---

180 Art. 15 do Decreto n. 3.048/99, cuja nova redação foi dada pelo Decreto n. 3.265, de 29.11.99.

De acordo com o Regulamento da Previdência Social (Decreto n. 3.048/99), a perda da qualidade de segurado não implica supressão do direito adquirido à aposentadoria para cuja concessão tenham sido preenchidos todos os requisitos, segundo a legislação vigente na época em que tais requisitos foram atendidos. É o cumprimento da regra constitucional que determina o respeito ao direito adquirido (§ 1º do art. 180 do Decreto n. 3.048/99).

Quanto à pensão por morte, somente é devida se o ex-segurado que venha a falecer após a perda da qualidade já tivesse direito adquirido à aposentadoria por ter cumprido todos os requisitos à época em que estava filiado ao RGPS (§ 2º do art. 180 do Regulamento).

Da mesma forma, todo e qualquer direito adquirido ao tempo em que o indivíduo se encontrava na qualidade de segurado é passível de exigência pelo beneficiário – art. 165 do Decreto n. 3.048/99.

Ainda quanto à perda da qualidade de segurado, não ocorre quando o mesmo deixa de contribuir em razão de desemprego decorrente de incapacidade física. Em verdade, no período o segurado deveria estar gozando benefício previdenciário.

Havendo perda da qualidade de segurado, as contribuições anteriores a essa data só serão computadas para efeito de carência depois que o segurado contar, a partir de uma nova filiação à Previdência Social (pela assunção de nova atividade laborativa ou pela filiação como segurado facultativo), com, no mínimo, um terço do número de contribuições exigidas para o cumprimento da carência relativa ao benefício a ser requerido – art. 24, parágrafo único, da Lei n. 8.213/91. Exemplificando, o segurado que, depois de um ano, perdeu esta qualidade e retornou à atividade laboral só poderá receber auxílio-doença, por incapacidade contraída após seu retorno, quando, completados quatro meses de contribuição (um terço da carência, que é de 12 contribuições mensais), poderá somar o tempo anterior (12 contribuições), e, assim, fazer jus ao benefício. Antes de completar os quatro meses, não fará jus ao recebimento do auxílio-doença, salvo nas hipóteses em que é dispensada a carência.

A Medida Provisória n. 83, de 12.12.2002, convertida na Lei n. 10.666, de 8.5.2003, alterou em parte o tratamento dado em relação à perda da qualidade de segurado que postula a concessão de aposentadoria por tempo de contribuição, especial e por idade.

De acordo com o art. 3º da Lei n. 10.666/2003, a perda da qualidade de segurado não será considerada para a concessão das aposentadorias por tempo de contribuição e especial. Na hipótese de aposentadoria por idade, a perda da qualidade de segurado não será considerada para a concessão desse benefício, desde que o segurado conte com, no mínimo, o tempo de contribuição correspondente ao exigido para efeito de carência na data do requerimento do benefício.

A adoção dessa medida foi justificada pelo então Ministro da Previdência e Assistência Social, *José Cechin*, nos seguintes termos:

> *A Lei n. 9.876, de 26 de novembro de 1999, ao modificar a forma de apuração do valor do salário-de-benefício, que passou a ser constituído pela média aritmética simples dos oitenta por cento maiores salários-de-contribuição do segurado, possibilitou que se considerasse, a partir de 1994, todo o período contributivo, independentemente da época em que foram realizadas as contribuições. No entanto, pelas regras atuais, deixando o segurado de verter contribuições para a Previdência Social, seja por motivo de desemprego ou outro qualquer, depois de um certo tempo, normalmente de entre 12 e 24 meses, independentemente do número de contribuições que tenha vertido ao sistema, perde ele a qualidade de segurado e, por conseguinte, o direito aos benefícios previdenciários. (...)*
>
> *Tendo em vista que agora se considera, no cálculo do benefício, todo o período contributivo, e levando-se em conta que, para as aposentadorias por tempo de contribuição e especial, exige-se um tempo de contribuição que varia de 15 a 35 anos de contribuição, não faz mais sentido que se mantenha o instituto da perda da qualidade de segurado para esses benefícios. É mais que razoável que se lhe permita buscar suas contribuições em qualquer época, independentemente de eventuais lapsos temporais decorridos entre períodos contributivos.*
>
> *Ademais, há que se levar em consideração que, no caso da aposentadoria por tempo de contribuição, aplica-se, obrigatoriamente, no cálculo do valor do benefício, o fator previdenciário, que leva em consideração o tempo de contribuição, a idade e a expectativa de vida do segurado ao se aposentar, o que torna totalmente despicienda a perda da qualidade do segurado.*[181]

A alteração legislativa visa reparar uma injustiça praticada contra o segurado da Previdência Social, especialmente o de baixa renda, que, na maioria das vezes, ao perder seu emprego, não tem condições de contribuir como facultativo e acaba perdendo a qualidade de segurado.

Outrossim, foi acertada a proposta governamental de não estender a medida aos demais benefícios. Ressaltou o ex-Ministro da MPAS na exposição de motivos referida: "Caso contrário, induzir-se-iam os segurados que já tivessem cumprido o período de carência dos benefícios a deixarem de contribuir para a Previdência Social, notadamente aqueles cujo salário-de-contribuição esteja próximo ao valor mínimo do benefício, pois que em nada seriam beneficiados caso continuassem contribuindo. Cumprida a carência, o direito ao benefício dependeria, apenas, da ocorrência do evento que a ele der causa (idade, incapacidade temporária ou definitiva, morte, etc.), deixando de ser previdenciário para se tornar assemelhado ao assistencial. Os benefícios seriam devidos a todas as pessoas que, em qualquer época, tivessem contribuído para a Previdência Social, sobretudo os benefícios decorrentes de acidentes de qualquer natureza, que independem de carência. A supressão da perda da qualidade de segurado, nesse caso, tornaria o benefício universal, bastando que, em algum momento, a pessoa tivesse contribuído para a Previdência Social, ainda que por apenas um mês ou fração dele".

181 BRASIL. Medida Provisória n. 83, de 12.12.2002 – Exposição de Motivos. Disponível em www.presidencia.gov.br. Acesso em 10.1.2003.

Capítulo 8
Dependentes

Dependentes são as pessoas que, embora não contribuindo para a Seguridade Social, a Lei de Benefícios elenca como possíveis beneficiários do Regime Geral de Previdência Social - RGPS, fazendo jus às seguintes prestações: pensão por morte, auxílio-reclusão, serviço social e reabilitação profissional. Como salienta *Feijó Coimbra*, "em boa parte, os dependentes mencionados na lei previdenciária coincidem com aqueles que a lei civil reconhece credores de alimentos a serem prestados pelo segurado. E bem lógico que assim o seja, pois que a prestação previdenciária - conteúdo material da pretensão do dependente - é, acima de tudo, uma reposição de renda perdida: aquela renda que o segurado proporcionaria, caso não o atingisse um risco social".[182]

Segundo *Wladimir Novaes Martinez*, "dependente é pessoa economicamente subordinada a segurado. Com relação a ele é mais próprio falar em estar ou não inscrito ou situação de quem mantém a relação de dependência ao segurado, adquirindo-a ou perdendo-a, não sendo exatamente um filiado, pois este é o estado de quem exerce atividade remunerada, embora não passe de convenção semântica".[183] Discordamos, contudo, da presente conceituação, visto haver situações previstas em lei nas quais não há necessariamente dependência econômica: por exemplo, mesmo que ambos os cônjuges exerçam atividade remunerada, um é considerado dependente do outro, para fins previdenciários, fazendo jus a benefícios, mesmo que aufiram ganhos decorrentes de atividade laborativa. É que os critérios para a fixação do quadro de dependentes são vários, e não somente o da dependência puramente econômica. São os vínculos familiares, dos quais decorre a solidariedade civil e o direito dos necessitados à provisão da subsistência pelos mais afortunados (CF, art. 229), a nosso ver, o principal critério norteador da fixação da dependência no campo previdenciário. Este critério, em alguns casos, será conjugado com o da necessidade econômica, vale dizer, quando se estende a dependência a pessoas que

---

182 *Direito previdenciário brasileiro*. 7. ed., Rio Janeiro: Edições Trabalhistas, 1997, p. 95.

183 MARTINEZ, Wladimir Novaes. *Curso de direito previdenciário. Tomo I - Noções de direito previdenciário*. São Paulo: LTr, 1997, pp. 201-208.

estão fora da célula familiar básica – cônjuge e filhos. É o caso dos pais do segurado, bem como dos irmãos inválidos ou menores de idade, não emancipados.

Em que pese a redação do inciso V do art. 201 da Constituição Federal, com a redação conferida pela Emenda Constitucional n. 20/98, ter-se referido a "cônjuge ou companheiro e dependentes", tem-se que também se consideram dependentes, perante a legislação de benefícios, aqueles que contraíram matrimônio ou vivem em união estável com segurado ou segurada, de sexos opostos e, segundo interpretação jurisprudencial, acolhida por norma interna do INSS, até com pessoa do mesmo sexo. São os chamados dependentes presumidos.

Considerando a determinação judicial constante da Ação Civil Pública n. 2000.71.00.009347-0, da 3ª Vara Federal Previdenciária de Porto Alegre, Seção Judiciária do Rio Grande do Sul, decisão confirmada pelo STJ (REsp 395904 – Informativo STJ de 15.12.2005), o INSS estabeleceu os procedimentos a serem adotados para concessão de benefícios previdenciários ao companheiro ou companheira homoafetivos, fazendo jus aos benefícios de pensão por morte ou auxílio-reclusão, independentemente da data do óbito ou da perda da liberdade do segurado.

Os dependentes são divididos em três classes, de acordo com os parâmetros previstos no art. 16 da Lei n. 8.213/91 e do Decreto n. 3.048/99, a saber:

- *classe 1*: o cônjuge, a companheira, o companheiro e o filho não emancipado, de qualquer condição, menor de 21 anos ou inválido;
- *classe 2*: os pais;
- *classe 3*: o irmão não emancipado, de qualquer condição, menor de 21 anos ou que, sendo inválido, não tenha contraído matrimônio ou possua união estável com pessoa do sexo oposto (conforme o Decreto n. 3.265/99).

Vale lembrar que, a partir do advento da Constituição de 1988, não mais existe distinção entre marido e mulher para fins de dependência, aspecto em que não foi recepcionado o regime anterior da CLPS – Consolidação das Leis da Previdência Social (apenas o marido inválido era dependente), o que foi consagrado pela Lei n. 8.213/91 aludindo ao cônjuge.

É considerada união estável aquela verificada entre homem e mulher como entidade familiar, quando forem solteiros, separados judicialmente, divorciados ou viúvos, ou tenham prole em comum, enquanto não se separarem – art. 226, § 3º, da Constituição Federal. Não há mais necessidade de comprovação de convivência por mais de cinco anos, que era exigida pela Lei n. 8.971/94, estando a união estável atualmente regulamentada pela Lei n. 9.278, de 10.5.96.

É de se destacar que a 1ª Turma do STF decidiu que a concubina não tem direito a dividir a pensão com a viúva, em face da Constituição proteger somente o núcleo familiar passível de se converter em casamento. No caso, a segunda união desestabiliza a primeira (RE n. 397762, Relator Min. Marco Aurélio Mello, DJe de 13.8.2008). Frisa-se que a decisão foi tomada por maioria, vencido o Ministro Ayres de Brito.

O INSS atualmente considera por companheira ou companheiro a pessoa que mantém união estável com o segurado ou a segurada, sendo esta configurada na convivência pública, contínua e duradoura entre o homem e a mulher, estabelecida com intenção de constituição de família, observando que não constituirá união estável a relação entre:

> *I - os ascendentes com os descendentes, seja o parentesco natural ou civil;*
> *II - os afins em linha reta;*
> *III - o adotante com quem foi cônjuge do adotado e o adotado com quem o foi do adotante;*
> *IV - os irmãos, unilaterais ou bilaterais, e demais colaterais, até o terceiro grau inclusive;*
> *V - o adotado com o filho do adotante;*
> *VI - as pessoas casadas; e*
> *VII - o cônjuge sobrevivente com o condenado por homicídio ou tentativa de homicídio contra o seu consorte.*

Porém, em contrário senso à jurisprudência, no âmbito interno do INSS, não se aplica a incidência do inciso VI *supra* no caso de a pessoa casada se achar separada de fato, judicial ou extrajudicialmente.

O novo Código Civil, Lei n. 10.406, de 10 de janeiro de 2002, reduziu para 18 anos completos a idade em que cessa a menoridade, ficando a pessoa habilitada à prática de todos os atos da vida civil (art. 5º, *caput*). Reduziu, também, para 16 anos a idade para a emancipação (art. 5º, parágrafo único, inc. I).

Com a entrada em vigor do novo Código Civil, em janeiro de 2003, passou-se a questionar se a redução do limite etário para definição da capacidade civil importa na perda da qualidade de dependente para fins previdenciários aos 18 anos de idade.

Na Jornada de Direito Civil promovida pelo Centro de Estudos Judiciários do Conselho da Justiça Federal, no período de 11 a 13 de setembro de 2002, sob a coordenação científica do Ministro *Ruy Rosado*, do STJ, o entendimento que prevaleceu sobre o tema é o de que, por ser a lei previdenciária norma especial em face do Código Civil, continuam a valer as regras previstas na Lei n. 8.213/91, e, por consequência, é dependente quem tiver até 21 anos de idade. Nesse sentido, o enunciado aprovado:

> *A redução do limite etário para a definição da capacidade civil aos 18 anos não altera o disposto no art. 16, I, da Lei n. 8.213/91, que regula específica situação de dependência econômica para fins previdenciários e outras situações similares de proteção, previstas em legislação especial.*

São equiparados aos filhos o menor que esteja sob tutela e não possua bens suficientes para o próprio sustento e educação, e o enteado. A comprovação é feita mediante declaração escrita do segurado com comprovação da dependência econômica. Em relação ao menor sob tutela é necessária, também, a apresentação do termo de tutela.

Os menores sob guarda foram excluídos do rol de dependentes, conforme se verifica do art. 16, § 2º, da Lei n. 8.213/91, com nova redação dada pela Lei n. 9.528, de 10.12.97.

Não há que se confundir, contudo, a guarda de filho por pai ou mãe biológicos com a guarda de menor em processo de tutela ou adoção. O insigne autor paulista, Wladimir Martinez, aponta que, na guarda decorrente de separação de fato ou judicial, ou divórcio dos cônjuges, "o filho fica com o cônjuge que estiver em condições de assumir os cuidados com o filho ou em cuja companhia já estavam os filhos",[184] sendo que, no processo de adoção e de tutela, a guarda serve para conceder provisoriamente o poder familiar a alguém que não o pai nem a mãe biológicos, até a decisão judicial final. A exclusão em apreço, evidentemente, diz respeito a esta segunda hipótese, já que o filho sob guarda já é dependente na condição de filho, e só perde tal condição aos 21 anos, pela emancipação ou pelo falecimento.

Com a exclusão do menor sob guarda do rol de dependentes, restaram apenas o enteado e o menor tutelado, que se equiparam aos filhos, mediante declaração do segurado.

Essa restrição representa uma vulneração aos arts. 6º e 227 da Constituição Federal e às disposições protetivas inseridas no Estatuto da Criança e do Adolescente (Lei n. 8.069, de 13.7.90). Especialmente porque a guarda, segundo dispõe o art. 33 do Estatuto, obriga à prestação de assistência global e, sobretudo, assegura à criança ou ao adolescente a condição de dependente, para todos os fins e efeitos, inclusive previdenciários.

No entanto, a Terceira Seção do STJ pacificou o entendimento de que "não existe direito do menor sob guarda à pensão por morte quando o falecimento do instituidor do benefício ocorre na vigência da Lei n. 9.528/77. Não se aplica aos benefícios mantidos pelo RGPS o ECA, norma de cunho genérico. Há lei específica sobre a matéria, o que faz com que prevaleça, nessa hipótese, o estatuído pelo art. 16, § 2º, da Lei n. 8.213/91, alterado pela Lei n. 9.528/97." (EREsp 801.214-BA, Rel. Min. Nilson Naves, julgado em 28.5.2008). A mesma orientação chegou a ser adotada pela TNU (*v.g.* PU n. 2006.70.95.005711-7/PR - 13.3.2008), que na sequência alterou seu entendimento decidindo que o menor sob guarda tem direito à pensão por morte (v.g. PU n. 2007.70.95.014299-0, PU n. 2007.83.00503953-3).

É de se destacar, que a Terceira Seção do STJ deverá reapreciar a matéria em face da admissão de incidente de uniformização de jurisprudência suscitado pelo INSS contra acórdão da TNU.

---

184 MARTINEZ, Wladimir Novaes. *Curso de direito previdenciário. Tomo I – Noções de direito previdenciário*. São Paulo: LTr, 1997, p. 208.

Importante mencionar, dada a relevância social do tema, que alguns tribunais não têm seguido a orientação restritiva que foi firmada pelo STJ. Neste sentido: "A nova redação dada pela Lei nº. 9.528/97 ao § 2º do art. 16 da Lei nº 8.213/91, não teve o efeito de excluir o menor sob guarda do rol de dependentes do segurado da Previdência Social e, como a guarda confere à criança e ao adolescente a condição de dependente para todos os fins e efeitos de direito, inclusive previdenciários, de acordo com o ECA, faz jus o menor sob guarda à concessão da pensão por morte de seu guardião legal, entendimento igualmente aplicável, segundo precedentes da Corte, para as hipóteses em que a guarda é de fato, quando devidamente comprovada esta situação." (TRF da 4ª. Região. AC 2004.04.01.016183-6, 5ª Turma, Relator Desembargador Federal Celso Kipper, D.E. 30.6.2008).

Sobre o tema, mas envolvendo Regime Próprio de Previdência Social, o STF garantiu o pagamento de pensão à neta de servidora pública que morreu no momento em que detinha a guarda da criança. (Plenário - MS n. 25.823, julgado em 25.6.2008).

A pessoa cuja designação como dependente do segurado tenha sido feita até 28 de abril de 1995, véspera da publicação da Lei n.º 9.032, de 1995[185], fará jus à pensão por morte ou ao auxílio-reclusão, se o fato gerador do benefício, o óbito ou a prisão ocorreu até aquela data, desde que comprovadas as condições exigidas pela legislação vigente. Neste sentido, a Súmula n. 4 da Turma Nacional de Uniformização dos JEFs.

Os dependentes de uma mesma classe concorrem em igualdade de condições. De acordo com *Feijó Coimbra*, "a existência de vários dependentes arrolados na mesma classe decreta a concorrência entre eles e a partilha da prestação previdenciária".[186] Todos os arrolados como dependentes da mesma classe possuem igualdade de direitos perante a Previdência Social. A eventual concessão de alimentos provisionais a algum dependente ex-cônjuge ou filho, decorrente de separação ou divórcio, não garante direito a percentual semelhante ao que vinha sendo pago pelo segurado alimentante, vale dizer, a divisão de cotas de todos os beneficiários perante a Previdência, na condição de dependentes, é sempre em igualdade de condições.

Por força do disposto no § 1º do art. 16 da Lei n. 8.213/91, a existência de dependentes de qualquer das classes exclui do direito às prestações os das classes seguintes. Há no Direito Previdenciário, tal como no Direito das Sucessões, uma ordem de vocação entre dependentes para o recebimento de benefício, embora as classes elencadas na Lei de Benefícios não sejam as mesmas indicadas no Código Civil. Inicialmente, devem ser beneficiários os que estão na célula familiar do segu-

185 O art. 16, IV, da Lei n. 8.213/91, revogado pelo art. 8º da Lei n. 9.032/95, possibilitava ao segurado incluir como dependentes: *"a pessoa designada, menor de 21 (vinte e um) anos ou maior de 60 (sessenta) anos ou inválida."*

186 *Op. cit.*, p. 97.

rado; depois, não existindo esta, fazem jus os genitores; por fim, seus irmãos ainda menores ou incapazes para prover a sua própria subsistência.

A regra, todavia, se aplica na ocasião de cada evento capaz de estabelecer direito à prestação pelo conjunto de dependentes do segurado. É dizer, se, por exemplo, o segurado vem a ser recolhido à prisão, acarretando o direito ao auxílio-reclusão, o Instituto Nacional do Seguro Social – INSS irá averiguar quais os dependentes que se encontram inscritos, para determinar quem serão os beneficiários do auxílio. Se, no momento da prisão, o segurado possui como dependentes apenas o cônjuge e seu pai, o benefício será pago a sua consorte. Saindo da prisão, contudo, o segurado vem a ficar viúvo. Se novamente for recolhido à prisão após sua viuvez, o auxílio será pago ao genitor do mesmo.

Questão interessante para observar-se efeito semelhante ao do Direito das Sucessões é a análise da comoriência entre segurado e dependentes, com vistas à pensão por falecimento daquele. Suponha-se que um segurado possua como dependentes apenas sua esposa e um irmão inválido, e venha ele a sofrer acidente em companhia daquela, no qual vem a falecer. Se a morte do segurado e a de sua esposa forem simultâneas, a pensão caberá ao irmão inválido, pois não haverá dependente de classe privilegiada; se, no entanto, o segurado falecer e a esposa sobreviver ao acidente, a ela caberá a pensão. Por fim, se a viúva não resistir e falecer logo depois, o benefício da pensão se extinguirá, não se transmitindo ao irmão inválido, pois este pertence a outra classe menos privilegiada na ordem legal.

A dependência econômica do cônjuge, do companheiro ou da companheira e do filho é presumida e a dos demais (pais e irmãos) deve ser comprovada. Segundo *Wladimir Martinez*, "a presunção da lei é absoluta e, portanto, não comporta prova em contrário".[187] Somente se o casal estivesse separado e o marido tivesse uma companheira, ou a mulher tivesse um companheiro, a viúva ou o viúvo precisaria comprovar que, apesar disso, dependia do *de cujus*, pelo menos em parte.

A prova da dependência econômica, em geral, é feita mediante declaração assinada pelo próprio interessado, em formulário fornecido pelo INSS, mediante a apresentação de documentos que comprovem a dependência (art. 22, § 3º, do Decreto n. 3.048/99), ou, então, mediante justificação administrativa ou judicial.

As hipóteses em que ocorre a cessação da dependência estão previstas no art.77, II da Lei n. 8.213/91 e regulamentadas pelo Decreto n. 3.048/1999, com as alterações do Decreto n. 6.939, de 18.8.2009. Vejamos quais são:

> *Art. 17. A perda da qualidade de dependente ocorre:*
>
> *I - para o cônjuge, pela separação judicial ou divórcio, enquanto não lhe for assegurada a prestação de alimentos, pela anulação do casamento, pelo óbito ou por sentença judicial transitada em julgado;*

187 MARTINEZ, Wladimir Novaes. *Comentários à Lei Básica da Previdência Social*. 4. ed., São Paulo: LTr, 1997, t. II, p. 137.

II - para a companheira ou companheiro, pela cessação da união estável com o segurado ou segurada, enquanto não lhe for garantida a prestação de alimentos;

III - para o filho e o irmão, de qualquer condição, ao completarem vinte e um anos de idade, salvo se inválidos, desde que a invalidez tenha ocorrido antes:

a) de completarem vinte e um anos de idade;

b) do casamento;

c) do início do exercício de emprego público efetivo;

d) da constituição de estabelecimento civil ou comercial ou da existência de relação de emprego, desde que, em função deles, o menor com dezesseis anos completos tenha economia própria; ou

e) da concessão de emancipação, pelos pais, ou de um deles na falta do outro, mediante instrumento público, independentemente de homologação judicial, ou por sentença do juiz, ouvido o tutor, se o menor tiver dezesseis anos completos; e

IV - para os dependentes em geral:

a) pela cessação da invalidez; ou

b) pelo falecimento.

Discordamos da alteração do Decreto quanto à necessidade de que a invalidez do dependente deva ocorrer antes das hipóteses de cessação da dependência. Essa regra introduzida pelo Decreto n. 6.939/2009 não encontra previsão na Lei n. 8.213/91 e afasta o direito ao benefício de pessoas que – via de regra – encontram-se em situação de vulnerabilidade social. Com efeito, a condição de dependência se verifica no momento em que surge o direito ao benefício previdenciário (pensão ou auxílio-reclusão) e não quando o potencial dependente atinge a maioridade.

Capítulo 9

Inscrição dos segurados e dependentes

Inscrição é o ato pelo qual o segurado e o dependente são cadastrados no Regime Geral de Previdência Social, mediante comprovação dos dados pessoais e de outros elementos necessários e úteis a sua caracterização (art. 18 do Decreto n. 3.048/99).

É ato nitidamente administrativo e formal, documentado, de iniciativa da pessoa interessada e homologado pelo órgão gestor da Previdência Social. É também instrumento pessoal de qualificação que autoriza a utilização dos serviços ou a percepção de benefícios em dinheiro postos a sua disposição.

Na sequência temporal da relação jurídica de seguro social a inscrição é o terceiro momento, seguindo-se ao trabalho e à consequente filiação, ou, pelo menos, sendo contemporâneo a estes, mas nunca anterior. A diferenciação entre filiação e inscrição é da máxima importância para o Direito Previdenciário. *Wladimir Novaes Martinez* apresenta várias diferenças entre elas, destacando que "a filiação representa fato pertencente ao mundo material – o trabalho remunerado – e acontece independentemente da vontade do que se filia; a inscrição, embora materializada pela documentação, é ato formal, deflagrado pelo beneficiário. A filiação sucede no universo físico enquanto a inscrição opera-se como sua exteriorização jurídica. Como concepção, a filiação é uma condição do trabalhador decorrente do exercício de certas atividades e de disposições legais e a inscrição é um ato material ou real".[188]

A forma de inscrição dos segurados e dos dependentes está disciplinada em regulamento, conforme prevê o art. 17 da Lei n. 8.213/91, estando suas normas contidas nos arts. 18 a 24 do Decreto n. 3.048/99.

9.1 Inscrição dos segurados

Dispõem os incisos I a V do art. 18 do Decreto n. 3.048/99 sobre a inscrição dos segurados, exigindo-se:

188 MARTINEZ, Wladimir Novaes. *O salário-base na previdência social*. São Paulo: LTr, 1986, p. 49.

- nas categorias de empregado e de trabalhador avulso – preenchimento dos documentos que os habilitam ao exercício da atividade, formalizado pelo contrato de trabalho, no caso do empregado, e pelo cadastramento e registro no sindicato ou órgão gestor de mão-de-obra, no caso de trabalhador avulso;
- empregado doméstico – apresentação de documento que comprove a existência de contrato de trabalho;
- contribuinte individual – apresentação de documento que caracterize sua condição ou o exercício de atividade profissional, liberal ou não;
- segurado especial – apresentação de documento que comprove o exercício de atividade rural;
- segurado facultativo – apresentação de documento de identidade e declaração expressa de que não exerce atividade que o enquadre na categoria de segurado obrigatório.

Considera-se inscrição, para os efeitos na Previdência Social, o ato pelo qual a pessoa física, é cadastrada no Cadastro Nacional de Informações Sociais – CNIS, mediante informações prestadas dos seus dados pessoais e de outros elementos necessários e úteis à sua caracterização.

A pessoa física é identificada no CNIS por intermédio de um NIT – Número de Identificação do Trabalhador, que poderá ser NIT Previdência ou NIT PIS/PASEP/SUS ou outro NIS – Número de Identificação Social, emitido pela Caixa Econômica Federal - CEF.

No caso de inscrição feita junto ao INSS, as informações prestadas pelo indivíduo têm caráter meramente declaratório e são de inteira responsabilidade do declarante, podendo o INSS solicitar a comprovação do que restou declarado.

A inscrição do filiado será formalizada:

- *para o empregado e trabalhador avulso:* pelo preenchimento, de responsabilidade do empregador, dos documentos que os habilitem ao exercício da atividade, formalizado pelo contrato de trabalho no caso de empregado, e pelo cadastramento e registro no sindicato ou órgão gestor de mão-de-obra, no caso de trabalhador avulso, com inclusão automática no CNIS proveniente da declaração prestada em GFIP;
- *para o empregado doméstico:*
  a) que ainda não possui cadastro no CNIS, a inscrição em NIT Previdência será feita pelas informações prestadas pelo segurado, declarando sua condição e exercício de atividade;
  b) que já possui cadastro no CNIS em NIT PIS/PASEP ou SUS, mediante inclusão de atividade/ocupação em seu cadastro com base nas informações que ele prestar para identificação e classificação nessa categoria; e

c) para o cadastramento do empregado doméstico, decorrente de ação trabalhista, inexistindo a inscrição, esta deverá ser feita considerando como início de atividade a data da inscrição, gerada pelo sistema de cadastramento de pessoa física, na impossibilidade de comprovação para fins da retroação da Data de Início das Contribuições - DIC;

- *para o contribuinte individual:*

a) que ainda não possui cadastro no CNIS, a inscrição em NIT Previdência será feita pelas informações prestadas pelo filiado ou pela pessoa jurídica tomadora dos serviços, declarando sua condição e exercício de atividade, nos termos do § 2º do art. 4º da Lei nº 10.666, de 2003; e

b) que já possui cadastro no CNIS em NIT PIS/PASEP ou SUS, mediante inclusão de atividade/ocupação em seu cadastro e havendo contribuições já recolhidas, deverá ser observado o primeiro pagamento sem atraso;

- *para o segurado especial:*

a) a inscrição será feita de forma a vinculá-lo ao seu respectivo grupo familiar e conterá, além das informações pessoais, a identificação:

1. da forma do exercício da atividade, se individual ou em regime de economia familiar;
2. da condição no grupo familiar, se titular ou componente;
3. do tipo de ocupação do titular de acordo com tabela do Código Brasileiro de Ocupações - CBO;
4. da forma de ocupação do titular vinculando-o à propriedade ou à embarcação em que trabalhe; e
5. da propriedade em que desenvolve a atividade, se nela reside ou o município onde reside e, quando for o caso, a identificação e inscrição da pessoa responsável pelo grupo familiar, podendo ser exigida pelo INSS a documentação que comprove estas informações para fins de homologação do período de atividade na condição de segurado especial;

b) as informações sobre o segurado especial constituirão o Cadastro do Segurado Especial, podendo o INSS firmar convênio com órgãos federais, estaduais ou do Distrito Federal e dos Municípios, bem como com entidades de classe, em especial as respectivas confederações ou federações;

c) na impossibilidade da inscrição do Segurado Especial ser efetuada pelo próprio filiado, ela poderá ser providenciada por Entidade Representativa por meio da Internet no portal eletrônico www.previdencia.gov.br, em módulo próprio, com senha de acesso específica, mediante convênio firmado entre o INSS e a Entidade;

d) as informações contidas no cadastro de que trata a alínea "b" supra não dispensam a apresentação dos documentos previstos no inciso II do § 2º do art. 62 do Decreto n. 3.048/99, exceto as que forem obtidas e acolhidas pela Previdência Social diretamente de banco de dados disponibilizados por órgãos do poder público;

e) não poderá resultar nenhum ônus para os segurados, sejam eles filiados ou não às entidades conveniadas;

f) as informações obtidas e acolhidas pelo INSS, diretamente de bancos de dados disponibilizados por órgãos do poder público, serão utilizadas para validar ou invalidar informação para o cadastramento do segurado especial, bem como quando for o caso, para deixar de reconhecer no segurado essa condição;

g) o segurado especial integrante de grupo familiar que não seja proprietário do imóvel rural ou embarcação em que desenvolve sua atividade deve informar, no ato da inscrição, conforme o caso, o nome e o Cadastro de Pessoa Física - CPF do parceiro ou meeiro outorgante, arrendador, comodante ou assemelhado;

h) para a manutenção do cadastro o segurado especial ou a entidade representativa poderá declarar anualmente o exercício da atividade rural, por meio de aplicativo próprio disponibilizado no sítio da Previdência Social, em www.previdencia.gov.br;

i) para aquele que já possui cadastro no CNIS, o próprio segurado ou a entidade representativa poderá efetuar a complementação ou manutenção dos dados cadastrais, a fim de caracterizá-lo como Segurado Especial; e

– *para o facultativo:* mediante cadastramento via NIT Previdência ou por intermédio da inclusão dessa condição em NIT PIS/PASEP/SUS e havendo contribuições já recolhidas, deverá ser observado o primeiro pagamento em dia.

O exercício concomitante de mais de uma atividade remunerada sujeita ao Regime Geral de Previdência Social enseja a obrigatoriedade da inscrição em relação a cada uma delas. Todavia, o contribuinte individual terá um único Número de Identificação do Trabalhador – NIT, mesmo que exerça mais de uma atividade remunerada, devendo informar ao INSS todas as suas atividades.

Caso o segurado contribuinte individual na condição de membro de cooperativa de trabalho ou contratado como prestador de serviços de pessoa jurídica não for ainda inscrito no INSS, caberá à cooperativa ou à pessoa jurídica contratante tal obrigação, na forma do § 23 do art. 215 do Regulamento da Previdência Social, com a redação conferida pelo Decreto n. 4.729, de 9.6.2003.

O procedimento para recolhimento espontâneo de contribuições à Seguridade Social decorrentes de ação movida perante a Justiça do Trabalho, inexistindo a inscrição do empregado doméstico, deverá ser feito de ofício pelo órgão de arrecadação. Para fins de notificação fiscal de lançamento de débito ou de parcelamento de débito, inclusive o decorrente de ação movida perante a Justiça do Trabalho, de responsabilidade de empregador doméstico, deverá ser-lhe atribuída, de ofício, uma matrícula CEI vinculada ao NIT já existente do empregado doméstico ou ao NIT a ele atribuído de ofício.

A Lei n. 11.718/2008 estabeleceu novas regras para a inscrição do segurado especial, preocupando-se em fixar diretrizes para a identificação do grupo familiar, nos §§ 4º a 6º do art. 17 da Lei n. 8.213/91. Assim, a inscrição do segurado especial será feita de forma a vinculá-lo ao seu respectivo grupo familiar e conterá, além das informações pessoais, a identificação da propriedade em que desenvolve a atividade e a que título, se nela reside ou o Município onde reside e, quando for o caso, a identificação e inscrição da pessoa responsável pela unidade familiar.

O segurado especial integrante de grupo familiar que não seja proprietário ou dono do imóvel rural em que desenvolve sua atividade deverá informar, no ato da inscrição, conforme o caso, o nome do parceiro ou meeiro outorgante, arrendador, comodante ou assemelhado.

Simultaneamente com a inscrição do segurado especial, será atribuído ao grupo familiar número de Cadastro Específico do INSS - CEI, para fins de recolhimento das contribuições previdenciárias.

Para este fim, prevê o art. 38-A da Lei de Benefícios que o Ministério da Previdência Social desenvolverá programa de cadastramento dos segurados especiais, podendo para tanto firmar convênio com órgãos federais, estaduais ou do Distrito Federal e dos Municípios, bem como com entidades de classe, em especial as respectivas confederações ou federações, sem que haja ônus para os segurados. O programa deverá prever a manutenção e a atualização anual do cadastro, e as informações nele contidas não dispensam a apresentação dos documentos previstos no art. 106 da Lei n. 8.213/91.

O Decreto n. 3.048/99, em sua redação original, vedou a inscrição *post mortem* do empregado e trabalhador avulso (art. 18, § 1º), regra que se mostrava ilegal, pois a inscrição pode ser feita a qualquer época, desde que haja comprovante do exercício da atividade. Essa vedação feria frontalmente os direitos dos dependentes do trabalhador falecido, vítima da omissão do empregador que deixou de proceder à oportuna inscrição junto ao INSS. O Decreto n. 3.265/99 sanou a ilegalidade, alterando a redação do texto para excluir tal vedação. Ou seja, presentes os pressupostos da filiação, admite-se a inscrição *post mortem*. Comprovado pelos dependentes que o *de cujus* exercia atividade remunerada geradora de enquadramento como segurado obrigatório, deve ser reconhecida a condição de segurado de forma retroativa, garantindo-se-lhe os benefícios decorrentes do evento morte. Nesse sentido, decidiu o Tribunal Regional Federal da 4ª Região na Ap. MS n. 1999.71.02.005515-8/RS, Rel. Desembargador Federal Nylson Paim de Abreu, em sessão de 15.8.2000, que, "comprovado o exercício de atividade remunerada que determine a filiação automática, a inscrição do segurado obrigatório pode ser efetuada após o seu óbito, de modo que os seus dependentes têm direito à pensão por morte. Precedentes da corte".[189]

O INSS definiu que a inscrição *post mortem* será solicitada por meio de requerimento pelo dependente ou representante legal, sendo atribuído o NIT Previdência somente após comprovação da atividade alegada.

Todavia, o INSS somente considera a inscrição *post mortem* e as contribuições vertidas após a extemporânea inscrição para efeito de manutenção da qualidade de segurado, na hipótese de inscrição no PIS autorizada e incluída pela CEF - mantendo-se, assim, a necessidade de ingresso na via judicial dos dependentes de segurados falecidos que não estavam nessa situação.

9.2 Inscrição de dependentes

De acordo com o art. 22 do Decreto n. 3.048/99, com a redação conferida pelo Decreto n. 4.079/2002, a inscrição do dependente do segurado será promovida quando do requerimento do benefício a que tiver direito, mediante a apresentação dos seguintes documentos.

- para os dependentes preferenciais:

a) cônjuge e filhos: certidões de casamento e de nascimento;

b) companheira ou companheiro: documento de identidade e certidão de casamento com averbação da separação judicial ou divórcio, quando um dos companheiros ou ambos já tiverem sido casados, ou de óbito, se for o caso; e

c) equiparado a filho: certidão judicial de tutela e, em se tratando de enteado, certidão de casamento do segurado e de nascimento do dependente;

- para os pais: certidão de nascimento do segurado e documentos de identidade dos mesmos; e
- para os irmãos: certidão de nascimento.

Foi revogada a regra pela qual a inscrição do cônjuge e filho do segurado era feita na empresa, caso fosse empregado, no sindicato ou órgão gestor da mão-de-obra, caso fosse trabalhador avulso, e no INSS, nos demais casos, assim como a que incumbia ao segurado a inscrição do dependente, no ato da inscrição do próprio segurado.

189 RPS 248/505, julho de 2001.

Para comprovação do vínculo e da dependência econômica, conforme o caso, podem ser apresentados os documentos previstos no § 3º do art. 22 do Decreto n. 3.048/99, quais sejam:

- certidão de nascimento de filho havido em comum;
- certidão de casamento religioso;
- declaração do imposto de renda do segurado, em que conste o interessado como seu dependente;
- disposições testamentárias;
- declaração especial feita perante tabelião;
- prova de mesmo domicílio;
- prova de encargos domésticos evidentes e existência de sociedade ou comunhão nos atos da vida civil;
- procuração ou fiança de reciprocamente outorgada;
- conta bancária conjunta;
- registro em associação de qualquer natureza, em que conste o interessado como dependente do segurado;
- anotação constante de ficha ou livro de registro de empregados;
- apólice de seguro da qual conste o segurado como instituidor do seguro e a pessoa interessada como sua beneficiária;
- ficha de tratamento em instituição de assistência médica, da qual conste o segurado como responsável;
- escritura de compra e venda de imóvel pelo segurado em nome de dependente;
- declaração de não-emancipação do dependente menor de 21 anos; ou
- quaisquer outros que possam levar à convicção do fato a comprovar.

O fato superveniente que importe exclusão ou inclusão de dependente deve ser comunicado ao INSS, com as provas cabíveis.

Foi revogada, ainda, pelo Decreto n. 4.079/2002, a disposição do § 5º do art. 22 do Decreto n. 3.048/99, que vedava a inscriçao de companheiro ou companheira como dependente, ao segurado ou segurada, cujo estado civil fosse o de casado.

Para inscrição dos pais ou irmãos, estes deverão comprovar a inexistência de dependentes preferenciais, mediante declaração firmada perante o INSS, na forma do art. 24 do Decreto n. 3.048/99.

Parte III

Custeio da Seguridade Social

Capítulo 1
Sistema de financiamento da Seguridade Social

O financiamento da Seguridade Social é previsto no art. 195 da Constituição Federal como um dever imposto a toda a sociedade, de forma direta e indireta, mediante recursos provenientes dos orçamentos da União, dos Estados, do Distrito Federal, dos Municípios e de contribuições sociais.

Segundo ensina *Russomano*, ao comentar a CLPS/84, "o problema do custeio, em Previdência Social, é um dos pontos de relevância prática, pois está ligado, intimamente, à organização administrativa e à amplitude do funcionamento do sistema". E, com bastante atualidade, assevera: "A circunstância de o custeio de um sistema de Previdência Social (como se verifica no Brasil) depender, fundamentalmente, da contribuição de trabalhadores e empresários resulta de uma contingência, isto é, da impossibilidade prática de instalação, no País, de um regime mais amplo, de autêntica Seguridade Social, em que a responsabilidade pecuniária seja atribuída ao Estado. As demais fontes de receita do (então) INPS, na prática, são irrelevantes".[190]

O modelo de financiamento da Seguridade Social previsto na Carta Magna se baseia no sistema contributivo, em que pese ter o Poder Público participação no orçamento da Seguridade, mediante a entrega de recursos provenientes do orçamento da União e dos demais entes da Federação, para a cobertura de eventuais insuficiências do modelo, bem como para fazer frente a despesas com seus próprios encargos previdenciários, recursos humanos e materiais empregados.

O orçamento da Seguridade Social tem receita própria, que não se confunde com a receita tributária federal, aquela destinada exclusivamente para as prestações da Seguridade nas áreas da Saúde Pública, Previdência Social e Assistência Social, obedecida a Lei de Diretrizes Orçamentárias – LDO. Para tanto, este deve ser objeto de deliberação conjunta entre os órgãos competentes – Conselho Nacional de

190 RUSSOMANO, Mozart Victor. *Comentários à Consolidação das Leis da Previdência Social.* 2. ed., São Paulo: Revista dos Tribunais, 1981.

Previdência Social, Conselho Nacional de Assistência Social e Conselho Nacional de Saúde –, e a gestão dos recursos é descentralizada por área de atuação.

Além das fontes de custeio previstas no texto constitucional, este permite a criação de outras fontes, mediante lei complementar – consoante o art. 154, I, da Carta Magna –, seja para financiar novos benefícios e serviços, seja para manter os já existentes, sendo certo que é vedado ao legislador criar ou estender benefício ou serviço, ou aumentar seu valor, sem que, ao menos simultaneamente, institua fonte de custeio capaz de atender às despesas daí decorrentes.

Com a Emenda Constitucional n. 20 foram incluídos no art. 195 os §§ 9º, 10 e 11, e alterado o § 8º. As mudanças autorizam o legislador: a) a estabelecer alíquotas ou bases de cálculo diferenciadas em função da atividade econômica das empresas ou da utilização intensiva da mão-de-obra, pretendendo, por um lado, espécie de benefício fiscal a empresas que invistam em novos postos de trabalho no mercado formal, bem como as microempresas e empresas de pequeno porte, e, por outro lado, aumentar a carga de contribuição sobre empresas cuja atividade econômica caracterize alto risco de acidentes de trabalho e doenças ocupacionais – *vide* a Lei n. 9.732/98; b) a evitar a "sangria" de recursos da Seguridade Social para o Sistema Único de Saúde – SUS e entidades beneficentes, em detrimento do pagamento de benefícios previdenciários. *A contrario sensu*, vedam a remissão ou anistia de débitos para com o INSS relativos a contribuições do empregador sobre a folha de pagamentos e as retidas dos estipêndios dos empregados, cujo valor esteja acima do fixado por lei complementar.

A alteração do § 8º visa adequar a legislação ordinária à norma constitucional, já que esta, até então, dizia ser o garimpeiro espécie de segurado especial, quando a lei, de há muito, o tratava como segurado equiparado a autônomo, hoje contribuinte individual.

No que se refere às contribuições, a Emenda n. 20 alterou as incidências previstas no *caput* do art. 195 e seus incisos, para permitir a exação sobre todo e qualquer tipo de pagamento remuneratório a pessoa física, com vínculo de emprego ou não – a redação anterior se referia apenas à incidência sobre a "folha de salários" e também sobre a "receita ou o faturamento", pondo fim às discussões sobre a constitucionalidade da cobrança de algumas contribuições – COFINS e PIS.

Contudo, para evitar um vácuo legislativo, a Emenda Constitucional n. 20 previu, em seu art. 12, que, até que produzam efeitos as leis que irão dispor sobre as contribuições de que trata o art. 195, são exigíveis as estabelecidas em lei, destinadas ao custeio da Seguridade Social e dos diversos regimes previdenciários.

De acordo com o art. 11 da Lei n. 8.212/91, em vigor na data da publicação da Emenda n. 20, o orçamento da Seguridade Social, no âmbito federal, é composto de receitas provenientes:

- da União;

- das contribuições sociais; e
- de outras fontes.

A Emenda Constitucional n. 42, de 19 de dezembro de 2003, denominada Reforma Tributária, promoveu novas alterações na redação do art. 195. Foi introduzido o inciso IV para permitir a instituição de contribuição social do importador de bens ou serviços do exterior, ou de quem a lei a ele equiparar. Pela inclusão dos §§ 12 e 13, ficou autorizado que lei ordinária poderá definir os setores da atividade econômica para as quais as contribuições incidentes sobre a receita, o faturamento e a importação de bens e serviços serão não-cumulativas. Essa regra aplica-se inclusive na hipótese de substituição gradual, total ou parcial, da contribuição incidente sobre a folha de salários e demais rendimentos do trabalho pela incidente sobre a receita ou o faturamento.

Consoante entende *Wladimir Novaes Martinez*, "embora a técnica protetiva descrita nos arts. 194/204 da Constituição Federal não seja exatamente a seguridade social, a modalidade de financiamento agora evidenciado, por parte da sociedade, é uma sua característica, assinaladora da responsabilidade de todos na proteção de todos. Todavia, desfigura-se a referida técnica por não ter sido implementada a sua essência. A seguridade social não passa da somatória da Previdência Social, anteriormente conhecida, com as ações de saúde e assistenciárias".[191]

O orçamento da Seguridade Social é autônomo, não se confundindo com o orçamento do Tesouro Nacional, conforme previsto no item III do § 5º do art. 165 da Constituição. Sendo assim, as contribuições arrecadadas com fundamento no art. 195 da Constituição ingressam diretamente nesse orçamento, não constituindo receita do Tesouro Nacional. Nesse sentido escreveu *Hugo de Brito Machado*: "As contribuições, com as quais os empregadores, os trabalhadores e os administradores de concurso de prognósticos financiam diretamente a seguridade social, não podem constituir receita do Tesouro Nacional precisamente porque devem ingressar diretamente no orçamento da seguridade social. Por isto mesmo, lei que institua contribuição social, com fundamento no art. 195, I, da Constituição Federal, indicando como sujeito ativo pessoa diversa da que administra a seguridade social, viola a Constituição".[192]

A Emenda Constitucional n. 20 introduziu o inciso X no art. 167 do texto constitucional, vedando a utilização dos recursos provenientes das contribuições sociais de que trata o art. 195, I, *a*, e II, para a realização de despesas distintas do pagamento de benefícios do Regime Geral de Previdência Social de que trata o art. 201 da Constituição. Essa medida é muito salutar para a Previdência Social, pois impede que o Poder Executivo destine recursos das contribuições sociais, inciden-

---

191 MARTINEZ, Wladimir Novaes. *CD - Comentários à Lei Básica da Previdência Social*, Brasília, LTr/Rede Brasil, 1999.

192 MACHADO, Hugo de Brito. *Curso de direito tributário*. 10. ed., São Paulo: Malheiros, 1995, p. 316.

tes sobre a folha de salários e sobre o rendimento do trabalho, para cobrir outras despesas que não os benefícios previdenciários.

Por tal razão, a chamada Desvinculação de Receita da União - DRU (art. 76 do Ato das Disposições Constitucionais Transitórias, com a redação da Emenda Constitucional n. 56/2007), que corresponde à destinação de 20% de toda e qualquer receita arrecadada pela União a despesas que fiquem a exclusivo critério do Poder Executivo, não pode incidir sobre tais contribuições. Em verdade, é nosso entendimento que a incidência da DRU sobre as outras contribuições à Seguridade Social - como a COFINS e a CSLL e as contribuições por adesão ao SIMPLES nacional - também registra fortes indícios de inconstitucionalidade, já que afronta, a nosso sentir, o comando constitucional originário de separação do orçamento da Seguridade Social, cujo sentido só poderia ser o de vincular tais receitas exclusivamente a gastos com Saúde, Assistência e Previdência, antes mesmo da promulgação da Emenda n. 20/98.

1.1 Sistema contributivo

Na relação de custeio da Seguridade Social, aplica-se o princípio de que todos que compõem a sociedade devem colaborar para a cobertura dos riscos provenientes da perda ou redução da capacidade de trabalho ou dos meios de subsistência. Por ser uma relação jurídica estatutária, é compulsória àqueles que a lei impõe, não sendo facultado ao contribuinte optar por não cumprir a obrigação de prestar a sua contribuição social; podem os contribuintes, quando muito, nos casos em que a lei permite, estar isentos – hipótese de entidades assistenciais –, ou optar por contribuir com mais ou com menos, mantendo-se a obrigação – caso dos segurados facultativos. Observa-se ainda que são contribuintes não só os segurados da Seguridade Social, como também outras pessoas dentro da sociedade – as empresas e empregadores domésticos, bem como, em nosso ordenamento, aqueles que fazem apostas em concursos de prognósticos.

Genericamente, há duas formas de obter-se o custeio, como já visto na Parte I, Capítulo III, desta obra: uma, pela receita tributária, unicamente, a que se chama de sistema não-contributivo; e outra, pela qual a fonte principal de custeio são contribuições específicas, que são tributos vinculados para este fim, sistema então chamado de contributivo.

No sistema não contributivo, os valores despendidos com o custeio são retirados diretamente do orçamento do Estado, que obtém recursos por meio da arrecadação de tributos, entre outras fontes, sem que haja cobrança de contribuições sociais.

No sistema contributivo, por seu turno, podemos estar diante de duas espécies: uma, em que as contribuições individuais servirão somente para o pagamento de benefícios aos próprios segurados, sendo colocadas numa reserva ou conta individualizada (sistema adotado pelos planos de previdência complementar, privada), a que chamamos de sistema de capitalização; noutra, as contribuições são todas reunidas num fundo único, que serve para o pagamento das prestações no mesmo período, a quem delas necessite – é o sistema de repartição, hoje vigente em termos de Seguridade no Brasil.

1.2 Participação da União

A Constituição Federal de 1988 estabelece no art. 195, *caput*, que a Seguridade Social será financiada por toda a sociedade, de forma direta e indireta, nos termos da lei, mediante recursos provenientes dos orçamentos da União, dos Estados, do Distrito Federal e dos Municípios, e das contribuições sociais.

O art. 165, § 5º, III, da Constituição fixa, ainda, a regra segundo a qual a lei orçamentária anual compreenderá "o orçamento da seguridade social, abrangendo todas as entidades e órgãos a ela vinculados, da administração direta ou indireta, bem como os fundos e fundações instituídos e mantidos pelo Poder Público".

Em verdade, a União não tem, efetivamente, uma contribuição social. Ela participa atribuindo dotações do seu orçamento à Seguridade Social, fixados obrigatoriamente na Lei Orçamentária anual, além de ser responsável pela cobertura de eventuais insuficiências financeiras da Seguridade, em razão do pagamento de benefícios de prestação continuada pela previdência social (art. 16 da Lei n. 8.212/91). Não há um percentual mínimo definido para ser destinado à Seguridade Social, tal como ocorre com a educação (art. 212 da Constituição). É, como sempre foi, uma parcela aleatória.

De há muito não existem mais as chamadas "quotas de previdência", que eram taxas exigidas do público em geral com a finalidade de ser transferida a receita deles decorrente ao então Instituto Nacional da Previdência Social – INPS (art. 135 da CLPS/84).

Segundo preleciona *Celso Ribeiro Bastos*, "orçamento é uma peça contábil que faz, de uma parte, uma previsão das despesas a serem realizadas pelo Estado, e, de outra parte, o autoriza a efetuar a cobrança, sobretudo de impostos e também de outras fontes de recursos".[193]

Entende *Wladimir Novaes Martinez* que "ficar o Estado (art. 16, parágrafo único, do PCSS), particularmente a União, na retaguarda das obrigações assumidas pela Previdência Social (numa palavra, quedar-se a sociedade como última garantia dos recursos financeiros necessários às prestações) é uma tomada de posição de caráter filosófico. A União garante a Previdência Social. Com isso, tem-na estatizada

193 BASTOS, Celso Ribeiro. *Curso de direito constitucional*. 19. ed. atual., São Paulo: Saraiva, 1998.

e sob sua administração, ferindo a ideia de o seguro social ser um empreendimento dos trabalhadores. Na verdade, se os recursos canalizados pelas contribuições não forem suficientes, a sociedade é chamada, através do orçamento da União, a contribuir".[194]

Por outro lado, a União pode socorrer-se do "caixa" da Seguridade Social para pagar seus "encargos previdenciários". A União, para fazer frente a esses encargos, é autorizada a utilizar-se dos recursos provenientes das contribuições incidentes sobre o faturamento e o lucro (art. 17 da Lei n. 8.212/91, com a redação da Lei n. 9.711/98).

Também podem ser utilizados os recursos da Seguridade Social para custear despesas com pessoal e administração geral do INSS, salvo os provenientes da arrecadação da contribuição sobre concursos de prognósticos, cuja destinação é somente para custeio dos benefícios e serviços prestados pela Seguridade Social (art. 18 da Lei n. 8.212/91).

Entretanto, a Emenda Constitucional n. 20/98 acrescentou o inciso XI ao art.167 da Constituição para vedar a utilização dos recursos provenientes das contribuições sociais de que trata o art. 195, I, *a*, e II (incidentes sobre a folha de salários e demais rendimentos do trabalho e do trabalhador e demais segurados da Previdência Social), para a realização de despesas outras que não as decorrentes do pagamento de benefícios do Regime Geral de Previdência Social - RGPS.

1.3 Contribuições sociais

A Constituição Federal de 1988 tratou das contribuições sociais no capítulo reservado ao Sistema Tributário Nacional, estabelecendo no art. 149 normas gerais sobre a instituição, e, no art. 195, normas especiais em relação às contribuições para a Seguridade Social.

Sobre a competência para instituição de contribuições previdenciárias temos a ressaltar que não é privativa da União, mas estende-se aos Estados, ao Distrito Federal e aos Municípios, para que instituam sistemas de previdência e assistência social próprios para seus servidores, não sendo possível a estes entes criarem regimes previdenciários para trabalhadores da iniciativa privada, cuja competência é exclusiva da União. Nesse sentido instrui *Roque Antônio Carrazza*: "Os Estados, os Municípios e o Distrito Federal, enquanto organizam o sistema de previdência e assistência social de seus servidores, estão autorizados a instituir e a cobrar-lhes contribuições previdenciárias. Sob a Constituição de 1967/69, tal cobrança já se perfazia, mas enxameavam as divergências acerca de sua constitucionalidade. Agora inexistem dúvidas de que não só a União como as demais pessoas políticas, para

194 MARTINEZ, Wladimir Novaes. *CD - Comentários à Lei Básica da Previdência Social*, cit.

o custeio da previdência e assistência social de seus servidores, têm competência para criar suas próprias contribuições previdenciárias, obedecendo, *mutatis mutandis*, às diretrizes acima apontadas".[195]

1.3.1 Conceituação

Ao conceituarmos a contribuição social, estaremos, de certa forma, definindo as características dessa imposição estatal e sua natureza jurídica, pontos que geram controvérsia entre os doutrinadores.

As contribuições sociais podem ser conceituadas como "valores com que, a título de obrigações sociais, contribuem os filiados, e os que o Estado estabelece para manutenção e financiamento dos benefícios que outorga".[196]

Segundo *Ruprecht*, "a contribuição pode ser definida como uma obrigação legal que se impõe a entidades e indivíduos para que contribuam para as despesas dos regimes de seguridade social, com base em determinados critérios legais".[197]

O conceito de contribuição social dado por *Hugo de Brito Machado* é de: "espécie de tributo com finalidade constitucionalmente definida, a saber, intervenção no domínio econômico, interesse de categorias profissionais ou econômicas e seguridade social".[198]

A contribuição para a Seguridade Social é uma espécie de contribuição social, cuja receita tem por finalidade o financiamento das ações nas áreas da saúde, previdência e assistência social.

Constituem contribuições sociais, as quais são exigidas com base nas leis que as instituíram, e que estão agrupadas no Regulamento da Previdência Social (parágrafo único do art. 195 do Decreto n. 3.048, de 6.5.99):

- as das empresas, incidentes sobre a remuneração paga, devida ou creditada aos segurados e demais pessoas físicas a seu serviço, mesmo sem vínculo empregatício;
- as dos empregadores domésticos, incidentes sobre o salário de contribuição dos empregados domésticos a seu serviço;
- as dos trabalhadores, incidentes sobre seu salário de contribuição;
- as das associações desportivas que mantêm equipe de futebol profissional, incidentes sobre a receita bruta decorrentes dos espetáculos desportivos de que participem em todo o território nacional em qualquer modalidade

195 CARRAZZA, Roque Antônio. *Curso de direito constitucional tributário*. 9. ed., São Paulo: Malheiros, 1997, p. 351.

196 *Apud* GALA VALLEJO. *La cotización de los seguros sociales*, Madri, 1956, p. 33.

197 *Direito da seguridade social*. São Paulo: LTr, 1996, p. 96.

198 *Op. cit.*, p. 313.

desportiva, inclusive jogos internacionais, e de qualquer forma de patrocínio, licenciamento de uso de marcas e símbolos, publicidade, propaganda e transmissão de espetáculos desportivos;

- as incidentes sobre a receita bruta proveniente da comercialização da produção rural;
- as das empresas, incidentes sobre a receita ou o faturamento e o lucro;
- as incidentes sobre a receita de concursos de prognósticos.

Afora as contribuições referidas, deve-se acrescentar a do importador de bens ou serviços do exterior, ou de quem a lei a ele equiparar, acrescentada pela Emenda Constitucional n. 42/2003 e regulada pela Lei n. 10.865/2004.

1.3.2 Natureza jurídica

A identificação da natureza jurídica das contribuições para a Seguridade Social possui uma importância significativa, pois ajuda a compreender as regras que lhes são aplicáveis.

Para *Wladimir Novaes Martinez*, "a natureza jurídica da exação previdenciária é área na qual o Direito Previdenciário mais se relaciona com o Direito Tributário. Sede de formidáveis divergências entre publicistas e uns poucos previdenciaristas, tem estimulado enormemente os estudiosos e propiciando respeitável contribuição doutrinária".[199]

Várias teorias se formaram para definir a natureza jurídica das contribuições sociais, porém, as mais significativas são: a teoria fiscal, a teoria parafiscal e a teoria da exação *sui generis*.

De acordo com a teoria fiscal, a contribuição para a Seguridade Social tem natureza tributária, pois se trata de uma prestação pecuniária compulsória instituída por lei e cobrada pelo ente público arrecadador com a finalidade de custear as ações nas áreas da saúde, previdência e assistência social. O fato de não se enquadrar como imposto, taxa ou contribuição de melhoria, espécies de tributos relacionados no art. 145 da Constituição Federal e no art. 5º do Código Tributário Nacional, não afasta sua natureza tributária, isto porque a instituição das contribuições sociais está prevista no art. 149 da Constituição, que compõe o capítulo "Do Sistema Tributário Nacional".

Para os defensores da teoria parafiscal, há que se diferenciar os tributos fiscais e parafiscais. A contribuição para a Seguridade Social teria a natureza da parafiscalidade, pois busca suprir os encargos do Estado, que não lhe sejam próprios, no caso, o pagamento de benefícios previdenciários. As receitas vão para um or-

199 MARTINEZ, Wladimir Novaes. *Curso de direito previdenciário. Tomo I – Noções de direito previdenciário*. São Paulo: LTr, 1997, p. 241.

çamento próprio, distinto do orçamento da União, e o destino dos recursos é o atendimento das necessidades econômicas e sociais de determinados grupos ou categorias profissionais e econômicas. Embora a exigência da contribuição seja compulsória, o regime especial de contabilização financeira afasta a natureza fiscal.

Pela teoria da exação *sui generis* a contribuição à Seguridade Social nada tem a ver com o Direito Tributário, não possuindo natureza fiscal nem parafiscal. Trata-se de uma imposição estatal atípica, prevista na Constituição e na legislação ordinária, cuja natureza jurídica é especial.

Sergio Pinto Martins defende que, a partir da Constituição de 1988, as contribuições para a Seguridade Social possuem natureza tributária. Segundo esse doutrinador, anteriormente à Carta Magna de 1988, a natureza jurídica alterou-se em conformidade com as modificações introduzidas no texto constitucional vigente:

> *No nosso entendimento a contribuição à seguridade social é tributo.*
>
> *Tributo é gênero, do qual são espécies o imposto, a taxa, a contribuição de melhoria, as contribuições, ou até mesmo o empréstimo compulsório, segundo alguns juristas.*
>
> *A jurisprudência vinha sendo pacífica no sentido de entender a contribuição à seguridade social como tributo até a edição da Emenda Constitucional n. 8, de 1977, que acrescentou o inciso X, do art. 43, à Emenda Constitucional n. 1, de 1969, e deu nova redação ao inciso I, do § 2º, do art. 21 da mesma emenda. Com base nessas alterações passou-se a entender que o termo "contribuições sociais" previsto no inciso X, do art. 43, da Emenda Constitucional n. 1, de 1969, tinha significado diverso da palavra "tributos" contida no inciso I do mesmo artigo. O inciso I, do § 2º, do art. 21, da Emenda Constitucional n. 1, de 1969, com a redação determinada pela Constitucional n. 8, não mais falava em interesses da previdência social, daí passou-se a entender que não mais tinha caráter tributário a contribuição securitária.*
>
> *Com a edição da Emenda Constitucional n. 8, de 1977, o Supremo Tribunal Federal passou a entender que não mais tinha a contribuição da seguridade social natureza de tributo, embora existam alguns julgados em sentido contrário naquela corte.*
>
> *(...) No nosso entender, o art. 149 da Constituição (de 1988) consagra contribuições de natureza tributária, ao prever que compete exclusivamente à União instituir contribuições sociais, de intervenção no domínio econômico e de interesse das categorias profissionais ou econômicas, observados certos dispositivos constitucionais, e sem prejuízo do disposto no § 6º do art. 195 da Constituição, quanto às contribuições a que alude aquele preceito legal.*[200]

Roque Antônio Carrazza também defende a natureza tributária das contribuições à Seguridade Social: "(...) as 'contribuições' são, sem sombra de dúvida, tributos, uma vez que devem necessariamente obedecer ao regime jurídico tributário, isto é, aos princípios que informam a tributação, no Brasil. Estamos, portanto, que estas 'contribuições sociais' são verdadeiros tributos (embora qualificados pela finalidade que devem alcançar)".[201]

Em sentido contrário, *Wladimir Novaes Martinez* sustenta que tal exação não possui natureza jurídica tributária: "Abrigando-se a existência de um Sistema

200 MARTINS, Sergio Pinto. *Direito da seguridade social.* 11 ed. São Paulo: Atlas, 1999, pp. 74-75.

201 CARRAZZA, Roque Antônio. *Curso de direito constitucional* ..., cit., p. 345.

Exacional Nacional, persistentes regras universais comuns às espécies tributárias e securitárias e inexistente menção à contribuição social previdenciária no art. 149 da Lei Maior – em face da especificidade da Previdência Social, o aporte ora cogitado econômico-financeiramente é salário socialmente diferido, e juridicamente, exação não-tributária".[202]

Em nível jurisprudencial, destacamos a orientação firmada pelo Supremo Tribunal Federal no sentido de que a contribuição de seguridade social não só se qualifica como modalidade autônoma de tributo (*RTJ* 143/684), como também representa espécie tributária essencialmente vinculada ao financiamento da Seguridade Social, em função de específica destinação constitucional (ADC 8-MC, Rel. Min. Celso de Mello, julgamento em 13.10.99, *DJ* de 4.4.2003).

Filiamo-nos à orientação que predominou na doutrina e na jurisprudência após a Constituição de 1988, de que as contribuições destinadas ao financiamento da Seguridade Social possuem natureza jurídica tributária, pois estão sujeitas ao regime constitucional peculiar aos tributos, ressalvada apenas a previsão do § 6º do art. 195 da Carta Magna.

1.3.3 Características gerais

As características gerais das contribuições sociais estão previstas no art. 149 da Constituição Federal, que estabelece para a instituição a observância das normas gerais do Direito Tributário e aos princípios da legalidade e da anterioridade, ressalvando, quanto a este último, a regra especial pertinente às contribuições para a Seguridade Social, cujo prazo de exigibilidade é de noventa dias após a publicação da lei que institui, modifica ou majora contribuição, de acordo com o previsto no art. 195, § 6º, da Constituição Federal.

As normas gerais em matéria de legislação tributária, a que estão sujeitas as contribuições sociais, estão previstas no Código Tributário Nacional – Lei n. 5.172, de 25.10.66, a qual foi recepcionada pela Constituição de 1988 com o *status* de lei complementar.

A regulamentação das contribuições para a Seguridade Social prevista no art. 195 da Constituição Federal por meio de lei ordinária (Lei n. 8.212/91) tem sido admitida, desde que não haja afronta às normas gerais definidas na Constituição e no Código Tributário Nacional.

As contribuições destinadas ao financiamento da Seguridade Social previstas nos incisos I, II, III e IV, do art. 195 da Constituição podem ser instituídas por lei ordinária. Todavia, para a instituição de outras fontes de custeio, destinadas a garantir a manutenção ou expansão da Seguridade Social, estabeleceu o constituinte de 1988,

202 MARTINEZ, Wladimir Novaes. *Curso de direito previdenciário...*, cit., p. 272.

no § 4º do art. 195, que deve ser obedecido o disposto no art. 154, I, que estabelece: "Art. 154. A União poderá instituir: I – mediante lei complementar, impostos não previstos no artigo anterior, desde que sejam não cumulativos e não tenham fato gerador ou base de cálculo próprios dos discriminados nesta Constituição".

Dessa disposição fica evidenciado, no tocante às contribuições sociais, que a remissão trata, exclusivamente, da necessidade de lei complementar para a criação de nova contribuição, uma vez que as outras condições (não-cumulatividade, fato gerador e base de cálculo inéditos) são específicas de espécie tributária, o imposto.

O Supremo Tribunal Federal já se manifestou no sentido de que para a criação de nova contribuição social basta a observância do pressuposto formal da lei complementar, o que pode ser examinado no julgamento da Ação Direta de Inconstitucionalidade n. 1.102-2, sendo Relator o Ministro Maurício Corrêa (*in* DJU, seção I, de 17.11.95, p. 39.205). E, ao julgar o Recurso Extraordinário n. 138.284-8/CE, relator o Ministro Carlos Velloso, a Suprema Corte rejeitou o argumento de inconstitucionalidade da contribuição incidente sobre o lucro das pessoas jurídicas, por incidir sobre a mesma base de cálculo do imposto de renda, nos seguintes termos:

> *Improcede, dessa forma, a alegação de inconstitucionalidade da contribuição social sobre o faturamento, a pretexto de que tem a mesma base de cálculo de impostos previstos na Constituição. Não ocorre bitributação vedada na Constituição entre a contribuição da Lei Complementar n. 70/91 e a contribuição para o Programa de Integração Social – PIS, por incidirem ambos sobre o faturamento. Não se revestindo a contribuição social da Lei Complementar n. 70/91 do caráter de imposto, nem se compreendendo entre as outras fontes de custeio previstas no art. 195, § 4º, não se aplica a vedação do inciso I do art. 154 da Constituição Federal. A existência de duas contribuições sobre a mesma base de cálculo – o faturamento – está autorizada na própria Constituição, em seus arts. 195, I, e 239, não se podendo falar em inconstitucionalidade, nem mesmo em antinomia entre essas normas constitucionais.*

O princípio da anterioridade previsto no art. 150, III, letra *b*, da Constituição veda a cobrança de tributo no mesmo exercício financeiro em que haja sido publicada a lei que os instituiu ou aumentou. O exercício financeiro começa no dia 1º de janeiro e se prolonga até o dia 31 de dezembro de cada ano.

Para as contribuições à Seguridade Social, a Constituição estabeleceu a observância de uma norma de anterioridade especial prevista no art. 195, § 6º, no sentido de que só poderão ser exigidas após decorridos noventa dias da data da publicação da lei que as houver instituído ou modificado.

Sendo assim, não se lhes aplica o disposto no art. 150, III, *b*, da Constituição, podendo ser exigidas no mesmo exercício financeiro, desde que respeitada a anterioridade dos noventa dias.

A respeito da contagem do prazo nonagesimal, o STF decidiu:

> *"O prazo nonagesimal (CF, art. 195, § 6º) é contado a partir da publicação da medida provisória que houver instituído ou modificado a contribuição." (RE 453.490-AgR, Rel. Min. Ricardo Lewandowski, julgamento em 17.10.2006, DJ de 10.11.2006). "Contribuição social. Anteriori-*

dade. Medida provisória convertida em lei. Uma vez convertida a medida provisória em lei, no prazo previsto no parágrafo único do artigo 62 da Carta Política da República, conta-se a partir da veiculação da primeira o período de noventa dias de que cogita o § 6º do artigo 195, também da Constituição Federal. A circunstância de a lei de conversão haver sido publicada após os trinta dias não prejudica a contagem, considerado como termo inicial a data em que divulgada a medida provisória" (RE 168.421, Rel. Min. Marco Aurélio, julgamento em 16.12.97, DJ de 27.3.98).

As contribuições sociais estão, em regra, sujeitas ao lançamento por homologação. O sujeito passivo antecipa o pagamento respectivo sem que a autoridade administrativa tenha examinado os elementos com base nos quais foi a mesma calculada.

As normas sobre o lançamento por homologação estão previstas no art. 150 do Código Tributário Nacional e no art. 32 da Lei n. 8.212/91, o qual estabelece ser obrigação da empresa lançar mensalmente em títulos próprios de sua contabilidade, de forma discriminada, os fatos geradores de todas as contribuições, o montante das quantias descontadas, as contribuições da empresa e os totais recolhidos.

1.4 Outras receitas da Seguridade Social

Constituem outras receitas da Seguridade Social, de acordo com o art. 27 da Lei n. 8.212/91:

- as multas (moratórias e por descumprimento de obrigações acessórias), a atualização monetária e os juros moratórios;
- a remuneração recebida por serviços de arrecadação, fiscalização e cobrança prestados a terceiros – art. 274 do Decreto n. 3.048/99;
- as receitas provenientes de prestação de outros serviços e de fornecimento ou arrendamento de bens;
- as demais receitas patrimoniais, industriais e financeiras;
- as doações, legados, subvenções e outras receitas eventuais;
- 50% dos valores obtidos e aplicados na forma do parágrafo único do art. 243 da Constituição Federal;
- 40% do resultado dos leilões dos bens apreendidos pela Receita Federal; e
- outras receitas previstas em legislação específica.

As companhias seguradoras que mantêm o seguro obrigatório de danos pessoais causados por veículos automotores de vias terrestres, de que trata a Lei n. 6.194, de dezembro de 1974, deverão repassar à Seguridade Social 50% do valor total do prêmio recolhido, destinado ao Sistema Único de Saúde – SUS, para custeio da assistência médico-hospitalar dos segurados vitimados em acidentes de trânsito.

Tais receitas não se constituem em contribuições sociais, pois não se revestem das características de tributos. As multas, exigidas por infração à legislação, são penalidades pecuniárias; os juros também se caracterizam como espécie de penalidade pelo inadimplemento; as demais verbas constantes do dispositivo se revelam como transferências de recursos públicos aos cofres da Seguridade Social.

Capítulo 2
Contribuições ao Sistema

O Sistema de Seguridade Social, no qual se baseia o regime vigente, é puramente contributivo, ou seja, é dependente dos ingressos denominados contribuições sociais. Dedicamos este capítulo à análise das várias espécies de contribuições destinadas ao custeio da Seguridade Social.

2.1 Salário de contribuição

Para o estudo das contribuições a cargo dos segurados do Regime Geral de Previdência Social – RGPS, devemos examinar primeiramente as definições que são dadas ao salário de contribuição.

O salário de contribuição é o valor que serve de base de incidência das alíquotas das contribuições previdenciárias. É um dos elementos de cálculo da contribuição previdenciária; é a medida do valor com a qual, aplicando-se a alíquota de contribuição, obtém-se o montante da contribuição.

Trata-se de assunto da maior importância, seja para o sistema de Seguridade Social, ante a sua condição de principal base de cálculo de contribuições arrecadadas, seja para o segurado e seus dependentes, pois para estes a correção da fixação do salário de contribuição importa na correção do cálculo da maior parte das prestações previdenciárias, apuradas na clássica forma do salário de benefício como média aritmética dos salários de contribuição atualizados monetariamente. Isto significa dizer que, para um trabalhador que, em virtude de sonegação fiscal cometida por seu empregador, o salário de contribuição venha a ser declarado em valor inferior ao verdadeiramente pago, as consequências para o sistema são, em síntese, a perda de arrecadação e o consequente déficit quanto aos pagamentos feitos, com repercussão direta e imediata sobre os contribuintes que, regular e honestamente, cumprem suas obrigações; enquanto que, para o trabalhador, os valores não declarados (sonegados) não serão computados para fins de cálculo de benefícios como aposentadorias, auxílios-doença ou salários-maternidade, ou mesmo a pensão por morte aos dependentes.

No regime adotado pela ordem jurídica pátria, não se pode fixar os olhos somente na finalidade meramente arrecadatória das contribuições, para fazer frente às despesas públicas. Uma vez realizada a contribuição como determina a lei, sua base de cálculo deve ser considerada para fins de cálculo do benefício, como ressalta a jurisprudência:

> *PROCESSUAL CIVIL. PREVIDENCIÁRIO. RECÁLCULO DA RMI. ART. 202 CF/88 E LEI 8.213/91. RECOLHIMENTOS À PREVIDÊNCIA SOB RUBRICAS DIFERENTES. CÁLCULO DA RENDA MENSAL DA APOSENTADORIA POR TEMPO DE SERVIÇO, DE ACORDO COM O SALÁRIO DO BENEFÍCIO APURADO COM BASE NOS SALÁRIOS DE CONTRIBUIÇÕES DE AMBAS AS EMPRESAS. CABIMENTO. 1. Ao contrário do alegado pela Apelante, a r. sentença de 1º grau não está dissociada da questão posta em juízo, tendo determinado o recálculo da Renda Mensal Inicial pelas regras consagradas na Lei 8.213/91, e ao pagamento da correção monetária das diferenças apuradas, na forma da Lei 6.899/81. 2. Os documentos apresentados às fls. 07-08 e 21-57 comprovam o fato de o autor contribuir para a previdência em duas empresas, sendo que o INSS, ao calcular seu benefício, desprezou o salário-de-contribuição de uma delas. 3. O salário-de-contribuição é tanto aquele que serve de base para estipular as contribuições do segurado, ou seja, a base de cálculo sobre a qual incidirão as alíquotas estabelecidas pela Lei de Custeio, como aquele que, na época da concessão do benefício, será utilizado para compor as parcelas cujo cálculo resulta no salário-de-benefício, sendo que a Lei 8.212, diz em seu art. 28: "Entende-se por salário-de-contribuição: I - para o empregado e o trabalhador avulso: a remuneração auferida em uma ou mais empresas, assim entendida a totalidade dos rendimentos pagos, devidos ou creditados a qualquer título, durante o mês, destinados a retribuir o trabalho, qualquer que seja a sua forma (...)" 4. A expressão "atividades concomitantes", do art. 32 da Lei 8.213/91, tanto diz respeito à pluralidade de profissões como a recolhimentos à previdência sob rubricas diferentes, como é o caso destes autos. Tendo o autor preenchido os requisitos para se aposentar por tempo de serviço, devem-se considerar os dois salários-de-contribuição cumulativamente para se obter o valor base para o cálculo de seu salário de benefício, sendo cabível, portanto, a revisão pretendida, devendo ser mantida a r. sentença apelada (TRF da 2ª Região, AC 1999.02.01.043444-9/RJ, Relator Juiz Alberto Nogueira, unânime, Decisão em 10.06.2003, DJU de 30/06/2003).*

Por este motivo, é importante fixar com clareza e precisão não apenas o salário de contribuição, mas a época em que o mesmo foi (ou devia ter sido) pago pelo tomador do serviço do segurado, de modo que este possa receber o valor devido a título de benefício previdenciário.

Para o empregado e o trabalhador avulso, o salário de contribuição é a remuneração auferida em uma ou mais empresas, assim entendida a totalidade dos rendimentos pagos, devidos ou creditados a qualquer título, durante o mês, destinados a retribuir o trabalho, qualquer que seja sua forma, inclusive as gorjetas, os ganhos habituais sob a forma de utilidades e os adiantamentos decorrentes de reajuste salarial, quer pelos serviços efetivamente prestados, quer pelo tempo à disposição do empregador ou tomador de serviços nos termos da lei ou do contrato, ou, ainda, de convenção ou acordo coletivo de trabalho ou sentença normativa (art. 28, I, da Lei n. 8.212/91, com redação dada pela Lei n. 9.528/97).

Como adiante se verá no que toca ao prazo de recolhimento das contribuições pelo tomador dos serviços, item 5.2 desta Parte III, o prazo limite de pagamento dos salários (quinto dia útil do mês subsequente ao trabalhado) era anterior, até a edição da MP n. 251/2007, ao prazo de recolhimento da contribuição incidente sobre estes mesmos salários (dia 2 do mês seguinte ao trabalhado). Daí, levantava-se a tese não de inconstitucionalidade, mas de que o prazo de recolhimento das contribuições deveria ser o do mês seguinte ao do efetivo pagamento. Contra tal teoria também se pronunciou o STJ:

TRIBUTÁRIO - CONTRIBUIÇÃO PREVIDENCIÁRIA - PRAZO DE RECOLHIMENTO.

1. O fato gerador da contribuição previdenciária é a relação laboral onerosa, da qual se origina a obrigação de pagar ao trabalhador (até o quinto dia subseqüente ao mês laborado) e a obrigação de recolher a contribuição previdenciária aos cofres da Previdência.

2. A folha de salário é a base de cálculo da exação, sendo irrelevante para o nascimento do fato gerador o pagamento.

3. Rechaça-se a interpretação aos arts. 3º e 9º da Lei 7.787/89 que conduziria a só pagar o empregador à Previdência dois meses depois do mês trabalhado, ou um mês depois do pagamento dos salários.

4. Recurso improvido.

(STJ, 2ª Turma, REsp 384.372/RS, Rel. Min. Eliana Calmon. DJU de 7.10.2002. No mesmo sentido: STJ, 2ª Turma, REsp 464.856/SC, Rel. Min. João Otávio de Noronha. DJU de 3.8.2006).

Para o empregado doméstico, o salário de contribuição será a remuneração registrada na Carteira de Trabalho e Previdência Social – CTPS, observadas as normas a serem estabelecidas em regulamento para comprovação do vínculo empregatício e do valor da remuneração (art. 28, II, da Lei n. 8.212/91).

Convém assinalar que, tendo a categoria de empregados domésticos ingressado na Previdência Social somente com a edição da Lei do Trabalho Doméstico - Lei n. 5.859/72, não há fundamento para exigir-se contribuição em período anterior, como já restou decidido na 4ª Região:

PREVIDENCIÁRIO. EMBARGOS INFRINGENTES. TEMPO DE SERVIÇO URBANO. EMPREGADA DOMÉSTICA. PERÍODO ANTERIOR À LEI N. 5.859/72. CONTRIBUIÇÕES PREVIDENCIÁRIAS INDEVIDAS.

- No período que antecede a regulamentação da profissão, estava a doméstica excluída da previdência social urbana, não se exigindo, portanto, o recolhimento das respectivas contribuições previdenciárias.

- Precedentes do STJ.

(TRF da 4ª Região, EIAC no Proc. 2000.04.01.139328-2, 3ª Seção, Rel. Des. Federal Celso Kipper. DJU 9.11.2005).

Para o empresário, trabalhador autônomo e equiparado a autônomo, o salário de contribuição previsto no art. 28, III, da Lei n. 8.212/91 era o salário-base, apurado conforme o art. 29 da Lei de Custeio. Em face da Lei n. 9.876, de 26.11.99, essas categorias de segurados passaram a ser classificadas como contribuintes individuais, sendo dada nova redação ao art. 28, III, da Lei n. 8.212/91, estabelecendo que, "para o contribuinte individual, o salário de contribuição é a remuneração auferida em uma ou mais empresas ou pelo exercício de sua atividade por conta própria, durante o mês, observado o limite máximo previsto no § 5º do art. 28 da Lei n. 8.212/91". O art. 29 da Lei n. 8.212/91 foi revogado pela Lei n. 9.876/99.

A alteração gerou alguma perplexidade, pois até o fim da escala de salários-base, os hoje chamados contribuintes individuais contribuíam com valores que não guardavam relação com o seu rendimento mensal. A partir da nova redação conferida ao art. 28, III, da Lei de Custeio, não paira dúvida acerca da incidência sobre a totalidade da remuneração auferida, e não sobre valor à escolha do segurado, como explica a jurisprudência:

> *TRIBUTÁRIO. MÉDICO RESIDENTE. CONTRIBUIÇÃO PREVIDENCIÁRIA. CONTRIBUINTE INDIVIDUAL. BASE DE CÁLCULO. RECOLHIMENTO. CONSTITUCIONALIDADE. LEIS Nº 9.876/99 E 10.666/2003. EC Nº 20/98.*
>
> *1. A Lei nº 9.876/99 eliminou as figuras do segurado empresário e do trabalhador autônomo, assim como a escala de salário-base, criando, em substituição, o contribuinte individual, previsto no inciso V e respectivas alíneas do art. 12 da Lei nº 8.212/91, cuja contribuição passou a ser calculada com base na remuneração auferida.*
>
> *2. O Decreto nº 3.048/99 espelha o novel tratamento legal no art. 9º, § 15, inciso X, o qual inclui o médico residente como contribuinte individual.*
>
> *3. A Lei nº 10.666/2003 extinguiu a escala transitória de salário-base prevista na Lei nº 9.876/99, passando o contribuinte individual a recolher a contribuição previdenciária sobre a remuneração, nos termos do art. 28, inciso III, da Lei nº 8.212/91, com a redação da Lei nº 9.876/99.*
>
> *4. A obrigação de arrecadar a contribuição foi atribuída à empresa à qual o contribuinte individual presta serviços, nos termos do art. 4º da Lei nº 10.666/2003, o qual não se aplica apenas aos trabalhadores vinculados às cooperativas de trabalho ou de produção, mas a todos os contribuintes individuais, situação na qual se enquadram os médicos residentes, por força do previsto no Decreto nº 3.048/99.*
>
> *5. O escopo da legislação foi o de simplificar o recolhimento da contribuição e facilitar a fiscalização, inexistindo qualquer mácula de inconstitucionalidade ou ilegalidade, inclusive na Instrução Normativa nº 87/2003.*
>
> *6. A Lei nº 10.666/2003 não acarretou qualquer inovação no tocante à figura do contribuinte individual e à base sobre a qual incidirá a sua contribuição, já expressamente estabelecidas na Lei nº 9.876/99, cuja matriz constitucional, encontra-se no art. 195, inciso I, alínea 'a', e inciso II, com a redação dada pela Emenda Constitucional nº 20/98.*
>
> *(TRF da 4ª Região, 1ª Turma, AMS no Processo: 2003.70.00.030385-1/PR, Rel. Des. Federal Wellington Mendes de Almeida. DJU de 20.7.2005).*

Para o segurado facultativo, o salário de contribuição, em face da Lei n. 9.876, de 26.11.99, deixou de ser o salário-base e passou a ser o valor por ele declarado, observado o limite máximo a que se refere o § 5º do art. 28 da Lei n. 8.212/91. Ou seja, a partir da vigência da Lei n. 9.876/99, o facultativo pode contribuir sobre qualquer valor entre os limites mínimo e máximo do salário de contribuição, não estando mais sujeito a seguir a chamada escala de salários-base.

O Decreto n. 3.048/99, no art. 214, IV e V, acrescenta mais duas definições do salário de contribuição:

IV – para o dirigente sindical na qualidade de empregado: como sendo a remuneração paga, devida ou creditada pela entidade sindical, pela empresa ou por ambas; e
V – para o dirigente sindical na qualidade de trabalhador avulso: como sendo a remuneração paga, devida ou creditada pela entidade sindical.

Quando a admissão, a dispensa, o afastamento ou a falta do empregado, inclusive o doméstico, ocorrer no curso do mês, o salário de contribuição será proporcional ao número de dias de trabalho efetivo.

Ponto polêmico deste dispositivo é o relativo à inclusão das gorjetas como base de cálculo de contribuições à Seguridade Social. Inconstitucionalidade não há, visto que o art. 195 da Constituição se refere a "rendimentos do trabalho", o que inclui, por consequência, tal espécie, ainda que paga espontaneamente pelo cliente. Assim se pronuncia a Justiça do Trabalho da 24ª Região a respeito do tema:

TAXA DE SERVIÇO OU GORJETA - NATUREZA JURÍDICA - INCIDÊNCIA DE CONTRIBUIÇÕES PREVIDENCIÁRIAS. A taxa de serviço ou gorjeta tem natureza jurídica salarial, mesmo quando o reconhecimento do valor devido é feito após a cessação do contrato de trabalho, o que atrai a incidência da contribuição previdenciária. Recurso ordinário provido, por maioria. (TRT 24ª Região, 2ª Turma, RO no Proc. 00391-2006-007-24-00-0, Rel. Juiz Nicanor de Araújo Lima, julgado em 9.3.2007, DO/MS de 21.3.2007).

Ao exercer o segurado mais de um emprego ou ocupação, está ele sujeito ao salário de contribuição em cada um deles, de maneira proporcional. Se em uma das empresas tiver salário superior ao teto, não precisará recolher sobre os valores recebidos nos demais empregos ou ocupações, desde que haja comunicação aos empregadores ou tomadores de serviço para esse fim. Se o salário não atingir o teto da contribuição em apenas uma das empresas, deverá haver recolhimento proporcional em todas as empresas. A alíquota para o cálculo da contribuição será estabelecida em função do montante percebido em todas as empresas e não em cada uma separadamente.

O limite mínimo do salário de contribuição corresponde, para os segurados contribuinte individual e facultativo, ao salário mínimo, e para os segurados empregados, inclusive o doméstico, e o trabalhador avulso, ao piso salarial legal ou normativo da categoria ou, inexistindo este, ao salário mínimo, tomado seu valor mensal, diário ou horário, conforme o ajustado e o tempo de trabalho efetivo durante o mês (§ 3º do art. 28 da Lei n. 8.212/91).

O Decreto-lei n. 66/66 estabeleceu como limite máximo o valor de dez salários mínimos, quando antes eram cinco. Em 1973 chegou-se a 20 salários mínimos. Em junho de 1989 o teto de contribuição passou a ser de NCz$ 1.200,00 (arts. 1º e 20 da Lei n. 7.787/1999 - resultantes da conversão da MP n. 63, de 1º.6.1989), o que representava 10 salário mínimos. Com a Lei n. 8.212/91, tinha-se um limite, que não era mais de salários mínimos, mas seu valor era próximo de dez salários mínimos. A Emenda n. 20 estabeleceu um novo teto para os benefícios e também para o salário de contribuição, o qual passou a ser de R$ 1.200,00, na data da publicação da Emenda (16.12.98), com previsão de reajustes periódicos, de modo a manter preservado seu valor real. O valor-limite máximo do salário de contribuição será atualizado sempre que ocorrer alteração do valor dos benefícios. Para verificação dos valores máximos do salário de contribuição, encontram-se em anexo, ao final desta obra, as tabelas de reajustamento até a data de fechamento desta edição. Com a promulgação da Emenda Constitucional n. 41, de 31.12.2003, o valor máximo do salário de contribuição passou a ser de R$ 2.400,00.

Segundo o § 2º do art. 102 da Lei de Custeio, renumerado pela Lei n. 11.941/2009, o reajuste dos valores dos salários-de-contribuição em decorrência da alteração do salário mínimo será descontado quando da aplicação dos índices de reajuste dos benefícios.

A contribuição previdenciária incidirá sobre as verbas de natureza remuneratória. Pelo menos três grandes grupos de importâncias integrantes do salário de contribuição – praticamente exaurindo o seu universo – podem ser relacionados:

- o salário propriamente dito, pago em espécie e em valor fixo, e as parcelas que o integram, segundo o art. 457, § 1º, da Consolidação das Leis do Trabalho: gratificações, abonos, comissões, percentagens e diárias quando excedentes de 50% do salário;
- os ganhos habituais sob a forma de utilidades outras que não o dinheiro, com a finalidade de recompensar o trabalho, nestes últimos incluídos os pagamentos indiretos (alimentação, vestuário, transporte, moradia); e
- as gorjetas.

Acerca do pagamento de valores que poderiam ser reputados como não integrantes da base de cálculo de contribuições à Seguridade Social, como o pagamento em pecúnia das despesas do trabalhador com o transporte, em vez da concessão do vale-transporte, decidiu o STJ que "O vale-transporte integra o salário-de-contribuição quando o empregador não efetuar o desconto de 6% sobre o salário-base do empregado, parcela referente à participação deste no custeio das despesas de seu deslocamento para o trabalho", pois "quando o pagamento é feito em dinheiro e além da remuneração, como no caso, trata-se de uma disponibilidade do empregador que se ajusta ao conceito de salário". O acórdão do TRF ressaltou que os autos deixam claro que, além de a parcela destinada ao transporte ser paga em dinheiro, foi custeada integralmente pelo HSBC, sem o desconto de 6% dos beneficiários empregados (artigo 4º, parágrafo único, Lei n. 7.418/85). (Informativo do STJ de 1.9.2005 – disponível em www.stj.gov.br/noticias. Acesso em 2.9.2005).

A gratificação natalina – décimo terceiro salário – integra o salário de contribuição, exceto para o cálculo do salário de benefício, sendo devida a contribuição quando do pagamento ou crédito da última parcela ou na rescisão do contrato de trabalho. A contribuição incidirá sobre o valor bruto da gratificação, sem compensação dos adiantamentos pagos, mediante aplicação, em separado, da tabela de que trata o art. 198 do Decreto n. 3.048/99 e observadas as normas estabelecidas pelo INSS. Sobre a incidência de contribuição sobre a gratificação natalina, o STF editou a seguinte Súmula: "688 – É legítima a incidência da contribuição previdenciária sobre o 13º salário".

Para fins previdenciários, o salário-maternidade também é considerado salário de contribuição, sendo o único benefício previdenciário que sofre dedução da contribuição da segurada.

É vedada a imposição de contribuição sobre proventos de aposentadoria e pensões pagos pelo RGPS (Constituição, art. 195, II, com a redação conferida pela Emenda n. 20/98).

O valor total das diárias pagas, quando excedente a 50% da remuneração mensal, integra o salário de contribuição pelo seu valor total.

A remuneração das férias fruídas, calculada na forma do art. 7º, XVII (com valor acrescido de um terço sobre a remuneração habitual), e o abono pecuniário de que trata o art. 143 da Consolidação das Leis do Trabalho (conversão de um terço do período de férias em pagamento dobrado), este último no valor que exceder a vinte dias de salário, integram o salário de contribuição.

Questiona-se o cabimento da incidência da contribuição sobre o valor pago a mais ao empregado quando da remuneração de férias (um terço, pelo menos, segundo o art. 7º da Constituição). Sobre a matéria, assim tem se pronunciado o STF no tocante aos servidores públicos, sujeitos a Regime Próprio de Previdência Social:

> *AGRAVO REGIMENTAL NO AGRAVO DE INSTRUMENTO. CONTRIBUIÇÃO SOCIAL INCIDENTE SOBRE O TERÇO CONSTITUCIONAL DE FÉRIAS. IMPOSSIBILIDADE. Somente as parcelas incorporáveis ao salário do servidor sofrem a incidência da contribuição previdenciária. Agravo regimental a que se nega provimento (AI-AgR 603537/DF. Segunda Turma. Relator Min. Eros Grau. DJ de 30.03.2007).*

Já no tocante a segurados do RGPS, havia posicionamento em sentido oposto por parte do STJ, apesar de se basear nos mesmos princípios, como se nota do acórdão abaixo:

> *TRIBUTÁRIO. RECURSO ORDINÁRIO EM MANDADO DE SEGURANÇA. CONTRIBUIÇÃO PREVIDENCIÁRIA INCIDENTE SOBRE O 13º SALÁRIO (GRATIFICAÇÃO NATALINA). SÚMULAS NºS 688 E 207/STF. TERÇO CONSTITUCIONAL DE FÉRIAS. INCIDÊNCIA. PRECEDENTES.*
>
> *1. Definida a natureza jurídica da gratificação natalina como sendo de caráter salarial, sua integração ao salário de contribuição para efeitos previdenciários é legal, não se podendo, pois, eximir-se da obrigação tributária em questão.*
>
> *2. Inteligência das Súmulas nºs 688 e 207/STF, que dispõem, respectivamente: "é legítima a incidência da contribuição previdenciária sobre o 13º salário" e "as gratificações habituais, inclusive a de Natal, consideram-se tacitamente convencionadas, integrando o salário".*
>
> *3. "A gratificação natalina (13º salário), o acréscimo de 1/3 sobre a remuneração de férias e o pagamento de horas extraordinárias, direitos assegurados pela Constituição aos empregados*

(CF, art. 7º, incisos VIII, XVII e XVI) e aos servidores públicos (CF, art. 39, § 3º), e os adicionais de caráter permanente (Lei 8.112/91, art. 41 e 49) integram o conceito de remuneração, sujeitando-se, conseqüentemente, à contribuição previdenciária" (REsp nº 512848/RS, Rel. Min. Teori Albino Zavascki, DJ de 28/09/2006).

4. Precedentes das 1ª e 2ª Turmas desta Corte Superior.

5. Recurso não-provido.

(STJ, 1ª Turma, RMS 19.687/DF, Rel. Min. José Delgado. DJU de 23.11.2006).

Todavia, o Superior Tribunal de Justiça adequou sua jurisprudência ao entendimento firmado pelo Supremo Tribunal Federal para declarar que a contribuição previdenciária não incide sobre o terço de férias constitucional. A posição já vinha sendo aplicada pela Turma Nacional de Uniformização de Jurisprudência dos Juizados Especial Federais.

Em seu voto, a ministra relatora Eliana Calmon reconheceu que o entendimento do STJ está em divergência com o posicionamento reafirmado pelo STF em diversos julgados. "Embora não se tenha decisão do Pleno, os precedentes demonstram que as duas Turmas da Corte Maior consignam o mesmo entendimento, o que me leva a propor o realinhamento da posição jurisprudencial desta Corte, adequando-se o STJ à jurisprudência do STF, no sentido de que a contribuição previdenciária não incide sobre o terço de constitucional de férias, verba que detém natureza indenizatória por não se incorporar à remuneração do servidor para fins de aposentadoria" (STJ - Notícias do dia 13.11.2009. Disponível em www.stj.jus.br - Acesso em 7.12.2009).

A nosso ver, não cabe tratamento não-uniforme entre segurados do RGPS e dos Regimes Próprios. Espera-se, assim, que o STF venha a uniformizar a interpretação em relação aos diversos regimes previdenciários.

Não integram o salário de contribuição exclusivamente as parcelas referidas no § 9º do art. 28 da Lei n. 8.212/91 e no § 9º do art. 214 do Decreto n. 3.048/99, com redação dada pelo Decreto n. 3.265/99, quais sejam:

- os benefícios da Previdência Social, nos termos e limites legais, ressalvado o salário-maternidade;
- a ajuda de custo e o adicional mensal recebidos pelo aeronauta, nos termos da Lei n. 5.929, de 30.10.73;
- a parcela *in natura* recebida de acordo com o Programa de Alimentação ao Trabalhador aprovado pelo Ministério do Trabalho e Emprego, nos termos da Lei n. 6.321, de 14.4.76;
- as importâncias recebidas a título de férias indenizadas e respectivo adicional constitucional, inclusive o valor correspondente à dobra da remuneração de férias de que trata o art. 137 da Consolidação das Leis do Trabalho;
- as importâncias recebidas a título de:

a) indenização[203] compensatória de 40% do montante depositado no Fundo de Garantia do Tempo de Serviço, como proteção à relação de emprego contra despedida arbitrária ou sem justa causa, conforme disposto no inciso I do art. 10 do Ato das Disposições Constitucionais Transitórias;
b) indenização por tempo de serviço, anterior a 5 de outubro de 1988, do empregado não optante pelo Fundo de Garantia do Tempo de Serviço;
c) indenização por despedida sem justa causa do empregado nos contratos por prazo determinado, conforme estabelecido no art. 479 da Consolidação das Leis do Trabalho;
d) indenização do tempo de serviço do safrista, quando da expiração normal do contrato, conforme disposto no art. 14 da Lei n. 5.889, de 8 de junho de 1973;
e) incentivo à demissão;
f) aviso prévio indenizado;[204] (revogado pelo Decreto n. 6.727, de 2009)
g) indenização por dispensa sem justa causa no período de trinta dias que antecede a correção salarial a que se refere o art. 9º da Lei n. 7.238, de 29 de outubro de 1984;
h) indenizações previstas nos arts. 496 e 497 da Consolidação das Leis do Trabalho;
i) abono de férias na forma dos arts. 143 e 144 da Consolidação das Leis do Trabalho;
j) ganhos eventuais e abonos expressamente desvinculados do salário por força de lei (redação do Decreto n. 3.265/99);
l) licença-prêmio indenizada; e
m) outras indenizações, desde que expressamente previstas em lei;

203 Convém anotar, aqui, um aspecto que pode levar o leitor a dúvidas. Trata este item da verba mui comumente intitulada de "multa de 40% do FGTS". Todavia, com a devida vênia de quem assim a define, não se trata de multa. O conceito de multa é o de sanção pecuniária, decorrente de ato ilícito. O empregador que despede o empregado sem justa causa não comete ilícito algum, sendo voz corrente na doutrina tratar-se de um "direito potestativo" seu. O que é previsto pelo inciso I do art. 7º da Constituição é uma "indenização compensatória", decorrente da perda do emprego pelo empregado, já que este não é, no regime jurídico hoje vigente, detentor de estabilidade no emprego.

204 Aqui, o equívoco cometido foi praticado por quem elaborou o Regulamento de Previdência Social. O aviso prévio, mesmo quando não trabalhado, integra o tempo de serviço para todos os fins legais (art. 487 da CLT). Trata-se de direito irrenunciável por parte do empregado, de modo que, trabalhado ou não, o que é percebido pelo trabalhador dispensado é o valor equivalente ao salário do último mês do contrato. A hipótese se assemelha à dos salários do trabalhador detentor de algum tipo de estabilidade provisória que, tendo o contrato rompido injustamente pelo empregador, dentro do interregno da estabilidade, faz jus aos salários e demais vantagens. A incidência da contribuição se impõe em ambos os casos, pois o tempo de serviço (que deve ser equivalente ao tempo de contribuição, já que o rompimento contratual, neste caso, foi ilícito praticado pelo empregador) deve ser computado para todo e qualquer fim, inclusive para fins previdenciários. Anote-se, ainda, que a Lei n. 8.212/91 foi omissa no tocante a excluir o valor do "aviso indenizado" da base de cálculo da contribuição.

- a parcela recebida a título de vale-transporte, na forma da legislação própria;
- a ajuda de custo, em parcela única, recebida exclusivamente em decorrência de mudança de local de trabalho do empregado, na forma do art. 470 da Consolidação das Leis do Trabalho;
- as diárias para viagens, desde que não excedam a cinquenta por cento da remuneração mensal do empregado;
- a importância recebida a título de bolsa de complementação educacional de estagiário, quando paga nos termos da Lei n. 6.494, de 1977;
- a participação do empregado nos lucros ou resultados da empresa, quando paga ou creditada de acordo com lei específica;
- o abono do Programa de Integração Social/Programa de Assistência ao servidor público – PIS/PASEP;
- os valores correspondentes a transporte, alimentação e habitação fornecidos pela empresa ao empregado contratado para trabalhar em localidade distante de sua residência, em canteiro de obras ou local que, por força da atividade, exija deslocamento e estada, observadas as normas de proteção estabelecidas pelo Ministério do Trabalho e Emprego;
- a importância paga ao empregado a título de complementação ao valor do auxílio-doença desde que este direito seja extensivo à totalidade dos empregados da empresa;
- as parcelas destinadas à assistência ao trabalhador da agroindústria canavieira, de que trata o art. 36 da Lei n. 4.870, de 1º.12.65;
- o valor das contribuições efetivamente pago pela pessoa jurídica relativo a programa de previdência complementar privada, aberta ou fechada, desde que disponível à totalidade de seus empregados e dirigentes, observados, no que couber, os arts. 9º e 468 da Consolidação das Leis do Trabalho;
- o valor relativo à assistência prestada por serviço médico ou odontológico, próprio da empresa ou com ela conveniado, inclusive o reembolso de despesas com medicamentos, óculos, aparelhos ortopédicos, despesas médico-hospitalares e outras similares, desde que a cobertura abranja a totalidade dos empregados e dirigentes da empresa;
- o valor correspondente a vestuários, equipamentos e outros acessórios fornecidos ao empregado e utilizados no local do trabalho para prestação dos respectivos serviços;
- o ressarcimento de despesas pelo uso de veículo do empregado, quando devidamente comprovadas (redação do Decreto n. 3.265/99);
- o valor relativo a plano educacional que vise à educação básica, nos termos do art. 21 da Lei n. 9.394, de 1996, e a cursos de capacitação e qualificação profissionais vinculados às atividades desenvolvidas pela empresa, desde

que não seja utilizado em substituição de parcela salarial e que todos os empregados e dirigentes tenham acesso ao mesmo;

- a importância recebida a título de bolsa de aprendizagem garantida ao adolescente até 16 anos de idade, nos termos da legislação específica;
- os valores recebidos em decorrência da cessão de direitos autorais;
- o valor da multa paga ao empregado em decorrência da mora no pagamento das parcelas constantes do instrumento de rescisão do contrato de trabalho, conforme previsto no § 8º do art. 477 da Consolidação das Leis do Trabalho;
- o reembolso-creche pago em conformidade com a legislação trabalhista, observado o limite máximo de 6 anos de idade da criança, quando devidamente comprovadas as despesas (redação do Decreto n. 3.265/99);
- o reembolso-babá, limitado ao menor salário de contribuição mensal e condicionado à comprovação do registro na Carteira de Trabalho e Previdência Social da empregada, do pagamento da remuneração e do recolhimento da contribuição previdenciária, pago em conformidade com a legislação trabalhista, observado o limite máximo de 6 anos de idade da criança (redação do Decreto n. 3.265/99); e
- o valor das contribuições efetivamente pago pela pessoa jurídica relativo a prêmio de seguro de vida em grupo, desde que previsto em acordo ou convenção coletiva de trabalho e disponível à totalidade de seus empregados e dirigentes, observados, no que couber, os arts. 9º e 468 da Consolidação das Leis do Trabalho (redação do Decreto n. 3.265/99).

Essas parcelas, quando pagas ou creditadas em desacordo com a legislação pertinente, integram o salário de contribuição para todos os fins e efeitos, sem prejuízo da aplicação das cominações legais cabíveis.

Estabelece o § 11 do art. 214 do Decreto n. 3.048/99 as mesmas condições previstas no art. 458 da Consolidação das Leis do Trabalho para a identificação dos ganhos habituais recebidos sob a forma de utilidades, devendo ser observados:

- os valores reais das utilidades recebidas; ou
- os valores resultantes da aplicação dos percentuais estabelecidos em lei em função do salário mínimo, aplicados sobre a remuneração paga, caso não haja determinação dos valores reais das utilidades recebidas.

O valor recebido a título de auxílio-acidente passou a integrar o salário de contribuição apenas para fins de cálculo do salário de benefício de qualquer aposentadoria, em face da nova redação dada ao art. 31 da Lei n. 8.213/91, pela Lei n. 9.528/97.

Observe-se que as verbas pagas a *posteriori* do término do contrato de trabalho ou da prestação de serviços não perdem a sua natureza remuneratória por conta do momento em que estão sendo pagas. Situação a ser cuidadosamente vista é a do pagamento de salários devidos em função de estabilidade provisória reconhecida pela Justiça do Trabalho, em que, tendo a decisão transitado em julgado após o período de garantia do emprego, não há reintegração. Os valores a serem pagos continuam sendo salários, não havendo sentido em se chamar tais pagamentos de "indenizações". Assim bem decidiu o STJ:

> *(...) Incide imposto de renda sobre o pagamento de salário correspondente ao período em que o recorrente, reintegrado ao emprego por decisão judicial, esteve afastado do serviço. O montante recebido não se caracteriza como recomposição de perda patrimonial, mas de remuneração paga pelo tempo em que o recorrido deveria estar trabalhando. (REsp. nº 963.113 - PE. Primeira Turma. Relator Ministro Francisco Falcão. DJ de 17.09.2007)*

2.2 Salário-base

O salário-base era espécie do gênero salário de contribuição, estabelecido segundo escala de valores prefixados por norma regulamentar, escalonado em classes, cujo reajustamento seguia os mesmos índices utilizados para a correção dos valores de contribuições e benefícios do RPGS.

Era, portanto, uma ficção legal, uma estimativa, não correspondendo exatamente à importância recebida mensalmente pelo segurado. Diga-se, a propósito, que os segurados sujeitos a essa escala não eram remunerados por salário (empresários, trabalhadores autônomos e equiparados, hoje contribuintes individuais), e, no caso dos segurados facultativos, sequer percebiam qualquer remuneração.

O "salário-base" era o valor que servia de base para o cálculo das contribuições previdenciárias do segurado trabalhador autônomo e equiparado, empresário e facultativo, até ser extinto pela Lei n. 9.876, de 26.11.99. Entretanto, para os segurados filiados até 28.11.99 continua a ser aplicado, observados os interstícios da transitoriedade, bem como os reajustes salariais.

A escala de salário-base era determinada pelo art. 29 da Lei n. 8.212/91 (revogado pela Lei n. 9.876, de 26.11.99), cujas alíquotas estavam unificadas em 20%, independentemente da faixa em que o segurado se encontrava. A regulamentação do salário-base estava prevista no art. 215 do Decreto n. 3.048/99.

A Medida Provisória n. 83, de 12.12.2002, convertida na Lei n. 10.666, de 8.5.2003, extinguiu a escala de salários-base, no art. 9º, ficando sua eficácia, no entanto, fixada para 1.4.2003. Para verificação das escalas de salário-base que vigoraram até a sua extinção, remete-se o leitor às tabelas que se encontram anexas na parte final desta obra.

Aplica-se o novo interstício estabelecido pela Lei n. 9.876/99 ao segurado que, até a data de sua publicação, tenha cumprido o número mínimo de meses estabelecidos nesta nova regra.

Após a extinção da escala de salário-base, entende-se por salário de contribuição, para os segurados contribuinte individual e facultativo, o disposto no art. 28, incisos III e IV, da Lei n. 8.212/91, ou seja: para o contribuinte individual, a remuneração auferida em uma ou mais empresas ou pelo exercício de sua atividade por conta própria, durante o mês, observado os limites mínimo e máximo do salário de contribuição; e, para o segurado facultativo, o valor por ele declarado, qualquer que seja, desde que observados os limites mínimo e máximo do salário de contribuição.

Durante a vigência da tabela de transitoriedade para o segurado que se encontrasse em atraso, não era permitida a progressão ou regressão na escala de salário-base dentro do período de débito. Durante a transitoriedade, os débitos apurados segundo a legislação de regência deveriam ser recolhidos na mesma classe referente ao mês imediatamente anterior ao da interrupção, mesmo que a classe já tivesse sido extinta. A partir da competência 12/1999, só foram computadas, para fins de interstício, as contribuições efetivamente recolhidas na classe em que o segurado ingressasse.

Não era admitido o pagamento antecipado de contribuições para suprir interstício entre as classes, como, da mesma forma, o pagamento de contribuições com atraso igual ou superior ao número de meses do interstício da classe em que se encontrava o segurado não gerava acesso a outra classe, senão àquela em que se encontrava antes da inadimplência.

Progressão era a possibilidade de o segurado, que estivesse em dia com as contribuições e tivesse cumprido o interstício, passar à classe imediatamente superior. Cumprido o interstício, o segurado podia permanecer na classe em que se encontrava, mas em nenhuma hipótese isso ensejaria acesso a outra classe que não a imediatamente superior, quando desejasse progredir na escala, desde que a opção fosse feita até o vencimento da respectiva contribuição mensal.

Regressão era o direito do segurado, que estivesse em dia com suas contribuições, de optar, na tabela de salário-base, por uma classe inferior àquela em que estava contribuindo. Era vedado o retorno à classe da qual se regrediu, caso não tivesse cumprido todos os interstícios antes da regressão. O segurado em dia com as contribuições poderia regredir na escala até a classe que desejasse, devendo, para progredir novamente, observar o interstício da classe para a qual regrediu e os das classes seguintes, salvo se tivesse cumprido anteriormente todos os interstícios das classes compreendidas entre aquela para a qual regrediu e aquela para a qual desejava retornar, ressalvados os direitos adquiridos na forma da legislação anterior à Lei n. 8.212, de 24 de julho de 1991.

A atualização monetária dos salários de contribuição, para os fins dos enquadramentos previstos acima, era calculada, mês a mês, utilizando-se os mesmos critérios e os mesmos índices adotados para a obtenção do salário de benefício.

Há que se observar que o recolhimento de contribuição na forma estabelecida no art. 29 da Lei de Custeio não implica o reconhecimento, pela Previdência Social, de exercício de atividade ou de tempo de filiação, o qual depende de provas materiais apropriadas para cada caso. A pessoa que deseja ver reconhecida sua condição de segurado deve: a) providenciar a prova de que exerce atividade como tal; b) o reconhecimento do tempo de filiação em atividade remunerada que não exigia filiação obrigatória ao RGPS (art. 121 do regulamento); ou c) filiar-se como segurado facultativo, não bastando fazer contribuições para obter benefícios ou serviços.

O salário-base não podia ser fracionado, salvo na hipótese dos segurados empregados, inclusive domésticos, e de trabalhadores avulsos que passaram a exercer, simultaneamente, atividade sujeita a salário-base, de forma que a soma de seus salários de contribuição obedecesse ao limite máximo.

Dispunha, por fim, a Lei de Custeio que em hipótese alguma era permitido o recolhimento antecipado de contribuições para recebimento de benefícios ou suprimento de interstícios, no caso de contribuintes em escala de salários-base.

2.3 Contribuição do segurado empregado, doméstico e trabalhador avulso

A contribuição do segurado empregado, inclusive o doméstico, e do trabalhador avulso é calculada mediante a aplicação da correspondente alíquota, de forma não cumulativa, sobre seu salário de contribuição mensal - art. 20 da Lei n. 8.212/91.

As hipóteses de incidência de contribuição para estes segurados são, na conformidade do texto legal, as decorrentes do exercício de atividade remunerada, ocorrendo o fato imponível quando a remuneração for: a) *paga* ao segurado pelo seu empregador; b) *creditada* em conta bancária do segurado pelo seu empregador; c) *devida*, na situação em que, mesmo tendo exercido a atividade, seu empregador tenha deixado de pagar a importância devida, por violação às normas da legislação do trabalho (ex. mora salarial). Em suma, o direito - adquirido ou satisfeito - às parcelas que a legislação de custeio da Seguridade Social indica como sendo parte integrante da noção de salário de contribuição.

Quando do mês da admissão contratual ou início da atividade como trabalhador avulso, do rompimento contratual ou do afastamento do trabalho, o salário de contribuição será considerado o valor devido pelo empregador ou tomador de serviços relativamente aos dias efetivamente trabalhados no curso do mês. Neste caso, admite-se que o valor que servirá de base de cálculo para a contribuição seja inferior ao valor mínimo do salário de contribuição.

Ao exercer o segurado mais de um emprego ou ocupação, está ele filiado em razão de cada uma das atividades concomitantes, e sujeito ao pagamento de contribuição em cada uma delas, de maneira proporcional. Se em uma das atividades tiver remuneração superior ao teto do salário de contribuição, a contribuição será calculada apenas sobre este valor. Se o estipêndio percebido não atingir o valor-teto do salário de contribuição em apenas uma das empresas, deverá haver recolhimento proporcional ao teto do salário de contribuição em todas as empresas. A alíquota para o cálculo da contribuição será estabelecida em função do montante percebido em todas as empresas e não em cada uma separadamente.

Conforme disposição contida no Regulamento da Previdência Social (Decreto n. 3.048/99 - art. 216, § 1º – presente também nos revogados Decretos ns. 612/92 e 2.173/97), o desconto da contribuição do segurado incidente sobre o valor bruto da gratificação natalina (décimo terceiro salário) é devido quando do pagamento ou crédito da última parcela e deverá ser calculado em separado e recolhido juntamente com a contribuição a cargo da empresa, até o dia 20 do mês de dezembro, antecipando-se o vencimento para o dia útil imediatamente anterior se não houver expediente bancário no dia 20.

Quanto à forma de incidência da contribuição sobre o 13º salário, assim vem se pronunciando a jurisprudência mais recente do STJ:

> *TRIBUTÁRIO. CONTRIBUIÇÃO SOCIAL. GRATIFICAÇÃO NATALINA. CÁLCULO EM SEPARADO. LEI Nº 8.212/91. DECRETO Nº 612/92. LEI Nº 8.620/93.*
>
> *1. No período anterior à Lei nº 8.620/93, o Decreto nº 612/92 (art. 37, § 7º), quando regulamentou o art. 28, § 7º, da Lei nº 8.212/91, extrapolou sua competência ao determinar que a contribuição incidente sobre a gratificação natalina deve ser calculada mediante aplicação, em separado, da tabela de alíquotas prevista para os salários-de-contribuição. Precedentes.*
>
> *2. A partir de 1993, a tributação em separado da gratificação natalina passou a ser exigível, nos termos do art. 7º, § 2º, da Lei nº 8.620/93.*
>
> *3. O art. 1º da Lei nº 8.870/94 não importou em revogação da Lei nº 8.630/93 na parte em que prevê a tributação em separado da gratificação natalina, porquanto referidas normas tratam de matéria diversa e, por esse motivo, têm sua vigência resguardada pelo princípio da especialidade. Precedentes.*
>
> *4. Recurso especial do INSS provido. Prejudicado o recurso do contribuinte.*
>
> *(REsp 965814/SP, 2ª Turma, Rel. Min. Castro Meira, julgado em 18.09.2007, DJU de 01.10.2007).*

As tabelas dos salários de contribuição dos segurados empregados, domésticos e trabalhadores avulsos se encontram anexas ao final desta obra.

2.4 Contribuição do segurado contribuinte individual e facultativo

A contribuição dos segurados contribuintes individuais (anteriormente classificados como segurados nas categorias de empresário, trabalhador autônomo e equiparado) e facultativos é obtida – regra geral - aplicando-se a alíquota de 20%

sobre o respectivo salário de contribuição, de acordo com a redação do art. 21 da Lei n. 8.212/91, dada pela Lei n. 9.876/99.

Os segurados contribuintes individual e facultativo estão obrigados a recolher sua contribuição, por iniciativa própria, até o dia 15 do mês seguinte àquela a que as contribuições se referissem, prorrogando-se o vencimento para o dia útil subsequente, quando não houvesse expediente bancário no dia 15. Com a entrada em vigor da Medida Provisória n. 83, de 12.12.2002, convertida na Lei n. 10.666, de 8.5.2003, cujos efeitos passam a ser exigidos em 1.4.2003, foi atribuída à empresa contratante a obrigatoriedade de descontar e recolher 11% da remuneração paga a contribuinte individual a seu serviço, limitado ao limite máximo do salário de contribuição.

A obrigação de retenção e recolhimento se estende também a entes de direito público que contratem contribuintes individuais para prestação de serviços eventuais (art. 216-A do Regulamento).

A sistemática de retenção da contribuição não se aplica ao contribuinte individual, quando contratado por outro contribuinte individual equiparado à empresa ou por produtor rural pessoa física ou por missão diplomática e repartição consular de carreira estrangeiras, e nem ao brasileiro civil que trabalha no exterior para organismo oficial internacional do qual o Brasil é membro efetivo.

No entanto, pelo disposto no § 20 do art. 216 do Regulamento da Previdência Social, com a redação dada pelo Decreto n. 4.729, de 9.6.2003, "Na hipótese de o contribuinte individual prestar serviço a outro contribuinte individual equiparado à empresa ou a produtor rural pessoa física ou à missão diplomática e repartição consular de carreira estrangeiras, poderá deduzir, da sua contribuição mensal, quarenta e cinco por cento da contribuição patronal do contratante, efetivamente recolhida ou declarada, incidente sobre a remuneração que este lhe tenha pago ou creditado, no respectivo mês, limitada a nove por cento do respectivo salário-de-contribuição".

O art. 5º da referida Medida Provisória n. 83/2002, convertida na Lei n. 10.666/2003, dispõe, ainda, que "o contribuinte individual a que se refere o art. 4º é obrigado a complementar, diretamente, a contribuição até o valor mínimo mensal do salário de contribuição, quando as remunerações recebidas no mês, por serviços prestados a pessoas jurídicas, forem inferiores a este".

Aplica-se essa regra (prevista no § 4º do art. 30 da Lei n. 8.212/91, com redação dada pela Lei n. 9.876/99) ao cooperado que prestar serviço à empresa por intermédio da cooperativa de trabalho, cabendo a esta fornecer-lhes comprovante de sua inclusão em GFIP ou recibo de pagamento, bem como cópia da(s) nota(s) fiscal(is) de prestação de serviço (§ 5º do art. 30 da Lei n. 8.212/91, com a redação da Lei n. 9.876/99; Regulamento, art. 216, § 22, conforme o Decreto n. 3.265/99).

A Lei Complementar n. 123, de 14.12.2006, alterou o § 2º do art. 21 e fez inserir, no referido artigo da Lei n. 8.212/91, o § 3º, alterando significativamente a forma de contribuição destas duas categorias, conforme desejem ou não se beneficiar futuramente do benefício da aposentadoria por tempo de contribuição. A partir de então, os segurados enquadrados nas categorias de facultativo e de contribuinte individual – este último, quando o serviço não for prestado à empresa ou pessoa equiparada à empresa, poderão optar entre:

- contribuir com uma alíquota de 11% sobre o valor mínimo mensal do salário de contribuição (ou seja, 11% sobre o salário mínimo) – o que lhes assegura a proteção previdenciária, exceto para a aposentadoria voluntária por tempo de contribuição; ou
- caso queiram se beneficiar da aposentadoria por tempo de contribuição, deverão contribuir com mais 9% sobre o mesmo salário de contribuição, com acréscimo de juros de mora fixados na própria Lei n. 8.212/91, caso o recolhimento seja feito com atraso.[205]

A nova redação da Lei não altera a forma de contribuição dos contribuintes individuais que prestam serviços a pessoas jurídicas, permanecendo assim a retenção de 11% por parte do tomador dos serviços, nesse caso.

Importante salientar, ainda, que, segundo o Decreto n. 3.048/99, em seu artigo 59, §§ 1º e 2º, cabe ao contribuinte individual comprovar a interrupção ou o encerramento da atividade pela qual vinha contribuindo, sob pena de ser considerado em débito no período sem contribuição. A comprovação da interrupção ou encerramento da atividade do contribuinte individual será feita, no caso dos segurados enquadrados nas alíneas *j* e *l* do inciso V do art. 9º, mediante declaração, ainda que extemporânea, e, para os demais, com base em distrato social, alteração contratual ou documento equivalente emitido por junta comercial, secretaria federal, estadual, distrital ou municipal ou por outros órgãos oficiais, ou outra forma admitida pelo INSS. Ou seja, existe aí nova obrigação acessória ao contribuinte individual: a de informar a interrupção ou o encerramento de sua atividade como tal, para fins de não ser considerado devedor de contribuição à Seguridade Social.

Quanto a responsabilidade de recolhimento das contribuições do diretor de empresa e do sócio cotista, cabe citar importante precedente do TRF da 4ª Região que reflete uma abordagem da evolução da matéria com base nas legislações de regência:

> *PREVIDENCIÁRIO. EMBARGOS INFRINGENTES. ATIVIDADES URBANAS NA CONDIÇÃO DE DIRETOR DE EMPRESA E SÓCIO COTISTA. INDENIZAÇÃO À PREVIDÊNCIA SOCIAL. SUCESSÃO LEGISLATIVA. TEMPUS REGIT ACTUM.*

205 De acordo com a Lei Complementar n. 128, de 2008, essa contribuição complementar será exigida a qualquer tempo, sob pena de indeferimento do benefício, ou seja, é imprescritível.

1. Esta Terceira Seção já assentou (EIAC n.º 2000.04.01.103363-0, Rel. Des. Luís Alberto D'Azevedo Aurvalle, D.E. de 30-08-2006) que o segurado não pode computar tempo de serviço sem a indenização das contribuições previdenciárias que deixou de recolher quando exercia o cargo de diretor de empresa, porquanto, inobstante o recolhimento das respectivas contribuições ser da responsabilidade da pessoa jurídica, os atos de gestão desta são praticados pela pessoa física, que é pessoalmente responsável por atos contrários à lei.

2. Essa orientação não pode ser aplicada em sua integralidade ao sócio cotista, já que não participa da gestão e, pois, não pode ser responsabilizado por atos ilícitos praticados pelos administradores da sociedade. Assim, consideradas as sucessivas alterações legislativas relativamente aos sócios cotistas, e, em face do princípio jurídico tempus regit actum, tem-se a seguinte situação:

(a) no período entre 05.09.60 e 08.08.73, os sócios cotistas com idade inferior a 50 anos na data da inscrição podem averbar tempo de serviço apenas com base no contrato social; (b) entre 09.08.73 e 28.02.79, os sócios cotistas em geral podem provar tempo de serviço com base no contrato social; (c) de 1º.03.79 a 31.12.80 os sócios cotistas deverão juntar tanto o contrato social quanto a comprovação dos recolhimentos para o período; e (d) de 1º.01.81 até 24.07.91 só sócios gerentes e sócios cotistas com remuneração poderão averbar tempo de serviço mediante apresentação de contrato social (com indicação da função ou percepção de pro labore) e comprovação dos recolhimentos.

3. No caso concreto, o Embargado poderá computar tempo de serviço sem a indenização das contribuições previdenciárias que deixou de recolher no período de 03-01-1967 a 28-02-1979, quando figurava como sócio cotista de empresa, estando, no entanto, condicionado ao recolhimento das respectivas contribuições o cômputo do tempo de serviço nos períodos de 01-03-1979 a 31-12-1982 e 01-07-1983 a 31-07-1983.

4. Embargos parcialmente acolhidos para condicionar o cômputo do tempo de serviço exercido na condição de sócio cotista nos períodos de 01-03-1979 a 31-12-1982 e 01-07-1983 a 31-07-1983 ao recolhimento das contribuições previdenciárias.

(EI nº 2005.72.00.001524-0/SC. 3ª. Seção do TRF da 4ª. Região. Relator Juiz Federal João Batista Lazzari. DE em 15.9.2009)

2.5 Contribuições das empresas

A Constituição prevê no art. 195, inciso I, com a redação dada pela Emenda n. 20, a incidência de contribuições sociais a cargo do empregador, da empresa e da entidade a ela equiparada na forma da lei, nos seguintes termos:

I – do empregador, da empresa e da entidade a ela equiparada, na forma da lei, incidentes sobre:

a) folha de salários e demais rendimentos do trabalho pagos ou creditados, a qualquer título, à pessoa física que lhe preste serviço, mesmo sem vínculo empregatício;

b) receita ou o faturamento;

c) lucro.

É prevista, ainda, a instituição de contribuições com fato gerador distinto daqueles relacionados no art. 195, I, da Constituição. Essas outras fontes, destinadas a garantir a manutenção ou expansão da Seguridade Social, exigem a adoção de lei complementar para serem cobradas, conforme previsto no art. 195, § 4º, da Constituição.

2.5.1 Contribuição sobre a folha de pagamento

É a contribuição prevista na letra *a* do inciso I do art. 195 da Constituição. Sua incidência se dá sobre a folha de salários e demais rendimentos do trabalho pagos ou creditados, pela empresa, a qualquer título, à pessoa física que preste serviço, mesmo sem vínculo empregatício.

A cobrança é feita com base no inciso I do art. 22 da Lei n. 8.212/91, cuja alíquota é de 20% sobre "o total das remunerações pagas, devidas ou creditadas a qualquer título, durante o mês, aos segurados empregados e trabalhadores avulsos que lhe prestem serviços, destinadas a retribuir o trabalho, qualquer que seja a sua forma, inclusive as gorjetas, os ganhos habituais sob a forma de utilidades e os adiantamentos decorrentes de reajuste salarial, quer pelos serviços efetivamente prestados, quer pelo tempo à disposição do empregador ou tomador de serviços, nos termos da lei ou do contrato ou, ainda, de convenção ou acordo coletivo de trabalho ou sentença normativa".[206]

Nota-se, pelo cotejo dos dispositivos constitucional e legal pertinentes, que a hipótese de incidência indicada na Constituição (importância paga ou creditada) mereceu, na Lei de Custeio, a inserção de mais um vocábulo (paga, *devida* ou creditada). Para alguns, tal inclusão seria inconstitucional, pois estar-se-ia estabelecendo nova hipótese, não contemplada no texto constitucional, por via de lei ordinária, vulnerando a exigência de lei complementar para tanto. Todavia, é nosso entendimento que a remuneração devida é a mesma que deve ser paga ou creditada ao segurado empregado, por se configurar em direito adquirido, tendo a norma legal apenas o condão de indicar que o fato imponível não se revela apenas no auferir remuneração, mas no *fazer jus* a ela, ainda que o empregador, violando a lei e o contrato de trabalho, deixe de remunerar corretamente o trabalhador, impedindo a invocação de que, não tendo o empregador feito qualquer pagamento de remuneração (como na hipótese de mora salarial), nenhuma contribuição seria devida, nem pelo mesmo, nem pelo segurado, em relação ao mês em que não houve pagamento. Ademais, tal raciocínio seria por demais prejudicial ao segurado, pois, no cômputo do salário de benefício, haveria lacunas em seu tempo de contribuição, relativamente aos meses em que não foi vertida contribuição, ou esta foi feita a menor, por infração à norma trabalhista, beneficiando, por conseguinte, o infrator da norma (o empregador).

206 Art. 22, I, da Lei n. 8.212/91, com nova redação dada pela Lei n. 9.876/99.

Como visto, a contribuição do empregado e do trabalhador avulso é calculada mediante a aplicação da correspondente alíquota sobre seu salário de contribuição mensal, até o limite máximo previsto pela Previdência Social.

Já a contribuição da empresa é de 20% sobre o total das remunerações pagas, devidas ou creditadas, a qualquer título, no decorrer do mês, aos segurados empregados que lhes prestem serviços. O limite máximo do salário de contribuição não é aplicado para as empresas, isto é, a contribuição é sobre o valor total da remuneração. Por exemplo, se a remuneração do empregado for de R$ 5.000,00, este contribuirá sobre o valor máximo do salário de contribuição, enquanto a empresa contribuirá sobre R$ 5.000,00.

Observe-se que o texto legal se refere não só às parcelas efetivamente pagas (ou seja, o valor entregue) e creditadas (quando o pagamento se dê mediante crédito em conta bancária ou poupança); é também fato gerador da contribuição ser tão-somente devida a remuneração ao trabalhador. Conclui-se que, com isso, a empresa que, mesmo sem intenção manifesta, deixa de pagar valores de natureza remuneratória a seus trabalhadores no prazo que a lei assina para o cumprimento desta obrigação torna-se devedora perante a Seguridade Social, no que tange às contribuições que deveria fazer sobre a soma dos valores que, mesmo devidos, não foram pagos a seus empregados e trabalhadores avulsos.

Dúvidas têm sido levantadas sobre o acerto da Lei n. 8.212/91 em definir o salário de contribuição como sendo não só composto dos rendimentos pagos ou creditados, como literalmente alude a Constituição, mas também das importâncias *devidas* a segurados. Segundo tal ponto de vista, "somente após o efetivo recebimento de parcela salarial pelo trabalhador é que nasce para o INSS o direito de exigir a contribuição respectiva sobre o montante recebido" (TRT da 24ª Região, Ag. Petição 00364/1999-003-24-00-1, Rel. Juiz Abdalla Jallad, julg. 3.4.2003, DO/MS de 9.5.2003). Note-se, todavia, que é cediço o entendimento do STJ a respeito da matéria:

> *CONTRIBUIÇÃO PREVIDENCIÁRIA SOBRE O PAGAMENTO DE SALÁRIOS. FATO GERADOR. DATA DO RECOLHIMENTO.*
>
> *1. O fato gerador da contribuição previdenciária do empregado não é o efetivo pagamento da remuneração, mas a relação laboral existente entre o empregador e o obreiro.*
>
> *2. O alargamento do prazo conferido ao empregador pelo art. 459 da CLT para pagar a folha de salários até o dia cinco (05) do mês subseqüente ao laborado não influi na data do recolhimento da contribuição previdenciária, porquanto ambas as leis versam relações jurídicas distintas; a saber: a relação tributária e a relação trabalhista.*
>
> *3. As normas de natureza trabalhista e previdenciária revelam nítida compatibilidade, devendo o recolhimento da contribuição previdenciária ser efetuado a cada mês, após vencida a atividade laboral do período, independentemente da data do pagamento do salário do empregado.*
>
> *4. Em sede tributária, os eventuais favores fiscais devem estar expressos na norma de instituição da exação, em nome do princípio da legalidade.*

5. Raciocínio inverso conduziria a uma liberação tributária não prevista em lei, toda vez que o empregador não adimplisse com as suas obrigações trabalhistas, o que se revela desarrazoado à luz da lógica jurídica.

6. Recurso desprovido.

(STJ, 1ª Turma, REsp 419.667/RS, Relator Ministro Luiz Fux, unânime, julgado em 11.2.2003, DJU de 10.3.2003).

Há questionamentos levantados judicialmente por empresas no tocante à incidência de contribuição patronal sobre o salário-maternidade e sobre os primeiros 15 dias de afastamento do empregado por motivo de saúde. A orientação jurisprudencial do STJ (v.g. REsp 886954/RS. 1ª Turma, Rel. Ministra Denise Arruda, DJ de 29.06.2007) é no sentido de que não é devida a contribuição previdenciária sobre a remuneração paga pelo empregador ao empregado, durante os primeiros quinze dias do auxílio-doença, à consideração de que tal verba, por não se tratar de contraprestação do trabalho, não tem natureza salarial. No entanto, o salário-maternidade tem natureza remuneratória, e não indenizatória, integrando, portanto, a base de cálculo da contribuição previdenciária.

A empresa é obrigada a recolher as contribuições a seu encargo, no mês seguinte ao efetivamente trabalho, por força do art. 30, inciso I, alínea *b*, da Lei n. 8.212/91. O fato imponível da contribuição previdenciária em questão não é o pagamento do salário, mas sim a prestação de serviço pelo trabalhador, verdadeiro critério material da hipótese de incidência da referida contribuição, devendo ser entendido como mês de competência aquele efetivamente trabalhado. Neste sentido: AC n. 2001.72.05.005094-0/SC, TRF da 4ª Região, 2ª Turma, Relator Juiz Alcides Vettorazzi, DJU de 16.10.2002.

De acordo com o § 2º do art. 201 do Regulamento da Previdência Social, com a redação conferida pelo Decreto n. 4.729, de 9.6.2003, integra a remuneração para os fins do disposto nos incisos II e III do *caput*, a bolsa de estudos paga ou creditada ao médico-residente participante do programa de residência médica de que trata o art. 4º da Lei n. 6.932, de 7 de julho de 1981, na redação dada pela Lei n. 10.405, de 9 de janeiro de 2002.

Já o § 5º do mesmo artigo 201 indica que, para efeito de incidência de contribuição patronal sobre os valores pagos ou creditados a sócios, serão considerados não apenas os valores pagos em decorrência do trabalho (*pro labore*), mas também os valores totais pagos ou creditados aos sócios, ainda que a título de antecipação de lucro da pessoa jurídica, quando não houver discriminação entre a remuneração decorrente do trabalho e a proveniente do capital social ou tratar-se de adiantamento de resultado ainda não apurado por meio de demonstração de resultado do exercício.

Anualmente, até o dia 20 de dezembro, a empresa está obrigada a recolher as contribuições previdenciárias sobre a gratificação natalina (13º salário), salvo em se tratando de comissões, quando se permite fazer o recolhimento da diferença desta gratificação até o dia 20 de janeiro, em relação às transações ultimadas após aquela data (Regulamento, art. 216, parágrafos 25 e 26, com a redação do Decreto n. 3.265/99).

As instituições financeiras (banco comercial, banco de investimento, banco de desenvolvimento, caixa econômica, sociedade de crédito, investimento e financiamento, sociedade de crédito imobiliário, inclusive associação de poupança e empréstimo, sociedade corretora, distribuidora de títulos e valores mobiliários, inclusive bolsa de mercadorias e valores, empresa de arrendamento mercantil, cooperativa de crédito, empresa de seguros privados e de crédito e capitalização), agentes autônomos de seguros privados e de crédito e entidades de previdência privada, aberta e fechada, pagarão contribuição adicional de 2,5% sobre as remunerações pagas ou creditadas aos segurados empregados que lhes prestam serviços. Sua contribuição total será, portanto, de 22,5%.

2.5.2 Contribuição sobre a remuneração paga aos segurados contribuintes individuais e trabalhadores avulsos

Com relação ao recolhimento das empresas sobre rendimentos de autônomos, avulsos e administradores, o Supremo Tribunal Federal declarou inconstitucional a incidência da contribuição previdenciária instituída por meio de lei ordinária (Lei n. 7.787/89, com nova redação dada pela Lei n. 8.212/91). Entendeu a Suprema Corte que a relação dos administradores e autônomos não decorre de contrato de trabalho, não tendo folha de salários, e somente por lei complementar poderia ser instituída nova contribuição. A inconstitucionalidade foi declarada por afronta à redação original do art. 195, I, da Constituição de 1988, que previa a contribuição dos empregadores incidentes somente sobre a "folha de salários, o faturamento e o lucro".

Em razão dessa decisão foi editada a Lei Complementar n. 84, de 18.1.96, a qual instituiu basicamente duas contribuições:

- a primeira, de 15%, a cargo das empresas e pessoas jurídicas, inclusive cooperativas, incidentes sobre as remunerações ou retribuições por elas pagas ou creditadas no decorrer do mês, pelos serviços que lhes prestem, sem vínculo empregatício, os segurados empresários, trabalhadores autônomos, avulsos e demais pessoas físicas (art. 1º, I); e
- a segunda, também de 15%, a cargo de cooperativas de trabalho, incidente sobre o total das importâncias pagas, distribuídas ou creditadas a seus cooperados, a título de remuneração ou retribuição pelos serviços que prestem a pessoas jurídicas por intermédio delas (art. 1º, II).

A Confederação Nacional da Indústria ajuizou a Ação Direta de Inconstitucionalidade n. 1.432-3/DF contra os dispositivos da Lei Complementar n. 84/96. A liminar foi indeferida, em 18.4.96, sob o argumento de que as razões da requerente não possuíam a plausibilidade necessária para ensejar a suspensão de eficácia da lei impugnada. O mérito dessa Ação pende de julgamento no Supremo Tribunal Federal.

Com fundamento na Lei Complementar n. 84/96, a partir do mês de maio de 1996, as empresas, cooperativas e entes públicos passaram a recolher contribuição de 15% sobre os valores pagos a empresários, autônomos e equiparados e trabalhadores avulsos.

Essa contribuição tinha como base de cálculo todos os pagamentos que tivessem sido efetuados pelos serviços prestados por empresários, autônomos, trabalhadores avulsos e demais pessoas físicas, quando não houvesse vínculo empregatício estabelecido entre as partes.

Da mesma forma, a contribuição de 15% incidia sobre os valores pagos ou distribuídos pelas cooperativas de trabalho aos seus cooperados por serviços prestados a elas. É o caso, por exemplo, de uma cooperativa de táxi contratada por uma empresa: os pagamentos repassados pela cooperativa aos trabalhadores cooperados sofriam tal incidência.

– A revogação da Lei Complementar n. 84/96 pela Lei n. 9.876/99

A Lei n. 9.876, de 26.11.99, revogou a Lei Complementar n. 84, de 18.1.96, dando nova redação ao art. 22 da Lei n. 8.212/91, para tratar das contribuições a cargo da empresa sobre os pagamentos efetuados aos contribuintes individuais e trabalhadores avulsos.

A contribuição a cargo da empresa sobre o total das remunerações pagas ou creditadas a qualquer título, no decorrer do mês, aos segurados contribuintes individuais e trabalhadores avulsos que lhe prestem serviços passou a ser de 20%. O aumento da alíquota está previsto nos incisos I e III do art. 22 da Lei n. 8.212/91, com redação dada pela Lei n. 9.876/99. O art. 1º, I, da Lei Complementar n. 84/96 estipulava uma contribuição na ordem de 15%.

A constitucionalidade da revogação da Lei Complementar n. 84/96 pela Lei n. 9.876/99 é alvo de questionamentos, sob a alegação principal de que uma lei ordinária não pode revogar uma lei complementar.

Em princípio, a revogação parece ser inapropriada e inconstitucional dentro do plano normativo vigente no Brasil. Entretanto, devemos analisar o fato sob o prisma da nova redação do art. 195 da Constituição Federal de 1988, dada pela Emenda Constitucional n. 20, de 1998.

Anteriormente à reforma da Previdência, operada pela Emenda Constitucional n. 20/98, não havia dúvida de que a instituição de contribuição sobre os pagamentos efetuados pela empresa em favor dos administradores, autônomos, avulsos e terceiros prestadores de serviços necessitava de lei complementar, por se tratar de fonte nova de financiamento, nos termos do art. 195, § 4º, da Constituição.

Todavia, com a alteração da redação do inciso I do art. 195 da Constituição Federal de 1988, as fontes de financiamento previstas na Lei Complementar n. 84/96 passaram a integrar o texto constitucional, razão pela qual essas contribuições podem ser instituídas ou alteradas por lei ordinária. Sendo competência legislativa ordinária e pretendendo o legislador dar novo tratamento à matéria, deve se utilizar dessa via, revogando-se as disposições contrárias, mesmo as de ordem complementar.

Em situações análogas, como a da COFINS – Contribuição para o Financiamento da Seguridade Social –, os precedentes jurisprudenciais são no sentido de que, mesmo instituídas por lei complementar, não há necessidade dessa via para a alteração da base de cálculo e para a majoração das alíquotas, pois somente no caso de instituição de fontes de custeio diversas das já previstas na Constituição é necessária a edição de lei complementar, segundo a interpretação dos comandos do art. 195, § 4º, combinado com o art. 154, I, ambos da Constituição Federal de 1988 (nesse sentido: AI n. 59965-5, TRF da 4ª Região, 2ª Turma, rel. Juíza Tânia Escobar, DJU de 29.4.98, p. 551).

– Autônomo que remunera autônomos

O autônomo que remunerava autônomos também era obrigado a pagar contribuição cuja alíquota era de 15%, incidente sobre os pagamentos feitos aos seus prestadores de serviços sem vínculo de emprego, pois era, nesta condição, equiparado à empresa, visto que o art. 5º da Lei Complementar n. 84 determina a aplicação subsidiária da Lei n. 8.212/91.

Assim, se o autônomo remunerasse outro autônomo – por exemplo, um advogado que tenha pago ao contador que prestou serviços de contabilidade ao seu escritório – deveria recolher a contribuição de 15% sobre tal valor. A partir da vigência da Lei n. 9.876/99, a contribuição passou a ser de 20% sobre os pagamentos realizados. A mesma regra se aplica às sociedades civis, inclusive cooperativas, em relação a seus sócios ou cooperativados (§ 5º do art. 201 do Regulamento, com a redação conferida pelo Decreto n. 3.265/99).

Tal contribuição, a cargo do autônomo "tomador dos serviços" não exclui a incidência da contribuição devida pelo autônomo "prestador dos serviços", calculada na forma do art. 28, III, da Lei de Custeio. É dizer, incidem, como de praxe, duas contribuições sobre o mesmo montante pago pelo trabalho: uma, a cargo de quem remunera; outra, a cargo de quem trabalha e é remunerado.

- Contribuição sobre pagamentos feitos a cooperados

O art. 1º, II, da Lei Complementar n. 84/96 estipulava uma contribuição de 15%, a cargo de cooperativas de trabalho, incidente sobre o total das importâncias pagas, distribuídas ou creditadas a seus cooperados, a título de remuneração ou retribuição pelos serviços que prestem a pessoas jurídicas por intermédio delas.

Com a alteração realizada pela Lei n. 9.876/99, a partir de março de 2000, as empresas contratantes de mão-de-obra das cooperativas brasileiras passaram a ser responsáveis pelo recolhimento de 15% à Previdência Social sobre o valor da fatura. Antes, a responsabilidade pelo recolhimento era das próprias cooperativas.

A Lei n. 9.876/99, responsável pela transferência de obrigações entre empresas tomadoras de serviços e cooperativas, objetiva regularizar o mercado de trabalho, tornando as empresas adimplentes. É interesse do tomador de serviços recolher à Previdência Social para evitar, inclusive, a responsabilização criminal pelo não-recolhimento das contribuições. Com a lei, a contribuição previdenciária passa ser obrigatória em todos os contratos de prestação de serviços.

A contribuição em comento tem sido questionada sob o ponto de vista de sua constitucionalidade. Todavia, não merece guarida a arguição, como vem decidindo o TRF da 2ª Região:

> *DIREITO CONSTITUCIONAL E TRIBUTÁRIO. COOPERATIVAS DE TRABALHO. RECOLHIMENTO DA CONTRIBUIÇÃO SOCIAL. CONSTITUCIONALIDADE. Ação proposta sob alegação de inconstitucionalidade do recolhimento da Contribuição Social, nos termos da Lei nº 9.876, sobre os serviços prestados a empresas por cooperados, por meio das cooperativas de trabalho. A contribuição a cargo da empresa, disposta no inciso IV, do art. 22, da Lei nº 8.112, com a redação que lhe foi dada pela Lei nº 9.876, subsume-se ao previsto na alínea a, do artigo 195 da Constituição Federal, que dispensa a expedição da lei complementar, já que prevê que a contribuição social da empresa deve incidir "sobre os demais rendimentos do trabalho". Inocorrência de violação aos princípios da reserva de lei complementar e da legalidade. contrato de prestação de serviço, embora realizado através de uma cooperativa, é celebrado entre o cooperado e a tomadora de serviços, sendo a remuneração devida ao cooperado, pessoa física, portando-se a cooperativa como mera intermediadora (TRF da 2ª Região, 2ª Turma, AMS 47611/RJ, Processo 2002.51.01.005295-7, Rel. Des. Federal Paulo Espírito Santo, decisão de 25.6.2003, DJU de 3.9.2003).*

Não discrepa deste entendimento o TRF da 4ª Região:

> *ARGÜIÇÃO DE INCONSTITUCIONALIDE. INCISO IV, ART. 22, LEI Nº 8.212/91, ACRESCENTADO PELA LEI Nº 9.876/99. ("Art. 22: a contribuição a cargo da empresa...*
>
> *IV - é de quinze por cento sobre o valor bruto da nota fiscal ou fatura de serviços, relativamente a serviços que lhes são prestados por cooperados por intermédio de cooperativas de trabalho").*
>
> *- A inovação legislativa em questão não constituiu inovação tributária, independendo, pois, de viabilização por lei complementar. Interpretação concertada do art. 195, I, "a", da Constituição Federal, com a disposição atacada que conduz ao reconhecimento de sua compatibilidade. Pagamentos, a qualquer título, à pessoa física que lhe preste serviços - a empresa - abrange constitu-*

cionalmente o "valor bruto da nota fiscal ou fatura" de serviços que são prestados pelo cooperado à empresa, por meio de cooperativas de trabalho.

- Argüição rejeitada, com votos vencidos pela inconstitucionalidade formal (TRF da 4ª Região, Proc. 2000.70.00.009090-8/PR, Corte Especial, Rel. Des. Federal Wolkmer de Castilho, julgado em 28.8.2003, DJU de 19.9.2003).

A iniciativa assegura, por antecipação, a contribuição para a Seguridade Social de 15%. Anteriormente as cooperativas podiam optar pelos 15% sobre o valor do serviço, ou 20% sobre o salário-base do cooperado. Como a grande maioria dos cooperativados recolhia contribuição sobre o valor mínimo do salário de contribuição, as cooperativas optavam pelos 20%, fazendo com que suas contribuições à Previdência fossem pequenas, em relação aos demais segmentos da economia.

De acordo com o § 19 do art. 201 do Decreto n. 3.048/99, com nova redação dada pelo Decreto n. 3.265/99, a cooperativa de trabalho não está mais sujeita à contribuição de 20% em relação às importâncias por ela pagas, distribuídas ou creditadas aos respectivos cooperados, a título de remuneração ou retribuição que, por seu intermédio, tenham prestado a empresas.

– Contribuição sobre pagamentos feitos a membros de entidades religiosas

Com a edição da Lei n. 10.170, de 29.12.2000, os pagamentos feitos pelas instituições religiosas e de ensino vocacional aos ministros de confissão religiosa, membros de instituto de vida consagrada, de congregação ou de ordem religiosa em face do seu mister religioso ou para sua subsistência, desde que fornecidos em condições que independam da natureza e da quantidade do trabalho executado, não sofrem a incidência da contribuição patronal sobre pagamentos feitos a pessoas físicas que não sejam empregados.

É salutar esclarecer que nem sempre o pagamento feito a eclesiásticos e outros membros de entidades religiosas estará fora da hipótese de incidência:

TRIBUTÁRIO. AÇÃO DECLARATÓRIA. CONTRIBUIÇÃO PREVIDENCIÁRIA. IGREJA. VALORES PAGOS A MINISTROS DE CONFISSÃO RELIGIOSA.

1. A Lei Complementar nº 84/96 estabelece que para a incidência de contribuição previdenciária prevista no art. 1º, I, bastaria haver pagamento pelo serviço prestado, sem vínculo empregatício, por segurado empresário, trabalhador autônomo, avulso ou demais pessoas físicas, por pessoa jurídica.

2. Os ministros de confissão religiosa são equiparados a autônomos, por força do art. 12, V, c, da Lei nº 8.212 e a autora é pessoa jurídica.

3. A Lei nº 10.170/2000 retirou a natureza de remuneração das verbas pagas aos ministros de confissão religiosa, mas a descaracterização como pagamento por serviços prestados foi obstada pelo veto presidencial parcial ao PL 2.445/2000.

4. Para que tais valores não fossem caracterizados como remuneração era necessário que a apelante comprovasse que as verbas serviam apenas para subsistência dos pastores, e que não dependiam da natureza ou da quantidade do trabalho prestado. Os demonstrativos apresentados indicam exatamente o contrário, pois verifica-se a existência de grandes disparidades entre valores pagos.

(TRF da 4ª Região, 1ª Turma, AC no Processo 2000.04.01.113292-9/SC, Rel. Des. Fed. Taís Schilling Ferraz, julgado em 19.9.2007, DE 2.10.2007).

- Contribuição adicional das instituições financeiras

No caso de bancos comerciais, bancos de investimentos, bancos de desenvolvimento, caixas econômicas, sociedades de crédito, financiamento e investimento, sociedades de crédito imobiliário, sociedades corretoras, distribuidoras de títulos e valores mobiliários, empresas de arrendamento mercantil, cooperativas de crédito, empresas de seguros privados e de capitalização, agentes autônomos de seguros privados e de crédito e entidades de previdência privada abertas e fechadas, foi mantida a contribuição adicional de 2,5% sobre a base de cálculo definida nos incisos I e III do art. 22 da Lei n. 8.212/91. Esses incisos referem-se às contribuições incidentes sobre os pagamentos efetuados aos segurados empregados, trabalhadores avulsos e contribuintes individuais.

A respeito da constitucionalidade do adicional das instituições financeiras segue precedente do STF: "Processo civil. Medida cautelar. Efeito suspensivo a recurso extraordinário. Instituição financeira. Contribuição previdenciária sobre a folha de salários. Adicional. § 1º do art. 22 da Lei n. 8.212/91. A sobrecarga imposta aos bancos comerciais e às entidades financeiras, no tocante à contribuição previdenciária sobre a folha de salários, não fere, à primeira vista, o princípio da isonomia tributária, ante a expressa previsão constitucional (Emenda de Revisão n. 1/94 e Emenda Constitucional n. 20/98, que inseriu o § 9º no art. 195 do Texto permanente). Liminar a que se nega referendo. Processo extinto" (AC 1.109-MC, Rel. p/ o ac. Min. Carlos Britto, julgamento em 31.5.2007, *DJ* de 19.10.2007).

2.5.3 Contribuição destinada ao Financiamento dos Riscos Ambientais do Trabalho – RAT

O seguro obrigatório de acidentes do trabalho foi integrado à Previdência Social pela Lei n. 5.316, de 14.9.67, em favor dos empregados em geral, dos trabalhadores avulsos e dos presidiários que exercessem atividade remunerada.

Na ocorrência de acidentes do trabalho ou de doenças chamadas ocupacionais, tem o acidentado, ou seus dependentes no caso de sua morte, direito às prestações e serviços previstos na legislação previdenciária.

Trata-se de seguro obrigatório, instituído por lei, mediante uma contribuição adicional a cargo exclusivo da empresa e destina-se à cobertura de eventos resultantes de acidente do trabalho.

A fixação desse seguro no período de 1.9.89 a 31.10.91 foi realizada com a exigência de um adicional de 2% sobre o total da remuneração paga ou creditada, no decorrer do mês, aos segurados empregados e trabalhadores avulsos, independentemente da atividade da empresa e correspondente grau de risco (Lei n. 7.787, de 30.6.89, art. 3º, II).

Com a edição da Lei de Custeio da Seguridade Social (Lei n. 8.212/91, art. 22, II), no período de 1.11.91 a 30.6.97, o adicional passou a observar os percentuais de 1%, 2% ou 3% incidentes sobre o total da remuneração paga ou creditada a qualquer título, no decorrer do mês, aos segurados empregados, trabalhadores avulsos e médicos residentes (estes últimos por força do disposto na Lei n. 6.932/81, art. 4º, §§ 1º e 5º):

- 1% para a empresa em cuja atividade preponderante o risco de acidente de trabalho seja considerado leve;
- 2% para a empresa em cuja atividade preponderante o risco de acidente de trabalho seja considerado médio;
- 3% para a empresa em cuja atividade preponderante o risco de acidente de trabalho seja considerado grave.

A Medida Provisória n. 1.523-9, de 27.6.97, que, após várias reedições, foi convertida na Lei n. 9.528, de 10.12.97, alterou em parte a redação do inciso II do art. 22 da Lei n. 8.212/91. Posteriormente, a Medida Provisória n. 1.729, de 2.12.98, convertida na Lei n. 9.732, de 11.12.98, introduziu novas modificações. Entretanto, os percentuais de 1, 2 ou 3% em razão do risco da atividade foram mantidos.

Sendo assim, para o financiamento dos benefícios previstos nos arts. 57 e 58 da Lei n. 8.213, de 24.7.91, e daqueles concedidos em razão do grau de incidência de incapacidade laborativa decorrente dos riscos ambientais do trabalho (RAT), o empregador contribui sobre o total das remunerações pagas ou creditadas, no decorrer do mês, aos segurados empregados e trabalhadores avulsos, consoante previsão contida no art. 22, II, da Lei n. 8.212/91, com redação dada pela Lei n. 9.732, de 11.12.98, com alíquotas que variam de 1, 2 ou 3%, como anteriormente mencionado.

A contribuição inicialmente nominada como SAT - Seguro Acidente do Trabalho passou a ser chamada de RAT - Riscos Ambientais do Trabalho pela Lei n. 9.528, de 10.12.1997.

O enquadramento nos correspondentes graus de risco é de responsabilidade da empresa, e deve ser feito mensalmente, de acordo com a sua atividade econômica preponderante, conforme a Relação de Atividades Preponderantes e Correspondentes Graus de Risco, elaborada com base na CNAE, prevista no Anexo V do RPS, que foi reproduzida no Anexo I da Instrução Normativa RFB n. 971, de 13.11.2009, obedecendo às seguintes disposições:

a) a empresa com um estabelecimento e uma única atividade econômica, enquadrar-se-á na respectiva atividade;
b) a empresa com estabelecimento único e mais de uma atividade econômica, simulará o enquadramento em cada atividade e prevalecerá, como preponderante, aquela que tem o maior número de segurados empregados e trabalhadores avulsos;
c) a empresa com mais de um estabelecimento e diversas atividades econômicas deverá somar o número de segurados alocados na mesma atividade em todos os estabelecimentos, prevalecendo como preponderante a atividade que ocupa o maior número de segurados empregados e trabalhadores avulsos, considerados todos os estabelecimentos;
d) os órgãos da Administração Pública Direta, tais como Prefeituras, Câmaras, Assembleias Legislativas, Secretarias e Tribunais, identificados com inscrição no CNPJ, enquadrar-se-ão na respectiva atividade, observado o disposto no § 9º; e
e) a empresa de trabalho temporário enquadrar-se-á na atividade com a descrição "7820-5/00 Locação de Mão de Obra Temporária".

Considera-se preponderante a atividade econômica que ocupa, na empresa, o maior número de segurados empregados e trabalhadores avulsos, observado que:

a) apurado na empresa ou no órgão do poder público, o mesmo número de segurados empregados e trabalhadores avulsos em atividades econômicas distintas, considerar-se-á como preponderante aquela que corresponder ao maior grau de risco;
b) não serão considerados os segurados empregados que prestam serviços em atividades-meio, para a apuração do grau de risco, assim entendidas aquelas que auxiliam ou complementam indistintamente as diversas atividades econômicas da empresa, tais como serviços de administração geral, recepção, faturamento, cobrança, contabilidade, vigilância, dentre outros;

A obra de construção civil edificada por empresa cujo objeto social não seja construção ou prestação de serviços na área de construção civil será enquadrada no código CNAE e grau de risco próprios da construção civil, e não da atividade econômica desenvolvida pela empresa; os trabalhadores alocados na obra não serão considerados.

Verificado erro no auto-enquadramento, a RFB adotará as medidas necessárias à sua correção e, se for o caso, constituirá o crédito tributário decorrente.

O Superior Tribunal de Justiça considera não ser possível estabelecer-se a atividade preponderante pela generalidade da empresa, e sim por estabelecimento.

Assim, a alíquota da contribuição para o RAT deve corresponder ao grau de risco da atividade desenvolvida em cada estabelecimento da empresa, inclusive quando esta possui um único CNPJ.

O Fisco exige o registro no CNPJ de cada filial ou sucursal da empresa, para uma melhor fiscalização acerca do cumprimento das obrigações tributarias por parte dos contribuintes. Segundo a jurisprudência, não há como se impor ao INSS que individualize os graus de riscos em função de unidades da empresa que não estão sequer registradas no CNPJ (Informativo do STJ – 30.9.2005 – Disponível em www.stj.jus.br/noticias – Acesso em 28.12.2005).

O tema foi objeto da Súmula n. 351, cujo texto define: "A alíquota de contribuição para o Seguro de Acidente do Trabalho - SAT - é aferida pelo grau de risco desenvolvido em cada empresa, individualizada pelo seu CNPJ, ou pelo grau de risco da atividade preponderante quando houver apenas um registro".

A exigibilidade da contribuição destinada ao custeio do Seguro de Acidente do Trabalho foi objeto de muitos questionamentos na via judicial. A questão foi pacificada pelo Supremo Tribunal Federal, que decidiu pela validade das normas que regulamentam a matéria:

> *AGRAVO DE INSTRUMENTO – VALIDADE CONSTITUCIONAL DA LEGISLAÇÃO PERTINENTE À INSTITUIÇÃO DA CONTRIBUIÇÃO SOCIAL DESTINADA AO CUSTEIO DO SEGURO DE ACIDENTE DO TRABALHO (SAT) – EXIGIBILIDADE DESSA ESPÉCIE TRIBUTÁRIA – RECURSO IMPROVIDO. A legislação pertinente à instituição da contribuição social destinada ao custeio do Seguro de Acidente do Trabalho (SAT) e os decretos presidenciais que pormenorizaram as condições de enquadramento das empresas contribuintes não transgridem, formal ou materialmente, a Constituição da República, inexistindo, em conseqüência, qualquer situação de ofensa aos postulados constitucionais da legalidade estrita (CF, art. 5o, II) e da tipicidade cerrada (CF, art. 150, I), inocorrendo, ainda, por parte de tais diplomas normativos, qualquer desrespeito às cláusulas constitucionais referentes à delegação legislativa (CF, arts. 2º. e 68) e à igualdade em matéria tributária (CF, arts. 5º, caput, e 150, II). Precedente: RE 343.446/SC, Rel. Min. CARLOS VELLOSO (Pleno) – O tratamento dispensado à referida contribuição social (SAT) não exige a edição de lei complementar (CF, art. 154, I), por não se registrar a hipótese inscrita no art. 195, § 4º, da Carta Política, resultando conseqüentemente legítima a disciplinação normativa dessa exação tributária mediante legislação de caráter meramente ordinário."*
>
> (Ag. Reg. no Agravo de Instrumento n. 483.561-6/SP, 2ª. Turma, Relator Ministro Celso de Mello, DJU de 4.6.2004).

2.5.3.1 Fator Acidentário de Prevenção – FAP

A Medida Provisória n. 83, de 12.12.2002, convertida na Lei n. 10.666, de 8.5.2003, por seu turno, possibilitou a redução, em até cinquenta por cento, ou aumento, em até cem por cento, das referidas alíquotas, em razão do desempenho da empresa em relação à respectiva atividade econômica, apurado em conformidade com os resultados obtidos a partir dos índices de frequência, gravidade e custo, calculados segundo metodologia aprovada pelo Conselho Nacional de Previdência Social.

A matéria somente foi regulamentada pelo Decreto n. 6.042, de 2007, que introduziu o Fator Acidentário de Prevenção - FAP no art. 202-A do Regulamento da Previdência Social. O FAP consiste num multiplicador variável num intervalo contínuo de cinquenta centésimos (0,50) a dois inteiros (2,00), a ser aplicado à respectiva alíquota da contribuição relativa ao RAT.

Para fins da redução ou majoração a que se refere o *caput* do art. 202-A do Regulamento, segundo a nova redação do artigo, proceder-se-á à discriminação do desempenho da empresa, dentro da respectiva atividade econômica, a partir da criação de um índice composto pelos índices de gravidade, de frequência e de custo que pondera os respectivos percentis com pesos de cinquenta por cento, de trinta cinco por cento e de quinze por cento, respectivamente.

O Ministério da Previdência Social publicará anualmente, sempre no mesmo mês, no Diário Oficial da União, os róis dos percentis de frequência, gravidade e custo por Subclasse da Classificação Nacional de Atividades Econômicas - CNAE e divulgará na rede mundial de computadores o FAP de cada empresa, com as respectivas ordens de freqüência, gravidade, custo e demais elementos que possibilitem a esta verificar o respectivo desempenho dentro da sua CNAE-Subclasse.

Para o cálculo anual do FAP, serão utilizados os dados de janeiro a dezembro de cada ano, até completar o período de dois anos, a partir do qual os dados do ano inicial serão substituídos pelos novos dados anuais incorporados.

Para a empresa constituída após janeiro de 2007, o FAP será calculado a partir de 1º de janeiro do ano ano seguinte ao que completar dois anos de constituição.

Excepcionalmente, no primeiro processamento do FAP serão utilizados os dados de abril de 2007 a dezembro de 2008. A atividade preponderante da empresa foi colhida a partir da auto-declaração da empresa constante da GFIP da competência dezembro de 2008. Os cálculos do FAP foram realizados por empresa (CNPJ Raiz) e nao por estabelecimento.

A metodologia aprovada pelo Conselho Nacional de Previdência Social indica a sistemática de cálculo e a forma de aplicação de índices e critérios acessórios à composição do índice composto do FAP.

A Resolução MPS/CNPS n. 1.269/2006 estabeleceu metodologia definindo parâmetros e critérios para a geração do FAP.

Estes parâmetros foram testados e os resultados sinalizaram para a necessidade de aperfeiçoar a metodologia de modo a garantir justiça na contribuição do empregador e equilíbrio atuarial.

A Resolução CNPS n. 1.308, de 27.5.2009, identifica a metodologia de aplicação do FAP. Nesta Resolução ficou estabelecido, em síntese, que:

a) a matriz para os cálculos da freqüência, gravidade e custo, e para o cálculo do FAP será composta pelos registros de toda CAT e pelos registros dos benefícios de natureza acidentária.
b) os benefícios de natureza acidentária serão contabilizados no CNPJ ao qual o trabalhador estava vinculado no momento do acidente, ou ao qual o agravo esteja diretamente relacionado.
c) após o cálculo dos índices de freqüência, de gravidade e de custo, são atribuídos os percentis de ordem para as empresas por setor (Subclasse da CNAE) para cada um desses índices.
d) a empresa com menor índice de freqüência de acidentes e doenças do trabalho no setor, por exemplo, recebe o menor percentual e o estabelecimento com maior freqüência acidentária recebe 100%. O percentil é calculado com os dados ordenados de forma ascendente.
e) a partir dos percentis de ordem é criado um índice composto, atribuindo ponderações aos percentis de ordem de cada índice. O critério das ponderações para a criação do índice composto pretende dar o peso maior para a gravidade (0,50), de modo que os eventos morte e invalidez tenham maior influência no índice composto.
f) a freqüência recebe o segundo maior peso (0,35) garantindo que a freqüência da acidentalidade também seja relevante para a definição do índice composto. Por último, o menor peso (0,15) é atribuído ao custo. Desse modo, o custo que a acidentalidade representa faz parte do índice composto, mas sem se sobrepor à freqüência e à gravidade.

Entende-se que o elemento mais importante, preservado o equilíbrio atuarial, é dar peso ao custo social da acidentalidade.

Assim, a morte ou a invalidez de um trabalhador que recebe um benefício menor não pesará muito menos que a morte ou a invalidez de um trabalhador que recebe um salário de benefício maior.

Caso a empresa apresente casos de morte ou invalidez permanente, seu valor FAP não pode ser inferior a um, para que a alíquota da empresa não seja inferior à alíquota de contribuição da sua área econômica, prevista no Anexo V do Regulamento da Previdência Social, salvo, a hipótese de a empresa comprovar, de acordo com regras estabelecidas pelo INSS, investimentos em recursos materiais, humanos e tecnológicos em melhoria na segurança do trabalho, com o acompanhamento dos sindicatos dos trabalhadores e dos empregadores.

A metodologia aprovada busca bonificar aqueles empregadores que tenham feito um trabalho intenso nas melhorias ambientais em seus postos de trabalho e apresentado no último período menores índices de acidentalidade e, ao mesmo tempo, aumentar a cobrança daquelas empresas que tenham apresentado índices de acidentalidade superiores à média de seu setor econômico.

Todas as empresas devem fazer consultas rotineiras às informações disponibilizadas acerca de concessão de benefícios por incapacidade para, caso discorde do ato concessório, apresentar contestação ou recurso conforme o caso dentro dos prazos previstos na Instrução Normativa INSS/PRES nº 31, de 10 de setembro de 2008, sob pena de ter benefícios computados na base de cálculo do FAP da empresa dos quais as empresas discordem da caracterização do Nexo Técnico Previdenciário – NTP pela Perícia Médica do INSS.

O Decreto n. 6.957, de 9.9.2009, previu ainda que, no ano de 2010, o Fator Acidentário de Prevenção - FAP, na redação dada por este Decreto, será aplicado, no que exceder a um inteiro, com redução de vinte e cinco por cento, consistindo dessa forma num multiplicador variável num intervalo contínuo de um inteiro a um inteiro e setenta e cinco centésimos.

A expressão RAT Ajustado foi cunhada pela Receita Federal do Brasil – RFB e equivale à alíquota que as empresas terão de recolher, sobre o total das remunerações pagas ou creditadas, no decorrer do mês, aos segurados empregados e trabalhadores avulsos, a partir de janeiro de 2010, para custear as Aposentadorias Especiais e aqueles concedidos em razão do grau de incidência de incapacidade laborativa decorrente dos riscos ambientais do trabalho.

O FAP não foi calculado, neste primeiro momento, para as Empresas Optantes pelo Simples e para as Entidades Filantrópicas pois não contribuem para a formação do custeio das Aposentadorias Especiais e daqueles benefícios concedidos em razão do grau de incidência de incapacidade laborativa decorrente dos riscos ambientais do trabalho da mesma forma que as demais empresas – as Empresas Optantes pelo Simples, por exemplo, tem as alíquotas 1,2 e 3% substituídas pela alíquota de contribuição para o Simples. A Previdência Social prossegue com estudos a fim de ajustar e possibilitar a aplicação da metodologia para as empresas que não tiveram seu FAP calculado.

Os estabelecimentos com matrícula CEI foram agregados à empresa vinculante no cálculo do FAP, conforme previsto na metodologia, assim todas as matrículas CEI de uma empresa adotarão o mesmo FAP calculado para a empresa vinculante.

Diante da imprecisão do critério utilizado pela lei para calcular o produto resultante da aplicação do Fator Acidentário de Prevenção – FAP, uma vez que ao final remeteu ao Fisco a tarefa de definir a alíquota a ser aplicada para cada contribuinte, a questão está sendo judicializada pelas empresas que foram prejudicadas por essa nova sistemática de cálculo.

Contrariamente do que ocorria com o Seguro de Acidente do Trabalho - SAT (mera delegação técnica), a delegação legislativa obtida pelo Fisco, no caso do Fator Acidentário de Prevenção – FAP, foi bem mais abrangente, uma vez que a Lei

n. 10.666/2003 facultou ao Regulamento reduzir pela metade ou aumentar em até cem por cento a aludida contribuição.

Note-se que essas duas formas de delegação não estavam originariamente presentes na Lei n. 8.212/1991, motivo pelo qual não há falar em manifestação conclusiva do Supremo Tribunal Federal acerca da matéria atinente ao Fator Acidentário de Prevenção – FAP que, por certo, demandará inúmeras discussões acerca de sua constitucionalidade.

Sobre a impossibilidade de delegação de competência ao Poder Executivo para o fim de instituir tributo, Leandro Paulsen (in Direito Tributário, 8º. ed., p. 194), defende o seguinte:

> *Não há possibilidade de delegação da competência legislativa ao Executivo para que institua tributo, qualquer que seja, tampouco para que integre a norma tributária impositiva, ressalvadas apenas as atenuações através das quais a própria Constituição, de modo excepcional, autoriza a graduação de alíquotas pelo Executivo. Importa que se tenha a possibilidade de determinar, com suporte direto na lei, quais as situações que implicam o surgimento da obrigação tributária, quando e em que momento que tal se dá, quais os sujeitos da relação tributária e como calcular o montante devido, independentemente de complementação de cunho normativo por parte do Executivo, ainda que a título de regulamentos intra legem.*

Quanto à sistemática de apuração e implementação do Fator Acidentário de Prevenção – FAP, diante da complexidade do cálculo elaborado pelo Fisco, as empresas têm impugnado a inclusão dos eventos que não se relacionam com as condições de trabalho.

O Ministério da Previdência Social, por exemplo, quando vinculou o Fator Acidentário de Prevenção - FAP aos acidentes informados por meio do CAT's e dos Nexos Técnicos Epidemiológicos registrados pelo INSS, considerou no cálculo do índice em questão, eventos não relacionados com as condições de trabalho da empresa.

São exemplos os casos de acidentes de trajeto, cuja responsabilidade embora seja atribuída eventualmente ao empregador, efetivamente não possuem nenhuma relação com as suas condições de trabalho e, aqueles eventos objeto de discussão perante o INSS ou o Poder Judiciário que, pela fórmula utilizada incorporam o cálculo, porém são completamente dissociados ao ambiente laboral da empresa.

Nesse particular, portanto, estando a cobrança do Fator Acidentário de Prevenção - FAP estritamente relacionada às condições de trabalho das empresas, não há como se aceitar a inclusão de elementos avessos a tal finalidade na metodologia de seu cálculo, sob pena de ilegitimidade na tributação.

Outro aspecto de suma importância e que causou completo descontentamento dos contribuintes é a posição de cada empresa na subclasse da CNAE, uma vez que, embora o contribuinte tenha acesso ao seu número de ordem, não possui informações acerca do desempenho das demais, para o fim de conferir se a posição por ela alcançada é realmente justa. Saliente-se, ainda, que tal critério contribui de forma preponderante para a fixação da alíquota do Fator Acidentário de Prevenção – FAP.

Esse fato é determinante para comprometer o resultado da fórmula empreendida pelo Fisco, pois impedindo as empresas de comparar os seus resultados com os de suas "concorrentes", resta também tolhido o direito de defesa do contribuinte, o que é inadmissível no ordenamento jurídico vigente.

Em conclusão, por se tratar de majoração de tributo, a metodologia utilizada pelo Poder Executivo para a cobrança da contribuição para o financiamento dos Riscos Ambientais do Trabalho – RAT com a incidência do Fator Acidentário de Prevenção – FAP, por meio de atos infralegais, ainda que dentro dos critérios de conveniência e oportunidade, não pode transpor a necessidade de lei que defina de forma completa os elementos ensejadores da nova obrigação tributária, sob pena de ofensa aos princípios da legalidade, tipicidade e segurança jurídica.

Importe referir que o STJ entende ser descabível a discussão da matéria via mandado de segurança em face da necessidade de dilação probatória. Nesse sentido:

> *PROCESSO CIVIL E ADMINISTRATIVO - MANDADO DE SEGURANÇA - DILAÇÃO PROBATÓRIA - CÁLCULO DO FATOR ACIDENTÁRIO DE PREVENÇÃO (FAP)*
>
> *1. Inadequabilidade da via eleita por ensejar a impetração dilação probatória.*
>
> *2. Os questionamentos formulados na inicial em relação ao cálculo do FAP e as providências pleiteadas não podem ser resolvidas na estreita via mandamental.*
>
> *3. Segurança denegada.*
>
> *(MS 200800630518. Primeira Seção. Relatora Ministra Eliana Calmon. DJE: 1.9.2008)*

2.5.3.2 Contribuição para o financiamento da aposentadoria especial

A Lei n. 9.732, de 11.12.98, ao dar nova redação ao art. 57 da Lei n. 8.213/91, elevou as alíquotas de contribuição das empresas que expõem o trabalhador à situação de risco de acidentes e doenças ocupacionais. As alíquotas de contribuição foram acrescidas de doze, nove ou seis pontos percentuais, conforme a atividade exercida pelo segurado a serviço da empresa que permita a concessão de aposentadoria especial após quinze, vinte ou vinte e cinco anos de contribuição, respectivamente.

O referido acréscimo incide exclusivamente sobre a remuneração do segurado sujeito às condições especiais que prejudiquem a saúde ou a integridade física e foi exigido de forma progressiva, a partir das seguintes datas:

- 1º de abril de 1999: 4%, 3% ou 2%;
- 1º de setembro de 1999: 8%, 6% ou 4%;
- 1º de março de 2000: 12%, 9% ou 6%.

Com esse aumento de contribuição, o Governo espera estimular a modernização tecnológica das empresas e, dessa forma, evitar o trabalho em condições de risco. O efeito, contudo, pode ser o oposto, qual seja, mais sonegação fiscal e manutenção do risco de infortúnios.

A Medida Provisória n. 83, de 12.12.2002, convertida na Lei n. 10.666, de 8.5.2003, em seu art. 1º, reconheceu o direito à aposentadoria especial de segurados contribuintes individuais, membros associados a cooperativas de trabalho, que atuem em atividades consideradas nocivas à saúde ou à integridade física. Com isso, dispôs que "será devida contribuição adicional de nove, sete ou cinco pontos percentuais, a cargo da empresa tomadora de serviços de cooperado filiado à cooperativa de trabalho, incidente sobre o valor bruto da nota fiscal ou fatura de prestação de serviços, conforme a atividade exercida pelo cooperado permita a concessão de aposentadoria especial após quinze, vinte ou vinte e cinco anos de contribuição, respectivamente", e que "será devida contribuição adicional de doze, nove ou seis pontos percentuais, a cargo da cooperativa de produção, incidente sobre a remuneração paga, devida ou creditada ao cooperado filiado, na hipótese de exercício de atividade que autorize a concessão de aposentadoria especial após quinze, vinte ou vinte e cinco anos de contribuição, respectivamente" (art. 1º, §§ 1º e 2º).

2.5.4 Contribuição sobre a receita e o faturamento

A contribuição incidente sobre a receita e o faturamento está prevista na letra *b* do inciso I do art. 195 da Constituição. A redação atual foi dada pela Emenda Constitucional n. 20/98, a qual acrescentou o termo "receita" como base de cálculo da contribuição previdenciária a cargo da empresa.

As contribuições instituídas com base de cálculo incidente sobre a receita e o faturamento são a COFINS e o PIS/PASEP, as quais são examinadas na sequência.

Antes, porém, é importante termos presente a distinção entre os termos "faturamento" e "receita". Segundo *Sergio Pinto Martins*:

> *Receita é toda a entrada de numerário na empresa. É, portanto, um termo mais amplo do que faturamento. Certas empresas não têm exatamente faturamento, como os bancos, mas têm receita.*
>
> *Faturamento é o somatório das faturas emitidas dentro de um certo período de tempo. Fatura é o documento em que são relacionadas as mercadorias vendidas, que são remetidas ou entregues ao comprador.*[207]

Quando do julgamento da Ação Direta de Constitucionalidade n. 1-1/DF, tendo por objeto a constitucionalidade da incidência da COFINS sobre o faturamento nos termos da Lei Complementar n. 70/91, o Plenário do Supremo Tribunal Federal fixou o conceito de faturamento, como se pode observar nos votos do relator, Min. Moreira Alves, e do Ministro Ilmar Galvão:

207 MARTINS, Sergio Pinto. *Direito da seguridade social*. 11. ed., São Paulo: Atlas, 1999, p. 217.

... o conceito de receita bruta das vendas de mercadorias e de mercadorias e serviços coincide com o de faturamento, que, para efeitos fiscais, foi sempre entendido como o produto de todas as vendas, e não apenas das vendas acompanhadas de fatura, formalidade exigida tão-somente nas vendas mercantis a prazo (art. 1º da Lei n. 187/36). Por fim, assinale-se a ausência de incongruência do excogitado art. 2º da LC 70/91, com o disposto no art. 195, I, da CF/88, ao definir "faturamento" como "a receita bruta das vendas de mercadorias, de mercadorias e serviços e serviços de qualquer natureza". De efeito, o conceito de "receita bruta" não discrepa do "faturamento", na acepção que este termo é usado para efeitos fiscais, ou seja, o que corresponde ao produto de todas as vendas, não havendo qualquer razão para que lhe seja restringida a compreensão, estreitando-o nos limites do significado que o termo possui em direito comercial, ou seja, aquele que abrange tão-somente as vendas a prazo (art. 1º da Lei n. 187/36), em que a emissão de uma "fatura" constitui formalidade indispensável ao saque da correspondente duplicata.

Em manifestação mais recente, o Supremo Tribunal Federal decidiu que "O conceito de receita bruta sujeita à incidência da COFINS envolve, não só aquela decorrente da venda de mercadorias e da prestação de serviços, mas também a soma das receitas oriundas do exercício de outras atividades empresariais" (RE 444.601-ED, Rel. Min. Cezar Peluso, julgamento em 7.11.2006, DJ de 15.12.2006).

2.5.5 Contribuição para o Financiamento da Seguridade Social – COFINS

A Lei Complementar n. 70, de 30.12.91, instituiu a Contribuição para o Financiamento da Seguridade Social – COFINS, revogando o art. 23, I, da Lei n. 8.212/91, que tratava do FINSOCIAL. A COFINS foi criada com uma alíquota de 2%, tendo como base de cálculo o faturamento mensal, assim considerada a receita bruta das vendas de mercadorias, de mercadorias e serviços de qualquer natureza.

A COFINS é devida pelas pessoas jurídicas, inclusive entidades a elas equiparadas pela legislação do Imposto sobre a Renda, sendo destinada exclusivamente às despesas com atividades-fim das áreas de saúde, previdência e assistência social.

O STF, em sessão de 17.9.2008, em sua composição plena, rejeitou os Recursos Extraordinários ns. 377.457 e 381.964 e com isso estabeleceu que também sociedades civis de prestação de serviços legalmente regulamentados - os chamados "profissionais liberais" - terão de pagar a COFINS. Nos recursos, sustentava-se que era ilegítima a revogação da LC n. 70/91 - que isentava a cobrança - por uma lei ordinária (9.430/96) que determinou a cobrança quanto às sociedades civis.

A decisão do STF é contrária ao entendimento, até então, do Superior Tribunal de Justiça, que exigia lei da mesma espécie para revogar outra. Por isso, o Plenário debateu a possibilidade de modular os efeitos da decisão - mas a votação, nesse ponto, ficou empatada em cinco votos a cinco. Como seriam necessários pelo menos dois terços de votos da Corte (oito ministros), não houve modulação dos efeitos. Sendo assim, a decisão é retroativa à edição da Lei n. 9.430/96 (Informativo STF de 17.9.2008, disponível em www.stf.jus.br - acesso em 20.1.2009).

Em seguida, o STJ também adotou o entendimento de que a revogação, por lei ordinária, da isenção do recolhimento da COFINS concedida pela Lei Complementar n. 70/91 não afronta o princípio da hierarquia das leis. A referida Lei, concluíram os Ministros, apesar de seu caráter formalmente complementar, tratou de matéria não submetida à reserva constitucional de lei complementar, a permitir, daí, que mudanças no texto daquele diploma legal pudessem ser introduzidas por meio de simples leis ordinárias. Assim, foi excluído o enunciado n. 276 da Súmula do STJ (AR 3.761-PR, Rel. Min. Eliana Calmon, julgado em 12.11.2008).

A constitucionalidade dessa contribuição foi questionada, em face de que a Lei Complementar n. 70/91 foi aprovada por voto de lideranças, não atendendo ao *quorum* qualificado do art. 69 da Constituição. Alegou-se também ser cumulativa e ter a mesma base de cálculo do PIS, o que contraria o inciso I do art. 154 da Constituição.

O Supremo Tribunal Federal, ao julgar a Ação Direta de Constitucionalidade n. 1-1/DF, em 1.12.93, decidiu ser constitucional essa contribuição, sob o fundamento de que ela não tem base no § 4º do art. 195 da Constituição, mas no inciso I do art. 195 da Carta Magna. Por essa razão, a eventual cumulatividade com outros tributos não é obstáculo constitucional. Nesse julgamento os Ministros do Supremo Tribunal Federal afastaram, também, as alegações quanto à existência de vícios no processo legislativo.

No mesmo sentido, o Tribunal Regional Federal da 4ª Região editou a Súmula n. 21, do seguinte teor: "É constitucional a contribuição social criada pelo art. 1º da Lei Complementar n. 70, de 1991".

A Lei Complementar n. 70/91 previu, também, que a contribuição mensal é devida sobre as operações relativas à energia elétrica e aos serviços de telecomunicações, derivados de petróleo, combustíveis e minerais. Tal exigência gerou o surgimento de demandas judiciais questionando sua validade em face da imunidade – em relação a essas atividades – contida no § 3º do art. 155 da Constituição.

O Supremo Tribunal Federal, em 1.7.99, por maioria de votos (7 a 3), deu ganho de causa à União Federal (Recursos Extraordinários ns. 233.807, 227.832, 230.337 e 205.355), ao considerar legítima essa cobrança. De acordo com o entendimento da maioria dos Ministros, a cobrança da COFINS sobre as operações relativas à energia elétrica, aos serviços de telecomunicações, derivados de petróleo, combustíveis e minerais está de acordo com o disposto no art. 195 da Constituição, que prevê o financiamento da Seguridade Social por toda a sociedade, de forma direta e indireta. O Plenário rejeitou a alegação das empresas que realizam essas atividades de que o § 3º do art. 155 da Constituição previa a imunidade sobre as operações. Ao dar seu voto favorável à cobrança da COFINS, o Ministro Sepúlveda Pertence ressaltou o princípio constitucional da universalidade do custeio da Seguridade Social. Na sequência, o STF sumulou a matéria nos seguintes termos:

"Súmula n. 659 – É legítima a cobrança da COFINS, do PIS e do FINSOCIAL sobre as operações relativas à energia elétrica, serviços de telecomunicações, derivados de petróleo, combustíveis e minerais do País".

Em decorrência do ajuste fiscal implementado pelo Governo Federal no final de 1998, a Lei n. 9.718, de 27.11.1998, elevou a alíquota da COFINS para 3% do faturamento, salvo para as operações realizadas por refinarias e distribuidoras de combustíveis, que passaram a ter tratamento diferenciado.

O art. 3º da mesma lei modificou, também, a base de cálculo da COFINS e do PIS/PASEP, determinando que o faturamento corresponderá à receita bruta, entendendo-se como tal a totalidade das receitas auferidas pela pessoa jurídica, sendo irrelevantes o tipo de atividade por ela exercida e a classificação contábil adotada para as receitas.

No caso das entidades financeiras, que anteriormente não integravam a base de cálculo da COFINS, são admitidas as mesmas deduções relativas à base de cálculo do PIS/PASEP, que consiste, basicamente, nas despesas de captação e receita de terceiros.

Questionam as empresas, a partir dessa norma, se a majoração da alíquota da COFINS para 3%, pela Lei n. 9.718/98, é válida, pois tendo sido instituída por lei complementar, somente por essa espécie de norma legislativa poderia haver eventual alteração, ofendendo tal ato legislativo o disposto no art. 146, III, *a*, da Constituição Federal. Outro ponto discutido é a ampliação da base de cálculo original das contribuições à COFINS e ao PIS/PASEP em contradição ao conceito de faturamento previsto no art. 195 da Constituição.

A receita bruta também era a base de cálculo prevista nas leis alteradas: Leis Complementares ns. 7/70 e 8/70 e Lei n. 9.715/98, para o PIS/PASEP, e Lei Complementar n. 70/91, para a COFINS. Porém, nesses diplomas seu conceito era mais restrito, limitado aos numerários auferidos pelo contribuinte no exercício de sua atividade econômica, dos objetivos sociais da empresa. Nesse sentido a regra do art. 2º da Lei Complementar n. 70/91 e do art. 3º da Lei n. 9.715/98, respectivamente:

> *Art. 2º A contribuição de que trata o artigo anterior será de 2% e incidirá sobre o faturamento mensal, assim considerado a receita bruta das vendas de mercadorias, de mercadorias e serviços de qualquer natureza.*
>
> *Art. 3º Para os efeitos do inciso I do artigo anterior considera-se faturamento a receita bruta, como definida pela legislação do imposto de renda, proveniente da venda de bens nas operações de conta própria, do preço dos serviços prestados e do resultado auferido nas operações de conta alheia.*

A definição de receita bruta dada pelo § 1º do art. 3º da Lei n. 9.718/98 discrepa daquele fixado pelo Supremo Tribunal Federal (ADC n. 1-1/DF), por acolher como receita bruta a entrada de numerários provindos da totalidade das receitas auferidas pela pessoa jurídica.

Como o art. 195, I, da Constituição Federal de 1988 previa que a contribuição à Seguridade Social devida pelo empregador incidiria sobre a folha de salários, o faturamento e o lucro, não se referindo à receita, conclui-se que a norma esculpida no § 1º do art. 3º da Lei n. 9.718/98 foi além do que o dispositivo constitucional permitia. Instituindo, assim, fonte nova de custeio da Seguridade Social, o que só poderia vir a lume por meio de lei complementar, a referida lei violou o comando do art. 195, § 4º, da Constituição.

Entretanto, sobreveio a Emenda Constitucional n. 20, publicada em 16.12.98, que alterou o art. 195 da Constituição Federal de 1988, passando a vigorar com a seguinte redação: "Art. 195. ... I – do empregador, da empresa e da entidade a ela equiparada na forma da lei, incidentes sobre: ... b) a receita ou o faturamento; ...".

Indaga-se, portanto, se uma norma nascida em um ambiente constitucional que lhe fulminava a validade perde a qualidade de inconstitucional com o advento de posterior reforma do texto contrariado.

A resposta a esse questionamento foi dada pelo STF, ao apreciar uma série de recursos extraordinários em que se questionava a constitucionalidade das alterações promovidas pela Lei n. 9.718/98, que ampliou a base de cálculo da COFINS e do PIS. O Tribunal declarou a inconstitucionalidade do § 1º do art. 3º da Lei n. 9.718/98. Entendeu-se que esse dispositivo, ao ampliar o conceito de receita bruta para toda e qualquer receita, violou a noção de faturamento pressuposta no art. 195, I, *b*, da CF, na sua redação original, que equivaleria ao de receita bruta das vendas de mercadorias, de mercadorias e serviços e de serviços de qualquer natureza, conforme reiterada jurisprudência do STF. Ressaltou-se que, a despeito de a norma constante do texto atual do art. 195, I, *b*, da CF, na redação dada pela EC 20/98, ser conciliável com o disposto no art. 3º, do § 1º da Lei n. 9.718/98, não haveria se falar em convalidação nem recepção deste, já que eivado de nulidade original insanável, decorrente de sua frontal incompatibilidade com o texto constitucional vigente no momento de sua edição. Afastou-se o argumento de que a publicação da EC n. 20/98, em data anterior ao início de produção dos efeitos da Lei n. 9.718/97 – o qual se deu em 1º.2.99 em atendimento à anterioridade nonagesimal (CF, art. 195, § 6º) –, poderia conferir-lhe fundamento de validade, haja vista que a lei entrou em vigor na data de sua publicação (28.11.98), portanto, 20 dias antes da EC n. 20/98.

Reputou-se, ademais, afrontado o § 4º do art. 195 da CF, se considerado para efeito de instituição de nova fonte de custeio de seguridade, eis que não obedecida, para tanto, a forma prescrita no art. 154, I, da CF. (RE 346084/PR, Rel. orig. Min. Ilmar Galvão, julgado em 9.11.2005).

O STF, por fim, resolveu reconhecer a existência de repercussão geral da questão constitucional, ao reafirmar a jurisprudência da Corte acerca da inconstitucionalidade do § 1º do art. 3º da Lei n. 9.718/98, que ampliou a base de cálculo da Contribuição para Financiamento da Seguridade Social – COFINS, e negar provimento a recurso extraordinário interposto pela União (RE 585235 QO/MG, rel. Min. Cezar Peluso, julg. 10.9.2008).

As contribuições previstas no art. 195 podem ser majoradas, desde que respeitado o lapso de noventa dias entre suas criação e exigência. A par disso, respaldado em orientação pacífica do Supremo Tribunal Federal no sentido de que o prazo nonagesimal se conta a partir da publicação da Medida Provisória convertida em lei, entendemos que a majoração da alíquota da COFINS pode ser exigida a partir de 1.2.99, uma vez que a nova alíquota já havia sido fixada por meio da Medida Provisória n. 1.724, de 30.10.98, a qual foi transformada na Lei n. 9.718/98.

São ainda matéria de discussão supostas violações aos princípios constitucionais da isonomia e da capacidade contributiva oriundas do art. 8º da Lei n. 9.718/98, em face da possibilidade de compensação do aumento da alíquota da COFINS com a CSLL, pois somente as empresas lucrativas seriam beneficiadas por essa regra.

Quanto ao princípio da isonomia, valemo-nos novamente do escólio de *Celso Ribeiro Bastos*: "... a igualdade diante do imposto não deve ser entendida como significando que todos os contribuintes devam ser tratados da mesma maneira. Sua inteligência correta é a seguinte: todos os contribuintes que se encontrem na mesma situação devem ser tratados igualmente".[208]

Como a cobrança da COFINS é feita de maneira igual para todos os contribuintes, em situações de fato equivalentes, sem estabelecer qualquer favor ou privilégio, não há ofensa ao princípio da isonomia. Neste sentido, decidiu o STF:

> *TRIBUTÁRIO. COFINS. ART. 8º E § 1º DA LEI N. 9.718/98. ALÍQUOTA MAJORADA DE 2% PARA 3%. COMPENSAÇÃO DE ATÉ UM TERÇO COM A CONTRIBUIÇÃO SOBRE O LUCRO LÍQUIDO - CSLL, QUANDO O CONTRIBUINTE REGISTRAR LUCRO NO EXERCÍCIO. ALEGADA OFENSA AO PRINCÍPIO DA ISONOMIA.*
>
> *Por efeito da referida norma, o contribuinte sujeito a ambas as contribuições foi contemplado com uma bonificação representada pelo direito a ver abatido, no pagamento da segunda (COFINS), até um terço do quantum devido, atenuando-se, por este modo, a carga tributária resultante da dupla tributação. Diversidade entre tal situação e a do contribuinte tributado unicamente pela COFINS, a qual se revela suficiente para justificar o tratamento diferenciado, não havendo que falar, pois, de ofensa ao princípio da isonomia.*
>
> *Não conhecimento do recurso (RE 336.134-RS, Rel. Min. Ilmar Galvão, DJ de 16.5.2003).*

Quanto ao princípio do respeito à capacidade contributiva, entendemos não haver violação. A capacidade contributiva refere-se à possibilidade econômica de pagar tributo. Como a contribuição debatida, apesar de majorada, é cobrada sobre numerários efetivamente recebidos pelo contribuinte no percentual definido em lei, não está configurada a cobrança além da sua capacidade de contribuir. Esse entendimento foi manifestado pelo Tribunal Regional Federal da 4ª Região, relator

208. BASTOS, Celso Ribeiro. *Curso de direito financeiro e de direito tributário*. 6. ed., São Paulo: Saraiva, 1998, p. 121.

Juiz Fábio Bittencourt da Rosa, no despacho que indeferiu o efeito suspensivo ao Agravo de Instrumento n. 1999.04.01.025740-4/PR, publicado no Diário da Justiça de 7.5.99, p. 409, no qual também se postulava a inconstitucionalidade de alguns dispositivos da Lei n. 9.718/98.

Ressaltamos, ainda, que o Supremo Tribunal Federal decidiu pela constitucionalidade da Lei nº. 9.430/96, no tocante à revogação da isenção concedida às sociedades civis de profissão pela Lei Complementar 70/91, uma vez que esta, formalmente complementar, é, materialmente, lei ordinária, no tocante à criação e disciplina da contribuição social prevista no art. 195, I, da Constituição (RE nº. 419629/DF. Relator Min. Sepúlveda Pertence. Primeira Turma. DJ de 30.06.2006).

Assim, na esteira do que já foi decidido pelo Pretório Excelso, o caráter ordinário do art. 6º, II, da LC n. 70/91 a torna suscetível de derrogação por lei de mesma estatura, sendo, portanto, regular a revogação levada a cabo pela norma insculpida no art. 56 da Lei nº. 9.430, de 1996.

O STJ, por seu turno, cancelou, no ano de 2010, a Súmula n. 276, que entendia pela isenção de pagamento da Cofins no que tange às sociedades civis de prestação de serviços profissionais.

É de observar, ainda, que a periodicidade de apuração da COFINS é mensal, cabendo à Secretaria da Receita Federal a arrecadação e fiscalização desta contribuição.

– Da cobrança não-cumulativa da COFINS

A Lei n. 10.833, de 29.12.2003, estabeleceu que a Contribuição para o Financiamento da Seguridade Social - COFINS, com a incidência não-cumulativa, tem como fato gerador o faturamento mensal, assim entendido o total das receitas auferidas pela pessoa jurídica, independentemente de sua denominação ou classificação contábil.

A norma foi criada com o objetivo de dar continuidade à reestruturação na cobrança das contribuições incidentes sobre o faturamento, iniciado com a contribuição para o PIS/PASEP.

O total das receitas compreende a receita bruta da venda de bens e serviços nas operações em conta própria ou alheia e todas as demais receitas auferidas pela pessoa jurídica.

Consoante previsão contida no art. 1º, § 3º, da Lei n. 10.833/2003, não integram a base de cálculo as receitas:

I - isentas ou não alcançadas pela incidência da contribuição ou sujeitas à alíquota 0 (zero);

II - não-operacionais, decorrentes da venda de ativo permanente;

III - auferidas pela pessoa jurídica revendedora, na revenda de mercadorias em relação às quais a contribuição seja exigida da empresa vendedora, na condição de substituta tributária;

IV - de venda dos produtos de que tratam as Leis ns. 9.990, de 21 de julho de 2000, 10.147, de 21 de dezembro de 2000, 10.485, de 3 de julho de 2002, e 10.560, de 13 de novembro de 2002, ou quaisquer outras submetidas à incidência monofásica da contribuição;

V - referentes a:

a) vendas canceladas e aos descontos incondicionais concedidos;

b) reversões de provisões e recuperações de créditos baixados como perda que não representem ingresso de novas receitas, o resultado positivo da avaliação de investimentos pelo valor do patrimônio líquido e os lucros e dividendos derivados de investimentos avaliados pelo custo de aquisição que tenham sido computados como receita.

A alíquota foi fixada em 7,6% (sete inteiros e seis décimos por cento) e incide sobre as receitas auferidas pela pessoa jurídica, admitindo-se o aproveitamento de créditos referentes, dentre outros, à aquisição de bens para revenda, bens e serviços utilizados na produção ou fabricação de bens ou na prestação de serviços e despesas financeiras.

Por se ter adotado, em relação à não-cumulatividade, o método indireto subtrativo, o texto estabelece no art. 3º as situações em que o contribuinte poderá descontar, do valor da contribuição devida, créditos apurados em relação aos bens e serviços adquiridos, custos, despesas e encargos ali mencionados.

Em função da complexidade e das peculiaridades da atividade exercida pelas empresas imobiliárias relativas a loteamento de terrenos, incorporação imobiliária, construção de prédios destinados à venda, bem como à venda de imóveis construídos, o art. 4º da Lei em comento possibilita a estas empresas a utilização de crédito presumido calculado sobre o custo orçado para conclusão do empreendimento, na proporção das receitas auferidas, de acordo com a legislação do imposto de renda.

Em conformidade com o art. 6º do referido diploma legal, a COFINS não incidirá sobre as receitas decorrentes das operações de exportação de mercadorias para o exterior; prestação de serviços para pessoa física ou jurídica domiciliada no exterior, com pagamento em moeda conversível, e, vendas à empresa comercial exportadora com o fim específico de exportação.

De acordo com o art. 10, foram excluídas do modelo, em vista de suas especificidades, as cooperativas, as empresas optantes pelo SIMPLES, as instituições financeiras, as pessoas jurídicas de que trata a Lei n. 7.102, de 20 de junho de 1983, as tributadas pelo imposto de renda com base no lucro presumido ou arbitrado, os órgãos públicos, as autarquias e fundações públicas federais, estaduais e municipais, as fundações cuja criação tenha sido autorizada por lei, as pessoas jurídicas imunes a impostos, as receitas tributadas em regime monofásico ou de substituição tributária, as referidas no art. 5º da Lei n. 9.716, de 26 de novembro de 1998, as decorrentes da prestação de serviços de telecomunicações e de serviços das empresas jornalísticas e de radiodifusão sonora e de sons e imagens. Assim, tais pessoas jurídicas permanecem sujeitas às normas da legislação da COFINS, vigentes anteriormente à Lei n. 10.833/2003.

A Medida Provisória n. 449, de 3.12.2008, convertida na Lei n. 11.941/2009, altera o art. 24 da Lei n. 9.249, de 26 de dezembro de 1995, visando adequar o lançamento de ofício, no caso de omissão de receita, às novas regras de cobrança da Contribuição para o Financiamento da Seguridade Social – COFINS e da Contribuição para o PIS/PASEP. Segundo a Exposição de Motivos da MP:

> *Em decorrência das alterações introduzidas nos últimos anos na sistemática da cobrança dessas contribuições, em especial, a introdução de alíquotas diferenciadas para alguns setores produtivos, a criação do regime de incidência não-cumulativa e a cobrança das contribuições fixadas por unidade de medida de produto vendido, urge acrescentar ao art. 24 da citada lei novos parágrafos que definam regras para determinação da alíquota aplicável ao lançamento de ofício nos casos em que não seja possível a identificação da natureza da receita omitida por pessoa jurídica que apure as contribuições a alíquotas diversas.*
>
> *Atualmente, em face do disposto no art. 24 da Lei n. 9.249, de 1995, no caso de omissão de receita praticada por pessoa jurídica sujeita a alíquotas diversas na apuração das contribuições, quando não identificada a natureza da receita omitida, há incerteza na eleição de qual alíquota aplicar. Restaria à administração utilizar no lançamento de ofício a alíquota prevista para as receitas em geral, situação potencialmente injusta, pois poderia resultar em utilização de alíquota menor do que aquela a que a receita estaria sujeita se a pessoa jurídica a adicionasse na apuração das contribuições.*
>
> *A redação proposta tem por objetivo desestimular a conduta omissiva do sujeito passivo, traduzindo-se na aplicação da alíquota mais elevada dentre as previstas na legislação para as receitas auferidas pelo sujeito passivo.*
>
> *Alterado o § 2º do art. 24 da Lei n. 9.249, de 1995, com o objetivo de fundamentar o lançamento de contribuições previdenciárias, nos casos em que estas incidam sobre a receita da empresa (agronegócios e associações desportivas que mantenham equipes de futebol profissional), quando identificada omissão no registro da receita por parte do sujeito passivo, ou seja, propõe-se a extensão das presunções legais de omissão de receita à matéria previdenciária.*

O STJ firmou entendimento na Súmula n. 423 no sentido de que "a Contribuição para Financiamento da Seguridade Social – Cofins incide sobre as receitas provenientes das operações de locação de bens móveis".

2.5.6 PIS/PASEP

O PIS – Programa de Integração Social foi criado pela Lei Complementar n. 7, de 7.9.70, e o PASEP – Programa de Formação do Patrimônio do servidor público foi instituído pela Lei Complementar n. 8, de 3.12.70. Essas normas foram recepcionadas pela Constituição de 1988, consoante decisão do Pleno do Supremo Tribunal Federal, proferida no Recurso Extraordinário n. 169.091, em 7.6.95, relator Ministro Sepúlveda Pertence. Nesse sentido, decidiu o Supremo Tribunal Federal no julgamento da ADIn n. 1.417-DF, relator Ministro Octávio Gallotti: "Programa de Integração Social e de Formação do Patrimônio do servidor público – PIS/PASEP. Medida Provisória. Superação, por sua conversão em lei, da contestação do preenchimento dos requisitos da urgência e relevância. Sendo a contribuição expressamente autorizada pelo art. 239 da Constituição, a ela não se opõem as restrições constantes dos arts. 154, I e 195, § 4º, da mesma Carta. Não compromete a autonomia do orçamento da seguridade social (CF, art. 165, § 5º, III) a atribuição, à Secretaria da Receita Federal de administração e fiscalização da contribuição em causa. Inconstitucionalidade apenas do efeito retroativo imprimido à vigência da contribuição pela parte final do art. 18 da Lei n. 8.715-98" (Noticiado no Informativo STF n. 221, de 28.3.2001).

A base da exigência do PIS e do PASEP está no art. 239 da Constituição de 1988, a qual estabeleceu que a arrecadação dessas contribuições passaria, a partir de 5.10.88, a financiar o programa de seguro-desemprego e o abono para os empregados que percebam até dois salários mínimos mensais.

A natureza jurídica do PIS e do PASEP é de contribuição social, destinada ao custeio da Seguridade Social (art. 149, c/c o § 6º do art. 195 da Constituição).

O Pleno do Supremo Tribunal Federal declarou inconstitucionais os Decretos-leis ns. 2.445/88 e 2.449/88, que alteraram a cobrança dessas contribuições, pois as alterações não poderiam ser feitas por decreto-lei, permanecendo válida a exigência do PIS/PASEP com base nas Leis Complementares ns. 7 e 8, de 1970 (RE n. 148.754-2). O Senado Federal, por meio da Resolução n. 49, de 9.10.95, suspendeu a execução dos Decretos-leis ns. 2.445/88 e 2.449/88.

Decidiu também o STF ser desnecessária a edição de lei complementar para regulamentar a cobrança do PIS/PASEP: "Programa de Integração Social e de Formação do Patrimônio do servidor público – PIS/PASEP. Medida Provisória. Superação, por sua conversão em lei, da contestação do preenchimento dos requisitos de urgência e relevância. Sendo a contribuição expressamente autorizada pelo art. 239 da Constituição, a ela não se opõem as restrições constantes dos artigos 154, I e 195, § 4º, da mesma Carta" (ADI 1.417, Rel. Min. Octávio Gallotti, julgamento em 2.8.99, *DJ* de 23.3.2001).

As contribuições para o PIS/PASEP estão reguladas, também, pela Lei n. 9.715, de 25.11.98 e pela Lei n. 9.718, de 27.11.98. Essas normas aplicam-se às pessoas jurídicas de direito privado em geral, às entidades sem fins lucrativos e às pessoas jurídicas de direito público interno, definindo bases de cálculo e alíquotas diferenciadas para cada tipo de contribuinte. Determina, ainda, regime de substituição tributária para os comerciantes atacadistas de cigarros e distribuidores de derivados de petróleo.

As pessoas jurídicas a que se refere o § 1º do art. 22 da Lei n. 8.212/91 (instituições financeiras, seguradoras e entidades equiparadas) possuem legislação específica (EC n. 17 e Lei n. 9.701, de 17.11.98).

A alíquota do PIS/PASEP incidente sobre o faturamento é de 0,65%, salvo em relação às operações realizadas por refinarias e distribuidoras de combustíveis, cujos percentuais são diferenciados (Lei n. 9.715/98, art. 8º, Medida Provisória n. 2.158-35, de 2001, art. 1º, e Lei n. 9.718/98, art. 8º).

O percentual da contribuição para o PIS/PASEP é de 1% (um por cento), quando aplicável sobre a folha de salários (Medida Provisória n. 2.158-35, de 2001, art. 13).

A alíquota do PIS/PASEP não cumulativo incidente sobre a receita auferida pelas pessoas jurídicas de direito privado e as que lhe são equiparadas pela legislação do imposto de renda, tributadas com base no lucro real, é de 1,65%, a partir de 1º de setembro de 2002 (Lei n. 9.715/98, art. 2º, inciso I, e Medida Provisória n. 66/2002 - convertida na Lei n. 10.637, de 30 de dezembro de 2002).

A Medida Provisória n. 413, de 3.1.2008, em seu art. 17, majorou as alíquotas da CSLL, alterando o art. 3º da Lei 7.689/88, passando a estabelecer as seguintes alíquotas:

> *I - quinze por cento, no caso das pessoas jurídicas de seguros privados, as de capitalização e as referidas nos incisos I a XII do § 1º do art. 1º da Lei Complementar nº 105, de 10 de janeiro de 2001; e*
>
> *II - nove por cento, no caso das demais pessoas jurídicas.*

Obedecendo ao art. 195, § 6º, da Constituição, a Medida Provisória prevê a cobrança das novas alíquotas a partir do primeiro dia do quarto mês subsequente ao da sua publicação.

A periodicidade de apuração é mensal e possui o mesmo prazo de recolhimento do PIS, cabendo à Secretaria da Receita Federal a arrecadação e fiscalização dessas contribuições.

Os ministros do STF, por meio de votação no Plenário Virtual, reconheceram a ocorrência de repercussão geral no RE 607642, sobre a constitucionalidade da Medida Provisória nº 66/2002, convertida na Lei nº 10.637/2002, que inaugurou a sistemática da não-cumulatividade da contribuição para o PIS incidente sobre o faturamento das pessoas jurídicas prestadoras de serviços, com a consequente majoração da alíquota associada à possibilidade de aproveitamento de créditos compensáveis para a apuração do valor efetivamente devido. No RE, a empresa recorrente pede o direito à compensação dos valores recolhidos indevidamente com base nesses diplomas legais.

Ao justificar a existência de repercussão geral, a recorrente alegou que a possibilidade de instituição ou majoração de tributos mediante medida provisória e a discussão sobre o princípio da não-cumulatividade "é de grande relevância não só para os contribuintes, como também para a União Federal, pois representa uma drástica alteração na política tributária nacional". Afirma, ainda, que o debate, tal como ocorreu na disputa envolvendo a legitimidade da incidência da COFINS sobre as atividades dos prestadores de serviços de profissões legalmente regulamentadas, possui relevância econômica e apelo político.

O relator do recurso, Ministro Dias Toffoli, observou que, a exemplo da discussão sobre a adequação da Lei nº 10.833/2003, relativa à COFINS, que teve repercussão geral reconhecida no RE 570122, o tema do RE 607642 extrapola os limites subjetivos da causa, e merece ser submetido ao Plenário do STF (Informativo Notícias STF, no sítio www.stf.jus.br, acesso em 03.11.2010).

Os comentários sobre a constitucionalidade das alterações em relação à COFINS, em face da Lei n. 9.718/99, aplicam-se também ao PIS/PASEP.

2.5.7 Contribuição Social sobre o Lucro Líquido – CSLL

A CSLL está fundamentada no art. 195, I, *c*, da Constituição Federal, sendo que a cobrança foi instituída pela Lei n. 7.689, de 15.12.88.

O Supremo Tribunal Federal, ao julgar o Recurso Extraordinário n. 146.733-9/SP, *DJU* de 6.11.92, declarou inconstitucional a exigência da contribuição apenas sobre o lucro de 31.12.88, pois a Lei n. 7.689 não observou os noventa dias previstos no § 6º do art. 195 da Constituição para a exigência da contribuição. Na ocasião, entendeu o Supremo Tribunal Federal que a contribuição, cuja natureza é de tributo, no seu todo não é inconstitucional, podendo ser exigida após o cumprimento da anterioridade nonagesimal.

O art. 2º da Lei n. 7.689/88 determinava que a base de cálculo da contribuição sobre o lucro das pessoas jurídicas era o valor do resultado do exercício, antes da provisão para o Imposto de Renda. Sobreveio a Lei n. 9.249/95, determinando que a alíquota da contribuição social, a partir de 1.1.96, seria de 8% sobre o lucro líquido do período-base, antes da provisão para o imposto de renda. Para as instituições financeiras, a alíquota seria de 18% (art. 19).

A partir de 1.5.99, a CSLL passou a ser cobrada com acréscimos dos seguintes adicionais (*vide* art. 6º da Medida Provisória n. 2.158-35, de 24.8.2001, que se manterá vigente até deliberação do Congresso Nacional sobre a matéria, conforme disposto no art. 2º da Emenda Constitucional n. 32, de 2001):

- quatro pontos percentuais, relativamente aos fatos geradores ocorridos de 1.5.99 a 31.1.2000; e
- um ponto percentual, relativamente aos fatos geradores ocorridos de 1.2.2000 a 31.12.2002.

Referido adicional aplica-se inclusive aos contribuintes que realizam pagamento mensal por estimativa, previsto no art. 30 da Lei n. 9.430/96, bem como aqueles tributados com base no lucro presumido ou arbitrado.

Ressalte-se, ainda, que as instituições financeiras tiveram a alíquota fixada em 8% em relação aos fatos geradores ocorridos a partir de 1.1.99, sem prejuízo da aplicação dos adicionais supramencionados.

A majoração das alíquotas da CSLL por meio de medida provisória foi considerada válida pelo STF (RE 377409/PR, rel. Min. Cezar Peluso, 18.8.2009). Registrou-se que a Medida Provisória 1.807/99 – e depois a 1.858/99 – limitara-se a modificar a alíquota da contribuição, o que não encontraria óbice na jurisprudência da Corte. Precedentes citados: RE 286292/PR (DJU de 23.8.2002) e RE 403512/SC (DJE de 6.3.2009).

Por força do art. 37 da Lei n. 10.637, de 30.12.2002 (DOU de 31.12.2002), aos fatos geradores ocorridos a partir de 1º de janeiro de 2003, a alíquota da Contribuição Social sobre o Lucro Líquido (CSLL), instituída pela Lei n. 7.689, de 15 de dezembro de 1988, é de 9% (nove por cento) sobre o resultado ajustado, presumido ou arbitrado.

O STF, analisando Recurso Extraordinário com repercussão geral, a respeito da imunidade - ou não - das receitas com exportações à incidência da Contribuição sobre o Lucro Líquido, assim decidiu:

> *IMUNIDADE - CAPACIDADE ATIVA TRIBUTÁRIA. A imunidade encerra exceção constitucional à capacidade ativa tributária, cabendo interpretar os preceitos regedores de forma estrita.*
> *IMUNIDADE - EXPORTAÇÃO - RECEITA - LUCRO. A imunidade prevista no inciso I do § 2º do artigo 149 da Carta Federal não alcança o lucro das empresas exportadoras.*
> *LUCRO - CONTRIBUIÇÃO SOCIAL SOBRE O LUCRO LÍQUIDO - EMPRESAS EXPORTADORAS. Incide no lucro das empresas exportadoras a Contribuição Social sobre o Lucro Líquido.*
> *(STF, RE 564413, Rel. Min. Marco Aurélio, DJe 3.11.2010).*

A periodicidade de apuração é mensal, cabendo à Secretaria da Receita Federal a arrecadação e a fiscalização dessas contribuições.

2.5.8 Contribuições das Microempresas e Empresas de Pequeno Porte – o SIMPLES NACIONAL

A Constituição Federal assegurou, nos arts. 170 e 179, às microempresas e às empresas de pequeno porte tratamento jurídico diferenciado e simplificado nos campos administrativo, tributário, previdenciário, trabalhista, creditício e de desenvolvimento empresarial.

O Sistema Integrado de Pagamento de Impostos e Contribuições das Microempresas e Empresas de Pequeno Porte – SIMPLES foi instituído pela Lei n. 9.317, de 5.12.96, e modificado em parte pela Lei n. 9.841, de 5.10.99, bem como pela Lei n. 10.034, de 24.10.2000.

Atualmente, encontra-se regido pela Lei Complementar n. 123, de 14.12.2006, (alterada em parte pela Lei Complementar n. 127, de 2007, e pela Lei Complementar n. 128, de 2008) a qual tratou da matéria em seus artigos 12 a 41, modificando a nomenclatura para Regime Especial Unificado de Arrecadação de Tributos e Contribuições devidos pelas Microempresas e Empresas de Pequeno Porte – Simples Nacional.

O SIMPLES NACIONAL consiste no tratamento diferenciado, simplificado e favorecido aplicável às microempresas e às empresas de pequeno porte, relativo aos impostos e às contribuições sociais abaixo indicadas[209]:

I – Imposto sobre a Renda da Pessoa Jurídica – IRPJ;

II – Imposto sobre Produtos Industrializados – IPI, observado o disposto no inciso XII do § 1º deste artigo;

III – Contribuição Social sobre o Lucro Líquido – CSLL;

IV – Contribuição para o Financiamento da Seguridade Social – COFINS, observado o disposto no inciso XII do § 1º deste artigo;

V – Contribuição para o PIS/Pasep, observado o disposto no inciso XII do § 1º deste artigo;

VI – Contribuição Patronal Previdenciária – CPP para a Seguridade Social, a cargo da pessoa jurídica, de que trata o art. 22 da Lei n. 8.212, de 24 de julho de 1991, exceto no caso da microempresa e da empresa de pequeno porte que se dedique às atividades de prestação de serviços referidas no § 5º-C do art. 18 desta Lei Complementar; (Redação dada pela Lei Complementar n. 128, de 2008)

VII – Imposto sobre Operações Relativas à Circulação de Mercadorias e sobre Prestações de Serviços de Transporte Interestadual e Intermunicipal e de Comunicação – ICMS;

VIII – Imposto sobre Serviços de Qualquer Natureza – ISS.

De acordo com o art. 3º da Lei Complementar n. 123, de 14.12.2006, consideram-se microempresas ou empresas de pequeno porte a sociedade empresária, a sociedade simples e o empresário a que se refere o art. 966 da Lei n. 10.406, de 10 de janeiro de 2002[210], devidamente registrados no Registro de Empresas Mercantis ou no Registro Civil de Pessoas Jurídicas, conforme o caso, desde que:

I – no caso das microempresas, o empresário, a pessoa jurídica, ou a ela equiparada, aufira, em cada ano-calendário, receita bruta igual ou inferior a R$ 240.000,00 (duzentos e quarenta mil reais);

---

209 De acordo com o art. 2º da Lei n. 9.841/99, que institui o Estatuto da Microempresa e da Empresa de Pequeno Porte, dispondo sobre o tratamento jurídico diferenciado, simplificado e favorecido previsto nos arts. 170 e 179 da Constituição Federal, considera-se:
– microempresa, a pessoa jurídica e a firma mercantil individual que tiver receita bruta anual igual ou inferior a R$ 244.000,00 (duzentos e quarenta e quatro mil reais);
– empresa de pequeno porte, a pessoa jurídica e a firma mercantil individual que, não enquadrada como microempresa, tiver receita bruta anual superior a R$ 244.000,00 (duzentos e quarenta e quatro mil reais) e igual ou inferior a R$ 1.200.000,00 (um milhão e duzentos mil reais).

210 Dispõe o art. 966 do Código Civil:
Art. 966. Considera-se empresário quem exerce profissionalmente atividade econômica organizada para a produção ou a circulação de bens ou de serviços.
Parágrafo único. Não se considera empresário quem exerce profissão intelectual, de natureza científica, literária ou artística, ainda com o concurso de auxiliares ou colaboradores, salvo se o exercício da profissão constituir elemento de empresa.

II – no caso das empresas de pequeno porte, o empresário, a pessoa jurídica, ou a ela equiparada, aufira, em cada ano-calendário, receita bruta superior a R$ 240.000,00 (duzentos e quarenta mil reais) e igual ou inferior a R$ 2.400.000,00 (dois milhões e quatrocentos mil reais).

Considera-se receita bruta, para fins do disposto no caput do referido artigo 3º, o produto da venda de bens e serviços nas operações de conta própria, o preço dos serviços prestados e o resultado nas operações em conta alheia, não incluídas as vendas canceladas e os descontos incondicionais concedidos.

No caso de início de atividades no próprio ano-calendário, os limites acima referidos serão proporcionais ao número de meses em que a pessoa jurídica houver exercido atividade, desconsideradas as frações de meses.

Dispõe, ainda, o § 4º do art. 3º, que não se inclui no regime diferenciado e favorecido previsto nesta Lei Complementar, para nenhum efeito legal, a pessoa jurídica:

I – de cujo capital participe outra pessoa jurídica;

II – que seja filial, sucursal, agência ou representação, no País, de pessoa jurídica com sede no exterior;

III – de cujo capital participe pessoa física que seja inscrita como empresário ou seja sócia de outra empresa que receba tratamento jurídico diferenciado nos termos desta Lei Complementar, desde que a receita bruta global ultrapasse o limite de que trata o inciso II do caput deste artigo;

IV – cujo titular ou sócio participe com mais de 10% (dez por cento) do capital de outra empresa não beneficiada por esta Lei Complementar, desde que a receita bruta global ultrapasse o limite de que trata o inciso II do caput deste artigo;

V – cujo sócio ou titular seja administrador ou equiparado de outra pessoa jurídica com fins lucrativos, desde que a receita bruta global ultrapasse o limite de que trata o inciso II do caput deste artigo;

VI – constituída sob a forma de cooperativas, salvo as de consumo;

VII – que participe do capital de outra pessoa jurídica;

VIII – que exerça atividade de banco comercial, de investimentos e de desenvolvimento, de caixa econômica, de sociedade de crédito, financiamento e investimento ou de crédito imobiliário, de corretora ou de distribuidora de títulos, valores mobiliários e câmbio, de empresa de arrendamento mercantil, de seguros privados e de capitalização ou de previdência complementar;

IX – resultante ou remanescente de cisão ou qualquer outra forma de desmembramento de pessoa jurídica que tenha ocorrido em um dos 5 (cinco) anos-calendário anteriores;

X – constituída sob a forma de sociedade por ações.

Na hipótese de a microempresa ou empresa de pequeno porte incorrer em alguma das situações previstas nos incisos do § 4º, será excluída do regime do SIM-

PLES NACIONAL, com efeitos a partir do mês seguinte ao que incorrida a situação impeditiva.

A pessoa jurídica enquadrada na condição de microempresa ou de empresa de pequeno porte poderá optar pela inscrição no SIMPLES NACIONAL, sendo-lhe esta inscrição facultativa, não obrigatória.

Segundo o art. 16, § 4º, da Lei Complementar em questão, com a redação conferida pela Lei Complementar n. 127/2007, "Serão consideradas inscritas no Simples Nacional, em 1º de julho de 2007, as microempresas e empresas de pequeno porte regularmente optantes pelo regime tributário de que trata a Lei n. 9.317, de 5 de dezembro de 1996, salvo as que estiverem impedidas de optar por alguma vedação imposta por esta Lei Complementar".

Não podem realizar a opção pelo SIMPLES NACIONAL as microempresas e empresas de pequeno porte enquadradas nas vedações do art. 17 da Lei Complementar n. 123/2006.

A opção pelo SIMPLES NACIONAL da pessoa jurídica enquadrada na condição de microempresa e empresa de pequeno porte dar-se-á na forma a ser estabelecida em ato do Comitê Gestor, sendo irretratável para todo o ano-calendário.

O pagamento no sistema integrado, nos termos da lei em comento, não exclui a incidência dos demais impostos ou contribuições, devidos na qualidade de contribuinte ou responsável, em relação aos quais será observada a legislação aplicável às demais pessoas jurídicas.

O valor devido mensalmente pelas microempresas e empresas de pequeno porte inscritas no SIMPLES NACIONAL será determinado mediante a aplicação de alíquotas sobre a receita bruta mensal auferida, conforme Tabela constante do Anexo I da Lei Complementar n. 123/2006. Os percentuais são variáveis em decorrência do montante da receita bruta acumulada e da condição de contribuinte ou não do IPI.

Em relação ao Microempreendedor Individual – MEI, a LC n. 128, de 2008, estabeleceu que poderá optar pelo recolhimento dos impostos e contribuições abrangidos pelo Simples Nacional em valores mensais reduzidos, independentemente da receita bruta por ele auferida no mês, na forma prevista no art. 18-A, qual seja:

a) 11% do salário mínimo, a título da Contribuição para a Seguridade Social, relativa à pessoa do empresário, na qualidade de contribuinte individual;

b) R$ 1,00 (um real), a título de ICMS, caso seja contribuinte desse tributo;

c) R$ 5,00 (cinco reais), a título de ISS, caso seja contribuinte do mesmo.

O MEI optante por esse recolhimento fixo não fará jus à aposentadoria por tempo de contribuição, salvo se efetuar o recolhimento mensal complementar de 9%, acrescido de juros moratórios.

Considera-se MEI o empresário individual a que se refere o art. 966 da Lei n. 10.406, de 10 de janeiro de 2002 – Código Civil, que tenha auferido receita bruta, no ano-calendário anterior, de até R$ 36.000,00; que seja optante pelo Simples Nacional; e que não esteja impedido de fazer a opção. No caso de início de atividades, o limite será de R$ 3.000,00 multiplicados pelo número de meses compreendidos entre o início da atividade e o final do respectivo ano-calendário, consideradas as frações de meses como um mês inteiro.

A comprovação da receita bruta é feita mediante a apresentação do registro de vendas ou de prestação de serviços, ficando dispensados da emissão do documento fiscal, ressalvadas as hipóteses de emissão obrigatória previstas pelo Comitê Gestor.

O microempresário individual desenquadrado da sistemática de recolhimento aqui prevista passará a recolher os tributos devidos pela regra geral do Simples Nacional a partir da data de início dos efeitos do desenquadramento, ressalvado os casos de excesso de receita bruta, hipótese em que o MEI deverá recolher a diferença, sem acréscimos, em parcela única, juntamente com a da apuração do mês de janeiro do ano-calendário subsequente ao do excesso, na forma a ser estabelecida em ato do Comitê Gestor.

– Empresas Optantes do Simples Nacional e Isenção de Contribuições - ADI n. 4033/DF

O STF iniciou julgamento de ação direta ajuizada pela Confederação Nacional do Comércio – CNC em que se objetiva a declaração de inconstitucionalidade do art. 13, § 3º, da Lei Complementar n. 123/2006, que concede isenção às microempresas e empresas de pequeno porte optantes pelo Simples Nacional – Supersimples quanto ao pagamento das contribuições instituídas pela União, inclusive aquelas devidas às entidades privadas de serviço social e de formação profissional vinculadas ao sistema sindical (CF, art. 240). Sustenta-se, na espécie, violação dos artigos 150, § 6º; 146, III, "d"; 8º, I e IV, e 150, II, todos da CF. O Min. Joaquim Barbosa, relator, julgou improcedente o pedido. Afastou, inicialmente, a alegada ofensa ao art. 150, § 6º, da CF. Após registrar haver pertinência entre a isenção e o tema geral que foi objeto da Lei Complementar n. 123/2006, e que a contribuição sindical é tributo cuja instituição está na esfera de competência da União (CF, artigos 8º, IV, 149 e 240), considerou não ser estranha à lei destinada a instituir o Estatuto Nacional da Microempresa e da Empresa de Pequeno Porte a matéria relativa à tributação destas mesmas entidades. Asseverou que dispor sobre o assunto, de maneira global, seria insuficiente para ocultar ou escamotear o igualmente relevante tema da exoneração tributária.

Quanto à apontada afronta ao art. 146, III, "d", da CF, o relator citou o que disposto no art. 170, IX, da CF, e aduziu que o fomento da atividade das empresas de pequeno porte e das microempresas é objetivo que deve ser alcançado, nos termos da Constituição, na maior medida possível diante do quadro fático e jurídico a que estiverem submetidas, e que, dentre as medidas que podem ser adotadas pelo Estado, está a elaboração de regime tributário diferenciado, que tome por premissa a circunstância de as empresas com menor receita não terem potencial competitivo tão desenvolvido como as empresas de maior porte. Para o relator, a fim de alcançar tais objetivos e ainda atender ao princípio da capacidade contributiva, não seria adequado afirmar que o regime tributário diferenciado deve se limitar a certos tributos. Assim, tendo em conta que a proposta de limitação do regime tributário diferenciado a espécies tributárias específicas poderia amesquinhar ou mesmo aniquilar o propósito da instituição de tal regime, concluiu que se haveria de dar ao texto do art. 146, III, "d" da CF caráter exemplificativo e não taxativo, no que se refere aos tributos que poderão ter o alcance modulado em função de o contribuinte ser empresa de pequeno porte. No ponto, ressaltou que aqui o Sistema Tributário se subordina ao objetivo que o Sistema Econômico e o Social demarcam no campo jurídico, ou seja, o fomento da atividade das pessoas jurídicas submetidas à Lei Complementar n. 123/2006 tem primazia ou prioridade sobre a literalidade das disposições específicas sobre matéria tributária.

O relator, em seguida, repeliu o argumento de violação ao art. 8º da CF. Não obstante reputando ser relevante a alegação acerca do risco de enfraquecimento das entidades de representação patronal no campo das relações do trabalho, considerou o fato de que o benefício fiscal contestado não seria novo, e reportou-se ao julgamento da ADI n. 2006 MC/DF (DJU de 1.12.2000), em que se fixara orientação no sentido de que a finalidade extrafiscal da isenção da contribuição sindical patronal prevalecia, em termos, sobre a autonomia e a liberdade sindical. Ponderou, ademais, ser necessário observar o trânsito da situação a que estariam atualmente submetidas as microempresas e empresas de pequeno porte, para o quadro incentivado pela exoneração, de modo a confirmar se a influência da norma impugnada seria ou não perniciosa. No ponto, aduziu que, se o objetivo previsto com a concessão do benefício for obtido – fomento da pequena empresa – duas consequências advirão, em maior ou menor grau: o fortalecimento de tais empresas, que poderão passar à condição de empresas de maior porte e, portanto, superar a faixa de isenção, e o incentivo à regularização das empresas ditas informais melhorará o perfil dos consumidores, o que será benéfico às atividades das empresas comerciais de maior porte. Realçou que a competência para instituir as contribuições de interesse de categorias profissionais ou econômicas seria da União, nada impedindo que tais tributos também atendessem à função extrafiscal estabelecida nos termos da CF, e que a circunstância de o tributo ser parafiscal, não modificaria o quadro. Salientou que, se a política econômica pede por sacrifícios proporcionais em matéria de arrecadação – como forma de estímulo e desenvolvimento das atividades das micro e pequenas empresas, bem como do aumento das condições propícias à oferta de empregos – as entidades parafiscais não podem alegar uma espécie de titularidade absoluta ou de direito adquirido ao valor potencialmente arrecadável com o tributo. Concluiu que situação diversa se configuraria se a exoneração fosse tão intensa a ponto de forçar situação de grave e irreversível desequilíbrio, apta a inviabilizar completamente a atuação da entidade paraestatal, sendo, mesmo em tais casos, indispensável questionar se a entidade paraestatal não teria, ou não deveria ter, outras fontes de custeio.

Por fim, o relator não vislumbrou a mencionada infringência à isonomia e à igualdade. Apesar de julgar ser indiscutível a assertiva da requerente quanto à relevância que as entidades sindicais patronais possuem no sistema das relações do trabalho, bem como a contribuição por elas dada à indispensável liberdade sindical, o relator entendeu que a premissa apresentada seria insuficiente para afastar a inexistência de especificidade que justificasse a aplicação de regimes diferenciados no campo da tributação às entidades patronais e às entidades de representação dos trabalhadores. Após mencionar ser diverso o contexto da presente situação do daquela analisada no julgamento do RE 217355/MG (DJU de 2.2.2001), considerou que seria relevante para o desate da questão saber se a exoneração concedida às empresas de pequeno porte teria a mesma carga de benefício fiscal concedido aos trabalhadores de baixa renda. Ocorre que não haveria argumentação nesse sentido, não tendo a requerente explorado a eventual simetria ou discrepância entre o potencial de custeio das entidades sindicais. Assim, ausentes tais dados, não seria possível confirmar a assertiva quanto às violações apontadas. Após, pediu vista dos autos o Min. Marco Aurélio. (ADI 4033/DF, rel. Min. Joaquim Barbosa, 15.10.2008)

2.6 Contribuições do importador de bens e serviços do exterior

A Constituição prevê no art. 195, inciso IV, introduzido pela Emenda Constitucional n. 42, de 19.12.2003, a incidência de contribuição social a cargo do importador de bens ou serviços do exterior, ou de quem a lei a ele equiparar. Esse dispositivo está em sintonia com o disposto no art. 146, § 2º, inciso II, que recebeu nova redação pela EC n. 42/2003, prevendo a incidência de contribuição sobre a importação de produtos estrangeiros ou serviços.

Em consonância com a nova ordem constitucional, foi editada a Medida Provisória n. 164, de 29.1.2004, convertida na Lei n. 10.865, de 30.4.2004, que dispõe sobre a Contribuição para os Programas de Integração Social e de Formação do Patrimônio do servidor público e a Contribuição para o Financiamento da Seguridade Social incidentes sobre a importação de bens e serviços, e dá outras providências.

Dessa forma, o art. 1º da Lei n. 10.865/2004 instituiu o PIS/PASEP-Importação e a COFINS-Importação, com base nos arts. 149, § 2º, inciso II, e 195, inciso

IV, da Constituição, observado o disposto no seu art. 195, § 6º (anterioridade nonagesimal).

A intenção do Fisco, com a instituição das contribuições, é o tratamento isonômico entre a tributação dos bens produzidos e serviços prestados no País, que sofrem a incidência da Contribuição para o PIS-PASEP e da COFINS, e os bens e serviços importados de residentes ou domiciliados no exterior, que passam a ser tributados com as mesmas alíquotas dessas contribuições.

Considerando-se a existência de modalidades distintas de incidência da Contribuição para o PIS/PASEP e da COFINS – cumulativa e não-cumulativa – no mercado interno, nos casos dos bens ou serviços importados para revenda ou para serem empregados na produção de outros bens ou na prestação de serviços, será possibilitado, também, o desconto de créditos pelas empresas sujeitas à incidência não-cumulativa do PIS/PASEP e da COFINS, nos casos que especifica a Lei n. 10.865/2004.

A medida procura conduzir a um tratamento tributário isonômico entre os bens e serviços produzidos internamente e os importados: tributação com as mesmas alíquotas e possibilidade de desconto de crédito para as empresas sujeitas à incidência não-cumulativa. As hipóteses de vedação de créditos vigentes para o mercado interno foram estendidas para os bens e serviços importados sujeitos às contribuições instituídas pela Lei n. 10.865/2004.

As contribuições instituídas têm como hipótese de incidência a importação de bens e de serviços de residentes ou domiciliados no exterior e por base de cálculo, na hipótese de importação de bens, o valor aduaneiro desses bens importados, acrescido do Imposto de Importação – II, do Imposto sobre Operações Relativas à Circulação de Mercadorias e sobre Prestação de Serviços de Transporte Interestadual e Intermunicipal e de Comunicação – ICMS e do valor das próprias contribuições, e, na hipótese de importação de serviços, o valor desses serviços antes da retenção do imposto de renda, acrescido do Imposto sobre Serviços de Qualquer Natureza – ISS e do valor das próprias contribuições.

A apuração das contribuições é feita na data do registro da declaração de importação de bens submetidos a despacho para consumo, nas hipóteses de importação de bens, e na data do pagamento, do crédito, da entrega, do emprego ou da remessa de valores a residentes ou domiciliados no exterior, na hipótese de importação de serviços.

A norma estabelece isenção das contribuições nos moldes da regra vigente para o Imposto sobre Produtos Industrializados vinculado à importação, tais como: importações realizadas pela União, Estados, Distrito Federal e Municípios, suas autarquias e fundações instituídas e mantidas pelo poder público; pelas Missões Diplomáticas e Repartições Consulares de caráter permanente e pelos respectivos integrantes; bagagem de viajantes procedentes do exterior; bens adquiridos em loja franca, no País; objetos de arte recebidos em doação por museus instituídos e mantidos pelo poder público ou por outras entidades culturais reconhecidas como de utilidade pública.

Às contribuições instituídas são estendidos os regimes aduaneiros especiais, que compreendem as normas relativas à suspensão do pagamento do Imposto de Importação ou do Imposto sobre Produtos Industrializados vinculado à importação.

Cabe à Secretaria da Receita Federal as atividades de administração, cobrança e fiscalização das contribuições instituídas pela Lei n. 10.865/2004. As contribuições sujeitam-se às normas relativas ao processo administrativo fiscal de determinação e exigência de créditos tributários federais e de consulta, previstas no Decreto n. 70.235, de 6.3.1972, e, subsidiariamente, às disposições da legislação aduaneira, do Imposto de Renda e da Contribuição para o PIS/PASEP e da COFINS, inclusive quanto a penalidades e acréscimos aplicáveis.

A Lei n. 10.865/2004 referida com o objetivo de evitar evasão fiscal e regular o mercado de combustível, altera a alíquota *ad valorem* da Contribuição do PIS/PASEP e da COFINS incidentes sobre a receita bruta de venda de gasolina e óleo diesel, bem como estabelece a incidência mediante alíquotas específicas, por opção do contribuinte.

A alíquota principal do PIS/PASEP-Importação é de 1,65% e da COFINS-Importação é de 7,6%. No entanto, o art. 8º da Lei n. 10.865/2004 estabelece alíquotas diferenciadas no caso de importação de alguns produtos, tais como, farmacêuticos, perfumaria, máquinas e veículos, gasolinas e suas correntes, autopeças, papel, entre outros.

2.7 Contribuições decorrentes do trabalho prestado em obras de construção civil

A construção civil é um dos ramos da indústria de maior desenvolvimento no Brasil, com utilização em larga escala de mão-de-obra sem qualificação. Periodicamente, o Governo Federal tem adotado políticas de incentivo à construção civil como fonte de geração de empregos e de aquecimento da economia.

Uma das situações nas quais mais comumente se observa o fenômeno do mercado informal de trabalho é nas obras de construção civil. Os efeitos desta informalidade são, de um lado, trabalhadores que prestam serviços com elevado risco de acidentes de trabalho, sem a devida proteção previdenciária, uma vez que, se não realizadas as contribuições, caso necessitem de amparo, precisarão provar inicialmente o exercício da atividade e o seu salário de contribuição; e, de outro, um alto índice de evasão fiscal.

Em função disso, comenta *Wladimir Novaes Martinez* que a verificação do cumprimento das obrigações decorrentes da atividade laborativa desses trabalhadores "sempre foi difícil para a autarquia gestora e, também, para o sujeito passivo da exação fiscal".[211]

Também é na construção civil que existe a única hipótese de não-incidência de contribuição social prevista na legislação de custeio. Segundo esta, não é devida contribuição se a construção residencial unifamiliar, destinada ao uso próprio, de tipo econômico, for executada sem mão-de-obra assalariada (art. 30, VIII, da Lei n. 8.212/91). O Regulamento estabelece que a área construída não pode ser superior a setenta metros quadrados (art. 278 do Decreto n. 3.048/99).

A disciplina legal acerca da matéria é bastante precária, o que leva o Poder Executivo a expedir atos administrativos com finalidade normativa visando regular os pontos não tratados pela Lei n. 8.212/91, o que tem propiciado dúvidas e discussões em sede administrativa e judicial. Não bastasse isso, com a criação da Receita Federal do Brasil, as atribuições relativas à arrecadação, fiscalização e cobrança, bem como da respectiva normatização infralegal, deixaram de pertencer ao Ministério da Previdência Social. A Secretaria da Receita Federal do Brasil (RFB) editou a Instrução Normativa RFB n. 971, publicada no DOU de 13.11.2009, alterando as regras de cálculo da tributação previdenciária e de arrecadação de contribuições sociais na construção civil.

Com a edição da NBR n. 12.721, em 2006, o Sindicato das Indústrias da Construção Civil estabeleceu novos projetos-padrão e nova metodologia de pesquisa para lotes básicos de insumos, diferentes da série anterior de 1999. A impossibilidade de comparação direta dos Custos Unitários Básicos (CUB) obtidos por essas duas normas levou a então Secretaria da Receita Previdenciária adequar os procedimentos e cálculo de aferição indireta à nova norma.

As séries CUB 1999 e 2006 não têm comparação entre si, sendo impróprio enquadrar a obra de acordo com legislação vigente à época dos recolhimentos.

2.7.1 Conceito de obra de construção civil

O conceito de obra de construção civil, para efeitos de custeio da Seguridade Social, é bastante amplo e compreende *a construção, a demolição, a reforma ou a ampliação de edificação, de instalação ou de qualquer outra benfeitoria agregada ao solo ou ao subsolo* (art. 257, § 13, do Regulamento).

Em síntese, poder-se-ia afirmar que a obra de construção civil que interessa ao Direito Previdenciário, diante da existência de fato gerador de contribuição ao sistema, é aquela que, a partir da utilização de trabalho humano, se presta a realizar alterações na propriedade imóvel, seja para edificar – de forma originária ou em ampliação à edificação já existente –, seja para demolir, seja para realizar serviços

211 MARTINEZ, Wladimir Novaes. *Obrigações previdenciárias na construção civil*. São Paulo: LTr, 1996, p. 89.

de instalações de qualquer natureza em imóvel e, ainda, em caso de reforma do edifício já construído.

Se a obra não conta com "mão de obra assalariada", a jurisprudência vem rechaçando a cobrança de contribuição com fundamento no art. 30 da Lei n. 8.212/91, como se nota do aresto a seguir:

> *TRIBUTÁRIO. CONSTRUÇÃO RESIDENCIAL UNIFAMILIAR. COMPROVAÇÃO DA NÃO UTILIZAÇÃO DE MÃO-DE-OBRA ASSALARIADA.*
>
> *Nos termos do artigo 30 da Lei nº. 8.212, nenhuma contribuição à Seguridade Social é devida se a construção residencial unifamiliar for destinada a uso próprio e for executada sem mão-de-obra assalariada. A comprovação da não-utilização de mão-de-obra assalariada implica prova negativa de fato, o que dificilmente poderá ser feito através de documentos.*
>
> *No caso concreto, os indícios apresentados são suficientes para comprovar o requisito, já que a obra é de pequeno porte e, a despeito deste fato, teve longa duração. Outrossim, a baixa renda do demandante indica que não teria como arcar com o preço de mão-de-obra assalariada sem prejuízo de sua subsistência (TRF da 4ª Região, 2ª Turma, Ap. Cível n. 2004.71.02.003020-2. Rel. Juiz Federal Leandro Paulsen. D.E. 10.05.2007).*

No conceito de imóvel não se enquadram as aeronaves e embarcações, para efeito de verificação de hipótese de incidência. Apenas a construção/demolição/reforma de edifício sobre terreno é caracterizada como obra de construção civil.

2.7.2 Obrigações previdenciárias do sujeito passivo na obra de construção civil

São responsáveis pelas obrigações previdenciárias decorrentes de execução de obra de construção civil o proprietário do imóvel, o dono da obra, o incorporador, o condômino da unidade imobiliária não incorporada na forma da Lei nº 4.591, de 1964, e a empresa construtora. A pessoa física, dona da obra ou executora da obra de construção civil, é responsável pelo pagamento de contribuições em relação à remuneração paga, devida ou creditada aos segurados que lhe prestam serviços na obra, na mesma forma e prazos aplicados às empresas em geral.

O responsável por obra de construção civil está obrigado a recolher as contribuições arrecadadas dos segurados e as contribuições a seu cargo, incidentes sobre a remuneração dos segurados utilizados na obra e por ele diretamente contratados, de forma individualizada por obra e, se for o caso, a contribuição social previdenciária incidente sobre o valor pago à cooperativa de trabalho, em documento de arrecadação identificado com o número da matrícula CEI.

Se a obra for executada exclusivamente mediante contratos de empreitada parcial e subempreitada, o responsável por ela deverá emitir uma GFIP identificada com a matrícula CEI, com a informação de ausência de fato gerador (GFIP sem movimento), conforme disposto no Manual da GFIP.

Sendo o responsável uma pessoa jurídica, o recolhimento das contribuições incidentes sobre a remuneração dos segurados do setor administrativo deverá ser feito em documento de arrecadação identificado com o número do CNPJ do estabelecimento em que esses segurados exercem sua atividade.

Para que possa ser realizado o recolhimento das contribuições à Seguridade Social relativas aos trabalhadores em atividade na obra, é necessário que se faça a matrícula da obra, de modo a obter um número de identificação no Cadastro Específico do INSS - CEI.

O responsável pela obra de construção civil, caso seja pessoa jurídica, está obrigado a efetuar a escrituração contábil relativa à obra.

Estão desobrigados da apresentação de escrituração contábil:

I - as pessoas físicas equiparadas a empresa, matriculadas no CEI;
II - o pequeno comerciante, nas condições estabelecidas pelo Decreto-lei nº 486, de 1969, e seu regulamento;
III - a pessoa jurídica tributada com base no lucro presumido, de acordo com a legislação tributária federal, e a pessoa jurídica optante pelo Sistema Integrado de Pagamento de Impostos e Contribuições das Microempresas e Empresas de Pequeno Porte - SIMPLES ou pelo Regime Especial Unificado de Arrecadação de Tributos e Contribuições devidos pelas Microempresas e Empresas de Pequeno Porte (Simples Nacional), desde que escriturem Livro Caixa e Livro de Registro de Inventário.

A responsabilidade pela matrícula da obra junto à Receita Federal do Brasil recairá sobre: o proprietário do imóvel, o dono da obra ou o incorporador de construção civil, pessoa física ou pessoa jurídica; a empresa construtora, quando contratada para execução de obra por empreitada total; ou a empresa líder, na contratação de obra de construção civil a ser realizada por consórcio mediante empreitada total de obra de construção civil.

Na hipótese de contratação de cooperativa de trabalho (ou de mão-de-obra), a responsabilidade pela matrícula e regularização da obra recairá na pessoa do contratante.

Compete ao responsável pela obra de construção civil realizar sua matrícula, no prazo de 30 dias, junto a uma das Unidades da Receita Federal do Brasil, obtendo então o número de cadastro no CEI, que deverá ser informado no ato do recolhimento mensal de contribuições devidas, bem como para obtenção da Certidão Negativa de Débito – CND.

A obra de construção civil executada por empresas em consórcio, deverá ser matriculada exclusivamente na unidade da RFB jurisdicionante do estabelecimento matriz da empresa líder.

A matrícula de ofício será emitida nos casos em que for constatada a não-existência de matrícula de estabelecimento ou de obra de construção civil no prazo previsto no inciso II do caput do art. 19, sem prejuízo da autuação cabível.

A matrícula de obra de construção civil deverá ser efetuada por projeto, devendo incluir todas as obras nele previstas, considerando-se, ainda, que : a) será efetuada uma única matrícula CEI para a obra que envolver, concomitantemente, obra nova, reforma, demolição e acréscimo, ou dois ou mais destes, constantes do mesmo projeto; b) se a obra corresponder a apenas uma destas atividades, constando de projeto em separado, deverá haver matrícula específica; c) para a continuação de obra inacabada, ainda que parte esteja devidamente regularizada, será mantida a mesma matrícula, desde que o responsável seja o mesmo.

Ocorrendo inadimplemento da obrigação de realizar a matrícula, pela pessoa responsável pela obra de construção civil, a fiscalização da Receita Federal do Brasil fará a matrícula de ofício, com base nas informações e nos documentos examinados, e emitirá Auto de Infração (AI).

Porém, o ato de ofício somente poderá ser realizado dentro do prazo decadencial, como é descrito na jurisprudência:

> *INTERESSE DE AGIR. CONTRIBUIÇÃO PREVIDENCIÁRIA. OBRA. CONSTRUÇÃO. LANÇAMENTO. SUSPENSÃO DA EXIGIBILIDADE. CND. PRESCRIÇÃO E DECADÊNCIA. TERMO INICIAL.*
>
> *1. A resistência do INSS, manifestada nas informações constantes do ARO juntado aos autos, no próprio agravo de instrumento e no agravo regimental interposto, por si só, já configura o interesse de agir do autor, decorrente da necessidade de obter por meio de processo judicial a proteção do alegado direito subjetivo, ainda que inexista pedido e negativa na via administrativa.*
>
> *2. A recusa fiscal em fornecer Certidão Negativa de Débito em favor do contribuinte somente é tutelada juridicamente quando há crédito definitivamente constituído, cuja exigibilidade não está suspensa, na forma do disposto no art. 151 do CTN.*
>
> *3. O Aviso para Regularização de Obra é ato administrativo, emitido unilateralmente, que indica o valor a ser recolhido a título de contribuições previdenciárias para fins de regularização da obra, apurada pelo fisco sem que tenha sido oportunizada ao contribuinte qualquer defesa ou impugnação, não podendo ser considerado como lançamento.*
>
> *4. Equipará-lo ao lançamento, atribuindo-lhe eficácia constitutiva de crédito tributário, representaria afronta ao princípio do contraditório e da ampla defesa, assegurados constitucionalmente no processo administrativo fiscal.*
>
> *5. As contribuições previdenciárias estão sujeitas ao lançamento por homologação, previsto no art. 150 do CTN. Se o contribuinte não fizer a declaração, nem proceder a qualquer recolhimento, ou se o fizer com insuficiência, cabe à autoridade administrativa promover o lançamento de ofício do que julgar devido (art. 149, V, do CTN).*
>
> *6. Não pode ser considerada a data de emissão do habite-se como termo inicial do prazo decadencial, por mais que tenha sido esse o momento em que a municipalidade e o fisco tenham tomado conhecimento da obra. Tal entendimento conduziria à insegurança, o que os institutos de prescrição e decadência pretendem evitar.*
>
> *7. O INSS tem poder de fiscalização, sendo responsável por autuar o contribuinte que se omite, na forma do artigo 149 do CTN. Deve ser considerado como termo inicial do prazo decadencial a data da conclusão da obra, ocasião em que as contribuições são todas devidas.*
>
> *8. A mera afirmação do autor, desacompanhada de qualquer prova, de que a obra foi concluída em 1996, não tem o condão de provar a decadência do débito.*

(TRF da 4ª Região, 2ª Turma, AI no Proc. 2005.04.01.017336-3, Rel. Desembargador Federal Dirceu de Almeida Soares. DJU de 13.5.2005).

No caso de reforma, demolição ou acréscimo, deverá ser verificado se a área original do imóvel está regularizada perante a Receita Federal do Brasil, considerando-se regularizada: a) aquela já averbada no Cartório de Registro de Imóveis; b) aquela para a qual já foi emitida CND; c) a obra comprovadamente finalizada em período decadencial. Tendo sido verificado que a área original do imóvel não está regularizada, serão exigidas as contribuições correspondentes à área original, como obra nova, além das referentes à reforma, à demolição ou ao acréscimo.

O responsável por obra de construção civil, em relação à mão-de-obra diretamente por ele contratada, está obrigado ao cumprimento das obrigações acessórias previstas no art. 32 da Lei n. 8.212/91, no que couber.

A empresa responsável pela execução de obra ou de serviço de construção civil que contratar cooperados por intermédio de cooperativa de trabalho está sujeita à contribuição previdenciária de 15% (quinze por cento) sobre o valor bruto dos serviços constante da nota fiscal ou fatura de prestação de serviços, desde a competência março de 2000 (eficácia da Lei n. 9.876/99, que acresceu o inciso IV ao art. 22 da Lei de Custeio) e à contribuição adicional de doze, nove ou seis pontos percentuais sobre a remuneração dos membros de cooperativas que prestem serviços em atividades sujeitas à aposentadoria especial, a partir de 1.4.2003 (Medida Provisória n. 83, de 12.12.2002, convertida na Lei n. 10.666, de 8.5.2003).

Para demonstração da regularidade dos recolhimentos, a empreiteira e a subempreiteira estão obrigadas a elaborar folha de pagamento e Guias de Recolhimento do Fundo de Garantia por Tempo de Serviço e Informações à Previdência Social (GFIP) distintas para cada obra de construção civil, conforme a regulamentação da matéria, ainda que utilizem os mesmos segurados para atender a várias contratantes no mesmo período, rateando a remuneração dos segurados em relação a cada estabelecimento da contratante, se necessário.

Em caso de contratação de mão-de-obra empregada diretamente pelo proprietário, pelo dono da obra, pelo incorporador e pela empresa construtora responsável pela execução de obra de construção civil, estes efetuarão o recolhimento das contribuições relativas à mão-de-obra direta própria, de forma individualizada por matrícula com número de Cadastro Específico do INSS – CEI de obra, contendo somente as contribuições incidentes sobre a remuneração dos segurados empregados utilizados na obra, observando, quanto ao preenchimento do documento de arrecadação, as orientações constantes de ato normativo próprio.

A empresa que executar obra ou serviços de construção civil, quando da emissão da nota fiscal, da fatura ou do recibo de prestação de serviços, deverá fazer a vinculação à obra, consignando na nota fiscal, na fatura ou no recibo, na identificação do destinatário ou juntamente com a descrição dos serviços a matrícula CEI e o endereço da obra na qual eles foram prestados.

No caso de obra realizada por empresas em consórcio, contratadas por empreitada total, a empresa líder deverá apresentar toda a documentação relativa à sua participação na obra, bem como toda a documentação das demais consorciadas, na unidade de atendimento da RFB circunscricionante do seu estabelecimento centralizador.

A entidade beneficente de assistência social que usufrua da isenção das contribuições da parte patronal, quando contratar empresa construtora para execução de obra por empreitada total, responde solidariamente com essa empresa em relação às contribuições previdenciárias do segurado empregado e aos respectivos acréscimos legais. Ou seja, a isenção não alcança a co-responsabilização decorrente do art. 30, VI, da Lei de Custeio, limitando-se às contribuições devidas pela própria entidade, em relação a fatos geradores resultantes do emprego de mão-de-obra nas atividades da mesma, salvo quando a obra de construção civil for executada pela própria entidade, diretamente, com destinação ao uso próprio da instituição.

2.7.3 Aferição indireta das contribuições

A aferição indireta pode ser conceituada como método ou procedimento de que dispõe a RFB para apuração das bases de cálculo das contribuições previdenciárias, quando ocorrer recusa ou sonegação de documentos ou informações, ou mesmo na sua apresentação deficiente, por parte do contribuinte, bem como na apuração do salário-de-contribuição decorrente de obra de construção civil de responsabilidade de pessoa física, não incorporada na forma da Lei n. 4.591/64.

O art. 33, § 4º, da Lei n. 8.212/91 permite à fiscalização inscrever de ofício, mediante aferição indireta, o valor das contribuições devidas, caso não existente prova regular e formalizada dos valores pagos na execução da obra.

Todavia, isso não significa que o valor sempre será o ditado pela fiscalização. Como bem aponta *Wladimir Novaes Martinez*, "*se o sujeito passivo da obrigação organizou escrituração, preparou folhas de pagamento com importâncias referentes à edificação e, na parte contratada com terceiros, procurou verificar se os documentos emitidos por estes guardam relação conforme níveis aceitos pelo mercado, não pode haver avaliação por via indireta, devendo os valores contabilizados serem aceitos*".[212]

A utilização da aferição indireta como método para apuração das bases de cálculo das contribuições previdenciárias é alvo de severas críticas, pois passou a ser a regra, quando deveria ser a exceção.

Por ser medida extrema, o procedimento de aferição indireta somente deveria ser utilizado quando falharem todos os meios normais de apuração do salário

212 MARTINEZ, Wladimir Novaes. *Obrigações previdenciárias*... cit., p. 79.

de contribuição; ocorrer, sistematicamente, recusa ou sonegação de documentos ou informação, ou sua apresentação deficiente, por parte do contribuinte; ou, ainda, quando os elementos revelarem a ocorrência ou suspeita de sonegação ou fraude, em face de outros elementos de que disponha a fiscalização.

Assim, "apurar diretamente significa examinar os documentos próprios, prescritos em lei".[213] Na hipótese de aferição indireta, utiliza-se, em substituição aos documentos não apresentados corretamente, mecanismo previsto em lei, qual seja, o "cálculo da mão-de-obra empregada, proporcional à área construída e ao padrão de execução da obra, cabendo ao proprietário, dono da obra, condômino da unidade imobiliária ou empresa co-responsável o ônus da prova em contrário" (§ 4º do art. 33 da Lei de Custeio).

2.7.4 Apuração de salário de contribuição contido em nota fiscal de serviço/fatura

É fixado em 40% (quarenta por cento) o percentual mínimo de salário de contribuição contido em nota fiscal de serviço/fatura. Em se tratando de nota fiscal de serviço que contenha mão-de-obra e material, o salário de contribuição corresponderá no mínimo a 40% do valor da mão-de-obra discriminado na fatura, devendo a empresa de construção civil, quando da fiscalização, comprovar a exatidão dos valores discriminados.

Para os serviços com utilização de equipamentos mecânicos, o salário de contribuição corresponde à aplicação de percentuais diferenciados sobre o valor da nota fiscal/fatura.

Não se aplica a regra anterior à nota fiscal ou à fatura de prestação de serviços emitida por cooperativa de trabalho na intermediação da mão-de-obra de seus cooperados, sendo devida, pelo contratante, a contribuição de 15% (quinze por cento) incidente sobre o valor bruto da nota fiscal ou fatura de prestação de serviços.

2.7.5 Apuração de salário de contribuição com base na área construída e no padrão da obra

A apuração do salário de contribuição dos segurados que trabalham em obra de construção civil de responsabilidade de pessoa física ou jurídica, com base na área construída (aferição indireta) é procedida nos termos das Instruções Normativas sobre a matéria, que estabelecem critérios e rotinas para a regularização da obra de construção civil. É de se ressaltar que o entendimento predominante é que a escolha dos indicadores para a avaliação do custo da construção civil e a regula-

213 MARTINEZ, Wladimir Novaes. *Obrigações previdenciárias*... cit.,p. 80.

mentação de sua utilização para fins de apuração da remuneração da mão-de-obra, por aferição indireta, competem exclusivamente ao órgão arrecadador, por atribuição conferida pelos §§ 4º e 6º do art. 33 da Lei n. 8.212/91.

Para apuração do valor da mão-de-obra empregada na construção civil, são tomadas como base as tabelas regionais ou estaduais do CUB publicadas mensalmente pela imprensa de circulação regular, pelos Sindicatos da Indústria da Construção Civil – SINDUSCON da respectiva região ou do respectivo Estado.

O enquadramento da obra de construção civil será realizado de ofício, pelo INSS, de acordo com a destinação do imóvel, o número de pavimentos, o número de quartos das unidades autônomas, o padrão e o tipo da obra, e tem por finalidade encontrar o CUB aplicável à obra e definir o procedimento de cálculo a ser adotado.

Entendemos que o Fisco, quando do estabelecimento dos percentuais aplicáveis sobre a tabela CUB, para a apuração do valor da mão-de-obra por metro quadrado, e do enquadramento no padrão da obra, deve admitir a comprovação de utilização em menor escala de mão-de-obra na execução da construção. Isto porque o custo da mão-de-obra pode variar de obra para obra, por razões diversas que devem ser comprovadas pelo contribuinte.

Para fins de enquadramento da obra quanto ao padrão e à destinação, deverá ser apresentado o projeto arquitetônico, a planta baixa, ou outro documento que permita o seu correto enquadramento, desde que assinado pelo responsável técnico pelo projeto, caso a aprovação no órgão competente tenha sido com base na planta de projeção da área de forma simplificada.

2.7.6 Retenção na construção civil

Na empreitada de obra ou serviços de construção civil, com ou sem fornecimento de material, deverá a contratante efetuar a retenção de 11% sobre o valor bruto dos serviços contidos na nota fiscal, fatura ou recibo e recolher em nome da contratada. Tal previsão foi introduzida pela Medida Provisória n. 1.663-15, de 22.10.98, convertida no art. 33 da Lei n. 9.711, de 20.11.98, que deu nova redação ao art. 31 da Lei n. 8.212/91. O assunto é abordado com maior amplitude na Parte III, Capítulo 6.4, deste livro.

A jurisprudência do STJ a respeito da aplicação da regra a empresas optantes pelo SIMPLES se firmou com a edição da Súmula n. 425, a qual declara: "A retenção da contribuição para a seguridade social pelo tomador do serviço não se aplica às empresas optantes pelo Simples."

Pende de análise no STF, em caráter de repercussão geral, o RE 603191, em que a empresa Construtora Locatelli Ltda. alega que a determinação da retenção de 11% do valor bruto da nota fiscal (artigo 31, da Lei 8.212/91, com a redação da Lei 9.711/98) não institui hipótese de substituição tributária baseada no artigo 150, parágrafo 7º, da Constituição Federal, mas contribuição nova que teria violado diversos dispositivos constitucionais, em especial os artigos 195, parágrafo 4º, combinado com o artigo 154, inciso I, e 146, inciso III, alínea "a". A ministra Ellen Gracie (relatora) considerou presente a relevância jurídica e também a econômica, ao entender que o dispositivo questionado pretendeu assegurar a arrecadação das contribuições previdenciárias na cessão de mão-de-obra (Informativo de Notícias do STF, em www.stf.jus.br, acesso em 10.9.2010).

2.8 Contribuição dos clubes de futebol profissional

Considera-se Clube de Futebol Profissional toda associação desportiva que, proporcionando a prática do futebol profissional, esteja filiada à Federação de Futebol do respectivo Estado, ainda que mantenha outras modalidades desportivas.

O regime de custeio das prestações aplicáveis aos Clubes de Futebol Profissional e às Associações Desportivas Equiparadas, bem como o sistema de cálculo de benefícios do jogador de futebol profissional, foram instituídos pela Lei n. 5.939/73, regulamentada pelo Decreto n. 77.210/76.

No período de vigência do Decreto n. 77.210/76, de 31.3.76 até 31.8.89, o clube de futebol profissional teve tratamento idêntico às demais entidades desportivas de que tratam as Leis ns. 5.939/73 e 6.251/75, contribuindo na forma da legislação que as ampara.

Durante a vigência da Lei n. 7.787/89, de 1.9.89 a 31.10.91, os clubes de futebol profissional passaram a contribuir com 5% do total de sua receita bruta, sem prejuízo do acréscimo para o financiamento das prestações por acidente do trabalho.

A Lei n. 8.212/91 não estabeleceu normas de contribuição para os clubes de futebol e entidades desportivas. Entretanto, o Decreto n. 356/91 dispôs que "as entidades desportivas, inclusive clubes de futebol profissional e aquelas equiparadas na forma da Lei n. 5.939/73 também contribuem na forma dos arts. 25, 26 e 28 (contribuições a cargo das empresas em geral), a partir da competência novembro de 1991" (Dec. n. 356/91, art. 29).

Em face das disposições da Lei n. 8.641/93, regulamentada pelo Decreto n. 832/93, no período de 1.7.93 a 11.1.97, a contribuição empresarial devida pelos clubes de futebol passou a ser de 5% da receita bruta, de acordo com o borderô de todo espetáculo de futebol profissional.

Diante das alterações trazidas pela Medida Provisória n. 1.523/96, a partir de 12.1.97, a contribuição empresarial da associação desportiva que mantém equipe de futebol profissional, em substituição às contribuições a seu cargo incidentes sobre a folha de pagamento (a contribuição geral, de 20%, mais a contribuição para o custeio das prestações por acidente de trabalho e aposentadorias especiais), passou a ser de 5% sobre a receita bruta decorrente dos espetáculos desportivos de que a mesma participe no território nacional em qualquer modalidade desportiva, inclusive jogos internacionais, e de qualquer forma de patrocínio, licenciamento de uso de marcas e símbolos, publicidade, propaganda e transmissão de espetáculos desportivos. Essa regra ficou consolidada quando a Medida Provisória n. 1.594-14 foi convertida na Lei n. 9.528, de 10.12.97.

Por último, a Lei nº. 11.345, de 14/9/2006, estabeleceu que as regras contributivas diferenciadas aplicam-se à associação desportiva que mantenha equipe de futebol profissional e atividade econômica organizada para a produção e circulação de bens e serviços e que se organize regularmente, segundo um dos tipos regulados nos arts. 1.039 a 1.092 do Código Civil.

Os clubes de futebol profissional estão sujeitos ao recolhimento das contribuições descontadas de seus atletas - que são segurados do RGPS na qualidade de empregados - e demais segurados, nas mesmas alíquotas estabelecidas para as demais associações desportivas.

2.9 Contribuição do empregador doméstico

Considera-se empregador doméstico a pessoa ou família que admite a seu serviço, sem finalidade lucrativa, empregado doméstico (art. 15, II, da Lei n. 8.212/91).

O empregado doméstico passou a ser segurado obrigatório da Previdência Social somente a partir de abril de 1973, em face da Lei n. 5.859/72, a qual instituiu a alíquota de contribuição para o empregador doméstico em 8%, sobre um salário mínimo regional e mais tarde (janeiro/81) até o limite máximo de três salários mínimos regionais.

O Decreto-lei n. 1.910/81 aumentou, a partir de janeiro de 1982, a alíquota para 10% sobre a remuneração constante da CTPS, respeitado o limite máximo de até três salários mínimos regionais.

A partir de dezembro de 1989, quando da vigência da Lei n. 7.787/89, a contribuição passou a ser de 12%, respeitado o limite máximo do salário de contribuição (art. 6º).

A Lei n. 8.212/91 manteve a contribuição do empregador doméstico em 12% incidente sobre o salário de contribuição do empregado doméstico a seu serviço, respeitado o limite máximo do salário de contribuição (art. 24). É dizer, mesmo na suposição de que um empregado doméstico venha a receber mais do que o limite máximo do salário de contribuição, a base de cálculo da contribuição do empregador doméstico fica limitada ao valor-teto.

Não há contribuição do empregador doméstico, contudo, durante os períodos em que o empregado doméstico esteja em fruição de auxílio-doença, auxílio-reclusão ou aposentadoria por invalidez.

Sobre o valor bruto do salário-maternidade pago à segurada, pelo INSS, o empregador doméstico recolhe, por meio de guia, a contribuição de 12%, de sua responsabilidade, durante os cento e vinte dias de licença-maternidade. Entretanto, consideramos haver um conflito entre a norma que estabelece a hipótese de incidência da contribuição patronal (remuneração paga, devida ou creditada a segurado) e a que estabelece a obrigação do empregador (urbano ou doméstico) de recolher a contribuição a seu encargo sobre o valor pago pela Previdência Social a título de salário-maternidade. É que, no caso, não ocorre nenhum dispêndio por parte do empregador, não se caracterizando, pois, o mero adiantamento do benefício, pelo empregador urbano, tampouco a percepção pela empregada doméstica diretamente do INSS como "remuneração paga, devida ou creditada (...) destinada a retribuir o trabalho".

O empregador doméstico deve recolher a contribuição descontada do empregado doméstico a seu serviço, juntamente com a parcela a seu cargo, até o dia 15 do mês seguinte ao trabalhado, prorrogando-se o prazo para o dia útil imediatamente posterior, caso recaia em dia não-útil. Atualmente, o Regulamento permite a acumulação trimestral de recolhimentos, quando o valor do salário de contribuição seja igual ao salário mínimo (§§ 15 e 16 do art. 216).

2.10 Contribuição do produtor rural pessoa física e do segurado especial

A Lei Complementar n. 11, de 25.5.71, instituiu o Programa de Assistência ao Trabalhador Rural (PRORURAL), o qual era responsável pela concessão de aposentadoria por velhice; aposentadoria por invalidez, pensao, auxílio-funeral, serviço de saúde e serviço social, aos trabalhadores rurais.

Os recursos para o custeio do PRORURAL provinham da contribuição de 2% devida pelo produtor, sobre o valor comercial dos produtos rurais e da contribuição de que tratava o art. 3º do Decreto-lei n. 1.146, de 31.12.70, a qual ficou elevada para 2,6%, cabendo 2,4% ao FUNRURAL (art. 5º da LC n. 11/71).

A Lei Complementar n. 11/71 foi modificada pela Lei Complementar n. 16, de 30.10.73, porém, a forma de custeio dos benefícios rurais foi mantida.

Com a Constituição de 1988, houve a unificação dos sistemas previdenciários rurais e urbanos, bem como foi erigido o princípio de identidade de benefícios e serviços prestados e equivalência dos valores dos mesmos, sendo estabelecido pelo § 8º do art. 195 da Constituição que "o produtor, o parceiro, o meeiro e o arrendatário rurais e o pescador artesanal, bem como os respectivos cônjuges, que exerçam suas atividades em regime de economia familiar, sem empregados permanentes, contribuirão para a seguridade social mediante a aplicação de uma alíquota sobre o resultado da comercialização da produção e farão jus aos benefícios nos termos da lei" (redação dada pela Emenda n. 20).

O texto original da Constituição Federal de 1988 tinha redação semelhante. A Emenda n. 20 apenas excluiu o garimpeiro da possibilidade de recolher a contribuição sobre o resultado da comercialização da sua produção.

As alíquotas da contribuição do produtor rural pessoa física e do segurado especial sofreram diversas alterações, a partir da Lei n. 8.212/91, que podem ser resumidas da seguinte forma:

- de novembro/91 a março/93: 3% da receita bruta proveniente da comercialização de sua produção (art. 25 da Lei n. 8.212/91);
- de abril/93 a junho/94: 2,1% sobre a receita bruta proveniente da comercialização da produção, sendo: a) 2% destinado ao FPAS; e b) 0,1% para financiamento de complementação das prestações por Seguro de Acidentes do Trabalho – SAT (Lei n. 8.540/92);
- de julho/94 a 11.1.97: 2,3% sobre a receita bruta proveniente da comercialização da produção, sendo: a) 2% destinados ao FPAS; b) 0,2% destinado ao custeio do salário-maternidade; c) 0,1% para financiamento de complementação das prestações por Seguro de Acidente do Trabalho – SAT (Lei n. 8.861, de 25.3.94; Decreto n. 1.197, de 14.7.94);
- de 12.1.97 a 10.12.97: 2,6% sobre a receita bruta proveniente da comercialização da produção, sendo: a) 2,5% destinados ao FPAS; b) 0,1% para financiamento de complementação das prestações decorrentes dos Riscos Ambientais do Trabalho – RAT (art. 25, I e II, da Lei n. 8.212/91, alterado pela Medida Provisória n. 1.523/96;
- a partir de 11.12.97: 2,1% sobre a receita bruta proveniente da comercialização da produção, sendo: a) 2% destinados ao FPAS; b) 0,1% para financiamento de complementação das prestações decorrentes dos Riscos Ambientais do Trabalho – RAT (Lei n. 9.528/97).

Em verdade, a Lei n. 9.528/97, ao alterar a redação do art. 25 da Lei n. 8.212/91, unificou a alíquota de contribuição em 2% para o produtor rural pessoa física e o segurado especial, incidente sobre a receita bruta proveniente da comercialização da produção, além de manter a previsão da alíquota de 0,1% sobre a mesma base de cálculo para o financiamento das prestações de acidente do trabalho.

O empregador rural pessoa física e o segurado especial contribuem, ainda, com 0,2% incidente sobre a receita bruta proveniente da comercialização de sua produção rural para o Serviço Nacional de Aprendizagem Rural (SENAR). A alíquota que era de 0,1% foi elevada para 0,2% pela Lei n. 10.256/2001.

Integram a produção para fins previdenciários os produtos de origem animal ou vegetal, em estado natural ou submetidos a processos de beneficiamento ou industrialização rudimentar.

Ao segurado especial fica garantido que possa contribuir também, em caráter facultativo (§ 1º do art. 25 da Lei n. 8.212/91), para fim de recebimento de benefícios calculados, então, sobre a média aritmética dos seus salários de contribuição atualizados. Caso assim não contribua, terá direito, em todo caso, ao benefício de valor mínimo (art. 39 da Lei n. 8.213/91).

Em função da sub-rogação, o adquirente, o consignatário e a cooperativa ficam obrigados a recolher a contribuição do segurado especial quando intermediarem a venda dos produtos deste. Entretanto, é de responsabilidade do segurado especial o recolhimento da contribuição, caso comercialize sua produção no exterior ou diretamente no varejo, ao consumidor; quando do recebimento de indenização do seguro da produção sinistrada; e quando venda a destinatário incerto.

– A Inconstitucionalidade da contribuição ao "FUNRURAL"

O produtor rural pessoa física que possui empregados (art. 12, V, *a*, da Lei n. 8.212/91), tem a previsão de contribuir sobre a comercialização da produção, em substituição à contribuição de empregador que teria de fazer, em relação a seus empregados, devendo ainda, obrigatoriamente, contribuir como contribuinte individual sobre seus ganhos, segundo o art. 28, III, da Lei de Custeio.

No entanto, o STF ao julgar o RE n. 363.852/MG, Relator Ministro Marco Aurélio declarou a inconstitucionalidade da cobrança da contribuição previdenciária dos empregadores rurais pessoas físicas sobre a comercialização da produção, chamada por muitos de "contribuição do FUNRURAL":

> *CONTRIBUICAO SOCIAL - COMERCIALIZACAO DE BOVINOS - PRODUTORES RURAIS PESSOAS NATURAIS - SUB-ROGACAO – LEI Nº 8.212/91 - ARTIGO 195, INCISO I, DA CARTA FEDERAL - PERIODO ANTERIOR À EMENDA CONSTITUCIONAL Nº 20/98 - UNICIDADE DE INCIDENCIA - EXCEÇOES - COFINS E CONTRIBUICAO SOCIAL – PRECEDENTE - INEXISTENCIA DE LEI COMPLEMENTAR.*
>
> *Ante o texto constitucional, não subsiste a obrigação tributaria sub-rogada do adquirente, presente a venda de bovinos por produtores rurais, pessoas naturais, prevista nos artigos 12, incisos V e VII, 25, incisos I e II, e 30, inciso IV, da Lei no 8.212/91, com as redações decorrentes das Leis n. 8.540/92 e n. 9.528/97. Aplicação de leis no tempo - considerações.*
>
> *(RE 363852/MG. Tribunal Pleno. Relator Min. Marco Aurélio. DJe- 22.4.2010)*

O voto indica, basicamente, que a contribuição em questão constituiria "bitributação" ou *bis in idem*, pois haveria duas contribuições incidentes sobre a mesma base de cálculo, aquela prevista no art. 195, I, b, da Constituição Federal, eis que o empregador rural pessoa física também estaria sujeito ao pagamento de COFINS sobre o faturamento.

Ocorre que o empregador rural pessoa física não se enquadra como sujeito passivo da COFINS, conforme previsão da Lei Complementar n. 70/1991, pois ele não é equiparado a pessoa jurídica para fins do imposto de renda, conforme reconhecido por reiterada jurisprudência. Além disso, o voto sustenta violação à isonomia, pois o empregador rural pessoa física estaria sujeito à contribuição sobre a folha de salários e sobre a receita bruta da comercialização rural, enquanto as empresas rurais (PJs) não pagariam contribuição sobre a comercialização. Porém, a própria Lei n. 8.212/91 deixa claro que o empregador rural pessoa física não paga a contribuição sobre a folha de salários.

Por fim, a decisão do STF afirma sem maiores explicações que a contribuição do art. 25 da Lei 8.212/91 incide sobre base não prevista na CF, na medida em que a receita bruta proveniente da comercialização da produção rural não se adequa ao conceito de pagamento. Essa motivação não está alinhada a reiterados julgados do STF que reconheceu que o conceito de faturamento corresponde ao de receita bruta da venda de mercadorias ou da prestação de serviços ou de ambos, como foi definido no julgamento do art. 3º, §1º da Lei 9.718/98 (que equiparava faturamento a qualquer receita) ou na ADC n. 1.

De qualquer modo, a partir desse novo entendimento firmado pela Corte Constitucional, o produtor rural, empregador pessoa física, só estará obrigado ao recolhimento de sua própria contribuição (previdenciária), na condição de contribuinte individual, devendo a receita bruta proveniente da comercialização da sua produção rural sofrer apenas a incidência do Imposto de Renda. Só o segurado especial, sem empregados, é que continua obrigado ao recolhimento da contribuição prevista no artigo 25 da Lei nº 8.212/91.

Embora o STF tenha declarado a inconstitucionalidade em relação ao período anterior a Emenda Constitucional nº. 20/98, nos parece que diante dos fundamentos utilizados na decisão em análise, a exigência da contribuição não poderá ocorrer em relação aos períodos posteriores.

Sobre o tema, a Professora Dâmares Ferreira defende que a contribuição social prescrita no art. 1º, da Lei nº 8.540/92, na época de sua publicação, não tinha fundamento de validade material ou formal e os vícios em questão permaneceram após a edição da Lei n. 9.528/97, que substituiu a referida lei e continuou em vigência após a Emenda Constitucional n. 20/98, e fundamenta nos seguintes termos:

> *"Ademais, no caso, o Supremo Tribunal não estava processualmente autorizado a analisar a manutenção ou não da vigência das leis n. 8.540/92 e 9.528/97 sob a égide da emenda n. 20/98, porque o objeto processual analisado no recurso extraordinário era apenas a invalidação das relações jurídicas tributarias* inter partes *e a declaração apenas incidental de invalidade das normas jurídicas tributarias impugnadas perante o texto originário. Interpretar de maneira diferente a expressão constante da ementa do RE 363.852/MF seria admitir que emenda consti-*

tucional posterior valida lei inferior inconstitucional anterior. E, esta possibilidade foi afastada pelo próprio voto do Ministro Celso de Mello no mesmo RE 363.852/MG."[214]

2.11 Contribuição do empregador rural pessoa jurídica

O empregador rural constituído em pessoa jurídica contribui para a Seguridade Social com o equivalente a 2,5% do valor da receita bruta proveniente da comercialização de sua produção.

Estabeleceu o § 2º do art. 25 da Lei n. 8.870/94 que a referida contribuição se estendia às pessoas jurídicas que se dedicavam à produção agroindustrial, quanto à folha de salários de sua parte agrícola, mediante o pagamento da contribuição que devia ser calculada sobre o valor estimado da produção agrícola própria, considerando seu preço de mercado, cabendo às referidas pessoas jurídicas continuar a contribuir com o percentual de 20% em relação aos empregados do setor industrial (§ 3º do art. 25 do Decreto n. 1.197/94).

No entanto, o Supremo Tribunal Federal julgou inconstitucional o § 2º do art. 25 da Lei n. 8.870/94 (ADIn n. 1.103-1/DF, DJU de 13.2.97). Ficou, assim, restabelecida, desde a competência agosto/94, a obrigação de as empresas agroindustriais recolherem as contribuições patronais relativas a seus empregados do setor agrícola, com base na folha de pagamento.

Agroindústria é a pessoa jurídica que industrializa produtos rurais de sua própria produção. A agroindústria explora duas atividades, uma agrária e outra industrial, em um mesmo empreendimento econômico, como, por exemplo: usina de açúcar com lavoura canavieira, frigorífico com pecuária, etc. Consideram-se também agroindústrias aquelas formadas por produtores rurais pessoas jurídicas que mantenham abatedouros de animais da própria produção.

A empresa que desenvolve atividade de produção rural e industrializa a própria produção, ainda que apenas parte dela, é empresa agroindustrial, mesmo que também adquira produção de terceiros para industrialização.

O conceito legal de agroindústria atribuído pela Lei n. 10.256, de 9.7.2001, é o de produtor rural pessoa jurídica cuja atividade econômica seja a industrialização de produção própria e adquirida de terceiros. Essa lei estabeleceu que a contribuição devida pela agroindústria tem como base de cálculo a receita bruta proveniente da comercialização da produção, em substituição às previstas nos incisos I e II do art. 22 da Lei de Custeio. As alíquotas foram fixadas em: 2,5% destinadas à Seguridade Social e 0,1% para o financiamento das aposentadorias especiais e dos benefícios por incapacidade decorrentes dos riscos ambientais da atividade. Essa regra não se aplica às operações relativas à prestação de serviços a terceiros e às

214 FERREIRA, Dâmares. *A inconstitucionalidade do "FUNRURAL" após a EC 20/98*. In Revista de Direito Previdenciário v. 2, ano 1 (2010). São Paulo: Conceito Editorial, 2010.

sociedades cooperativas e às agroindústrias de piscicultura, carcinicultura, suinocultura e avicultura, cujas contribuições continuam sendo devidas na forma do art. 22 da Lei n. 8.212/91.

O empregador rural pessoa jurídica e o produtor rural classificado como agroindústria contribuem, ainda, com 0,25% incidente sobre a receita bruta proveniente da comercialização da produção para o Serviço Nacional de Aprendizagem Rural (SENAR). A alíquota que era de 0,1% foi elevada para 0,25% pela Lei n. 10.256/2001.

O TRF da 4ª Região, apreciando recurso de empresa agropastoril, em apelação contra sentença que denegou a segurança requerendo que fosse suspensa a exigibilidade da contribuição instituída pela Lei n. 8.212/91 e alterações posteriores, decidiu, por unanimidade, que não podem incidir duas contribuições sobre base de cálculo e fato gerador idênticos, visto que a empresa também recolhe a COFINS. Ainda que o dispositivo legal se refira à receita bruta proveniente da comercialização da produção rural, essa grandeza é coincidente com o conceito de faturamento – fato gerador e base de cálculo da COFINS. Por esses motivos, o Tribunal reconheceu a inconstitucionalidade do art. 25, incisos I e II, da Lei n. 8.870/94, declarando inexigível a contribuição sobre a receita bruta proveniente da comercialização da produção rural pessoa jurídica instituída por esse dispositivo. Como a Lei n. 10.256/2001, que modificou a redação do caput do art. 25 da Lei n. 8.870/94, não alterou a essência do dispositivo original, não é necessário arguir novamente a inconstitucionalidade do referido artigo (INAMS n. 1999.71.00.021280-5/RS, Rel. Des. Federal Joel Ilan Paciornik, julg. 17.9.2008).

A matéria se encontra sob análise do STF em caso de repercussão geral, reconhecida no RE 611601, de autoria da empresa Celulose Irani S/A contra decisão do TRF-4, em que esta discute a constitucionalidade da contribuição social devida pela agroindústria.

A empresa afirma que, do ponto de vista econômico, a decisão do STF repercutirá na carga tributária de todas as pessoas jurídicas que se dedicam à atividade agroindustrial, "o que, certamente, abarca, em tese, uma enorme parcela do universo empresarial". Argumenta a existência de relevante interesse jurídico, já que a causa estabelecerá um precedente para relevantes questões jurídicas, como a definição da norma de competência e da hipótese de incidência das contribuições de seguridade social incidentes sobre folhas de salários e sobre receita ou faturamento, bem como a possibilidade de cobrança simultânea de inúmeras contribuições incidentes sobre a receita bruta das empresas agroindustriais.

No aspecto social, a Celulose Irani S/A lembra dos reflexos diretos da decisão sobre a realização de novos investimentos, na geração de empregos, na redução de preços, no aumento de salários, entre outros. No mérito, alega violação dos artigos 150, inciso II; 154, inciso I; e195, inciso I e parágrafos do 4º ao 13, todos da Constituição Federal.

Para o ministro Dias Toffoli, relator do recurso, o caso apresenta matéria constitucional que justifica o reconhecimento da repercussão geral e a consequente tramitação do RE no Supremo. Ele entendeu que a questão possui relevância jurídica e extrapola os interesses subjetivos das partes, com influência nos demais processos em andamento e nos que venham a ser ajuizados em todo o país.

2.12 Contribuição sobre a receita de concursos de prognósticos

Prevista no art. 195, III, da Constituição de 1988, esta contribuição incide sobre todo e qualquer concurso de sorteio de números ou quaisquer outros símbolos, loterias e apostas de qualquer natureza no âmbito federal, estadual, distrital ou municipal, promovidos por entes públicos ou por pessoas jurídicas de direito privado.

A receita da Seguridade Social é a renda líquida de tais concursos, assim considerado, no caso de concursos promovidos por órgãos do Poder Público, o total da arrecadação, deduzidos os valores destinados ao Programa de Crédito Educativo (art. 212 do Regulamento), e excluídas do cálculo as verbas referentes a pagamentos de prêmios, impostos e despesas de administração, conforme for determinado na legislação especial (art. 26 da Lei n. 8.212/91). No caso de concursos promovidos por entidades privadas (corridas, bingos, sorteios em títulos de capitalização, etc.) o percentual de 5% incide sobre o movimento global de apostas em prado de corridas, ou o movimento global de sorteio de números ou de quaisquer modalidades de símbolos.

Compete à Secretaria da Receita Federal a arrecadação e a fiscalização da contribuição sobre a receita de concursos de prognósticos.

2.13 Contribuições destinadas a terceiros

O art. 240 da Constituição de 1988 ressalvou que, além das contribuições previstas no art. 195, é possível a cobrança de contribuições compulsórias dos empregadores sobre a folha de salários, destinadas às entidades privadas de serviço social e de formação profissional vinculadas ao sistema sindical.

As contribuições a terceiros são exações destinadas a entidades e fundos, que, por força de legislação ou convênio, a SRP do Ministério da Previdência Social se incumbe de arrecadar e repassar (essa atribuição foi repassada à Secretaria da Receita Federal do Brasil pela Lei n. 11.457, de 16.3.2007). E estão sujeitas aos mesmos prazos, condições, sanções e privilégios das contribuições previdenciárias, inclusive no que se refere à cobrança judicial.

As contribuições a terceiros incidentes sobre a remuneração paga, devida ou creditada a segurados empregados e trabalhadores avulsos são destinadas às seguintes entidades privadas de serviço social e de formação profissional vinculadas ao sistema sindical:

- FNDE – Fundo Nacional de Desenvolvimento da Educação;
- INCRA – Instituto Nacional de Colonização e Reforma Agrária;
- SENAI – Serviço Nacional de Aprendizagem Industrial;
- SESI – Serviço Social da Indústria;
- SENAC – Serviço Nacional de Aprendizagem Comercial;
- SESC – Serviço Social do Comércio;
- SEBRAE – Serviço Brasileiro de Apoio às Micro e Pequenas Empresas;
- DPC – Diretoria de Portos e Costas;
- Fundo Aeroviário;
- SENAR – Serviço Nacional de Aprendizagem Rural;
- SEST – Serviço Social do Transporte;
- SENAT – Serviço Nacional de Aprendizagem do Transporte.

O prazo para recolhimento acompanha o mesmo previsto para o recolhimento das demais contribuições a cargo da empresa: é o dia 20 do mês subsequente ao da competência, prorrogando-se para o primeiro dia útil seguinte, se o vencimento cair em dia em que não haja expediente bancário.

A respeito dessas contribuições destacamos alguns precedentes do Supremo Tribunal Federal, a saber:

> *"Agravo regimental no agravo de instrumento. Contribuição ao INCRA e ao FUNRURAL. Empresa urbana. O Supremo Tribunal Federal fixou entendimento no sentido de que a contribuição destinada ao INCRA e ao FUNRURAL é devida por empresa urbana, porque destina-se a cobrir os riscos aos quais está sujeita toda a coletividade de trabalhadores. Precedentes. Agravo regimental a que se nega provimento" (AI 663.176-AgR, Rel. Min. Eros Grau, julgamento em 16.10.2007, DJ de 14.11.2007).*

> *"Contribuição para o FUNRURAL: empresas urbanas: acórdão recorrido que se harmoniza com o entendimento do STF, no sentido de não haver óbice a que seja cobrada, de empresa urbana, a referida contribuição, destinada a cobrir os riscos a que se sujeita toda a coletividade de trabalhadores: precedentes" (AI 485.192-AgR, Rel. Min. Sepúlveda Pertence, julgamento em 3.5.2005, DJ de 27.5.2005).*

> *"SEBRAE. Contribuição de Intervenção no Domínio Econômico. Lei n. 8.029, de 12-4-1990, art. 8º, § 3º. Lei n. 8.154, de 28-12-90. Lei n. 10.668, de 14-5-03. CF, art. 146, III; art. 149; art. 154, I; art. 195, § 4º. As contribuições do art. 149, CF, contribuições sociais, de intervenção no domínio econômico e de interesse de categorias profissionais ou econômicas, posto estarem sujeitas à lei complementar do art. 146, III, CF, isto não quer dizer que deverão ser instituídas por lei complementar. A contribuição social do art. 195, § 4º, CF, decorrente de 'outras fontes', é*

que, para a sua instituição, será observada a técnica da competência residual da União: CF, art. 154, I, ex vi do disposto no art. 195, § 4º" (RE 396.266, Rel. Min. Carlos Velloso, julgamento em 26.11.2003, DJ de 27.2.2004).

Capítulo 3

Isenção das contribuições para a Seguridade Social

A Constituição Federal de 1988, no art. 195, § 7º, concedeu isenção das contribuições para a Seguridade Social em favor das entidades beneficentes de assistência social que atendam às exigências estabelecidas em lei. Segundo *Sergio Pinto Martins*, "na verdade, não se trata de isenção, mas de imunidade, pois esta é prevista na Constituição, enquanto a primeira é determinada na lei ordinária. A imunidade é uma limitação constitucional ao poder de tributar do Estado. Por meio da imunidade, a Lei Maior suprime parcela do poder fiscal. É uma não-incidência constitucionalmente qualificada. Já na isenção estamos diante de hipótese de exclusão do crédito tributário (art. 175, I, do CTN). O crédito tributário existe, apenas a lei dispensa o seu pagamento. Na imunidade, o crédito tributário nem sequer chega a existir, pois é a própria Constituição que determina que não poderá haver a incidência tributária sobre certo fato. Assim, a isenção depende de lei".[215]

O Supremo Tribunal Federal também reconhece que o art. 195, § 7º refere-se à regra de imunidade:

> *"Contribuição previdenciária - Quota patronal - Entidade de fins assistenciais, filantrópicos e educacionais - Imunidade (CF, art. 195, § 7º). A cláusula inscrita no art. 195, § 7º, da Carta Política - não obstante referir-se impropriamente à isenção de contribuição para a seguridade social -, contemplou as entidades beneficentes de assistência social o favor constitucional da imunidade tributária, desde que por elas preenchidos os requisitos fixados em lei. A jurisprudência constitucional do Supremo Tribunal Federal já identificou, na cláusula inscrita no art. 195, § 7º, da Constituição da República, a existência de uma típica garantia de imunidade (e não de simples isenção) estabelecida em favor das entidades beneficentes de assistência social. Precedente: RTJ 137/965. Tratando-se de imunidade - que decorre, em função de sua natureza mesma, do próprio texto constitucional -, revela-se evidente a absoluta impossibilidade jurídica de a autoridade executiva, mediante deliberação de índole administrativa, restringir a eficácia do preceito inscrito no art. 195, § 7º, da Carta Política, para, em função de exegese que claramente distorce a teleologia da prerrogativa fundamental em referência, negar, à entidade beneficente de assistên-*

215 MARTINS, Sergio Pinto. *Direito da seguridade social*. 11. ed., São Paulo: Atlas, 1999, p. 228.

cia social que satisfaz os requisitos da lei, o benefício que lhe é assegurado no mais elevado plano normativo" (RMS 22.192, Rel. Min. Celso de Mello, julgamento em 28.11.95, DJ de 19.12.96).

A concessão de isenção de contribuições previdenciárias a entidades filantrópicas é antiga. A Constituição de 1988 a manteve, limitando-a, contudo, a entidades de assistência social – na redação da CLPS/84, a isenção estendia-se a toda e qualquer entidade que fosse considerada de utilidade pública, cujos diretores não percebessem remuneração (art. 130). Posteriormente, a Lei de Custeio estendeu o beneplácito às entidades que tivessem atividade no campo da educação ou da saúde. Segundo leciona *Celso Barroso Leite*, citado por *Stephanes*, o Brasil é o único país onde existe tal benefício. Acrescenta o ex-ministro que muitas das mais de dez mil entidades cadastradas no Conselho Nacional de Assistência Social – CNAS cobram pelos serviços que prestam, mantendo apenas algumas atividades eminentemente filantrópicas, o que acarreta uma renúncia fiscal de aproximadamente dois bilhões de reais por exercício financeiro.[216]

A matéria era regulada pelo art. 55 da Lei n. 8.212/91, o qual estabelecia a isenção das contribuições de que tratam os arts. 22 e 23 dessa lei a entidade beneficente que atenda determinados requisitos. A Lei n. 9.732, de 14.12.98, modificou em parte a redação do art. 55 da Lei n. 8.212/91, dificultando a concessão de isenção para as entidades filantrópicas. A Lei n. 12.101, de 27.11.2009, por sua vez, revogou referido dispositivo, passando a dispor sobre a certificação das entidades beneficientes de Assistência Social e regulando os procedimentos de isenção de contribuições para a Seguridade Social.

De acordo com o art. 1º da Lei n. 12.101/2009, a "certificação das entidades beneficentes de assistência social e a isenção de contribuições para a seguridade social serão concedidas às pessoas jurídicas de direito privado, sem fins lucrativos, reconhecidas como entidades beneficentes de assistência social com a finalidade de prestação de serviços nas áreas de assistência social, saúde ou educação, e que atendam ao disposto nesta Lei". Já o art. 2º estabelece que as entidades deverão obedecer ao princípio da universalidade do atendimento, sendo vedado dirigir suas atividades exclusivamente a seus associados ou a categoria profissional.

A partir da alteração legislativa, a pessoa jurídica de direito privado, sem fins lucrativos, que exerça atividade educacional nos termos da Lei n. 9.394/96, ou que atenda ao Sistema Único de Saúde – SUS, mas não pratique, de forma exclusiva e gratuita, atendimento a pessoas carentes, gozará de isenção das contribuições patronais somente na proporção do valor das vagas cedidas, integral e gratuitamente, a carentes, ou do valor do atendimento à saúde de caráter assistencial, desde que satisfeitos os demais requisitos para a concessão da isenção (Regulamento, art. 207).

216 STEPHANES, Reinhold. *Reforma da previdência sem segredos*. Rio de Janeiro: Record, 1998, p. 208.

A Confederação Nacional da Saúde, Hospitais, Estabelecimentos de Ensino e Serviços ajuizou, em julho de 1999, no Supremo Tribunal Federal, a Ação Direta de Inconstitucionalidade n. 2.028 contra a Lei n. 9.732/98, que restringiu o conceito de entidade beneficente de assistência social. A lei questionada pela entidade exige para a isenção das contribuições sociais que elas deem atendimento gratuito a pessoas carentes e permitam a ocupação de pelo menos 60% de seus leitos para pacientes do SUS. Nessa ação, foi requerida medida liminar para suspender os efeitos da lei sob a alegação de que essas entidades beneficentes sofreriam danos irreparáveis e mesmo de "aniquilamento" do setor que preste atendimento às pessoas carentes. Sustenta a entidade que o § 7º do art. 195 dá um sentido mais amplo ao termo beneficente precisamente por estar se referindo às diversas entidades que possam surgir no universo da Seguridade Social, não exigindo filantropia. Basta tratar-se de entidades sem fins lucrativos. A liminar postulada foi concedida, em 14.7.99, pelo Ministro Marco Aurélio de Mello, e posteriormente confirmada, por unanimidade, pelo plenário do STF para suspender, até a decisão final da ação direta, a eficácia do art. 1º, na parte em que alterou a redação do art. 55, inciso III, da Lei n. 8.212, de 24.7.1991, e acrescentou-lhe os §§ 3º, 4º e 5º, bem como dos arts. 4º, 5º e 7º, da Lei n. 9.732, de 11.12.1998 – acórdão publicado no DJ de 16.6.2000. Ou seja, o art. 195, § 7º, da CF/88, ao remeter à lei o estabelecimento das exigências legais para a concessão da imunidade, referiu-se à lei complementar, visto tratar-se de limitação ao poder de tributar. Demonstrados os requisitos do art. 14 do Código Tributário Nacional, as entidades assistenciais fazem jus ao benefício da imunidade previsto no art. 195, § 7º, da CF.

3.1 Requisitos para a isenção

A pessoa jurídica de direito privado beneficente de assistência social, para que possa gozar da isenção das contribuições previdenciárias previstas nos art. 22 e 23 da Lei n. 8.212/91, deve preencher de forma cumulativa os seguintes requisitos previstos no art. 29 da Lei n. 12.101/2009:

I - não percebam seus diretores, conselheiros, sócios, instituidores ou benfeitores, remuneração, vantagens ou benefícios, direta ou indiretamente, por qualquer forma ou título, em razão das competências, funções ou atividades que lhes sejam atribuídas pelos respectivos atos constitutivos;

II - aplique suas rendas, seus recursos e eventual superávit integralmente no território nacional, na manutenção e desenvolvimento de seus objetivos institucionais;

III - apresente certidão negativa ou certidão positiva com efeito de negativa de débitos relativos aos tributos administrados pela Secretaria da Receita Federal do Brasil e certificado de regularidade do Fundo de Garantia do Tempo de Serviço – FGTS;

IV - mantenha escrituração contábil regular que registre as receitas e despesas, bem como a aplicação em gratuidade de forma segregada, em consonância com as normas emanadas do Conselho Federal de Contabilidade;

V - não distribua resultados, dividendos, bonificações, participações ou parcelas do seu patrimônio, sob qualquer forma ou pretexto;

VI - conserve em boa ordem, pelo prazo de 10 (dez) anos, contado da data da emissão, os documentos que comprovem a origem e a aplicação de seus recursos e os relativos a atos ou operações realizados que impliquem modificação da situação patrimonial;

VII - cumpra as obrigações acessórias estabelecidas na legislação tributária;

VIII - apresente as demonstrações contábeis e financeiras devidamente auditadas por auditor independente legalmente habilitado nos Conselhos Regionais de Contabilidade quando a receita bruta anual auferida for superior ao limite fixado pela Lei Complementar n. 123, de 14 de dezembro de 2006.

Com relação ao requisito da condição de labor sem remuneração por quem é dirigente, conselheiro, sócio, instituidor ou benfeitor da entidade, decorre este do caráter não lucrativo da atividade filantrópica: "A proibição de atividade lucrativa deve ser compreendida no sentido de que seus objetivos institucionais não perseguem o lucro, implicador de posterior repasse ou distribuição aos seus sócios".[217] Todavia, não há que se confundir a graciosidade do trabalho destes com a daqueles que, na condição de empregados, gerenciem ou administrem a entidade, ou realizem outras atividades que não sejam inerentes ao cargo diretivo integrante da estrutura estatutária. Nestes casos, como indica o Parecer CJ-693/96, do MPAS, não há que se falar em cancelamento ou indeferimento da isenção.

A certificação das entidades beneficentes de assistência social para obtenção da isenção das contribuições para a seguridade social, ou sua renovação, foi regulamentada pelo Decreto n. 7.237, de 20 de julho de 2010, art. 3º, dispondo que será concedida à entidade beneficente que demonstre, no exercício fiscal anterior ao do requerimento, o cumprimento dos requisitos legais, conforme sua área de atuação, e que apresente os seguintes documentos:

I - comprovante de inscrição no Cadastro Nacional de Pessoa Jurídica - CNPJ;

II - cópia da ata de eleição dos dirigentes e do instrumento comprobatório de representação legal, quando for o caso;

III - cópia do ato constitutivo registrado, que demonstre o cumprimento dos requisitos previstos no art. 3º da Lei nº 12.101, de 2009; e

217 MELO, José Eduardo Soares de. *Contribuições sociais no sistema tributário*. 3. ed., São Paulo: Revista dos Tribunais, 2000, p. 30.

IV - relatório de atividades desempenhadas no exercício fiscal anterior ao requerimento, destacando informações sobre o público atendido e os recursos envolvidos.

Será certificada, na forma do Decreto, a entidade legalmente constituída e em funcionamento regular há, pelo menos, doze meses, imediatamente anteriores à apresentação do requerimento.

Os requerimentos de concessão da certificação e de renovação deverão ser protocolados junto aos Ministérios da Saúde, da Educação ou do Desenvolvimento Social e Combate à Fome, conforme a área de atuação da entidade, acompanhados dos documentos necessários à sua instrução.

A certificação terá validade de três anos, contados a partir da publicação da decisão que deferir sua concessão, permitida sua renovação por iguais períodos.

A autoridade competente para a certificação determinará o seu cancelamento, a qualquer tempo, caso constate o descumprimento dos requisitos necessários à sua obtenção.

O direito à isenção das contribuições sociais somente poderá ser exercido pela entidade a contar da data da publicação da concessão de sua certificação no Diário Oficial da União, se atendidos cumulativamente os requisitos previstos na Lei no 12.101, de 2009, e no Decreto regulamentador.

Constatado o descumprimento de requisito estabelecido pela regulamentação da matéria, a fiscalização da Secretaria da Receita Federal do Brasil lavrará auto de infração relativo ao período correspondente, devendo relatar os fatos que demonstram o não atendimento de tais requisitos para o gozo da isenção.

3.2 Requerimento e deferimento da isenção

A entidade interessada poderá protocolizar o pedido de reconhecimento da isenção perante a RFB a contar da data de sua certificação como entidade beneficente.

Em relação à concessão e renovação do Certificado de Entidade Beneficente de Assistência Social (Cebas), a Primeira Seção do STJ tinha jurisprudência firmada no sentido de que a entidade reconhecida como de caráter filantrópico antes da publicação do Decreto-lei n. 1.572/77 possuía direito adquirido à manutenção e renovação do Certificado de Entidade Beneficente de Assistência Social, de modo que a Administração Pública, com fundamento no Decreto n. 752/93 – posteriormente, no Decreto n. 2.536/98 – não poderia impor-lhe novos requisitos para a obtenção do CEBAS, pois estaria extrapolando de forma irregular os requisitos anteriormente estabelecidos pela legislação ordinária. No entanto, ao apreciar o MS n. 11.394/DF (Rel. Min. Luiz Fux, DJ de 2.4.2007), aquele Colegiado reformulou a orientação anteriormente firmada sobre o assunto, consignando que, por inexistir direito adquirido a regime tributário, ainda que a entidade tenha sido reconhecida como de caráter filantrópico na forma do Decreto-lei n. 1.572/77, não há óbice à exigência de que ela satisfaça os requisitos previstos na legislação superveniente, no caso a Lei 8.212/91, a fim de que usufrua do benefício fiscal. Neste sentido: MS n.11231, 1ª Seção, Relatora Ministra Denise Arruda, DJ de 10.9.2007.

A matéria foi objeto da Súmula n. 352 do STJ: "A obtenção ou a renovação do Certificado de Entidade Beneficente de Assistência Social - Cebas não exime a entidade do cumprimento dos requisitos legais supervenientes".

3.3 Alcance da isenção

A isenção atinge todas as contribuições devidas pela empresa, mas não abrange as contribuições dos segurados que prestam serviços, como empregados, avulsos, empresários, trabalhadores autônomos, ou a estes equiparados.

A isenção das contribuições é extensiva a todas as entidades mantidas, suas dependências, estabelecimentos e obras de construção civil da pessoa jurídica de direito privado beneficente, quando por ela executadas e destinadas a uso próprio.

Entretanto, a isenção concedida a uma pessoa jurídica não é extensiva nem abrange outra pessoa jurídica, ainda que esta seja mantida por aquela, ou por ela controlada.

Aplicam-se às pessoas jurídicas no exercício do direito à isenção todas as normas de arrecadação, fiscalização e cobrança de contribuições estabelecidas no Regulamento da Previdência Social.

3.4 Revisão da isenção

Constatado o descumprimento pela entidade dos requisitos indicados na Lei n. 12.101/2009, a fiscalização da Secretaria da Receita Federal do Brasil lavrará o auto de infração relativo ao período correspondente e relatará os fatos que demonstram o não atendimento de tais requisitos para o gozo da isenção.

Dispôs, ainda, a Lei n. 12.101/2009 que "considerar-se-á automaticamente suspenso o direito à isenção das contribuições referidas no art. 31 durante o período em que se constatar o descumprimento de requisito na forma deste artigo, devendo o lançamento correspondente ter como termo inicial a data da ocorrência da infração que lhe deu causa".

Consta, ainda, das disposições gerais e transitórias da nova norma, em seu art. 34, que os pedidos de concessão originária de Certificado de Entidade Beneficente de Assistência Social que não tenham sido objeto de julgamento até a data de publicação da Lei serão remetidos, de acordo com a área de atuação da entidade, ao Ministério responsável, que os julgará nos termos da legislação em vigor à época da protocolização do requerimento.

Os pedidos de renovação de Certificado de Entidade Beneficente de Assistência Social protocolados e ainda não julgados até a data de publicação da Lei serão julgados pelo Ministério da área respectiva no prazo máximo de 180 (cento e oitenta) dias a contar da referida data.

Constatada a qualquer tempo alguma irregularidade, considerar-se-á cancelada a certificação da entidade desde a data de lavratura da ocorrência da infração, sem prejuízo da exigibilidade do crédito tributário e das demais sanções previstas em lei (art. 36 da Lei n. 12.101/2009).

Capítulo 4
Remissão e anistia

A Emenda Constitucional n. 20/98 introduziu o § 11 no art. 195 da Constituição, vedando a concessão de remissão ou anistia das contribuições sociais de que tratam os incisos I, *a*, e II deste artigo, para débitos em montante superior ao fixado em lei complementar.

Essa norma constitucional limita a concessão de remissão e anistia até os valores a serem definidos em lei complementar, e, ainda, estabelece vedação ao deferimento do benefício em relação às contribuições sociais a cargo do empregador, da empresa e da entidade equiparada incidente sobre a folha de salários e demais rendimentos do trabalho, bem como daquelas a cargo dos trabalhadores e demais segurados da Previdência Social.

Para compreensão do alcance dessa norma constitucional é importante destacar as diferenças jurídicas entre isenção, remissão e anistia tributárias. Para tanto nos utilizamos da doutrina de *Roque Antônio Carrazza*:

> *Aqui chegados, tomamos a liberdade de destacar que a isenção não se confunde nem com a remissão, nem com a anistia. Isenção, como vimos de ver, é uma limitação legal do âmbito de validade da norma jurídica tributária que impede que o tributo nasça. Ou, se preferirmos, é a nova configuração que a lei dá à norma jurídica tributária, que passa a ter seu âmbito de abrangência restringido, impedindo, assim, que o tributo nasça (evidentemente naquela hipótese descrita na lei isentiva).*
>
> *Já a remissão é o perdão legal do débito tributário. É, na terminologia do Código Tributário Nacional, uma causa extintiva do crédito tributário (art. 156, IV). Faz desaparecer o tributo já nascido e só pode ser concedida por lei da pessoa política tributante. Fazemos esta última proclamação baseados no princípio da indisponibilidade do interesse público, de largo trânsito no Direito Tributário brasileiro. A Fazenda Pública não é "dona" do tributo. Ela o lança e o arrecada, nos estritos termos da lei. Não lhe é dado abrir mão, "sponte propria", de seu recolhimento. Pelo contrário, só poderá deixar de arrecadá-lo em cumprimento a uma lei autorizadora (praticará, pois, também neste caso, um ato administrativo vinculado).*
>
> ....
>
> *Em apertada síntese, pois, a isenção impede que o tributo nasça e a remissão faz desaparecer o tributo já nascido. Os efeitos são os mesmos: a não-arrecadação do tributo.*
>
> ....
>
> *A anistia, pois, perdoa, total ou parcialmente, a sanção tributária, isto é, a multa decorrente do ato ilícito tributário. Incide sobre a infração tributária, desconstituindo sua antijuridicidade.*

(...) A lei de anistia, em termos técnico-jurídicos, portanto, faz desaparecer as multas decorrentes da prática de infrações tributária (cf., inclusive, o art. 180 do CTN).[218]

A análise dessa norma exige também a menção ao disposto no art. 150, § 6º, da Constituição, cuja redação é dada pela Emenda n. 3/93:

Qualquer subsídio ou isenção, redução de base de cálculo, concessão de crédito presumido, anistia ou remissão, relativos a impostos, taxas ou contribuições, só poderá ser concedido mediante lei específica, federal, estadual ou municipal, que regule exclusivamente as matérias acima enumeradas ou o correspondente tributo ou contribuição, sem prejuízo do disposto no art. 155, § 2º, XII, g.

Segundo comenta *Wladimir Novaes Martinez*:

Não obstante a distinção aí operada quanto à natureza jurídica da contribuição previdenciária, o § 11 do art. 195 limita ainda mais a ação do legislador infraconstitucional. Desconfiado da generosidade deste, limita a remissão e a anistia a montantes a serem fixados por lei complementar. Perdeu ótima oportunidade de incluir a imunidade e a isenção, restando essas alcançadas pelo dispositivo remitido. A referência a patamar fixado pela lei complementar pressupõe a prática da filosofia ora limitada. As obrigações fiscais envolvidas são as inerentes à parte patronal e profissional. As menções aos incisos I, a, e II "deste artigo" excluem do alcance as contribuições relativas ao faturamento e ao lucro. Mediante remissão, o Estado perdoa dívidas.[219]

É hipótese de anistia, prevista no art. 291, § 1º, do Decreto n. 3.048/99, a situação em que, tendo o infrator da legislação previdenciária oposto ou não defesa ao auto de infração no prazo regulamentar de quinze dias, venha a corrigir a falta até a decisão da autoridade administrativa julgadora competente, seja primário na conduta faltosa e não tenha ocorrido nenhuma das circunstâncias tidas por agravantes no art. 290 do Decreto. A anistia não se aplica, contudo, à multa decorrente de falta de comunicação do acidente de trabalho (art. 286 do Decreto), nem àquela decorrente do recolhimento com atraso das contribuições devidas à Seguridade Social (multa moratória).

O art. 361 do Decreto n. 3.048/99 prevê a possibilidade de concordância com valores divergentes, para pagamento da dívida objeto de execução fiscal, quando a diferença entre os cálculos de atualização da dívida por ele elaborados ou levados a efeito pela contadoria do Juízo e os cálculos apresentados pelo executado for igual ou inferior a cinco por cento. Trata-se, portanto, de hipótese de transação acerca do crédito tributário, em razão da existência de *res dubia* quanto ao montante devido, discutido em embargos do devedor ou em impugnação à conta, pela União. A regra é a impossibilidade da transação, por se tratar de bens públicos; todavia, nesta hipótese, dá-se a autorização por força do Decreto presidencial, excepcionalmente,

---

218 CARRAZZA, Roque Antônio. *Curso de direito constitucional tributário*. 9. ed., São Paulo: Malheiros, 1997, pp. 471-472.

219 MARTINEZ, Wladimir Novaes. *Reforma da previdência social: comentários à Emenda Constitucional n. 20/98*. São Paulo: LTr, 1999, p. 105.

com a finalidade de evitar a procrastinação do feito decorrente da discussão acerca de valores ínfimos em relação ao total devido.

Quanto à remissão, o art. 362 do Decreto n. 3.048/99 prevê o estabelecimento de critérios "para a dispensa de constituição ou exigência de crédito de valor inferior ao custo dessas medidas".

Nos termos da Lei n. 9.429, de 1996, são considerados extintos os créditos decorrentes de contribuições sociais devidas em razão de fatos geradores ocorridos no período de 25 de julho de 1981 até a data da publicação da referida Lei, pelas entidades beneficentes de assistência social que atendiam, naquele período, a todos os requisitos dispostos no art. 55 da Lei n. 8.212, de 1991, independentemente da existência de pedido de isenção.

A Medida Provisória n. 449, de 3.12.2008, convertida na Lei n. 11.941/2009, estabeleceu: "Ficam remitidos os débitos com a Fazenda Nacional, inclusive aqueles com exigibilidade suspensa que, em 31 de dezembro de 2007, estejam vencidos há cinco anos ou mais e cujo valor total consolidado, nessa mesma data, seja igual ou inferior a R$ 10.000,00 (dez mil reais)", não implicando, todavia, o direito à restituição de valores já pagos. Quanto à forma de apuração deste valor, indica o dispositivo:

> *§ 1º O limite previsto no caput deve ser considerado por sujeito passivo, e, separadamente, em relação:*
> *I - aos débitos inscritos em Dívida Ativa da União, no âmbito da Procuradoria-Geral da Fazenda Nacional;*
> *II - aos débitos decorrentes das contribuições sociais previstas nas alíneas "a", "b" e "c" do parágrafo único do art. 11 da Lei n. 8.212, de 1991, das contribuições instituídas a título de substituição e das contribuições devidas a terceiros, assim entendidas outras entidades e fundos, administrados pela Secretaria da Receita Federal do Brasil; e*
> *III - aos demais débitos administrados pela Secretaria da Receita Federal do Brasil.*

O objetivo da regra, segundo a Exposição de Motivos encaminhada pela Presidência da República ao Congresso Nacional, é o respeito ao princípio da eficiência, que rege a Administração Pública, concedendo-se a remissão de débitos de longa data e de baixo valor, considerados pelos técnicos como de difícil recuperação.

Capítulo 5

Regras gerais de arrecadação e fiscalização

5.1 Competência dos órgãos de arrecadação e fiscalização

A partir da publicação da Lei n. 11.457, de 16.3.2007, a Secretaria da Receita Federal do Brasil assumiu as atribuições de planejar, executar, acompanhar e avaliar as atividades relativas à tributação, fiscalização, arrecadação, cobrança e recolhimento das contribuições sociais previstas nas alíneas *a*, *b* e *c* do parágrafo único do art. 11 da Lei n. 8.212, de 24 de julho de 1991, e das contribuições instituídas a título de substituição.

Até então, essa competência estava a cargo da Secretaria da Receita Previdenciária do Ministério da Previdência Social, que acabou sendo extinta pela Lei n. 11.457/2007.

Dessa forma, as obrigações previstas na Lei n. 8.212, de 24 de julho de 1991, relativas às contribuições sociais serão cumpridas perante a Secretaria da Receita Federal do Brasil.

Importante ressaltar que o débito original e seus acréscimos legais, bem como outras multas previstas em lei, a partir da publicação da Lei n. 11.457/2007, passaram a constituir dívida ativa da União, promovendo-se a inscrição em livro próprio daquela resultante das contribuições de que tratam as alíneas *a*, *b* e *c* do parágrafo único do art. 11 da Lei n. 8.212/91.

De acordo com o art. 16, § 3º, da Lei n. 11.457/2007, que criou a Receita Federal do Brasil, compete à Procuradoria Geral Federal representar judicial e extrajudicialmente:

I - o INSS e o FNDE, em processos que tenham por objeto a cobrança de contribuições previdenciárias, inclusive nos que pretendam a contestação do crédito tributário, até 1.5.2008;

II - a União, nos processos da Justiça do Trabalho relacionados com a cobrança de contribuições previdenciárias, de imposto de renda retido na fonte e de multas impostas aos empregadores pelos órgãos de fiscalização das relações do trabalho, mediante delegação da Procuradoria-Geral da Fazenda Nacional.

Cumpre esclarecer que compete à Procuradoria-Geral da Fazenda Nacional a representação judicial na cobrança de créditos de qualquer natureza inscritos em Dívida Ativa da União, conforme previsão expressa no art. 23 da Lei n. 11.457/2007.

5.2 Arrecadação e recolhimento das contribuições

A arrecadação e o recolhimento das contribuições e de outras importâncias devidas à Seguridade Social devem observar o que a respeito dispuser a Secretaria da Receita Federal do Brasil.

As normas gerais previstas no art. 30 da Lei n. 8.212/91 e regulamentadas pelo art. 216 do Decreto n. 3.048/99 estabelecem que:

- a empresa é obrigada a:

a) arrecadar a contribuição do segurado empregado, do trabalhador avulso e do contribuinte individual a seu serviço, descontando-a da respectiva remuneração;

b) recolher o produto arrecadado na forma da letra anterior e as contribuições a seu cargo incidentes sobre: - as remunerações pagas, devidas ou creditadas, a qualquer título, inclusive adiantamentos decorrentes de reajuste salarial, acordo ou convenção coletiva, aos segurados empregado, contribuinte individual e trabalhador avulso a seu serviço; - o valor bruto da nota fiscal ou fatura de serviço, relativo a serviços que lhe tenham sido prestados por cooperados, por intermédio de cooperativas de trabalho, até o dia vinte do mês seguinte àquele a que se referirem as remunerações; - as importâncias retidas na forma do art. 219 do Decreto n. 3.048/99 (contratação de serviços executados mediante cessão ou empreitada de mão-de-obra, inclusive em regime de trabalho temporário), até o dia vinte do mês seguinte àquele da emissão da nota fiscal ou fatura, antecipando-se o vencimento para o dia útil imediatamente anterior quando não houver expediente bancário no dia vinte; (a modificação do prazo do dia 10 para o dia 20 se deu pela MP n. 447, de 14.11.2008, convertida na Lei n. 11.933, de 28.4.2009)

c) recolher as contribuições provenientes do faturamento e do lucro, na forma e prazos definidos pela legislação tributária federal.

A cooperativa de trabalho é obrigada a descontar onze por cento do valor da quota distribuída ao cooperado por serviços por ele prestados, por seu intermédio, a empresas, e vinte por cento em relação aos serviços prestados a pessoas físicas, recolhendo o produto dessa arrecadação no dia vinte do mês seguinte ao da competência a que se referir, antecipando-se o vencimento para o dia útil imediatamente anterior quando não houver expediente bancário no dia vinte. (art. 4º da Lei n. 10.666, de 8 de maio de 2003, com redação conferida pela MP n. 447, de 14.11.2008, convertida na Lei n. 11.933, de 28.4.2009, e § 31, do art. 216 do Decreto n. 3.048/99, com redação conferida pelo Decreto n. 6.722, de 2008).

- os segurados contribuintes individuais, a partir da competência abril de 2003, passaram a ter situações diversas de cumprimento das normas de arrecadação e recolhimento das contribuições devidas, de acordo com o Regulamento da Previdência Social, em seu art. 216 e parágrafos, com a redação conferida pelo Decreto n. 4.729, de 9.6.2003:

a) *o contribuinte individual remunerado por pessoa jurídica obrigada a proceder à arrecadação e ao recolhimento da contribuição por ele devida (incluídos aí os entes da Administração Pública que contratam serviços de contribuintes individuais, a entidade sindical que remunera dirigente contribuinte individual e a cooperativa de trabalho, em relação ao valor da cota distribuída ao membro da cooperativa), terá deduzido do valor a receber pelo serviço prestado, observado o limite máximo do salário de contribuição, 11% no caso das empresas em geral, e 20% quando se tratar de entidade beneficente de assistência social isenta das contribuições sociais patronais (no caso das cooperativas, a alíquota de 20% também se aplica a pagamentos por serviços prestados a pessoas físicas), segundo a regra disposta no art. 216 do Regulamento da Previdência Social, com a redação dada pelo Decreto n. 4.729, de 9.6.2003 (vide comentário no capítulo 2.4 desta Parte III);*

b) *o contribuinte individual contratado por pessoa jurídica obrigada a proceder à arrecadação e ao recolhimento da contribuição por ele devida, cuja remuneração recebida ou creditada no mês, por serviços prestados a ela, for inferior ao limite mínimo do salário de contribuição, é obrigado a complementar sua contribuição mensal, diretamente, mediante a aplicação da alíquota estabelecida no art. 199 do Regulamento (20%) sobre o valor resultante da subtração do valor das remunerações recebidas das pessoas jurídicas do valor mínimo do salário de contribuição mensal;*

c) *quando o contribuinte individual exercer atividade econômica por conta própria ou prestar serviço a pessoa física ou a outro contribuinte individual, produtor rural pessoa física, missão diplomática ou repartição consular de carreira estrangeiras, ou quando tratar-se de brasileiro civil que trabalha no exterior para organismo oficial internacional do qual o Brasil seja membro efetivo, ou ainda, na hipótese de prestarem serviços a várias empresas, estão obrigados a recolher sua contribuição (20% sobre a remuneração auferida, até o limite máximo do salário de contribuição), por iniciativa própria, até o dia quinze do mês seguinte àquele a que as contribuições se referirem, prorrogando-se o vencimento para o dia útil subseqüente quando não houver expediente bancário no dia quinze, facultada a opção pelo recolhimento trimestral para aqueles cujos salários de contribuição sejam iguais ao valor de um salário mínimo;*

d) *na hipótese de o contribuinte individual prestar serviço a outro contribuinte individual equiparado a empresa ou a produtor rural pessoa física ou a missão diplomática e repartição consular de carreira estrangeiras, poderá deduzir, da sua contribuição mensal, 45% da contribuição patronal do contratante, efetivamente recolhida ou declarada, incidente sobre a remuneração que este lhe tenha pago ou creditado, no respectivo mês, limitada a 9% do respectivo salário de contribuição;*

e) *cabe ao próprio contribuinte individual que prestar serviços, no mesmo mês, a mais de uma empresa, cuja soma das remunerações superar o limite mensal do salário de contribuição, comprovar às que sucederem à primeira o valor ou valores sobre os quais já tenha incidido o desconto da contribuição, de forma a se observar o limite máximo do salário de contribuição. Nesta hipótese, o ente arrecadador poderá facultar ao contribuinte individual que prestar, regularmente, serviços a uma ou mais empresas, cuja soma das remunerações seja igual ou superior ao limite mensal do salário de contribuição, indicar qual ou quais empresas e sobre qual valor deverá proceder ao desconto da contribuição, de forma a respeitar o limite máximo, e dispensar as demais dessa providência, bem como atribuir ao próprio contribuinte individual a responsabilidade de complementar a respectiva contribuição até o limite máximo, na hipótese de, por qualquer razão, deixar de receber remuneração ou receber remuneração inferior às indicadas para o desconto;*

- os segurados facultativos devem recolher a contribuição, por iniciativa própria, até o dia 15 do mês subsequente àquele a que as contribuições se referirem, prorrogando-se o vencimento para o dia útil subsequente quando não houver expediente bancário no dia 15, facultada a opção pelo recolhimento trimestral para contribuições incidentes sobre o valor de um salário mínimo;
- a empresa adquirente, consumidora ou consignatária ou a cooperativa são obrigadas a recolher a contribuição incidente sobre a receita bruta da comercialização da produção rural até o dia 20 do mês subsequente ao da operação de venda ou consignação da produção, independentemente de estas operações terem sido realizadas diretamente com o produtor ou com intermediário - pessoa física;
- o produtor rural pessoa física e o segurado especial são obrigados a recolher a contribuição incidente sobre a receita bruta da comercialização da produção rural, no dia 20 do mês subsequente ao da operação de venda, caso comercializem a sua produção com adquirente domiciliado no exte-

rior, diretamente, no varejo, a consumidor pessoa física, a outro produtor rural pessoa física ou a outro segurado especial;

- o produtor rural pessoa física e o segurado especial são obrigados a recolher também, diretamente, a contribuição incidente sobre a receita bruta proveniente: (a) da comercialização de artigos de artesanato elaborados com matéria-prima produzida pelo respectivo grupo familiar; (b) de comercialização de artesanato ou do exercício de atividade artística, observado o disposto nos incisos VII e VIII do § 10 do art. 12 desta Lei; e (c) de serviços prestados, de equipamentos utilizados e de produtos comercializados no imóvel rural, desde que em atividades turística e de entretenimento desenvolvidas no próprio imóvel, inclusive hospedagem, alimentação, recepção, recreação e atividades pedagógicas, bem como taxa de visitação e serviços especiais.
- o produtor rural pessoa física é obrigado a recolher a contribuição incidente sobre o pagamento dos segurados empregado, empresário, trabalhador avulso, trabalhador autônomo ou a este equiparado e demais pessoas físicas a seu serviço, no dia 20 do mês seguinte àquele a que se referirem as remunerações;
- a pessoa física que não seja produtor rural e que adquire produção para venda, no varejo, a consumidor pessoa física é obrigada a recolher a contribuição incidente sobre a receita bruta da comercialização da produção rural, no dia 20 do mês subsequente ao da operação de venda;
- o produtor rural constituído em pessoa jurídica é obrigado a recolher as contribuições incidentes sobre o pagamento dos segurados empregado, empresário, trabalhador avulso, trabalhador autônomo ou a este equiparado e das demais pessoas físicas a seu serviço e as incidentes sobre a receita bruta da comercialização da produção rural no dia 20 do mês subsequente ao da operação de venda;
- o segurado especial é obrigado a arrecadar a contribuição de trabalhadores a seu serviço e a recolhê-la no dia 20 do mês subsequente àquele a que se referirem as remunerações;
- o empregador doméstico é obrigado a arrecadar a contribuição do segurado empregado doméstico a seu serviço e recolhê-la, assim como a parcela a seu cargo, até o dia 15 do mês seguinte àquele a que as contribuições se referirem, cabendo-lhe durante o período da licença-maternidade da empregada doméstica apenas o recolhimento da contribuição a seu cargo, facultada a opção pelo recolhimento trimestral para a hipótese de salário de contribuição igual ao valor mínimo;
- a empresa que remunera empregado licenciado para exercer mandato de dirigente sindical é obrigada a recolher a contribuição deste, bem como

as parcelas a seu cargo, no dia 20 do mês subsequente a que se referir tal remuneração;

- a entidade sindical que remunera dirigente que mantém a qualidade de segurado empregado, licenciado da empresa, ou trabalhador avulso é obrigada a recolher a contribuição deste, bem como as parcelas a seu cargo, na forma acima; e
- a entidade sindical que remunera dirigente que mantém a qualidade de segurado contribuinte individual ou especial é obrigada a recolher a contribuição incidente sobre as remunerações ou retribuições, na forma citada.

A Lei n. 11.718/2008 inseriu ainda algumas regras para a arrecadação das contribuições de segurados especiais, nos parágrafos 7º a 9º do art. 30 da Lei de Custeio.

A empresa ou cooperativa adquirente, consumidora ou consignatária da produção fica obrigada a fornecer ao segurado especial cópia do documento fiscal de entrada da mercadoria, para fins de comprovação da operação e da respectiva contribuição previdenciária.

Quando o grupo familiar a que o segurado especial estiver vinculado não tiver obtido, no ano, por qualquer motivo, receita proveniente de comercialização de produção deverá comunicar a ocorrência à Previdência Social, na forma do regulamento.

Quando o segurado especial tiver comercializado sua produção do ano anterior exclusivamente com empresa adquirente, consignatária ou cooperativa, tal fato deverá ser comunicado à Previdência Social pelo respectivo grupo familiar.

A empresa que remunera contribuinte individual é obrigada a fornecer a este comprovante do recolhimento da contribuição incidente sobre a remuneração paga ou de sua inclusão em declaração para fins fiscais.

A pessoa jurídica de direito privado beneficiada pela isenção é obrigada a arrecadar a contribuição do segurado empregado e do trabalhador avulso a seu serviço, descontando-a da respectiva remuneração, e recolhê-la no dia 20 do mês seguinte àquele a que se referirem as remunerações.

Se não houver expediente bancário nas datas indicadas para pagamento das contribuições a cargo do segurado contribuinte individual, facultativo e do empregador doméstico, qual seja, dia 15 do mês seguinte ao da competência, o recolhimento deverá ser efetuado até o dia útil imediatamente posterior. Nas demais hipóteses, em que o vencimento ocorre no dia 20 do mês subsequente ao da competência, o recolhimento deverá ser efetuado até o dia útil imediatamente anterior. Essa nova regra foi estipulada pela MP n. 447, de 14.11.2008, convertida na Lei n. 11.933, de 28.4.2009.

A contribuição incidente sobre o valor bruto da gratificação natalina (décimo terceiro salário) deverá ser calculada em separado e recolhida até o dia 20 do mês de dezembro, antecipando-se o vencimento para o dia útil imediatamente anterior, se não houver expediente bancário no dia 20, sendo devida quando do pagamento ou crédito da última parcela (Decreto n. 3.048/99, art. 216, § 1º). O cálculo da contribuição ocorre, pois, quando do pagamento feito no mês de dezembro, e não junto à parcela adiantada, por ocasião de férias, como faculta a Lei n. 4.090/62. A alíquota é aplicada tendo-se por base a totalidade da gratificação, que, por seu turno, é calculada sobre a remuneração de dezembro.

As contribuições sociais não recolhidas até a data de seu vencimento ficam sujeitas à atualização monetária, juros de mora e multa moratória, de caráter irrelevável, com base na legislação aplicável no mês em que era devida.

É facultado aos segurados contribuintes individual e facultativo, cujos salários de contribuição sejam iguais ao valor de um salário mínimo, optarem pelo recolhimento trimestral das contribuições previdenciárias, com vencimento no dia 15 do mês seguinte ao de cada trimestre civil, prorrogando-se o vencimento para o dia útil subsequente quando não houver expediente bancário no dia 15. Essa regra é válida também para o empregador doméstico relativamente aos empregados a seu serviço, cujos salários de contribuição sejam iguais ao valor de um salário mínimo, ou inferiores nos casos de admissão, dispensa ou fração do salário em razão de gozo de benefício.

De acordo com o § 6º do art. 30 da Lei n. 8.212/91, inserido pela Lei n. 10.324/2006, o empregador doméstico poderá recolher a contribuição do segurado empregado a seu serviço e a parcela a seu cargo relativas à competência novembro até o dia 20 de dezembro, juntamente com a contribuição referente ao 13º (décimo terceiro) salário, utilizando-se de um único documento de arrecadação. Poderá, ainda, deduzir do imposto sobre a renda a pagar, a partir do ano calendário 2006 e até o ano calendário 2011, a contribuição patronal paga à Seguridade Social de um empregado doméstico, até o limite de 12% sobre o salário mínimo vigente por mês de contribuição, sobre o 13º salário e sobre a remuneração adicional de férias, referidos também a um salário mínimo, e desde que atendidas as exigências previstas no art. 1º da referida Lei.

Na requisição de mão-de-obra de trabalhador avulso efetuada em conformidade com as Leis ns. 8.630, de 25.2.93, e 9.719, de 27.11.98, o responsável pelas obrigações previstas no Decreto n. 3.048/99, em relação aos segurados que lhe prestem serviços, é o operador portuário, o tomador de mão-de-obra, inclusive o titular de instalação portuária de uso privativo, observadas as normas fixadas pelo INSS.

Quando a contratação de pessoal não for abrangida pelas Leis ns. 8.630/93 e 9.719/98, a empresa tomadora ou requisitante dos serviços de trabalhador avulso é responsável pelo cumprimento de todas as obrigações previstas no Decreto n.

3.048/99, bem como pelo preenchimento e entrega da Guia de Recolhimento do Fundo de Garantia do Tempo de Serviço e Informações à Previdência Social em relação aos segurados que lhe prestem serviços, observadas as normas fixadas pelo INSS.

5.3 Obrigações acessórias

Obrigação acessória, de acordo com o art. 113, § 2º, do Código Tributário Nacional, é aquela que decorre da legislação tributária e tem por objeto as prestações, positivas ou negativas, nela previstas no interesse da arrecadação ou da fiscalização dos tributos. Pelo simples fato da sua inobservância, converte-se em obrigação principal relativamente à penalidade pecuniária (CTN, art. 113, § 3º).

Segundo *Sacha Calmon Navarro Coêlho*, as obrigações acessórias "são destituídas de valor patrimonial. Não são pecuniárias. Substanciam deveres de fazer e não fazer previstos em lei. Ressalte-se, todavia, que deverão decorrer de previsões legais em estrito senso, ou seja, de leis em sentido formal e material, até porque ninguém está obrigado a fazer ou deixar de fazer senão em virtude de lei, a teor da Constituição da República".[220]

As obrigações acessórias da empresa em relação às contribuições sociais arrecadadas pela Secretaria da Receita Federal do Brasil estão previstas no art. 32 da Lei n. 8.212/91, quais sejam:

- preparar folhas de pagamento das remunerações pagas ou creditadas a todos os segurados a seu serviço, de acordo com os padrões e normas estabelecidos pelo órgão competente da Seguridade Social;
- lançar mensalmente em títulos próprios de sua contabilidade, de forma discriminada, os fatos geradores de todas as contribuições, o montante das quantias descontadas, as contribuições da empresa e os totais recolhidos;
- prestar à Secretaria da Receita Federal do Brasil todas as informações cadastrais, financeiras e contábeis de seu interesse, na forma por ela estabelecida, bem como os esclarecimentos necessários à fiscalização;
- declarar à Secretaria da Receita Federal do Brasil e ao Conselho Curador do Fundo de Garantia do Tempo de Serviço – FGTS, na forma, prazo e condições estabelecidos por esses órgãos, dados relacionados a fatos geradores, base de cálculo e valores devidos da contribuição previdenciária e outras informações de interesse do INSS ou do Conselho Curador do FGTS;

220 NASCIMENTO, Carlos Valder do (Coord.); MARTINS, Ives Grandra da Silva *et alii*. *Comentários ao Código Tributário Nacional*. Rio de Janeiro: Forense, 1997, p. 260.

O art. 225 do Decreto n. 3.048/99 relaciona, ainda, as seguintes obrigações da empresa:

- encaminhar ao sindicato representativo da categoria profissional mais numerosa entre seus empregados, até o dia 10 de cada mês, cópia da Guia da Previdência Social relativamente à competência anterior;
- afixar cópia da Guia da Previdência Social, relativamente à competência anterior, durante o período de um mês, no quadro de horário de que trata o art. 74 da Consolidação das Leis do Trabalho;
- informar, anualmente, à Secretaria da Receita Federal do Brasil, na forma por ela estabelecida, o nome, o número de inscrição na previdência social e o endereço completo dos segurados trabalhadores avulsos, por ela utilizados no período, a qualquer título, para distribuição ou comercialização de seus produtos, sejam eles de fabricação própria ou de terceiros, sempre que se tratar de empresa que realize vendas diretas.

Em relação aos créditos tributários, os documentos comprobatórios do cumprimento das obrigações relativas ao custeio da Seguridade Social devem ficar arquivados na empresa até que ocorra a prescrição relativa aos créditos decorrentes das operações a que se refiram (§ 11 do art. 32 da Lei de Custeio, redação conferida pela MP n. 449/2008, convertida na Lei n. 11.941/2009). Antes, o dispositivo exigia que a empresa guardasse tais documentos pelo prazo de dez anos, o que não mais se mantém em função do reconhecimento de que o prazo decadencial para que a Seguridade Social venha a constituir seus créditos é de cinco anos, na forma do CTN, não se aplicando o art. 45 da Lei n. 8.212/91, por inconstitucional – Súmula Vinculante n. 8/STF. O texto comete uma imprecisão, pois o prazo é *decadencial* para o Fisco, e não *prescricional.*

Os lançamentos de que trata a norma acima citada, devidamente escriturados nos livros Diário e Razão, serão exigidos pela fiscalização após noventa dias contados da ocorrência dos fatos geradores das contribuições, devendo, obrigatoriamente: atender ao princípio contábil do regime de competência e registrar, em contas individualizadas, todos os fatos geradores de contribuições previdenciárias de forma a identificar, clara e precisamente, as rubricas integrantes e não integrantes do salário de contribuição, bem como as contribuições descontadas do segurado, as da empresa e os totais recolhidos, por estabelecimento da empresa, por obra de construção civil e por tomador de serviços (art. 225, § 13, do Decreto n. 3.048/99).

De acordo com o § 22 do art. 215 do Regulamento da Previdência Social, inserido pelo Decreto n. 4.729, de 9.6.2003, a empresa que utiliza sistema de processamento eletrônico de dados para o registro de negócios e atividades econômicas, escrituração de livros ou produção de documentos de natureza contábil, fiscal, trabalhista e previdenciária é obrigada a arquivar e conservar, devidamente certificados, os respectivos sistemas e arquivos, em meio digital ou assemelhado, durante dez anos, à disposição da fiscalização.

Já o § 23 do mesmo artigo, também incluído pelo Decreto n. 4.729/2003, prevê que a cooperativa de trabalho e a pessoa jurídica são obrigadas a efetuar a inscrição no Instituto Nacional do Seguro Social dos seus cooperados e contratados, respectivamente, como contribuintes individuais, se ainda não inscritos.

A Lei n. 9.528/97, que incluiu o inciso IV no art. 32 da Lei de Custeio, criou nova obrigação para as empresas, qual seja, a de informar mensalmente, por intermédio da Guia de Recolhimento do FGTS e Informações à Previdência Social – GFIP, os dados relacionados aos fatos geradores de contribuições e outras informações de interesse da administração fazendária e da Previdência Social.

De acordo com a nova redação conferida ao § 2º do art. 32 da Lei n. 8.212/91, as informações constantes da GFIP, consideradas como declaração de fatos geradores de contribuições à Seguridade Social, "constitui confissão de dívida e instrumento hábil e suficiente para a exigência do crédito tributário, e suas informações comporão a base de dados para fins de cálculo e concessão dos benefícios previdenciários". Trata-se de medida que visa abreviar o procedimento de cobrança de contribuições não adimplidas e, caso aplicada tal como se encontra determinada, facilitará ao trabalhador o reconhecimento de seus períodos de contribuição, corroborando a regra do art. 34, inciso I, da Lei n. 8.213/91.

A empresa deverá apresentar a GFIP ainda que não ocorram fatos geradores de contribuição previdenciária, segundo a dicção do novo § 9º do art. 32, sendo que a não apresentação do documento é causa impeditiva de emissão de certidão de prova de regularidade fiscal perante a Fazenda Nacional, aplicando-se, quando couber, a penalidade prevista no art. 32-A, *verbis*:

> *Art. 32-A. O contribuinte que deixar de apresentar a declaração de que trata o inciso IV do art. 32 no prazo fixado ou que a apresentar com incorreções ou omissões será intimado a apresentá-la ou a prestar esclarecimentos e sujeitar-se-á às seguintes multas:*
>
> *I - de dois por cento ao mês-calendário ou fração, incidente sobre o montante das contribuições informadas, ainda que integralmente pagas, no caso de falta de entrega da declaração ou entrega após o prazo, limitada a vinte por cento, observado o disposto no § 3º; e*
>
> *II - de R$ 20,00 (vinte reais) para cada grupo de dez informações incorretas ou omitidas.*
>
> *§ 1º Para efeito de aplicação da multa prevista no inciso I do caput, será considerado como termo inicial o dia seguinte ao término do prazo fixado para entrega da declaração e como termo final a data da efetiva entrega ou, no caso de não-apresentação, a data da lavratura do auto de infração ou da notificação de lançamento.*
>
> *§ 2º Observado o disposto no § 3º, as multas serão reduzidas:*
>
> *I - à metade, quando a declaração for apresentada após o prazo, mas antes de qualquer procedimento de ofício; ou*
>
> *II - a setenta e cinco por cento, se houver apresentação da declaração no prazo fixado em intimação.*
>
> *§ 3º A multa mínima a ser aplicada será de:*

I - R$ 200,00 (duzentos reais), tratando-se de omissão de declaração sem ocorrência de fatos geradores de contribuição previdenciária; e
II - R$ 500,00 (quinhentos reais), nos demais casos.

Além disso, a empresa deve matricular-se perante o ente arrecadador, e cumprir as determinações da legislação de custeio no tocante, por exemplo, à não-distribuição de bonificações ou dividendos a acionistas ou à proibição de atribuir cota ou participação nos lucros a sócio-cotista, diretor ou outro membro de órgão dirigente, fiscal ou consultivo, ainda que a título de adiantamento, quando em débito para com a Seguridade Social.

A nova redação do art. 52 da Lei de Custeio, conferida pela Medida Provisória n. 449, de 3.12.2008, convertida na Lei n. 11.941/2009, prevê que "às empresas, enquanto estiverem em débito não garantido com a União, aplica-se o disposto no art. 32 da Lei n. 4.357, de 16 de julho de 1964." Esclarece a Exposição de Motivos da referida MP que:

O artigo foi alterado para estabelecer que se aplica a legislação dos demais tributos internos às contribuições sociais. A alteração proposta dá-se com o objetivo de ajustar o texto da Lei ao disposto no art. 32 da Lei n. 4.357, de 16 de julho de 1964, que prevê aplicação de multa às empresas que distribuem lucros estando em débito com a União e suas autarquias de previdência e assistência social e, ainda, aos diretores e demais membros da administração superior que recebem tais recursos. Propõe-se que tal multa seja limitada em função do valor do débito não garantido da empresa, conforme prevê o § 2º do referido artigo, incluído pela Lei n. 11.051, de 29 de dezembro de 2004, de modo a respeitar o princípio da razoabilidade. A alteração exclui ainda a vedação à distribuição de dividendos.

Para o contribuinte individual foram criadas obrigações acessórias pela redação dos §§ 1º e 2º do art. 59 do Regulamento da Previdência Social, com a redação conferida pelo Decreto n. 4.729, de 9.6.2003. De acordo com a norma regulamentar, cabe ao contribuinte individual comprovar, por meio de documentação hábil, a interrupção ou o encerramento da atividade pela qual vinha contribuindo, sob pena de ser considerado em débito no período sem contribuição.

Existem, também, obrigações importantes envolvendo os municípios, as instituições financeiras e os cartórios de registro civil. Os municípios, por intermédio dos seus órgãos competentes, fornecerão à RFB, para fins de fiscalização, mensalmente, relação de todos os alvarás para construção civil e documentos de habite-se concedidos, de acordo com critérios estabelecidos pelo referido Ministério. As instituições financeiras ficam obrigadas a fornecer, mensalmente, a relação das empresas com as quais tenham efetuado operações de crédito com recursos públicos, do Fundo de Garantia do Tempo de Serviço – FGTS e das Cadernetas de Poupança, conforme especificação técnica a ser definida. O titular de cartório de registro civil e de pessoas naturais fica obrigado a comunicar, até o dia 10 de cada mês, o registro dos óbitos ocorridos no mês imediatamente anterior, devendo da comunicação constar o nome, a filiação, a data e o local de nascimento da pessoa falecida (arts. 226, 227 e 228 do Decreto n. 3.048/99).

Porém, convém frisar que, uma vez inadimplida a obrigação tributária principal pelo sujeito passivo, não ocorre transferência do poder de polícia, permanecendo a fiscalização a encargo exclusivo do ente arrecadador, atualmente, a Receita Federal do Brasil:

> *TRIBUTÁRIO. ART. 50 DA LEI N. 8.212/91. PREFEITURA MUNICIPAL. CONCESSÃO DE HABITE-SE. INEXIGIBILIDADE DE FISCALIZAR O CUMPRIMENTO DE OBRIGAÇÃO PREVIDENCIÁRIA.*
>
> *1. O preceito inscrito no art. 50 da Lei n. 8.212/91 não impõe à prefeitura municipal o encargo de fiscalizar o cumprimento das obrigações previdenciárias e, muito menos, de ser responsável pela adimplência dos débitos previdenciários atribuídos a proprietário de obra urbana. Tal dispositivo determina apenas o momento da obrigatoriedade de apresentação do comprovante de matrícula do INSS e do comprovante de inexistência de dívida para com a seguridade social.*
>
> *2. Agravo regimental não provido.*
>
> *(STJ, 2ª Turma, AgRg no Ag 461045/MG, Rel. Min. João Otávio de Noronha, julgado em 27.4.2004, DJU de 24.5.2004).*

O pequeno comerciante, isto é, a pessoa natural inscrita no registro do comércio que exerce, em um só estabelecimento, atividade artesanal ou outra atividade em que predomine seu próprio trabalho ou de pessoas da família, cuja receita bruta anual e capital efetivamente empregado não ultrapassem os limites estabelecidos em lei, está dispensado de fazer a escrituração contábil.

Também se caracteriza como obrigação de não fazer da empresa a disposição contida no art. 52 da Lei de Custeio, que veda a distribuição de bonificação ou dividendo a acionista ou o pagamento de cotas ou participação nos lucros a sócio cotista, diretor de empresa ou outro membro de órgão dirigente, fiscal ou consultivo, quando a empresa esteja em débito para com a Seguridade Social, sujeitando-se, em caso de infração, à multa equivalente a 50% dos valores pagos ou creditados a partir da data em que se tornou inadimplente.

Por fim, é obrigação da empresa o atendimento de requisição do INSS no sentido de que seja descontada da remuneração paga a segurado a seu serviço importância devida por este, proveniente de dívida ou responsabilidade por ele contraída junto à Seguridade Social, relativa a benefícios pagos indevidamente – art. 91 da Lei n. 8.212/91. A inobservância da requisição também sujeita a empresa ao pagamento de multa infracional (art. 92 da Lei de Custeio).

5.4 Prerrogativas da fiscalização

Segundo o disposto no § 1º do art. 33 da Lei n. 8.212/91, com a redação conferida pela Medida Provisória n. 449, de 3.12.2008, convertida na Lei n. 11.941/2009, "É prerrogativa da Secretaria da Receita Federal do Brasil, por intermédio dos Auditores-Fiscais da Receita Federal do Brasil, o exame da contabilidade das empresas, ficando obrigados a prestarem todos os esclarecimentos e informações solicitados, o segurado e os terceiros responsáveis pelo recolhimento das contribuições previdenciárias e das contribuições devidas a outras entidades e fundos". O texto foi alterado para prever que terceiros, não caracterizados como segurados ou empresa, possam ser intimados a prestar esclarecimentos e informações em matéria previdenciária à Secretaria da Receita Federal do Brasil (conforme Exposição de Motivos que encaminhou a MP ao Congresso Nacional).

De acordo com o art. 6º da Lei n. 10.593, de 6.12.2002, com a redação conferida pela Lei n. 11.457, de 16.3.2007, são atribuições do cargo de Auditor-Fiscal da Receita Federal do Brasil:

> *I - no exercício da competência da Secretaria da Receita Federal do Brasil e em caráter privativo:*
>
> *a) constituir, mediante lançamento, o crédito tributário e de contribuições;*
>
> *b) elaborar e proferir decisões ou delas participar em processo administrativo-fiscal, bem como em processos de consulta, restituição ou compensação de tributos e contribuições e de reconhecimento de benefícios fiscais;*
>
> *c) executar procedimentos de fiscalização, praticando os atos definidos na legislação específica, inclusive os relacionados com o controle aduaneiro, apreensão de mercadorias, livros, documentos, materiais, equipamentos e assemelhados;*
>
> *d) examinar a contabilidade de sociedades empresariais, empresários, órgãos, entidades, fundos e demais contribuintes, não se lhes aplicando as restrições previstas nos arts. 1.190 a 1.192 do Código Civil e observado o disposto no art. 1.193 do mesmo diploma legal;*
>
> *e) proceder à orientação do sujeito passivo no tocante à interpretação da legislação tributária;*
>
> *f) supervisionar as demais atividades de orientação ao contribuinte;*
>
> *II - em caráter geral, exercer as demais atividades inerentes à competência da Secretaria da Receita Federal do Brasil.*

Convém apontar que, quando da sanção presidencial à Lei n. 11.457, de 16.3.2007, o Presidente da República vetou o § 4º do art. 6º da referida lei, o qual excluía das atribuições da autoridade fiscal "a desconsideração da pessoa, ato ou negócio jurídico que implique reconhecimento de relação de trabalho, com ou sem vínculo empregatício", estabelecendo que a atuação fiscal, nesses casos, deveria ser precedida de decisão judicial. Após forte reação de algumas entidades, o dispositivo não foi à sanção, tendo como razão do veto o fato de que "condicionar a ocorrência do fato gerador à existência de decisão judicial não atende ao princípio constitucional da separação (sic) dos Poderes". Em verdade, estar-se-ia violando princípios fundantes do Direito Tributário, bem como do Direito Administrativo, ao vedar a atuação do poder de polícia justamente na hipótese mais grave das relações de trabalho – quando se constata a sonegação fiscal decorrente da falta de formalização do contrato de trabalho e consequente inadimplemento das contribuições ao sistema.

A jurisprudência é tranquila no sentido de que o órgão responsável pela verificação da regularidade do recolhimento das contribuições tem competência para reconhecer relação de emprego para fins de fiscalização, arrecadação e lançamento de contribuições previdenciárias devidas no tocante a trabalhador que presta serviços nas condições definidas no art. 3º da CLT, ainda que sem qualquer registro ou anotação na CTPS ou enquadrado indevidamente como trabalhador autônomo (TRF da 4ª Região. AC n. 2003.04.01.023958-4/RS, 2ª Turma. Rel. Des. Federal João Surreaux Chagas. D.E. 24.10.2007).

Dispõe, sobre o tema, a Súmula n. 439 do Supremo Tribunal Federal: "Estão sujeitos à fiscalização tributária ou previdenciária quaisquer livros comerciais, limitado o exame aos pontos objeto da investigação".

De acordo com a nova redação do § 2º do art. 33 da Lei de Custeio, dada pela MP n. 449/2008, convertida na Lei n. 11.941/2009, "A empresa, o segurado da Previdência Social, o serventuário da Justiça, o síndico ou seu representante, o comissário e o liqüidante de empresa em liquidação judicial ou extrajudicial são obrigados a exibir todos os documentos e livros relacionados com as contribuições previstas nesta Lei". Houve a exclusão, no dispositivo, de obrigação de servidores públicos prestarem tais informações, como era originalmente previsto no dispositivo. Segundo consta da Exposição de Motivos da MP, a medida se impunha "pois se propõe, por meio da revogação do art. 41, que o servidor não responda pelo tributo, a intimação para exibir livros e documentos deve ser para a pessoa jurídica de Direito Público".

Ocorrendo recusa ou sonegação de qualquer documento ou informação, ou sua apresentação deficiente, os Auditores-Fiscais podem, sem prejuízo da penalidade cabível nas esferas de sua competência, lançar, de ofício, a importância que reputarem devida, cabendo à empresa, ao empregador doméstico ou ao segurado o ônus da prova em contrário. Considera-se deficiente o documento ou informação apresentada que não preencha as formalidades legais, bem como aquele que contenha informação diversa da realidade, ou, ainda, que omita informação verdadeira. A inscrição de ofício gera, portanto, presunção *iuris tantum* no tocante ao débito incluído em notificação.

Se, no exame da escrituração contábil e de qualquer outro documento da empresa, a fiscalização constatar que a contabilidade não registra o movimento real da remuneração dos segurados a seu serviço, do faturamento e do lucro, serão apuradas, por aferição indireta, as contribuições devidas, cabendo à empresa o ônus da prova em contrário. A aferição indireta pode ser feita mediante a fixação de parâmetros que a fiscalização entender pertinentes. Cabe à empresa provar que o valor devido é menor que o aferido indiretamente.

De acordo com a redação do § 8º do art. 33 da Lei n. 8.212/91, criado pela MP n. 449/2008, convertida na Lei n. 11.941/2009, aplicam-se às contribuições à Seguridade Social "as presunções legais de omissão de receita previstas nos §§ 2º e 3º do art. 12 do Decreto-Lei n. 1.598, de 26 de dezembro de 1977, e nos arts.

40, 41 e 42 da Lei n. 9.430, de 27 de dezembro de 1996". Isso significa, na prática, a apuração de contribuições previdenciárias, por aferição indireta, com base nas presunções legais de omissão de receita já utilizadas para outros tributos administrados pela Secretaria da Receita Federal do Brasil como o Imposto de Renda da Pessoa Jurídica – IRPJ. Este dispositivo poderá ser aplicado, em especial, aos segmentos empresariais que contribuem, de forma substitutiva, com base em suas receitas (agronegócio e associações desportivas que mantenham equipes de futebol profissional) – Exposição de Motivos da MP n. 449/2008.

É assegurado à fiscalização livre acesso a todas as dependências ou estabelecimentos da empresa, com vistas à verificação física dos segurados em serviço, para confronto com os registros e documentos da empresa, podendo requisitar e apreender livros, notas técnicas e demais documentos necessários ao perfeito desempenho de suas funções, caracterizando-se como embaraço à fiscalização qualquer dificuldade oposta à consecução do objetivo. A autoridade policial prestará à fiscalização, mediante solicitação, o auxílio necessário ao regular desempenho dessa atividade.

5.5 Inadimplemento e acréscimos moratórios

As contribuições sociais estão, em regra, sujeitas ao lançamento por homologação. O sujeito passivo antecipa o pagamento respectivo sem que a autoridade administrativa tenha examinado os elementos com base nos quais foi a mesma calculada.

As normas sobre o lançamento por homologação estão previstas no art. 150 do Código Tributário Nacional e no art. 32 da Lei n. 8.212/91, o qual estabelece como obrigação da empresa lançar mensalmente em títulos próprios de sua contabilidade, de forma discriminada, os fatos geradores de todas as contribuições, o montante das quantias descontadas, as contribuições das empresas e os totais recolhidos.

Se o responsável pela obrigação de recolhimento de contribuição à Seguridade Social não comparecer para quitá-la no vencimento, estará sujeito, então, ao lançamento de ofício, a encargo da fiscalização do órgão arrecadador – atualmente, a Receita Federal do Brasil. Comprovado o inadimplemento, pela análise do auditor fiscal, este expedirá notificação fiscal de débito, indicando os fatos geradores, as contribuições devidas e os meses a que se referem.

O percentual das multas fixado pela Lei n. 9.876/99, aplicável aos fatos geradores ocorridos a partir de 29.11.1999, passou a ser o seguinte:

a) para pagamento após o vencimento de obrigação não incluída em Notificação Fiscal de lançamento:

1) 8% dentro do mês de vencimento;

2) 14% no mês seguinte; ou

3) 20% a partir do segundo mês seguinte ao do vencimento da obrigação;

b) para pagamento de obrigação incluída em notificação fiscal de lançamento:

1) 24% até quinze dias do recebimento da notificação;

2) 30% após o décimo quinto dia do recebimento da notificação;

3) 40% após a apresentação de recurso desde que antecedido de defesa, sendo ambos tempestivos até quinze dias da decisão do 2º Conselho de Contribuintes do Ministério da Fazenda;

4) 50% após o décimo quinto dia da ciência da decisão do 2º Conselho de Contribuintes do Ministério da Fazenda, enquanto não inscrito em dívida ativa;

c) para pagamento do crédito inscrito em dívida ativa:

1) 60% quando não tenha sido objeto de parcelamento;

2) 70% se houve parcelamento;

3) 80% após o ajuizamento da execução fiscal, mesmo que o devedor ainda não tenha sido citado, se o crédito não foi objeto de parcelamento ou

4) 100% após o ajuizamento da execução fiscal, mesmo que o devedor ainda não tenha sido citado se o crédito foi objeto de parcelamento.

A sistemática de aplicação de acréscimos moratórios foi significativamente alterada pela Medida Provisória n. 449, de 3.12.2008, convertida na Lei n 11.941/2009, a qual revogou os artigos 34 e 35 da Lei de Custeio. Em seu lugar determinou a aplicação, em caso de pagamento com atraso, das regras previstas na Lei n. 9.430/96.

O art. 35, com a redação conferida pela Lei n. 11.941/2009, passa a dispor que "os débitos com a União decorrentes das contribuições sociais previstas nas alíneas "a", "b" e "c" do parágrafo único do art. 11, das contribuições instituídas a título de substituição e das contribuições devidas a terceiros, assim entendidas outras entidades e fundos, não pagos nos prazos previstos em legislação, serão acrescidos de multa de mora e juros de mora, nos termos do art. 61 da Lei n. 9.430, de 1996."

O art. 61 da Lei n. 9.430/96, por seu turno, prevê:

> *Art. 61. Os débitos para com a União, decorrentes de tributos e contribuições administrados pela Secretaria da Receita Federal, cujos fatos geradores ocorrerem a partir de 1º de janeiro de 1997, não pagos nos prazos previstos na legislação específica, serão acrescidos de multa de mora calculada à taxa de trinta e três centésimos por cento, por dia de atraso.*
>
> *§ 1º A multa de que trata este artigo será calculada a partir do primeiro dia subseqüente ao do vencimento do prazo previsto para o pagamento do tributo ou da contribuição até o dia em que ocorrer o seu pagamento.*
>
> *§ 2º O percentual de multa a ser aplicado fica limitado a vinte por cento.*

§ 3º Sobre os débitos a que se refere este artigo incidirão juros de mora calculados à taxa a que se refere o § 3º do art. 5º, a partir do primeiro dia do mês subseqüente ao vencimento do prazo até o mês anterior ao do pagamento e de um por cento no mês de pagamento.

Sintetizando as novas regras, sobre os pagamentos de contribuições em atraso realizados voluntariamente pelo contribuinte ou responsável, incidirão:

- *Juros* equivalentes à taxa referencial do Sistema Especial de Liquidação e Custódia - SELIC, para títulos federais, acumulada mensalmente, calculados a partir do primeiro dia do mês subsequente ao vencimento do prazo até o mês anterior ao do pagamento e de 1% no mês do pagamento; e
- *Multa* calculada à taxa de 0,33%, por dia de atraso. A multa será calculada a partir do primeiro dia subsequente ao do vencimento do prazo previsto para o pagamento do tributo ou da contribuição até o dia em que ocorrer o seu pagamento. O percentual de multa a ser aplicado fica limitado a 20%.

Aplicando a Lei dos Recursos Repetitivos (11.672/2008), a Primeira Seção do Superior Tribunal de Justiça (STJ) consolidou a legitimidade da taxa Selic como índice de correção monetária e de juros de mora na atualização dos débitos tributários pagos em atraso, diante da existência de lei estadual que determina a adoção dos mesmos critérios adotados na correção dos débitos fiscais federais.

Segundo o relator da matéria, ministro Luiz Fux, como a jurisprudência da Corte já determina a incidência de juros de mora equivalentes à taxa Selic em pagamento do crédito tributário, adotar raciocínio diverso importaria em tratamento anti-isonômico, já que a Fazenda restaria obrigada a reembolsar os contribuintes por esta taxa Selic, ao passo que, no desembolso, os cidadãos estariam isento desse critério, gerando desequilíbrio nas receitas fazendárias.

"Forçoso esclarecer que os debates nesta Corte gravitaram em torno da aplicação da taxa Selic em sede de repetição de indébito. Nada obstante, impõe-se, mutatis mutandis, a incidência da referida taxa nos cálculos dos débitos que os contribuintes tenham para com as Fazendas Municipal, Estadual e Federal", ressaltou o ministro em seu voto.

O caso julgado envolveu recurso interposto pela Fazenda Pública de Minas Gerais contra acordão do Tribunal de Justiça Estadual quer afastou a aplicação da Selic como taxa de juros. Por unanimidade, a Primeira Seção entendeu que afastadas as alegações no sentido da ilegitimidade da aplicação da Selic no campo tributário, e diante da existência de norma estadual expressa determinando que os juros de mora "serão obtidos tomando-se por base os mesmos critérios adotados para cobrança dos débitos fiscais federais" (art. 226, parágrafo único, da Lei Estadual nº 6.763/75), é de ser mantido o acórdão recorrido, para se reconhecer como devida a incidência do referido indexador sobre o débito objeto da presente demanda.

Luiz Fux ainda destacou em seu voto que o fato da questão relativa à constitucionalidade da aplicação da Taxa Selic para fins tributários ter sido reconhecido pelo STF como tema de repercussão geral, com base no artigo 543-B do CPC, ele não tem o condão, em regra, de sobrestar o julgamento dos recursos especiais pertinentes. (Matéria constante do site www.stj.jus.br/noticias. Acesso em 7.12.2009).

Já no tocante às contribuições sujeitas a lançamento de ofício (quando emitida notificação de lançamento), a regra a ser aplicada é a do art. 44 da Lei n. 9.430/96, *verbis*:

> *Art. 44. Nos casos de lançamento de ofício, serão aplicadas as seguintes multas: (Redação dada pela Lei n. 11.488, de 2007)*
>
> *I - de 75% (setenta e cinco por cento) sobre a totalidade ou diferença de imposto ou contribuição nos casos de falta de pagamento ou recolhimento, de falta de declaração e nos de declaração inexata; (Redação dada pela Lei n. 11.488, de 2007)*
>
> *II - de 50% (cinqüenta por cento), exigida isoladamente, sobre o valor do pagamento mensal: (Redação dada pela Lei n. 11.488, de 2007)*
>
> *a) na forma do art. 8º da Lei n. 7.713, de 22 de dezembro de 1988, que deixar de ser efetuado, ainda que não tenha sido apurado imposto a pagar na declaração de ajuste, no caso de pessoa física; (Incluída pela Lei n. 11.488, de 2007)*
>
> *b) na forma do art. 2º desta Lei, que deixar de ser efetuado, ainda que tenha sido apurado prejuízo fiscal ou base de cálculo negativa para a contribuição social sobre o lucro líquido, no ano-calendário correspondente, no caso de pessoa jurídica. (Incluída pela Lei n. 11.488, de 2007)*
>
> *§ 1º O percentual de multa de que trata o inciso I do caput deste artigo será duplicado nos casos previstos nos arts. 71, 72 e 73 da Lei n. 4.502, de 30 de novembro de 1964, independentemente de outras penalidades administrativas ou criminais cabíveis.*
>
> *I - (revogado);*
>
> *II - (revogado);*
>
> *III - (revogado);*
>
> *IV - (revogado);*
>
> *V - (revogado pela Lei n. 9.716, de 26 de novembro de 1998).*
>
> *§ 2º Os percentuais de multa a que se referem o inciso I do caput e o § 1º deste artigo serão aumentados de metade, nos casos de não atendimento pelo sujeito passivo, no prazo marcado, de intimação para: (Redação dada pela Lei n. 11.488, de 2007)*
>
> *I - prestar esclarecimentos; (Renumerado da alínea "a", pela Lei n. 11.488, de 2007)*
>
> *II - apresentar os arquivos ou sistemas de que tratam os arts. 11 a 13 da Lei n. 8.218, de 29 de agosto de 1991; (Renumerado da alínea "b", com nova redação pela Lei n. 11.488, de 2007)*
>
> *III - apresentar a documentação técnica de que trata o art. 38 desta Lei. (Renumerado da alínea "c", com nova redação pela Lei n. 11.488, de 2007)*
>
> *§ 3º Aplicam-se às multas de que trata este artigo as reduções previstas no art. 6º da Lei n. 8.218, de 29 de agosto de 1991, e no art. 60 da Lei n. 8.383, de 30 de dezembro de 1991.*
>
> *§ 4º As disposições deste artigo aplicam-se, inclusive, aos contribuintes que derem causa a ressarcimento indevido de tributo ou contribuição decorrente de qualquer incentivo ou benefício fiscal.*

Esclarece a Exposição de Motivos que encaminha a Medida Provisória em comento ao Congresso que a medida de alterar a sistemática de cálculo de juros e multa foi tomada de forma a aplicar as mesmas regras dos demais tributos administrados pela Secretaria da Receita Federal do Brasil às contribuições previdenciárias.

"A medida facilitará a administração dos créditos e a aplicação da norma, harmonizando a legislação tributária e prevenindo eventuais contestações judiciais em razão de penalidades diferentes para exações semelhantes".

O art. 26 da MP em comento, por sua vez, promove a revisão das reduções das multas de lançamento de ofício, reguladas pelo art. 6º da Lei n. 8.218, de 29 de agosto de 1991, e pelo art. 60 da Lei n. 8.383, de 30 de dezembro de 1991. São estabelecidas novas faixas de gradação das reduções, atentando-se para que a maior das faixas não desestimule o pagamento espontâneo de tributo e que a menor faixa ainda viabilize o pagamento anterior à inscrição na dívida ativa. Cria-se, também, incentivo ao pagamento do crédito tributário no prazo para cobrança amigável, posterior à decisão definitiva na esfera administrativa, segundo a Exposição de Motivos. Todavia, a rescisão do parcelamento, motivada pelo descumprimento das normas que o regulam, implicará restabelecimento do montante da multa proporcionalmente ao valor da receita não satisfeita e que exceder o valor obtido com a garantia apresentada.

Quanto ao direito intertemporal e à aplicação das novas regras, o art. 57 da Lei n. 11.941/2009 assim dispõe:

> *Art. 57. A aplicação dos arts. 35 e 35-A da Lei n. 8.212, de 1991, às prestações ainda não pagas de parcelamento e aos demais débitos, inscritos ou não em Dívida Ativa, cobrado por meio de processo ainda não definitivamente julgado, ocorrerá:*
>
> *I - mediante requerimento do sujeito passivo, dirigido à autoridade administrativa competente, informando e comprovando que se subsume à mencionada hipótese; ou*
>
> *II - de ofício, quando verificada pela autoridade administrativa a possibilidade de aplicação.*
>
> *Parágrafo único. O procedimento de revisão de multas previsto neste artigo será regulamentado em portaria conjunta da Procuradoria-Geral da Fazenda Nacional e da Secretaria da Receita Federal do Brasil.*

As multas impostas, calculadas como percentual do débito por motivo de recolhimento fora do prazo das contribuições e outras importâncias, não se aplicam às pessoas jurídicas de direito público, às massas falidas e às missões diplomáticas estrangeiras no Brasil e aos membros destas missões.

De acordo com o estabelecido pela LC n. 128, de 2008, que revogou o art. 45 da Lei de Custeio e incluiu o art. 45-A, o contribuinte individual que pretenda contar como tempo de contribuição, para fins de obtenção de benefício no RGPS ou de contagem recíproca do tempo de contribuição, período de atividade remunerada alcançada pela decadência deverá indenizar o INSS. O valor da indenização corresponderá a 20% (vinte por cento): I - da média aritmética simples dos maiores salários-de-contribuição, reajustados, correspondentes a 80% (oitenta por cento) de todo o período contributivo decorrido desde a competência julho de 1994; ou II - da remuneração sobre a qual incidem as contribuições para o regime próprio de previdência social a que estiver filiado o interessado, no caso de indenização para fins da contagem recíproca de que tratam os arts. 94 a 99 da Lei n. 8.213, de 24 de julho de 1991, observado o limite contributivo do RGPS.

Sobre os valores apurados incidirão juros moratórios de 0,5% (cinco décimos por cento) ao mês, capitalizados anualmente, limitados ao percentual máximo de 50% (cinquenta por cento), e multa de 10% (dez por cento). Essa regra não se aplica aos casos de contribuições em atraso não alcançadas pela decadência do direito de a Previdência constituir o respectivo crédito, obedecendo-se, em relação a elas, as disposições aplicadas às empresas em geral.

5.6 Restituição de contribuições, compensação e reembolso de benefícios

5.6.1 Restituição de contribuições e compensação

Restituição é o procedimento administrativo mediante o qual o sujeito passivo é ressarcido pela RFB de valores recolhidos indevidamente à Previdência Social ou a outras entidades e fundos. Somente serão restituídos valores que não tenham sido alcançados pela prescrição.

A restituição de contribuições tem cabimento sempre que houver pagamento de tributo indevido ou maior que o devido, podendo ser total ou parcial, seja qual for a modalidade de pagamento, conforme preceitua o art. 165 do Código Tributário Nacional.

A compensação é uma das modalidades de extinção do crédito tributário, prevista no art. 170 do Código Tributário Nacional. A lei pode, nas condições e sob as garantias que estipular, autorizar a compensação de créditos tributários com créditos líquidos e certos, vencidos ou vincendos, do sujeito passivo com a Fazenda Pública.

A Lei Complementar n. 104, de 10.1.2001, ao acrescentar o art. 170-A ao Código Tributário Nacional, introduziu importante vedação quanto ao momento de se efetuar a compensação. Pela nova regra, é vedada a compensação mediante o aproveitamento de tributo, objeto de contestação judicial pelo sujeito passivo, antes do trânsito em julgado da respectiva decisão. Essa norma é bem mais rigorosa do que a prevista na Súmula n. 212 do STJ, que firmou o entendimento de que "A compensação de créditos tributários não pode ser deferida por medida liminar".

Mesmo que o contribuinte opte pelo mandado de segurança, reconhecido pela Súmula n. 213 do STJ como ação adequada para a declaração do direito à compensação tributária, terá de aguardar o seu trânsito em julgado.

A Lei de Custeio estabelece no art. 89 as condições para que sejam efetuadas a compensação e a restituição de contribuições previdenciárias, as quais também estão previstas no Decreto n. 3.048/99 (arts. 247 a 254). Em conformidade com essas normas, admitir-se-á apenas a restituição ou a compensação de contribuições a cargo da empresa, recolhidas à Seguridade Social, que, por sua natureza, não tenham sido transferidas ao custo de bens ou serviços oferecidos à sociedade. Em qualquer caso, a compensação não poderá ser superior a 30% do valor a ser recolhido em cada competência e somente poderá ser efetuada com parcelas da mesma espécie.

As duas últimas condições estão em sintonia com o art. 170 do Código Tributário Nacional, o que não ocorre com a exigência da prova de que o valor recolhido não tenha sido transferido aos custos dos bens ou serviços, pois não se trata de tributo que comporte, por sua natureza, a transferência do encargo financeiro.

Em se tratando de restituição, pela União, de contribuição previdenciária regida pela Lei n. 7.789/89 (que tratava da contribuição incidente sobre a remuneração de autônomos, avulsos e administradores) que tenha sido indevidamente recolhida esta independe da comprovação de que não houve transferência do ônus financeiro para o consumidor. Isso porque, nesse tipo de situação, tal contribuição tem natureza de "tributo direto". Esse foi o entendimento pacificado entre os ministros da Primeira Seção do STJ, acompanhando o voto do Relator Min. Mauro Campbell.

O ministro ressaltou em seu voto que não houve violação ao artigo 89 da Lei n. 8.213/91, no caso em questão, pois a empresa postula a restituição, via compensação, de valores indevidamente recolhidos a título de contribuição social, na forma estabelecida pela Lei 7.789/89. E, nesse caso, as contribuições previdenciárias não comportam a transferência, de ordem jurídica, do respectivo encargo. O relator também destacou o fato de a lei enfatizar que "a obrigatoriedade de comprovação do não repasse a terceiro é exigida apenas às contribuições 'que, por sua natureza, não tenham sido transferidas ao custo de bem ou serviço oferecido à sociedade'".

Mauro Campbell citou, ainda, precedentes anteriores, do próprio STJ, de casos semelhantes, relatados pelos ministros Benedito Gonçalves (Resp n. 1.072.261, em 16/3/2009), Denise Arruda (Resp n. 700.273, em 18/9/2006) e José Delgado (Resp n. 233.608, em 8/3/2000). Como o recurso foi julgado dentro do que prevê a Lei dos Recursos Repetitivos (Lei n. 11.672/08), a decisão deverá ser aplicada para todas as causas idênticas, não apenas no âmbito do STJ, mas também nos tribunais de segunda instância (REsp 1.125.550 - SP, rel. Min. Mauro Campbell Marques, j. 14.4.2010).

O então Ministério da Previdência e Assistência Social editou a Portaria n. 8.927, de 4.12.2000, autorizando o INSS a não interpor qualquer recurso e embargos à execução ou a deles desistir, quando a matéria discutida referir-se unicamente à comprovação do não repasse para o custo do bem do serviço oferecido à sociedade, para efeito de compensação ou restituição de valores recolhidos indevidamente a título de contribuição social.

Sendo assim, temos por indevida a exigência da prova de que o valor recolhido não tenha sido transferido aos custos do bem ou serviço oferecido à sociedade, pois não se trata de tributo que comporte, por sua natureza, a transferência do encargo financeiro, diferente do que ocorre, *v.g.*, com o IPI e ICMS, que tem repercussão direta sobre os preços.

Em sendo contribuição descontada do empregado, o pedido pode ser encaminhado pelo próprio, ou por quem realizou o desconto, neste último caso desde que comprove já ter restituído ao empregado o valor recolhido a maior.

O valor da contribuição paga ou recolhida a maior deverá ser devolvido com os mesmos acréscimos utilizados para a cobrança dos débitos para com a Seguridade Social (art. 89, § 6º, da Lei n. 8.212/91, com redação dada pela Lei n. 9.032/95). A jurisprudência tem reconhecido que a correção monetária deve incidir a partir do recolhimento indevido, aplicando-se o IPC no período de janeiro de 1989 a fevereiro de 1991; o INPC, de março a dezembro de 1991; a UFIR, de janeiro de 1992 até 31.12.95; após, a taxa SELIC consoante o art. 39, § 4º, da Lei n. 9.250/95.

Poderão ser objeto de pedido de restituição os créditos decorrentes de tributo ou contribuição inclusive a restituição de outras receitas da União arrecadadas mediante Documento de Arrecadação de Receitas Federais (Darf) nas seguintes hipóteses: (art. 2º da IN RFB n. 900/2008):

- *cobrança ou pagamento espontâneo, indevido ou em valor maior que o devido;*
- *erro na identificação do sujeito passivo, na determinação da alíquota aplicável, no cálculo do montante do débito ou na elaboração ou conferência de qualquer documento relativo ao pagamento;*
- *reforma, anulação, revogação ou rescisão de decisão condenatória.*

Também poderão ser restituídas pela RFB, nas hipóteses acima, as quantias recolhidas a título de multa e de juros moratórios previstos nas leis instituidoras de obrigações tributárias principais ou acessórias relativas aos tributos administrados pela RFB.

Na hipótese das contribuições previdenciárias dos trabalhadores, incidentes sobre seu salário de contribuição e as instituídas a título de substituição, poderão requerer a restituição, desde que lhes tenham sido descontados indevidamente:

- *o empregado, inclusive o doméstico;*
- *o trabalhador avulso;*
- *contribuinte individual;*
- *o produtor rural pessoa física;*
- *o segurado especial; e*
- *a associação desportiva que mantém equipe de futebol profissional.*

A empresa ou equiparada e o empregador doméstico poderão requerer a restituição do valor descontado indevidamente do contribuinte, caso comprovem o ressarcimento às pessoas físicas ou jurídicas referidas acima (contribuições previdenciárias dos trabalhadores, incidentes sobre seu salário de contribuição e as instituídas a título de substituição).

O Pedido Eletrônico de Restituição (PER/DCOMP) deverá ser apresentado, por meio da Internet pela Pessoa Física ou pelo estabelecimento matriz da pessoa jurídica que houver pago à união, indevidamente ou em valor maior que o devido, quantia a título de tributos ou contribuição a administrado pela Secretaria da Receita Federal do Brasil(RFB), inclusive a contribuição previdenciária.

A empresa prestadora de serviços que sofreu retenção de contribuições previdenciárias no ato da quitação da nota fiscal, da fatura ou do recibo de prestação de serviços, conforme previsto nos arts. 17 a 19 da Instrução Normativa RFB n. 900, de 30.12.2008, poderá compensar o valor retido quando do recolhimento das contribuições devidas à Previdência Social, desde que a retenção esteja destacada na nota fiscal, na fatura ou no recibo de prestação de serviços, e declarada em Guia de Recolhimento do Fundo de Garantia do Tempo de Serviços e Informações à Previdência Social (GFIP).

O sujeito passivo, não optando pela compensação dos valores retidos, ou, se após a compensação, restar saldo em seu favor, poderá requerer a restituição do valor não compensado.

Na falta de destaque do valor da retenção na nota fiscal, fatura ou recibo de prestação de serviços, a empresa contratada somente poderá receber a restituição pleiteada se comprovar o recolhimento do valor retido pela empresa contratante.

O pedido de restituição de valores retidos será requerido pelo sujeito passivo por meio do programa PER/DCOMP ou, na impossibilidade de sua utilização, o pedido deverá ser formalizado na unidade da RFB que jurisdiciona o domicílio tributário do sujeito passivo, mediante a apresentação do formulário "Pedido de Restituição de Retenção Relativa a Contribuição Previdenciária" constante do Anexo IV, ao qual deverão ser anexados documentos comprobatórios do direito creditório.

O sujeito passivo que apurar crédito relativo a tributo ou contribuição administrado pela RFB, passível de restituição ou de ressarcimento, poderá utilizá-lo na compensação de débitos próprios, vencidos ou vincendos, relativos a quaisquer tributos ou contribuições sob administração da RFB.

A compensação declarada à RFB extingue o crédito tributário, sob condição resolutória da ulterior homologação do procedimento. O sujeito passivo poderá utilizar, na compensação de débitos próprios relativos aos tributos e contribuições administrados pela RFB, créditos que já tenham sido objeto de pedido de restituição ou de ressarcimento encaminhado à RFB, desde que referido pedido se encontre pendente de decisão administrativa à data do encaminhamento da "Declaração de Compensação".

O pedido de compensação de tributo ou contribuição lançado de ofício importa renúncia às instâncias administrativas, ou desistência de eventual recurso interposto.

Os valores compensados indevidamente serão exigidos com os acréscimos moratórios de que trata o art. 35 da Lei de Custeio.

Constatada pela RFB a compensação indevida de tributo ou contribuição já confessado ou lançado de ofício, o sujeito passivo será comunicado da não-homologação da compensação e intimado a efetuar o pagamento do débito no prazo de trinta dias, contado da ciência do procedimento.

Na hipótese de compensação indevida, quando se comprove falsidade da declaração apresentada pelo sujeito passivo, o contribuinte estará sujeito à multa isolada aplicada no percentual previsto no inciso I do *caput* do art. 44 da Lei no 9.430, de 1996, aplicado em dobro, e terá como base de cálculo o valor total do débito indevidamente compensado.

Na hipótese de crédito reconhecido por decisão judicial transitada em julgado, a Declaração de Compensação, o Pedido Eletrônico de Restituição e o Pedido Eletrônico de Ressarcimento, gerados a partir do Programa PER/DCOMP 1.6, somente serão recepcionados pela RFB após prévia habilitação do crédito pela Delegacia da Receita Federal (DRF), Delegacia da Receita Federal de Administração Tributária (Derat) ou Delegacia Especial de Instituições Financeiras (Deinf) com jurisdição sobre o domicílio tributário do sujeito passivo.

O deferimento do pedido de habilitação do crédito não implica homologação da compensação ou o deferimento do pedido de restituição ou de ressarcimento, apenas autorização para recepção do PER-DCOMP.

A apresentação da Declaração de Compensação, do Pedido Eletrônico de Restituição e do Pedido Eletrônico de Ressarcimento, gerados a partir do Programa PER/DCOMP 1.6, fica condicionada à informação do número do processo administrativo no qual tenha havido o deferimento do pedido de habilitação do crédito.

O prazo para que o contribuinte possa pleitear a restituição de tributo ou contribuição pago indevidamente ou em valor maior que o devido, inclusive na hipótese de o pagamento ter sido efetuado com base em lei posteriormente declarada inconstitucional pelo Supremo Tribunal Federal em ação declaratória ou em recurso extraordinário, extingue-se após o transcurso do prazo de cinco anos, contado da data da extinção do crédito tributário – arts. 165, I, e 168, I, da Lei n. 5.172, de 25 de outubro de 1966.

O contribuinte pode optar por receber, por meio de precatório ou por compensação, o indébito tributário certificado por sentença declaratória transitada em julgado – STJ, Súmula n. 461.

5.6.2 Reembolso de benefícios

A Lei n. 8.213/91 dispõe que o salário-maternidade e o salário-família, apesar de serem encargos da Previdência Social, devem ser pagos adiantadamente pelo empregador urbano ou rural, devendo este, após fazer tal adiantamento, obter o reembolso da prestação por ocasião do recolhimento das contribuições à Seguridade Social. Assim, reembolso é o procedimento pelo qual a RFB deve ressarcir a empresa ou equiparada de valores de quotas de salário-família e salário-maternidade pagos a segurados a seu serviço. O reembolso poderá ser efetuado mediante dedução, na Guia da Previdência Social (GPS), do valor de benefício correspondente ao mês de seu pagamento.

Quando o valor a deduzir em GPS for superior às contribuições sociais previdenciárias devidas para o mês do pagamento do benefício ao segurado, o sujeito passivo poderá requerer o seu reembolso à RFB ou deduzir o saldo a seu favor no recolhimento das contribuições dos meses subsequentes, sem o limite de 30% (compensação).

O pedido de reembolso será formalizado com a protocolização do requerimento, em qualquer Agência da Receita Federal do Brasil (ARF) da Delegacia da Receita Federal do Brasil (DRF) da circunscrição do estabelecimento centralizador da empresa.

O reembolso poderá ser efetuado mediante dedução no ato do pagamento das contribuições devidas à Previdência Social, correspondentes ao mês de competência do pagamento do benefício ao segurado, devendo ser declarado em GFIP.

Quando o valor a deduzir em GPS for superior às contribuições sociais previdenciárias devidas para o mês do pagamento do benefício ao segurado, o sujeito passivo poderá requerer o seu reembolso à RFB ou deduzir o saldo a seu favor no recolhimento das contribuições dos meses subsequentes, sem o limite de 30% (compensação).

O reembolso será requerido por meio do programa PER/DCOMP ou, na impossibilidade de sua utilização, o pedido deverá ser formalizado na unidade da RFB que jurisdiciona o domicílio tributário do sujeito passivo, mediante a apresentação do formulário "Pedido de Reembolso de Quotas de Salário-Família e Salário-Maternidade", conforme modelo constante do Anexo VI, ao qual deverão ser anexados documentos comprobatórios do direito creditório.

A documentação necessária à instrução do processo é a seguinte:

I - Pedido de Reembolso de Quotas de Salário-Família e Salário-Maternidade, conforme modelo constante no Anexo VI da IN RFB n. 900, de 30.12.2008, em duas vias, disponível na Internet no endereço www.receita.fazenda.gov.br, assinadas pelo requerente ou pelo representante legal da empresa;

II - original e cópia simples ou cópia autenticada do contrato social e última alteração contratual que identifique os responsáveis pela administração ou pela gerência da sociedade, ou estatuto social e ata em que conste a atual diretoria da sociedade ou associação, ou o registro de firma individual ou de empresário individual, assim considerado pelo art. 931 da Lei n. 10.406, de 2002 (Código Civil), conforme o caso;

III - procuração por instrumento particular, com firma reconhecida em cartório, ou por instrumento público, com poderes específicos para representar o requerente, se for o caso;

Os documentos específicos para instrução de processo relativo ao reembolso de quotas de salário-família, são:

I - original e cópia simples ou cópia autenticada da folha de pagamento que comprove o pagamento do salário-família;

II - a cópia da certidão de nascimento do filho ou da documentação relativa ao equiparado a filho;

III - caderneta de vacinação ou equivalente, quando dependente menor de sete anos de idade;

IV - comprovação semestral de frequência escolar a partir dos sete anos de idade;

V - laudo médico pericial emitido pelo INSS, no caso específico de filho inválido;

VI - outros documentos que possam substituir os documentos anteriores como comprovantes. (art. 84 do Decreto n. 3.048/99)

Os documentos específicos para instrução de processo relativo ao reembolso de valor correspondente a salário-maternidade, são:

I - o original e cópia simples ou cópia autenticada da folha de pagamento que comprove o pagamento do salário-maternidade;

II - o original e cópia simples ou cópia autenticada de atestado médico; ou

III - o original e cópia simples ou cópia autenticada da certidão de nascimento;

IV - outros documentos que possam substituir os documentos anteriores como comprovantes.

Quando o pedido de reembolso se referir a salário-família e a salário-maternidade, num mesmo requerimento, o processo deve ser instruído com os documentos relativos aos dois benefícios.

O direito de realizar a compensação, pleitear a restituição ou o reembolso extingue-se em cinco anos contados do dia seguinte:

I - do recolhimento ou do pagamento indevido;

II - em que se tornar definitiva a decisão administrativa ou transitar em julgado a decisão judicial que tenha reformado, anulado ou revogado a decisão condenatória;

III - do vencimento da competência em que deixou de ser efetuado o reembolso, mediante dedução;

IV - do vencimento para recolhimento da retenção efetuada com base na nota fiscal, fatura ou recibo de prestação de serviços.

É importante frisar que, em relação ao salário-maternidade, este na redação original da Lei n. 8.213/91 deveria ser adiantado pelo empregador urbano ou rural à gestante licenciada, tendo em novembro de 1999, por força da alteração ocorrida com a promulgação da Lei n. 9.876, passado a ser pago diretamente pelo INSS. Todavia, tendo em vista o entendimento de que a sistemática anterior era mais vantajosa para as seguradas empregadas, ocorreu nova modificação pela Lei n. 10.710, de 5.8.2003, retornando o sistema de adiantamento do salário-maternidade, inclusive o decorrente de guarda ou adoção, pelo empregador (arts. 71, parágrafo único, e 71-A, parágrafo único, da Lei do RGPS).

Em que pese a alteração procedimental, não vemos razão para entender que o período de licença-gestante seja considerado como de interrupção contratual, já que o ônus de pagamento, ao final, fica com a Previdência Social, integralmente.

Havendo recolhimentos de contribuições a serem feitos pelo empregador, este deverá proceder, *sponte propria*, à dedução/compensação dos valores adiantados a título de salário-maternidade e salário-família a seus empregados. Caso o montante adiantado seja superior ao valor das contribuições, ou se o empregador for isento de contribuir para a Seguridade Social, caberá o reembolso da importância desembolsada. Quanto ao mais, o reembolso de benefícios adiantados obedecerá aos mesmos critérios aplicáveis à restituição de contribuições, já explanados no subitem anterior.

Os documentos comprobatórios do cumprimento das obrigações relativas ao custeio da Seguridade Social devem ficar arquivados na empresa até que ocorra a decadência relativa aos créditos decorrentes das operações a que se refiram (§ 11 do art. 32 da Lei de Custeio, redação conferida pela Lei n. 11.941/2009), ou seja, cinco anos contados do primeiro dia do exercício posterior ao da ocorrência dos fatos geradores. O texto comete uma imprecisão, pois se refere a prazo *prescricional*, quando na verdade o que se verifica é a caducidade do direito de exigir o crédito.

5.7 Parcelamento de débitos

O parcelamento é um acordo entre o contribuinte/devedor e o órgão arrecadador para pagamento dos tributos devidos e não recolhidos até o vencimento. Representa uma moratória, que é uma das formas de suspensão da exigibilidade do crédito tributário previsto no art. 151, I, do Código Tributário Nacional.

Segundo *Hugo de Brito Machado*, "moratória significa prorrogação concedida pelo credor ao devedor, do prazo para pagamento da dívida, de uma única vez ou parceladamente".[221]

De acordo com o art. 38 da Lei n. 8.212/91, as contribuições devidas à Seguridade Social, incluídas ou não em notificação de débito, após verificadas e confessadas, poderão ser objeto de acordo para pagamento parcelado em até sessenta meses, observado o número de até quatro parcelas mensais para cada competência a serem incluídas no parcelamento.

Podem ser parcelados os créditos oriundos de contribuições relativas a:

a) contribuições da empresa;
b) Declaração de Regularização de Obra – DRO e Aviso de Regularização de Obra – ARO (pessoa física ou jurídica);
c) arbitramento;

221 MACHADO, Hugo de Brito. *Curso de direito tributário*. 10. ed., São Paulo: Malheiros, 1995, p. 124.

d) decisões judiciais proferidas em processos trabalhistas;
e) contribuição dos empregados não descontada;
f) contribuição descontada dos empregados, inclusive domésticos e trabalhadores avulsos, até a competência junho/91;
g) sub-rogação (comercialização de produtos rurais) de que trata o inciso IV do art. 30 da Lei n. 8.212/91, até a competência junho/91;
h) sub-rogação (comercialização de produtos rurais) de que trata o inciso IV do art. 30 da Lei n. 8.212/91, a partir da competência julho/91, bem como aquelas prevista no art. 25 da Lei n. 8.870/94, no período de agosto/94 a outubro/96, decorrentes de sub-rogação (comercialização de produtos rurais) nas obrigações de pessoas jurídicas, desde que comprovadamente não tenha havido o desconto;
i) contribuinte individual, a partir da competência maio/95 (inclusive);
j) Notificação Fiscal de Lançamento de Débito – NFLD, Auto de Infração – AI, Notificação para Pagamento – NPP, Levantamento de Débito Confessado – LDC e saldo de parcelamento.

As dívidas inscritas em dívida ativa, ajuizadas ou não, poderão ser objeto de parcelamento, no qual se incluirão, no caso das ajuizadas, honorários advocatícios, desde que previamente quitadas as custas judiciais.

Também poderão ser parceladas as contribuições arrecadadas pelo Ministério da Previdência Social – MPS para outras entidades e fundos, bem como as relativas às cotas de previdência devidas na forma da legislação anterior à Lei n. 8.212/91.

Não podem ser objeto de parcelamento créditos oriundos de:

a) contribuições retidas dos segurados empregados, empregados domésticos, trabalhadores avulsos (a partir da competência julho de 1991) e contribuintes individuais (estes, após a competência abril de 2003);
b) contribuições decorrentes de sub-rogação (comercialização de produtos rurais) de que trata o inciso IV do art. 30 da Lei n. 8.212/91, a partir da competência julho/91, bem como aquelas previstas no art. 25 da Lei n. 8.870/94, no período de agosto/94 a outubro/96, decorrentes de subrogação (comercialização de produtos rurais) nas obrigações de pessoas jurídicas;
c) contribuições retidas por empresas contratantes, decorrentes da contratação de serviços mediante cessão ou empreitada de mão-de-obra, inclusive na construção civil, de que trata o art. 31 da Lei n. 8.212/91, com redação dada pela Lei n. 9.711/98.

O segurado ou a empresa cujo representante tenha sido condenado criminalmente por decisão transitada em julgado, em decorrência de infração cometida contra a Seguridade Social, não poderá obter parcelamento de suas dívidas nos cinco anos seguintes ao trânsito em julgado da decisão, independentemente das sanções administrativas, cíveis ou penais cabíveis (art. 38, § 3º, da Lei n. 8.212/91).

Da mesma forma, não é permitido o parcelamento de dívidas de empresa com falência decretada (art. 38, § 11, da Lei de Custeio).

É facultado ao devedor optar pelo parcelamento de apenas um ou mais de um dos seus débitos para com a Seguridade Social. Os créditos objeto de defesa ou de recurso na via administrativa podem ser incluídos em parcelamento, desde que o contribuinte desista expressamente da defesa ou do recurso.

Sobre o valor de cada prestação mensal decorrente de parcelamento serão acrescidos, por ocasião do pagamento, juros equivalentes à taxa referencial do Sistema Especial de Liquidação e Custódia – SELIC, a que se refere o art. 13 da Lei n. 9.065, de 20.6.95, para títulos federais, acumulada mensalmente, calculados a partir do primeiro dia do mês da concessão do parcelamento até o mês anterior ao do pagamento e de 1% relativamente ao mês do pagamento (art. 38, § 6º, da Lei n. 8.212/91).

O reparcelamento, ou seja, o novo parcelamento de débito já efetuado anteriormente e não quitado, será admitido por uma única vez. Portanto, se o devedor descumprir dois parcelamentos do mesmo débito, somente poderá quitar a obrigação em pagamento único.

Segundo o art. 1º da Lei n. 11.941/2009, poderão ser pagos ou parcelados, em até 180 (cento e oitenta) meses, nas condições desta Lei, os débitos administrados pela Secretaria da Receita Federal do Brasil e os débitos para com a Procuradoria-Geral da Fazenda Nacional, inclusive o saldo remanescente dos débitos consolidados no Programa de Recuperação Fiscal - REFIS, de que trata a Lei n. 9.964, de 10 de abril de 2000, no Parcelamento Especial - PAES, de que trata a Lei n. 10.684, de 30 de maio de 2003, no Parcelamento Excepcional - PAEX, de que trata a Medida Provisória n. 303, de 29 de junho de 2006, no parcelamento previsto no art. 38 da Lei n. 8.212, de 24 de julho de 1991, e no parcelamento previsto no art. 10 da Lei n. 10.522, de 19 de julho de 2002, mesmo que tenham sido excluídos dos respectivos programas e parcelamentos, bem como os débitos decorrentes do aproveitamento indevido de créditos do Imposto sobre Produtos Industrializados - IPI oriundos da aquisição de matérias-primas, material de embalagem e produtos intermediários relacionados na Tabela de Incidência do Imposto sobre Produtos Industrializados - TIPI, aprovada pelo Decreto n. 6.006, de 28 de dezembro de 2006, com incidência de alíquota 0 (zero) ou como não-tributados.

Computadas as parcelas pagas até a data da solicitação do novo parcelamento, o pagamento ou parcelamento do saldo que houver poderá ser liquidado pelo contribuinte na forma e condições previstas na Lei n. 11.941/2009.

A opção pelo pagamento ou parcelamento importará na desistência compulsória e definitiva do REFIS e do PAES, conforme o caso.

A opção pelo pagamento à vista ou pelos parcelamentos de débitos de que tratam os arts. 1º e 2º da MP n. 449 deveria ser efetivada até o último dia útil do terceiro mês subsequente ao de sua publicação, ou seja, até o último dia útil de março de 2009.

Com a alteração introduzida durante a tramitação do projeto de conversão da MP 449 em Lei, os contribuintes que tiverem optado pelos parcelamentos previstos nos arts. 1ºa 3º da Medida Provisória n. 449, de 3 de dezembro de 2008, poderiam optar pelo reparcelamento dos respectivos débitos segundo as regras previstas neste artigo até o último dia útil do sexto mês subsequente ao da publicação da Lei 11.941, ou seja, até o último dia útil de novembro de 2009.

A opção pelo parcelamento, em qualquer caso, caracteriza confissão irrevogável e irretratável da totalidade dos débitos existentes em nome do sujeito passivo na condição de contribuinte ou responsável, configura confissão extrajudicial nos termos dos arts. 348, 353 e 354 da Lei n. 5.869, de 11 de janeiro de 1973 – Código de Processo Civil, e condiciona o sujeito passivo à aceitação plena e irretratável de todas as condições estabelecidas.

Os parcelamentos requeridos na forma e condições de que tratam os arts. 1º e 2º da MP n. 449 não dependiam de apresentação de garantia ou de arrolamento de bens, exceto quando já houver penhora em execução fiscal ajuizada e, no caso de débito inscrito em Dívida Ativa da União, abrangerão inclusive os encargos legais, quando devidos.

O sujeito passivo que possuir ação judicial em curso, na qual requer o restabelecimento de sua opção ou a sua reinclusão em outros parcelamentos, deverá desistir da respectiva ação judicial e renunciar a qualquer alegação de direito sobre o qual se funda a referida ação, protocolando requerimento de extinção do processo com resolução do mérito, nos termos do inciso V do art. 269 do Código de Processo Civil, até a data do requerimento do parcelamento.

O art. 35 da Lei n. 11.941/2009 introduz modificações na Lei n. 10.522, de 2002. Tem-se a unificação da legislação do parcelamento ordinário dos tributos, inclusive das contribuições previdenciárias, com as seguintes alterações legislativas:

> *– a possibilidade do parcelamento de acordo com o fluxo de caixa do contribuinte;*
> *– a obrigatoriedade do oferecimento de garantias para a concessão de qualquer parcelamento, anteriormente prevista apenas para os débitos inscritos em dívida ativa;*
> *– a especificação detalhada das vedações ao parcelamento;*
> *– a possibilidade de reparcelamento de débitos mediante fixação de percentual mínimo de realização do crédito tributário;*
> *– a possibilidade de parcelamento de novos débitos de mesmo grupo de tributo já parcelados anteriormente, desde que atendidas as mesmas condições para o reparcelamento.*

A rescisão do parcelamento, motivada pelo descumprimento das normas que o regulam, implicará restabelecimento do montante da multa proporcionalmente ao valor da receita não satisfeita e que exceder o valor obtido com a garantia apresentada (art. 6º, § 2º, da Lei n. 8.218/91, com a redação conferida pela Lei 11.941/2009).

Por fim, houve a revogação do § 8º do art. 47 da Lei de Custeio pela Lei n. 11.941/2009, uma vez que a Lei n. 5.172, de 1966 (Código Tributário Nacional), dispõe que, em existindo débitos cuja exigibilidade esteja suspensa (aqui incluído o parcelamento, de acordo com o inciso VI do art. 151 do mesmo diploma legal), concede-se certidão com os mesmos efeitos da certidão negativa, mas não a negativa, como determina o atual § 8º. Ademais, a exigência de garantia para concessão de certidão no caso de parcelamento não faz sentido, uma vez que, em existindo previsão legal, a garantia deverá ser exigida no momento da concessão do parcelamento e não no momento da emissão da certidão.

Capítulo 6

Responsabilidade solidária e por substituição tributária

Questão relevante do estudo do custeio é a da responsabilização de pessoas perante a Seguridade Social, quanto às contribuições sociais não recolhidas. Como já dito, nem sempre é o contribuinte o sujeito passivo da obrigação de recolhimento das contribuições sociais. Assim, nos casos em que a lei cometa tal obrigação a terceira pessoa, esta passa a ser responsável pela correta arrecadação e entrega do valor devido, sujeitando-se, em caso de incorreção, ou descumprimento da obrigação, à cobrança da dívida, sem prejuízo de outras sanções penais e administrativas.

Inicialmente, cumpre anotar o que dispõe o art. 33, § 5º, da Lei de Custeio, ao disciplinar que o desconto de contribuição e de consignação legalmente autorizadas sempre se presume feito oportuna e regularmente pela empresa a isso obrigada, não lhe sendo lícito alegar omissão para se eximir do recolhimento, ficando diretamente responsável pela importância que deixou de recolher ou arrecadou em desacordo com o disposto naquela lei. Processa-se, assim, a responsabilidade por substituição, instituto muito utilizado no Direito Tributário, segundo o qual o órgão tributante desloca a responsabilidade para outra pessoa que não o contribuinte (CTN, art. 128), caso típico do imposto sobre a renda a ser retido na fonte. Segundo esta norma, a empresa é diretamente responsável pelo recolhimento das contribuições de seus empregados, além de já o ser pelo recolhimento de suas próprias contribuições. Ou seja, se uma empresa não faz a dedução, na remuneração de seus empregados, da contribuição social que os mesmos devem recolher, e, consequentemente, não faz o recolhimento das mesmas à Autarquia Previdenciária, esta, ao observar a conduta ilegal, por meio da fiscalização, irá exigir as contribuições não mais dos empregados, mas do empregador, responsável que é por cumprir a obrigação legal.

Houve a revogação do art. 41 da Lei n. 8.212/91 pela MP n. 449/2008, convertida na Lei 11.941/2009, de modo que não subsiste a responsabilidade do dirigente de órgão ou entidade pública em relação à multa aplicada por infração aos dispositivos relativos ao custeio da Seguridade Social, para atender a diretriz do Supremo Tribunal Federal, reforçada pela Advocacia Geral da União - AGU, através do Parecer AGU - AC n. 16, de 12.7.2004. Referido Parecer, resumidamente, firma entendimento no sentido de que as multas previstas em lei são aplicáveis aos estados e municípios e que o favorecimento desses entes, pela exclusão de penalidades, caracterizaria desvio de poder e por conseqüência, com base neste artigo, o dirigente responderia por tal multa. Esta revogação se faz necessária, ainda, para harmonizar a legislação previdenciária à legislação relativa aos demais tributos administrados pela Secretaria da Receita Federal do Brasil.

As regras sobre retenção e responsabilidade, aqui referidas, não se aplicam à contratação de serviços por intermédio de cooperativa de trabalho, conforme previsão expressa do art. 224-A do Decreto n. 3.048/99, acrescentado pelo Decreto n. 3.265/99.

Entende-se por responsabilidade solidária a relação de responsabilidade entre pessoas unidas por interesses comuns, na situação que constitua o fato gerador da obrigação principal, caso em que o credor poderá exigir de cada um dos devedores co-responsáveis o valor integral da dívida.

A solidariedade passiva tributária, na forma do art. 129 do CTN, não comporta benefício de ordem, regra repetida ao final da disposição contida no art. 30, VI, da Lei de Custeio.

O § 1º do art. 133 do CTN, com a redação conferida pela Lei Complementar n. 118/2005, exclui a responsabilidade tributária do adquirente de fundo ou estabelecimento arrecadado em processo de falência e na de filial ou unidade produtiva isolada de vendedor em processo de recuperação judicial, excepcionando a regra geral de responsabilidade em caso de sucessão empresarial. De acordo com *Alcides Jorge Costa* e *André Fernandes*, essa medida pretende "evitar que as dívidas tributárias impeçam a realização do ativo e, consequentemente, a satisfação dos débitos, inclusive os de natureza privada, do devedor aos quais, no processo de falência, é dada maior importância em face dos créditos tributários".[222]

Os casos de responsabilidade solidária em termos de contribuição à Seguridade Social, nos quais o Fisco pode exigir a totalidade do débito de qualquer dos responsáveis, são especificados a seguir.

6.1 Construção Civil

O proprietário, o incorporador de imóveis definido na Lei n. 4.591, de 1964, o dono da obra ou condômino da unidade imobiliária cuja contratação da constru-

222 "Alterações do Código Tributário Nacional". *Jornal Valor Econômico*, 11.fev.2005.

ção, reforma ou acréscimo não envolva cessão de mão-de-obra, são solidários com o construtor, e este e aqueles com a subempreiteira, pelo cumprimento das obrigações para com a Seguridade Social, ressalvado o seu direito regressivo contra o executor ou contratante da obra e admitida a retenção de importância a este devida para garantia do cumprimento dessas obrigações, não se aplicando, em qualquer hipótese, o benefício de ordem.

Os órgãos e entidades da Administração Pública respondem solidariamente com a empresa construtora por estes contratada para execução de obra de construção civil, no tocante às contribuições à Seguridade Social incidentes sobre a remuneração dos segurados que tenham prestado serviço na obra, exceto pelas contribuições destinadas a terceiros e pela multa moratória.

Esclarece o *caput* do art. 220 do Decreto n. 3.048/99 que a responsabilidade solidária estabelecida pelo dispositivo legal suso indicado se aplica apenas quando não haja cessão de mão-de-obra, sendo taxativa a previsão de que "não se considera cessão de mão-de-obra a contratação de construção civil em que a empresa construtora assuma a responsabilidade direta e total pela obra ou repasse o contrato integralmente". Nesses casos, portanto, a responsabilidade recai exclusivamente sobre a empresa executante (empreiteira) e sobre a construtora.

Elide-se a solidariedade nas hipóteses dos arts. 220, § 3º do Decreto n. 3.048/99:

- pela comprovação do recolhimento das contribuições incidentes sobre a remuneração dos segurados, incluída em nota fiscal ou fatura correspondente aos serviços executados, quando corroborada por escrituração contábil; e
- pela comprovação do recolhimento das contribuições incidentes sobre a remuneração dos segurados, aferidas indiretamente nos termos, forma e percentuais previstos pelo ente arrecadador; e
- pelo recolhimento da retenção feita pelo contratante dos serviços.

Não se aplica a responsabilidade solidária nas contratações de serviços prestados por cooperados com a intermediação de cooperativa de trabalho. Parece a nosso ver equivocado este entendimento, pois todas as demais hipóteses de terceirização de mão-de-obra levam à co-responsabilização do tomador dos serviços.

Entretanto, em relação à responsabilização do proprietário em relação ao construtor, assim é tratada a matéria pela jurisprudência do STJ:

> *Recurso especial. Tributário. Execução fiscal. Contribuição previdenciária. Responsabilidade subsidiária do dono da obra em relação ao construtor. Súmula n. 126 do TFR.*
>
> *É pacífico o entendimento deste Sodalício no sentido de que a responsabilidade do dono da obra pelas contribuições previdenciárias é subsidiária à do construtor, nos termos da Súmula n. 126 do TFR, mesmo após o vigência da Lei n. 8.212/91.*
>
> *Precedentes: REsp 375.370/PR, Rel. Min. João Otávio de Noronha, DJ 1.12.2003; REsp 395.637/RS, Rel. Min. Humberto Gomes de Barros, DJ 6.10.2003; REsp 225.413/RS, Rel. Min. Milton*

Luiz Pereira, DJ 12.8.2002, entre outros. Recurso improvido. (STJ, REsp 446.955 Rel. Min. Franciulli Netto - DJ 25.4.2005)

O executor da obra deverá elaborar, distintamente para cada estabelecimento ou obra de construção civil da empresa contratante, folha de pagamento, Guia de Recolhimento do Fundo de Garantia do Tempo de Serviço e Informações à Previdência Social e Guia da Previdência Social, cujas cópias deverão ser exigidas pela empresa contratante quando da quitação da nota fiscal ou fatura, juntamente com o comprovante de entrega daquela Guia.

Não se considera cessão de mão-de-obra a contratação de construção civil em que a empresa construtora assuma a responsabilidade direta e total pela obra ou repasse o contrato integralmente. Considera-se construtor a pessoa física ou jurídica que executa obra sob sua responsabilidade, no todo ou em parte.

Exclui-se da responsabilidade solidária perante a Seguridade Social o adquirente de prédio ou unidade imobiliária que realize a operação com empresa de comercialização ou com incorporador de imóveis definido na Lei n. 4.591, de 1964, ficando estes solidariamente responsáveis com o construtor.

Sobre a matéria, o extinto Tribunal Federal de Recursos editou a Súmula n. 126, do seguinte teor: "Na cobrança de crédito previdenciário, proveniente da execução de contrato de construção de obra, o proprietário, dono da obra ou condômino de unidade imobiliária, somente será acionado quando não for possível lograr do construtor, através de execução contra ele intentada, a respectiva liquidação" (DJ 2.12.82). Trata-se de uma forma de benefício de ordem, não prevista legalmente, mas construída a partir do entendimento jurisprudencial.

No entanto, para que o ente arrecadador possa exigir dos co-responsáveis a dívida, deverá precaver-se desde a constituição do crédito previdenciário, notificando a todos os devedores solidários, segundo bem coloca *Milton Luiz Gazaniga de Oliveira*: "Portanto, a solidariedade deve nascer já no momento do lançamento do débito, sob pena da escolha posterior esbarrar no princípio da ampla defesa e esse vício de origem (esfera administrativa) contaminar os procedimentos posteriores e aí ocorrer o vício mais grave para o operador do direito, a inconstitucionalidade do ato administrativo".[223]

6.2 Grupo econômico

As empresas que integram grupo econômico de qualquer natureza respondem entre si, solidariamente, pelas obrigações previstas na Lei n. 8.212/91.

---

223 OLIVEIRA, Milton Luiz Gazaniga de. "Responsabilidade solidária", *in Revista da Procuradoria Geral do INSS*, Brasília, v. 5, n. 3, s/d, p. 80.

Caracteriza-se a existência de grupo econômico "sempre que uma ou mais empresas, tendo embora cada uma delas personalidade jurídica própria, estiverem sob a direção, controle ou administração de outra, constituindo grupo industrial, comercial ou de outra atividade econômica ..." (CLT, art. 2º, § 2º).

Comentando o conceito, *Délio Maranhão* esclarece: "O parágrafo citado fala em 'empresa principal' e 'empresas subordinadas'. Para que se configure, entretanto, a hipótese nele prevista não é indispensável a existência de uma sociedade controladora (*holding company*). Vimos que a concentração econômica pode assumir os mais variados aspectos. E, desde que ao juiz se depare esse fenômeno, o dever lhe impõe a aplicação daquele dispositivo legal. O controle sobre diferentes sociedades pode ser exercido por uma pessoa física, detentora da maioria de suas ações e, em tal caso, não há por que deixar de aplicar-se o § 2º...".[224]

A solidariedade fixada na legislação previdenciária em relação às empresas do mesmo grupo econômico é bastante ampla. Basta uma das componentes do grupo não cumprir as obrigações fiscais, para outra delas ter de assumir a responsabilidade por via de solidariedade.

No grupo econômico, a solidariedade abrange todas as obrigações da empresa, ou seja, a contribuição referente aos segurados empregados, trabalhadores avulsos e contribuintes individuais, com os acréscimos moratórios (juros e multa de mora), abrangendo também a obrigação decorrente de infrações pelo não-cumprimento de determinadas obrigações acessórias (multas infracionais).

6.3 Responsabilidade dos sócios e titulares

O art. 13 da Lei 8.620/93 previa a responsabilidade solidária "do titular de firma individual e dos sócios das empresas por cotas de responsabilidade limitada", respondendo estes com seus bens pessoais pelos débitos junto à Seguridade Social, independentemente de dolo ou culpa. Estabelecia ainda o precitado artigo que respondem "solidária e subsidiariamente" (sic) os acionistas e controladores (no caso de sociedades por ações), os administradores, os gerentes e os diretores, quando tenham causado inadimplemento de contribuições, estes somente quando caracterizado o dolo ou a culpa.

O STJ editou sobre o tema, recentemente, a Súmula n. 430, na qual define que "o inadimplemento da obrigação tributária pela sociedade não gera, por si só, a responsabilidade solidária do sócio-gerente".

No julgamento de recurso extraordinário que foi considerado como de repercussão geral, o Plenário do Supremo Tribunal Federal (STF), por unanimidade, considerou inconstitucional a responsabilização, perante a Seguridade Social, dos

224 SÜSSEKIND, Arnaldo *et alii*. *Instituições de direito do trabalho*. 14. ed., São Paulo: LTr, 1993.

gerentes de empresas, ou o redirecionamento de execução fiscal, quando ausentes os elementos que caracterizem a atuação dolosa dos sócios.

Para a União, "o artigo 13 da Lei nº 8.620/93, ao estabelecer a responsabilidade solidária dos sócios das empresas por quotas de responsabilidade limitadas pelas dívidas junto à Seguridade Social, não está invadindo área reservada à lei complementar, mas apenas e tão somente integrando o que dispõe o artigo 124, II, do Código Tributário Nacional, que tem força de lei complementar".

A ministra Ellen Gracie, relatora do caso, analisou a responsabilidade tributária em relação às normas gerais, salientando que, de acordo com o artigo 146, inciso III, alínea 'b' da Constituição Federal, o responsável pela contribuição tributária não pode ser qualquer pessoa - "exige-se que ele guarde relação com o fato gerador ou com o contribuinte".

Em relação à responsabilidade dos diretores, gerentes ou representantes de pessoas jurídicas de direito privado pelos créditos correspondentes às obrigações tributárias resultantes de atos praticados com excesso de poderes ou infração de lei, contrato social ou estatutos, a ministra observou que a jurisprudência tem-se firmado no sentido de que ilícitos praticados por esses gestores, ou sócios com poderes de gestão, não se confundem com o simples inadimplemento de tributos por força do risco do negócio, ou seja, com atraso no pagamento dos tributos, "incapaz este de fazer com que os gerentes, diretores ou representantes respondam, com o seu próprio patrimônio, por dívidas da sociedade. O que se exige para essa qualificação é um ilícito qualificado, do qual decorra a obrigação ou o seu inadimplemento, como no caso da apropriação indébita".

"O artigo 13 da Lei nº 8.620/93, ao vincular a simples condição de sócio à obrigação de responder solidariamente, estabeleceu uma exceção desautorizada à norma geral de Direito Tributário, que está consubstanciada no artigo 135, inciso III do CTN, o que evidencia a invasão da esfera reservada a lei complementar pelo artigo 146, inciso III, alínea 'b' da Constituição", disse a ministra, negando provimento ao recurso da União. (Informativo Notícias STF, sítio www.stf.jus.br, acesso em 03.11.2010).

Desta forma, o dispositivo em comento passou a ser aplicável somente em caso de prática dolosa de delito fiscal pelos sócios e titulares de empresas.

6.4 Tomador de serviços

Importante inovação foi introduzida pela Medida Provisória n. 1.663-15, de 22.10.98, convertida no art. 23 da Lei n. 9.711, de 20.11.98, que deu nova redação ao art. 31 da Lei n. 8.212/91, obrigando a empresa contratante de serviços executados mediante cessão de mão-de-obra, inclusive em regime de trabalho temporário, a reter 11% do valor bruto da nota fiscal ou fatura de prestação de serviços e recolher a importância retida até o dia 20 do mês subsequente ao da emissão da respectiva nota fiscal ou fatura, ou até o dia útil imediatamente anterior se não houver expediente bancário naquele dia, em nome da empresa cedente da mão-de-obra. A alteração do prazo de recolhimento do dia 10 para o dia 20 se deu por força da MP n. 447, de 2008, convertida na Lei n. 11.933, de 28.4.2009.

O Supremo Tribunal Federal, ao julgar o Recurso Extraordinário n. 393.946, decidiu pela legitimidade da retenção, pela empresa contratante de serviços executados mediante mão-de-obra, de 11% sobre o valor bruto da nota fiscal ou da fatura de prestação de serviços, para fins de contribuição previdenciária, nos termos previstos no art. 31 da Lei n. 8.212/91. Entendeu-se que a alteração introduzida pela Lei n. 9.711/98 não implicou criação de nova contribuição ou contribuição decorrente de outras fontes com ofensa ao art. 195, § 4º, da CF, porquanto apenas objetivou simplificar a arrecadação do tributo e facilitar a fiscalização no seu recolhimento, não ocorrendo, por conseguinte, violação à regra da competência residual da União (CF, art. 154, I) (Rel. Min. Carlos Velloso, 3.11.2004, Informativo STF n. 368).

Em relação as empresas optantes pelo Simples, o STJ decidiu que estão isentas da retenção de 11% de contribuição previdenciária sobre a fatura de serviços. De acordo com a 1ª. Seção da Corte Superior, o sistema de arrecadação destinado aos optantes do Simples não é compatível com o regime de substituição tributária imposto pelo artigo 31 da Lei n. 8.212/91 (REsp n. 1112467/DF. 1ª Seção. Relator Min. Teori Albino Zavascki DJe 21/08/2009).

O valor retido deverá ser destacado na nota fiscal ou fatura de prestação de serviços, e será compensado pelo respectivo estabelecimento da empresa cedente da mão-de-obra, quando do recolhimento das contribuições destinadas à Seguridade Social devidas sobre a folha de pagamento dos segurados a seu serviço.

Na impossibilidade de haver compensação integral na própria competência, o saldo remanescente poderá ser compensado pela empresa nas competências subsequentes ou ser objeto de pedido de restituição, não sujeitas à verificação da transferência ao preço do bem ou serviço oferecido à sociedade (Regulamento, art. 219, § 9º, com a redação do Decreto n. 3.265/99).

Para os fins da Lei n. 8.212/91, entende-se como cessão de mão-de-obra a colocação à disposição do contratante, em suas dependências ou nas de terceiros, de segurados que realizem serviços contínuos, relacionados ou não com a atividade-fim da empresa, quaisquer que sejam a natureza e a forma de contratação. Enquadram-se nessa situação, além de outros estabelecidos no art. 219, § 2º, do Decreto n. 3.048/99, os serviços relacionados pela Lei n. 9.711/98, quais sejam:

- limpeza, conservação e zeladoria;
- vigilância e segurança;
- empreitada de mão-de-obra;
- contratação de trabalho temporário na forma da Lei n. 6.019, de 3.1.74;

- serviços rurais;
- digitação e preparação de dados para processamento;
- acabamento, embalagem e acondicionamento de produtos;
- cobrança;
- coleta e reciclagem de lixo e resíduos;
- copa e hotelaria;
- corte e ligação de serviços públicos;
- distribuição;
- treinamento e ensino;
- entrega de contas e documentos;
- ligação e leitura de medidores;
- manutenção de instalações, de máquinas e de equipamentos;
- montagem;
- operação de máquinas, equipamentos e veículos;
- operação de pedágio e de terminais de transporte;
- operação de transporte de passageiros, inclusive nos casos de concessão ou subconcessão;
- portaria, recepção e ascensorista;
- recepção, triagem e movimentação de materiais;
- promoção de vendas e eventos;
- secretaria e expediente;
- saúde; e
- telefonia, inclusive *telemarketing*.

Dispõe, ainda, o Regulamento, que o percentual de 11% será acrescido de quatro, três ou dois pontos percentuais, relativamente aos serviços prestados pelos segurados empregados, cuja atividade permita a concessão de aposentadoria especial, após quinze, vinte ou vinte e cinco anos de contribuição, respectivamente.

Caberá ao cedente da mão-de-obra elaborar folhas de pagamento e Guia de Recolhimento do Fundo de Garantia do Tempo de Serviço e Informações à Previdência Social distintas para cada estabelecimento ou obra de construção civil da empresa contratante do serviço.

Se, na contratação de serviços, a empresa contratada se obrigar a fornecer material ou dispor de equipamentos, fica facultado à contratada a discriminação, na nota fiscal, fatura ou recibo, do valor correspondente ao material ou equipamentos, que será excluído da retenção, desde que contratualmente previsto e devidamente comprovado. Quando não houver previsão contratual dos valores correspondentes a material ou a equipamentos, caberá ao ente arrecadador normatizar a forma de apuração e o limite mínimo do valor do serviço contido no total da nota fiscal, fatura ou recibo.

A respeito da inaplicabilidade da retenção às hipóteses de empreitada de mão-de-obra, assim se posicionou o TRF da 4ª Região:

> *TRIBUTÁRIO. CONTRIBUIÇÃO PREVIDENCIÁRIA. RETENÇÃO DE 11% SOBRE NOTA FISCAL OU FATURA DE PRESTAÇÃO DE SERVIÇOS. SUBSTITUIÇÃO TRIBUTÁRIA. CONSTITUCIONALIDADE E LEGALIDADE. EMPRESA DE CONSTRUÇÃO CIVIL. EMPREITADA DE MÃO-DE-OBRA. AUSÊNCIA DE CESSÃO DE MÃO-DE-OBRA. RESPONSABILIDADE SOLIDÁRIA ART. 31 DA LEI Nº 8.212/1991, COM REDAÇÃO DA LEI Nº 9.711/98.*
>
> *1. O intuito do legislador, ao editar a Lei nº 9.711/98, que alterou o art. 31 da Lei nº 8.212/91, foi, empregando uma técnica de definição do sujeito passivo indireto, estabelecer a responsabilidade tributária por substituição, consoante a previsão contida no art. 128 do CTN e no art. 150, § 7º, da Constituição, motivado pela necessidade de combater a sonegação das contribuições previdenciárias incidentes na prestação de serviços mediante cessão de mão-de-obra.*
>
> *2. A retenção de 11% do valor bruto da nota fiscal ou fatura de prestação de serviços constitui uma maneira antecipada de recolhimento da contribuição previdenciária incidente sobre a folha de salários, que já prevê a compensação ou restituição, quando o valor retido for maior que o devido, não acarretando a transmutação da base de cálculo ou alíquota ou a criação de nova contribuição social.*
>
> *3. Despicienda a edição de lei complementar, por não se tratar de nova contribuição incidente sobre o faturamento ou a receita bruta.*
>
> *4. Sendo meramente exemplificativo o rol estabelecido no § 4º do art. 31 e referindo-se o Decreto nº 3.048/99 e a Ordem de Serviço nº 209/99 a serviços realizados por meio de cessão de mão-de-obra, a regulamentação da Lei nº 9.711/98 não desbordou do princípio da reserva legal.*
>
> *5. Para que as atividades exercidas pelas empresas de construção civil se enquadrem na hipótese do § 4º, III, do art. 31 da Lei nº 8.212/91, é preciso a presença do elemento nuclear do suporte fático da norma, visto que não existe, em toda e qualquer empreitada de mão-de-obra, a efetiva cessão de mão-de-obra.*
>
> *6. Na empreitada, o fim é a obra a ser realizada; na prestação de serviço, apenas o trabalho, sendo irrelevante o resultado. Enquanto há cessão de mão-de-obra no contrato de prestação de serviço, na empreitada somente existirá em caso de contrato anômalo, o que requer a caracterização da cessão de mão-de-obra no caso concreto, mediante a existência de elementos seguros e induvidosos, não bastando, portanto, a mera previsão na Lei nº 8.212/91.*
>
> *7. No caso concreto, não houve a exploração da mão-de-obra, mas a exploração da obra para a qual foi contratada a empresa, não se aplicando o disposto no art. 31 da Lei nº 8.212/91. A especificação dos serviços não permite inferir a colocação de empregados à disposição do tomador do serviço, nem a continuidade inerente à cessão de mão-de-obra; pelo contrário, a autora contratou um resultado, um serviço pronto e acabado: a construção de um prédio de depósito de aço.*
>
> *8. A distinção entre empreitada global e parcial decorre das espécies previstas no art. 610 do Código Civil atual. A construtora assumiu a completa responsabilidade pela execução dos serviços contratados, inclusive com o fornecimento dos materiais necessários para a construção do prédio, inferindo-se que se trata de empreitada global.*
>
> *9. Se a execução dos serviços de construção civil contratados não envolve a cessão de mão-de-obra, aplica-se o regime da responsabilidade solidária. No entanto, a contratante tomou as cautelas previstas em lei para elidir sua responsabilidade solidária.*
>
> *(TRF da 4ª Região, 1ª Turma, Ap. Cível no Proc. 2006.71.13.000779-7, Rel. Desembargador Federal Joel Ilan Paciornik, julg. 27.2.2008).*

Segundo o Regulamento, não se aplica a retenção de que trata o seu art. 219, nem a responsabilidade solidária prevista em caso de terceirização de mão-de-obra, quando a contratação de serviços se dê por cooperativa de trabalho (art. 224-A, incluído pelo Decreto n. 3.265/99). A norma, contudo, é de causar estranheza, pois justamente neste ramo de prestação de serviços têm ocorrido inúmeras fraudes (cooperativas de fachada), com vistas à burla da legislação do trabalho e à sonegação fiscal.

6.5 Administradores públicos

Os administradores de autarquias e fundações públicas, criadas e mantidas pelo Poder Público, de empresas públicas e de sociedades de economia mista sujeitas ao controle da União, dos Estados, do Distrito Federal ou dos Municípios, que se encontrarem em mora, por mais de trinta dias, no recolhimento das contribuições previstas na Lei de Custeio, tornam-se solidariamente responsáveis pelo respectivo pagamento, ficando ainda sujeitos às proibições do art. 1º e às sanções dos arts. 4º e 7º do Decreto-lei n. 368, de 19.12.68.

Wladimir Novaes Martinez, ao comentar esse dispositivo, afirma que "as pessoas sujeitas à penalidade não são somente os agentes públicos, celetistas ou estatutários, mas os administradores pertencentes às entidades de direito privado envolvidas com o governo. A solidariedade é de vulto, significa a responsabilidade do trabalhador com o ente político em relação à contribuição, sempre uma importância significativa. As penas previstas *in fine* são severíssimas. Diante da impossibilidade real de receber do pessoalmente culpado pela mora (raramente terá capacidade contributiva para tanto), a norma é destinada a se tornar letra morta no pertinente à realização da receita, mas, se houver vontade política, as sanções do Decreto-lei n. 368/68 são do tipo capazes de promover a regularidade do recolhimento".[225]

6.6 Operador portuário e órgão gestor de mão-de-obra

O operador portuário e o órgão gestor de mão-de-obra são solidariamente responsáveis com o requisitante da mão-de-obra avulsa pelo pagamento das contribuições previdenciárias e demais obrigações, inclusive as acessórias, devidas à Seguridade Social, relativamente à requisição de mão-de-obra de trabalhador avulso, vedada a invocação do benefício de ordem.

225 MARTINEZ, Wladimir Novaes. *CD – Comentários à Lei Básica da Previdência Social*, Brasília, LTr/Rede Brasil, 1999.

Capítulo 7

Decadência e prescrição das contribuições à Seguridade Social

A decadência e a prescrição representam a perda de direitos pelo não-uso por seu titular por um lapso de tempo definido em lei.

As normas gerais estão previstas no Código Tributário Nacional, arts. 173 e 174, de onde podemos extrair que a decadência resulta na perda do direito do órgão arrecadador de efetivar a apuração e o lançamento do seu crédito, enquanto a prescrição se caracteriza pela possibilidade do devedor tributário eximir-se da obrigação de pagamento da dívida em juízo, pela demora do ente público em promover a ação de execução dentro do prazo legal.

Em relação à exação previdenciária, pode-se definir que a decadência é a extinção do direito do ente arrecadador de apurar e constituir, por lançamento, o seu crédito previdenciário, em decorrência de não tê-lo exercido no lapso de tempo que a lei lhe assegurou. Já a prescrição é a perda do direito de promover a execução judicial do seu crédito já constituído, em virtude de não tê-lo exercido dentro do prazo legal.

Como visto, a decadência não se confunde com a prescrição. Entre outras diferenças há que se ressaltar que a primeira não se interrompe ou se suspende, ou seja, o prazo é contínuo e fatal, enquanto a segunda tem seu prazo sujeito a interrupções. De acordo com o parágrafo único do art. 174 do Código Tributário Nacional, a prescrição se interrompe nos seguintes casos: citação pessoal feita ao devedor; protesto judicial; qualquer ato judicial que constitua em mora o devedor ou qualquer ato inequívoco, ainda que extrajudicial, que importe o reconhecimento do débito pelo devedor.

O Código Tribunal Nacional estabelece – como regra geral em relação aos tributos – o lapso de cinco anos como prazo decadencial e prescricional, enquanto os arts. 45 e 46 da Lei n. 8.212/91 estabeleciam – como regra especial em relação às contribuições para a Seguridade Social – que esse prazo era de dez anos. E, no caso de segurado empresário ou autônomo e equiparados, o direito de a Seguridade Social apurar e constituir seus créditos, para fins de comprovação do exercício de atividade, para obtenção de benefícios, extinguia-se em trinta anos. Todavia, a Lei n. 9.876/99 deu nova redação ao § 1º do art. 45 da Lei n. 8.212/91, para estabelecer a imprescritibilidade em relação às contribuições do contribuinte individual para comprovar o exercício de atividade remunerada, com vistas à concessão de benefícios. E, na sequência, a Lei Complementar n.123/2006 estabeleceu que a contribuição complementar do segurado contribuinte individual e facultativo para ter direito a aposentadoria por tempo de contribuição (§ 3º do art. 21 da Lei n. 8.213/91), será exigida a qualquer tempo, sob pena de indeferimento do benefício.

Essa regra de imprescritibilidade foi ratificada pela LC n. 128, de 2008, ao incluir o § 4º ao art. 21 da Lei n. 8.212/91.

O ente arrecadador passou a observar os prazos de decadência e prescrição previstos nas normas gerais de direito tributário, somente a partir do reconhecimento da inconstitucionalidade dos art. 45 e 46 da Lei n. 8.212/91 pelo STF (Súmula Vinculante n. 8 - DJE de 20.06.2008), posteriormente revogados pela LC n. 128, de 2008.

7.1 O Conflito de Normas: Lei de Custeio e CTN

Em que pese os órgãos de arrecadação da Seguridade Social terem adotado o prazo decenal previsto na Lei n. 8.212/91, até junho de 2008, a inconstitucionalidade formal remonta à edição dessa norma por afronta à exigência do art. 146, III, da Constituição, que reservou a fixação de regras gerais de Direito Tributário à lei complementar.

O ponto de vista majoritário na jurisprudência, especialmente do Supremo Tribunal Federal, é de que os prazos a serem obedecidos são os dos artigos 173 e 174 do CTN, como se observa do aresto abaixo:

> *PROCESSUAL CIVIL - EXECUÇÃO FISCAL - PRESCRIÇÃO INTERCORRENTE - DECRETAÇÃO DE OFÍCIO - POSSIBILIDADE - LEI Nº 11.051/2004 - APLICABILIDADE IMEDIATA - CONSTITUCIONALIDADE - CONTRIBUIÇÕES PREVIDENCIÁRIA E SOCIAL DE 1992 - PRESCRIÇÃO E DECADÊNCIA - PRAZO - INCONSTITUCIONALIDADE DOS ARTS. 45 E 46 DA LEI Nº 8.212/91 DECLARADA PELO SUPREMO TRIBUNAL FEDERAL - CÓDIGO TRIBUTÁRIO NACIONAL, ARTS. 173 E 174 - NORMAS APLICÁVEIS.*
>
> *1 - Decorrido o prazo de cinco anos a partir da data de determinação do arquivamento da Execução Fiscal e intimada a Fazenda Pública para manifestação, pode o juiz, de ofício, decretar a prescrição intercorrente. (Lei nº 6.830/80, art. 40, § 4º, com a redação da Lei nº 11.051/2004.)*
>
> *2 - Sendo o art. 6º da Lei nº 11.051/2004 norma de natureza processual, aplica-se, imediatamente, aos processos em curso.*
>
> *3 - A exigência de Lei Complementar para regular prescrição refere-se, tão-somente, ao direito material, como a instituição de novo prazo prescricional, não se estendendo a normas que disciplinem, unicamente, sua aplicabilidade.*
>
> *4 - Inexiste inconstitucionalidade no art. 6º da Lei nº 11.051/2004, uma vez que a matéria nele versada é eminentemente processual, não causando, portanto, nenhuma violação formal à Constituição Federal sua disciplina por lei ordinária.*

5 - Os fatos geradores das contribuições sociais pretendidas ocorreram em 1992, portanto, após o advento da Constituição Federal de 1988, que lhes atribuiu natureza tributária, conforme jurisprudência pacífica do Supremo Tribunal Federal (RE nº 138.284-8/CE - Rel. Ministro Carlos Velloso - PLENÁRIO - UNÂNIME - D.J. 28/8/92 - pág. 13.456). Logo, o prazo de prescrição é qüinqüenal, consoante o disposto no art. 174 do Código Tributário Nacional, não se lhes aplicando o art. 46 da Lei nº 8.212/91 (dez anos), que aquela Corte declarou inconstitucional reiteradas vezes por destoar do art. 146, III, b, da Constituição Federal, que reserva à Lei Complementar a matéria referente a prazo de prescrição tributária. (RE nº 552-710-7/SC; RE nº 552.824/PR; RE nº 470.382/RS.)

6 - Decidido pelo Supremo Tribunal Federal que "os prazos de decadência e de prescrição inscritos na lei complementar de normas gerais (CTN) são aplicáveis, agora, por expressa previsão constitucional, às contribuições parafiscais (C.F., art. 146, III, b; art. 149)" e que "a natureza eminentemente tributária das contribuições de seguridade social impõe que as normas referentes à decadência e à prescrição submetam-se ao domínio normativo da lei complementar, considerado o que dispõe, a esse respeito, o art. 146, III, "b", da Constituição da República", declarando inconstitucionais os arts. 45 e 46 da Lei nº 8.212/91 por desrespeito à reserva constitucional da Lei Complementar (Constituição Federal, art. 146, III, b), permanecem lídimos, para tais contribuições, os prazos de decadência e prescrição insertos nos arts. 173 e 174 do Código Tributário Nacional, 05 (cinco) anos. (RE nº 138.284-8/CE - Rel. Min. Carlos Velloso - Plenário - UNÂNIME; RE nº 552.824/PR - Rel. Min. Eros Grau; RE nº 552.710-7/SC - Rel. Min. Marco Aurélio; RE nº 470.382/RS - Rel. Min. Celso de Mello.)

7 - Apelação denegada.

8 - Sentença confirmada.

(AC 2007.01.99.006774-8/MG. TRF 1ª Região, 7ª Turma, Relator: Desembargador Federal Catão Alves, DJ de 07.12.2007).

A questão foi apreciada pelo Plenário do STF, em junho de 2008, sendo objeto da Súmula Vinculante n. 8, que possui o seguinte teor: "São inconstitucionais o parágrafo único do artigo 5º do Decreto-lei n. 1.569/77 e os artigos 45 e 46 da Lei 8.212/91, que tratam de prescrição e decadência de crédito tributário".

Na mesma ocasião, os ministros do Supremo Tribunal Federal decidiram modular os efeitos da declaração de inconstitucionalidade dos dispositivos que tratam dos prazos de prescrição e decadência em matéria tributária, nos termos que seguem:

"Decisão: O Tribunal, por maioria, vencido o Senhor Ministro Marco Aurélio, deliberou aplicar efeitos ex nunc à decisão, esclarecendo que a modulação aplica-se tão-somente em relação a eventuais repetições de indébitos ajuizadas após a decisão assentada na sessão do dia 11/06/2008, não abrangendo, portanto, os questionamentos e os processos já em curso, nos termos do voto da relatora. Votou o Presidente, Ministro Gilmar Mendes. Ausente, justificadamente, o Senhor Ministro Joaquim Barbosa. Plenário, 12.06.2008." (RE/559943, Relatora Min. Cármen Lúcia).

Dessa forma, os recolhimentos já realizados pelos contribuintes não serão objeto de restituição, a menos que já tenham ajuizado as respectivas ações judiciais ou solicitações administrativas até a data do julgamento do STF (11 de junho de 2008). Assim, segundo o STF são legítimos os recolhimentos efetuados nos prazos previstos nos artigos 45 e 46 e não impugnados antes da conclusão do referido julgamento.

Segundo anunciado no site do STF, no espaço Notícias do dia 12/06/2008: "Essa proposta de modulação, inédita no âmbito do Supremo, foi feita pelo presidente da Corte, ministro Gilmar Mendes, e tem o poder de garantir a necessária segurança jurídica na resolução da matéria. A Procuradoria da Fazenda Nacional havia se pronunciado, durante o julgamento de ontem, alegando que a questão envolve em torno de R$ 96 bilhões, entre valores já arrecadados e em vias de cobrança pela União com base nas leis declaradas inconstitucionais."

Tal modulação de efeitos é objeto de críticas pela doutrina, conforme se observa do artigo publicado pelo Juiz Federal Andrei Pitten Velloso:

> *"As leis tributárias inconstitucionais são nulas ab initio. Não produzem quaisquer efeitos válidos na esfera jurídica. E, por conseqüência, os recolhimentos por elas impostos hão de ser restituídos mediante compensação ou repetição do indébito.*
>
> *É irrelevante o quantum a ser restituído, bem como sua repercussão imediata no Erário, por se tratar de valores exigidos injustamente dos contribuintes, em afronta à Lei Maior. Quanto mais vultosos forem tais valores, tanto mais nítidas e expressivas serão as repercussões fáticas dos atos lesivos à supremacia da Constituição e aos direitos subjetivos dos contribuintes. Portanto, exigir que sejam restituídos significa demandar o respeito à ordem jurídica, às liberdades fundamentais, ao direito de propriedade e à Justiça, em sua acepção jurídico-constitucional. Não implica, de forma alguma, uma lesão ao Erário, mas tão-somente a tutela de direitos violados pelo Estado, mediante a restituição de valores tomados ilegitimamente dos cidadãos-contribuintes, que jamais deveriam ter ingressado nos cofres públicos.*
>
> *(...) Destarte, os contribuintes que observaram os prazos de decadência e prescrição ampliados inconstitucionalmente pela Lei de Custeio da Seguridade Social (Lei 8.212/91) e quitaram os seus débitos não poderão postular a repetição do indébito. Por outro lado, os sonegadores e os inadimplentes, que não seguiram o determinado pela lei supramencionada, foram beneficiados pela declaração de inconstitucionalidade, no que concerne aos diversos anos que transcorreram entre a edição da Lei 8.212/91 e a decisão do STF, pois, como exposto no voto do relator, Ministro Gilmar Mendes: "créditos pendentes de pagamento não podem ser cobrados, em nenhuma hipótese, após o lapso temporal qüinqüenal". Não há uma patente desigualdade, uma gritante afronta à ética governamental, uma desvelada injustiça nessa decisão?*
>
> *Excluir do manto da Constituição os cidadãos cumpridores das obrigações instituídas pela legislação tributária enquanto se tutelam os maus pagadores e os sonegadores, representa a derrocada dos pilares do Estado Democrático de Direito, o extermínio da ética estatal, a negação do que há de mais essencial às noções de igualdade e justiça." (A outorga de efeitos a leis tributárias inconstitucionais. Jornal Carta Forense, terça-feira, 1 de julho de 2008, in http://www.cartaforense.com.br/Materia.aspx?id=1859, acesso em 15.7.2008).*

Esses argumentos são importantes para uma reflexão acerca da avaliação efetuada pela Corte Suprema para definir os efeitos da declaração de inconstitucionalidade no caso em análise. No entanto, um questionamento é de se fazer: há algum aspecto positivo nesse julgamento? Sem dúvida, evitou-se a necessidade de criação de uma nova contribuição provisória para cobrir esse déficit, pois "em regra", a conta sempre sobra para o contribuinte honesto. É bom lembrar que tributos temporários tendem a se tornar permanentes.

Ficam a salvo da discussão os prazos estabelecidos pela LC n. 123/2006 e LC n. 128/2008, relativamente às contribuições de segurados contribuintes individuais, por ter sido obedecido, então, o mandamento constitucional do art. 146, III, "b".

7.2 A Decadência na Exigibilidade de Contribuições

Seguindo a ordem cronológica, os créditos tributários se sujeitam, após nascida a obrigação tributária, ao prazo decadencial. Somente após regularmente constituídos é que se pode falar em prazo prescricional. A decadência corresponde ao prazo em que o órgão fiscal deve agir no sentido de constituir o crédito tributário mediante um lançamento de ofício, ante a ausência do pagamento voluntário pelo sujeito passivo da obrigação. Para Américo Lacombe, não se trata, como consta do CTN (art. 156), de hipótese de extinção do crédito tributário: "a decadência extingue a própria relação jurídica de débito e crédito (debitum), pois o Fisco fica impedido de emitir a norma individual do lançamento, constitutiva da obligatio. Tanto é certo que, no caso de o sujeito passivo efetuar, por engano, o pagamento após o transcurso do prazo decadencial, poderá repetir".[226]

O cômputo do prazo decadencial para a exigibilidade das contribuições à Seguridade Social, como em relação aos tributos em geral, se dá a partir do primeiro dia do exercício seguinte ao daquele em que o lançamento poderia ter sido efetuado. Sobre o conceito de lançamento tributário e suas modalidades, reportamo-nos ao Capítulo que versa sobre o Processo Administrativo Fiscal, onde está explicitada a matéria.

Pois bem, tendo-se por norte o nascimento da obrigação tributária, o lançamento correspondente à contribuição a ser recolhida dos segurados empregados, bem como a vertida pelo respectivo empregador, deveria se realizar, pela legislação ora vigente, até o dia 20 do mês subsequente ao do trabalho prestado. Se o trabalho foi prestado no mês de janeiro de 2009, tais contribuições seriam devidas em 20 de fevereiro de 2009 - nascimento da obrigação tributária, data em que o lançamento (por homologação, mediante GFIP) poderia ter sido efetuado. O prazo decadencial, todavia, só se iniciará no 1º dia do ano seguinte, ou seja, a contagem é deflagrada a partir de 1.1.2010. Então, considerando-se o prazo do CTN, tem a Receita Federal do Brasil proceder, mediante a atuação de seus Auditores-Fiscais, ao lançamento de ofício da referida contribuição do mês 01/2009 até o dia 1.1.2015. Caso o Fisco não proceda à Notificação Fiscal de Lançamento de Débito até esta data, ou não haja pagamento espontâneo nem confissão da dívida, terá decaído do direito de constituir o crédito, ou seja, impedido por lei de notificar o devedor.

226 LACOMBE, Américo. *Obrigação Tributária*. 2. ed. Florianópolis: Obra Jurídica, 1996, p. 107.

A MP n. 449, de 3.12.2008, em seu art. 49, estabeleceu que "para efeito d interpretação do art. 63 da Lei no 9.430, de 1996, prescinde do lançamento de of cio destinado a prevenir a decadência, relativo ao tributo sujeito ao lançament por homologação, o crédito tributário cuja exigibilidade houver sido suspensa n forma do inciso II do art. 151 da Lei n. 5.172, de 25 de outubro de 1966 - Códig Tributário Nacional". Com isso, procura pacificar as discussões sobre a necessidad de lançamento de ofício para evitar a decadência tributária, nas hipóteses em qu há depósito judicial em montante integral. Ocorre que o dispositivo não foi con vertido em Lei, mantendo-se a matéria no campo jurisprudencial, exatamente n sentido que era atribuído pela MP.

É o que didaticamente explicitam os acórdãos a seguir:

TRIBUTÁRIO. CONTRIBUIÇÃO PREVIDENCIÁRIA. TRIBUTO SUJEITO A LANÇAMEN TO POR HOMOLOGAÇÃO. SEGURIDADE SOCIAL. PRAZO PARA CONSTITUIÇÃO D SEUS CRÉDITOS. DECADÊNCIA. ARTIGOS 150, § 4º, E 173, I, DA CF/88.

1. Nas hipóteses de tributo sujeito a lançamento por homologação, em não ocorrendo o pag mento antecipado pelo contribuinte, o poder-dever do Fisco de efetuar o lançamento de ofíci substitutivo deve obedecer ao prazo decadencial estipulado pelo artigo 173, I, do CTN, segund o qual o direito de a Fazenda Pública constituir o crédito tributário extingue-se após 5 (cinc anos contados do primeiro dia do exercício seguinte àquele em que o lançamento poderia te sido efetuado.

2. Deveras, é assente na doutrina: "a aplicação concorrente dos artigos 150, § 4º e 173, o qu conduz a adicionar o prazo do artigo 173 - cinco anos a contar do exercício seguinte àque em que o lançamento poderia ter sido praticado - com o prazo do artigo 150, § 4º - que defin o prazo em que o lançamento poderia ter sido praticado como de cinco anos contados da dat da ocorrência do fato gerador. Desta adição resulta que o dies a quo do prazo do artigo 173 nesta interpretação, o primeiro dia do exercício seguinte ao do dies ad quem do prazo do artig 150, § 4º. A solução é deplorável do ponto de vista dos direitos do cidadão porque mais que du plica o prazo decadencial de cinco anos, arraigado na tradição jurídica brasileira como o limit tolerável da insegurança jurídica. Ela é também juridicamente insustentável, pois as norm dos artigos 150, § 4º e 173 não são de aplicação cumulativa ou concorrente, antes são recipr camente excludentes, tendo em vista a diversidade dos pressupostos da respectiva aplicação: art. 150, § 4º aplica-se exclusivamente aos tributos 'cuja legislação atribua ao sujeito passivo dever de antecipar o pagamento sem prévio exame da autoridade administrativa'; o art. 17 ao revés, aplica-se aos tributos em que o lançamento, em princípio, antecede o pagamento. (... A ilogicidade da tese jurisprudencial no sentido da aplicação concorrente dos artigos 150, § 4 e 173 resulta ainda evidente da circunstância de o § 4º do art. 150 determinar que considera-s 'definitivamente extinto o crédito' no término do prazo de cinco anos contados da ocorrência d fato gerador. Qual seria pois o sentido de acrescer a este prazo um novo prazo de decadênci do direito de lançar quando o lançamento já não poderá ser efetuado em razão de já se en contrar 'definitivamente extinto o crédito'? Verificada a morte do crédito no final do primeir quinquênio, só por milagre poderia ocorrer sua ressurreição no segundo." (Alberto Xavier, D Lançamento. Teoria Geral do Ato, do Procedimento e do Processo Tributário, Ed. Forense, Ri de Janeiro, 1998, 2ª Edição, págs. 92 a 94).

3. Desta sorte, como o lançamento direto (artigo 149, do CTN) poderia ter sido efetivado desd a ocorrência do fato gerador, é do primeiro dia do exercício financeiro seguinte ao nasciment da obrigação tributária que se conta o prazo decadencial para a constituição do crédito tributá rio, na hipótese, entre outras, da não ocorrência do pagamento antecipado de tributo sujeito

lançamento por homologação, independentemente da data extintiva do direito potestativo de o Estado rever e homologar o ato de formalização do crédito tributário efetuado pelo contribuinte (Precedentes da Primeira Seção: AgRg nos EREsp 190287/SP, desta relatoria, publicado no DJ de 02.10.2006; e ERESP 408617/SC, Relator Ministro João Otávio de Noronha, publicado no DJ de 06.03.2006).
4. In casu, a notificação de lançamento foi efetivada em 14/02/2005, tendo como objeto os fatos geradores das contribuições previdenciárias inadimplidas referentes ao período de janeiro de 1995 a janeiro de 2000. Destarte, incide a regra do artigo 173, I, do CTN, contando-se o prazo decadencial qüinqüenal do primeiro dia do exercício seguinte àquele em que o lançamento poderia ter sido efetuado. Desta sorte, encontram-se hígidos tão-somente os créditos tributários relativos aos fatos geradores ocorridos no ano de 2000, tendo em vista que o dies a quo do prazo decadencial para constituí-los se deu em 1º/01/2001 e o dies ad quem em 1º/01/2006.
5. Recurso especial desprovido.
(STJ, 1ª Turma, REsp 894453/SC, Relator Ministro LUIZ FUX, julgamento em 21.8.2007, DJ 24.09.2007).

CONSTITUCIONAL, PROCESSUAL CIVIL E TRIBUTÁRIO. CONTRIBUIÇÃO PREVIDENCIÁRIA. ARTIGO 45 DA LEI 8.212/91. OFENSA AO ART. 146, III, B, DA CONSTITUIÇÃO. TRIBUTO SUJEITO A LANÇAMENTO POR HOMOLOGAÇÃO. PRAZO DECADENCIAL DE CONSTITUIÇÃO DO CRÉDITO. TERMO INICIAL: (A) PRIMEIRO DIA DO EXERCÍCIO SEGUINTE AO DA OCORRÊNCIA DO FATO GERADOR, SE NÃO HOUVE ANTECIPAÇÃO DO PAGAMENTO (CTN, ART. 173, I); (B) FATO GERADOR, CASO TENHA OCORRIDO RECOLHIMENTO, AINDA QUE PARCIAL (CTN, ART. 150, § 4º). PRECEDENTES DA 1ª SEÇÃO.
1. "As contribuições sociais, inclusive as destinadas a financiar a seguridade social (CF, art. 195), têm, no regime da Constituição de 1988, natureza tributária. Por isso mesmo, aplica-se também a elas o disposto no art. 146, III, b, da Constituição, segundo o qual cabe à lei complementar dispor sobre normas gerais em matéria de prescrição e decadência tributárias, compreendida nessa cláusula inclusive a fixação dos respectivos prazos. Conseqüentemente, padece de inconstitucionalidade formal o artigo 45 da Lei 8.212, de 1991, que fixou em dez anos o prazo de decadência para o lançamento das contribuições sociais devidas à Previdência Social" (Corte Especial, Argüição de Inconstitucionalidade no REsp nº 616348/MG)
2. O prazo decadencial para efetuar o lançamento do tributo é, em regra, o do art. 173, I, do CTN, segundo o qual "o direito de a Fazenda Pública constituir o crédito tributário extingue-se após 5 (cinco) anos, contados: I - do primeiro dia do exercício seguinte àquele em que o lançamento poderia ter sido efetuado".
3. Todavia, para os tributos sujeitos a lançamento por homologação - que, segundo o art. 50 do CTN, "ocorre quanto aos tributos cuja legislação atribua ao sujeito passivo o dever de antecipar o pagamento sem prévio exame da autoridade administrativa" e "opera-se pelo ato em que a referida autoridade, tomando conhecimento da atividade assim exercida pelo obrigado, expressamente a homologa" - , há regra específica. Relativamente a eles, ocorrendo o pagamento antecipado por parte do contribuinte, o prazo decadencial para o lançamento de eventuais diferenças é de cinco anos a contar do fato gerador, conforme estabelece o § 4º do art. 150 do CTN. Precedentes jurisprudenciais.
4. No caso, trata-se de contribuição previdenciária, tributo sujeito a lançamento por homologação, e não houve qualquer antecipação de pagamento. Aplicável, portanto, a regra do art. 173, I, do CTN.
5. Recurso especial a que se nega provimento.

(STJ, 1ª Turma, REsp 757922/SC, Relator Ministro TEORI ALBINO ZAVASCKI, julgamento em 11.9.2007, DJ 11.10.2007).

Uma vez ocorrendo a decadência, somente o pagamento voluntário da contribuição pelo devedor é capaz de "salvar" o crédito da Seguridade Social, sendo vedado ao Auditor-Fiscal notificar valores que já foram atingidos pelo marco decadencial.

Sobre a aplicação da contagem do prazo decadencial para exigibilidade das contribuições incidentes sobre obra de construção civil, deve-se considerar como marco inicial o primeiro dia do exercício seguinte àquele em que a construção, reforma ou demolição foi concluída:

TRIBUTÁRIO. CONTRIBUIÇÃO PREVIDENCIÁRIA. OBRA DE CONSTRUÇÃO CIVIL. DECADÊNCIA. DIES A QUO. PRAZO QUINQUENAL. INCONSTITUCIONALIDADE DO ART. 45 DA LEI N.º 8.212/91. 1. Não havendo o pagamento antecipado do tributo, dispõe a autoridade administrativa do prazo de cinco anos, após o próprio exercício em que poderia realizar o lançamento de ofício, para constituir o crédito tributário, nos termos do art. 173, I, do CTN. 2. É inconstitucional o caput do artigo 45 da Lei n.º 8.212/91 que prevê o prazo de 10 anos para que a Seguridade Social apure e constitua seus créditos, por invadir área reservada à lei complementar. 3. As contribuições em questão, decorrentes de obra de construção civil, são, em regra, recolhidas no momento da conclusão da obra, figurando este como o marco inicial para a contagem da decadência. 4. Não adianta considerar que só com a expedição do habite-se da construção é que se poderia falar em um dies a quo, *no caso, porque este título não é prova hábil para certificar o encerramento da obra.*
(TRF da 4ª Região, AC 200970010005334, Rel. Juiz Federal Eduardo Vandré Oliveira Lema Garcia, 1ª Turma, DJE 11.11.2010).

TRIBUTÁRIO. CONTRIBUIÇÃO PREVIDENCIÁRIA. MÃO-DE-OBRA EM CONSTRUÇÃO CIVIL. RESPONSABILIDADE DO ADQUIRENTE DO IMÓVEL. PRESCRIÇÃO. DECADÊNCIA. DATA DA CONCLUSÃO DA OBRA. OCORRÊNCIA DO FATO GERADOR. AUSÊNCIA DE REGULARIZAÇÃO DA OBRA.

- O argumento de que o embargante não é parte legítima para a ação fiscal, por ter sido convencionado, através de instrumento particular, que o vendedor, e não o adquirente, arcaria com o ônus decorrente de débitos previdenciários relativos à construção do imóvel não encontra respaldo legal, porque normas pactuadas entre particulares não prevalecem às disposições do CTN, que disciplinam a matéria atinente à responsabilidade tributária, sendo estas de aplicação cogente. Não obstante, há que se ressalvar que, em se tratando de débitos relativos à mão-de-obra empregada na edificação de imóvel, e não a tributo incidente sobre a propriedade ou posse do bem (arts. 130 e 131 do CTN), devem ser observadas as disposições da legislação de regência. No caso sub judice, a situação do embargante equipara-se a daquele que contrata quando a obra está inconcluída (art. 31 Lei nº 4.591/64).

- Não tendo decorrido cinco anos entre a constituição definitiva do crédito e a propositura da execução e citação, não há que se falar em prescrição. Todavia, operou-se a decadência do direito de constituir o crédito previdenciário, posto que inobservado o prazo qüinqüenal.

- Embora não haja nos autos prova inequívoca da data em que concluída a obra, infere-se da concessão de alvará municipal para uso formulado pelo anterior proprietário que o prédio já existia em março de 1987, pois trata-se de documento emitido após realização de vistoria pelos fiscais da Prefeitura.

- O lançamento fiscal está condicionado ao conhecimento, pelo Fisco, da ocorrência do fato gerador. Disto não decorre, contudo, que a ausência de comunicação formal à autoridade fiscal pelo construtor tenha operado o efeito de postergar o termo inicial do prazo decadencial. O INSS tem poder de fiscalização, sendo responsável por autuar o contribuinte que se omite, na forma do artigo 149 do CTN. Ademais, o fato gerador da contribuição previdenciária é a prestação de serviços (a tornar devida a respectiva remuneração), e não a data em que o Fisco tomou conhecimento da existência da obra. Adotar como critério a data em que promovida a regularização da obra perante o Poder Público significaria deixar ao arbítrio do contribuinte a escolha do momento da ocorrência do fato gerador do tributo, inclusive com reflexos na definição da legislação aplicável.

(TRF da 4ª Região, 1ª Turma, Ap. Cível no Proc. 2002.04.01.032640-3, Rel. Juíza Federal Vivian Josete Pantaleão Caminha, julg. 7.6.2006).

7.3 A Prescrição do Direito de Cobrança dos Créditos

Uma vez constituído definitivamente o crédito da Seguridade Social por alguma das formas previstas em lei, se inicia o cômputo do prazo para a cobrança judicial do crédito. A prescrição atinge, portanto, a possibilidade de ingresso em juízo de execução ou a continuidade da ação executiva, pelo decurso do prazo.

Quanto à prescrição, seguindo-se no mesmo raciocínio já exposto, não há que se cogitar de aplicação das regras da Lei n. 8.212/91, sendo pacífico o entendimento do STJ também a este respeito, inclusive no tocante à aplicação da prescrição intercorrente, de ofício, pelo juiz da execução:

EXECUÇÃO FISCAL - PRESCRIÇÃO INTERCORRENTE - DECRETAÇÃO DE OFÍCIO APÓS OITIVA DO REPRESENTANTE DA FAZENDA - POSSIBILIDADE - LEI N. 11.280/06 – ALEGADA VIOLAÇÃO DO ART. 46 DA LEI N. 8.212/91.

1. Em 15.8.2007, no julgamento da Argüição de Inconstitucionalidade no REsp 616.348/MG, declarou-se, por unanimidade, a inconstitucionalidade do art. 45 da Lei n. 8.212/91, mantendo o entendimento predominante da Seção, no sentido de que os créditos previdenciários têm natureza tributária, aplicando-se-lhes também o disposto no art. 146, III, b, da Constituição, segundo o qual cabe à lei complementar dispor sobre normas gerais em matéria de prescrição e decadência tributárias, compreendida nessa cláusula, inclusive a fixação dos respectivos prazos.

Agravo regimental improvido.

(STJ, 2ª Turma, AgRg no REsp 960420/PA, Relator Ministro HUMBERTO MARTINS, julgamento em 20.9.2007, DJ 3.10.2007).

PROCESSUAL CIVIL E TRIBUTÁRIO. EXECUÇÃO FISCAL. SUSPENSÃO. LEI Nº 6.830/80. PARALISAÇÃO POR MAIS DE CINCO ANOS. PRESCRIÇÃO INTERCORRENTE. RECONHECIMENTO DE OFÍCIO. CRÉDITO DA SEGURIDADE SOCIAL. DISSÍDIO JURISPRUDENCIAL.

1. Ao apontar contrariedade ao artigo 535 do CPC, o recorrente deve demonstrar em que consiste a omissão que justifique a nulidade do acórdão recorrido. Incidência da Súmula 284/STF.

2. O exame do art. 46 da Lei nº 8.212/91 sob a ótica constitucional obsta o conhecimento do recurso especial no ponto.

3. Não se conhece do apelo raro nos casos em que não são observadas as formalidades exigidas pelos artigos 541, parágrafo único, do CPC e 255 do RISTJ.

4. Tratando-se de execução fiscal, a partir da Lei nº 11.051/04, que acrescentou o § 4º ao artigo 40 da Lei nº 6.830/80, pode o juiz decretar de ofício a prescrição, após ouvida a Fazenda Pública exeqüente.

5. Se a execução fiscal, ante a inércia do credor, permanece paralisada por mais de cinco anos, a partir do despacho que ordena a suspensão do feito, deve ser decretada a prescrição intercorrente suscitada pelo devedor.

6. O preceito do artigo 40 da Lei nº 6.830/80 não torna imprescritível a dívida fiscal, já que não resiste ao confronto com o artigo 174 do CTN.

7. Recurso especial conhecido em parte e não provido.

(STJ, 2ª Turma, REsp 945105/SC, Relator Ministro CASTRO MEIRA, julgamento em 18.9.2007, DJ 2.10.2007).

Sobre a aplicação das regras da Lei n. 6.830/80, em detrimento do CTN, no tocante à suspensão do prazo prescricional, há dissenso a respeito, porém, a posição do STJ é consolidada a esse respeito:

PROCESSUAL CIVIL E TRIBUTÁRIO. RECURSO ESPECIAL. ITR. EXECUÇÃO FISCAL. PARCELAMENTO DO DÉBITO. PRESCRIÇÃO. SUSPENSÃO. INSCRIÇÃO EM DÍVIDA ATIVA. SUPREMACIA DO CTN (ART. 174) SOBRE A LEI DE EXECUÇÕES FISCAIS (ART. 2º, § 3º). LAPSO PRESCRICIONAL CONSUMADO.

1. Tratam os autos de embargos à execução fiscal ajuizados por Britanite S/A Indústrias Químicas em desfavor do Estado do Rio Grande do Sul sob o argumento de estar o crédito tributário fulminado pela prescrição. O juízo de primeiro grau, rejeitando a alegação de prescrição, julgou improcedente o pedido. O TJRS manteve a sentença por entender que a inscrição em dívida ativa suspende o prazo prescricional por seis meses ou até a distribuição da execução fiscal, nos termos do art. 2º, § 3º, da Lei 6.830/1980. Insistindo pela via especial, aduz a recorrente contrariedade do art. 174 do CTN, defendendo a supremacia do contido no CTN sobre a Lei de Execuções Fiscais, o que redundaria na consumação total da prescrição relativa aos débitos discutidos. Subsidiariamente, postula pela exclusão da taxa Selic.

2. Há de prevalecer o contido no art. 174 do Código Tributário Nacional (que dispõe como dies a quo da contagem do prazo prescricional para a ação executiva a data da constituição do crédito), sobre o teor preconizado pelo art. 2º, § 3º, da Lei 6.830/1980 (que prevê hipótese de suspensão da prescrição por 180 dias no momento em que inscrito o crédito em dívida ativa).

3. O Código Tributário Nacional tem natureza de lei complementar, sendo hierarquicamente superior à Lei de Execuções Fiscais. Não pode, portanto, lei ordinária estabelecer prazo prescricional da execução fiscal previsto em lei complementar (REsp 151.598/DF, Rel. Min. Garcia Vieira, DJ 04.05.1998).

4. No caso dos autos, constituído o crédito tributário (lançamento) em 22.04.1996 e sendo o devedor citado apenas em 22.06.2001, tem-se como operada a prescrição dos créditos fazendários porque transcorrido tempo superior ao qüinqüídio legal (art. 174 do CTN). A inscrição da dívida ativa em 22.06.1996 não suspende o lustro prescricional.

5. Recurso especial provido para declarar prescrito o crédito em execução.

Prejudicada a análise quanto à incidência da taxa Selic.

Invertidos os ônus sucumbenciais.

(STJ, 1ª Turma, REsp 931571/RS, Relator Ministro José Delgado, julgamento em 23.10.2007, DJ 19.11.2007).

PROCESSO CIVIL E TRIBUTÁRIO - EXECUÇÃO FISCAL - PRESCRIÇÃO - ART. 2º, § 3º DA LEI 6.830/80 (SUSPENSÃO POR 180 DIAS) - NORMA APLICÁVEL SOMENTE ÀS DÍVIDAS NÃO TRIBUTÁRIAS - SÚMULA 106/STJ: AFASTAMENTO NO CASO CONCRETO.

1. Em execução fiscal, o art. 8º, § 2º, da LEF deve ser examinado com cautela, pelos limites impostos no art. 174 do CTN, de tal forma que só a citação regular tem o condão de interromper a prescrição.

2. A norma contida no art. 2º, § 3º da Lei 6.830/80, segundo a qual a inscrição em dívida ativa suspende a prescrição por 180 (cento e oitenta) dias ou até a distribuição da execução fiscal, se anterior àquele prazo, aplica-se tão-somente às dívidas de natureza não-tributárias, porque a prescrição das dívidas tributárias regula-se por lei complementar, no caso o art. 174 do CTN.

3. Se decorridos mais de cinco anos entre a constituição definitiva do crédito tributário e a citação pessoal do exeqüente, ocorre a prescrição.

4. Inaplicável ao caso concreto a Súmula 106/STJ porque ajuizada a execução fiscal quando já escoado o prazo prescricional.

5. Recurso especial improvido.

(STJ, 2ª Turma, REsp 708227/PR, Relatora Ministra Eliana Calmon, julgamento em 6.12.2005, DJU de 19.12.2005).

O início da contagem se dá com a expedição da NFLD ou AI (na ocorrência de não haver defesa nem recurso do devedor), ou com a decisão final em sede administrativa, ou do inadimplemento de parcelamento precedido de confissão de dívida.

Assim, a prescrição do direito de exigir judicialmente os créditos da Seguridade Social se sujeita, exclusivamente, ao prazo e às hipóteses de interrupção e suspensão previstas no Código Tributário Nacional, art. 174, obedecendo aos seus regramentos também quanto ao reinício da contagem do prazo.

Importante alteração se encontra prevista no art. 53 da Lei n. 11.941/2009, a qual passa a dispor que "a prescrição dos créditos tributários pode ser reconhecida de ofício pela autoridade administrativa", inclusive quanto às contribuições sociais previstas nas alíneas "a", "b" e "c" do parágrafo único do art. 11 da Lei n. 8.212, de 1991, às contribuições instituídas a título de substituição e às contribuições devidas a terceiros, assim entendidas outras entidades e fundos. Com isso, diversas demandas de execução de contribuições à Seguridade Social podem deixar de ser ajuizadas, ou mesmo em curso, ser extintas, permitindo ao Judiciário maior agilidade e à representação judicial da União maior eficiência na busca dos créditos recuperáveis.

7.4 Prescrição na restituição e compensação de contribuições

O direito de o contribuinte pleitear restituição ou de realizar compensação de contribuições ou de outras importâncias prescreve em cinco anos, contados da data: a) do pagamento ou recolhimento indevido; b) em que se torna definitiva a decisão administrativa ou passar em julgado a sentença judicial que tenha reformado, anulado ou revogado a decisão condenatória (art. 88 da Lei n. 8.212/91, c/c o art. 168 do CTN e o art. 253 do Decreto n. 3.048/99).

Em relação aos tributos sujeitos à lançamento por homologação, foi editada a Lei Complementar n. 118/2005, estabelecendo regra interpretativa no sentido de que a extinção do crédito tributário ocorre no momento do pagamento antecipado de que trata o § 1º do art. 150 do CTN. Essa alteração legislativa vem a se contrapor à jurisprudência pacificada do STJ no sentido de que "o prazo prescricional para a repetição ou compensação dos tributos sujeitos a lançamento por homologação começa a fluir decorridos cinco anos, contados a partir da ocorrência do fato gerador, acrescidos de mais um qüinqüênio, computado desde o termo final do prazo atribuído do Fisco para verificar o *quantum* devido a título de tributo" (Ag. REsp n. 511.070/MG, 1ª Turma, Rel. Ministro Luiz Fux, DJ 21.6.2004).

A respeito da aplicação da LC n. 118/2005, o Superior Tribunal de Justiça firmou entendimento sobre a inconstitucionalidade da aplicação retroativa da norma, conforme julgado que segue:

> *CONSTITUCIONAL. TRIBUTÁRIO. REPETIÇÃO DE INDÉBITO. TRIBUTOS SUJEITOS A LANÇAMENTO POR HOMOLOGAÇÃO. PRAZO PRESCRICIONAL. LC 118/2005. INCONSTITUCIONALIDADE DA APLICAÇÃO RETROATIVA.*
>
> *1. Sobre a prescrição da ação de repetição de indébito tributário de tributos sujeitos a lançamento por homologação, a jurisprudência do STJ (1ª Seção) assentou o entendimento de que, no regime anterior ao do art. 3º da LC 118/05, o prazo de cinco anos, previsto no art. 168 do CTN, tem início, não na data do recolhimento do tributo indevido, e sim na data da homologação - expressa ou tácita - do lançamento. Assim, não havendo homologação expressa, o prazo para a repetição do indébito acaba sendo de dez anos a contar do fato gerador.*
>
> *2. A norma do art. 3º da LC 118/05, que estabelece como termo inicial do prazo prescricional, nesses casos, a data do pagamento indevido, não tem eficácia retroativa. É que a Corte Especial, em sessão de 06.06.2007, DJ 27.08.2007, declarou inconstitucional a expressão "observado, quanto ao art. 3º, o disposto no art. 106, I, da Lei nº 5.172, de 25 de outubro de 1966 - Código Tributário Nacional", constante do art. 4º, segunda parte, da referida Lei Complementar.*
>
> *3. Embargos de divergência a que se nega provimento.*
>
> *(Embargos de Divergência em REsp. nº 644.736 - PE, Relator Ministro Teori Albino Zavascki, DJ de 17.12.2007).*

De acordo com o decidido pela Corte Especial do STJ em 06.06.2007 no REsp nº 644.736-PE: "(...) na hipótese em exame, com o advento da LC 118/2005, a prescrição, do ponto de vista prático, deve ser contada da seguinte forma: relativamente aos pagamentos efetuados a partir da sua vigência (que ocorreu em 09.06.2005), o prazo para a ação de repetição de indébito é de cinco a contar da data do pagamento; e relativamente aos pagamentos anteriores, a prescrição obedece ao regime previsto no sistema anterior, limitada, porém, ao prazo máximo de cinco anos a contar da vigência da lei nova".

7.5 Prazo para pleitear a desconstituição de exigência fiscal

Outra norma importante que foi revogada pela LC n. 128, de 2008, era a contida no § 5º do art. 45 da Lei n. 8.212/91, que previa: "O direito de pleitear judicialmente a desconstituição de exigência fiscal fixada pelo Instituto Nacional do Seguro Social-INSS no julgamento de litígio em processo administrativo fiscal extingue-se com o decurso do prazo de 180 dias, contado da intimação da referida decisão."

Esse prazo decadencial também padecia do vício de inconstitucionalidade formal, já que instituído pela MP n. 1.608-2, de 5.3.1998, posteriormente convertida na Lei n. 9.639, de 25.5.1998.

Capítulo 8

Prova de regularidade fiscal

Para maior controle do recolhimento das contribuições à Seguridade Social, a legislação de custeio estabelece que para a realização de certos atos jurídicos a empresa ou o contribuinte comprove estar quite com suas obrigações. Assim, é exigida a Certidão Negativa de Débito - CND (documento que comprova estar o contribuinte em dia com as contribuições), fornecida pelo órgão competente, nos casos previstos no art. 47 da Lei n. 8.212/91 e no art. 257 do Decreto n. 3.048/99:

> *I - da empresa:*
>
> *a) na licitação, na contratação com o poder público e no recebimento de benefícios ou incentivo fiscal ou creditício concedidos por ele;*
>
> *b) na alienação ou oneração, a qualquer título, de bem imóvel ou direito a ele relativo;*
>
> *c) na alienação ou oneração, a qualquer título, de bem móvel incorporado ao ativo permanente da empresa, desde que o valor seja superior ao estabelecido periodicamente mediante Portaria do MPS;*
>
> *d) no registro ou arquivamento, no órgão próprio, de ato relativo a baixa ou redução de capital de firma individual, redução de capital social, cisão total ou parcial, transformação ou extinção de entidade ou sociedade comercial ou civil e transferência de controle de cotas de sociedades de responsabilidade limitada, suprida a exigência pela informação de inexistência de débito a ser prestada pelos órgãos competentes;*
>
> *II - do proprietário, pessoa física ou jurídica, de obra de construção civil, quando de sua averbação no Registro de Imóveis;*
>
> *III - do incorporador, na ocasião da inscrição de memorial de incorporação no Registro de Imóveis;*
>
> *IV - do produtor rural pessoa física e do segurado especial, quando da constituição de garantia para concessão de crédito rural e qualquer de suas modalidades, por instituição de créditos pública ou privada, desde que comercialize a sua produção no exterior ou diretamente no varejo ao consumidor;*
>
> *V - na contratação de operações de crédito com instituições financeiras, assim entendidas as pessoas jurídicas públicas ou privadas que tenham como atividade principal ou acessória a intermediação ou aplicação de recursos financeiros próprios ou de terceiros, em moeda nacional ou estrangeira, autorizadas pelo Banco Central do Brasil ou por decreto do Poder Executivo a funcionar no Território Nacional, que envolvam:*
>
> *a) recursos públicos, inclusive os provenientes de fundos constitucionais e de incentivo ao desenvolvimento regional (FNO, FNE, FCO, FINAM e FINOR);*

b) recursos do Fundo de Garantia do Tempo de Serviço – FGTS, do Fundo de Amparo ao Trabalhador – FAT e do Fundo Nacional de Desenvolvimento da Educação – FNDE;

c) recursos captados através de Caderneta de Poupança; e

VI – na liberação de eventuais parcelas previstas nos contratos a que se refere o inciso anterior.

A partir de 2.5.2007, passa a ser conhecida como certidão específica a CND ou CPD-EN expedida pela Secretaria da Receita Federal do Brasil, que comprova a regularidade do sujeito passivo em relação às contribuições à Seguridade Social e às contribuições devidas, por lei, a terceiros, incluindo as inscritas em Dívida Ativa do INSS. A certidão específica não abrange tributos federais administrados pela Secretaria da Receita Federal do Brasil (RFB) e à Dívida Ativa da União administrada pela Procuradoria-Geral da Fazenda Nacional (PGFN), objeto de certidão conjunta PGFN/RFB.

A matéria se encontra regulamentada, atualmente, pelo Decreto nº 6.106, de 30 de abril de 2007, pela Portaria Conjunta PGFN/RFB nº 3, de 2 de maio de 2007 e a Instrução Normativa RFB nº 734, de 2 de maio de 2007.

As certidões específicas podem ser Certidão Negativa de Débito – CND ou Certidão Positiva de Débitos, com efeitos de Negativa – CPD-EN e são emitidas de acordo com a finalidade, que pode ser:

a) Averbação de Imóvel – A CND ou CPD-EN certifica exclusivamente a situação da matrícula CEI – específico da Obra para fins de averbação do imóvel no órgão de registro.

b) Baixa de Empresa – É emitida somente CND e com fins específicos para proceder à baixa da empresa nos órgãos competentes.

c) Para as outras finalidades previstas no art. 47 da Lei n. 8.212, de 24 de julho de 1991, exceto averbação de imóvel, baixa de empresa e alteração contratual, é expedida CND ou CPD-EN para atender situações tais como licitação, venda de imóvel, recebimento de recursos públicos.

d) Registro de alteração contratual nos órgãos competentes – emite-se CND ou CPD-EN para fins exclusivo de registro no órgão competente das alterações contratuais da empresa.

O pedido de certidão pode ser efetuado na internet, independente de senha, informando o CNPJ, ou em uma unidade de atendimento da Receita Federal do Brasil – RFB, por qualquer pessoa. Se não houver restrições, a certidão é emitida automaticamente.

Compete à Unidade da Receita Federal do Brasil do estabelecimento centralizador do responsável pela matrícula a expedição da CND ou da CPD-EN de obra de construção civil de pessoa jurídica e à Unidade da Receita Federal do Brasil do local da obra a expedição da CND ou da CPD-EN de obra de construção civil de pessoa física (informações contidas no *site* http://www.receita.fazenda.gov.br/Previdencia/CND/Orientacao/Orienta.htm. Acesso em 8.12.2009).

A prova de inexistência de débito deve ser exigida da empresa em relação a todas as suas dependências, estabelecimentos e obras de construção civil, independentemente do local onde se encontrem, ressalvado aos órgãos competentes o direito de cobrança de qualquer débito apurado posteriormente.

O condômino, integrante de condomínio imobiliário residencial ou comercial, de construção vertical ou horizontal, poderá obter a CND relativa a sua unidade particularizada, desde que comprove o pagamento das contribuições referentes a sua unidade, observadas as instruções dos órgãos competentes.

A prova de inexistência de débito será fornecida por certidão emitida por meio de sistema eletrônico, ficando sua aceitação condicionada à verificação de sua autenticidade pela *Internet*, em endereço específico, ou junto ao ente arrecadador, sendo dispensada a guarda do documento comprobatório de inexistência de débito, cuja autenticidade tenha sido comprovada pela *Internet* (§§ 15 e 16 do art. 257 do Regulamento, incluídos pelo Decreto n. 3.265/99).

O prazo de validade da CND é de sessenta dias, podendo ser prorrogado para até cento e oitenta dias, mediante regulamento (art. 47, § 5º, da Lei n. 8.212/91), contados de sua emissão. O Decreto n. 3.048/99, em seu art. 257, § 7º, com a redação conferida pelo Decreto n. 5.586/2005, estabeleceu prazo de cento e oitenta dias como de validade da CND, sendo este, portanto, o prazo hoje vigente. A cópia da CND será aceita, quando conferida à vista do original pela entidade que a exigir, também podendo ser verificada, quanto à sua regularidade, pelo sítio da *internet*. Não será admitida cópia de CND expedida para fins de averbação junto ao Cartório do Registro de Imóveis.

Um novo pedido de certidão poderá ser cadastrado 25 dias antes do vencimento da certidão em vigor, a fim de que sejam conhecidas e regularizadas, em tempo hábil, as restrições existentes à renovação, procurando-se assim reduzir a ocorrência de possíveis transtornos às empresas.

Independe de prova de inexistência de débito (art. 257, § 8º, do Regulamento):

- a lavratura ou assinatura de instrumento, ato ou contrato que constitua retificação, ratificação ou efetivação de outro anterior para o qual já tenha sido feita a prova;
- a constituição de garantia para concessão de crédito rural, em qualquer de suas modalidades, por instituição de crédito pública ou privada, desde que o produtor rural ou segurado especial não seja responsável direto pelo recolhimento de contribuições sobre a sua produção para a Seguridade Social;
- a averbação de obra de construção civil, relativa a imóvel cuja construção tenha sido concluída antes de 22.11.66;
- o registro ou arquivamento na Junta Comercial dos atos constitutivos e alterações das microempresas e empresas de pequeno porte, salvo no caso de extinção de firma individual ou sociedade;
- a averbação de construção residencial unifamiliar, de até setenta metros quadrados de área construída, destinada à moradia permanente do proprietário ou do dono da obra que não tenha outro imóvel residencial no

município, executada sem mão-de-obra assalariada, devendo o proprietário declarar no próprio documento, sob as penas da lei, que a construção atende aos requisitos mencionados;

- os atos relativos à transferência de bens, nos casos de arrematação, adjudicação e desapropriação de bens imóveis e móveis de qualquer valor;
- a alienação ou oneração de bem imóvel ou móvel da área urbana ou rural, de propriedade de pessoa física não equiparada a empresa;
- a alienação ou oneração, a qualquer título, de bem imóvel ou direito a ele relativo, que envolva empresa que explore exclusivamente atividade de compra e venda de imóveis, locação, desmembramento ou loteamento de terrenos, incorporação imobiliária ou construção de imóveis destinados à venda, desde que o imóvel objeto da transação esteja contabilmente lançado no ativo circulante e não conste, nem tenha constado, do ativo permanente da empresa.

A CND deve ser concedida não só quando o contribuinte esteja recolhendo sem atraso suas contribuições, mas também quando o débito esteja pendente de julgamento em contencioso administrativo; quando tenha sido realizado depósito administrativo ou judicial do valor que esteja sendo discutido; tenha sido efetivada penhora suficiente, garantidora do débito em curso de cobrança judicial.

O § 8º do art. 47 da Lei de Custeio, que exigia, para emissão da CND em caso de parcelamento, o oferecimento de garantia, foi revogado pela Medida Provisória n. 449, de 3.12.2008, convertida na Lei n. 11.941/2009.

Para obtenção de CND em virtude de participação em licitação, na contratação com o Poder Público e no recebimento de benefícios ou incentivo fiscal ou creditício por ele concedido, em que não haja oneração de bem do patrimônio da empresa, não será exigida garantia da dívida incluída em parcelamento, sendo, todavia, mencionada na Certidão sua finalidade específica.

De acordo com o art. 264 do Decreto n. 3.048/99, a inexistência de débito em relação às contribuições devidas à Seguridade Social é condição necessária para que os Estados, o Distrito Federal e os Municípios possam receber as transferências dos recursos do Fundo de Participação dos Estados e do Distrito Federal e do Fundo de Participação dos Municípios, celebrar acordo, contrato, convênio ou ajuste, bem como receber empréstimo, financiamento, aval ou subvenção em geral de órgão ou entidade da administração direta e indireta da União.

Pela nova redação do art. 50 da Lei n. 8.212/91, dada pela Lei n. 9.476/97, as Prefeituras não estão mais obrigadas a exigir CND para concessão do "habite-se".

A prática de ato com inobservância da apresentação da CND, ou o seu registro, acarretará a responsabilidade solidária dos contratantes e do oficial que lavrar ou registrar o instrumento, sendo nulo o ato para todos os efeitos. O servidor, o serventuário da Justiça e a autoridade ou órgão que infringirem dispositivos da exigência da prova de inexistência de débito incorrerão em multa, sem prejuízo da responsabilidade administrativa e penal cabível (art. 48 da Lei n. 8.212/91).

A Certidão Positiva de Débito - CPD será expedida quando o contribuinte requerer CND e se constatarem as seguintes situações:

- falta de recolhimento de contribuições devidas, atualização monetária, multa e juros moratórios;
- existência de débitos constituídos e não contestados, ou considerados definitivos;
- no caso do débito contestado parcialmente e que a parte não-contestada não tenha sido objeto de pagamento ou parcelamento com garantia;
- existência de Confissão de Dívida Fiscal - CDF, sem oferecimento de garantia, exceto se tiver sido concedida CND para licitação e contratação com o Poder Público e para recebimento de benefício ou incentivo fiscal ou creditício concedido por ele.

Existindo débitos não vencidos, ou em curso de cobrança executiva em que tenha sido efetivada a penhora, ou cuja exigibilidade esteja suspensa, cabível a Certidão Positiva de Débito com Efeitos Negativos - CPD-EN, na forma do art. 206 do Código Tributário Nacional.

Sobre o efeito jurídico da certidão positiva, escreve *Aurélio Pitanga Seixas Filho*: "Esgotado ou vencido o prazo de pagamento do tributo, porém suspensa a exigibilidade de sua cobrança, seja por um depósito administrativo do valor do tributo, seja por um recurso administrativo que a lei conceda o efeito suspensivo, ou por uma ordem judicial, o documento que certifique estar suspensa a exigibilidade da cobrança do débito fiscal produzirá o mesmo efeito jurídico da certidão negativa".[227]

O entendimento jurisprudencial é pacífico no sentido de que o parcelamento do débito não impede a expedição de CND ou de CPD com efeitos negativos. A omissão da administração em exigir garantia quando do parcelamento não pode redundar em prejuízo ao contribuinte. Trata-se, neste caso, de aplicação do art. 151, VI, do Código Tributário Nacional, quando estatui que o parcelamento suspende a exigibilidade do tributo, pois torna inexigível o crédito, no período de tolerância concedido para seu pagamento. Quando o ente arrecadador não exige do devedor, por ocasião da concessão do parcelamento da dívida, qualquer garantia, e estando a empresa pagando de forma regular as parcelas do débito, não pode ter negada a expedição da certidão de regularidade fiscal. Nesse sentido: "Certidão Negativa de Débito. Parcelamento. Garantia. Se, ao conceder o parcelamento, a administração previdenciária não exigiu garantia do débito, e estão em dia os pagamentos, o con-

227 NASCIMENTO, Carlos Valder do (Coord.); Martins, Ives Gandra da Silva *et alii*. *Comentários ao Código Tributário Nacional*. Rio de Janeiro: Forense, 1997, p. 474.

tribuinte tem direito à CND, na forma do art. 206 do CTN" (AMS n. 95.04.3025-8/SC, TRF da 4ª Região, 1ª Turma, rel. Juiz Volkmer de Castilho, DJU de 22.8.96, p. 62.436).

Quanto a débitos declarados pelo sujeito passivo e não pagos, o STJ editou a Súmula n. 446, *verbis*: "Declarado e não pago o débito tributário pelo contribuinte, é legítima a recusa de expedição de certidão negativa ou positiva com efeito de negativa".

No tocante à expedição de CND para condôminos de unidades imobiliárias adquiridas de incorporador, não há razão para a recusa, já que a responsabilidade não recai sobre aqueles:

> *MANDADO DE SEGURANÇA. CERTIDÃO NEGATIVA DE DÉBITO PREVIDENCIÁRIO. AVERBAÇÃO DE OBRA DE CONSTRUÇÃO CIVIL. CONDOMÍNIO DE APARTAMENTOS. RESPONSABILIDADE.*
>
> *1. O ofício expedido pelo INSS, em resposta ao pedido de CND, solicitando a comprovação do recolhimento das contribuições relativas à obra de construção civil, equivale ao ato de autoridade de indeferimento do pedido, especialmente levando-se em conta não ser do impetrante a responsabilidade pela manutenção da escrita fiscal e respectivos recolhimentos.*
>
> *2. A situação apresentada pelo impetrante - condomínio de apartamentos adquiridos mediante operação de incorporação imobiliária - subsume-se na regra do art. 30, inc. VII, da Lei nº 8.212/91, restando afastada a responsabilidade dos adquirentes pelo recolhimento das contribuições previdenciárias atinentes à obra, pelas quais devem responder a incorporadora e ou o construtor, solidariamente.*
>
> *3. Apelação provida para determinar a expedição de CND em favor da impetrante, para o fim específico de averbação da obra junto ao Registro Imobiliário.*
>
> *(TRF da 4ª Região, 1ª Turma, Ap. Cível no Proc. n. 2003.72.08.003767-3, Rel. Alvaro Eduardo Junqueira, julg. 11.1.2006).*

Quando o contribuinte omitir o recolhimento em determinado período ou recolher a menor, o ente arrecadador só poderá negar o fornecimento da CND desde que exista débito constituído. A ausência de lançamento fiscal por parte do ente arrecadador, em relação a essas competências, impedirá a negativa no fornecimento da CND. A jurisprudência segue nesse caminho: "Tributário. Certidão Negativa de Débito. Compensação de Tributos. Ausência de Autuação Fiscal. Se não foi demonstrado, através de autuação fiscal, que a compensação de débito declarado do contribuinte não ocorreu ou foi indevida, a certidão negativa não pode ser indeferida" (REOMS n. 96.04.24961-4/RS, TRF da 4ª Região, 1ª Turma, rel. Juiz Vladimir Freitas, DJU de 28.8.96).

O art. 30 da Lei n. 11.941/2009 dispõe sobre a baixa de inscrições no Cadastro Nacional de Pessoas Jurídicas – CNPJ de empresas que por cinco anos não apresentem declarações e demonstrativos e que não atendam aos demais requisitos legais exigíveis.

Como será visto no Capítulo 12 desta Parte III, as contribuições que vêm sendo executadas perante os órgãos da Justiça do Trabalho por força da disposição constante no art. 114, § 3º, da Constituição Federal, ante a equivocada regulamentação dada pela Lei n. 10.035/2000 e os entendimentos que vêm predominando na sua aplicação, não têm sido objeto de lançamento tributário, consequentemente não estando inseridas em dívida ativa. Com isso, empresas em débito para com a Seguridade Social, em função de não pagamento das contribuições decorrentes de reconhecimento de fatos imponíveis por decisões judiciais, têm obtido a CND como se estivessem em dia com suas obrigações perante a arrecadação, o que caracteriza afronta ao dispositivo do art. 195, § 3º, da Constituição Federal.

Capítulo 9
Processo Administrativo Fiscal

Segundo Hely Lopes Meirelles, "a Administração Pública, para registro de seus atos, controle da conduta de seus agentes e solução de controvérsias dos administrados, utiliza-se de diversificados procedimentos, que recebem a denominação comum de processo administrativo. (...) O processo administrativo é o gênero, que se reparte em várias espécies, dentre as quais as mais freqüentes apresentam-se no processo disciplinar e no processo tributário ou fiscal. (...) Processo administrativo tributário ou fiscal, propriamente dito, é todo aquele que se destina à determinação, exigência ou dispensa do crédito fiscal, bem como à fixação do alcance de normas de tributação em casos concretos, pelos órgãos competentes tributantes, ou à imposição de penalidade ao contribuinte".[228]

No âmbito previdenciário, em todos os casos em que o contribuinte tenha uma acusação contra si, realizada por meio de documento fiscal – Notificação Fiscal de Lançamento de Débito, Auto de Infração ou Informação Fiscal, é obrigatória a concessão de um prazo para defesa do contribuinte, inaugurando-se, aí, o contencioso administrativo. Findo este prazo, a decisão é firmada pelo órgão local de arrecadação e fiscalização, dela cabendo recurso. Mas isso também importa, para fins de futura cobrança do crédito, no procedimento denominado de constituição do crédito tributário, aplicado também aos créditos da Seguridade Social, como é visto a seguir.

9.1 Constituição do crédito da Seguridade Social

A obrigação tributária decorre da ocorrência concreta do fato previsto na norma tributária como hipótese de incidência do tributo. Há tributos em que a incumbência de verificar os aspectos de sujeição passiva, bem como os de natureza material – o montante devido a título de tributo – fica a encargo da própria administração fazendária. Em outros casos, o ônus de calcular o montante devido ao ente arrecadador é transferido ao próprio contribuinte, ou ao responsável pelo

228 MACHADO, Hugo de Brito. *Curso de direito tributário*. 10. ed., São Paulo: Malheiros, 1995, pp. 117-118.

pagamento, em substituição à administração fazendária. Nesses últimos, vencido o prazo estabelecido pela lei para o cumprimento da obrigação tributária (o pagamento do tributo), sem que este ocorra, impõe-se a sua constituição pelo lançamento. Este é o procedimento administrativo necessário tendente a verificar a ocorrência do fato imponível previsto na norma tributária, determinar a matéria tributável (ou seja, sua base de incidência), calcular o montante do tributo devido, identificar o sujeito passivo da obrigação e, sendo o caso, propor a aplicação da penalidade cabível (art. 142 do CTN).

Nas esclarecedoras palavras de Marcus de Freitas Gouvêa, o crédito tributário, para se tornar concreto, exigível, precisa passar por um processo de natureza administrativa, eventualmente complexo, em que o Estado Administração (Fisco) garanta aos administrados (contribuintes ou responsáveis tributários) o contraditório e a ampla defesa e siga quanto ao mais o devido processo legal, denominado lançamento, que se obtém por três procedimentos distintos:

> *No primeiro tipo de procedimento, o Fisco realiza todos os atos necessários à concretização do crédito público, consolida todas as informações em documento único (ato conclusivo do processo) e notifica o contribuinte do resultado, que consiste na apuração do montante devido, na indicação da pessoa obrigada, nas condições de pagamento entre outros elementos.*
>
> *Notificado, o contribuinte torna-se formalmente devedor, mas pode discutir o resultado do processo, suspendendo a exigibilidade do crédito, mediante a interposição de recursos administrativos, até a decisão definitiva na instância. O procedimento descrito costuma denominar-se "lançamento de ofício" e o ato conclusivo da autoridade administrativa costuma denominar-se "lançamento" ou "notificação de lançamento".*
>
> *O segundo tipo de procedimento caracteriza-se pela iniciativa do contribuinte. Este tem o dever de colaborar e fazer declaração ao Fisco que especifique a ocorrência do fato gerador e indique o valor do tributo devido. Diante dos dados apresentados, o Fisco 1) aperfeiçoa o lançamento, concordando com as informações prestadas e notifica o contribuinte para pagamento, hipótese em que não há possibilidade de recurso no bojo do procedimento; 2) ou discorda das informações e, alterando-as para o que entender correto, notifica o contribuinte para pagar a nova quantia ou recorrer, hipótese em que se justifica o procedimento recursal no lançamento. Em condição alguma, contudo, existirá possibilidade de incidência de multa nesta espécie de procedimento de concretização do crédito tributário (à exceção da multa de mora), pois o dever do contribuinte é somente de colaborar, não sendo razoável aplicar penalidade se a colaboração é imprecisa. Este é o chamado lançamento por declaração.*
>
> *O terceiro tipo de procedimento ocorre de maneira bem diversa. A lei atribui ao sujeito passivo a incumbência de realizar todos os atos de concretização do crédito, desde os primeiros registros até o cálculo definitivo que quantifica o dever e, por derradeiro, o dever de efetuar o pagamento. Não se trata apenas de colaboração. Assim, o processo administrativo começa materialmente antes mesmo de ser formalizado na repartição pública. Cumpridas todas as obrigações acessórias pelo particular e efetuado o pagamento, ao Fisco abrem-se três possibilidades: 1) homologa os atos do contribuinte e declara extinto o crédito, formalizando o processo administrativo (a homologação é ato privativo da autoridade administrativa); 2) verifica erro ou impropriedade na conduta do contribuinte e efetua lançamento complementar aos moldes do lançamento "de ofício", com a aplicação das penalidades cabíveis ou, 3) deixa transcorrer, inerte, o prazo estabelecido pela lei, após o que os atos do contribuinte tornam-se definitivos. Ocorre, nessa última possibilidade, a chamada homologação tácita, o que mais não é do que efeito do decurso do tem-*

> *po, somado ao silêncio da Administração. Não se formaliza processo administrativo. Há apenas processo administrativo em sentido material. O silêncio da Administração vale, pois, como a chancela do Fisco aos atos do contribuinte.*
>
> *Havendo lançamento de ofício complementar (numero 2 supra), abre-se faculdade de recurso ao sujeito passivo da obrigação. Havendo homologação expressa ou tácita (números 1 e 3, supra), não se justifica recurso administrativo, pois nada mais se fez que referendar a conduta do contribuinte.*[229]

Minoritária é a corrente que sustenta a existência de "tributo sem lançamento", como é o caso de Paulo de Castilho, sustentado na doutrina de Paulo de Barros Carvalho:

> *Preconceito inaceitável é o de grande parte da doutrina brasileira, para a qual o lançamento estaria sempre ali onde houvesse fenômeno de índole tributária. Dito de outro modo: o lançamento seria da essência do regime jurídico de todos os entes tributários.*
>
> *A proposição não é verdadeira. Para sustentá-la, seus adeptos não hesitam em ver lançamento em atos que com ele não se afinam, mesmo que a experiência brasileira esteja a mostrar vários tributos que nascem, vivem e se extinguem, sem a necessidade de que o Estado movimente seu aparelho administrativo e expeça atos da natureza daquele que examinamos. Temos aí, para comprová-lo, entre outros impostos, o IPI e o ICMS, além de muitas taxas pagas concomitantemente à prestação do serviço ou do juízo de valor expressivo do poder de polícia. Ocorridos os fatos jurídicos tributários, irrompem liames obrigacionais, que desaparecem em seguida ou perduram no tempo, extinguindo-se depois, independentemente de qualquer providência administrativa Como se vê, não é porque existe crédito tributário que, necessariamente, deva haver lançamento. Não deve o intérprete desatento ignorar que o art. 142 do CTN refere-se à modalidade específica de formalização do crédito tributário, que nem sempre será exigida, como no caso da contribuição previdenciária decorrente da sentença trabalhista, título executivo judicial, diferente, portanto, daquele previsto no art. 142 do CTN, cuja natureza é extrajudicial. É por isso que Alberto Xavier insiste que se faça essa clara distinção entre a disciplina jurídica traçada pela lei para os atos praticados por órgãos administrativos e aqueles próprios do Poder Judiciário.*[230]

Porém, tal entendimento não recebe guarida na majoritária doutrina e jurisprudência pátrias. Hugo de Brito Machado, em interessante estudo sobre o tema, demonstra que o lançamento é da essência da obrigação tributária, concluindo que:

> *Quando a lei atribui à parte credora competência para fazer o acertamento da prestação, independentemente da vontade da parte devedora, como acontece nas relações tributárias, tem-se o que neste estudo denominamos lançamento.*

---

229 GOUVÊA, Marcus de Freitas. *O lançamento no direito tributário brasileiro: a prescrição e a decadência nos tributos lançados por homologação.* Jus Navigandi, Teresina, ano 10, n. 1162, 6 set. 2006. Disponível em: <http://jus2.uol.com.br/doutrina/texto.asp?id=8877>. Acesso em: 06 jan. 2008.

230 CASTILHO, Paulo de. *Execução de Contribuição Previdenciária pela Justiça do Trabalho.* São Paulo: RT, 2005, pp. 60/61.

Finalmente, se por tributo entendemos uma prestação pecuniária compulsória que depende de acertamento, e se a lei atribui ao fisco competência para fazê-lo independentemente da vontade do contribuinte, tem-se de concluir pela impossibilidade jurídica de tributo sem lançamento.[231]

Comungamos deste último entendimento, até porque o exemplo ofertado para sustentar a corrente oposta – contribuições "decorrentes" de decisões proferidas pela Justiça do Trabalho – e seu procedimento de cobrança serão objeto de reflexão no Capítulo 11 desta Parte III, ao qual remetemos o leitor que tenha interesse maior no tema, desde já assinalando que, ao contrário do que se sustentou, não deveria haver qualquer distinção entre o procedimento adotado para as contribuições cobradas judicialmente, e que são objeto de fiscalização, e aquelas que têm por fatos geradores situações fáticas reconhecidas por sentença.

O lançamento reporta-se à data da ocorrência do fato gerador da obrigação e rege-se pela lei então vigente, ainda que posteriormente modificada ou revogada (art. 144 do CTN). Existem três espécies de lançamento: por declaração, de ofício e por homologação.

O lançamento por declaração é aquele em que o sujeito passivo, ou terceiro, presta à autoridade administrativa informações sobre matéria de fato, indispensáveis à sua efetivação (art. 147 do CTN). Exemplo típico do lançamento por declaração é o do imposto sobre a renda e proventos de qualquer natureza.

Em relação a esta forma de lançamento, o STJ tem seu entendimento pacificado na Súmula 436: "A entrega de declaração pelo contribuinte reconhecendo débito fiscal constitui o crédito tributário, dispensada qualquer outra providência por parte do fisco".

O lançamento por homologação ou autolançamento ocorre quanto aos tributos cuja legislação atribua ao sujeito passivo o dever de antecipar o pagamento sem prévio exame da autoridade administrativa, operando-se pelo ato em que a referida autoridade, tomando conhecimento da atividade assim exercida pelo obrigado, expressamente o homologa (art. 150 do CTN). São exemplos: o ICMS e o IPI.

O lançamento é feito de ofício pela autoridade administrativa nas hipóteses previstas no art. 149 do Código Tributário Nacional, via de regra, em face de determinação legal (exemplos: IPTU, IPVA, taxas e contribuições de melhoria), ou por ausência de lançamento ou incorreção do mesmo, quando realizado pelo contribuinte ou responsável, por declaração ou homologação.

Independentemente da modalidade de lançamento, a constituição do crédito tributário é da competência privativa da autoridade administrativa. Nesse sentido é o comentário de *Hugo de Brito Machado*: "A constituição do crédito tributário é da competência privativa da autoridade administrativa. Só esta pode fazer o lançamento. Ainda que ela apenas homologue o que o sujeito passivo efetivamente fez,

231 MACHADO, Hugo de Brito. *Impossibilidade de tributo sem lançamento.* Jus Navigandi, Teresina, ano 7, n. 61, jan. 2003. Disponível em: <http://jus2.uol.com.br/doutrina/texto.asp?id=3678>. Acesso em: 06 jan. 2008.

como acontece nos casos do art. 150 do CTN, que cuida do lançamento dito por homologação. Sem essa homologação não existirá, juridicamente, o lançamento, e não está por isto mesmo constituído o crédito tributário. Ainda quando de fato seja o lançamento feito pelo sujeito passivo, o Código Tributário Nacional, por ficção legal, considera que a sua feitura é privativa da autoridade administrativa, e por isto, no plano jurídico, sua existência fica sempre dependente, quando feito pelo sujeito passivo, de homologação da autoridade competente".[232]

Na Seguridade Social temos, normalmente, o lançamento por homologação e, eventualmente, o lançamento de ofício, nas hipóteses de lançamento não realizado ou feito incorretamente. Podemos dizer que o crédito da Seguridade Social é constituído pelo lançamento, quando será verificada a ocorrência do fato gerador da obrigação correspondente, determinada a matéria tributável, calculado o montante do tributo devido, identificado o sujeito passivo e, sendo o caso, aplicada a penalidade cabível.

Em regra, no tocante às contribuições à Seguridade Social, é o contribuinte ou o responsável pelos recolhimentos que, por conta própria, deve comparecer no vencimento e quitar a obrigação, calculando o montante devido a título de contribuição social, ficando sujeito à verificação da exatidão dos recolhimentos *a posteriori*, pela fiscalização, que, então, homologa os lançamentos. No caso de pequenos produtores rurais e segurados especiais, ocorre lançamento por declaração – já que a estes é obrigatória a apresentação da Declaração Anual de Venda – DAV.

O crédito da Seguridade Social é constituído por meio de notificação de lançamento, de auto de infração e de confissão de valores devidos e não recolhidos pelo contribuinte, como será visto a seguir.

O art. 25 da Lei n. 11.941/2009 altera o Decreto n. 70.235, de 1972, sendo que a alteração do art. 9º do referido Decreto, segundo a Exposição de Motivos da Medida Provisória n. 449, encaminhada pelo Presidente da República ao Congresso Nacional, "visa possibilitar à Fazenda Nacional, nas hipóteses em que não resulte lançamento de crédito tributário, a formalização de infrações que ensejem a redução de valores a restituir, a compensar ou a deduzir de tributos e a glosa de créditos de tributos não cumulativos, permitindo ao contribuinte exercer plenamente o direito ao contraditório e à ampla defesa". Além disso, "por economia processual, propõe-se que os autos de infração e as notificações de lançamento que sejam formalizados em decorrência de fiscalização relacionada ao Regime Especial Unificado de Arrecadação de Tributos e Contribuições devidos pelas Microempresas e Empresas de Pequeno Porte – Simples Nacional possam constar de lançamento único para todos os tributos por eles abrangidos". A mesma motivação aplica-se às contribuições devidas a terceiros.

---

232 MACHADO, Hugo de Brito. *Curso de direito tributário*. 10. ed., São Paulo: Malheiros, 1995, p 118.

Faculta-se, ainda, ao Poder Executivo, pela alteração introduzida pela MP n. 449, convertida na Lei n. 11.941, identificar outras situações que possam ter seu trâmite processual acelerado, através da exigência de tributos que dependam dos mesmos elementos de prova em um único lançamento. Tal medida visa facilitar o julgamento e dar maior celeridade ao contencioso administrativo tributário, com ganhos para o contribuinte e para a Fazenda Nacional.

9.1.1 Notificação de Lançamento - NL

A Notificação de Lançamento - NL é o documento pelo qual a fiscalização cientifica o devedor de haver débito em atraso deste para com a Seguridade Social. Sua finalidade é notificar o contribuinte sobre o lançamento de débito relativo a contribuições sociais e instaurar o processo fiscal de cobrança.

Desde o recebimento da notificação, o devedor tem o prazo de trinta dias para quitar o débito, formalizar acordo para parcelamento ou opor defesa administrativa, com o que se deflagra o processo contencioso fiscal, de cunho administrativo.

Os prazos para impugnação de lançamento constam nas Notificações e Autos de Infração e, via de regra, o contribuinte tem 30 dias do recebimento para contestar o lançamento. A regra geral sobre contagem de prazos no processo administrativo fiscal é estabelecida pelo art. 5º do Decreto no. 70.235/72: "*Art. 5º Os prazos serão contínuos, excluindo-se, na sua contagem, o dia de início e incluindo-se o dia do vencimento. Parágrafo único. Os prazos só se iniciam ou vencem no dia de expediente normal no órgão em que corra o processo ou deva ser praticado o ato.*"

Não opondo o devedor sua defesa no prazo, ocorre o efeito de revelia, e o débito pode ser inscrito em Dívida Ativa, para que seja procedida a Execução Fiscal em Juízo.

Em havendo defesa, mas sendo esta refutada pela decisão da autoridade fiscal da RFB, esta julgará o débito procedente. Dessa decisão cabe recurso para o 2º Conselho de Contribuintes do Ministério da Fazenda. Uma vez protocolado recurso, este é distribuído para a 5ª ou 6ª Câmara recursal. É de trinta dias o prazo para interposição de recursos e para o oferecimento de contra-razões, contados da ciência da decisão e da interposição do recurso, respectivamente. O mesmo direito de recurso cabe à RFB, havendo situações em que esta deverá recorrer de ofício (Decreto n. 3.048/99, art. 366).

Por força do disposto no art. 25 da Lei n. 11.457/2007, que unificou a arrecadação dos tributos federais, a partir de 1º de maio de 2008 o processo administrativo referente às contribuições previstas na Lei n. 8.212/91 passa a ser regido pelo Decreto nº 70.235, de 6 de março de 1972.

O ente arrecadador pode reformar suas decisões, deixando, no caso de reforma favorável ao interessado, de encaminhar o recurso à instância competente.

9.1.2 Auto de Infração – AI

O AI destina-se a registrar a ocorrência de infração à legislação previdenciária, em descumprimento de uma obrigação acessória, e a possibilitar a instauração do respectivo processo de infração, bem como constituir o crédito decorrente da multa.

O AI será lavrado pelo Auditor-Fiscal da Receita Federal do Brasil com discriminação clara e precisa da infração e das circunstâncias em que foi praticada, dispositivo legal infringido e a penalidade aplicada, assim como os critérios de sua gradação, indicando local, dia e hora de sua lavratura, observadas as normas fixadas pelos órgãos competentes.

Recebido o AI, o infrator terá o prazo de quinze dias, a contar da ciência do auto, para apresentar defesa. Se o infrator efetuar o recolhimento da multa nesse prazo, sem interposição de defesa, o valor da multa será reduzido em 50%. Se o infrator efetuar o recolhimento no prazo estipulado para interposição de recurso, o valor da multa será reduzido em 25%. O recolhimento do valor da multa, com a redução de 50%, implicará a renúncia ao direito de defesa ou de recurso. Apresentada impugnação, o processo será submetido à autoridade competente, que decidirá sobre a autuação.

As infrações são penalidades previstas no Regulamento da Previdência Social (Decreto n. 3.048/99, art. 283), caracterizando o descumprimento de obrigações acessórias, sendo passíveis de multa, variável conforme as circunstâncias.

A concessão de bonificações, participações nos lucros ou outras vantagens a acionistas ou cotistas da empresa em débito para com a Seguridade Social sujeita o responsável à multa de 50% das quantias que tiverem sido pagas ou creditadas, a partir da data do evento.

A empresa que não comunicar acidente do trabalho ao INSS até o primeiro dia útil seguinte ao da ocorrência estará sujeita à multa, variável entre os limites mínimo e máximo do salário de contribuição, por acidente que tenha deixado de comunicar nesse prazo.

A multa por falta de comunicação do acidente de trabalho terá elevado em duas vezes o seu valor a cada reincidência, e será aplicada, no seu grau mínimo, na ocorrência da primeira comunicação feita fora do prazo estabelecido no art. 22 da Lei n. 8.213/91, ou não comunicada, atentando-se para as eventuais circunstâncias atenuantes e agravantes.

A matéria encontra-se regulamentada pelos artigos 283 a 290 do Decreto n. 3.048/99, uma vez que foram revogados os artigos 291 e 292 pelo Decreto n. 6.727, de 12.1.2009.

Constituem circunstâncias agravantes da infração, das quais dependerá a gradação da multa, ter o infrator:

- tentado subornar servidor dos órgãos competentes;

- agido com dolo, fraude ou má-fé;
- desacatado, no ato da ação fiscal, o agente da fiscalização;
- obstado a ação da fiscalização;
- incorrido em reincidência.

Caracteriza reincidência a prática de nova infração a dispositivo da legislação por uma mesma pessoa ou por seu sucessor, dentro de cinco anos da data em que se tornar irrecorrível administrativamente a decisão condenatória, da data do pagamento ou da data em que se configurou a revelia, referentes à autuação anterior.

Acerca das circunstâncias atenuantes, o Decreto n. 6.727, de 12.1.2009, revogou integralmente o art. 291 do Regulamento da Previdência Social, suprimindo, desta forma, a aplicação de atenuantes para anistia ou redução da penalidade pecuniária.

De acordo com o § 2º do art. 95 da Lei de Custeio, a empresa que transgredir as normas dessa Lei, além das outras sanções previstas, sujeitar-se-á, nas condições em que dispuser o regulamento:

a) à suspensão de empréstimos e financiamentos, por instituições financeiras oficiais;
b) à revisão de incentivos fiscais de tratamento tributário especial;
c) à inabilitação para licitar e contratar com qualquer órgão ou entidade da administração pública direta ou indireta federal, estadual, do Distrito Federal ou municipal;
d) à interdição para o exercício do comércio, se for sociedade mercantil ou comerciante individual;
e) à desqualificação para impetrar concordata;
f) à cassação de autorização para funcionar no país, quando for o caso.

9.2 Tramitação e Julgamento

Uma vez emitido pelo órgão de arrecadação um documento fiscal capaz de constituir crédito da Seguridade Social - NL ou AI, impõe-se, de imediato, por força de imperativo constitucional - direito ao contraditório e à ampla defesa - conceder-se prazo ao notificado ou autuado, para interposição de defesa, em sede administrativa. Trata-se de uma faculdade atribuída ao sujeito passivo da obrigação tributária, para que alegue, em seu favor, qualquer fundamento capaz de caracterizar a inexigibilidade da contribuição ou da penalidade pecuniária, desde o vício formal do ato fiscal até a inconstitucionalidade da norma em que se baseia a exigência, passando, evidentemente, pela quitação da obrigação.

Este prazo para defesa, até 30 de abril de 2008, será de 15 dias, por força do disposto no Regulamento da Previdência Social. Todavia, a partir de 1.5.2008, conforme estabelecido na no art. 25 da Lei n. 11.457, de 16.3.2007, aplicar-se-á ao contencioso administrativo fiscal relativo a contribuições à Seguridade Social o regramento disposto no Decreto n. 70.235, de 6.3.1972, que então estabelece o prazo de 30 dias para a defesa do notificado/autuado. Ou seja, as NLs e AIs emitidas a partir de maio de 2008 sujeitar-se-ão aos novos prazos do referido Decreto, que já se aplica a todos os demais processos administrativos fiscais de atribuição da Receita Federal, inclusive os referentes a contribuições que já eram fiscalizadas pela antiga SRF (COFINS, CSLL, PIS/PASEP e arrecadação do SIMPLES).

Apresentada defesa no prazo, ou esgotando-se o prazo sem que a mesma tenha sido protocolada, é proferida decisão administrativa em primeira instância, da qual, por seu turno, cabe recurso a um órgão jurisdicional de caráter também administrativo – atualmente, o Conselho Administrativo de Recursos Fiscais – CARF, órgão colegiado, paritário, integrante da estrutura do Ministério da Fazenda.

A nova estrutura também prevê que dentro de quinze dias caberá recurso à Câmara Superior de Recursos Fiscais – CSRF das decisões não-unânimes, contrárias às leis ou às evidências de prova, de competência privativa do Procurador da Fazenda Nacional; ou de decisões de interpretações divergentes entre câmaras, turmas, turmas especiais ou do próprio CSRF; ou de decisões de câmara, turma de câmara ou de turmas especiais, à CSRF, que derem provimento a recurso de ofício, no prazo de trinta dias.

A antiga estrutura previa o pedido de reconsideração, e não recurso, das decisões que dessem provimento a recursos de ofício e das decisões que negassem provimento a recurso voluntário.

Caberá recurso especial à Câmara Superior de Recursos Fiscais, no prazo de quinze dias da ciência do acórdão ao interessado:

- *de decisão não-unânime de Câmara, turma de Câmara ou turma especial, quando for contrária à lei ou à evidência da prova, sendo este recurso privativo da Procuradoria da Fazenda Nacional;*
- *de decisão que der à lei tributária interpretação divergente da que lhe tenha dado outra Câmara, turma de Câmara, turma especial ou a própria Câmara Superior de Recursos Fiscais.*

A Câmara Superior de Recursos Fiscais poderá, nos termos do regimento interno, após reiteradas decisões sobre determinada matéria e com a prévia manifestação da Secretaria da Receita Federal do Brasil e da Procuradoria-Geral da Fazenda Nacional, editar enunciado de súmula que, mediante aprovação de dois terços dos seus membros e do Ministro de Estado da Fazenda, terá efeito vinculante em relação aos demais órgãos da administração tributária federal, a partir de sua publicação na imprensa oficial.

A Câmara Superior de Recursos Fiscais poderá rever ou cancelar súmula, de ofício ou mediante proposta apresentada pelo Procurador-Geral da Fazenda Nacional ou pelo Secretário da Receita Federal do Brasil.

Segundo o art. 26-A do Decreto n. 70.235/72, acrescido pela Lei n. 11.941/2009, "no âmbito do processo administrativo fiscal, fica vedado aos órgãos de julgamento afastar a aplicação ou deixar de observar tratado, acordo internacional, lei ou decreto, sob fundamento de inconstitucionalidade", não se aplicando esta regra aos casos de tratado, acordo internacional, lei ou ato normativo que já tenha sido declarado inconstitucional por decisão plenária definitiva do Supremo Tribunal Federal, ou que fundamente crédito tributário objeto de:

a) dispensa legal de constituição ou de ato declaratório do Procurador-Geral da Fazenda Nacional, na forma dos arts. 18 e 19 da Lei n. 10.522/2002;

b) súmula da Advocacia-Geral da União, na forma do art. 43 da Lei Complementar n. 73/93; ou

c) pareceres do Advogado-Geral da União aprovados pelo Presidente da República, na forma do art. 40 da Lei Complementar n. 73/93.

O prazo recursal para o sujeito passivo, em caso de decisão de primeira instância desfavorável, é de 30 dias a contar da ciência da decisão, e permanecerá sendo, já que não há diferença de prazo estabelecido entre o Decreto n. 3.048/99 e o Decreto n. 70.235/72. O mesmo prazo se tem estabelecido para as contra-razões do órgão de arrecadação. Os recursos tempestivos têm efeito suspensivo e devolutivo.

Dispõe o art. 307 do Decreto n. 3.048/99 que a propositura, pelo beneficiário ou contribuinte, de ação que tenha por objeto idêntico pedido sobre o qual versa o processo administrativo importa renúncia ao direito de recorrer na esfera administrativa e desistência do recurso interposto. A regra se justifica pelo fato de que a decisão judicial elimina a possibilidade de modificação pela instância administrativa, ante os efeitos da coisa julgada de decisões proferidas pelo Judiciário. Já o oposto não ocorre: uma decisão administrativa, por mais que se refira a doutrina publicista a uma "coisa julgada administrativa", não opera efeitos definitivos, podendo ser revista, nos prazos definidos por lei, por força de decisão judicial que venha a se sobrepor àquela primeira.

9.3 Depósito recursal – exigibilidade

Em se tratando de processo que tenha por objeto a discussão de crédito previdenciário, o recurso de que trata esta Subseção somente terá seguimento se o recorrente pessoa jurídica ou sócio desta instruí-lo com prova de depósito em favor do ente arrecadador, de valor correspondente a trinta por cento da exigência fiscal definida na decisão. É a chamada garantia de instância, prevista no art. 306 do Regulamento da Previdência Social, com a redação conferida pelo Decreto n. 4.862, de 21.10.2003.

Independe de garantia de instância a interposição de recursos nos processos de interesse de beneficiários ou que tenham por objeto a discussão de crédito previdenciário, sendo o recorrente pessoa física, facultada a realização de depósito, à disposição do Fisco, do valor do crédito corrigido monetariamente, quando for o caso, acrescido de juros e multa de mora cabíveis, não se sujeitando a novos acréscimos a contar da data do depósito.

Tratando-se de recursos em processos fiscais, aplica-se o que dispõe o art. 151 do Código Tributário Nacional – art. 308, parágrafo único, do Regulamento da Previdência Social, com a redação conferida pelo Decreto n. 4.729, de 9.6.2003.

No entanto, o plenário do Supremo Tribunal Federal, no julgamento da ADI n. 1.976 (DJ 18.05.2007) reconheceu a inconstitucionalidade da garantia prévia para recurso administrativo, afastando a exigência de depósito de 30% do valor discutido em débito com a Seguridade Social como condição de recorribilidade.

Na prática, as empresas passaram a ter direito de interpor recurso administrativo sem a necessidade do depósito antecipado. "O recurso deve se submeter a certas exigências, mas não pode ter nenhuma discriminação que se refira a capacidade financeira", apontou o ministro Cezar Peluso em seu voto.

O ministro ressaltou a incompatibilidade da lei que instituiu o depósito prévio com o art. 146 da Constituição Federal, no sentido de que obrigação, lançamento, crédito, prescrição e decadência tributários devem ser tratados por lei complementar e não ordinária, como é o caso da exigência do depósito prévio.

Ainda de acordo com o ministro Cezar Peluso, o Código Tributário Nacional não prevê a necessidade do depósito prévio para subsistência do recurso administrativo. No entendimento do ministro, a instituição de depósito prévio deveria ser feita por lei complementar que alterasse o artigo 151 do CTN, que prevê as hipóteses para suspensão da exigibilidade do crédito tributário. "O objetivo prático da norma parece ser o de antecipar o recolhimento do tributo, sob a assunção de que o recurso do contribuinte é, via de regra, protelatório", observou o ministro Peluso.

Na esteira da decisão que declarou inconstitucional a exigência de depósito prévio em recursos administrativos, o Plenário do Supremo Tribunal Federal também decidiu ser inconstitucional o arrolamento de bens no caso de interposição de recurso administrativo voluntário. A decisão unânime foi tomada no julgamento da Ação Direta de Inconstitucionalidade n. 1.976 (DJ 18.5.2007). Segundo o relator da ADI, do ponto de vista do contribuinte, a necessidade de arrolar bens cria a mesma dificuldade que depositar quantia para recorrer.

"Em ambas as situações, cria-se um empecilho desarrazoado para o ingresso na segunda instância administrativa. Sob esse ângulo, torna-se evidente que os canais possibilitados pela Constituição para recorrer administrativamente são igualmente obstruídos, seja pela exigência do depósito prévio, seja pela exigência do arrolamento de bens", afirmou o relator.

Pela decisão plenária, foi cassado o artigo 32 da Medida Provisória n. 1.699-41/98, convertida na Lei n. 10.522/2002 (artigo 32, parágrafo 2º), que deu nova redação ao artigo 33, parágrafo 2º, do Decreto n. 70.235/72.

O tema resultou na edição pelo STF da Súmula Vinculante n. 21, do seguinte teor: "É inconstitucional a exigência de depósito ou arrolamento prévios de dinheiro ou bens para admissibilidade de recurso administrativo."

Capítulo 10
Dívida ativa:
INSCRIÇÃO E EXECUÇÃO JUDICIAL

Podemos definir como dívida ativa a totalidade dos créditos devidos à entidade arrecadadora fiscal, ainda não quitados pelos contribuintes ou responsáveis. A dívida ativa compreende, portanto, a soma dos créditos tributários que eram exigíveis e que não foram pagos no momento próprio, ou seja, que já se encontram vencidos.

O Código Tributário Nacional apresenta no art. 201, *caput*, o conceito de dívida ativa nos seguintes termos: "Constitui dívida ativa tributária a proveniente de crédito dessa natureza regularmente inscrita na repartição administrativa competente, depois de esgotado o prazo fixado para pagamento, pela lei ou por decisão final proferida em processo regular".

De acordo com o Regulamento da Previdência Social – Decreto n. 3.048/99: "Considera-se Dívida Ativa o crédito proveniente de fato jurídico gerador das obrigações legais ou contratuais, desde que inscrito no livro próprio, de conformidade com os dispositivos da Lei n. 6.830, de 1980" (art. 245, § 4º).

A Lei n. 6.830, de 22.9.80, dispõe sobre a cobrança judicial da Dívida Ativa da Fazenda Pública, determinando no art. 1º: "A execução judicial para cobrança da Dívida Ativa da União, dos Estados, do Distrito Federal, dos Municípios e respectivas Autarquias será regida por esta Lei e, subsidiariamente, pelo Código de Processo Civil".

O Código de Processo Civil se aplica a todos os processos regulados por lei especial, nas partes em que esta for omissa, independentemente de menção expressa à aplicação do Código pela norma especial.

As contribuições, a atualização monetária, os juros de mora, as multas, bem como outras importâncias devidas e não recolhidas até o seu vencimento, devem ser lançados em livro próprio destinado à inscrição em Dívida Ativa da União, após a constituição do respectivo crédito, a partir da edição da Lei n. 11.457, de 16.3.2007, não mais existindo, doravante, Dívida Ativa da Seguridade Social. Será inscrito em Dívida Ativa todo e qualquer débito (contribuições e multas por infrações) de competência da fiscalização da Secretaria da Receita Federal do Brasil.

Observação importante é feita por *Hugo de Brito Machado* no sentido de que: "O crédito é levado à inscrição como dívida depois de definitivamente constituído. A inscrição não é ato de constituição do crédito tributário. Pressupõe, isto sim, que este se encontre regular e definitivamente constituído, e ainda que se tenha esgotado o prazo fixado para seu pagamento".[233]

Quanto à necessidade ou não de se realizar procedimento administrativo prévio para inscrição em Dívida Ativa de crédito já declarado pelo sujeito passivo, assim vem se pronunciando o STJ:

> *PROCESSUAL CIVIL E TRIBUTÁRIO - AGRAVO REGIMENTAL - DÉBITO DECLARADO PELO CONTRIBUINTE E PAGO A MENOR NO VENCIMENTO - DCTF OU GFIP - CONSTITUIÇÃO DO CRÉDITO TRIBUTÁRIO - APLICAÇÃO DO ART. 557 DO CPC.*
>
> *1. Tem-se por pacificado nesta Corte o entendimento de que declarado e não pago (ou pago a menor) o débito no vencimento, a confissão do débito pelo contribuinte equivale à constituição do crédito tributário, podendo ser imediatamente inscrito em dívida ativa, independentemente de qualquer procedimento por parte do Fisco. Precedentes da Primeira Seção e Primeira e Segunda Turmas.*
>
> *2. Decisão monocrática que se enquadra nas hipóteses previstas no art. 557 do CPC.*
>
> *3. Agravo regimental não provido.*
>
> *(AgRg no REsp 774291/PR, 2ª Turma, Relatora Ministra ELIANA CALMON, julgamento em 20.09.2007, DJ 02.10.2007).*

A cobrança cumulativa de juros de mora e multa moratória foi objeto da Súmula n. 209 do extinto Tribunal Federal de Recursos, nos seguintes termos: "Nas execuções fiscais da Fazenda Nacional, é legítima a cobrança cumulativa de juros de mora e multa moratória".

Os requisitos do termo de inscrição em Dívida Ativa estão previstos no art. 202 do Código Tributário Nacional e reproduzidos no § 5º do art. 2º da Lei n. 6.830/80, quais sejam:

> *I – o nome do devedor, dos co-responsáveis e sempre que conhecido, o domicílio ou residência de um e de outros;*
>
> *II – o valor originário da dívida, bem como o termo inicial e a forma de calcular os juros de mora e demais encargos previstos em lei ou contrato;*
>
> *III – a origem, a natureza e o fundamento legal ou contratual da dívida;*
>
> *IV – a indicação, se for o caso, de estar a dívida sujeita à atualização monetária, bem como o respectivo fundamento legal e o termo inicial para o cálculo;*
>
> *V – a data e o número da inscrição, no Registro de Dívida Ativa; e*
>
> *VI – o número do processo administrativo ou do auto de infração, se neles estiver apurado o valor da dívida.*

233 MACHADO, Hugo de Brito. *Curso de direito tributário*. 10. ed., São Paulo: Malheiros, 1995, p. 171.

A Certidão de Dívida Ativa – CDA deverá conter os mesmos elementos do Termo de Inscrição e servirá de título para que o órgão competente, por intermédio de seu procurador ou representante legal, promova a cobrança em juízo, por meio de execução fiscal.

Até a decisão de primeira instância, a Certidão da Dívida Ativa poderá ser emendada ou substituída, assegurada ao executado a devolução do prazo para embargos. Todavia, a emenda ou substituição só é possível nos casos de erros materiais e defeitos formais ou de supressão de parcelas extras. Acerca do tema, a Súmula n. 392 do STJ: "A Fazenda Pública pode substituir a certidão de dívida ativa (CDA) até a prolação da sentença de embargos, quando se tratar de correção de erro material ou formal, vedada a modificação do sujeito passivo da execução."

Não há cabimento, pois, de indeferimento liminar da petição inicial da execução fiscal por erro contido nesta, sendo obrigatória a oportunização de sua retificação. Neste sentido: "A Fazenda Pública pode substituir ou emendar a Certidão de Dívida Ativa até a prolação da sentença, a teor do disposto no § 8º do art. 2º da Lei 6.830/1980" (REsp nº. 200900046318. STJ. Segunda Turma. Relatora Ministra Eliana Calmon. DJ de 25.9.2009).

A Dívida Ativa regularmente inscrita goza de presunção de certeza e liquidez. Porém, a presunção é relativa e pode ser elidida por prova inequívoca, a cargo do executado ou de terceiro, a quem aproveite. Nesse sentido, Ap. Cível n. 2001.04.01.059531-8/SC, TRF da 4ª Região, 2ª Turma, Rel. Des. Federal Dirceu de Almeida Soares, sessão de 9.10.2001.

A execução fiscal poderá ser promovida contra o devedor, o fiador, o espólio, a massa falida, o responsável, nos termos da lei, por dívidas tributárias ou não de pessoas físicas ou pessoas jurídicas de Direito Privado, e os sucessores a qualquer título (LEF, art. 4º).

Sobre a inclusão dos sócios gestores da pessoa jurídica no pólo passivo da execução fiscal, a posição do STJ é pelo não cabimento quando não caracterizada conduta irregular na gestão:

> *Tributário - Execução fiscal - Redirecionamento - Impossibilidade - Sócio-gerente - Atuação dolosa ou culposa - Comprovação - Necessidade - Tributo - Não-recolhimento - Ocorrência - CTN, art. 135.79 DIREITO Tributário*
>
> *Recurso especial. Tributário. Execução fiscal. Sócio-gerente. Redirecionamento. Art. 135 do CTN. Simples inadimplemento. Falta de comprovação de atos praticados com excesso de poderes ou infração de lei. Recurso parcialmente provido.*
>
> *1. Não viola o art. 535 do CPC, tampouco nega a prestação jurisdicional, o acórdão que adota fundamentação suficiente para decidir de modo integral a controvérsia.*
>
> *2. A jurisprudência desta Corte de Justiça firmou-se no sentido de condicionar a responsabilidade pessoal do sócio-gerente à comprovação da atuação dolosa ou culposa na administração dos negócios, decorrentes de atos praticados com excesso de poderes ou infração de lei, contrato social ou estatuto.*

3. O não-recolhimento do tributo configura simples mora da sociedade devedora contribuinte, não ensejando o redirecionamento da execução fiscal contra os sócios-gerentes.
4. Recurso especial parcialmente provido.
(REsp n. 901.836/SP. Relatora Ministra Denise Arruda. Primeira Turma. Unânime. DJE em 11.11.2008)

Os órgãos competentes podem, antes de ajuizar a cobrança da Dívida Ativa, promover o protesto de título dado em garantia de sua liquidação, ficando, entretanto, ressalvado que o título será sempre recebido *pro solvendo*.

Até recentemente, cada autarquia e fundação pública federal exercia toda a atividade de inscrição, cobrança e ajuizamento de execução fiscal em relação a seus créditos. Entretanto, com o advento da Lei n. 10.480, de 2002, e da Lei n. 11.457, de 2007, determinou-se a centralização da cobrança da dívida ativa das autarquias e fundações públicas federais nas unidades da Procuradoria Geral Federal - vinculada à Advocacia Geral da União, em até vinte e quatro meses contados a partir da publicação da Lei n. 11.457, de 2007.

O projeto de centralização da dívida ativa na Procuradoria-Geral Federal abrange todas as autarquias e fundações públicas federais, aproximadamente 180 entidades, com exceção do Banco Central do Brasil. No contexto de absorção das novas atribuições, a aplicação de encargos moratórios no âmbito das autarquias e fundações públicas federais não obedece a uma padronização. Existe uma profusão de leis dispondo sobre a matéria, estabelecendo percentuais diferenciados de juros e multa de mora.

Com o escopo de se dispensar tratamento uniforme à matéria, conferindo maior racionalidade ao sistema de cobrança da dívida dos entes autárquicos e fundacionais federais, a MP n. 449, convertida na Lei n. 11.941/2009, propõe a utilização dos mesmos parâmetros estabelecidos para a cobrança da dívida ativa da União, na forma do § 3º do art. 61 da Lei n. 9.430, de 1996. Pelas mesmas razões de simplificação, uniformização e racionalidade, sugere-se a fixação de encargos legais, em substituição aos honorários advocatícios decorrentes de condenação em juízo, no percentual de 20%, com previsão de redução para 10%, na hipótese de pagamento efetuado antes do ajuizamento da execução, nos moldes já estipulados na Lei n. 6.938, de 31 de agosto de 1981, na Lei n. 9.782, de 26 de janeiro de 1999 e, mais recentemente, na Lei de criação da Agência Nacional de Aviação Civil - ANAC - Lei n. 11.182, de 27 de setembro de 2005.

Quanto ao parcelamento, os créditos das autarquias e fundações públicas federais inscritos em dívida ativa pela Procuradoria-Geral Federal poderão ser parcelados em 30 meses, em simetria com a disciplina do parcelamento do Banco Central do Brasil, obedecendo, contudo, às formas e condições gerais da Lei n. 10.522, de 2002.

A competência para processar e julgar as execuções fiscais propostas pela Fazenda Pública, nesta compreendidas as Autarquias Federais, em especial o INSS, é da Justiça Federal, consoante regra prevista no art. 109, I, da Constituição Federal. Em consonância com a norma de delegação de competência prevista no próprio texto constitucional (art. 109, § 3º), a Lei n. 5.010, de 30.5.66, estabelece no art. 15, I, que: "Nas comarcas do interior onde não funcionar Vara da Justiça Federal (art. 12), os juízes estaduais são competentes para processar e julgar: I – os executivos fiscais da União e de suas autarquias, ajuizados contra devedores domiciliados nas respectivas comarcas". Nesse sentido a Súmula n. 40 do extinto Tribunal Federal de Recursos: "A execução fiscal da Fazenda Pública Federal será proposta perante o Juiz de Direito da Comarca do domicílio do devedor, desde que não seja ela sede de Vara da Justiça Federal".

Depois de ajuizada a ação, a mudança de domicílio do executado é irrelevante, não alterando a competência inicial. Nesse sentido a Súmula n. 58 do Superior Tribunal de Justiça: "Proposta a execução fiscal, a posterior mudança de domicílio do executado não desloca a competência já fixada".

A competência para processar e julgar a execução da dívida ativa da Fazenda Pública exclui a de qualquer outro Juízo, inclusive os da falência, da concordata, da liquidação, da insolvência ou do inventário (LEF, art. 5º).

A petição inicial indicará apenas o Juiz a quem é dirigida, o pedido e o requerimento para a citação, e será instruída com a Certidão da Dívida Ativa, que dela fará parte integrante, como se estivesse transcrita. A petição inicial e a Certidão de Dívida Ativa poderão constituir um único documento, preparado inclusive por processo eletrônico. A produção de provas pela Fazenda Pública independe de requerimento na petição inicial. O valor da causa será o da dívida constante da certidão, com os encargos legais (LEF, art. 6º).

O despacho do Juiz que deferir a inicial importa em ordem para (LEF, art. 7º):

- citação;
- penhora, se não for paga a dívida, nem garantida a execução, por meio de depósito ou fiança;
- arresto, se o executado não tiver domicílio ou dele se ocultar;
- registro da penhora ou do arresto, independentemente do pagamento de custas ou outras despesas; e
- avaliação dos bens penhorados ou arrestados.

O despacho do juiz que ordenar a citação interrompe a prescrição (art. 8º, da LEF). A jurisprudência não considerava eficaz tal disposição em face do disposto no art. 174, parágrafo único, inciso I, do CTN, que estabelecia a interrupção da prescrição pela citação pessoal do devedor. Entretanto, com a edição da Lei Complementar n. 118/2005, foi alterada a redação do CTN neste ponto, tornando-a idêntica à da Lei n. 6.830/80.

O executado será citado para, no prazo de cinco dias, pagar a dívida com os juros, multa de mora e encargos indicados na Certidão de Dívida Ativa, ou garantir a execução (LEF, art. 8º), facultada ao exequente a indicação de bens à constrição, que poderá ser feita juntamente com a citação inicial (art. 53 da Lei n. 8.212/91). Não ocorrendo o pagamento, nem a garantia da execução, a penhora poderá recair em qualquer bem do executado, exceto os que a lei declare absolutamente impenhoráveis.

Efetuado o pagamento integral da dívida executada, com seus acréscimos legais, no prazo de dois dias úteis contados da citação, independentemente da juntada aos autos do respectivo mandado, poderá ser liberada a penhora, desde que não haja outra execução pendente (art. 53, § 2º, da Lei n. 8.212/91).

Em garantia da execução, o executado poderá (LEF, art. 9º):

- efetuar depósito em dinheiro, à ordem do Juízo em estabelecimento oficial de crédito, que assegure atualização monetária;
- oferecer fiança bancária;
- nomear bens à penhora, observada a ordem legal prevista no art. 11 da Lei n. 6.830/80; ou
- indicar à penhora bens oferecidos por terceiros e aceitos pela Fazenda Pública.

O executado só poderá indicar e o terceiro oferecer bem imóvel à penhora com o consentimento expresso do respectivo cônjuge. Juntar-se-á aos autos a prova do depósito, da fiança bancária ou da penhora dos bens do executado ou de terceiros.

Poderá ainda o executado pagar parcela da dívida que julgar incontroversa, e garantir a execução do saldo devedor.

Não ocorrendo o pagamento, nem a garantia da execução, a penhora poderá recair em qualquer bem do executado, exceto os que a lei declare absolutamente impenhoráveis. De acordo com o art. 11 da Lei n. 6.830/80, a penhora ou arresto de bens obedecerá à seguinte ordem:

> *I - dinheiro;*
>
> *II - título da Dívida Pública, bem como título de crédito, que tenham cotação em Bolsa;*
>
> *III - pedras e metais preciosos;*
>
> *IV - imóveis;*
>
> *V - navios e aeronaves;*
>
> *VI - veículos;*
>
> *VII - móveis ou semoventes; e*
>
> *VIII - direitos e ações.*

Pela regra do art. 185-A, recentemente incorporado ao CTN pela Lei Complementar n. 118/2005, o juiz da execução fiscal poderá, nos feitos e em que o devedor não ofereça bens à penhora nem sejam encontrados, determinar a indisponibilidade dos bens do devedor. A regra evita que o executado possa dispor livremente de seus bens, até que cumpra as obrigações fiscais.

Acerca da penhora em dinheiro, havia forte divergência jurisprudencial no sentido da aplicação ou não da constrição em numerário constante de contas e aplicações financeiras, mediante o chamado sistema BACEN-JUD. No entanto, o STJ uniformizou a matéria sob os seguintes argumentos: "*No caso, existindo numerário depositado em conta bancária, não pode ser recusada a sua penhora ao argumento de que o executado nomeou crédito em precatório, já que a ordem da Lei 6.830/80 deve ser observada, sobretudo após a edição da Lei 11.382/06. Ademais, a Corte Especial, no julgamento do REsp 1.112.943-MA, Rel. Min. Nancy Andrighi, ocorrido em 15/09/2010, pela sistemática do artigo 543-C do CPC, decidiu que, após o advento da Lei nº 11.382/06, o juiz não pode exigir do credor o exaurimento das diligências, na busca de outros bens, para a decretação da penhora on line.*" (STJ, AGRESP nº. 201000000802, 2ª Turma, Rel. Min. Castro Meira, DJE 21.10.2010).

No âmbito da Justiça do Trabalho, a utilização do sistema BACEN-JUD vem sendo realizada largamente nas execuções processadas em favor da Fazenda Pública, sem divergências acerca da suposta violação decorrente da quebra do sigilo bancário e do esgotamento de outros meios para localização de bens:

> *EXECUÇÃO FISCAL. BLOQUEIO DE CONTAS VIA SISTEMA BACEN JUD. LEGALIDADE. É absolutamente legal o bloqueio de contas do executado via sistema BACEN JUD para a integral satisfação do crédito da Fazenda Pública. A análise da alegação do devedor de irreparabilidade dos prejuízos e da aventada inviabilização das atividades em face da medida judicial somente se viabiliza se ele traz aos autos elementos concretos e provas documentais reconhecidamente válidas (v.g. demonstrações contábeis) que embasem suas assertivas. (TRT da 12ª Região, 1ª Turma, Ag. Petição no Proc. 05821-2005-001-12-85-9, Relatora Juíza Águeda M. L. Pereira, publicado no TRTSC/DOE em 9.8.2007).*

A nosso ver, não há vulneração dos princípios regentes do processo e da execução pela utilização do sistema BACEN-JUD, que em verdade atende aos reclamos de celeridade, ou "duração razoável do processo", detendo o Poder Judiciário a autoridade para decretar a quebra de sigilo bancário com o fito de dar plena efetividade à prestação jurisdicional.

A penhora efetuada em dinheiro será convertida em depósito à disposição do Juízo.

Excepcionalmente, a penhora poderá recair sobre estabelecimento comercial industrial ou agrícola, bem como em plantações ou edifícios em construção.

O Juiz ordenará a remoção do bem penhorado para depósito judicial, particular ou da Fazenda Pública exequente, sempre que esta o requerer, em qualquer fase do processo.

A intimação da penhora ao executado far-se-á mediante publicação, no órgão oficial, do ato de juntada do termo ou do auto de penhora. Far-se-á a intimação da penhora, pessoalmente ao executado, se, na citação feita pelo correio, o aviso de recepção não contiver a assinatura do próprio executado, ou de seu representante legal. A intimação pessoal da penhora ao executado torna dispensável a publicação referida (Súmula n. 190 do extinto TFR).

O termo ou auto de penhora conterá, também, a avaliação dos bens penhorados, efetuada por quem o lavrar. Impugnada a avaliação, pelo executado, ou pela Fazenda Pública, antes de publicado o edital de leilão, o Juiz, ouvida a outra parte, nomeará avaliador oficial para proceder à nova avaliação dos bens penhorados. Apresentado o laudo, o Juiz decidirá de plano sobre a avaliação (LEF, art. 13).

O pedido para realização de nova avaliação, previsto na LEF – art. 13, § 1º –, deve ser feito motivadamente e será, ou não, deferido pela livre apreciação do Juiz condutor do feito (STJ – REsp n. 8.351/SP, DJU de 11.10.93).

Em qualquer fase do processo, será deferida pelo Juiz:

- ao executado, a substituição da penhora por depósito em dinheiro ou fiança bancária, e
- à Fazenda Pública, a substituição dos bens penhorados por outros, independentemente da ordem legal de nomeação, bem como o reforço da penhora insuficiente.

O executado poderá oferecer embargos, no prazo de trinta dias, contados (art. 16 da LEF):

- do depósito;
- da juntada da prova da fiança bancária; ou
- da intimação da penhora.

Sobre o início do prazo, é importante observar a Súmula n. 24 do Tribunal Regional Federal da 4ª Região: "Em execução fiscal, quando a ciência da penhora for pessoal, o prazo para a oposição dos embargos do devedor inicia (*sic*) no dia seguinte ao da intimação deste".

Não são admissíveis embargos do executado antes de garantida a execução. No prazo dos embargos, o executado deverá alegar toda matéria útil à defesa, requerer provas e juntar aos autos os documentos e rol de testemunhas, até três, ou, a critério do Juiz, até o dobro desse limite.

A apresentação de exceção de pré-executividade dispensa a apresentação de garantia e de acordo com a Súmula n. 393 do STJ é admissível relativamente às matérias conhecíveis de ofício que não demandem dilação probatória. Serve de exemplo, a decretação da prescrição ocorrida antes da propositura da ação, art. 219, § 5º, do CPC e Súmula n. 409 do STJ.

Não será admitida reconvenção, nem compensação, e as exceções, salvo as de incompetência, suspeição e impedimento, serão arguidas como matéria preliminar e serão processadas e julgadas com os embargos.

Recebidos os embargos, o Juiz mandará intimar a PGF, para impugná-los no prazo de trinta dias, designando, em seguida, audiência de instrução e julgamento. Não se realizará audiência se os embargos versarem sobre matéria de direito ou, sendo de direito e de fato, a prova for exclusivamente documental, caso em que o Juiz proferirá a sentença no prazo de trinta dias (art. 17 da Lei n. 6.830/80).

Na execução por carta, os embargos do executado serão oferecidos no Juízo deprecado, que os remeterá ao Juízo deprecante, para instrução e julgamento. Quando os embargos tiverem por objeto vícios ou irregularidades de atos do próprio Juízo deprecado, caber-lhe-á unicamente o julgamento dessa matéria (LEF, art. 20).

Não sendo embargada a execução ou sendo rejeitados os embargos, no caso de garantia prestada por terceiro, será este intimado, sob pena de contra ele prosseguir a execução nos próprios autos, para, no prazo de quinze dias (art. 19 da LEF):

- remir o bem, se a garantia for real, ou
- pagar o valor da dívida, juros e multa de mora e demais encargos, indicados na Certidão de Dívida Ativa, pelos quais se obrigou, se a garantia for fidejussória.

Julgados improcedentes os Embargos, cabe recurso de apelação, no prazo de quinze dias, ao Tribunal Regional Federal. Definitivamente julgados os Embargos, ou transcorrido o prazo de trinta dias contados do depósito ou da penhora, havendo depósito, é liberado ao executante; havendo penhora, os bens vão à hasta pública (alienação judicial, por praça ou leilão), quando então os bens poderão ser arrematados, sendo o pagamento da arrematação entregue ao executante, pelos créditos, satisfeitas ainda as custas e honorários; em não havendo arrematante, pode ocorrer a adjudicação do bem pelo próprio executante. Após deferida a arrematação ou a adjudicação pelo Juiz, o devedor tem vinte e quatro horas para remir a dívida.

Na hipótese de alienação antecipada dos bens penhorados, o produto será depositado em garantia da execução.

A arrematação será precedida de edital, afixado no local do costume, na sede do Juízo, e publicado, em resumo, uma só vez, gratuitamente, como expediente judiciário, no órgão oficial. O prazo entre as datas de publicação do edital e do leilão não poderá ser superior a trinta, nem inferior a dez dias. O representante judicial da Fazenda Pública será intimado, pessoalmente, da realização do leilão, com a mesma antecedência referida.

A alienação de quaisquer bens penhorados será feita em leilão público, no lugar designado pelo Juiz, devendo o executado ser intimado pessoalmente das datas fixadas. Nesse sentido a Súmula n. 121 do Superior Tribunal de Justiça: "Na execução fiscal o devedor deverá ser intimado, pessoalmente, do dia e hora da realização do leilão".

A Fazenda Pública poderá adjudicar os bens penhorados (LEF, art. 24):

- antes do leilão, pelo preço da avaliação, se a execução não for embargada ou se rejeitados os embargos;
- findo o leilão:

a) se não houver licitante, pelo preço da avaliação;

b) havendo licitantes, com preferência, em igualdade de condições com a melhor oferta, no prazo de trinta dias.

Quanto à hasta pública em execução fiscal de Dívida Ativa relativa a créditos da Seguridade Social, dispõe a Lei n. 8.212/91 que ela seja realizada por leiloeiro oficial, que poderá servir de fiel depositário (com a remoção do bem a depósito), à escolha do exequente, podendo o bem ser arrematado: em primeiro leilão, pelo maior lance, desde que não inferior ao da avaliação; em segundo leilão, pelo maior lance, salvo se caracterizado o preço vil.

O pagamento da arrematação poderá ser parcelado, a requerimento do credor, na mesma forma que os parcelamentos administrativos de débitos para com a Seguridade Social, devendo as condições do parcelamento constar do edital de leilão, ficando o executado liberado da dívida à medida em que o parcelamento da arrematação for sendo quitado, cabendo ao arrematante, no ato da arrematação, o depósito da primeira parcela, a fim de que lhe seja expedida carta de arrematação, constituída hipoteca do bem adquirido (imóvel) ou penhor (bem móvel) em favor da Seguridade Social e, simultaneamente, servindo essa carta como título hábil ao registro da garantia, ficando o arrematante como fiel depositário do bem móvel, quando constituído o penhor. Caso o arrematante deixe de pagar o parcelamento, ocorrerá o vencimento antecipado da dívida integral, realizando-se de imediato a inscrição em Dívida Ativa e execução fiscal do débito. A lei ainda faculta à Seguridade Social, à falta de arrematante, adjudicar o bem pelo valor mínimo de 50% da avaliação. Não havendo arrematação, nem adjudicação, o Juiz, de ofício ou a requerimento, determinará sucessivas hastas públicas, até que o bem seja alienado judicialmente (Lei n. 8.212/91, art. 98 e parágrafos).

Na execução fiscal, qualquer intimação ao representante judicial da Fazenda Pública será feita pessoalmente (Súmula n. 240 do extinto TFR). A intimação poderá ser feita mediante vista dos autos, com imediata remessa ao representante judicial da Fazenda Pública, pelo Cartório ou Secretaria.

Se, antes da decisão de primeira instância, a inscrição de Dívida Ativa for, a qualquer título, cancelada, a execução fiscal será extinta, sem qualquer ônus para as partes. É importante observar o entendimento firmado na jurisprudência que redundou na Súmula n. 153 do Superior Tribunal de Justiça: "A desistência da execução fiscal, após o oferecimento dos embargos, não exime o exequente dos encargos da sucumbência".

O Juiz, a requerimento das partes, poderá, por conveniência da unidade da garantia da execução, ordenar a reunião de processos contra o mesmo devedor. Nesta hipótese, os processos serão redistribuídos ao Juízo da primeira distribuição.

A cobrança judicial da Dívida Ativa não é sujeita a concurso de credores ou habilitação em falência, concordata, liquidação, inventário ou arrolamento. O concurso de preferência somente se verifica entre pessoas jurídicas de Direito Público, na ordem prevista pelo parágrafo único do art. 29 da LEF:

> *I – União e suas Autarquias;*
> *II – Estados, Distrito Federal e Territórios e suas Autarquias, conjuntamente e* pro rata;
> *III – Municípios e suas Autarquias, conjuntamente e* pro rata.

De acordo com art. 186 do CTN, com a nova redação dada pela Lei Complementar n. 118/2005, o crédito tributário prefere a qualquer outro, ressalvados os créditos trabalhistas e os decorrentes de acidente de trabalho. No entanto, estabeleceram-se exceções a essa preferência: em caso de falência, o crédito tributário deixa de preferir aos créditos extraconcursais ou às importâncias passíveis de restituição, bem como os créditos com garantia real, no limite do bem gravado. Da mesma forma, a multa tributária prefere apenas os créditos subordinados, o que poderá provocar nova discussão sobre a exigibilidade da multa no processo falimentar.

A União reivindicará os valores descontados pela empresa relativamente a empregados e/ou os arrecadados dos produtores rurais e não recolhidos, sendo que esses valores não estão sujeitos ao concurso de credores (art. 51, parágrafo único, da Lei n. 8.212/91).

Sem prejuízo dos privilégios especiais sobre determinados bens, que sejam previstos em lei, responde pelo pagamento da Dívida Ativa a totalidade dos bens e das rendas, de qualquer origem ou natureza, do sujeito passivo, seu espólio ou sua massa, inclusive os gravados por ônus real ou cláusula de inalienabilidade ou impenhorabilidade, seja qual for a data da constituição do ônus ou da cláusula, excetuados unicamente os bens e rendas que a lei declara absolutamente impenhoráveis.

Nos processos de falência, concordata, liquidação, inventário, arrolamento ou concurso de credores, nenhuma alienação será judicialmente autorizada sem a prova de quitação da Dívida Ativa ou a concordância da Fazenda Pública.

A discussão judicial da Dívida Ativa só é admissível em execução, na forma da Lei n. 6.830/80, salvo as hipóteses de mandado de segurança, ação de repetição do indébito ou ação anulatória do ato declarativo da dívida. De acordo com a Súmula Vinculante n. 28 do STF: "É inconstitucional a exigência de depósito prévio como requisito de admissibilidade de ação judicial na qual se pretenda discutir a exigibilidade de crédito tributário."

No entanto, a propositura dessas ações sem o respectivo depósito não impede o ajuizamento da execução fiscal pela Fazenda Pública. É importante atentar para a Súmula n. 112 do Superior Tribunal de Justiça: "O depósito somente suspende a exigibilidade do crédito tributário se for integral e em dinheiro".

A propositura, pelo contribuinte, de uma dessas ações importa em renúncia ao poder de recorrer na esfera administrativa e desistência do recurso acaso interposto.

O foro da execução fiscal já ajuizada é competente para conhecer da ação de nulidade de débito fiscal ou mesmo da ação declaratória.

A Fazenda Pública não está sujeita ao pagamento de custas e emolumentos. A prática dos atos judiciais de seu interesse independerá de preparo ou de prévio depósito. Se vencida, a Fazenda Pública ressarcirá o valor das despesas feitas pela parte contrária. Segundo entendimento pacificado da jurisprudência, inclusive do Superior Tribunal de Justiça, a Fazenda Pública e suas autarquias estão sujeitas ao adiantamento das despesas de condução de oficial de justiça. Nesse sentido, a Súmula n. 42 do Tribunal Regional Federal da 4ª Região: "A União e suas autarquias estão sujeitas ao adiantamento das despesas do oficial de justiça necessárias ao cumprimento de diligências por elas requeridas".

Na execução fiscal, processada perante a Justiça Estadual, cumpre à Fazenda Pública antecipar o numerário destinado ao custeio das despesas com o transporte dos Oficiais de Justiça (Súmula n. 190 do STJ).

O Juiz suspenderá o curso da execução, enquanto não for localizado o devedor ou encontrados bens sobre os quais possa recair a penhora, e, nesses casos, não correrá o prazo de prescrição. Suspenso o curso da execução, será aberta vista dos autos ao representante judicial da Fazenda Pública. Decorrido o prazo máximo de um ano, sem que seja localizado o devedor ou encontrados bens penhoráveis, o Juiz ordenará o arquivamento dos autos (LEF, art. 40). Encontrados que sejam, a qualquer tempo, o devedor ou os bens, serão desarquivados os autos para prosseguimento da execução.

A LEF, com a redação conferida pela Lei n. 11.051/2004, que incluiu o § 4º no art. 40, passou a admitir a existência da prescrição intercorrente como causa extintiva da execução, nos seguintes termos: "Se da decisão que ordenar o arquivamento tiver decorrido o prazo prescricional, o juiz, depois de ouvida a Fazenda Pública, poderá, de ofício, reconhecer a prescrição intercorrente e decretá-la de imediato".

O processo administrativo correspondente à inscrição de Dívida Ativa, à execução fiscal ou à ação proposta contra a Fazenda Pública será mantido na repartição competente, dele se extraindo as cópias autenticadas ou certidões que forem requeridas pelas partes ou requisitadas pelo Juiz ou pelo Ministério Público. Mediante requisição do Juiz à repartição competente, com dia e hora previamente marcados, poderá o processo administrativo ser exibido na sede do Juízo pelo funcionário para esse fim designado, lavrando o serventuário termo da ocorrência, com indicação, se for o caso, das peças a serem trasladadas.

É importante mencionar a Lei n. 9.441, de 14 de março de 1997, que extinguiu os créditos oriundos de contribuições arrecadadas pelo INSS ou decorrentes do descumprimento de obrigações acessórias, cujo valor:

- total das inscrições em Dívida Ativa, efetuadas até 30 de novembro de 1996, relativamente a um mesmo devedor, seja igual ou inferior a R$ 1.000,00;

- por lançamento feito até 30 de novembro de 1996, decorrente de notificação ou de auto de infração não inscrito em Dívida Ativa, seja igual ou inferior a R$ 500,00.

De acordo com o art. 2º dessa norma, a extinção de processos judiciais em decorrência da sua aplicação não implicará condenação em honorários, custas e quaisquer outros ônus de sucumbência contra o exequente, ainda que tenham sido oferecidos embargos à execução. O disposto nessa Lei não se aplica aos créditos incluídos em parcelamento.

Por sua vez, a Portaria n. 1.105, de 18.10.2002, do MPAS, prevê: "A Dívida Ativa do INSS de valor até R$ 10.000,00 (dez mil reais), considerada por CGC/CNPJ, não será ajuizada, exceto quando, em face do mesmo devedor, existirem outras dívidas, caso em que estas serão agrupadas para fins de ajuizamento".

A regra aplicável aos créditos da União é a prevista na Lei n. 11.033, de 2004, a qual prevê: "Serão arquivados, sem baixa na distribuição, mediante requerimento do Procurador da Fazenda Nacional, os autos das execuções fiscais de débitos inscritos como Dívida Ativa da União pela Procuradoria-Geral da Fazenda Nacional ou por ela cobrados, de valor consolidado igual ou inferior a R$ 10.000,00 (dez mil reais)".

A Medida Provisória n. 449, de 3.12.2008, convertida na Lei n. 11.941/2009, estabeleceu em seu art. 14: "Ficam remitidos os débitos com a Fazenda Nacional, inclusive aqueles com exigibilidade suspensa que, em 31 de dezembro de 2007, estejam vencidos há cinco anos ou mais e cujo valor total consolidado, nessa mesma data, seja igual ou inferior a R$ 10.000,00 (dez mil reais)", não implicando, todavia, o direito à restituição de valores já pagos. Quanto à forma de apuração deste valor, indica o dispositivo:

§ 1º O limite previsto no caput deve ser considerado por sujeito passivo, e, separadamente, em relação:

I - aos débitos inscritos em Dívida Ativa da União, no âmbito da Procuradoria-Geral da Fazenda Nacional;

II - aos débitos decorrentes das contribuições sociais previstas nas alíneas "a", "b" e "c" do parágrafo único do art. 11 da Lei n. 8.212, de 1991, das contribuições instituídas a título de substituição e das contribuições devidas a terceiros, assim entendidas outras entidades e fundos, administrados pela Secretaria da Receita Federal do Brasil; e

III - aos demais débitos administrados pela Secretaria da Receita Federal do Brasil.

Também previu a referida MP a competência exclusiva do Advogado-Geral da União de dispensar a inscrição de crédito, autorizar o não ajuizamento de ações e a não-interposicão de recursos, assim como requerimento de extinção das ações em curso ou de desistência dos respectivos recursos judiciais, para cobrança de créditos das autarquias e fundações públicas federais, observados os critérios de custos de administração e cobrança (art. 1º-A da Lei n. 9.469/97). A regra não se aplica à Dívida Ativa da União e aos processos em que a União seja autora, ré, assistente ou opoente cuja representação judicial seja atribuída à Procuradoria-Geral da Fazenda Nacional.

No que tange à prescrição intercorrente, prevista pelo § 4º do art. 40 da LEF, com a redação conferida pela Lei n. 11.051/2004, o STJ tem dado a seguinte interpretação:

> A jurisprudência do STJ sempre considerou que o reconhecimento da prescrição nos processos executivos fiscais, por envolver direito patrimonial, não pode ser feito de ofício pelo juiz ante a vedação prevista no art. 219, § 5º, do CPC. Ocorre que o atual § 4º do art. 40 da LEF (Lei n. 6.830/1980), acrescentado pela Lei n. 11.051/2004 (art. 6º), viabiliza a decretação da prescrição intercorrente por iniciativa judicial, com a única condição de ser previamente ouvida a Fazenda Pública, permitindo-lhe arguir eventuais causas suspensivas ou interruptivas do prazo prescricional. Tratando-se de norma de natureza processual, tem aplicação imediata, alcançando, inclusive, os processos em curso, cabendo ao juiz da execução decidir a respeito da sua incidência, por analogia, à hipótese do caso Precedente citado: REsp 655.174-PE, DJ 9.5.2005. REsp 731.961-PE, Rel. Min. Teori Albino Zavascki, julgado em 2.8.2005.

Capítulo 11
Execução de contribuições à Seguridade Social na Justiça do Trabalho

A partir da modificação do art. 114 da Constituição pela Emenda Constitucional n. 20/98, a Justiça do Trabalho passou a ser competente, entre outras matérias, para a "execução, de ofício, das contribuições sociais previstas no art. 195, I, *a*, e II, e seus acréscimos legais, decorrentes das sentenças que proferir". Posteriormente, com a promulgação da Emenda Constitucional n. 45/2004, tal competência se manteve, passando a constar do inciso VIII do referido artigo.

A competência jurisdicional para processar e julgar ações em que a União ou o INSS – autarquia federal – for partícipe na condição de autor, réu, assistente ou oponente é da Justiça Federal, *consoante* previsão do art. 109, I, da Constituição Federal. Ficam excluídas as questões acidentárias – estas de competência única da Justiça Estadual – e as que envolverem relação de trabalho sob regime da CLT, antes da adoção do regime da Lei n. 8.112/90 – cuja competência é da Justiça do Trabalho –, além dos processos falimentares e as ações sujeitas à Justiça Eleitoral. A outra exceção é a prevista no § 3º do art. 109 da Constituição, que permite a delegação de competência para a Justiça Estadual em relação às ações previdenciárias propostas por segurados ou beneficiários que residam em comarca que não seja sede de vara do Juízo Federal, bem como, se verificada essa condição, as execuções fiscais ajuizadas contra devedores domiciliados nas respectivas comarcas, consoante previsão do art. 15 da Lei n. 5.010, de 30.5.66.

Com a Emenda n. 20/98, tem-se agora entre as competências da Justiça do Trabalho a execução de contribuições sociais e acréscimos decorrentes de decisão judicial transitada em julgado, condenatória ou homologatória de acordo judicial perante seus órgãos. A matéria é regulamentada na Consolidação das Leis do Trabalho, por força das inserções realizadas pela Lei n. 10.035/2000, agora parcialmente alteradas pela Lei n. 11.457, de 16.3.2007.

Em que pese não haver inconstitucionalidade na modificação da competência jurisdicional para execução de contribuições levada a termo pelas duas Emendas citadas, pairam relevantes dúvidas sobre a constitucionalidade da regulamentação por lei daquilo que seria o "processo de execução" destas contribuições na Justiça Laboral, desde logo se podendo afirmar que muitas das normas inseridas na CLT revelam um total desconhecimento de princípios doutrinários e até mesmo de regras básicas do Direito Tributário, bem como de Direito Processual. A partir de então, a Justiça do Trabalho "divide" a competência para a execução de créditos da Seguridade Social com a Justiça Federal, numa estranha forma de divisão, na qual a contribuição à Seguridade Social – espécie de tributo que se constitui numa obrigação principal e autônoma em relação ao seu fato gerador – é vista como mero "acessório" dos direitos reconhecidos por uma decisão proferida na Justiça do Trabalho, o que está longe de ser verídico.

É curial apontar que a Justiça do Trabalho pode, perfeitamente, ser competente para processar e julgar execuções (fiscais) de créditos da Seguridade Social, desde que respeitados os princípios fundamentais do devido processo legal e as regras do Código Tributário Nacional, que regem as obrigações tributárias no território nacional.

Ocorre que a "liquidação" (leia-se lançamento tributário) dos valores devidos à Seguridade Social é atribuição da Administração Fazendária, por força do art. 142 do CTN, e a criação de um procedimento liquidatório no curso do Processo do Trabalho para apurar tais contribuições viola frontalmente o princípio da imparcialidade do julgador, causando um retrocesso inimaginável para fazer com que o Juiz do Trabalho seja praticamente um inquisidor/cobrador de contribuições e acréscimos de mora. Para Andrei Pitten Velloso, em interpretação com que concordamos integralmente,

> *"a imputação do vício de inconstitucionalidade é procedente. A atribuição ao Poder Judiciário do dever-poder de aplicar as leis tributárias de ofício, substituindo-se aos agentes do INSS (rectius: auditores-fiscais da Receita), e de tomar, ex officio, as diligências necessárias à satisfação do crédito autárquico malfere o princípio da separação dos poderes, que, por ser basilar ao Estado Democrático de Direito, não pode ser afetado nem mesmo por atos do poder constituinte derivado (art. 60, § 4º, III, da CF). Além disso, ao se impor aos magistrados a tarefa de apurar, liquidar e executar créditos tributários, macula-se outro princípio basilar do Estado de Direito: a imparcialidade dos magistrados, que, sujeitos a deveres-poderes próprios da Administração Fazendária, lutarão para manter sua isenção diante da matéria que lhes é dada a apreciar, num esforço vão, diante do vilipêndio cometido às suas funções típicas. Por fim, a apuração e a formalização dos créditos tributários diretamente pelo Poder Judiciário acabam por obstar o exercício, pelo sujeito passivo, de direito público subjetivo de caráter fundamental, qual seja, o devido processo legal administrativo. Inexistindo processo administrativo, o sujeito passivo estará privado do direito de submeter a legitimidade do "lançamento tributário" à apreciação de agentes preparados e estruturados para a análise da existência de eventuais débitos tributários, tarefa que passará a ser realizada por magistrados que são especializados em matéria diversa: no Direito do Trabalho"*[234].

---

234 VELLOSO, Andrei Pitten, ROCHA, Daniel Machado, e BALTAZAR JÚNIOR, José Paulo. *Comentários à Lei do Custeio da Seguridade Social.* Porto Alegre: Livraria do Advogado, 2005, p. 295

Restou evidente que a intenção do constituinte derivado foi a de permitir uma execução fiscal de contribuições à Seguridade Social na Justiça do Trabalho. Porém, quando da regulamentação por lei, esta tomou outro rumo: pretendeu-se transformar a Justiça do Trabalho em órgão "administrativo", apto a realizar arrecadação de contribuições sociais. Aqui reside o principal problema das alterações sofridas pela CLT pertinentes a este assunto: com os olhos voltados exclusivamente para a finalidade arrecadatória, o Poder Público, em vez de aparelhar eficientemente os seus órgãos dotados de poder de polícia (atualmente, a Receita Federal) e a Advocacia da União, com pessoal suficiente para poder dar conta das demandas fiscais, estabeleceu uma estranha "terceirização" da função arrecadadora, em que um servidor do Judiciário, ou até mesmo um perito contábil, nomeado pelo Juízo, faz o "acertamento" dos valores devidos ao Fisco, a título de contribuições e seus acréscimos, e o órgão fiscal, teoricamente, deixa de realizar o lançamento tributário que prevê o art. 142 do CTN, bastando que, uma vez intimado dos cálculos realizados por essa nova "autoridade administrativa" (contador judicial ou perito contábil), a Procuradoria Federal, ao silenciar no prazo indicado por lei, concorde com a conta, sem inclusive incluí-lo em Dívida Ativa, entendimento que vem predominando, infelizmente, como se verá adiante.

Não difere o entendimento de *Wagner Giglio* sobre a inovação trazida: "Em sua fúria desvairada de arrecadar fundos para a Previdência Social, o legislador desprezou princípios, criou atritos com outros preceitos constitucionais, atropelou o Direito e prejudicou de forma irreparável o funcionamento normal da Justiça do Trabalho, atribuindo-lhe funções administrativas de órgão auxiliar de autarquia, sem cuidar de lhe fornecer meios ou instrumentos para a missão totalmente estranha a seus propósitos e causando o desvio da finalidade precípua da execução trabalhista, que na prática deixou de ser a satisfação do direito reconhecido ao trabalhador e passou a ser o atendimento dos interesses da Previdência Social. (...) O normal seria que o Instituto Nacional de Previdência Social, tomando conhecimento de um crédito seu através de comunicação da Justiça do Trabalho, providenciasse sua apuração, sua inscrição como débito do contribuinte e sua cobrança administrativa ou por meio de ação judicial" (Revista LTr 65-06, pp. 647-649).

Porém, não é tão fácil o deslinde desta novidade constitucional e processual. De pronto, nos deparamos com diversas questões para as quais procuraremos buscar resposta plausível.

Em verdade, não existe uma contribuição específica que tenha por fato gerador a decisão judicial proferida em dissídio trabalhista. O que existe é o reconhecimento da existência de parcelas de natureza remuneratória, sobre as quais incidem as contribuições já previstas – do segurado e de seu tomador de serviços.

Nesse sentido: "Não existe, como fonte própria de custeio da Previdência Social (*sic*), contribuição que tenha por fato gerador, exclusivamente, os acordos celebrados na Justiça do Trabalho, já que estes se limitam a reconhecer devidas, mercê das concessões recíprocas realizadas em juízo, verbas decorrentes de relação empregatícia, que pode ser, ela própria, tributada ou não com essa finalidade" (TRF da 5ª Região, AC n. 2000.05.00.016749-8/AL, 2ª Turma, Relator Des. Federal Paulo Roberto de Oliveira Lima, j. 26.6.2001 – *in* RPS 263/921).

O recolhimento da contribuição social em decorrência do cumprimento de decisões judiciais trabalhistas surgiu com a Lei n. 7.787/89, que, em seu art. 12, *caput*, previa:

> *Em caso de extinção de processos trabalhistas de qualquer natureza, inclusive a decorrente de acordo entre as partes, de que resultar pagamento de vencimentos, remuneração, salário e outros ganhos habituais do trabalhador, o recolhimento das contribuições devidas à Previdência Social será efetuado* incontinenti.

Posteriormente, a Lei de Custeio, em seus arts. 43 e 44, alterados pela Lei n. 8.620/93, no intuito de regular a matéria, estabeleceram a contribuição social incidente sobre julgados em sede trabalhista nos seguintes termos:

> *Art. 43. Nas ações trabalhistas de que resultar o pagamento de direitos sujeitos à incidência de contribuição previdenciária, o juiz, sob pena de responsabilidade, determinará o recolhimento das importâncias devidas à Seguridade Social.*
>
> *Parágrafo único. Nas sentenças judiciais ou nos acordos homologados em que não figurarem discriminadamente as parcelas legais relativas à contribuição previdenciária, esta incidirá sobre o valor total apurado em liquidação de sentença ou sobre o valor do acordo homologado.*
>
> *Art. 44. A autoridade judiciária velará pelo fiel cumprimento do disposto no artigo anterior, inclusive fazendo expedir notificação ao Instituto Nacional do Seguro Social - INSS, dando-lhe ciência dos termos da sentença ou do acordo celebrado.*

Inicialmente, há que se mencionar que as normas são de uma lacunosidade absoluta, tratando, em dois singelos artigos, da incidência de contribuições sociais sobre créditos decorrentes de decisões de mérito e homologatórias de acordos na Justiça do Trabalho – tratados como direitos sujeitos à incidência de contribuição à Seguridade Social.

Esta simplicidade extrema vem causando uma série de transtornos na já conturbada execução trabalhista, permeada por normas que facilitam ao executado a procrastinação da satisfação do devido. Valendo-se da obscuridade das normas previdenciárias, vem sendo utilizada a exigência para servir de motivo à propositura de Embargos à Execução, sempre que os cálculos de liquidação não contemplam a contribuição devida à Seguridade Social, ou, ainda, quando a decisão definitiva da fase cognitiva – sentença ou acórdão – não determina de quem é a responsabilidade pelo recolhimento das mesmas.

A Corregedoria-Geral do Tribunal Superior do Trabalho, por seu turno – diga-se de passagem, sem embasamento legal –, determinou em seu Provimento n. 02/93 a inclusão nos cálculos de liquidação das contribuições à Previdência, bem como a realização do cálculo do montante devido a título de imposto de renda, para desconto nos pagamentos a serem efetivados. Ou seja, deliberou, administrativamente, sobre matéria que é objeto tão-somente de lei – determinando quem seja o sujeito passivo da obrigação tributária (art. 3º do Provimento), seu fato gerador (art. 5º) e o vencimento da obrigação (art. 6º).

Em dezembro de 1996, a Corregedoria-Geral do Tribunal Superior do Trabalho editou novo Provimento, que levou o n. 01, nele declarando, acertadamente, a incompetência da Justiça do Trabalho para a feitura do cálculo do imposto de renda a ser retido na fonte pagadora, mantendo, porém, o entendimento de que cabe ao Juiz do Trabalho determinar a realização de cálculo da contribuição preconizada na Lei de Custeio, sem mais mencionar as deliberações contidas no Provimento anterior a respeito da matéria.

Finalmente, atendendo aos interesses governamentais em modificar vários aspectos da arrecadação e financiamento da Seguridade Social, veio a Emenda Constitucional n. 20, promulgada em 15.12.98, a acrescer no art. 114 do texto original o § 3º, que assim preconiza:

> *Compete ainda à Justiça do Trabalho executar, de ofício, as contribuições sociais previstas no art. 195, I,* a, *e II, e seus acréscimos legais, decorrentes das sentenças que proferir.*

Alguns esclarecimentos sobre a matéria devem ser feitos. O primeiro deles é que não é de decisão judicial que resultam direitos, mas da existência do direito, que em tempo pretérito foi lesado, e que somente por ocasião da sentença foi reconhecido pelo Estado-Juiz. Vale dizer, sentença judicial – ainda que homologando transação entre as partes num litígio perante a Justiça do Trabalho – não é fato gerador de contribuição à Seguridade, como pretende *Manoel Hermes de Lima*[235]. Como já escreveu *Wladimir Novaes Martinez*, "o pagamento feito ao trabalhador, não importando a época da operação, continua sendo o mesmo, isto é, mantém a essência: é salarial, remuneratório, indenizatório, ressarcitório ou possui outra natureza, a ser perquirida em cada caso, *ab initio*". E, concluindo, declara que "o reconhecimento do direito a parcelas integrantes do salário de contribuição não quitadas oportunamente, ajustadas por ocasião da sentença judicial ou de acordo trabalhista, aprimora o fato gerador e deflagra a necessidade do aporte. Não chega a constituí-lo, repete-se, ele preexistia à declaração. Não altera sua essência nem sua individualidade. Somente se resultar em remuneração – base nuclear do conceito de salário de contribuição – o recebimento constituir-se-á em hipótese de incidência. A norma não diz (se quisesse, poderia dizer, mas estaria repetindo o art. 28, I, do PCPS) ser esse pagamento o fato gerador".[236]

No mesmo sentido, colhe-se da jurisprudência do TRT da 12ª Região:

---

235 LIMA, Manoel Hermes de. "Contribuição Previdenciária, Fato Gerador e sua Execução de Ofício pela Justiça do Trabalho". *Revista de Previdência Social.* São Paulo: LTr, n. 282, maio/2004, pp. 401/402.

236 MARTINEZ, Wladimir Novaes. *Comentários à Lei Básica da Previdência Social.* 2. ed. São Paulo: LTr, 1996, t. I, nota ao art. 43.

> *FATO GERADOR. O fato determinante da incidência previdenciária é a constituição salarial ou remuneratória, ainda que não satisfeita oportunamente. O provimento judicial tem apenas cunho declaratório-condenatório em face do débito já gerado pela constituição remuneratória. O que determina a incidência previdenciária é o "total das remunerações pagas, devidas ou creditadas a qualquer título, durante o mês, aos segurados empregados e trabalhadores avulsos que lhe prestem serviços, destinadas a retribuir o trabalho, qualquer que seja a sua forma, inclusive as gorjetas, os ganhos habituais sob a forma de utilidades e os adiantamentos decorrentes de reajuste salarial, quer pelos serviços efetivamente prestados, quer pelo tempo à disposição do empregador ou tomador de serviços, nos termos da lei ou do contrato ou, ainda, de convenção ou acordo coletivo de trabalho ou sentença normativa" (TRT da 12ª Região, Ag. Petição 03027-1997-034-12-00-8, Rel. Juiz Amarildo Carlos de Lima, j. 14.2.2005).*

Visando eliminar em definitivo a dúvida – a nosso ver, infundada – sobre o assunto, a Lei n. 11.941/2009 deu nova redação ao art. 43 da Lei n. 8.212/91, *verbis*:

> *Art. 43. Nas ações trabalhistas de que resultar o pagamento de direitos sujeitos à incidência de contribuição previdenciária, o juiz, sob pena de responsabilidade, determinará o imediato recolhimento das importâncias devidas à Seguridade Social.*
>
> *§ 1º Nas sentenças judiciais ou nos acordos homologados em que não figurarem, discriminadamente, as parcelas legais relativas às contribuições sociais, estas incidirão sobre o valor total apurado em liquidação de sentença ou sobre o valor do acordo homologado.*
>
> *§ 2º Considera-se ocorrido o fato gerador das contribuições sociais na data da prestação do serviço.*
>
> *§ 3º As contribuições sociais serão apuradas mês a mês, com referência ao período da prestação de serviços, mediante a aplicação de alíquotas, limites máximos do salário-de-contribuição e acréscimos legais moratórios vigentes relativamente a cada uma das competências abrangidas, devendo o recolhimento ser efetuado no mesmo prazo em que devam ser pagos os créditos encontrados em liquidação de sentença ou em acordo homologado, sendo que nesse último caso o recolhimento será feito em tantas parcelas quantas as previstas no acordo, nas mesmas datas em que sejam exigíveis e proporcionalmente a cada uma delas.*
>
> *§ 4º No caso de reconhecimento judicial da prestação de serviços em condições que permitam a aposentadoria especial após quinze, vinte ou vinte e cinco anos de contribuição, serão devidos os acréscimos de contribuição de que trata o § 6º do art. 57 da Lei n. 8.213, de 1991.*
>
> *§ 5º Na hipótese de acordo celebrado após ter sido proferida decisão de mérito, a contribuição será calculada com base no valor do acordo.*
>
> *§ 6º Aplica-se o disposto neste artigo aos valores devidos ou pagos nas Comissões de Conciliação Prévia de que trata a Lei n. 9.958, de 12 de janeiro de 2000.*

Passa-se, então, ao exame das novas disposições contidas na legislação de custeio. De início, nota-se que o legislador manteve a redação do *caput*, no que merece ainda maiores críticas às que já vínhamos fazendo desde a edição da norma. Não há sentido lógico em se impor que "*o juiz, sob pena de responsabilidade, determinará o imediato recolhimento das importâncias devidas*". Primeiro, por não ser ele sujeito passivo da obrigação tributária; segundo, porque o recolhimento já foi determinado pela lei – se esta não foi cumprida, não é caso de determinar recolhimento algum, mas de proceder à cobrança dos valores devidos e não pagos.

Mais adiante, nova incongruência, desta feita mais grave: a atribuição de "responsabilidade" ao Juiz pelo não-recolhimento. Trata-se de uma espécie de "lei da mordaça", a querer impor obrigação ao Juiz de um litígio trabalhista sobre matéria que sequer lhe é afeita, e que não caracteriza qualquer dolo ou omissão na função de julgar. A considerar-se tal imposição como válida, sujeitar-se-ia à responsabilização (qual? Civil? Penal? Administrativa?) o Juiz que, racionalmente convencido da inconstitucionalidade desta norma, deixasse de aplicá-la, fundamentadamente? O dever funcional do Juiz é o de, constatados indícios de ato ilícito, comunicar às autoridades administrativas, ou ao Ministério Público, para as providências cabíveis.

Buscando, pois, uma interpretação minimamente razoável para as regras em questão, tem-se que toda vez que uma decisão judicial proferida em litígio perante a Justiça do Trabalho reconhecer a existência de relação de trabalho (não apenas as relações de emprego, mas quaisquer relações de trabalho em que o prestador de serviços for pessoa física, logo segurado obrigatório do RGPS), seja apreciando a demanda, seja homologando composição amigável, havendo incidência de contribuições à Seguridade Social ainda não quitadas pelo responsável tributário, estas são devidas, não em função da sentença, nem em função da condenação no pagamento de verbas de natureza remuneratória, mas sim em função da existência pretérita de fatos geradores da obrigação de recolher contribuição aos cofres da Seguridade Social, já que, como é cediço na jurisprudência, o que gera a obrigação tributária, no caso, é a "relação laboral onerosa":

> *TRIBUTÁRIO. RECURSO ESPECIAL. CONTRIBUIÇÃO PREVIDENCIÁRIA. FOLHA DE SALÁRIOS. PRAZO DE RECOLHIMENTO. FATO GERADOR. FUNDAMENTAÇÃO DEFICIENTE. SÚMULA N. 284/STF.*
>
> *1. Alegação genérica de ofensa à lei federal não é suficiente para delimitar a controvérsia, sendo necessária a especificação do dispositivo legal considerado violado (Súmula n. 284 do STF).*
>
> *2. As contribuições previdenciárias a cargo das empresas devem ser recolhidas no mês seguinte ao trabalhado, e não no mês seguinte ao efetivo pagamento.*
>
> *3. "O fato gerador da contribuição previdenciária é a relação laboral onerosa, da qual se origina a obrigação de pagar ao trabalhador (até o quinto dia subseqüente ao mês laborado) e a obrigação de recolher a contribuição previdenciária aos cofres da Previdência" (REsp n. 502.650-SC, relatora Ministra Eliana Calmon, DJ de 25.2.2004.)*
>
> *4. Recurso especial parcialmente conhecido e, nessa parte, improvido.*
>
> *(STJ, 2ª Turma, REsp 507316/RS, Rel. Min. João Noronha, DJU 7.2.2007).*

Quanto ao § 1º do art. 43, trata-se do antigo parágrafo único, o qual também demonstra equívoco manifesto a respeito do assunto. Refere-se o dispositivo aos acordos homologados pela Justiça do Trabalho, em que o tomador dos serviços quita valores decorrentes da suposta relação de trabalho entre autor e réu – recordando-se, aqui, por oportuno, que a ampliação da competência da Justiça do Trabalho, promovida pela Emenda Constitucional n. 45, fez com que este ramo do Judiciário passasse a decidir sobre relações de trabalho em sentido amplo – e não apenas no campo antes restrito às relações de emprego e trabalho avulso.

Quanto à alusão às sentenças (imaginando-se que o legislador quis se referir às declaratórias ou condenatórias, já que os acordos judiciais também se homologam por sentença, como é comezinha regra de direito processual), é de se notar que não existe sentença que não declare a natureza jurídica do que está sendo objeto de condenação, sob pena de se tratar de sentença nula, por ininteligível.

Já o acordo judicial resolve a demanda entre autor e réu do processo – prestador de trabalho e contratante desse mesmo trabalho. Trata-se, a relação de trabalho, de relação de direito privado, em que se admite a transação em Juízo, mediante a existência da chamada *res dubia*. Ao celebrar acordo, autor e réu podem pactuar livremente o que está sendo objeto da composição amigável – desde que o objetivo da composição não seja prejudicar terceiros.

Daí vem a questão: uma demanda em que o autor formula dois pedidos, um de diferenças de valores pagos "por fora", e outro, de FGTS não depositado, em que as partes resolvem compor o litígio com o valor pago apenas "a título de FGTS", tem esse desiderato, de prejudicar terceiros? Sob a ótica de alguns, sim, pois a Seguridade Social não poderia exigir as contribuições sobre os valores pagos sem constar na "folha de pagamento". E justamente aqui reside o equívoco.

O fato de ter a composição amigável versado somente, no nosso exemplo, sobre o FGTS – que não faz parte do conceito de salário de contribuição – não exclui o poder-dever da administração fazendária em identificar os fatos geradores de tributos e contribuições devidas. Ou seja, se o autor da demanda comprovadamente recebeu salários "por fora", pouco importa se fez parte do acordo o reconhecimento de tais pagamentos: o Fisco tem elementos para proceder a investigação e descobrir, se for o caso, o montante pago ao trabalhador, mês a mês, procedendo daí ao lançamento de ofício e cobrança judicial futura, inclusive com encaminhamento posterior de ofício ao Ministério Público Federal, para denúncia pelo crime de sonegação de contribuições previdenciárias.

Em vez disso, o legislador, em péssima técnica legislativa tributária, estabeleceu uma condição atípica de aferição de base de cálculo de contribuições: o valor do acordo. Em função disso, tem-se visto situações teratológicas, como a União exigir contribuições previdenciárias incidentes sobre valor de acordo feito a título de indenização por danos morais - quando o único pedido era este – por entender que "não houve discriminação das parcelas objeto do acordo". O parágrafo em questão, ademais, cria novo fato gerador e inventa um novo vencimento para a obrigação tributária – pagamento de acordo judicial, que não se confunde com o pagamento das parcelas salariais – o que poderia demandar arguição de inconstitucionalidade, por não ter sido previsto em lei complementar.

Acerca do novel § 2º, parece encerrar em definitivo a cizânia existente – na Justiça do Trabalho – acerca da caracterização do fato gerador em situações de reconhecimento de direitos apenas em Juízo. O dispositivo incorpora a posição unânime dos Tribunais Regionais Federais e do STJ – antes da matéria passar a ser de competência da Justiça do Trabalho e mesmo depois, naquelas execuções fiscais que permaneceram na competência da Justiça Federal. Pouco importa quando se deu o ingresso em Juízo da ação, ou quando foi prolatada a sentença, ou quando foi liquidado o cálculo, ou ainda, quando foi quitada a verba em que foi condenado o réu: o cálculo da contribuição previdenciária retroagirá à época de cada mês em que houve a prestação de serviços, tal como sempre se fez em relação aos próprios créditos trabalhistas reconhecidos em decisão judicial.

O art. 276 do Regulamento prevê que a apuração da contribuição do empregado – e por conseguinte, também a do empregador – seja feita mês a mês, aplicando-se as alíquotas do art. 198 do Regulamento (as mesmas utilizadas para a contribuição dos segurados empregados), observado o limite máximo do salário de contribuição, omitindo-se a respeito da contribuição patronal, bem como sobre quem deverá sofrer o ônus do pagamento. Quanto ao vencimento da obrigação, deve-se considerar o prazo estabelecido na época em que a contribuição era devida, mês a mês, para o cálculo dos acréscimos de mora (juros e multa).

A decisão proferida pela Justiça do Trabalho concorre, por assim dizer, com a atuação fiscal dos auditores da Receita Federal do Brasil: o Fisco toma conhecimento de irregularidades praticadas pelos contribuintes ou responsáveis tributários, via de regra, pela atuação do seu corpo de fiscais. Mas, sendo dever de ofício dos órgãos judiciários comunicar às autoridades competentes quaisquer indícios de violação da ordem jurídica, a comunicação feita pelo Juiz do Trabalho à Receita surte efeito semelhante ao do comparecimento do auditor-fiscal ao estabelecimento de uma empresa: constata-se, de forma inequívoca, eventual inadimplemento de obrigações tributárias para com a Seguridade Social.

Então, da mesma forma como acontece quando um auditor-fiscal da RFB comparece à empresa e faz constatação de inadimplemento, o débito já existe, não foi "criado" pela ida do auditor ao estabelecimento, nem pela sentença proferida pela Justiça do Trabalho. Daí porque existem "acréscimos moratórios" devidos, como menciona o art. 114, VIII, da Constituição. Porém, o texto do art. 276 do Decreto é omisso a esse respeito, dando a falsa impressão de que o efeito de um crédito da Seguridade Social "decorrente" de uma decisão judicial trabalhista seria diverso daquele constatado pela ação da fiscalização da Receita.

Novamente se observa na jurisprudência o entendimento consoante os princípios de Direito Tributário e Previdenciário aplicáveis à espécie:

> *CONTRIBUIÇÃO PREVIDENCIÁRIA. JUROS E MULTA. FATO GERADOR. A prestação de serviços pelo trabalhador constitui o fato gerador das contribuições previdenciárias. Estando o empregador em mora com o adimplemento das verbas trabalhistas, é devida a aplicação de juros e multa das contribuições previdenciárias a partir do vencimento daquelas verbas, observados os critérios previstos na legislação previdenciária. (TRT da 12ª Região, Processo n. 00445-2001-040-12-00-2, Rel. Juíza Lourdes Dreyer, TRTSC/DOE em 8.12.2009).*

Todavia, o legislador labora em novo equívoco conceitual, ao atribuir, no texto do recém-criado § 3º do art. 43, um novo prazo de vencimento da obrigação.

Se o fato gerador, como bem esclarece o § 2º, é a prestação de serviço, e a apuração da contribuição e seus acréscimos a ele retroage, o vencimento da obrigação ocorreu no mês seguinte ao da prestação laboral – a exemplo do empregador que não quitou as verbas trabalhistas no mês seguinte ao trabalhado, e somente em Juízo é compelido a fazê-lo. Não há porque estabelecer prazo diferente, porque o devedor, no caso, já está inadimplente. Não há dois prazos de vencimento para uma mesma obrigação tributária. Vencido o prazo, o devedor cai em mora, e se sujeita aos juros e multa moratórios.

O § 4º apenas acrescenta o cabimento da cobrança da contribuição específica para custeio de aposentadorias especiais, quando o autor da demanda fizer jus a esta, por exemplo, quando caracterizada atividade insalubre constante do Anexo ao Decreto n. 3.048/99.

O § 5º tinha redação diversa quando editada a Medida Provisória n. 449, sendo similar à da Lei n. 11.457/2007, que incluiu previsão idêntica no § 6º do art. 832 da CLT. Por evidente, o acordo posterior ao julgamento somente pode versar sobre a transação dos créditos do trabalhador, nunca os da Fazenda Pública, como se explicita melhor no item 11.6, adiante. Todavia, no Congresso Nacional, o texto foi modificado, para fazer constar o oposto. Trata-se de matéria que deve ser observada com cautela, pois acarretará "acordos pagos por fora" na Justiça do Trabalho, para evitar a incidência de contribuições. Uma solução razoável é considerar que o texto se refere a "decisões de mérito" não transitadas em julgado ainda, porque no caso das decisões transitadas em julgado, prevalece a disposição do art. 832 da CLT. Em suma, trata-se de mais um problema causado pelos nossos legisladores, que muitas vezes mais prejudicam do que colaboram com a ordem jurídica.

A esse respeito, ainda pesa em sentido contrário à intangibilidade do crédito da Fazenda Pública a Orientação Jurisprudencial do TST abaixo:

> *"376. CONTRIBUIÇÃO PREVIDENCIÁRIA. ACORDO HOMOLOGADO EM JUÍZO APÓS O TRÂNSITO EM JULGADO DA SENTENÇA CONDENATÓRIA. INCIDÊNCIA SOBRE O VALOR HOMOLOGADO (DEJT de 19, 20 e 22.04.2010)*
>
> *É devida a contribuição previdenciária sobre o valor do acordo celebrado e homologado após o trânsito em julgado de decisão judicial, respeitada a proporcionalidade de valores entre as parcelas de natureza salarial e indenizatória deferidas na decisão condenatória e as parcelas objeto do acordo".*

Por fim, a última novidade é a previsão de execução de contribuições decorrentes de acordos firmados perante as Comissões de Conciliação Prévia, de que trata a Lei n. 9.958/2000, regra que merece elogios, já que até então não havia qualquer fiscalização do Estado sobre as transações ocorridas nas ditas comissões.

Acerca da inserção, no texto da Lei de Custeio, da caracterização do fato gerador da obrigação tributária-previdenciária como sendo não somente o pagamento da remuneração, mas o simples fato de ser devida esta mesma remuneração, há quem sustente haver inconstitucionalidade, por não estar prevista tal incidência no texto da Constituição, ensejando a necessidade, para esta corrente de pensamento, de edição de lei complementar que, então, fizesse tal inclusão. Todavia, trata-se de entendimento que, além de beneficiar o infrator da norma (neste caso, portanto, o crime de sonegação fiscal de contribuições previdenciárias, tipificado no art. 337-A do Cód. Penal, não se materializaria), não encontra guarida na firme jurisprudência do STF, *verbis*:

> *"Todas as contribuições, sem exceção, sujeitam-se à lei complementar de normas gerais, assim ao C.T.N. (art. 146, III, ex vi do disposto no art. 149). Isto não quer dizer que a instituição dessas contribuições exige lei complementar: porque não são impostos, não há a exigência no sentido de que os seus fatos geradores, bases de cálculo e contribuintes estejam definidos na lei complementar (art. 146, III, a)" (STF, RE 138.284, Rel. Min. Carlos Velloso, julg. 1.7.1992).*

Não discrepa o posicionamento pacífico do STJ, já de décadas, a respeito da matéria:

> *CONTRIBUIÇÃO PREVIDENCIÁRIA SOBRE O PAGAMENTO DE SALÁRIOS. FATO GERADOR. DATA DO RECOLHIMENTO.*
>
> *1. O fato gerador da contribuição previdenciária do empregado não é o efetivo pagamento da remuneração, mas a relação laboral existente entre o empregador e o obreiro.*
>
> *2. O alargamento do prazo conferido ao empregador pelo art. 459 da CLT para pagar a folha de salários até o dia cinco (05) do mês subseqüente ao laborado não influi na data do recolhimento da contribuição previdenciária, porquanto ambas as leis versam relações jurídicas distintas; a saber: a relação tributária e a relação trabalhista.*
>
> *3. As normas de natureza trabalhista e previdenciária revelam nítida compatibilidade, devendo o recolhimento da contribuição previdenciária ser efetuado a cada mês, após vencida a atividade laboral do período, independentemente da data do pagamento do salário do empregado.*
>
> *4. Em sede tributária, os eventuais favores fiscais devem estar expressos na norma de instituição da exação, em nome do princípio da legalidade.*
>
> *5. **Raciocínio inverso conduziria a uma liberação tributária não prevista em lei, toda vez que o empregador não adimplisse com as suas obrigações trabalhistas, o que se revela desarrazoado à luz da lógica jurídica.***
>
> *6. Recurso desprovido.*
>
> *(REsp 419.667/RS, Rel. Min. Luiz Fux, DJU 10.3.2003).*

Na Lei de Custeio tem-se que, embora os segurados empregados, domésticos e avulsos sejam contribuintes, a contribuição não passa por suas mãos. É obrigação legal do empregador fazer a retenção da contribuição devida, de modo que o salário "líquido" do empregado é aquele apurado após a dedução da contribuição à Seguridade, entre outras deduções legais e contratuais. A previsão legal está no art. 30, inciso I e alíneas (doméstico, inciso V), estabelecendo a norma que, após arrecadar as contribuições dos segurados, deverá o empregador (empresa ou empregador doméstico) fazer o recolhimento, ou seja, a entrega do numerário ao ente arrecadador, assim como a sua própria contribuição.

Situação idêntica ocorre quanto ao contribuinte individual, prestador de serviços pessoa física, sem relação de emprego, quando remunerado por pessoa jurídica, por força da Lei n. 10.666/2003: também a empresa é responsável pela retenção da contribuição do segurado, no percentual de 11% sobre o salário de contribuição, limitado ao valor-teto.

Mais adiante, o § 5º do art. 33 da Lei n. 8.212/91 dispõe sobre o descumprimento da obrigação de fazer a retenção e o recolhimento, *verbis*:

> *O desconto de contribuição e de consignação legalmente autorizadas sempre se presume feito oportuna e regularmente pela empresa a isso obrigada, não lhe sendo lícito alegar omissão para se eximir do recolhimento, ficando diretamente responsável pela importância que deixou de receber ou que arrecadou em desacordo com o disposto nesta Lei.*

Em matéria penal, cumpre lembrar que a Lei n. 9.983/2000 estabelece entre os crimes contra a Seguridade Social o de "sonegação de contribuições previdenciárias", que é praticado pelo tomador de serviços que utiliza de meios fraudulentos para não declarar fatos geradores de contribuição previdenciária, com a finalidade de não recolhê-las ou recolhê-las a menor que o devido (a matéria se encontra no Capítulo seguinte, ao qual remetemos o leitor para maiores detalhamentos). Tal situação é bastante comum nas lides trabalhistas, em que grande parte dos trabalhadores postulam o reconhecimento da relação de emprego por terem trabalhado "sem carteira assinada", ou ainda, quando o empregador, usando do famoso método do "caixa dois", paga parte da remuneração do empregado "por fora", ou seja, sem que esteja indicado nos recibos de pagamento de salários.

Em se tratando de delito, além do dever de comunicação ao Ministério Público Federal, para o ajuizamento da ação penal contra o empregador infrator, na forma do art. 40 do Código de Processo Penal, cumpre ao Juiz do Trabalho fazer com que o ônus pelo descumprimento da lei recaia exclusivamente sobre o infrator – o empregador, no caso – de modo que: (1) as contribuições inadimplidas, sejam as patronais, sejam as que deveriam ter sido deduzidas da remuneração do empregado, sejam satisfeitas em sua totalidade pelo empregador infrator; e (2) diante da mora tributária, que retroage ao dia do vencimento da obrigação – nos meses seguintes a cada mês trabalhado – seja exigido o pagamento dos juros de mora e da multa moratória previstos na Lei n. 8.212/91, tal como ocorreria caso a situação fosse flagrada por um auditor-fiscal da Receita.

Outrossim, cumpre citar o que preceitua o art. 34 da Lei de Benefícios da Previdência – Lei n. 8.213/91, ao tratar do cálculo da renda mensal do benefício do segurado empregado e trabalhador avulso, para quem serão computados os salários de contribuição referentes aos meses em que as contribuições eram devidas, ainda que não tenha havido recolhimento pela empresa, "sem prejuízo da respectiva cobrança e da aplicação das penalidades cabíveis".

Assim, fica evidente que a legislação de financiamento do sistema de seguridade impõe ao empregador a responsabilidade integral por recolhimentos ocorridos fora da chamada "época própria", ou seja, no mês subsequente ao do pagamento devido. Vale dizer, por exemplo, no caso típico do trabalhador sem carteira assinada, cujo vínculo de emprego é reconhecido em Juízo, as contribuições não efetuadas nos meses em que vigeu o contrato de trabalho são de inteira responsabilidade do empregador. No mesmo entendimento, *Wladimir Novaes Martinez* preconiza que, "pertinentemente às parcelas discutíveis (a empresa tem o dever de considerar as integrantes e não-integrantes do salário de contribuição), a dedução é descabida. Inserida no montante do litígio processual, a possibilidade de fazê-lo queda-se na dependência do teor da sentença judicial".[237]

E quando o pagamento de alguma parcela salarial foi protelado pelo empregador, como, por exemplo, reajustes salariais, décimo terceiro salário ou horas extras? Neste caso, defendem alguns, não houve pagamento da verba, donde não haveria contribuição a recolher. Tal raciocínio não merece guarida. Como já frisado, a hipótese de incidência contempla o fato de ser tão-somente devida a verba para que ocorra a obrigação de contribuir. O momento da incidência é um só, em relação a cada verba, e como bem disse *Wladimir Martinez*,[238] é ilógico que as partes possam a seu talante alterar o momento de incidência da contribuição. Primeiramente porque, antes da obrigação de recolher contribuições sociais, o empregador tem a obrigação de pagar o salário devido, com todos os seus acrescidos (gratificações, adicionais, comissões, etc.); se não o faz, pratica ato ilícito, sonegando o cumprimento da lei, não podendo invocar o desconhecimento da norma para eximir-se da culpa. Então, sendo a falta de pagamento da verba salarial um ilícito, ainda que de caráter meramente civil, causando dano material, não há razão para aplicar regra diversa daquela disposta no já mencionado § 5º do art. 33 da Lei de Custeio.

O que é impróprio, com a devida vênia de entendimentos em sentido contrário, é querer descontar dos créditos do empregado a contribuição social que deveria ter sido retida, caso o pagamento da verba tivesse sido feito na época correta, e não após o trânsito em julgado de decisão judicial ou acordo homologado. Não se perca de vista que a decisão judicial condenatória tem tão-somente o efeito de um reconhecimento *a posteriori* de um direito vilipendiado; não cria direitos, apenas declara-os existentes e não satisfeitos.

Apenas para efeito de corroborar a tese, observe-se que, caso a irregularidade no recolhimento seja constatada pela ação fiscal – pela visita de Auditor Fiscal ao estabelecimento –, a notificação fiscal de débito é expedida contra o empregador, inclusive quanto a contribuições que deveriam ter sido descontadas do empregado, não cabendo à empresa qualquer direito regressivo contra a pessoa do segurado.

Contudo, evidentemente, há situações em que não se pode atribuir a culpa pelo atraso no pagamento da verba ao empregador. Por exemplo, quando se discute a aplicabilidade de índices de reajuste, como nos casos da URP e do IPC, ou em

237 MARTINEZ, Wladimir Novaes. "Mês de Competência...", cit., p. 75.

238 MARTINEZ, Wladimir Novaes. "Mês de Competência...", cit., p. 75.

dissídios coletivos de natureza econômica, apenas com a sentença pode haver o reconhecimento do direito, e, nestes casos, se algum direito foi tolhido, não há como imputar ato ilícito à empresa. Sob tais circunstâncias, admite-se que o empregado seja onerado com a contribuição à Seguridade sobre seus ganhos, sendo assim exceção à regra do art. 33, § 5º, da Lei de Custeio.

Por estas razões, entendemos que a obrigação dos recolhimentos decorrentes de créditos reconhecidos por decisão judicial é de inteira responsabilidade e ônus da empresa, salvo quando o atraso no pagamento de parcela salarial não caracterize ato ilícito do empregador.

Neste sentido, firmou-se entendimento na I Jornada de Direito Material e Processual na Justiça do Trabalho, ocorrido em novembro de 2007, no Tribunal Superior do Trabalho, verbis:

> ***73. EXECUÇÃO DE CONTRIBUIÇÕES PREVIDENCIÁRIAS. REVISÃO DA SÚMULA 368 DO TST.***
>
> *I - Com a edição da Lei 11.457/2007, que alterou o parágrafo único do art. 876 da CLT, impõe-se a revisão da Súmula nº 368 do TST: é competente a Justiça do Trabalho para a execução das contribuições à Seguridade Social devidas durante a relação de trabalho, mesmo não havendo condenação em créditos trabalhistas, obedecida a decadência.*
>
> *II - Na hipótese, apurar-se-á o montante devido à época do período contratual, mês a mês, executando-se o tomador dos serviços, por força do art. 33, § 5º, da Lei 8.212/91, caracterizada a sonegação de contribuições previdenciárias, não devendo recair a cobrança de tais contribuições na pessoa do trabalhador.*
>
> *III - Incidem, sobre as contribuições devidas, os juros e a multa moratória previstos nos artigos 34 e 35 da Lei 8.212/91, a partir da data em que as contribuições seriam devidas e não foram pagas.*

Sobre a eficácia dos artigos da Lei de Custeio, embora tenha o art. 12 da Emenda conferido vigência à legislação até então existente sobre custeio, há de se confrontar os arts. 43 e 44 do diploma legal com as novas disposições constitucionais sobre a matéria.

O art. 43 da Lei n. 8.212/91, ao mencionar a obrigação de contribuir para a Seguridade Social também com respeito aos créditos decorrentes de decisões da Justiça do Trabalho, menciona o "recolhimento" das importâncias devidas, e não a "retenção". Não há de se confundir tais institutos, já que tais vocábulos não são sinônimos: uma, porque, se fossem, não seriam utilizados conjuntamente no art. 45 do Código Tributário Nacional; duas, porque o recolhimento é feito no prazo assinado por lei, *a posteriori* da quitação dos salários ao empregado, enquanto a retenção – que, insista-se, não é autorizada pelo preceito da lei previdenciária em comento – é feita preambularmente à satisfação dos créditos, ou no momento da entrega destes ao segurado. O empregador só retém quando deduz do empregado a sua contribuição.

Para um maior aprofundamento das questões aqui mencionadas, sugerimos ao leitor que se dirija para os capítulos 2, 5 e 7 desta Parte III, em que são estudados os aspectos gerais de todas as contribuições à Seguridade Social; as normas de arrecadação e aplicação dos acréscimos moratórios; e as questões relacionadas à decadência e à prescrição dos créditos da Seguridade Social, respectivamente.

11.1 Aplicação da norma em função do tempo

Posicionamo-nos no sentido de que a atribuição da competência de execução de contribuições à Justiça do Trabalho é autoaplicável. Contudo, tal afirmação é vazia de conteúdo se não se recordar que em direito processual existem lides que ainda serão deflagradas enquanto outras estão na fase de cognição, de liquidação ou de execução em pleno curso.

Quanto aos processos que forem ajuizados após a promulgação da Emenda, nenhuma dúvida sobre a aplicabilidade da norma; em relação aos feitos em curso, há que se estabelecer em qual momento se forma ou se fixa a competência sobre determinada matéria posta em Juízo.

Entendemos que, tendo a modificação sido conferida por Emenda Constitucional, esta tem o condão de excluir de imediato as normas até então vigentes e eficazes, sendo possível a execução de créditos da Seguridade Social nos feitos que ainda estão em fase de conhecimento, porém, antes da ocorrência da coisa julgada. É que, uma vez transitada em julgado a sentença sem que houvesse previsão na ordem jurídica constitucional para a execução de contribuições pela Justiça do Trabalho, não é possível executar as contribuições à Seguridade Social perante a Justiça do Trabalho, uma vez que, à época, a competência era exclusivamente da Justiça Federal. Nesse sentido vem decidindo o Tribunal Regional do Trabalho da 12ª Região que, para efeito de execução das contribuições em questão, em casos de sentenças homologatórias de acordos judiciais, "não há como determinar o cumprimento da observância da lei nova, porquanto essa situação não estava prevista na legislação pátria vigente no momento da conciliação" (Acórdão n. 8.257/2001, 1ª Turma, Rel. Juíza Licélia Ribeiro, sessão de 13.8.2001).

11.2 Conflitos de competência

Há, porém, problemas que se vislumbram adiante, quando um mesmo crédito da Seguridade Social tiver sido objeto de notificação pela fiscalização e inscrição em Dívida Ativa, com consequente Execução Fiscal e, simultaneamente, estiver sendo executado em processo trabalhista, já que, à primeira vista, e fugindo à boa técnica, a competência da Justiça do Trabalho sobre a matéria não exclui a da Justiça Federal.

Pode ocorrer que, em uma ação de Execução Fiscal haja créditos, por exemplo, decorrentes da ação fiscalizatória sobre certa empresa que tinha empregados sem registro – logo, sem efetuar contribuições – e uma ação de um ou mais destes mesmos empregados, contra a empresa, perante a Justiça do Trabalho, em que, procedente o pedido de reconhecimento do vínculo de emprego, passam a ser exigidas as contribuições no curso da execução. A empresa, ao embargar ambas as execuções, alegará a incompetência absoluta de um dos Juízos para a cobrança dos valores em comum. A partir daí, pode-se instalar o conflito positivo de competência; da mesma forma, pode-se ter um conflito negativo, se o Juiz do Trabalho entender que não deve efetuar a execução de créditos da Seguridade Social de processos em andamento, e o Juiz Federal se der por incompetente, entendendo que é da Justiça do Trabalho a competência.

Vários conflitos do gênero poderão ocorrer, fruto da anomalia jurídica criada pelo Executivo e aprovada pelos senhores parlamentares.

A nosso ver, instalado o conflito de competência, não havendo a exclusão da competência da Justiça Federal ou Estadual (art. 109 e seu § 3º), impõe-se resolver a questão pela prevenção do Juízo: ou seja, o primeiro Juiz que conhecer da causa é o competente para a solução da lide, ressaltando-se que o Juiz do Trabalho não tem competência para executar outras contribuições que porventura estejam sendo cobradas conjuntamente com as decorrentes de decisão judicial proferida por Junta de Conciliação e Julgamento, ou, atualmente e em boa hora, Vara do Trabalho (Emenda Constitucional n. 24/99). Ou seja, caso declinada a competência do Juiz do Trabalho para o Juiz Federal, a execução pode seguir até seus ulteriores termos; caso contrário, se é o Juiz Federal quem declina de competência para o Juiz do Trabalho, haverá casos em que a Certidão de Dívida Ativa terá de ser substituída, para incluir na execução perante a Vara Trabalhista somente os créditos decorrentes de decisões judiciais daquele ramo do Judiciário.

11.3 Condição da União na lide trabalhista

Ainda na esteira das inovações previstas pela norma inserta na Emenda, tem-se que a União, sem ter composto a lide na condição de parte, surge na execução como terceiro interessado, na condição de credor exequente, sem sequer peticionar nos autos para tanto. Tal fato demonstra a ausência de preocupação do legislador com as questões processuais, ferindo os princípios básicos de composição das lides, isentando o Fisco de demonstrar interesse processual para a obtenção dos seus créditos. Não se pode dizer que seja parte na ação, pois dela não participou na sua fase cognitiva; contudo, na condição de terceiro interessado, eis que da decisão judicial lhe resultam créditos exequíveis, poderia a Procuradoria recorrer de decisão em fase de conhecimento? Assim não nos parece. A intervenção da PGF se dá somente na execução, não lhe cabendo discutir o mérito da causa, embora dela resultem eventualmente direitos (contribuições devidas) ou obrigações (no caso de reconhecimento de vínculo para fins de obtenção de benefícios posteriormente).

Para o responsável pelos recolhimentos, por seu turno, não se concede o contraditório administrativo, partindo-se diretamente para a execução fiscal, em flagrante violação ao princípio do devido processo legal.

Todavia, desde a edição da Lei n. 10.035/2000, há previsão expressa de que o INSS tem o direito de recorrer de decisões homologatórias de transação judicial entre as partes, para discutir as contribuições sociais eventualmente devidas (CLT, arts. 831, parágrafo único, e 832, § 4º), dispositivo mantido pela Lei n. 11.457/2007, que agora registra haver tal direito por parte da União.

Há de se frisar, entretanto, a inocuidade de tal medida recursal. É que, caso a União entenda que existe algum valor percebido pelo trabalhador e que gera a incidência da norma de custeio, implicando ser devida a contribuição, deve peticionar imediatamente a execução da contribuição devida, não cabendo tal discussão em sede recursal, pois não há direito controvertido aí. Cabe-lhe exigir as contribuições, e ao executado, se for o caso, embargar a execução, alegando, como suposta matéria de defesa, a inexistência de obrigação de recolhimento de contribuição sobre determinada parcela do acordo judicial.

Diga-se, além disso, que o acordo judicial não gera o encerramento da discussão sobre as contribuições porventura inadimplidas ou sonegadas, pois o trabalhador e seu tomador de serviços não têm poderes para transigir sobre a matéria tributária.

Havendo indícios nos autos de que houve, por exemplo, pagamento de valores não identificados em recibos de pagamento de salários, porém de cunho nitidamente salarial, integrando pois o conceito de salário de contribuição, impõe-se ao ente arrecadador proceder à ação fiscalizatória e à cobrança de tais contribuições, é dizer, a sentença que homologa acordo na Justiça do Trabalho não põe fim a irregularidades cometidas no campo tributário-previdenciário.

Não se pode dizer que a União seja parte na ação de conhecimento (dissídio individual), pois dela não participa – o litígio ocorre entre trabalhador e tomador do serviço; contudo, tem-se entendido que a Autarquia detém a condição de terceiro interessado, já que da decisão resulta o reconhecimento de créditos que sofrem a incidência de contribuições à Seguridade Social, e, em função disso, tem-se admitido – embora de forma imprópria – que interponha recurso ordinário da decisão definitiva, *v.g.*, para discutir as parcelas discriminadas em acordo judicial. A participação da Fazenda Pública como parte se dá exclusivamente na execução, conforme o texto do art. 114, § 3º, da Constituição, uma vez que à Justiça do Trabalho não foi conferida competência jurisdicional para analisar, em caráter de cognição, matérias de índole previdenciária, mas apenas em execução (fiscal). No entanto, a CLT prevê a participação desta já na fase de liquidação do julgado, conferindo à Justiça do Trabalho o ônus de liquidar não só os créditos do autor da demanda como os da Seguridade Social, relativos a contribuições incidentes sobre o salário de contribuição, o que padece de grave vício de inconstitucionalidade, como será visto em item a seguir.

11.4 Legislação aplicável

Quando da promulgação da Emenda n. 20/98, externamos nosso entendimento de que a execução das contribuições, mesmo nas Varas do Trabalho, seriam reguladas pela Lei n. 6.830/80 – Lei de Execuções Fiscais –, já que, segundo o art. 1º deste diploma, as disposições da LEF são aplicadas à cobrança da Dívida Ativa da União, dos Estados, do Distrito Federal, dos Municípios e respectivas autarquias, entendendo-se por Dívida Ativa "qualquer valor, cuja cobrança seja atribuída por lei às entidades de que trata o art. 1º", de natureza tributária ou não tributária. Vale dizer, sendo as contribuições devidas espécie de crédito da Fazenda Pública, não havia motivo algum para a edição de outra norma legal, posição que havia sido expressada por vários Tribunais Regionais, como os da 4ª e 12ª Regiões.

Todavia, o Congresso Nacional entendeu por bem acolher o projeto de lei de iniciativa do Poder Executivo, baseado em Provimento do TRT da 3ª Região (MG), que foi sancionado como a Lei n. 10.035, passando a vigorar em 25.10.2000. Tal lei ordinária visa criar procedimento totalmente diverso daquele previsto na LEF, descurando-se de aspectos fundamentais relativos à Dívida Ativa.

A Lei n. 10.035/2000 alterou dispositivos da CLT e acrescentou outros, para efeito de regulamentação da chamada "execução de ofício" das contribuições devidas pelo empregador e pela empresa, incidentes sobre a folha de salários e demais rendimentos pagos ou creditados a qualquer título à pessoa física que lhe preste serviços, mesmo sem vínculo empregatício, e as devidas pelos segurados, sobre as parcelas integrantes do salário de contribuição (art. 195, inciso I, alínea a, e inciso II, da Constituição). Nova alteração na matéria promoveu a Lei n. 11.457/2007, ao estabelecer que a defesa em Juízo em matéria de interesse da Seguridade Social passa a ser encargo da Procuradoria Geral Federal (PGF), bem como modificando o sujeito ativo da obrigação, que deixa de ser o INSS e passa a ser a União.

A nosso ver, vários dispositivos da mencionada Lei padecem de inconstitucionalidade, pois desrespeitam princípios como o do devido processo legal e invadem matéria destinada à lei complementar, excluindo da inscrição em Dívida Ativa créditos tipicamente tributários. Assim, entendemos que a LEF é a norma que deveria ser considerada para efeito de aplicação da nova competência da Justiça do Trabalho, como adiante será comentado. Entretanto, o STJ, decidindo o Conflito de Atribuição n. 81/SC, sendo Relatora a Ministra Eliana Calmon, decidiu pela aplicabilidade da Lei n. 10.035/2000, como adiante será visto.

11.5 Créditos executáveis

De acordo com o inciso VIII do art. 114 da Constituição, executam-se perante a Justiça do Trabalho os créditos da Seguridade Social caracterizados como contribuições sociais e acréscimos legais (juros e multa moratória), decorrentes das sentenças que proferir, sejam elas no sentido de solucionar litígios, sejam nas hipóteses de homologações de acordos, devidas pelo empregador ou empresa sobre valores pagos ou creditados à pessoa física – ou seja, a segurado empregado ou não empregado – e sobre o salário de contribuição dos segurados.

Acerca da necessidade ou não de haver previsão na sentença trabalhista para o cabimento da execução de contribuições, comungamos do entendimento da Súmula n. 401 do TST:

> *AÇÃO RESCISÓRIA. DESCONTOS LEGAIS. FASE DE EXECUÇÃO. SENTENÇA EXEQÜENDA OMISSA. INEXISTÊNCIA DE OFENSA À COISA JULGADA (conversão da Orientação Jurisprudencial nº 81 da SBDI-2) - Res. 137/2005 - DJ 22, 23 e 24.08.2005*
>
> *Os descontos previdenciários e fiscais devem ser efetuados pelo juízo executório, ainda que a sentença exeqüenda tenha sido omissa sobre a questão, dado o caráter de ordem pública ostentado pela norma que os disciplina.*
>
> *A ofensa à coisa julgada somente poderá ser caracterizada na hipótese de o título exeqüendo, expressamente, afastar a dedução dos valores a título de imposto de renda e de contribuição previdenciária. (ex-OJ nº 81 da SBDI-2 - inserida em 13.3.2002).*

É que a sentença, como já frisado, não é o título executivo da contribuição a ser executada, pois na decisão proferida não há comando sentencial condenatório.

Conforme a regulamentação estabelecida pelas diversas instruções normativas editadas pelo MPS, decorrem créditos previdenciários das decisões proferidas pelos Juízes e Tribunais do Trabalho que:

- condenem o empregador ou tomador de serviços ao pagamento de remunerações devidas ao trabalhador, por direito decorrente dos serviços prestados ou de disposição especial de lei;
- reconheçam a existência de vínculo empregatício entre as partes, declarando a prestação de serviços de natureza não eventual, pelo empregado ao empregador, sob a dependência deste e mediante remuneração devida, ainda que já paga à época, no todo ou em parte, e determinando o respectivo registro em CTPS;
- homologuem acordo celebrado entre as partes antes do julgamento da reclamatória trabalhista, pelo qual fique convencionado o pagamento de parcelas com incidência de contribuições sociais para quitação dos pedidos que a originaram, ou o reconhecimento de vínculo empregatício em período determinado, com anotação do mesmo em CTPS;

- reconheçam a existência de remunerações pagas no curso da relação de trabalho, ainda que não determinem o registro em CTPS ou o lançamento em folha de pagamento.

Pairava certa controvérsia acerca do cabimento de se executar, perante a Justiça do Trabalho, contribuições devidas em função do reconhecimento de relação de emprego por sentença, quando não tenham sido feitos os recolhimentos durante o período contratual, sobre os salários de contribuição, além das contribuições incidentes sobre os créditos porventura reconhecidos como devidos pela decisão judicial. O Tribunal Superior do Trabalho vem entendendo ser possível a execução de contribuições sobre todo o período contratual reconhecido em juízo, mesmo por decisão homologatória de acordo.

Essa posição foi adotada pela Terceira Turma do Tribunal Superior do Trabalho, que acolheu, por maioria de votos, recurso do Instituto Nacional do Seguro Social (INSS). A decisão, com base no voto do juiz convocado Alberto Bresciani, tem grande repercussão, pois abrange um tema com apenas um precedente no TST, em processo relatado pelo ministro *Carlos Alberto Reis de Paula*, "O interesse público e o bom senso aconselharão aquele que bate às portas do Judiciário, via Justiça do Trabalho, tenha resolvidas todas as questões decorrentes de sua irresignação, quando acolhida", sustentou *Alberto Bresciani*. "O pagamento das contribuições sociais e o consequente reconhecimento previdenciário do tempo de serviço são de fundamental importância para quem, contrastando o propósito irregular do mau empregador, vê reconhecida a existência de contrato individual de trabalho", acrescentou o relator.

O segundo precedente do TST em que se afirmava a competência da Justiça do Trabalho para executar descontos (*sic*) previdenciários decorreu de recurso interposto pelo INSS contra decisão anterior do Tribunal Regional do Trabalho do Mato Grosso do Sul (TRT – 24ª Região). O órgão reconheceu a existência de vínculo de emprego, mas não autorizou a apuração dos valores devidos ao INSS. A exemplo de outros Tribunais Regionais, o TRT-MS entendeu que o exame de uma ação meramente declaratória, ou seja, que tão-somente reconhece a relação de emprego, não poderia levar o magistrado a promover de ofício (por iniciativa própria) o desconto do crédito previdenciário. "As contribuições sociais (como as devidas ao INSS) possuem natureza acessória, sendo executadas somente se subsistir algum crédito trabalhista de caráter salarial", registrou a decisão regional. Inconformado, o INSS recorreu ao TST sob o argumento de ofensa ao artigo 114 da Constituição, em que se afirma que "compete ainda à Justiça do Trabalho executar, de ofício, as contribuições sociais previstas no art. 195, I, *a* e II, e seus acréscimos legais, decorrentes das sentenças que proferir". O argumento da autarquia foi aceito pelo relator do recurso, sob o entendimento de que "é patente que o art. 114, § 3º, da Constituição Federal alude, genericamente, não excluindo portanto aquelas de cunho declaratório". *Bresciani* também destacou que a decisão regional não foi razoável pois, nessa situação jurídica, "as contribuições sociais serão qualificadas e quantificadas pela natureza da relação jurídica que as originou: o contrato individual de trabalho". O relator citou, ainda, o Decreto n. 3.048/99 que regulamentou a lei previdenciária dispondo que "se da decisão resultar reconhecimento de vínculo empregatício, deverão ser exigidas as contribuições, tanto do empregador como do reclamante (trabalhador), para todo o período reconhecido, ainda que o pagamento das remunerações a ele correspondentes não tenha sido reclamado na ação (Rec. Revista n. 1.119/99). *In* www.tst.gov.br/*noticias* – noticiário de 7.1.2004.

Não se trata, portanto, apenas das contribuições devidas em caso de reconhecimento de relação de emprego. Mesmo havendo acordo em que as partes transijam sobre a existência de relação de emprego, registrando não ter ocorrido o liame desta natureza, ainda assim serão devidas as contribuições incidentes sobre o valor acordado, caso se refira a pagamento por serviços prestados (arts. 21 e 22, III, da Lei n. 8.212/91).

Entretanto, o Tribunal Superior do Trabalho acabou por sumular a matéria em sentido diverso, para consolidar o entendimento de que tais contribuições, quando a sentença trabalhista apenas reconheça a relação de emprego, mas de tal decisão não resultem créditos a serem devidos ao empregado, não cabe a execução das contribuições respectivas na Justiça do Trabalho, como se nota do teor da Súmula n. 368:

> *DESCONTOS PREVIDENCIÁRIOS E FISCAIS. COMPETÊNCIA. RESPONSABILIDADE PELO PAGAMENTO. FORMA DE CÁLCULO (Conversão das Orientações Jurisprudenciais ns. 32, 141 e 228 da SDI-1)*
>
> *I. A Justiça do Trabalho é competente para determinar o recolhimento das contribuições fiscais. A competência da Justiça do Trabalho, quanto à execução das contribuições previdenciárias, limita-se às sentenças condenatórias em pecúnia que proferir e aos valores, objeto de acordo homologado, que integrem o salário-de-contribuição (ex-OJ n. 141 – Inserida em 27.11.1998) (inciso I alterado pela Res. n. 138/2005, DJ 22.11.05).*

Todavia, com a edição da Lei n. 11.457, de 16.3.2007, deu-se nova redação ao parágrafo único do art. 876 da CLT, indicando que também são exequíveis na Justiça do Trabalho as contribuições decorrentes de salários de contribuição pagos durante a relação de emprego reconhecida. Assim, resta evidente que, em se tratando de valores devidos em tempo pretérito (reconhecimento em Juízo, por sentença de mérito ou homologatória), o fato gerador da contribuição não é a sentença, mas o crédito devido ao segurado, desde a época do inadimplemento; assim, haverá execução do valor das contribuições, acrescidas de juros moratórios e multa, em função da ocorrência do fato gerador (importância devida, ainda que não paga).

Como já frisado no subitem 11.1 deste capítulo, o entendimento tomado por consenso na I Jornada de Direito Material e Processual na Justiça do Trabalho, em seu Enunciado n. 73, 1ª parte, também sinaliza nesta direção, qual seja, de que são exequíveis perante as Varas do Trabalho as contribuições também decorrentes de sentenças que não possuam condenação em verbas trabalhistas.

Também restou consolidado o entendimento de que não cabe a execução, perante a Justiça do Trabalho, das contribuições cobradas para terceiros, como salário-educação, ou contribuições para entidades do "sistema S", já que o texto constitucional se refere somente às contribuições à Seguridade Social em sentido estrito:

> *74. **CONTRIBUIÇÕES DEVIDAS A TERCEIROS. INCOMPETÊNCIA DA JUSTIÇA DO TRABALHO.** A competência da Justiça do Trabalho para a execução de contribuições à Seguridade Social (CF, art. 114, § 3º) nas ações declaratórias, condenatórias ou homologatórias de acordo cinge-se às contribuições previstas no art. 195, inciso I, alínea "a" e inciso II, da Constituição, e seus acréscimos moratórios. Não se insere, pois, em tal competência, a cobrança de "contribuições para terceiros", como as destinadas ao "sistema S" e "salário-educação", por não se constituírem em contribuições vertidas para o sistema de Seguridade Social.*

11.6 As prerrogativas da União

Segundo as disposições da CLT sobre a matéria, a União, embora não seja parte no litígio, possui direito de recorrer das sentenças proferidas em homologação à transação de créditos trabalhistas, para discutir as contribuições sociais porventura devidas (CLT, arts. 831 e 832, § 4º).

Com base nas regras acima citadas, a União, por meio da PGF, tem interposto constantemente recursos ordinários pretendendo discutir a sentença, quando o acordo entre as partes tenha sido formulado somente sobre parcelas que não integram o salário de contribuição. O TRT da 12ª Região, ao julgar tais recursos, tem entendido não haver motivo para reformar as decisões de primeiro grau, quando as parcelas discriminadas no acordo sejam condizentes com as pretensões deduzidas na petição inicial da ação trabalhista. É que, em se tratando de *res dubia*, não há como cogitar de qualquer critério para a discriminação das parcelas quitadas, a não ser o da existência dos pedidos correspondentes, na inicial. Nesse sentido: "EXECUÇÃO PREVIDENCIÁRIA. O acordo homologado que discrimina as parcelas que o integram, todas de natureza indenizatória e constantes da exordial, afasta o pedido da autarquia a respeito da incidência de contribuições sobre outras parcelas salariais não contempladas no pacto. Recurso a que se nega provimento" (TRT 12ª Região, Acórdão n. 11.497/2001 – 1ª Turma, Rel. Juiz Carlos Alberto Godoy Ilha, sessão de 25.9.2001).

Cumpre recordar que o acordo judicial celebrado entre as partes em ação trabalhista não extingue créditos tributários. É dizer, se um trabalhador alega que recebeu salários "por fora", em conduta sonegadora de contribuições, mesmo que um acordo judicial ponha fim ao litígio sem que se discrimine pagamento que venha a reconhecer tal conduta, nada impede que a Receita Federal do Brasil, por seus auditores-fiscais, compareça na empresa e verifique se, efetivamente, houve ou não pagamento de valores sem indicação em recibos de salários. Uma vez constatado o fato, pode o auditor emitir Notificação Fiscal de Lançamento de Débito e a União exigir, sem sombra de dúvida, o efetivo recolhimento das contribuições devidas. O acordo faz coisa julgada entre as partes, e resolve os créditos do trabalhador, não os da Seguridade Social porventura existentes.

Ademais, por vezes a Procuradoria vem intentando recursos sem que haja o menor interesse, já tendo sido inclusive penalizada por litigância de má-fé:

> *Age com má-fé quem recorre à segunda instância pedindo exatamente o que já obteve na decisão de primeiro grau. Com esse entendimento a 4ª Turma do Tribunal Regional do Trabalho da 2ª Região (São Paulo) multou o INSS – Instituto Nacional do Seguro Social. A autarquia previdenciária recorreu de ação onde houve acordo entre trabalhador e a empresa, o que pôs fim ao processo que tramitava na Vara do Trabalho de Mauá. Na ocasião, as partes assinaram acordo determinando "o recolhimento das contribuições previdenciárias, considerando trabalho de natureza autônoma". Alegando prejuízo, o INSS recorreu ao TRT de São Paulo. Sustentou que o acordo "não merece prevalecer, em face das contribuições previdenciárias que lhe são devidas, tendo em vista que, embora não reconhecido o vínculo de emprego, deveria ter sido considerado o trabalho como de prestação de serviço autônomo, fazendo incidir a alíquota de 20% sobre o total do valor acordado". Segundo a juíza Odette Silveira Moraes, relatora do Recurso Ordinário no TRT, a primeira instância determinou que as contribuições fossem recolhidas "exatamente conforme ora requerido". Para a relatora, "a autarquia-agravante não procedeu com a devida lealdade e boa-fé processual, tendo produzido ato inútil e desnecessário à declaração ou defesa de direito, eis que manifestamente infundada a pretensão recursal, conforme analisado acima, restando configurada a hipótese prevista no artigo 17 do Código de Processo Civil". A decisão foi unânime. A 4ª Turma condenou o INSS a pagar "multa de 1% sobre o valor da causa, bem como honorários advocatícios, no importe de 15% sobre o valor da condenação, na proporção de 50% para cada parte (Informativo Consultor Jurídico – 24.8.2005 – Disponível em www.conjur.uol.com.br – Acesso em 28.12.2005).*

Além da prerrogativa relativa à impetração de recurso de apelo da sentença, determina a Lei que a União seja intimada dos cálculos de liquidação, que deverão ser apresentados pelas partes, alterando a sistemática até então vigente, do art. 879 da CLT, que permitia ao Juiz homologar os cálculos de liquidação, quando realizado de ofício pela Vara, sem abrir vista às partes, permitindo que a discussão se fizesse apenas após a garantia do Juízo, em embargos à execução ou impugnação, pelo exequente. Assim, da edição da Lei em diante, em flagrante afronta ao Código Tributário Nacional, exige-se que as partes, quando dos cálculos de liquidação, apresentem os valores devidos a título de contribuições sociais (§§ 1º-A e 1º-B do art. 879 da CLT), ônus que compete exclusivamente ao órgão de arrecadação, mediante o procedimento do lançamento, na forma do art. 142 do CTN. Uma vez apresentada a conta, novo e curioso paradoxo é determinado: o Juiz tem a faculdade de abrir vista às partes (§ 2º do art. 879), porém tem o dever de intimar a União da conta, por via postal, para manifestação sobre o cálculo das contribuições devidas (§ 3º do art. 879), diz a Lei, "sob pena de preclusão".

Por fim, é prerrogativa da União figurar como exequente das contribuições à Seguridade Social, atuando no feito nesta condição, podendo requerer o que entender de direito a respeito da satisfação dos créditos a serem quitados em prol dos cofres públicos. Mister salientar que, como preceitua o § 6º do art. 832 da CLT, com a redação conferida pela Lei n. 11.457, de 16.3.2007, "o acordo celebrado após o trânsito em julgado da sentença ou após a elaboração dos cálculos de liquidação de sentença não prejudicará os créditos da União". É dizer, o credor trabalhista pode transigir sobre seus créditos, mas não quanto aos créditos da Fazenda Pública, pois estes, além de não serem passíveis de transação, não podem ser objeto de discussão entre os particulares, já que a legitimidade para tanto é da União, por seus Procuradores.

11.7 Validade do procedimento

Uma vez transitada em julgado a sentença da ação trabalhista, seguem-se, via de regra, os cálculos de liquidação, antes do início da execução. Estes cálculos, no procedimento anterior à Lei n. 10.035/2000, eram realizados por contador do Juízo, perito nomeado, ou pelas partes, porém não era obrigatória a inclusão na conta das contribuições porventura devidas em função das parcelas da condenação que se caracterizassem como integrantes do salário de contribuição. Com a promulgação da Emenda n. 20, de 15.12.98, não houve disciplinamento do procedimento, mas o texto pareceu suficientemente claro ao indicar que a competência da Justiça do Trabalho se iniciava na execução – ou seja, haveria uma execução fiscal das contribuições, cujo Juízo competente seria a Justiça do Trabalho.

Como é posicionamento majoritário na doutrina, a liquidação do julgado antecede a execução, não fazendo parte desta. Assim, entendemos haver inconstitucionalidade no art. 879, §§ 1º-A, 1º-B e 3º, pois a competência inserta no art. 114 pela Emenda n. 20/98 não se estende ao procedimento de apuração de créditos da Seguridade Social, este de atribuição exclusiva do Poder Executivo, na forma do art. 142 do CTN, *verbis*: "*Art. 142. Compete privativamente à autoridade administrativa constituir o crédito tributário pelo lançamento, assim entendido o procedimento administrativo tendente a verificar a ocorrência do fato gerador da obrigação correspondente, determinar a matéria tributável, calcular o montante do tributo devido, identificar o sujeito passivo e, sendo caso, propor a aplicação da penalidade cabível*".

A atribuição da União é justamente a de arrecadar, fiscalizar, lançar e normatizar recolhimentos em caráter de exclusividade (art. 33 da Lei de Custeio), consistindo o lançamento na tarefa de apurar o montante devido em caso de não-recolhimento (art. 37).

Destarte, o procedimento correto seria o mesmo de que tratam os arts. 201 a 204 do Código Tributário Nacional, com a apuração do crédito pelo órgão de arrecadação, inscrição do débito em Dívida Ativa e extração da Certidão correspondente.

Porém, o STJ, analisando o Conflito de Atribuição n. 81/SC, sendo relatora a Ministra Eliana Calmon, entendeu ser desnecessária a inscrição em Dívida Ativa para a execução das contribuições devidas em face de decisões proferidas pela Justiça do Trabalho, como se observa da ementa: "PROCESSO CIVIL E CONSTITUCIONAL - CONTRIBUIÇÕES PREVIDENCIÁRIAS ORIUNDAS DE SENTENÇAS TRABALHISTAS: COBRANÇA (ART. 114, § 3º DA CF/88, ACRESCENTADO PELA EC N. 20/98). 1. A EC n. 20/98 ampliou a competência da Justiça do Trabalho, outorgando-lhe o poder de cobrar débitos para com a Previdência, desde que oriundos de suas próprias sentenças. 2. Cobrança automática do título judicial, independentemente de inscrição na dívida ativa. 3. Impropriedade do provimento que devolve à Procuradoria do Órgão a iniciativa da execução. 4. Conflito conhecido, para declarar competente a Junta Trabalhista".

É de se grifar que tal entendimento, todavia, não prevalece noutros julgados, em que, de forma diametralmente oposta, se caracteriza como necessária a inscrição de todos os créditos da Fazenda Pública, tributários ou não, sem exceção, em Dívida Ativa, como se observa das ementas abaixo transcritas:

> *TRIBUTÁRIO E ADMINISTRATIVO. CONTRIBUIÇÃO PREVIDENCIÁRIA SOBRE GRATIFICAÇÃO DE ATIVIDADE EXECUTIVA (GAE) - DESCONTO RETROATIVO EM FOLHA DE PAGAMENTO - IMPOSSIBILIDADE - NATUREZA TRIBUTÁRIA DA CONTRIBUIÇÃO PREVIDENCIÁRIA - OBEDIÊNCIA ÀS REGRAS DO CTN QUANTO AO LANÇAMENTO DE OFÍCIO E INSCRIÇÃO EM DÍVIDA ATIVA.*
>
> *1. Tratando-se a contribuição para o Plano de Seguridade Social, incidente sobre a remuneração do servidor público, de espécie de tributo, deve ser adotada a sistemática do CTN para a cobrança de contribuições pretéritas não descontadas a tempo e a modo pela Administração Pública.*
>
> *2. Afastada a incidência do art. 146 do CTN por não se tratar de mudança no entendimento da Administração, mas de erro no desconto da contribuição previdenciária, porque não considerada a Gratificação de Atividade Executiva - GAE em sua base de cálculo.*
>
> *3. Inaplicável, por igual, a hipótese prevista no art. 46 da Lei n. 8.112/90, porque tal dispositivo destina-se à reposição ao erário de quantias recebidas indevidamente por servidor público.*
>
> *4. Recurso especial improvido.*
>
> *(STJ, 2ª Turma, REsp 36.5210/RS, rel. Min. Eliana Calmon, publ. DJ 31.3.2003)*

> *PROCESSUAL CIVIL - PROCESSUAL PENAL - EXECUÇÃO DE PENA DE MULTA IMPOSTA EM PROCESSO CRIMINAL - COBRANÇA - LEGITIMIDADE DA FAZENDA PÚBLICA - ILEGITIMIDADE DO MINISTÉRIO PÚBLICO - INSCRIÇÃO NA DÍVIDA ATIVA DA FAZENDA - NECESSIDADE - CÓDIGO PENAL, ART. 51 - LEI N. 9.268, DE 1996 - PRECEDENTES.*
>
> *Após o advento da Lei n. 9.268, de 1996, a legitimidade para propor a execução da pena de multa, imposta em processo criminal é da Fazenda Pública e não do Ministério Público.*
>
> *Sendo a multa imposta em sentença penal condenatória considerada dívida de valor, impõe-se a sua inscrição em dívida ativa e será reclamada via execução fiscal movida pela Fazenda Pública.*
>
> *Recurso conhecido e provido.*
>
> *(STJ, 2ª Turma, REsp 28.6881/SP, rel. Min. Francisco Peçanha Martins, publ. DJ 1.9.2003).*

Concluindo, dentre as hipóteses possíveis (cálculo por contador judicial ou perito, cálculo pelo executado, ou pela União), o legislador ordinário optou pela pior. O cálculo por contador, servidor do cartório ou perito, ou realizado pela parte, resulta, de plano, numa invasão de atribuições – até certo ponto desejada pelo legislador – ao pretender transformar a unidade judiciária em exatoria de contribuições sociais.

O procedimento de não inclusão da dívida previdenciária executada perante a Justiça do Trabalho em Dívida Ativa, além de contrariar as regras do CTN, lei complementar que rege toda a matéria pertinente a créditos tributários, afronta também a Constituição, que em seu art. 195, § 3º, prevê:

> *§ 3º - A pessoa jurídica em débito com o sistema da seguridade social, como estabelecido em lei, não poderá contratar com o Poder Público nem dele receber benefícios ou incentivos fiscais ou creditícios.*

A Lei n. 8.212/91 regulamenta a matéria no § 2º do art. 95, da seguinte forma:

> *§ 2º A empresa que transgredir as normas desta Lei, além das outras sanções previstas, sujeitar-se-á, nas condições em que dispuser o regulamento:*
>
> *a) à suspensão de empréstimos e financiamentos, por instituições financeiras oficiais;*
>
> *b) à revisão de incentivos fiscais de tratamento tributário especial;*
>
> *c) à inabilitação para licitar e contratar com qualquer órgão ou entidade da administração pública direta ou indireta federal, estadual, do Distrito Federal ou municipal;*
>
> *d) à interdição para o exercício do comércio, se for sociedade mercantil ou comerciante individual;*
>
> *e) à desqualificação para impetrar concordata;*
>
> *f) à cassação de autorização para funcionar no país, quando for o caso.*

Logo, ao não ser incluído no cadastro de devedores da Seguridade Social, abre-se brecha injurídica para que uma pessoa, mesmo sendo executada perante a Justiça do Trabalho quanto a contribuições previdenciárias e acréscimos moratórios, continue praticando livremente os atos vedados pela ordem jurídica, o que acontece tão-somente por uma interpretação equivocada das normas jurídicas pertinentes pelo órgão fiscal. Não há sentido lógico de uma empresa ser executada perante a Justiça Federal e ser impedida de praticar os atos ali especificados, enquanto outra, executada perante a Justiça do Trabalho, por créditos idênticos, não sofrer os mesmos efeitos jurídicos.

11.8 O procedimento da execução

Uma vez prevalecendo o entendimento pronunciado pelo STJ, necessário se faz analisar como dar cumprimento ao dispositivo constitucional que prevê a execução das contribuições sociais.

O primeiro aspecto que entendemos deva ser abordado é o do comando sentencial, seja condenatório, seja homologatório de acordo judicial. É de bom alvitre que, na sentença, se estabeleça, com clareza, sobre quem recairá o ônus de pagar as contribuições (se inteiramente pelo empregador, tal como sustentamos no item 2.13 desta Parte III, ou se o empregado terá deduzido de seus créditos o valor das contribuições que deveriam ter sido realizadas em época própria). Assim, o Juiz da execução não terá dúvidas em fixar os créditos e seus devedores. Em que pese haver divergências a respeito do ônus das contribuições, há acórdãos que corroboram o nosso entendimento.

Nesse sentido: "DESCONTOS FISCAIS E PREVIDENCIÁRIOS. RESPONSABILIDADE. Se o 'quantum' devido ao empregado, apurado em face de pronunciamento judicial, decerto não restou repassado à época própria por mera incúria do empregador, essa omissão, indene de dúvida, não tem o condão de gerar ao obreiro o ônus que a parte patronal pretende lhe seja imposto em relação às parcelas devidas ao Fisco e à Previdência Social, mesmo porque os textos legais correspondentes à matéria não contemplam a inércia" (Acórdão n. 7.567/2001, Rel. Juiz Antonio Carlos F. Chedid – Publicado no DJ/SC em 8.8.2001).

O Tribunal Superior do Trabalho, sumulando a matéria, assim dispõe sobre a forma de cálculo e a responsabilidade pelos recolhimentos:

> *DESCONTOS PREVIDENCIÁRIOS E FISCAIS. COMPETÊNCIA. RESPONSABILIDADE PELO PAGAMENTO. FORMA DE CÁLCULO. (Conversão das Orientações Jurisprudenciais ns. 32, 141 e 228 da SDI-1)*
>
> *(...)*
>
> *II. É do empregador a responsabilidade pelo recolhimento das contribuições previdenciárias e fiscais, resultante de crédito do empregado oriundo de condenação judicial, devendo incidir, em relação aos descontos fiscais, sobre o valor total da condenação, referente às parcelas tributáveis, calculado ao final, nos termos da Lei n. 8.541/1992, art. 46, e Provimento da CGJT n. 03/2005 (ex-OJ n. 32 – Inserida em 14.3.1994 e OJ n. 228 – Inserida em 20.6.2001).*
>
> *III. Em se tratando de descontos previdenciários, o critério de apuração encontra-se disciplinado no art. 276, § 4º, do Decreto n. 3.048/99, que regulamenta a Lei n. 8.212/91 e determina que a contribuição do empregado, no caso de ações trabalhistas, seja calculada mês a mês, aplicando-se as alíquotas previstas no art. 198, observado o limite máximo do salário de contribuição (ex-OJ n. 32 – Inserida em 14.3.1994 e OJ 228 – Inserida em 20.6.2001)*

Mais recentemente, editou a Seção de Dissídios Individuais do TST a Orientação Jurisprudencial n. 363, sobre o mesmo tema, verbis:

> *363. DESCONTOS PREVIDENCIÁRIOS E FISCAIS. CONDENAÇÃO DO EMPREGADOR EM RAZÃO DO INADIMPLEMENTO DE VERBAS REMUNERATÓRIAS. RESPONSABILIDADE DO EMPREGADO PELO PAGAMENTO. ABRANGÊNCIA (DJ 20, 21 e 23.05.08) A responsabilidade pelo recolhimento das contribuições social e fiscal, resultante de condenação judicial referente a verbas remuneratórias, é do empregador e incide sobre o total da condenação. Contudo, a culpa do empregador pelo inadimplemento das verbas remuneratórias não exime a responsabilidade do empregado pelos pagamentos do imposto de renda devido e da contribuição previdenciária que recaia sobre sua quota-parte.*

Entendendo desta forma, a SBDI-1 do TST beneficiou o infrator da norma – o empregador inadimplente, pois estabeleceu tratamento que libera o empregador de pagar a contribuição que não foi recolhida ao tempo próprio, adotando critério diferenciado do que pratica o Fisco e que, há décadas, vem sendo aplicado pela Justiça Federal no tocante à matéria. Espera-se que, ao menos, não se queira imputar ao trabalhador também a incidência dos acréscimos de mora, considerando-o responsável pelo atraso no pagamento.

Em liquidação, que a nosso ver deveria ser apurada pela Secretaria da Receita Federal da União, obedecendo às normas do CTN, o cálculo das contribuições devidas deve observar o disposto no art. 276 do Decreto n. 3.048/99, observando-se o seguinte procedimento:

- apura-se o valor do salário de contribuição do segurado à época de cada parcela deferida pela sentença pelo somatório do valor percebido na "época própria" com os valores reconhecidos pela sentença que se enquadrem no conceito legal – art. 28 da Lei n. 8.212/91 e art. 214 do Decreto n. 3.048/99;
- recomposto o salário de contribuição, apura-se a contribuição incidente sobre o mesmo (contribuição do segurado), conforme a alíquota vigente na época, obedecidos, mês a mês, os limites mínimo e máximo do salário-de-contribuição;
- caso o segurado já tenha contribuído sobre o valor-limite do salário de contribuição, caberá somente a exigência da contribuição patronal;
- encontrada a contribuição devida, chega-se ao valor da contribuição ainda não paga, pela diferença entre o valor devido e o valor já recolhido;
- quanto às contribuições do tomador dos serviços (empregador doméstico, rural ou empresa urbana), obedecerá aos preceitos legais vigentes na época quanto à base de cálculo e alíquotas;
- devem ser respeitadas as hipóteses em que a contribuição patronal não incide sobre pagamentos feitos a pessoas físicas a seu serviço (optantes do SIMPLES, produtores rurais, associações desportivas que possuem equipe de futebol profissional) e de isenção (entidades que tenham obtido tal direito por decisão do órgão competente da Previdência Social), casos em que não haverá cálculo de contribuições da empresa;
- saliente-se a existência de alíquotas especiais para as instituições financeiras, bem como a contribuição para custeio de prestações acidentárias e aposentadorias especiais, que devem ser observadas quando do cálculo;
- em caso de sentença que reconheça o vínculo de emprego, mesmo não havendo valores em que o empregador tenha sido condenado, são exigíveis as contribuições relativas ao período contratual (§ 7º do art. 276 do Decreto n. 3.048/99);

- apurados os valores de contribuições devidas, incidentes sobre os valores da condenação, devem ser calculados os juros moratórios e a multa moratória, na forma dos arts. 34 e 35 da Lei n. 8.212/91, a serem quitados pelo tomador dos serviços, já que é sua a responsabilidade pelo recolhimento fora do vencimento da obrigação tributária (art. 33, § 5º, da Lei n. 8.212/91);
- se a decisão de mérito ou acordo homologado em juízo resultar em não-reconhecimento de vínculo de emprego, são exigíveis as contribuições de que trata o art. 22, III, da Lei n. 8.212/91 e a do segurado contribuinte individual (§ 9º do art. 276 do Decreto n. 3.048/99), salvo se o demandante for servidor público sujeito a regime próprio de previdência social, ou já tenha contribuído sobre o valor limite máximo, quando então será devida a contribuição da empresa, somente.

Como visto, o cálculo é complexo, e na prática os profissionais envolvidos na feitura da conta não estão afeitos a este procedimento, mais um motivo pelo qual defendemos que deveria a Receita Federal do Brasil proceder à apuração, já que possui pessoal especializado e conhecedor de toda a regulamentação, preparado portanto para realizar tal procedimento, além de possuir todas as informações necessárias, como enquadramento da empresa no CNAE, opção pelo Simples nacional, isenções deferidas, entre outras situações que são totalmente desconhecidas pela contadoria judicial ou pelo perito contábil nomeado pelo Juiz do Trabalho.

A Lei, ao contrário, exige que os cálculos sejam feitos pelas partes, ou pelo contador designado pelo Juízo, determinando a intimação da União para manifestar-se sobre a conta, em dez dias, com a previsão de preclusão para o silêncio da autarquia.

Duas observações cabem sobre a oportunidade da União falar nos autos, nesta fase processual. Uma, que o fato de a PGF concordar com o cálculo deveria caracterizar o mesmo efeito da inscrição em Dívida Ativa, ou seja, a presunção de certeza do valor; todavia, temos visto, na prática, que a União tem concordado com cálculos equivocados realizados por peritos contábeis pouco acostumados com a matéria, ora apurados a maior que o devido, ora indicando valores indevidos, como em casos de empresas optantes pelo SIMPLES. Assim, somos de entendimento que a concordância não gera tal presunção, por não ter sido a conta realizada pela autoridade administrativa responsável (art. 142 do CTN).

A segunda observação é que a inércia processual não caracteriza "preclusão", como pretendeu o legislador. É que, se observado o que ocorre com a execução da Lei n. 6.830/80, permite-se ao ente credor substituir o título executivo (CDA) até a decisão de primeira instância (§ 8º do art. 2º da LEF). Por analogia, se o valor indicado em liquidação, perante a Justiça do Trabalho, não for impugnado pela PGF, mas estiver incorreto, cabe a invocação de diferença, até a decisão de primeiro grau no curso da execução, ou de ofício, quando verificado erro material. Neste diapasão: "ERROS E EQUÍVOCOS DO CÁLCULO DE LIQUIDAÇÃO. PRECLUSÃO. INOCORRÊNCIA. CORREÇÃO DE OFÍCIO PELO JUIZ. POSSIBILIDADE. INTELIGÊNCIA DA PREVISÃO LEGAL. FALIBILIDADE. RESPEITO À SENTENÇA LIQUIDANDA E À COISA JULGADA. RECURSO IMPROVIDO. DECISÃO MANTIDA. Seria ilógico pensar que simples erros de cálculo, advindos de evidente equívoco do *expert*, não pudessem ser corrigidos a contento pelo Juízo, se garantidos pelo comando da sentença exequenda. A liquidação deve se ajustar à sentença liquidanda, por ser ela seu fato gerador. Eventuais erros podem e devem ser corrigidos a requerimento dos interessados, da Procuradoria da Justiça do Trabalho ou mesmo pelo Juízo, *ex officio*, para a garantia de entrega efetiva de uma prestação jurisdicional justa, sob pena de a execução, por erro dos auxiliares do Juízo, ultrapassar a garantia constitucional da coisa julgada. A falibilidade humana e do sistema vem escrita como salvaguarda no disposto no art. 833 da CLT, que a outro entendimento não pode levar o exegeta" (TRT 12ª Região, Acórdão n. 10.399/97, 1ª Turma, Rel. Juiz Antonio Carlos Facioli Chedid, publ. DJSC 5.9.1997).

Homologados os cálculos pelo Juízo, segue-se a citação do devedor, na forma do art. 880 da CLT, com a redação conferida pela Lei n. 10.035/2000. Pelo modo como foi disciplinada a matéria, resta claro que o legislador entendeu ser devedor das contribuições a empresa ou empregadora executada, já que o mandado é a ordem judicial, "em se tratando de pagamento em dinheiro, incluídas as contribuições sociais devidas, para que pague em 48 (quarenta e oito) horas, ou garanta a execução, sob pena de penhora".

O art. 878-A da CLT prevê, de forma totalmente despicienda, a possibilidade de pagamento voluntário da obrigação tributária, pois nunca houve vedação a respeito. Se a Secretaria da Receita Federal do Brasil apurar créditos remanescentes, poderá proceder à execução, também por evidente, uma vez que se trata, como já dito, de crédito da Fazenda Pública.

O pagamento, ou indicação de bens para garantia do Juízo, deverá ser suficiente para cobrir os créditos do exequente trabalhista e os da Seguridade Social. Em caso de garantia insuficiente, fica impedido o devedor de ingressar com embargos, até que satisfaça tal exigência.

Os embargos à execução, ação incidente no curso da execução, cabem para discutir a conta de liquidação, caso não tenha sido concedida a oportunidade de manifestação, antes da homologação dos cálculos (art. 879, § 2º, da CLT). Se oportunizada a impugnação, preclui, para o devedor, a possibilidade de fazê-lo. O prazo para embargos passou a ser de 30 dias (Medida Provisória n. 2.180-35/2001, que se manterá vigente até deliberação do Congresso Nacional sobre a matéria, conforme disposto no art. 2º da Emenda Constitucional n. 32, de 2001), contados da garantia do Juízo feita por depósito, da juntada aos autos da prova de fiança bancária, ou da intimação da penhora (arts. 882/883 da CLT e art. 16 da LEF). Este é o prazo também concedido ao exequente e à União para impugnar a "sentença de liquidação", não cabendo, pois, recurso contra a decisão que homologa cálculos, e sim contra a decisão que resolve a impugnação feita em fase de execução (o agravo de petição – art. 897 da CLT), mesmo recurso cabível da decisão dos embargos.

Em se tratando de embargos, devem ser citados os exequentes trabalhistas e a União para contestar, querendo, no mesmo prazo (art. 17 da LEF). Havendo prova testemunhal (ou requerimento de depoimento pessoal) deferida pelo juízo, far-se-á audiência para este fim. Não havendo provas a produzir em audiência, ou ao fim da instrução, o Juiz da execução proferirá decisão, na forma do art. 885 da CLT.

Sobre as matérias cabíveis em sede de embargos, parece-nos que, ante a ausência de um contraditório administrativo, a decadência ou a prescrição dos créditos da Seguridade Social são arguíveis neste momento processual, recordando-se que estes institutos se referem à data em que o crédito deveria ter sido constituído, ou cobrado em juízo (arts. 45 e 46 da Lei n. 8.212/91). O mesmo se diga quanto às hipóteses de não-cabimento da execução, como no caso de opção pelo SIMPLES.

Permite-se a suspensão da execução pelo parcelamento concedido ao devedor, cabendo a este noticiar ao Juízo o fato, juntando cópia do documento (§ 1º do art. 889-A da CLT). Quanto ao mais, aplicam-se as regras do CTN e da Lei n. 8.212/91 sobre a moratória de contribuições sociais, inclusive quanto às sanções aplicáveis quando do descumprimento do parcelamento.

O deferimento de isenção, ou a inscrição no SIMPLES, em data posterior ao do período discutido na lide trabalhista, não permite a liberação do devedor quanto ao pagamento das contribuições devidas anteriormente.

Não é cabível a execução, ainda, quando verse sobre período de atividade rural, anterior à vigência da Lei n. 8.213/91, quando não havia incidência de contribuição sobre tal atividade. Nesse sentido: "Sendo certo que a execução sobre a qual versam estes embargos tem por escopo o pagamento de contribuição decorrente de vínculo trabalhista em época onde não existia, na lei, previsão de contribuição previdenciária que o tivesse por base, é de se dar provimento à apelação, declarando-se não devido valor almejado" (TRF da 5ª Região, AC n. 2000.05.00.016749-8/AL, 2ª Turma, Relator Des. Federal Paulo Roberto de Oliveira Lima, j. 26.6.2001 – *in* RPS 263/921).

Não havendo bens suficientes para quitar créditos trabalhistas e da Seguridade Social, mantém-se o privilégio do primeiro, não tendo sido alterada tal regra do art. 186 do CTN, como define o aresto do TRT da 12ª Região: "AGRAVO DE PETIÇÃO. EXECUÇÃO. PREFERÊNCIA DO CRÉDITO TRABALHISTA. Os créditos trabalhistas, superprivilegiados, preferem a quaisquer outros créditos, inclusive os fiscais, não havendo possibilidade de ratear os valores depositados em Juízo entre categorias de créditos de naturezas diversas. Seria ilógico e antijurídico permitir que os valores depositados fossem rateados entre os créditos trabalhistas e crédito estatal (INSS), em detrimento do trabalhador, do povo, elemento do próprio Estado que com seu trabalho move e alimenta a máquina estatal e, em consequência, supre as necessidades coletivas, fim último do Estado" (Acórdão n. 8.021/2001, 1ª Turma, Rel. Juiz Antonio Carlos Facioli Chedid, publ. DJSC em 20.8.2001).

Uma preocupação fundamental para a concretização dos Direitos Sociais envolvidos na matéria – além da mera questão arrecadatória fiscal – é o reconhecimento, pela Previdência Social, do tempo de contribuição e da remuneração auferida pelo trabalhador que tenha sua demanda trabalhista julgada procedente. Para que isso aconteça, curial que se exija do empregador-executado nos autos da ação trabalhista que realize os recolhimentos informando, por meio de GFIP retificadora, a que período laboral se referem, tal como sintetiza, com grande propriedade, a súmula n. 1 do Tribunal Regional do Trabalho da 8ª Região, *verbis*:

> *Incumbe ao devedor, nos autos do processo trabalhista, calcular, reter e recolher:*
>
> *I – As contribuições sociais do período de trabalho reconhecido na decisão judicial, realizadas por meio de GFIP/NIT (Guia de Recolhimento do FGTS e de Informações à Previdência Social; e Número de Identificação do Trabalhador), no caso de pessoa jurídica, e por intermédio de Guia da Previdência Social (GPS) consolidada com vinculação ao NIT (Número de Identificação do Trabalhador), quando o empregador for pessoa natural, comprovadas, em qualquer caso, com a apresentação da regularidade dos recolhimentos através do histórico ou extrato do Cadastro Nacional de Informações Sociais (CNIS).*
>
> *II – A contribuição previdenciária relativa ao período de trabalho terá como base de cálculo as parcelas de natureza remuneratória pagas, apuradas mês a mês, na forma da legislação (art. 35 da Lei 8.212/91 e art. 276, § 4º, do Decreto 2.048/99).*
>
> *III – As contribuições previdenciárias incidentes sobre o valor do acordo celebrado por mera liberalidade devem ser recolhidas através de Guia da Previdência Social (GPS), consolidada com vinculação ao NIT (Número de Identificação do Trabalhador) em que o trabalhador for cadastrado e que contenha o número do processo trabalhista, na forma do art. 889-A da CLT, mediante comprovação obrigatória nos autos (...).*

Por fim, cumpre dizer que há novo equívoco do legislador na disposição contida no *caput* do art. 889-A da CLT, ao determinar o recolhimento das contribuições em agências da Caixa Econômica Federal ou do Banco do Brasil S.A., exclusivamente quando a rede bancária não-estatal também está autorizada a receber pagamentos de contribuições, além do débito automático em conta bancária do contribuinte ou responsável pelo recolhimento. A nosso ver, o recolhimento feito em estabelecimento bancário diverso dos indicados se reveste da mesma validade, exonerando o devedor da obrigação.

Capítulo 12
Dos crimes contra a Previdência Social

O sistema de seguridade social brasileiro, moldado sob a forma de regime de repartição, impõe sejam coibidas condutas tendentes a desrespeitar as normas estatais que regem o seu financiamento. Uma vez desrespeitada a norma estatal cogente, incorre o indivíduo na prática de ato ilícito. Nem toda conduta ilícita é, todavia, caracterizada como crime, *verbi gratia,* a inadimplência de tributo pelo contribuinte, por não ter recursos financeiros para cumprir a obrigação. Tem-se então que é a norma penal que atribui ao Estado o poder de punir o indivíduo que a descumpra: poder abstrato, que se torna concreto no momento em que ocorre a violação. A possibilidade jurídica de apenar o infrator da lei denomina-se punibilidade.[239]

A Lei n. 8.212/91 estabelecia, no seu art. 95, normas penais que tipificavam os crimes contra a Seguridade Social. Essas regras vigoraram até 14.10.2000, pois, a partir de então, entrou em vigor a Lei n. 9.983, de 14.7.2000 (DOU de 17.7.2000), que deu novo tratamento à matéria, e, por ser lei mais benéfica, tem aplicação retroativa, segundo inteligência do art. 2º, parágrafo único, do Código Penal.

12.1 O Regime da Lei n. 9.983/2000

A Lei n. 9.983/2000 alterou o Decreto-lei n. 2.848, de 7.12.40 – Código Penal –, mediante a tipificação de condutas que constituem crimes contra a Previdência Social, e deu outras providências. Ou seja, levou para o Código Penal as condutas que caracterizam crimes contra a Previdência Social.

O projeto de lei, de iniciativa do Poder Executivo, foi "fruto de uma demorada maturação sobre a experiência adquirida após a lei de 1991 e de discussões internas dos diversos setores jurídicos e técnicos integrantes da instituição, visando dotar o aparelho repressivo e judiciário de instrumentos mais eficazes no combate a essa espécie de criminalidade".[240]

---

239 DELMANTO, Celso. *Código Penal comentado.* Rio de Janeiro: Renovar, 1986, p. 159.

240 Exposição de Motivos – EMI n. 52, de 3.5.1999. Disponível em www.planalto.gov.br. Acesso em 18.3.2003.

À Parte Especial do Código Penal foram acrescentados os arts. 168-A, 313-A-B e 337-A e alterados os arts. 153, 296, 297, 325 e 327. Entre os crimes previstos estão: a apropriação indébita previdenciária, a inserção de dados falsos no sistema informatizado da Previdência, a violação desse sistema, a sonegação da contribuição, a falsificação de documentos e o acesso sem autorização ao sistema. As penas previstas como punição variam de dois a doze anos de prisão e multa. Há a previsão, porém, da extinção de punibilidade se o agente espontaneamente declarar, confessar e efetuar o pagamento das contribuições.

O art. 95 da Lei n. 8.212/91 foi revogado, salvo o seu § 2º, que prevê sanções administrativas contra a empresa que transgredir as normas estabelecidas pela lei de Custeio da Seguridade Social. Em verdade, a redação desse dispositivo não apresentava boa técnica legislativa, pois se restringia a descrever a conduta ilícita, mas não previa cominação legal ao infrator. Somente em relação às alíneas *d*, *e* e *f* era prevista a pena, por meio de remissão ao art. 5º da Lei n. 7.492, de 16.6.1986 (crimes contra o Sistema Financeiro Nacional), que era de dois a seis anos de reclusão e multa.

12.2 Apropriação indébita previdenciária

O art. 168-A, acrescentado ao Código Penal pela Lei n. 9.983/2000, detalha e aumenta o universo de condutas delituosas atribuídas aos contribuintes que, de alguma forma, visam à sonegação fiscal. O legislador buscou aperfeiçoar o tipo legal até então existente (art. 95 da Lei n. 8.212/91), denominando-o de Apropriação Indébita Previdenciária, o qual possui a seguinte redação:

> *Art. 168-A. Deixar de repassar à previdência social as contribuições recolhidas dos contribuintes, no prazo e forma legal ou convencional:*
>
> *Pena – reclusão, de 2 (dois) a 5 (cinco) anos, e multa.*
>
> *§ 1º Nas mesmas penas incorre quem deixar de:*
>
> *I – recolher, no prazo legal, contribuição ou outra importância destinada à previdência social que tenha sido descontada de pagamento efetuado a segurados, a terceiros ou arrecadada do público;*
>
> *II – recolher contribuições devidas à previdência social que tenham integrado despesas contábeis ou custos relativos à venda de produtos ou à prestação de serviços;*
>
> *III – pagar benefício devido a segurado, quando as respectivas cotas ou valores já tiverem sido reembolsados à empresa pela previdência social.*

Da leitura desse dispositivo conclui-se que o legislador pretendeu impor a sanção do crime de apropriação indébita previdenciária a quem deixar de repassar ou de recolher, no prazo estabelecido, contribuição ou qualquer valor destinado à Previdência Social que tenha sido descontado de pagamento efetuado aos segurados, a terceiros ou arrecadadas do público, bem como o não-recolhimento de contribuições que tenham integrado despesas contábeis ou custos relativos à venda de produtos ou à prestação de serviços. Aplica-se, ainda, a quem deixar de pagar benefício devido a segurado, quando o respectivo valor já tiver sido reembolsado à empresa pela Previdência Social.

Essa norma tem objetivo claro, qual seja, evitar a sonegação fiscal, inibindo o desvio de contribuições destinadas ao financiamento da Seguridade Social. Tutela a subsistência financeira das ações destinadas a assegurar os direitos relativos à saúde, à previdência e à assistência social.

Muito embora o segurado obrigatório da Previdência Social seja o sujeito passivo da obrigação tributária, nem sempre é ele o responsável pelo seu recolhimento. Segundo o art. 30, inciso I, da Lei n. 8.212/91, a empresa é obrigada a: "arrecadar as contribuições dos segurados empregados e trabalhadores avulsos a seu serviço, descontando-as da respectiva remuneração". E pelo art. 4º da Medida Provisória n. 83, de 12.12.2002, convertida na Lei n. 10.666, de 8.5.2003, a empresa ficou obrigada, também, a arrecadar a contribuição do segurado contribuinte individual a seu serviço, descontando-a da respectiva remuneração. Isto é, cabe à empresa descontar e recolher aos cofres da Previdência Social os valores arrecadados dos segurados.

A obrigação legal da arrecadação das contribuições previdenciárias é atribuída, também, à empresa adquirente, consignatária ou à cooperativa em relação às operações de venda ou consignação da produção rural (art. 30, IV, da Lei n. 8.212/91). Ou seja, cabe a essas empresas fazer a retenção e o recolhimento das contribuições devidas pelos produtores rurais sobre a receita bruta proveniente da comercialização de sua produção.

A penalização da omissão no recolhimento de contribuições previdenciárias teve origem no Decreto-lei n. 65, de 14.12.37, cujo art. 5º previa: "O empregador que retiver as contribuições recolhidas de seus empregados e não as recolher na época própria incorrerá nas penas do art. 331, n. 2, da Consolidação das Leis Penais, sem prejuízo das demais sanções estabelecidas neste Decreto-lei".

Posteriormente, a Lei Orgânica da Previdência Social – Lei n. 3.807, de 26.8.60 – estabeleceu, no seu art. 86: "Será punida com as penas do crime de apropriação indébita a falta de recolhimento, na época própria, das contribuições e de quaisquer outras importâncias devidas às instituições de Previdência Social e arrecadadas dos segurados e do público". É importante salientar que a conduta prevista na Lei n. 3.807/60 não era de apropriação indébita. A equiparação feita pelo legislador foi somente para efeitos de reprimenda, embora até hoje cause alguma confusão entre os operadores do Direito.

Os crimes contra a ordem tributária tiveram nova definição e penalização com a Lei n. 8.137, de 27.12.90, dando-se a revogação tácita da legislação anterior, pois a matéria foi inteiramente regulada nesse novo diploma legal. Ficou estabelecido pelo art. 1º, *caput*, combinado com o art. 2º, II, que constituía crime contra a ordem tributária suprimir ou reduzir tributo ou contribuição social e qualquer acessório, mediante a seguinte conduta: "deixar de recolher, no prazo legal, valor de tributo ou de contribuição social, descontado ou cobrado, na qualidade de sujeito passivo de obrigação e que deveria recolher aos cofres públicos". A pena prevista era de detenção, de seis meses a dois anos, e multa.

A aplicação da Lei n. 8.137/90 em relação à omissão no recolhimento de contribuições previdenciárias vigorou para os delitos praticados até o advento da Lei n. 8.212, de 25.7.91, que, no art. 95, *d*, tratou de forma especial a matéria. A pena passou a ser de reclusão, de dois a seis anos, além da multa, em face da remissão feita ao art. 5º da Lei n. 7.492, de 16.6.86, que trata dos crimes contra o Sistema Financeiro Nacional.

As normas legais que sobrevieram, quais sejam, a Lei n. 8.383/91 (art. 98) e a Lei n. 9.249/95 (art. 34) alteraram o quadro penal tributário apenas, e tão-somente, quanto à extinção de punibilidade quando há, ou não, o pagamento do tributo ou contribuição, inclusive acessórios, antes do recebimento da denúncia.

A partir de 15.10.2000, os aspectos penais do não-recolhimento de contribuições previdenciárias passaram a ser analisados com base nos dispositivos da Lei n. 9.983, de 14.7.2000 (DOU *de* 17.7.2000), que promoveu alterações no Código Penal, introduzindo, entre outros, o já citado art. 168-A, que denominou a conduta como apropriação indébita previdenciária.

A conduta denominada apropriação indébita previdenciária não se confunde com a apropriação indébita comum, prevista no art. 168 do Código Penal, cuja figura típica é:

> *Art. 168. Apropriar-se de coisa alheia móvel, de que tem a posse ou a detenção:*
> *Pena – reclusão, de 1 (um) a 4 (quatro) anos, e multa.*

Sobre a diferença entre a apropriação indébita previdenciária e a comum, assevera *Andréas Eisele*: "Dentre as divergências entre as hipóteses, podem ser indicadas: a) a irrelevância da eventual existência de situação de posse (pelo agente) do objeto material sobre o qual recairá a conduta; b) a desnecessidade da presença da intenção apropriativa do objeto, por parte do sujeito; e c) a titularidade da propriedade do objeto, que pertence ao próprio sujeito (motivo pelo qual a 'coisa' sobre a qual recai a conduta não é 'alheia')".[241]

As condutas previstas no art. 168-A, *caput* e § 1º, I, já eram previstas pelo art. 95, *d*, da Lei n. 8.212/91, como crime de não-recolhimento de contribuições previdenciárias. Inicialmente, a jurisprudência considerou a conduta modalidade de apropriação indébita, exigindo para a configuração do crime a vontade livre e consciente de o sujeito se apropriar de coisa alheia, de que tem a posse ou detenção. Em um segundo momento, o entendimento dos tribunais modificou-se e reconheceu

241 EISELE, Andréas. *Crimes contra a ordem tributária*. 2. ed. São Paulo: Dialética, 2002, p. 203.

que o tipo seria autônomo, e não modalidade de apropriação, tratando-se de crime omissivo puro (ou próprio), que prescinde do *animus rem sibe habendi*. Agora, essa discussão voltará à baila, pois a Lei n. 9.983/2000 optou por tipificar a conduta como modalidade de apropriação indébita previdenciária.

Entendemos que o crime continua a ser omissivo e independente com relação à apropriação indébita, pois não há a exigência da intenção de se apropriar dos valores não recolhidos. Diferente situação ocorre na apropriação indébita comum (art. 168, *caput),* cujo elemento normativo do tipo consiste na vontade livre e consciente do sujeito apropriar-se *de* coisa alheia móvel, de que tem a posse ou a detenção. Outrossim, é assente na doutrina que o tipo deve ser analisado em função dos seus *elementos* descritivos, normativos e subjetivos, e não pelo rótulo que lhe apõe o legislador.

No Supremo Tribunal Federal predominava esse mesmo entendimento: "Ao contrário do crime de apropriação indébita comum, o delito de apropriação indébita previdenciária não exige, para sua configuração, o *animus rem sibi habendi*." (RO em HC n. 88144, 2ª Turma. Relator Ministro Eros Grau, julg. 4.4.2006).

No entanto, o Plenário do STF veio a alterar essa orientação, ao decidir que a apropriação indébita previdenciária não consubstancia crime formal, mas omissivo material – no que indispensável a ocorrência de apropriação dos valores, com inversão da posse respectiva –, e tem por objeto jurídico protegido o patrimônio da previdência social. Entendeu-se, também, que, pendente recurso administrativo em que é discutida a exigibilidade do tributo, seria inviável tanto a propositura da ação penal quanto a manutenção do inquérito, sob pena de preservar-se situação que degrada o contribuinte. (Inq. 2537, AgR/GO, Rel. Min. Marco Aurélio, DJe-107, 12.6.2008)

Na sequência, a 1ª Turma do STF voltou a entender que é inexigível o "animus rem sibi habendi", conforme se observa da ementa que segue:

> HABEAS CORPUS. *PENAL. CRIME DE APROPRIAÇÃO INDÉBITA PREVIDENCIÁRIA. ART. 168-A DO CÓDIGO PENAL. ALEGAÇÃO DE AUSÊNCIA DE DOLO ESPECÍFICO (ANIMUS REM SIBI HABENDI). IMPROCEDÊNCIA DAS ALEGAÇÕES. ORDEM DENEGADA.*
> *1. É firme a jurisprudência deste Supremo Tribunal Federal no sentido de que para a configuração do delito de apropriação indébita previdenciária, não é necessário um fim específico, ou seja, o* animus rem sibi habendi *(cf., por exemplo, HC 84.589, Rel. Min. Carlos Velloso, DJ 10.12.2004), "bastando para nesta incidir a vontade livre e consciente de não recolher as importâncias descontadas dos salários dos empregados da empresa pela qual responde o agente" (HC 78.234, Rel. Min. Octavio Gallotti, DJ 21.5.1999). (No mesmo sentido: HC 86.478, de minha relatoria, DJ 7.12.2006; RHC 86.072, Rel. Min. Eros Grau, DJ 28.10.2005; HC 84.021, Rel. Min. Celso de Mello, DJ 14.5.2004; entre outros).*
> *2. A espécie de dolo não tem influência na classificação dos crimes segundo o resultado, pois crimes materiais ou formais podem ter como móvel tanto o dolo genérico quanto o dolo específico.*
> *3.* Habeas corpus *denegado.*
> *(HC 96092 / SP. Relatora Ministra Cármen Lúcia. DJe 1.7.2009)*

O Ministro Marco Aurélio sustentou não haver incongruência entre os julgados, alegando que no precedente (Inq. 2537) havia um processo administrativo em andamento, razão pela qual foi assentada "a natureza do crime não simplesmente formal, mas omissivo material, para justificar a suspensão da persecução criminal pela existência do processo administrativo, visando realmente a tornar estreme de dúvidas que houve o desconto da contribuição, e o valor descontado não foi recolhido".

Em verdade, embora o acórdão lavrado no Ag.R.-Inq. 2.537/GO tenha indicado que seria material o crime previsto no artigo 168-A do Código Penal, da leitura dos debates havidos no referido julgado, percebe-se que não houve um posicionamento claro da maioria dos ministros nesse sentido. Esse fato foi admitido pelos eminentes integrantes daquela Corte nos julgamentos que se sucederam ao reafirmarem que o crime de apropriação indébita previdenciária é omissivo puro, não havendo necessidade da ocorrência do "*animus rem sibi habendi*" para a sua caracterização.

Além da denominação, a nova lei inova ao descrever a conduta como "deixar de recolher contribuições à Previdência Social" e não mais à Seguridade Social, como previa o art. 95, *d*, da Lei n. 8.212/91. A nosso ver, a mudança não foi apropriada, pois a Constituição trata no art. 195 das contribuições ao financiamento da Seguridade Social. Nem todas as contribuições arrecadadas se destinam ao custeio da Previdência, já que parte dos recursos financia a Saúde e a Assistência Social.

A conduta delituosa prevista no inciso II do art. 168-A diz respeito ao infrator que deixa de recolher as contribuições que integram a escrituração contábil como despesa ou foram repassadas para o custo do produto ou serviço, pois neste caso o contribuinte de fato é o consumidor final. Justifica-se o tipo penal, pois não se pode admitir que a pessoa que não suportou o encargo da relação econômica se omita em recolher a contribuição para a Previdência Social. Esse tipo penal já era previsto no art. 95, *e*, da Lei n. 8.212/91, cuja penalidade era a estabelecida no art. 5º da Lei n. 7.492/86, que define os crimes contra o sistema financeiro.

Quanto ao inciso III, a conduta típica é deixar de pagar benefício devido a segurado, quando os respectivos valores já foram reembolsados pela Previdência Social. Essa hipótese ocorre nos casos em que a empresa é responsável, diretamente, pelo pagamento de benefício, tal como na entrega do salário-família, e nos casos em que há convênio com o INSS para este fim, para pagamento de outros benefícios, inclusive o salário-maternidade, que, a partir da edição da Lei n. 9.876/99, passou a ser creditado a todas as seguradas diretamente pelo Instituto. Esse tipo penal já era previsto no art. 95, *f*, da Lei n. 8.212/91, cuja penalidade era a estabelecida no art. 5º da Lei n. 7.492/86, que define os crimes contra o sistema financeiro.

A redução da pena máxima de seis para cinco anos para tais delitos fugiu do espírito do projeto de lei, que era punir mais severamente os sonegadores da

Previdência Social. Abrandar a pena máxima significa limitar a penalidade dos infratores, que, na maioria das vezes, praticam o crime de forma continuada e são reincidentes, embora na prática referida redução não tem o condão de alterar o cálculo da prescrição contida na regra do art. 109 do Código Penal.

12.2.1 Inocorrência da *abolitio criminis* da conduta prevista no art. 95, *d*, da Lei n. 8.212/91

Entendemos que não ocorreu a *abolitio criminis* da conduta prevista na alínea *d* do art. 95 da Lei n. 8.212/91 ante a revogação do dispositivo penal pelo art. 3º da Lei n. 9.983/2000, havendo apenas a sucessão legislativa de normas que mantiveram o mesmo conteúdo proibitivo.

A questão foi decidida pelo STJ nos seguintes termos: "PROCESSUAL PENAL. *HABEAS CORPUS*. CRIMES CONTRA A SEGURIDADE SOCIAL. CONTRIBUIÇÕES PREVIDENCIÁRIAS. NÃO RECOLHIMENTO. ART. 95 DA LEI N. 8.212/91. REVOGAÇÃO PELA LEI N. 9.983/00. *ABOLITIO CRIMINIS*. NÃO OCORRÊNCIA. Inocorrência da alegada *abolitio criminis*, uma vez que a *novatio legis* (art. 168-A, § 1º, do Código Penal, acrescentado pela Lei n. 9.983/00), conquanto tenha revogado o disposto no art. 95 da Lei n. 8.212/91, manteve a figura típica anterior pela qual o paciente restou condenado, não afastando a ilicitude da conduta praticada. *Writ* denegado" (STJ, HC n. 16.390/SP, 5ª T., Rel. Min. Félix Fischer, DJU de 27.8.2001, p. 363).

Não é diferente o posicionamento do STF: "(...) Inocorrência de ofensa ao princípio da anterioridade da lei: a jurisprudência desta corte firmou-se no sentido de que "[o] artigo 3º da Lei n. 9.983/2000 apenas transmudou a base legal da imputação do crime da alínea 'd' do artigo 95 da Lei n. 8.212/1991 para o artigo 168-A do Código Penal, sem alterar o elemento subjetivo do tipo, que é o 'dolo genérico'. É dizer: houve continuidade normativo-típica. Recurso ordinário em *habeas corpus* a que se nega provimento." (RHC n. 88144, 2ª Turma, Relator Ministro Eros Grau, julg. 4.4.2006).

No mesmo sentido, *Luiz Flávio Gomes* leciona: "No que diz respeito especificamente às alíneas *d*, *e* e *f*, que já retratavam figuras delituosas, não ocorreu nenhuma *abolitio criminis* porque todas as figuras típicas anteriores acham-se devidamente inseridas nos novos tipos penais. Não se deu, como veremos, uma descontinuidade normativo-típica. Ao contrário, tudo que estava nos tipos anteriores encontra-se presente nos novos. O fato de o art. 3º da Lei n. 9.983/00 ter expressamente revogado todas as alíneas do antigo art. 95 (Lei n. 8.212/91) não significa *abolitio criminis* porque o conteúdo da proibição anterior continua intacto nos novos dispositivos legais. (...)

Impõe-se recordar, a propósito, as magistrais lições de um dos maiores *experts* do mundo no tema 'sucessão de leis penais', que é *Américo A. Taipa de Carvalho* (*Sucessão de leis penais*, 2ª ed., Coimbra: Coimbra Editora, 1997, p. 32 e ss.). (...)

Com base no critério da continuidade (ou descontinuidade) normativo-típica (p. 176), o emérito jurista citado chega ao ponto nevrálgico da questão ao responder com critério e razoabilidade a seguinte indagação: quando uma lei nova, mantendo uma aparente continuidade normativo-típica em relação ao direito anterior, é descriminalizadora? E quando não seria?

A resposta estampada na p. 180 e ss. consiste no seguinte: 'se a nova descrição agregou ou não algum dado novo. De outro lado, qual foi o dado típico novo agregado: se se trata de um dado especial (uma nova característica, uma nova qualidade, que restrinja o âmbito de incidência do tipo anterior, mas nele não compreendida), a lei nova é descriminalizadora; se se trata de um dado meramente especificador (sem alteração do injusto), a lei nova não é, ao menos totalmente, descriminalizadora' (p. 181).

Com este critério, que é razoável e suficientemente capaz para resolver o problema das alterações legislativas em que dá uma real ou aparente 'continuidade normativo-típica' estamos em condições de afirmar o seguinte: nada do que antes estava criminalizado no art. 95, *d*, *e* e *f* deixou de encontrar ressonância típica no art. 168-A. Logo, deu-se uma 'continuidade normativo-típica'. Não é caso de *abolitio criminis*".[242]

Como se vê, a Lei n. 9.983/2000, ao mesmo tempo em que revoga o delito da alínea *d,* do art. 95 da Lei n. 8.212/91, estabelece sua continuidade inserindo o art. 168-A no Código Penal, pois em simples leitura de ambos os dispositivos verifica-se que o crime de que tratam fixa o sentido da manutenção da figura típica anterior, não se cogitando, assim, de *abolitio criminis* e, consequentemente, de causa extintiva de punibilidade.

Assim sendo, e por ser a interpretação mais coerente e aceita pela doutrina e pelos tribunais brasileiros, o Tribunal Regional Federal da 4ª Região sumulou a matéria: Súmula n. 69: "A nova redação do art. 168-A do Código Penal não importa em descriminalização da conduta prevista no art. 95, *d*, da Lei n. 8.212/91".

12.2.2 Constitucionalidade

A constitucionalidade da penalização da conduta de omissão de recolhimento de contribuições previdenciárias é questionada sob a alegação de ofensa ao art. 5º, LXVII, da Constituição Federal e ao Pacto de São José da Costa Rica (do qual o Brasil é signatário), que proíbem a prisão por dívida.

242 GOMES, Luiz Flávio. *Crimes previdenciários*. Série: As Ciências Criminais do Século XXI, vol. 1, Ed. Revista dos Tribunais, 2001, pp. 18-22.

Entendemos inexistir a alegada inconstitucionalidade ou violação ao referido Pacto, pois a prisão não decorre da dívida previdenciária, mas do inadimplemento de uma obrigação legal de recolhimento das contribuições descontadas dos segurados ou do público, prevista no art. 30, I e IV, da Lei n. 8.212/91. Nesse sentido: "A eleição da sonegação fiscal como ilícito penal, pelo legislador, não afronta o Pacto de São José, pois este proíbe prisão por dívida civil, o que não se cogita na conduta omissiva típica em questão" (ACr n. 96.04.53489-0/SC, TRF da 4ª Região, rel. Juiz Gilson Langaro Dipp, DJU de 15.10.97, p. 8.569); "O crime de omissão no recolhimento de contribuições previdenciárias é reprimido no Brasil desde 1937 (Decreto-Lei n. 65) e sua prática importa em prejuízos à Previdência Social com significativo reflexo nos que dela se utilizam, em especial as classes economicamente menos favorecidas, criando o legislador um tipo penal específico, apenado com severidade (Lei n. 8.212/91, art. 95, letra *d*). Não há ofensa à Constituição Federal ou ao Pacto de São José da Costa Rica, que tratam de situação diversa, ou seja, proíbem prisão por dívida" (ACr n. 96.04.51747-3/SC, TRF da 4ª Região, rel. Des. Fed. Vladimir Freitas, DJU de 11.3.98, p. 421).

O Professor Dr. *Silvio Dobrowolski* defende a inconstitucionalidade pela natureza arbitrária da pena para a omissão de recolhimento de contribuições previdenciárias. Para o Prof. *Silvio*: "A campanha veiculada pela mídia, rotulando os omissos como autênticos inimigos da coletividade, levou à consideração das pessoas acusadas de tais delitos como merecedoras de forte reprimenda, sem lhes ser permitido oferecer justificativas para sua conduta. A pena, relativamente ao não-recolhimento de contribuições previdenciárias, contraria os princípios da proporcionalidade entre a gravidade do delito e a sua punição, e o da igualdade, quando comparada à omissão de recolhimento de outros tributos".[243]

Em sentido contrário, abaliza-se a posição do Juiz Federal *Antônio Fernando Schenkel do Amaral e Silva*, com a qual concordamos: "O art. 95, *d*, da Lei n. 8.212/91 tem por escopo inibir a sonegação *lato sensu* de contribuições previdenciárias arrecadadas dos segurados ou do público, as quais objetivam financiar a Seguridade Social, que compreende um conjunto integrado de ações em prol da saúde, previdência e assistência social, atendendo a parcela mais humilde da população brasileira. É por isso mesmo, sem dúvida, um dos mais graves delitos hoje previstos pelo nosso ordenamento jurídico, porque justamente priva a parte mais pobre da população dos benefícios proporcionados pela Seguridade Social, além de ser responsável em grande parte pelo constante déficit nas contas do INSS. Não há, pois, inconstitucionalidade por violação da proporcionalidade, já que a san-

243 DOBROWOLSKI, Silvio. "Novas considerações sobre o crime de omissão de recolhimento de tributos e contribuições". *In Revista da Escola Superior da Magistratura do Estado de Santa Catarina*, v. 7, ano 5, outubro de 1999, pp. 275-289.

ção corresponde ao desvalor social do crime de não recolhimento de contribuições previdenciárias".[244]

12.2.3 Tipo objetivo

A apropriação indébita previdenciária caracteriza-se como crime omissivo próprio, pois decorre da inércia do sujeito ativo que omite ato que a Lei Penal ordena ou obriga que seja realizado. A respeito do tema, *José Paulo Baltazar Júnior* concluiu que: "a) o crime de não-recolhimento de contribuições previdenciárias é omissivo simples, pois o ato de descontar não integra a conduta, apesar de a circunstância de ter sido a contribuição descontada ser elementar do delito; b) o desconto é presumido, de forma relativa, de modo que a acusação não precisa prová-lo, mas estará afastada a tipicidade quando comprovado pela defesa que os recursos disponíveis eram suficientes apenas para o pagamento do valor líquido dos salários; c) o delito de omissão no recolhimento de contribuições previdenciárias não se identifica com apropriação indébita".[245]

Muito embora o Plenário do STF tenha decidido que a apropriação indébita previdenciária consubstancia crime omissivo material e não simplesmente formal (Inq-AgR 2537/GO, DJe de 12.6.2008) esse entendimento não foi reafirmado. Pelo contrário, o STF voltou a adotar a tese da dispensa do *animus rem sibi habendi* (HC 96092/SP. Relatora Ministra Cármen Lúcia. DJe 1.7.2009). Posição também seguida pelo STJ: REsp n. 200900624376. Quinta Turma. Relator Ministro Arnaldo Esteves Lima. DJE de 29.3.2010.

12.2.4 Tipo subjetivo

O elemento subjetivo do tipo é o dolo genérico, ou seja, a vontade livre e consciente de não recolher a contribuição devida à Previdência Social e que foi descontada dos empregados. A destinação dada aos recursos provenientes do ilícito é mero exaurimento, não importando para a caracterização do delito. Nesse sentido: "(...) Para a configuração do delito apropriação indébita previdenciária não é necessário qualquer outro elemento subjetivo senão o próprio dolo (deixar de repassar) extraível do tipo." (STJ. AGA 200801146417. Quinta Turma. Relator Ministro Napoleão Nunes Maia Filho. DJE de 2.2.2009). O STF adotou idêntico entendimento no julgamento do RHC n. 88144. 2ª Turma. Relator Ministro Eros Grau. Julgado em 4.4.2006.

---

244 AMARAL E SILVA, Antônio Fernando Schenkel do. "Questões pertinentes ao crime de não-recolhimento de contribuições previdenciárias – art. 95, d, da Lei n. 8.212/91". *In Revista da Escola Superior da Magistratura do Estado de Santa Catarina*. v. 7: ano 5, outubro de 1999, p. 291-315.

245 THIESEN, Ana Maria Wickert et alii; Vladimir Passos de Freitas (Coord.). *Direito previdenciário: aspectos materiais, processuais e penais*. 2. ed. Porto Alegre: Livraria do Advogado, 1999, p. 333.

12.2.5 Consumação e tentativa

A consumação do delito se dá no momento em que deveria ter ocorrido o recolhimento da contribuição descontada, isto é, na data fixada pela legislação previdenciária para quitação do tributo, que, atualmente, é o dia 20 do mês seguinte ao da competência, antecipando para o primeiro dia útil imediatamente anterior se o vencimento cair em dia em que não haja expediente bancário (art. 30, I, b, e III, da Lei n. 8.212/91, modificado pela MP n. 447, de 14.11.2008, convertida na Lei n. 11.933, de 28.4.2009). Por se cuidar de crime omissivo próprio não se admite a tentativa, pois a consumação se dá pela ausência de recolhimento das contribuições arrecadadas.

Em conformidade com a orientação jurisprudencial do STF pode-se extrair que:

a) o procedimento administrativo de apuração de débitos se constitui em condição de procedibilidade para a instauração da ação penal (Inq. 2537 AgR/GO, Rel. Min. Marco Aurélio, DJe 12.6.2008); e

b) para a configuração do delito de apropriação indébita previdenciária, não é necessário um fim específico, ou seja, o *animus rem sibi habendi* (HC 96092/SP, Rel. Min. Cármen Lúcia, DJe 1.7.2009; HC 87107, 2ª Turma, Rel. Min. Cezar Peluso, DJe de 25.6.2009).

Em alguns julgados do STJ (assim como ocorreu no Inq. 2537 AgR/GO, STF, DJe 12.6.2008), em que não houve a conclusão do processo administrativo para apuração do débito, tem sido determinado o trancamento da ação penal sob o argumento de que o "crime de apropriação indébita previdenciária é espécie de delito omissivo material, exigindo, portanto, para sua consumação, efetivo dano, já que o objeto jurídico tutelado é o patrimônio da previdência social, razão porque a constituição definitiva do crédito tributário é condição objetiva de punibilidade, tal como previsto no art. 83 da Lei 9.430/96, aplicável à espécie" (STJ, HC 200800623060, 5ª Turma, Rel. Min. Napoleão Nunes Maia Filho, DJE 12.4.2010).

12.2.6 Sujeito ativo

O sujeito ativo é quem pratica o fato descrito na norma penal incriminadora. Somente a pessoa física tem a capacidade de delinquir neste tipo penal (vide art. 225, § 3º, da CF). Logo, jamais será a pessoa jurídica o autor do crime, dada sua incapacidade. O § 3º do art. 95 da Lei n. 8.212/91 assim dispunha: "Consideram-se pessoalmente responsáveis pelos crimes acima caracterizados o titular de firma individual, os sócios solidários, gerentes, diretores ou administradores que participem ou tenham participado da gestão de empresa beneficiada, assim como o segurado que tenha obtido vantagens".

O texto da lei transmite a noção de responsabilidade objetiva, dada a presunção de responsabilidade daqueles que participem ou tenham participado da gestão da empresa. Todavia, na interpretação dessa norma deve-se afastar a responsabilização penal objetiva, a qual não encontra respaldo em nosso ordenamento jurídico. A simples comprovação de que o sujeito participava da gestão da empresa não basta para incriminá-lo; há que se demonstrar que ele tenha concorrido para a ocorrência do resultado. Deve ser responsabilizado o administrador que, de fato, tinha poder de mando, isto é, que decidia pelo não-recolhimento das contribuições arrecadadas. Não é suficiente para a condenação figurar o nome do réu no contrato social ou congênere; deve ficar caracterizado ter sido ele o responsável pelo atendimento do dever legal. Nesse sentido: "Sócio que não exercia poder de mando na empresa, conforme reza o contrato social, não pode ser penalmente responsabilizado pela prática do delito previsto no art. 95, da Lei n. 8.212/91" (HC n. 96/03005916-1/SP, TRF da 3ª Região, rel. Juíza Eva Regina, DJU de 10.9.96, p. 66.877).

Referido dispositivo (§ 3º do art. 95 da Lei n. 8.212/91) também restou revogado pelo art. 3º da Lei n. 9.983/2000. No entanto, a nova sistemática de repressão aos delitos desta natureza não trouxe a expressa previsão de identificação do sujeito ativo do delito. Tal previsão é dispensável, porquanto é sabido que as decisões sobre o recolhimento dos tributos e sobre as demais questões relacionadas à pessoa jurídica competem aos seus administradores, daí porque são plenamente aplicáveis os ensinamentos referidos no parágrafo anterior.

Quanto aos agentes políticos, na vigência da legislação revogada, vigorava o entendimento jurisprudencial de que não se equiparavam ao titular de empresa privada no tocante à responsabilidade em face da falta de recolhimento de contribuições previdenciárias (REsp n. 56.376/PR, STJ, 6ª Turma, Rel. Min. Vicente Leal, DJU de 28.8.1995). Essa realidade mudou a partir do regramento atual. Segundo José Paulo Baltazar Júnior:

> *Na vigência da lei anterior, predominava, no entanto, o entendimento de que o agente político não podia responder pelo crime em questão, uma vez que o ente público não poderia ser considerado empresa, nem o gestor público, o seu administrador, como exigia o § 3º do art. 95 da Lei n. 8.212/91. Na lei atual, inexiste dispositivo análogo, nada impedindo possa o gestor público ser acusado do crime em questão, não apenas em relação às contribuições devidas ao RGPS, mas igualmente em relação às contribuições para o regime próprio dos servidores, que podem também ser objeto do crime, no atual quadro legal.*[246] *(p. 23)*

A Lei n. 9.639/98, que resultou da conversão da Medida Provisória n. 1.608-14, de 29.4.98, trouxe em seu art. 11 a anistia aos agentes políticos que haviam sido responsabilizados. Em virtude de um erro na publicação da lei, a qual contemplava parágrafo único no art. 11, teriam sido anistiados todos os infratores, e não somente

246 BALTAZAR JÚNIOR, José Paulo. *Crimes federais: contra a administração pública, a previdência social, a ordem tributária, o sistema financeiro nacional, as telecomunicações e as licitações, estelionato, moeda falsa, abuso de autoridade, tráfico transnacional de drogas, lavagem de dinheiro*. 2 ed. Porto Alegre: Livraria do Advogado, 2007, 472p.

os agentes políticos. No entanto, o Supremo Tribunal Federal reconheceu a inconstitucionalidade deste dispositivo, constante apenas da publicação de 26.5.98 (HC n. 77.724/SP, rel. Min. Marco Aurélio; HC n. 77.734/SC, rel. Min. Néri da Silveira). O Tribunal Regional Federal da 4ª Região manifestou-se sobre a matéria através da Súmula n. 66: "A anistia prevista no art. 11 da Lei n. 9.639/98 é aplicável aos agentes políticos, não aproveitando aos administradores de empresas privadas".

O fundamento da inexistência da anistia em relação aos demais agentes está no fato de que a publicação errada deu-se em virtude de engano no autógrafo do projeto. A retificação foi procedida no dia seguinte ao da publicação incorreta da lei, não ferindo qualquer garantia constitucional, pois inexistiu vontade política de criar a anistia e de fase indispensável ao processo legislativo, que é a votação.

12.2.7 Sujeito passivo

O sujeito passivo desse delito passou a ser a União (em substituição ao INSS), desde a criação da Receita Federal do Brasil pela Lei 11.457/2007, a quem cabe a arrecadação e fiscalização dos valores retidos/arrecadados e não repassados à Seguridade Social.

Não se cogita de ser considerado sujeito passivo o segurado, em face do regime de repartição, no qual as contribuições revertem para os cofres da Seguridade Social, e não para uma conta individualizada do trabalhador. O segurado poderá ser considerado vítima secundária do crime, caso a falta do recolhimento das contribuições traga algum prejuízo no cálculo do valor do benefício (em regra, para o segurado empregado e trabalhador avulso, o valor das contribuições será considerado, ainda que não recolhido, mas desde que comprovado o valor do salário de contribuição no período considerado para o cálculo – Lei n. 8.213/91, arts. 34, I, e 35).

12.2.8 Crime continuado

A omissão no recolhimento de contribuições previdenciárias ocorre normalmente pela forma continuada. A ausência de recolhimento na maioria das vezes perdura por vários meses e até anos, incidindo a regra do art. 71 do Código Penal. O aumento de pena previsto pela continuidade delitiva deve ser dosado pelo juiz, levando em consideração o número de meses em que não houve o recolhimento de contribuições.

Situação interessante acontece quando os fatos foram praticados, em continuidade, sob a égide de leis distintas, *v.g.*, art. 95, *d*, da Lei n. 8.212/91 e Lei n. 9.983/2000. Cada lei previu penas diversas, sendo a primeira a mais gravosa (Lei n. 8.212/91), pois dispôs que a pena seria a estabelecida no art. 5º da Lei n. 7.492, de 16.6.86, ou seja, dois a seis anos de reclusão, além de multa.

Nessa hipótese, aplicar-se-á a Lei n. 9.983/2000 por constituir-se norma mais benéfica ao réu, uma vez que prevê pena de dois a cinco anos de reclusão e multa, enquanto a lei anterior previa pena máxima de seis anos. Tratando-se de lei mais benéfica, sua aplicação é retroativa (art. 2º, parágrafo único, do Código Penal).

Sobre a continuidade delitiva, o STF editou a Súmula n. 711, do seguinte teor: "A lei penal mais grave aplica-se ao crime continuado ou ao crime permanente se a sua vigência é anterior à cessação da continuidade ou da permanência".

12.2.9 Ação penal

A ação penal, nos crimes contra a ordem tributária, de modo geral, e contra a Seguridade Social, em particular, ante o interesse do Estado em tutelar o erário público, é, notadamente, a ação pública incondicionada. Nesse sentido a Súmula n. 609 do Supremo Tribunal Federal: "É pública incondicionada a ação penal por crime de sonegação fiscal". Vale ainda lembrar que, segundo o disposto no art. 27 do Código de Processo Penal, sendo caso de ação pública, qualquer pessoa do povo poderá provocar a iniciativa do Ministério Público, fornecendo informações sobre os fatos, autoria e indicando o tempo, o lugar e os elementos de convicção. Essa norma foi repetida pelo art. 16 da Lei n. 8.137/90.

Cabe ao Ministério Público Federal propor a ação, cuja competência para julgamento é da Justiça Federal, tendo-se em vista o disposto na Constituição Federal, art. 109, IV, segundo o qual compete ao juiz federal julgar crimes cometidos contra entidades autárquicas federais.

A peça acusatória deve conter a exposição do fato delituoso em toda a sua essência e com todas as suas circunstâncias, com uma descrição, ainda que mínima, da participação de cada um dos acusados (administradores ou gestores). Neste sentido: STF, Inq 2049, Plenário, Rel. Min. Carlos Ayres Britto, DJE 26.3.2009.

No que tange a necessidade de decisão final, na esfera administrativa, sobre a exigência fiscal do crédito tributário para propor a ação penal, o STF decidiu:

> *Ação direta de inconstitucionalidade. 2. Art. 83 da Lei n. 9.430, de 27.12.1996. 3. Argüição de violação ao art. 129, I da Constituição.* Notitia criminis *condicionada "à decisão final, na esfera administrativa, sobre a exigência fiscal do crédito tributário". 4. A norma impugnada tem como destinatários os agentes fiscais, em nada afetando a atuação do Ministério Público. É obrigatória, para a autoridade fiscal, a remessa da* notitia criminis *ao Ministério Público. 5. Decisão que não afeta orientação fixada no HC 81.611. Crime de resultado. Antes de constituído definitivamente o crédito tributário não há justa causa para a ação penal. O Ministério Público pode, entretanto, oferecer denúncia independentemente da comunicação, dita "representação tributária", se, por outros meios, tem conhecimento do lançamento definitivo. 6. Não configurada qualquer limitação à atuação do Ministério Público para propositura da ação penal pública pela prática de crimes contra a ordem tributária. 7. Improcedência da ação (ADIN n. 1.571-DF, Rel. Min. Gilmar Mendes, Informativo STF n. 333).*

Dessa forma, tanto a sonegação tributária da Lei nº 8.137/90, como a sonegação de contribuição previdenciária, constituem-se em crimes materiais, onde é exigida prévia constituição definitiva do tributo, como pacificado pelo STF no julgamento do HC 81.611/DF (Rel. Ministro Sepúlveda Pertence - DJ de 10.12.2003).

A Lei n. 12.350, de 20.12.2010, em conformidade com a jurisprudência consolidada pelo STF, deu nova redação ao art. 83 da Lei n. 9.430/96, para estabelecer que: "*A representação fiscal para fins penais relativa aos crimes contra a ordem tributária previstos nos arts. 1o e 2o da Lei no 8.137, de 27 de dezembro de 1990, e aos crimes contra a Previdência Social, previstos nos arts. 168-A e 337-A do Decreto-Lei no 2.848, de 7 de dezembro de 1940 (Código Penal), será encaminhada ao Ministério Público depois de proferida a decisão final, na esfera administrativa, sobre a exigência fiscal do crédito tributário correspondente.*"

12.2.10 Extinção da punibilidade

Há situações em que a norma penal irá extinguir a possibilidade jurídica de punição pelo Estado. São as causas de extinção de punibilidade. Os efeitos da extinção da punibilidade se aplicam conforme o momento em que a mesma ocorre: se antes da sentença transitada em julgado, extingue-se a pretensão punitiva; se após, apenas a pretensão de execução da pena. Exceções são a anistia e a revogação da lei que tipificam a conduta como antijurídica, que a qualquer tempo retroagem à pretensão punitiva.[247] Cumpre investigar, nos chamados crimes contra a Previdência Social, as causas de extinção de punibilidade que se apliquem a tais delitos.

A previsão de extinção da punibilidade esteve presente no art. 34 da Lei n. 8.137, de 28.12.90, para os casos em que o agente promovesse o pagamento do tributo ou contribuição social, inclusive acessórios, antes do recebimento da denúncia. Essa norma foi revogada pelo art. 98 da Lei n. 8.383, de 31.12.91, porém, seus efeitos permaneceram válidos para os fatos ocorridos durante sua vigência, em virtude do princípio da ultratividade da lei mais benigna.

O pagamento anterior ao recebimento da denúncia voltou a ser causa de extinção da punibilidade com o advento da Lei n. 9.249, de 26.12.95. Esse dispositivo legal, que, pela leitura literal, seria aplicado apenas aos crimes definidos na Lei n. 8.137/90 e na Lei n. 4.729/65, teve seu alcance ampliado pela jurisprudência que admitiu seus efeitos também em relação aos delitos previstos no art. 95 da Lei n. 8.212/91, em virtude da analogia *in bonam partem*. Nesse sentido: HC n. 73.418-9, STF, rel. Min. Carlos Velloso, Informativo STF n. 28, 5.5.96.

A extinção da punibilidade pelo parcelamento do débito antes do recebimento da denúncia tem sido aceita pela jurisprudência sob o argumento de que parcelar

---

247 DELMANTO, Celso. *Op. cit.*, p. 160.

equivale a promover o pagamento. Esta é a posição que tem predominado perante o Superior Tribunal de Justiça: "A jurisprudência uniforme deste Tribunal tem proclamado o entendimento de que a concessão de pagamento parcelado de débito fiscal, deferido antes do oferecimento da denúncia, enseja a extinção da punibilidade, nos termos do art. 34 da Lei n. 9.249/95" (HC n. 98.0060823-0/PE, STJ, 6ª Turma, rel. Min. Vicente Leal, DJU de 22.3.99, p. 254). Em decisão mais recente:

> *APROPRIAÇÃO INDÉBITA. CONTRIBUIÇÃO PREVIDENCIÁRIA. PARCELAMENTO. A questão está em saber se o simples parcelamento do débito de que dispõe o art. 34 da Lei n. 9.249/1995, na vigência desta lei, extingue a punibilidade dos crimes de apropriação indébita de contribuições previdenciárias. No caso, houve o parcelamento do débito antes do recebimento da denúncia, impondo-se, dessa forma, a declaração da extinção da punibilidade do crime (art. 34 da mencionada lei). Precisamente por consistir em uma das hipóteses de pagamento, o parcelamento do débito, desde que anterior ao recebimento da denúncia, afasta a justa causa da ação penal e determina a extinção da punibilidade do respectivo delito. Precedentes citados: RHC 13.047-SP, DJ 2/8/2004; EREsp 229.496-RS, DJ 3/2/2003; REsp 378.799-RS, DJ 16/6/2003, e REsp 403.622-RN, DJ 30/6/2003. (AgRg no REsp 1.026.214-RS, Rel. Min. Hamilton Carvalhido, julgado em 29/4/2008).*

Esta posição é defendida também por *Roque Antônio Carrazza:* "O parcelamento da contribuição previdenciária vencida, ainda que anteriormente descontada do empregado, desfigura o crime capitulado no art. 95, *d*, da Lei n. 8.212/91, por novação da dívida, causa extintiva do crédito tributário equivalente, sob o aspecto jurídico, ao pagamento".[248]

A Lei n. 9.983/2000 inovou no que diz respeito à extinção da punibilidade. O delito de apropriação indébita previdenciária tem agora como causa extintiva de punibilidade o fato de o agente, espontaneamente, declarar, confessar e efetuar o pagamento das contribuições, importâncias ou valores e prestar as informações devidas à Previdência Social, na forma definida em lei ou regulamento, antes do início da ação fiscal (§ 2º do art. 168-A do CP). Destarte, para livrar-se da ação penal, deve o infrator – aquele que se apropriou indevidamente de contribuição retida, descontada ou repassada, ou de valor de benefício previdenciário de segurado –, antes da "ação fiscal", ou seja, antes que a fiscalização tenha ciência do fato e expeça notificação fiscal de débito (hipóteses do *caput* e incisos I e II) ou auto de infração (hipótese do inciso III), fazer a entrega do numerário apropriado a quem de direito (órgão da arrecadação ou segurado, este último na hipótese do inciso III), de forma espontânea, não bastando o termo de confissão de dívida nesse sentido; deve-se admitir também o parcelamento do débito.

O Supremo Tribunal Federal adota o entendimento de que o parcelamento e quitação do tributo, a qualquer tempo, gera a extinção da punibilidade, por força da

---

248 CARRAZZA. Roque Antônio. "A extinção da punibilidade no parcelamento de contribuições previdenciárias descontadas, por entidades beneficentes de assistência social, dos seus empregados, e não recolhidas, à previdência, no prazo legal. Questões conexas". *In Revista Justitia*, São Paulo, 58(174), abr./jun. 1996.

retroação de lei mais benéfica - no caso, o disposto no art. 9º da Lei n. 10.684/2003, consoante se observa nos julgamentos que se seguem:

> *AÇÃO PENAL. Crime Tributário. Tributo. Pagamento após o recebimento da denúncia. Extinção da punibilidade. Decretação. HC concedido de ofício para tal efeito. Aplicação retroativa do art. 9º da Lei n. 10.684/03, c/c art. 5º, XL, da CF, e art. 61 do CPP. O pagamento do tributo, a qualquer tempo, ainda que após o recebimento da denúncia, extingue a punibilidade do crime tributário.*
>
> *(STF.* Habeas Corpus *n. 81.929-RJ, Relator Ministro Cezar Peluso, DJ de 27.2.2004).*

> *HABEAS CORPUS SUBSTITUTIVO DE RECURSO ORDINÁRIO. APROPRIAÇÃO INDÉBITA DE CONTRIBUIÇÕES PREVIDENCIÁRIAS DESCONTADAS DOS EMPREGADOS. PARCELAMENTO E QUITAÇÃO APÓS O RECEBIMENTO DA DENÚNCIA. EXTINÇÃO DA PUNIBILIDADE, POR FORÇA DA RETROAÇÃO DE LEI BENÉFICA.*
>
> *As regras referentes ao parcelamento são dirigidas à autoridade tributária. Se esta defere a faculdade de parcelar e quitar as contribuições descontadas dos empregados, e não repassadas ao INSS, e o paciente cumpre a respectiva obrigação, deve ser beneficiado pelo que dispõe o artigo 9º, § 2º, da citada Lei n. 10.684/03. Este preceito, que não faz distinção entre as contribuições previdenciárias descontadas dos empregados e as patronais, limita-se a autorizar a extinção da punibilidade referente aos crimes ali relacionados. Nada importa se o parcelamento foi deferido antes ou depois da vigência das leis que o proíbe: se de qualquer forma ocorreu, deve incidir o mencionado artigo 9º. O paciente obteve o parcelamento e cumpriu a obrigação. Podia fazê-lo, à época, antes do recebimento da denúncia, mas assim não procedeu. A lei nova permite que o faça depois, sendo portanto, lex mitior, cuja retroação deve operar-se por força do artigo 5º, XL da Constituição do Brasil. Ordem deferida. Extensão a paciente que se encontra em situação idêntica (STF, HC 85452, 1ª Turma, Rel. Min. Eros Grau. DJ 16.3.2005).*

12.2.11 Adesão ao REFIS e ao PAES

Quanto à adesão ao Programa de Recuperação Fiscal (REFIS), na forma prevista pelo art. 15 da Lei n. 9.964/2000, o benefício previsto é o da suspensão da pretensão punitiva do Estado, não sendo caso de extinção da punibilidade. Diz o art. 15 da Lei n. 9.964/2000: "É suspensa a pretensão punitiva do Estado, referente aos crimes previstos nos arts. 1º e 2º da Lei n. 8.137, de 27 de dezembro de 1990, e no art. 95 da Lei n. 8.212, de 24 de julho de 1991, durante o período em que a pessoa jurídica relacionada com o agente dos aludidos crimes estiver incluída no Refis, desde que a inclusão no referido Programa tenha ocorrido antes do recebimento da denúncia criminal. § 1º A prescrição criminal não corre durante o período de suspensão da pretensão punitiva".

Como visto, a Lei n. 9.964/2000 condicionou a suspensão do processo à adesão ao REFIS em momento anterior ao oferecimento da denúncia, e a extinção da punibilidade ao pagamento integral da dívida consolidada, ficando suspensa a pretensão punitiva durante o período do refinanciamento. O STJ fixou importante orientação no sentido de que: "O art. 15 da Lei n.º 9.964/00 deve ser aplicado de imediato, nos casos em que houve a inscrição no programa do REFIS antes do recebimento da denúncia, ainda que os fatos que geraram o débito tenham ocorrido em momento anterior ao da vigência da Lei" (AgRg no REsp 442.827/PR, Rel. Min. Paulo Medina, 6ª Turma, DJ 1.8.2005).

Decidiu ainda aquela Corte de que: "por força do disposto no art. 34 da Lei nº 9.249/1995, o parcelamento do débito fiscal, antes do recebimento da denúncia, extingue a punibilidade dos crimes definidos nas Leis nos 8.137/90 e 8.212/91, ainda que não se tenha efetuado o pagamento integral da dívida. Entretanto, após a edição da Lei nº 9.964/00, que instituiu o Programa de Recuperação Fiscal - REFIS, a extinção da punibilidade ficou condicionada ao pagamento integral do débito tributário ou contribuição social, inclusive dos acessórios, conforme se verifica da leitura do art. 15 desse diploma legal." (HC 200401119403, 6ª Turma, Rel. Min. Og Fernandes, DJE de 13.10.2009).

Referido dispositivo (art. 15 da Lei n. 9.964/2000) constitui lei mista por natureza, uma vez que regula ao mesmo tempo questões penais e processuais penais. Refere-se a questões processuais penais quando trata da suspensão da pretensão punitiva e dita as normas para sua ocorrência. Dispõe penalmente quando determina a suspensão da prescrição durante o prazo do refinanciamento da dívida.

Em razão disso, surgem controvérsias em torno de ser esta lei favorável ou não ao réu.

Ao passo que retira do Estado o poder-dever de punir, enquanto estão sendo honrados os compromissos com o REFIS, impedindo o processamento penal do agente, também faz cessar o curso da prescrição, o que leva à conclusão de que o interesse estatal em punir estaria dilatado *ad eternum*, isso porque as adesões aos REFIS não possuem prazo fixo para adimplemento total do débito, ficando a critério do interessado determinar o número de parcelas. Por exemplo: caso o agente deixe de pagar apenas uma das trinta parcelas do REFIS já estará configurada a justa causa para o início da ação penal, sem que o prazo prescricional tenha fluído durante os outros vinte e nove meses. Isso, num primeiro momento, parece ser prejudicial ao réu. No entanto, analisando melhor o instituto, verifica-se que o legislador, ao prever tal benefício - suspensão da pretensão punitiva -, assegurou-lhe o direito de retomar seu papel de punir em castigo àquele que, comprometendo-se em efetuar o pagamento do débito descumpriu o contrato. É, na verdade, uma cláusula penal nos moldes civis, ou seja, tem o Estado de cobrar a parcela não paga e também a obrigatoriedade de instaurar a ação penal. Por outro lado, uma vez cumprido todo o refinanciamento tem a obrigação de declarar extinta a punibilidade do agente. Dessa maneira, a lei incentiva o agente a promover o pagamento integral da dívida fiscal para que assim esteja livre também da persecução penal. Por outro lado, quem não aderiu ao REFIS e permanece no anonimato da sonegação, tem a seu favor a inexistência de eventual processo crime, bem como por inexistir confissão de dívida não haverá a exigibilidade antecipada da dívida na esfera civil.

A possibilidade de pagamento integral da dívida, nos moldes da Lei do REFIS, é uma exceção à regra segundo a qual são independentes entre si as esferas cíveis e criminais.

A Lei n. 10.684, de 30.5.2003, instituiu um novo parcelamento, o PAES, também conhecido como REFIS II. Trata-se de parcelamento especial de débitos junto à Secretaria da Receita Federal, à Procuradoria-Geral da Fazenda Nacional e ao Instituto Nacional do Seguro Social (contribuição patronal), prevendo prazo de até 180 meses para pagamento dos débitos tributários vencidos até 28 de fevereiro de 2003. O prazo para opção ao PAES encerrou-se no dia 31.8.2003.

De acordo com o art. 9º da Lei n. 10.684/2003, fica suspensa a pretensão punitiva do Estado, referente aos crimes previstos nos arts. 1º e 2º da Lei n. 8.137, de 27 de dezembro de 1990, e nos arts. 168-A e 337-A do Código Penal, durante o período em que a pessoa jurídica relacionada com o agente dos aludidos crimes estiver incluída no regime de parcelamento. A prescrição criminal não corre durante o período de suspensão da pretensão punitiva. Extingue-se a punibilidade dos crimes referidos nesse artigo quando a pessoa jurídica relacionada com o agente efetuar o pagamento integral dos débitos oriundos de tributos e contribuições sociais, inclusive acessórios.

A Lei n. 11.941/2009, por sua vez, estabeleceu novo (re)parcelamento de dívidas, e em suas disposições finais, indica:

> **Art. 68.** *É suspensa a pretensão punitiva do Estado, referente aos crimes previstos nos arts. 1ºe 2º da Lei n. 8.137, de 27 de dezembro de 1990, e nos arts. 168-A e 337-A do Decreto-Lei n. 2.848, de 7 de dezembro de 1940 - Código Penal, limitada a suspensão aos débitos que tiverem sido objeto de concessão de parcelamento, enquanto não forem rescindidos os parcelamentos de que tratam os arts. 1ºa 3º desta Lei, observado o disposto no art. 69 desta Lei.*
>
> *Parágrafo único. A prescrição criminal não corre durante o período de suspensão da pretensão punitiva.*
>
> **Art. 69.** *Extingue-se a punibilidade dos crimes referidos no art. 68 quando a pessoa jurídica relacionada com o agente efetuar o pagamento integral dos débitos oriundos de tributos e contribuições sociais, inclusive acessórios, que tiverem sido objeto de concessão de parcelamento.*

Questão relevante está relacionada a forma que deveria ser seguida na notificação do contribuinte excluído do REFIS. Parcela da doutrina sempre defendeu, em razão dos efeitos que a exclusão produz, a necessidade de intimação pessoal. Por outro lado, a Fazenda Nacional, posicionava-se firme na possibilidade da intimação pela imprensa (Diário Oficial), e, também, pela Internet. O STJ acolheu a tese do Fisco e editou a Súmula n. 355: "*É válida a notificação do ato de exclusão do Programa de Recuperação Fiscal (Refis) pelo Diário Oficial ou pela internet.*"

As disposições penais contidas na Lei n. 10.684/2003 são objeto de muitas críticas, sendo alegada a sua inconstitucionalidade, por ferir princípios como o da divisão de poderes, da segurança jurídica, da proporcionalidade, da razoabilidade e da isonomia, entre outros. *Marcus Vinicius de Viveiros Dias* e *Jefferson Douglas Sou-*

res, embora entendam que a referida lei é inconstitucional, apresentam conclusões a respeito do art. 9º da Lei n. 10.684/2003, quais sejam:

> *a) o parcelamento e pagamento dos débitos só valem para os crimes definidos nos artigos 1º e 2º da Lei n. 8.137/90 e no artigo 337-A do Código Penal, devendo ser feito por pessoa jurídica, em relação a débitos federais, nos moldes dessa legislação;*
>
> *b) o artigo 168-A do Código Penal não sofreu qualquer alteração, tendo em vista o veto do § 2º do artigo 5º da lei enfocada;*
>
> *c) o termo máximo para se efetuar o parcelamento ou pagamento dos débitos tributários é o trânsito em julgado da sentença penal condenatória, já que o caput do artigo 9º usa o vocábulo (sic) "suspensão da pretensão punitiva", sendo que depois do trânsito em julgado nasce para o Estado a pretensão executória da pena imposta, não falando mais em pretensão punitiva;*
>
> *d) o artigo 34 da Lei n. 9.249/95 foi derrogado, vigendo agora nas hipóteses dos crimes previstos no artigo 168-A do Código Penal, no artigo 3º da Lei n. 8.137/90, bem como para outros parcelamentos feitos fora dos moldes da atual lei e tributos originários das esferas estaduais e municipais;*
>
> *e) os § § 2º e 3º do artigo 168-A do Código Penal continuam em vigor, podendo ser utilizado, conforme nosso entendimento, o art. 34 da Lei n. 9.249/95, no caso do agente efetuar o pagamento integral do débito, mesmo depois de iniciada a ação fiscal, mas sempre antes do recebimento da denúncia;*
>
> *f) o § 1º do artigo 337-A do Código Penal foi revogado pelo § 2º do artigo 9º da Lei n. 10.684/2003;*
>
> *g) por ser novatio legis in mellius, os termos da nova lei devem retroagir, favorecendo o acusado;*
>
> *h) as disposições constantes na Lei n. 9.964/2000 (REFIS) continuam em vigor, respeitando os preceitos da referida lei.*[249]

Para elucidar a questão, seguem algumas decisões do TRF da 4ª Região sobre o tema:

> *PAGAMENTO DO DÉBITO ANTES DA EDIÇÃO DA LEI N. 10.684/2003. EXTINÇÃO DA PUNIBILIDADE. O agente que pagou os débitos tributários antes do recebimento da denúncia, mas depois do início da execução fiscal, mesmo que antes da entrada em vigor do novo diploma legal (Lei n. 10.684/2003) – e que em razão disso não necessita migrar para o novo regime – dele se beneficia, em igualdade de condições com aquele que ainda não pagou o seu débito, mas que vem ingressar no sistema da nova lei e, sob a égide deste, conclui os pagamentos devidos. Hipótese em que, excepcionalmente, se admite que a nova lei beneficie quem não chegou a usufruir de seu parcelamento, posto que desnecessário, em virtude do pagamento já ter sido efetuado. Retroatividade pura e simples, da nova norma, com base no art. 2º do Código Penal, bem como a extinção da punibilidade com base no art. 107, III, do mesmo diploma legal. Recurso em sentido estrito negado.*
>
> *(Recurso Criminal em Sentido Estrito n. 2002.71.13.003856-9/RS, Rel. Desembargador Federal José Luiz B. Germano da Silva, DJU de 12.11.2003, p. 598).*

> *PAGAMENTO INTEGRAL DE CONTRIBUIÇÕES PREVIDENCIÁRIAS ANTES DA EDIÇÃO DA LEI N. 10.684/03. EXTINÇÃO DA PUNIBILIDADE. A Lei n. 10.684/2003 veda o parcelamento dos débitos com o INSS referentes à parte das contribuições descontadas dos salários dos*

249 Breves considerações sobre o artigo 9º da Lei n. 10.684/2003. "O novo 'refis'. Aspectos Penais". *In Boletim dos Procuradores da República*, ano V, n. 60, abril/2003, pp. 22-24.

empregados, porquanto tal possibilidade - prevista inicialmente no artigo 5º, § 2º, da referida Lei - restou expressamente vetada pelo Presidente da República, por contrariar o disposto no art. 7º da Lei n. 10.666/2003. Contudo, não há restrição alguma quanto à extinção da punibilidade a qualquer tempo, nas hipóteses de pagamento integral da dívida, conforme, aliás, previsto no § 2º do artigo 9º da citada Lei n. 10.684. Aplicação retroativa da norma penal benéfica (art. 5º, XL, da CF/88 c/c art. 2º, parágrafo único, do CP).

(Apelação Criminal n. 1999.70.00.029081-4/PR. Rel. Desembargador Federal Paulo Afonso Brum Vaz. DJU de 12.11.2003, p. 606).

PARCELAMENTO DO DÉBITO COM APOIO NA LEI N. 10.684/03. SUSPENSÃO DA PRETENSÃO PUNITIVA INDEPENDENTEMENTE DE HOMOLOGAÇÃO PELA AUTORIDADE ADMINISTRATIVA. Para a suspensão do processo, nos termos do art. 9º da Lei n. 10.684/03, basta que se comprove a adesão ao programa de parcelamento e seu devido cumprimento, sendo, pois, desnecessária a homologação pelo Comitê Gestor.

(Habeas Corpus *n. 2003.04.01.049122-4/RS. Rel. Desembargador Federal Paulo Afonso Brum Vaz. DJU de 26.11.2003, p. 760).*

O Supremo Tribunal Federal deu aplicação retroativa ao disposto no art. 9º da Lei n. 10.684/2003. Com isso, admitiu que o pagamento do tributo a qualquer tempo extingue a punibilidade do crime tributário (*Habeas Corpus* n. 81.929-RJ, Relator Ministro Cezar Peluso, DJ de 27.2.2004).

12.2.12 Perdão judicial

A outra causa de extinção de punibilidade deste delito ocorre por meio do *perdão judicial*, conforme previsão do § 3º do art. 168-A do Código Penal, que admite a não-aplicação da pena, ou a sanção meramente pecuniária, ao réu primário e de bons antecedentes, desde que: "tenha promovido, após o início da ação fiscal e antes de oferecida a denúncia, o pagamento da contribuição social previdenciária, inclusive acessórios", ou "o valor das contribuições devidas, inclusive acessórios, seja igual ou inferior àquele estabelecido pela Previdência Social, administrativamente, como sendo o mínimo para o ajuizamento de suas execuções fiscais" (incisos I e II do § 3º do mencionado dispositivo).

Com isso, o Juiz está autorizado, no caso do inciso I, a deixar de punir o infrator, caso este, após a expedição de notificação de débito, mas antes do oferecimento da denúncia pelo órgão do Ministério Público Federal – não mais até antes do recebimento pelo juiz –, realizar o pagamento das contribuições à Seguridade Social, que foram objeto de apropriação, com os acréscimos moratórios. Quanto ao inciso II, a concessão do perdão judicial poderá ocorrer até a sentença, pois não há a limitação temporal na norma legal. Em ambos os casos, poderá o juiz aplicar somente a pena de multa.

A faculdade conferida ao julgador, no sentido de deixar de aplicar a pena, em verdade, é um dever, quando o agente preenche os requisitos exigidos em lei.

Além da primariedade e dos bons antecedentes, o infrator deverá preencher, pelo menos, um dos requisitos dos incisos referidos. O pagamento da contribuição e acessórios deve ocorrer antes de oferecida a denúncia, e não antes do recebimento da denúncia como previsto no art. 34 da Lei n. 9.249/95.

A respeito da aplicação do perdão judicial, o TRF da 4ª. Região decidiu: "Sendo o acusado primário e de bons antecedentes, e o valor devido inferior ao estabelecido pela previdência social, administrativamente, para o ajuizamento de suas execuções fiscais (art. 20 da Lei n. 10.522/2002, R$ 10.000,00), possível a aplicação do benefício do perdão judicial. Salientado que a natureza jurídica da decisão que concede o perdão judicial não é condenatória, mas sim extintiva da punibilidade, não subsistindo qualquer efeito condenatório." (EINRSE n. 2005.70.04.003225-5. 4ª. Sessão. Rel. Des. Federal Élcio Pinheiro de Castro. Publ. DE em 28.7.2008)

Sobre o tema, o STJ decidiu que "(...) o benefício previsto no inciso I do § 3º do art. 168-A do Código Penal, introduzido pela Lei n. 9.983, de 14-7-2000, é aplicável unicamente à apropriação indébita de contribuições previdenciárias, não se podendo estender a benesse a casos que o legislador expressamente não previu." (HC 200802093152, 5ª Turma, Rel. Min. Jorge Mussi, DJE 9.11.2009). E, em outro julgamento, o STJ reafirmou que a sentença que concede o perdão judicial tem natureza declaratória:

> *"O legislador, em respeito ao princípio da intervenção mínima, criou no § 3º do art. 168-A do Código Penal, uma espécie de perdão judicial, ao permitir que o juiz deixe de aplicar a reprimenda, nos casos em que o valor do débito (contribuições e acessórios) não seja superior ao mínimo exigido pela própria previdência social para o ajuizamento de execução fiscal. Dessa forma, concedido perdão judicial à ré, incide, no caso, o enunciado sumular 18 desta Corte, que assim dispõe: 'A sentença concessiva do perdão judicial é declaratória da extinção da punibilidade, não subsistindo qualquer efeito condenatório'." (EDAGA n. 200600384220, 5ª Turma, Rel. Min Arnaldo Esteves Lima, DJ 23.10.2006).*

O princípio da insignificância, tratado neste capítulo, não deixa de ter aplicação em face da norma que institui o perdão judicial. Presente a insignificância dos valores envolvidos no ilícito penal, o Ministério Público poderá requerer o arquivamento do inquérito policial, ou, se oferecida a denúncia, o juiz poderá rejeitá-la com base no art. 43, I, do Código de Processo Penal.

12.2.13 Dificuldades financeiras

Exclui-se a culpabilidade quando o agente não pode agir de modo diferente, ou seja, não lhe era socialmente exigível atuar conforme a lei. A inexigibilidade de conduta diversa tem sido reconhecida pelos tribunais como forma de afastar a culpabilidade nos crimes de apropriação indébita previdenciária, quando caracterizado nos autos o estado de insolvência ou dificuldades financeiras capazes de autorizar o comportamento contrário ao exigido pela norma legal. Nesse sentido: "(...) Para con figurar a excludente de culpabilidade por inexigibilidade de conduta diversa é necessário que as graves dificuldades financeiras alegadas estejam sobejamente comprovadas documentalmente a ponto de terem afetado não só a empresa, mas também o patrimônio pessoal do denunciado" (TRF da 4ª Região, ACR 200370000406380, 8ª Turma, Rel. Des. Federal Paulo Afonso Brum Vaz, DE 20.5.2010).

As dificuldades financeiras afastam a culpabilidade do agente quando não só os bens da empresa encontram-se onerados, mas, também, os dos sócios-gerentes, diretores ou administradores responsáveis pela gestão da empresa. Não basta a mera alegação de dificuldades financeiras; deve o acusado produzir provas contundentes de tal estado. Escreve *José Paulo Baltazar Júnior*: "A prova se fará, preferencialmente, mediante perícia ou parecer contábil, a cargo do réu acompanhado dos livros comerciais que demonstrem as dificuldades. Como muitas vezes se cuida de pequenas ou microempresas, dispensadas legalmente de manter escrituração comercial, admite-se a comprovação das dificuldades mediante juntada de documentos que comprovem a existência de títulos protestados; ações de execução; reclamatórias trabalhistas; venda de bens da empresa ou dos sócios; outros débitos tributários; pedidos de falência; etc. A prova na matéria é, por excelência, documental. Admite-se, porém, seja ela reforçada através de depoimentos de testemunhas legadas à empresa, como ex-empregados, contadores, fornecedores ou clientes".[250]

No que tange à comprovação das dificuldades financeiras, verifica-se, na prática, que os acusados em processo criminal desta natureza buscam a realização de perícia técnica contábil, para que reste demonstrada a impossibilidade de caixa para efetuar os recolhimentos devidos e, por consequência, seja reconhecida a causa supralegal da inexigibilidade de conduta diversa. A verdade é que referida prova é usada, muitas vezes, para dilatar a instrução processual, uma vez que, na maioria dos casos, cingir-se-ia a ratificar as dificuldades facilmente demonstradas por meio de documentos contábeis.

A tese das dificuldades financeiras reside na culpabilidade do agente (reprovação social do comportamento humano). E, para que o magistrado reconheça a impossibilidade de as obrigações fiscais terem sido cumpridas pelos gestores da empresa, na forma legal, e, com isso, exclua-os de pena, basta, como regra, a análise da prova documental. Sobre o cabimento de perícia na espécie, o Tribunal Regional Federal da 4ª Região editou as Súmulas ns. 67 e 68:

> *Súmula n. 67: A prova da materialidade nos crimes de omissão de recolhimento de contribuições previdenciárias pode ser feita pela autuação e notificação da fiscalização, sendo desnecessária a realização de perícia.*
>
> *Súmula n. 68: A prova de dificuldades financeiras, e conseguinte inexigibilidade de outra conduta, nos crimes de omissão de recolhimento de contribuições previdenciárias, pode ser feita através de documentos, sendo desnecessária a realização de perícia.*

250 THIESEN, Ana Maria Wickert *et alii*; Vladimir Passos de Freitas (Coord.). *Op. cit.*, p. 365.

12.2.14 Princípio da insignificância

Não obstante a adequação fática da conduta ao tipo penal imputado ao agente, constatando-se como irrisório o valor atualizado do débito, pelo princípio da insignificância jurídica, absolve-se o réu denunciado por crime de natureza fiscal.

Em tais delitos, o Supremo Tribunal Federal tem entendido que a dispensa da cobrança judicial dos débitos até R$ 10.000,00 não autoriza a persecução penal. Neste sentido:

> *HABEAS CORPUS. DESCAMINHO. MONTANTE DOS IMPOSTOS NÃO PAGOS. DISPENSA LEGAL DE COBRANÇA EM AUTOS DE EXECUÇÃO FISCAL. LEI Nº 10.522/02, ART. 20. IRRELEVÂNCIA ADMINISTRATIVA DA CONDUTA. INOBSERVÂNCIA AOS PRINCÍPIOS QUE REGEM O DIREITO PENAL. AUSÊNCIA DE JUSTA CAUSA. ORDEM CONCEDIDA.*
>
> *1. De acordo com o artigo 20 da Lei nº 10.522/02, na redação dada pela Lei nº 11.033/04, os autos das execuções fiscais de débitos inferiores a dez mil reais serão arquivados, sem baixa na distribuição, mediante requerimento do Procurador da Fazenda Nacional, em ato administrativo vinculado, regido pelo princípio da legalidade.*
>
> *2. O montante de impostos supostamente devido pelo paciente é inferior ao mínimo legalmente estabelecido para a execução fiscal, não constando da denúncia a referência a outros débitos em seu desfavor, em possível continuidade delitiva.*
>
> *3. Ausência, na hipótese, de justa causa para a ação penal, pois uma conduta administrativamente irrelevante não pode ter relevância criminal. Princípios da subsidiariedade, da fragmentariedade, da necessidade e da intervenção mínima que regem o Direito Penal. Inexistência de lesão ao bem jurídico penalmente tutelado.*
>
> *4. O afastamento, pelo órgão fracionário do Tribunal Regional Federal da 4ª Região, da incidência de norma prevista em lei federal aplicável à hipótese concreta, com base no art. 37 da Constituição da República, viola a cláusula de reserva de plenário. Súmula Vinculante nº 10 do Supremo Tribunal Federal.*
>
> *5. Ordem concedida, para determinar o trancamento da ação penal.*
>
> *(STF, Segunda Turma, HC 92438/PR, Relator Min. Joaquim Barbosa, DJe 19.12.2008).*

Destaca-se, ainda, precedente específico em relação aos crimes contra a previdência social originário do TRF da 4ª. Região:

> *PENAL. APROPRIAÇÃO INDÉBITA PREVIDENCIÁRIA. MONTANTE REMANESCENTE DO DÉBITO INFERIOR A R$ 10.000,00. INSIGNIFICÂNCIA. PRECEDENTE DO SUPREMO TRIBUNAL FEDERAL.*
>
> *Aplica-se o princípio da insignificância jurídica, como excludente da tipicidade do delito de apropriação indébita previdenciária (CP, art. 168-A), quando, para fins de persecução penal, o valor dos tributos iludidos é inferior a R$ 10.000,00 (dez mil reais), montante estabelecido pela Administração como sendo o mínimo para o ajuizamento de suas execuções fiscais. Precedentes do Supremo Tribunal Federal, do Superior Tribunal de Justiça e desta Corte.*
>
> *(ACR 200672050043258, Oitava Turma. Relator Juiz Federal Guilherme Beltrami, D.E. 3.2.2010).*

A Portaria n. 4.943, de 04 de janeiro de 1999, do Ministério da Previdência e Assistência Social, estabelecia em seu artigo 4º, inciso I (incluído pela Portaria MPS

n. 296, de 8.8.2007) o valor mínimo para o ajuizamento de suas execuções fiscais: "*o não ajuizamento das execuções fiscais de dívida ativa do INSS de valor até R$ 10.000,00 (dez mil reais), considerada por devedor, exceto quando, em face da mesma pessoa, existirem outras dívidas que, somadas, superem esse montante*".

Com a edição da Lei n. 11.457/2007, que transferiu para a União a atribuição de administrar as contribuições até então administradas pelo INSS, bem como a respectiva dívida ativa, não mais procede a distinção em relação a esta espécie tributária, devendo incidir, igualmente, o limite estabelecido no art. 20 da Lei n. 10.522/2002, que atualmente está fixado em R$ 10.000,00.

Merece destaque, também, a remissão conferida pela MP n. 449, de 3.12.2008, convertida na Lei n. 11.941/2009, aos débitos de até R$ 10.000,00, nos termos que segue:

> *Art. 14. Ficam remitidos os débitos com a Fazenda Nacional, inclusive aqueles com exigibilidade suspensa que, em 31 de dezembro de 2007, estejam vencidos há cinco anos ou mais e cujo valor total consolidado, nessa mesma data, seja igual ou inferior a R$ 10.000,00 (dez mil reais).*
>
> *§ 1º O limite previsto no caput deve ser considerado por sujeito passivo, e, separadamente, em relação:*
>
> *I - aos débitos inscritos em Dívida Ativa da União, no âmbito da Procuradoria-Geral da Fazenda Nacional;*
>
> *II - aos débitos decorrentes das contribuições sociais previstas nas alíneas "a", "b" e "c" do parágrafo único do art. 11 da Lei n. 8.212, de 1991, das contribuições instituídas a título de substituição e das contribuições devidas a terceiros, assim entendidas outras entidades e fundos, administrados pela Secretaria da Receita Federal do Brasil; e*
>
> *III - aos demais débitos administrados pela Secretaria da Receita Federal do Brasil.*
>
> *§ 2º Na hipótese do IPI, o valor de que trata este artigo será apurado considerando a totalidade dos estabelecimentos da pessoa jurídica.*
>
> *§ 3º O disposto neste artigo não implica restituição de quantias pagas.*

Sendo assim, é inadmissível que uma conduta seja administrativamente irrelevante e, ao mesmo tempo, seja considerada criminalmente relevante e punível, ensejando a absolvição dos denunciados com fundamento no disposto pelo art. 386, inciso III, do Código de Processo Penal.

12.2.15 Prisão por dívida

É importante mencionar também a Lei n. 8.866, de 11.4.94, que previa ser depositário da Fazenda Pública a pessoa que a legislação tributária ou previdenciária impunha a obrigação de reter ou receber de terceiro e recolher aos cofres públicos impostos, taxas e contribuições, inclusive à Seguridade Social. Com base no § 2º do art. 1º dessa lei, que considerava depositário infiel aquele que não entregasse aos cofres públicos os valores arrecadados, foi sustentada a revogação do art. 95, *d*, da Lei n. 8.212/91. No entanto, esse entendimento não prosperou, pois a Lei n. 8.866/94 é de índole eminentemente civil, não tornando descriminalizada a conduta do art. 95, *d*, da Lei n. 8.212/91. Nesse sentido: "Penal. *Habeas Corpus*. Falta de recolhimento de contribuição previdenciária. Lei n. 8.866/94. I – A Lei n. 8.866/94, que dispõe sobre o depositário infiel de valor pertencente à Fazenda Pública não revogou o artigo 95, letra *d*, da Lei n. 8.212/91. A primeira cuida da prisão civil para obrigar o devedor a recolher o valor que se encontra em poder e não lhe pertence. O segundo cuida da punição penal do ato criminoso praticado pelo contribuinte. II – Ordem denegada" (HC n. 95.03065341-0/SP, TRF da 3ª Região, 1ª Turma, rel. Juiz Oliveira Lima, DJU de 4.11.97, p. 93.067).

Sobre o tema, o TRF da 4ª Região editou a Súmula n. 65: "*A pena decorrente do crime de omissão de recolhimento de contribuições previdenciárias não constitui prisão por dívida*".

No mesmo sentido, o Supremo Tribunal Federal consolidou entendimento de que o agente que se enquadra no art. 168-A do Código Penal não se submete à prisão civil por dívida, mas responde pela prática do delito:

> *EMENTA: HABEAS CORPUS. APROPRIAÇÃO INDÉBITA PREVIDENCIÁRIA. CONDUTA PREVISTA COMO CRIME. INCONSTITUCIONALIDADE INEXISTENTE. VALORES NÃO RECOLHIDOS. PRINCÍPIO DA INSIGNIFICÂNCIA. INAPLICABILIDADE AO CASO CONCRETO. ORDEM DENEGADA. 1. A norma penal incriminadora da omissão no recolhimento de contribuição previdenciária - art. 168-A do Código Penal - é perfeitamente válida. Aquele que o pratica não é submetido à prisão civil por dívida, mas sim responde pela prática do delito em questão. Precedentes. 2. Os pacientes deixaram de recolher contribuições previdenciárias em valores muito superiores àquele previsto no art. 4º da Portaria MPAS 4910/99, invocada pelo impetrante. O mero fato de a denúncia contemplar apenas um dos débitos não possibilita a aplicação do art. 168-A, § 3º, II, do Código Penal, tendo em vista o valor restante dos débitos a executar, inclusive objeto de outra ação penal. 3. Ordem denegada.* (STF, HC 91704/PR, rel. Min. Joaquim Barbosa, Segunda Turma, publicado em 20/06/2008).

12.3 Inserção de dados falsos em sistema de informações

A inserção de dados falsos em sistema de informações é um delito cometido por intermédio de meios eletrônicos, cujo sujeito passivo é a Administração Pública, conforme se observa da redação do art. 313-A:

> *Art. 313-A. Inserir ou facilitar, o funcionário autorizado, a inserção de dados falsos, alterar ou excluir indevidamente dados corretos nos sistemas informatizados ou bancos de dados da Administração Pública com o fim de obter vantagem indevida para si ou para outrem ou para causar dano:*
> *Pena – reclusão, de 2 (dois) a 12 (doze) anos, e multa.*

Esse delito foi inserido no Código Penal no Título XI, que trata dos Crimes contra a Administração Pública, Capítulo I – Dos Crimes Praticados por Funcionário Público contra a Administração Pública. É considerado um peculato eletrônico, cujo sujeito ativo deverá ser servidor público, sendo admitida, entretanto, a participação de particular.

A conduta foi criada com a finalidade de punir o servidor que insere, altera ou exclui dados dos sistemas informatizados ou banco de dados da Previdência Social para obter vantagem ilícita para si ou para outrem.

12.4 Modificação ou alteração não autorizada de sistema de informações

Entre os crimes relacionados à informática está, também, o de modificação ou alteração não autorizada de sistema de informações, assim previsto:

> *Art. 313-B. Modificar ou alterar, o funcionário, sistema de informações ou programa de informática sem autorização ou solicitação de autoridade competente:*
>
> *Pena – detenção, de 3 (três) meses a 2 (dois) anos, e multa.*
>
> *Parágrafo único. As penas são aumentadas de um terço até a metade se da modificação ou alteração resulta dano para a Administração Pública ou para o administrado.*

Aplicam-se aqui as mesmas considerações feitas ao delito de inserção de dados falsos em sistema de informações. Ressalta-se, entretanto, que as penas são menos severas, pois as consequências do tipo possuem menor gravidade.

As penas serão aumentadas em caso de dano para a Administração Pública ou para os administrados, que são os sujeitos passivos do crime.

12.5 Sonegação de contribuição previdenciária

A sonegação de contribuição previdenciária é tipificada pelas seguintes condutas:

> *Art. 337-A. Suprimir ou reduzir contribuição social previdenciária e qualquer acessório, mediante as seguintes condutas:*
>
> *I – omitir de folha de pagamento da empresa ou de documento de informações previsto pela legislação previdenciária segurados empregado, empresário, trabalhador avulso ou trabalhador autônomo ou a este equiparado que lhe prestem serviços;*
>
> *II – deixar de lançar mensalmente nos títulos próprios da contabilidade da empresa as quantias descontadas dos segurados ou as devidas pelo empregador ou pelo tomador de serviços;*
>
> *III – omitir, total ou parcialmente, receitas ou lucros auferidos, remunerações pagas ou creditadas e demais fatos geradores de contribuições sociais previdenciárias:*
>
> *Pena – reclusão, de 2 (dois) a 5 (cinco) anos, e multa.*

Trata-se de crime praticado por particular contra a Previdência Social cujo elemento do tipo é a vontade livre e consciente de sonegar contribuição previdenciária, mediante a omissão de procedimentos contábeis obrigatórios.

Sobre a consumação e a competência para julgamento desse delito decidiu a 3ª Seção do STJ que: "O delito previsto no art. 337-A do Código Penal consuma-se com a supressão ou redução da contribuição previdenciária e acessórios, sendo o objeto jurídico tutelado a Seguridade Social. A competência para processar e julgar o crime de sonegação de contribuição previdenciária é fixada pelo local da consumação do delito, conforme previsto no art. 70 do Código de Processo Penal" (CC 200901070341, Rel. Min. Arnaldo Esteves Lima, DJE 29.3.2010).

Tais condutas eram previstas como criminosas pelo art. 95, letras *a*, *b* e *c*, da Lei n. 8.212/91, porém, sem pena para os infratores. O novo tipo penal veio para corrigir essa distorção, instituindo penalidade rigorosa, que varia de dois a cinco anos de reclusão, além de multa.

Para o delito de *sonegação de contribuição previdenciária*, as causas de extinção de punibilidade são as mesmas que as da conduta tipificada no art. 168-A, à exceção do perdão judicial pelo pagamento após a ação fiscal e antes do oferecimento da denúncia, hipótese que foi vetada pelo Poder Executivo ao sancionar a lei. Ou seja, é extinta a punibilidade se o agente, espontaneamente, declarar e confessar as contribuições, importâncias ou valores e prestar as informações devidas à Previdência Social, na forma definida em lei ou regulamento, antes do início da ação fiscal, não se exigindo qualquer pagamento.

Há, também, regras especiais de aplicação da pena, sendo facultado ao juiz deixar de aplicar a pena, ou aplicar somente a de multa, se o agente for primário e de bons antecedentes, desde que o valor das contribuições devidas, inclusive os acessórios, seja igual ou inferior àquele estabelecido pela Previdência Social, administrativamente, como sendo o mínimo para o ajuizamento de suas execuções fiscais (art. 337-A, § 2º). O limite mínimo para ajuizamento das execuções fiscais, como já salientado, está fixado em R$ 10.000,00 pela Lei n. 11.033, de 2004. Mesmo valor já previsto pela Portaria MPAS nº. 1.105, de 18/10/2002 - DOU de 22/10/2002.

A pena poderá ser reduzida se o empregador não for pessoa jurídica e sua folha de pagamento mensal não ultrapassar R$ 1.510,00 na data de publicação da Lei n. 9.983/2000. A redução será de um terço até a metade, podendo o Juiz aplicar apenas a multa. Esse valor será reajustado nas mesmas datas e nos mesmos índices de reajuste dos benefícios da Previdência Social (art. 337-A, §§ 3º e 4º).

12.6 Divulgação de informações sigilosas ou reservadas

O Código Penal considera criminosa a divulgação de segredo, estabelecendo no art. 153 que constitui crime "Divulgar alguém, sem justa causa, conteúdo de documento particular ou de correspondência confidencial, de que é destinatário ou detentor, e cuja divulgação possa produzir dano a outrem". A redação desse dispositivo foi alterada pela Lei n. 9.983/2000, para proteger os sistemas e bancos de dados da Administração Pública.

Art. 153.

....

§ 1º-A. Divulgar, sem justa causa, informações sigilosas ou reservadas, assim definidas em lei, contidas ou não nos sistemas de informações ou banco de dados da Administração Pública:

Pena – detenção, de 1 (um) a 4 (quatro) anos, e multa.

§ 1º (parágrafo único original).

§ 2º Quando resultar prejuízo para a Administração Pública, a ação penal será incondicionada.

A pena originalmente prevista no Código Penal para o crime de divulgação de segredo era a detenção de um a seis meses, ou multa, sendo que somente se procederia mediante representação do ofendido. Pela nova redação, a pena é elevada, podendo chegar até a quatro anos de detenção, além de multa. A ação penal passou a ser incondicionada em caso de dano à Administração Pública.

12.7 Falsidade documental

O art. 296 do Código Penal, que trata da falsidade documental, ganhou mais um inciso no § 1º, aplicando a pena de reclusão, de dois a seis anos, mais multa, a quem altera, falsifica ou faz uso indevido de marcas, logotipos, siglas ou quaisquer outros símbolos utilizados ou identificadores de órgãos ou entidades da Administração Pública.

12.8 Falsificação de documento público

No art. 297 do Código Penal foi inserido o § 3º, para estabelecer que incorre na pena de reclusão de dois a seis anos, e multa, quem insere ou faz inserir:

I - na folha de pagamento ou em documento de informações que seja destinado a fazer prova perante a Previdência Social, pessoa que não possua a qualidade de segurado obrigatório;

II - na Carteira de Trabalho e Previdência Social do empregado ou em documento que deva produzir efeito perante a Previdência Social, declaração falsa ou diversa da que deveria ter sido escrita;

III - em documento contábil ou em qualquer outro documento relacionado com as obrigações da empresa perante a Previdência Social, declaração falsa ou diversa da que deveria ter constado.

Tais condutas eram previstas como criminosas pelo art. 95, letras *g*, *h* e *i* da Lei n. 8.212/91, porém sem pena para os infratores. O novo tipo penal veio para corrigir essa distorção, instituindo penalidade rigorosa, que varia de dois a seis anos de reclusão, além de multa.

De acordo com o § 4º da nova redação do art. 297 do Código Penal, incorre nas mesmas penas quem omite, nos documentos mencionados no § 3º, nome do segurado e seus dados pessoais, a remuneração, a vigência do contrato de trabalho ou de prestação de serviços.

12.9 Violação de sigilo funcional

O Código Penal estabeleceu pena de detenção, de seis meses a dois anos, ou multa, ao sujeito ativo do delito de violação de sigilo funcional, se o fato não constituiu crime mais grave. A Lei n. 9.983/2000 estabeleceu que incorre nas penas desse artigo quem:

> *I - permite ou facilita, mediante atribuição, fornecimento e empréstimo de senha ou qualquer outra forma, o acesso de pessoas não autorizadas a sistemas de informações ou banco de dados da Administração Pública;*
>
> *II - se utiliza, indevidamente, do acesso restrito (art. 325, § 1º).*

Se da ação ou omissão resulta dano à Administração Pública ou a outrem, a pena passa a ser de reclusão, de dois a seis anos, e multa (art. 325, § 2º).

12.10 Equiparação a funcionário público

O conceito de funcionário público contido no art. 327 do Código Penal foi ampliado. De acordo com a nova redação do § 1º desse dispositivo, equipara-se a funcionário público quem exerce cargo, emprego ou função em entidade paraestatal, e quem trabalha para empresa prestadora de serviço contratada ou conveniada para a execução típica da Administração Pública.

Com essa modificação, foi inserido no conceito de funcionário público quem trabalha para empresa prestadora de serviço contratada ou conveniada para a execução de atividade típica da Administração Pública (estagiários, serventes, copeiras, vigilantes, etc.).

Parte IV
Prestações da Previdência Social

Capítulo 1
Introdução

Segundo a redação atual do texto constitucional, o Regime Geral de Previdência Social – RGPS deve prestar, nos termos da lei:

- a cobertura dos eventos de doença, invalidez, morte e idade avançada;
- a proteção à maternidade, especialmente à gestante;
- a proteção ao trabalhador em situação de desemprego involuntário;
- o salário-família e o auxílio-reclusão para os dependentes dos segurados de baixa renda;
- a pensão por morte do segurado, homem ou mulher, ao cônjuge ou companheiro e dependentes.

Ao legislador ordinário coube o encargo de aprovar um plano previdenciário capaz de atender as necessidades básicas do cidadão, conforme previsto na norma constitucional referida (art. 201). Neste plano, o legislador fixou exatamente a cobertura daqueles eventos que a Constituição assegurou estarem atendidos. E não poderia ser de outra forma. A Lei que regula o Regime Geral de Previdência Social é composta por normas de direito público, que estabelecem direitos e obrigações entre os indivíduos potencialmente beneficiários do regime e o Estado, gestor da Previdência Social. Dessa maneira, impõe-se discriminar exaustivamente as obrigações que o ente previdenciário tem para com os segurados e seus dependentes. A estas obrigações, de dar ou de fazer, consequentemente, correspondem prestações, a que chamamos prestações previdenciárias.

A relação jurídica das prestações é objeto da análise de *Wladimir Novaes Martinez*: "O legislador dá atenção especial à prestação e cerca-a de muitos cuidados (*v.g.*, definitividade, continuidade, irrenunciabilidade, indisponibilidade, intransferibilidade, inalienabilidade e impenhorabilidade), constituindo-se no principal instituto jurídico previdenciário. Devendo-se acrescer a substitutividade e a alimentaridade, dados essenciais à relação. (...) A razão de ser da relação jurídica de prestações são os benefícios e serviços, isto é, atividade-fim da Previdência Social: propiciar os meios de subsistência da pessoa humana conforme estipulado na norma jurídica".[251]

Uma vez ocorrida a hipótese de que trata a norma, é obrigação do ente previdenciário conceder a prestação prevista em lei, nos estritos ditames do que ali esteja determinado. Ao beneficiário, por seu turno, não comporta a renúncia do direito à prestação que lhe é devida, salvo se visa outra, que lhe seja mais benéfica (por exemplo, quando não se aposenta por tempo de contribuição por conta da aplicação do chamado "fator previdenciário", aguardando data mais propícia, em que o valor do benefício seja maior). Permite-se ao indivíduo o direito à desaposentação, para obtenção de outra prestação, se assim lhe for mais vantajoso, conforme exposto na Parte IV, Capítulo 8, deste Manual.

As prestações previstas no Plano de Benefícios da Previdência Social (Lei n. 8.213/91) são expressas em benefícios e serviços. As prestações são o gênero, do qual são espécies os benefícios e serviços. Benefícios são valores pagos em dinheiro aos segurados e dependentes. Serviços são prestações imateriais postas à disposição dos beneficiários.

Há prestações devidas somente ao segurado; outras, somente ao dependente; e, algumas, tanto ao segurado como ao dependente, conforme previsto no art. 18 da Lei n. 8.213/91. Trata-se da aplicação do princípio da seletividade: as prestações são concedidas apenas aos indivíduos que dela necessitem, sendo certo que alguns benefícios não comportam deferimento a segurados (é o caso da pensão por falecimento), e outros, que não cabem aos dependentes (como as aposentadorias).

Quanto ao segurado, as prestações são as seguintes: aposentadoria por invalidez; aposentadoria por idade; aposentadoria por tempo de serviço (transformada em aposentadoria por tempo de contribuição pela Emenda Constitucional n. 20); aposentadoria especial; auxílio-doença; auxílio-acidente; salário-família; salário-maternidade.

Quanto ao dependente, as prestações são: a pensão por morte e o auxílio-reclusão.

As prestações oferecidas tanto ao segurado quanto ao dependente são: o serviço social e a reabilitação profissional.

Quanto às prestações de origem acidentária, valer dizer que ocorreu a unificação do regime jurídico dos benefícios acidentários e previdenciários desde 25.7.91, sendo regulados pelo mesmo diploma legal (Lei n. 8.213/91), o que até então não ocorria. Na sequência, a Lei n. 9.032, de 28.4.95, dispôs que o benefício de prestação continuada de benefício acidentário seria equiparado ao benefício previdenciário, calculando-se a renda mensal com base no salário de benefício e

251 MARTINEZ, Wladimir Novaes. *Curso de direito previdenciário. Tomo I – Noções de direito previdenciário*. São Paulo: LTr, 1997, pp. 201-208.

não mais pelo salário de contribuição da data do acidente, pois que esta forma de cálculo, muitas vezes, era mais vantajosa.

Por último, a Emenda Constitucional n. 20/98 estabeleceu que: "Lei disciplinará a cobertura do risco de acidente do trabalho a ser atendida concorrentemente pelo regime geral de previdência social e pelo setor privado" (art. 201, § 10, da Constituição). Após a regulamentação desse dispositivo, o que deverá ocorrer por lei ordinária, as seguradoras privadas poderão participar desse mercado até então afeto apenas à previdência oficial. Essa abertura ao setor privado é uma tendência seguida na atual reforma da Previdência Social, cujos resultados só poderão ser avaliados no futuro, quando os segurados postularem o recebimento desses benefícios.

Nada impede que o número de prestações seja ampliado, para dar ensejo à proteção do indivíduo em face da ocorrência de outros eventos de infortunística. Todavia, a ampliação da proteção previdenciária não pode ser feita sem que, previamente, se tenha criado a fonte de custeio capaz de atender ao dispêndio com a concessão (Constituição, art. 195, § 5º). Também pode ocorrer supressão de prestações, mantido, sempre, o direito adquirido daqueles que implementaram as condições exigidas por lei para a obtenção das mesmas.

Capítulo 2
Concessão da prestação previdenciária

Para que o indivíduo faça jus à prestação previdenciária, embora já tenha sido ressaltado o caráter de irrenunciabilidade do direito, é necessário:

a) que o indivíduo se encontre na qualidade de beneficiário do regime, à época do evento – para que alguém possa fruir da prestação previdenciária, é necessário que esteja enquadrado como beneficiário abrangido pela mesma. Exemplificando: um indivíduo que nunca foi segurado, uma vez adoecendo, não faz jus a benefício por incapacidade, uma vez que não é segurado; quando um segurado vem a falecer, tendo seu filho mais de 21 anos de idade e não sendo inválido, este não fará jus à pensão, pois já não é considerado dependente pela norma legal; exceção a essa regra ocorre em relação às aposentadorias e pensões, pois há hipóteses em que, mesmo já tendo deixado de ser segurado da Previdência Social, o indivíduo preserva o direito, seja por já tê-lo adquirido, seja porque, tendo um número mínimo de contribuições, ainda que vertidas em tempo passado, e atingida a idade para aposentadoria por idade, prevalece atualmente o entendimento de que é devido o benefício;
b) a existência de um dos eventos cobertos pelo regime, conforme a legislação vigente na época da ocorrência do fato – o que deflagra o direito à prestação é o evento coberto pela Previdência Social, em conformidade com os requisitos legais pertinentes. Assim, só há direito à aposentadoria por invalidez uma vez que o segurado esteja totalmente incapaz para toda e qualquer atividade laborativa; enquanto tiver capacidade, ainda que reduzida, para a realização de trabalho, não lhe será concedido o benefício; o mesmo ocorre com a aposentadoria por tempo de contribuição, que não pode ser concedida antes de implementado todo o tempo exigido;
c) o cumprimento de exigências legais – em grande parte dos casos, as prestações previdenciárias previstas somente são concedidas se o beneficiário, além de atingido pelo evento amparado, cumprir algumas exigências, como carência de contribuições, idade mínima, ou a ausência de percepção de outro benefício inacumulável com o requerido;

d) a iniciativa do beneficiário – o ente previdenciário não concede benefícios sem que lhe tenha sido feito o pedido correspondente, por quem de direito. Não há pagamento de benefícios de ofício. Apenas mediante a iniciativa do beneficiário, por meio de um requerimento – ato de manifestação de vontade no sentido de exercitar o direito – e após preenchidos os requisitos anteriormente mencionados, pode ser entregue a prestação. Normas internas do INSS autorizam, em exceção a essa regra, o deferimento do auxílio-doença quando a Previdência tome ciência da internação ou tratamento ambulatorial devidamente comprovado pelo segurado. De nada adianta peticionar o benefício antes de implementar as condições para o direito, visando assegurar a aplicação de regras vigentes, quando, por exemplo, se avizinha alguma alteração legislativa; sem ter adquirido o direito, não há que se falar em preservação das condições anteriores.

É importante ressaltar que a inexistência de contribuições para com a Seguridade Social e a falta de registro da atividade laboral em carteira profissional ou Carteira de Trabalho e Previdência Social – CTPS não podem constituir óbice à concessão de benefícios para os segurados empregados, empregados domésticos e trabalhadores avulsos. Como diz com precisão *José de Oliveira*, é que não se pode penalizar o trabalhador pela negligência do tomador de serviços, responsável legal pelos recolhimentos das contribuições destes segurados. Uma vez existente o vínculo jurídico que enquadra o indivíduo como uma das três categorias de segurados mencionadas, fará jus a ser considerado beneficiário do RGPS, sem prejuízo da cobrança das contribuições de quem inadimpliu a obrigação, ou seja, o tomador dos serviços (arts. 34 a 36 da Lei n. 8.213/91).[252]

Se o beneficiário atende aos requisitos, embora não postule a prestação, diz-se que o mesmo possui direito adquirido à prestação previdenciária. Uma vez adquirido o direito, este se torna intangível por norma posterior, devendo ser concedido o benefício ou prestado o serviço nos termos do regramento existente à época da aquisição do direito, independentemente de quando for requerido.

Não se configura o direito adquirido se o beneficiário não atender a algum dos requisitos supra-elencados. Assim, não se pode falar em direito adquirido à aposentadoria daquele que está ainda prestes a completar o tempo de contribuição ou a idade exigidos. A alteração legislativa que venha a ocorrer anteriormente à aquisição do direito é totalmente aplicável aos segurados e dependentes do regime, não havendo direito à manutenção das regras vigentes à época da filiação ao RGPS. Como assevera *Feijó Coimbra*: "A lei poderá, a qualquer tempo, mudar as condições de aquisição, criar ou suprimir prestações, respeitando, unicamente, o direito dos

252 OLIVEIRA, José de. *Acidentes de Trabalho: teoria, prática, jurisprudência*. 2, ed., São Paulo: Saraiva, 1992, p. 201.

que, por terem satisfeito as condições legais de aquisição, já são titulares do direito à prestação, porque já haverá, aí, situação jurídica perfeitamente definida".[253]

Já no caso de beneficiário que tenha perdido esta qualidade, mas que, enquanto era segurado ou dependente, implementou as condições para obtenção da prestação, o direito se mantém íntegro, como é da redação do art. 102 da Lei n. 8.212/91.

Discussão importante foi travada acerca do momento do cumprimento das exigências legais para o deferimento da aposentadoria por idade, ou seja, se é devido o benefício mesmo quando o preenchimento da condição de idade mínima ocorra em época na qual o interessado já tenha perdido a condição de segurado, visto que cumpriu anteriormente o requisito de carência exigida.

O art. 102 da Lei n. 8.213/91 estabelece que a perda da qualidade de segurado importa em caducidade dos direitos inerentes a essa qualidade, só não prejudicando o direito à aposentadoria e pensão por morte para cuja concessão tenham sido preenchidos todos os requisitos, segundo a legislação então em vigor.

No entanto, o Superior Tribunal de Justiça adotou entendimento arrojado nesta matéria, ao decidir não ser necessária a simultaneidade no preenchimento dos requisitos para a percepção de aposentadoria por idade avançada, sendo irrelevante, para concessão do benefício, o fato de que o requerente, ao atingir a idade mínima, já tenha perdido a condição de segurado. A Terceira Seção do STJ, em julgado de embargos de divergência, assim se pronunciou:

> *Embargos de Divergência. Previdenciário. Aposentadoria por Idade. Perda da qualidade de segurado. Irrelevância.*
> *1. Para concessão da aposentadoria por idade, não é necessário que os requisitos exigidos pela lei sejam preenchidos simultaneamente, sendo irrelevante o fato de que o obreiro, ao atingir a idade mínima, já tenha perdido a condição de segurado.*
> *2. Embargos rejeitados.*
> *(STJ – ERESP n. 175265/SP, Rel. Min. Fernando Gonçalves – DJU de 18.9.2000).*

Conforme esta linha de interpretação jurisprudencial, seguida por outros Tribunais (*v.g.*, TRF da 4ª Região, Ac. n. 96.04.13648 8/RS, 6ª Turma, rel. Juiz Luiz Carlos de Castro Lugon, DJU de 25.10.2000; Ac. n. 1999.01.01.120928-4, 5ª Turma, rel. Juiz Néfi Cordeiro, DJU de 4.10.2000), o intérprete tem-se guiado pelos fins sociais das normas jurídicas de natureza previdenciária, para que o Direito seja efetivado em sua plenitude.

O entendimento em comento foi incorporado ao ordenamento legal pela Medida Provisória n. 83, de 12.12.2002, convertida na Lei n. 10.666, de 8.5.2003, em seu art. 3º, *verbis*:

253 COIMBRA, J. R. Feijó, *Direito previdenciário brasileiro*. 7. ed., Rio de Janeiro: Edições Trabalhistas, 1997, p. 119.

Art. 3º A perda da qualidade de segurado não será considerada para a concessão das aposentadorias por tempo de contribuição e especial.

§ 1º Na hipótese de aposentadoria por idade, a perda da qualidade de segurado não será considerada para a concessão desse benefício, desde que o segurado conte com, no mínimo, o tempo de contribuição correspondente ao exigido para efeito da carência na data do requerimento do benefício.

§ 2º A concessão do benefício de aposentadoria por idade, nos termos do § 1º, observará, para os fins de cálculo do valor do benefício, o disposto no art. 3º, caput e § 2º, da Lei n. 9.876, de 26 de novembro de 1994, o disposto no art. 35 da Lei n. 8.213, de 24 de julho de partir da competência julho de 1994, o disposto no art. 35 da Lei n. 8.213, de 24 de julho de 1991.

O indeferimento, pela Autarquia Previdenciária, de requerimento de benefício, quando o postulante preencher todos os requisitos legais para tanto, é ato ilícito, podendo ser questionado em Juízo, por se tratar de lesão a direito. Além disso, caracteriza lesão a um dos deveres ético-profissionais do servidor público responsável (art. 116, III, da Lei n. 8.112/90), por desatenção às normas legais pertinentes; no campo do Direito Penal, em tese, poderia caracterizar crime de prevaricação o retardamento ou a realização de ato administrativo contra disposição expressa de lei (CP, art. 319); uma vez configurado o crime e punido o servidor, este é passível de demissão do cargo público. Assim sendo, não comungamos da tese de que não há como punir servidores públicos ineficientes.

De acordo com o art. 181-B do Decreto n. 3.048/99, "o segurado pode desistir do seu pedido de aposentadoria desde que manifeste esta intenção e requeira o arquivamento definitivo do pedido antes da ocorrência do primeiro de um dos seguintes atos: I - recebimento do primeiro pagamento do benefício; ou II - saque do respectivo Fundo de Garantia do Tempo de Serviço ou do Programa de Integração Social."

Temos o entendimento que a aposentadoria é direito patrimonial disponível, passível de renúncia a qualquer tempo, gerando direito ao aproveitamento do tempo trabalhado para concessão de nova aposentadoria pelo mesmo regime ou por regime previdenciário diverso. O tema é objeto de explanação na Parte IV, Capítulo 8.1.1 deste Manual, ao qual remetemos o leitor.

2.1 Suspensão do benefício

Na legislação de seguro social, há certas situações que autorizam o INSS a deixar de pagar o benefício, suspendendo a prestação devida. Não se deve confundir, contudo, tal situação com a de cancelamento do benefício: na suspensão, o benefício teve apenas seu pagamento sustado; no cancelamento, dá-se a extinção da obrigação de pagamento pelo INSS ao beneficiário.

São casos de suspensão do pagamento do benefício: a) a conduta do beneficiário inválido que não se apresenta para realização do exame médico-pericial periódico pelo INSS; b) a não-comprovação trimestral da manutenção do cumprimento da pena privativa de liberdade, ou a fuga do segurado detido ou recluso, em relação ao auxílio-reclusão pago aos dependentes do segurado; c) a ausência de defesa do beneficiário, quando notificado pelo INSS em casos de suspeita de irregularidade na concessão ou manutenção de benefício (art. 11 da Medida Provisória n. 83, de 12.12.2002, convertida na Lei n. 10.666, de 8.5.2003).

A Previdência Social iniciou, em outubro de 2005, um Censo Previdenciário para atualizar os dados cadastrais de aposentados e pensionistas do INSS. A primeira etapa do Censo encerrou em abril de 2006 e a segunda etapa, iniciada em março de 2006, se encerrou em julho de 2007.

O objetivo do Censo é atualizar a base de dados de Previdência e, como consequência, eliminar pagamentos indevidos de benefícios. As informações dos segurados convocados são coletadas pelo banco pagador do benefício.

Caso o beneficiário não possa comparecer pessoalmente ao banco, o seu procurador ou representante legal devidamente cadastrado no INSS deverá apresentar a documentação do titular do benefício. A participação no Censo pode ser feita em qualquer agência da matriz bancária responsável pelo pagamento do benefício. A medida foi adotada para propiciar comodidade e evitar deslocamentos desnecessários do beneficiário.

O Decreto n. 3.048/99, em seu art. 179, § 4º, com a redação conferida pelo Decreto n. 5.545/2005, prevê que o recenseamento previdenciário relativo ao pagamento dos benefícios do Regime Geral de Previdência Social de que tratam o § 4º do art. 69 e o *caput* do art. 60 da Lei n. 8.212, de 1991, deverá ser realizado pelo menos uma vez a cada quatro anos.

O Decreto n. 5.699/2006 alterou o texto do § 1º do art. 179 do Regulamento para prever a notificação do beneficiário não mais apenas em situação de suspeita de fraude ou erro na concessão de benefícios, mas também por ocasião do recenseamento, "para apresentar defesa, provas ou documentos de que dispuser, no prazo de dez dias".

Além disso, passou a prever, no § 6º do mesmo artigo 179, que "Na impossibilidade de notificação do beneficiário ou na falta de atendimento à convocação por edital, o pagamento será suspenso até o comparecimento do beneficiário e regularização dos dados cadastrais ou será adotado procedimento previsto no § 1º".

Sintetizando, o segurado ou dependente em gozo de benefício deverá ser notificado periodicamente e, nesse caso, ele pode ser chamado a apresentar documentos – não seria o caso de apresentar defesa ou provas, pois não paira sobre o beneficiário qualquer suspeita de recebimento indevido. Porém, o texto é contraditório, ao estabelecer dois modos de proceder, no caso de não comparecimento do beneficiário: suspende-se o benefício de imediato até o comparecimento, ou notifica-se a pessoa para, em dez dias, apresentar defesa, provas e documentos?

Sem prejuízo da má técnica observada na redação do texto, a questão polêmica que envolve a matéria é justamente o cabimento (ou não) da suspensão do benefício previdenciário em caso de mero não comparecimento do beneficiário ao recenseamento.

Em se tratando o INSS de uma entidade pública, seus atos devem se pautar pelos princípios regentes da Administração, dentre os quais se destaca, em particular, o da legalidade. A concessão equivocada de benefícios a pessoas que não atendem aos requisitos legais estabelecidos para tanto, é medida que se torna eivada de nulidade absoluta, passível, portanto, de revisão pela própria Administração, a qualquer tempo e de ofício. É o entendimento já consolidado na jurisprudência do STF, em sua Súmula 473.

Entretanto, não pode o INSS prescindir de respeitar os direitos fundamentais do contraditório e da ampla defesa, obrigatórios em qualquer procedimento judicial ou administrativo (Constituição, art. 5º). Visto por esse ângulo, o § 6º do art. 179 do Regulamento possui indícios de inconstitucionalidade, pois visa autorizar o INSS a suspender benefício de forma arbitrária, sem que haja razoável indício de ilegalidade cometida.

É dizer, caso o INSS tenha meios de concluir pela ilegalidade, deve oferecer o direito de defesa e prova ao interessado e, ao final, decidir se a concessão foi ou não irregular; se não os possui, não pode presumir que houve fraude ou má-fé. Isto porque, ao contrário, os atos administrativos gozam de presunção de legalidade, de modo que, não havendo prova de concessão ao arrepio da lei, não há que se quebrarem os efeitos de tal presunção.

Felizmente a ilegalidade contida no Decreto 3.048/99 foi corrigida pela Lei n. 11.720, de 20/06/2008, que estabeleceu: "*Art. 1º O recadastramento de segurados da Previdência Social, por qualquer motivo, não poderá ser precedido de prévio bloqueio de pagamento de benefícios*".

Essa norma legal prevê também um novo procedimento para os recadastramentos, qual seja: I - prévia notificação pública do recadastramento; II - estabelecimento de prazo para início e conclusão do recadastramento, nunca inferior a 90 (noventa) dias.

Merece destaque, ainda, a observância dos direitos dos idosos. O recadastramento de segurados com idade igual ou superior a 60 (sessenta) anos será objeto de prévio agendamento no órgão recadastrador, que o organizará em função da data do aniversário ou da data da concessão do benefício inicial. E, quando se tratar de segurado com idade igual ou superior a 80 (oitenta) anos ou que, independentemente da idade, por recomendação médica, estiver impossibilitado de se deslocar, o recadastramento deverá ser realizado na sua residência.

2.2 Cancelamento do benefício

Para o INSS cancelar um benefício previdenciário deve, necessariamente, fazê-lo com base em um processo administrativo que apurou alguma irregularidade na concessão do mesmo. O poder-dever da Administração de desconstituir seus próprios atos por vícios de nulidade condiciona-se à comprovação das referidas ilegalidades em processo administrativo próprio, com oportunização, ao administrado, das garantias constitucionais da ampla defesa e do contraditório (art. 5º, inciso LV, da CF/88 e Súmula n. 160 do extinto TFR). Nesse sentido: "Previdenciário. Mandado de Segurança. Cancelamento de Benefício. Está eivado de ilegalidade o procedimento de cancelamento de benefício sem um processo administrativo regular que permita a ampla defesa dos segurados. Apelação e remessa oficial improvidos" (Apelação em MS n. 94.04.38301-5, TRF da 4ª Região, 5ª Turma, rel. Juíza Maria de Fátima Freitas Labarrère, DJU de 11.3.98, p. 502).

Nos casos em que o INSS não comprova que o cancelamento foi, em face de alguma irregularidade, apurado em processo administrativo, entendemos que o benefício deve ser restabelecido. O beneficiário poderá obter sua pretensão em juízo, por meio de mandado de segurança, quando não demandar de instrução probatória, ou pela via ordinária, com a possibilidade da antecipação de tutela, quando demonstrar o preenchimento dos requisitos exigidos para a concessão da medida, previstos pelo art. 273 do Código de Processo Civil.

São casos de cancelamento de benefício: a) o retorno ao trabalho em atividade nociva à saúde ou à integridade física do segurado que percebe aposentadoria especial (art. 57, § 8º, da Lei n. 8.213/91; b) o reaparecimento do segurado considerado falecido por decisão judicial que havia declarado morte presumida (art. 78, § 2º, da Lei n. 8.213/91); c) o retorno ao trabalho do segurado aposentado por invalidez (art. 46 da Lei n. 8.213/91); d) a verificação, pelo INSS, de concessão ou manutenção de benefício de forma irregular ou indevida (art. 11 da Medida Provisória n. 83, de 12.12.2002).

Segundo o art. 11 da Medida Provisória n. 83, de 12.12.2002, convertida na Lei n. 10.666, de 8.5.2003, o INSS deve, antes de proceder ao cancelamento do benefício, notificar o beneficiário para que, no prazo de dez dias, se manifeste sobre as supostas irregularidades na concessão ou na manutenção do benefício, apresentando defesa e podendo colacionar as provas que entender pertinentes. Findo este prazo sem a manifestação do beneficiário, o benefício será suspenso, notificando-se deste procedimento o interessado. Com isso, ficaram tacitamente revogadas as disposições do art. 69 e seus §§ 1º a 3º da Lei n. 8.212/91.

A autoridade administrativa competente do INSS cancelará o benefício no caso de não haver defesa, quando esta for tida por improcedente, ou, ainda, quando as provas apresentadas forem insuficientes. Desta decisão será cientificado o beneficiário, que terá o direito de interpor recurso à Junta de Recursos do Conselho de Recursos da Previdência Social, ou, ainda, discutir em juízo a licitude do cancelamento.

A Medida Provisória n. 138, de 19.11.2003, convertida na Lei n. 10.839, de 5.2.2004, incluindo o art. 103-A no texto da Lei n. 8.213/91, disciplinou a matéria no que tange ao prazo para anulação de atos administrativos de que resultem benefícios indevidos a segurados e dependentes, fixando em dez anos, contados do dia em que foram praticados, salvo comprovada má-fé, sendo que, no caso de efeitos patrimoniais contínuos no tempo, considerar-se-á o prazo decadencial a partir do primeiro pagamento.

A Turma Nacional de Uniformização dos Juizados Especiais Federais manteve decisão da Turma Recursal do Rio de Janeiro, que reconheceu ao autor o direito de manter o seu benefício, mesmo tendo sido concedido por erro de cálculo do Instituto Nacional do Seguro Social. No caso concreto, o autor teve sua aposentadoria concedida pelo INSS em abril de 1983 e, em 1996, o INSS cassou o benefício, por ter detectado erro no cálculo do tempo de serviço (Processo n. 2002.51.10.000721-7, Sessão de 24/5/2006).

Acerca do tema podemos concluir que a administração, em atenção ao princípio da legalidade, tem o poder-dever de anular seus próprios atos quando eivados de vícios que os tornem ilegais (Súmulas 346 e 473 do STF). Entretanto, este poder-dever deve ser limitado no tempo sempre que se encontrar situação que, frente a peculiares circunstâncias, exija a proteção jurídica de beneficiários de boa-fé, em decorrência dos princípios da segurança jurídica e da proteção da confiança. Neste sentido: AC n. 2002.70.00.039021-4/PR. TRF da 4ª. Região, 5ª Turma, Relator Des. Fed. Celso Kipper. DE 30.9.2008.

2.3 Processo Administrativo Previdenciário

No âmbito de concessão das prestações previdenciárias, considera-se processo administrativo previdenciário o conjunto de atos administrativos praticados através dos Canais de Atendimento da Previdência Social, iniciado em razão de requerimento formulado pelo interessado, de ofício pela Administração ou por terceiro legitimado, e concluído com a decisão definitiva no âmbito administrativo.

O processo administrativo decorre do direito de petição, constitucionalmente assegurado a todos. De outra vertente, é necessário, em regra, para: a) a manifestação inequívoca de interesse do segurado ou dependente, em relação à prestação postulada; b) a interrupção da contagem de marcos decadenciais ou prescricionais, quando existentes; c) a deflagração de eventual litígio entre o indivíduo e a Previdência.

É importante frisar a orientação do Conselho de Recursos da Previdência Social, em seu Enunciado n. 5: "A Previdência Social deve conceder o melhor benefício a que o segurado fizer jus, cabendo ao servidor orientá-lo nesse sentido". Não há, a princípio, interesses contrapostos; o servidor do órgão público deve, por este motivo, buscar prestar seu serviço de modo a conduzir o processo administrativo sem causar óbices desnecessários.

São fases do processo administrativo previdenciário: a fase inicial, ou instauração; a instrutória; a decisória; a recursal e a de cumprimento da decisão administrativa.

O INSS determina em seu âmbito interno, por instrução normativa, a observância dos seguintes princípios nos processos administrativos:

> *I - presunção de boa-fé dos atos praticados pelos interessados;*
>
> *II - atuação conforme a lei e o Direito;*
>
> *III - atendimento a fins de interesse geral, vedada a renúncia total ou parcial de poderes e competências, salvo autorização em lei;*
>
> *IV - objetividade no atendimento do interesse público, vedada a promoção pessoal de agentes ou autoridades;*
>
> *V - atuação segundo padrões éticos de probidade, decoro e boa-fé;*
>
> *VI - condução do processo administrativo com a finalidade de resguardar os direitos subjetivos dos segurados, dependentes e demais interessados da Previdência Social, esclarecendo-se os requisitos necessários ao benefício ou serviço mais vantajoso;*
>
> *VII - o dever de prestar ao interessado, em todas as fases do processo, os esclarecimentos necessários para o exercício dos seus direitos, tais como documentação indispensável ao requerimento administrativo, prazos para a prática de atos, abrangência e limite dos recursos, não sendo necessária, para tanto, a intermediação de terceiros;*
>
> *VIII - publicidade dos atos praticados no curso do processo administrativo restrita aos interessados e seus representantes legais, resguardando-se o sigilo médico e dos dados pessoais, exceto se destinado a instruir processo judicial ou administrativo;*
>
> *IX - adequação entre meios e fins, vedada a imposição de obrigações, restrições e sanções em medida superior àquelas estritamente necessárias ao atendimento do interesse público;*
>
> *X - fundamentação das decisões administrativas, indicando os documentos e os elementos que levaram à concessão ou ao indeferimento do benefício ou serviço;*
>
> *XI - identificação do servidor responsável pela prática de cada ato e a respectiva data;*
>
> *XII - adoçao de formas e vocabulário simples, suficientes para propiciar adequado grau de certeza, segurança e respeito aos direitos dos usuários da Previdência Social, evitando-se o uso de siglas ou palavras de uso interno da Administração que dificultem o entendimento pelo interessado;*
>
> *XIII - compartilhamento de informações com órgãos públicos, na forma da lei.*
>
> *XIV - garantia dos direitos à comunicação, à apresentação de alegações finais, à produção de provas e à interposição de recursos, nos processos de que possam resultar sanções e nas situações de litígio;*
>
> *XV - proibição de cobrança de despesas processuais, ressalvadas as prevista em lei;*
>
> *XVI - impulsão, de ofício, do processo administrativo, sem prejuízo da atuação dos interessados; e*
>
> *XVII - interpretação da norma administrativa da forma que melhor garanta o atendimento do fim público a que se dirige, vedada aplicação retroativa de nova interpretação.*

O requerimento do benefício ou serviço que gera o processo administrativo pode ser realizado:

> *I - pelo próprio segurado, dependente ou beneficiário;*

II - por procurador legalmente constituído;
III - por representante legal, tutor, curador ou administrador provisório do interessado, quando for o caso; e
IV - pela empresa, o sindicato ou a entidade de aposentados devidamente legalizada, na forma do art. 117 da Lei nº 8.213, de 1991.

No caso de auxílio-doença, o INSS deve processar de ofício o benefício, quando tiver ciência da incapacidade do segurado, mesmo que este não o tenha requerido, conforme previsão na própria Lei n. 8.213/91.

É também facultado à empresa protocolizar requerimento de auxílio-doença ou documento dele originário de seu empregado ou contribuinte individual a ela vinculado ou a seu serviço. Procedendo dessa forma, a empresa terá acesso às decisões administrativas a ele relativas.

O requerimento ou agendamento de benefícios e serviços poderão ser solicitados pelos seguintes canais de atendimento:

I - Internet, pelo endereço eletrônico www.previdencia.gov.br;
II - telefone, pela Central 135; e
III - Unidades de Atendimento:
a) APS;
b) APS Móvel - PREVmóvel; e
c) PREVcidade.

Qualquer que seja o canal remoto de protocolo, será considerada como DER a data do agendamento do benefício ou serviço, ou seja, o dia em que o segurado manifestou seu interesse, pessoalmente ou por outro meio (internet, telefone). É vedada a recusa de protocolo ao requerimento – art. 176 do Dec. 3.048/99, constituindo grave violação ao direito de petição, constitucionalmente assegurado.

O INSS disponibilizou o requerimento pela *Internet* do auxílio-doença, do salário-maternidade em diversas hipóteses e da pensão por morte de segurado que falecer em gozo de aposentadoria, auxílio-doença, previdenciária ou acidentária, ou auxílio-reclusão. Outros requerimentos de prestações deverão ser liberados por essa via.

Outra regra que favorece o segurado, diminuindo as filas, é a que permite que o requerimento do benefício ou serviço seja apresentado em qualquer Unidade de Atendimento da Previdência Social, independentemente do local de seu domicílio, exceto APS de Atendimento a Demandas Judiciais – APSADJ e Equipes de Atendimento a Demandas Judiciais – EADJ (art. 575 da IN INSS/PRES n. 45/2010).

Lembramos que em conformidade com o art. 176 do RPS, a apresentação de documentação incompleta não constitui motivo para recusa do requerimento de benefício, ainda que, de plano, se possa constatar que o segurado não faz jus ao benefício ou serviço que pretende requerer, sendo obrigatória a protocolização de todos os pedidos administrativos, cabendo, se for o caso, a emissão de carta de exigência ao requerente.

As comunicações dos interessados para o cumprimento de exigências ou ciência de decisão é feita pelas Unidades de Atendimento da Previdência Social onde tramita o processo administrativo.

Quanto à formalização do processo administrativo previdenciário, o INSS disciplinou no art. 575 da IN INSS/PRES n. 45/2010, que realizado o requerimento dos benefícios ou serviços, conterá os seguintes documentos:

> *I - requerimento formalizado e assinado;*
>
> *II - procuração ou documento que comprove a representação legal, se for o caso;*
>
> *III - comprovante de agendamento, quando cabível;*
>
> *IV - cópia do documento de identificação do requerente e do representante legal, quando houver divergência de dados cadastrais;*
>
> *V - declaração de não-emancipação do dependente, se for o caso;*
>
> *VI - extrato das informações extraídas de outros órgãos, obtidas por meio de convênios, que contribuam para a decisão administrativa;*
>
> *VII - contagem do tempo de contribuição utilizado para decisão, informação sobre salários de contribuição e resumo de benefício, vedada a inclusão no processo de simulações, sem que esta hipótese esteja devidamente ressalvada; e*
>
> *VIII - informações dos membros do grupo familiar, quando se tratar de processo relacionado a benefício assistencial de prestação continuada e nos requerimentos formulados por segurado especial.*

A Previdência exige para a formalização do processo a apresentação dos documentos originais ou cópias autenticadas em cartório ou por servidor do INSS, solicitando algumas vezes a apresentação do documento original para verificação de contemporaneidade ou outras situações em que entender necessária.

Sempre que documentos originais tiverem de ficar de posse do INSS, deverá ser lavrado termo de retenção, em duas vias, para resguardar o segurado de eventuais extravios, que podem ocasionar prejuízos irreparáveis ao individuo.

A reafirmação da DER é admitida se por ocasião do despacho, for verificado que o segurado não satisfazia as condições mínimas exigidas para a concessão do benefício pleiteado, mas que os completou em momento posterior ao pedido inicial, sendo dispensada nova habilitação. Essa regra aplica-se a todas as situações que resultem em um benefício mais vantajoso ao segurado, desde que haja sua manifestação escrita.

Também pode ocorrer a instauração do processo administrativo de ofício, por exemplo, nos processos de suspensão ou cancelamento, no qual é obrigatória a notificação prévia do interessado, para que este, antes de mais nada, possa produzir suas alegações de defesa (Lei 10.666/2003).

Sobre este assunto, convém recordar o Enunciado nº 19 do CRPS: "Transcorrido mais de dez anos da data da concessão do benefício, não poderá haver sua suspensão ou cancelamento na hipótese de o interessado não mais possuir a documentação que instruiu o pedido, exceto em caso de fraude ou má- fé".

Para a fase de instrução dos processos são admissíveis todos os meios de prova que se destinem a esclarecer a existência do direito ao recebimento do benefício ou serviço, salvo se a lei exigir forma determinada.

Na hipótese do segurado requerer novo benefício, poderá ser utilizar a documentação de processo anterior que tenha sido indeferido, cancelado ou cessado.

Desta forma, documentos que o INSS já possui (arquivados em outro processo) não precisam ser juntados novamente pelo segurado, bastando mencionar o fato.

Devem ser objeto de intimação todos os atos do processo que resultem para o interessado em imposição de deveres, ônus, sanções ou restrição ao exercício de direitos e atividades e os atos de outra natureza, de seu interesse (art. 28 da Lei 9.784/99).

Segundo a lei que rege o processo administrativo no âmbito federal - aplicável, portanto, junto ao INSS - o desatendimento da intimação não importa o reconhecimento da verdade dos fatos, nem a renúncia a direito pelo administrado (art. 27 da Lei 9.784/99).

O INSS não pode cercear o direito do interessado em produzir provas para defesa de seus direitos, ainda que o servidor esteja "convencido" do indeferimento – situação típica de justificações administrativas, quando o indivíduo não possui – segundo o entendimento do servidor – início suficiente de prova material.

De outra jaez, quando o interessado declarar que fatos a serem provados constam de documentos que se encontram em outro processo ou perante outros órgãos da Administração, cabe ao INSS requisitá-los (e não exigi-los do interessado – art. 37 da Lei 9.784/99). A mesma regra se aplica, *mutatis mutandis*, ao processo judicial, por força do art. 499 do CPC.

Na análise dos documentos, não se pode recusar fé a documentos públicos (CF, art. 19), de modo que certidões e outros documentos do gênero têm de ser aceitos pelo INSS como fidedignos, salvo prova robusta em contrário

Após a conclusão da instrução do processo administrativo, a unidade de atendimento do INSS tem o prazo de até trinta dias para decidir, salvo prorrogação por igual período expressamente motivada. Considera-se concluída a instrução quando estiverem cumpridas todas as exigências, se for o caso, e não houver mais diligências ou provas a serem produzidas.

Na fase da decisão administrativa, o INSS deve conceder o melhor benefício a que o segurado fizer jus.

A decisão do processo administrativo deverá conter um relato sucinto do objeto do requerimento, fundamentação com análise das provas constantes nos autos, bem como conclusão deferindo ou indeferindo o pedido formulado. Prevê expressamente a IN 45/2010, que "A motivação deve ser clara e coerente, indicando quais os requisitos legais que foram ou não atendidos, podendo fundamentar-se em decisões anteriores, bem como notas técnicas e pareceres do órgão consultivo competente, os quais serão parte integrante do ato decisório." E que "todos os requisitos legais necessários à análise do requerimento devem ser apreciados no momento da decisão, registrando-se no processo administrativo a avaliação individualizada de cada requisito legal."

Exige-se, portanto, o respeito ao princípio da motivação dos atos administrativos (pois se trata de ato não-discricionário). Não basta a autoridade "dizer" genericamente que determinado assunto não foi provado, se há provas; é necessário esclarecer o porquê de tal prova não ter sido considerada.

A apreciação dos requerimentos deve ser realizada pela autoridade administrativa competente – no caso de concessão de benefícios, cabe à autoridade regional (local) esta atribuição.

O requerente será comunicado da decisão administrativa, da qual caberá recurso ordinário às Juntas de Recursos do CRPS no prazo de trinta dias.

Nos casos de segurado empregado, após a concessão de qualquer espécie de aposentadoria, o INSS tem cientificado o respectivo empregador sobre a Data de Início do Benefício. Ressaltamos, aqui, que a aposentadoria não rompe o vínculo de emprego, conforme já decidido pelo STF nas Ações Diretas de Inconstitucionalidade ns. 1.721-3 e 1.770-4 (Informativo STF – 11.10.2006 – disponível em *www.stf.gov.br/noticias*. Acesso em 8.1.2007).

Das decisões proferidas no julgamento do recurso ordinário, ressalvadas as matérias de alçada das Juntas de Recursos, poderão os segurados, as empresas e os órgãos do INSS, quando não conformados, interpor recurso especial às Câmaras de Julgamento, na forma do Regimento Interno do CRPS, no prazo de 30 dias (comuns s partes).

As Unidades da Previdência terão o prazo de 30 dias, contados a partir da data de recebimento do processo na origem, para cumprimento das decisões do CRPS, sob pena de responsabilização funcional do servidor que der causa ao retardamento.

As decisões do CRPS e seus órgãos fracionários têm caráter vinculante para a Administração, mas não para o interessado. O prazo máximo de duração do processo administrativo é de 360 dias a contar da data do protocolo (art. 24 da Lei 11.457/2007).

Caberá ainda ao INSS suscitar junto ao Conselho Pleno do CRPS a uniformização em tese da jurisprudência administrativa previdenciária, mediante a prévia apresentação de estudo fundamentado sobre a matéria a ser uniformizada, no qual deverá ser demonstrada a existência de relevante divergência jurisprudencial ou de jurisprudência convergente reiterada, nos termos do Regimento Interno do CRPS.

Assiste o direito às partes de interpor também o pedido de uniformização ao Conselho Pleno, quando a decisão da Câmara de Julgamento do CRPS em matéria de direito for divergente da proferida por outra unidade julgadora em sede de recurso especial.

Sobre o funcionamento e composição do Conselho de Recursos da Previdência Social, remetemos o leitor para o Capítulo 1 da Parte II deste Manual.

A conclusão do processo administrativo ocorre com a decisão administrativa não mais passível de recurso, ressalvado o direito do requerente de pedir a revisão da decisão no prazo decadencial previsto no art. 103 da Lei n. 8.213/91.

Capítulo 3
Períodos de carência

Nas palavras da lei, período de carência é o número de contribuições mensais indispensáveis para que o beneficiário faça jus ao benefício, consideradas a partir do transcurso do primeiro dia dos meses de suas competências (art. 24 da Lei n. 8.213/91). Segundo *Daniel Machado da Rocha*: "Neste comando legal jaz uma norma protetiva do sistema impondo um período mínimo durante o qual o obreiro, cuja qualidade de segurado foi adquirida, não poderá usufruir de determinados benefícios, a fim de se preservar o sistema de previdência social, essencialmente contributivo, daqueles que só acorrem a ele quando atingidos pelo risco social".[254]

Durante o período de carência, o beneficiário ainda não tem direito à prestação previdenciária. Como se cogita de previdência, isto é, cobertura de danos futuros e incertos, e não de seguridade, que seria a atividade de amparo a qualquer manifestação de necessidade decorrente de risco social, a presença do dano no próprio momento da vinculação distorceria a finalidade do sistema e levaria a Previdência Social a tornar-se uma instituição de caráter assistencial.

O dia do início da contagem do período de carência é feito observando-se as regras previstas no art. 28 do Decreto n. 3.048/99, que podem ser traduzidas da seguinte forma:

- para o segurado empregado, trabalhador avulso e contribuinte individual (este a partir de abril de 2003, quando prestar serviços à empresa, que possui a obrigação de retenção e recolhimento): o primeiro dia do mês de filiação ao RGPS, ou seja, desde o primeiro dia do mês em que iniciou a execução de atividade remunerada nesta condição, sendo presumida a contribuição;
- para o segurado empregado doméstico, contribuinte individual, (observado o disposto no § 4º do art. 26 do Decreto n. 3.048/99), especial (este enquanto contribuinte individual na forma do disposto no § 2º do art. 200 do mesmo Decreto), e facultativo, da data do efetivo recolhimento da pri-

254 THIESEN, Ana Maria Wickert *et alii*; Vladimir Passos de Freitas (Coord.). *Direito previdenciário: aspectos materiais, processuais e penais*. 2. ed., Porto Alegre: Livraria do Advogado, 1999, p. 64.

meira contribuição sem atraso, não sendo consideradas para esse fim as contribuições recolhidas com atraso referentes a competências anteriores, observado, quanto ao segurado facultativo, o disposto nos §§ 3º e 4º do art. 11 do Decreto n. 3.048/99.

As contribuições recolhidas em atraso devem ser consideradas para efeito de carência, desde que posteriores à primeira paga sem atraso, conforme regra prevista no art. 27, II, da Lei n. 8.213/91. A respeito dessa matéria a TNU decidiu que: "A possibilidade do cômputo, para efeito de carência, dessas contribuições recolhidas em atraso decorre diretamente da interpretação do disposto no art. 27, II, da Lei nº 8.213/91. Importa, para que esse pagamento seja considerado, que não haja perda da qualidade de segurado. Precedente do STJ (REsp 642243/PR, Rel. Ministro Nilson Naves, Sexta Turma, julgado em 21/03/2006, DJ 05/06/2006 p. 324)." (PEDILEF 2007.72.50.000092-0/SC, Rel. Juiz Fed. Derivaldo de F. B. Filho, DJ 9.2.2009).

O art. 26 do Decreto n. 3.048/99, com a redação dada pelo Decreto n. 4.729/2003, estabelece regras para o cômputo da carência, *verbis*:

> *Art. 26.*
>
> ....
>
> *§ 1º Para o segurado especial, considera-se período de carência o tempo mínimo de efetivo exercício de atividade rural, ainda que de forma descontínua, igual ao número de meses necessário à concessão do benefício requerido.*
>
> *§ 2º Será considerado, para efeito de carência, o tempo de contribuição para o Plano de Seguridade Social do servidor público anterior à Lei n. 8.647, de 13 de abril de 1993, efetuado pelo servidor público ocupante de cargo em comissão sem vínculo efetivo com a União, autarquias, ainda que em regime especial, e fundações públicas federais.*
>
> *§ 3º Não é computado para efeito de carência o tempo de atividade do trabalhador rural anterior à competência novembro de 1991.*
>
> *§ 4º Para efeito de carência, considera-se presumido o recolhimento das contribuições do segurado empregado, do trabalhador avulso e, relativamente ao contribuinte individual, a partir da competência abril de 2003, as contribuições dele descontadas pela empresa na forma do art. 216.*
>
> *§ 5º Observado o disposto no § 4º do art. 13, as contribuições vertidas para regime próprio de previdência social serão consideradas para todos os efeitos, inclusive para os de carência.*

Dispôs o art. 3º da Lei n. 11.718/2008 acerca da carência para concessão de aposentadoria ao empregado rural e contribuinte individual (membro de cooperativa de trabalho, parceiro, meeiro ou arrendatário rural), modificando em parte o cômputo:

> *Art. 3º Na concessão de aposentadoria por idade do empregado rural, em valor equivalente ao salário mínimo, serão contados para efeito de carência:*
>
> *I - até 31 de dezembro de 2010, a atividade comprovada na forma do art. 143 da Lei no 8.213, de 24 de julho de 1991;*
>
> *II - de janeiro de 2011 a dezembro de 2015, cada mês comprovado de emprego, multiplicado por 3 (três), limitado a 12 (doze) meses, dentro do respectivo ano civil; e*
>
> *III - de janeiro de 2016 a dezembro de 2020, cada mês comprovado de emprego, multiplicado por 2 (dois), limitado a 12 (doze) meses dentro do respectivo ano civil.*

Parágrafo único. Aplica-se o disposto no caput deste artigo e respectivo inciso I ao trabalhador rural enquadrado na categoria de segurado contribuinte individual que comprovar a prestação de serviço de natureza rural, em caráter eventual, a 1 (uma) ou mais empresas, sem relação de emprego.

A diferença de tratamento entre as espécies de segurados para efeitos de carência exigiu comentário de alguns dos estudiosos do tema. *Feijó Coimbra*, citando *Russomano*, chama a atenção para o contra-senso entre a obrigatoriedade de filiação dos contribuintes individuais e o reconhecimento do prazo carencial somente a partir da primeira contribuição vertida sem atraso, acarretando grave injustiça;[255] é que, por esta regra, o contribuinte individual que, mesmo exercendo atividade que o enquadre como obrigatório por período superior ao da carência exigida, não esteja fazendo recolhimentos não fará jus a nenhuma prestação de que a norma exija prazo mínimo de contribuições.

O cálculo da carência é considerado a partir do primeiro dia do mês correspondente à competência a que se refere o recolhimento da contribuição. Isto é, mesmo o segurado que tenha começado a exercer atividade no dia 31 de um mês tem contabilizado, para efeitos de carência, todo o período daquele mês.[256]

É importante ressaltar que não é permitida a antecipação do pagamento de contribuição para efeito de recebimento de benefícios, em face do disposto no art. 89 da Lei n. 8.212/91.

Entretanto, já decidiu a Turma Nacional de Uniformização dos Juizados Especiais Federais que o recolhimento tardio das contribuições devidas à Previdência Social pelo empregador não pode militar em desfavor do empregado doméstico. O colegiado reconheceu o cumprimento da carência exigida pela Previdência para concessão de auxílio-doença a uma empregada doméstica, apesar do recolhimento tardio das contribuições feito pelo seu empregador. A autora havia requerido ao Instituto Nacional do Seguro Social (INSS) a concessão de auxílio-doença, com possibilidade de conversão desse benefício em aposentadoria por invalidez. A autarquia havia indeferido o pedido, argumentando que o seu empregador havia recolhido com atraso as contribuições previdenciárias (Informativo do STJ – 13.6.2005 – Disponível em www.stj.gov.br/noticias – Acesso em 28.12.2005).

A concessão das prestações pecuniárias do RGPS depende dos seguintes períodos de carência, de acordo com o art. 25 da Lei n. 8.213/91:

- 12 contribuições mensais, nos casos de auxílio-doença e aposentadoria por invalidez;
- 180 contribuições mensais, nos casos de aposentadoria por idade, por tempo de serviço e especial;

255 COIMBRA, J. R. Feijó. *Op. cit.*, p. 147.

256 MARTINEZ, Wladimir Novaes. *Comentários à Lei Básica da Previdência Social*. 4. ed., São Paulo: LTr, 1997, t. II, p. 160.

- 10 contribuições mensais, no caso do salário-maternidade para as seguradas contribuintes individuais, seguradas especiais e seguradas facultativas.[257]

O período de carência de qualquer aposentadoria, salvo a por invalidez, permanece em 180 contribuições mensais, para os segurados que ingressaram no Regime após 24.7.91. Para os segurados filiados até 24.7.91, bem como para o trabalhador e para o empregador rural cobertos pela Previdência Social Rural anteriormente à unificação dos regimes, a carência das aposentadorias por tempo de contribuição por idade e especial obedece, ainda, à tabela prevista no art. 142 da Lei n. 8.213/91, de acordo com o ano em que o segurado venha a implementar as condições para a obtenção do benefício.

Em relação ao trabalhador rural, a LBPS (art. 143) garantiu a aposentadoria por idade, no valor de um salário mínimo, durante quinze anos, contados a partir da data de vigência da Lei n. 8.213, de 24/7/1991, desde que comprove o exercício de atividade rural, ainda que descontínua, no período imediatamente anterior ao requerimento do benefício, em número de meses idêntico à carência do referido benefício.

Esse prazo foi prorrogado até o dia 31 de dezembro de 2010, pela Lei n. 11.718, de 20/6/2008, dispondo que essa regra aplica-se ao trabalhador rural enquadrado na categoria de segurado contribuinte individual que presta serviços de natureza rural, em caráter eventual, a 1 (uma) ou mais empresas, sem relação de emprego.

Essa regra não se aplica ao segurado especial que poderá continuar se aposentando com um salário mínimo, mediante a comprovação da carência por meio da atividade rural, por força do art. 39, I, da Lei n. 8.213/91. Neste sentido, a exposição de motivos da MPv nº 410, de 2007, convertida na Lei n. 11.718/2008:

> *"13. Quanto à prorrogação do disposto no art. 143 da Lei nº 8.213, de 1991, cumpre-nos esclarecer que o mencionado artigo permitia aos segurados empregados, trabalhadores avulsos, autônomos (atualmente contribuinte individual) e especiais requererem aposentadoria por idade, no valor de um salário mínimo, durante quinze anos, contados a partir da data de vigência daquela Lei, mediante a comprovação do exercício de atividade rural, ainda que de forma descontínua, no período imediatamente anterior ao requerimento do benefício, em número de meses idêntico à carência do referido benefício. Esse prazo expirou-se no dia 25 de julho de 2006.*
>
> *14. É importante esclarecer que a expiração desse prazo em nada prejudicou o segurado especial, pois para ele, a partir dessa data, passou-se a aplicar a regra permanente estabelecida no inciso I do art. 39 da citada Lei, que somente exige a comprovação do exercício da atividade rural.*
>
> *15. Entretanto, o mesmo tratamento não se deu em relação ao trabalhador rural empregado e ao trabalhador sem relação de emprego (contribuinte individual), porque a grande maioria deles não consegue atender a todos os requisitos legais aplicáveis aos segurados em geral, especialmente o tempo mínimo de contribuição. No que se refere ao empregado, a questão foi equacionada mediante a prorrogação daquele prazo por mais dois anos, por intermédio da Medida Provisória nº 312, de 19 de julho de 2006, convertida na Lei nº 11.368, de 9 de novembro de 2006. Entre-*

257 Prazo de carência criado pela Lei n. 9.876, de 26.11.99, que deu nova redação ao art. 25 da Lei n. 8.213/91.

tanto, percebeu-se depois, que esta situação atingia também o trabalhador que presta serviços rurais em caráter eventual e que se enquadra na Previdência Social como segurado contribuinte individual, fato que somente se tornou claramente perceptível quando da efetiva implementação das alterações introduzidas, seja em razão da exaustão da regra de transição (art. 143), seja em decorrência da prorrogação restritiva da mencionada Lei nº 11.368, de 2006."

A exigência de 35 anos de contribuição para o segurado e de 30 anos de contribuição para a segurada não exclui a regra atualmente vigente sobre a carência, uma vez que o tempo de contribuição pode ser obtido computando-se atividades prestadas em períodos anteriores à atual filiação, como nos casos de averbação do tempo anterior à perda da qualidade de segurado, de contagem recíproca de tempo de contribuição cumprido noutros regimes, e outras aberturas legais que permitem incluir períodos em que não houve efetiva contribuição ao sistema, como nas hipóteses de fruição de benefícios de prestação continuada, substitutivos do salário de contribuição.

A Lei n. 9.876/99 estendeu o salário-maternidade às seguradas contribuinte individual e facultativa, e, para elas, estabeleceu o prazo de carência de dez meses para a concessão do benefício, que, em caso de parto antecipado, será reduzido em número de contribuições equivalente ao número de meses em que houve a antecipação.

Nem todas as prestações reclamam um período prévio de carência. Independe de carência a concessão das seguintes prestações, consoante estabelece o art. 26 da Lei n. 8.213/91:

- pensão por morte, auxílio-reclusão, salário-família e auxílio-acidente;
- auxílio-doença e aposentadoria por invalidez, nos casos de acidente de qualquer natureza ou causa e de doença profissional ou do trabalho, bem como nos casos de segurado que, após filiar-se ao RGPS, for acometido de alguma das doenças e afecções especificadas em lista elaborada pelos Ministérios da Saúde, do Trabalho e Emprego e da Previdência Social a cada três anos, de acordo com os critérios de estigma, deformação, mutilação, deficiência, ou outro fator que lhe confira especificidade e gravidade que mereçam tratamento particularizado;
- aposentadoria por idade ou por invalidez, auxílio-doença, auxílio-reclusão ou pensão por morte aos segurados especiais, desde que comprovem o exercício de atividade rural, ainda que de forma descontínua, no período imediatamente anterior ao requerimento do benefício, igual ao número de meses correspondentes à carência do benefício requerido;
- serviço social;
- reabilitação profissional;
- salário-maternidade para a segurada empregada, trabalhadora avulsa e empregada doméstica.

Entende-se como acidente de qualquer natureza o que ocorre provocando lesão corporal ou perturbação funcional, com perda ou redução da capacidade laborativa, permanente ou temporária, seja em decorrência do trabalho ou não.

De acordo com a Portaria Interministerial n. 2.998, de 23.8.2001, as doenças ou afecções abaixo indicadas excluem a exigência de carência para concessão de auxílio-doença e aposentadoria por invalidez aos segurados do RGPS: tuberculose ativa; hanseníase; alienação mental; neoplasia maligna; cegueira; paralisia irreversível e incapacitante; cardiopatia grave; doença de Parkinson; espondiloartrose anquilosante; nefropatia grave; estado avançado da doença de Paget (osteíte deformante); síndrome da deficiência imunológica adquirida – Aids; contaminação por radiação, com base em conclusão da medicina especializada; e hepatopatia grave.

A Lei n. 8.213/91, ao aumentar o prazo de carência de 60 para 180 meses para as aposentadorias por idade, por tempo de serviço e especial, criou uma tabela progressiva para a exigência desse novo lapso temporal. Para o segurado inscrito na Previdência Social Urbana até 24 de julho de 1991, data da entrada em vigor dessa Lei, bem como para o trabalhador e o empregador rural cobertos pela Previdência Social Rural, a carência das aposentadorias por idade, por tempo de serviço e especial, obedece à tabela do art. 142 da Lei n. 8.213/91, reproduzida nos anexos desta obra, levando-se em conta o ano em que o segurado implementar todas as condições necessárias à obtenção do benefício. Por exemplo, para o segurado que tenha implementado as condições no ano de 1999, a contribuição exigida era de 108 meses; no ano 2000, 114 meses. E assim sucessivamente.

Havendo perda da qualidade de segurado, as contribuições anteriores a essa data só serão computadas para efeito de carência depois que o segurado contar, a partir da nova filiação à Previdência Social, com, no mínimo, um terço do número de contribuições exigidas para o cumprimento da carência definida para o benefício a ser requerido, aplicando-se a mesma regra ao filiado a outro regime de previdência social que venha a se filiar ao RGPS após os prazos do chamado "período de graça". Tal disposição, presente desde a edição original da Lei n. 8.213/91, não foi revogada porque a Medida Provisória n. 242/2005 não chegou a ser apreciada a tempo pelo Congresso Nacional.

Para o segurado em categorias diferenciadas de empregado e contribuinte individual, desde que não tenha perdido essa qualidade e desde que comprovado recolhimento de contribuições em todo o período, é contado para efeito de carência todo o período de atividade desde a filiação como empregado, mesmo que, quando na categoria de contribuinte individual, tenha efetuado recolhimentos em atraso.

Questionamento importante é se o período em gozo de benefício por incapacidade computa para efeito de carência. A resposta é positiva, pois estando a renda mensal dos benefícios por incapacidade legalmente equiparada ao salário de contribuição (artigos 29, § 5º, e 55, inciso II, da Lei n.º. 8.213/91), um dos reflexos disto é o cômputo do período de fruição do benefício como período de carência. Neste sentindo os precedentes que seguem:

> *"PEDIDO DE UNIFORMIZAÇÃO. CONHECIMENTO. APOSENTADORIA POR IDADE. CÔMPUTO, COMO PERÍODO DE CARÊNCIA, DO PERÍODO DURANTE O QUAL O SEGURADO PERCEBEU AUXÍLIO-DOENÇA.*
>
> *Comprovado o dissenso jurisprudencial entre Turmas Recursais de diferentes regiões, sobre tema de direito material, deve ser conhecido o pedido de uniformização nele secundado.*
>
> *O tempo durante o qual o segurado esteve em gozo de auxílio-doença deve ser computado como período de carência, para fins de concessão da aposentadoria por idade."*
>
> *(TNU. PU n. 2007.63.06.001016-2. Relator Juiz Federal Sebastião Ogê Muniz. Sessão de 23.6.2008)*

> *"MANDADO DE SEGURANÇA. PREVIDENCIÁRIO. APOSENTADORIA POR IDADE. PERÍODO EM GOZO DE AUXÍLIO DOENÇA. CÔMPUTO PARA FINS DE CARÊNCIA. POSSIBILIDADE. CONCESSÃO DO BENEFÍCIO. EFEITOS PATRIMONIAIS.*
>
> *1. Para a concessão de aposentadoria por idade urbana devem ser preenchidos dois requisitos: idade mínima (65 anos para o homem e 60 anos para a mulher) e carência, ou seja, recolhimento mínimo de contribuições (de acordo com a tabela do art. 142 da Lei 8.213/91).*
>
> *2. O período de gozo de benefício por incapacidade (auxílio-doença) é computável para fins de carência.*
>
> *3. Presentes seus pressupostos, impõe-se o deferimento do amparo pretendido.*
>
> *4. O writ não pode ser empregado como substitutivo de ação de cobrança, devendo seus efeitos patrimoniais serem pleiteados por meio de ação própria (intelecção Súmulas 269 e 271 do STF), sendo restrita a condenação somente às parcelas vencidas a partir do seu ajuizamento."*
>
> *(TRF4, REOMS 2006.72.02.010085-9, Sexta Turma, Relator Victor Luiz dos Santos Laus, D.E. 31.10.2007)*

No mesmo sentido a Súmula nº 7 da Turma Regional de Uniformização dos JEFs do TRF da 4ª Região: "Computa-se para efeito de carência o período em que o segurado usufruiu benefício previdenciário por incapacidade".

Em orientação mais atual, a TNU fixou o entendimento de que o tempo em gozo de auxílio-doença sempre pode ser computado para fins de carência, mas tempo em gozo de aposentadoria por invalidez somente pode ser computado se intercalado com atividade (PEDILEF 2008.72.54.001356-5/SC, Rel. Juiz Fed. Eduardo André de B. Fernandes, DJ 23.3.2010).

Capítulo 4

Cálculo do valor do benefício

Os benefícios – prestações pecuniárias devidas pela Previdência Social – têm valores apurados de formas diversas. A regra geral, porém, é que os benefícios sejam calculados segundo os critérios previstos pelo art. 201, § 3º, da Constituição Federal, ou seja, levando-se em conta os salários de contribuição, corrigidos monetariamente, para apuração do chamado salário de benefício.

Dois benefícios, contudo, não têm esta base de cálculo: o salário-família, cujo valor é o mesmo para todos os beneficiários que a ele fazem jus, e o salário-maternidade, que corresponde à remuneração integral, no caso da segurada empregada e trabalhadora avulsa em licença-gestante; para a empregada doméstica, o valor do seu último salário de contribuição; 1/12 do valor sobre o qual incidiu a última contribuição anual, para a segurada especial; e 1/12 da média dos 12 últimos salários de contribuição, apurados em período não superior a quinze meses, para a segurada contribuinte individual e facultativa.[258]

A pensão por morte e o auxílio-reclusão também excepcionam a regra; a pensão é apurada com base no valor da aposentadoria que o segurado recebia (caso o falecimento tenha ocorrido após o jubilamento) ou daquela a que teria direito se estivesse aposentado por invalidez na data de seu falecimento (art. 75 da Lei n. 8.212/91). O auxílio-reclusão é devido com base no valor da aposentadoria por invalidez a que o segurado faria jus, na data do deferimento do benefício (art. 80 da Lei n. 8.212/91).

No cálculo do valor inicial dos benefícios, assim como nos reajustamentos posteriores, a renda dos segurados tem sofrido achatamentos pela falta da reposição integral dos índices inflacionários que ocorriam até 1993. Esses critérios injustos de cálculo de benefícios favoreciam os cofres da Previdência Social em detrimento dos beneficiários do sistema. Essa situação é reconhecida por *Reinhold Stephanes*, ex-ministro da Previdência Social, que escreveu: "No passado, muito mais do que hoje, a inflação ajudou as finanças da Previdência Social. O cálculo inicial do salário de benefício e seus respectivos reajustes sofriam efeito perverso da inflação.

---

258 Lei n. 8.213/91, art. 73, com a redação conferida pela Lei n. 9.876/99.

Atualmente, esses efeitos estão bastante reduzidos, em função das regras após a Constituição Federal de 1988. Mesmo assim, os intervalos entre um reajuste e outro (quadrimestral) e os níveis elevados de inflação continuam a diminuir o valor dos proventos. Além disso, pelas regras atuais, os benefícios de segurados com expectativa de proventos próximos ao teto máximo também sofrem achatamento em seus valores iniciais, dependendo do mês de entrada do respectivo requerimento. Até 1991, a fórmula de cálculo conduzia a aposentadoria a uma perda real, logo de início, da ordem de 20% a 30%, dependendo dos níveis de inflação no período, tendo em vista considerar, para fixação do valor do benefício, a média do salário de contribuição dos últimos 36 meses, com correção aplicada apenas nos primeiros 24 meses. Nos benefícios decorrentes de doença, morte ou invalidez, àquela época, quando os valores eram calculados levando-se em consideração os últimos 12 meses do salário de contribuição, sem correção, a penalização do segurado era bem maior".[259]

Ainda a respeito do tema, a Súmula n. 456 do STJ: "É incabível a correção monetária dos salários de contribuição considerados no cálculo do salário de benefício de auxílio-doença, aposentadoria por invalidez, pensão ou auxílio-reclusão concedidos antes da vigência da CF/1988."

4.1 Salário de benefício e período básico de cálculo

O salário de benefício é o valor básico usado para o cálculo da renda mensal inicial dos principais benefícios previdenciários de pagamento continuado (art. 28 da Lei n. 8.213/91). É a "importância apurada a partir dos salários de contribuição do segurado, sob a presunção de eles indicarem o nível da fonte de subsistência do trabalhador, substituível pela prestação previdenciária".[260]

Como ressalta *Russomano*: "Não há correspondência rigorosa e absoluta entre o *valor do salário de benefício* e o *valor do benefício.* Este resulta de uma terceira operação aritmética...".[261] A chamada renda mensal do benefício é apurada conforme regras estabelecidas na legislação regente das prestações.

A Constituição Federal de 1988 garantiu que todos os salários de contribuição considerados no cálculo do salário de benefício serão corrigidos monetariamente (art. 201, § 3º). Até o advento da atual Constituição, os doze mais recentes salários de contribuição não eram corrigidos. Tal regra, em tempo de inflação galopante, acarretava uma sensível redução no valor da renda mensal inicial em relação

259 STEPHANES, Reinhold. *Previdência Social. Uma solução gerencial e estrutural.* Porto Alegre: Síntese, 1993, p. 159.

260 MARTINEZ, Wladimir Novaes. *Comentários à Lei Básica da Previdência Social.* 4. ed., São Paulo: LTr, 1997, t. II, p. 190.

261 RUSSOMANO, Mozart Victor. *Comentários à Consolidação das Leis da Previdência Social.* 2. ed., São Paulo: Revista dos Tribunais, 1981, p. 118.

ao último salário da atividade, principalmente nos benefícios de auxílio-doença e aposentadoria por invalidez, que consideravam apenas 12 salários de contribuição, num período básico de cálculo de dezoito meses. Mas, como não havia lei prevendo a atualização, a jurisprudência se inclinou por sufragar esse critério.

De acordo com a redação original do art. 29, *caput*, da Lei n. 8.213/91, o salário de benefício consistia na média aritmética simples de todos os últimos salários de contribuição (base de cálculo das contribuições sociais) ou salários de benefício (caso o segurado tivesse fruído benefício no período) dos meses imediatamente anteriores ao do afastamento da atividade ou da data de protocolo do requerimento, até o máximo de 36 contribuições, consecutivas ou não, tomadas num intervalo nunca superior a quarenta e oito meses (período básico de cálculo), excetuado para tais fins, em qualquer caso, o 13º salário, que não integra tal cálculo (art. 29, § 3º, da Lei n. 8.213/91), e sempre atualizados monetariamente.

Poderia ocorrer que o segurado, nos últimos quarenta e oito meses, tivesse contribuído ou estado em fruição de benefício em menos de vinte e quatro meses. Nesse caso, em se tratando de pedido de aposentadoria por idade, por tempo de serviço ou especial, o salário de benefício corresponderia a 1/24 da soma dos salários de contribuição apurados no interregno. Ou seja, o "denominador" mínimo era sempre 24, em se tratando de aposentadoria, salvo aquela por invalidez e a concedida a anistiado. A regra foi revogada pela Lei n. 9.876/99.

Com a Emenda Constitucional n. 20/98, desapareceu a garantia do cálculo do benefício pela média dos 36 últimos salários de contribuição, conforme previa o *caput* do art. 202 da Constituição de 1988, na sua redação original. Esse prazo de cálculo será ampliado gradualmente até chegar ao período total das contribuições, na forma definida na Lei n. 9.876, de 26.11.99 (DOU de 29.11.99), a qual criou o chamado "fator previdenciário", dando nova redação ao art. 29 da Lei n. 8.213/91.

Ressaltamos, entretanto, a existência de direito adquirido aos critérios supracitados, conforme o caso, em favor dos segurados que cumpriram todos os requisitos para a obtenção dos benefícios até a entrada em vigor da Lei n. 9.876/99.

A nova fórmula de cálculo do salário de benefício para os segurados em geral, excetuados os segurados especiais, prevista na nova redação do *caput* do art. 29 da Lei n. 8.213/91, conferida pela Lei n. 9.876/99, observa os seguintes critérios:

- para a aposentadoria por idade e por tempo de contribuição: o salário de benefício consistirá na média aritmética simples dos maiores salários de contribuição correspondentes a 80% de todo o período contributivo, multiplicada pelo fator previdenciário;
- para a aposentadoria por invalidez, aposentadoria especial, auxílio-doença e auxílio-acidente: o salário de benefício consistirá na média aritmética simples dos maiores salários de contribuição correspondentes a 80% de

todo o período contributivo (para estes benefícios não há a multiplicação pelo fator previdenciário).

Para os segurados já filiados ao RGPS antes de 29.11.1999, nos casos de aposentadorias por idade, tempo de contribuição e especial, o divisor considerado no cálculo da média não poderá ser inferior a 60% do período decorrido da competência julho de 1994 até a data de início do benefício, limitado a 100% de todo o período contributivo (art. 188-A, § 1º, do Decreto n. 3.048/99). Já nos casos de auxílio-doença e aposentadoria por invalidez, contando o segurado com salários de contribuição em número inferior a 60% do número de meses decorridos da competência julho de 1994 até a data de início do benefício, o salário de benefício corresponderá à soma dos salários de contribuição dividido pelo número de contribuições mensais apurado (§ 2º do art. 188-A do Decreto).

Como visto o "período básico de cálculo" – interregno em que são apurados os salários de contribuição com base nos quais se calcula o salário de benefício –, segundo as normas atuais, passou de 36 meses para todo o período contributivo do segurado, excluindo-se, quando da realização da média, a quinta parte dos menores salários de contribuição. Com isso, o legislador atendeu aos apelos do Governo, no sentido de reduzir o valor dos benefícios, já que, pelas regras anteriores, a tendência era de obtenção de benefícios bem maiores, pois eram considerados, para a concessão de aposentadorias, apenas os últimos 36 meses de atividade (quando supostamente o trabalhador está mais bem remunerado). Estendendo o cálculo para atingir 80% do tempo de contribuição do segurado, fatalmente a média será bem menor, e consequentemente, também o será o valor do benefício a ser pago.

O salário de benefício obedece aos mesmos limites mínimo e máximo do salário de contribuição obtidos na data de início do pagamento do benefício (art. 29, § 2º, da Lei n. 8.213/91), devendo ser ajustado a estes, quando em desacordo com os mesmos.

Serão considerados para o cálculo do salário de benefício os ganhos habituais do segurado empregado a qualquer título, sob forma de moeda corrente ou de utilidades, sobre os quais tenha incidido a contribuição previdenciária, exceto o décimo terceiro salário. Sobre o conceito de salário-utilidade, remetemos o leitor à Parte III deste livro, no capítulo referente ao salário de contribuição.

Todos os salários de contribuição utilizados no cálculo do salário de benefício serão corrigidos, mês a mês, de acordo com a variação integral do Índice Nacional de Preço ao Consumidor – INPC, referente ao período decorrido a partir da primeira competência do salário de contribuição que compõe o período básico de cálculo até o mês anterior ao do início do benefício, de modo a preservar o seu valor real – art. 33 do Decreto n. 3.048/99, com a redação conferida pelo Decreto n. 5.545/2005. Cabe ressaltar, que o INPC substituiu o IGP-Di somente a partir de

02/2004 (MP n. 167, convertida na Lei n. 10.887/2004, que acrescentou o artigo 29-B à Lei n. 8.213/91).

Para o cálculo do salário de benefício, prevê ainda a Lei n. 8.213/91, não será considerado o aumento dos salários de contribuição que exceder o limite legal, inclusive o voluntariamente concedido pelo empregador nos trinta e seis meses imediatamente anteriores ao início do benefício, salvo se homologado pela Justiça do Trabalho, resultante de promoção regulada por normas gerais da empresa, admitida pela legislação do trabalho ou proveniente de sentença normativa ou de reajustamento salarial obtido pela categoria respectiva. Essa regra, prevista no art. 29, § 4º, da Lei n. 8.213/91, tornou-se inócua a partir da edição da Lei n. 8.880/94 (URV/Real), que instituiu a livre negociação salarial na data-base de todas as categorias, acabando com a política salarial de indexação pelo Governo.

A regra do art. 29, § 4º, da Lei n. 8.213/91 também se tornou inócua em função da alteração levada a efeito pela Lei n. 9.876/99 para obtenção do salário de benefício, pois, não sendo mais a média dos últimos 36 salários de contribuição do segurado, e sim de todo o período contributivo, de nenhuma serventia a invocação do dispositivo pela Autarquia, na eventual hipótese de suspeição do reajuste concedido ao trabalhador.

Quando, no período básico de cálculo, o segurado tiver recebido benefícios por incapacidade, sua duração será contada, considerando-se como salário de contribuição, no período, o salário de benefício que serviu de base para o cálculo da renda mensal, reajustado nas mesmas épocas e bases que os benefícios em geral, não podendo ser inferior a um salário mínimo (art. 29, § 5º, da Lei n. 8.213/91).

Para o segurado que contribuir em razão de atividades concomitantes, o salário de benefício será calculado com base na soma dos salários de contribuição das atividades exercidas na data do requerimento ou do óbito, ou no período básico de cálculo, observado o disposto no art. 29 e as regras do art. 32 da Lei n. 8.213/91.

Assim, as regras dispostas para a obtenção do salário de benefício no caso de segurado que exerça atividades concomitantes são as seguintes:

a) quando o segurado satisfizer, em relação a cada uma das atividades concomitantes, os requisitos para a concessão do benefício, o cálculo tomará por base a soma dos salários de contribuição exercidas, obedecido, naturalmente, o limite máximo; é o caso, por exemplo, de um segurado que trabalha, simultaneamente, como empregado e como contribuinte individual: se vem a adoecer, e permanece incapaz por mais de quinze dias, tendo mais de 12 contribuições mensais sem atraso em cada uma das atividades, o valor do salário de benefício do seu auxílio-doença levará em conta a soma dos salários de contribuição das atividades desempenhadas, obedecida a regra de inclusão no cálculo da "média" dos maiores salários de contribuição equivalentes a 80% do período contributivo;

b) quando não se verificar a satisfação de todos os requisitos em alguma das atividades exercidas simultaneamente, o cálculo observará a totalidade dos salários de contribuição das atividades em que foram satisfeitas as exigências, acrescido de um percentual da média dos salários de contribuição das atividades restantes, proporcionalmente à relação entre o número de meses em que houve contribuições e o número de meses exigido como carência do benefício requerido; ou seja, esta segunda regra se aplica apenas a benefícios que exigem carência: se outro segurado, também simultaneamente trabalhando como empregado e como autônomo, trabalha há dezoito meses como empregado, mas tem apenas seis meses de contribuições sem atraso como autônomo, e nesta situação fica incapacitado para o trabalho por mais de quinze dias, o seu salário de benefício consistirá na média dos salários de contribuição em valores integrais do emprego exercido (maiores salários de contribuição equivalentes a 80% do seu período contributivo, ou seja, de dezoito meses), mais 6/12 (ou 50%) da média dos maiores salários de contribuição da sua filiação como contribuinte individual, equivalentes a 80% dos seis meses assim trabalhados;
c) quando se tratar de benefício por tempo de serviço (atualmente, a aposentadoria por tempo de contribuição), o percentual de proporcionalidade, em vez de ser obtido pela relação entre meses de contribuição e meses de carência, será o equivalente à comparação entre os anos de serviço (hoje, de contribuição) e os anos apurados para a obtenção do benefício. Explica-se: como no RGPS não se pode receber mais de uma aposentadoria, se o segurado atinge, em uma ou mais atividades, o tempo necessário para a obtenção do direito à jubilação, embora não em todas as atividades exercidas, e decide pelo recebimento do benefício, terá o salário de benefício calculado sobre a média da soma dos salários de contribuição das atividades em que implementou o tempo exigido, mais uma fração da média dos salários de contribuição das atividades nas quais não completou esse tempo exigido, sendo o "numerador" desta fração o número de anos de contribuição, e o "denominador" o número de anos considerado para a concessão do benefício. No caso de um segurado duplamente filiado como empregado e como contribuinte individual, de julho de 1994 em diante, que venha a completar 35 anos de contribuição como empregado, mas apenas 15 como trabalhador autônomo, o salário de benefício da sua aposentadoria, acaso requerida, consistirá na média aritmética dos maiores salários de contribuição de 80% do seu período contributivo como empregado (ou seja, 28 anos de salários de contribuição, ou seus 336 maiores salários de contribuição), acrescida de 15/35 avos da média aritmética dos maiores salários de contribuição de 80% do seu período contributivo como contribuinte individual (isto é, 12 anos de salários de

contribuição, ou seus 144 maiores salários de contribuição), tudo isso multiplicado pelo "fator previdenciário".

O INSS levará em conta, para cumprir tais regras, as atividades exercidas na data do requerimento do benefício, observado o chamado "período básico de cálculo" (o período em que os salários de contribuição são considerados para o cálculo do salário de benefício). Em caso de pensão por falecimento, as atividades a serem consideradas serão aquelas desempenhadas à época do óbito (art. 32 da Lei n. 8.213/91).

Para o cálculo do valor do salário de benefício, em se tratando de segurado empregado, empregado doméstico e trabalhador avulso, consideram-se os salários de contribuição do período de que foi comprovada a atividade, independentemente de retenção e recolhimento das contribuições pela empresa ou empregador, sem prejuízo da cobrança (exigida do responsável, ou seja, do empregador ou tomador dos serviços) e das penalidades cabíveis (art. 34, inciso I, da Lei n. 8.213/91; art. 33, § 5º, da Lei n. 8.212/91); para os demais segurados, somente serão computados os salários de contribuição dos meses cujo recolhimento de contribuições for efetivamente comprovado. No caso do empregado doméstico, o entendimento referido ocorreu apenas a partir do Decreto n. 6.939, de 18.8.2009, fazendo justiça com essa classe que possui um dos maiores índices de informalidade e de falta de recolhimento de contribuições previdenciárias.

Acerca do detalhamento dos procedimentos administrativos utilizados para a apuração do salário de benefício em razão do exercício de atividades concomitantes sugerimos a leitura dos artigos 178 a 183 (Subseção IV - Da múltipla atividade) da Instrução Normativa nº 45 INSS/PRES, de 6 de agosto de 2010.

Permanece, todavia, o equívoco do Decreto quanto à não-identificação do tempo do contribuinte individual prestador de serviço a pessoas jurídicas, cuja responsabilidade pela retenção é do tomador de serviços.

Em caso de percepção do auxílio-acidente, seu valor é incluído no cálculo do salário de benefício para fins de concessão de aposentadoria (art. 34, II, da Lei n. 8.212/91, com a redação da Lei n. 9.528/97), salvo se este foi concedido antes da vigência da Lei n. 9.528/97, quando então será pago de forma vitalícia, não sendo computado para fins de salário de benefício da aposentadoria, com percepção cumulativa dos dois benefícios.

O art 29-A da Lei de Benefício, na redação conferida pela LC n. 128/2008, prevê que o INSS utilizará as informações constantes no Cadastro Nacional de Informações Sociais - CNIS sobre os vínculos e as remunerações dos segurados, para fins de cálculo do salário de benefício, comprovação de filiação ao Regime Geral de Previdência Social, tempo de contribuição e relação de emprego.

É facultado ao segurado solicitar, a qualquer momento, a inclusão, exclusão ou retificação de informações constantes do CNIS, com a apresentação de documentos comprobatórios dos dados divergentes.

E, no caso de dúvida sobre a regularidade do vínculo incluído no CNIS e inexistência de informações sobre remunerações e contribuições, o INSS exigirá a apresentação dos documentos que serviram de base à anotação, sob pena de exclusão do período.

Fórmula de Cálculo do Salário de Benefício

SB = F x Y

No qual:

SB = salário de benefício

F = fator previdenciário – calculado considerando-se a idade, a expectativa de sobrevida e o tempo de contribuição do segurado ao se aposentar. Aplicado somente para a aposentadoria por tempo de contribuição e aposentadoria por idade.

Y = média aritmética simples dos maiores salários de contribuição correspondentes a 80% de todo o período contributivo. Para os segurados filiados à Previdência Social até 28.11.99, a média aritmética simples é feita com base nos maiores salários de contribuição, correspondentes a, no mínimo, 80% de todo o período contributivo decorrido desde a competência julho de 1994, mês em que houve a implantação do real como moeda. Todos os salários de contribuição devem ser atualizados monetariamente.

Por fim, consignamos que o período básico de cálculo (PBC) é fixado, conforme o caso, de acordo com a:

- data de afastamento da atividade (*v.g.*, aposentadoria por invalidez, auxílio-doença);
- data de entrada do requerimento (*v.g.*, aposentadoria por idade e por tempo de contribuição);
- data da publicação da Emenda n. 20, de 15.12.1998 (*v.g.*, aposentadoria por tempo de serviço/contribuição, ou por idade, cujos requisitos da legislação anterior tenham sido implementados até aquela data);
- data da publicação da Lei n. 9.876, de 26.11.99 (*v.g.*, aposentadoria por tempo de contribuição cujos requisitos da legislação anterior tenham sido implementados até aquela data); e
- data da implementação das condições necessárias à concessão do benefício (*v.g.*, aposentadoria por tempo de contribuição, pelas regras de transição, com proventos proporcionais).

Em conformidade com o art. 188-B do Decreto n. 3.048/99, "fica garantido ao segurado que, até o dia 28 de novembro de 1999, tenha cumprido os requisitos para a concessão de benefício, o cálculo do valor inicial segundo as regras até então vigentes, considerando-se como período básico de cálculo os trinta e seis meses imediatamente anteriores àquela data, observado o § 2º do art. 35, e assegurada a opção pelo cálculo na forma do art. 188-A, se mais vantajoso".

4.2 Fator previdenciário

O fator previdenciário, criado pela Lei n. 9.876, de 26.11.99 (DOU de 29.11.99), se insere na nova fórmula de cálculo da renda mensal inicial da aposentadoria por tempo de contribuição e da aposentadoria por idade. O cálculo do valor do benefício, até então feito pela média das últimas 36 contribuições, foi substituído pela média dos 80% dos maiores salários de contribuição do segurado de todo o período contributivo, multiplicado pelo fator previdenciário.

O fator previdenciário leva em conta o tempo de contribuição, a idade na data da aposentadoria e o prazo médio durante o qual o benefício deverá ser pago, ou seja, a expectativa de sobrevida do segurado. Essa expectativa é definida a partir de tábua completa de mortalidade para o total da população brasileira, elaborada pela Fundação Instituto Brasileiro de Geografia e Estatística – IBGE, considerando a média nacional única para ambos os sexos. Compete ao IBGE publicar, anualmente, até o dia 1º de dezembro, no Diário Oficial da União, a tábua completa de mortalidade para o total da população brasileira referente ao ano anterior, o que foi regulado pelo Decreto n. 3.266, de 29.12.99.

Esse novo critério de cálculo objetiva estimular as pessoas a se aposentarem mais tarde. Na prática, ela instituiu por via transversa a idade mínima para aposentadoria, proposta que foi rejeitada pela Câmara durante a votação da Reforma da Previdência Social (Emenda Constitucional n. 20/98). Deste mesmo entendimento comunga o advogado previdenciarista *Jelson Carlos Accadrolli*, no sentido de que o fator previdenciário foi uma forma indireta que o Governo encontrou para implantar um limite mínimo de idade para a aposentação.[262]

Contra a Lei n. 9.876/99 pende Ação Direta de Inconstitucionalidade sob a alegação principal de que o fato de o cálculo do benefício levar em consideração a idade do trabalhador fere a Constituição, tendo sido negada pelo Supremo Tribunal Federal a liminar postulada, ou seja, mantendo-se a aplicação do fator previdenciário (ADInMC n. 2.110-DF e ADInMC n. 2.111-DF, rel. Min. Sydney Sanches, 16.3.2000, Informativo STF n. 181, 13 a 17.3.2000).

A nova forma de cálculo dos benefícios aplica-se integralmente aos segurados filiados à Previdência Social a partir de 29.11.99 – data de publicação da Lei n. 9.876, e de forma gradual aos segurados filiados até o dia anterior à data de publicação da Lei n. 9.876/99.

262. ACCADROLLI, Jelson Carlos. "A influência do fator previdenciário no cálculo do valor da aposentadoria". *Revista RPS 249/583.*

Dispõe o § 9º do art. 29 que, para efeito da aplicação do fator previdenciário, ao tempo de contribuição do segurado serão adicionados:

- cinco anos, quando se tratar de mulher;
- cinco anos, quando se tratar de professor que comprove exclusivamente tempo de efetivo exercício em funções de magistério na educação infantil e no ensino fundamental e médio;
- dez anos, quando se tratar de professora que comprove exclusivamente tempo de efetivo exercício em funções de magistério na educação infantil e no ensino fundamental e médio.

Portanto, para as mulheres e professores, exceto os do magistério universitário, foi criado um bônus de cinco anos para o cálculo do fator previdenciário. Se a mulher for professora, tem dez anos de bônus. Esse adicional tem por finalidade adequar o cálculo ao preceito constitucional que garante às mulheres e professores aposentadoria com redução de cinco anos em relação aos demais segurados da Previdência Social.

O fator previdenciário se aplica apenas às aposentadorias por tempo de contribuição e por idade. Mas somente as primeiras podem sofrer redução – duas em cada dez aposentadorias concedidas por mês pela Previdência Social são por tempo de contribuição. Quem se aposentar por idade (homens aos 65 anos e mulheres aos 60 anos) pode escolher a regra que lhe for mais vantajosa, com ou sem a aplicação do fator previdenciário.

Tratando-se de pensões, o fator previdenciário não é aplicado diretamente. No caso de segurado que morrer em atividade, a pensão será igual à aposentadoria por invalidez à qual ele teria direito naquela ocasião, sem aplicação do fator. Assim, o benefício corresponderá à média dos maiores salários de contribuição a partir de julho de 1994, correspondentes a 80% do número de meses do período. No caso de morte do segurado já aposentado, a pensão equivalerá a 100% da aposentadoria paga. A pensão só será atingida, nesse caso, indiretamente, ou seja, caso ela decorra de uma aposentadoria que tenha sofrido a aplicação do fator. Mas o benefício propriamente dito não sofrerá redução.

Fórmula de Cálculo do Fator Previdenciário

O fator previdenciário será calculado considerando-se a idade, a expectativa de sobrevida e o tempo de contribuição do segurado ao se aposentar, mediante a fórmula:

$$f = \frac{Tc \times a}{Es} \times \left[1 + \frac{(Id + Tc \times a)}{100}\right]$$

Onde:

f = fator previdenciário

Es = expectativa de sobrevida no momento da aposentadoria

Tc = tempo de contribuição até o momento da aposentadoria

Id = idade no momento da aposentadoria

a = alíquota de contribuição correspondente a 0,31

4.3 Regras de transição para aplicação do fator previdenciário

Para o segurado filiado à Previdência Social até o dia anterior à publicação da Lei n. 9.876/99 (29.11.99), e que somente após essa data vier a cumprir as condições exigidas para a concessão dos benefícios do RGPS, o cálculo do salário de benefício será feito em duas etapas.

Na primeira fase, o salário de benefício será calculado considerando-se a média aritmética simples dos maiores salários de contribuição, correspondentes a, no mínimo, 80% de todo o período contributivo decorrido desde a competência julho de 1994. Por exemplo, quem solicitou o benefício em dezembro de 1999, primeiro, terá apurados os 65 salários de contribuição do período, embora, no cálculo, só sejam considerados 52 salários de contribuição (80% de 65), justamente os mais altos.

Na segunda etapa, será aplicado o fator previdenciário, que considera a idade, o tempo de contribuição, a alíquota de recolhimento (sempre de 31%, correspondente em regra a 20% da empresa e 11% do segurado) e a expectativa de sobrevida do segurado no momento da aposentadoria. A adoção do fator ocorreu de forma gradual nos cinco primeiros anos da sua instituição (11/1999 - 11/2004), conforme previsão contida no art. 5º da Lei n. 9.876, de 26.11.1999. No primeiro mês, incidiu sobre 1/60 da média dos salários de contribuição. No segundo mês, 2/60, e assim sucessivamente.

Quando se tratar de segurado especial, no cálculo do salário de benefício será considerado o valor equivalente a 1/13 da média aritmética simples dos maiores valores sobre os quais incidiu a sua contribuição anual, correspondentes a, no mínimo, 80% de todo o período contributivo decorrido desde a competência julho de 1994, observado o disposto nos incisos I e II do § 6º do art. 29 da Lei n. 8.212/91, com a redação dada pela Lei n. 9.876/99.

Ao segurado que, até o dia anterior à data de publicação da Lei n. 9.876/99, tenha cumprido os requisitos para a concessão de benefício é garantido o cálculo segundo as regras vigentes até aquela data. Em suma, apenas quem adquirir o direito de aposentar-se por tempo de contribuição a partir da vigência da Lei n. 9.876/99 será obrigado a submeter-se ao fator previdenciário. Quem tiver direito adquirido, ou seja, tiver atendido todos os requisitos exigidos pela legislação para requerer o benefício antes da mudança da lei, poderá optar entre o critério antigo e o fator previdenciário, o que lhe for mais favorável (art. 6º da Lei n. 9.876/99).

Pelo critério anterior, a aposentadoria era apurada sobre a média dos 36 últimos salários de contribuição, corrigidos. O fator previdenciário será vantajoso nos casos em que o segurado contar com idade mais avançada ou tempo maior de contribuição, porque aí o fator passa a ter efeito de bônus.

Durante a fase de transição a incidência do fator previdenciário foi menos traumática, em face da regra de proporcionalidade (1/60 avos a cada mês). No entanto, a partir da implantação integral do coeficiente, a renda mensal inicial da aposentadoria por tempo de contribuição tem reduzido significativamente se comparado à sistemática anterior de cálculo.

4.4 Renda mensal inicial

A renda mensal inicial corresponde à primeira parcela do benefício de prestação continuada a ser pago pela Previdência Social. A apuração desse valor, que servirá de base para os reajustes posteriores, depende da espécie do benefício a ser pago e do valor do salário de benefício.

Fórmula para Cálculo da Renda Mensal Inicial

RMI = SB x Cf

No qual:

RMI = Renda mensal inicial

SB = Salário de benefício

Cf = Coeficiente de cálculo – percentual a ser aplicado sobre o salário de benefício. Para cada benefício existe um percentual próprio estabelecido pela Lei n. 8.213/91.

Pela fórmula retrocitada, para o cálculo da renda mensal inicial dos benefícios de pagamento continuado, quando já tivermos o valor do salário de benefício, basta aplicar-lhe a percentagem correspondente. Exemplificando:

Salário de Benefício (SB) .... R$ 1.000,00

Auxílio-doença (coeficiente) 91%

Renda Mensal Inicial (RMI) .... R$ 910,00

A renda mensal do benefício de prestação continuada será calculada aplicando-se sobre o salário de benefício os seguintes percentuais:

- auxílio-doença – 91% do salário de benefício;
- aposentadoria por invalidez – 100% do salário de benefício;
- aposentadoria por idade – 70% do salário de benefício, mais 1% deste por grupo de doze contribuições mensais, até o máximo de 30%;

- aposentadoria por tempo de contribuição:

a) para a mulher – 100% do salário de benefício aos trinta anos de contribuição;

b) para o homem – 100% do salário de benefício aos trinta e cinco anos de contribuição; e

c) 100% do salário de benefício, para o professor aos trinta anos, e para a professora aos vinte e cinco anos de contribuição e de efetivo exercício em função de magistério na educação infantil, no ensino fundamental ou no ensino médio;

d) aposentadoria proporcional prevista no art. 9º, § 1º, inciso II da Emenda Constitucional n. 20/1998 (30 anos, se homem, e 25 anos, se mulher + pedágio de 40% do tempo faltante em 16.12.1998) - 70% do salário de benefício, acrescido de 5% por ano de contribuição, até o limite de 100%;

- aposentadoria especial – 100% do salário de benefício; e
- auxílio-acidente – 50% do salário de benefício.

O salário-maternidade consistirá numa renda mensal igual à remuneração integral da segurada empregada e da trabalhadora avulsa. Para as demais seguradas consistirá:

- em um valor correspondente ao do seu último salário de contribuição, para a segurada empregada doméstica;
- em 1/12 do valor sobre o qual incidiu sua última contribuição anual, para a segurada especial;
- em 1/12 da soma dos doze últimos salários de contribuição, apurados em um período não superior a quinze meses, para as demais seguradas.

Em qualquer caso é garantido o pagamento do salário-maternidade no valor de um salário mínimo.

O valor da cota de salário-família é reajustado periodicamente nas mesmas datas em que é feito o reajuste dos salários de contribuição e dos salários de benefício, por portaria ministerial. Os valores das cotas desde janeiro de 1999 constam de tabela em anexo a esta obra.

O valor mensal da pensão por morte e do auxílio-reclusão será de 100% do valor da aposentadoria que o segurado recebia ou daquela a que teria direito se estivesse aposentado por invalidez na data de seu falecimento. Não será incorporado ao valor da pensão por morte o acréscimo de 25% recebido pelo aposentado por invalidez que necessita da assistência permanente de outra pessoa.

A renda mensal inicial da aposentadoria por invalidez concedida por transformação de auxílio-doença será de 100% do salário de benefício que serviu de base para o cálculo da renda mensal inicial do auxílio-doença, reajustado pelos mesmos índices de correção dos benefícios em geral.

No cálculo do valor da renda mensal do benefício do segurado empregado (inclusive o doméstico) e do trabalhador avulso, serão contados os salários de contribuição referentes aos meses de contribuições devidas, ainda que não recolhidas pelo empregador. Para os demais segurados, somente serão computados os salários de contribuição referentes aos meses de contribuição efetivamente recolhidos.

Conforme o entendimento atual do INSS, os valores dos salários-de-contribuição constantes da ação trabalhista transitada em julgado serão computados, independente de início de prova material, ainda que não tenha havido o recolhimento das contribuições devidas a Previdência Social, respeitados os limites máximo e mínimo de contribuição. Tratando-se de ação trabalhista transitada em julgado envolvendo apenas a complementação de salários-de-contribuição de vínculo empregatício devidamente comprovado, não será exigido início de prova material, independente de existência de recolhimentos correspondentes.

Em relação ao segurado empregado doméstico que não possa comprovar o efetivo recolhimento das contribuições devidas, o INSS tem concedido o benefício de valor mínimo, recalculando a renda mensal quando da apresentação da prova do recolhimento das contribuições (art. 185, § 4º, da IN 45/2010). Entendemos que esse procedimento discrimina essa categoria de segurado tão afetada pela informalidade e contraria a norma contida no art. 32, § 22, inciso I, do Decreto n. 3.048/99 (com redação dada pelo Decreto n. 6.939/2009). Ressaltamos que cabe ao empregador doméstico a responsabilidade pelo desconto e recolhimento das contribuições previdenciárias e ao ente arrecadador verificar e exigir o cumprimento desta obrigação legal. Portanto, em sendo do empregador a responsabilidade do recolhimento, mostra-se descabido atribuir as conseqüências ao segurado pela ausência ou atraso nos recolhimentos das contribuições.

Com o advento do Decreto n. 4.079/2002, o INSS passou a calcular os benefícios tendo por base as informações constantes do Cadastro Nacional de Informações Sociais – CNIS. Considerando a hipótese de que possa haver incorreção nas informações contidas no referido cadastro, o parágrafo único do art. 31 do Regulamento da Previdência Social, inserido pelo Decreto supracitado, dispõe que o INSS deverá fornecer, no prazo máximo de 180 dias contados do pedido feito pelo beneficiário, as informações constantes do CNIS que serviram de base para o cálculo do salário de benefício.

Sempre que, cumpridas todas as condições para a concessão do benefício pleiteado, não for possível aos segurados empregado, trabalhador avulso e empregado doméstico comprovarem o valor dos seus salários de contribuição no período básico de cálculo, será concedido o benefício de valor mínimo, devendo essa renda ser recalculada quando da apresentação de prova dos salários de contribuição ou do recolhimento das contribuições. Ou seja, o requerimento é sempre aceito,[263] não

263 Decreto n. 3.048/99, arts. 176 e 177.

prevalecendo a norma do direito anterior, que autorizava a Previdência Social a recusar requerimento de benefício que não estivesse acompanhado dos documentos exigidos por lei (art. 117 da CLPS/84).

Com as modificações introduzidas pelo Decreto n. 6.722/2008, o Regulamento da Previdência Social passou a prever, no art. 19 e seus parágrafos, diversas regras para consideração de tempo de contribuição e de salário de contribuição de segurados, quando haja discrepância entre o que consta do CNIS e o que o segurado alega. O referido dispositivo passou a ser assim redigido:

> *Art. 19. Os dados constantes do Cadastro Nacional de Informações Sociais - CNIS relativos a vínculos, remunerações e contribuições valem como prova de filiação à previdência social, tempo de contribuição e salários-de-contribuição.*
>
> *§ 1º O segurado poderá solicitar, a qualquer momento, a inclusão, exclusão ou retificação das informações constantes do CNIS, com a apresentação de documentos comprobatórios dos dados divergentes, conforme critérios definidos pelo INSS, independentemente de requerimento de benefício, exceto na hipótese do art. 142.*
>
> *§ 2º Informações inseridas extemporaneamente no CNIS, independentemente de serem inéditas ou retificadoras de dados anteriormente informados, somente serão aceitas se corroboradas por documentos que comprovem a sua regularidade.*
>
> *§ 3º Respeitadas as definições vigentes sobre a procedência e origem das informações, considera-se extemporânea a inserção de dados:*
>
> *I - relativos à data de início de vínculo, sempre que decorrentes de documento apresentado após o transcurso de sessenta dias do prazo estabelecido pela legislação;*
>
> *II - relativos a remunerações, sempre que decorrentes de documento apresentado:*
>
> *a) após o último dia do quinto mês subseqüente ao mês da data de prestação de serviço pelo segurado, quando se tratar de dados informados por meio da Guia de Recolhimento do Fundo de Garantia do Tempo de Serviço e Informações à Previdência Social - GFIP; e*
>
> *b) após o último dia do exercício seguinte ao a que se referem as informações, quando se tratar de dados informados por meio da Relação Anual de Informações Sociais - RAIS;*
>
> *III - relativos a contribuições, sempre que o recolhimento tiver sido feito sem observância do estabelecido em lei.*
>
> *§ 4º A extemporaneidade de que trata o inciso I do § 3º será relevada após um ano da data do documento que tiver gerado a informação, desde que, cumulativamente:*
>
> *I - o atraso na apresentação do documento não tenha excedido o prazo de que trata a alínea "a" do inciso II do § 3º;*
>
> *II - tenham sido recolhidas, quando for o caso, as contribuições correspondentes ao período retroagido; e*
>
> *III - o segurado não tenha se valido da alteração para obter benefício cuja carência mínima seja de até doze contribuições mensais.*
>
> *§ 5º Não constando do CNIS informações sobre contribuições ou remunerações, ou havendo dúvida sobre a regularidade do vínculo, motivada por divergências ou insuficiências de dados relativos ao empregador, ao segurado, à natureza do vínculo, ou à procedência da informação, esse período respectivo somente será confirmado mediante a apresentação pelo segurado da documentação comprobatória solicitada pelo INSS.*
>
> *§ 6º O INSS poderá definir critérios para apuração das informações constantes da GFIP que ainda não tiver sido processada, bem como para aceitação de informações relativas a situações cuja regularidade depende de atendimento de critério estabelecido em lei.*

§ 7º Para os fins de que trata os §§ 2º a 6º, o INSS e a DATAPREV adotarão as providências necessárias para que as informações constantes do CNIS sujeitas à comprovação sejam identificadas e destacadas dos demais registros.

O que se pode constatar, de plano, pela leitura das regras, principalmente do § 4º, é que a retificação de dados no CNIS, embora teoricamente possível, não se verifica na prática, pois apesar de permitir ao segurado questionar o que consta do cadastro, onera a este com o pesado dever de comprovar, com documentos contemporâneos, não apenas a atividade laboral prestada, mas também as remunerações auferidas, e mesmo assim, estabelecendo requisitos inatingíveis na maior parte dos casos, como a que exige "tenham sido recolhidas, quando for o caso, as contribuições correspondentes ao período retroagido (sic)".

A regra parte do mesmo raciocínio - surreal - de que o mercado de trabalho brasileiro prima pela formalidade total e absoluta das relações contratuais, mormente em seara trabalhista, e que os empregadores declaram, centavo por centavo, tudo o que pagam a seus empregados - ou seja, não existem os chamados pagamentos "por fora" da folha de pagamento, ou "caixa dois" das empresas. Sequer há menção ao reconhecimento de tais fatos pelos órgãos jurisdicionais do Estado, como a Justiça do Trabalho. Ou seja, comete-se novo retrocesso, desconsiderando-se toda a prática social existente, para criar um modelo de faz-de-conta, em que não há preocupação com a inclusão previdenciária e com o reconhecimento das graves iniquidades praticadas por grande parte dos empregadores e tomadores de serviços "informais", ou sonegadores fiscais.

4.5 Valor-limite dos benefícios

À exceção do salário-maternidade, os benefícios substitutivos da remuneração dos segurados e pensionistas são limitados por um valor estabelecido como sendo o teto máximo de benefício.

A renda mensal do benefício de prestação continuada que substituir o salário de contribuição ou o rendimento do trabalho do segurado não terá valor inferior ao do salário mínimo, nem superior ao do limite máximo do salário de contribuição, salvo na hipótese da aposentadoria por invalidez do segurado que necessitar de assistência permanente de outra pessoa, quando é previsto um acréscimo de 25%, mesmo que ultrapasse o limite máximo legal (art. 45 da Lei n. 8.213/91).

Também estão excluídos da limitação pelo chamado "teto" os benefícios decorrentes de aposentadorias e pensões especiais pagas à conta do Tesouro Nacional (por exemplo, aos anistiados e aos ex-combatentes da Segunda Guerra Mundial).

O salário-maternidade devido às seguradas trabalhadora avulsa e empregada, exceto a doméstica, terá a renda mensal sujeita ao limite máximo fixado no art.

37, XI da Constituição Federal (subsídio de ministro do STF), nos termos do art. 248 do mesmo diploma legal, não se aplicando o teto do RGPS.

O valor que representa o limite máximo dos benefícios pagos pelo INSS aos segurados do RGPS foi elevado para R$ 1.200,00 pela Emenda n. 20/98 e para R$ 2.400,00 pela Emenda n. 41/2003, com impacto imediato sobre as contribuições devidas por quem estava percebendo valores nessa faixa de renda ou acima dela.

Esse limite máximo foi previsto para os benefícios concedidos com base no art. 201 da Constituição Federal, com previsão de reajustes de forma a preservar, em caráter permanente, seu valor real. Os valores máximos do salário de benefício, desde janeiro de 1999, constam de tabela em anexo a esta obra.

Os benefícios de legislação especial pagos pela Previdência Social à conta do Tesouro Nacional e de ex-combatentes, concedidos até 15.12.98, ficam submetidos ao teto estabelecido pelo art. 37, XI, da Constituição (isto é, o subsídio fixado para os Ministros do STF). Esta regra foi introduzida nas Disposições Constitucionais Gerais (art. 248), pela Emenda Constitucional n. 20/98.

Capítulo 5
Reajustamento e revisão do valor dos benefícios

A Constituição Federal assegura a irredutibilidade do valor dos benefícios (art. 194, parágrafo único, IV) e o reajustamento dos benefícios para preservar-lhes, em caráter permanente, o valor real, conforme critérios definidos em lei (art. 201, § 4º).

Na interpretação de *Wladimir Novaes Martinez*: "Os dois textos não se confundem: um é princípio, preceito não imperativo, carente de disposição expressa; o outro é regra regulamentar. O segundo é instrumento do primeiro, caso contrário, queda-se como norma programática".[264]

A preservação do valor real é, sem dúvida, uma garantia constitucional de caráter permanente, cabendo ao legislador ordinário estabelecer os parâmetros para cumprimento do comando maior, de maneira que os proventos dos beneficiários reflitam o poder aquisitivo original da data do início dos seus benefícios.

Esses critérios eram previstos no art. 41 da Lei n. 8.213/91. Até a edição da Lei n. 10.699, de 9.7.2003, os benefícios concedidos pela Previdência Social eram reajustados em 1º de junho de cada ano, *pro rata*, de acordo com as respectivas datas de início do benefício ou de seu último reajustamento, com base em percentual definido em regulamento, visando-se à preservação do valor real da renda mensal do benefício. Com a edição daquela Lei, alterada foi a redação do artigo em comento, passando, a partir de 2004, a ocorrer o reajuste geral dos benefícios na mesma data em que for majorado o salário mínimo, mantida a regra que determina o reajustamento proporcional.

A Medida Provisória n. 316, de 11.8.2006, convertida na Lei n. 11.430, de 26.12.2006, revogou o art. 41 e fez inserir no texto da Lei 8.213/91 o art. 41-A, cujo *caput* passa a dispor: "O valor dos benefícios em manutenção será reajustado, anualmente, na mesma data do reajuste do salário mínimo, *pro rata*, de acordo com suas respectivas datas de início ou do último reajustamento, com base no Ín-

264 MARTINEZ, Wladimir Novaes. *CD – Comentários à Lei Básica da Previdência Social*. Brasília, Rede Brasil/LTr, fev./1999.

dice Nacional de Preços ao Consumidor - INPC, apurado pela Fundação Instituto Brasileiro de Geografia e Estatística - IBGE". O texto ainda prevê, no § 4º do art. 41-A, que "para os benefícios que tenham sido majorados devido à elevação do salário mínimo, o referido aumento deverá ser compensado quando da aplicação do disposto no *caput*, de acordo com normas a serem baixadas pelo Ministério da Previdência Social".

Segundo a Exposição de Motivos da Medida Provisória, "A indicação para que seja utilizado o INPC se deve ao fato de que este índice é o que melhor reflete o poder de compra dos trabalhadores na faixa de um a oito salários mínimos, onde se insere a totalidade dos trabalhadores do Regime Geral de Previdência Social e é o que vem sendo aplicado nos últimos anos".

Sobre referidos critérios o Supremo Tribunal Federal tem orientação consolidada no sentido de que:

> *"Ao determinar que 'os valores dos benefícios em manutenção serão reajustados, de acordo com as suas respectivas datas, com base na variação integral do INPC', o art. 41, II, da L. 8.213/91 (posteriormente revogado pela L. 8.542/92), não infringiu o disposto nos arts. 194, IV, e 201, § 2, CF, que asseguram, respectivamente, a irredutibilidade do valor dos benefícios e a preservação do seu valor real" (RE 231.395, Rel. Min. Sepúlveda Pertence, julgamento em 25.8.98, DJ de 18.9.98).*
>
> *"Previdenciário. Benefício. Reajuste. Art. 201, § 4º, da Carta Magna. A adoção do INPC, como índice de reajuste dos benefícios previdenciários, não ofende a norma do art. 201, § 4º, da Carta de Outubro" (RE 376.145, Rel. Min. Carlos Britto, julgamento em 28.10.2003, DJ de 28.11.2003).*
>
> *"Reajuste de benefício de prestação continuada. Índices aplicados para atualização do salário-de-benefício. Arts. 20, § 1º e 28, § 5º, da Lei n. 8.212/91. Princípios constitucionais da irredutibilidade do valor dos benefícios (Art. 194, IV) e da preservação do valor real dos benefícios (Art. 201, § 4º). Não violação. Precedentes. Agravo regimental improvido. Os índices de atualização dos salários-de-contribuição não se aplicam ao reajuste dos benefícios previdenciários de prestação continuada" (AI 590.177-AgR, Rel. Min. Cezar Peluso, julgamento em 6.3.2007, DJ de 27.4.2007).*

O benefício reajustado não poderá exceder o limite máximo do salário de benefício na data do reajustamento, respeitados, todavia, os direitos adquiridos e as hipóteses de aposentadoria por invalidez, quando acrescida de 25% para os que dependam de assistência permanente. E não poderá ser inferior ao salário mínimo, salvo em relação ao salário-família e ao auxílio-acidente.

Os reajustamentos dos benefícios sempre provocaram muitas discussões judiciais, pois, costumeiramente, não mantêm o valor real da data da concessão. Assevera *Ana Maria Wickert Thiesen*: "Os diplomas legais que trataram da matéria previdenciária ao longo do tempo, via de regra, sempre contemplaram normas sobre o modo de reajuste dos benefícios. Algumas vezes, porém, os critérios estabelecidos não se apresentaram justos ou até discreparam das normas constitucionais.

Este fato ensejou, e ainda ocasiona, a busca do Judiciário para corrigir as distorções, através das conhecidas ações revisionais de benefícios previdenciários".[265]

Os tribunais pátrios, com o objetivo de uniformizar o entendimento sobre as questões que envolvem os reajustamentos dos benefícios, têm editado várias súmulas, destacando-se entre elas:

- Superior Tribunal de Justiça (STJ): Súmulas ns. 159, 340 e 456.
- Tribunal Federal de Recursos (extinto): Súmulas ns. 91 e 260;
- Tribunal Regional Federal da 1ª Região: Súmulas ns. 8, 12, 20, 21, 23, 28, 36 e 49;
- Tribunal Regional Federal da 2ª Região: Súmulas ns. 17, 29, 35 e 49;
- Tribunal Regional Federal da 3ª Região: Súmulas ns. 5, 6, 7 e 8, 18, 19 e 25;
- Tribunal Regional Federal da 4ª Região: Súmulas ns. 15, 24, 26, 36, 48, 51, 72 e 77;
- Tribunal Regional Federal da 5ª Região: Súmulas ns. 8, 9 e 11;
- Turma Nacional de Uniformização dos JEFs: Súmulas ns. 1, 2, 8, 19, 21, 25 e 38.

A seguir sintetizamos alguns questionamentos envolvendo os reajustamentos dos benefícios previdenciários na via judicial.

5.1 Índices de correção dos salários de contribuição utilizados no cálculo do salário de benefício

Trata-se de pedido de correção, pelos índices de variação da ORTN/OTN, dos 24 salários de contribuição mais distantes dentre os 36 considerados para fins de cálculo do salário de benefício. Norma aplicável aos benefícios concedidos antes do advento da Constituição Federal de 1988.

A Consolidação das Leis da Previdência Social de 1976 (Decreto n. 77.077), admitindo a necessidade de correção dos 24 salários de contribuição mais distantes, como forma de preservar o quanto possível o valor da renda mensal inicial dos benefícios previdenciários, em face das perdas decorrentes das taxas inflacionárias, já determinara que esta se fizesse com base em índices estabelecidos pelo então Ministério da Previdência e Assistência Social.

Com o advento da Lei n. 6.423/77, a variação da ORTN consolidou-se como critério oficial de correção monetária. Entretanto, a Previdência Social continuou a utilizar índices próprios para atualização dos salários de contribuição, contrariando disposição expressa em lei.

265 THIESEN, Ana Maria Wickert *et alii*; Vladimir Passos de Freitas (Coord.). *Direito previdenciário: aspectos materiais, processuais e penais*. 2. ed., Porto Alegre: Livraria do Advogado, 1999, p. 142.

A matéria, aliás, restou pacificada no âmbito do Tribunal Regional Federal da 4ª Região, com a edição da Súmula n. 2: "Para o cálculo da aposentadoria por idade ou por tempo de serviço, no regime anterior à Lei n. 8.213, de 24 de julho de 1991, corrigem-se os salários de contribuição anteriores aos doze últimos meses, pela variação da ORTN/OTN".

– Impossibilidade de obtenção dos processos concessórios

A parte autora não pode ficar prejudicada pelo fato de o INSS não ter localizado o processo administrativo. Sempre que possível, deve-se tentar reconstituir as informações que serviram para a concessão do benefício. Porém, em diversos processos com idêntica situação têm-se observado a inviabilidade da reconstituição, quase sempre decorrente do longo tempo decorrido desde a Data de Início do Benefício - DIB (de 14 a mais de 25 anos).

Assim, por um lado o INSS não pode ser obrigado a apresentar sua conta, já que na ausência do processo administrativo não teria condições de fazê-lo, de outro o segurado também não pode ser prejudicado no seu direito de revisão do cálculo inicial do benefício.

Em tais casos, a solução adotada pela Turma Recursal de Santa Catarina é a elaboração de cálculo similar a uma liquidação por arbitramento (Processo nº. 2003.72.01.020847-8, Relator Juiz Federal Otávio Roberto Pamplona, Sessão de 13.5.2004 – www.jfsc.gov.br).

Consoante tabela elaborada pela Contadoria Judicial da Seção Judiciária de Santa Catarina, pode-se aferir se o salário de benefício a ser revisto sofrerá majoração com a aplicação ORTN/OTN/BTN.

Oportuno salientar que o INSS acolheu a solução proposta pela Justiça Federal de Santa Catarina e editou a ORIENTAÇÃO INTERNA CONJUNTA Nº. 97 DIRBEN/PFE, de 14 de janeiro de 2005, que "Fixa orientação para correção judicial da Renda Mensal Inicial – RMI do benefício com base na ORTN/OTN/BTN e define critérios e procedimentos para utilização dos índices da Tabela da Seção Judiciária Federal de Santa Catarina, excepcionalmente nos casos em que ficar comprovada a total impossibilidade de obtenção do processo concessório e de sua reconstituição pela inexistência da(s) empresa(s) correspondente ao(s) vínculo(s) do PBC, bem como da impossibilidade de apresentação dos documentos pelo beneficiário".

Dessa forma, tornou-se possível revisar o valor da Renda Mensal Inicial, realizando-se o cálculo do salário de benefício segundo critérios uniformes para todos os benefícios concedidos no período de 17.6.1977 a 4.10.1988.

5.2 Reajustes pelo salário mínimo de referência

Durante a vigência do Decreto-lei n. 2.351, de 7.8.87, vigorou no País o dúplice regime salarial, com a criação do piso nacional de salários e o salário mínimo de referência. Os benefícios previdenciários, mesmo os concedidos com base no salário mínimo, deviam ser reajustados com base no salário mínimo de referência, a partir da vigência do Decreto-lei n. 2.351/87 até o mês de março de 1989, em face do previsto no art. 58 do Ato das Disposições Constitucionais Transitórias, voltando os valores a serem revistos pelo número de salários mínimos da época de sua concessão, a partir do mês de abril de 1989. Assim decidiu o Superior Tribunal de Justiça no Recurso Especial n. 62.992-6/SP, 5ª Turma, Relator Ministro Jesus Costa Lima, julgado em 10.5.95.

No mesmo sentido, o Tribunal Regional Federal da 4ª Região editou a Súmula n. 15: "O reajuste dos benefícios de natureza previdenciária, na vigência do Decreto-lei n. 2.351, de 7 de agosto de 1987, vinculava-se ao salário mínimo de referência e não ao piso nacional de salários".

5.3 Atualização monetária dos doze últimos salários de contribuição para os benefícios concedidos anteriormente à Constituição de 1988

Não há dúvidas que a não-atualização dos 12 últimos salários de contribuição diminuiu injustamente o valor inicial dos proventos cuja data de início dos benefícios foi anterior a 5.10.88. Ocorre que a atualização monetária de todos os salários de contribuição somente foi admitida a partir da promulgação da Constituição Federal de 1988. O legislador constituinte, atento aos efeitos maléficos da variação inflacionária sobre o valor inicial dos proventos de aposentadoria, determinou, no art. 202, *caput*, da Constituição Federal, que no cálculo da renda mensal inicial dos benefícios fossem corrigidos todos os salários de contribuição.

As ações previdenciárias que objetivaram a aplicação do novo critério aos benefícios concedidos anteriormente à Carta Constitucional de 1988 não alcançaram êxito. Nesse sentido: "Previdência Social. Revisão de Benefício. 1. Não se conhece de parte do apelo no que versa sobre matéria alheia à sentença. 2. É indevida a correção integral dos salários de contribuição àqueles que se aposentaram antes da promulgação da CF/88, eis que implicaria em aplicação retroativa dos novos comandos constitucionais. 3. Os honorários advocatícios, para as ações de cunho previdenciário, devem ser fixados em 10% sobre o valor da condenação, excluídas as parcelas vincendas. Precedentes jurisprudenciais. 4. Anulada, por *extra-petita* e não fundamentada, a parte da sentença que condena o Instituto a aplicar a Súmula

260/TRF" (TRF da 4ª Região, 3ª Turma, rel. Juiz Élcio Pinheiro de Castro, DJU de 18.9.96, p. 69.793).

5.4 Súmula n. 260 do extinto Tribunal Federal de Recursos

A Súmula n. 260 do Tribunal Federal de Recursos tem o seguinte conteúdo: "No primeiro reajuste do benefício previdenciário, deve-se aplicar o índice integral do aumento verificado, independentemente do mês da concessão, considerado, nos reajustes subseqüentes, o salário mínimo então atualizado".

A aplicação da primeira parte da Súmula não provoca alteração no valor inicial do benefício (RMI), mas tão-só no primeiro reajuste, que passa a ser integral, segundo os índices da política salarial e não do salário mínimo. Os prejuízos decorrentes da não-aplicação da primeira parte da Súmula n. 260 se projetaram no tempo apenas até março de 1989, pois a partir do mês de abril passou a vigorar o disposto no art. 58 do Ato das Disposições Constitucionais Transitórias.

No que se refere ao enquadramento nas faixas salariais, que é o preceito da segunda parte da Súmula, houve distorções pela utilização do salário mínimo antigo, como divisor, no período entre a vigência da Lei n. 6.708/79 e do Decreto-lei n. 2.171/84. Os prejuízos cessaram a partir de novembro de 1984, quando foram extintas as faixas da política salarial.

A Súmula n. 260 do extinto Tribunal Federal de Recursos teve aplicação em relação aos benefícios concedidos antes da atual Constituição Federal. Quanto à aplicabilidade dos seus critérios aos benefícios concedidos após a Constituição de 1988, a matéria foi pacificada no âmbito do Tribunal Regional Federal da 4ª Região, com a edição da Súmula n. 51: "Não se aplicam os critérios da Súmula n. 260 do extinto Tribunal Federal de Recursos aos benefícios previdenciários concedidos após a Constituição Federal de 1988".

Nos casos de transformação de auxílio-doença em aposentadoria por invalidez, com data de início do benefício anterior à Constituição de 1988, pode ser constatada a existência de diferenças até os dias atuais, inobstante a aplicação do art. 58 do ADCT-CF/1988. É que o INSS deveria ter utilizado a RMI da aposentadoria por invalidez para apuração da equivalência em número de salários mínimos que pautou a manutenção do benefício após 4/1989. Assim, se o auxílio-doença foi reajustado incorretamente (de forma proporcional), a RMI da aposentadoria por invalidez também foi fixada com erro, o que resultaria numa equivalência inferior àquela efetivamente devida. Reajustando-se integralmente o auxílio-doença, acerta-se a RMI da aposentadoria por invalidez, com consequente majoração do número de salários mínimos a que se refere o art. 58 do ADCT-CF/1988. Assim, cabível ação judicial para revisar a renda mensal inicial da aposentadoria por invalidez, para ser aplicado no benefício de origem – auxílio-doença – a Súmula n. 260 do extinto Tribunal Federal de Recursos.

A matéria foi examinada pela Turma Nacional de Uniformização dos JEFs que acolheu o direito de revisão em favor dos beneficiários, nos termos que seguem:

> *PREVIDENCIÁRIO - APOSENTADORIA POR INVALIDEZ - AUXÍLIO-DOENÇA - REAJUSTE PROPORCIONAL - SÚMULA 260 DO TFR - OBSERVÂNCIA DA INTEGRALIDADE DO ÍNDICE DO PRIMEIRO REAJUSTE - NECESSIDADE DE REVISÃO DA RENDA MENSAL INICIAL DA APOSENTADORIA POR INVALIDEZ - RECURSO PROVIDO.*
>
> *1) O benefício do auxílio-doença da autora, concedido em 08/02/1978, sofreu o primeiro reajuste de modo proporcional, sem observância da interpretação da Súmula 260 do TFR, que determinava que qualquer que tivesse sido o mês de concessão do primeiro benefício, o índice do primeiro reajuste deveria ser integral.*
>
> *2) A não observância do reajuste integral do auxílio-doença repercutiu na RMI da aposentadoria por invalidez, determinando defasagem que somente é passível de correção mediante a aplicação da Súmula 260 do TFR no primeiro reajuste do benefício de auxílio-doença.*
>
> *3) Pedido de Uniformização conhecido e provido.*
>
> *(PU n. 2006.83.00.509015-7. Relator Juiz Federal Ricarlos Almagro Vitoriano Cunha. DJU de 6.8.2008).*

5.5 Autoaplicabilidade do art. 202, *caput*, da Constituição de 1988 – Diferenças decorrentes do reajustamento dos benefícios concedidos entre 5.10.88 e 5.4.91 (art. 144, parágrafo único, da Lei n. 8.213/91)

Na sistemática de cálculo do valor dos benefícios anterior à atual Constituição, somente os 24 últimos salários de contribuição utilizados para o cálculo do salário de benefício eram corrigidos monetariamente. A correção de todos os salários de contribuição só foi assegurada pelo art. 202, *caput*, da Constituição Federal. A Lei n. 8.213/91, ao regulamentar esse dispositivo constitucional, determinou a revisão dos benefícios concedidos no período de 5.10.88 a 5.4.91, para aplicar o novo critério de cálculo da renda mensal inicial, declarando, entretanto, que não seriam devidas as diferenças decorrentes dessa revisão (art. 144, parágrafo único).

O pagamento dos valores atrasados estava ligado à autoaplicabilidade do art. 202, *caput*, da Constituição. Essa discussão foi encerrada depois que o Supremo Tribunal Federal decidiu que o art. 202, *caput*, da Constituição Federal não é autoaplicável: "Direito Constitucional e Previdenciário. Aposentadoria. Cálculo do benefício. Art. 202 da Constituição Federal. 1. Conforme precedentes do STF, o disposto no art. 202 da Constituição Federal, sobre o cálculo do benefício da aposentadoria, não é auto-aplicável, pois depende de legislação, que posteriormente entrou em vigor (Mandado de Injunção n. 306, RE n. 163.478 e RE n. 164.931)"

(STF, REED n. 153.655/PE, rel. Min. Sydney Sanches, 1ª Turma, DJ de 16.12.94, p. 34.893).

Dessa forma, os benefícios concedidos no chamado "buraco negro" (5.10.88 a 5.4.91) foram revisados para que todos os salários de contribuição utilizados no cálculo do salário de benefício fossem atualizados monetariamente. Mas as diferenças resultantes dessa revisão, relativas às competências de outubro de 1988 a maio de 1991, não foram pagas aos beneficiários da Previdência Social. Esse procedimento, por demais injusto e prejudicial aos beneficiários, foi respaldado pelo Supremo Tribunal Federal.

5.6 Aplicação do art. 58 do Ato das Disposições Constitucionais Transitórias

O art. 58 do Ato das Disposições Constitucionais Transitórias assim dispõe: "Os benefícios de prestação continuada, mantidos pela previdência social na data da promulgação da Constituição, terão seus valores revistos, a fim de que seja restabelecido o poder aquisitivo, expresso em número de salários mínimos, que tinham na data de sua concessão, obedecendo-se a esse critério de atualização até a implantação do plano de custeio e benefícios referidos no artigo seguinte".

Trata-se de norma transitória que estabeleceu uma revisão das rendas mensais dos benefícios de prestação continuada mantidos pela Previdência Social na época da promulgação da Constituição Federal de 1988. Determinou uma espécie de recomposição da renda mensal do benefício, a ponto de restabelecer, a partir de abril de 1989, a equivalência do valor do benefício ao número de salários mínimos à época de sua concessão.

A garantia prevista no art. 58 do Ato das Disposições Constitucionais Transitórias teve aplicação a partir de abril de 1989 até dezembro de 1991, especificamente até 9.12.91, quando publicado o Decreto n. 357/91, que regulamentou a Lei n. 8.213/91 (MS n. 1.233-DF, STJ, 1ª Sessão, RSTJ 30/260).

O pedido de revisão na forma do mencionado art. 58 procede apenas em relação aos benefícios iniciados antes da vigência da Constituição de 1988. Assim, os benefícios previdenciários iniciados a partir da vigência da Constituição de 1988, são excluídos expressamente do referido artigo e tiveram seu valor real preservado de acordo com os critérios definidos no art. 144 da Lei n. 8.213/91. Nesse sentido: "REsp. Previdenciário. Benefícios. Correção. Orientação mais recente do STF, intérprete da Constituição. A revisão dos benefícios previdenciários disposta no art. 58 do ADCT não se aplica aos benefícios concedidos após a promulgação da Constituição de 1988 (Informativo STF, n. 89, pp. 1 e 2)" (REsp. n. 97.01.5518-0/RJ, STJ, 6ª Turma, rel. Min. Luiz Vicente Cernicchiaro, DJU de 23.3.98, p. 199). E, ainda, a Súmula n.

687 do STF: "A revisão de que trata o art. 58 do ADCT não se aplica aos benefícios previdenciários concedidos após a promulgação da Constituição de 1988".

Na mesma linha, a decisão do Supremo Tribunal Federal a seguir transcrita: "Recurso extraordinário. Benefício Previdenciário de Prestação Continuada. Concessão desse benefício após a promulgação da Constituição Federal de 1988. Inaplicabilidade do critério previsto pelo ADCT/88, art. 58. Função Jurídica da Norma de Direito Transitório. Preservação do valor real dos benefícios previdenciários (CF, art. 201, § 2º). Invocação, ainda, de matéria não prequestionada. RE conhecido e provido em parte" (RE n. 145895-0, São Paulo, rel. Min. Celso de Mello, DJU de 18.8.95). No corpo do acórdão, colhe-se a fundamentação jurídica da decisão: "A norma inscrita no art. 58 do ADCT/88 foi editada com o específico objetivo de assegurar aos beneficiários do regime de Previdência Social o direito à preservação do valor real das prestações que, mantidas pelo sistema previdenciário oficial, já lhes vinham sendo pagas na data da promulgação da Constituição. O âmbito de incidência normativa do preceito constitucional transitório em questão acha-se claramente delineado pela regra que impôs, para efeito de atuação da cláusula de garantia pertinente ao reajustamento das prestações previdenciárias, a existência de uma necessária relação de contemporaneidade entre a manutenção dos benefícios de prestação continuada e a data de promulgação do texto constitucional. Vale dizer: somente os benefícios de prestação continuada mantidos pela previdência social na data da promulgação da Constituição, são suscetíveis de sofrer, nos termos prescritos pelo art. 58 do ADCT/88, a revisão de seus valores de acordo com os critérios estabelecidos nessa norma de direito transitório".

De modo geral, não houve controvérsia quanto à aplicação do artigo constitucional transitório, pois a operação nele prevista é singela, bastando ao administrador dividir o valor inicial dos proventos pelo número de salários mínimos do mês de sua concessão. Considera-se, para este efeito, o piso nacional de salários quando vigoraram concomitantemente o salário mínimo de referência e o piso nacional de salários, instituído pelo Decreto-lei n. 2.351, de 7.8.87. O produto da operação resultava na conhecida equivalência salarial, que norteou o pagamento dos proventos no período de abril de 1989 a dezembro de 1991.

Quanto aos reflexos da aplicação do art. 58 do Ato das Disposições Constitucionais Transitórias, escreve *Ana Maria Wickert Thiesen:* "Finalmente, não se deve olvidar que, muito embora já não vigore a paridade salarial, seus reflexos se fazem sentir nas rendas mensais posteriores, sendo de todo cabíveis os pleitos que aportam em juízo buscando sua aplicação, mesmo que no restrito período de sua vigência. Isto porque a renda mensal de dezembro de 1991, de acordo com a equivalência em salários mínimos, serviu de base aos reajustes posteriores. Ademais, há sempre a possibilidade de algum segurado obter recálculo na renda mensal inicial,

p. ex., por alteração dos critérios de correção do período básico de cálculo, e lograr direito a um maior número de salários mínimos".[266]

5.7 Manutenção do valor real dos benefícios/Equivalência do valor dos benefícios em número de salários mínimos

Não há que se confundir o preceito constitucional da manutenção do valor real do benefício (art. 201, § 3º) com equivalência em número de salários mínimos. Manter o valor real do benefício significa reajustá-lo de acordo com a variação inflacionária, de modo a evitar diminuição injusta do seu poder de compra. Em nenhum momento o legislador constituinte quis vincular aquela garantia ao valor do salário mínimo. Apenas no período em que vigorou o art. 58 do Ato das Disposições Constitucionais Transitórias foi o valor dos proventos fixado em número de salários mínimos. A partir daí, os indexadores adotados foram aqueles fixados pelo legislador ordinário.

Decidiu o Supremo Tribunal Federal que: "Por ofensa ao art. 7º, IV, da CF, que veda a vinculação ao salário mínimo para qualquer fim, a Turma, julgando recurso extraordinário interposto pelo INSS, reformou acórdão do TRF da 2ª Região que adotara o índice de variação do salário mínimo como critério permanente de reajuste do benefício previdenciário percebido pelo recorrido. Recurso extraordinário conhecido e provido para reformar o acórdão recorrido no ponto em que determinara a atualização do benefício previdenciário pela variação do salário mínimo na vigência da atual CF, ressalvado o período compreendido pelo art. 58, *caput* e parágrafo único, do ADCT" (RE n. 239.912/RJ, STF, 1ª Turma, rel. Min. Sepúlveda Pertence, julgado em 2.3.99, Informativo STF n. 140, de 10.3.99).

5.8 Valor mínimo dos benefícios

A Constituição de 1988 assegurou que nenhum benefício que substitua o salário de contribuição ou o rendimento do trabalho do segurado terá valor mensal inferior ao salário mínimo (art. 201, § 5º, da CF/88 – redação original). No entanto, a Previdência Social entendeu que essa norma não tinha aplicabilidade imediata, necessitando de lei regulamentadora, e, por isso, continuou a pagar benefícios (aposentadorias em geral e auxílio-doença) em valor abaixo do salário mínimo.

A questão foi resolvida pelo Supremo Tribunal Federal, que decidiu pela autoaplicabilidade do § 5º do art. 201 da Constituição. Nesse mesmo sentido, a ma-

266 THIESEN, Ana Maria Wickert *et alli*. Op. cit., p. 164.

téria foi sumulada pelos Tribunais Regionais Federais da 1ª, 3ª, 4ª e 5ª Regiões, nos verbetes ns. 23, 5, 24 e 8, respectivamente.

5.9 Gratificação natalina de 1988/1989

A Previdência Social entendeu não ser autoaplicável o art. 201, § 6º, da Constituição de 1988, que garantiu o pagamento do abono anual, tendo por base o valor dos proventos do mês de dezembro de cada ano. Com base nessa interpretação, os beneficiários receberam a gratificação natalina de 1988 e 1989 pela média dos proventos pagos durante o ano. O entendimento que predominou, inclusive no Supremo Tribunal Federal, foi no sentido da autoaplicabilidade do art. 201, § 6º, da CF/88, por ser norma de eficácia plena. Nesse sentido, a Súmula n. 24 do Tribunal Regional Federal da 4ª Região consagra esse entendimento: "São auto-aplicáveis os §§ 5º e 6º do art. 201 da Constituição Federal de 1988".

Dessa forma, os beneficiários fazem jus à gratificação natalina integral nos anos de 1988 e 1989, descontados os valores já pagos pelo INSS. Atualmente esses valores encontram-se prescritos.

5.10 URP de fevereiro de 1989

As ações previdenciárias que objetivavam a aplicação do reajuste de 26,05%, concernente à reposição da Unidade de Referência de Preços – URP, no mês de fevereiro de 1989, não obtiveram êxito perante a posição do Supremo Tribunal Federal, que entendeu inexistir direito adquirido ao reajuste (STF – ADIN n. 694-1/DF e 726-2/SP). Essa posição foi seguida pelo Superior Tribunal de Justiça e Tribunais Regionais Federais.

5.11 Salário mínimo de junho de 1989

Em junho de 1989, a Previdência Social deixou de corrigir os benefícios pelo salário mínimo de NCz$ 120,00, determinado pelo art. 1º da Lei n. 7.789/89, e adotou o valor do piso nacional de salários de NCz$ 81,40 que havia sido revogado. Fundamentou seu procedimento na alegação de que a lei revogadora fora publicada em julho de 1989, não podendo retroagir para fixar o valor do salário mínimo do mês anterior.

A posição adotada pela jurisprudência foi no sentido de que os benefícios previdenciários deveriam ser reajustados pelo novo valor do salário mínimo. Nesse sentido a Súmula n. 26 do Tribunal Regional Federal da 4ª Região: "O valor dos benefícios previdenciários devidos no mês de junho de 1989 tem por base o salário mínimo de NCz$ 120,00 (art. 1º da Lei n. 7.789/89)".

5.12 Expurgos inflacionários

O reajuste dos benefícios pelos índices de inflação expurgados nos meses de janeiro/89, março/abril/maio/90 e fevereiro/91 não foi considerado devido pela jurisprudência dominante, que entendeu inexistir direito adquirido a eles. Nesse sentido a Súmula n. 36 do Tribunal Regional Federal da 4ª Região: "Inexiste direito adquirido a reajuste de benefícios previdenciários com base na variação do IPC – Índice de Preços ao Consumidor – de março e abril de 1990". A mesma posição foi adotada pelo Supremo Tribunal Federal e pelo Supremo Tribunal de Justiça: "A jurisprudência desta corte, sufragando entendimento do STF, é pacífica no sentido de que os beneficiários do INSS não têm direito adquirido ao reajuste mensal de seus benefícios previdenciários pela incorporação dos índices inflacionários expurgados, que não se confunde com a correção monetária dos débitos cobrados em juízo, cuja incidência é devida" (REsp n. 155.627/SP, STJ, 6ª Turma, rel. Min. Vicente Leal, DJU de 2.3.98, p. 00165).

Neste sentido, também, a Súmula n. 21 da Turma Nacional de Uniformização dos JEFs: "Não há direito adquirido a reajuste de benefícios previdenciários com base na variação do IPC (Índice de Preço ao Consumidor), de janeiro de 1989 (42,72%) e abril de 1990 (44,80%)".

5.13 Reajuste de setembro de 1991 – Abono da Lei n. 8.178/91

A Lei n. 8.178, de 1.3.91, previu abonos aos aposentados e pensionistas da Previdência Social, nos meses de maio, junho, julho e agosto de 1991, sem direito à incorporação (art. 9º, §§ 6º e 7º). No entanto, o art. 146 da Lei n. 8.213/91 veio a permitir a incorporação do abono concedido no mês de agosto de 1991, a partir de 1.9.91, equivalendo ao percentual de 54,60%, visando estabelecer uma regra de transição entre os antigos critérios de reajustes e a nova sistemática instituída pelo art. 41 da Lei n. 8.213/91.

Posteriormente, a Lei n. 8.222/91 reajustou o salário mínimo e os salários de contribuição em 147,06%, a partir de setembro de 1991, índice que não foi repassado aos benefícios previdenciários. Por conta disso, inúmeras ações judiciais foram ajuizadas visando à obtenção do percentual de 147,06%, em setembro de 1991. O Ministério da Previdência Social, em 20.7.92, editou a Portaria n. 302, reconhecendo a todos os beneficiários o direito ao reajuste de 147,06%, a contar de 1.9.91, deduzidos os percentuais já concedidos. Em face do reconhecimento em via administrativa, essas ações perderam objeto, mas o INSS foi condenado nas custas e honorários advocatícios.

O abono concedido com base na Lei n. 8.178/91 (54,60%) ficou inserido no reajuste total de 147,06%, sendo descabida a percepção conjunta desses índices. Nesse sentido, a Súmula n. 48 do Tribunal Regional Federal da 4ª Região: "O abono previsto no art. 9º, § 6º, letra *b*, da Lei n. 8.178/91 está incluído no índice de 147,06%, referente ao reajuste dos benefícios previdenciários em 1º de setembro de 1991".

5.14 Reajustes quadrimestrais – IRSM – Leis ns. 8.542/92 e 8.700/93

A teor do art. 41, II, da Lei n. 8.213/91, os benefícios previdenciários passaram a ser reajustados de acordo com a variação integral do INPC, nas mesmas épocas em que o salário mínimo foi reajustado. Esse critério de reajuste vigorou até janeiro de 1993, em face da edição da Lei n. 8.542, de 23.12.92, que determinou a correção dos benefícios pelo Índice de Reajuste do Salário Mínimo – IRSM. A mecânica estabelecida pela Lei n. 8.542/92, que foi parcialmente modificada pela Lei n. 8.700, de 27.8.93, determinava reajustes quadrimestrais, com antecipações mensais correspondentes ao percentual excedente a 10% do IRSM do mês anterior. Ao final do quadrimestre, o índice integral era repassado, descontadas as antecipações concedidas. Com isso não se conformaram os beneficiários, que foram a Juízo reclamando o repasse mensal do IRSM integral, sem qualquer expurgo, como forma de preservar o valor real dos benefícios.

A jurisprudência dominante tem considerado constitucional a sistemática de concessão de antecipações mensais, com a utilização do redutor, com repasse integral no final do quadrimestre, desde que computada a variação inflacionária do período. Nesse sentido: "Previdência Social. Revisão de Benefício. Improcede a pretensão de que se aplique o índice integral da variação do IRSM, afastando a regra do art. 9º, § 1º, da Lei n. 8.452/92, na redação da Lei n. 8.700/93, eis que o percentual de 10% (dez por cento) não foi escoimado do reajuste, mas diferido para o final do quadrimestre legal" (AC n. 95.0413125-5/RS, TRF da 4ª Região, 5ª Turma, rel. Juíza Virgínia Scheibe, DJU de 25.6.97, p. 048.586). "(...) O INSS não aplicou redutor no reajuste dos benefícios previdenciários, a partir de agosto de 1993, de vez que concedeu apenas antecipações de reajuste, em percentual correspondente à variação do IRSM excedente a 10% (dez por cento) no mês anterior ao do deferimento da antecipação, a qual, na forma da Lei n. 8.700/93, deveria ser compensada na data-base (setembro, janeiro e maio), ocasião na qual seria acertado o resíduo do índice inflacionário, pelo IRSM ou pelo FAS, a ser aplicado aos benefícios previdenciários na data-base, tudo nos termos do art. 9º da Lei n. 8.542/92, na redação da Lei n. 8.700/93. A sistemática de reajuste de benefícios introduzida pela Lei n. 8.700/93 é mais benéfica aos segurados e melhor atende aos princípios insertos nos arts. 194, parágrafo único, IV, e 201, § 2º, da Constituição Federal, de vez que concedeu aquela lei, aos benefícios, antecipações de reajuste em meses nos quais sobre eles não incidia reajuste ou antecipação de reajuste, na sistemática anterior, ou seja, em fevereiro, abril, junho, agosto, outubro e dezembro. (...)" (AC n. 97.0100036089-0/MG, TRF da 1ª Região, 2ª Turma, rel. Juíza Assusete Magalhães, DJU de 30.9.97, p. 79.633).

A mecânica dos reajustes quadrimestrais perdurou até fevereiro de 1994, quando houve a conversão dos benefícios em URV.

5.15 Conversão dos benefícios para URV – Lei n. 8.880/94

Foi objeto de questionamento em milhares de ações propostas contra o INSS que a conversão dos proventos para Unidade Real de Valor (URV), consoante a Lei n. 8.880/94, teria ocasionado a perda do valor real dos benefícios, pela não-aplicação dos percentuais de inflação com base no IRSM dos meses de novembro e dezembro de 1993 e janeiro e fevereiro de 1994, ferindo o disposto no art. 201, § 2º, da Constituição Federal.

A Medida Provisória n. 434, de 27.2.94, convertida na Lei n. 8.880/94, dispôs: "Art. 20. Os benefícios mantidos pela Previdência Social são convertidos em URV em 1º de março de 1994, observado o seguinte: I – dividindo-se o valor nominal, vigente nos meses de novembro e dezembro de 1993 e janeiro e fevereiro de 1994, pelo valor em cruzeiros reais do equivalente em URV do último dia desses meses, respectivamente, de acordo com o Anexo I desta Lei; e II – extraindo-se a média aritmética dos valores resultantes do inciso anterior".

O Plenário do Supremo Tribunal Federal concluiu pela constitucionalidade da palavra "nominal", constante do inciso I do art. 20 da Lei n. 8.880/94 (Recurso Extraordinário n. 313.382, julgado em 26.9.2002). Ou seja, decidiu que os beneficiários do RGPS não têm direito ao reajuste dos proventos quando da conversão para URV, ocorrida em março de 1994.

No mesmo sentido, a Súmula n. 1 da Turma de Uniformização dos Juizados Especiais Federais: "A conversão dos benefícios previdenciários em URV, em março/94, obedece às disposições do art. 20, incisos I e II da Lei 8.880/94 (MP n. 434/94)".

5.16 Aplicação do IRSM de fevereiro de 1994

O art. 201, § 3º, da Constituição de 1988 (redação original) assegurou que todos os salários de contribuição considerados no cálculo dos benefícios fossem corrigidos monetariamente.

A Lei n. 8.213/91 escolheu vários índices para correção monetária dos salários de contribuição que integram o período básico de cálculo. Primeiramente, o INPC (art. 31), que foi substituído, a partir de janeiro de 1993, pelo IRSM (art.

9º da Lei n. 8.542/92). Na sequência, a Lei n. 8.880/94 estabeleceu que os salários de contribuição anteriores a março de 1994 serão corrigidos pelo IRSM, antes da conversão em URV (art. 21 e §§ 1º e 2º).

No entanto, o INSS não considerou a variação integral do IRSM de fevereiro/94, no percentual de 39,67%, antes de realizar a conversão dos salários de contribuição em URV.

A jurisprudência foi uniforme no sentido de que na correção monetária dos salários de contribuição, anteriores a março de 1994, deve ser aplicada a diferença decorrente da variação do IRSM relativa ao período de 1.2.1994 a 28.2.1994 (39,67%). Neste sentido, a Súmula n. 19 da Turma Nacional de Uniformização dos JEFs.

O Poder Executivo acabou por editar a Medida Provisória n. 201, de 23.7.2004, convertida na Lei n. 10.999, de 15.12.2004, estendendo a todos os beneficiários do RGPS a revisão dos benefícios previdenciários concedidos, com data de início posterior a fevereiro de 1994, recalculando-se o salário de benefício original, mediante a aplicação, sobre os salários de contribuição anteriores a março de 1994, do percentual de 39,67%, referente ao Índice de Reajuste do Salário Mínimo – IRSM do mês de fevereiro de 1994. Todavia, o pagamento das parcelas atrasadas foi previsto para ser de forma parcelada em até 8 (oito) anos.

A aplicação do IRSM integral no mês de fevereiro de 1994 gera reflexos na atualização dos salários de contribuição anteriores, e, por isso não pode ser utilizado isoladamente. A regra está ligada a critérios matemáticos, sendo o índice de atualização dos salários de contribuição derivado de um grupo de outros números. Sendo assim, o IRSM de fevereiro/94 (39,67%) integra o índice de atualização dos demais salários de contribuição que compõem o período básico de cálculo utilizado na apuração dos benefícios previdenciários.

5.17 Reajustamento dos benefícios pelos índices integrais do IGP-DI nos meses de junho de 1997, 1999, 2000, 2001, 2002 e 2003

A revisão da renda mensal dos benefícios previdenciários pela variação integral dos índices do IGP-Di de 6/1997, 6/1999, 6/2000 e 6/2001, vinha sendo considerada como devida pela jurisprudência, sendo inclusive objeto da Súmula n. 3, da Turma de Uniformização dos Juizados Especiais Federais. No entanto, o Supremo Tribunal Federal, no julgamento do Recurso Extraordinário n. 376.846/SC, em Sessão Plenária do dia 24 de setembro de 2003 (DJU de 21.10.2003), de que foi relator o Ministro Carlos Velloso, decidiu, por maioria, pela constitucionalidade material dos decretos e diplomas legislativos que determinaram os índices de reajustamento dos benefícios previdenciários nos anos de 1997, 1999, 2000 e 2001. Por outro lado, eventual inconstitucionalidade formal relativamente aos anos de 2001, 2002 e 2003

– em razão de os reajustamentos dos benefícios previdenciários terem sido fixados pelos Decretos ns. 3.826, de 31.5.2001, 4.249, de 24.5.2002 e 4.709, de 29.5.2003, e não por lei – em nada aproveitaria aos segurados, uma vez que traria por consequência a necessidade de serem fixados novos índices (sob pena de não existir índice algum), e estes seriam os estipulados nos decretos mencionados, ante a constitucionalidade material dos índices de reajustamento, de acordo com o entendimento do Supremo Tribunal Federal. Assim, os pedidos de reajustamento do valor do benefício previdenciário, mediante a aplicação dos índices integrais do IGP-Di, nos anos de 1997, 1999, 2000, 2001, 2002 e 2003, não obtiveram êxito.

Após a decisão do STF, a Turma de Uniformização dos Juizados Especiais Federais cancelou a Súmula n. 3 e editou a de n. 8, com o seguinte teor:

> *Benefícios Previdenciários. Os benefícios de prestação continuada, no regime geral da Previdência Social, não serão reajustados com base no IGP-DI nos anos de 1997, 1999, 2000 e 2001.*

5.18 Revisão da renda mensal da pensão por morte

No regime anterior à Lei n. 8.213/91, o valor mensal da pensão por morte era equivalente a cinquenta por cento do salário de benefício, acrescido de dez por cento por dependente (Lei n. 3.807/60, art. 37; Decreto n. 89.312/84, art. 48).

Com a entrada em vigor da Lei n. 8.213/91, o valor mensal da pensão por morte passou a ser constituído de uma parcela, relativa à família, de oitenta por cento do valor da aposentadoria que o segurado recebia ou a que teria direito, se estivesse aposentado na data do seu falecimento, mais tantas parcelas de dez por cento do valor da mesma aposentadoria quantos forem os seus dependentes, até o máximo de duas (art. 75).

Posteriormente, o mencionado art. 75 foi alterado pela Lei n. 9.032, de 28.4.95, elevando a renda mensal para cem por cento do salário de benefício. Por fim, a MP n. 1.523-9, de 27.6.1997, reeditada até a conversão na Lei n. 9.528, de 10.12.97, determinou a atual redação do art. 75, *verbis*:

> *Art. 75. O valor mensal da pensão por morte será de cem por cento do valor da aposentadoria que o segurado recebia ou daquela a que teria direito se estivesse aposentado por invalidez na data de seu falecimento, observado o disposto no art. 33 desta lei.*

A questão debatida diz respeito à possibilidade e obrigatoriedade da aplicação de lei nova a efeitos futuros de situações jurídicas definitivamente constituídas no passado (anteriormente à vigência da lei nova), ante a necessidade de respeito ao ato jurídico perfeito.

De acordo com precedentes do Superior Tribunal de Justiça, as Leis ns 8.213/91 e 9.032/95 deveriam incidir imediatamente sobre todos os benefícios de pensão, independentemente da lei vigente ao tempo do óbito do segurado, sem contudo, retroagirem à época anterior as suas respectivas vigências, respeitando-se, sempre, a prescrição quinquenal. Neste sentido: Embargos de Divergência em REsp n. 297.274-AL, Rel. Min. Gilson Dipp, julgado em 11.9.2002; REsp n. 263.697-Al, Rel. Min. Hamilton Carvalhido, DJ 5.2.2001.

No mesmo sentido, a Súmula n. 15 da Turma Nacional de Uniformização dos JEFs: "O valor mensal da pensão por morte concedida antes da Lei n. 9.032, de 28 de abril de 1995, deve ser revisado de acordo com a nova redação dada ao art. 75 da Lei n. 8.213, de 24 de julho de 1991".

No entanto, o Plenário do Supremo Tribunal Federal, ao julgar os Recursos Extraordinários ns. 416.827 e 415.454, relator Min. Gilmar Mendes, por maioria de votos (7X4) decidiu que a Lei n. 9.032/95 não atinge os benefícios cuja data de início é anterior à edição da norma. Prevaleceu o entendimento da ausência de fonte de custeio adequada para a pretendida revisão, como exige o parágrafo 5º do artigo 195 da Constituição Federal, que diz que nenhum benefício ou serviço da seguridade social poderá ser criado, majorado ou estendido sem a correspondente fonte de custeio total. (data do julgamento 09/02/2007).

Questão intrigante surgirá em relação aos beneficiários que tiveram seus proventos revisados com base em sentença transitada em julgado. Possivelmente, o INSS adotará medidas no âmbito administrativo e judicial para cessar o pagamento do acréscimo de renda decorrente da aplicação do coeficiente de cálculo mais vantajoso e buscará reaver os valores já pagos aos beneficiários. Considerando-se que no âmbito dos Juizados Especiais Federais não é cabível ação rescisória, entendemos que nesses processos deverá prevalecer a decisão acobertada pelo manto da coisa julgada. Neste sentido, o Enunciado FONAJEF 44: "Não cabe ação rescisória no JEF. O artigo 59 da Lei n 9.099/95 está em consonância com os princípios do sistema processual dos Juizados Especiais, aplicando-se também aos Juizados Especiais Federais."

Há que ser levado em consideração, também, como fator impeditivo de devolução das parcelas já recebidas, a natureza alimentar dos benefícios previdenciários e a boa-fé dos favorecidos com a revisão decorrente de decisão judicial.

5.19 Demais revisões decorrentes da Lei n. 9.032/95

A Lei n. 9.032/95 também majorou o coeficiente de cálculo da renda mensal inicial de outros benefícios, quais sejam: a aposentadoria por invalidez, a aposentadoria especial e o auxílio-acidente.

Seguindo o mesmo entendimento já indicado no item anterior, a Turma Nacional de Uniformização dos Juizados Especiais Federais acolheu pedido de uniformização para definir que cabe aos segurados aposentados por invalidez o direito à revisão da sua aposentadoria, de modo que, a partir da vigência da Lei n.

9.032/95, passe a ser equivalente a 100% do salário de benefício, mesmo tendo o benefício sido concedido antes da lei (Pedido de Uniformização de Interpretação de Lei Federal n. 200451510561394, Relator Juiz Federal Joel Ilan Paciornik, DJU de 19.6.2006).

No que tange à aposentadoria especial, o STF, no Recurso Extraordinário n. 449.391-8/SC, manteve a majoração do coeficiente do benefício em 100% do salário de benefício, entendendo que se trata de relação continuada, de trato sucessivo, nascida de fato jurídico *stricto sensu*, e regulada por normas de direito público, sendo que tal hipótese não escapa à incidência de leis supervenientes, cujo alcance está só em resguardar o poder aquisitivo do montante de benefícios vitalícios que, sem essa atualização periódica, se desnaturaria e aniquilaria (Rel. Min. Cezar Peluso, j. 26.4.2005).

O direito a essas revisões embasadas na Lei n. 9.032/95 foi fulminado pelo Plenário do Supremo Tribunal Federal no julgamento dos Recursos Extraordinários ns. 416.827 e 415.454, cujo precedente que rejeitou o direito à revisão da pensão por morte, tem aplicação às demais revisões com base na mesma tese jurídica. Neste sentido decidiu o STF: "Benefício previdenciário: aposentadoria por invalidez concedida na vigência da redação original do art. 44 da L. 8.213/91, antes, portanto, da edição da L. 9.032/95: revisão indevida: aplicação à espécie, mutatis mudandis, da decisão plenária dos RREE 415.454 e 416.827, 8-2-2007, Gilmar Mendes. Ao julgar os RREE 415.454 e 416.827, Pleno, 8.2.2007, Gilmar Mendes, o Supremo Tribunal decidiu que contraria a Constituição (art. 5º, XXXVI, e 195, § 5º), a decisão que defere a revisão para 100% do 'salário de benefício' das pensões por morte instituídas antes da vigência da L. 9.032/95, que alterou o art. 75 da L. 8.213/91, sob o qual ocorrera a morte do segurado. RE provido, conforme os precedentes, com ressalva do voto vencido do Relator deste. Ônus da sucumbência indevidos" (RE 446.329, Rel. Min. Sepúlveda Pertence, julgamento em 9.2.2007, *DJ* de 4.5.2007).

Em relação ao auxílio-acidente, que substitui o auxílio suplementar ao acidentado, o STJ tem entendido que permanece o direito à revisão, mesmo após os precedentes do STF que afastaram a revisão da pensão por morte. Neste sentido:

> *PREVIDENCIÁRIO. REVISÃO DE BENEFÍCIO. AUXÍLIO SUPLEMENTAR. SUBSTITUIÇÃO PELO AUXÍLIO-ACIDENTE INSTITUÍDO PELA LEI 8.213/91. LEI 9.032/95. MAJORAÇÃO DO PERCENTUAL. INCIDÊNCIA IMEDIATA. PRECEDENTES. ENTENDIMENTO DO STF QUANTO À PENSÃO POR MORTE. INAPLICABILIDADE. BENEFÍCIOS DE NATUREZAS DIVERSAS. RECURSO PROVIDO.*
>
> *1. A Terceira Seção desta Corte de Justiça consolidou seu entendimento no sentido de que o art. 86, § 1º, da Lei 8.213/91, alterado pela Lei 9.032/95, que majorou percentual do auxílio-acidente, deve ser aplicado a todos os benefícios previdenciários, independentemente da legislação em vigor à época de sua concessão. Isso não implica retroatividade da lei, mas tão-somente sua aplicação imediata, em respeito à manutenção da isonomia entre os benefícios.*
>
> *2. O benefício acidentário e a pensão por morte têm naturezas diversas, requerendo, portanto, tratamento diferenciado.*

3. A pensão por morte é uma prestação remuneratória, concedida ao dependente do segurado, quando de seu falecimento, aposentado ou não.

4. A indenização acidentária, diversamente, é uma prestação indenizatória. Não se trata de retribuição ao trabalho prestado pelo segurado, mas, em razão do sistema securitário da Previdência, de uma compensação econômica pela redução de sua capacidade de trabalho em decorrência de infortúnio trabalhista.

5. Ressalta-se que o número de segurados beneficiados com a indenização acidentária é bem inferior ao número dos beneficiários que percebem a pensão por morte, razão pela qual é menor o impacto orçamentário causado pela majoração do percentual.

6. Recurso especial provido.

(REsp 932597 / SP. Quinta Turma. Relator Min. Arnaldo Esteves Lima. DJ 10.3.2008).

5.20 Aplicação do novo teto dos benefícios fixados pelas Emendas Constitucionais ns. 20/98 e 41/2003

O novo limite máximo da renda mensal fixado pela Emenda Constitucional n. 20, de 16.12.1998 (R$ 1.200,00) e pela Emenda Constitucional n. 41, de 31.12.2003 (R$ 2.400,00), enseja o pedido de revisão do valor dos benefícios concedidos anteriormente à edição das normas reformadoras da Constituição.

O limite dos benefícios que vigorava quando da entrada em vigor da EC n. 20/98 era de R$ 1.081,50 (valor estabelecido em junho de 1998). E, da EC n. 41/2003 era de R$ 1.869,34 (valor estabelecido em junho de 2003).

A Emenda Constitucional n. 20/98, em seu art. 14, estabeleceu que: "O limite máximo para o valor dos benefícios do regime geral de previdência social de que trata o art. 201 da Constituição Federal é fixado em R$ 1.200,00 (um mil e duzentos reais), devendo, a partir da data da publicação desta Emenda, ser reajustado de forma a preservar, em caráter permanente, seu valor real, atualizado pelos mesmos índices aplicados aos benefícios do regime geral de previdência social".

O Ministério da Previdência Social, ao editar portaria que tratou da implementação imediata dos dispositivos da Emenda Constitucional n. 20/98, relativos ao Regime Geral de Previdência Social – RGPS, estabeleceu que o novo limite do valor dos proventos seria aplicado apenas aos benefícios concedidos a partir de 16 de dezembro de 1998.

A situação se repetiu quando da publicação da Emenda Constitucional n. 41/2003 (art. 5º) que elevou o teto para R$ 2.400,00. O MPS novamente disciplinou a matéria na via administrativa para aplicar o novo valor apenas para os benefícios concedidos a partir de janeiro de 2004.

A interpretação restritiva do texto das Reformas da Previdência produziu uma situação inusitada, qual seja, a existência de vários tetos de benefícios dentro do mesmo regime.

Entendemos, no entanto, que o disposto no art. 14 da EC n. 20/98 e no art. 5º da EC n. 41/2003 alcançam também os benefícios concedidos anteriormente à elevação do teto, mas desde que na data de início tenham ficado limitados ao teto que vigorava à época.

A motivação para essa revisão, reside no fato de que em muitos casos o cálculo do salário de benefício resultou em valor superior ao teto em vigor na DIB. Entretanto, a renda mensal inicial ficou limitada nesse montante somente para fins de pagamento da prestação previdenciária.

Assim, a elevação do teto-limite dos benefícios permite a recomposição da renda mensal com base no novo valor, desde que demonstrada a limitação e dentro desse patamar.

Essa sistemática não significa a adoção de um reajuste automático a todos os benefícios, mas apenas a recomposição do valor com base no novo limite nos casos em que a fixação dos proventos resultou em montante inferior à média atualizada dos salários de contribuição.

A Turma Recursal dos JEFs do Estado de Santa Catarina apreciou a questão em relação às Emendas Constitucionais ns. 20/98 e 41/2003, adotando o entendimento em questão (Proc. 2004.72.50001934-4, rel. Juiz João Batista Lazzari, sessão de 19.1.2005).

A Turma Regional de Uniformização dos JEFs da 4ª Região passou a adotar a mesma orientação em relação às Emendas Constitucionais n. 20/98 e n. 41/2003 (v.g. IUJEF n. 2006.70.51.004338-4/PR e IUJEF n. 2006.72.51.000953-8/SC, Sessão de 13.12.2007).

Registramos que o Supremo Tribunal Federal adotou esse entendimento em relação aos efeitos da Emenda Constitucional n. 20/98, conforme julgado que transcrevemos:

> *BENEFÍCIO PREVIDENCIÁRIO - TETO - ALTERAÇÃO. Uma vez alterado o teto relativo a benefício previdenciário, como foi feito mediante a Emenda Constitucional nº. 20/98, cumpre ter presente o novo parâmetro fixado, observados os cálculos primitivos. (Ag. Reg. no RE n. 499.091 1/SC. 1ª Turma. Relator Ministro Marco Aurélio. DJ de 1.6.2007).*

Diante da relevância do tema, o Plenário do STF reconheceu a existência de repercussão geral (RE n. 564354/SE, julgado em 3.5.2008), cujo julgamento de mérito contemplou o reconhecimento da tese defendida nesta obra. Segue notícia divulgada no site do STF (acórdão pendente de publicação):

> ***STF Confirma Aplicação de Novo Teto da EC 20/98 à Aposentadorias Anteriores à Norma***
>
> *Quarta-feira, 08 de setembro de 2010.*
>
> *Por maioria de votos, o Supremo Tribunal Federal (STF) negou provimento, na tarde desta quarta-feira (8), a um Recurso Extraordinário (RE 564354) interposto na Corte pelo Instituto Nacional de Seguro Social (INSS) contra decisão que permitiu a aplicação do teto para aposentadoria, previsto na Emenda Constitucional 20/98, ao benefício do recorrente, concedido antes da vigência da emenda.*

Relatora

Em seu voto, a relatora do caso, ministra Carmen Lucia Antunes Rocha, frisou que só após a definição do valor do benefício é que se aplica o limitador (teto). Ele não faz parte do cálculo do benefício a ser pago.

Assim, se esse limite for alterado, ele é aplicado ao valor inicialmente calculado.

Segundo a ministra, não houve aplicação retroativa do disposto no artigo 14 da Emenda Constitucional. Nem aumento ou reajuste, apenas readequação dos valores percebidos ao novo teto. Com esse argumento, entre outros, a ministra negou provimento ao recurso do INSS.

EC 41/03

O ministro Gilmar Mendes concordou com a relatora. Segundo ele, o teto é exterior ao cálculo do benefício. Não se trata mesmo de reajuste, apenas de uma readequação ao novo limite, disse o ministro.

Para ele, não fosse o teto e o aposentado teria direito a um valor superior. Ainda de acordo com o ministro Gilmar Mendes, o mesmo entendimento deve ser aplicado no caso da Emenda Constitucional 41/03, que elevou novamente o teto dos benefícios para R$ 2.400,00.

O ministro Marco Aurélio, que também acompanhou a ministra Cármen Lúcia, frisou que "não se muda a equação inicial", mas apenas se altera o redutor. O ministro Ayres Britto foi outro que acompanhou a relatora. Ele lembrou que o benefício em questão é um direito social e, no caso, de caráter alimentar.

Além desses votos, acompanharam a relatora, ainda, os ministros Ricardo Lewandowski, Joaquim Barbosa, Celso de Mello e o presidente da Corte, Cezar Peluso

(Informativo Notícias STF: http://www.stf.jus.br/portal/cms/verNoticiaDetalhe.asp?idConteudo=160984, Acesso em 30.11.2010).

5.21 Primeiro reajuste após a concessão do benefício

A Turma Nacional de Uniformização dos Juizados Especiais Federais havia firmado o entendimento de que "*revela-se razoável que, por ocasião do primeiro reajuste a ser aplicado aos benefícios após a sua concessão, a sua base de cálculo seja o valor do salário-de-benefício sem a estipulação do teto, uma vez que, do contrário, a renda do segurado seria duplamente sacrificada – na estipulação da RMI e na proporcionalidade do primeiro reajuste com base inferior ao que efetivamente contribuiu*" (Proc. n. 2003.33.00.712505-9, Rel. Juiz Ricardo César Mandarino Barreto, julg. 10.10.2005).

No entanto, a TNU modificou essa orientação estabelecendo que "*(...) O primeiro reajuste do benefício previdenciário deve ser calculado sobre o valor de sua renda mensal inicial, e não sobre o valor do respectivo salário-de-benefício, sem prejuízo da aplicação, em sendo o caso, da regra contida no artigo 21, §§ 1º e 3º, da Lei n.º 8.880/94.(...)*" (Proc. n. 2007.72.54.00.1438-3, Rel. Juiz Otávio Henrique Martins Port, DJ 25.5.2010).

A regra contida no referido dispositivo legal estipula que: "*Na hipótese da média apurada nos termos deste artigo resultar superior ao limite máximo do salário-de-contribuição vigente no mês de início do benefício, a diferença percentual entre esta média e o referido limite será incorporada ao valor do benefício juntamente com o primeiro reajuste do mesmo após a concessão, observado que nenhum benefício assim reajustado poderá superar o limite máximo do salário-de-contribuição vigente na competência em que ocorrer o reajuste."*

5.22 Apuração da Renda Mensal Inicial do Auxílio-Doença e da Aposentadoria por Invalidez

Trata-se de questionamento envolvendo o cálculo da renda mensal inicial do auxílio-doença, da aposentadoria por invalidez e por consequência da pensão por morte, não derivada, a fim de que seja observado fielmente o disposto no art. 29, II, da Lei 8.213/91. Ou seja, que a RMI seja apurada com base na média aritmética simples dos 80% maiores salários de contribuição, e não com base na média aritmética simples de todos os salários de contribuição componentes do período básico de cálculo (100% dos salários de contribuição).

Destaque-se que, em se tratando de segurado filiado à Previdência antes de 29.11.1999, se o direito ao benefício se dá a partir de 29.11.1999, o período básico de cálculo inicia-se na competência julho/94 (art. 3º da Lei n. 9.876/99) e vai até o mês anterior ao início do benefício.

Registramos que, se o trabalhador, em alguma época anterior à data acima referida, foi segurado da Previdência e, antes da edição da Lei n. 9.876/99, veio a perder esta qualidade, deve ser considerado como 'segurado antigo' quando reingressa no sistema, aplicando-se a regra transitória acima referida. E assim é, porque este segurado já era filiado antes da Lei nova, tanto é verdade que, o reingresso no sistema, após cumprida a exigência contida no parágrafo único do art. 24 da Lei n 8.213/91, permite a contagem das contribuições anteriores.

Assim, a regra permanente, onde o período básico de cálculo engloba toda a vida laboral, aplica-se apenas àqueles segurados com filiação originária ao RGPS após 28.11.1999, não sendo o caso de sua incidência nas hipóteses de reingresso ao sistema (mesmo quando houve a prévia perda da qualidade de segurado) depois da vigência da referida Lei. Neste último caso, tem incidência a regra transitória do art. 3º da Lei n. 9.876/99.

Posto isto, observamos que o INSS defendeu a legalidade do cálculo da RMI do benefício em questão, forte no art. 32, § 20, do Decreto n. 3.048/99 (Regulamento da Previdência Social), ora transcrito:

> *Art.32. O salário-de-benefício consiste: (Redação dada pelo Decreto nº 3.265, de 29/11/99, com inclusão de incisos)*
>
> ....
>
> *§ 20. Nos casos de auxílio-doença e de aposentadoria por invalidez, contando o segurado com menos de cento e quarenta e quatro contribuições mensais no período contributivo, o salário-de-benefício corresponderá à soma dos salários-de-contribuição dividido pelo número de con*

tribuições apurado. (Parágrafo acrescentado pelo Decreto nº 5.545, de 22/9/2005 - DOU de 23/9/2005).

Nos casos em que os segurados não contavam com 144 contribuições no PBC (que vai de 07/94 até o mês anterior à data de início do benefício), o INSS aplicou a regra do referido art. 32, § 20, até sua revogação pelo Decreto n. 6.939, de 18.8.2009.

Destacamos que a norma revogada não encontrava qualquer amparo na Lei n. 8.213/91, cuidando-se de inovação legislativa via decreto.

No ordenamento jurídico pátrio os decretos servem para regulamentar a lei, não para inová-la. Quando tal acontece, tem-se o vício da ilegalidade. Logo, o § 20 do art. 32 do Decreto 3.048/99 é ilegal frente ao art. 29, II, da Lei n. 8.213/91, que deve prevalecer.

Portanto, deve ser aplicada a média aritmética simples em relação aos 80% maiores salários do segurado, desde 07/94, e não em relação a todos os salários (100%) encontrados desde 07/94.

Consigamos que, regra semelhante tentou-se introduzir na legislação previdenciária pela MP n. 242/2005, mas a mesma foi rejeitada pelo Senado Federal.

Dessa forma, entendemos devida a revisão da renda mensal inicial dos benefícios em questão (concedidos no período de setembro de 2005 a agosto de 2009, no qual vigorou a forma de cálculo considerada ilegal) para que seja considerada a média aritmética simples dos 80% maiores salários de contribuição constantes do PBC, independentemente do número de salários encontrados neste, e contando-se a renda do auxílio-doença como salário de contribuição em relação à aposentadoria por invalidez. Neste sentido, tem decidido as Turmas Recursais de Santa Catarina (Proc. 2007.72.50.001961-8, 1ª TRSC, Rel. Juiz Federal João Batista Lazzari, sessão de 27.11.2007).

Registramos, ainda, a edição de Súmula sobre a matéria pelas Turmas Recursais dos JEFs de Santa Catarina, nos termos que seguem:

Súmula 24: Para os benefícios previdenciários de aposentadoria por invalidez, auxílio-doença e auxílio-acidente, concedidos após a vigência da Lei n. 9.876/99, o salário-de-benefício consistirá na média aritmética simples dos maiores salários-de-contribuição correspondentes a 80% de todo o período contributivo, independentemente da data de filiação ao RGPS e do número de contribuições mensais vertidas no período contributivo.

Para validar esse entendimento, basta conferir a redação do art. 188-A, § 4º do RPS na redação conferida pelo Decreto n. 6.939, de 18.8.2009, que dispõe: "Nos casos de auxílio-doença e de aposentadoria por invalidez, o salário-de-benefício consiste na média aritmética simples dos maiores salários-de-contribuição correspondentes a oitenta por cento do período contributivo decorrido desde a competência julho de 1994 até a data do início do benefício".

Por força do Memorando-Circular Conjunto nº 21 /DIRBEN/PFEINSS, de 15.4. 2010, o INSS passou a efetuar a referida revisão somente após requerimento do segurado. Posteriormente, o INSS sobrestou as revisões com base no Memorando-Circular n. 19 INSS/DIRBEN, de julho de 2010. E na sequência, restabeleceu através do Memorando-Circular n. 28/INSSIDIRBEN, de 17.9.2010. Sendo assim, essa revisão pode em regra ser obtida administrativamente, mas questionamentos judiciais têm surgido especialmente em relação à aplicação do prazo decadencial.

5.23 Renda Mensal Inicial da Aposentadoria por Invalidez Precedida de Auxílio-Doença

Discute-se a revisão do valor da RMI da aposentadoria por invalidez, realizando o cálculo do salário de benefício na forma do art. 29, § 5º da Lei n.8.213/91, ao fundamento de que o disposto no art. 36, § 7º, do Decreto n. 3.048/99 extrapolou seu limite de regulamentação.

A sistemática de cálculo da RMI utilizada pelo INSS nos termos do art. 36, § 7º do Decreto n. 3.048/99, ou seja, majorando seu coeficiente, desrespeita o disposto no art. 29, § 5º da Lei n. 8.213/91. Pelo dispositivo legal referido, a RMI da aposentadoria por invalidez oriunda da transformação de auxílio-doença, deverá ser de 100% do salário de benefício que serviu de base ao cálculo da RMI daquele auxílio, reajustado pelos índices de correção dos benefícios em geral.

A questão, embora polêmica, tem precedentes favoráveis. Exemplo é a Súmula n. 9 da Turma Recursal de Santa Catarina: "*Na fixação da renda mensal inicial da aposentadoria por invalidez precedida de auxílio-doença deve-se apurar o salário-de-benefício na forma do artigo 29, § 5º, da Lei nº 8.213/91*".

No mesmo sentido, o presidente da Turma Nacional de Uniformização (TNU) da Jurisprudência dos Juizados Especiais Federais (JEFs), ministro Gilson Dipp, proferiu decisão definindo que a regra de cálculo da renda mensal inicial da aposentadoria por invalidez precedida do recebimento de auxílio-doença é a contida na Lei 8.213/91. De acordo com o ministro Dipp, a questão já está pacificada na TNU no sentido de que as regras são antagônicas e que o Decreto nº 3.048/99 é ilegal por extrapolar sua função regulamentadora. (Processo nº 2007.83.00.505552-6, PE, DJ de 27.6.2008).

Em junho de 2008, um caso de aposentadoria por invalidez decorrente de auxílio-doença, discutido no RE 583834, teve seu julgamento suspenso e considerado como de "repercussão geral" pelo STF.

A repercussão foi reconhecida pela maioria dos ministros (5 votos a 4) sob o argumento de que a decisão influenciará o cálculo de milhares de benefícios mantidos pela Previdência Social. O relator, ministro Carlos Ayres Britto, entendeu que o assunto deve ser analisado pelo STF porque, da forma como foi julgado na instância inferior, obrigará o INSS a revisar todas as aposentadorias por invalidez concedidas imediatamente após o auxílio-doença e, por isso, teria relevância econômica, política, social e jurídica para a coletividade. "A tese a ser fixada pelo STF determinará a sistemática de cálculo de milhares de benefícios mantidos pela Previdência Social", disse o ministro em seu voto.

O processo envolve três interpretações distintas sobre o cálculo do salário de aposentados por invalidez que antes recebiam auxílio-doença, por isso o assunto chegou ao STF na forma de Recurso Extraordinário. A Turma Recursal dos Juizados Especiais de Santa Catarina determinou que o valor do auxílio-doença fosse considerado o próprio salário de contribuição e, por isso, usado para calcular a renda mensal base do benefício da aposentadoria por invalidez.

O Instituto Nacional do Seguro Social (INSS), no entanto, argumenta que o valor do auxílio-doença deveria simplesmente passar de 91% para 100% do salário de contribuição e ser considerado o próprio benefício de aposentadoria por invalidez. De outro lado, o segurado que é parte no RE, defende que o auxílio-doença só deve ser usado para cálculo durante o tempo em que foi pago, devendo ser realizado um novo cálculo para concessão da aposentadoria por invalidez.

Aguarda-se o julgamento do caso, o que provavelmente ensejará a edição de súmula vinculante a esse respeito.

5.24 Revisão com base na concessão do benefício mais vantajoso, ainda que anterior a DER

Trata-se de ação objetivando o recálculo da renda mensal inicial da aposentadoria segundo a época em que, já implementados os requisitos para a fruição do benefício, aquela lhe seria mais vantajosa.

Considerando-se que o direito à aposentadoria surge quando preenchidos os requisitos estabelecidos em lei para o gozo do benefício, e tendo o segurado preenchido todas as exigências legais para inativar-se em um determinado momento, não pode servir de óbice ao reconhecimento do direito ao cálculo do benefício como previsto naquela data o fato de ter permanecido em atividade, sob pena de restar penalizado pela postura que redundou em proveito para a Previdência.

Ou seja, ainda que tenha optado por exercer o direito à aposentação em momento posterior, possui o direito adquirido de ter sua renda mensal inicial calculada como se o benefício tivesse sido requerido e concedido em qualquer data anterior, desde que implementados todos os requisitos para a aposentadoria.

O segurado tem direito adquirido ao cálculo do benefício de conformidade com as regras vigentes quando da reunião dos requisitos da aposentação independentemente de prévio requerimento administrativo para tanto. Precedentes do STF e do STJ.

É devida a retroação do período básico de cálculo (PBC) ainda que não tenha havido alteração da legislação de regência, pois a proteção ao direito adquirido também se faz presente para preservar situação fática já consolidada mesmo ausente modificação no ordenamento jurídico, devendo a Autarquia Previdenciária avaliar a forma de cálculo que seja mais rentável aos segurados, dado o caráter social da prestação previdenciária, consoante previsão contida no art. 6.º da Constituição Federal.

Muito embora o art. 122 da Lei n. 8.213/91 tenha previsto a retroação do período básico de cálculo nos casos de aposentadoria integral (regra reproduzida nas normas regulamentadoras), é possível a extensão desse direito aos casos de concessão de aposentadoria proporcional, em face do princípio da isonomia e em respeito ao critério da garantia do benefício mais vantajoso, como, aliás, preceitua o Enunciado n.º 5 do próprio Conselho de Recursos da Previdência Social - CRPS: "A Previdência Social deve conceder o melhor benefício a que o segurado fizer jus, cabendo ao servidor orientá-lo nesse sentido."

Esta ação só poderá ser ajuizada para as aposentadorias e auxílios cujos segurados tenham implementado as condições para o requerimento do benefício antes da DIB, ainda que proporcionais.

Sobre essa revisão recomendamos a leitura do inteiro teor dos votos proferidos no julgamento dos recursos: AC n. 2004.71.00.044182-8. TRF da 4ª. Região. Quinta Turma. Relator Juiz Federal João Batista Lazzari. D.E. 05/10/2009; EINF n. 2006.71.00.035402-3. TRF da 4ª. Região. 3ª. Seção. Relator Juiz Federal João Batista Lazzari. D.E. 18/11/2009.

5.25 Revisão com base na inclusão do 13º na base de cálculo (RMI 13º)

O objetivo dessa ação é garantir que o valor contribuído sobre o 13º salário seja somado ao salário-de-contribuição do mês de dezembro dos anos pertinentes para que seja considerado um valor maior, de forma que se aumente a média apurada (salário-de-benefício).

Tal pleito se justifica, posto que, antes do advento da Lei n. 8.870/94, o 13º, salário (gratificação natalina) era considerado salário-de-contribuição, conforme redação expressa do § 7º do art. 28 da Lei n. 8.212/91: "O décimo terceiro salário (gratificação natalina) integra o salário-de-contribuição, na forma estabelecida em regulamento". (redação original)

Na mesma época, o artigo 29, § 3º, da Lei n. 8.213/91, determinava que: "Serão considerados para cálculo do salário-de-benefício os ganhos habituais do segurado empregado, a qualquer título, sob forma de moeda corrente ou de utilidades, sobre os quais tenha incidido contribuições previdenciárias". Essas regras foram reguladas pelos Decretos n. 611 e 612, de 1992.

Assim, pelos ditames da legislação vigente à época, depreende-se que o valor correspondente ao 13º salário, sobre o qual incidiu contribuição previdenciária, deve ser considerado para os efeitos de cálculo da Renda Mensal Inicial.

O objetivo dessa revisão não é a inclusão de mais salários-de-contribuição, de forma que se ultrapassasse o limite de 36 ou que se excluísse alguns salários, mas sim a soma do salário-de-contribuição referente ao mês de dezembro com o valor contribuído a título de 13º.

Esta revisão poderá ser aproveitada para as aposentadorias, auxílios e pensões que tenham sido calculados com a inclusão dos meses de dezembro de 1991, 1992 e 1993. Mas quem já contribuiu no teto nos meses de dezembro citados não vai ter direito ao aumento, em face da limitação máxima de contribuição.

Precedentes favoráveis podem ser buscados junto aos TRFs: AC 200961110052138, TRF da 3ª Região, Sétima Turma, Relatora Juíza Eva Regina, DJF3 CJ1: 6.10.2010; AC n. 2003.71.00.061668-5, TRF da 4ª. Região, Relator para o Acórdão Juiz Federal João Batista Lazzari, DE 30.09.2009.

Ressaltamos que a inclusão do décimo terceiro na base de cálculo para apuração do salário de benefício, fora do período referido, encontra vedação legal na atual redação do art. 28, § 7º da Lei n. 8.213/91 e os precedentes jurisprudenciais são desfavoráveis. Neste sentido: TRF4. AC 200971990007712, Sexta Turma, Rel. Juiz Sebastião Ogê Muniz, DE 10.3.2009.

5.26 Ampliação do Período Básico de Cálculo do Salário de Benefício

A atual fórmula de cálculo do salário de benefício para os segurados em geral (excetuados os segurados especiais) prevista no art. 29 da Lei n. 8.213/91 (redação conferida pela Lei n. 9.876, de 29.11.1999) observa os seguintes critérios:

- para a aposentadoria por idade e por tempo de contribuição: o salário de benefício consistirá na média aritmética simples dos maiores salários de contribuição correspondentes a 80% de todo o período contributivo, multiplicada pelo fator previdenciário;
- para a aposentadoria por invalidez, aposentadoria especial, auxílio-doença e auxílio-acidente: o salário de benefício consistirá na média aritmética simples dos maiores salários de contribuição correspondentes a 80% de todo o período contributivo (para estes benefícios não há a multiplicação pelo fator previdenciário).

Para os segurados já filiados ao RGPS antes de 29.11.1999, a Lei n. 9.876/99 estabeleceu no art. 3º as seguintes regras de transição:

- no cálculo do salário de benefício será considerada a média aritmética simples dos maiores salários de contribuição, correspondentes a, no mínimo, 80% de todo o período contributivo decorrido desde a competência julho de 1994;
- no caso das aposentadorias por idade, tempo de contribuição e especial, o divisor considerado no cálculo dessa média não poderá ser inferior a 60% do período decorrido da competência julho de 1994 até a data de início do benefício, limitado a 100% de todo o período contributivo.

Embora a Lei n. 9.876/99 não tenha previsto expressamente, há que ser entendido que o segurado poderá optar pela regra nova na sua integralidade, ou seja, a média dos 80% maiores salários de contribuição de todo o período em que contribuiu ao sistema e não apenas a partir de julho de 1994.

Como paradigma para essa interpretação podemos citar o art. 9º da Emenda Constitucional n. 20/98, que ao alterar as regras de concessão da aposentadoria por tempo de contribuição permitiu ao segurado optar pelas regras de transição ou pelas novas regras permanentes do art. 201 da Constituição.

Além disso, ao tratarmos de regras de transição no direito previdenciário, sua estipulação é exatamente para facilitar a adaptação dos segurados que já estavam contribuindo, mas que ainda não tinham implementado as condições para o benefício, ou seja, que ainda não possuíam o direito adquirido ao benefício. Portanto, não havendo direito adquirido à regra anterior, o segurado teria sempre duas opções: a regra nova ou a regra de transição, podendo sempre optar pela que lhe for mais benéfica.

Trata-se mais uma vez do reconhecimento do direito ao cálculo mais vantajoso para o segurado, dentre as opções possíveis de período básico de cálculo, desde que preenchidos os demais requisitos para a concessão da prestação.

A ampliação do período básico de cálculo para todo o período contributivo pode gerar um salário de benefício mais vantajoso em muitos casos, por exemplo:

- nos casos de aposentadorias por idade, tempo de contribuição e especial, em que a aplicação do divisor mínimo de 60% do período decorrido da competência julho de 1994 até a data de início do benefício, gera competência com salários de contribuição zerados;
- hipóteses de segurados que aderiram à Planos de Demissão Incentivada e reduziram os salários de contribuição no período que antecede a aposentadoria, mas tem um histórico contributivo elevado.

Essa tese é relativamente nova e pouco debatida nos meios doutrinários e jurisprudenciais até o momento, mas acreditamos que poderá ser exitosa para que muitos segurados obtenham a elevação do valor da renda mensal inicial dos seus benefícios.

Capítulo 6

Pagamento dos benefícios

Por haver obrigação da Previdência Social em conceder os benefícios, impõe-se que a lei estabeleça o tempo, o lugar e a forma de cumprimento desta obrigação.

Quanto ao período de pagamento, o art. 41 da Lei n. 8.213/91 (com redação dada pela Lei n. 11.665, de 29 de abril de 2008) estabelece que os benefícios com renda mensal superior a um salário mínimo serão pagos do primeiro ao quinto dia útil do mês subsequente ao de sua competência, observada a distribuição proporcional do número de beneficiários por dia de pagamento.

Os benefícios com renda mensal no valor de até um salário mínimo serão pagos no período compreendido entre o quinto dia útil que anteceder o final do mês de sua competência e o quinto dia útil do mês subsequente, observada a distribuição proporcional dos beneficiários por dia de pagamento.

O primeiro pagamento do benefício será efetuado até quarenta e cinco dias após a data da apresentação, pelo segurado, da documentação necessária à sua concessão.

Considera-se dia útil aquele de expediente bancário com horário normal de atendimento.

O fato de o INSS ter dividido os segurados em tantos grupos quantos são os dias fixados para pagamento das aposentadorias atende a exigências de ordem operacional. Considerando-se o número de segurados da Previdência Social, podemos concluir que seria impraticável efetuar o pagamento de todos num mesmo dia.

No âmbito dos serviços públicos, é razoável tolerar-se pequena defasagem, inevitável em função do necessário procedimento para alocação de recursos, que não se desenvolve como na órbita privada. Aliás, este é o entendimento do Tribunal Regional Federal da 4ª Região: "Previdenciário. Revisão de Benefício. Reajuste Integral. Valor Real. Correção Monetária. 1. O reajuste dos benefícios previdenciários e a manutenção de seu valor real estão assegurados pelo art. 41, inc. I, da Lei de Benefícios. 2. Incabível a correção monetária no período legalmente previsto para os pagamentos do primeiro ao décimo dia útil do mês seguinte ao da competência pois não houve atraso no pagamento e sim mero escalonamento. 3. Ação Improcedente" (AC n. 0429355-95-SC, TRF da 4ª Região, 3ª Turma, DJU de 27.12.95, p. 89.460).

Ademais, é obrigação do Instituto Nacional do Seguro Social –INSS fornecer ao beneficiário demonstrativo minucioso das importâncias pagas, discriminando o valor da mensalidade, as diferenças eventualmente pagas, com o período a que se referem, e os descontos efetuados (art. 155 do Decreto n. 3.048/99).

Sobre a forma de pagamento, dispõe o Regulamento que os benefícios poderão ser pagos mediante depósito em conta corrente, em nome do beneficiário (art. 166 do Decreto n. 3.048/99, com a redação conferida pelo Decreto n. 4.729, de 9.6.2003). O § 3º do mesmo art. 166, sobre a hipótese de contas inativas, dispõe que, na hipótese da falta de movimentação relativa a saque em conta corrente cujos depósitos sejam decorrentes exclusivamente de pagamento de benefícios, por prazo superior a sessenta dias, os valores dos benefícios remanescentes serão estornados e creditados à Conta Única do Tesouro Nacional, com a identificação de sua origem.

O desconto do Imposto de Renda (IR) sobre montante de verba previdenciária paga de uma só vez deve ser calculado de acordo com as parcelas mensais do benefício, e não sobre o total pago. Além disso, o pagamento deve observar a legislação vigente à época do benefício e as alíquotas e faixas de isenção previstas para o recolhimento do imposto (REsp n. Nº 1.118.429/SP, Primeira Seção, Rel. Min. Hermann Benjamin, DJE 14.5.2010).

Essa matéria foi superada e regulada administrativamente pelo INSS na IN 45, de 2010, que dispõe:

> *Art. 418. O INSS pode descontar da renda mensal do benefício: (...)*
>
> *III - o Imposto de Renda Retido na Fonte - IRRF, observando-se que: (...)*
>
> *b) considerando os efeitos do Parecer PGFN/CRJ/Nº 287/2009, de 12 de fevereiro de 2009, aprovado pelo Ministro da Fazenda, no caso de pagamentos acumulados ou atrasados, seja por responsabilidade da Previdência Social ou do beneficiário, oriundos de concessão, reativação ou revisão de benefícios previdenciários e assistenciais, o INSS deverá:*
>
> *1. deixar de proceder ao desconto do IRRF, se as rendas mensais originárias forem inferiores ao limite de isenção do tributo, sendo reconhecido por rubrica própria; e*
>
> *2. deverá proceder ao desconto do IRRF, se as rendas mensais originárias estiverem dentro das faixas de incidência do tributo, sendo que nesse caso devem ser observadas as tabelas e alíquotas das épocas próprias a que se referem tais rendimentos, considerados mês a mês, sendo reconhecido por rubrica própria;*
>
> *c) na forma da Lei nº 9.250, de 26 de dezembro de 1995, são isentos de desconto do IRRF os valores a serem pagos aos beneficiários que estão em gozo de:*
>
> *2. benefícios concedidos a portadores de moléstia profissional, tuberculose ativa, alienação mental, esclerose múltipla, neoplasia maligna, cegueira, hanseníase, paralisia irreversível e incapacitante, cardiopatia grave, doença de Parkinson, espondiloartrose anquilosante, nefropatia grave, estados avançados da doença de Paget (osteite deformante), contaminação por radiação, Síndrome da Imunodeficiência Adquirida, Fibrose cística (mucoviscidose), hepatopatia grave e Síndrome de Talidomida.*

A forma de apuração do imposto de renda sobre os rendimentos do trabalho e os provenientes de aposentadoria, pensão, transferência para a reserva remunerada ou reforma, pagos pela Previdência Social da União, dos Estados, do Distrito Federal e dos Municípios, quando correspondentes a anos-calendários anteriores ao do recebimento, foram regulamentos pela Lei n. 12.350, de 20.12.2010, que acrescentou o art. 12-A à Lei n. 7.713/88. A norma estabelece, entre outros pontos, que o imposto será retido pela pessoa física ou jurídica obrigada ao pagamento ou pela instituição financeira depositária do crédito e calculado sobre o montante dos rendimentos pagos, mediante a utilização de tabela progressiva resultante da multiplicação da quantidade de meses a que se refiram os rendimentos pelos valores constantes da tabela progressiva mensal correspondente ao mês do recebimento ou crédito.

O benefício será pago diretamente ao beneficiário, salvo em caso de ausência, moléstia contagiosa ou impossibilidade de locomoção. O beneficiário menor, a partir dos 16 anos, tem capacidade para firmar recibo de pagamento de benefício, independentemente da presença de seu responsável legal, salvo se absolutamente incapaz (art. 163 do Regulamento). Quanto aos analfabetos, a impressão digital aposta na presença de servidor do INSS ou representante da Previdência Social vale como assinatura para quitação do benefício (art. 164 do Regulamento).

Na hipótese de beneficiário absolutamente incapaz, ausente ou impossibilitado de comparecer pessoalmente para receber, o benefício será pago a terceiro, cumpridas as exigências previstas no Decreto n. 3.048/99, que serão vistas a seguir.

Sobre os valores de benefícios pagos em atraso, na via administrativa, incide correção monetária, em face da natureza alimentar dos benefícios previdenciários. Nesse sentido preconiza a Súmula n. 9 do Tribunal Regional Federal da 4ª Região: "Incide correção monetária sobre os valores pagos com atraso, na via administrativa, a título de vencimento, remuneração, provento, soldo, pensão ou benefício previdenciário, face à sua natureza alimentar" (DJ de 6.11.92).

A Advocacia Geral da União, visando eliminar discussões judiciais e padronizar o entendimento na Administração Federal, baixou sobre a matéria o seguinte enunciado:

> *Súmula n. 38: "Incide a correção monetária sobre as parcelas em atraso não prescritas, relativas aos débitos de natureza alimentar, assim como aos benefícios previdenciários, desde o momento em que passaram a ser devidos, mesmo que em período anterior ao ajuizamento de ação judicial.*

A correção dos débitos previdenciários vencidos após a edição da Lei n. 6.899/81, que determinou a aplicação da correção monetária nos débitos oriundos de decisão judicial, deve obedecer aos critérios nela contidos. Nesse sentido é a jurisprudência do Superior Tribunal de Justiça: "Previdenciário. Revisional de Benefícios. Correção Monetária. Súmula 71 do TFR. Lei n. 6.899/81. Súmula 148, STJ. Verba Honorária. Percentual. Prestações Vincendas. 1. A Súmula 71, do TFR, não é mais aplicável, como critério de correção monetária, nos débitos vencidos após a vigência da Lei n. 6.899/81. Súmula 148, STJ. 2. Em face do caráter alimentar do benefício previdenciário, a correção monetária deve incidir desde quando as parcelas em atraso não prescritas passaram a ser devidas, mesmo que em período anterior ao ajuizamento da ação. 3. Recurso parcialmente conhecido e, nessa parte, parcialmente provido" (REsp n. 167.993-SP, STJ, 5ª Turma, rel. Min. Edson Vidigal, DJU de 22.6.98).

A atualização monetária das parcelas em atraso deve incluir os expurgos inflacionários de janeiro/89, de março/abril/maio/90 e fevereiro/91. Nesse sentido, vale lembrar os entendimentos definidos pelas Súmulas ns. 32 e 37 do Tribunal Regional Federal da 4ª Região, a seguir transcritas: "Súmula n. 32 – No cálculo de liquidação de débito judicial, inclui-se o índice de 42,72% relativo à correção monetária de janeiro de 1989". "Súmula n. 37 – Na liquidação de débito resultante de decisão judicial, incluem-se os índices relativos ao IPC de março, abril e maio de 1990 e fevereiro de 1991". O Superior Tribunal de Justiça manteve o mesmo posicionamento: "A incidência dos expurgos inflacionários, ainda que de ofício, no cálculo da correção monetária em conta de liquidação de sentença, não ofende a qualquer texto legal" (REsp n. 157.614/SP, 5ª Turma, rel. Min. Cid Flaquer Scartezzini, DJU de 30.3.98, p. 124).

Em relação aos índices de atualização monetária e os juros moratórios, transcrevemos o entendimento firmado pela 3ª Seção do TRF da 4ª Região, no sentido de que:

> *(....) 5. A despeito dos precedentes anteriores da Turma em sentido contrário, firmou-se na 3ª Seção deste Tribunal o entendimento de que atualização monetária, incidindo a contar do vencimento de cada prestação, deve-se dar pelos seguintes indexadores: ORTN (10/64 a 02/86, Lei nº 4.257/64), OTN (03/86 a 01/89, Decreto-Lei nº 2.284/86, de 03/86 a 01/89), BTN (02/89 a 02/91, Lei nº 7.777/89), INPC (03/91 a 12/92, Lei nº 8.213/91), IRSM (01/93 a 02/94, Lei nº 8.542/92), URV (03 a 06/94, Lei nº 8.880/94), IPC-r (07/94 a 06/95, Lei nº 8.880/94), INPC (07/95 a 04/96, MP nº 1.053/95), IGP-DI (05/96 a 03/2006, art. 10 da Lei n.º 9.711/98, combinado com o art. 20, §§ 5º e 6.º, da Lei n.º 8.880/94) e INPC (04/2006 a 06/2009, conforme o art. 31 da Lei n.º 10.741/03, combinado com a Lei n.º 11.430/06, precedida da MP n.º 316, de 11/08/2006, que acrescentou o art. 41-A à Lei n.º 8.213/91, e REsp. n.º 1.103.122/PR). Nesses períodos, os juros de mora devem ser fixados à taxa de 1% ao mês, a contar da citação, com base no art. 3º do Decreto-Lei n. 2.322/87, aplicável analogicamente aos benefícios pagos com atraso, tendo em vista o seu caráter eminentemente alimentar, consoante firme entendimento consagrado na jurisprudência do STJ e na Súmula 75 desta Corte.*
>
> *6. De acordo com o entendimento predominante da 3ª Seção desta Corte, a contar de 01/07/2009, data em que passou a viger a Lei 11.960, de 29/06/2009 (publicada em 30/06/2009), que alterou o art. 1.º-F da Lei 9.494/97, para fins de atualização monetária e juros haverá a incidência, uma única vez, até o efetivo pagamento, dos índices oficiais de remuneração básica e juros da caderneta de poupança, sendo a modificação legislativa aplicável imediatamente aos feitos de natureza previdenciária."*
>
> *(APELREEX 00107397920074047100, Rel. Des. Federal Ricardo Teixeira do Valle Pereira, DE 14.6.2010).*

Importante constar que segundo orientação do STJ, com a qual concordamos, os novos critérios de cálculo da atualização monetária e de juros de mora fixados pela Lei n. 11.960/2009, não se aplicam aos processos em curso:

> *PROCESSUAL CIVIL E PREVIDENCIÁRIO. AGRAVO REGIMENTAL NO RECURSO ESPECIAL. ART. 1.º-F DA LEI N.º 9.494/97. REDAÇÃO DADA PELA LEI N.º 11.960/09. JUROS MORATÓRIOS. CRITÉRIO DE CÁLCULOS. ALTERAÇÃO. APLICAÇÃO AOS PROCESSOS EM ANDAMENTO. INVIABILIDADE.*
>
> *1. Conforme o entendimento firmado no âmbito desta Corte Superior, a Lei n.º 11.960/2009, que modificou o texto do art. 1º-F da Lei n. 9.494/97, alterando o critério de cálculo dos juros de mora, não pode incidir sobre os processos em curso, por possuir natureza instrumental material.*
>
> *2. Agravo regimental desprovido.*
>
> *(AGRESP 200602010900. Quinta Turma. Relatora Ministra Laurita Vaz. DJE: 4.10.2010).*

6.1 Pagamento feito a terceiros

O Regulamento prevê a possibilidade de pagamento do benefício a procurador, cujo mandato não terá prazo superior a doze meses, podendo ser renovado ou revalidado pelos setores de benefícios do INSS (art. 156 do Decreto n. 3.048/99), não podendo ser recusada a procuração, salvo por inidoneidade do documento ou do mandatário, observando-se as normas do Código Civil para a constituição de mandato. O procurador deverá firmar termo de compromisso perante a Previdência Social, em que se comprometerá a noticiar ao INSS qualquer evento que possa vir a causar a anulação da procuração (revogação do mandato, óbito do outorgante), sob pena de responder penalmente por não informar tais ocorrências (art. 156, parágrafo único, do Decreto n. 3.048/99).

Uma mesma pessoa só será admitida como procuradora de vários beneficiários nos casos de: representantes credenciados de instituições de tratamento coletivo de indivíduos portadores de algum tipo de incapacidade ou enfermidade (leprosários, asilos e congêneres); parentes de primeiro grau dos beneficiários; ou em outros casos, a critério do INSS (art. 159 do Decreto). São impedidas de exercer o mandato para percepção de benefícios previdenciários: os servidores públicos e militares em atividade, salvo se parentes do beneficiário até o segundo grau civil; e os incapazes para os atos da vida civil, ressalvado o disposto no art. 1.298 do antigo Código Civil (art. 666 do Código Civil vigente) – art. 160 do Decreto. A procuração, por seu turno, pode ser outorgada por qualquer beneficiário maior de 18 anos ou emancipado, no gozo dos seus direitos civis, já que a alteração da maioridade civil no Código, nesse caso, afeta a norma previdenciária, não se tratando de direito a benefício, mas de ato jurídico praticado na forma da lei civil.

O benefício devido ao segurado ou dependente civilmente incapaz será pago ao cônjuge, pai, mãe, tutor ou curador, admitindo-se, na sua falta e por período não superior a seis meses, o pagamento a herdeiro necessário, mediante termo de compromisso firmado no ato do recebimento, conforme previsto no art. 110 da Lei n. 8.213/91 e no art. 162 do Decreto n. 3.048/99. O prazo de seis meses poderá ser prorrogado por iguais períodos, desde que comprovado o andamento regular do processo legal de tutela ou curatela.

O valor não recebido em vida pelo segurado somente será pago a seus dependentes habilitados à pensão por morte ou, na falta deles, a seus sucessores na forma da lei civil, independentemente de inventário ou arrolamento, consoante previsão contida no art. 112 da Lei n. 8.213/91. Nesse sentido: TRF da 4ª Região, Embargos Infringentes em AC n. 2000.70.00.001185-1/PR, 3ª Seção, Rel. Des. Federal Paulo Afonso Brum Vaz, sessão de 14.11.2001.

6.2 Intangibilidade do valor do benefício

Já foi dito que o INSS deve fornecer ao beneficiário demonstrativo minucioso das importâncias pagas, discriminando-se, entre outros aspectos, os descontos efetuados. Trata-se do princípio da intangibilidade do valor do benefício, que se desdobra por várias regras de proteção ao indivíduo beneficiário da Previdência Social.

Assim é que, *a priori*, o valor recebido a título de benefício é insuscetível de débitos. Porém, de acordo com o art. 115 da Lei n. 8.213/81, o INSS pode descontar da renda mensal do benefício as seguintes parcelas:

- contribuições devidas pelo segurado à seguridade social (quando em atividade);
- pagamentos de benefícios em valores além dos devidos;
- imposto de renda a ser retido na fonte;
- alimentos devidos em função de sentença judicial; e
- mensalidades de associações e demais entidades de aposentados legalmente reconhecidas, desde que autorizadas por seus filiados.
- pagamento de empréstimos, financiamentos e operações de arrendamento mercantil concedidos por instituições financeiras e sociedades de arrendamento mercantil, públicas ou privadas, quando expressamente autorizado pelo beneficiário de aposentadoria ou pensão, até o limite de trinta por cento do valor do benefício (art. 154, VI, e § 6º, do Regulamento da Previdência Social, com a redação do Decreto n. 4.862, de 21.10.2003).

Ainda segundo este princípio, o benefício concedido a segurado ou dependente não pode ser objeto de penhora, arresto ou sequestro, sendo nula de pleno direito a sua venda ou cessão, ou a constituição de qualquer ônus sobre ele, bem como a outorga de poderes irrevogáveis ou em causa própria para seu recebimento, ressalvados os descontos acima relacionados (art. 114 da Lei n. 8.213/91).

Sobre as importâncias recebidas indevidamente, dispõe o art. 154 do Decreto n. 3.048/99:

Art. 154. ....

§ 2º A restituição de importância recebida indevidamente por beneficiário da previdência social, nos casos comprovados de dolo, fraude ou má-fé, deverá ser feita de uma só vez, atualizada nos moldes do art. 175, independentemente de outras penalidades legais.

§ 3º Caso o débito seja originário de erro da previdência social, o segurado, usufruindo de benefício regularmente concedido, poderá devolver o valor de forma parcelada, atualizado nos moldes do art. 175, devendo cada parcela corresponder, no máximo, a trinta por cento do valor do benefício em manutenção, e ser descontado em número de meses necessários à liquidação do débito.

§ 4º Se o débito for originário de erro da previdência social e o segurado não usufruir de benefício, o valor deverá ser devolvido, com a correção de que trata o parágrafo anterior, da seguinte forma:

I – no caso de empregado, com a observância do disposto no art. 365; e

II – no caso dos demais beneficiários, será observado:

a) se superior a cinco vezes o valor do benefício suspenso ou cessado, no prazo de sessenta dias, contados da notificação para fazê-lo, sob pena de inscrição em Dívida Ativa; e

b) se inferior a cinco vezes o valor do benefício suspenso ou cessado, no prazo de trinta dias, contados da notificação para fazê-lo, sob pena de inscrição em Dívida Ativa.

§ 5º No caso de revisão de benefícios em que resultar valor superior ao que vinha sendo pago, em razão de erro da previdência social, o valor resultante da diferença verificada entre o pago e o devido será objeto de atualização nos mesmos moldes do art. 175.

Comungamos do entendimento adotado pelo STJ no sentido de que não é preciso devolver as parcelas previdenciárias concedidas por antecipação de tutela que posteriormente foram revogadas. A decisão é da Terceira Seção, que seguiu voto da ministra Maria Thereza de Assis Moura, para quem, diante do caráter eminentemente alimentar do benefício previdenciário, não se admite a sua devolução quando revogada a decisão judicial que o concedeu, sobretudo quando não pesa nenhuma dúvida quanto à boa-fé do beneficiário (REsp 991030. Sessão de 14.5.2008).

6.3 Acumulação de benefícios

O recebimento conjunto de mais de um benefício previdenciário sofre limitações impostas pela Lei n. 8.213/91 e pelo Decreto n. 3.048/99, sendo ressalvado o direito adquirido dos beneficiários que já acumulam essas prestações com base em legislação anterior. Não é permitido o recebimento conjunto dos seguintes benefícios:

- aposentadoria com auxílio-doença;
- aposentadoria com auxílio-acidente, salvo com DIB (data de início de benefício) anterior a 11.11.97;
- mais de uma aposentadoria, exceto com DIB anterior a janeiro de 1967;
- posentadoria com abono de permanência em serviço;
- salário-maternidade com auxílio-doença;
- mais de um auxílio-acidente;

- mais de uma pensão deixada por cônjuge e/ou companheiro(a), ressalvado o direito de opção pela mais vantajosa;
- seguro-desemprego com qualquer benefício de prestação continuada da Previdência Social, exceto pensão por morte ou auxílio-acidente (art. 124 da Lei n. 8.213/91);
- benefícios previdenciários com benefícios assistenciais pecuniários, exceto a pensão especial mensal aos dependentes das vítimas da hemodiálise em Caruaru (Lei n. 9.422, de 24.12.96).

Salvo nos casos de aposentadoria por invalidez, o retorno do aposentado à atividade não prejudica o recebimento de sua aposentadoria, que será mantida no seu valor integral (Regulamento, art. 168).

Em consonância com o disposto no art. 2º, § 1º, da Medida Provisória n. 83, de 12.12.2002, convertida na Lei n. 10.666, de 8.5.2003, "o segurado recluso não terá direito aos benefícios de auxílio-doença e de aposentadoria durante a percepção, pelos dependentes, do auxílio-reclusão, ainda que, nessa condição, contribua como contribuinte individual ou facultativo, permitida a opção, desde que manifestada, também, pelos dependentes, ao benefício mais vantajoso". Assim, não se permite a acumulação de auxílio-reclusão e benefícios pagos ao segurado em cumprimento de pena privativa da liberdade, cabendo a opção pelo benefício de maior renda, opção esta declarada pelo segurado e dependentes. A lei silencia, porém entendemos que, em caso de discórdia entre estes, mantém-se o auxílio-reclusão, porque pago diretamente aos dependentes, cuja subsistência se encontra em maior risco que a do segurado.

O dependente que requerer pensão de cônjuge ou companheiro(a) e já estiver recebendo pensão decorrente de óbito de outro cônjuge ou companheiro(a) já falecido, e ambas não sejam decorrentes de ação judicial ou recursal, ficará obrigado a optar pela mais vantajosa. Excepcionalmente, no caso de óbito de segurado que recebia cumulativamente duas ou mais aposentadorias concedidas por ex-Institutos (IAP), respeitado o direito adquirido previsto no art. 124 da Lei n. 8.213/91, será devida a concessão de tantas pensões quantos forem os benefícios que as precederam.

A proibição de acumulação de benefícios referida acima diz respeito ao Regime Geral de Previdência Social – RGPS. Nada impede que o beneficiário acumule prestações do RGPS com prestações oriundas de outros regimes, desde que cumprindo os requisitos para o recebimento, e desde que inexista norma proibitiva para tanto. Sobre a acumulação de benefícios, escreve *Wladimir Novaes Martinez*: "Diante do número crescente de espécies de prestações contempladas e do fato de, individualmente, possuírem ou não caráter substituidor dos salários, com atribuições distintas e, também, possivelmente, em algum momento histórico, existirem múltiplos regimes compondo o sistema nacional, a lei deve estabelecer as regras de acumulação. Num mesmo regime, os benefícios de igual natureza não podem ser recebidos simultaneamente, inadmitindo-se sua concessão, para pessoa idêntica, com diferentes eventos determinantes. Assim, a proibição de percepção de aposentadoria por invalidez e por idade. Do ponto de vista atuarial, nada impede a fruição de mensalidades iguais oriundas de diferentes regimes, se o segurado está obrigatoriamente sujeito à filiação e às contribuições e se atendida, em todas as hipóteses, a natureza substituidora da prestação de pagamento continuado. Se professora leciona de manhã para o Estado e, à tarde, para o Município, é correto deferir-lhe benefícios correspondentes aos dois salários".[267]

Assim já decidiu a 3ª Seção do STJ, em precedente de 2008. A concessão de duas aposentadorias, de acordo com decisões da Corte Superior, depende da comprovação do desenvolvimento concomitante de atividades regidas em dois regimes diferentes, ou seja, uma atividade no serviço público e outra na iniciativa privada. O solicitante deve atestar que contribuiu, efetivamente, para os dois regimes.

Outra orientação firmada pelo STJ sobre o tema autoriza o aproveitamento de eventual excesso de tempo de serviço calculado em um regime para efeito de aposentadoria por tempo de serviço em outro regime. Isso significa que o servidor aposentado em Regime Próprio, por exemplo, que tem sobra de períodos, caso solicite outra aposentadoria pelo Regime Geral de Previdência Social (RGPS), poderá utilizar o tempo que sobrou do estatutário no cálculo para a nova aposentadoria. As decisões têm por base o artigo 98 da Lei n. 8.213/1991.

Os ministros também julgaram no sentido de aceitar a utilização de períodos fracionados adquiridos em determinado regime para a soma em outro, com o objetivo de alcançar o tempo exigido para a concessão de aposentadoria. A possibilidade de expedição de documento para comprovar tempo de contribuição em período fracionado está prevista no artigo 130 do Decreto n. 3.048/1999.

No entanto, no caso de utilização do período fracionado, este tempo de serviço só poderá ser utilizado para uma única aposentadoria, não podendo mais ser contado para qualquer efeito no outro regime. Vale destacar que, neste caso, o beneficiado vai receber proventos de acordo com o regime no qual será aposentado, com a devida compensação financeira entre os dois regimes, ou seja, se concedida aposentadoria como servidor público, vai receber proventos pelo regime próprio; se aposentado pelo Regime Geral de Previdência Social, os valores serão calculados de acordo com este regime (REsp 924423, Rel. Min. Jorge Mussi, DJ 19.5.2008).

Sobre a questão de acumulação de benefícios rurais, especialmente no período pretérito ao da unificação realizada pelo RGPS (Lei n. 8.213/91), a TNU dos JEFs editou a Súmula n. 36, no sentido de que: "Não há vedação legal à acumulação

267 MARTINEZ, Wladimir Novaes. *Curso de direito previdenciário. Tomo I – Noções de direito previdenciário*. São Paulo: LTr, 1997, p. 306.

da pensão por morte de trabalhador rural com o benefício da aposentadoria por invalidez, por apresentarem pressupostos fáticos e fatos geradores distintos".

Capítulo 7

Acidente do trabalho e doenças ocupacionais

Antes de adentrar a análise dos benefícios em espécie, cumpre-nos comentar os infortúnios decorrentes do ambiente de trabalho – os acidentes de trabalho e as doenças ocupacionais.

Para enfatizar a relevância do tema cabe lembrar que, segundo estatísticas do MPS, no ano de 2007, cerca de 90 mil pessoas ficaram afastadas por doenças do trabalho. Se forem incluídos os acidentes nessa estatística, disse, o número sobe para 300 mil por ano. O Ministério da Previdência Social gasta atualmente quase R$ 9,8 bilhões ao ano em aposentadorias especiais e custos com acidentes de trabalho. Adicionados os custos indiretos, esse valor pode chegar a R$ 40 bilhões ao ano, segundo o diretor do Departamento de Política de Saúde e Segurança Operacional do ministério, Remígio Todeschini (informações contidas no Informativo da Agência Radiobrás do dia 26.11.2007). Ressalta o ex-Ministro da pasta, Reinhold Stephanes, o fato de que o lamentável desses dados é que a grande maioria dos acidentes e doenças poderia ser evitada, com a adoção de programas de prevenção de acidentes pelas empresas.[268]

Apesar da exigência legal de adoção, pelo empregador, de normas de higiene e segurança no trabalho, e da imposição de indenização por danos causados, em casos de conduta comissiva ou omissiva do empregador, o número de acidentados é absurdo. O aspecto da prevenção, em regra, é relegado a segundo plano pelas empresas, sendo a razão de tais números.

7.1 Evolução histórica da proteção acidentária

O surgimento da proteção do trabalhador em face dos riscos da perda da capacidade laborativa e, consequentemente, de sua subsistência coincide, em grande parte, com o nascimento do Direito do Trabalho. Explica *Russomano*, com ampa-

268 STEPHANES, Reinhold. *Reforma da previdência sem segredos*. Rio de Janeiro: Record, 1998, p. 217.

ro em *Almansa Pastor*, que, fazendo-se uma síntese histórica do desenvolvimento do Direito do Trabalho, não raramente se observa que "os primeiros ensaios de uma legislação social foram feitos no domínio dos acidentes e das moléstias profissionais".[269]

No tocante à proteção do trabalhador em face dos acidentes ocorridos em função do trabalho, observa-se evolução semelhante no Brasil.

O primeiro diploma a tratar da matéria foi o Código Comercial (1850), que previa a garantia de pagamento de três meses de salários ao preposto que sofresse acidente em serviço (art. 78).

A Lei n. 3.724, de 15.1.19 – primeira lei geral sobre acidentes do trabalho –, baseou-se na teoria da responsabilidade objetiva do empregador, pois previa a responsabilidade do empregador pelos acidentes de trabalho decorrentes de dolo ou culpa e, ainda, de casos fortuitos; não havia tarifação da indenização, nem a obrigatoriedade de que o empregador fizesse seguro de acidente de trabalho para seus empregados. As regras e parâmetros para a definição do valor devido eram as do Código Civil antigo. Antes disso, as Ordenações Filipinas e o próprio Código Civil definiam a responsabilidade civil subjetiva, havendo necessidade de que a vítima provasse a culpa do empregador (culpa aquiliana).

A Constituição de 1934 foi a primeira a mencionar a proteção ao acidente de trabalho (art. 121, § 1º, *h*), como prestação previdenciária, mantida em legislação à parte, e o seguro de natureza privada, a cargo da empresa.

O Decreto n. 24.637, de 10.7.34, dispôs sobre o direito à pensão para os herdeiros do acidentado. E o Decreto-lei n. 7.036, de 10.11.44, ampliou a proteção do trabalhador urbano quanto a acidentes de trabalho para abarcar as concausas, o período *in itinere* e intervalos do trabalho; a partir da edição dessa norma, o seguro obrigatório é devido cumulativamente com as prestações previdenciárias. Adota-se aí o sistema de indenização dito tarifado, pois fixa o valor do benefício acidentário em parâmetros que levam em conta a remuneração do indivíduo, em substituição à concepção de indenização em parcela única, em que existia uma tabela, na qual "cada parte do corpo tinha um valor".[270]

A Carta Política de 1946 menciona expressamente a obrigação do empregador em manter o Seguro de Acidentes do Trabalho – SAT (art. 158, XVII) – separadamente da previdência social. A Constituição outorgada em 1967 não trouxe inovações quanto ao texto anterior.

Já a Lei n. 5.316/67 alterou substancialmente o disciplinamento legal da proteção acidentária, pois, adotando a teoria do risco social, integrou a partir de então

269 RUSSOMANO, Mozart Victor. *Comentários à Consolidação das Leis da Previdência Social*. 2. ed., São Paulo: Revista dos Tribunais, 1981, p. 390.

270 OLIVEIRA, José de. *Acidentes do trabalho: teoria, prática, jurisprudência*. 2. ed. aum., São Paulo: Saraiva, 1992, p. 3.

o seguro de acidentes de trabalho na Previdência, englobando as doenças profissionais e do trabalho, e excluiu a exploração deste ramo por seguradoras privadas, tornando o SAT monopólio do Estado; além disso, retirou a carência para a aposentadoria e pensão acidentárias. A norma foi recepcionada pela Emenda n. 1/69, que manteve a integração do SAT à Previdência, mediante custeio tripartite.

A Lei n. 6.195, de 19.12.74, estendeu o SAT aos rurais, estando estes, a partir de então, amparados pelos benefícios acidentários. Antes, a aplicação das normas sobre proteção acidentária somente seria feita por analogia.

A Lei n. 6.367, de 19.10.76, alterou a composição do tríplice custeio do SAT pela União, pelos trabalhadores e pelas empresas, estabelecendo um acréscimo de contribuição a cargo destas últimas (art. 15).

A Constituição de 1988 insere o acidente de trabalho como risco social, logo passível de proteção previdenciária (art. 201, I). O SAT volta a ser encargo somente do empregador (art. 7º, XXVIII), independentemente da indenização devida por dolo ou culpa. Adota-se, cumulativamente, a teoria do risco empresarial, com a do risco social.

As Leis ns. 8.212 e 8.213/91, em seus textos originais, tratam do acidente do trabalho com benefícios diferenciados, regulamentando o custeio pelo empregador (art. 22, II, da Lei de Custeio), mantida a exclusividade de oferecimento do SAT pela previdência estatal.

A Lei n. 9.032, de 28 de abril de 1995, dispôs que o benefício de prestação continuada de cunho acidentário seria equiparado ao benefício previdenciário, calculando-se a renda mensal com base no salário de benefício, não mais pelo salário de contribuição da data do acidente, que, na maioria das vezes, era mais vantajoso. Revogou, outrossim, o art. 123 da Lei n. 8.213/91, que possibilitava a conversão da aposentadoria por tempo de serviço ou por idade em aposentadoria por invalidez acidentária, sempre que o aposentado apresentasse doença profissional ou do trabalho relacionada com as condições que exercia anteriormente à aposentadoria.

A Lei n. 9.129/95 alteraria a forma de cálculo do auxílio-acidente, que passava a ser em percentual único, em vez dos três patamares de até então.

Atualmente, a Emenda Constitucional n. 20, de 15.12.98, exclui o acidente do trabalho dos eventos protegidos exclusivamente pelo regime geral de previdência, estabelecendo que, nos termos da lei, poderá ser permitida a cobertura do risco concorrentemente pelo Regime Geral da Previdência Social – RGPS e pela previdência privada, já estando em tramitação no Congresso Nacional projeto de lei com esta intenção. Acatou o Poder Constituinte derivado proposta do ex-Ministro *Reinhold Stephanes*, que sustenta a exclusão do acidente do trabalho do campo da previdência social, adotando-se sistemas de seguro mediante contribuições somente de empregados e empresas.[271]

7.2 Conceito de acidente do trabalho

Segundo o conceito legal, acidente de trabalho é aquele decorrente do exercício do trabalho a serviço da empresa ou decorrente do trabalho prestado pelos segurados especiais – art. 19 da Lei n. 8.213/91.

Sob o ponto de vista doutrinário, porém, verifica-se que a definição conferida pela lei não é suficiente para se ter uma noção adequada do que de fato seja o acidente de trabalho. Em verdade, o conceito em apreço somente se presta a indicar quem são os segurados que têm direito à proteção acidentária. Ou seja, somente fazem jus a benefícios por acidente de trabalho: os empregados (inclusive os temporários), os trabalhadores avulsos e os segurados especiais; além destes, os médicos-residentes, por força de legislação especial, que rege a atividade (Lei n. 6.932/81, com as alterações da Lei n. 8.138/90). Os empregados domésticos restaram excluídos de tal proteção no texto da Constituição Federal, que, em seu art. 7º, parágrafo único, não lhes estendeu a regra do inc. XXVIII; tanto estes como os contribuintes individuais não têm amparo maior que o previdenciário, é dizer, em caso de sofrerem acidentes farão jus a auxílio-doença, mas não farão jus a auxílio-acidente, caso restem sequelas.

Para se ter um conceito mais próximo do chamado acidente típico, devemos nos socorrer dos estudiosos do tema. *Russomano*, ao tentar defini-lo, busca amparo na doutrina francesa: "O acidente de trabalho, pois, é um acontecimento em geral súbito, violento e fortuito, vinculado ao serviço prestado a outrem pela vítima que lhe determina lesão corporal. (Por aproximação, podemos dizer que é esse o pensamento de *Rouast* e *Givord* "*Traité sur Accidents du Travail*", p. 98)".[272]

São, portanto, a nosso ver, características do acidente de trabalho: a exterioridade da causa do acidente; a violência; a subtaneidade e a relação com a atividade laboral.

Dizer que o acidente de trabalho decorre de um evento causado por agente externo significa que o mal que atinge o indivíduo não lhe é congênito, nem se trata de enfermidade preexistente. Observe-se que, neste ponto, não entendemos por exterioridade a impossibilidade de que o fato tenha sido provocado pela vítima. A partir da inclusão das prestações por acidente de trabalho no âmbito da Previdência Social, está-se diante da teoria do risco social, segundo a qual é devido o benefício, independentemente da existência de dolo ou culpa da vítima. Vale dizer,

271 *Reforma*..., cit., p. 218.

272 RUSSOMANO, Mozart Victor. *Comentários*..., cit., p. 395.

mesmo quando esta tenha agido com a intenção de produzir o resultado danoso para a sua integridade física, ainda assim fará jus à percepção do seguro social.

O acidente é um fato violento, no sentido de que produz violação à integridade do indivíduo. É da violência do evento que resulta a lesão corporal ou a perturbação funcional que torna o indivíduo incapaz, provisória ou definitivamente, ou lhe causa a morte. O acidente que não gera danos à integridade do indivíduo não integra, portanto, o conceito.

Ele decorre de um evento súbito. O fato causador do eliminar é abrupto, ocorre durante curto lapso de tempo, embora seus efeitos possam acontecer tempos após (as chamadas sequelas).

Por fim, a caracterização do acidente de trabalho impõe tenha ele sido causado pelo exercício de atividade laborativa. Exclui-se, portanto, o acidente ocorrido fora do âmbito dos deveres e das obrigações decorrentes do trabalho. Não é necessário, neste aspecto, que o fato tenha ocorrido no ambiente de trabalho, mas tão-somente em decorrência do trabalho. Daí se conclui que os acidentes de trajeto e os sofridos em trabalhos externos também devem ser considerados como integrantes do conceito.

Retomando o conceito atribuído pelo legislador, também se considera acidente de trabalho o ocorrido no local e no horário de trabalho por agressão, sabotagem ou terrorismo praticado por terceiro ou companheiro de trabalho; ofensa física intencional, inclusive de terceiro, por motivo de disputa relacionada com o trabalho; ato de imprudência, negligência ou imperícia de terceiro ou companheiro de trabalho; ato de pessoa privada do uso da razão; casos fortuitos ou de força maior; em quaisquer local e horário, em caso de contaminação acidental do segurado no exercício de sua atividade; na execução de ordem ou realização de serviço sob a autoridade da empresa; na prestação espontânea de qualquer serviço à empresa para lhe evitar prejuízo ou proporcionar proveito; em viagem a serviço da empresa, inclusive para fins de estudo quando financiada por esta; no percurso residência-local de trabalho e vice-versa; nos períodos destinados à refeição ou descanso intrajornada, ou satisfação de outras necessidades fisiológicas, no local do trabalho ou durante este, sendo nessas oportunidades considerado no exercício do trabalho – art. 21 da Lei n. 8.213/91.

Acidente *in itinere*, ou de trajeto, é expressão utilizada para caracterizar o acidente que, tendo ocorrido fora do ambiente de trabalho, ainda assim se considera acidente de trabalho, pois decorrente do deslocamento do segurado entre sua residência e o local de trabalho, e vice-versa. Conforme a melhor jurisprudência, não há que se exigir, para a caracterização do acidente de trajeto, ter o segurado percorrido o "caminho mais curto" entre a sua residência e o local de trabalho. Assim, "ligeiro desvio no percurso, quando o obreiro entra em um estabelecimento comercial para aquisição de um bem, não rompe o nexo entre o acidente e o retorno do trabalho para casa" (RT 619:139). Para descaracterizar o acidente de percurso, o desvio de rota deve ser relevante, como no caso em que o trabalhador "passou horas bebendo com amigos (RT 588:149) ou quando foge do percurso usual (RT 589:168)".[273]

O elemento objetivo para a caracterização do acidente de trabalho é a existência de lesão corporal ou perturbação funcional que cause a morte ou a perda ou redução, permanente ou temporária, da capacidade para o trabalho. Lesão corporal é aquela que atinge a integridade física do indivíduo, causando um dano físico-anatômico, enquanto a perturbação funcional é a que, sem aparentar lesão física, apresenta dano fisiológico ou psíquico, relacionado com órgãos ou funções específicas do organismo humano.[274]

Quanto ao elemento subjetivo, é irrelevante para a caracterização do acidente de trabalho a existência de culpa do segurado. Trata-se da aplicação da teoria do risco social, segundo a qual a sociedade arca com o ônus do indivíduo incapacitado, independentemente de quem causou o infortúnio. Apenas interessa a existência ou inexistência de culpa do empregador para efeitos de responsabilidade civil. Nem se queira entender em contrário, pelo fato de que a alínea *c* do inc. II do art. 21 da Lei do RGPS aluda apenas a ato de imprudência, negligência ou imperícia de terceiro ou companheiro de trabalho como hipótese de configuração de acidente, e não a atitudes desidiosas do próprio segurado; como bem explica *Russomano*, ainda comentando legislação pretérita, neste tópico intocada, "o legislador de 1944 quis, apenas, acentuar que não somente os atos de imprudência, negligência e brincadeira (*sic*) cometidos pelo próprio empregado servem e bastam para a definição do acidente de trabalho, como, também, possuem o mesmo significado os atos daquela natureza praticados por seus companheiros de serviço ou por terceiros".[275]

Com muito menos cabimento se pode invocar motivo de força maior para evitar o pagamento do benefício ao acidentado. Mas, ainda na vigência da Lei de Acidentes de Trabalho de 1944, verificada a ocorrência de força maior, o acidente não era indenizável. Retrocedia-se à teoria da responsabilidade com culpa. Esta somente foi novamente substituída por normas que consagravam a teoria do risco profissional, ou da responsabilidade sem culpa, quando da edição da Lei n. 5.316/67.

Estabelece o Regulamento que será considerado agravamento do acidente aquele sofrido pelo acidentado quando estiver sob a responsabilidade da reabilitação profissional – art. 337, § 2º.

273 OLIVEIRA, José de. *Op. cit.*, p. 3.

274 OLIVEIRA, José de. *Op. cit.*, p. 1.

275 RUSSOMANO, Mozart Victor. *Comentários...*, cit., p. 417.

7.3 Doenças ocupacionais

As doenças ocupacionais são aquelas deflagradas em virtude da atividade laborativa desempenhada pelo indivíduo. Valendo-nos do conceito oferecido por *Stephanes*, são as que "resultam de constante exposição a agentes físicos, químicos e biológicos, ou mesmo do uso inadequado dos novos recursos tecnológicos, como os da informática".[276] Dividem-se em doenças profissionais e do trabalho.

Classifica-se como doença profissional aquela decorrente de situações comuns aos integrantes de determinada categoria de trabalhadores, relacionada como tal no Decreto n. 3.048/99, Anexo II, ou, caso comprovado o nexo causal entre a doença e a lesão, aquela que seja reconhecida pela Previdência, independentemente de constar na relação. São também chamadas de idiopatias, tecnopatias, ou ergopatias. São comuns aos profissionais de certa atividade, como, por exemplo, a pneumoconiose, entre os mineiros.

Denomina-se doença do trabalho aquela adquirida ou desencadeada em função de condições especiais em que o trabalho é realizado e com ele se relacione diretamente, estando elencada no referido Anexo II do Decreto n. 3.048/99, ou reconhecida pela Previdência. É o caso, *verbi gratia*, de um empregado de casa noturna cujo "som ambiente" supere os limites de tolerância; a atividade profissional que desempenha não geraria nenhuma doença ou perturbação funcional auditiva, porém, pelas condições em que exerce o seu trabalho, está sujeito ao agente nocivo à sua saúde – ruído excessivo. Também é o exemplo dos "Distúrbios do Sistema Osteomuscular Relacionados ao Trabalho" – DORT, dos quais as lesões por esforços repetitivos são o principal evento; são casos em que as condições inadequadas, sob o prisma da ergonomia, desenvolvem os problemas típicos. A prevenção, no caso, deve ser baseada na limitação do tempo de exposição (duração da jornada e concessão de pausas regulares), na alteração do processo e organização do trabalho (evitando excessos de demanda) e na adequação de máquinas, mobília, equipamentos e ferramental do trabalho às características ergonômicas dos trabalhadores. São as chamadas mesopatias.

Nestas doenças, as características são diferenciadas em relação aos acidentes-tipo: a exterioridade da causa permanece. Porém, pode-se dizer que muitas doenças são previsíveis e, certamente, não dependem de um evento violento e súbito; são as contingências do trabalho desempenhado ao longo do tempo que estabelecem o nexo causal entre a atividade laborativa e a doença. Independentemente de constar na relação do Regulamento, deve a Previdência reconhecer o acidente de trabalho quando restar comprovado que a doença foi desencadeada pelas condições especiais de trabalho a que estava submetido o segurado – § 2º do art. 20 da Lei n. 8.213/91.

276 *Reforma...*, cit., p. 219.

Exige a legislação pátria que uma moléstia, para ser considerada como ocupacional, decorra, necessariamente, do trabalho. Assim, "as doenças não profissionais, mesmo quando adquiridas no decurso e no local de trabalho, tecnicamente, não são equiparáveis aos acidentes".[277]

Não são consideradas doenças do trabalho: a doença degenerativa – causada por agentes endógenos, com a perda gradativa da integridade física ou mental; a doença inerente a grupo etário (relacionadas à velhice, como a arterioesclerose e a osteoporose); a que não chegou a produzir incapacidade para o trabalho; a doença endêmica adquirida em função da região territorial em que se desenvolva (malária, febre amarela, dengue, cólera), salvo exposição ou contato direto em função do trabalho. Contudo, o agravamento de doença degenerativa, em função do trabalho, tem sido considerado como doença ocupacional.

7.4 Nexo causal e concausalidade

Como assinala o médico do trabalho *Primo Brandimiller*, para a caracterização do acidente de trabalho se requer que a enfermidade, além de incapacitante, se relacione com o exercício do trabalho. A esta necessária relação entre o dano experimentado pela vítima e a atividade laborativa dá-se o nome de nexo causal.[278]

O nexo causal é, portanto, o vínculo fático que liga o efeito (incapacidade para o trabalho ou morte) à causa (acidente de trabalho ou doença ocupacional). Decorre de uma análise técnica, a ser realizada, obrigatoriamente, por médico perito ou junta médica formada por peritos nesta matéria.

Incumbe à perícia médica do INSS a investigação do nexo de causalidade entre a lesão, perturbação ou morte e o acidente ou doença, bem como tipificar o evento como sendo em decorrência do trabalho – Regulamento, art. 337. Aqui paira uma das constantes críticas dos beneficiários da Previdência Social no Brasil: a caracterização do acidente de trabalho ou da doença ocupacional nem sempre é tarefa fácil, e, pior, ao contrário do que preconiza a melhor doutrina, os profissionais encarregados de fazer o laudo médico de nexo de causalidade oneram o vitimado com a comprovação da correlação entre infortúnio e efeito causado à saúde do segurado. Todavia, é interessante assinalar que o problema não existe só na previdência brasileira. Observando o que aponta *Ruiz Moreno*, tem-se a exata noção do problema enfrentado pelos segurados neste particular: "Sin embargo, en la práctica, como no está reglamentado un verdadero procedimiento para la calificación de la profesionalidad de un riesgo, en mucho depende el trabajador de la buena voluntad o disposición del médico especialista en medicina del trabajo que le atienda, el que bajo el principio de la buena fe tendrá a su cargo la responsabilidad de calificar se

277 RUSSOMANO, Mozart Victor. *Comentários...*, cit., p. 396.

278 *Perícia judicial em acidentes e doenças do trabalho*. São Paulo: Editora SENAC, 1996, p. 161.

un siniestro debe ser o no considerado como accidente de trabajo; lamentablemente no siempre es justa la decisión que al respecto se toma, ni ética la actitud asumida por quien se supone es experto en la materia; el personal médico del IMSS, quien por disposición legal es el único facultado para calificar la profesionalidad de un riesgo".[279] O autor se refere a problemas enfrentados pelos segurados da previdência social mexicana. Porém, substitua-se o idioma pelo português e a sigla IMSS por INSS e tem-se *ipsis litteris* o que ocorre com os segurados do RGPS.

Equipara-se ao acidente de trabalho a chamada concausa, ou seja, a causa que, embora não tenha sido a única, contribuiu diretamente para a morte do segurado, para redução ou perda de sua capacidade laborativa, ou produziu lesão que exija atenção médica para a sua recuperação – inciso I do art. 21 da Lei n. 8.213/91. É de *Russomano* a definição que melhor se adequou à ideia de concausalidade:

> *A causa propriamente dita, a causa originária, a causa traumática, como dizem os peritos, gera determinados efeitos, mas não são, por sua vez, resultantes da causa traumática. São concorrentes e, não, decorrentes.*
>
> *A exemplificação dada por* Afrânio Peixoto, *nesse sentido, elucida o problema: o indivíduo que sofre de hemofilia recebe ferimento e morre esvaído em sangue.*
>
> *Outro indivíduo é atingido, no braço, por objeto cortante, que secciona a artéria umeral, ocasionando-lhe a morte, também por hemorragia.*
>
> *No primeiro caso, a hemofilia – como uma situação anterior ao acidente – veio contribuir para que o ferimento – causa traumática – determinasse a morte da vítima. A hemofilia, na hipótese, é concausa.*
>
> *No segundo caso, a hemorragia era conseqüência natural e previsível do próprio acidente. Não houve concurso de nenhum outro fator e, portanto, não há como falar em concausa (Afrânio Peixoto, Op. cit., p. 226)".*[280]

As concausas podem ser anteriores, simultâneas ou posteriores ao acidente. A hemofilia do exemplo citado é concausa preexistente; a concausa é simultânea quando, por exemplo, alguém sofre infarto durante um assalto às dependências da empresa; exemplo de concausa superveniente é o de um acidentado que, hospitalizado após o acidente, venha a ser vítima de infecção hospitalar e em razão disso falece. Para efeito de reconhecimento do direito a benefício por acidente de trabalho é irrelevante se a concausa é simultânea, anterior ou posterior ao evento; em todos os casos, o direito é assegurado.

– A presunção de nexo causal em doenças ocupacionais

A Medida Provisória n. 316, de 11.8.2006, posteriormente convertida na Lei n. 11.430, de 26.12.2006, alterou significativamente a equação do ônus da prova, em relação às doenças ocupacionais. Trata-se da inclusão do art. 21-A, cujo teor é o

279 MORENO, Angel Guillermo Ruiz. *Nuevo derecho de la seguridad social* México: Porrúa, 1997, p. 250.

280 RUSSOMANO, Mozart Victor. *Comentários...*, cit., pp. 405-406.

seguinte: "Presume-se caracterizada incapacidade acidentária quando estabelecido o nexo técnico epidemiológico entre o trabalho e o agravo, decorrente da relação entre a atividade da empresa e a entidade mórbida motivadora da incapacidade, em conformidade com o que dispuser o regulamento."

O art. 337, § 3º, do Decreto n. 3.048, com a redação conferida pelo Decreto n. 6.957, de 9.9.2009, assim dispõe: Considera-se estabelecido o nexo entre o trabalho e o agravo quando se verificar nexo técnico epidemiológico entre a atividade da empresa e a entidade mórbida motivadora da incapacidade, elencada na Classificação Internacional de Doenças - CID em conformidade com o disposto na Lista C do Anexo II deste Regulamento.

Nota-se, a partir de tal redação, que a norma estabelece uma presunção legal de existência da conexão da doença de que for acometido o trabalhador com o trabalho por ele desempenhado, sempre que a atividade da empresa guardar relação com esta, havendo histórico de trabalhadores que já adoeceram pelo mesmo mal.

Convém, por oportuno, transcrever a Exposição de Motivos da referida Medida Provisória, na parte que se refere à inovação em matéria acidentária:

> *"5. Uma outra medida proposta diz respeito à presunção de incapacidade acidentária quando for estabelecido nexo técnico epidemiológico entre o trabalho e o agravo, considerando-se o ramo de atividade da empresa e a entidade mórbida elencada na Classificação Internacional de Doenças - CID motivadora da incapacidade, em conformidade com o que dispuser o Regulamento.*
>
> *6. Atualmente, a caracterização de um benefício como acidentário decorre da emissão da Comunicação de Acidentes do Trabalho – CAT por parte da empresa. Se a empresa comunica o acidente e este gera o afastamento do segurado por mais de 15 dias, o benefício concedido pela Previdência Social é tido como acidentário. Não sendo a CAT emitida, mas havendo a necessidade de afastamento do trabalho, normalmente o benefício é tido como previdenciário (ou comum). Tal classificação é crucial para o trabalhador, tendo em vista os correspondentes efeitos. Sendo o benefício caracterizado como acidentário, durante o afastamento do trabalho o segurado faz jus ao depósito do FGTS e goza de estabilidade de 12 meses após a cessação do auxílio-doença. Sendo o benefício caracterizado como comum, tais direitos não lhe são assegurados.*
>
> *7. Diante do descumprimento sistemático da regras que determinam a emissão da CAT, e da dificuldade de fiscalização por se tratar de fato individualizado, os trabalhadores acabam prejudicados nos seus direitos, em face da incorreta caracterização de seu benefício. Necessário, pois, que a Previdência Social adote um novo mecanismo de segregue os benefícios acidentários dos comuns, de forma a neutralizar os efeitos da sonegação da CAT.*
>
> *8. Para atender a tal mister, e por se tratar de presunção, matéria regulada por lei e não por meio de regulamento, está-se presumindo o estabelecimento do nexo entre o trabalho e o agravo, e conseqüentemente o evento será considerado como acidentário, sempre que se verificar nexo técnico epidemiológico entre o ramo de atividade da empresa e a entidade mórbida relacionada na CID motivadora da incapacidade.*
>
> *9. Essa metodologia está embasada na CID, que se encontra atualmente na 10ª Revisão. Em cada processo de solicitação de benefício por incapacidade junto à Previdência Social, consta obrigatoriamente o registro do diagnóstico (CID-10) identificador do problema de saúde que motivou a solicitação. Esse dado, que é exigido para a concessão de benefício por incapacidade laborativa, independentemente de sua natureza acidentária ou previdenciária, e cujo registro*

é de responsabilidade do médico que prestou o atendimento ao segurado, estabelece a relação intrínseca entre a incapacidade laboral e à entidade mórbida que a provocou.

10. Assim, denomina-se Nexo Técnico Epidemiológico a relação entre Classificação Nacional de Atividades Econômicas - CNAE e o agrupamento CID-10. É, na verdade, uma medida de associação estatística, que serve como um dos requisitos de causalidade entre um fator (nesse caso, pertencer a um determinado CNAE-classe) e um desfecho de saúde, mediante um agrupamento CID, como diagnóstico clínico. Por meio desse nexo, chega-se à conclusão de que pertencer a um determinado segmento econômico (CNAE-classe) constitui fator de risco para o trabalhador apresentar uma determinada patologia (agrupamento CID-10)."

Desde abril de 2007 o INSS mudou seus procedimentos permitindo a caracterização, pela Perícia Médica, de Nexo Técnico Previdenciário – NTP (Epidemiológico, Profissional ou do Trabalho e Individual), ainda que o segurado não apresente a CAT no ato do exame pericial, o que será contabilizado como um registro de acidente ou doença do trabalho (equivalerá a uma CAT registrada). O processo de contagem é feito de forma a impossibilitar a duplicação da contagem do evento.

Com isso, em termos de proteção previdenciária, não cabe mais ao médico perito do INSS duvidar da natureza acidentária da doença, quando não haja emissão de CAT, desde que identificada a doença como ligada à atividade empresarial, diante de um quadro de constantes afastamentos de trabalhadores pelo mesmo motivo (nexo técnico epidemiológico); já no campo da responsabilização civil do empregador, transfere-se o ônus de prova em matéria de doença ocupacional quando haja histórico de adoecimentos na empresa por trabalhadores nas mesmas condições: caberá, doravante, ao tomador dos serviços demonstrar que não concorreu para o mal que acometeu o trabalhador, o que só será possível mediante prova robusta (presunção legal).

A CNI ingressou com Ação Direta de Inconstitucionalidade contra a Lei n. 11.430 de 26.12.2006 (ADIN n. 3931-8, Rel. Min. Cármen Lúcia), cujo pedido de liminar está pendente de apreciação. É de se destacar que essa lei tida pela CNI como inconstitucional corrige inclusive uma injustiça que era cometida contra o empregador cumpridor da infortunística, ou seja, não havia incentivo ao empregador que investia em prevenção, evitando acidentes, pagando o mesmo percentual fixo então previsto na Lei n. 8.212/91, art. 22, inciso II, que estabelecia percentuais fixos de 1% a 3% da folha de pagamento para tais financiamentos do Seguro de Acidentes do Trabalho (SAT).

A Lei atacada e tida por inconstitucional, pelo lado oposto, atendendo ao princípio constitucional não discriminatório passa a premiar o bom empregador que investe em prevenção, punindo o mau empregador que não assegura ao seu trabalhador um meio ambiente de trabalho equilibrado, sem riscos ocupacionais. Para tanto alterou os critérios da contribuição ao SAT, cujos percentuais continuam a ser de 1% a 3%, mas com direito à redução.

7.5 Aspectos da proteção previdenciária à vítima de acidente

Já se disse antes que a proteção previdenciária não é plena, pois tarifada pela Lei de Benefícios. Não cobre, por exemplo, lucros cessantes e danos emergentes. Não há imposição de reparação do *status quo ante*, aliás, de impossibilidade material facilmente constatável, pois o que se encontra em discussão não são bens materiais, mas a vida ou a integridade física e psíquica do indivíduo.

Por esta razão, o constituinte de 1988 manteve a responsabilidade civil do empregador, independentemente do seguro de acidentes de trabalho e a consequente proteção pelo regime previdenciário. Havendo culpa do empregador, no campo da responsabilidade civil, o indivíduo pode postular em Juízo uma reparação maior, com pretensão de *restitutio in integrum* – incluindo então as perdas e danos decorrentes da morte, lesão corporal ou perturbação funcional.

Para a proteção previdenciária, inocorre a necessidade de existência de dolo ou culpa do empregador, sendo devida inclusive nos casos de dolo ou culpa da vítima. Impõe-se que haja, sim, nexo causal entre o acidente ou a doença e a lesão ou a morte; caracteriza-se o nexo de causalidade se, abstraído o evento, a incapacidade para o trabalho não se tivesse verificado.

No caso da reparação civil, pode o empregado obter indenização, cabendo à empresa que o empregou provar a inexistência de dolo ou culpa. A matéria, via de regra, exige prova pericial, pois cumpre investigar a existência de dano e o nexo de causalidade entre o acidente ou doença e o trabalho, no acidente típico ou doença ocupacional. Os danos materiais envolvem todos os prejuízos sofridos pelo trabalhador, seja pela redução de seu rendimento (a diferença entre a remuneração auferida e o valor do benefício previdenciário), bem como o que deixou de auferir e todas as despesas decorrentes de tratamentos, medicamentos e outros gastos. As regras do Código Civil dispõem sobre a reparação material, cumulativamente com a reparação de danos morais, tanto em caso de lesão corporal (com ou sem sequelas), como em caso de morte do trabalhador (quando será devida aos familiares do trabalhador falecido).

7.6 A Comunicação do Acidente de Trabalho - CAT

Para que o segurado possa fruir dos benefícios e serviços em face de acidente de trabalho ou doença ocupacional, diante dos princípios que regem a concessão de benefícios, seria certo que a ele fosse imposta a iniciativa de requerer o benefício. Contudo, em vista das particularidades que envolvem o evento em questão, estabeleceu o legislador um modo de eximir o segurado ou seus dependentes deste ônus. Assim é que compete à empresa comunicar a ocorrência de acidente de trabalho ou doença profissional ou do trabalho, e, desta maneira, o beneficiário fica desobrigado de tomar a iniciativa de peticionar o benefício a que faça jus.

A CAT ao INSS é feita por formulário próprio, e constitui obrigação da empresa, no prazo até o primeiro dia útil após a ocorrência, e, em caso de falecimento, de imediato, à autoridade policial competente, sob pena de multa variável entre os limites mínimo e máximo do salário de contribuição, a ser aplicada pela fiscalização do INSS - art. 22 da Lei n. 8.213/91 e art. 286 do Decreto n. 3.048/99. Na falta de comunicação pela empresa, podem fazê-la o próprio acidentado, seus dependentes, a entidade sindical correspondente, o médico que o assistiu ou qualquer autoridade pública, independentemente de prazo, sem que tal comunicação, contudo, isente a empresa da responsabilidade pela ausência de comunicação no prazo legal - §§ 2º e 3º do art. 22 da Lei em comento.

A multa por falta de comunicação do acidente de trabalho será elevada em duas vezes o seu valor a cada reincidência e será aplicada, no seu grau mínimo, na ocorrência da primeira comunicação feita fora do prazo estabelecido no art. 22 da Lei n. 8.213/91, ou não comunicada. A comunicação poderá ser feita a qualquer tempo, devendo a data de início do auxílio-doença ser fixada no décimo sexto dia após o acidente, inclusive pelo acidentado ou seu sindicato.

A CAT feita ao serviço médico conveniado à rede pública, contratado ou particular, dentro do prazo estipulado no art. 22 da Lei n. 8.213/91, será considerada como comunicação feita ao INSS.

O INSS está obrigado a registrar a CAT, mesmo que não tenha ocorrido o afastamento do trabalho pelo empregado. A emissão do documento deverá ocorrer, portanto, em todo e qualquer evento que caracterize acidente de trabalho ou doença ocupacional.

Os médicos peritos da Previdência Social deverão, sempre que constatarem o descumprimento do disposto neste artigo, comunicar formalmente aos demais órgãos interessados na providência, inclusive para aplicação e cobrança da multa devida (art. 338, § 4º, do Decreto n. 3.048/99, com a redação conferida pelo Decreto n. 5.545/2005).

O ônus de provar a expedição da CAT (ato formal e obrigatório por lei) é do empregador, nunca do empregado. Sendo obrigação cometida àquele, é do tomador do serviço o encargo de demonstrar que cumpriu a exigência. A emissão da CAT, por sua vez, não pode caracterizar, por si só, a existência do acidente do trabalho ou da doença ocupacional, cabendo sempre a investigação sobre o nexo de causalidade, salvo as hipóteses de presunção do art. 21-A da Lei n. 8.213/91.

7.7 Responsabilização do tomador dos serviços

Com a vigência da Lei n. 10.406, de 10.1.2002, que colocou em vigor o novo Código Civil Brasileiro, há que se revisitar as teorias acerca da responsabilidade civil. Conforme a doutrina de *Nelson Nery Junior* e *Rosa Maria de Andrade Nery*, dois são os sistemas de responsabilidade que foram adotados pelo novo Código: "O sistema geral do CC é o da *responsabilidade civil subjetiva* (CC 186), que se funda na *teoria da culpa*: para que haja o dever de indenizar é necessária a existência do dano, do nexo de causalidade entre o fato e o dano e a culpa *lato sensu* (culpa – imprudência, negligência ou imperícia; ou dolo) do agente. O sistema subsidiário do CC é o da *responsabilidade civil objetiva* (CC 927, parágrafo único), que se funda na *teoria do risco*: para que haja o dever de indenizar é irrelevante a conduta (dolo ou culpa) do agente, pois basta a existência do dano e do nexo de causalidade entre o fato e o dano. Haverá responsabilidade civil objetiva quando a lei assim o determinar (*v.g.*, CC 933) ou quando a atividade habitual do agente, por sua natureza, implicar risco para o direito de outrem (*v.g.*, atividades perigosas). Há outros subsistemas derivados dos dois sistemas, que se encontram tanto no CC como em leis extravagantes".[281]

7.7.1 Com fundamento na responsabilidade subjetiva do empregador

- CULPA AQUILIANA – oriunda da *Lex Aquilia* (286 a.C.), também chamada extracontratual, baseada exclusivamente na concepção de dano ocorrido por culpa do empregador, cujo ônus probatório era do trabalhador – adotada no Brasil antes da Lei n. 3.724, inspirada no Código de Napoleão, meados do século XIX, e ainda presente no Código Civil vigente.
- CULPA CONTRATUAL – estabelecia a inversão do ônus probatório, mantendo contudo o conceito de responsabilidade por culpa – a responsabilidade decorria da relação jurídica empregatícia, que criava, implicitamente, a obrigação de zelar pela segurança do empregado contra acidentes do ofício.

281 NERY JUNIOR, Nelson e NERY, Rosa Maria de Andrade. *Novo Código Civil e legislação extravagante anotados*. São Paulo: Revista dos Tribunais, 2002, p. 91.

7.7.2 Com fundamento na responsabilidade objetiva do empregador

- DO RISCO PELO FATO DA COISA – sustenta que, tendo o empregador a propriedade dos bens de produção que acarretam os acidentes (as máquinas), deve responder pelo fato de deter a coisa perigosa (*ubi emolumenta, ibi onus*: quem tira proveito também fica com os ônus).
- RISCO PROFISSIONAL – declara que a produção industrial, ao expor o trabalhador ao risco – não ao acidente em si –, impõe ao que dela se beneficia a obrigação de indenizar, se houver acidente, mesmo sem culpa.

7.7.3 A teoria do risco social – Cobertura pela Previdência Social

O risco da atividade profissional deve ser suportado por toda a sociedade, em virtude de que toda ela tira proveito da produção, devendo arcar então com os riscos; incluídas as prestações por acidente no campo da Previdência Social, e sendo esta regida pelo ideal de solidariedade, a proteção social passa a ser responsabilidade de todos.

O sistema legal vigente se caracteriza por um hibridismo entre seguro (risco) social e responsabilidade subjetiva do empregador com base na teoria da culpa contratual, já que as prestações por acidentes de trabalho são cobertas pela Previdência, mas custeadas pelo empregador, cabendo a este indenizar danos causados ao trabalhador por conduta dolosa ou culposa, cabendo ao tomador dos serviços provar a inexistência de culpa.[282]

7.7.4 Responsabilidade penal

Além da responsabilidade civil do tomador dos serviços, deve-se recordar a previsão legal do delito tipificado no art. 132 do Código Penal: "Expor a vida ou a saúde de outrem a perigo direto e iminente. Pena – detenção, de 3 (três) meses a 1 (um) ano, se o fato não constitui crime mais grave".

Assim sendo, deve o empregador da mão-de-obra garantir condições de segurança no trabalho para evitar seja incurso no crime em questão. Por fim, deve-se dizer que não há crime se havia somente o risco normal da atividade desenvolvida pelo segurado (como no caso dos vigilantes).

---

282 COIMBRA, J. R. Feijó, *Direito previdenciário brasileiro*. 7. ed., Rio de Janeiro: Edições Trabalhistas, 1997, p. 184.

7.7.5 Sanções administrativas

Por fim, a Consolidação das Leis do Trabalho, em seu art. 161, prevê que a fiscalização do trabalho poderá determinar a interdição do estabelecimento em virtude de risco grave e iminente para o trabalhador, com a indicação das providências a serem adotadas. Trata-se de medida administrativa, decorrente do exercício regular do poder de polícia do Estado, com vistas a proteger a coletividade de acidentes e exigir a perfeita obediência às normas de ordem pública.

7.8 Direito à indenização civil

Diferentemente da proteção previdenciária, que independe de conduta comissiva ou omissiva, dolosa ou culposa do empregador, a responsabilidade deste pela reparação civil, segundo a Constituição, decorre da presença do dolo ou da culpa - leve (falta de diligência habitual do *bono pater familiae*), levíssima (quando há um mínimo desvio de comportamento, e que somente uma pessoa altamente diligente poderia evitar) ou grave (falta absoluta de atenção exigida de qualquer pessoa) - que acarrete dano à pessoa do trabalhador.

São acumuláveis a prestação previdenciária e a reparação civil. Esta última decorre de ato ou omissão ilícitos (por exemplo, falta de aplicação das normas de higiene e segurança no trabalho), que caracterizem conduta dolosa ou culposa do empregador, e visa à restituição integral do dano. Aquela decorre do enquadramento do evento acidente nas regras de proteção previdenciária, sem que haja integral reparação do dano (indenização tarifada).

Para a caracterização da necessidade de responsabilizar-se o empregador, há que se ter em conta os seguintes aspectos: a) o acidente é fato humano; b) causa prejuízo, ou dano; c) configura-se como violação a um direito da vítima; d) caracteriza-se com a noção de culpa (*lato sensu*) do empregador - conforme *Mario de La Cueva.*[283]

Uma vez que a responsabilidade pessoal do tomador dos serviços é baseada na teoria da culpa contratual, tem-se que, em certas hipóteses, inexistente a conduta culposa, não há que se falar em indenização ao trabalhador acidentado. Destarte, são fatores que eximem o empregador da responsabilidade civil: o acidente dolosamente causado pelo trabalhador; o acidente causado por terceiros, sem relação com a atividade laborativa; o acidente ocorrido por força maior.

Ao empregador, em caso de dolo ou culpa (grave, leve ou levíssima), cabe a reparação ao empregado, mediante indenização por perdas e danos, materiais e/ou morais (art. 186 do Código Civil atual).

283 *In* RUPRECHT, Alfredo J. *Direito da seguridade social.* São Paulo: LTr, 1996, p. 206.

Muito se discute, no campo da responsabilidade civil do empregador em razão de acidente do trabalho, a respeito da aplicabilidade da regra do art. 927, parágrafo único, do Código Civil, que prevê a objetivação da responsabilidade nas hipóteses em que a atividade desempenhada seja causadora de risco à saúde ou integridade física de outrem.

Uma corrente doutrinária sustenta a sua não aplicação, em função da literalidade do dispositivo constitucional (art. 7º) que prevê a responsabilização do empregador "em caso de dolo ou culpa", e que a responsabilidade objetiva, no caso, seria somente da Previdência Social (teoria do risco social).

Outra corrente sustenta a inexistência de motivos para a não aplicação da regra do Código Civil, pois se trata da ampliação da proteção ao trabalhador vítima de acidente, não colidindo, pois, com o dispositivo constitucional.

A nosso ver, não há sentido lógico em se excluir a aplicação da regra do art. 927, parágrafo único, do Código Civil nas hipóteses de acidentes do trabalho e doenças ocupacionais. Há que se ter em conta que a responsabilidade civil tem seu regramento na lei civil, e os parâmetros para a proteção da vítima de danos são elencados ali, indistintamente, para todas as hipóteses em que ocorra a lesão a direitos patrimoniais ou morais.

Fere o bom senso, com a devida vênia, imaginar que num acidente causado, por exemplo, pelo uso de explosivos ou inflamáveis, o empregado vitimado pelo acidente seja menos protegido que o cidadão que, não tendo relação de trabalho, também seja atingido em algum de seus direitos.

Quanto à aplicação prática do dispositivo, temos sustentado que se aplica a hipótese a todas as atividades consideradas pela lei trabalhista como perigosas (ensejando o direito do empregado à percepção do adicional de periculosidade), bem como as atividades tidas como de alto risco de vida (empregados de empresas de vigilância, segurança e transporte de valores, por exemplo).

A existência de nexo técnico epidemiológico (art. 21-A da Lei n. 8.212/91) também pode ser vista como passível de reconhecimento da responsabilidade objetiva do empregador, posto que ineficiente a empresa quanto a medidas de prevenção de enfermidades laborativas.

A nosso ver, também é caso de responsabilidade objetiva do empregador o acidente envolvendo trabalhadores com idade inferior a 18 anos, ante a impossibilidade jurídica de se sustentar a culpabilidade de pessoa ainda incapaz para os atos da vida civil. O empregador que contrata adolescentes assume o risco integral por acidentes no trabalho.

A reparação pode atingir os danos patrimoniais (despesas com assistência médica, exames, medicação e internação; lucros cessantes e danos emergentes), assim como os danos morais (dano moral propriamente dito, dano funcional e estético). Não se aplica mais a Súmula n. 229 do Supremo Tribunal Federal, que exigia, no mínimo, a culpa grave, em face da redação do inc. XXVIII do art. 7º.

O caráter da ação é indenizatório, visando restabelecer a situação existente antes do dano – *restitutio in integrum* – ou impor condenação equivalente, diferentemente da concessão do benefício previdenciário, em que se visa à compensação mediante a prestação previdenciária.

Perante a instituição previdenciária o empregador também responde civilmente – mediante ação regressiva desta (art. 120 da Lei n. 8.213/91 – por negligência na aplicação das normas de segurança e higiene no trabalho), cabendo ao INSS, por meio de sua Procuradoria, promover a ação de cobrança dos valores pagos a título de benefício por acidente de trabalho ou doença ocupacional, quando fique caracterizada a conduta omissiva do tomador dos serviços.

A responsabilidade do empregador ocorre também em função da conduta de seus prepostos e empregados, quando estes tenham dado causa, por ação ou omissão, dolosa ou culposa, ao acidente (arts. 932, III, e 933 do Código Civil atual – Súmula n. 341 do STF) é a chamada culpa presumida *in eligendo*; na jurisprudência, entende-se cabível a responsabilização pela falta de fiscalização ou cuidado sobre coisa (culpa presumida *in vigilando* ou *in custodiendo*), em aplicação parcimoniosa das teorias da responsabilidade subjetiva e objetiva.

Somente as hipóteses excludentes do art. 188 (legítima defesa, exercício regular de direito ou estado de necessidade), o dolo do empregado, ou a força maior, afastam a responsabilidade civil do empregador.[284]

Em caso de morte, invalidez e dano estético, funcional ou psíquico, tem-se como cabível a aplicação dos arts. 948 a 951 do Código Civil atual, devendo, dentro do prudente critério de mensuração do Juiz, fixar-se o direito a alimentos provisionais, danos emergentes e despesas com internação, tratamento e, em caso de morte, as despesas com o funeral.

Convém frisar que a Súmula Vinculante nº. 4 do STF, que estabeleceu a impossibilidade de utilização do salário mínimo como indexador de outros direitos, não veda que se estabeleçam condenações (por exemplo, indenizações por danos ou fixação de valores de pensão alimentícia) em número de salários mínimos. O entendimento do STF sobre este tema, desde antes da edição da súmula, já era pacífico: *"A jurisprudência desta Corte admite a possibilidade de condenação em salários-mínimos, desde que a atualização seja feita de acordo com índices oficiais de correção monetária" (AI-AgR 603843-RJ, 1ª Turma, Rel. Min. Ricardo Levandowski, 29.4.2008).*

No caso do dano moral – sempre de dificílima mensuração – por violação da honra, da imagem, da intimidade ou da privacidade do indivíduo, o valor da repa-

284 OLIVEIRA, José de. *Op. cit.*, p. 202.

ração fica a critério do Juiz, por ausência de parâmetro legal que defina o direito da vítima (Código Civil atual, arts. 944 a 946).

Em qualquer caso, o pedido constante da petição inicial dirigida ao Juiz da causa deve sempre indicar o *quantum* pleiteado em Juízo, a fim de que se estabeleçam os limites da litiscontestação (art. 286 do Código de Processo Civil). O trabalhador pode, ainda, postular como acessório da condenação, além da correção monetária e dos juros moratórios, os juros compensatórios, compostos, pois o dano provém de ato ilícito.

Durante muito tempo quedou indiscutível – ou, pelo menos, indiscutida – a competência para apreciar litígios em que se postulava indenização por danos causados, com fundamento na noção de responsabilidade civil, havendo quase que uma unanimidade na fixação da competência da Justiça Estadual, ainda que se tratasse de relação entre empregado e empregador.

Com efeito, o Superior Tribunal de Justiça, em questões de conflito de competência entre a Justiça Estadual e a do Trabalho, em causas envolvendo matéria não prevista na legislação trabalhista, determinava a remessa dos autos ao Juiz de Direito, ante a necessidade de se julgar conforme a lei civil. Até mesmo o Supremo Tribunal Federal, em data bem recente, tinha o mesmo entendimento:

> *Constitucional. Previdenciário. Acidente do trabalho. Ação acidentária. Competência para o seu julgamento. Constituição, art. 109, I.*
>
> *I – Compete à Justiça comum dos Estados-membros processar e julgar as ações de acidentes de trabalho. CF, art. 109, I.*
>
> *II – Recurso Extraordinário conhecido e provido.*
>
> *(RE 127.619-CE, rel. Min. Carlos Velloso, j. 27.11.90).*

Porém, com o passar do tempo, e até mesmo em função da maior celeridade empregada, em regra, pela Justiça Laboral, na fase de conhecimento, as causas de pedido de indenização passaram a ser mais frequentes: assédio sexual, racismo, práticas como a "revista" de pessoal ao final do expediente, começaram a ser deflagradas em vários órgãos da Justiça do Trabalho, tendo os Juízes do Trabalho reconhecido a competência para tais controvérsias, paulatinamente.

Um acórdão do Supremo Tribunal Federal, porém, pode ser considerado "divisor de águas" neste ponto. No julgamento do Recurso Extraordinário n. 238.737, sendo Relator o Ministro Sepúlveda Pertence, o STF reconheceu:

> *Justiça do Trabalho – competência: ação de reparação de danos decorrentes da imputação caluniosa irrogada ao trabalhador pelo empregador a pretexto de justa causa para a despedida e, assim decorrente da relação de trabalho, não importando deva a controvérsia ser dirimida à luz do Direito Civil.*

Contudo, restava a controvérsia relativa ao dano decorrente de acidente de trabalho e eventos assemelhados, o que, a nosso ver, não guardava sentido. Seguindo o mesmo fundamento, o STF, em acórdão de 18.12.2000, sendo Relator o Ministro Nelson Jobim, decidiu, no RE 269.309-0:

> *Trabalhista. Processual. Competência da Justiça do Trabalho. Acórdão em conformidade com a orientação do STF.*
>
> *Competência da Justiça do Trabalho para julgar a ação de indenização por danos materiais e morais, movida pelo empregado contra seu empregador, fundada em fato decorrente de relação de trabalho.*
>
> *Essa é a questão posta no acórdão recorrido que se fundamentou em procedente do STF (RE 238.737, Pertence).*
>
> *As razões do recorrente não impugnaram este fundamento.*
>
> *Nego seguimento ao recurso.*

Tendo a parte vencida interposto agravo regimental desta decisão, a mesma foi confirmada, com o seguinte teor:

> *Justiça do Trabalho. Competência para julgar ação de indenização por acidente de trabalho. Acórdão recorrido assenta em fundamento suficiente não impugnado no RE. Precedente do STF. Incidência da Súmula 284. Regimental não provido.*

Entretanto, o Supremo Tribunal Federal, apreciando Recurso Extraordinário n.438.639-MG, havia entendido, por oito votos a dois, que compete à Justiça dos Estados e do Distrito Federal, e não à Justiça do Trabalho, o julgamento das ações de indenização resultantes de acidente de trabalho, ainda que fundamentadas no Direito comum.

Ao julgar o recurso, o relator, ministro Carlos Ayres Britto, ressaltou tratar-se de interpretação do art. 114 da Constituição Federal, alterado pela reforma do Judiciário (EC n. 45/2004).

Segundo o relator, a jurisprudência do Supremo orienta-se no sentido de que a competência para acolher ação indenizatória por danos morais decorrentes da relação de emprego é da Justiça trabalhista, "pouco importando se a controvérsia deva ser redimida à luz do Direito comum, e não do Direito do trabalho". Carlos Ayres Britto explicou que o Supremo tem excluído dessa regra as ações de indenização por danos morais fundamentadas em acidentes de trabalho, como no caso do RE.

"A meu sentir, a norma que se colhe desse dispositivo não autoriza a ilação de que a Justiça Comum estadual possui competência para conhecer das ações reparadoras de danos morais decorrentes de acidente do trabalho propostas pelo empregado contra o seu empregador", afirmou o ministro durante o voto.

O ministro Cezar Peluso divergiu do relator, ressaltando que, na teoria, a ação de indenização baseada na legislação sobre acidente de trabalho é de competência da Justiça estadual. "Se nós atribuirmos à Justiça do Trabalho a ação de indenização baseada no Direito comum, mas oriunda do mesmo fato histórico, temos uma possibilidade grave de contradição", afirmou o ministro.

Cezar Peluso explicou que um mesmo fato com pretensões e qualificações jurídicas diferentes pode ser julgado de maneiras distintas, e quando for necessário apreciar determinada questão mais de uma vez, o julgamento deve ocorrer pela mesma Justiça para evitar contradição de julgados.

Peluso foi acompanhado pelos ministros Eros Grau, Joaquim Barbosa, Gilmar Mendes, Ellen Gracie, Celso de Mello, Sepúlveda Pertence e Nelson Jobim. Foram vencidos na votação os ministros Carlos Ayres Britto e Marco Aurélio (Informativo do STF: www.stf.gov.br do dia 9.3.2005. Acesso em 10.3.2005).

Todavia, em que pese os rumores de que tal decisão seria inclusive utilizada como *leading case* para a adoção da primeira "súmula vinculante" do STF, o Plenário da Corte, em surpreendente mudança de posicionamento, a partir das severas críticas lançadas àquele primeiro entendimento e à construção doutrinária que se realizou defendendo exatamente o oposto, apreciando o Conflito de Competência n. 7.204-MG, tendo como Relator, novamente, o Min. Carlos Ayres de Britto, à unanimidade, decidiu:

> *CONSTITUCIONAL. COMPETÊNCIA JUDICANTE EM RAZÃO DA MATÉRIA. AÇÃO DE INDENIZAÇÃO POR DANOS MORAIS E PATRIMONIAIS DECORRENTES DE ACIDENTE DO TRABALHO, PROPOSTA PELO EMPREGADO EM FACE DE SEU (EX-)EMPREGADOR. COMPETÊNCIA DA JUSTIÇA DO TRABALHO. ART. 114 DA MAGNA CARTA. REDAÇÃO ANTERIOR E POSTERIOR À EMENDA CONSTITUCIONAL N. 45/04. EVOLUÇÃO DA JURISPRUDÊNCIA DO SUPREMO TRIBUNAL FEDERAL. PROCESSOS EM CURSO NA JUSTIÇA COMUM DOS ESTADOS. IMPERATIVO DE POLÍTICA JUDICIÁRIA. Numa primeira interpretação do inciso I do art. 109 da Carta de Outubro, o Supremo Tribunal Federal entendeu que as ações de indenização por danos morais e patrimoniais decorrentes de acidente do trabalho, ainda que movidas pelo empregado contra seu (ex-)empregador, eram da competência da Justiça comum dos Estados-Membros. 2. Revisando a matéria, porém, o Plenário concluiu que a Lei Republicana de 1988 conferiu tal competência à Justiça do Trabalho. Seja porque o art. 114, já em sua redação originária, assim deixava transparecer, seja porque aquela primeira interpretação do mencionado inciso I do art. 109 estava, em boa verdade, influenciada pela jurisprudência que se firmou na Corte sob a égide das Constituições anteriores. 3. Nada obstante, como imperativo de política judiciária – haja vista o significativo número de ações que já tramitaram e ainda tramitam nas instâncias ordinárias, bem como o relevante interesse social em causa –, o Plenário decidiu, por maioria, que o marco temporal da competência da Justiça trabalhista é o advento da EC 45/04. Emenda que explicitou a competência da Justiça Laboral na matéria em apreço. 4. A nova orientação alcança os processos em trâmite pela Justiça comum estadual, desde que pendentes de julgamento de mérito. É dizer: as ações que tramitam perante a Justiça comum dos Estados, com sentença de mérito anterior à promulgação da EC 45/04, lá continuam até o trânsito em julgado e correspondente execução. Quanto àquelas cujo mérito ainda não foi apreciado, hão de ser remetidas à Justiça do Trabalho, no estado em que se encontram, com total aproveitamento dos atos praticados até então. A medida se impõe, em razão das características que distinguem a Justiça comum estadual e a Justiça do Trabalho, cujos sistemas recursais, órgãos e instâncias não guardam exata correlação. 5. O Supremo Tribunal Federal, guardião-mor da Constituição Republicana, pode e deve, em prol da segurança jurídica, atribuir eficácia prospectiva às suas decisões, com a delimitação precisa dos respectivos efeitos, toda vez que proceder a revisões de jurisprudência definidora de competência* ex ratione materiae. *O escopo é preservar os jurisdicionados de alterações jurisprudenciais que ocorram sem mudança*

formal do Magno Texto. 6. Aplicação do precedente consubstanciado no julgamento do Inquérito 687, Sessão Plenária de 25.8.99, ocasião em que foi cancelada a Súmula 394 do STF, por incompatível com a Constituição de 1988, ressalvadas as decisões proferidas na vigência do verbete. 7. Conflito de competência que se resolve, no caso, com o retorno dos autos ao Tribunal Superior do Trabalho.

Finalmente, o STF editou em 2010 a Súmula Vinculante n. 22, com a seguinte redação: "A Justiça do Trabalho é competente para processar e julgar as ações de indenização por danos morais e patrimoniais decorrentes de acidente de trabalho propostas por empregado contra empregador, inclusive aquelas que ainda não possuíam sentença de mérito em primeiro grau quando da promulgação da Emenda Constitucional nº 45/04".

Das lições que o episódio pode nos fornecer, talvez a maior delas não seja a questão de mérito em si, mas o próprio questionamento acerca da utilidade ou da efetividade do instituto das súmulas vinculantes, pois, como visto, nem o próprio Supremo Tribunal Federal pode, muitas vezes, cerrar entendimento uniforme sobre matérias de sua competência. Demonstra-se, aí, que a construção da ordem jurídica se faz não pela imposição de entendimentos, mas pelo amplo e democrático debate de ideias, pela independência de julgamento dos órgãos do Judiciário, única fórmula capaz de fazer amadurecer de forma adequada a interpretação das normas jurídicas.

Quanto à legitimidade processual para a promoção da ação indenizatória, o próprio trabalhador é o legitimado principal; também possui legitimidade o Sindicato, como substituto processual (art. 8º, III, da CF) e como legitimado para a ação civil pública (Lei n. 7.347/85), quando em funcionamento há, pelo menos, um ano.[285]

Já quanto às ações de indenização movidas pelos dependentes do trabalhador acidentado, quando vítima de acidente fatal, o STJ editou a Súmula n. 366, em novembro de 2008: "Compete à Justiça estadual processar e julgar ação indenizatória proposta por viúva e filhos de empregado falecido em acidente de trabalho". No entanto, a referida súmula foi revogada, em setembro de 2009, por contrariar orientação jurisprudêncial do STF, segundo a qual, o ajuizamento da ação de indenização pelos sucessores não altera a competência da Justiça especializada, pois a transferência do direito patrimonial em decorrência do óbito do empregado é irrelevante (CC 7545 / SC - DJe- 14.8.2009).

O Ministério Público tem legitimidade ativa para propor ação civil pública, na defesa de interesses coletivos (das categorias profissionais) e difusos – no caso, trata-se de risco social, logo interessada é toda a sociedade – quando se trate de eliminação ou neutralização dos riscos de acidentes e doenças ocupacionais no ambiente de trabalho (CF, art. 129, III), com a possibilidade de medida cautelar (art. 4º da Lei n. 7.347/85).

285 CAMPOS, José Luiz Dias. *Acidentes do trabalho: prevenção e reparação*. 3. ed., São Paulo: LTr, 1996, p. 31.

Sobre a matéria acidentes do trabalho e doenças ocupacionais, foram tiradas importantes conclusões na I Jornada de Direito Material e Processual na Justiça do Trabalho, as quais estão abaixo transcritas:

*36. **ACIDENTE DO TRABALHO. COMPETÊNCIA. AÇÃO AJUIZADA POR HERDEIRO, DEPENDENTE OU SUCESSOR.** Compete à Justiça do Trabalho apreciar e julgar ação de indenização por acidente de trabalho, mesmo quando ajuizada pelo herdeiro, dependente ou sucessor, inclusive em relação aos danos em ricochete.*

*37. **RESPONSABILIDADE CIVIL OBJETIVA NO ACIDENTE DE TRABALHO. ATIVIDADE DE RISCO.** Aplica-se o art. 927, parágrafo único, do Código Civil nos acidentes do trabalho. O art. 7º, XXVIII, da Constituição da República, não constitui óbice à aplicação desse dispositivo legal, visto que seu caput garante a inclusão de outros direitos que visem à melhoria da condição social dos trabalhadores.*

*38. **RESPONSABILIDADE CIVIL. DOENÇAS OCUPACIONAIS DECORRENTES DOS DANOS AO MEIO AMBIENTE DO TRABALHO.** Nas doenças ocupacionais decorrentes dos danos ao meio ambiente do trabalho, a responsabilidade do empregador é objetiva. Interpretação sistemática dos artigos 7º, XXVIII, 200, VIII, 225, §3º, da Constituição Federal e do art. 14, §1º, da Lei 6.938/81.*

*39. **MEIO AMBIENTE DE TRABALHO. SAÚDE MENTAL. DEVER DO EMPREGADOR.** É dever do empregador e do tomador dos serviços zelar por um ambiente de trabalho saudável também do ponto de vista da saúde mental, coibindo práticas tendentes ou aptas a gerar danos de natureza moral ou emocional aos seus trabalhadores, passíveis de indenização.*

*40. **RESPONSABILIDADE CIVIL. ACIDENTE DO TRABALHO. EMPREGADO PÚBLICO.** A responsabilidade civil nos acidentes do trabalho envolvendo empregados de pessoas jurídicas de Direito Público interno é objetiva. Inteligência do artigo 37, § 6º da Constituição Federal e do artigo 43 do Código Civil.*

*41. **RESPONSABILIDADE CIVIL. ACIDENTE DO TRABALHO. ÔNUS DA PROVA.** Cabe a inversão do ônus da prova em favor da vítima nas ações indenizatórias por acidente do trabalho.*

*42. **ACIDENTE DO TRABALHO. NEXO TÉCNICO EPIDEMIOLÓGICO.** Presume-se a ocorrência de acidente do trabalho, mesmo sem a emissao da CAT - Comunicação de Acidente de Trabalho, quando houver nexo técnico epidemiológico conforme art. 21-A da Lei 8.213/1991.*

*43. **ESTABILIDADE ACIDENTÁRIA. AUSÊNCIA DE EMISSÃO DA CAT.** A ausência de emissão da CAT - Comunicação de Acidente do Trabalho pelo empregador não impede o direito à estabilidade do art. 118 da Lei 8.213/1991, desde que comprovado que o trabalhador deveria ter se afastado em razão do acidente por período superior a quinze dias.*

*44. **RESPONSABILIDADE CIVIL. ACIDENTE DO TRABALHO. TERCEIRIZAÇÃO. SOLIDARIEDADE.** Em caso de terceirização de serviços, o tomador e o prestador respondem solidariamente pelos danos causados à saúde dos trabalhadores. Inteligência dos artigos 932, III, 933 e 942, parágrafo único, do Código Civil e da Norma Regulamentadora 4 (Portaria 3.214/77 do Ministério do Trabalho e Emprego).*

*45. **RESPONSABILIDADE CIVIL. ACIDENTE DO TRABALHO. PRESCRIÇÃO.** A prescrição da indenização por danos materiais ou morais resultantes de acidente do trabalho é de 10 anos, nos termos do artigo 205, ou de 20 anos, observado o artigo 2.028 do Código Civil de 2002.*

46. ***ACIDENTE DO TRABALHO. PRESCRIÇÃO. TERMO INICIAL.*** *O termo inicial do prazo prescricional da indenização por danos decorrentes de acidente do trabalho é a data em que o trabalhador teve ciência inequívoca da incapacidade laboral ou do resultado gravoso para a saúde física e/ou mental.*

47. ***ACIDENTE DO TRABALHO. PRESCRIÇÃO. SUSPENSÃO DO CONTRATO DE TRABALHO.*** *Não corre prescrição nas ações indenizatórias nas hipóteses de suspensão e/ou interrupção do contrato de trabalho decorrentes de acidentes do trabalho.*

48. ***ACIDENTE DO TRABALHO. INDENIZAÇÃO. NÃO COMPENSAÇÃO DO BENEFÍCIO PREVIDENCIÁRIO.*** *A indenização decorrente de acidente de trabalho ou doença ocupacional, fixada por pensionamento ou arbitrada para ser paga de uma só vez, não pode ser compensada com qualquer benefício pago pela Previdência Social.*

Sobre a contagem do prazo prescricional na ação de indenização por danos morais, a 1ª Turma do Tribunal Superior do Trabalho, decidiu:

> *INDENIZAÇÃO POR DANOS MORAIS. PRESCRIÇÃO. 1. Observada a natureza civil do pedido de reparação por danos morais, pode-se concluir que a indenização deferida a tal título em lide cujo trâmite deu-se na Justiça do Trabalho não constitui crédito trabalhista, mas crédito de natureza civil resultante de ato praticado no curso da relação de trabalho. Assim, ainda que justificada a competência desta Especializada para processar a lide, não resulta daí, automaticamente, a incidência da prescrição trabalhista. 2. A circunstância de o fato gerador do crédito de natureza civil ter ocorrido na vigência do contrato de trabalho e decorrer da prática de ato calunioso ou desonroso praticado por empregador contra trabalhador não transmuda a natureza do direito, uma vez que o dano moral caracteriza-se pela projeção de um gravame na esfera da honra e da imagem do indivíduo, transcendendo os limites da condição de trabalhador do ofendido. Dessa forma, aplica-se, na hipótese, o prazo prescricional de 20 anos previsto no artigo 177 da lei civil, em observância ao artigo 2028 do novo Código Civil Brasileiro, e não o previsto no ordenamento jurídico-trabalhista, consagrado no artigo 7º, XXIX, da Constituição Federal. (RR 1189/2003-100-03-00, Rel. Min. Lélio Bentes Corrêa, DJ 7.12.2006)*

Acrescente-se, ainda, que não existe apenas um prazo prescricional aplicável na Justiça do Trabalho; de longa data, os litígios entre pequeno empreiteiro e tomador de seus serviços, de índole tipicamente civil, são apreciados pela Justiça do Trabalho, aplicando-se, aí, a prescrição do Código Civil; mesmo as causas envolvendo o não recolhimento de FGTS, que teriam natureza híbrida, se submetem não ao prazo de cinco anos, mas de trinta, conforme a Lei n. 8.036/90 e o entendimento consolidado na Súmula n. 362 do TST.

A prescrição para propor ação de indenização decorrente de acidente de trabalho ou doença profissional depende da data em que o trabalhador tem ciência inequívoca do evento danoso, pois é preciso confrontar as normas vigentes com a legislação do período do infortúnio e posteriormente revogada.

Como observou o Ministro Lélio Bentes, no julgamento do E-ED-RR- 51800-19.2004.5.03.0002 pela 1ª Turma do TST, o Código Civil de 1916 estabelecia prazo prescricional vintenário, e o novo Código (em vigor a partir de janeiro de 2003) fixara em três anos a prescrição. E para evitar prejuízo às partes, o legislador propôs uma regra de transição, pela qual os prazos serão os da lei anterior, quando reduzidos pelo novo Código e se, na data de sua entrada em vigor, já houver transcorrido mais da metade do tempo estabelecido na lei revogada.

Desse modo, concluiu o relator, como a lesão ocorreu em 28.10.1989, o trabalhador foi dispensado sem justa causa em 17.4.1990, e a ação foi proposta em 26.4.2002, deve ser aplicada a prescrição vintenária na hipótese, uma vez que transcorrera mais de dez anos da data do infortúnio (metade do prazo previsto na lei anterior) quando o novo Código Civil entrou em vigor (janeiro/2003).

7.9 O direito de regresso da previdência em face do empregador

Dispõe o art. 120 da Lei n. 8.213/91 que, em caso de acidente de trabalho causado por negligência do responsável pelo cumprimento das normas de segurança e saúde no trabalho indicadas para a proteção individual e coletiva dos segurados, a Previdência Social ajuizará ação regressiva contra este (Regulamento, art. 341), não se eximindo o empregador da sua responsabilidade civil pelo fato de ter a Previdência pago prestações decorrentes da incapacidade gerada pelo acidente de trabalho (Regulamento, art. 342). O foro competente é a Justiça Federal, nos termos do art. 109 da Constituição, já que não se trata da ação em que segurado ou beneficiário postula benefício acidentário.

A ocorrência destas ações tem sido cada vez mais frequente, e das sentenças emitidas já se pode colher elementos suficientes para o estudo do direito regressivo da Previdência contra o empregador desidioso no que diz respeito à proteção à integridade física do trabalhador.

Assim, surge um novo conceito de responsabilidade pelo acidente de trabalho: o Estado, por meio do ente público responsável pelas prestações previdenciárias, resguarda a subsistência do trabalhador e seus dependentes, mas tem o direito de exigir do verdadeiro culpado pelo dano que este arque com os ônus das prestações – aplicando-se a noção de responsabilidade objetiva, conforme a teoria do risco social para o Estado; mas a da responsabilidade subjetiva e integral, para o empregador infrator. Medida justa, pois a solidariedade social não pode abrigar condutas deploráveis como a do empregador que não forneça condições de trabalho indene de riscos de acidentes. Como bem assinalou *Daniel Pulino*, "o seguro acidentário, público e obrigatório, não pode servir de alvará para que empresas negligentes com a saúde e a própria vida do trabalhador fiquem acobertadas de sua irresponsabilidade, sob pena de constituir-se verdadeiro e perigoso estímulo a esta prática socialmente indesejável".[286]

286 *Revista de Previdência Social*. São Paulo: LTr, n. 182, p. 16.

Este tema foi objeto de análise por ocasião do 14º Congresso Brasileiro de Previdência Social, realizado pela LTr em São Paulo/SP, no mês de março de 2001. Consta do texto publicado no Jornal do Congresso que: "A ação regressiva segue o rito ordinário em virtude da necessidade de instrução probatória para demonstração da existência do nexo causal, isto é, se o acidente ocorreu por negligência da empresa em relação às normas de segurança que são exigíveis e se dessa omissão resultou o acidente. (...) A análise da existência do nexo causal envolve a apreciação dos contornos fáticos em relação ao acidente. É incumbência do INSS demonstrar a existência de responsabilidade subjetiva do empregador, a qual é decorrente de ato ilícito, isto é, da culpa, da negligência ou imprudência quanto ao cumprimento das normas-padrão de segurança. Só assim poderá transferir o encargo das prestações pagas à vítima e seus beneficiários".[287]

Considerando o reduzido número de ações propostas pelo INSS, o Conselho Nacional de Previdência Social editou a Resolução n. 1.291, de 27.6.2007, para "Recomendar ao Instituto Nacional do Seguro Social - INSS, por intermédio de Procuradoria Federal Especializada, que adote as medidas competentes para ampliar as proposituras de ações regressivas contra os empregadores considerados responsáveis por acidentes do trabalho, nos termos dos arts. 120 e 121 da Lei nº 8.213, de 24 de julho de 1991, a fim de tornar efetivo o ressarcimento dos gastos do INSS, priorizando as situações que envolvam empresas consideradas grandes causadoras de danos e aquelas causadoras de acidentes graves, dos quais tenham resultado a morte ou a invalidez dos segurados."

É de ser ressaltada notícia divulgada pela Advocacia-Geral da União, em julho de 2008, de que a Procuradoria-Geral Federal (PGF) criará Núcleos para Acompanhamento de Ações Regressivas Acidentárias.

A estimativa oficial (divulgada em 2008) é de que a negligência dessas empresas custa ao INSS cerca de R$ 16 bilhões por ano, com o pagamento de pensões por morte, aposentadorias por invalidez, auxílios acidente e doença.

Sobre a matéria segue importante precedente do TRF da 4ª Região, em que concluiu que o fato de a empresa contribuir com o Seguro de Acidente do Trabalho - SAT não exclui a responsabilidade em caso de acidente decorrente de culpa da empregadora, bem como é inviável a compensação entre o que foi pago a título de SAT e os valores que deve arcar em decorrência do pagamento da pensão:

> *ACIDENTE DE TRABALHO. RESPONSABILIDADE. INEXISTÊNCIA DE INCOMPATIBILIDADE ENTRE OS ARTS. 120 DA LEI Nº 8.213/91 E 7º, XXVIII, DA CF.*
>
> *1. Consoante já decidiu a Corte Especial deste Tribunal, inocorre a inconstitucionalidade do art. 120 da Lei nº 8.213/91 (Art. 120. Nos casos de negligência quanto às normas padrão de segurança e higiene do trabalho indicadas para a proteção individual e coletiva, a Previdência*

287 LAZZARI, João Batista. "Ação regressiva acidentária", *in Jornal do 14º Congresso Brasileiro de Previdência Social*. São Paulo: LTr, 2001.

Social proporá ação regressiva contra os responsáveis.) em face da disposição constitucional do art. 7º, XXVIII, da CF (Art. 7º. São direitos dos trabalhadores urbanos e rurais, além de outros que visem à melhoria de sua condição social: XXXVIII - seguro contra acidentes de trabalho, a cargo do empregador, sem excluir a indenização a que este está obrigado, quando incorrer em dolo ou culpa;), pois que, cuidando-se de prestações de natureza diversa e a título próprio, inexiste incompatibilidade entre os ditos preceitos. Interpretação conforme a Constituição. Votos vencidos que acolhiam ante a verificação da dupla responsabilidade pelo mesmo fato. - Argüição rejeitada, por maioria. (TRF4, INAC, processo 1998.04.01.023654-8, Corte Especial, relator Maria de Fátima Freitas Labarrère, publicado em 13/11/2002).

2. É dever da empregadora fiscalizar o cumprimento das determinações e procedimentos de segurança, não lhe sendo dado eximir-se da responsabilidade pelas conseqüências quando tais normas não são cumpridas.

(AC n. 199871000170053. TRF da 4ª Região. Quarta Turma. Relatora Des. Federal Marga Inge Barth Tessler. DJE 29.3.2010).

7.10 Estabilidade do empregado acidentado

O art. 118 da Lei do RGPS prevê garantia de emprego ao trabalhador que tenha sofrido acidente de trabalho, pelo prazo de doze meses após a cessação do auxílio-doença decorrente do acidente, independentemente da percepção de auxílio-acidente.

A norma é de natureza trabalhista e não previdenciária, pois impõe ao empregador vedação à dispensa sem justa causa do empregado – urbano ou rural – que tenha sofrido acidente em serviço; logo, não se concebe como sendo de bom alvitre que esteja incluída em legislação que verse sobre matéria diversa. Além disso, é lacunosa, porque não prevê algumas circunstâncias relativas ao trabalhador acidentado.

Questiona-se o fato de ter tal regra sido inserida numa lei ordinária, quando o inc. I do art. 7º da Constituição fala em garantia do emprego nos termos de lei complementar. Todavia, tem-se entendido que a regra é constitucional, porque o inc. I do art. 7º não exige lei complementar para a adoção de estabilidades em casos especiais.[288] A aludida lei complementar tratará da indenização compensatória, dentre outros direitos. Ademais, vigora no Direito do Trabalho o princípio de aplicação da norma mais benéfica, donde não se cogita de inconstitucionalidade se norma hierarquicamente inferior dispõe sobre direitos do trabalhador concedendo-lhe mais do que os direitos já garantidos. O Supremo Tribunal Federal, instado a se pronunciar sobre a matéria, negou liminar que postulava suspensão da eficácia da norma (ADIN n. 639-8/600, rel. Min. Moreira Alves, DJU 22.5.92).

Em relação às lacunas mencionadas linhas atrás, vê-se que a primeira delas diz respeito aos trabalhadores vitimados por doenças ocupacionais. Poder-se-ia di-

288 MARTINS, Sergio Pinto. *Direito da seguridade social.* 11. ed., São Paulo: Atlas, 1999, p. 347.

zer que, tendo o art. 118 sido literal no sentido de estar o emprego garantido aos vitimados de acidente-tipo, o mesmo não se aplicaria aos que contraíssem doença profissional ou do trabalho. Sem razão, contudo. O art. 20 da Lei n. 8.213/91 é de clareza irrefutável ao equiparar ao acidente de trabalho as doenças ocupacionais. Assim, aplica-se a estabilidade provisória do acidentado aos empregados urbanos e rurais que, em virtude de doença ocupacional, tenham ficado afastados do trabalho, pelo prazo exigido para a obtenção do direito.

Um segundo aspecto desta regra é o que diz respeito ao momento de aquisição da estabilidade. Neste ponto, parece inexistir dúvida plausível: a obtenção do direito à estabilidade ocorre no 16º dia de incapacidade proveniente de acidente do trabalho ou doença ocupacional. Desta data pode-se dizer que o empregado tem direito adquirido à estabilidade; no entanto, enquanto estiver em gozo de benefício, seu contrato de trabalho estará suspenso, e, com isso, não há como ser dispensado. Cabe ressaltar que se considera como dia do acidente, no caso de doença ocupacional, a data do início da incapacidade laborativa para o exercício da atividade habitual, ou o dia da segregação compulsória – se for o caso –, ou, ainda, o dia em que tenha sido realizado o diagnóstico, valendo para fim de fixação da data o fato que ocorrer primeiro (art. 23 da Lei do RGPS). A efetiva fruição da estabilidade, portanto, depende do implemento da condição suspensiva – o retorno ao trabalho, determinado pela perícia médica do INSS, ou seja, a "alta médica". Somente a partir do primeiro dia de retorno ao trabalho é que será computado o prazo de doze meses de estabilidade. Se o segurado tiver sido vítima de acidente, mas não tiver chegado a ficar mais do que quinze dias incapacitado para o trabalho, não há estabilidade.

Ainda no aspecto da contagem do período da estabilidade, há que se observar o efeito da prorrogação de incapacidade laborativa no prazo de sessenta dias contados a partir da cessação do benefício anterior (art. 75, § 3º, do Regulamento); neste caso, se o benefício foi decorrente de acidente de trabalho ou doença ocupacional, e o retorno ao benefício se deu pela mesma causa, deve-se contar novo período de estabilidade, a partir da nova "alta médica".

Questão polêmica é a do trabalhador que, laborando sem registro do contrato de trabalho em CTPS, venha a sofrer acidente de trabalho ou desenvolva doença ocupacional. Se daí resultar incapacidade superior a quinze dias, mas o empregador arcar com os salários, inclusive com o período posterior à primeira quinzena de incapacidade, em vez de encaminhá-lo à perícia do INSS, ficará o trabalhador sem o direito à estabilidade? Decerto que a resposta é negativa. O vínculo jurídico de emprego se firma a partir da ocorrência do trabalho por conta alheia, na conformidade dos requisitos do art. 2º da Consolidação das Leis do Trabalho. Uma vez presentes os requisitos para caracterização da relação de emprego, impõe-se o reconhecimento da condição de empregado, e, por via de consequência, da qualidade de segurado amparado pela legislação previdenciária, no que tange a acidentes de trabalho. Logo, a não-fruição de auxílio-doença não caracteriza, por si só, inexistência de estabilidade, quando tal fato decorreu de atitude com fito de mascarar o acidente; apenas se não atingidos os dezesseis dias de incapacidade é que não se tem como cogitar de garantia contra a dispensa sem justo motivo; uma vez atingidos, sendo o trabalhador empregado na acepção legal, independentemente de registro do contrato de trabalho, a estabilidade é presente.

Em certos casos, também persistem dúvidas acerca da possibilidade de reconhecimento de estabilidade acidentária por infortúnio ocorrido no curso do aviso prévio trabalhado pelo empregado. Neste sentido, em que pese o teor das Súmulas do TST de ns. 371 e 378, tem-se firmado o entendimento de que a superveniência de acidente do trabalho ou doença ocupacional no curso do aviso prévio gera, sim, a proteção contra despedida:

> *ESTABILIDADE PROVISÓRIA PREVISTA NO ART. 118 DA LEI N. 8.213/91 – SUPERVENIÊNCIA DE AUXÍLIO-DOENÇA ACIDENTÁRIO NO CURSO DO AVISO PRÉVIO.*
>
> *Inviável a admissibilidade do recurso de revista, quando a decisão do Regional está em conformidade com a Súmula n. 378 – II desta Corte, que assim dispõe: "São pressupostos para a concessão da estabilidade o afastamento superior a 15 dias e a conseqüente percepção do auxílio doença acidentário, salvo se constatada, após a despedida, doença profissional que guarde relação de causalidade com a execução do contrato de emprego (Primeira parte ex-OJ n. 230 inserida em 20.6.2001)". Na hipótese, consigna o acórdão do Regional que "comprovou a reclamante que lhe foi concedido o benefício de auxílio-doença, requerido após a saída da reclamada". A decisão do INSS que retroagiu os efeitos do benefício para o dia 4.4.97 é de setembro/97 (fls. 15). Logo em seguida, ressalta que "muito embora a reclamante não tivesse se afastado do trabalho, em virtude de doença, até a data da dispensa, não há dúvida de que a decisão do INSS que fez retroagir o início do auxílio-doença acidentário para 4.4.97 afeta o contrato entre as partes". Recurso de revista não conhecido (TST, 4ª Turma, RR 538.35/2002-902-02-00.8, Rel. Juiz convocado José Antonio Pancotti, j. 15.6.2005 – Extraído do site www.tst.gov.br – Acesso em 6.9.2005).*

É que "o aviso prévio indenizado é computado no tempo de serviço do trabalhador para todos os efeitos, tendo em vista que o contrato de trabalho só se extingue quando findo o período de aviso" (TST, RR 150.510/94.0, José Luiz Vasconcellos, Ac. 3ª T. 2.879/96). (*in* "Nova Jurisprudência em Direito do Trabalho", Valentin Carrion, 1997, 1º semestre, Editora Saraiva, p. 272).

E quando o aposentado por invalidez, em função de acidente de trabalho, retorna à capacidade laborativa? Poder-se-ia cogitar que a norma legal é clara e só prevê estabilidade em caso de auxílio-doença. Todavia, esta linha de raciocínio é insustentável, a nosso ver. É que a incapacidade temporária, da qual decorre o direito do segurado ao auxílio-doença, é um *minus* em relação à aposentadoria por invalidez, decorrente de acidente de trabalho ou de doença a ele equiparada. Basta, para tanto, lembrar que a aposentadoria por invalidez decorre, no mais das vezes, da transformação do auxílio-doença. Destarte, a estabilidade se impõe quando um segurado empregado, urbano ou rural, vitimado por acidente de trabalho ou doença afim, aposentado por invalidez em virtude daquele infortúnio, volta a ter capacidade laborativa, pelo mesmo período de doze meses a contar da cessação do benefício acidentário – no caso, a aposentadoria.

A estabilidade em questão não é o direito de permanecer no mesmo local de trabalho e exercendo a mesma função. É garantia de que não poderá ser dispensado sem justa causa. Havendo necessidade de remanejamento por motivo de reabilitação profissional, ou por necessidade do serviço, sem que importe em violação do contrato e das regras de proteção ao trabalhador, a remoção do posto de trabalho é válida.

Quanto à obrigatoriedade de reintegração no emprego, no caso de invalidação da despedida do empregado acidentado, revendo posicionamento anterior, discordamos da corrente que indica não ser esta cabível, e sim somente o pagamento dos salários e vantagens do interregno estabilitário. Com efeito, a intenção da regra legal é a preservação do emprego, e não apenas a expressão monetária – percepção de salários. Ademais, o entendimento de que, uma vez despedido de forma ilegal, a anulação da despedida se resolve pelo mero pagamento do que lhe era devido, não leva em consideração que o trabalhador, vitimado por acidente de trabalho, pode, durante os doze meses de estabilidade, vir a sofrer novo acidente, ou recrudescimento (recidiva) do seu quadro de saúde, decorrente de sequelas do acidente ou da doença ocupacional, tendo direito, então, a novo período de doze meses de estabilidade, a cada oportunidade em que resultar incapacitado para o trabalho por período superior a quinze dias (gozo de auxílio-doença). Portanto, dada a natureza da regra de proteção, entendemos tratar-se de estabilidade absoluta, geradora de reintegração nos doze meses que seguem ao da cessação do auxílio-doença acidentário.

Capítulo 8

Benefícios em espécie

Os benefícios previstos pelo Regime Geral de Previdência Social - RGPS possuem características distintas e regras próprias de concessão, que merecem atenção especial e estudo detalhado.

8.1 Aposentadoria no RGPS

A aposentadoria é a prestação por excelência da Previdência Social, juntamente com a pensão por morte. Ambas substituem, em caráter permanente (ou pelo menos duradouro), os rendimentos do segurado, e asseguram sua subsistência, assim como daqueles que dele dependem.

Em que pesem as posições de vanguarda, que sustentam a ampliação do conceito de aposentadoria a todo e qualquer indivíduo, como benefício de seguridade social, e não apenas de previdência social (atingindo somente a parcela economicamente ativa da população),[289] o modelo majoritário de aposentadoria está intimamente ligado ao conceito de seguro social - benefício concedido mediante contribuição.

A aposentadoria é garantia constitucional, minuciosamente tratada no art. 201 da Constituição Federal de 1988, com nova redação dada pela Emenda Constitucional n. 20/98, nos seguintes termos:

> *Art. 201. (...)*
>
> *§ 7º É assegurada aposentadoria no regime geral de previdência social, nos termos da lei, obedecidas as seguintes condições:*
>
> *I - trinta e cinco anos de contribuição, se homem, e trinta anos de contribuição, se mulher;*
>
> *II - sessenta e cinco anos de idade, se homem, e sessenta anos de idade, se mulher, reduzido em cinco anos o limite para os trabalhadores rurais de ambos os sexos e para os que exerçam suas atividades em regime de economia familiar, nestes incluídos o produtor rural, o garimpeiro e o pescador artesanal.*
>
> ....

---

289 RUPRECHT, Alfredo J. *Direito da seguridade social.* São Paulo: LTr, 1996, p. 165.

§ 8º Os requisitos a que se refere o inciso I do parágrafo anterior serão reduzidos em cinco anos, para o professor que comprove exclusivamente tempo de efetivo exercício das funções de magistério na educação infantil e no ensino fundamental e médio.

De acordo com o art. 181-B do Decreto n. 3.048/99 (redação dada pelo Decreto n. 3.265/99), as aposentadorias por idade, tempo de contribuição e especial concedidas pela Previdência Social são irreversíveis e irrenunciáveis.

O aposentado que pretenda permanecer em atividade ou a ela retornar não terá direito a novos benefícios previdenciários, exceto salário-família e reabilitação profissional, quando for o caso; é o que estabelece o art. 18, § 2º, da Lei n. 8.213/91: "O aposentado pelo Regime Geral de Previdência Social que permanecer em atividade sujeita a este Regime, ou a ele retornar, não fará jus a prestação alguma da Previdência Social em decorrência do exercício desta atividade, exceto ao salário-família e à reabilitação profissional, quando empregado" (redação dada pela Lei n. 9.528, de 10.12.97). Inobstante isso, em flagrante contradição com este dispositivo, o art. 103 do Decreto n. 3.048/99 prevê o direito ao salário-maternidade da segurada já aposentada. No que tange aos beneficiários aposentados alcançados pela regra, o art. 173 do Decreto n. 3.048/99 estende a possibilidade de as prestações referidas serem concedidas também a trabalhadores avulsos.

Ressalte-se, ainda, que o segurado que tenha perdido a qualidade de segurado, mas tenha chegado a implementar os requisitos para a concessão da aposentadoria ao tempo em que era ainda detentor daquela qualidade, faz jus ao benefício, nos termos do art. 102, § 1º, da Lei n. 8.213/91.

Quanto à constatação do direito adquirido à forma de concessão da aposentadoria de qualquer espécie, deve-se anotar o que dispõe o art. 122 da Lei n. 8.213/91, que assegura ao segurado o direito à aposentadoria com base nas condições legalmente previstas na data do cumprimento de todos os requisitos necessários à obtenção do benefício, quando o segurado optar por permanecer em atividade, e observada a condição mais vantajosa. É dizer, pouco importa quando o segurado ingresse com o requerimento: se já possuía, ao tempo da legislação pretérita, o direito à aposentação, conserva este direito nas mesmas condições vigentes à época em que implementou os requisitos previstos nas normas então regentes da matéria.

A aposentadoria não impede o exercício de atividade, salvo a concedida por invalidez. É o que preceitua o art. 168 do Decreto n. 3.048/99: "Salvo nos casos de aposentadoria por invalidez, o retorno do aposentado à atividade não prejudica o recebimento de sua aposentadoria, que será mantida no seu valor integral". No que tange a aposentadoria especial, o art. 57, § 8º da Lei n. 8.213/91 impede o segurado de continuar ou retornar exercendo atividade ou operações que o sujeitem aos agentes nocivos, sob pena de cancelamento automático do benefício.

8.1.1 Direito à desaposentação

Em contraposição à aposentadoria, que é o direito do segurado à inatividade remunerada, a desaposentação é o direito do segurado ao retorno à atividade remunerada. É o ato de desfazimento da aposentadoria por vontade do titular, para fins de aproveitamento do tempo de filiação em contagem para nova aposentadoria, no mesmo ou em outro regime previdenciário. No que tange a aposentadoria especial, o art. 57, § 8º da Lei n. 8.213/91 impede o segurado de continuar ou retornar exercendo atividade ou operações que o sujeitem aos agentes nocivos, sob pena de cancelamento automático do benefício.

Trata-se, em verdade, de uma prerrogativa do jubilado de unificar os seus tempos de serviço/contribuição numa nova aposentadoria. Por exemplo: um advogado aposentado pelo RGPS que vem a ser aprovado no concurso de juiz federal. Pretendendo uma futura aposentadoria como magistrado, com aproveitamento do tempo de filiação ao RGPS, deverá renunciar o benefício recebido pelo INSS e requerer a averbação do tempo anterior no novo regime.

Para a obtenção da aposentadoria pelo regime próprio o servidor deve comprovar, além do tempo de contribuição (35 anos para o homem e 30 anos para a mulher), o preenchimento dos demais requisitos exigidos pela Constituição Federal, quais sejam: 10 anos no serviço público; cinco anos no cargo; idade mínima de 60 anos, se homem, e 55 anos, se mulher.

A Constituição não veda a desaposentação; pelo contrário, garante a contagem recíproca do tempo de contribuição na administração pública e na atividade privada, rural e urbana (art. 201, § 9º). A Legislação Básica da Previdência é omissa quanto ao assunto, vedando apenas a contagem concomitante do tempo de contribuição e a utilização de tempo já aproveitado em outro regime. Somente o Decreto n. 3.048/99, com redação dada pelo Decreto n. 3.265/99, estabelece que as aposentadorias por idade, tempo de contribuição e especial são irreversíveis e irrenunciáveis (art. 181-B). Ainda segundo o Decreto n. 6.208/2007, depois que o segurado receber o primeiro pagamento, sacar o PIS ou o Fundo de Garantia (o que ocorrer primeiro), não poderá desistir do benefício.

Tem entendido o INSS que a aposentadoria é irrenunciável, dado seu caráter alimentar, só se extinguindo com a morte do beneficiário. E lhe atribuiu o caráter de irreversibilidade, por considerar a aposentadoria um ato jurídico perfeito e acabado, só podendo ser desfeito pelo Poder Público em caso de erro ou fraude na concessão.

Entendemos que a renúncia é perfeitamente cabível, pois ninguém é obrigado a permanecer aposentado contra seu interesse. E, neste caso, a renúncia tem por objetivo a obtenção futura de benefício mais vantajoso, pois o beneficiário abre mão dos proventos que vinha recebendo, mas não do tempo de contribuição que teve averbado. Comunga desta posição o Procurador do Trabalho *Ivani Contini Bramante*, que escreveu: "A desaposentação, *ipso facto*, trata-se de renúncia-opção. E, quando vocacionada à conversão da aposentadoria de um regime menos vantajoso para um regime mais vantajoso é válida e eficaz. Nesta questão, como visto, prevalece o entendimento de que a aposentadoria é renunciável quando beneficiar o titular do direito e ou ensanchar nova aposentadoria mais vantajosa".[290]

No âmbito da Administração Pública Federal o assunto é tratado como reversão, cujo conceito, previsto na redação atual do art. 25 da Lei n. 8.112/90, é o de retorno à atividade do servidor aposentado. A reversão está regulada pelo Decreto n. 3.644, de 30.11.2000. O servidor que retornar à atividade perceberá, em substituição aos proventos da aposentadoria, a remuneração do cargo que voltar a exercer e somente terá os proventos calculados com base nas regras atuais se permanecer pelo menos cinco anos no cargo. A reversão nada mais é do que a desaposentação, pois possibilita ao servidor contar o tempo anterior para cálculo da nova aposentaria a ser concedida futuramente. Outro precedente legal nesse sentido é o da Lei n. 6.903/81, que tratava da aposentadoria dos Juízes Vogais, posteriormente revogada pela Lei n. 9.528/97.

Os Tribunais têm decidido no sentido de que a renúncia à aposentadoria é perfeitamente possível, pois se trata de um direito patrimonial disponível, de manifestação unilateral pelo detentor, na medida em que não contraria o interesse público, o qual deve sempre prevalecer ao particular. A esse respeito, colacionamos o seguinte acórdão:

> *PREVIDENCIÁRIO. RECURSO ESPECIAL. RENÚNCIA A BENEFÍCIO PREVIDENCIÁRIO. POSSIBILIDADE. DIREITO PATRIMONIAL DISPONÍVEL. ABDICAÇÃO DE APOSENTADORIA POR IDADE RURAL PARA CONCESSÃO DE APOSENTADORIA POR IDADE URBANA.*
>
> *1. Tratando-se de direito patrimonial disponível, é cabível a renúncia aos benefícios previdenciários. Precedentes.*
>
> *2. Faz jus o Autor à renúncia da aposentadoria que atualmente percebe - aposentadoria por idade, na qualidade de rurícola - para o recebimento de outra mais vantajosa - aposentadoria por idade, de natureza urbana.*
>
> *3. Recurso especial conhecido e provido.*
>
> *(RESP n. 310884/RS. Quinta Turma. Relatora Ministra Laurita Vaz. DJ de 26.9.2005).* No mesmo sentido: - *AgRg no REsp 1089445/SC, Sexta Turma, Rel. Min. Celso Limongi (Desembargador Convocado do TJ/SP), DJe de 6.9.2010; - AgRg no Ag 1121999/PE, Quinta Turma, Rel. Min. Arnaldo Esteves Lima, DJe de 10.5.2010.*

Da mesma forma, a expedição da Certidão de Tempo de Serviço é de ser concedida, pois a renúncia ao benefício previdenciário não implica a renúncia ao próprio tempo de serviço, previamente computado para a sua concessão. O tem-

290 BRAMANTE, Ivani Contini. "Desaposentação e nova aposentadoria", *in Revista de Previdência Social.* São Paulo: LTr, ano XXV, n. 244, mar./2001.

po de serviço laborado pelo segurado e computado pelo INSS consiste em direito incorporado ao patrimônio do trabalhador, subsistindo à renúncia do benefício. Nesse sentido é o entendimento jurisprudencial:

> *RECURSO ORDINÁRIO EM MANDADO DE SEGURANÇA. APOSENTADORIA. RENÚNCIA. POSSIBILIDADE. CONTAGEM DO TEMPO DE SERVIÇO. RECURSO PROVIDO.*
>
> *1. A jurisprudência do Superior Tribunal de Justiça tem reiteradamente se firmado no sentido de que é plenamente possível a renúncia de benefício previdenciário, no caso, a aposentadoria, por ser este um direito patrimonial disponível.*
>
> *2. O tempo de serviço que foi utilizado para a concessão da aposentadoria pode ser novamente contado e aproveitado para fins de concessão de uma posterior aposentadoria, num outro cargo ou regime previdenciário.*
>
> *3. Recurso provido. (ROMS n. 14624/RS. Sexta Turma. Relator Ministro Hélio Quaglia Barbosa. DJ de 15.8.2005).*

Questionamento importante que tem surgido é a respeito da obrigação de devolução dos proventos recebidos durante o período em que o beneficiário esteve jubilado. É defensável o entendimento de que não há a necessidade da devolução dessas parcelas, pois, não havendo irregularidade na concessão do benefício recebido, não há o que ser restituído. Como paradigma podemos considerar a reversão, prevista na Lei n. 8.112/90, que não prevê a devolução dos proventos percebidos. A respeito do tema, o STJ assim decidiu:

> *PREVIDENCIÁRIO. APOSENTADORIA. DIREITO À RENÚNCIA. EXPEDIÇÃO DE CERTIDÃO DE TEMPO DE SERVIÇO. CONTAGEM RECÍPROCA. DEVOLUÇÃO DAS PARCELAS RECEBIDAS.*
>
> *1. A aposentadoria é direito patrimonial disponível, passível de renúncia, portanto.*
>
> *2. A abdicação do benefício não atinge o tempo de contribuição. Estando cancelada a aposentadoria no regime geral, tem a pessoa o direito de ver computado, no serviço público, o respectivo tempo de contribuição na atividade privada.*
>
> *3. No caso, não se cogita a cumulação de benefícios, mas o fim de uma aposentadoria e o conseqüente início de outra.*
>
> *4. O ato de renunciar a aposentadoria tem efeito 'ex nunc' e não gera o dever de devolver valores, pois, enquanto perdurou a aposentadoria pelo regime geral, os pagamentos, de natureza alimentar, eram indiscutivelmente devidos.*
>
> *5. Recurso especial improvido.*
>
> *(RESP n. 692628/DF. Sexta Turma. Relator Ministro Nilson Naves. DJ de 5.9.2005).*
>
> *PREVIDENCIÁRIO. RENÚNCIA À APOSENTADORIA. DEVOLUÇÃO DE VALORES. DESNECESSIDADE.*
>
> *1. A renúncia à aposentadoria, para fins de aproveitamento do tempo de contribuição e concessão de novo benefício, seja no mesmo regime ou em regime diverso, não importa em devolução dos valores percebidos, "pois enquanto perdurou a aposentadoria pelo regime geral, os pagamentos, de natureza alimentar, eram indiscutivelmente devidos" (REsp 692.628/DF, Sexta Turma, Relator o Ministro Nilson Naves, DJU de 5.9.2005). Precedentes de ambas as Turmas componentes da Terceira Seção.*
>
> *2. Recurso especial provido.*

(STJ, REsp 1113682/SC, Quinta Turma, Relator p/ Acórdão Min. Jorge Mussi, DJe 26.4.2010).

No entanto, a TNU uniformizou a matéria no sentido de que a desaposentação somente é possível mediante a devolução dos proventos já recebidos (PEDILEF nº 2006.72.59.001383-7/SC, Rel. Juiz Fed. Ronivon de Aragão, DJ 25.5.2010). A divergência de entendimento da TNU com a jurisprudência dominante do STJ tem ensejado a interposição de Incidentes de Uniformização, os quais estão pendentes de julgamento pela 3ª Seção do STJ (v.g. PET n. 7.691/SC).

Merece destaque ainda o início do julgamento pelo STF do pedido de revisão da renda mensal pela inclusão do período trabalhado após a jubilação. Vejamos a notícia divulgada no site do STF, em 16 de setembro de 2010, sobre o tema:

> ***Suspenso julgamento sobre recálculo de benefício de aposentadas que voltaram a trabalhar***
> *Um pedido de vista formulado pelo ministro Dias Toffoli interrompeu, no fim da tarde de hoje (16), o julgamento do Recurso Extraordinário (RE 381367) no qual aposentadas do Rio Grande do Sul que retornaram à atividade buscam o direito ao recálculo dos benefícios que lhe são pagos pelo INSS, uma vez que voltaram a contribuir para a Previdência Social normalmente, mas a lei só lhes garante o acesso ao salário-família e à reabilitação profissional. Segundo a procuradora do INSS presente à sessão, há atualmente 500 mil aposentados que voltaram a trabalhar e contribuem para a Previdência. Caso o STF reconheça o direito ao recálculo dos benefícios, o impacto poderá chegar a R$ 3 bilhões, segundo dados do próprio INSS.*
>
> *Se depender do relator do recurso, ministro Marco Aurélio, os aposentados terão esse direito reconhecido. "É triste, mas é isso mesmo: o trabalhador alcança a aposentadoria, mas não pode usufruir o ócio com dignidade, sem decesso no padrão de vida. Ele retorna à atividade e, o fazendo, torna-se segurado obrigatório. Ele está compelido por lei a contribuir, mas contribui para nada, ou, melhor dizendo, para muito pouco: para fazer apenas jus ao salário-família e à reabilitação. Esse é um caso importantíssimo, como da tribuna se anunciou, porque nós temos 500 mil segurados obrigatórios que retornaram à atividade e contribuem como se fossem trabalhadores que estivessem ingressando pela primeira vez na Previdência Social", afirmou.*
>
> *O ministro Marco Aurélio ressaltou que anteriormente o aposentado nestas condições tinha direito ao chamado "pecúlio", ou seja, a Previdência Social permitia o levantamento do valor contribuído, com os acréscimos legais. Mas a Lei nº 9.032/95 extinguiu o pecúlio. Dois anos depois, a Lei nº 9.528/97 estabeleceu que "o aposentado pelo Regime Geral de Previdência Social (RGPS) que permanecer em atividade sujeita a este regime, ou a ele retornar, não fará jus a prestação alguma da Previdência Social em decorrência do exercício dessa atividade, exceto ao salário-família e à reabilitação profissional, quando empregado".*
>
> *No recurso ao STF, a defesa das aposentadas gaúchas alega que a lei fere o disposto no artigo 201, parágrafo 11, da Constituição Federal. O dispositivo estabelece que "os ganhos habituais do empregado, a qualquer título, serão incorporados ao salário para efeito de contribuição previdenciária e conseqüente repercussão em benefícios, nos casos e na forma da lei".*
>
> *Segundo o ministro Marco Aurélio, a lei não pode "esvaziar" o que a Constituição assegura ao cidadão. "A disciplina e a remessa à lei são para a fixação de parâmetros, desde que não se mitigue o que é garantido constitucionalmente. O segurado tem, em patrimônio, o direito à satisfação da aposentadoria tal como calculada no ato da jubilação. E, retornando ao trabalho, volta a estar filiado e a contribuir, sem que se possa cogitar de limitação sob o ângulo de benefícios. Por isso, não se coaduna com o disposto no artigo 201 da Constituição Federal a limitação do parágrafo*

2º do artigo 18 da Lei nº 8.213/91 que, em última análise, implica nefasto desequilíbrio na equação ditada pelo Diploma Maior", afirmou.

O ministro Marco Aurélio afirmou que, assim como o trabalhador que após aposentado retorna à atividade tem o ônus de contribuir, a Previdência Social tem o dever de, em contrapartida, assegurar-lhe os benefícios próprios, levando em consideração as novas contribuições feitas, para que ele possa voltar ao ócio com dignidade, a partir de novo cálculo. "Essa conclusão não resulta na necessidade de declarar-se inconstitucional o § 2º do artigo 18 da Lei nº 8.213/91, mas em emprestar-lhe alcance consentâneo com a Carta Federal, ou seja, no sentido de afastar a duplicidade de benefício, mas não o novo cálculo de parcela previdenciária que deva ser satisfeita", concluiu. Após o voto do relator, o ministro Dias Toffoli pediu vista dos autos, o que interrompeu o julgamento.

(Informativo Notícias STF, www.stf.jus.br, *acesso em 30.11.2010).*

8.1.2 Aposentadoria e vínculo de emprego

A questão do rompimento do vínculo de emprego em função da aposentadoria é polêmica, e não data de pouco tempo. Muito se discute sobre a impropriedade técnica de se permitir que o segurado requeira aposentadoria e permaneça trabalhando, como o faz a norma hoje vigente.

O ex-Ministro da Previdência e Assistência Social, *Reinhold Stephanes*, transcrevendo opinião do juslaboralista *Octavio Bueno Magano*, considera a possibilidade de continuidade da atividade do segurado após a concessão de aposentadoria uma grave falha doutrinária do regime.[291]

De todo modo, é certo que a discussão não se aplica às aposentadorias por invalidez, que suspendem (e não extinguem) o contrato de trabalho, como prevê o art. 475 da CLT, nem às aposentadorias requeridas pela empresa (denominadas impropriamente de aposentadorias compulsórias por idade), cabendo apenas em relação às aposentadorias voluntárias: por idade, por tempo de contribuição e especial.

Heresia jurídica ou não, o problema é que a lei assim dispõe – não há obrigação do trabalhador romper o vínculo de emprego para se aposentar voluntariamente. E o efeito da norma, se pode ser considerado danoso para a administração dos recursos da Previdência pela concessão de aposentadorias precoces, como lamenta o ex-Ministro, repercute ainda mais no campo do Direito do Trabalho.

Sob o ângulo do Direito Previdenciário, não há dúvidas que o segurado pode, nos termos da lei vigente, requerer a aposentadoria por idade ou por tempo de serviço (e a por tempo de contribuição, se as regras permanecerem as mesmas) e continuar trabalhando, sem solução de continuidade, para o mesmo empregador, ou para outrem.

---

291 *Reforma da previdência sem segredos.* Rio de Janeiro: Record, 1998, p. 52.

No âmbito trabalhista, contudo, a discussão se resumia a considerar que a aposentadoria extinguiu o primeiro contrato de trabalho, e, a partir daí, surgia um segundo contrato de trabalho entre as mesmas partes, ou se, não havendo ruptura do vínculo, havia que se considerar o contrato como sendo único, desde a admissão até a efetiva extinção da relação contratual entre as partes.

Neste ponto, a doutrina e a jurisprudência se dividiam. Apenas para ilustrar, juslaboralistas como *Délio Maranhão*[292], *Evaristo de Moraes Filho*[293], *Valentin Carrion*[294], *Sergio Pinto Martins*[295] e *José Martins Catharino*[296] sustentavam o fim do contrato com a aposentadoria. Em posição oposta, *Antonio Carlos de Oliveira*[297] pretendia o reconhecimento do vínculo único.

Valendo-nos da notícia histórica meticulosamente realizada por *Sergio Pinto Martins,*[298] eis que, antes do Decreto-lei n. 66/66, que alterou a Lei n. 3.807/60, não se exigia a saída do emprego para a concessão da aposentadoria. Foi com a Lei n. 6.887/80 que surgiu novamente a não-exigibilidade do "desligamento" da atividade laboral para a jubilação. Logo em seguida, a Lei n. 6.950/81 voltou a exigir a ruptura do liame empregatício. E assim permaneceu até a edição da Lei n. 8.213/91, hoje vigente, que não faz tal exigência.

Já em termos de Legislação do Trabalho, a Consolidação das Leis do Trabalho dispunha na redação original do art. 453 que era reconhecida a unicidade do contrato de trabalho toda vez que houvesse prestação laboral contínua para o mesmo empregador, salvo se o obreiro tivesse sido dispensado e recebido indenização ou tivesse sido despedido por justa causa. O Enunciado n. 21 do Tribunal Superior do Trabalho interpretava as normas – trabalhista e previdenciária –, no sentido de que se somavam os períodos anterior e posterior à aposentadoria se o empregado não tivesse deixado de prestar serviços, ou retornado em seguida.

A Lei n. 6.204/75, anterior às Leis ns. 6.887 e 6.950, alterou o texto do art. 453 para incluir a expressão "ou se aposentado espontaneamente". Assim, o Tribunal Superior do Trabalho entendeu por bem cancelar o Enunciado n. 21, terminando, naquela oportunidade, com as divergências. Porém, eis que a polêmica está de volta, com a legislação ora vigente. *Sergio Martins*, por exemplo, entende que o art. 49 da Lei do RGPS não revogou o art. 453 da Consolidação das Leis do Trabalho

292 *Direito do trabalho*. 17. ed., Rio de Janeiro: Fundação Getúlio Vargas, 1993, p. 271.

293 *A justa causa na rescisão do contrato de trabalho*. 2. ed., Rio de Janeiro: Forense, 1960, p. 31.

294 *Comentários à Consolidação das Leis do Trabalho*. 19. ed., São Paulo: Saraiva, 1999, p. 289.

295 *Op. cit.*, p. 291.

296 *Compêndio de direito do trabalho*. São Paulo: LTr, 1990, p. 31.

297 *Direito do trabalho e previdência social: estudos*. São Paulo: LTr, 1996, p. 176; Temas de previdência social. São Paulo: LTr, 1999, p. 39.

298 *Op. cit.*, pp. 289-290.

na parte em que menciona a aposentadoria espontânea como restrição à contagem unificada do contrato de trabalho.

Porém, a melhor exegese encontrada na doutrina pátria a respeito do tema é do insigne previdenciarista *Wladimir Martinez*, cujas ilações, por totalmente esclarecedoras da questão, preferimos transcrever *in verbis*:

> *Vale lembrar, o empregado, segurado obrigatório, mantém dois vínculos distintos: a) contrato individual de trabalho com o empregador; e b) filiação compulsória com o órgão gestor da Previdência Social.*
>
> *A relação empregatícia nasce do contrato de trabalho. Este, do acordo de vontades entre a pessoa física e a jurídica. A lei prevê a origem, as formas e as causas de finalização desse ajuste de intenções e procedimentos futuros, entre os quais, conforme a teoria dos contratos, a volição livre e manifesta de uma das partes. Florescendo o elo laboral do desejo do trabalhador e ele não dando causa para o seu desaparecimento, somente por meio dessa vontade será possível a sua morte.*
>
> *O Direito do Trabalho admite formas oblíquas do fim do liame empregatício, caso dos procedimentos conducentes à rescisão indireta e das justas causas. Em tempo algum a legislação trabalhista contemplou a hipótese do rompimento por meio da aposentação. Autorizado a afirmá-lo, quando da modificação do art. 453, operada pela Lei n. 6.204/75, o elaborador da norma preferiu abster-se de reger o assunto. Quando quis, impôs a cessação do vínculo empregatício por iniciativa do empregador, isto é, a empresa pode requerer a aposentadoria por idade do obreiro, pagando-lhe os direitos inerentes (PBPS, art. 51). Nos demais casos (e não se trata de lacuna), salta à vista, não pretendeu, como o fez no interregno entre as Leis ns. 6.950/81 e 8.213/91, a necessidade de extinção prévia da relação jurídica laboral para fins de Previdência Social.*[299]

Na lição de *Martinez* talvez se encontre o grande problema de discernimento da questão: num regime de repartição, como é o nosso RGPS, não se pode querer vincular definitivamente o contrato de trabalho à relação previdenciária, até porque, como bem salientado, as partes das duas relações são diferentes.

Deve-se lembrar, também, a opinião de *Eduardo Gabriel Saad*, ao deixar de fazer coro com a maioria dos doutrinadores no que tange à modificação da interpretação do art. 453 da Consolidação das Leis do Trabalho, após a redação da Lei n. 6.204/75:

> *Ora, quem se aposenta não sai da empresa e, portanto, não existe a readmissão de que fala o artigo sob comentário. A relação de emprego não é cortada; a prestação de serviços não é interrompida; o contrato de trabalho mantém-se íntegro antes e depois da aposentadoria. Logo, o tempo anterior à aposentadoria tem de ser considerado para todos os efeitos legais.*[300]

A novidade mais recente foi a edição da Medida Provisória n. 1.523 e suas reedições convalidadas pela Lei n. 9.528/97, que incluía dois parágrafos no já mencionado art. 453: o primeiro, declarando extinto o contrato de trabalho de empregados de empresas públicas e sociedades de economia mista, ao determinar que, após aposentar-se, o empregado só poderia ser readmitido mediante concurso público;

299 MARTINEZ, Wladimir Novaes. *Comentários à Lei Básica...*, cit., p. 288.

300 *CLT Comentada*. 26. ed., São Paulo: LTr, 1993, p. 260.

o segundo, simplesmente dispondo no sentido de impor a extinção do contrato de trabalho aos empregados de qualquer empresa que obtivessem aposentadoria proporcional por tempo de serviço.

Para avivar mais ainda a chama da controvérsia, o Supremo Tribunal Federal suspendeu liminarmente, até decisão final, a eficácia dos dois dispositivos, nas Ações Diretas de Inconstitucionalidade ns. 1.721-3 e 1.770-4, esta última com decisão liminar publicada no DJU de 6.11.1998, na qual o Ministro Ilmar Galvão, Relator, externa entendimento no sentido de que "a inconstitucionalidade deste dispositivo legal decorre (...) de que este § 1º indiretamente pressupõe que a aposentadoria espontânea desses empregados extingue automaticamente o vínculo empregatício, o que violaria os preceitos constitucionais relativos à proteção do trabalho e à garantia à percepção dos benefícios previdenciários, alegação esta que deu margem ao deferimento de liminar na ADIN 1.721, circunstância que, por si só – fui um dos quatro votos vencidos –, é suficiente para que seja ela tida por relevante". Ou seja, conforme o Plenário do Supremo, exigir por lei a ruptura do vínculo de emprego em função da aposentadoria é medida inconstitucional, até decisão em contrário. Daí vem a crítica de *Stephanes*, a que nos referimos parágrafos antes, ao iniciar este tema.

E, finalmente, no julgamento do mérito das duas Ações Diretas antes referidas, o STF confirmou as liminares concedidas:

> *O ministro-relator Carlos Ayres Britto votou pela procedência da ação para declarar a norma inconstitucional. Para o relator, o parágrafo 2º do artigo 453 da CLT instituiu uma outra modalidade de extinção do vínculo de emprego "e o fez inteiramente à margem do cometimento de falta grave pelo empregado e até mesmo da vontade do empregador".*
>
> *De acordo com o relator, a Constituição versa a aposentadoria do trabalhador como um benefício e não como um malefício. "E se tal aposentadoria se dá por efeito do exercício regular de um direito (aposentadoria voluntária), é claro que esse regular exercício de um direito não é de colocar o seu titular numa situação jurídico-passiva de efeitos ainda mais drásticos do que aqueles que resultariam do cometimento de uma falta grave", disse o ministro.*
>
> *No entanto, Carlos Ayres Britto destacou que o artigo contestado determina o fim, "o instantâneo desfazimento da relação laboral pelo exclusivo fato da opção do empregado por um tipo de aposentadoria, a voluntária, que lhe é juridicamente franqueada". A norma trabalhista também desconsidera "a própria e eventual vontade do empregador de permanecer com o seu empregado, e também desatento o legislador para o fato de que o direito a aposentadoria previdenciária se dá no âmago de uma relação jurídica entre o segurado do sistema geral de previdência e o instituto nacional de seguridade social".*
>
> *Conforme o ministro, "a aposentadoria não se dá às expensas de nenhum empregador senão do próprio sistema de previdência, o que já significa dizer que o financiamento ou a cobertura financeira da relação de aposentadoria, já transformada em benefícios, se desenvolve do lado de fora da própria relação empregatícia".*
>
> *Para o relator, nada impede que, uma vez concedida a aposentadoria voluntária, possa o trabalhador ser demitido. Porém, o ministro destacou que, nessa circunstância, o patrão deverá arcar com todos os efeitos legais e patrimoniais que são próprios da extinção de um contrato de trabalho sem justa motivação.*

"Não enxergo, portanto, fundamentação jurídica para deduzir que a concessão da aposentadoria voluntária ao trabalhador deve extinguir instantaneamente, a relação empregatícia", finalizou o relator Carlos Ayres Britto, que votou pela procedência do pedido, ou seja, pela inconstitucionalidade do parágrafo 2º, do artigo 453 da CLT. Ele foi acompanhado pela maioria dos votos, vencido o ministro Marco Aurélio, que julgava a ação improcedente. (Informativo STF - 11.10.2006 - disponível em www.stf.gov.br/noticias. Acesso em 8.1.2007)

Na sequência, o Tribunal Superior do Trabalho houve por bem cancelar sua Orientação Jurisprudencial n. 177, que preconizava exatamente a tese oposta. A partir de então, os julgados do TST também passaram a reconhecer a unicidade contratual, com o cabimento da indenização compensatória de 40% do FGTS sobre todo o período laborado pelo empregado, antes e após a aposentadoria, quando ele tenha permanecido no emprego após o ato de concessão do benefício por idade ou por tempo de serviço/contribuição.

De nossa parte, antes mesmo da decisão prolatada pela Suprema Corte, vínhamos nos posicionando no sentido de que a aposentadoria voluntária, sem rompimento espontâneo da relação de emprego, não importava ruptura contratual. E assim pensamos por dois motivos: o primeiro porque, sendo o contrato de trabalho um acordo de vontades, somente pela manifestação de uma das partes, ou pelo falecimento, ou por força maior, pode-se dar a ruptura da relação jurídica. O Estado não pode intervir para extinguir contratos entre particulares, pois aí não chega o poder coercitivo estatal. Em segundo lugar, o Direito do Trabalho se rege por princípios, dentre os quais o da primazia da realidade e o da continuidade da relação de emprego. Pelo primeiro dos princípios citados, tem-se que prevalecem os fatos que ocorreram na relação jurídica em detrimento de qualquer ajuste escrito. Daí decorre que, não existindo, na realidade dos fatos, a ruptura da relação jurídica, não há que se cogitar de readmissão. Só se pode falar em readmitir aquele que deixou a empresa; não tendo deixado o empregado o seu posto de trabalho, não se lhe aplica o art. 453 da Consolidação das Leis do Trabalho. Quanto ao segundo princípio, norteia o ramo do Direito Laboral a ideia de que, *a priori*, os contratos de trabalho devem durar o tempo que as partes quiserem que dure, e, assim, dá-se preferência aos contratos por prazo indeterminado, sendo os contratos a termo exceções à regra. No caso da aposentadoria sem desligamento do empregado, nem este desejou findar o vínculo de emprego, nem o empregador agiu dessa forma. Via de regra, não se formaliza sequer uma rescisão contratual. Ora, se não há rescisão, como podemos afirmar estarmos diante de dois contratos, um antes e outro depois da concessão do benefício? Se não há ânimo, intenção manifesta de romper o liame, não se pode cogitar de extinção contratual.

Mais recentemente, trabalhadores que tiveram suas ações julgadas improcedentes na Justiça do Trabalho, em razão do entendimento que até então predominava (OJ 177) vêm conseguindo êxito em ações rescisórias, no sentido de anular a decisão antes proferida:

AÇÃO RESCISÓRIA. EFEITOS DA APOSENTADORIA ESPONTÂNEA SOBRE O CONTRATO DE TRABALHO. INDICAÇÃO DE VIOLAÇÃO DO ARTIGO 7º, I, DA CONSTITUIÇÃO FEDERAL. 1. Decisão rescindenda em que consignada tese no sentido de que a aposentadoria espontânea extingue o contrato de trabalho. Invocação da cancelada O.J. nº 177/SBDI-1/TST. 2. Diante da jurisprudência consolidada no âmbito do Supremo Tribunal Federal, segundo a qual qualquer interpretação no sentido de que a concessão da aposentadoria espontânea necessariamente extingue o contrato de trabalho implica a violação do artigo 7º, I, da Constituição Federal, impõe-se o corte rescisório para afastar essa tese e declarar a unicidade contratual (TST. AR-1805796-53.2007.5.00.0000, SBDI-2, Rel. Min. Emmanoel Pereira, publ. DJE 10.12.2010).

O problema, todavia, se mantém na medida em que muitos trabalhadores tiveram a ação julgada improcedente, tendo ocorrido o trânsito em julgado proferida em desalinho com a Constituição (baseadas na OJ 177) há mais de dois anos, o que ensejaria a caducidade do direito de ingressar com a ação rescisória. Entretanto, aqui talvez se possa perquirir da chamada "coisa julgada inconstitucional", que para uma significativa parcela de estudiosos como Cândido Rangel Dinamarco, para quem "não é legítimo eternizar injustiças a pretexto de evitar a eternização de incertezas", poderia então ser objeto de anulação a qualquer tempo, relativizando os efeitos da coisa julgada material quando esta atente frontalmente contra as normas constitucionais – a exemplo do que já prevêem os art. 730 do CPC e 884 da CLT, no tocante à inexigibilidade do título executivo – ainda que a matéria encontre resistência por parte da maioria da doutrina, como explicita Sérgio Gilberto Porto em sua obra específica sobre o tema[301].

8.2 Aposentadoria por invalidez

Utilizando-se do conceito de *Russomano*, "aposentadoria por invalidez é o benefício decorrente da incapacidade do segurado para o trabalho, sem perspectiva de reabilitação para o exercício de atividade capaz de lhe assegurar a subsistência".[302]

Nos termos do art. 42 da Lei n. 8.213/91, a aposentadoria por invalidez, uma vez cumprida, quando for o caso, a carência exigida, será devida ao segurado que, estando ou não em gozo de auxílio-doença, for considerado incapaz e insuscetível de reabilitação para o exercício de atividade que lhe garanta a subsistência, e ser-lhe-á paga enquanto permanecer nesta condição.

A incapacidade que resulta na insuscetibilidade de reabilitação pode ser constatada de plano em algumas oportunidades, em face da gravidade das lesões à integridade física ou mental do indivíduo. Nem sempre, contudo, a incapacidade permanente é passível de verificação imediata. Assim, via de regra, concede-se

301 PORTO, Sérgio Gilberto. *Coisa Julgada Civil*. 3. ed., São Paulo, Revista dos Tribunais, 2006, pp. 125-137.

302 RUSSOMANO, Mozart Victor. *Comentários à Consolidação das Leis da Previdência Social*. 2. ed., São Paulo: Revista dos Tribunais, 1981, p. 135.

inicialmente ao segurado o benefício por incapacidade temporária – auxílio-doença – e, posteriormente, concluindo-se pela impossibilidade de retorno à atividade laborativa, transforma-se o benefício inicial em aposentadoria por invalidez. Por esse motivo, a lei menciona o fato de que o benefício é devido, estando ou não o segurado em gozo prévio de auxílio-doença.

Sobre os critérios de avaliação da incapacidade que gera direito ao benefício, o STJ definiu importantes parâmetros que reputamos adequados para ampliação da proteção aos segurados em situação de risco, superando obstáculos de perícias médicas dissociadas da realidade social do trabalhador mais humilde:

> *PREVIDENCIÁRIO. AGRAVO REGIMENTAL NO RECURSO ESPECIAL. APOSENTADORIA POR INVALIDEZ. LAUDO PERICIAL CONCLUSIVO PELA INCAPACIDADE PARCIAL DO SEGURADO. NÃO VINCULAÇÃO. CIRCUNSTÂNCIA SÓCIO-ECONÔMICA, PROFISSIONAL E CULTURAL FAVORÁVEL À CONCESSÃO DO BENEFÍCIO. RECURSO DESPROVIDO.*
>
> *1. Os pleitos previdenciários possuem relevante valor social de proteção ao Trabalhador Segurado da Previdência Social, devendo ser, portanto, julgados sob tal orientação exegética.*
>
> *2. Para a concessão de aposentadoria por invalidez devem ser considerados outros aspectos relevantes, além dos elencados no art. 42 da Lei 8.213/91, tais como, a condição sócio-econômica, profissional e cultural do segurado.*
>
> *3. Embora tenha o laudo pericial concluído pela incapacidade parcial do segurado, o Magistrado não fica vinculado à prova pericial, podendo decidir contrário a ela quando houver nos autos outros elementos que assim o convençam, como no presente caso.*
>
> *4. Em face das limitações impostas pela avançada idade, bem como pelo baixo grau de escolaridade, seria utopia defender a inserção do segurado no concorrido mercado de trabalho, para iniciar uma nova atividade profissional, motivo pelo faz jus à concessão de aposentadoria por invalidez.*
>
> *5. Agravo Regimental do INSS desprovido.*
>
> *(AGRESP 200801032030, Quinta Turma, Rel. Min. Napoleão Nunes Maia Filho, DJE 9.11.2009).*

Merece destaque decisão da Turma Nacional de Uniformização do JEFs acerca da análise dos aspectos sociais na avaliação da incapacidade laborativa. Segundo a relatora, juíza federal Maria Divina Vitória, "a incapacidade para o trabalho é fenômeno multidimensional e não pode ser avaliada tão-somente do ponto de vista médico, devendo ser analisados também os aspectos sociais, ambientais e pessoais. Há que se perquirir sobre a real possibilidade de reingresso do segurado no mercado de trabalho. Esse entendimento decorre da interpretação sistemática da legislação, da Convenção da OIT – Organização Internacional do Trabalho, e do princípio da dignidade da pessoa humana. A restrição ao idoso aliada ao estado de saúde do trabalhador, na prática, inviabilizam o seu retorno à atividade que lhe proporcione meios de susbsistência, razão do deferimento da aposentadoria por invalidez." (IUJEF n. 2005.83.00506090-2/PE, julgado em 17.12.2007).

A concessão de aposentadoria por invalidez dependerá da verificação da condição de incapacidade mediante exame médico-pericial a cargo da Previdência

Social, podendo o segurado, a suas expensas, fazer-se acompanhar de médico de sua confiança – § 1º do art. 42 da Lei n. 8.213/91.

O art. 162, § 1º, do Regulamento da Previdência Social, com a redação dada pelo Decreto n. 4.729, de 9.6.2003, estabeleceu como exigência para a concessão de aposentadoria por invalidez decorrente de doença mental a apresentação do termo de curatela, ainda que provisória.

A doença ou lesão de que o segurado já era portador ao filiar-se ao RGPS não lhe conferirá direito à aposentadoria por invalidez, salvo quando a incapacidade sobrevier por motivo de progressão ou agravamento dessa doença ou lesão. Isso porque a necessidade de ser futuro e incerto o risco faz com que se exclua da proteção o segurado que, ao tempo da vinculação, já era portador da moléstia ou da lesão que venha a ser invocada como suporte material do direito à prestação.[303] Em relação à doença congênita ou adquirida antes da filiação, o TRF da 4ª Região entendeu que não impede a concessão do benefício, desde que o agravamento da enfermidade seja posterior à filiação (Apelação Cível n. 2001.04.01.024579-4/RS, 6ª Turma, Rel. Des. Luiz Fernando Wowk Penteado, sessão de 13.11.2001).

De acordo com *Wladimir Novaes Martinez*: "Juntamente com o auxílio-doença, a aposentadoria por invalidez é benefício de pagamento continuado, de risco imprevisível, devido à incapacidade presente para o trabalho. É deferida, sobretudo, se o segurado está impossibilitado de trabalhar e insuscetível de reabilitar-se para a atividade garantidora da subsistência. Trata-se de prestação provisória com nítida tendência à definitividade, geralmente concedida após a cessação do auxílio-doença (PBPS, *caput* do art. 43)".[304]

As regras gerais sobre a aposentadoria por invalidez foram mantidas pela Emenda Constitucional n. 20/98 e estão disciplinadas nos arts. 42 a 47 da Lei n. 8.213/91 e arts. 43 a 50 do Decreto n. 3.048/99.

– Período de carência

O período de carência para a concessão da aposentadoria por invalidez é de 12 contribuições mensais. A concessão independe de carência no caso de o segurado sofrer acidente de qualquer natureza ou causa, ou ser acometido de alguma das doenças especificadas na Portaria Interministerial n. 2.998, de 23.8.2001.

Os segurados especiais estão isentos do cumprimento do período de carência, devendo comprovar exercício de atividade rural nos doze meses imediatamente anteriores ao requerimento do benefício.

303 COIMBRA, J. R. Feijó. *Direito previdenciário brasileiro*. 7. ed., Rio de Janeiro: Edições Trabalhistas, 1997, p. 121.

304 MARTINEZ, Wladimir Novaes. *CD – Comentários à Lei Básica da Previdência Social*. Brasília, Rede Brasil/LTr, fev./1999.

- Data de início do benefício

Quando a aposentadoria por invalidez decorrer de transformação de auxílio-doença, ela é devida a partir do dia imediato ao da cessação do auxílio-doença.

Quando não decorrer de transformação de auxílio-doença, ela é devida:

- para os segurados empregados (exceto o doméstico): a contar do 16º dia de afastamento da atividade ou a partir da entrada do requerimento, quando requerido após o 30º dia do afastamento da atividade; os quinze primeiros dias de afastamento são de responsabilidade da empresa, que deverá pagar ao segurado-empregado o salário; e
- para o segurado empregado doméstico, trabalhador avulso, contribuinte individual, especial e facultativo: a partir da data do início da incapacidade, ou da data de entrada do requerimento, quando ocorrido após o 30º dia da incapacidade.

Em todos os casos, o requerimento do benefício deve ser formulado no prazo de trinta dias a partir da data da incapacidade, sob pena de ser a data daquele o termo inicial do benefício.

Sendo a aposentadoria por invalidez, por definição, o benefício concedido ao segurado que não tem nenhuma condição de prover sua subsistência em função da perda da capacidade laborativa, é certo que o benefício só pode ser concedido se o segurado se encontra afastado de todas as suas atividades, como preconiza o art. 44, § 3º, do Regulamento.

- Renda mensal inicial

A aposentadoria por invalidez, inclusive a decorrente de acidente do trabalho, consistirá numa renda mensal correspondente a 100% do salário de benefício.

A renda mensal inicial da aposentadoria por invalidez concedida por transformação de auxílio-doença será de 100% do salário de benefício que serviu de base para o cálculo da renda mensal inicial do auxílio doença, reajustado pelos mesmos índices de correção dos benefícios em geral. O salário de benefício consiste na média aritmética simples dos maiores salários de contribuição correspondentes a oitenta por cento do período contributivo decorrido desde a competência julho de 1994 até a data do início do benefício.

Para o segurado especial, o benefício será no valor de um salário mínimo; comprovando contribuições para o sistema, terá a renda mensal calculada com base no salário de benefício.

Os questionamentos judiciais envolvendo o cálculo do valor da renda mensal da aposentadoria por invalidez foram abordados na Parte IV, Capítulo 5, itens 5.22 e 5.23 deste manual, aos quais remetemos o leitor.

O valor da aposentadoria por invalidez ao segurado que necessitar da assistência permanente de outra pessoa será acrescido de 25%, podendo chegar, assim, a 125% do salário de benefício. O acréscimo será devido, ainda que o valor da aposentadoria atinja o limite máximo legal; será recalculado quando o benefício que lhe deu origem for reajustado e cessará com a morte do aposentado, não sendo incorporável ao valor da pensão. As situações em que o aposentado terá direito a essa majoração estão relacionadas no Anexo I do Regulamento da Previdência Social (Decreto n. 3.048/99), quais sejam:

1) Cegueira total;
2) Perda de nove dedos das mãos ou superior a esta;
3) Paralisia dos dois membros superiores ou inferiores;
4) Perda dos membros inferiores, acima dos pés, quando a prótese for impossível;
5) Perda de uma das mãos e de dois pés, ainda que a prótese seja possível;
6) Perda de um membro superior e outro inferior, quando a prótese for impossível;
7) Alteração das faculdades mentais com grave perturbação da vida orgânica e social;
8) Doença que exija permanência contínua no leito;
9) Incapacidade permanente para as atividades da vida diária.

Essa relação não pode ser considerada como exaustiva, pois outras situações podem levar o aposentado a necessitar de assistência permanente, o que pode ser comprovado por meio de perícia médica.

– Recuperação da capacidade de trabalho

A aposentadoria por invalidez suspende o contrato de trabalho (CLT, art. 475) e cessa com a recuperação da capacidade de trabalho. Por isso, o aposentado por invalidez que retornar voluntariamente à atividade terá sua aposentadoria automaticamente cancelada, a partir da data do retorno – art. 46 da Lei do RGPS.

O segurado em gozo de aposentadoria por invalidez está obrigado, sob pena de suspensão do benefício, a submeter-se a exame médico a cargo da Previdência Social, a processo de reabilitação profissional por ela prescrito e custeado, e a tratamento dispensado gratuitamente, exceto o cirúrgico e a transfusão de sangue, que são facultativos, independentemente de idade. De acordo com o parágrafo único do art. 46 do Decreto n. 3.048/99, a periodicidade de submissão do aposentado à perícia é bienal.

A aposentadoria por invalidez não é concedida em caráter irrevogável. Como a incapacidade para o trabalho pode deixar de existir, em face de uma série de fatores, a lei prevê a possibilidade de cessação do pagamento quando ocorrer o retorno ao trabalho. É que "a Previdência Social Brasileira, há muitos anos, abandonou o critério da irrevogabilidade da aposentadoria por invalidez, que, no direito anterior, se configurava pelo transcurso do tempo (cinco anos de manutenção do benefício pelo órgão previdencial)".[305]

A cessação do recebimento do benefício, uma vez constatada a recuperação da capacidade de trabalho do aposentado, obedece às regras do art. 47 da Lei n. 8.213/91, abaixo relacionadas, procurando permitir ao segurado o retorno gradual ao mercado de trabalho para tornar a prover os meios necessários à manutenção de sua subsistência.

Para os segurados empregados, urbanos ou rurais, uma vez estando suspenso o contrato de trabalho, na forma do art. 475 da Consolidação das Leis do Trabalho, e tendo sido verificada a recuperação total da capacidade de trabalho, o benefício cessará de imediato, caso não tenham se passado cinco anos entre a concessão do benefício e a recuperação.

Se a recuperação do segurado empregado for apenas parcial, e este for considerado apto para função diversa da que exercia, ou aquele cuja "alta" sobrevier em tempo posterior a cinco anos da concessão do benefício, então a estes será assegurada a percepção do benefício por mais dezoito meses, sem prejuízo do retorno à atividade, sendo que, nos primeiros seis meses da volta à ativa, o benefício será pago integralmente, do sétimo ao décimo segundo mês será pago com redução de 50% em seu valor e, nos seis últimos meses – do décimo terceiro ao décimo oitavo mês, será pago o benefício com redução de 75%.

Aos empregados aplicam-se as regras do art. 475 da Consolidação das Leis do Trabalho. Para isso, o INSS emitirá certificado de capacidade para o empregado postular seu emprego de volta. Segundo este artigo da Consolidação, o empregado que for aposentado por invalidez, recuperando a capacidade de trabalho e sendo a aposentadoria cancelada, terá direito a retornar para a função que ocupava ao tempo da aposentadoria, facultado, porém, ao empregador o direito de indenizá-lo em resilição contratual sem justa causa, salvo na hipótese de ser o empregado portador de estabilidade, quando esta deverá ser respeitada. Ante a inaplicabilidade dos arts. 477, 478 e 497 da Consolidação das Leis do Trabalho, a partir da adoção do FGTS como regime único de proteção do emprego contra a despedida imotivada, há que se interpretar que o empregador que desejar dispensar o empregado não estável pagará a indenização compensatória da dispensa imotivada igual a 40% do montante dos depósitos do FGTS devidos no curso do contrato de trabalho e, no caso de estável, pagará a indenização equivalente ao período de garantia de emprego, mais a indenização de 40% do FGTS.

Concordamos novamente com *Russomano*:

305 RUSSOMANO, Mozart Victor. *Comentários*..., cit., p. 144.

> *Assim sendo, após dezoito meses de recebimento do valor da aposentadoria com reduções sucessivas e crescentes, cessará, definitivamente, o benefício.*
>
> *Nessa hipótese, a aposentadoria será mantida, nas condições indicadas, sem prejuízo - diz o legislador - da volta do segurado ao trabalho (...)*
>
> *Esse dispositivo sempre nos autorizou a afirmação de que o segurado tem direito de retornar à sua atividade normal e, no caso de estar protegido pela Consolidação das Leis do Trabalho, de ser readmitido no cargo que exercia, anteriormente, na empresa, ou receber indenização....*[306]

Não discrepa o entendimento jurisprudencial trabalhista a respeito, preconizado no Enunciado n. 160 do Tribunal Superior do Trabalho: "Cancelada a aposentadoria por invalidez, mesmo após cinco anos, o trabalhador terá direito de retomar ao emprego, facultado, porém, ao empregador, indenizá-lo na forma da lei".

Aos demais segurados aplica-se o seguinte: sobrevindo a recuperação plena nos cinco anos subsequentes à concessão do benefício, a estes será concedido o benefício ainda por tantos meses quantos foram os anos de duração do auxílio-doença ou da aposentadoria por invalidez. Já se a recuperação for parcial, ocorrer após os cinco anos, ou o segurado for declarado apto para o exercício de função diversa da que exercia antes da aposentação, aplicar-se-á a mesma regra da supressão gradativa do benefício, em dezoito meses.

É garantido ao segurado que retornar à atividade que este possa requerer, a qualquer tempo, novo benefício, tendo este processamento normal. Ou seja, o aposentado por invalidez que volte a trabalhar, caso seja vítima de nova incapacidade, ou implemente direito a outro benefício de aposentadoria, poderá requerê-lo a qualquer tempo, não havendo obrigação de prazo carencial entre os dois benefícios, ou compensação de valores percebidos a título de aposentadoria por invalidez.

8.2.1 Transformação do benefício por incapacidade em aposentadoria por idade

De acordo com a regra contida no art. 55 do Decreto n. 3.048/99, a aposentadoria por idade poderia ser decorrente da transformação de aposentadoria por invalidez ou auxílio-doença, desde que requerida pelo segurado e observado o cumprimento da carência exigida na data de início do benefício a ser transformado.

No entanto esse dispositivo foi revogado pelo Decreto n. 6.722, de 2008, impossibilitando essa transformação direta que muitas vezes representava um acréscimo de renda em face da aplicação do fator previdenciário positivo.

Regulamentando essa alteração, encontramos o art. 212 da IN 45/2010: "É vedada a transformação de aposentadoria por invalidez ou auxílio-doença em aposentadoria por idade para requerimentos efetivados a partir de 31 de dezembro de

306 *Comentários...*, cit., p. 148.

2008, data da publicação do Decreto nº 6.722, de 2008, haja vista a revogação do art. 55 do RPS."

Cabe ressaltar primeiro, no tocante a norma disposta no art. 212 da IN 45/2010, que a mesma é claramente inconstitucional vez que não respeita o direito adquirido daqueles que implementaram o requisito para a aposentadoria por idade antes do advento do Decreto nº 6.722/2008, mas que fizeram o requerimento após 30 de dezembro de 2008. Ao mencionar apenas "requerimentos efetivados a partir de 31 de dezembro de 2008" a norma deixa de prever o direito adquirido dos segurados, e quanto a eles, é inaplicável.

Para esses segurados obviamente não poderia haver qualquer restrição da transformação de benefícios por incapacidade em aposentadoria por idade, já que obtiveram o direito a aplicação da norma vigente na data da implementação dos requisitos. Portanto, se o preenchimento dos requisitos idade e carência foram anteriores a 30.12.2008, não cabe o indeferimento do pedido, mesmo que o requerimento se dê após a mudança legislativa.

Questionamento importante é se poderia o segurado voltar a contribuir para a previdência social e postular na sequência o novo benefício?

Vejamos em que hipóteses o retorno à atividade pelo aposentado por invalidez encontra regramento:

a) caso tenha recuperado a capacidade laborativa e retornar voluntariamente à atividade, a sua aposentadoria por invalidez será automaticamente cancelada (art. 46 da Lei n. 8.213/91).
b) caso o aposentado por invalidez se julgar apto a retornar à atividade deverá solicitar a realização de nova avaliação médico-pericial e somente depois da perícia médica do INSS concluir pela recuperação da capacidade laborativa, a aposentadoria será cancelada (art. 47 do RPS).

Segundo o art. 50 do RPS, o segurado que retornar à atividade poderá requerer, a qualquer tempo, novo benefício, tendo este processamento normal.

Em conclusão, o segurado que voltar a exercer atividade remunerada, mesmo que por um período curto, poderá requerer a qualquer tempo a aposentadoria por idade ou por tempo de contribuição, computando o lapso intercalado em que esteve em gozo de auxílio-doença ou aposentadoria por invalidez como tempo de contribuição (art. 55, II, da Lei n. 8.213/91).

E, segundo precedentes jurisprudenciais, é possível aproveitar os períodos até como período de carência, mesmo que não intercalados, por aplicação analógica dos artigos 29, § 5º e 55, II, da Lei n. 8.213/91:

– *Turma de Uniformização Regional dos JEFs da 4ª. Região: Súmula n. 7: "Computa-se, para efeitos de carência, o período em que o segurado usufruiu benefício previdenciário por incapacidade."*

– *TRF da 4ª. Região: "Pacificado, na Seção Previdenciária desta Corte, o entendimento de que o período de gozo de benefício por incapacidade (auxílio-doença e aposentadoria apor invalidez) é considerável para fins de carência na aposentadoria por idade urbana, consoante análise contextual e interpretativa da Lei de Benefícios e do Regulamento da Previdência Social." (APEL-REEX nº 2004.71.00.039040-7/RS, DE 17.12.2009).*

A TNU uniformizou a matéria de forma diferente, admitindo a contagem somente nos casos em a atividade é intercalada ou nas hipóteses de benefício por incapacidade acidentário. No mesmo, julgado afastou a possibilidade de conversão direta da aposentadoria por invalidez em aposentadoria por idade:

> *PREVIDENCIÁRIO. PEDIDO DE TRANSFORMAÇÃO DA APOSENTADORIA POR INVALIDEZ PREVIDENCIÁRIA EM APOSENTADORIA POR IDADE. CONTADO COMO TEMPO DE SERVIÇO, AQUELE EM QUE ESTEVE RECEBENDO BENEFÍCIO POR INCAPACIDADE, SE ESTIVER ENTRE PERÍODOS DE ATIVIDADE. ACÓRDÃO MANTIDO. PEDIDO DE UNIFORMIZAÇÃO DE INTERPRETAÇÃO DE LEI FEDERAL CONHECIDO E DESPROVIDO.*
>
> *1. O próprio Autor, ora Requerente, confirma que gozou de auxílio-doença desde 05/02/1980, e que, posteriormente, passou a receber a aposentadoria por invalidez previdenciária, desde 01/11/1985, tendo sido informado pelo INSS que contava antes da incapacidade com 73 (setenta e três) meses de contribuição.*
>
> *2. Em primeiro lugar, cabe afastar a aposentadoria por idade, já que, completou 65 (sessenta e cinco) anos em 1995, quando a carência do Art.142 da Lei nº 8.213/91, seria de 78 (setenta e oito) contribuições recolhidas.*
>
> *3. Dessa forma, pretende o Autor que o tempo em gozo de benefícios por incapacidade seja considerado para efeito de tempo de serviço para o deferimento da aposentadoria por idade. A solução pretendida não é possível, pois, tanto o Art.55, II, da Lei nº 8.213/91, como o Art.60, III, do Decreto nº 3.048/99, são expressos em afirmar que só é contado como tempo de serviço, aquele em que esteve recebendo benefício por incapacidade, se estiver entre períodos de atividade.*
>
> *4. O art.60, IX, do Decreto nº 3.048/99, também sepulta a tese autoral, ao garantir contagem de tempo em que esteve recebendo benefício por incapacidade, intercalado ou não, quando se tratar de acidente de trabalho. 5. Incidente conhecido e desprovido.*
>
> *(PEDILEF nº 2008.72.54.001356-5/SC, Rel. Juiz Fed. Eduardo André de B. Fernandes, DJ 23.3.2010).*

Diante do contexto atual, mostra-se necessário o retorno à atividade (mesmo por período diminuto) para que o segurado possa contar os períodos de gozo de benefício por incapacidade como tempo de contribuição e de carência, possibilitando assim o requerimento da aposentadoria por idade ou por tempo de contribuição com novo cálculo da renda mensal inicial.

Quanto à nova RMI importante lembrar a regra do art. art. 29, § 5º da LBPS, segundo a qual a duração dos benefícios por incapacidade será contada, considerando-se como salário de contribuição, no período, o salário de benefício que serviu de base para o cálculo da renda mensal, reajustado nas mesmas épocas e bases dos benefícios em geral.

A aplicação do fator previdenciário deverá levar em consideração o novo tempo contributivo (soma de todos os períodos trabalhados e de gozo de benefício) e a idade e expectativa de sobrevida na data do novo requerimento.

8.3 Aposentadoria por idade

A aposentadoria por idade, criada pela Lei Orgânica da Previdência Social – Lei n. 3.807/60 – e hoje mantida pela Lei n. 8.213/91, é devida ao segurado que, cumprida a carência exigida, completar 65 anos de idade, se homem, ou 60 anos de idade, se mulher.

Esses limites são reduzidos em cinco anos para os trabalhadores rurais de ambos os sexos e para os que exerçam suas atividades em regime de economia familiar, neste incluídos o produtor rural, o garimpeiro e o pescador artesanal (art. 201, § 7º, inciso II, da Constituição de 1988, com a redação da Emenda Constitucional n. 20/98).

Não se pode dizer que, tecnicamente, haja o risco de infortunística pelo fato de um indivíduo vir a envelhecer; partindo deste princípio, não haveria razão para a cobertura do evento envelhecimento pela previdência social. Mas *Russomano* demonstra o cabimento da proteção em face da idade avançada:

> *Mas, pouco a pouco, os sistemas previdenciais foram compreendendo em que medida pode a velhice ser definida como risco, pois, como a invalidez, ela cria a incapacidade física para o trabalho e, muitas vezes, coloca o ancião em difíceis condições econômicas (*Carlos G. Posada. *"Los Seguros Obligatorios en España", 3. ed., p. 237, s/d;* A. Lopez Nunes. *"El Seguro Social de Vejez", 1919, p. 5).*[307]

A denominação "aposentadoria por idade" surgiu com a Lei n. 8.213/91, conforme se observa do comentário de *Sergio Pinto Martins*: "No sistema anterior falava-se em aposentadoria por velhice. A expressão aposentadoria por idade surge com a Lei n. 8.213. A denominação utilizada atualmente é mais correta, pois o fato de a pessoa ter 60 ou 65 anos não quer dizer que seja velha. Há pessoas com essa idade que têm aparência de dez, vinte anos mais moça, além do que, a expectativa de vida das pessoas hoje tem atingido muito mais de 60 anos. Daí porque se falar em aposentadoria por idade, quando a pessoa atinge a idade especificada na lei".[308]

A aposentadoria por idade poderá ser requerida pela empresa, compulsoriamente, desde que o empregado tenha cumprido o período de carência e completado 70 anos, se homem, e 65 anos, se mulher. Neste caso, será garantida ao empregado a indenização prevista na legislação trabalhista (equivalente a 40% do valor dos depósitos devidos a título de FGTS), considerada como data da rescisão do contrato de trabalho a imediatamente anterior à do início da aposentadoria.

Em que pese ser regra já antiga, guardamos sérias divergências quanto a este dispositivo. É que não há sentido, num regime previdenciário em que se concebe a aposentadoria como um direito individual, impor a alguém a jubilação. A com-

307 *Comentários...*, cit., p. 152.

308 MARTINS, Sergio Pinto. *Direito da seguridade social.* 11. ed., São Paulo: Atlas, 1999, p. 255.

pulsoriedade tem cabimento na hipótese de incapacidade comprovada, ou de risco para a saúde (hipótese da aposentadoria especial). Assim, há dois pontos em que discordamos da aplicação desta norma: o primeiro é que se trata de direito individual; logo, quem tem legitimidade para requerer o benefício é o segurado; além disso, o "requerimento" empresarial cria uma discriminação ao trabalhador com idade superior a 70 anos, no sentido de que ele pode ser alijado do emprego e considerado um "inativo" por ato de vontade do empregador, sem que seja consultado a respeito, o que, a nosso ver, caracteriza inconstitucionalidade, diante do direito fundamental à liberdade de trabalho – art. 5º, XIII – e da regra do art. 7º, XXX, da Constituição, no que tange à discriminação ao exercício de função. Na mesma linha de entendimento, porém sem questionar a inconstitucionalidade da norma, *Martinez* entende que "a decisão de requerer o benefício previdenciário, a despeito da prestação situar-se no campo da norma pública, é do titular do direito".[309]

No que diz respeito à comprovação dos requisitos para obtenção da aposentadoria por idade, a jurisprudência é assente no sentido de que a idade e a carência não necessitam ser preenchidas simultaneamente:

> *PROCESSUAL CIVIL. AGRAVO REGIMENTAL NO RECURSO ESPECIAL. APOSENTADORIA POR IDADE. REQUISITOS. IMPLEMENTAÇÃO SIMULTÂNEA. DESNECESSIDADE. Não é necessária a implementação simultânea dos requisitos legais para a concessão da aposentadoria por idade. O benefício é devido independentemente da posterior perda da qualidade de segurado à época do preenchimento do requisito etário, desde que o obreiro tenha vertido à Previdência Social o número de contribuições previstas na tabela do artigo 142 da Lei nº 8.213/91. Precedentes. Agravo regimental a que se nega provimento. (STJ. AGRESP n. 637761. 6ª Turma. Relator Carlos Fernando Mathias. DJ de 18/02/2008)*

A TNU possui precedentes no sentido da necessidade da implementação simultânea dos requisitos para a concessão da aposentadoria rural por idade (PEDILEF n. 2007.70.95.005263-0 – PR. Relator Juiz Otávio Henrique Martins Port. Unânime. DJ 09.07.2009), o que provocou o recebimento de pedido de uniformização perante a 3ª. Seção do STJ, que deverá uniformizar a matéria (Pet n. 7476/PR - Registro: 2009/0171150-5).

Cabe mencionar que a Lei nº. 10.666/2003 (art. 3, § 1º) estabelece que para a concessão da aposentadoria por idade, a perda da qualidade de segurado não será considerada, desde que o segurado conte com, no mínimo, o tempo de contribuição correspondente ao exigido para efeito de carência na data do requerimento do benefício.

No que diz respeito à apuração dos requisitos para a concessão da aposentadoria por idade, a jurisprudência da TNU é no sentido de ser o momento em que o requisito etário é implementado ou aquele em que o requerimento administrativo é protocolizado. No caso em referência, o relator do processo, juiz federal Otávio

309 *Comentários à Lei Básica...*, cit., p. 298.

Port, considerou que levar em conta a data em que a pessoa formulou o requerimento administrativo seria uma afronta ao princípio da isonomia uma vez que distinguiria, de forma indevida, duas pessoas que, embora tendo a mesma idade e o mesmo tempo de contribuição, formularam seus requerimentos administrativos em momentos distintos (Proc. 2005.72.95.01.7041-4, DJ de 13.10.2009)

Compartilhamos dessa interpretação, pois entendemos que a carência a ser exigida para a concessão desse benefício é a do ano em que preenchido o requisito etário, em conformidade com o art. 142 da LBPS. Exemplificando, caso o segurado homem tenha completado 65 anos em 2008, a carência exigida é de 162 meses. Na hipótese de em dezembro de 2008 ele ter apenas 150 meses de carência, bastará contribuir por mais 12 meses, mesmo que isso leve mais dois anos. Ou seja, a carência não será aumentada pelo fato do segurado não ter cumprido esse requisito no ano em que completou a idade mínima.

As regras gerais sobre a aposentadoria por idade foram mantidas pela Emenda Constitucional n. 20/98 e estão disciplinadas nos arts. 48 a 51 da Lei n. 8.213/91 e nos arts. 51 a 55 do Decreto n. 3.048/99.

8.3.1 Aposentadoria por idade do trabalhador rural

A redução de cinco anos para aposentadoria do trabalhador e da trabalhadora rural foi prevista na Constituição de 1988 (art. 202, inciso I – redação original; art. 201, § 7º, inciso II, na redação atual). No entanto, o Supremo Tribunal Federal não considerou autoaplicável esse preceito constitucional: "Aposentadoria. Trabalhadores rurais. Inciso I do art. 202 da Constituição Federal. Conforme decisão do Plenário, não é auto-aplicável o preceito inserto no inciso I do art. 202 da Constituição Federal, concernente à redução da idade para aposentadoria considerados ambos os sexos, isto quanto aos trabalhadores rurais e àqueles que exerçam atividade em regime de economia familiar, incluídos o produtor rural, o garimpeiro e o pescador artesanal. Precedentes: agravos regimentais em recursos extraordinários 152.428-7/SP e 152.431-7/SP, por mim relatados perante o Plenário em 5 de fevereiro de 1997, com decisões publicadas no Diário da Justiça de 18 imediato" (RE n. 168.191-8, STF, 2ª Turma, rel. Min. Marco Aurélio, DJU de 20.6.96, p. 28.487).

Assim, em face dessa decisão, estabeleceu-se a seguinte situação:

a) a aposentadoria do trabalhador rural por idade, no regime precedente à Lei n. 8.213/91, somente é devida ao homem, e, excepcionalmente, à mulher, desde que esteja na condição de chefe ou arrimo de família, nos termos do art. 297 do Decreto n. 83.080/79;

b) a partir da Lei n. 8.213/91, esse benefício foi estendido aos demais integrantes do grupo familiar (cônjuges ou companheiros, filhos maiores de 14 anos ou a eles equiparados), nos termos do art. 11, VII, da mencionada lei;

c) para a mulher obter o benefício antes da Lei n. 8.213/91, precisava comprovar ser chefe de família ou cabeça-de-casal.

Apenas os trabalhadores rurais enquadrados nas categorias de segurado empregado, trabalhador eventual, trabalhador avulso e segurado especial são abrangidos pela diminuição de cinco anos na idade para aposentadoria (art. 48, § 1º, da Lei n. 8.213/91, com a redação conferida pela Lei n. 9.876/99; art. 51 do Decreto n. 3.048/99). O pescador artesanal também tem direito à aposentadoria por idade, independentemente de ter recolhido contribuição previdenciária, uma vez que está equiparado ao trabalhador rural, na qualidade de segurado especial, para fins de proteção previdenciária. Neste sentido: TNU, PU n. 2006.85.00.504951-4, Sessão de 13.8.2007.

A concessão da aposentadoria do trabalhador rural por idade, prevista no art. 48 da Lei n. 8.213/91, está condicionada ao preenchimento de dois requisitos:

a) idade mínima de 60 anos para o homem e de 55 anos para a mulher, e

b) comprovação do exercício de atividade rural nos termos do art. 143 da Lei n. 8.213/91.

A comprovação é feita conforme a apresentação dos documentos previstos no art. 106 da Lei de Benefícios, com a redação conferida pela Lei n. 11.718/2008:

Art. 106. A comprovação do exercício de atividade rural será feita, alternativamente, por meio de:

I - contrato individual de trabalho ou Carteira de Trabalho e Previdência Social;

II - contrato de arrendamento, parceria ou comodato rural;

III - declaração fundamentada de sindicato que represente o trabalhador rural ou, quando for o caso, de sindicato ou colônia de pescadores, desde que homologada pelo Instituto Nacional do Seguro Social - INSS;

IV - comprovante de cadastro do Instituto Nacional de Colonização e Reforma Agrária - INCRA, no caso de produtores em regime de economia familiar;

V - bloco de notas do produtor rural;

VI - notas fiscais de entrada de mercadorias, de que trata o § 7º do art. 30 da Lei no 8.212, de 24 de julho de 1991, emitidas pela empresa adquirente da produção, com indicação do nome do segurado como vendedor;

VII - documentos fiscais relativos a entrega de produção rural à cooperativa agrícola, entreposto de pescado ou outros, com indicação do segurado como vendedor ou consignante;

VIII - comprovantes de recolhimento de contribuição à Previdência Social decorrentes da comercialização da produção;

IX - cópia da declaração de imposto de renda, com indicação de renda proveniente da comercialização de produção rural; ou

X - licença de ocupação ou permissão outorgada pelo Incra.

Acerca do tema, a Turma Nacional de Uniformização dos Juizados Especiais Federais editou o seguinte enunciado:

– 14: "Para a concessão de aposentadoria rural por idade, não se exige que o início de prova material, corresponda a todo o período equivalente à carência do benefício".

De acordo com o disposto no art. 143, II, da LBPS, cumpria ao interessado comprovar o exercício da atividade rural, mesmo de forma descontínua, nos últimos cinco anos anteriores ao requerimento administrativo. Entretanto, a Lei n. 9.063/95 deu nova redação ao dispositivo, exigindo a comprovação do exercício da atividade rural, ainda que descontínua, no período imediatamente anterior ao requerimento do benefício, em número de meses idêntico à carência do referido benefício. Citamos, como exemplo: se o requerimento tiver sido formulado no ano de 1995, cumpre ao requerente comprovar o exercício de atividade rural nos 78 meses anteriores. Se o requerimento tiver sido formulado em 1998, cumpre comprovar o exercício de atividade em 102 meses.

O art. 143 da LBPS limitou pelo prazo de quinze anos, a partir de 25.7.1991, o direito do trabalhador rural, enquadrado como segurado obrigatório do RGPS, de requerer a concessão da aposentadoria por idade, no valor de um salário mínimo.

O prazo do art. 143 foi prorrogado por dois anos, pela Medida Provisória n. 312, de 19.7.2006, convertida na Lei n. 11.368/2006 e novamente prorrogado pelo art. 2º da Lei n. 11.718/2008, até 31 de dezembro de 2010.

Quanto ao período de carência, a nova redação do § 2º do art. 48 da Lei de Benefícios estatui que o trabalhador rural deve comprovar o efetivo exercício de atividade rural, ainda que de forma descontínua, no período imediatamente anterior ao requerimento do benefício, por tempo igual ao número de meses de contribuição correspondente à carência do benefício pretendido, computados os períodos em que o trabalhador estava nas seguintes situações:

- exercício de atividade remunerada em período de entressafra ou do defeso, não superior a 120 (cento e vinte) dias, corridos ou intercalados, no ano civil, observado o disposto no § 13 do art. 12 da Lei n. 8.212/91;
- exercício de mandato eletivo de dirigente sindical de organização da categoria de trabalhadores rurais;
- exercício de mandato de vereador do Município em que desenvolve a atividade rural ou de dirigente de cooperativa rural constituída, exclusivamente, por segurados especiais, observado o disposto no § 13 do art. 12 da Lei n. 8.212/91;
- parceria ou meação outorgada na forma e condições estabelecidas no inciso I do § 8º da Lei n. 8.213/91;
- atividade artesanal desenvolvida com matéria-prima produzida pelo respectivo grupo familiar, podendo ser utilizada matéria-prima de outra origem, desde que a renda mensal obtida na atividade não exceda ao menor benefício de prestação continuada da Previdência Social; e
- atividade artística, desde que em valor mensal inferior ao menor benefício de prestação continuada da Previdência Social.

Além disso, dispôs o art. 3º da Lei n. 11.718/2008 acerca dos critérios de cálculo de carência para concessão de aposentadoria ao empregado rural e contribuinte individual (como membro de cooperativa de trabalho, assentado, parceiro, meeiro ou arrendatário rural):

> *Art. 3º Na concessão de aposentadoria por idade do empregado rural, em valor equivalente ao salário mínimo, serão contados para efeito de carência:*
>
> *I - até 31 de dezembro de 2010, a atividade comprovada na forma do art. 143 da Lei no 8.213, de 24 de julho de 1991;*
>
> *II - de janeiro de 2011 a dezembro de 2015, cada mês comprovado de emprego, multiplicado por 3 (três), limitado a 12 (doze) meses, dentro do respectivo ano civil; e*
>
> *III - de janeiro de 2016 a dezembro de 2020, cada mês comprovado de emprego, multiplicado por 2 (dois), limitado a 12 (doze) meses dentro do respectivo ano civil.*
>
> *Parágrafo único. Aplica-se o disposto no caput deste artigo e respectivo inciso I ao trabalhador rural enquadrado na categoria de segurado contribuinte individual que comprovar a prestação de serviço de natureza rural, em caráter eventual, a 1 (uma) ou mais empresas, sem relação de emprego.*

Os trabalhadores rurais que não atendam ao disposto no § 2º do art. 48 da Lei de Benefícios, mas que satisfaçam essa condição, se forem considerados períodos de contribuição sob outras categorias do segurado, farão jus ao benefício ao completarem 65 anos de idade, se homem, e 60 anos, se mulher, ou seja, equiparando-se ao trabalhador urbano (§ 3º do art. 48 da Lei n. 8.213/91). A respeito dessa nova regra, o TRF da 4ª Região decidiu que: "tendo a segurada alcançado a idade necessária à concessão do benefício em 2008, porquanto nascida em 15-07-1948 (fl. 12) - 60 anos, a teor do disposto na Lei nº 11.718/2008 -, e implementado o requisito da carência (162 meses), considerados os tempos de atividade agrícola e urbana, faz jus à aposentadoria rural por idade, desde 23/06/2008, início da vigência da Lei nº 11.718/2008." (AC n. 2008.70.99.002994-4. Turma Suplementar. Relator Juiz Federal Eduardo Tonetto Picarelli. DE em 21.7.2009).

Em face do princípio constitucional da uniformidade e equivalência dos benefícios e serviços às populações urbanas e rurais (art. 194, parágrafo único, II), entendemos aplicável essa regra também em favor do trabalhador urbano. Assim, quem deixou a área rural e foi trabalhar em atividade urbana, poderá somar os dois períodos para atingir a carência necessária para a concessão da aposentadoria por idade.

É importante ressaltar que o segurado especial tem garantido o direito à aposentadoria por idade a qualquer tempo, por força do disposto no art. 39, I, da LBPS. A esse respeito, colhe-se da exposição de motivos da MP nº. 312/2006:

> *"A anexa proposta de Medida Provisória, tem por fim prorrogar por dois anos, para o trabalhador rural empregado, o prazo estabelecido no art. 143 da Lei nº 8.213, de 1991, que dispõe sobre os Planos de Benefícios do Regime Geral de Previdência Social, para evitar a solução de continuidade na concessão de aposentadoria por idade para esses trabalhadores, já que o prazo estabelecido expira no próximo dia 24 deste mês.*

2. Preliminarmente, cumpre-me esclarecer que o mencionado art. 143 dispõe que é permitido aos segurados empregados, avulsos e especiais requererem aposentadoria por idade, no valor de um salário mínimo, durante quinze anos, contados a partir da data de vigência da Lei, mediante a comprovação do exercício de atividade rural, ainda que descontínua, no período imediatamente anterior ao requerimento do benefício, em número de meses idêntico à carência do referido benefício. Esse prazo expira-se no próximo dia 25 de julho de 2006.

3. É importante esclarecer que a expiração desse prazo em nada prejudica o segurado especial, pois para ele, a partir dessa data, aplicar-se-á a regra específica permanente estabelecida no inciso I do art. 39 da mesma Lei. O mesmo pode ser dito em relação ao trabalhador avulso, em razão das peculiaridades próprias da relação contratual e da forma de satisfação das obrigações trabalhistas e previdenciárias.

4. Entretanto, o mesmo não se dará em relação ao trabalhador rural empregado, em que a grande maioria deles não conseguirá atender a todos os requisitos legais aplicáveis aos segurados em geral."[310]

A aposentadoria por idade dos rurais é uma das preocupações das autoridades governamentais em matéria de Previdência Social, em face da suposta facilidade em requerer benefício sem que tenha havido de fato trabalho nesta condição. Comentando o assunto, *Sergio Pinto Martins* se posiciona a respeito do tema:

A Constituição de certa forma melhorou a situação do homem do campo, pois no regime anterior havia dois sistemas, um urbano e outro rural e o atual sistema é igual para ambos, ainda assegurando pelo menos um salário mínimo ao trabalhador rural, o que não ocorria no sistema anterior em que podia perceber valor inferior. Entretanto, não mais se justifica conceder aposentadoria ao trabalhador rural por 15 anos sem nunca ter contribuído, apenas porque essa pessoa comprove o exercício de atividade rural em número de meses igual à carência do benefício, mesmo que de forma descontínua (art. 143 da Lei n. 8.213/91). Há o inconveniente também de que se arrecada pouco no campo para o volume de benefícios em valor que se paga.

As aposentadorias dos trabalhadores rurais sem contribuição têm trazido muita fraude, como se tem verificado, porém nada impede que o trabalhador rural recolha normalmente a sua contribuição para ter direito a uma aposentadoria comum e igual à do trabalhador urbano.

Se o sistema para o trabalhador rural continuar em parte não-contributivo, já que há a possibilidade de opção, é claro que o referido trabalhador vai optar por não contribuir, daí a necessidade de modificação do referido sistema.[311]

Com efeito, divergimos em parte da posição do ilustre Magistrado paulista. O sistema, hoje, já deixou de ser não contributivo: assim é, desde novembro de 1991, mês em que passaram a ser exigidas as contribuições previstas na Lei n. 8.212/91. Quanto às fraudes, existem, mas não apenas nas aposentadorias concedidas aos rurais como também nas pagas aos ex-combatentes e aos anistiados, e mesmo no meio urbano. Ademais, como bem assinala o doutrinador, o regime vigente é único, donde se torna inócua a discussão a respeito de a "arrecadação no campo" ser menor que no meio urbano. Frisamos aqui a noção da solidariedade social – no sentido de que a população urbana tem muito maior concentração de renda que a

310 *In www.planalto.gov.br*. Acesso em 4.10.2006.

311 MARTINS, Sergio Pinto. *Op. cit.*, p. 287.

população trabalhadora rural, bem como o princípio da distributividade, segundo o qual o sistema previdenciário, além de garantir o trabalhador em face de eventos que lhes causem perda ou redução da capacidade de subsistência, também é um instrumento de redução das desigualdades sociais. Por fim, devemos nos recordar que é no meio fundiário que encontramos a maior parcela de indivíduos ainda não alfabetizados, e, pior, submetidos a condições de trabalho, muitas vezes análogas às da escravidão. Querer exigir deste homem que tenha pleno conhecimento das normas legais a respeito de Previdência e dele cobrar que venha a contribuir, inclusive pelo período pretérito, quando sequer havia lei que assim exigisse, não condiz com uma política voltada para a população economicamente hipossuficiente.

– Período de carência

O período de carência é de 180 contribuições mensais. Para o segurado inscrito na Previdência Social Urbana até 24.7.91, bem como para o trabalhador e o empregador rurais antes cobertos pela Previdência Social Rural, a carência das aposentadorias por idade, por tempo de serviço e especial obedece à tabela prevista no art. 142 da Lei n. 8.213/91, a qual leva em conta o ano em que o segurado implementou ou implementará as condições necessárias à obtenção do benefício. Por exemplo, do segurado que implementou as condições no ano de 1991 foram exigidos 60 meses de contribuição. Para o segurado que implementar as condições no ano de 2008, serão exigidos 162 meses de contribuição. A total implementação da exigência dos 180 meses de contribuição está prevista para o ano de 2011.

A TNU firmou precedentes importantes sobre as regras de aferição do período de carência da aposentadoria por idade. Vejamos:

> *– APOSENTADORIA RURAL e URBANA. O tempo de carência previsto na tabela progressiva do art. 142 da Lei nº 8.213/91 deve sempre ser aferido com base no ano do implemento da idade, ainda que a idade tenha sido completada depois da perda da condição de segurado rural (PEDILEF nº 2007.72.59.002187-5/SC, Rel. Juiz Fed. Derivaldo de F. B. Filho, julgado 10.5.2010; nº 2009.72.58.000913-9/SC, Rel. Juíza Fed. Rosana Noya A. W. Kaufmann, julgado 10.5.2010);*
>
> *– APOSENTADORIA RURAL e URBANA. Da mesma forma que em relação ao urbano, a tabela progressiva de carência do art. 142 da Lei nº 8.213/91 somente se aplica ao rural que comprove o exercício de trabalho antes de 24.07.91. Pode comprovar exercício anterior de trabalho rural ou mesmo de trabalho urbano, dada à admissibilidade de descontinuidade do trabalho rural mediante intercalação de atividade rural com atividade urbana (PEDILEF nº 2007.83.03.501020-0/PE, Rel. Juiz Fed. Cláudio Roberto Canata, DJ 23.3.2010);*
>
> *– APOSENTADORIA RURAL. A aposentadoria por idade de valor mínimo, que independe de contribuição, pressupõe o exercício de atividade rural no período imediatamente anterior ao requerimento do benefício, conforme exigido pelo art. 143 da Lei nº 8.213/91, não cabendo a aplicação da Lei nº 10.666/2003 (PEDILEF nº 2007.83.04.500949-7/PE, Rel. Juiz Fed. Eduardo André de B. Fernandes, DJ 1.3.2010; PEDILEF nº 2007.72.95.005618-3/SC, Rel. Juiz Fed. Ricarlos Almagro V. Cunha, DJ 25.5.2010);*

- APOSENTADORIA URBANA. É dado ao segurado contribuir ao RGPS em tempo posterior ao cumprimento da idade legal até que reúna o número de contribuições exigidas pela carência, que é graduada, sempre, pelo ano do implemento do requisito etário (PEDILEF nº 2008.70.53.001663-2/PR, Rel. Juiz Fed. José Antonio Savaris, DJ 25.5.2010).

- Data de início do benefício

A aposentadoria por idade será devida ao segurado empregado, inclusive o doméstico, a partir da data do desligamento do emprego (quando requerida até essa data ou até noventa dias depois), ou da data do requerimento (quando não houver desligamento do emprego ou quando for requerida após noventa dias). Para os demais segurados, será a data da entrada do requerimento – art. 49 da Lei do RGPS.

O benefício pode ser solicitado por meio de agendamento prévio pela Central 135, pelo portal da Previdência Social na Internet ou nas Agências da Previdência Social, mediante o cumprimento das exigências legais. Ressaltamos que o trabalhador não precisa sair do emprego para requerer a aposentadoria.

Em relação à aplicação da Lei n. 10.666/2003, o termo inicial para concessão de aposentadoria por idade é a data do requerimento administrativo, desde que nesta data tenham sido preenchidos os requisitos da idade mínima e da carência. Esse foi o entendimento da Turma Nacional de Uniformização da Jurisprudência dos Juizados Especiais Federais.

A Turma Nacional deu provimento a pedido de uniformização ajuizado por *Antônio Leite Teixeira*, reformando decisão da Turma Recursal de São Paulo. O pedido aponta divergência entre esta decisão e a da Turma Recursal do Rio Grande do Sul, que afirma que a perda da qualidade de segurado não obsta a concessão de aposentadoria por idade, que deve ser concedida a partir da data do requerimento administrativo, se os requisitos idade mínima e carência tiverem sido satisfeitos nessa data.

A sentença de primeira instância havia deferido a aposentadoria por idade, com data de início do benefício coincidente com a data do requerimento administrativo, mesmo tendo o requerente perdido a qualidade de segurado, tendo em vista que ele havia cumprido os requisitos da carência e da idade mínima. A Turma Recursal de São Paulo, no entanto, reformou parcialmente a sentença, alterando o termo inicial do benefício para a data de edição da Lei n. 10.666/2003. O argumento do colegiado foi o de que somente a partir dessa lei a perda da qualidade de segurado deixou de ser considerada para a concessão da aposentadoria por idade.

A Turma Nacional, analisando o confronto entre os acórdãos de SP e do RS, julgou que deveria prevalecer a tese do colegiado gaúcho (Processo 2002.70.03.01.3609-9).

– Renda mensal inicial

O valor da aposentadoria por idade será proporcional ao tempo de contribuição, consistindo numa renda mensal correspondente a 70% do salário de benefício, mais 1% por grupo de doze contribuições mensais, até o máximo de 100% do salário de benefício, podendo haver a multiplicação pelo fator previdenciário, caso este, uma vez aplicado, caracterize condição mais benéfica para o segurado (art. 7º da Lei n. 9.876/99).

O valor da aposentadoria por idade do trabalhador rural que se enquadre na regra do § 1º do art. 48 da Lei de Benefícios é igual ao valor mínimo do salário de benefício, ou seja, o salário mínimo mensal (art. 29, § 6º, da Lei n. 8.213/91), salvo quando contribua, facultativamente, como contribuinte individual, quando então terá sua aposentadoria calculada com base na regra geral de cálculo - média dos maiores salários de contribuição equivalentes a 80% do período contributivo, a partir de julho de 1994 (art. 39, II, da Lei n. 8.213/91).

Para efeito da concessão da aposentadoria por idade ao trabalhador rural sem a redução de cinco anos, prevista no § 2º do art. 48 da Lei de Benefícios, o cálculo da renda mensal do benefício será apurado de acordo com o disposto no inciso II do caput do art. 29 da Lei de Benefícios (obedecendo-se o cálculo da média dos 80% maiores salários de contribuição a partir de julho de 1994), considerando-se como salário de contribuição mensal do período como segurado especial o limite mínimo de salário de contribuição da Previdência Social.

Em precedente sobre a matéria, o STJ validou a sistemática de cálculo adotada pela Previdência com base nas disposições constantes na Lei n. 9.876/99, afirmando ainda a inexistência de qualquer referência no texto legal de que o divisor mínimo para apuração da média seja limitado ao número de contribuições (REsp n. 929.032/RS. Quinta Turma. Relator Ministro Jorge Mussi. DJe 27.04.2009).

8.4 Aposentadoria por tempo de serviço

A aposentadoria por tempo de serviço, criada pela Lei Eloy Chaves e extinta pela Emenda Constitucional n. 20/98, era devida, de forma proporcional, ao segurado que completasse vinte e cinco anos de serviço, se mulher, ou trinta anos, se homem, desde que cumprido o período de carência exigido. Para a aposentadoria por tempo de serviço com proventos integrais o homem necessitava comprovar trinta e cinco anos de serviço e a mulher, trinta anos. No momento em que foi extinta, não havia exigência de idade mínima para a concessão do benefício, mas até a edição da Lei n. 4.160/62 era necessária a implementação, além do tempo de serviço, da idade exigida para aposentação.

A Emenda Constitucional n. 20 assegurou a concessão da aposentadoria por tempo de serviço, a qualquer tempo, aos segurados do RGPS que, até a data da publicação da Emenda (16.12.98), tivessem cumprido os requisitos para obtenção desse benefício, com base nos critérios da legislação então vigente (art. 3º, *caput*, da EC n. 20/98).

Aos segurados filiados ao RGPS até 16.12.98, e que não tivessem completado o tempo de serviço exigido pela legislação de vigência, aplicam-se as regras de transição previstas no art. 9º da Emenda Constitucional n. 20/98, caso não prefiram se adequar às regras da aposentadoria por tempo de contribuição. Para quem se filiou ao RGPS após essa data, aplicam-se as novas regras, devendo comprovar tempo de contribuição e não mais tempo de serviço, sendo a aposentadoria concedida somente de forma integral e não mais proporcional.

As regras gerais sobre a aposentadoria por tempo de serviço eram disciplinadas nos arts. 52 a 56 da Lei n. 8.213/91.

– Período de carência

O período de carência era de 180 contribuições mensais. Para o segurado inscrito na Previdência Social Urbana até 24.7.91, bem como para o trabalhador e o empregador rural cobertos pela Previdência Social Rural, a carência das aposentadorias por idade, por tempo de serviço e especial obedecia à tabela prevista no art. 142 da Lei n. 8.213/91, a qual levava em conta o ano em que o segurado tinha implementado ou implementará as condições necessárias à obtenção do benefício.

– Data de início do benefício

Era devida ao segurado empregado, inclusive o doméstico, a partir da data do desligamento do emprego (quando requerida tanto até essa data quanto até noventa dias depois dela), ou, da data do requerimento (quando não houvesse desligamento do emprego ou quando fosse requerida após noventa dias). Para os demais segurados, era a data da entrada do requerimento.

Sobre a possibilidade de continuidade no emprego do segurado, mesmo após a aposentadoria, e os efeitos disso na relação de emprego, veja-se o comentário constante do item 8.1.2, *supra*.

– Renda mensal inicial

A renda mensal da aposentadoria por tempo de serviço, até a promulgação da Emenda Constitucional n. 20/98, consistia:

- para a mulher: em 70% do salário de benefício aos vinte e cinco anos de serviço, mais 6% deste salário para cada novo ano completo de atividade, até o máximo de 100% do salário de benefício aos trinta anos de serviço;
- para o homem: em 70% do salário de benefício aos trinta anos de serviço, mais 6% deste salário para cada novo ano completo de atividade, até o máximo de 100% aos trinta e cinco anos de serviço.

O professor, após trinta anos, e a professora, após vinte e cinco anos de efetivo exercício em funções de magistério, poderiam aposentar-se por tempo de serviço com renda mensal correspondente a 100% do salário de benefício (art. 56 da Lei n. 8.213/91).

O segurado especial que contribuísse facultativamente na escala de salários-base faria jus também ao benefício, uma vez atendido o tempo de serviço.[312] Atualmente, o cálculo segue a regra do § 6º do art. 29 da Lei n. 8.213/91, com a redação conferida pela Lei n. 9.876/99.

8.5 Aposentadoria por tempo de contribuição

Embora criticada por muitos doutrinadores, é da tradição da Previdência Social brasileira a aposentadoria por tempo de atividade laborativa, razão pela qual, em que pese ter sido extinta a aposentadoria por tempo de serviço, permanece a noção de aposentadoria por tempo de atividade, com o surgimento de nova modalidade de jubilação.

Com a Reforma da Previdência, efetivada pela Emenda Constitucional n. 20/98, o tempo de serviço deixou de ser considerado para a concessão da aposentadoria, passando a valer o tempo de contribuição efetiva para o regime previdenciário, e, não será mais concedida aposentadoria proporcional para quem entrou no mercado de trabalho depois da publicação da Emenda.

A exigência da combinação do tempo de contribuição com uma idade mínima foi eliminada no texto principal da Emenda Constitucional n. 20, constando apenas das regras de transição.

Conforme a regulamentação dada pela Previdência Social à matéria, a aposentadoria por tempo de contribuição é concedida de acordo com as seguintes regras[313]:

- Os segurados inscritos no RGPS até 16 de dezembro de 1998, data da publicação da Emenda Constitucional (EC) n. 20, inclusive os oriundos de outro regime de Previdência Social, desde que cumprida a carência exigida, terão direito à aposentadoria por tempo de contribuição nas seguintes situações:

312 MARTINS, Sergio Pinto. *Op. cit.*, p. 283.

313 Arts. 187 e 188 do Decreto n. 3.048/99.

I - aposentadoria por tempo de contribuição ou de serviço, conforme o caso, com renda mensal no valor de cem por cento do salário de benefício, desde que cumpridos:

a) 35 anos de contribuição, se homem;

b) 30 anos de contribuição, se mulher;

II - aposentadoria por tempo de contribuição com renda mensal proporcional, desde que cumpridos os seguintes requisitos, cumulativamente:

a) idade: 53 anos para o homem; 48 anos para a mulher;

b) tempo de contribuição: 30 anos, se homem, e 25 anos de contribuição, se mulher;

c) um período adicional de contribuição equivalente a quarenta por cento do tempo que, em 16 de dezembro de 1998, faltava para atingir o tempo de contribuição estabelecido na alínea *b*;

– Os segurados inscritos no RGPS a partir de 17 de dezembro de 1998, inclusive os oriundos de outro regime de Previdência Social, desde que cumprida a carência exigida, terão direito à aposentadoria por tempo de contribuição desde que comprovem:

a) 35 anos de contribuição, se homem;

b) 30 anos de contribuição, se mulher.

As regras de transição previstas para os segurados inscritos no RGPS até 16.12.1998 estão contidas no art. 9º da Emenda Constitucional n. 20/98. Com relação aos critérios para concessão de aposentadoria integral pelas regras de transição, estas não têm aplicabilidade por serem mais gravosas ao segurado, já que são previstos os seguintes requisitos: a idade mínima, de 53 anos para o homem, e de 48 anos, para a mulher; e, para atingir o tempo de contribuição de trinta e cinco anos, se homem, e de trinta anos, se mulher, o cumprimento de um período adicional de contribuição equivalente a vinte por cento do tempo que, na data da publicação da Emenda, faltasse para atingir o limite de tempo de contribuição.

Essa situação foi reconhecida pelo INSS quando da edição da Instrução Normativa INSS/DC n. 57/2001 e mantido o entendimento conforme as instruções normativas subsequentes. Ou seja, não se exige idade mínima e o pedágio de vinte por cento para a concessão da aposentadoria integral pelas regras de transição. No entanto, a idade mínima e o pedágio de quarenta por cento são exigidos dos segurados que pretendam optar pela aposentadoria proporcional, de acordo com as regras de transição.

Essa orientação foi adotada pela Turma Nacional de Uniformização dos Juizados Especiais Federal, conforme se observa do julgado que segue:

"PEDIDO DE UNIFORMIZAÇÃO. APOSENTADORIA COM PROVENTOS INTEGRAIS. REGIME GERAL DA PREVIDÊNCIA SOCIAL. ART. 201, § 7º, I, DA CONSTITUIÇÃO FEDERAL. REGRAS PERMANENTES. DESNECESSIDADE DE IMPLEMENTO CONCOMI-

TANTE DE REQUISITO ETÁRIO. EXIGÊNCIA ADSTRITA ÀS REGRAS DE TRANSIÇÃO PREVISTAS NO ART. 9º DA EMENDA CONSTITUCIONAL 20/98. PROVIMENTO DO PEDIDO DE UNIFORMIZAÇÃO. RETORNO DOS AUTOS À TURMA RECURSAL A FIM DE APRECIAR O RECURSO INOMINADO DO AUTOR QUANTO AO VALOR LIMITE DA REQUISIÇÃO DE PAGAMENTO. (TNU. PU n. 200451510235557. Relator Juiz Federal Edilson Pereira Nobre Júnior. DJ de 15.5.2008)

Ainda quanto à aplicação das regras de transição da EC n. 20/98, o STF interpretou pela impossibilidade de utilizar o tempo de contribuição posterior a 16.12.1998 para concessão da aposentadoria com as regras anteriores à reforma da Previdência. A decisão foi proferida pelo Tribunal Pleno com Repercussão Geral quanto ao mérito do julgamento:

INSS. APOSENTADORIA. CONTAGEM DE TEMPO. DIREITO ADQUIRIDO. ART. 3º DA EC 20/98. CONTAGEM DE TEMPO DE SERVIÇO POSTERIOR A 16.12.1998. POSSIBILIDADE. BENEFÍCIO CALCULADO EM CONFORMIDADE COM NORMAS VIGENTES ANTES DO ADVENTO DA REFERIDA EMENDA. INADMISSIBILIDADE. RE IMPROVIDO.

I - Embora tenha o recorrente direito adquirido à aposentadoria, nos termos do art. 3º da EC 20/98, não pode computar tempo de serviço posterior a ela, valendo-se das regras vigentes antes de sua edição. II - Inexiste direito adquirido a determinado regime jurídico, razão pela qual não é lícito ao segurado conjugar as vantagens do novo sistema com aquelas aplicáveis ao anterior. III - A superposição de vantagens caracteriza sistema híbrido, incompatível com a sistemática de cálculo dos benefícios previdenciários. IV - Recurso extraordinário improvido.

(RE 575089/RS, Tribunal Pleno, Relator Min. Ricardo Lewandowski, DJe 24.10.2008).

A perda da qualidade de segurado não será considerada para a concessão da aposentadoria por tempo de contribuição, regra prevista na Lei n. 10.666/2003 (art. 3º).

Diante da previsão contida no Decreto 6.722/2008, os dados constantes no Cadastro Nacional de Informações Sociais - CNIS valem para todos os efeitos como prova de filiação à Previdência Social, relação de emprego, tempo de serviço ou de contribuição e salários-de-contribuição, podendo, em caso de dúvida, ser exigida pelo INSS a apresentação dos documentos que serviram de base à anotação.

Da mesma forma, o segurado poderá solicitar, a qualquer momento, a inclusão, exclusão ou retificação das informações constantes do CNIS com a apresentação de documentos comprobatórios dos dados divergentes, conforme critérios definidos pelo INSS.

Os documentos para comprovação do tempo de contribuição devem ser contemporâneos ao período que se pretende reconhecer. Neste sentido: TNU. PEDILEF nº 2005.72.95.020412-6/SC.

– Contribuinte individual e facultativo

Os contribuintes individuais e facultativos que optarem pela nova sistemática de contribuição, na forma estabelecida na Lei Complementar n. 123, de 14.12.2006 (alíquota de 11% sobre o valor mínimo mensal do salário de contribuição, ou seja, 11% sobre o salário mínimo), não poderão se beneficiar futuramente do benefício da aposentadoria por tempo de contribuição, salvo se complementarem as contribuições feitas em alíquota menor que a regra geral (mais 9% sobre o mesmo salário de contribuição).

– Período de carência

O período de carência permanece em 180 contribuições mensais, para os segurados que ingressaram no Regime após 24.7.91. Para os segurados filiados até 24.7.91, bem como para o trabalhador e para o empregador rural cobertos pela Previdência Social Rural anteriormente à unificação dos regimes, a carência da aposentadoria por tempo de contribuição obedece, ainda, à tabela prevista no art. 142 da Lei n. 8.213/91, de acordo com o ano em que o segurado venha a implementar as condições para a obtenção do benefício.

A exigência de 35 anos de contribuição para o segurado e de 30 anos de contribuição, para a segurada, não exclui a regra atualmente vigente sobre a carência, uma vez que o tempo de contribuição pode ser obtido computando-se atividades prestadas em períodos anteriores à atual filiação, como nos casos de averbação do tempo anterior à perda da qualidade de segurado, de contagem recíproca de tempo de contribuição cumprido noutros regimes, e outras aberturas legais que permitem incluir períodos em que não houve efetiva contribuição ao sistema, como nas hipóteses de fruição de benefícios de prestação continuada, substitutivos do salário de contribuição.

– Data de início do benefício

A aposentadoria por tempo de contribuição é devida ao segurado empregado, inclusive ao doméstico, a partir da data do desligamento do emprego (quando requerida até essa data ou até noventa dias depois), ou da data do requerimento (quando não houver desligamento do emprego ou quando for requerida após noventa dias). Para os demais segurados, será a data da entrada do requerimento.

O benefício pode ser solicitado por meio de agendamento prévio pela Central 135, pelo portal da Previdência Social na Internet ou nas Agências da Previdência Social, mediante o cumprimento das exigências legais. Ressaltamos que o trabalhador não precisa deixar o emprego para requerer a aposentadoria.

De acordo com o entendimento do INSS (do qual discordamos – ver tópico desaposentação) a aposentadoria por tempo de contribuição é irreversível e irrenunciável: depois que receber o primeiro pagamento, sacar o PIS ou o Fundo de Garantia (o que ocorrer primeiro), o segurado não poderá desistir do benefício.

- Renda mensal inicial

A renda mensal da aposentadoria por tempo de contribuição corresponde a 100% do salário de benefício, calculado na forma do § 9º do art. 32 do Decreto n. 3.048/99.

O período básico de cálculo – PBC é fixado, conforme o caso, de acordo com as datas a seguir relacionadas, observada a mais vantajosa para o segurado:

a) data do afastamento da atividade – DAT;

b) data da entrada do requerimento – DER;

c) data da publicação da Emenda Constitucional n. 20, de 16.12.1998 – DPE;

d) data da publicação da Lei n. 9.876, de 28.11.1999 – DPL;

e) data de implementação das condições necessárias à concessão do benefício - DICB

Para os benefícios deferidos com contagem de tempo após 16.12.1998, o coeficiente de cálculo será de 70% do salário de benefício acrescido de 5% por ano de contribuição que supere a soma do tempo de 30 anos, se homem, ou 25 anos, se mulher, + tempo adicional do pedágio. (Turma Regional de Uniformização dos JEFs da 4ª Região, Incidente de Uniformização n. 2004.72.95.004578-0, Sessão de 15.4.2005).

Quando da concessão de aposentadoria com o cômputo do tempo e atividade até 16/12/1998, ou até 28/11/1999, a renda mensal inicial será calculada com base nos trinta e seis últimos salários de contribuição anteriores àquelas datas, reajustadas pelos mesmos índices aplicados aos benefícios, até a data da entrada do requerimento, não sendo devido qualquer pagamento relativamente a período anterior a esta data.

Tais regras podem ser conferidas nos arts. 187 e 188 do Decreto n. 3.048/99 e art. 158 da Instrução Normativa INSS/PRES nº 45, de 6.8.2010 – DOU de 11.8.2010.

Questão relevante enfrentada pela Turma Regional de Uniformização de Jurisprudência dos JEFs da 4ª Região está relacionada à sistemática de cálculo da RMI quanto não coincidente com a DER. O entendimento firmado foi no sentido daquele preconizado no Regulamento da Previdência Social que prevê a atualização pelos mesmos índices utilizados para reajustar os benefícios e não daqueles empregados para correção dos salários de contribuição, regra que seria bem mais vantajosa para os segurados. Neste sentido:

> *CONCESSÃO DE APOSENTADORIA POR TEMPO DE CONTRIBUIÇÃO. DIREITO ADQUIRIDO. EC N. 20/98. LEI N. 9.876/99. SISTEMÁTICA DE CÁLCULO. DATA DE INÍCIO DO BENEFÍCIO. DATA DE APURAÇÃO DA RENDA MENSAL INICIAL. APLICAÇÃO DO ART. 187 DO DECRETO N. 3.048/99. REVISÃO DA JURISPRUDÊNCIA.*

Revisão da jurisprudência acolhida para uniformizar o entendimento no sentido de que "de 16.12.98 ou 28.11.99, conforme o caso, até a data de entrada do requerimento (DER), que corresponderá à data de início do pagamento (DIP), e, portanto, à data do início dos efeitos financeiros, a renda mensal inicial deverá ser atualizada com observância do disposto no parágrafo único do art. 187 do Decreto n. 3.048/99, devendo ser reajustada pelos mesmos índices aplicados aos benefícios".

(IUJEF 2006.72.55.002381-9/SC. TRU-4ª Região. Relatora Juíza Federal Jacqueline Bilhalva. Sessão de 28.11.2008).

8.5.1 Aposentadoria do professor

Pelo exercício das funções de magistério de qualquer nível (educação infantil, ensinos fundamental, médio e universitário), na condição de empregado, era assegurada a aposentadoria por tempo de serviço com renda mensal de 100% do salário de benefício, ao professor, após trinta anos, e à professora, após vinte e cinco anos, de efetivo exercício de função de magistério. Essa garantia estava prevista no art. 202, III, da Constituição Federal.

Em face da Emenda n. 20, a aposentadoria dos professores passou a ser tratada pelo art. 201, § 8º, da Constituição. Para que o segurado possa se aposentar como professor, terá de comprovar exclusivamente tempo de efetivo exercício das funções de magistério na educação infantil e nos ensinos fundamental e médio, tendo direito ao benefício a partir dos trinta anos de contribuição, se homem, e vinte e cinco anos de contribuição, se mulher.

Foi extinta, a partir de 16.12.98, a aposentadoria do professor ou professora universitários aos trinta ou vinte e cinco anos, respectivamente, de efetivo exercício de magistério. Eles ficaram sujeitos a ter de cumprir o tempo de contribuição previsto na regra geral (trinta e cinco anos homens, trinta anos, mulheres). Todavia, os que tenham ingressado no magistério até a reforma, e se aposentarem pela regra de transição com tempo de efetivo exercício de funções de magistério, terão acréscimos de 17% (homem) e 20% (mulher) nos tempos de serviço já exercidos.

Em verdade, a Reforma da Previdência manteve a redução de cinco anos do tempo de contribuição dos professores em relação aos demais segurados. Todavia, somente o professor dedicado à educação infantil e aos ensinos fundamental e médio continuará gozando dessa vantagem; o professor universitário perdeu o direito à aposentadoria especial e caiu na regra geral dos demais segurados.

Os professores, inclusive universitários, que tenham exercido atividade de magistério durante vinte e cinco anos (mulheres) ou trinta anos (homens), até a data da publicação da Emenda n. 20 (16.12.98), podem se aposentar a qualquer momento. Quem adiar o pedido de aposentadoria permanecerá com as mesmas condições previstas até essa data.

De acordo a Lei n. 11.301/2006, "*são consideradas funções de magistério as exercidas por professores e especialistas em educação no desempenho de atividades educativas, quando exercidas em estabelecimento de educação básica em seus diversos níveis e modalidades, incluídas, além do exercício da docência, as de direção de unidade escolar e as de coordenação e assessoramento pedagógico*".

Contra essa norma foi ajuizada a ADIN n. 3772-2, a qual teve a apreciação do pedido de liminar pelo Plenário, em 29.10.2008, cujo resultado foi o seguinte:

> *PROFESSORES QUE EXERCEREM CARGOS DE DIREÇÃO PEDAGÓGICA PODERÃO TER APOSENTADORIA ESPECIAL*
>
> *O Supremo Tribunal Federal (STF) concluiu hoje (29) o julgamento da Ação Direta de Inconstitucionalidade (ADI) 3772, proposta contra o artigo 1º da Lei Federal 11.301/06, que estabeleceu aposentadoria especial para especialistas em educação que exerçam direção de unidade escolar, coordenação e assessoramento pedagógico. A decisão garantiu o benefício da aposentadoria especial às atividades em discussão, desde que exercidas por professores.*
>
> *A questão foi trazida a julgamento com a apresentação do voto-vista do ministro Eros Grau, que acompanhou a divergência inaugurada pelo ministro Ricardo Lewandowski. Eles, somados aos ministros Marco Aurélio, Celso de Mello, Cezar Peluso e Menezes Direito formaram maioria e votaram no sentido de dar interpretação constitucional que não retirasse o benefício da aposentadoria especial de outras categorias de profissionais da educação.*
>
> *"Interpreto esse texto de modo a afirmar que o tempo de serviço prestado pelo professor no exercício de função de direção de unidade escolar e de coordenação e assessoramento pedagógico não pode ser concebido como tempo de serviço fora da sala de aula", considerou o ministro Eros Grau em voto lido na sessão de hoje.*
>
> *Sobre a matéria, o relator, ministro Carlos Ayres Britto, já tinha se pronunciado. Ele afirmou que, ao tratar do benefício, a Constituição (parágrafo 5º do artigo 40 e parágrafo 8º do artigo 201) utiliza a palavra professor e não o "fraseado aberto" profissionais da educação.*
>
> *Para ele, a Constituição Federal exige que o professor se dedique exclusivamente às funções de magistério para ter direito à aposentadoria especial. "Não quero esvaziar as salas de aula, quero que os professores se realizem na sua verdadeira vocação", disse.*
>
> *No entanto, Ayres Britto ficou vencido junto com os ministros Joaquim Barbosa e Cármen Lúcia Antunes Rocha, que votaram pela procedência total da ação. A ministra Ellen Gracie também foi voto vencido, porém ela entendeu ser totalmente improcedente o pedido da ADI.*
>
> *Assim, a maioria dos ministros votou pela procedência parcial da ação, a fim de conferir interpretação conforme a Constituição Federal, garantindo o benefício da aposentadoria especial, desde que os cargos de diretores, coordenadores e assessores pedagógicos sejam exercidos por professores.*
>
> *(Notícia colhida no site do STF em 29.10.2008. Decisão publicada no DJE n. 212, divulgado em 7.11.2008).*

Essa decisão modificou o entendimento anterior da Corte Suprema expressa na Súmula n. 726, que deverá ter o conteúdo adequado a esse julgado.

O Decreto n. 6.722/2008, alterando a regra do art. 56, § 2º, do RPS, passou a prever que "para os fins do disposto no § 1º, considera-se função de magistério a exercida por professor, quando exercida em estabelecimento de educação básica em seus diversos níveis e modalidades, incluídas, além do exercício da docência, as funções de direção de unidade escolar e as de coordenação e assessoramento pedagógico".

8.5.1.1 A aposentadoria do professor e a aplicação do fator previdenciário

Tema atual de embate está relacionado à aplicação do fator previdenciário na apuração da renda mensal inicial do benefício de aposentadoria em funções de magistério, questão essa que envolve a natureza jurídica específica da aposentadoria do professor do ensino infantil, fundamental ou médio, havendo divergência se corresponde a uma espécie de aposentadoria por tempo de contribuição ou de aposentadoria especial.

A favor da primeira classificação, ou seja, da configuração da aposentadoria do professor como aposentadoria por tempo de contribuição, são os seguintes os argumentos: (1) a posição topográfica, na lei, do artigo que a disciplina, uma vez que o art. 56 está inserido na Lei n.º 8.213/91, na subseção da aposentadoria por tempo de serviço e, não, na subseção da aposentadoria especial; bem assim: (2) as disposições específicas para cálculo do fator previdenciário da aposentadoria do professor, contidas no § 9º do art. 29 da Lei n.º 8.213/91, na redação introduzida pela Lei n.º 9.876, de 1999.

Direciona favoravelmente à classificação da aposentadoria do professor como aposentadoria especial, a interpretação histórica das regras que ao longo do tempo a disciplinaram, sempre procurando abreviar o tempo do trabalho, por considerá-lo penoso (Decreto nº 53.831/64), assim como as regras constitucionais que pretenderam assegurar a aposentadoria reduzida (Emenda Constitucional n. 18/1981 e art. 201, § 8º da CF/88), e, portanto, com o mínimo de prejuízo ao titular do direito.

Com efeito, a aplicação do fator previdenciário sobre a aposentadoria do professor e não sobre as aposentadorias especiais em geral implica desigualdade entre benefícios assegurados constitucionalmente com a mesma natureza, ou seja, concedidos em razão das condições adversas no desempenho da atividade.

Como se observa dos dispositivos constitucionais antes referidos, se o legislador constituinte tomou a cautela de fazer constar do texto constitucional uma aposentadoria com redução do tempo necessário à sua outorga, para o professor com tempo de efetivo exercício das funções de magistério na educação infantil e nos ensinos fundamental e médio, exclusivamente, é de se concluir que entendeu dar especial proteção aos que exercem tão relevante da atividade, dentre outros aspectos, pelo desgaste físico e mental, com prejuízo à saúde, daqueles profissionais.

Por outro lado, não é compreensível que o legislador constituinte tenha reduzido o tempo de contribuição necessário à concessão de aposentadoria de determinada categoria profissional e, depois, com a aplicação fator previdenciário, a redução desse tempo venha a prejudicar o segurado, uma vez que uma das variáveis consideradas no cálculo do fator previdenciário é o tempo de contribuição até o momento da aposentadoria.

Além disso, os tribunais pátrios têm decidido pela especialidade do tempo de contribuição como professor e lhe garantido, inclusive, a possibilidade de conversão com o adicional (20% - mulheres; 17% - homens) quando da sua soma para o tempo comum, como podemos observar em diversas decisões (STJ, AgRg no REsp 733735/SP, Sexta Turma, Rel. Min. Paulo Galotti, DJe 4.5.2009; TNU, PEDILEF nº 2005.70.53.002156-0/PR, Rel. Juíza Fed. Rosana Noya A. W. Kaufmann, DJ 13.5.2010).

8.5.2 Aplicação dos novos critérios para aposentadoria

Com as mudanças promovidas pela Emenda Constitucional n. 20, de 15.12.98 (DOU de 16.12.98), e pela Lei n. 9.876, de 26.11.99 (DOU de 29.11.99), as normas de concessão e de apuração do benefício vão depender da época em que o segurado adquiriu o direito à aposentadoria, pois a legislação posterior não pode alterar a forma de cálculo dos benefícios cujo direito já foi adquirido.

Segundo o § 4º do art. 56 do Decreto n. 3.048/99, cumpre ao INSS estabelecer o comparativo entre o valor inicial da aposentadoria apurada pelas regras atuais e pelas regras anteriores, com vistas à possibilidade de que o segurado possa vislumbrar qual a opção mais vantajosa.

Vale ressaltar, que não assiste direito ao segurado às regras de cálculo anteriores à Emenda Constitucional n. 20/98, quando pretender somar o tempo trabalho após 16.12.1998. Nesse sentido o julgamento do Recurso Extraordinário n. 575089 pelo Supremo Tribunal Federal, da Relatoria do Ministro Ricardo Lewandowski, julgado em 10-09-2008 pelo Tribunal Pleno, o qual reputou existente a repercussão geral da questão constitucional suscitada, decidindo-a nos seguintes termos:

> *INSS. APOSENTADORIA. CONTAGEM DE TEMPO. DIREITO ADQUIRIDO. ART. 3º DA EC 20/98. CONTAGEM DE TEMPO DE SERVIÇO POSTERIOR A 16.12.1998. POSSIBILIDADE. BENEFÍCIO CALCULADO EM CONFORMIDADE COM AS NORMAS VIGENTES ANTES DO ADVENTO DA REFERIDA EMENDA. INADMISSIBILIDADE. RE IMPROVIDO.*
>
> *I - Embora tenha o recorrente direito adquirido à aposentadoria, nos termos do art. 3º da EC 20/98, não pode computar tempo de serviço posterior a ela, valendo-se das regras vigentes antes de sua edição.*
>
> *II - Inexiste direito adquirido a determinado regime jurídico, razão pela qual não é lícito ao segurado conjugar as vantagens do novo sistema com aquelas aplicáveis ao anterior.*
>
> *III - A superposição de vantagens caracteriza sistema híbrido, incompatível com a sistemática de cálculo dos benefícios previdenciários.*
>
> *IV - Recurso extraordinário improvido.*

Do voto proferido pelo eminente Relator, consta o seguinte excerto:

A matéria em debate neste RE, portanto, cinge-se a uma questão de direito, qual seja, a possibilidade, ou não, de poder o recorrente adorar, para o cálculo do benefício de aposentadoria, os critérios anteriores à vigência da EC 20/98, computando tempo de serviço posterior a ela. (...)

Como se sabe, a EC 20/98, em essência, transmudou o regime de aposentadoria por tempo de serviço no regime de aposentadoria por tempo de contribuição, alterando as normas de concessão do benefício, além de instituir regras de transição de um sistema a outro.

Ora, como bem assentou a douta Procuradoria-Geral da República, em seu parecer, o recorrente, na verdade, pretende

"(...) mesclar regras de aposentadoria de sistemas previdenciários distintos, por meio do cálculo do benefício previdenciário com base nos trinta e seis últimos salários de contribuição (art. 202, da CF, com a redação anterior à EC20/98), levando-se em consideração o tempo de serviço prestado após a edição da EC 20/98.

Contudo, já se manifestou o Supremo Tribunal Federal no sentido de não ser possível ao segurado, sob o manto do direito adquirido, beneficiar-se de um sistema híbrido obtido mediante a conjugação de aspectos mais favoráveis de cada regime. (...)

Deve-se utilizar por completo um ou outro sistema previdenciário, em todos os aspectos da concessão da aposentadoria, garantindo ao segurado o mais benéfico.

O autor, na data da edição da EC 20/98, possuía mais de trinta anos de tempo de serviço, tendo direito adquirido à aposentadoria, nos termos do art. 3º da referida emenda, devendo o seu benefício ser calculado de acordo com a regra que lhe for mais benéfica, conforme determinado pelo acórdão recorrido"

Em conclusão, não é lícito aos segurados do INSS mesclar as vantagens de dois regimes distintos de aposentadoria, beneficiando-se das vantagens decorrentes de um sistema híbrido.

8.6 Aposentadoria especial

A aposentadoria especial é uma espécie de aposentadoria por tempo de contribuição, com redução do tempo necessário à inativação, concedida em razão do exercício de atividades consideradas prejudiciais à saúde ou à integridade física. Ou seja, é um benefício de natureza previdenciária que se presta a reparar financeiramente o trabalhador sujeito a condições de trabalho inadequadas.

O conceito constante do Regulamento da Previdência Social é de que a aposentadoria especial, uma vez cumprida a carência exigida, será devida ao segurado empregado, trabalhador avulso e contribuinte individual, este somente quando cooperado filiado à cooperativa de trabalho ou de produção, que tenha trabalhado durante quinze, vinte ou vinte e cinco anos, conforme o caso, sujeito a condições especiais que prejudiquem a saúde ou a integridade física (art. 64, com a redação conferida pelo Decreto n. 4.729, de 9.6.2003).

O tempo mínimo de exercício da atividade geradora do direito à aposentadoria especial foi estipulado em – 15 (quinze), 20 (vinte) ou 25 (vinte e cinco) anos – pelo art. 31 da Lei n. 3.807/60, que instituiu o benefício, sendo mantido esse período pelas legislações subsequentes (atualmente art. 57 da Lei n. 8.213/91).[314]

O requisito da idade mínima de 50 anos, constante no art. 31 da Lei n. 3.807/60, foi suprimido pela Lei n. 5.540-A/68. A manutenção da qualidade de segurado deixou de ser obrigatória por força da MP n. 83/2002, convertida na Lei n. 10.666/2003.

A respeito da finalidade da aposentadoria especial, manifestou-se *Maria Lúcia Luz Leiria*: "A finalidade do benefício de aposentadoria especial é de amparar o trabalhador que laborou em condições nocivas e perigosas à sua saúde, reduzindo o tempo de serviço/contribuição para fins de aposentadoria. Tem, pois, como fundamento o trabalho desenvolvido em atividades ditas insalubres. Pela legislação de regência, a condição, o pressuposto determinante do benefício está ligado à presença de agentes perigosos ou nocivos (químicos, físicos ou biológicos) à saúde ou à integridade física do trabalhador, e não apenas àquelas atividades ou funções catalogadas em regulamento".[315]

A redação original do art. 57 da Lei n. 8.213/91 admitia duas formas de se considerar o tempo de serviço como especial: a) enquadramento por categoria profissional: conforme a atividade desempenhada pelo segurado, presumia a lei a sujeição a condições insalubres, penosas ou perigosas; b) enquadramento por agente nocivo: independentemente da atividade ou profissão exercida, o caráter especial do trabalho decorria da exposição a agentes insalubres arrolados na legislação de regência.

A Lei n. 9.032/95 impôs a necessidade de comprovação, pelo segurado, da efetiva exposição aos agentes agressivos, exigindo ainda que essa exposição fosse habitual e permanente. Ou seja, o fator determinante para o reconhecimento do tempo especial passou, então, a ser a comprovação do tempo de trabalho permanente, não ocasional nem intermitente, em condições especiais que prejudiquem a saúde ou a integridade física, durante o período mínimo fixado (quinze, vinte ou vinte e cinco anos de trabalho).

---

314 A regra geral é conceder o benefício aos 25 anos de exposição. As exceções podem ser conferidas no art. 237 da IN INSS/PRES n. 45/2010, o qual observa o anexo IV do RPS:

"Art. 237. O direito à concessão de aposentadoria especial aos quinze e aos vinte anos, constatada a nocividade e a permanência nos termos do art. 236, aplica-se às seguintes situações:

I - quinze anos: trabalhos em mineração subterrânea, em frentes de produção, com exposição à associação de agentes físicos, químicos ou biológicos; ou

II - vinte anos:

a) trabalhos com exposição ao agente químico asbestos (amianto); ou

b) trabalhos em mineração subterrânea, afastados das frentes de produção, com exposição à associação de agentes físicos, químicos ou biológicos."

315 *Direito previdenciário e estado democrático de direito: uma (re)discussão à luz da hermenêutica*. Porto Alegre: Livraria do Advogado, 2001, p. 164.

Sendo assim, não pode o INSS exigir comprovação de exposição habitual e permanente no período antecedente ao da Lei n. 9.032/95, como definiu a TNU:

> *O tempo de serviço é disciplinado pela lei vigente ao tempo em que é prestado. Por isso, quando surge uma lei nova que estabelece uma restrição à contagem do tempo de serviço de um trabalhador, não pode ser aplicada retroativamente. Esse foi o entendimento confirmado por unanimidade pela Turma Nacional de Uniformização dos Juizados Especiais Federais, reunida no dia 16 de novembro, em Recife (PE).*
>
> *A decisão foi dada no pedido de uniformização de um trabalhador contra acórdão da Turma Regional de Uniformização da 4ª Região que considerou que ele comprovou ter exercido trabalho sob condições especiais no período de 12/08/1985 a 23/07/1994 de forma habitual e intermitente, e não permanente, como exige a Lei 9.032/95.*
>
> *O problema é que essa lei é de 28 de abril de 1995, data posterior ao período que o autor pretende que seja reconhecido. Na época em que os serviços foram prestados, estava em vigor a Lei 8.213/91 que não exigia que o exercício da atividade em condições especiais fosse considerado como de caráter permanente.*
>
> *Realmente, nos documentos apresentados, o autor comprovou que trabalhou no setor de "Estoque Congelados/Resfriados", no período de 12.08.1985 a 23.07.1994, com exposição ao agente nocivo "frio", nas atividades de "carregar e descarregar caminhões com produtos in natura e industrializados" e "transportar produtos da câmara de estocagem até a plataforma de expedição, de forma habitual e intermitente.*
>
> *Em seu voto, o relator do processo na TNU, juiz federal Derivaldo Filho reconheceu a especialidade do serviço do autor no período solicitado. "Considerei a legislação vigente à época em que o serviço foi prestado e o fato de que o pedido foi negado sob a alegação de não ter sido comprovada a permanência da exposição do autor ao agente nocivo mesmo não sendo possível exigir essa permanência à época", explicou o magistrado* (Processo nº 2006.72.95.01.6242-2 – SC – Disponível em www.tnu.jus.br – Acesso em 7.12.2009).

A classificação dos agentes nocivos químicos, físicos, biológicos ou associação de agentes prejudiciais à saúde, ou à integridade física e o tempo de exposição considerados para fins de concessão de aposentadoria especial constam do Anexo IV do Decreto n. 3.048/99.

Essa relação não pode ser considerada exaustiva, mas enumerativa. Segundo a Súmula n. 198 do extinto Tribunal Federal de Recursos, é devida a aposentadoria especial se a perícia judicial constatar que a atividade exercida pelo segurado é perigosa, insalubre ou penosa, mesmo não inscrita em regulamento.

Contrariando esse entendimento, a TNU uniformizou a jurisprudência no âmbito dos JEFs no sentido de que a partir do Decreto nº 2.172/97, que regulamentou a Lei nº 9.032/95, deixou de existir tempo de serviço especial por exposição a agentes perigosos (PEDILEF nº 2007.83.00.507212-3/PE, Rel. Juíza Fed. Joana Carolina L. Pereira, DJ 24.6.2010). Essa posição da TNU a nosso ver contraria frontalmente a regra de proteção previdenciária prevista no art. 201, § 1º da CF. Vejamos como exemplo o precedente do TRF da 4ª Região em relação à eletricidade:

> *"3. Quanto ao agente nocivo eletricidade, a despeito de seu enquadramento não estar mais previsto no interregno posterior a 5-3-1997, em razão de não haver mais previsão legal no Decreto 2.172/97, ainda assim, é possível o reconhecimento de tal especialidade. Isto porque, de acordo*

com a Súmula 198 do TFR, quando a atividade exercida for insalubre, perigosa ou penosa, porém não constar em regulamento, a sua constatação far-se-á por meio de perícia judicial. Dessa forma, tendo o perito judicial concluído que a parte autora laborava em contato com eletricidade média superior a 250 volts, exercendo atividade perigosa, é de ser reconhecida a especialidade do labor.

4. Cabe ainda destacar, quanto à periculosidade do labor, que o tempo de exposição ao risco eletricidade não é necessariamente um fator condicionante para que ocorra um acidente ou choque elétrico. Assim, por mais que a exposição do segurado ao agente nocivo eletricidade acima de 250 volts (alta tensão) não perdure por todas as horas trabalhadas, trata-se de risco potencial, cuja sujeição não depende da exposição habitual e permanente."

(AC 200471000014793, Quinta Turma, Rel. Des. Fed. Ricardo Teixeira do Valle Pereira, DE 3.5.2010).

O conceito de trabalho permanente encontra-se previsto no art. 65 do Decreto n. 3.048/99, com redação dada pelo Decreto n. 4.882, de 18 de novembro de 2003, nos termos que segue: "Considera-se trabalho permanente, para efeito desta Subseção, aquele que é exercido de forma não ocasional nem intermitente, no qual a exposição do empregado, do trabalhador avulso ou do cooperado ao agente nocivo seja indissociável da produção do bem ou da prestação do serviço".

Ainda segundo o parágrafo único do referido art. 65 do RPS, considera-se trabalho permanente os períodos de descanso determinados pela legislação trabalhista, inclusive férias, os de afastamento decorrentes de gozo de benefícios de auxílio-doença ou aposentadoria por invalidez acidentários, bem como os de percepção de salário-maternidade - desde que, à data do afastamento, o segurado ou segurada estivesse exercendo atividade considerada especial. Discordamos quanto a essa limitação em relação ao auxílio-doença, pois entendemos que os afastamentos que geram o recebimento temporário de benefício substitutivo do rendimento do trabalho devem ocorrer sem prejuízo da contagem do tempo de atividade especial, mesmo quando a incapacidade seja de origem comum (não-acidentária).

Entendem-se por agentes nocivos aqueles que possam trazer ou ocasionar danos à saúde ou à integridade física do trabalhador nos ambientes de trabalho, em função de natureza, concentração, intensidade e fator de exposição, considerando-se:

- físicos: os ruídos, as vibrações, o calor, as pressões anormais, as radiações ionizantes, etc.;
- químicos: os manifestados por névoas, neblinas, poeiras, fumos, gases, vapores de substâncias nocivas presentes no ambiente de trabalho, etc.;
- biológicos: os microorganismos como bactérias, fungos, parasitas, bacilos, vírus, etc.

A exigência de exposição aos agentes nocivos é salutar, pois existiam categorias inteiras que eram beneficiadas com aposentadorias precoces sem que os trabalhadores tivessem sido efetivamente expostos aos agentes nocivos à saúde e aos riscos do trabalho.

Dessa forma, não terá direito à aposentadoria especial o segurado que trabalhou ocasionalmente ou de maneira intermitente em condições prejudiciais à saúde. Assim, por exemplo, o dirigente sindical que está desempenhando o mandato respectivo, mas não está exercendo atividade em condições prejudiciais à sua saúde, a partir de 29.4.95, não terá este tempo contado para a concessão desse benefício (art. 57, §§ 3º e 4º, da Lei n. 8.213/91, com a redação dada pela Lei n. 9.032/95).

Com relação ao contribuinte individual que presta serviço em caráter eventual e sem relação de emprego, o INSS tem adotado a sistemática de que, a partir de 29 de abril de 1995, a sua atividade não poderá ser enquadrada como especial, uma vez que não existe forma de comprovar a exposição a agentes nocivos prejudiciais à saúde e à integridade física, de forma habitual e permanente, não ocasional nem intermitente. Todavia, é questionável tal norma, visto que a Lei de Benefícios não estabelece qualquer restrição nesse sentido, e a especialidade da atividade decorre da exposição aos agentes nocivos, e não da relação de emprego. Tenha-se, por exemplo, um fabricante de cristais que exerce a atividade de forma autônoma: pela norma interna do INSS, não faria jus a benefício de aposentadoria especial; da mesma forma, os demais profissionais que atuam expostos a agentes nocivos e que não possuem vínculo empregatício.

A Lei n. 9.528, de 10.12.1997, ao modificar a Lei de Benefícios da Previdência Social, estabeleceu que a relação dos agentes nocivos químicos, físicos e biológicos ou associação de agentes prejudiciais à saúde ou à integridade física, considerados para fins de concessão da aposentadoria especial, poderá ser definida pelo Poder Executivo. Fixou, também, a obrigatoriedade de as empresas manterem laudo técnico atualizado, sob pena de multa, assim como elaborar e manter perfil profissiográfico abrangendo as atividades desenvolvidas pelo trabalhador (art. 58, *caput* e §§ 3º e 4º, da Lei n. 8.213/91).

Sobre as mudanças nos critérios de concessão da aposentadoria especial, por parte das Leis ns. 9.032/95 e 9.528/97, comenta *Wladimir Novaes Martinez*: "A Lei n. 9.032/95 redefiniu o art. 57 do PBPS: a) alterando o coeficiente do salário de benefício, unificado em 100%; b) impondo a necessidade de prova das condições ambientais; c) cometendo ao MPAS a atribuição de fixar os critérios de conversão; d) eliminando o cômputo do tempo de serviço do dirigente sindical; e) vedando a volta ao trabalho do aposentado. A Lei n. 9.528/97, desde a MP n. 1.523/96: a) prescreveu a possibilidade de o Poder Executivo relacionar os agentes nocivos; b) recriou o SB-40, sob o nome de DSS 8030; c) instituiu o laudo técnico; d) exigiu referência à tecnologia diminuidora da nocividade; e) fixou multa para empresa sem laudo técnico atualizado; f) instituiu o perfil profissiográfico e revogou a Lei n. 8.641/93 (telefonistas)".[316]

316 MARTINEZ, Wladimir Novaes. *Reforma da previdência social: comentários à Emenda Constitucional n. 20/98*. São Paulo: LTr, 1999, p. 126.

A Lei n. 9.732/98 (DOU de 14.12.98) deu nova redação aos §§ 1º e 2º do art. 58 da Lei n. 8.213/91, estabelecendo que a comprovação da efetiva exposição do segurado aos agentes nocivos será feita mediante formulário – na forma estabelecida pelo INSS –, emitido pela empresa ou seu preposto, com base em laudo técnico de condições ambientais do trabalho expedido por médico do trabalho ou engenheiro de segurança do trabalho nos termos da legislação trabalhista. Do laudo técnico deverá constar informação sobre a existência de tecnologia de proteção coletiva ou individual que diminua a intensidade do agente agressivo a limites de tolerância e recomendação sobre a sua adoção pelo estabelecimento respectivo.

Dessa forma, a partir de 14.12.98, o laudo técnico deve conter informação sobre a existência e aplicação efetiva de equipamento de proteção individual – EPI.

Para fins de concessão da aposentadoria especial, a perícia médica do INSS deverá analisar o formulário e o laudo técnico referidos, bem como inspecionar o local de trabalho do segurado para confirmar as informações contidas nos referidos documentos.

Sobre os EPIs é relevante se mencionar o Enunciado n. 21 do Conselho de Recursos da Previdência Social (CRPS): "O simples fornecimento de equipamento de proteção individual de trabalho pelo empregador não exclui a hipótese de exposição do trabalhador aos agentes nocivos à saúde, devendo ser considerado todo o ambiente de trabalho".[317] No mesmo sentido, o Enunciado n. 289 do Tribunal Superior do Trabalho: "Insalubridade. Adicional. Fornecimento do aparelho de proteção. Efeito: O simples fornecimento do aparelho de proteção pelo empregador não o exime do pagamento do adicional de insalubridade. Cabe-lhe tomar as medidas que conduzam à diminuição ou eliminação da nocividade, entre as quais as relativas ao uso efetivo do equipamento pelo empregado".[318]

No que tange ao agente nocivo ruído, a Turma Nacional de Uniformização dos Juizados Especiais Federais editou a Súmula n. 9, do seguinte teor: *Aposentadoria Especial - Equipamento de Proteção Individual: O uso de Equipamento de Proteção Individual (EPI), ainda que elimine a insalubridade, no caso de exposição a ruído, não descaracteriza o tempo de serviço especial prestado.*

Essa interpretação é justificável, pois de acordo com estudos médicos, o ruído elevado causa danos, não apenas ao aparelho auditivo, mas provoca alterações físicas e psíquicas não evitadas pelo uso do EPI. Os sintomas auditivos geralmente são representados por: perda auditiva, zumbidos, dificuldades na compreensão da fala. Os sintomas extra-auditivos são alterações do sono e transtornos da comunicação, neurológicos, vestibulares, digestivos, comportamentais, cardiovasculares e hormonais. (GUADACHOLI, Daniel M. Ávila. *Perda auditiva induzida pelo ruído -*

317 Disponível em <http://www.mpas.gov.br>. Acesso em 30.11.2003.

318 Disponível em <http://www.tst.gov.br>. Acesso em 10.12.2003.

o excesso de barulho no ambiente de trabalho. Disponível em <http://www.fonaudiologos.net>. Acesso em 08.03.2009)

O segurado aposentado de forma especial que continuar ou retornar ao exercício de atividades ou operações que o sujeitem aos agentes nocivos terá sua aposentadoria automaticamente cancelada, conforme ficou determinado pela Lei n. 9.732/98 (art. 57, § 8º, da Lei n. 8.213/91). Curiosamente, não há penalização prevista para o empregador que exija do segurado já aposentado que trabalhe em condições nocivas à saúde. Ou seja, a aposentadoria especial também não é definitiva, ao contrário do que sustentam alguns doutrinadores, no sentido de que somente a aposentadoria por invalidez seria concedida de forma precária.

A Emenda n. 20/98 ao dar nova redação ao § 1º do art. 201 da Constituição Federal estabeleceu que os critérios para concessão da aposentadoria decorrente de atividades exercidas sob condições especiais que prejudiquem a saúde ou a integridade física, serão definidos em lei complementar.[319] Comentando esse dispositivo, José Afonso da Silva esclarece: "Por regra, essas atividades são aquelas a que o art. 7º, XXIII, confere direito a um adicional de remuneração: atividades penosas, insalubres e perigosas, cujo sentido já mencionamos antes (pp. 670-671)".[320]

Por sua vez, o art. 15 da Emenda Constitucional n. 20/98 manteve em vigor o disposto nos arts. 57 e 58 da Lei n. 8.213, de 24.7.91, na redação vigente em 16.12.98, até que a Lei Complementar a que se refere o art. 201, § 1º, da Constituição Federal seja publicada. Sendo assim, as regras para concessão de aposentadoria especial que vigoraram até a publicação da Reforma da Previdência continuam válidas, por expressa recepção, até que haja nova regulamentação da matéria por meio de Lei Complementar.

Em nova reforma previdenciária decorrente da Emenda Constitucional n. 47, de 2005, o art. 201, § 1º, da Constituição passou a dispor que: "É vedada a adoção de requisitos e critérios diferenciados para a concessão de aposentadoria aos beneficiários do regime geral de previdência social, ressalvados os casos de atividades exercidas sob condições especiais que prejudiquem a saúde ou a integridade física e quando se tratar de segurados portadores de deficiência, nos termos definidos em lei complementar."

Houve uma ampliação do direito à aposentadoria especial aos segurados portadores de deficiência. Regra justa e adequada, que está pendente de regulamentação por lei complementar para ter aplicabilidade.

Vale consignar a aprovação pela Câmara dos Deputados, em 2010, do PLP n. 277/2005, que assegura à concessão pelo RGPS de aposentadoria especial ao segurado com deficiência, assim considerado, aquele que apresentar restrição física,

319 A EC n. 47/05 repetiu essa exigência, incluindo a situação dos segurados portadores de deficiência.

320 SILVA, José Afonso da. *Curso de direito constitucional positivo*. 16. ed., São Paulo: Malheiros, 1999, p. 806.

auditiva, intelectual ou sensorial, mental, visual ou múltipla, de natureza permanente, que restrinja sua capacidade funcional para exercer diariamente a atividade laboral, cujos graus de limitação serão definidos em regulamento. O projeto foi encaminhado ao Senado em abril de 2010.

O Projeto de Lei Complementar nº 277/2005 (PLC 40/2010 no Senado Federal) já está pronto para ser votado pelo Plenário do Senado e estabelece tempo de contribuição diferenciado em função do grau de deficiência. Assim, para quem tem deficiência leve, esse tempo de contribuição deverá ser de 30 anos, se homem, e 25 anos, se mulher. Os portadores de deficiência moderada terão de comprovar 27 anos de contribuição, se homem, e 22 anos, se mulher. Por fim, serão exigidos dos trabalhadores do setor privado com deficiência grave 25 anos de contribuição, se homem, e 20 anos, se mulher.

Essa proposta ainda estipula aposentadoria por idade a partir de 60 anos, para os homens, e de 55 anos, para mulheres. Para reivindicar o benefício, entretanto, é necessário comprovar contribuição mínima de 15 anos e igual período na condição de trabalhador com deficiência.

- Comprovação do exercício de atividade especial

O tempo de serviço deve ser disciplinado pela lei vigente à época em que efetivamente prestado, passando a integrar, como direito autônomo, o patrimônio jurídico do trabalhador. A lei nova que venha a estabelecer restrição ao cômputo do tempo de serviço não pode ser aplicada retroativamente, em razão da intangibilidade do direito adquirido.

A orientação jurisprudencial é firme no sentido de que o tempo de serviço é regido sempre pela lei da época em que foi prestado. Dessa forma, em respeito ao direito adquirido, se o trabalhador laborou em condições adversas e a lei da época permitia a contagem de forma mais vantajosa, o tempo de serviço assim deve ser contado. Neste sentido: Superior Tribunal de Justiça. Recurso Especial n. 414.083/RS. 5ª Turma. Relator: Ministro Gilson Dipp. DJ de 2.9.2002, p. 230. Disponível em <http: //www.stj.gov.br>. Acesso em 18.10.2003.

O tema foi objeto da Ação Civil Pública n. 2000.71.00.030435-2, ajuizada perante a 4ª Vara Previdenciária da Justiça Federal em Porto Alegre/RS. A decisão proferida observou as normas de direito intertemporal para definição dos critérios para o reconhecimento do tempo especial. A decisão foi mantida pelo TRF da 4ª Região, quando do julgamento da Apelação Civil que teve como relator o Desembargador Federal Paulo Afonso Brum Vaz (DJU de 6.11.2002). Entretanto, no julgamento do Recurso Especial, o Superior Tribunal de Justiça entendeu que o Ministério Público Federal não tem legitimidade para propor ação civil pública para revisão/reajuste de benefício previdenciário. Segundo o Relator Ministro

Gilson Dipp, os direitos individuais invocados na ação que deu ensejo ao recurso são plenamente disponíveis, sendo defeso ao Ministério Público assumir a tutela incondicional dos beneficiários (REsp n. 531.419/RS, 5ª Turma, DJ de 8.8.2003).

Na sequência, houve por parte do Poder Executivo a edição do Decreto n. 4.827, de 3 de setembro de 2003, reconhecendo que a caracterização e a comprovação do tempo de atividade sob condições especiais obedecerá ao disposto na legislação em vigor na época da prestação do serviço.

As condições de trabalho que geram direito à Aposentadoria Especial são comprovadas pelas demonstrações ambientais que caracterizem a efetiva exposição do segurado aos agentes nocivos.

As demonstrações ambientais que fazem parte das obrigações acessórias dispostas na legislação previdenciária e trabalhista, constituem-se, entre outros, nos seguintes documentos:

I - Programa de Prevenção de Riscos Ambientais (PPRA);

II - Programa de Gerenciamento de Riscos (PGR);

III - Programa de Condições e Meio Ambiente de Trabalho na Indústria da Construção (PCMAT);

IV - Programa de Controle Médico de Saúde Ocupacional (PCMSO);

V - Laudo Técnico de Condições Ambientais do Trabalho (LTCAT);

VI - Perfil Profissiográfico Previdenciário (PPP);

VII - Comunicação de Acidente do Trabalho (CAT).

Considera-se Perfil Profissiográfico Previdenciário (PPP) o documento histórico-laboral do trabalhador, segundo modelo instituído pelo Instituto Nacional do Seguro Social, que, entre outras informações, deve conter registros ambientais, resultados de monitoração biológica e dados administrativos.

O Perfil Profissiográfico Previdenciário (PPP) substituiu o "Formulário de Informações sobre Atividades com Exposição a Agentes Agressivos", chamado de DIRBEN 8030 (antigo SB-40, DISES BE 5235, DSS 8030), sendo exigido a partir de 1º de janeiro de 2004.

Wladimir Novaes Martinez analisa o PPP e destaca o objetivo pelo qual foi criado: "Ele tem por objetivo propiciar à perícia médica do INSS informações pormenorizadas sobre o ambiente operacional e as condições de trabalho, controle do exercício laboral, troca de informações sobre as doenças ocupacionais, supervisão da aplicação das normas legais regulamentadoras da saúde, medicina e segurança do trabalho".[321]

O PPP deverá ser elaborado pela empresa ou equiparada à empresa, de forma individualizada para seus empregados, trabalhadores avulsos e cooperados, que

321 *PPP na aposentadoria especial: quem deve fazê-lo, como elaborá-lo, períodos incluídos, seus signatários, para quem entregá-lo: 230 perguntas e respostas sobre o PPP e o LTCAT.* São Paulo: LTr, 2003, p. 19.

laborem expostos a agentes nocivos químicos, físicos, biológicos ou associação de agentes prejudiciais à saúde ou à integridade física.

O trabalhador tem o direito de obter da empresa cópia autenticada do PPP em caso de demissão. Esse documento é suficiente para fazer prova do tempo especial, não se podendo exigir do segurado o LTCAT. Neste sentido: TNU. 2006.51.63.000174-1. Rel. Juiz Federal Otávio Henrique Martins Port. DJ de 15/09/2009.

O Laudo Técnico de Condições Ambientais do Trabalho (LTCAT) é um documento com caráter pericial, de iniciativa da empresa, com a finalidade de propiciar elementos ao INSS para caracterizar ou não a presença dos agentes nocivos à saúde ou à integridade física relacionados no Anexo IV do Decreto n. 3.048/99. O LTCAT deverá ser assinado por engenheiro de segurança do trabalho ou por médico do trabalho. A partir de 1º de janeiro de 2004, foi dispensada a apresentação do LTCAT ao INSS, mas o documento deverá permanecer na empresa à disposição da Previdência Social.

Na hipótese de dúvida quanto às informações contidas no Laudo Técnico e nos documentos que fundamentaram a sua elaboração, o INSS poderá efetuar diligência prévia para conferência dos dados.

O Tribunal Superior do Trabalho, em julgado interessante sobre o tema, provocado pelo INSS em grau de recurso, reconheceu a competência da Justiça do Trabalho para declarar que a atividade laboral prestada por empregado é nociva à saúde e obrigar o empregador a fornecer a documentação hábil ao requerimento da aposentadoria especial, verbis:

> *AGRAVO DE INSTRUMENTO. DECISÃO DENEGATÓRIA DE RECURSO DE REVISTA EM AÇÃO DECLARATÓRIA. RECLAMAÇÃO PLÚRIMA MOVIDA CONTRA O EMPREGADOR PARA APURAÇÃO TÉCNICA DE CONDIÇÕES AMBIENTAIS DE TRABALHO. RECURSO DO INSS. COMPETÊNCIA JURISDICIONAL. AÇÃO DE NATUREZA NITIDAMENTE TRABALHISTA, E NÃO PREVIDENCIÁRIA. INGRESSO DO INSS NO FEITO, COMO MERO ASSISTENTE, QUE NÃO COMPORTA O DESLOCAMENTO DA COMPETÊNCIA PARA A JUSTIÇA FEDERAL. AUSÊNCIA DE VIOLAÇÃO AO ART. 109, I, DA CONSTITUIÇÃO, MERECENDO CONFIRMAÇÃO O DESPACHO AGRAVADO AO ENTENDER AUSENTES, NA HIPÓTESE, OS PRESSUPOSTOS DE CABIMENTO DO RECURSO DE REVISTA. O acórdão regional, ao proclamar que não estão em discussão aspectos técnicos acerca da viabilidade, ou não, para os autores, de aposentadorias especiais - esta, sim, uma questão previdenciária - mas tão somente a obrigação patronal de reconhecer, a partir de verificação por perito do Juízo condições ambientais nocivas de trabalho dos empregados para que eles possam, noutra esfera, acionar o estudo acerca da viabilidade de aposentadorias especiais-, deixa clara a observância, no caso, dos limites jurisdicionais da competência trabalhista, não incidindo, portanto, em vulneração do art. 109, I, da Constituição. Decisão que limitou-se a julgar cabível, no âmbito trabalhista, a apuração pericial das condições de trabalho e a emissão de formulário antes conhecido como DSS (DIRBEN) 8030, hoje, PPP (Perfil Profissiográfico Previdenciário) para que, - aí sim ao leito da legislação previdenciária e em contraditório outro - , os trabalhadores venham a discutir a questão previdenciária daí resultante junto ao INSS. Precedentes. Agravo de instrumento*

não provido (TST. AIRR-60741-19.2005.5.03.0132, 7ª Turma, Rel. Min. Convocado FLAVIO PORTINHO SIRANGELO, publ. DJE 26.11.2010).

- Laudo técnico pericial

Em relação ao período a partir da qual é obrigatória a apresentação do laudo técnico das condições ambientais do trabalho, o Conselho de Recursos da Previdência Social (CRPS) editou o Enunciado n. 20:

20 – Salvo em relação ao agente agressivo ruído, não será obrigatória a apresentação de laudo técnico pericial para períodos de atividades anteriores à edição da Medida Provisória n. 1.523-10, de 11.10.96, facultando-se ao segurado a comprovação de efetiva exposição a agentes agressivos à sua saúde ou integridade física mencionados nos formulários SB-40 ou DSS-8030, mediante o emprego de qualquer meio de prova em direito admitido.

No âmbito do Superior Tribunal de Justiça e da TNU, foi pacificado o entendimento de que a exigência do laudo técnico é válida somente após a edição do Decreto n. 2.172, de 5.3.1997, que regulamentou a MP n. 1.523-10, de 11.10.1996. A respeito, o precedente que segue:

PEDIDO DE UNIFORMIZAÇÃO. PREVIDENCIÁRIO. REVISÃO DE APOSENTADORIA POR TEMPO DE CONTRIBUIÇÃO. LABOR EXERCIDO EM CONDIÇÕES ESPECIAIS. MOTORISTA DE CAMINHÃO E DE ÔNIBUS. CONVERSÃO DE TEMPO DE SERVIÇO ESPECIAL EM COMUM. COMPROVAÇÃO POR QUALQUER MEIO DE PROVA ATÉ A VIGÊNCIA DO DECRETO 2.172/97. INCIDENTE DE UNIFORMIZAÇÃO CONHECIDO EM PARTE E PARCIALMENTE PROVIDO.

1. Cabe Pedido de Uniformização, em princípio, quando demonstrada a divergência com jurisprudência dominante do STJ.

2. Para fins de reconhecimento do labor exercido em condições especiais após 29.04.95, não é mais possível o reconhecimento da especialidade por categoria profissional, devendo ser comprovada a sujeição a agentes nocivos por qualquer meio de prova até 05.03.97 (Decreto nº 2.172/97).

3. A necessidade de comprovação de exposição a agentes nocivos por formulários descritivos da atividade do segurado (SB-40 ou DSS-8030) e laudo técnico pericial só surgiu com o advento do Decreto nº 2.172 de 05.03.97, que regulamentou a Lei 9.032/95 e a MP 1.523/96 (convertida na Lei 9.528/97), exceto para os agentes físicos ruído e calor para os quais sempre se exigiu a apresentação de laudo pericial, tendo em vista tratar-se de agentes nocivos que necessitam de aferição técnica para sua medição.

4. Precedentes do Superior Tribunal de Justiça (REsp 354737, REsp 551917 e REsp 492678).

5. Pedido de Uniformização conhecido em parte e parcialmente provido.

(TNU, PU 2007.72.51.004581-0, Rel. Juiz Federal José Antonio Savaris, DJ 1.3.2010).

É importante ressaltar que, para o ruído, o calor e os agentes nocivos não previstos em regulamento, havia a necessidade da apresentação do laudo técnico antes mesmos da edição da MP n. 1.523-10, de 11.10.1996.

Acerca dos níveis de ruído, destacamos o entendimento pacificado pela Turma Nacional dos JEFs e observado pela Advocacia Geral da União:

ENUNCIADO 32 DA TNU

"O tempo de trabalho laborado com exposição a ruído é considerado especial, para fins de conversão em comum, nos seguintes níveis: superior a 80 decibéis, na vigência do Decreto n. 53.831/64 (1.1.6); superior a 90 decibéis, a partir de 5 de março de 1997, na vigência do Decreto n. 2.172/97; superior a 85 decibéis, a partir da edição do Decreto n. 4.882, de 18 de novembro de 2003."

ENUNCIADO 29 DA AGU

"Atendidas as demais condições legais, considera-se especial, no âmbito do RGPS, a atividade exercida com exposição a ruído superior a 80 decibéis até 05/03/97, superior a 90 decibéis desta data até 18/11/2003, e superior a 85 decibéis a partir de então."

Posição mais favorável ao segurado é adotada pelo TRF da 4ª Região, no sentido de que: "*É admitida como especial a atividade em que o segurado ficou exposto a ruídos superiores a 80 decibéis até 05-03-97 e, a partir de então, acima de 85 decibéis, desde que aferidos esses níveis de pressão sonora por meio de parecer técnico trazido aos autos, ou simplesmente referido no formulário-padrão, sem impugnação do INSS.*" (AC n. 2003.70.00.047368-9/PR. 5ª Turma. Rel. Des. Federal Rômulo Pizzolatti. DE em 08.07.2008).

– Período de carência

O período de carência para a concessão da aposentadoria especial é de 180 contribuições mensais. Para o segurado inscrito na Previdência Social Urbana até 24.7.91, bem como para o trabalhador e o empregador rurais cobertos pela Previdência Social Rural, a carência das aposentadorias por idade, por tempo de serviço e especial obedece à tabela prevista no art. 142 da Lei n. 8.213/91, a qual leva em conta o ano em que o segurado implementou ou implementará as condições necessárias à obtenção do benefício.

Além da carência, que diz respeito ao número mínimo de contribuições mensais feita pelo segurado, há de haver a comprovação do tempo de serviço exigido (quinze, vinte ou vinte e cinco anos), em atividades prejudiciais à saúde ou à integridade física.

De acordo com o anexo IV do Decreto n. 3.048/99, o direito à concessão de aposentadoria especial aos quinze e aos vinte anos, constatada a nocividade e a permanência, aplica-se às seguintes situações:

I – quinze anos: trabalhos em mineração subterrânea, em frentes de produção, com exposição à associação de agentes físicos, químicos ou biológicos;

II – vinte anos:

a) trabalhos com exposição ao agente químico asbestos (amianto);

b) trabalhos em mineração subterrânea, afastados das frentes de produção, com exposição à associação de agentes físicos, químicos ou biológicos.

Nos demais casos, o tempo mínimo de exposição a agentes nocivos é de 25 anos.

- Data de início do benefício

A aposentadoria especial será devida ao segurado empregado a partir da data do desligamento do emprego (quando requerida até essa data ou até noventa dias depois desta), ou da data do requerimento (quando não houver desligamento do emprego ou quando for requerida após noventa dias deste). Para os demais segurados, será a data da entrada do requerimento.

- Renda mensal inicial

A aposentadoria especial, a partir de 29.4.95, terá renda mensal equivalente a 100% do salário de benefício (Lei n. 9.032/95), observado, para os segurados que implementaram os requisitos até a véspera da vigência da Lei n. 9.876/99, o cálculo sobre a média dos últimos 36 salários de contribuição. Para os que passaram a ter direito ao benefício após tal data, o cálculo é o estabelecido para os segurados em geral, previsto no art. 29 da Lei n. 8.213/91, média dos 80% maiores salários de contribuição a partir de julho de 94, neste caso sem a incidência do fator previdenciário.

- Concessão da aposentadoria especial ao cooperado filiado à cooperativa de trabalho ou de produção

Por força do disposto no art. 1º, *caput*, da Medida Provisória n. 83, de 12.12.2002, convertida na Lei n. 10.666/2003, as disposições legais sobre aposentadoria especial do segurado filiado ao RGPS aplicam-se, também, ao cooperado filiado à cooperativa de trabalho e de produção que trabalha sujeito a condições especiais que prejudiquem a sua saúde ou a sua integridade física.

A justificativa apresentada pelo então MPAS para adoção dessa medida foi de que "a mudança no perfil das relações de trabalho, com a redução gradativa dos trabalhadores contratados como empregados, fez crescer significativamente as cooperativas de trabalho e de produção, cujos cooperados filiam-se à Previdência Social como contribuintes individuais. Ocorre que aqueles trabalhadores que exerciam atividades expostas a condições prejudiciais à saúde ou integridade física perderam o direito ao benefício da aposentadoria especial, uma vez que, pela sistemática vigente, esta modalidade de aposentadoria só é devida aos segurados empregados e trabalhadores avulsos".[322]

Entendemos que, mesmo antes da entrada em vigor desse dispositivo, a aposentadoria especial aos cooperados filiados a cooperativas de trabalho e de produção sujeitos a atividades prejudiciais à saúde e à integridade física já era devida, pois

322 Exposição de Motivos n. 00056 – *In* www.planalto.gov.br.

não é admissível que esses segurados, pelo simples fato de não serem empregados, pudessem ser prejudicados.

Deve haver a igualdade de tratamento a todos os segurados que exercem atividades em condições inóspitas, sejam eles empregados ou contribuintes individuais.

8.6.1 Conversão do tempo de serviço/contribuição

A conversão de tempo de serviço trabalhado em condições especiais para tempo de atividade comum consiste na transformação daquele período com determinado acréscimo compensatório em favor do segurado, pois esteve sujeito a trabalho (perigoso, penoso ou insalubre) prejudicial à sua saúde.

Segundo *Wladimir Novaes Martinez*: "Pressuposto lógico da conversão é a existência de dois ou mais tempos de serviço especiais (de 15, 20 ou 25 anos) – hipótese menos comum, ou tempos de serviço especiais e comuns. Daí afirmar-se não ser possível conversão apenas de tempo especial".[323]

Embora disciplinado como tempo de serviço especial, este tempo convertido valerá como tempo de contribuição, pois com a Emenda Constitucional n. 20 passou a valer o tempo de contribuição efetivo para a Previdência Social para o cálculo dos benefícios e não mais o tempo de serviço. Entretanto, o tempo de serviço considerado pela legislação vigente para efeito de aposentadoria, cumprido até que a lei discipline a matéria, será contado como tempo de contribuição, exceto o tempo de serviço ou contribuição em dobro ou qualquer outra contagem de tempo fictício.

Há que se ressaltar que a regulamentação do reconhecimento da atividade especial ocorreu somente com a Lei n. 3.807/60, o que não impede a conversão do tempo especial para comum que tenha sido exercido anteriormente a essa data. Neste sentido precedente da Turma Regional de Uniformização dos JEFs da 4ª Região:

> *ATIVIDADE ESPECIAL. CONVERSÃO DO TEMPO ESPECIAL PARA COMUM. ATIVIDADE EXERCIDA ANTES DA VIGÊNCIA DA LEI N. 3.807/60.*
>
> *A Lei n. 3.807/60 tem aplicação retroativa para permitir a conversão em tempo de serviço comum das atividades que ela considerou especial e que foram exercidas pelo segurado antes da sua vigência.*
>
> *(IUJEF 2007.72.95.009884-0/SC, Relator Juiz Federal Loraci Flores de Lima, Sessão de 28.11.2008).*

A Lei n. 9.032/95 vedou a conversão de tempo de serviço comum em especial. Antes era possível a conversão de especial para comum e deste para especial, restando ao segurado que dispõe de tempo especial insuficiente a aposentadoria comum. Entretanto, essa restrição não se deve aplicar ao tempo anterior à edição da lei.

323 MARTINEZ, Wladimir Novaes. *Aposentadoria especial*. 2. ed., São Paulo: LTr, 1999, p. 61.

Para o segurado que houver exercido sucessivamente duas ou mais atividades sujeitas a condições especiais prejudiciais à saúde ou à integridade física, sem completar em qualquer delas o prazo mínimo exigido para a Aposentadoria Especial, os respectivos períodos serão somados após a conversão, considerando para esse fim, a atividade preponderante, cabendo, dessa forma, a concessão da Aposentadoria Especial com o tempo exigido para a atividade não convertida.

Há de se ressaltar que o tempo de trabalho exercido sob condições especiais que foram, sejam ou venham a ser consideradas prejudiciais à saúde ou à integridade física, conforme a legislação vigente à época, será somado, após a respectiva conversão, ao tempo de trabalho exercido em atividade comum, independentemente da data do requerimento do benefício ou da prestação do serviço. Este entendimento está contemplado no Decreto n. 4.827, de 3 de setembro de 2003, e as tabelas de conversão constam dos anexos desta obra.

A respeito da possibilidade de conversão do tempo especial em comum, travou-se acirrada discussão no meio doutrinário e jurisprudencial em face da suposta revogação da norma legal que autorizava essa sistemática.

A questão surgiu com a edição da Medida Provisória n. 1.663-10, de 28.5.1998, a qual revogou o § 5º do art. 57 da LBPS que autorizava a conversão do tempo especial em tempo comum. Na 13ª reedição da Medida Provisória n. 1.663 foi mantida a vedação da conversão do tempo especial, salvo em relação ao tempo exercido até 28.5.1998 e desde que o segurado tenha implementado percentual do tempo necessário para a obtenção da respectiva Aposentadoria Especial, conforme estabelecido em regulamento. A referida Medida Provisória, após sua 14ª edição, acabou convertida na Lei n. 9.711, de 20.11.1998.

Muito embora a Lei n. 9.711/98 tenha convalidado os atos praticados com base na Medida Provisória n. 1.663-14, ela não converteu a revogação do § 5º do art. 57 da Lei n. 8.213/91, revogação que houvera sido levada a efeito expressamente pela Medida Provisória n. 1.663-10. O ato revocatório que se dava de forma expressa na 10ª edição da MP em questão, foi simplesmente afastado quando da 13ª edição.

A jurisprudência do Superior Tribunal de Justiça sobre o tema, pacificou-se no sentido de que, em face do advento da Lei n. 9.711, de 20.11.1998, a partir de 28.5.1998, passou a ser vedada a conversão do tempo de trabalho prestado sob condições especiais em tempo comum. Nesse sentido:

PREVIDENCIÁRIO. TEMPO DE SERVIÇO. ATIVIDADES INSALUBRES, PERIGOSAS OU PENOSAS. CONVERSÃO PONDERADA. TERMO FINAL. LEI N. 9.711/98. PRECEDENTES.

1. A teor do art. 28 da Lei n. 9.711, de 20.11.1998, a possibilidade de conversão ponderada do tempo de serviço especial está limitada ao labor exercido até 28.5.1998. Precedentes das Egrégias Quinta e Sexta Turmas do STJ.

2. Recurso especial conhecido e provido.[324]

No mesmo sentido, a Turma Nacional de Uniformização dos JEFs editou Súmula do seguinte teor: "16 – A conversão em tempo de serviço comum, do período trabalhado em condições especiais, somente é possível relativamente à atividade exercida até 28.5.1998 (art. 28 da Lei n. 9.711/98)".

Mais recentemente, a Quinta Turma do STJ adotou entendimento diverso ao permitir a conversão do tempo especial em comum após 28.5.1998, sob o fundamento de que "O trabalhador que tenha exercido atividades em condições especiais, mesmo que posteriores a maio de 1998, tem direito adquirido, protegido constitucionalmente, à conversão do tempo de serviço, de forma majorada, para fins de aposentadoria comum" (Resp n. 956.110/SP, Quinta Turma, Relator Ministro Napoleão Nunes Maia Filho, DJ de 22.10.2007).

É de se ressaltar que a 6ª Turma do STJ somente em 2009 alterou seu entendimento para autorizar a conversão do tempo especial em comum após maio de 1998, conforme se observa do AGRESP n. 739107, Relator Og Fernandes, DJe de 14.12.2009.

A TNU depois de muito debate acabou aderindo à nova orientação traçada pela 5ª Turma do STJ, a qual entendemos estar afeiçoada ao disposto no art. 201, § 1º da Constituição Federal. Colhe-se da decisão que segue:

> *PREVIDENCIÁRIO. CONVERSÃO DE TEMPO LABORADO SOB CONDIÇÕES NOCIVAS À SAÚDE EM TEMPO COMUM. POSSIBILIDADE DA CONVERSÃO EM QUALQUER ÉPOCA, POR NÃO TER A LEI Nº 9.711/98 REVOGADO O ART. 57, § 5º DA LEI Nº 8.213/91. APLICAÇÃO DO FATOR MULTIPLICADOR VIGENTE À ÉPOCA EM QUE SE COMPLETAM AS CONDIÇÕES E É FORMULADO O PEDIDO DE APOSENTADORIA, E NÃO NA ÉPOCA DA PRESTAÇÃO DO SERVIÇO. EMENDAS CONSTITUCIONAIS NºS 20/98 E 47/05 REAFIRMARAM A VIGÊNCIA DO ART. 57 DA LEI Nº 8.213/91. AUSÊNCIA DE LIMITES À CONVERSÃO DO TEMPO DE SERVIÇO ESPECIAL PARA COMUM. RECURSO CONHECIDO E NEGADO. PROPOSTA DE REVISÃO DA SÚMULA Nº 16 DA TNU.*
>
> *(PU n. 2004.61.84.25.2343-7/SP. Relator Juiz Federal Manoel Rolim Campbell Penna. DJ 09/02/2009)*

Nos requerimentos analisados pelo INSS, na via administrativa, tem sido adotada a posição de que, mesmo depois de 28.5.1998, é possível a conversão do tempo de serviço especial em comum, uma vez que o § 5º do art. 57 não teria sido revogado, tendo a Lei n. 9.711/98, que remeteu seus efeitos a 28.5.1998, disciplinado situação transitória.

A adoção dessa regra ocorreu com a edição do citado Decreto n. 4.827, de 3.9.2003, que autorizou, mesmo depois de 28.5.1998, a conversão de tempo de ser-

324 BRASIL. Superior Tribunal de Justiça. Agravo Regimental no Recurso Especial n. 507.287/SC. 5ª Turma. Relatora: Ministra Laurita Vaz. DJ de 17.11.2003. Disponível em <http://www.stj.gov.br>. Acesso em 15.1.2004.

viço especial em comum, nos termos da redação original do art. 57, § 5º, da Lei n. 8.213/91.

A justificativa para a expedição desse Decreto foi sintetizada por *João Donadon*, nos termos que seguem:

> *Essa alteração foi motivada pela decisão do Superior Tribunal de Justiça – STJ no julgamento do Recurso Especial n. 531.419-RS, objeto de decisão da 5ª Turma, publicada no DJ de 8.8.2003, dando provimento ao recurso especial do INSS na Ação Civil Pública (ACP) n. 2000.71.00.030435-2, que trata da aposentadoria especial, acatando a tese da ilegitimidade do Ministério Público Federal.*
>
> *É importante consignar que referida Ação Civil Pública já fora julgada procedente na primeira instância, em junho de 2001 e pelo Tribunal Regional Federal da 4ª Região, DJ de 6.11.2002. ACP impôs ao INSS: a conversão do tempo especial em comum até 28.4.95 segundo as normas vigentes à época; a dispensa de laudo técnico para períodos até essa mesma data, exceto em relação ao ruído que sempre fora exigido; que não considerasse o rol de agentes nocivos constantes do RPS como taxativo; e a conversão do tempo de atividade especial em comum, mesmo depois de 28.5.98.*
>
> *Com a decisão do STJ, o INSS obteve o direito de voltar a adotar os procedimentos anteriores à concessão da Tutela Antecipada, inclusive mediante o cancelamento dos benefícios concedidos por força dessa decisão. Como o Poder Judiciário já havia examinado o mérito do pedido, o Poder Executivo, sabiamente, optou por ajustar o RPS às decisões de mérito já proferidas e com isso evitar que (sic) a continuidade das demandas, pois seguramente os segurados que tivessem o seu benefício cancelado ingressariam com ações judiciais contra o ato do INSS, de forma individualizada, a (sic) consolidação daquele entendimento.*[325]

Por conseguinte, a redação original do art. 57, § 5º, da LBPS foi considerada em pleno vigor, mesmo após a edição da Lei n. 9.711/98, que não a teria revogado, nem tácita, nem expressamente.

No que tange ainda à conversão do tempo especial, em caso de mudança de regime jurídico laboral por parte do servidor público, o STF já firmou posicionamento quanto à necessidade de observância da lei vigente à época da prestação de serviços. Nesse sentido, a decisão que segue:

> *AGRAVO REGIMENTAL NO RECURSO EXTRAORDINÁRIO. CONSTITUCIONAL. ADMINISTRATIVO E PREVIDENCIÁRIO. ATIVIDADE INSALUBRE. CONTAGEM DO TEMPO DE SERVIÇO PARA FINS DE APOSENTADORIA. PERÍODO ANTERIOR À SUPERVENIÊNCIA DO REGIME JURÍDICO ÚNICO. 1. Atividade insalubre, perigosa ou penosa. Contagem do tempo de serviço para fins de aposentadoria. Possibilidade. O tempo de serviço exercido alternadamente em atividade que seja ou venha a ser considerada perigosa, insalubre ou penosa é somado, após a respectiva conversão, segundo critérios de equivalência fixados pelo MPAS, para efeito de qualquer espécie de aposentadoria. Legislação previdenciária vigente à época da prestação laboral: Consolidação das Leis da Previdência Social, artigo 35, § 2º. 2. Superveniência do Regime Jurídico Único: novo regime jurídico que, apesar de prever a edição de lei específica para regulamentar a concessão de aposentadoria para os agentes públicos que exercerem atividade em condições insalubres, perigosas ou penosas, não desconsiderou nem desqualificou o tempo*

325 DONADON, João. *O benefício da aposentadoria especial aos segurados do regime geral da previdência social que trabalham sujeitos a agentes nocivos – origem, evolução e perspectivas, mimeo*. Brasília: 2º sem. 2003, p. 37.

de serviço prestado nos moldes da legislação anterior (Lei n. 8.112/90, artigo 103, V). Agravo regimental não provido (STF, Ag. Reg. RE 431.200-0, Rel. Min. Eros Grau, DJ 29.4.2005).

Outra importante decisão do STF diz respeito ao direito do servidor público obter junto ao INSS a certidão do tempo de serviço prestado como celetista em condições especiais, nos termos que seguem:

> *1. O servidor público tem direito à emissão pelo INSS de certidão de tempo de serviço prestado como celetista sob condições de insalubridade, periculosidade e penosidade, com os acréscimos previstos na legislação previdenciária.*
> *2.A autarquia não tem legitimidade para opor resistência à emissão da certidão com fundamento na alegada impossibilidade de sua utilização para a aposentadoria estatutária; requerida esta, apenas a entidade à qual incumba deferi-la é que poderia se opor à sua concessão.*
> *(RE nº. 433305, 1ª Turma. Relator Min. Sepúlveda Pertence, julg. 14.2.2006).*

- Fator de Conversão do Tempo Especial

Aspecto que tem provocado novas discussões está relacionado ao fator de conversão do tempo especial para comum para o segurado homem.

De acordo com os decretos que regulamentam a Lei n. 8.213/91, a conversão de tempo de atividade exercido sob condições especiais em tempo de atividade comum, observa, para o homem, o fator 1,4 (de 25 para 35 anos). É de se ressaltar que o § 2º do art. 70 do Decreto n. 3.048/99 (incluído pelo Decreto nº. 4.827, de 2003), determina a aplicação do fator 1,4 ao trabalho prestado em qualquer período.

No entanto, para o período laborado durante a vigência do Decreto 83.080/79, as duas turmas do STJ vinham decidindo que deve ser aplicado como fator de conversão o coeficiente de 1,2 (de 25 anos para 35 anos) e para o período posterior a 21.7.92, quando entrou em vigor o Decreto 611/92, deve ser utilizado o coeficiente de 1,4 (REsp. 601.489/RS, Quinta Turma, Relator Ministro Arnaldo Esteves Lima. DJ 23.4.2007).

A TNU adotou esse mesmo entendimento até final de setembro/2008 (PU n. 2005.72.95.008449-2/SC), quando então reformulou sua jurisprudência ao julgar o Pedido de Uniformização n. 2007.63.06.00.8925-8, na Sessão de 29.9.2008.

Mais recentemente, a Quinta Turma do STJ também revisou sua orientação, ao julgar o REsp. n. 1.151.652/MG, DJe de 9.11.2009.

Defendemos essa última orientação jurisprudencial, pois independentemente da época trabalhada o coeficiente matemático que enseja a transformação de 25 para 35 anos é o de 1,4.

Ressaltamos, no entanto, que a questão deverá ser enfrentada e definida pela Terceira Seção do STJ que admitiu pedido de uniformização contra a decisão da TNU (Pet n. 7521/PR, Registro: 2009/0183637-8). Ainda, com base no art. 2º da Resolução n. 10/2007 da Presidência do STJ, o ministro relator determinou a suspensão dos processos nos quais tenha sido estabelecida a mesma controvérsia (DJe 24.2.2010).

8.6.2 Conversão do tempo especial de professor em tempo comum

O direito à conversão do tempo especial de magistério em tempo comum é controverso e tem ensejado divergência jurisprudencial.

Uma primeira corrente defende que a atividade de professor era enquadrada como especial no Decreto nº. 53.831/64, código 2.1.4, tendo em vista a penosidade típica da profissão, com direito à aposentadoria aos 25 anos de trabalho. Com a edição do novo regulamento – Decreto n. 83.080/79, entretanto, não foi mantido tal categoria profissional no rol das atividades especiais. Igualmente no que afeta aos novos regulamentos posteriores à Lei nº. 9.032/95 (2.172/97 e 3.048/99).

A exclusão da categoria profissional dos professores do rol das atividades profissionais ditas especiais tem amparo na existência de regras específicas relativas à aposentadoria especial do professor. A partir da criação deste benefício especial, pela Emenda Constitucional nº. 18/1981, não mais se cogita da conversão do tempo de serviço do professor para fins de concessão de benefício comum.

Considerando-se que o segurado, ao prestar atividade considerada como especial nos regulamentos da previdência social, adquire o direito à contagem do seu tempo de serviço como tal. Porém, de acordo com essa linha de entendimento, somente no período de vigência do Decreto n. 53.831/64 e até a Emenda Constitucional nº. 18, de 1981, afigura-se viável a conversão do tempo especial de professor em tempo comum.

Trata-se, aliás, de entendimento uniforme no Tribunal Regional Federal da 4ª Região, consoante precedentes a seguir elencados:

> *PREVIDENCIÁRIO. EMBARGOS INFRINGENTES. APOSENTADORIA POR TEMPO DE SERVIÇO. TEMPO ESPECIAL. PROFESSOR. ATIVIDADE EXERCIDA ANTES DA EMENDA CONSTITUCIONAL Nº 18/81. POSSIBILIDADE DE CONVERSÃO.*
>
> *1. Como o enquadramento das atividades por insalubridade, penosidade ou periculosidade deve ser feito conforme a legislação vigente à época da prestação laboral, mediante os meios de prova legalmente então exigidos, é possível reconhecer a atividade especial de professor até 09/07/81, data da publicação da EC nº 18/81, que criou forma especial de aposentadoria aos professores.*
>
> *2. Embargos infringentes providos. (EAC Nº. 2000.70.00.015696-8/PR, Terceira Seção, Relator Desembargador Federal Luís Alberto D'Azevedo Aurvalle, DJU de 8.3.2006, p. 466).*

> *PREVIDENCIÁRIO. ATIVIDADE ESPECIAL. CONVERSÃO. LEI Nº. 9.711/98 DECRETO Nº. 3.048/99. PROFESSOR.*
>
> *(....)*
>
> *6. Em homenagem ao princípio do "tempus regit actum", tem-se que o ordenamento assegura aos professores o direito à conversão até o advento da EC nº. 18/81. Após aquela data, passou-se*

a reconhecer somente o direito à aposentadoria, desde que comprovado o exercício efetivo no magistério, durante 30 anos para homens e 25 para as mulheres.

7. Contando o autor 28 anos, 10 meses e 08 dias, não perfaz tempo suficiente à concessão de aposentadoria por tempo de serviço, razão pela qual deve apenas ser averbado o acréscimo resultante da conversão do período de 09-04-76 a 09-07-81 laborado como professor.

8. Em face da sucumbência recíproca, os honorários advocatícios devem ser compensados entre as partes.

(AC nº. 2001.04.01.081576-8/SC, 6ª Turma, Relator Juiz Federal Ricardo Teixeira do Valle Pereira, DJU de 22.2.2006).

Do voto do eminente Relator do AC nº. 2001.04.01.081576-8/SC, colhe-se os argumentos jurídicos da limitação da conversão do tempo especial de professor somente até o advento da EC n. 18/1981, cujo teor segue transcrito:

No caso particular do professor, importa frisar a relevância da EC n. 18, de 09-07-1981, concernente a Carta Política de 1967, que criou a modalidade especial de aposentadoria para aquela categoria profissional, com redução de cinco anos no tempo total de serviço. Com efeito, a norma jurídica em comento estabelece um verdadeiro "divisor de águas" entre o direito à conversão de tempo especial em comum, para o magistério, e o próprio direito a aposentadoria em si, no momento em que essa atividade foi excluída das consideradas penosas (conforme o Dec. nº. 53.831/64 – Quadro item 2.1.4.) para receber tratamento constitucional diferenciado.

Assim, em homenagem ao princípio do "tempus regit actum", tem-se que o ordenamento assegura aos professores o direito à conversão até o advento da EC nº. 18/81. Após aquela data, passou-se a reconhecer somente o direito à aposentadoria, desde que comprovado o exercício efetivo do magistério durante 30 anos, para homens e 25 para as mulheres.

No âmbito administrativo, o INSS tem observado o mesmo critério. Veja- se a respeito o disposto no art. 233 da Instrução Normativa INSS//PRES nº 45/2010: "A partir da Emenda Constitucional nº 18, de 30 de junho de 1981, não é permitida a conversão do tempo de exercício de magistério para qualquer espécie de benefício, exceto se o segurado implementou todas as condições até 29 de junho de 1981."

Uma segunda corrente admite a conversão do tempo especial de magistério em tempo comum até o advento da Lei nº. 9.032/95, a qual vedou o reconhecimento da especialidade por atividade profissional. É dito, ainda, que não há nenhum óbice à conversão ponderada do tempo de serviço especial em comum, como prevê o Decreto nº. 53.831/64, cuja observância foi determinada pelo Decreto nº. 611/92.

Esta tem sido a linha dos julgados do Superior Tribunal de Justiça, consoantes precedentes a seguir transcritos:

PREVIDENCIÁRIO. APOSENTADORIA POR TEMPO DE SERVIÇO COMUM, MAGISTÉRIO. CONVERSÃO ESPECIAL. POSSIBILIDADE. RECURSO NÃO CONHECIDO.

1. As Turmas que compõem a Egrégia Terceira Seção firmaram sua jurisprudência no sentido de que é garantida a conversão, como especial, do tempo de serviço prestado em atividade profissional elencada como perigosa, insalubre ou penosa em rol espedido pelo Poder Executivo (Decretos nº. 53.831/64 e 83.080/79) antes da edição da Lei nº. 9.032/95.

2. A contagem ponderada do tempo de magistério, para fins de obtenção de aposentadoria por tempo de serviço comum, não encontra óbice, uma vez que a atividade era considerada penosa pelo Decreto nº. 53.831/64, cuja observância foi determinada pelo Decreto nº. 611/92.

Recurso não conhecido.

(REsp. nº 414.561/RS. 5ª Turma. Rel. Min. Laurita Vaz. DJ de 2.3.2003).

PREVIDENCIÁRIO. CONVERSÃO DE TEMPO DE SERVIÇO EXERCIDO NO MAGISTÉRIO. POSSIBILIDADE. OBSERVÂNCIA DA LEGISLAÇÃO EM VIGOR NA OCASIÃO DA PRESTAÇÃO DA ATIVIDADE. DECRETO N. 53.831/1964 RESTABELECIDO PELO DECRETO N. 611/1992.

1. Esta Corte possui a compreensão de ser aplicável a legislação vigente na época de prestação dos serviços. Com efeito, cabível a contagem ponderada do tempo de serviço de magistério, atividade especial que constava do Anexo III, item 2.1.4, do Decreto n. 53.831/1964, restabelecido pelo Decreto n. 611/1992.

2. Recurso especial provido.

(REsp. n. 1103795, 5ª Turma, Rel. Min. Jorge Mussi, DJE14.9.2009).

No mesmo sentido, tem decidido a Turma Nacional de Uniformização do JEFs:

PREVIDENCIÁRIO. PEDIDO DE UNIFORMIZAÇÃO. TEMPO DE SERVIÇO. MAGISTÉRIO. ATIVIDADE ESPECIAL. CONTAGEM PONDERADA PELO FATOR '1.2', PREVISTA NA TABELA DO ART. 70 DO DECRETO Nº 3.048/99, MESMO APÓS A EC Nº 18/81. RECURSO CONHECIDO E PROVIDO.

1. A atividade de magistério encontra-se prevista como atividade especial no Decreto nº 53.831/64, tendo sido mantido pelo Decreto nº 83.080/79, e pelos Decretos nº 357/1991, nº 611/92 e seguintes, até o de nº 3.048/99 (disposição do art. 70 na redação anterior à modificação promovida pelo Decreto nº 4.827/2003). Durante o lapso temporal em que vigoraram as acima mencionadas leis, foi também atribuída ao professor aposentadoria específica, com previsão e requisitos constitucionais diferenciados. Trata-se de benesse inserida no ordenamento pela EC 18/81, e que permaneceu na Constituição Federal de 1988 (art. 40, § 5º, e art. 201, § 8º).

2. Recurso a que se dá provimento para determinar ao INSS a expedição de Certidão de Tempo de Contribuição onde conste os acréscimos resultantes da conversão do tempo especial trabalhado para o comum, com o multiplicador de 1,2, conforme previsto na legislação previdenciária em vigor.

3. Incidente conhecido e provido.

(PEDIDO 200570530021560, Rel. Juiz Federal Otávio Henrique Martins Port, DJ 13.5.2010).

No âmbito doutrinário, importante comentário sobre o tema é apresentado pelos juízes federais Daniel Machado Rocha e José Paulo Baltazar Júnior:

Em sentido contrário, poderíamos esgrimir que a vedação[326] *só existiria para o regime dos servidores públicos, e não para o regime geral. A aposentadoria por tempo de serviço do professor nada mais é do que uma aposentadoria especial, ou seja, uma subespécie de aposentadoria por tempo de serviço, a qual exige um tempo de serviço reduzido em face das condições desgastantes em que é exercida. Com efeito, quando o Poder Executivo regulamentou as atividades insalu-*

326 À possibilidade de conversão do tempo especial em comum (explicação acrescentada para melhor compreensão da citação).

bres, perigosas e penosas referidas no artigo 32 da LOPS, esta atividade integrava o elenco, situada no item 2.1.4 do rol do Decreto 53.831/64. Com o advento da Emenda Constitucional 18/81, este tipo de aposentadoria especial adquiriu "status" constitucional. Tanto a Consolidação das Leis da Previdência Social de 1976, bem como a de 1984 reconheciam este fato, incluindo este benefício no capítulo destinado às aposentadorias especiais. Sobrevindo a Constituição Federal de 1988, foi mantida a disciplina constitucional do benefício para o servidor público no inciso III do art. 40 e para os beneficiários do regime geral no inciso III do art. 202. Conquanto a Lei nº. 8.213/91 não tenha disciplinado a aposentadoria por tempo de serviço do professor dentro da subseção que regula a aposentadoria especial, considerando a origem do benefício e o fato de a posição topográfica não se constituir em um critério determinante para a classificação de um determinado instituto jurídico, parece razoável classificá-la como uma modalidade de aposentadoria especial. Se concordarmos com esta conclusão, não havendo regra específica que proíba ou discipline de forma diversa a conversão do tempo de serviço neste benefício, aplicáveis são as regras comuns aos demais benefícios. Um esclarecimento, todavia, se impõe, considerando que o segurado professor faz jus ao benefício aos 30 anos, e não aos 25, como na maior parte das atividades especiais, o fator de conversão a ser utilizado não pode ser o mesmo, cabendo o emprego do fator de 1,17.[327]

Diante da análise apresentada, é forçoso reconhecer que, após a Emenda Constitucional nº. 18/1981, a possibilidade da conversão do tempo de magistério em tempo comum com o acréscimo correspondente em razão da suposta especialidade da atividade, encontra resistências.

Importante registrar também o que se considera função de magistério, para os efeitos do disposto no § 5º do art. 40 e no § 8º do art. 201 da Constituição Federal. De acordo a Lei nº. 11.301/2006, "*são consideradas funções de magistério as exercidas por professores e especialistas em educação no desempenho de atividades educativas, quando exercidas em estabelecimento de educação básica em seus diversos níveis e modalidades, incluídas, além do exercício da docência, as de direção de unidade escolar e as de coordenação e assessoramento pedagógico*".

8.7 Pensão por morte

A pensão por morte é o benefício pago aos dependentes do segurado, homem ou mulher, que falecer, aposentado ou não, conforme previsão expressa do art. 201, V, da Constituição Federal, regulamentada pelo art. 74 da Lei do RGPS. Trata-se de prestação de pagamento continuado, substituidora da remuneração do segurado falecido.

O Supremo Tribunal Federal tem decidido que a extensão automática da pensão ao viúvo, em decorrência do falecimento da esposa segurada urbana e rural, exige lei específica, tendo em vista as disposições inscritas no art. 195, *caput*, e seu § 5º, e art. 201, V, da Constituição Federal. Nesse sentido, o RE n. 202.146/RS,

327 ROCHA, Daniel Machado da; BALTAZAR JÚNIOR, José Paulo. Comentários à lei de benefícios da previdência social. 3 ed. rev. atual. Porto Alegre: Livraria do Advogado: Esmafe, 2003, p. 209-210.

Informativo STF de 28.7.1999, em relação à segurada rural, e o RE n. 436.400-0/SC, julgado por despacho em 24.11.2004, em relação à segurada urbana. A regulamentação reclamada só ocorreu com o advento da Lei n. 8.213/91.

Não é devida pensão por morte quando na data do óbito tenha ocorrido a perda da qualidade de segurado, salvo se o falecido havia implementado os requisitos para obtenção de aposentadoria, ou se por meio de parecer médico-pericial ficar reconhecida a existência de incapacidade permanente do falecido, dentro do período de graça. Tal regra se explica pelo fato de que, se o segurado já adquirira direito à aposentadoria, manter-se-ia nesta qualidade, por força do disposto no art. 15, inciso I, da Lei do RGPS. Assim, a lei transfere ao dependente do segurado este direito adquirido, já que, se assim não fosse, perderia o direito à pensão, tão-somente pela inércia do segurado.

A mesma situação ocorre se o segurado, ao tempo do falecimento, era detentor do direito a benefício previdenciário por incapacidade temporária, ainda que tenha sido indeferido pelo INSS e somente reconhecido em Juízo. É que a sentença, no caso, não cria direito, apenas reconhece que, à época, o segurado perfazia as condições para o deferimento. Assim entende a jurisprudência: "Considerando as conclusões do perito judicial, fica evidente que o cancelamento do auxílio-doença do segurado Otavio Aparecido de Almeida foi equivocado e indevido, razão pela qual tal benefício deve ser restabelecido a contar de 05-07-2002. Tendo em vista que o de cujus deveria, na data do falecimento, estar recebendo o benefício de auxílio-doença, possuía a qualidade de segurado do RGPS, nos termos do art. 15, I, da Lei 8.213/91." (TRF4, APELREEX 2008.70.00.010340-9, 6ª Turma, Rel. Des. Fed. Eduardo Vandré Oliveira Lema Garcia, D.E. 21.1.2010)

Frequentemente nos deparamos com o seguinte questionamento: "os dependentes podem, para fins de recebimento da pensão, efetuar a regularização das contribuições em mora do segurado contribuinte individual, desde que demonstrado o exercício de atividade laboral no período anterior ao óbito? Comungamos do entendimento adotado pelo TRF da 4ª Região, no sentido de que havendo trabalho remunerado e não havendo recolhimento das contribuições, o que há é mora tributária, permanecendo o indivíduo com a qualidade de segurado. Ou seja, os dependentes do segurado podem, para fins de recebimento da pensão, efetuar a regularização de contribuições em mora do segurado contribuinte individual, desde que demonstrado o exercício de atividade laboral no período anterior ao óbito. Neste sentido: TRF da 4ª Região. AC n. 2003.70.09.015399-9. DE 13.11.2007; AC n. 2006.70.99.000951-1, 6ª Turma. Rel. Juiz Federal João Batista Lazzari. D.E. 19/08/2009. No último precedente, prevaleceu o entendimento de que: "Nos termos do art. 115, I, da Lei 8.213/91, podem ser descontados dos benefícios as contribuições devidas pelo segurado à Previdência Social"

Registramos, no entanto, precedente em sentido contrário da Turma Nacional de Uniformização dos JEFs:

PREVIDENCIÁRIO. PENSÃO POR MORTE. CONTRIBUINTE INDIVIDUAL. PERDA DA QUALIDADE DE SEGURADO. INSCRIÇÃO POST MORTEM. REGULARIZAÇÃO DAS CONTRIBUIÇÕES APÓS O ÓBITO. IMPOSSIBILIDADE.

I - O contribuinte individual está obrigado a recolher a contribuição aos cofres da previdência por iniciativa própria, sendo certo que a qualidade de segurado decorre exclusivamente, no caso dos citados contribuintes individuais, da prova do recolhimento das referidas contribuições previdenciárias nos moldes do art. 30, II da Lei 8.212/91.

II - O simples exercício da atividade remunerada não mantém a qualidade de segurado do "de cujus", sendo necessário, no caso, o efetivo recolhimento das contribuições respectivas pelo próprio segurado quando em vida para que seus dependentes façam jus ao benefício de pensão por morte.

III - Não é possível a concessão do benefício de pensão por morte aos dependentes do segurado falecido, contribuinte individual, que não efetuou o recolhimento das contribuições respectivas à época, não havendo amparo legal para a dita inscrição post mortem ou para que sejam descontadas as contribuições pretéritas, não recolhidas pelo de cujus, do benefício da pensão por morte percebido pelos herdeiros.

(PU n. 2005.72.95.013310-7, Relator Juiz Federal Marcos Roberto Araújo dos Santos, Sessão de 25.4.2007).

Na via administrativa, houve períodos em que a regularização dos débitos foi permitida pelo INSS para a concessão da pensão por morte. No entanto, a Instrução Normativa INSS n. 20/2007 fixou nova orientação, repetida na IN 45/2010, nos termos que segue:

Art. 328 - Caberá a concessão nas solicitações de pensão por morte em que haja débito decorrente do exercício de atividade do segurado contribuinte individual, desde que comprovada a manutenção da qualidade de segurado perante o RGPS, na data do óbito (...)

§ 1º A manutenção da qualidade de segurado de que trata o caput far-se-á mediante, pelo menos, uma contribuição vertida em vida até a data do óbito, desde que entre uma contribuição e outra ou entre a última contribuição recolhida pelo segurado em vida e o óbito deste, não tenha transcorrido o lapso temporal a que se refere o art. 10, observadas as demais condições exigidas para o benefício.

§ 2º Não será considerada a inscrição realizada após a morte do segurado pelos dependentes, bem como não serão consideradas as contribuições vertidas após a extemporânea inscrição para efeito de manutenção da qualidade de segurado.

§ 3º O recolhimento das contribuições obedecerá as regras de indenização constantes no art. 61.

A pensão poderá ser concedida em caráter provisório em caso de morte presumida do segurado, declarada pela autoridade judicial competente depois de seis meses de ausência – art. 78 da Lei n. 8.212/91. Em caso de desaparecimento do segurado por motivo de catástrofe, acidente ou desastre, deverá ser paga a contar da data da ocorrência, mediante prova hábil.

O artigo 7º do Código Civil determina que pode ser declarada a morte presumida sem decretação de ausência: I - se for extremamente provável a morte de quem estava em perigo de vida; II - se alguém, desaparecido em campanha ou feito prisioneiro, não for encontrado até dois anos após o término da guerra. Parágrafo único: A declaração da morte presumida, nesses casos, somente poderá ser requerida depois de esgotadas as buscas e averiguações, devendo a sentença fixar a data provável do falecimento.

O artigo 88 da Lei de Registros Públicos (6.015/73) permite a justificação judicial da morte para assento de óbito de pessoas desaparecidas em naufrágio, inundação, incêndio, terremoto ou qualquer outra catástrofe, quando estiver provada a sua presença no local do desastre e não for possível encontrar o cadáver para exame.

São aceitos como prova do desaparecimento: boletim de ocorrência policial, documento confirmando a presença do segurado no local do desastre, noticiário dos meios de comunicação e outros. Nesses casos, quem recebe a pensão por morte terá de apresentar, de seis em seis meses, documento sobre o andamento do processo de desaparecimento até que seja emitida a certidão de óbito.

A Quinta Turma do STJ, em caso relatado pela ministra Maria Thereza de Assis Moura (Resp 414.600), rejeitou o recurso no qual o INSS sustentou que o pagamento do beneficio em situação de morte presumida é devido a partir da decisão judicial que reconheceu a morte do segurado. No caso em questão, o ex-segurado desapareceu no mar em junho de 1990 e sua morte foi reconhecida por meio de sentença judicial transitada em julgado em setembro de 1998.

A concessão da pensão por morte não será protelada pela falta de habilitação de outro possível dependente – art. 76 da Lei n. 8.213/91.

Se algum beneficiário não tomar a iniciativa de buscar o benefício, caso não tenha sido inscrito como dependente, pelo segurado enquanto vivo, nem por esse motivo terão os demais beneficiários de esperar para receber o valor da pensão, que será repartido entre os beneficiários habilitados. Qualquer inscrição ou habilitação posterior que importe em exclusão ou inclusão de dependentes só produzirá efeito a contar da data da inscrição ou habilitação.

Concordamos com *Russomano* no aspecto que "se, posteriormente, sobrevier a habilitação de outro dependente e se sua qualificação excluir o dependente que vinha sendo beneficiado pela pensão, essa exclusão somente surtirá efeitos a partir da data em que a habilitação do beneficiário superveniente estiver realizada". É que, de fato, também de acordo com o entendimento do mesmo mestre, "a concessão do benefício é feita a título provisório ou precário, de modo a não prejudicar direitos futuros de outros dependentes, que lhes serão reconhecidos a contar do dia em que estiver ultimada a sua habilitação".[328]

Não existe, pois, direito adquirido do beneficiário a que seja mantido seu quinhão; havendo mais dependentes, posteriormente habilitados, a divisão do valor da pensão se impõe, com prejuízo da fração cabível aos que já a vinham percebendo.

328 *Comentários...*, cit., pp. 198-199.

O direito à pensão por morte pressupõe a comprovação da qualidade de segurado do *de cujus* na data do óbito, não se justificando a aplicação, ao caso, por analogia, dos precedentes do STJ que afirmam a desnecessidade de concomitância no preenchimento dos requisitos para a obtenção de aposentadoria por idade.

No mesmo sentido, a TNU dos JEFs reformou acórdão que deferiu o pedido de pensão por morte aos dependentes de indivíduo que perdera a qualidade de segurado, ao argumento de que o mesmo seria elegível, se vivo estivesse, ao benefício de aposentadoria por idade. Entendeu a TNU que a ausência de implementação do requisito etário para a concessão da mencionada aposentadoria, não torna os dependentes elegíveis à pensão (PU n. 2002.61.84.000948-1/SP, Relator Juiz Federal Hermes Siedler da Conceição Júnior, unânime, DJU de 3.11.2006).

No entanto, não se exige a simultaneidade no preenchimento dos requisitos para percepção de aposentadoria por idade, sendo irrelevante o fato de o obreiro, ao atingir a idade mínima para concessão do benefício, já ter perdido a condição de segurado. Demais disso, é assegurada a concessão do benefício de pensão por morte aos dependentes do de cujus que, ainda que tenha perdido a qualidade de segurado, tenha preenchido os requisitos legais para a obtenção de aposentadoria, antes da data do falecimento. Precedentes do STJ (PU n. 2005.63.06.008387-9/SP, Relator Juiz Federal Renato César Pessanha de Souza, Turma Nacional de Uniformização, Unânime, DJU 26.2.2007).

A dependência econômica dos pais em relação aos filhos deve ser comprovada, embora não se exija que seja exclusiva, nos termos da Súmula n. 229 do ex-Tribunal Federal de Recursos. E, ainda, segundo decidiu o STJ, "A legislação previdenciária não estabelece qualquer tipo de limitação ou restrição aos mecanismos de prova que podem ser manejados para a verificação da dependência econômica da mãe em relação ao filho falecido, podendo esta ser comprovada por provas testemunhais, ainda que inexista início de prova material" (REsp 720.145, Rel. Min. José Arnaldo da Fonseca, DJ 16.5.2005).

A presunção de dependência econômica entre cônjuges e companheiros (§ 4º do art. 16 da Lei n. 8.213/91) deve ser interpretada como absoluta, embora tenha quem defenda a possibilidade do INSS poder desconstituir essa presunção.

Segundo julgado da Turma Nacional de Uniformização dos Juizados Especiais Federais, ainda que se admitisse a prova exclusivamente testemunhal para a demonstração da união estável, esta prova deve ser coerente e precisa, capaz de servir de elemento de convicção para o juiz (20038320007772-8/PE, Sessão de 24.5.2006).

Comprovado que o segurado estava doente e somente por tal razão deixou de contribuir para a previdência, tendo falecido em razão da mesma doença, seus dependentes têm direito à pensão por morte.

Nos termos da Súmula n. 4 da Turma Nacional de Uniformização do JEFs, não há direito adquirido, na condição de dependente, de pessoa designada, quando o falecimento do segurado deu-se após o advento da Lei n. 9.032/95.

Comprovada a convivência *more uxorio*, ou mesmo a prestação de alimentos após a separação judicial, a ex-esposa tem direito à pensão por morte.

A respeito do tema, o Superior Tribunal de Justiça editou a Súmula n. 336, com o seguinte teor: "A mulher que renunciou aos alimentos na separação judicial tem direito à pensão previdenciária por morte do ex-marido, comprovada a necessidade econômica superveniente".

A TNU julgou pedido de uniformização entendendo que essa regra se aplica também em caso de divórcio:

> *PREVIDENCIÁRIO. BENEFÍCIO DE PENSÃO POR MORTE. DIVÓRCIO. NÃO FIXAÇÃO DE ALIMENTOS. NECESSIDADE POSTERIOR. COMPROVAÇÃO. RECURSO PROVIDO EM PARTE.*
>
> *1. A não fixação de alimentos por ocasião do divórcio, não impede o requerimento posterior de pensão por morte, presente a necessidade comprovada dos mesmos.*
>
> *2. Recurso a que se conhece e se dá provimento parcial, fixando os alimentos a partir da propositura da ação, à míngua de prova de requerimento administrativo.*
>
> *(PEDILEF 200435007029689, Rel. Juíza Ionilda Maria Carneiro Pires, julg. 6.4.2004).*

Nos casos em que o cônjuge falecido mantinha, ao mesmo tempo, a(o) esposa(o) e a(o) concubina(o), deve ser avaliado o conjunto probatório para verificar se a(o) requerente viveu e dependeu do(a) segurado(a) até o falecimento deste(a). Restando demonstrada a situação de concubinato, a mesma deve ser reconhecida para fins previdenciários, não sendo impedimento para tanto a existência simultânea de esposa(o). A respeito do tema, o TRF da 4ª Região decidiu que "diante das novas orientações constitucionais, que fazem emergir a isonomia entre o casamento e a união estável, é de se reconhecer os efeitos que gera o concubinato, mesmo impuro, no âmbito previdenciário. Concorrendo ao benefício a esposa e a concubina, a solução admitida de forma uníssona pela jurisprudência é a divisão da pensão" (AC n. 2000.04.01.0376495 - DJU de 25.9.2002).

É de se destacar, no entanto, que a 1ª Turma do STF decidiu, por maioria, vencido o Min. Ayres de Brito, que a concubina não tem direito a dividir a pensão com a viúva, em face da Constituição proteger somente o núcleo familiar passível de se converter em casamento. No caso, a segunda união desestabiliza a primeira (RE n. 397762. DJe de 13.8.2008).

No que tange ao direito à pensão por morte postulada pelo cônjuge separado mediante a prova da dependência econômica superveniente, consideramos relevantes as conclusões do artigo publicado por Luís Alberto d'Azevedo Aurvalle, Des. Federal do Tribunal Regional Federal da 4ª Região:

> *"Em resumo, a pensão previdenciária devida ao cônjuge separado visa a dar continuidade ao amparo que já vinha sendo outorgado anteriormente à morte. Ao revés, é incompatível ao sistema que, decorrido longo período de ruptura da vida em comum, sem qualquer auxílio material, venha o cônjuge a pleitear a condição de dependente, a partir de um estado de miserabilidade ostentado após a morte do segurado, arrostando igualdade de condições com companheira e/ou filhos do de cujus presentes no seu passamento. Não seria demasiado dizer que, a valer tal entendimento, estar-se-ia a criar novo objetivo ao matrimônio: o da cobertura previdenciária incondicionada! Ora, gravitando o contrato de casamento em torno do conceito de affectio maritalis, a partir da ruptura da vida em comum, com o esfacelamento de tal núcleo afetivo, a persistência da geração de efeitos jurídicos patrimoniais daí advindos não resiste à interpretação literal, racional, sistemática e teleológica e ao próprio ideal de justiça, chocando-se com os interesses legítimos dos reais dependentes do segurado no momento da morte".*[329]

Caso a companheira reivindique em Juízo pensão que vem sendo recebida pela mulher e filhos do *de cujus*, indispensável é o chamamento destes ao processo, nos exatos termos do art. 47 do Código de Processo Civil, como litisconsortes passivos necessários. Assim como na ação pela qual a esposa requer pensão por falecimento do marido, deve ser citada a concubina, como litisconsorte passiva necessária.

O cônjuge ausente não exclui do direito à pensão o companheiro ou companheira, que somente fará jus ao benefício a partir da data de sua habilitação e mediante prova de dependência econômica – art. 110 do Regulamento. O cônjuge divorciado ou separado judicialmente ou que, apenas separado de fato, recebia pensão concorrerá em igualdade de condições com os demais dependentes.

A TNU reconheceu a possibilidade de concessão de pensão por morte a menor sob guarda, devendo a existência de dependência econômica ser comprovada (PEDILEF nº 2004.71.95.021302-9/RS, Rel. Juíza Fed. Joana Carolina L. Pereira, DJ 15.9.2009). No entanto, a matéria foi sobrestada pelo STJ, aguardando atualmente decisão da Terceira Seção (PET 7.436/PR).

As regras gerais sobre a pensão por morte foram mantidas pela Emenda Constitucional n. 20/98 e estão disciplinadas nos arts. 74 a 79 da Lei n. 8.213/91 e arts. 105 a 115 do Decreto n. 3.048/99.

– Dependente universitário – Pensionamento até os 24 anos

Entendemos cabível a prorrogação do benefício previdenciário de pensão por morte até que o dependente complete 24 anos de idade, na hipótese de ser estudante de curso universitário, por analogia ao disposto no art. 35, § 1º, da Lei n. 9.250/95 (legislação que trata do imposto sobre a renda), para que a pensão por morte seja mantida enquanto o dependente estiver cursando o ensino superior, devendo o

329 AURVALLE, Luís Alberto d'Azevedo. *A pensão por morte e a dependência econômica superveniente.* Revista de Doutrina da 4ª Região, Porto Alegre, n. 18, jun. 2007. Disponível em: http://www.revistadoutrina.trf4.gov.br/artigos/Edicao018/Luis_Aurvalle.htm> Acesso em: 19 dez. 2007.

benefício cessar quando o mesmo completar 24 anos de idade. Neste sentido eram os precedentes do TRF da 4ª Região (*AMS n. 2000.70.00023079-6/PR, 6ª Turma, Rel. Des. Fed. Tadaaqui Hirose, DJU de 22.1.2003; AI n. 2003.04.01.049020-7/RS, 6ª Turma, Rel. Des. Fed. Nylson Paim de Abreu. DJU de 25.2.2004*).

Destacamos, entretanto, que a matéria foi uniformizada pelo STJ e pela TNU, no sentido de que a pensão previdenciária disciplinada pela Lei n. 8.213/91 é devida somente até os 21 anos de idade (Súmula n. 37 da TNU).

– Período de carência

A concessão da pensão por morte, a partir da Lei n. 8.213/91 (cujos efeitos retroagiram a 5.4.91 – art. 145, *caput*), independe de número mínimo de contribuições pagas pelo segurado. Basta comprovar a situação de segurado para ser gerado direito ao benefício. Para os óbitos anteriores a 5.4.91, a carência exigida pela legislação vigente era de 12 contribuições mensais.

A Medida Provisória n. 1.729, de novembro de 1998, tentou restabelecer o período de carência de 12 contribuições, mas o dispositivo não foi convertido em lei, perdendo sua eficácia.

– Data de início do benefício

O benefício é devido a contar da data do óbito do segurado, se requerido até trinta dias deste, e a partir da data do requerimento, se posterior a trinta dias. No caso de morte presumida, a data de início do benefício será a da decisão judicial.

Quando a pensão for requerida após o prazo de trinta dias do falecimento, a data de início do benefício será a data do requerimento, aplicados os devidos reajustamentos até a data de início do pagamento, não sendo devida qualquer importância relativa a período anterior à data de entrada do requerimento (art. 74 da Lei n. 8.213/91, com redação dada pela Lei n. 9.528, de 10.12.97). A redação original deste dispositivo garantia o direito à pensão desde a data do óbito, independentemente da data do requerimento.

A inércia dos dependentes, portanto, causa a perda do direito às prestações mensais após o prazo de trinta dias do falecimento, não cabendo o pedido retroativo. Evidentemente, os dependentes de segurado que faleceu antes de 10.12.97 têm o direito adquirido de requerer a pensão desde a data do óbito, pois a lei, no caso, não retroage para atingir o direito assegurado pela norma anterior. Nesse sentido, Apelação Cível n. 1999.71.08.004579-0/RS, TRF 4ª Região, 5ª Turma, Rel. Des. Federal Virginia Scheibe, sessão de 11.10.2001.

De acordo com o novo Código Civil, a prescrição não gera efeito apenas quanto aos absolutamente incapazes, os ausentes do País em serviço público da

União, dos Estados, ou dos Municípios (*sic*), e contra os que se acharem servindo nas Forças Armadas, em tempo de guerra (art. 198, I a III).

Conforme o art. 105, I, *b*, do Dec. n. 3.048/99, o benefício era devido desde a data do óbito, quando requerido até trinta dias após o dependente completar a idade de 16 anos. No entanto, o Decreto n. 5.545/2005 estabeleceu nova redação ao referido inciso, fixando o prazo único de 30 dias para o requerimento com a retroação do pagamento à data do óbito, excluindo a regra especial em favor do menor de 16 anos.

O INSS aplicou essa restrição até a edição da Instrução Normativa INSS/PRES nº 40, de 17.7.2009 - DOU de 21.7.2009, que autorizou a considerar devida a pensão por morte desde a data do óbito, quando requerida pelo dependente menor de dezesseis anos, até trinta dias após completar essa idade.

Entendemos que contra o absolutamente incapaz não correm prazos prescricionais e decadenciais, pois é princípio geral do direito que não há como exigir de pessoa incapaz para os atos da vida civil que tome medidas tendentes à preservação de seus direitos. Neste sentido: AC n. 2003.70.01.004795-8/PR, TRF da 4ª Região, Relator Juiz Sebastião Ogê Muniz, DE 6.12.2006.

Ressalte-se, ainda, que se aplica ao caso a regra do art. 103, parágrafo único, da Lei n. 8.213/91, cabendo assim o início do benefício na data do óbito, quando houver beneficiário menor, incapaz ou ausente, não sendo coerente que não haja contagem de prazo para propositura de medida judicial e, em sentido oposto, esteja correndo prazo em sede meramente administrativa.

- Renda mensal inicial

O valor da renda mensal da pensão por morte, até a edição da Lei do RGPS vigente, era de 50% do salário de benefício, mais 10% por dependente, até o máximo de cinco; a partir da Lei n. 8.213/91, era constituída de uma parcela, relativa à família, de 80% do valor da aposentadoria que o segurado recebia ou da que teria direito se estivesse aposentado na data do seu falecimento, mais tantas parcelas de 10% do valor da mesma aposentadoria quantos fossem seus dependentes, até o máximo de duas. Caso o falecimento fosse consequência de acidente do trabalho, o valor era de 100% do salário de benefício ou do salário de contribuição vigente no dia do acidente, o que fosse mais vantajoso.

A partir da Lei n. 9.032, de 28.4.95, o valor da renda mensal da pensão por morte passou a ser de 100% do salário de benefício, inclusive para os benefícios de origem acidentária, independentemente do número de dependentes. A apuração, portanto, se dava sobre a média dos últimos 36 salários de contribuição.

A renda mensal inicial, a partir de 28.6.97, passou a ser de 100% da aposentadoria que o segurado recebia ou daquela a que teria direito se estivesse aposentado por invalidez na data de seu falecimento (MP n. 1.523-9, transformada na Lei n. 9.528, de 10.12.97).

Na linha dos precedentes do Superior Tribunal de Justiça, as Leis ns. 8.213/91 e 9.032/95 deveriam incidir imediatamente sobre todos os benefícios de pensão, independentemente da lei vigente ao tempo do óbito do segurado, sem, contudo, retroagirem à época anterior as suas respectivas vigências, respeitando-se, sempre, a prescrição quinquenal. Neste sentido: Embargos de Divergência em REsp n. 297.274-AL, Rel. Min. Gilson Dipp, julgado em 11.9.2002; REsp n. 263.697-Al, Rel. Min. Hamilton Carvalhido, DJ 5.2.2001.

No mesmo sentido, a Súmula n. 15 da Turma Nacional de Uniformização dos JEFs: "O valor mensal da pensão por morte concedida antes da Lei n. 9.032, de 28 de abril de 1995, deve ser revisado de acordo com a nova redação dada ao art. 75 da Lei n. 8.213, de 24 de julho de 1991".

No entanto, o Plenário do Supremo Tribunal Federal, ao julgar os Recursos Extraordinários ns. 416.827 e 415.454, relator Min. Gilmar Mendes, por maioria de votos (7X4) decidiu que a Lei n. 9.032/95 não atinge os benefícios cuja data de início é anterior à edição da norma. Prevaleceu o entendimento da ausência de fonte de custeio adequada para a pretendida revisão, como exige o parágrafo 5º do artigo 195 da Constituição Federal, que diz que nenhum benefício ou serviço da seguridade social poderá ser criado, majorado ou estendido sem a correspondente fonte de custeio total. (data do julgamento 09/02/2007).

Não será incorporado ao valor da aposentadoria, para fins de cálculo da renda mensal da pensão, o acréscimo de 25% pago ao aposentado por invalidez que necessite de assistência permanente de outra pessoa. Ou seja, o pensionista não continua percebendo o adicional de 25% que era pago ao aposentado.

Em se tratando de pensão por morte de segurado especial, o valor da renda mensal correspondia a um salário mínimo, salvo se estivesse contribuindo facultativamente na escala de salários-base, quando o benefício seria concedido com base na média dos últimos 36 salários de contribuição. A partir da vigência da Lei n. 9.876/99, o valor corresponde à aposentadoria por invalidez que seria devida ao segurado, calculada na forma prevista na legislação ora vigente.

A Medida Provisória n. 83, de 12.12.2002, convertida na Lei n. 10.666/2003, no art. 2º, § 2º, prevê que "em caso de morte do segurado recluso que contribuir, durante o período de cumprimento da pena, como segurado contribuinte individual ou facultativo, o valor da pensão por morte devida a seus dependentes será obtido mediante a realização de cálculo, com base nos novos tempos de contribuição e salários de contribuição correspondentes, neles incluídas as contribuições recolhidas enquanto recluso, facultada a opção pelo valor do auxílio-reclusão".

A pensão por morte, havendo mais de um pensionista, será rateada entre todos em partes iguais, cujas parcelas do rateio poderão ser inferiores ao salário mínimo. Assim, presentes mãe e filho, será de 50% para cada um deles; se forem ex-esposa separada ou divorciada com direito a alimentos, companheira e dois filhos, cada qual terá direito a 25%. As cotas serão sempre iguais, embora, em muitos casos, essa forma de partilha não seja a mais justa para as partes.

O cônjuge divorciado, separado judicialmente, ou apenas separado de fato, que recebia pensão de alimentos terá direito à pensão por morte em igualdade de condições com os demais dependentes, não havendo direito adquirido a perceber pensão previdenciária igual ao percentual da pensão alimentícia concedida judicialmente, ou objeto de homologação pelo Juiz de Família, como ocorria no direito anterior (Decreto n. 83.080/79, arts. 69 e 127).

O STJ fixou orientação nestes termos:

> *PREVIDENCIÁRIO. RECURSO ESPECIAL. PENSÃO POR MORTE. RATEIO EM PARTES IGUAIS ENTRE A EX-ESPOSA E A ATUAL ESPOSA. ARTS. 16, I; 76, § 2º E 77 DA LEI 8.213/91. RECURSO ESPECIAL DO INSS PROVIDO.*
>
> *1. O art. 76, § 2º, da Lei 8.213/91 é claro ao determinar que o cônjuge divorciado ou separado judicialmente e que recebe pensão alimentícia, como no caso, concorrerá em igualdade de condições com os demais dependentes elencados no art. 16, I do mesmo diploma legal.*
>
> *2. Por sua vez, o artigo 77 da Lei de Benefícios Previdenciários dispõe que, havendo mais de um pensionista, a pensão por morte será rateada entre todos em partes iguais.*
>
> *3. A concessão de benefício previdenciário depende da demonstração dos requisitos exigidos pela legislação previdenciária em vigor, sendo certo, portanto, que a concessão de pensão por morte não se vincula aos parâmetros fixados na condenação para a pensão alimentícia, motivo pelo qual o percentual da pensão não corresponde ao mesmo percentual recebido a título de alimentos.*
>
> *4. Recurso Especial do INSS provido para determinar o rateio da pensão por morte em partes iguais entre a ex-esposa e a atual esposa: 50% do valor de pensão para cada qual, até a data do falecimento da ex-esposa.*
>
> *(RESP n. 969591, Quinta Turma, Rel. Min. Napoleão Nunes Maia Filho, DJE 6.9.2010).*

Comprovado que o cônjuge divorciado ou separado judicialmente necessita de prestação alimentícia, faz ele jus à pensão previdenciária, em razão de seu caráter assistencial, de manutenção. A dispensa convencionada na separação não pode ser interpretada como renúncia à prestação alimentar, que é irrenunciável (Súmula n. 379 do STF).

Em havendo comoriência entre segurado e dependentes, ou entre estes (Cód. Civil atual, art. 8º), pode haver ou não direito ao benefício. O Código dispõe que, "se dois ou mais indivíduos falecerem na mesma ocasião, não se podendo averiguar se algum dos comorientes precedeu aos outros, presumir-se-ão simultaneamente mortos".

Suponha-se que um segurado possua como dependentes apenas sua cônjuge e um irmão inválido, e venha ele a sofrer acidente em companhia daquela, no qual vem a falecer. Se a morte do segurado e a de sua cônjuge forem consideradas simultâneas, a pensão caberá ao irmão inválido, pois não haverá dependente de classe privilegiada; se, no entanto, o segurado falecer e a cônjuge sobreviver ao acidente, a ela caberá a pensão. Por fim, se a viúva não resistir e falecer depois, o benefício da pensão se extinguirá, não se transmitindo ao irmão inválido, pois este pertence a outra classe menos privilegiada na ordem legal.

– Cessação

O direito à cota-parte da pensão por morte cessará pela ocorrência das situações previstas no art. 77 da Lei n. 8.213/91:

- pela morte do pensionista;
- para o pensionista menor, quando completar 21 anos de idade ou for emancipado, salvo se for inválido;
- para o pensionista inválido, pela cessação da invalidez;
- pela adoção, para o filho adotado que receba pensão por morte dos pais biológicos, salvo se a adoção foi feita pelo cônjuge ou companheiro do segurado falecido.

O Decreto n. 6.939/2009 modificou a redação do art. 108 do RPS para estabelecer que a "pensão por morte somente será devida ao filho e ao irmão cuja invalidez tenha ocorrido antes da emancipação ou de completar a idade de vinte e um anos, desde que reconhecida ou comprovada, pela perícia médica do INSS, a continuidade da invalidez até a data do óbito do segurado". Discordamos dessa regra, pois cria restrição não prevista na Lei de Benefícios e afasta a concessão da prestação previdenciária justamente nos casos de flagrante vulnerabilidade social enfretadas pelos dependentes inválidos. Ou seja, comprovada a invalidez antes do óbito, o benefício deve ser concedido, mesmo que a invalidez tenha surgido após as hipóteses de cessação da dependência.

A emancipação ocorrerá na forma do parágrafo único do art. 5º do Código Civil Brasileiro, tema abordado no Capítulo 8 da Parte II desta obra que trata dos dependentes.

O valor da pensão recebido por um dependente que perdeu o direito a ela, por algum dos motivos acima, será novamente repartido com os demais dependentes que continuarem na condição de pensionistas. A pensão se extingue com a perda do direito do último pensionista, e não se transfere a dependente de classe inferior.

Pela Lei n. 8.213/91 não constitui motivo para a cessação do benefício o novo casamento. Neste sentido: "1. O novo casamento não constitui causa de extinção do direito à pensão (art. 77 da Lei 8.213/91). 2. Assim, ocorrido o segundo matrimônio sob a égide da Lei 8.213/91, inviável o cancelamento do benefício."(APELREEX n. 2007.71.08.008613-4. TRF da 4ª Região. Relator Des. Fed. Ricardo Teixeira do Valle Pereira. D.E. 11/05/2009)

A partir de 29.4.95 (Lei n. 9.032, de 28.4.95), não é permitido o recebimento de mais de uma pensão deixada por cônjuge ou companheiro, ressalvado o direito de opção pela mais vantajosa.

No caso de reaparecimento do segurado, a pensão por morte presumida cessará de imediato, ficando os dependentes desobrigados do reembolso de quaisquer quantias já recebidas, salvo má-fé (art. 79, § 2º, da Lei n. 8.213/91).

A pensão paga a filho maior inválido não cessa pelo simples fato de ter contraído matrimônio, ante a falta de previsão legal (TRF da 4ª Região, AC 2004.71.00.0184753, DJU de 16.11.2006). É de se destacar que é permitida a cumulação de pensão por morte e aposentadoria por invalidez, na legislação vigente, porque derivadas de fatos geradores diversos (TRF da 4ª Região, AC 2004.04.01.027253-1, DJU de 4.5.2005).

Acerca da concessão de pensão por morte em antecipação de tutela, posteriormente considerada improcedente, decidiu a Terceira Seção do STJ ser indevida a devolução dos valores percebidos, seguindo voto da ministra Maria Thereza de Assis Moura, para quem, diante do caráter eminentemente alimentar do benefício previdenciário, não se admite a sua devolução quando revogada a decisão judicial que o concedeu, sobretudo quando não pesa nenhuma dúvida quanto à boa-fé do beneficiário (RESP n. 991030, DJE 15.10.2008).

– Pensão por morte decorrente de acidente de trabalho

É paga ao conjunto de dependentes do segurado, quando este falecer em consequência de acidente de trabalho, e independe do número de contribuições pagas pelo segurado.

A partir de Lei n. 8.213/91, os benefícios de natureza acidentária passaram a ter o mesmo tratamento dispensado aos demais benefícios previdenciários. Mas a fórmula de cálculo da renda mensal só foi unificada com a Lei n. 9.032, de 28.4.95, permanecendo, a partir de então, com o mesmo sistema de cálculo dos benefícios por morte em geral.

8.8 Auxílio-doença

O auxílio-doença será devido ao segurado que, após cumprida, quando for o caso, a carência exigida, ficar incapacitado para seu trabalho ou para sua atividade habitual por mais de quinze dias consecutivos. Para os demais segurados inclusive o doméstico, a Previdência paga o benefício desde o início da incapacidade e enquanto a mesma perdurar.

A concessão do auxílio-doença está sujeita a comprovação da incapacidade laborativa em exame realizado pela perícia médica da Previdência Social. Sobre a especialidade médica, a TNU uniformizou a matéria da seguinte forma:

– Perícia médica por especialista. A perícia não precisa ser realizada por médico especialista se se trata de doença ou quadro médico simples (PEDILEF nº 2008.72.51.004841-3/SC, Rel. Juiz Fed. Derivaldo de F. B. Filho, julg. 10.5.2010);

– Perícia médica por especialista. A perícia deve ser realizada por médico especialista se se trata de doença ou quadro médico complicado, complexo, como, por exemplo, no caso de doença rara (PEDILEF nº 2008.72.51.001862-7/SC, Rel. Juíza Fed. Jacqueline Michels Bilhalva, julgado 10.5.2010).

Não será devido auxílio-doença ao segurado que se filiar ao RGPS já portador da doença ou da lesão invocada como causa para o benefício, salvo quando a incapacidade sobrevier por motivo de progressão ou agravamento dessa doença ou lesão.

A doença do segurado cujo agravamento é progressivo, mas que não impede o exercício de atividades laborativas, não pode ser obstáculo à filiação ao RGPS e, portanto, a concessão dos benefícios por incapacidade (art. 42, § 2º, e art. 59, parágrafo único, da Lei nº 8.213/91). No entanto:

PREVIDENCIÁRIO. APOSENTADORIA POR INVALIDEZ OU AUXÍLIO-DOENÇA. REINGRESSO NO RGPS. DOENÇA PRÉ-EXISTENTE. NÃO CONCESSÃO.

1. O reingresso no Regime Geral de Previdência Social não gera direito ao auxílio-doença ou à aposentadoria por invalidez, quando comprovado que a incapacidade que acomete o autor preexistia à data de início de seu novo vínculo com a Previdência Social.

2. Entendimento diverso atentaria contra o caráter contributivo que o art. 201 da Constituição da República atribui à Previdência Social, ferindo, ainda, o equilíbrio financeiro, que também lhe é resguardado pelo texto constitucional.

3. Na hipótese dos autos, havendo-se concluído que a incapacidade do autor precederia ao seu reingresso na Previdência Social, acertado o indeferimento de aposentadoria por invalidez ou auxílio-doença, mesmo porque, no caso, não incide a ressalva da incapacidade decorrente de progressão ou agravamento da doença pré-existente, que, diferentemente, autorizaria o deferimento do benefício pleiteado.

4. Pedido de Uniformização a que se nega provimento.

(TNU, Proc. n. 2008.72.55.00.5224-5, Rel. Juíza Joana Carolina Lins Pereira, DJ 11.6.2010).

O auxílio-doença do segurado que exercer mais de uma atividade abrangida pela Previdência Social será devido, mesmo no caso de incapacidade apenas para o exercício de uma delas, devendo a perícia médica ser conhecedora de todas as atividades que o mesmo estiver exercendo. Neste caso, o benefício será concedido em relação à atividade (ou atividades, caso exercida mais de uma, concomitantemente) para a qual o segurado estiver incapacitado, considerando-se para efeito de carência somente as contribuições relativas a essa atividade. Se nas várias atividades o segurado exercer a mesma profissão, será exigido de imediato o afastamento de todas (art. 73 do Decreto n. 3.048/99).

Quando o segurado, que exercer mais de uma atividade, se incapacitar definitivamente para uma delas, deverá o auxílio-doença ser mantido indefinidamente, não cabendo sua transformação em aposentadoria por invalidez enquanto essa incapacidade não se estender às demais atividades.

O INSS deve processar de ofício o benefício, quando tiver ciência da incapacidade do segurado sem que este tenha requerido auxílio-doença (art. 76 do Decreto n. 3.048/99).

A Advocacia Geral da União, visando eliminar a produção de recursos e medidas judiciais e dirimir controvérsias internas na Administração Federal, baixou sobre a matéria os seguintes enunciados:

> *ENUNCIADO 25*
>
> *"Será concedido auxílio-doença ao segurado considerado temporariamente incapaz para o trabalho ou sua atividade habitual, de forma total ou parcial, atendidos os demais requisitos legais, entendendo-se por incapacidade parcial aquela que permita sua reabilitação para outras atividades laborais."*
>
> *ENUNCIADO 26*
>
> *"Para a concessão de benefício por incapacidade, não será considerada a perda da qualidade de segurado decorrente da própria moléstia incapacitante."*

Um questionamento se faz oportuno: quando o segurado acometido de mal incapacitante busca a prestação jurisdicional com o objetivo de obter aposentadoria por invalidez, mas a perícia constata que a incapacidade é temporária, poderá o Juiz conceder o auxílio-doença? Esta situação é bastante comum no meio judiciário, e entendemos que, nestes casos, o Juiz poderá conceder o auxílio-doença, sem que isto caracterize julgamento *extra petita*, pois, constatada a incapacidade, é dever de ofício do INSS conceder o benefício correspondente. Nesse sentido: "Previdenciário e Processual. Aposentadoria por Invalidez. Julgamento *extra petita*. Concessão de auxílio-doença. Recurso especial. 1. Constatada por laudo judicial a condição de doença do segurado, não configura julgamento *extra petita* a concessão de auxílio-doença ao mesmo, ainda que seu pedido se limite a aposentadoria por invalidez. 2. Recurso não conhecido" (REsp n. 124771/SP, STJ, 6ª Turma, rel. Min. Anselmo Santiago, DJU de 27.4.98, p. 00223).

As regras gerais sobre o auxílio-doença foram mantidas pela Emenda Constitucional n. 20 e estão disciplinadas nos arts. 59 a 63 da Lei n. 8.213/91 e arts. 71 a 80 do Decreto n. 3.048/99.

– Período de carência

Para ter direito à percepção do auxílio-doença o segurado do RGPS deverá ter cumprido a carência equivalente a doze contribuições mensais, salvo quando for decorrente de acidente de qualquer natureza ou causa, ou de alguma das doenças especificadas na Portaria Interministerial n. 2.998, de 23.8.2001, quando então a carência não é exigida.

Tal regra, contudo, a nosso ver, pode ser questionada em face da proteção constitucional prevista ao segurado acometido de doença. O lapso de carência não se justifica para esta espécie de benefício, que incapacita o trabalhador temporariamente, porém, muitas vezes, por longos períodos, causando-lhe sérios problemas de subsistência – contrariando, assim, o princípio da universalidade da cobertura (art. 194, parágrafo único, inciso I, da Constituição).

Num caso concreto, para exemplificar, já se observou uma segurada empregada doméstica que, no seu primeiro ano de serviço (dentro, portanto, do período de carência), ficou por meses afastada do trabalho por motivo de saúde, não caracterizado por acidente ou doença que a isentasse de carência, e, não tendo o empregador doméstico obrigação de custear o período de afastamento, ficou sem ter renda durante todo o tempo em que permaneceu incapacitada para o trabalho.

O auxílio-doença não é um benefício programado, como o são as aposentadorias voluntárias – podem acontecer a qualquer tempo na vida do trabalhador. Se cabe à Previdência Social, e somente a ela, a cobertura dos eventos elencados no art. 201 da Constituição, dentre os quais a incapacidade decorrente de doença, não é razoável que se faça qualquer discriminação por conta do número de contribuições vertidas, ainda mais se considerado o argumento que normalmente é lançado para justificar tal prazo carencial – a existência de fraudes. Ora, cabe ao Estado coibir as fraudes, e não desproteger os cidadãos de bem.

Ademais, na forma do art. 59, parágrafo único, da Lei n. 8.213/91, o benefício não é devido ao indivíduo que se filiar ao RGPS já portador de doença incapacitante, salvo quando a incapacidade sobrevier por motivo de progressão ou agravamento da doença ou lesão.

– Data de início do benefício

O auxílio-doença será devido para o segurado empregado, a contar do décimo sexto dia do afastamento da atividade. Durante os quinze primeiros dias consecutivos ao do afastamento da atividade por motivo de doença, incumbirá à empresa pagar ao segurado empregado seu salário – art. 60, § 3º, da Lei do RGPS. Para tanto, "a empresa que dispuser de serviço médico próprio ou em convênio procederá ao exame médico (...) Caso a empresa não possua médico ou convênio médico, ficará a cargo do médico da previdência, sindicato ou de entidade pública o fornecimento do atestado. Os atestados médicos deverão obedecer esta ordem estabelecida em lei para efeito de abono dos dias em que houve falta do empregado (En. 15 do TST)".[330]

330 MARTINS, Sergio Pinto. *Op. cit.*, pp. 272-273.

Para os demais segurados, o benefício é devido, a contar da data do início da incapacidade e enquanto ele permanecer incapaz. Nestes casos, o segurado deverá procurar, de imediato, a Previdência Social, para verificação da incapacidade e pagamento do benefício. Em se tratando de segurado empregado doméstico, o empregador não tem a obrigação de pagar os primeiros quinze dias de incapacidade, pois não há previsão legal nesse sentido, sendo tal ônus da Previdência Social (art. 60 da Lei n. 8.213/91 e art. 72, II, do Regulamento). Já o afastamento do segurado empresário, que era custeado, nos primeiros quinze dias de incapacidade, pela própria empresa, voltou a ser custeado integralmente pela Previdência, desde o primeiro dia (art. 60 da Lei n. 8.213/91, com a redação da Lei n. 9.876/99).

Quando o requerimento do segurado afastado da atividade (inclusive o empregado) for protocolado depois de mais de trinta dias do afastamento, o benefício será devido apenas a contar da data da entrada do requerimento, não retroagindo ao décimo sexto dia, no caso de segurado empregado, nem ao primeiro dia de afastamento, para os demais segurados. Penaliza-se, desta forma, a inércia do segurado em buscar o benefício.

Na hipótese de concessão de novo benefício decorrente da mesma doença dentro de sessenta dias, contados da cessação do benefício anterior, a empresa fica desobrigada do pagamento relativo aos quinze primeiros dias de afastamento, prorrogando-se o benefício anterior e descontando-se os dias trabalhados, se for o caso. Se o segurado empregado, por motivo de doença, afastar-se do trabalho durante quinze dias, retornando à atividade no décimo sexto dia, e se dela voltar a se afastar dentro de sessenta dias desse retorno, fará jus ao auxílio-doença a partir da data do novo afastamento (art. 75, §§ 3º e 4º, do Decreto n. 3.048/99).

Caso o segurado empregado tenha ficado afastado do trabalho por menos de quinze dias, e tornar a se afastar dentro de sessenta dias, caberá à empresa pagar apenas os dias faltantes para completar os quinze dias de afastamento, devendo o segurado ser encaminhado ao INSS para a concessão do benefício no décimo sexto dia de afastamento, computados ambos os períodos (§ 5º do art. 75 do Decreto n. 3.048/99).

Quando o restabelecimento do auxílio-doença se opera por decisão judicial, em situações em que não houve melhora do estado de saúde, os efeitos financeiros devem ser retroativos a data da cessação. Neste sentido, precedente da TNU:

> *PREVIDENCIÁRIO. PEDIDO DE UNIFORMIZAÇÃO. CONTRARIEDADE À JURISPRUDÊNCIA DOMINANTE. AUXÍLIO DOENÇA. RESTABELECIMENTO. EFEITOS RETROATIVOS À DATA DA CESSAÇÃO INDEVIDA.*
>
> *1. Tem prevalecido, na jurisprudência dominante do Colendo Superior Tribunal de Justiça, o entendimento de que, na hipótese de restabelecimento de benefício por incapacidade, em que não tenha havido alteração do quadro clínico, a data a partir da qual serão produzidos os efeitos do restabelecimento será aquela em que houve a cessação indevida.*

2. No caso concreto, tratava-se da mesma enfermidade, não tendo ocorrido a cura ou a melhoria do estado do beneficiário, não logrando a parte desempenhar outra atividade laborativa que lhe assegurasse o sustento. Em nenhum momento, o perito atestou que a incapacidade apenas eclodiu quando da realização da perícia ou em data posterior ao cancelamento do benefício.

3. Pedido de uniformização provido.

(TNU. PEDILEF n. 200851510059256. Juiz Federal Élio Wanderley de Siqueira Filho. DJ de 15.9.2009)

É importante afirmar que a demanda posta em Juízo tem – ou deve ter – o condão de tutelar o direito do indivíduo que sofreu a lesão a bem ou direito desde o seu surgimento. Logo, se há evidências de que o quadro de incapacidade – atestado por médico – acompanha o segurado desde a petição inicial protocolada em Juízo, entendemos que a tutela a seu direito individual somente se faz plena se houver retroação da data de início, no mínimo, à data do ajuizamento, quando não à data em que houve o indeferimento pelo órgão previdenciário, frisando-se novamente, desde que presentes nos autos evidências do quadro de incapacidade laboral desde lá, como é o entendimento da TNU em sua Súmula 22, quanto ao benefício assistencial (BPC).

As decisões que retroagem o benefício até a data da perícia judicial causam ainda um outro efeito: se o segurado não tem direito ao benefício antes da perícia em juízo, e possui vínculo empregatício, o não comparecimento à empresa para trabalhar constituiria, em tese, abandono de emprego, já que pela decisão judicial o trabalhador não tinha impedimento de voltar a trabalhar.

O que se sugere, como forma de minimizar os riscos de decisões com tal fundamento, é a realização da perícia judicial logo após o ajuizamento da ação de concessão ou restabelecimento do benefício, salvaguardando o trabalhador dos nefastos efeitos – trabalhistas, inclusive – de uma decisão que não realize a retroação do benefício à data da cessação pela autarquia. Outra vantagem dessa sistemática está na possibilidade da conciliação entre as partes, antes mesmo do oferecimento de defesa pelo ente demandado.

– Renda mensal inicial

A Lei n. 8.213/91 estabelecia, em seu texto original, que a renda mensal do auxílio-doença corresponderia a: a) 80% do salário de benefício, mais 1% deste, por grupo de doze contribuições, até o limite de 92% do salário de benefício, para os benefícios decorrentes de causas não-acidentárias; e b) 92% do salário de benefício ou do salário de contribuição vigente no dia do acidente, quando se tratasse de acidente do trabalho.

A Lei n. 9.032, de 28.4.95, deu nova redação a esse dispositivo, para fixar que o auxílio-doença consistirá numa renda mensal correspondente a 91% do salário de benefício. Esse percentual vale também para os benefícios de origem acidentária. O salário de benefício consiste na média aritmética simples dos maiores salários de contribuição correspondentes a oitenta por cento do período contributivo decorrido desde a competência julho de 1994 até a data do início do benefício.

Para o segurado especial, o benefício será no valor de um salário mínimo; comprovando contribuições para o sistema, terá a renda mensal calculada com base no salário de benefício.

Em qualquer caso, o valor do benefício não poderá ser inferior ao salário mínimo, nem superior ao limite máximo do salário de contribuição.

Quando o segurado exercer atividades concomitantes e for declarado incapaz em mais de uma delas, o valor do salário de benefício será apurado com base no valor dos salários de contribuição das atividades para as quais se incapacitou.

O § 4º do art. 73 do Regulamento da Previdência Social, inserido pelo Decreto n. 4.729, de 9.6.2003, prevê que ocorrendo a hipótese de auxílio-doença concedido em função de afastamento de apenas uma ou algumas atividades, mas não de todas, o benefício poderá ser pago em valor inferior ao do salário mínimo, desde que a soma do auxílio-doença com os demais rendimentos percebidos supere o valor do mínimo legal. Ora, a disposição regulamentar fere a Constituição – art. 201, § 2º –, bem como a Lei do RGPS – art. 33 da Lei n. 8.213/91; o auxílio-doença, como benefício substitutivo dos rendimentos do trabalho, não pode ser pago em valor inferior ao do salário mínimo, em hipótese alguma.

– Processo de reabilitação

O auxílio-doença será mantido enquanto o segurado continuar incapaz para o trabalho, podendo o INSS indicar processo de reabilitação profissional, quando julgar necessário.

Não cessará o benefício do segurado até que este seja dado como habilitado para o desempenho de nova atividade que lhe garanta a subsistência ou, quando considerado não recuperável, for aposentado por invalidez. Na hipótese de exercício de atividades concomitantes, e em apenas uma ou algumas delas seja considerado incapaz, se desta incapacidade advier a insuscetibilidade de recuperação da capacidade laborativa para alguma delas, será pago o auxílio-doença indefinidamente, até que o segurado venha a ser aposentado, ou a falecer. Não se pode conceder a aposentadoria por invalidez, uma vez que o segurado, caso esteja exercendo outra atividade, não pode ser declarado totalmente incapaz. A saída legal é, portanto, o pagamento do auxílio-doença até que sobrevenha a incapacidade para todo e qualquer trabalho, ou o falecimento do segurado, quando então será paga a pensão aos eventuais beneficiários do segurado.

O segurado em gozo de auxílio-doença está obrigado, independentemente de sua idade e sob pena de suspensão do benefício, a submeter-se a exame médico a cargo da Previdência Social, processo de reabilitação profissional por ela prescrito e custeado e tratamento dispensado gratuitamente, exceto o cirúrgico e a transfusão de sangue, que são facultativos.

– Situação trabalhista

O segurado empregado – urbano ou rural – em gozo de auxílio-doença deve ser considerado pela empresa como licenciado; há, na verdade, a suspensão do contrato de trabalho. A empresa que garantir ao segurado licença remunerada por força do contrato de trabalho, regulamento de empresa, convenção coletiva ou acordo coletivo, ficará obrigada a lhe pagar durante o período de auxílio-doença a eventual diferença entre o valor deste e a importância garantida pela licença. Sobre este valor não incide contribuição à Seguridade Social, já que a natureza jurídica deste pagamento é de mero complemento do benefício pago pela Previdência Social, este irrenunciável.

O benefício será devido durante o curso de dissídio individual trabalhista relacionado com a rescisão do contrato de trabalho, ou após a decisão final, desde que implementadas as condições mínimas para a concessão do benefício. É a hipótese, por exemplo, de empregado que postula em Juízo reintegração no emprego, pelo reconhecimento de sua estabilidade; como a situação do autor da ação, em relação à condição de empregado – e de segurado, por consequência –, encontra-se *sub judice*, tem ele direito à prestação previdenciária.

Diga-se, ainda, que é nula a dação de aviso prévio com vistas ao despedimento do empregado, durante a fruição do auxílio-doença, em face de estar o contrato de trabalho suspenso.[331]

– Cessação do benefício

O auxílio-doença cessa pela recuperação da capacidade para o trabalho, pela transformação em aposentadoria por invalidez ou auxílio-acidente de qualquer natureza, neste caso se resultar sequela que implique redução da capacidade para o trabalho que habitualmente exercia.

Não constitui causa de cessação do benefício, pela letra da lei, a ausência do segurado à perícia, sem que haja evidências de que este recuperou a capacidade laborativa. Para o STJ, o auxílio-doença somente poderá ser cancelado automaticamente pelo INSS nessas situações legalmente determinadas:

> *Não estando a hipótese de ausência do segurado à perícia médica designada incluída nesse rol, a decisão de suspensão do benefício deverá ser precedida de regular procedimento administrativo,*

331 MARTINS, Sergio Pinto. *Op. cit.*, p. 274.

com os consectários do contraditório e da ampla defesa, a fim de evitar atuação arbitrária da Administração (STJ, 5ª Turma, REsp n. 1.034.611-DF, Relator Ministro Napoleão Nunes Maia Filho, julg. 3.4.2008).

– Sistema "Data Certa"

Desde 9.8.2005, o INSS iniciou o programa Cobertura Previdenciária Estimada (Copes) que permite que o benefício seja concedido com prazo determinado por evidências médicas. O novo sistema pretende fazer uma avaliação mais conclusiva evitando que o segurado se submeta a sucessivos exames periciais, eliminando gastos com perícias desnecessárias.

Pelo sistema de concessão do auxílio-doença até então em funcionamento, depois que o benefício era concedido, o beneficiário precisava fazer revisões na perícia-médica do INSS em média a cada 60 dias. A regra era utilizada para qualquer tipo de doença, das mais simples às mais complexas. Com o novo modelo, o perito-médico estabelece o período do benefício, com base na história natural da doença, considerando o tempo necessário para a reaquisição da capacidade para o trabalho. O novo sistema reduziu o tempo de espera na marcação de perícias junto ao INSS.

Para os casos em que o prazo fixado não for suficiente para a recuperação da capacidade de trabalho, a Previdência instituiu o Pedido de Prorrogação. O objetivo é evitar o fim do auxílio-doença antes da recuperação efetiva do segurado, submetendo-o a nova avaliação para analisar se é necessária a continuidade da licença e do pagamento. O Pedido de Prorrogação poderá ser protocolado até 15 dias antes da data de término do benefício. A solicitação pode ser repetida, desde que o segurado, ao fim do novo prazo de licença, ainda se considere incapaz de voltar ao trabalho.

A prorrogação depende de novo exame médico-pericial, que pode ser solicitado pela internet ou por meio de ligação telefônica. Se o médico mantiver a decisão anterior, o segurado continua com a opção do Pedido de Reconsideração. Este recurso também pode ser utilizado toda vez que, na perícia inicial, o perito avaliar que o segurado não tem direito ao benefício por incapacidade.

Se a nova perícia confirmar a capacidade para voltar ao trabalho, o beneficiário ainda pode dar entrada em recurso, num prazo de 30 dias, a contar da data da ciência, na própria agência que concedeu o benefício. Nesses casos não são aceitos recursos pela internet ou por chamadas ao telefone 135. Esse recurso é avaliado pelo setor de perícia médica e será encaminhado para a Junta de Recursos do Conselho de Recursos da Previdência Social, que dará a decisão final sobre o assunto.

Recapitulando, temos o pedido de concessão do auxílio-doença, o pedido de prorrogação, o pedido de reconsideração e ainda o recurso para a Junta de Recursos, todos na via administrativa.

A eficácia dessa nova sistemática é duvidosa, pois em muitos casos tem gerado o cancelamento de benefícios quando o segurado encontra-se incapacitado, provocando um aumento considerável no número de demandas judiciais.

Essa situação foi amenizada por força da decisão proferida na Ação Civil Pública - ACP nº. 2005.33.00.020219-8 (14ª. Vara da Justiça Federal de Salvador/BA), o que levou o INSS a editar a Resolução INSS/PRES nº. 97, de 19.7.2010 - DOU de 20.7.2010, no seguinte teor: "Art. 1º Estabelecer que no procedimento de concessão do benefício de auxílio-doença, inclusive aqueles decorrentes de acidente do trabalho, uma vez apresentado pelo segurado pedido de prorrogação, mantenha o pagamento do benefício até o julgamento do pedido após a realização de novo exame médico pericial."

8.9 Auxílio-reclusão

O auxílio-reclusão é devido, nas mesmas condições da pensão por morte, aos dependentes do segurado de baixa renda recolhido à prisão que não receber remuneração da empresa nem estiver em gozo de auxílio-doença ou aposentadoria.

Sobre a *ratio legis* deste benefício, esclarece *Russomano*:

> *O criminoso, recolhido à prisão, por mais deprimente e dolorosa que seja sua posição, fica sob a responsabilidade do Estado. Mas, seus familiares perdem o apoio econômico que o segurado lhes dava e, muitas vezes, como se fossem os verdadeiros culpados, sofrem a condenação injusta de gravíssimas dificuldades.*
>
> *Inspirado por essas idéias, desde o início da década de 1930, isto é, no dealbar da fase de criação, no Brasil, dos Institutos de Aposentadoria e Pensões, nosso legislador teve o cuidado de enfrentar o problema e atribuir ao sistema de Previdência Social o ônus de amparar, naquela contingência, os dependentes do segurado detento ou recluso".*[332]

Sendo a Previdência um sistema que garante não só ao segurado, mas também à sua família, a subsistência em caso de eventos que não permitam a manutenção por conta própria, é justo que, da mesma forma que ocorre com a pensao por falecimento, os dependentes tenham direito ao custeio de sua sobrevivência pelo sistema de seguro social, diante do ideal de solidariedade.

Atualmente é o auxílio-reclusão previsto no inciso IV do art. 201 da Constituição Federal de 1988, que teve nova redação dada pela Emenda Constitucional n. 20/98, para limitar a concessão a beneficiários de segurados que possuam baixa renda.

Houve também o disciplinamento de quais segurados são considerados de baixa renda, conforme se observa na redação do art. 13 da Emenda: "Até que a lei discipline o acesso ao salário-família e auxílio-reclusão para os servidores, segurados e seus dependentes, esses benefícios serão concedidos apenas àqueles que te-

332 *Comentários...*, cit., p. 214.

nham renda bruta mensal igual ou inferior a R$ 360,00 (trezentos e sessenta reais), que, até a publicação da lei, serão corrigidos pelos mesmos índices aplicados aos benefícios do regime geral de previdência social".

Ou seja, a partir de 16.12.1998, os segurados do RGPS que percebiam renda bruta mensal superior ao limite estabelecido não geram, aos seus dependentes, o direito ao benefício do auxílio-reclusão. O valor limite é reajustado periodicamente, e se encontra em tabela anexa à presente obra.

Ao auxílio-reclusão com data de início fixada em período anterior a 16.12.98 aplicar-se-á a legislação vigente àquela época, independentemente da renda mensal acima referida (Portaria MPAS n. 4.883/98 – art. 8º, § 1º). Respeitou-se, assim, o direito adquirido de quem já vinha recebendo o benefício, ou tinha implementado as condições para tanto.

A redução do alcance do benefício, contemplando, após 16.12.1998, apenas as famílias dos segurados "de baixa renda", constitui *discrímen* não razoável, padecendo a regra de vício de inconstitucionalidade, por afetar o tratamento isonômico. Cumpre lembrar o precedente do salário-maternidade, que foi estabelecido na Constituição originalmente como sendo benefício previdenciário a ser concedido "sem prejuízo do emprego e do salário", razão pela qual o STF considerou a alteração promovida pela EC 20/98 (limitação ao teto do RGPS) inconstitucional. Aqui, a situação é idêntica, pois o escopo da proteção social é a proteção universal a quaisquer pessoas que se encontrem em condição de risco de subsistência, e não é razoável se admitir que a renda familiar no valor de R$ 360,00 (à época da EC 20/98) indique ter a família condições de manter-se sem o benefício do auxílio-reclusão, ainda mais quando não se leva em conta o número de pessoas a ser mantida. No mesmo sentido, sustenta a inconstitucionalidade da regra a Procuradora da República Zélia Pierdoná (Baixa Renda e Auxílio-Reclusão, 2007).

A respeito da limitação do auxílio-reclusão pela Emenda Constitucional n. 20/98, comenta *Wladimir Novaes Martinez*: "Altera-se significativamente o auxílio-reclusão, passando a ser direito do mesmo trabalhador que faz jus ao salário-família: segurado de baixa renda. A modificação do benefício, para pior, é incompreensível e discriminatória, convindo suscitar a impropriedade em face de outros postulados fundamentais da Lei Maior".[333]

A interpretação jurisprudencial caminhava no sentido de que o conceito de renda bruta mensal se referia "à renda do dependente e não à do segurado e que a finalidade do auxílio-reclusão é atender às necessidades dos dependentes que, em face da inculpação do segurado por ato criminoso, se veem desassistidos materialmente" (TRF da 4ª Região, AI n. 2001.04.01.009317-9/RS, 6ª Turma, Rel. Des. Federal Carlos Eduardo Thompson Flores Lenz, Sessão de 27.11.2001).

333 MARTINEZ, Wladimir Novaes. *Reforma da previdência social: comentários à Emenda Constitucional n. 20/98*, cit., p. 117.

No mesmo sentido, a Turma Regional de Uniformização dos JEFs da 4ª Região editou o seguinte enunciado: Súmula nº 5: "Para fins de concessão do auxílioreclusão, o conceito de renda bruta mensal se refere à renda auferida pelos dependentes e não a do segurado recluso". Igual orientação foi adotada pela TNU dos JEFs (Processo n. 2004.39.00.704707-9/PA, DJ de 24.03.2008).

Entretanto, o STF pacificou o entendimento em sentido contrário, vinculando a concessão do benefício à renda do segurado recluso. A matéria foi discutida por meio de dois Recursos Extraordinários (REs 587365 e 486413, julgados em 25.3.2009). Segundo notícia disponibilizada pelo STF, a decisão alcança uma população carcerária de aproximadamente 450 mil presos, e por ter a decisão repercussão geral, deve ser aplicada pelas demais instâncias do Judiciário.

O benefício é devido enquanto o segurado permanecer na condição de detento ou recluso. Sendo assim, para a manutenção do benefício deverá ser apresentada, trimestralmente, a declaração de que o segurado permanece cumprindo pena privativa da liberdade. Conforme Parecer exarado pela Consultoria Jurídica do então MPAS acerca da caracterização do direito em face do regime prisional, concluiu-se que "as famílias dos segurados presos sob o regime fechado e semiaberto fazem jus ao auxílio-reclusão, ainda que eles exerçam alguma atividade remunerada" e que "as famílias dos segurados em cumprimento de pena sob regime aberto não têm direito ao recebimento do auxílio-reclusão" (Parecer CJ n. 2.583, de 24.9.2001 – *in* Revista RPS 252/834, novembro de 2001).

No caso de fuga, o benefício será suspenso e, se houver recaptura do segurado, será restabelecido a contar da data em que esta ocorrer, desde que esteja ainda mantida a qualidade de segurado. Se houver exercício de atividade dentro do período de fuga, será o mesmo considerado para verificação da perda ou não da qualidade de segurado.

Feijó Coimbra diverge do conteúdo da norma: "Não vemos justiça na disposição legal, parecendo-nos, ao revés, que se conflitam as duas disposições. Se a prestação é, induvidosamente, estabelecida *intuitu familiae*, e se tem como elemento material da hipótese de incidência legal a ordem judicial de detenção ou de reclusão, o fato de ter-se evadido o segurado, de estar foragido, em nada altera os termos da questão, nem melhora a situação de seus dependentes, os titulares da prestação de que se cuida".[334]

Deve-se observar, contudo, que, não havendo a suspensão do benefício no caso de evasão, a família poderia ficar percebendo indefinidamente o benefício, supondo-se aí que o foragido jamais retornaria ao lar, nem proveria a subsistência dos seus. Assim sendo, em que pese eventual injustiça com a família do fugitivo não amparada após a fuga, andou bem, a nosso ver, o legislador neste caso.

334 COIMBRA, J. R. Feijó. *Op. cit.*, p. 133.

É vedada a concessão do auxílio-reclusão após a soltura do segurado, e, em caso de falecimento do segurado detido ou recluso, o auxílio-reclusão será automaticamente convertido em pensão por morte.

A Medida Provisória n. 83, de 12.12.2002, convertida na Lei n. 10.666, de 8.5.2003, estabelece em seu art. 2º que "O exercício de atividade remunerada do segurado recluso em cumprimento de pena em regime fechado ou semiaberto que contribuir na condição de contribuinte individual ou facultativo não acarreta a perda do direito ao recebimento do auxílio-reclusão para seus dependentes".

Quanto à possibilidade de acumulação do pagamento do auxílio-reclusão aos dependentes e de benefícios à pessoa do segurado, o § 1º do art. 2º da aludida Medida Provisória dispõe que "o segurado recluso não terá direito aos benefícios de auxílio-doença e de aposentadoria durante a percepção, pelos dependentes, do auxílio-reclusão, ainda que, nessa condição, contribua como contribuinte individual ou facultativo, permitida a opção, desde que manifestada, também, pelos dependentes, ao benefício mais vantajoso".

Aplicam-se ao auxílio-reclusão as normas referentes à pensão por morte, sendo necessária, no caso de qualificação de dependentes após a reclusão ou detenção do segurado, a preexistência da dependência econômica. Importante consignar que embora polêmica a matéria, há precedentes jurisprudenciais que permitem a regularização das contribuições após a prisão do segurado para fins de obtenção do benefício pelos dependentes. Neste sentido: AC 2009.70.99.001131-2/PR, TRF da 4ª Região. 6ª Turma. Relator Des. Fed. João Batista Pinto Silveira. D.E. 14/08/2009.

A extinção do auxílio-reclusão é defendida por *Sergio Pinto Martins*: "Eis um benefício que deveria ser extinto, pois não é possível que a pessoa fique presa e ainda a sociedade como um todo tenha de pagar um benefício à família do preso, como se este tivesse falecido. De certa forma, o preso é que deveria pagar por se encontrar nessa condição, principalmente por roubo, furto, tráfico, estupro, homicídio etc."[335] Entendemos, contudo, que a pena não deve exceder da pessoa do condenado (Constituição, art. 5º, inciso XLV), e o princípio que vigora em termos de Previdência é o da solidariedade, que se aplica, *in casu*, à família do preso, como já salientava o mestre *Russomano*, adrede citado.

Conforme salienta o art. 167, § 4º, do Regulamento da Previdência Social, com a redação conferida pelo Decreto n. 4.729, de 9.6.2003, o segurado recluso, ainda que contribua na forma do § 6º do art. 116, não faz jus aos benefícios de auxílio-doença e de aposentadoria durante a percepção, pelos dependentes, do auxílio-reclusão, permitida a opção, desde que manifestada, também, pelos dependentes, pelo benefício mais vantajoso.

335 *Op. cit.*, p. 285.

As regras gerais sobre o auxílio-reclusão encontram-se no art. 80 da Lei n. 8.213/91 e nos arts. 116 a 119 do Decreto n. 3.048/99.

- Período de carência

A concessão do auxílio-reclusão, a partir da Lei n. 8.213/91 (cujos efeitos retroagiram a 5.4.91– art. 145, *caput*), independe de número mínimo de contribuições pagas pelo segurado. Basta comprovar a situação de segurado para gerar direito ao benefício. A carência exigida pela legislação anterior era de 12 contribuições mensais.

A Medida Provisória n. 1.729, de novembro de 1998, tentou restabelecer o período de carência de 12 contribuições, mas o dispositivo não foi convertido em lei, perdendo sua eficácia.

- Data de início do benefício

O benefício tem início na data do efetivo recolhimento do segurado à prisão, se requerido até trinta dias deste, e a partir da data do requerimento, se posterior a trinta dias.

Quando for requerido após o prazo de trinta dias do recolhimento à prisão, a data de início do benefício será a do requerimento, devendo ser ressalvada a situação do beneficiário menor de 16 anos, o qual poderá requerê-lo até 30 dias após completar essa idade, quando então retroagirá ao dia do recolhimento do segurado ao cárcere.

Entendemos que contra o absolutamente incapaz não correm prazos prescricionais e decadenciais, pois é princípio geral do direito que não há como exigir de pessoa incapaz para os atos da vida civil que tome medidas tendentes à preservação de seus direitos.

- Renda mensal inicial

O valor da renda mensal é igual a 100% do valor da aposentadoria que o segurado recebia ou daquela a que teria direito se estivesse aposentado por invalidez na data de detenção ou prisão, por ser esta a base de cálculo da pensão por morte (arts. 75 e 80 da Lei n. 8.213/91).

Para os dependentes do segurado especial o valor do benefício é de um salário mínimo. Caso esteja contribuindo facultativamente, terá o benefício concedido com base no salário de benefício.

O valor do auxílio-reclusão, assim como o da pensão por morte, havendo mais de um pensionista, será rateado entre todos em partes iguais, sendo que as cotas do rateio poderão ser inferiores ao salário mínimo. De resto, aplicam-se ao auxílio-reclusão as demais regras da pensão por morte.

- Cessação do benefício

O auxílio-reclusão cessará na data da soltura do segurado, e ainda nas seguintes hipóteses:

- pela morte do beneficiário;
- para o filho ou equiparado ou irmão, de ambos os sexos, pela emancipação ou quando completar 21 anos de idade, salvo se inválido;
- para o dependente inválido, pela cessação da invalidez, verificada em exame médico-pericial a cargo do INSS.

O valor da cota recebida por um dependente que perdeu o direito ao mesmo, por algum dos motivos acima, será repartido com os demais dependentes que continuarem nessa condição. O auxílio-reclusão se extingue com a perda do direito do último dependente habilitado, e não se transfere a dependente de classe inferior.

8.10 Auxílio-acidente

O auxílio-acidente é um benefício previdenciário pago mensalmente ao segurado acidentado como forma de indenização, sem caráter substitutivo do salário, pois é recebido cumulativamente com o mesmo, quando, após a consolidação das lesões decorrentes de acidente de qualquer natureza – e não somente de acidentes de trabalho –, resultarem sequelas que impliquem redução da capacidade para o trabalho que habitualmente exercia – Lei n. 8.213/91, art. 86, *caput*.

Não há por que confundi-lo com o auxílio-doença: este somente é devido enquanto o segurado se encontra incapaz, temporariamente, para o trabalho; o auxílio-acidente, por seu turno, é devido após a consolidação das lesões ou perturbações funcionais de que foi vítima o acidentado, ou seja, após a "alta médica", não sendo percebido juntamente com o auxílio-doença, mas somente após a cessação deste último – Lei 8.213/91, art. 86, § 2º.

Têm direito ao recebimento do auxílio-acidente o empregado (urbano e rural, exceto o doméstico), o trabalhador avulso e o segurado especial, conforme se observa do art. 18, § 1º, da Lei n. 8.213/91 e o art. 104 do Decreto n. 3.048/99.

A Previdência Social passou a conceder o auxílio-acidente no período de graça somente a partir da nova redação do art. 104, § 7º, conferida pelo Decreto n. 6.722, de 2008. A restrição até então adotada na via administrativa não encontrava amparo legal.

É devido o benefício a partir da data em que a perícia médica do INSS concluir, após a consolidação das lesões decorrentes de acidente de trabalho ou não, haver no segurado sequela definitiva enquadrada nas situações do Anexo III do Regulamento da Previdência Social, ensejando redução da capacidade funcional, considerando-se, para este fim, a atividade realizada na época do acidente (§ 8º do art. 104, inserido pelo Decreto n. 4.729, de 9.6.2003).

De um acidente ocorrido com o segurado podem resultar danos irreparáveis, insuscetíveis de cura, para a integridade física do segurado. Tais danos, por sua vez, podem assumir diversos graus de gravidade; para a Previdência Social, o dano que enseja direito ao auxílio-acidente é o que acarreta perda ou redução na capacidade de trabalho (redução esta qualitativa ou quantitativa), sem caracterizar a invalidez permanente para todo e qualquer trabalho. Exemplificando, um motorista de ônibus, vítima de acidente de trânsito, do qual resultem sequelas em seus membros inferiores, que o impossibilitem de continuar dirigindo, estará incapaz definitivamente para a função que exercia, mas não estará totalmente incapaz para toda e qualquer atividade (podendo desenvolver atividades manuais, que não exijam o uso dos membros inferiores). Na hipótese, o segurado terá direito a receber o auxílio-acidente.

Não rendem ensejo ao auxílio-acidente os casos em que o acidentado apresente danos funcionais ou redução da capacidade funcional sem repercussão na capacidade laborativa, e, em caso de mudança de função, mediante readaptação profissional promovida pela empresa, como medida preventiva, em decorrência de inadequação do local de trabalho – Regulamento, art. 104, § 4º.

O Superior Tribunal de Justiça estabeleceu que o segurado que tenha adquirido lesão caracterizada como causadora de incapacidade parcial e permanente tem direito a receber auxílio-acidente, mesmo que essa lesão tenha caráter reversível. O entendimento dos ministros é de que, "estando devidamente comprovado o nexo de causalidade entre a redução parcial da capacidade para o trabalho da pessoa e o exercício de suas funções laborais habituais, não é cabível afastar a concessão do auxílio-acidente somente pela possibilidade de desaparecimento dos sintomas da patologia que acomete o segurado, em virtude de tratamento ambulatorial ou cirúrgico" (AgRg no REsp 798913/SP, Quinta Turma, Rel. Min. Arnaldo Esteves Lima, DJE 1.2.2010).

De acordo com o § 5º do art. 104 do Decreto n. 3.048/99, a perda da audição, em qualquer grau, somente proporcionará a concessão do auxílio-acidente quando, além do reconhecimento do nexo entre o trabalho e o agravo, resultar, comprovadamente, na redução ou perda da capacidade para o trabalho que o segurado habitualmente exercia

De acordo com o § 10 do art. 201 da Constituição (acrescentado pela Emenda Constitucional n. 20/98), haverá lei disciplinando a cobertura do risco de acidente do trabalho, a ser atendida concorrentemente pelo RGPS e pelo setor privado. O auxílio-acidente poderá passar a ser pago pelas seguradoras ou mútuas, entidades sem fins lucrativos que podem ser organizadas por centrais sindicais, cooperativas ou qualquer outro grupo. O novo benefício será custeado pelas empresas, que terão de contratar um plano com cobertura mínima para o empregado. Ele poderá ser pago em uma única parcela, como renda mensal vitalícia ou por prazo determinado. A Previdência Social continuará responsável pelo pagamento dos demais benefícios acidentários, como auxílio-doença, pensão por morte e aposentadoria por invalidez.

Até que essa lei seja editada, continuam válidas as regras atuais que estão previstas no art. 86 da Lei n. 8.213/91 e no art. 104 do Decreto n. 3.048/99.

- Período de carência

A concessão do auxílio-acidente independe do número de contribuições pagas, mas é preciso ter a qualidade de segurado. Vale dizer, dependentes de pessoa que nunca tenha contribuído para o RGPS, ou tenha perdido a qualidade de segurado, não fazem jus a este benefício.

- Data de início do benefício

O benefício tem início a partir do dia seguinte ao da cessação do auxílio-doença, independentemente de qualquer remuneração ou rendimento auferido pelo acidentado, ou, na data da entrada do requerimento (DER), quando não precedido de auxílio-doença. A partir de 10.11.97, em face da Medida Provisória n. 1.596-14, convertida na Lei n. 9.528, de 10.12.97, é vedada a acumulação do auxílio-acidente com qualquer aposentadoria concedida pelo RGPS.

- Renda mensal inicial

O auxílio-acidente mensal passou a corresponder a 50% do salário de benefício a partir da Lei n. 9.032/95 e será devido até a véspera de qualquer aposentadoria ou até a data do óbito do segurado.

Na redação original do art. 86, § 1º, da Lei n. 8.213/91, o auxílio-acidente, mensal e vitalício, correspondia, dependendo da gravidade das sequelas, a 30%, 40% ou 60% do salário de contribuição do segurado vigente no dia do acidente, não podendo ser inferior a esse percentual do seu salário de benefício.

Conforme jurisprudência do STJ é cabível estender a incidência da lei nova mais vantajosa não só aos benefícios pendentes, mas a todos os segurados, independentemente da lei vigente na data do sinistro. Assim, a Lei n. 9.032/95 que fixou o coeficiente único de 50% para o auxílio-acidente é aplicável para majorar a renda mensal dos benefícios concedidos anteriormente a sua entrada em vigor. Neste sentido:

> *PREVIDENCIÁRIO. REVISÃO DE BENEFÍCIO. AUXÍLIO SUPLEMENTAR. SUBSTITUIÇÃO PELO AUXÍLIO-ACIDENTE INSTITUÍDO PELA LEI 8.213/91. LEI 9.032/95. MAJORAÇÃO DO PERCENTUAL. INCIDÊNCIA IMEDIATA. PRECEDENTES. ENTENDIMENTO DO STF QUANTO À PENSÃO POR MORTE. INAPLICABILIDADE. BENEFÍCIOS DE NATUREZAS DIVERSAS. RECURSO PROVIDO.*
>
> *1. A Terceira Seção desta Corte de Justiça consolidou seu entendimento no sentido de que o art. 86, § 1º, da Lei 8.213/91, alterado pela Lei 9.032/95, que majorou percentual do auxílio-acidente, deve ser aplicado a todos os benefícios previdenciários, independentemente da legislação em vigor à época de sua concessão. Isso não implica retroatividade da lei, mas tão somente sua aplicação imediata, em respeito à manutenção da isonomia entre os benefícios.*
>
> *2. O benefício acidentário e a pensão por morte têm naturezas diversas, requerendo, portanto, tratamento diferenciado.*
>
> *3. A pensão por morte é uma prestação remuneratória, concedida ao dependente do segurado, quando de seu falecimento, aposentado ou não.*
>
> *4. A indenização acidentária, diversamente, é uma prestação indenizatória. Não se trata de retribuição ao trabalho prestado pelo segurado, mas, em razão do sistema securitário da Previdência, de uma compensação econômica pela redução de sua capacidade de trabalho em decorrência de infortúnio trabalhista.*
>
> *5. Ressalta-se que o número de segurados beneficiados com a indenização acidentária é bem inferior ao número dos beneficiários que percebem a pensão por morte, razão pela qual é menor o impacto orçamentário causado pela majoração do percentual.*
>
> *6. Recurso especial provido.*
>
> *(REsp 932597/SP, 5ª Turma, Relator Min. Arnaldo Esteves Lima, DJ 10.3.2008).*

O segurado especial receberá benefício equivalente a 50% do salário mínimo. Caso esteja contribuindo facultativamente, terá o benefício concedido com base no salário de contribuição.

O recebimento de salário ou concessão de outro benefício, exceto de aposentadoria, não prejudicará a continuidade do recebimento do auxílio-acidente. Não é permitida a acumulação de auxílios-acidente. O valor do benefício, em qualquer caso, poderá ser inferior ao salário mínimo, uma vez que não se trata de benefício substitutivo do salário de contribuição.

– Suspensão e cessação do benefício

O auxílio-acidente deixou de ser vitalício e passou a integrar o salário de contribuição para fins de cálculo do salário de benefício de qualquer aposentadoria. Essa disposição, contida no art. 31 da Lei n. 8.213/91, foi restabelecida pela Lei n. 9.528, de 10.12.97, pondo fim a uma interminável polêmica.

A matéria encontrava-se pacificada na jurisprudência, no sentido de que o valor percebido a título de auxílio-acidente não se incorporava ao salário de contribuição, para fins de cálculo do salário de benefício da aposentadoria. Esta nova regra justifica-se porque o auxílio-acidente, agora, se extingue com a concessão da aposentadoria. Poder-se-ia dizer, quanto a este aspecto, que a nova lei institui espécie de não-cumulatividade de benefícios antes não conhecida, em prejuízo dos segurados.

O Poder Executivo vetou o § 5º do art. 86, que estabelecia o cômputo do valor do auxílio-acidente no cálculo das pensões por falecimento.

Há de se mencionar, contudo, que o beneficiário do auxílio-acidente que iniciou a percepção do mesmo antes da alteração legislativa tem direito a recebê-lo em caráter vitalício, pois, no momento em que implementou o direito ao benefício, a norma legal assim dispunha.

Além disso, a nova disciplina do benefício em comento retirou-lhe a vitaliciedade, porém manteve sua percepção desde a cessação do auxílio-doença até a concessão de aposentadoria – § 1º do art. 86 da Lei do RGPS. Violando tal previsão legal, o Regulamento estabelece, em seu art. 104, § 7º, a possibilidade de o INSS suspender o benefício quando o segurado estiver desempregado, o que não encontra o menor amparo legal. Não havendo tal restrição na Lei, não cabe à autoridade administrativa "legislar", limitando o direito do segurado ao benefício.

No caso de reabertura de auxílio-doença por acidente de qualquer natureza que tenha dado origem a auxílio-acidente, este será suspenso até a cessação do auxílio-doença reaberto, quando será reativado.

– Manutenção do auxílio-acidente cumulado com aposentadoria de outro regime

O art. 129 do Decreto n. 3.048/99 dispõe que "o segurado em gozo de auxílio-acidente terá o seu benefício encerrado na data da emissão da certidão de tempo de contribuição". Com a devida vênia, a leitura do art. 86 da Lei do RGPS não autoriza tal interpretação.

Segundo precedentes do Superior Tribunal de Justiça, não há óbice à acumulação do benefício previdenciário da aposentadoria com o auxílio-acidente, desde que a moléstia tenha eclodido antes do advento da Lei n. 9.528/97, por força da aplicação do princípio *tempus regit actum* (REsp. n. 702.239/SP. 5ª Turma. Rel. Ministra Laurita Vaz, DJU de 1.4.2005). Ou seja, se for possível determinar que a incapacidade deu-se antes da norma proibitiva, não há falar em inacumulabilidade de auxílio-acidente e aposentadoria.

Ocorrendo o evento ensejador do auxílio-acidente em data posterior à vedação da acumulação, o Superior Tribunal de Justiça tem entendido que o auxílio-acidente não tem caráter vitalício, sendo imperiosa sua cessação com o advento da aposentadoria de seu beneficiário (resp. n. 588.417/SP, 5ª Turma, Rel. Ministro José Arnaldo da Fonseca, DJU de 8.11.2004).

A Lei n. 9.528, de 10.12.1997, ao vedar a acumulação do auxílio-acidente com qualquer aposentadoria, estabeleceu como compensação que "O valor mensal do auxílio-acidente integra o salário-de-contribuição, para fins de cálculo do salário-de-benefício de qualquer aposentadoria, observado, no que couber, o disposto no art. 29 e no art. 86, § 5º" (art. 31 da Lei n. 8.213/91, restabelecido com nova redação conferida pela Lei n. 9.528, de 10.12.1997).[336]

Dessa forma, o legislador procurou amenizar os efeitos da nova norma – que afastou o caráter de vitaliciedade ao auxílio-acidente – possibilitando ao segurado recuperar parte do prejuízo com a elevação do valor da aposentadoria a ser concedida pelo RGPS.

Todavia, o INSS tem se excedido na interpretação da Lei n. 9.528/97 e está cancelando o auxílio-acidente dos segurados que obtêm aposentadoria por outro regime previdenciário. Ou seja, o INSS, tomando conhecimento de que o beneficiário de auxílio-acidente passou a gozar de aposentadoria por regime próprio, está cancelando o auxílio-acidente concedido pelo RGPS.

Esse procedimento foge à lógica interpretativa em relação aos efeitos da Lei n. 9.528/97. A referência a qualquer aposentadoria só pode ser entendida às concedidas pelo RGPS e não por outros regimes. Tanto é assim, que essa Lei previu a compensação pela cessação do auxílio-acidente com o incremento do valor da aposentadoria a ser deferida.

8.11 Salário-família

Criado pela Lei n. 4.266/63, o salário-família é um benefício previdenciário pago, mensalmente, ao trabalhador de baixa renda, filiado na condição de segurado empregado (exceto o doméstico) e de trabalhador avulso, na proporção do respectivo número de filhos ou equiparados de até 14 anos de idade, ou inválidos.

A finalidade deste benefício é bem definida por *Alfredo Ruprecht*: "a constituição ou o desenvolvimento normal da família, com o aporte de uma contribuição regular e permanente para a manutenção das pessoas cujo encargo é assumido pelo chefe de família".[337]

336 "A alteração foi prejudicial ao segurado, por dois motivos. Primeiro, porque, incluídos os valores do auxílio-acidente no salário-de-contribuição para o cálculo de aposentadoria, após aplicados os índices de correção monetária, o fator previdenciário e o coeficiente, aquele valor restará diluído, de modo que não representará acréscimo na renda mensal do novo benefício idêntico ao da renda mensal do auxílio-acidente. Segundo, caso o novo benefício ultrapasse o valor do teto, haverá redução, ao passo que, no regime anterior, não estava descartada a hipótese de que a aposentadoria, somada ao auxílio-acidente, superasse o valor do teto, sem ferir a lei, na medida em que se tratava de dois benefícios diversos." In ROCHA, Daniel Machado da; BALTAZAR JÚNIOR, José Paulo. *Comentários à Lei de Benefícios da Previdência Social*. 3.ed. Porto Alegre: Livraria do Advogado/Esmafe, 2003, pp. 267-268.

337 RUPRECHT, Alfredo J. *Op. cit.*, p. 274.

O benefício é concedido por cotas, de modo que o segurado perceba tantas cotas quantas sejam os filhos, enteados ou tutelados, com idade até 14 anos incompletos, ou inválidos, com qualquer idade.

Inicialmente pago somente aos empregados urbanos, o benefício foi estendido aos trabalhadores avulsos pela Lei n. 5.480/68.

Para a concessão de cota de salário-família por filho ou equiparado inválido com idade superior a 14 anos, a invalidez deve ser verificada em exame médico-pericial a cargo da Previdência Social.

O direito à cota do salário-família é definido em razão da remuneração que seria devida ao empregado no mês, independentemente do número de dias efetivamente trabalhados. Todas as importâncias que integram o salário de contribuição serão consideradas como parte integrante da remuneração do mês, exceto o 13º salário e a remuneração total de férias – inciso XVII do art. 7º da Constituição, para efeito de definição do direito à cota de salário-família. O benefício é devido proporcionalmente aos dias trabalhados nos meses de admissão e de rompimento do contrato de trabalho do empregado.

O aposentado por invalidez ou por idade e os demais aposentados com 65 anos ou mais de idade, se do sexo masculino, ou 60 anos ou mais, se do feminino, terão direito ao salário-família, pago juntamente com a aposentadoria.

Sua natureza jurídica é de benefício previdenciário, pois não é um encargo direto do empregador em decorrência da contraprestação dos serviços prestados pelo segurado; apesar do nome, não tem natureza salarial. Embora o pagamento seja efetuado pela empresa junto com o salário, ela tem o direito de reembolsar-se integralmente do valor adiantado, efetuando a compensação quando do recolhimento das contribuições devidas à Previdência Social.

Em que pese ser pago em função da existência de dependentes, o benefício é devido ao segurado, e não ao dependente. Uma vez desempregado, o segurado não mais faz jus às cotas. A regra contraria a ideia de manutenção da qualidade de segurado no período imediatamente após o desemprego.

A Constituição de 1988 concedeu o salário-família como direito social dos trabalhadores urbanos e rurais, devido em função dos seus dependentes (art. 7º, XII). É devido como ajuda à manutenção dos dependentes dos segurados empregados (excetuados os domésticos) e trabalhadores avulsos de baixa renda (art. 201, II, da Constituição).

Com a Emenda Constitucional n. 20/98, a redação do inciso XII do art. 7º da Constituição foi alterada para estabelecer que o salário-família será pago em razão do dependente do trabalhador de baixa renda nos termos da lei. Igual alteração se deu no inciso IV do art. 201 da Constituição.

A limitação do benefício perpetrada pela Emenda em questão se afigura como inconstitucional, em razão de não haver razoabilidade no *discrímen* utilizado pelo constituinte derivado. Com efeito, diante da regra modificada, um trabalhador que, ao tempo da promulgação da Emenda, tivesse renda de R$ 361,00 e cinco filhos até 14 anos de idade, ficará sem o benefício, enquanto que outro trabalhador, que ganhasse R$ 359,00 na época, e tivesse um só filho, teria direito ao benefício, passando inclusive a ter uma renda familiar superior à do outro segurado.

Há que se notar ainda as graves incoerências do sistema nesse aspecto, já que, quando ambos os pais são segurados, o benefício é pago indistintamente a ambos (independentemente do somatório das rendas ultrapassar o valor tido como sendo "baixa renda"), gerando pagamento em duplicidade, o mesmo acontecendo quando o segurado tenha dois empregos simultâneos. Assim, afronta o bom senso e causa retrocesso inaceitável a regra da Emenda Constitucional n. 20/98, devendo a nosso ver ser banida da ordem jurídica a expressão "aos segurados de baixa renda" incluída no inciso XII do art. 7º da Constituição.

Conforme se observa na redação do art. 13 da Emenda, já citado no item 8.9, *retro*, a partir de 16.12.98, segurados do INSS que percebiam renda bruta mensal superior a R$ 360,00 deixaram de ter direito ao recebimento do salário-família, valor este reajustado periodicamente, conforme tabela anexa ao final desta obra.

A cota do salário-família não será incorporada, para qualquer efeito, ao salário ou ao benefício.

Quando o pai e a mãe são segurados empregados ou trabalhadores avulsos de baixa renda, ambos têm direito ao benefício, em função dos mesmos dependentes. Na hipótese de divórcio, separação judicial ou de fato dos pais, ou em caso de abandono legalmente caracterizado ou perda do pátrio poder, o salário-família passará a ser pago diretamente àquele a cujo cargo ficar o sustento do menor, ou a outra pessoa, se houver determinação judicial nesse sentido.

As regras gerais sobre o salário-família estão disciplinadas nos arts. 65 a 70 da Lei n. 8.213/91 e arts. 81 a 92 do Decreto n. 3.048/99.

A Lei n. 9.876/99 deu nova redação ao art. 67 da Lei n. 8.213/91, para estabelecer que o pagamento do salário-família é condicionado à apresentação da certidão de nascimento do filho ou da documentação relativa ao equiparado ou ao inválido, e à apresentação anual de atestado de vacinação obrigatória e de comprovação de frequência à escola do filho ou equiparado.

– Período de carência

A concessão do salário-família independe do número de contribuições pagas pelo segurado, pois, em face de seu caráter nitidamente alimentar, não seria justo exigir carência para a percepção do benefício.

– Data de início do benefício

O pagamento do salário-família será devido a partir do mês em que houve a apresentação da certidão de nascimento do filho ou da documentação relativa ao equiparado. Não há fracionamento do valor da cota devida, individualmente, por filho ou equiparado menor de 14 anos ou inválido.

– Renda mensal inicial

Os valores das cotas do salário-família, bem como o valor considerado como limite de renda mensal bruta para a obtenção do benefício, constam de tabela anexa ao final desta obra.

O pagamento é feito mensalmente, a partir da apresentação da certidão de nascimento do filho ou da documentação relativa ao equiparado ou inválido, sendo efetuado:

- pela empresa, ao segurado empregado em atividade, juntamente com sua remuneração, inclusive o do mês correspondente ao afastamento do trabalho por motivo de doença;
- pelo sindicato, ao trabalhador avulso independente do número de dias trabalhados no mês, devendo seu pagamento corresponder ao valor integral da cota;
- pelo INSS, ao segurado empregado e trabalhador avulso em gozo de aposentadoria por invalidez ou auxílio-doença, inclusive o do mês da cessação do benefício;
- pelo INSS, ao trabalhador rural aposentado por idade e aos demais empregados e trabalhadores avulsos aposentados, juntamente com a aposentadoria.

As cotas do salário-família, pagas pela empresa, deverão ser deduzidas quando do recolhimento das contribuições sobre a folha de salário. Cabe à empresa, ainda, exigir do empregado declaração de família, na qual este indicará seus dependentes, e se comprometerá a notificar fatos que determinem o fim do direito ao benefício, sob as penas da lei.

Sempre que houver vínculo empregatício, seja no meio urbano ou rural, há o direito ao salário-família. Também será concedido o benefício ao trabalhador avulso, toda vez que tiver trabalhado no curso do mês. Poderá o segurado trabalhar em uma ou mais empresas, e terá o direito às cotas do salário-família em cada uma delas.

A falta de pagamento do salário-família pelo empregador enseja direito ao empregado de buscar a indenização correspondente, perante a Justiça do Trabalho, na forma do art. 186 do atual Código Civil – Lei n. 10.406/2002.

– Perda do direito

A perda do direito ao recebimento do benefício ocorre nas seguintes hipóteses:

- por morte do filho ou equiparado, a contar do mês seguinte ao do óbito;
- quando o filho ou equiparado completar 14 anos de idade, salvo se inválido, a contar do mês seguinte ao desta data de aniversário;
- pela recuperação da capacidade do filho ou equiparado inválido, a contar do mês seguinte ao da cessação da incapacidade;
- pelo desemprego do segurado, a partir do dia seguinte à dispensa.

Para efeito de concessão e manutenção do salário-família, o segurado deve firmar termo de responsabilidade, no qual se comprometa a comunicar à empresa ou ao Instituto Nacional do Seguro Social qualquer fato ou circunstância que determine a perda do direito ao benefício, ficando sujeito, em caso do não-cumprimento, às sanções penais e trabalhistas.

8.12 Salário-maternidade

A proteção à trabalhadora gestante é garantida, no Brasil, tanto no âmbito do Direito do Trabalho como no do Direito Previdenciário.

No campo das relações de trabalho, a proteção da gestante se dá: (a) pela estabilidade conferida, na forma do art. 10 do Ato das Disposições Constitucionais Transitórias, à empregada urbana ou rural, desde a confirmação da gravidez até cinco meses após o parto, até que venha a ser disciplinada a matéria disposta no inciso I do art. 7º do Texto Constitucional; (b) pela licença-maternidade, de 120 dias, prevista no art. 7º, XVIII; (c) pela possibilidade de alteração do local de trabalho ou função, por prescrição médica, a fim de evitar problemas na gestação e pela liberação do trabalho, para fins de consultas médicas e exames, num mínimo de seis vezes, durante o período de gravidez – § 4º do art. 392 da CLT; (d) pela autorização legal para rompimento do vínculo de emprego quando prejudicial à gestação, sem que seja devido qualquer desconto ou indenização – art. 394 da CLT; e (e) pela vedação expressa à discriminação da mulher no tocante ao seu estado de fertilidade e gravidez, caracterizada a conduta discriminatória do empregador como ilícito penal, além de trabalhista – Lei n. 9.029/95.

No campo previdenciário, evidencia-se a proteção da mulher gestante pela concessão do benefício denominado salário-maternidade com duração em regra geral de 120 dias.

Ruprecht, mencionando a posição de *Chantal Paòli*, do *Bureau* Internacional do Trabalho, sustenta a magnitude da proteção social da mulher gestante: "Trata-se de preservar sua função fisiológica no processo da criação, facilitar o cuidado dos filhos e a atenção à família, garantindo seus interesses profissionais e sua renda no mercado de trabalho, sem diminuir nem deteriorar sua condição feminina".[338]

A Consolidação das Leis do Trabalho foi o primeiro normativo legal a garantir o descanso remunerado da gestante, antes e depois do parto, sem prejuízo do emprego e do salário, pelo período de quatro semanas antes do parto e oito semanas após (art. 392). Posteriormente, a Constituição de 1967 garantiu esse direito (art. 165, XI), estabelecendo também a proteção da Previdência Social em relação à maternidade (art. 157, XVI).

Com a Lei n. 6.136, de 7.11.74, o salário-maternidade passou a ser pago como prestação previdenciária, desonerando-se o empregador de pagar o salário da empregada gestante no período em que lhe era garantido o afastamento do serviço, na época, de doze semanas. Desde então, a empresa adiantava o salário integral à empregada em gozo de licença-maternidade e depois era reembolsada desse valor quando dos recolhimentos devidos ao INSS.

A Constituição de 1988 garantiu proteção à maternidade, especialmente à gestante, no art. 201, III, estendendo a duração da licença para cento e vinte dias, sem prejuízo do emprego e do salário, consoante disposição contida no art. 7º, XVIII.

No Plano de Benefícios da Previdência Social, as regras para concessão desse benefício foram disciplinadas nos arts. 71 a 73, sendo concedido inicialmente às seguradas empregada, trabalhadora avulsa e empregada doméstica, sem exigência de carência, com duração de cento e vinte dias, podendo ter início no período entre vinte e oito dias antes do parto e a data de ocorrência deste.

A Lei n. 8.861, de 25.3.94, estendeu à segurada especial o direito à percepção do benefício, fixando o valor em um salário mínimo, desde que comprovado o exercício da atividade rural nos últimos doze meses imediatamente anteriores à data do inicio do benefício, mesmo que de forma descontínua (carência posteriormente reduzida para dez meses).

Na sequência, a Lei n. 9.876, de 26.11.99, estendeu o salário-maternidade à segurada contribuinte individual e facultativa, criando regras próprias em relação ao valor e ao prazo de carência.

Por sua vez, a Lei n. 10.421, de 15.4.2002, que alterou a CLT e a LBPS, estendeu o direito à segurada que adotar ou obtiver guarda judicial para fins de adoção de criança com idade até 8 anos.

Quanto à natureza jurídica do salário-maternidade, não há que se confundir com a noção de salário *stricto sensu*, pois é benefício cujo ônus é integral da Previdência Social. Ainda que o empregador urbano ou rural tenha por obrigação adiantá-lo à trabalhadora em licença, o reembolso do valor adiantado é total, de modo que o INSS é o único responsável pelo efetivo pagamento do benefício.

338 *Op. cit.*, p. 259.

De acordo com a redação original do art. 97 do Decreto n. 3.048/99, o salário-maternidade da segurada empregada era devido enquanto existia a relação de emprego. Todavia, a jurisprudência pacificou o entendimento de que para ter acesso ao salário-maternidade a interessada não precisava ter vínculo empregatício, bastando a manutenção da qualidade de segurada (v.g. TRF da 4ª Região, AG 2003.04.01.007754-7/RS, 5ª Turma, Rel. Des. Federal Antônio Albino Ramos de Oliveira, DJU 4.6.2003).

Com base nessa orientação foi editado o Decreto n. 6.122, de 13.6.2007, dando nova redação aos arts. 97 e 101 do Regulamento da Previdência Social, para dispor que "Durante o período de graça a que se refere o art. 13, a segurada desempregada fará jus ao recebimento do salário-maternidade nos casos de demissão antes da gravidez, ou, durante a gestação, nas hipóteses de dispensa por justa causa ou a pedido, situações em que o benefício será pago diretamente pela previdência social".

É de destacar que de acordo com o art. 103 do Decreto n. 3.048/99, a segurada aposentada que retornar à atividade fará jus ao pagamento do salário-maternidade. Raros são os casos de seguradas aposentadas na condição de mães biológicas, no entanto, esse dispositivo tem relevância nos casos de adoção.

- Período de carência

A concessão do salário-maternidade independe do número de contribuições pagas pela segurada empregada, trabalhadora avulsa e empregada doméstica.

Para as seguradas contribuintes individuais, segurada especial (enquanto contribuinte individual) e segurada facultativa, o prazo de carência é de dez contribuições mensais.[339] Será devido o salário-maternidade à segurada especial, desde que comprove o exercício de atividade rural nos últimos dez meses imediatamente anteriores à data do parto ou do requerimento do benefício, quando requerido antes do parto, mesmo que de forma descontínua (art. 93, § 2º, do Decreto n. 3.048/99, com a redação conferida pelo Decreto n. 5.545/2005).

Em relação ao tema a TNU uniformizou que:

- a concessão de salário-maternidade à trabalhadora rural depende da comprovação do trabalho rural no período de carência mediante a apresentação de início de prova material contemporânea ao período de carência (PEDILEF nº 2004.81.10.027622-3/CE, Rel. Juíza Fed. Joana Carolina L. Pereira, DJ 24.6.2010);
- de 25.07.91 a 23.06.2008, a menor pode começar a contar tempo de carência a partir dos 14 anos de idade para fins de concessão de salário-maternidade. Depois disso, só a menor rural só pode começar a contar tempo de

339 Prazo de carência criado pela Lei n. 9.876, de 26.11.99, que deu nova redação ao art. 25 da Lei n. 8.213/91.

carência a partir dos 16 anos de idade (PEDILEF nº 2007.72.95.000807-3/SC, Rel. Juíza Fed. Jacqueline Michels Bilhalva, DJ 16.3.2009).

A Lei n. 9.876/99, ao criar o prazo de carência para a concessão do salário-maternidade, estabeleceu que em caso de parto antecipado o período de dez meses será reduzido em número de contribuições equivalente ao número de meses em que o parto foi antecipado. Destarte, a segurada que iria conceber dez meses após sua filiação ao RGPS e teve parto antecipado involuntariamente mantém o direito ao benefício.

– Duração do salário-maternidade

O salário-maternidade é devido à segurada da previdência social durante 120 (cento e vinte) dias, com início até 28 (vinte e oito) dias anteriores ao parto e término 91 (noventa e um) dias depois dele, considerando, inclusive, o dia do parto. Ocorrendo parto antecipado, o benefício é pago por cento e vinte dias após o parto.

Tratando-se de parto antecipado ou não, ainda que ocorra parto de natimorto, este último comprovado mediante certidão de óbito, a segurada terá direito aos cento e vinte dias previstos em lei, sem necessidade de avaliação médico-pericial pelo INSS.

Quando houver efetivo risco para a vida do feto, da criança ou da mãe, os períodos de repouso anteriores e posteriores ao parto poderão ser prorrogados, excepcionalmente, por duas semanas, mediante atestado médico específico.

Em caso de aborto não criminoso, comprovado mediante atestado médico, a segurada terá direito ao salário-maternidade correspondente a duas semanas.

O benefício tem início com o afastamento do trabalho pela segurada, o qual é determinado com base em atestado médico ou certidão de nascimento do filho. Compete à interessada instruir o requerimento do benefício com os atestados médicos necessários.

Não há mais o prazo de até 90 dias após o parto, antes exigido para o requerimento do benefício, que constava da redação do parágrafo único do art. 71 da Lei n. 8.213/91, tendo este sido revogado pela Lei n. 9.528/97.

O salário-maternidade também é devido à segurada que adotar ou obtiver guarda judicial a partir de 16 de abril de 2002, data da publicação da Lei n. 10.421, de 15 de abril de 2002, para fins de adoção de criança com idade:

a) até um ano completo, por cento e vinte dias;
b) a partir de um 1 (ano) até 4 (quatro) anos completo, por 60 (sessenta) dias;
c) a partir de 4 (quatro) anos até completar 8 (oito) anos, por 30 (trinta) dias.

No âmbito trabalhista, houve a revogação dos §§ 1º a 3º do art. 392-A da CLT pela Lei 12.010, de 29.7.2009, que também previam tal escalonamento, passando a licença à mãe adotante para cento e vinte dias, independentemente da idade do adotado, pondo fim a uma discriminação odiosa.

No âmbito previdenciário, não ocorreu a modificação expressa do art. 71-A da Lei n. 8.213/91, permanecendo em vigor a regra que discrimina os adotados em função da idade a ponto de não gerar benefício algum à trabalhadora que adotar criança/adolescente com mais de oito anos completos de idade – justamente a faixa etária de maior dificuldade de adaptação a um novo lar.

Entendemos que, diante desse conflito de normas, a segurada empregada urbana e rural, as domésticas e as trabalhadoras avulsas, têm direito ao salário-maternidade durante todo o período da licença adoção, sendo responsabilidade do INSS o ressarcimento dos valores ao empregador, já que referido benefício deve ser pago integralmente pela Previdência Social. Pode-se aplicar por similariedade a decisão tomada pelo Supremo Tribunal Federal ao julgar a ADIn n. 1946, quando mandou o INSS pagar o salário-maternidade além do teto do RGPS.

A discriminação no período de duração prevalece em relação às seguradas contribuintes individuais, especiais e facultativas, por falta de norma legal que assegure a ampliação do salário-maternidade para além do período previsto no art. 71-A da Lei n. 8.213/91.

– Prorrogação do salário-maternidade por mais sessenta dias

A Lei n. 11.770, de 9.9.2008, ampliou a licença-maternidade de 120 para 180 dias. Para oferecer o benefício, a empresa precisa aderir voluntariamente a um programa e, em troca, recebe incentivos fiscais. A empregada pode optar se quer ou não a licença ampliada. A mãe deve requerer a ampliação até o final do primeiro mês após o parto. Os dois meses adicionais serão concedidos imediatamente após o prazo constitucional de 120 dias.

A prorrogação será garantida, na mesma proporção, também à empregada que adotar ou obtiver guarda judicial para fins de adoção de criança.

Durante o período de prorrogação da licença-maternidade, a empregada terá direito à sua remuneração integral, nos mesmos moldes devidos no período de percepção do salário-maternidade pago pelo Regime Geral de Previdência Social (RGPS).

Nesse período, a empregada não poderá exercer qualquer atividade remunerada e a criança não poderá ser mantida em creche ou organização similar. Havendo descumprimento desta regra, a empregada perderá o direito à prorrogação.

A pessoa jurídica que aderir ao Programa, desde que tributada com base no lucro real poderá deduzir do imposto devido, em cada período de apuração, o total da remuneração integral da empregada pago nos 60 (sessenta) dias de prorrogação de sua licença-maternidade, vedada a dedução como despesa operacional.

Essas disposições começaram a vigorar no âmbito do RGPS somente a partir de 1º de janeiro de 2010, em face da regulamentação da matéria pelo Decreto n. 7.052, de 23.12.2009, e da estimativa da renúncia fiscal com a implantação do programa na Lei Orçamentária de 2010.

No âmbito da Administração Pública federal direta, autárquica e fundacional, o Decreto n. 6.690, de 11 de dezembro de 2008, institui o Programa de Prorrogação da Licença à Gestante e à Adotante. Neste caso, a prorrogação da licença será custeada com recursos do Tesouro Nacional e aplica-se inclusive às servidoras públicas que tenham o seu período de licença-maternidade concluído entre 10 de setembro de 2008 e a data de publicação do referido Decreto.

- Renda mensal

O salário-maternidade consistirá numa renda mensal igual à remuneração integral da segurada empregada e da trabalhadora avulsa. Para as demais seguradas consistirá:

- em valor correspondente ao do seu último salário de contribuição, para a segurada empregada doméstica;
- em um salário mínimo, para a segurada especial;
- em um doze avos da soma dos doze últimos salários de contribuição, apurados em período não superior a quinze meses, para as seguradas enquadradas nas categorias de contribuinte individual, facultativa e para as que mantenham a qualidade de segurada durante o período de graça.

Em qualquer caso, é garantido o pagamento do salário-maternidade no valor de um salário mínimo.

Na redação original do art. 72 da Lei n. 8.213/91, o pagamento do salário-maternidade à segurada empregada era feito pela empresa, efetivando-se a compensação quando do recolhimento das contribuições sobre a folha de salários. Era pago diretamente pela Previdência Social somente para a empregada doméstica, em valor correspondente ao do seu último salário de contribuição; e, para a segurada especial, no valor de um salário mínimo.

Em face das alterações promovidas pela Lei n. 9.876/99, o pagamento do salário-maternidade de todas as seguradas passou a ser feito diretamente pelo INSS ou mediante convênio pela empresa, sindicato ou entidade de aposentados devidamente legalizada, na forma do art. 311 do Decreto n. 3.048/99.

Todavia, a Lei n. 10.710, de 5.8.2003, retomou a forma antiga de procedimento: o art. 72, em seu § 1º, prevê caber à empresa adiantar à segurada o valor do salário-maternidade, compensando o valor deste com o das contribuições patronais incidentes sobre folha de pagamento de salários e demais rendimentos das pessoas físicas que lhe prestaram serviços. Assim, o INSS continua pagando diretamente o benefício às demais seguradas (trabalhadoras avulsas, empregadas domésticas, contribuintes individuais e seguradas especiais) e, mediante compensação, às seguradas empregadas urbanas e rurais – art. 73 da Lei n. 8.213/91.

No caso de empregos concomitantes, a segurada fará jus ao salário-maternidade relativo a cada vínculo empregatício.

O salário-maternidade não poderá ser acumulado com benefício por incapacidade, o qual deverá ser suspenso enquanto perdurar o referido pagamento.

O valor pago pelo INSS sofre a dedução da contribuição devida pela segurada, cabendo à empresa e ao empregador doméstico fazer as contribuições a seu encargo somente, durante o período da licença. O contrato de trabalho fica suspenso no interregno.

A despedida sem justa causa realizada com o fito de obstar o recebimento do benefício acarreta ao empregador – urbano, rural ou doméstico – o ônus de indenizar o valor correspondente ao benefício.

Veja-se a respeito a orientação do Conselho de Recursos da Previdência Social, expresso no Enunciado n. 31: *Nos períodos de que trata o artigo 15 da Lei 8.213/91, é devido o salário-maternidade à segurada desempregada que não tenha recebido indenização por demissão sem justa causa durante a estabilidade gestacional, vedando-se, em qualquer caso, o pagamento em duplicidade.*

O INSS, com a edição da IN 45/2010, com o fito de "esclarecer o procedimento a ser aplicado às seguradas em prazo de manutenção dessa qualidade em decorrência de atividades concomitantes", passou a prever que "quando a segurada se desligar de apenas uma das atividades, o benefício será devido somente pela atividade que continuar exercendo, ainda que em prazo de manutenção da qualidade de segurada na atividade encerrada"; todavia, "quando a segurada se desligar de todos os empregos ou atividades concomitantes e estiver em prazo de manutenção da qualidade de segurada, será devido o salário maternidade somente em relação à última atividade exercida", regra que não guarda sentido lógico, visto que não observa sequer uma proporcionalidade da renda auferida pela segurada.

– A Limitação do valor do salário-maternidade pela Emenda Constitucional n. 20/98

A Emenda Constitucional n. 20, de 16.12.98, manteve a garantia ao salário-maternidade, mas fixou o teto-limite de R$ 1.200,00 aos benefícios pagos pela Previdência Social. Ancorado na norma limitadora do valor dos benefícios, o INSS entendeu que houve revogação dos dispositivos que previam o reembolso integral do salário-maternidade às empresas. Entretanto, o Supremo Tribunal Federal decidiu, em 29.4.99, que o salário-maternidade está excluído do limite de R$ 1.200,00, imposto aos benefícios previdenciários pelo art. 14 da Emenda Constitucional n. 20. O Supremo Tribunal Federal tomou a decisão ao conceder liminar na Ação Direta de Inconstitucionalidade (ADIn n. 1.946) apresentada pelo Partido Socialista Brasileiro (PSB) contra a limitação do salário-maternidade em R$ 1.200,00. Por unanimidade e seguindo o voto do relator Sydney Sanches, os ministros do Supremo afirmaram que o salário-maternidade é um benefício que deve ser pago integralmente pela Previdência Social, independentemente do valor do salário da trabalhadora gestante. Os ministros entenderam que não pode haver limitação no valor do salário-maternidade porque isto contraria a Constituição Federal, que garante o direito de licença-maternidade, sem prejuízo do emprego e do salário, com duração de cento e vinte dias (art. 7º, XVIII). Ou seja, a norma constitucional garante a irredutibilidade de estipêndios durante a licença, e, sendo a cobertura devida pela Previdência, não se concebe que esta queira se desincumbir do ônus.

- Cessação do benefício

O pagamento do salário-maternidade cessa após o período de cento e vinte dias ou pelo falecimento da segurada.

- Extensão do salário-maternidade à mãe que adotar

De algum tempo vinha sendo discutida, judicialmente e em sede doutrinária, a extensão do benefício da licença-maternidade às mães adotantes, nos moldes em que já ocorre no tocante ao Regime Jurídico dos Servidores da União, Autarquias e Fundações Públicas Federais – Lei n. 8.112/90, que desde a sua edição já prevê uma licença de 90 dias para as servidoras adotantes ou que obtenham guarda judicial de crianças de idade até um ano de idade, e de 30 dias, para crianças com idade superior a um ano (art. 210 e seu parágrafo único).

No âmbito da iniciativa privada, em que pese haver posicionamentos favoráveis, o Supremo Tribunal Federal tinha entendimento de que não cabia tal direito à mãe que adota, por inexistência de previsão legal expressa (RE 197.807/RS, Relator Ministro Octávio Gallotti, DJU de 18.8.2000), decisão esta criticada por parte dos operadores do Direito.[340]

Doutrinariamente, já sustentávamos que "neste ponto – direitos previdenciários da mãe – a norma ainda pode avançar, para reconhecer o direito também à mãe adotante (...) num país onde há milhões de crianças abandonadas por seus

340 ANDREUCCI, Ana Claudia Pompeu Torezan. "Salário-maternidade para a mãe adotiva: uma análise do acórdão proferido pelo Supremo Tribunal Federal à luz dos métodos de interpretação". Tese publicada no *Jornal do 15º Congresso Brasileiro de Previdência Social*. São Paulo: LTr, 15.4.2002, pp. 78-79.

pais biológicos, a concessão de benefício que permita à segurada um prazo para, adotando menor carente, incluí-lo no seio familiar é um incentivo à adoção".[341]

A Constituição Federal, na medida em que garante proteção especial à família, "mediante assistência a cada um dos que a integram",[342] equipara os filhos biológicos aos adotivos, e deste modo, parece inequívoco que o amparo social deva se estender a ponto de incentivar a prática da adoção, como forma de evitar a perda de várias vidas humanas que, na indigência das ruas, não têm como chegar a possuir uma existência digna. Por isso, saúda-se a iniciativa legislativa, pois se chega a um novo marco na chamada "doutrina da proteção integral à criança",[343] vencendo-se a discussão que antes pairava exclusivamente sobre a erradicação do trabalho infantil e o acesso à educação, para ampliar o espectro protecionista ao indivíduo com tenra idade, adotado por segu-rada da Previdência Social.

A Lei n. 10.421 alterou a redação do art. 392 da CLT, em seu *caput* e §§ 1º a 3º, tendo sido vetados pelo Poder Executivo o dispositivo que alterava o § 4º e o que incluía um § 5º ao texto.

As novas disposições preveem que cabe à empregada gestante notificar o empregador da data do afastamento do emprego, determinada por atestado médico, no interregno dos 28 dias anteriores ao parto, ou, em último caso, considerado o afastamento a partir do próprio dia do parto (*verbi gratia*, nos casos de parto prematuro), respeitando-se o interregno de 120 dias, no mínimo, como período de licença. Este período, contudo, poderá ser aumentado em duas semanas, antes e após o período inicial, por prescrição médica.

Já o novel art. 392-A da CLT, ora incluído, previa a concessão de licença à empregada que adotar ou obtenha a guarda judicial para fins de adoção, considerada a faixa etária da criança, nos seguintes patamares: (a) 120 dias, para criança de até um ano de idade; (b) 60 dias, para criança de mais de um ano até quatro anos de idade; e (c) 30 dias, para criança de mais de quatro anos até oito anos de idade.

Comentamos em edições anteriores, que, em que pesem os encômios antes endereçados ao poder legiferante, comete-se, com a devida vênia, manifesto equívoco: ao deferir-se a licença somente em casos de adoção de criança até a idade de oito anos completos, e ainda, de forma "escalonada", "classificando" os destinatários da proteção materna substitutiva da maternidade biológica, estabelecendo odiosa discriminação no tocante a quem tenha mais que esta idade – e que não deixam de ser crianças e de ter direito a receber, não somente em tese, a "proteção integral" indicada pelo art. 227 da Constituição. Assim, parece à primeira vista que novos debates devem surgir, partindo inclusive do próprio Ministério Público e das as-

341 CASTRO e LAZZARI. *Op. cit.*, p. 591.

342 SILVA, José Afonso da. *Curso de direito constitucional positivo*. 20. ed. São Paulo: Malheiros, 2002, p. 822.

343 COLUCCI, Viviane. "Os direitos da infância e da juventude". *In*: AZEVÊDO, Jackson Chaves de (Coord.). *Curso de direito do trabalho*. São Paulo: LTr, 2001, p. 238.

sociações de defesa dos interesses de crianças e adolescentes, quanto às limitações nada razoáveis deste art. 392-A. Já fizemos registro de que os dispositos da CLT que previam esse escalonamento foram revogados pela Lei n. 12.010, de 29.7.2009. Prevalendo, no entanto, o tratamento antiisonomico em relação às seguradas contribuintes individuais, especiais e facultativas.

Deve-se dizer, ainda, que o texto do artigo em questão faz menção ao § 5º do art. 392, tendo este sido vetado pelo Executivo; tal parágrafo previa sanção pecuniária ao empregador que, utilizando-se de qualquer estratégia, obstasse o pleno gozo, pela empregada, da licença-maternidade prevista neste artigo, multa esta devida em favor da gestante, de cinco vezes o salário pago por ele à empregada.

A concessão da licença, pelo empregador, em se tratando de adoção ou guarda judicial ocorrerá quando da apresentação, pela trabalhadora, do termo judicial, em que conste a guarda judicial para fins de adoção, ou da certidão de nascimento, em ambos os casos, com a presença do nome da trabalhadora como adotante ou guardiã. É dizer, não basta, para a concessão da licença, e do consequente benefício previdenciário, que o marido ou companheiro da segurada conste do termo de guarda ou da nova certidão de nascimento do adotado.

Em que pese o silêncio da norma, o dispositivo que cria a licença-adoção, embora altere somente o texto da CLT, atinge as empregadas rurais, as domésticas e as trabalhadoras avulsas, pois o dispositivo constitucional não discrimina entre estas o deferimento da licença, não podendo a legislação ordinária fazê-lo.

No campo das prestações previdenciárias, incluiu-se o art. 71-A no corpo da Lei n. 8.213/91, que estabelece o pagamento, pela Previdência Social, do salário-maternidade, nos períodos de: (a) 120 dias, para criança de até um ano de idade; (b) 60 dias, para criança de mais de um ano até quatro anos de idade; e (c) 30 dias, para criança de mais de quatro anos até oito anos de idade.

Deve-se ressaltar, todavia, que o benefício, em âmbito previdenciário, atinge não somente as trabalhadoras vinculadas a um contrato de trabalho, mas também as contribuintes individuais, seguradas especiais e facultativas, mantendo-se assim a noção de que a proteção à maternidade é evento a ser coberto pelas políticas de seguro social, como estatui o art. 201 da Constituição, independentemente de se tratar de gestação ou adoção, não havendo razão para se discriminar a segurada empregada daquela que não possui relação de emprego.

Menos razoável ainda se configura a não-concessão da licença à mãe que adota criança ou adolescente com idade superior a oito anos completos, e a discriminação entre adoções em razão da idade do adotado, no que tange ao tempo de licença. Cabe, aqui, a aplicação do mecanismo da interpretação conforme a Constituição, que em matéria de maternidade, fixou um único período de licença – de 120 dias – e que deve ser respeitado, no caso da extensão à maternidade por adoção.

O benefício do salário-maternidade para a mãe adotante ou guardiã é devido ainda que a mãe biológica do adotado ou da criança sob guarda já tenha percebido salário-maternidade quando do nascimento (art. 93-A, § 1º, do Decreto n. 3.048/99, inserido pelo Decreto n. 4.729, de 9.6.2003). Em caso de múltiplas adoções ou guardas judiciais de crianças, pela mesma segurada, na mesma data, somente será devido o valor de um salário-maternidade, a exemplo do que ocorre quando a segurada, mãe biológica, dá a luz a gêmeos. No caso, o § 4º do precitado artigo esclarece que será concedida a licença de maior período, relativo à criança de menor idade dentre elas.

Em decisão inédita, o benefício por adoção foi concedido a um servidor público federal, em seara administrativa, pelo Tribunal Regional do Trabalho (TRT) da 15ª Região, em Campinas. O Ministério Público do Trabalho também opinou a favor do benefício.

A decisão abre precedente para outros casos semelhantes. Até então, a licença de 90 dias era concedida apenas a mães adotivas. Gilberto, que trabalha como assistente social no próprio TRT, já havia colocado a filha como dependente no plano de saúde e também conseguiu benefícios como salário-maternidade e auxílio-creche.

Por 15 votos a 4, os juízes do TRT foram favoráveis ao direito do assistente social do próprio tribunal Gilberto Antonio Semensato, 42, de obter a licença para cuidar da filha, adotada por ele aos quatro meses. O Ministério Público também foi a favor do benefício.

O artigo 210 da Lei n. 8.112/90, que trata do regime jurídico dos servidores públicos civis da União, diz que "à servidora que adotar ou obtiver a guarda judicial de criança de até um ano serão concedidos 90 dias de licença remunerada".

A menina, que tem oito meses hoje, foi abandonada ainda na maternidade pelos pais e passou pela UTI (Unidade de Terapia Intensiva) com problemas respiratórios. Ficou quatro meses em um abrigo de Campinas até ser adotada.

O servidor adotou o bebê em março de 2008. Em abril, teve o direito à licença negado pela presidência do TRT, em um processo administrativo. Semensato recorreu e usou em sua defesa o artigo 5º da Constituição Federal, que diz que "todos são iguais perante a lei, sem distinção de qualquer natureza". (Informativo Atualidades em Direitos Sociais - 20.7.2008).

Por derradeiro, impõe-se recordar que o art. 5º da Lei n. 10.421, de 15.4.2002, nega a retroatividade das novas disposições da CLT e da Lei do RGPS, ou seja, impede a concessão da licença e do benefício previdenciário decorrente às adoções e guardas judiciais deferidas por sentença anterior à publicação da Lei.

8.13 Abono anual

É devido o abono anual aos segurados e dependentes que tiverem recebido durante o ano quaisquer dos seguintes benefícios: auxílio-doença, auxílio-acidente, aposentadoria, salário-maternidade, pensão por morte ou auxílio-reclusão (art. 120 do Decreto n. 3.048/99, com a redação conferida pelo Decreto n. 4.032/2001). O benefício também é chamado de gratificação natalina, vantagem inicialmente prevista aos empregados em atividade, pela Lei n. 4.090/62, e estendida aos beneficiários da Previdência Social a partir da Lei n. 4.281/63. Não têm direito ao abono os recebedores de salário-família e dos benefícios assistenciais.

É um direito dos beneficiários da Previdência Social previsto no art. 201, § 6º, da Constituição e regulado pelo art. 40 da Lei n. 8.213/91, bem como pelo art. 120 do Decreto n. 3.048/99.

O abono anual é pago no mês de dezembro de cada ano ou na data da cessação dos benefícios.

O valor é calculado da mesma forma que a gratificação de Natal dos trabalhadores: corresponde à renda mensal de dezembro, se o benefício tiver sido mantido por doze meses, dentro do mesmo ano. Será proporcional ao valor da renda mensal da data de cessação, se o benefício tiver sido mantido por período igual ou superior a quinze dias e inferior a doze meses.

A Previdência Social entendeu não ser autoaplicável o art. 201, § 6º, da Constituição de 1988, que garantiu o pagamento do abono anual, tendo por base o valor dos proventos do mês de dezembro de cada ano. Com base nessa interpretação, os beneficiários receberam a gratificação natalina de 1988 e 1989 pela média dos proventos pagos durante o ano. O entendimento que predominou, inclusive no Supremo Tribunal Federal, foi no sentido da autoaplicabilidade do art. 201, § 6º, da CF/88, por ser norma de eficácia plena. Nesse sentido, a Súmula n. 24 do Tribunal Regional Federal da 4ª Região consagra esse entendimento: "São auto-aplicáveis os §§ 5º e 6º do art. 201 da Constituição Federal de 1988".

O abono anual incidirá sobre a parcela de acréscimo de vinte e cinco por cento, referente ao auxílio-acompanhante devido em função da chamada grande invalidez, observado o disposto no art. 120 do RPS.

O pagamento do abono anual poderá ser realizado de forma parcelada, na forma de ato específico expedido pelo MPS-INSS.

8.14 Benefício assistencial ao idoso e ao deficiente - LOAS

O benefício assistencial, na forma de prestação continuada, está previsto no art. 203, V, da Constituição e corresponde à garantia de um salário mínimo mensal à pessoa portadora de deficiência e ao idoso que comprovem não possuir meio de prover à própria manutenção ou de tê-la provida por sua família.

A regulamentação se deu por meio da Lei n. 8.742, de 7.12.93 (Lei Orgânica da Assistência Social), e do Decreto n. 1.744, de 8.12.95, que exigem o preenchimento dos seguintes requisitos:

- comprovação da deficiência ou da idade mínima de 65 anos para o idoso não-deficiente;
- renda familiar mensal *per capita* inferior a ¼ do salário mínimo;
- não estar vinculado a nenhum regime de previdência social;
- não receber benefício de espécie alguma.

No período de 1º de janeiro de 1996 a 31 de dezembro de 1997, vigência da redação original do art. 38 da Lei n. 8.742/93, a idade mínima era de setenta anos. A partir de 1º de janeiro de 1998, a idade mínima para o idoso passou a ser sessenta e sete anos, conforme nova redação dada pela MP n. 1.599-39, de 1997, e reedições, convertida na Lei n. 9.720/98. Por fim, a Lei n. 10.741, de 1º.10.2003, estabelece, em seu art. 34:

> *Art. 34. Aos idosos, a partir de 65 (sessenta e cinco) anos, que não possuam meios para prover sua subsistência, nem de tê-la provida por sua família, é assegurado o benefício mensal de 1 (um) salário mínimo, nos termos da Lei Orgânica da Assistência Social - Loas.*
>
> *Parágrafo único. O benefício já concedido a qualquer membro da família nos termos do* caput *não será computado para os fins do cálculo da renda familiar per capita a que se refere a Loas.*

É considerada pessoa portadora de deficiência aquela incapacitada para a vida independente e para o trabalho, em razão de anomalias ou lesões irreversíveis de natureza hereditária, congênita ou adquirida. Acerca do tema, a Turma Nacional de Uniformização dos JEFs editou a seguinte Súmula:

> *29 - Para os efeitos do art. 20, § 2º, da Lei n. 8.742, de 1993, incapacidade para a vida independente não só é aquela que impede as atividades mais elementares da pessoa, mas também a impossibilita de prover ao próprio sustento.*

A Advocacia Geral da União, visando eliminar a produção de recursos e medidas judiciais e dirimir controvérsias internas na Administração Federal, baixou sobre a matéria o Enunciado n. 30, do seguinte teor:

> *"A incapacidade para prover a própria subsistência por meio do trabalho é suficiente para a caracterização da incapacidade para a vida independente, conforme estabelecido no art. 203, V, da Constituição Federal, e art. 20, II, da Lei nº 8.742, de 7 de dezembro de 1993."*

Questão tormentosa está relacionada aos portadores do vírus HIV. A Turma Nacional de Uniformização da Jurisprudência dos Juizados Especiais Federais deu provimento a pedido de uniformização que requereu a concessão de benefício assistencial a um portador do vírus HIV. Embora o laudo pericial do INSS não tenha considerado o requerente incapaz para o trabalho, mesmo sendo portador do vírus

HIV, a Turma entendeu que os fatores estigmatizantes que pesam sobre o paciente são relevantes ao ponto da discriminação impossibilitá-lo de conseguir um emprego formal. De acordo com a relatora do processo, a juíza federal Maria Divina Vitória, "a deficiência não deve ser encarada só do ponto de vista médico, mas também social. A maior intolerância é negar as diferenças. O preconceito existe", (Sessão de 9.10.2007. Disponível em: http://www.jf.gov.br. Acesso em 10.10.2007.)

A concessão do benefício assistencial a deficiente físico, quando indeferido administrativamente em razão de ter sido constatada a capacidade do requerente, só é possível com a apresentação de laudo sócio-econômico do grupo familiar. O entendimento é da Turma Nacional de Uniformização de Jurisprudência dos Juizados Especiais Federais (PU nº 2004.39.00.710697-7/PA. Sessão de 17.12.2007). A relatora do incidente de uniformização, juíza federal Daniele Maranhão Costa, fundamentou sua decisão em jurisprudência dos Tribunais Regionais Federais das 3ª e 4ª Regiões. Segundo ela, cabe ao magistrado analisar o preenchimento de todos os requisitos legais para fins de concessão judicial de qualquer benefício, principalmente os de caráter precário e assistencial, como no caso em questão. "A concessão judicial do benefício de amparo assistencial sem a elaboração do laudo sócio-econômico afronta o direito constitucional da ampla defesa e ofende a própria lei instituidora do benefício, que enumera os requisitos necessários à sua concessão", explica a juíza em seu voto.

Sobre a incapacidade laboral parcial a TNU firmou importante precedente no sentido de que cabe a concessão do benefício se as condições pessoais forem desfavoráveis à inserção ou reinserção no mercado do trabalho (PEDILEF nº 2006.83.03.501397-9/PE, Rel. Juíza Fed. Jacqueline Michels Bilhalva, DJ 28.7.2009). Mesma regra é adotada no caso da incapacidade médica temporária (PEDILEF nº 2007.70.50.010865-9/PR, Rel. Juiz Fed. Otávio Henrique Martins Port, DJ 11.3.2010).

Em relação aos menores de dezesseis anos de idade, a avaliação médico-pericial deverá apenas verificar a existência da deficiência, em razão de que a incapacidade para a vida independente e para o trabalho, em virtude da tenra idade, é presumida.

Considera-se família o conjunto de pessoas que vivam sob o mesmo teto, assim entendido o cônjuge, o companheiro ou a companheira, os pais, os filhos, inclusive o enteado e o menor tutelado, e irmãos não emancipados de qualquer condição, menores de vinte e um anos ou inválidos. A respeito do tema, a TNU decidiu: "Considera-se componente do grupo familiar para o cálculo da renda mensal *per capita* apenas e tão-somente o cônjuge ou companheiro; o filho não emancipado menor de vinte e um anos ou inválido; os pais, bem como os irmãos também não emancipados e menores de 21 anos ou inválidos, não havendo que se falar em interpretação extensiva das normas sob comento, computando-se a renda mensal de outros componentes do grupo familiar, ainda que vivam sob o mesmo teto, considerando que inexiste previsão legal expressa para tanto." (PU n. 2005.63.06.002012-2/SP, DJU de 13.11.2006). Por sua vez, o Fórum Nacional dos Juizados Especiais Federais considera que: "O art. 20, parágrafo primeiro, da Lei 8742/93 não é exauriente para delimitar o conceito de unidade familiar" (Enunciado n. 51).

De acordo com o estabelecido no art. 20, § 3º, da Lei n. 8.742/93, considera-se incapaz de prover a manutenção da pessoa portadora de deficiência ou idosa a família cuja renda mensal *per capita* seja inferior a ¼ (um quarto) do salário mínimo.

Em relação a esse critério que limita sobremaneira a concessão do benefício assistencial, o Supremo Tribunal Federal julgou improcedente a ADIN n. 1.232-1/DF, cuja ementa é a que segue:

> *"CONSTITUCIONAL. IMPUGNA DISPOSITIVO DE LEI FEDERAL QUE ESTABELECE O CRITÉRIO PARA RECEBER O BENEFÍCIO DO INCISO V DO ART. 203, DA CF. INEXISTE A RESTRIÇÃO ALEGADA EM FACE AO PRÓPRIO DISPOSITIVO CONSTITUCIONAL QUE REPORTA À LEI PARA FIXAR OS CRITÉRIOS DE GARANTIA DO BENEFÍCIO DE SALÁRIO MÍNIMO À PESSOA PORTADORA DE DEFICIÊNCIA FÍSICA E AO IDOSO. ESTA LEI TRAZ HIPÓTESE OBJETIVA DE PRESTAÇÃO ASSISTENCIAL DO ESTADO. AÇÃO JULGADA IMPROCEDENTE" (Plenário. Relator Ministro Ilmar Galvão. DJ de 1.6.2001).*

O critério estabelecido no dispositivo legal é objetivo, ou seja, uma vez constatada a percepção de valor inferior a ¼ do salário mínimo por cada uma dos membros do grupo familiar, a miserabilidade é presumida.

Posteriormente à Lei n. 8.742/93, sobreveio a Lei n. 9.533/97, que ao autorizar o Poder Executivo a conceder apoio financeiro aos Municípios que instituírem programas de garantia de *renda mínima* associados a ações socioeducativas, estabeleceu critério mais vantajoso para análise objetiva da miserabilidade, qual seja, renda familiar *per capita* inferior a ½ salário mínimo (art. 5º, I).

Na mesma esteira desse diploma normativo, a Lei n. 10.689/2003 veio a instituir o *Programa Nacional de Acesso à Alimentação – PNAA* e dispôs, em seu art. 2º, § 2º, que: "os benefícios do PNAA serão concedidos, na forma desta Lei, para unidade familiar com renda mensal *per capita* inferior a meio salário mínimo".

Como visto, os programas de acesso à alimentação e de renda mínima instituídos após a regulamentação do benefício assistencial consideram miserável a pessoa cuja renda *per capita* de seu grupo familiar seja inferior a ½ salário mínimo.

A inovação no ordenamento jurídico não pode passar despercebida do aplicador do Direito, especialmente porque o benefício assistencial também se destina a suprir a falta dos meios básicos de subsistência de quem comprovadamente encontrar-se em situação de miserabilidade.

Sendo assim, há de se estabelecer igual tratamento jurídico no que concerne à verificação da miserabilidade, a fim de se evitar distorções que conduzam a situações desprovidas de razoabilidade. Em outras palavras, deve ser considerada incapaz de prover a manutenção da pessoa portadora de deficiência ou idosa a família cuja renda mensal *per capita* seja inferior a ½ salário mínimo. Neste sentido: TRF da 4ª Região: AGA n. 2002.04.01.046195-1/PR, Quinta Turma, Relator Des. Federal A. A. Ramos de Oliveira. DJ de 9.4.2003.

Em relação à validade do critério de ½ salário mínimo per capita, o STF reconheceu a existência de repercussão geral da questão constitucional suscitada, devendo definir a orientação a ser seguida pelo judiciário:

> *REPERCUSSÃO GERAL - BENEFÍCIO ASSISTENCIAL DE PRESTAÇÃO CONTINUADA - IDOSO - RENDA PER CAPITA FAMILIAR INFERIOR A MEIO SALÁRIO MÍNIMO - ARTIGO 203, INCISO V, DA CONSTITUIÇÃO FEDERAL. Admissão pelo Colegiado Maior. (RE n. 567985/ MT Relator Min. Marco Aurélio. DJe em 11.4.2008).*

Convém salientar que os critérios referidos não afastam a possibilidade do benefício assistencial restar deferido ao pretendente que comprovar a situação de miserabilidade por outros meios. Neste sentido foi o teor da Súmula n. 11 da Turma Nacional de Uniformização dos JEFs:

> *"A renda mensal, per capita, familiar, superior a ¼ do salário mínimo não impede a concessão de benefício assistencial previsto no art. 20, § 3º, da Lei n. 8.742 de 1993, desde que comprovada, por outros meios, a miserabilidade do postulante".*

Muito embora essa súmula tenha sido cancelada (DJ de 12.5.2006), a TNU continua adotando o entendimento de que a renda familiar per capita de até ¼ do salário mínimo gera presunção absoluta de miserabilidade, mas não é critério absoluto. Trata-se de um limite mínimo, motivo pelo qual a renda superior a este patamar não afasta o direito ao benefício se a miserabilidade restar comprovada por outros meios (PEDILEF nº 2007.70.50.014189-4/PR, Rel. Juiz Fed. Otávio Henrique Martins Port, DJ 13.5.2010). Esse tema encontra-se sobrestado no STJ (PET nº 7.680/PR) e no STF (AI nº 795.905/PR; RE nº 567.985).

É importante referir que a jurisprudência do Supremo Tribunal Federal não é unânime na apreciação dos Recursos Extraordinários e Reclamações acerca da aplicação do § 3º do art. 20 da Lei n. 8.742/93. Em decisão publicada no DJ de 06.02.2007 (Reclamação n. 4374 MC/ PE), o Ministro Gilmar Mendes apresentou a seguinte argumentação:

> *(...) Os inúmeros casos concretos que são objeto do conhecimento dos juízes e tribunais por todo o país, e chegam a este Tribunal pela via da reclamação ou do recurso extraordinário, têm demonstrado que os critérios objetivos estabelecidos pela Lei nº 8.742/93 são insuficientes para atestar que o idoso ou o deficiente não possuem meios de prover à própria manutenção ou de tê-la provida por sua família. Constatada tal insuficiência, os juízes e tribunais nada mais têm feito do que comprovar a condição de miserabilidade do indivíduo que pleiteia o benefício por outros meios de prova. Não se declara a inconstitucionalidade do art. 20, § 3º, da Lei nº 8.742/93, mas apenas se reconhece a possibilidade de que esse parâmetro objetivo seja conjugado, no caso concreto, com outros fatores indicativos do estado de penúria do cidadão.*

> *Em alguns casos, procede-se à interpretação sistemática da legislação superveniente que estabelece critérios mais elásticos para a concessão de outros benefícios assistenciais.*
> *(...) O Tribunal parece caminhar no sentido de se admitir que o critério de 1/4 do salário mínimo pode ser conjugado com outros fatores indicativos do estado de miserabilidade do indivíduo e de sua família para concessão do benefício assistencial de que trata o art. 203, inciso V, da Constituição.*
> *(...) A meu ver, toda essa reinterpretação do art. 203 da Constituição, que vem sendo realizada tanto pelo legislador como por esta Corte, pode ser reveladora de um processo de inconstitucionalização do § 3º do art. 20 da Lei nº 8.742/93.*
> *Diante de todas essas perplexidades sobre o tema, é certo que o Plenário do Tribunal terá que enfrentá-lo novamente.*
> *Ademais, o próprio caráter alimentar do benefício em referência torna injustificada a alegada urgência da pretensão cautelar em casos como este.*
> *Ante o exposto, indefiro o pedido de medida liminar.*

A respeito da prova da miserabilidade, o Fórum Nacional dos Juizados Especiais Federais aprovou o Enunciado nº. 50, com o seguinte teor: "*A comprovação da condição sócio-econômica do autor pode ser feita por laudo técnico confeccionado por assistente social, por auto de constatação lavrado por oficial de Justiça ou através da oitiva de testemunhas*".

Cabe ressaltar, ainda, que o benefício de aposentadoria por idade recebido pelo idoso com mais de 65 anos, no valor de um salário mínimo, não deve ser computado no cálculo da renda *per capita*, consoante aplicação analógica do disposto no art. 34, parágrafo único, do Estatuto do Idoso – Lei n. 10.741/2003. Seguindo a mesma linha interpretativa, o TRF da 4ª Região concedeu liminar em Ação Civil Pública entendendo que para efeitos do cálculo da renda per capita familiar a que se refere a Lei Orgânica da Assistência Social não fosse considerado qualquer benefício de valor igual ao salário mínimo já concedido a idoso ou portador de deficiência (AI n. 2005.04.01.022719-0/SC, Rel. Des. Fed. Luis Alberto d'Azevedo Aurvalle, julg. 24.6.2005).

O tema foi sumulado pelas Turmas Recursais de Santa Catarina, nos termos que seguem:

> *Súmula 20: O benefício previdenciário de valor mínimo percebido por idoso é excluído da composição da renda familiar, apurada para o fim de concessão de benefício assistencial.*

No mesmo sentido é a orientação da TNU: PEDILEF n. 2007.83.00.519845-3 – PE. Relatora Juíza Joana Carolina Lins Pereira. Unânime. DJ 11.12.2008; PEDILEF n. 2005.83.03.502411-0 – PE. Relator Juiz Élio Wanderley de Siqueira Filho. Unânime. DJ 28.07.2009.

A matéria pende de apreciação no STF (RE 580963). Nesse recurso discute-se se é devido ou não – para os fins do cálculo da renda familiar mencionada da Lei Orgânica da Assistência Social (LOAS) – o cômputo do benefício previdenciário já concedido a idoso, do benefício assistencial concedido a pessoa com deficiência ou de qualquer outra situação não contemplada expressamente no Estatuto do Idoso. (Informativo Notícias STF, em www.stf.jus.br, acesso em 20.9.2010).

Consideramos relevante relacionar mais alguns precedentes da TNU que no nosso entender dão efetividade ao mandamento constitucional de proteção social aos indivíduos carentes do mínimo existencial:

> *- cabe a exclusão de benefício de valor mínimo recebido por inválido do grupo familiar, ainda que não seja idoso e nem deficiente e ainda que o benefício seja de cunho previdenciário, o qual também fica excluído do grupo para fins de cálculo da renda familiar per capita (PEDILEF nº 2007.70.51.007381-2/PR, Rel. Juíza Fed. Joana Carolina L. Pereira, julg. 10.5.2010);*
>
> *- cabe a exclusão de benefício de valor mínimo recebido pelo pai, ainda que não seja idoso e nem deficiente e ainda que o benefício seja de cunho previdenciário, o qual também fica excluído do grupo para fins de cálculo da renda familiar per capita (PEDILEF nº 2007.83.00.502381-1/PE, Rel. Juíza Fed. Jacqueline Michels Bilhalva, DJ 19.8.2009);*
>
> *- a exclusão do art. 34 do Estatuto do Idoso deve ser realizada antes de quaisquer outras avaliações sobre a miserabilidade (PEDILEF nº 2008.70.53.000013-2/PR, Rel. Juiz Fed. Ronivon de Aragão, julg. 25.5.2010);*
>
> *- no caso de HIV assintomático, mas com sinais exteriores da doença há direito a benefício assistencial (PEDILEF nº 2006.34.00.700191-7/DF, Rel. Juiz Fed. Derivaldo de F. B. Filho, DJ 11.3.2010).*

A cessação do pagamento do benefício ocorrerá nas seguintes hipóteses:

- superação das condições que lhe deram origem;
- morte do beneficiário;
- falta de comparecimento do beneficiário portador de deficiência ao exame médico-pericial, por ocasião de revisão do benefício;
- falta de apresentação pelo beneficiário da declaração de composição do grupo familiar por ocasião da revisão do benefício.

O benefício é intransferível, não gerando direito à pensão por morte a herdeiros ou a sucessores (Decreto n. 4.360, de 5.9.2002). Entretanto, o valor não recebido em vida pelo beneficiário será pago aos seus herdeiros diretamente pelo INSS. Neste sentido, precedente da TNU: PEDILEF n. 2006.38.00.748812-7 - MG. Relatora Juíza Joana Carolina Lins Pereira. Unânime. DJ 30.01.2009.

Capítulo 9
Benefícios extintos

Neste ponto abordaremos de forma sintética os benefícios que a Previdência Social pagava a seus segurados e que foram extintos após a edição da Lei n. 8.213/91 (24.7.91), garantindo-se o direito de quem, na data da extinção, tivesse preenchido todas as condições para a concessão.

9.1 Renda mensal vitalícia

Criada pela Lei n. 6.179/74, a renda mensal vitalícia era o benefício pago pela Previdência Social ao maior de 70 anos de idade ou inválido que não exercesse atividade remunerada, não auferisse qualquer rendimento superior ao valor da sua renda mensal, não fosse mantido por pessoa de quem dependesse obrigatoriamente e não tivesse outro meio de prover o próprio sustento, desde que:

- tivesse sido filiado à Previdência Social, em qualquer época, no mínimo por doze meses, consecutivos ou não;
- tivesse exercido atividade remunerada, posteriormente abrangida pelo Regime Geral de Previdência Social – RGPS, embora sem filiação a este ou à antiga Previdência Social Urbana ou Rural, no mínimo por cinco anos, consecutivos ou não; ou
- tivesse sido filiado à antiga Previdência Social Urbana após completar 60 anos de idade, sem direito aos benefícios regulamentares.

O valor da renda mensal vitalícia, inclusive para os benefícios concedidos antes da entrada em vigor da Lei n. 8.213/91, era de um salário mínimo, sendo devido a contar da data de apresentação do requerimento, e não podia ser acumulado com qualquer espécie de benefício do RGPS, ou da antiga Previdência Social Urbana ou Rural, ou de outro regime.

A renda mensal vitalícia integrou o elenco de benefícios da Previdência Social até a regulamentação do inciso V do art. 203 da Constituição Federal, que se deu pela Lei n. 8.742, de 7.12.93.

A Lei Orgânica da Assistência Social foi regulamentada pelo Decreto n. 1.744, de 8.12.95, que extinguiu, a partir de 1.1.96, a renda mensal vitalícia.

O benefício de prestação continuada, previsto no art. 20 da Lei n. 8.742/93, que substituiu a renda mensal vitalícia, corresponde a um salário mínimo mensal pago à pessoa portadora de deficiência e ao idoso com 70 anos ou mais que comprovem não possuir meios de prover a própria manutenção e nem de tê-la provida por sua família. A idade foi reduzida para 67 anos a partir de 1.1.98 e para 65 anos a partir da entrada em vigor do Estatuto do Idoso (Lei n. 10.741/2003).

Entende-se como família o conjunto de pessoas elencadas no art. 16 da Lei n. 8.213/91, que vivam sob o mesmo teto. Considera-se incapaz de prover a manutenção de pessoa portadora de deficiência ou idosa, a família cuja renda mensal *per capita* seja inferior a um quarto do salário mínimo. A deficiência é comprovada por meio de exame médico-pericial e laudo realizados pelos serviços de perícia médica do INSS.

O benefício será devido depois de cumpridos todos os requisitos exigidos e será pago a partir de, no máximo, quarenta e cinco dias após o requerimento. Não está sujeito a desconto de qualquer contribuição, nem gera direito a abono anual e não pode ser acumulado com nenhum outro benefício da Previdência Social ou outro regime assistencial.

9.2 Auxílio-natalidade

O auxílio-natalidade era uma prestação pecuniária de cota única, devido ao segurado ou segurada cuja remuneração fosse de valor igual ou inferior ao limite fixado pela Previdência Social, na data do nascimento de filho.

Era pago à segurada, por seu parto, e, ao segurado, pelo parto de sua esposa ou companheira, se esta não fosse segurada.

O prazo de carência era de 12 contribuições mensais sem interrupção que determinasse a perda da qualidade de segurado. O segurado especial estava dispensado do cumprimento do prazo de carência.

Estava previsto no art. 140 da Lei n. 8.213/91, sendo o pagamento de responsabilidade da Previdência Social até a entrada em vigor da Lei n. 8.742, de 7.12.93, que dispôs sobre os benefícios e serviços da Assistência Social.

O Decreto n. 1.744, de 8.12.95, que regulamentou a Lei Orgânica da Assistência Social acabou por extinguir o auxílio-natalidade, bem como o auxílio-funeral e a renda mensal vitalícia a partir de 1.1.96.

9.3 Auxílio-funeral

O auxílio-funeral era devido por morte do segurado empregado, trabalhador avulso, contribuinte individual e segurado especial, cuja remuneração ou salário de contribuição na data do óbito fosse de valor igual ou inferior ao limite fixado pela

Previdência Social. Consistia na indenização das despesas com o sepultamento do segurado, devidamente comprovadas, até o máximo fixado pelo Instituto Nacional do Seguro Social – INSS, na data do óbito. Se o executor do funeral fosse dependente do segurado falecido, o valor do auxílio-funeral corresponderia ao máximo previsto, independentemente do total das despesas comprovadas.

A concessão do auxílio-funeral não dependia do cumprimento de prazo de carência e era devido àquele que comprovasse ter efetuado as despesas com o sepultamento do segurado.

Estava previsto no art. 141 da Lei n. 8.213/91, sendo o pagamento de responsabilidade da Previdência Social até a entrada em vigor da Lei n. 8.742, de 7.12.93. Foi extinto, a partir de 1.1.96, pelo Decreto n. 1.744/95, que regulamentou a Lei Orgânica da Assistência Social.

9.4 Pecúlio

O pecúlio era uma prestação única paga pela Previdência Social, correspondente à devolução daquilo que tivesse sido pago pelo segurado a título de contribuição previdenciária, nas hipóteses previstas no art. 81 da Lei n. 8.213/91, quais sejam:

- ao segurado que se incapacitasse para o trabalho antes de ter completado o período de carência (extinto a partir de 21.11.95, pela Lei n. 9.129, de 20.11.95);
- ao segurado aposentado por idade ou por tempo de serviço pelo RGPS que voltasse a exercer atividade abrangida pelo mesmo, quando dela se tivesse afastado (extinto a partir de 16.4.94, pela Lei n. 8.870, de 15.4.94);
- ao segurado ou a seus dependentes, em caso de invalidez ou morte decorrente de acidente de trabalho (extinto a partir de 21.11.95, pela Lei n. 9.129, de 20.11.95).

No caso dos incisos I e II do art. 81, o pecúlio consistia em pagamento único de valor correspondente à soma das importâncias relativas às contribuições do segurado, pagas de acordo com o índice de remuneração básica dos depósitos de poupança com data de aniversário no dia primeiro. No caso do inciso III do art. 81, o pecúlio consistia em um pagamento único de 75% do limite máximo do salário de contribuição, no caso de invalidez, e de 150% desse mesmo limite, no caso de morte.

O prazo prescricional de cinco anos para que o trabalhador tenha o direito de requerer à Previdência Social o recebimento de pecúlio começa a fluir a partir do afastamento do trabalhador da atividade que ele estava exercendo, e não a partir da vigência da Lei n. 8.870/94, que extinguiu o pecúlio. O entendimento foi firmado pela Turma Nacional de Uniformização da Jurisprudência dos Juizados Especiais Federais (Processo n. 2005.84.13.001061-3).

9.5 Abono de permanência em serviço

O abono de permanência em serviço era devido ao segurado que, satisfazendo as condições de carência e tempo de serviço exigidos para obtenção da aposentadoria por tempo de serviço integral (trinta anos para mulher, trinta e cinco anos para homem), preferisse não se aposentar.

A renda mensal correspondia a 25% do salário de benefício para o segurado com trinta e cinco anos ou mais de serviço e para a segurada com trinta anos ou mais de serviço.

O abono de permanência em serviço era extinto pela concessão da aposentadoria, ou por morte do segurado, ou quando da emissão de certidão de tempo de serviço, para fins de contagem recíproca. Era mantido o abono se o segurado entrasse em gozo de auxílio-doença, ou quando ocorresse o desemprego depois de requerido o abono.

O abono de permanência em serviço não se incorporava, para nenhum efeito, à aposentadoria ou à pensão.

Estava previsto no art. 87 da Lei n. 8.213/91 e foi extinto pelo art. 29 da Lei n. 8.870, de 15.4.94.

9.6 Aposentadorias diferenciadas

A Medida Provisória n. 1.523, de 11.10.96, convertida na Lei n. 9.528, de 10.12.97, extinguiu as aposentadorias especiais do jornalista profissional, do jogador profissional de futebol, da telefonista e do juiz classista temporário.

Os jornalistas profissionais que trabalhassem em empresas jornalísticas, quando completassem trinta anos de serviço, tinham direito à aposentadoria integral, nos termos da Lei n. 3.529, de 13.1.59.

A concessão de benefícios pelo INSS ao jogador profissional de futebol estava definida na Lei n. 5.939, de 19.11.73, e regulamentada pelo Decreto n. 77.210/76, o qual previa no art. 4º que: "O cálculo do benefício devido ao jogador profissional de futebol obedecerá às mesmas normas prescritas na Consolidação das Leis de Previdência Social – CLPS, para qualquer segurado obrigatório da previdência social, salvo quando de sua aplicação decorrer, em virtude do desempenho posterior de atividade de menor remuneração, um salário de benefício desvantajoso em relação ao período de exercício da atividade de jogador".

Importante mencionar a disposição contida na IN INSS/PRES 45/2010 sobre o tema:

Art. 487. Ressalvado o direito adquirido, foram extintas as seguintes aposentadorias de legislação especial:
I - a partir de 14 de outubro de 1996, data da publicação da MP nº 1.523, de 1996, convertida na Lei nº 9.528, de 1997, para o jornalista profissional e o atleta profissional de futebol, de que tratavam, respectivamente, as Leis nº 3.529, de 13 de janeiro de 1959 e nº 5.939, de 19 de novembro de 1973; e
II - a partir de 16 de dezembro de 1998, data da publicação da Emenda Constitucional nº 20, de 1998, conforme disposto na Portaria MPAS nº 4.883, de 16 de dezembro de 1998, para o aeronauta, de que tratava a Lei nº 3.501, de 21 de dezembro de 1958.

A Lei n. 7.850, de 23.10.89, considerava penosa, para efeito de concessão de aposentadoria especial aos vinte e cinco anos de serviço, a atividade profissional de telefonista.

Os representantes classistas temporários da Justiça do Trabalho e os magistrados da Justiça Eleitoral nomeados na forma dos incisos II do art. 119 e III do § 1º do art. 120 da Constituição Federal tinham direito a aposentadorias nos termos da Lei n. 6.903, de 30.4.81. Com a revogação dessa lei, passaram a se aposentar de acordo com as normas estabelecidas pela legislação previdenciária a que estavam submetidos antes da investidura na magistratura, mantida a referida vinculação previdenciária durante o exercício do mandato.

De acordo com o art. 190, parágrafo único, do Decreto n. 3.048/99, a aposentadoria especial do aeronauta, nos moldes do Decreto-lei n. 158, de 10.2.67, foi extinta a partir de 16.12.98, em face da Emenda Constitucional n. 20/98. O segurado aeronauta que completasse 45 anos de idade e vinte e cinco anos de serviço tinha direito à aposentadoria por tempo de serviço.

Atualmente, essas categorias de trabalhadores são segurados obrigatórios do RGPS e possuem os mesmos direitos previdenciários dos demais segurados, sem redução de tempo de contribuição, carência ou cálculo da renda mensal favorecida quando da concessão dos benefícios.

Capítulo 10
Serviços

Serviços são prestações previdenciárias de natureza imaterial postas à disposição dos segurados e dos dependentes do Regime Geral de Previdência Social – RGPS. Podem ser divididos em serviço social e habilitação e reabilitação profissional.

10.1 Serviço Social

O Serviço Social é previsto para esclarecer aos beneficiários seus direitos sociais e os meios de exercê-los, além de estabelecer conjuntamente com eles o processo de solução dos problemas que emergirem da sua relação com a Previdência Social, tanto no âmbito interno da instituição como na dinâmica da sociedade.

Para assegurar o efetivo atendimento dos usuários, é prevista a utilização de intervenção técnica, assistência de natureza jurídica, ajuda material, recursos sociais, intercâmbio com empresas e pesquisa social, inclusive mediante celebração de convênios, acordos ou contratos.

O Serviço Social conscientiza o beneficiário para participar do fortalecimento da política previdenciária, em articulação com as associações e entidades profissionais. As regras gerais estão previstas no art. 88 da Lei n. 8.213/91.

10.2 Habilitação e reabilitação profissional

A habilitação e a reabilitação profissional são serviços que devem propiciar ao beneficiário incapacitado parcial ou totalmente para o trabalho, e às pessoas portadoras de deficiência, os meios para a (re)educação e (re)adaptação profissional e social indicados para participar do mercado de trabalho e do contexto em que vivem – Lei n. 8.213/91, art. 89.

São de caráter compulsório aos segurados em auxílio-doença e aposentadoria por invalidez, e aos dependentes inválidos – art. 90 da Lei do RGPS.

Wladimir Novaes Martinez nos apresenta a seguinte distinção entre os institutos: "Habilitação não se confunde com reabilitação. A primeira é a preparação do inapto para exercer atividades, em decorrência de incapacidade física adquirida ou deficiência hereditária. A segunda pressupõe a pessoa ter tido aptidão e tê-la perdido por motivo de enfermidade ou acidente. Tecnicamente o deficiente não é reabilitado e, sim, habilitado".[344]

A reabilitação profissional compreende o fornecimento de aparelho de prótese, órtese e instrumentos de auxílio para locomoção quando a perda ou redução da capacidade funcional puder ser atenuada por seu uso e o dos equipamentos necessários à habilitação e à reabilitação social e profissional, e, quando necessário, o transporte do acidentado do trabalho.

É realizada por meio do atendimento individual e/ou em grupo, por profissionais das áreas de medicina, serviço social, psicologia, sociologia, fisioterapia, terapia ocupacional e outras afins, objetivando a definição da capacidade laborativa e da supervisão por parte de alguns desses profissionais para acompanhamento e reavaliação do programa profissional.

O Programa de Habilitação e Reabilitação Profissional é destinado a:

- segurados, inclusive os aposentados, em caráter obrigatório;
- dependentes, de acordo com as disponibilidades administrativas, técnicas e financeiras e as condições locais do órgão;
- pessoas portadoras de deficiência, sem vínculo com a Previdência Social, de acordo com as disponibilidades administrativas e técnicas das unidades executivas, por intermédio de convênios e/ou acordos de cooperação técnico-financeira.

O atendimento obedecerá a uma ordem de prioridade, com atenção especial ao segurado acidentado do trabalho e de acordo com as disponibilidades técnico-financeiras.

O encaminhamento das pessoas a serem atendidas é feito: pelos órgãos periciais do Instituto Nacional do Seguro Social – INSS; pelo Serviço Social do INSS; pelas empresas e entidades sindicais; e pelos órgãos e instituições que firmarem convênio e/ou acordo de cooperação técnico-financeira.

O Programa de Reabilitação Profissional só alcança pleno êxito na reintegração ao trabalho com a participação efetiva da comunidade, principalmente das empresas, das escolas, dos familiares e do próprio reabilitando. Para tanto, a Lei do RGPS prevê a obrigação de que as empresas mantenham em seus quadros funcionais um percentual de empregados reabilitados ou portadores de deficiência (art. 93).

As regras gerais sobre a habilitação e a reabilitação profissional estão previstas nos arts. 89 a 93 da Lei n. 8.213/91 e nos arts. 136 a 141 do Decreto n. 3.048/99.

344 MARTINEZ, Wladimir Novaes. *CD – Comentários à Lei Básica da Previdência Social*. Brasília, Rede Brasil/LTr, fev./1999.

Capítulo 11

Tempo de contribuição para fins previdenciários

Considera-se tempo de contribuição, para fins previdenciários, o tempo, contado de data a data, desde o início até a data do requerimento ou do desligamento de atividade abrangida pela Previdência Social, descontados os períodos legalmente estabelecidos como de suspensão de contrato de trabalho, de interrupção de exercício e desligamento da atividade (art. 59 do Decreto n. 3.048/99). Igual conceito era o adotado para o tempo de serviço, conforme se observa no art. 57 do Decreto n. 2.172/97.

Com a Emenda Constitucional n. 20 passou a valer o tempo de contribuição efetivo para a Previdência Social para o cálculo dos benefícios e não mais o tempo de serviço. Entretanto, o tempo de serviço considerado pela legislação vigente para efeito de aposentadoria, cumprido até que a lei discipline a matéria, será contado como tempo de contribuição, exceto o tempo de serviço ou contribuição em dobro ou qualquer outra contagem de tempo fictício. Vale dizer, só haverá a efetiva mudança de conceito se o regime for alterado para o de capitalização de contribuições.

Para o segurado nas categorias de empregado, empregado doméstico e de trabalhador avulso, é considerado tempo de contribuição todo aquele em que houve relação de trabalho, independentemente das contribuições terem sido ou não recolhidas, sem prejuízo da respectiva cobrança e das sanções cabíveis ao responsável pelos recolhimentos não realizados na época devida (art. 34, I, da Lei 8.213/91, art. 33, § 5º, da Lei nº 8.212/91 e c/c art. 32, § 22 do Decreto n. 3.048/99).

Até a edição da Lei n. 10.403/2002 e do Decreto n. 4.079/2002, havia necessidade de que os segurados não enquadrados nas categorias acima citadas comprovassem as contribuições realizadas. A norma legal em questão inseriu na Lei de Benefícios o art. 29-A, que prevê a utilização dos dados do Cadastro Nacional de Informações Sociais – CNIS e a possibilidade de retificação pelo segurado destes mesmos dados, com a apresentação de prova documental. Já o Decreto em comento revogou as disposições do § 2º do art. 62 do Regulamento da Previdência

Social, passando a partir de então a ser ônus do INSS a verificação do tempo de contribuição do segurado, a partir dos registros existentes no sistema (art. 19 do Regulamento, com nova redação).

A LC n. 128, de 2008, conferiu nova redação ao art. 29-A da Lei n. 8.213/91, para estabelecer que o INSS utilize as informações constantes no CNIS sobre os vínculos e as remunerações dos segurados, para fins de cálculo do salário-de-benefício, comprovação de filiação ao Regime Geral de Previdência Social, tempo de contribuição e relação de emprego. Foi uma importante ampliação da utilização dessa fonte de dados, sem ressalvar a possibilidade do segurado solicitar, a qualquer momento, a inclusão, exclusão ou retificação de informações, com a apresentação de documentos comprobatórios dos dados divergentes.

O INSS também poderá, em caso de dúvida sobre a regularidade do vínculo incluído no CNIS e inexistência de informações sobre remunerações e contribuições, exigir a apresentação dos documentos que serviram de base à anotação, sob pena de exclusão do período.

Não será computado como tempo de contribuição o já considerado para a concessão de qualquer aposentadoria do RGPS ou por outro Regime de Previdência Social. E, de acordo com o art. 55, § 4º, da Lei n. 8.213/91 (incluído pela LC n. 123/2006), não será computado como tempo de contribuição, para efeito de concessão da aposentadoria por tempo de contribuição, o período em que o segurado contribuinte individual ou facultativo tiver contribuído na forma do § 2º do art. 21 da Lei n. 8.212/91, (alíquota reduzida) salvo se tiver complementado as contribuições na forma do § 3º do mesmo artigo.

Até que lei específica discipline o tempo de serviço a ser contado como tempo de contribuição, consoante previsão contida no art. 4º da Emenda Constitucional n. 20/98, são contados como tempo de contribuição, entre outros, os períodos relacionados no art. 60 do Regulamento da Previdência Social, quais sejam:

I – o período de exercício de atividade remunerada abrangida pela Previdência Social Urbana e Rural;

II – o período de contribuição efetuada por segurado depois de ter deixado de exercer atividade remunerada que o enquadrava como segurado obrigatório da Previdência Social;

III – o período em que o segurado esteve recebendo auxílio-doença ou aposentadoria por invalidez, entre períodos de atividade;

IV – o tempo de serviço militar, salvo se já contado para a inatividade remunerada nas Forças Armadas ou auxiliares, ou para aposentadoria no serviço público federal, estadual, do Distrito Federal ou municipal, ainda que anterior à filiação ao Regime Geral de Previdência Social, nas seguintes condições:

a) obrigatório ou voluntário; e

b) alternativo, assim considerado o atribuído pelas Forças Armadas àqueles que, após alistamento, alegarem imperativo de consciência, entendendo-se como tal o decorrente de crença religiosa e de convicção filosófica ou política, para se eximirem de atividades de caráter militar;

V – o período em que a segurada esteve recebendo salário-maternidade;

VI – o período de contribuição efetuada como segurado facultativo;

VII – o período de afastamento da atividade do segurado anistiado que, em virtude de motivação exclusivamente política, foi atingido por atos de exceção, institucional ou complementar, ou abrangido pelo Decreto Legislativo n. 18, de 15 de dezembro de 1961, pelo Decreto-lei n. 864, de 12 de setembro de 1969, ou que, em virtude de pressões ostensivas ou expedientes oficiais sigilosos, tenha sido demitido ou compelido ao afastamento de atividade remunerada no período de 18 de setembro de 1946 a 5 de outubro de 1988;

VIII – o tempo de serviço público federal, estadual, do Distrito Federal ou municipal, inclusive o prestado a autarquia ou a sociedade de economia mista ou fundação instituída pelo Poder Público, regularmente certificado na forma da Lei n. 3.841, de 15 de dezembro de 1960, desde que a respectiva certidão tenha sido requerida na entidade para a qual o serviço foi prestado até 30 de setembro de 1975, véspera do início da vigência da Lei n. 6.226, de 14 de junho de 1975;

IX – o período em que o segurado esteve recebendo benefício por incapacidade por acidente do trabalho, intercalado ou não;

X – o tempo de serviço do segurado trabalhador rural anterior à competência novembro de 1991;

XI – o tempo de exercício de mandato classista junto a órgão de deliberação coletiva em que, nessa qualidade, tenha havido contribuição para a Previdência Social;

XII – o tempo de serviço público prestado à administração federal direta e autarquias federais, bem como às estaduais, do Distrito Federal e municipais, quando aplicada a legislação que autorizou a contagem recíproca de tempo de contribuição;

XIII – o período de licença remunerada, desde que tenha havido desconto de contribuições;

XIV – o período em que o segurado tenha sido colocado pela empresa em disponibilidade remunerada, desde que tenha havido desconto de contribuições;

XV – o tempo de serviço prestado à Justiça dos Estados, às serventias extrajudiciais e às escrivanias judiciais, desde que não tenha havido remuneração pelos cofres públicos e que a atividade não estivesse à época vinculada a regime próprio de previdência social;

XVI – o tempo de atividade patronal ou autônoma, exercida anteriormente à vigência da Lei n. 3.807, de 26 de agosto de 1960, desde que indenizado;

XVII – o período de atividade na condição de empregador rural, desde que comprovado o recolhimento de contribuições na forma da Lei n. 6.260, de 6 de novembro de 1975, com indenização do período anterior;

XVIII – o período de atividade dos auxiliares locais de nacionalidade brasileira no exterior, amparados pela Lei n. 8.745, de 1993, anteriormente a 1º de janeiro de 1994, desde que sua situação previdenciária esteja regularizada junto ao Instituto Nacional do Seguro Social;

XIX – o tempo de exercício de mandato eletivo federal, estadual, distrital ou municipal, desde que tenha havido contribuição em época própria e não tenha sido contado para efeito de aposentadoria por outro regime de previdência social;

XX – o tempo de trabalho em que o segurado esteve exposto a agentes nocivos químicos, físicos, biológicos ou associação de agentes prejudiciais à saúde ou à integridade física;

XXI – o tempo de contribuição efetuado pelo servidor público;

XXII – o tempo exercido na condição de aluno-aprendiz referente ao período de aprendizado profissional realizado em escola técnica, desde que comprovada a remuneração, mesmo que indireta, à conta do orçamento público e o vínculo empregatício.

Apesar da demorada lista de períodos considerados como tempo de contribuição, ainda ficam sem previsão algumas situações extremamente comuns e polêmicas.

A primeira delas diz respeito aos períodos de estabilidade não absoluta – passíveis de indenização pelo período de estabilidade, em vez de reintegração. Seriam tais períodos computados como tempo de contribuição? A nosso ver, a resposta positiva se impõe, visto que o direito à estabilidade no emprego pode ser tido como sendo o direito de ver reconhecida a relação de emprego até, no mínimo, o fim do período da estabilidade. Não há sentido algum em garantir, a título de indenização, os salários e vantagens do período garantido, mas desconsiderar o tempo como sendo de contribuição. Ademais, o pagamento de tais salários, quando não ocorra a reintegração, é parcela que sempre sofrerá incidência da contribuição à Seguridade Social, visto que a parcela não perde seu caráter salarial pelo mero fato de ter sido quitada em Juízo e após o término do liame empregatício. Fosse assim, e nenhuma parcela em que o empregador fosse condenado, num dissídio individual, sofreria tal incidência.

Na mesma linha de raciocínio, os períodos de aviso prévio, quando "indenizados" – leia-se, convertidos em pecúnia –, devem compor o cálculo do tempo de contribuição. Não há como negar validade à regra do art. 487 da Consolidação das Leis do Trabalho, que impõe o reconhecimento do período de aviso prévio, mesmo quando indenizado, para todos os efeitos legais. Ora, para todos os efeitos é expressão que não permite, de modo algum, interpretação restritiva. Logo, uma vez "indenizado" o aviso, deverá ainda assim: a) sofrer o desconto da contribuição à Seguridade Social, pois também não perde a natureza remuneratória, já que se trata de tempo de serviço para todos os fins; b) deve ser registrado na Carteira de Trabalho e Previdência Social – CTPS na sua íntegra, mesmo quando pago em dinheiro, em vez de trabalhado.

Um terceiro problema é o do tempo de serviço prestado no estrangeiro. É fato que o Brasil já celebrou vários Acordos Internacionais no sentido de reconhecimento recíproco de tempo de serviço prestado noutros países, com a consequente compensação financeira do período contribuído para o país concedente do benefício ao indivíduo. A propósito deste tema, merece destaque a pesquisa feita por *Cássio Mesquita Barros*, apontando os vários pactos celebrados pelo Brasil (com Luxemburgo, Espanha, Portugal, Itália, Cabo Verde, Uruguai, Chile e Argentina), devendo em futuro breve ser discutido no âmbito do Mercosul uma forma de reconhecimento do trabalho prestado em qualquer dos territórios dos seus membros, com vistas à integração das nações também neste campo. Enquanto isso, vigora o entendimento consubstanciado no Enunciado n. 7 do Conselho de Recursos da Previdência Social: "O tempo de serviço prestado à empresa não vinculada à Previdência Social brasileira não pode ser computado, salvo tratado de reciprocidade entre o Brasil e o Estado estrangeiro onde o trabalho, prestado num, seja contado no outro, para efeito dos benefícios ali previstos".

Sobre a possibilidade da contagem do tempo de exercício de mandato eletivo para fins de aposentadoria, o TRF da 4ª. Região firmou orientação de que o art. 55, IV da Lei n. 8.213/91 não autoriza esse computo sem a indenização das contribuições previdenciárias. Faz interpretação restritiva, sob alegação de que até o advento da Lei n. 10.887/04, o exercício de mandato eletivo não implicava filiação obrigatória e nos termos do § 1º do art. 55 da Lei n. 8.213/91, a averbação de tempo de serviço cujo exercício não determinava filiação obrigatória ao RGPS só será admitida mediante o recolhimento das constribuições correspondentes. (EINF 2001.71.14.000516-7/TRF. 3ª. Seção. Rel. Des. Federal João Batista Pinto Silveira, DE em 01/10/2009).

11.1 Prova do tempo de contribuição

A comprovação do exercício de atividade era, em regra, de incumbência do segurado, que deveria reunir provas de haver prestado serviços cuja vinculação à Previdência Social era obrigatória. A partir da promulgação da Lei n. 10.403/2002 e do Decreto n. 4.079/2002, tal incumbência só se mantém na hipótese de não haver informações do segurado no Cadastro Nacional de Informações Sociais - CNIS, ou se o segurado entender que tais informações, quando existentes, não condizem com a realidade (art. 19 do Decreto n. 3.048/99).

A prova do tempo de contribuição deve ser feita por meio de documentos que comprovem o exercício da atividade nos períodos a serem contados, devendo esses documentos ser contemporâneos aos fatos a comprovar, sendo admitida prova exclusivamente testemunhal somente na ocorrência de motivo de força maior ou caso fortuito.

O dispositivo que exige documentação contemporânea do período trabalhado não é condizente, é bom que se diga, com a realidade – tipicamente informal – do mercado de trabalho brasileiro, seja urbano, seja rural. Pior que isso, nem mesmo a declaração prestada por ex-empregadores é considerada suficiente para suprir a ausência de tal documentação, como diversas vezes já decidiu a TNU:

> *Prova exclusivamente testemunhal (depoimentos e declarações fornecidos por ex-empregadores) não é apta para comprovação de tempo de serviço urbano perante o INSS, sendo necessário início de prova material. O entendimento foi firmado pela Turma Nacional de Uniformização da Jurisprudência dos Juizados Especiais Federais (TNU) na sessão do dia 28 de julho em decisão unânime.*
>
> *A decisão foi relatada pelo juiz federal Alfredo Jara Moura em incidente movido pelo INSS contra decisão da Turma Recursal do Espírito Santo, que reconheceu o tempo de serviço de segurado por meio de prova exclusivamente testemunhal. De acordo com o relator, a questão tem jurisprudência sedimentada em sentido contrário no Superior Tribunal de Justiça e na própria TNU. O Enunciado nº 149 do STJ determina que a prova exclusivamente testemunhal não basta para a comprovação de atividade rural - ou urbana, por analogia - , no caso de obtenção de benefício previdenciário.*
>
> *No caso, como a decisão da Turma Recursal do Espírito Santo reconheceu o tempo de serviço para fins previdenciários baseada exclusivamente em prova testemunhal (declarações extemporâneas de ex-empregadores), desacompanhada de início de prova material, a TNU decidiu que*

o acórdão afronta entendimento não somente do STJ, mas também da Turma Nacional, razão pela qual deve ser reformado. (Processo nº 2002.50.01.001736-0/ES, julg. 28.7.2008 - Informativo da TNU de 31.7.2008, disponível em www.jf.jus.br, acesso em 21.1.2009).

Como alento, convém assinalar que a Medida Provisória n. 449, de 3.12.2008, convertida na Lei n. 11.941/2009, previu a inserção do art. 125-A na Lei de Benefícios, o qual dispõe:

Art. 125-A. Compete ao Instituto Nacional do Seguro Social - INSS realizar, por meio dos seus próprios agentes, quando designados, todos os atos e procedimentos necessários à verificação do atendimento das obrigações não-tributárias impostas pela legislação previdenciária e à imposição da multa por seu eventual descumprimento.

§ 1º A empresa disponibilizará a servidor designado por dirigente do INSS os documentos necessários à comprovação de vínculo empregatício, de prestação de serviços e de remuneração relativos a trabalhador previamente identificado.

§ 2º Aplica-se ao disposto neste artigo, no que couber, o art. 126.

§ 3º O disposto neste artigo não abrange as competências atribuídas em caráter privativo aos ocupantes do cargo de Auditor-Fiscal da Receita Federal do Brasil previstas no inciso I do art. 6º da Lei no 10.593, de 6 de dezembro de 2002.

A finalidade da norma, segundo a Exposição de Motivos que remete a MP ao Congresso, é "dotar o INSS de instrumentos necessários ao regular reconhecimento, manutenção, revisão ou extinção de direitos previdenciários, a exemplo das diligências destinadas à comprovação de vínculo empregatício", o que pode vir a se transformar em importante ferramenta em favor dos trabalhadores mantidos na informalidade, para a comprovação da atividade laboral exercida.

O Supremo Tribunal Federal tem decidido que a exigência do início de prova documental não vulnera os preceitos dos arts. 5º, incisos LV e LVI, 6º e 7º, inciso XXIV, da Constituição Federal. Nesse sentido: RE n. 236.759-SP, rel. Ministro Marco Aurélio, Informativo STF n. 225, de 2.5.2001.

Caracteriza motivo de força maior ou caso fortuito a verificação de ocorrência notória, tais como incêndio, inundação ou desmoronamento, que tenha atingido a empresa na qual o segurado alegue ter trabalhado, devendo ser comprovada por meio de ocorrência policial e verificada a correlação entre a atividade da empresa e a profissão do segurado.

Sobre os tipos de prova a serem utilizadas para a comprovação do tempo de atividade, escreve *Wladimir Novaes Martinez*: "As provas podem ser materiais ou orais. As materiais consistem em documentos ou objetos que evidenciem haver o segurado prestado serviços. As orais são depoimentos testemunhais, os quais só são aceitos se acompanhados de início razoável de prova material. Quanto à eficácia, elas podem ser plenas ou não. A prova não-plena é um conjunto probatório, geralmente baseado em documentos, que configuram cabalmente a prestação de serviços. A plena é usualmente isolada, caso da anotação regular da relação de emprego na CTPS, e dispensa outras provas".[345]

Para efeito de prova de tempo de contribuição para os trabalhadores em geral, o art. 62, I do RPS, relaciona os seguintes documentos, subsidiariamente ao CNIS:

> *a) o contrato individual de trabalho, a Carteira Profissional, a Carteira de Trabalho e Previdência Social, a carteira de férias, a carteira sanitária, a caderneta de matrícula e a caderneta de contribuições dos extintos institutos de aposentadoria e pensões, a caderneta de inscrição pessoal visada pela Capitania dos Portos, pela Superintendência do Desenvolvimento da Pesca, pelo Departamento Nacional de Obras Contra as Secas e declarações da Secretaria da Receita Federal do Brasil;*
>
> *b) certidão de inscrição em órgão de fiscalização profissional, acompanhada do documento que prove o exercício da atividade;*
>
> *c) contrato social e respectivo distrato, quando for o caso, ata de assembléia geral e registro de empresário; ou*
>
> *d) certificado de sindicato ou órgão gestor de mão-de-obra que agrupa trabalhadores avulsos.*

No que tange ao exercício de atividade rural, o RPS indica os documentos que devem ser apresentados de forma alternativa:

> *a) contrato individual de trabalho ou Carteira de Trabalho e Previdência Social;*
>
> *b) contrato de arrendamento, parceria ou comodato rural;*
>
> *c) declaração fundamentada de sindicato que represente o trabalhador rural ou, quando for o caso, de sindicato ou colônia de pescadores, desde que homologada pelo INSS;*
>
> *d) comprovante de cadastro do Instituto Nacional de Colonização e Reforma Agrária - INCRA;*
>
> *e) bloco de notas do produtor rural;*
>
> *f) notas fiscais de entrada de mercadorias, de que trata o § 24 do art. 225, emitidas pela empresa adquirente da produção, com indicação do nome do segurado como vendedor;*
>
> *g) documentos fiscais relativos à entrega de produção rural à cooperativa agrícola, entreposto de pescado ou outros, com indicação do segurado como vendedor ou consignante;*
>
> *h) comprovantes de recolhimento de contribuição à Previdência Social decorrentes da comercialização da produção;*
>
> *i) cópia da declaração de imposto de renda, com indicação de renda proveniente da comercialização de produção rural;*
>
> *j) licença de ocupação ou permissão outorgada pelo INCRA; ou*
>
> *l) certidão fornecida pela Fundação Nacional do Índio - FUNAI, certificando a condição do índio como trabalhador rural, desde que homologada pelo INSS.*

As anotações na CTPS valem, para todos os efeitos, como prova de filiação à Previdência Social, relação de emprego, tempo trabalhado e salário-de-contribuição. Não é do trabalhador o ônus de provar a veracidade das anotações de sua CTPS, nem de fiscalizar o recolhimento das contribuições previdenciárias, pois as

345 MARTINEZ, Wladimir Novaes. *O salário-base na previdência social.* São Paulo: LTr, 1986, p. 349.

anotações gozam de presunção *juris tantum* de veracidade, consoante Súmula n. 12 do TST.

Na falta de documento contemporâneo podem ser aceitos declaração do empregador ou seu preposto, atestado de empresa ainda existente, certificado ou certidão de entidade oficial dos quais constem os dados necessários, desde que extraídos de registros efetivamente existentes e acessíveis à fiscalização do INSS.

Caso a empresa não esteja mais em atividade, deverá o interessado juntar prova oficial de sua existência no período que pretenda comprovar.

Para quem trabalhe ou contribua por conta própria (os contribuintes individuais: empresários, autônomos, facultativos, trabalhadores sem carteira assinada), o tempo de contribuição será comprovado pelos comprovantes de recolhimento.

Para quem alterne períodos de carteira assinada com períodos de trabalho por conta própria, o tempo de contribuição como empregado será somado ao tempo de contribuição comprovado pelas guias respectivas.

Merece destaque o entendimento do STF acerca do direito do segurado a obtenção de certidão de tempo de contribuição perante o INSS, nos termos da ementa que segue:

> *"Direitos Individuais Homogêneos. Segurados da Previdência Social. Certidão Parcial de Tempo de Serviço. Recusa da Autarquia Previdenciária. Direito de Petição e Direito de Obtenção de Certidão em Repartições Públicas. Prerrogativas Jurídicas de Índole Eminentemente Constitucional. Existência de Relevante Interesse Social. Ação Civil Pública. Legitimação Ativa do Ministério Público. Doutrina. Precedentes. Recurso Extraordinário Improvido.*
>
> *(Re 472489/Rs. 2ª Turma. Relator Ministro Celso de Mello. Dje de 28.11.2007).*

11.2 Reconhecimento do tempo de filiação

O reconhecimento do tempo de filiação é o direito que o segurado tem de ver observado, em qualquer época, o tempo de serviço exercido anteriormente em atividade abrangida pela Previdência Social.

Havendo reconhecimento de filiação em período em que o exercício de atividade não exigia filiação obrigatória à Previdência Social, esse período somente será averbado se o INSS for indenizado pelas contribuições não pagas.

O INSS atualmente reconhece que o contribuinte individual informado em GFIP a partir da competência abril de 2003 (Lei n. 10.666/2003), poderá ter deferido o pedido de reconhecimento da filiação mediante comprovação do exercício da atividade remunerada, independente do efetivo recolhimento das contribuições.

Segundo decidiu o TRF da 4ª Região, a indenização do período a ser reconhecido deverá obedecer aos parâmetros legais da época do requerimento da averbação, excluindo-se apenas a incidência de juros e multa, posto não haver mora, não cabendo invocar decadência ou prescrição quanto ao direito da Previdência em cobrar o crédito, já que não havia ação nem direito potestativo anteriormente ao pedido de reconhecimento de tempo de filiação (Ap. MS n. 2000.04.01.009294-8/RS, 2ª Turma, Rel. Juiz Vilson Darós, sessão de 14.8.2001).

A sistemática de cálculo para a indenização de períodos pretéritos, que estava disciplinada pelo art. 45 da Lei n. 8.212/91 e art. 216, § 7º, do Decreto n. 3.048/99, foi objeto de nova regulamentação pela Lei Complementar n. 128, de 2008, que revogou o referido dispositivo legal e incluiu o art. 45-A ao texto da Lei n. 8.212/91, nos seguintes termos:

> *Art. 45-A. O contribuinte individual que pretenda contar como tempo de contribuição, para fins de obtenção de benefício no Regime Geral de Previdência Social ou de contagem recíproca do tempo de contribuição, período de atividade remunerada alcançada pela decadência deverá indenizar o INSS.*
>
> *§ 1º O valor da indenização a que se refere o caput deste artigo e o § 1º do art. 55 da Lei no 8.213, de 24 de julho de 1991, corresponderá a 20% (vinte por cento):*
>
> *I - da média aritmética simples dos maiores salários-de-contribuição, reajustados, correspondentes a 80% (oitenta por cento) de todo o período contributivo decorrido desde a competência julho de 1994; ou*
>
> *II - da remuneração sobre a qual incidem as contribuições para o regime próprio de previdência social a que estiver filiado o interessado, no caso de indenização para fins da contagem recíproca de que tratam os arts. 94 a 99 da Lei nº 8.213, de 24 de julho de 1991, observados o limite máximo previsto no art. 28 e o disposto em regulamento.*
>
> *§ 2º Sobre os valores apurados na forma do § 1º deste artigo incidirão juros moratórios de 0,5% (cinco décimos por cento) ao mês, capitalizados anualmente, limitados ao percentual máximo de 50% (cinqüenta por cento), e multa de 10% (dez por cento).*
>
> *§ 3º O disposto no § 1º deste artigo não se aplica aos casos de contribuições em atraso não alcançadas pela decadência do direito de a Previdência constituir o respectivo crédito, obedecendo-se, em relação a elas, as disposições aplicadas às empresas em geral.*

A regulamentação da matéria por meio de lei complementar objetiva afastar discussões judiciais sobre a existência de vício formal, adequando-se ao disposto no art. 146 da CF.

11.3 Atividade rurícola e o regime de economia familiar

Consoante previsão contida no § 8º do art. 195 da Constituição Federal, o trabalho em regime de economia familiar é aquele exercido pelo produtor, pelo parceiro, pelo meeiro e pelo arrendatário rurais e o pescador artesanal, bem como pelos respectivos cônjuges, sem empregados permanentes.

Como já assinalado no tópico relativo aos segurados, a Lei n. 11.718/2008 trouxe uma série de novidades quanto ao trabalho rural, redefinindo o que se entende por segurado especial e regime de economia familiar, conforme se observa da nova redação do art. 11, VII, da Lei n. 8.213/91:

- segurado especial: a pessoa física residente no imóvel rural ou em aglomerado urbano ou rural próximo a ele que, individualmente ou em regime de economia familiar, ainda que com o auxílio eventual de terceiros a título de mútua colaboração, (...)

- regime de economia familiar: a atividade em que o trabalho dos membros da família é indispensável à própria subsistência e ao desenvolvimento socioeconômico do núcleo familiar e é exercido em condições de mútua dependência e colaboração, sem a utilização de empregados permanentes (...).

A nova lei do trabalho rural avançou sobremaneira nas hipóteses em que é possível o reconhecimento do tempo de atividade como segurado especial. Essa norma permite uma ampliação significativa da cobertura previdenciária até então praticada em nosso país.

Parte das alterações está embasada em precedentes jurisprudenciais. Segundo orientação do STJ já era cabível o reconhecimento da atividade agrícola exercida individualmente, nos casos em que o cônjuge ou outros membros da família do segurado têm outra fonte de renda. Exemplificando, o recebimento de proventos pelo marido não retira a qualidade de segurada especial da esposa que exerceu a atividade agrícola individualmente, pois, nos termos da antiga redação do art. 11, inciso VII, da Lei n. 8.213/91, também é segurado especial quem exerce atividade agrícola de forma individual (REsp 675.892, Rel. Min. Laurita Vaz, DJ 7.3.2005).

A Turma Nacional de Uniformização dos JEFs também decidiu que a atividade urbana de membro da família não descaracteriza o regime de economia familiar, desde que a renda advinda da agricultura seja indispensável ao sustento do lar (PU 2006.72.95.002765-8, Relatora Juíza Federal Renata Andrade Lotufo, julgado em 26.3.2007). Para consolidar esse entendimento, a TNU editou súmula com o seguinte teor:

Súmula nº. 41 - A circunstância de um dos integrantes do núcleo familiar desempenhar atividade urbana não implica, por si só, a descaracterização do trabalhador rural como segurado especial, condição que deve ser analisada no caso concreto.

As novas regras previstas na Lei n. 11.718/2008, por serem mais benéficas aos segurados, terão por certo aplicação ao tempo trabalhado mesmo antes da sua edição. Assim, pedidos de reconhecimento de tempo rural que foram indeferidos poderão ser reapresentados na via administrativa. Entretanto, eventual decisão com base na lei nova só produzirá efeitos financeiros a partir do novo requerimento administrativo.

Quanto às provas a serem apresentadas por quem trabalha em regime de economia familiar, deve-se levar em conta a dificuldade do interessado, não raras vezes pessoa humilde e de pouca instrução, em obter documentos em seu nome para que tenha reconhecido o tempo de serviço prestado. As particularidades do meio rural devem ser levadas em consideração, pois culturalmente não se vê o homem do campo preocupado com a formalização, por via de documentos, das mais diversas formas de atos, salvo quando se demonstra necessário.

Os Tribunais aceitam as mais diversas provas, desde que hábeis e idôneas. Devem, entretanto, representar um conjunto, de modo que, quando integradas, levem à convicção de que efetivamente houve a prestação do serviço. O fato do segurado não possuir todos os documentos da atividade agrícola em seu nome não elide o seu direito ao benefício postulado, pois como normalmente acontece no meio rural, os documentos de propriedade e talonários fiscais são expedidos em nome de quem aparece frente aos negócios da família. Nesse caso, os documentos do pai caracterizam-se como prova material indireta, hábil à comprovação do tempo de serviço rural prestado em regime de economia familiar. Igualmente servem de início de prova da atividade laboral rural o registro da qualificação "agricultor" ou "lavrador" nos documentos militares (alistamento ou certificado de reservista) ou certidões de casamento.

Neste sentido, a Súmula n. 73 do TRF da 4ª Região: "*Admitem-se como início de prova material do efetivo exercício de atividade rural, em regime de economia familiar, documentos de terceiros, membros do grupo parental*".

Ainda quanto à comprovação da atividade rural, a TNU definiu um longo rol exemplificativo de documentos (in)servíveis como início de prova material, entre eles:

> *a) documentos servíveis como início de prova material: em nome próprio ou em nome de membros do grupo familiar da parte autora:*
> *- certidão do INCRA em nome do pai (PEDILEF nº 2008.72.55.007778-3/SC);*
> *- guia de recolhimento de ITR em nome do pai (PEDILEF nº 2008.72.55.007778-3/SC);*
> *- comprovante de recolhimento de imposto sobre exploração agrícola (PEDILEF nº 2006.72.95.011963-2/SC);*
> *- matrícula de propriedade rural (PEDILEF nº 2004.83.20.00.3767-0/PE);*
> *- certidão do Registro de Imóveis relativa a propriedade rural (PEDILEF nº 2006.70.95.014573-0/PR);*
> *- escritura de propriedade rural (PEDILEF nº 2004.83.20.003767-0/PE);*
> *- certidão de casamento do pai (PEDILEF nº 2007.70.95.000280-7/PR);*
> *- certidões de nascimento de irmãos (PEDILEF nº 2006.72.59.000860-0/SC);*
> *- certidão de óbito de irmão (PEDILEF nº 2006.70.95.012605-0/PR);*
> *- certidão de alistamento militar da parte autora (PEDILEF nº 2006.72.59.000860-0/SC);*
> *- certidão da Justiça Eleitoral com indicação do exercício de atividade rural (PEDILEF nº 2007.83.02.505452-7/PE);*
> *- titulo eleitoral da parte autora (PEDILEF nº 2006.72.59.000860-0/SC);*
> *- folha de pagamento de Programa Permanente de Combate à Seca (PEDILEF nº 2007.83.03.504233-9/CE);*
> *- ficha de Sindicato Rural (PEDILEF nº 2003.81.10.004265-7/CE);*
> *- carteira de filiação a Sindicato Rural (PEDILEF nº 2007.83.00.526657-4/PE);*
> *- recibos de pagamento a Sindicato Rural (PEDILEF nº 2004.81.10.009403-0/CE);*
> *- ficha de contribuição a Associação de Pequenos Produtores Rurais (PEDILEF nº 2007.83.00.526657-4/PE);*
> *- ficha de cadastramento familiar realizado pela Secretaria de Saúde do Município de residência da parte autora (PEDILEF nº 2004.81.10.009403-0/CE);*

- prontuário médico de Posto de Saúde constando a profissão (PEDILEF nº 2007.83.05.501035-6/PE).

b) documentos servíveis como início de prova material: em nome de terceiros estranhos ao grupo familiar da parte autora:

- documentos relativos a propriedade ou posse rural pertinentes à terra na qual a parte autora teria trabalhado [como comprovante de ITR, Certidão do Registro de Imóveis, Declaração do Instituto de Terras, histórico oficial de posse de área rural]. (PEDILEF nº 2005.39.00.708920-0/PA; PEDILEF nº 2006.43.00.906123-6/TO; PEDILEF nº 2006.70.95.014573-0/PR);

c) documentos inservíveis como início de prova material:

- declaração de Sindicato de Trabalhadores Rurais não homologada pelo Ministério Público ou pelo INSS (PEDILEF nº 2008.32.00.703599-2/AM);

- declarações em geral (PEDILEF nº 2007.83.00.526657-4/PE);

- declaração fornecida por suposto vizinho, por consubstanciar mera prova testemunhal reduzida a escrito (PEDILEF nº 2006.83.02.503892-0/PE);

- declaração fornecida por suposto parceiro rural, sem base em nenhum documento específico (como contrato de parceria escrito), por consubstanciar mera prova testemunhal reduzida à escrito (PEDILEF nº 2006.70.95.014573-0/PR);

- declaração fornecida por suposto feirante que comercializaria alimentos produzidos pela parte autora, sem base em nenhum documento específico, por consubstanciar mera prova testemunhal reduzida à escrito (PEDILEF nº 2006.83.00.521010-2/PE);

- documentos que contêm anotação da profissão da parte autora e de seu cônjuge preenchida posteriormente ao preenchimento do documento e com visível adulteração (PEDILEF nº 2005.84.00.503903-4/RN);

- certidão do INCRA com data posterior ao óbito do pai da parte autora (PEDILEF nº 2002.61.84.002017-8/SP).

No que tange a extensão do imóvel rural, a jurisprudência é firme no sentido de que a dimensão não afasta, *per se*, a caracterização do regime de economia familiar, podendo tal condição ser demonstrada por outros meios de prova, independentemente se a propriedade em questão possui área igual ou superior ao módulo rural da respectiva região (STJ, RESP nº 199900880757; TNU, PEDILEF nº 2002.71.02.008344-1).

Outra polêmica está relacionada com a prova testemunhal. É consenso no meio previdenciário de que a eficácia da prova material por ser ampliada com testemunhas, mas a utilização exclusiva dessa forma não é suficiente para demonstrar o exercício da atividade. Nesse sentido, o STJ editou a Súmula n. 149: "A prova exclusivamente testemunhal não basta à comprovação da atividade rurícola, para efeito de obtenção do benefício previdenciário". Entretanto, tal exigência deve ser relativizada, tendo-se em vista as peculiaridades que envolvem a categoria dos "bóias-frias" ou "safristas" (STJ, REsp n. 79.962/SP; TNU, PEDILEF n. 2008.70.95.000032-3/PR).

No tocante à apreciação da prova, o Plano de Benefícios não impõe tarifação ou limite ao livre convencimento do Juiz. Se a situação fática recomenda a aceitação de documento que não esteja entre os elencados no art. 106 da Lei de Benefícios, ou que não se refira à pessoa do demandante, o Magistrado poderá acatá-lo, conquanto tenha força suficiente para convencê-lo.

Seguindo este mesmo entendimento, o Decreto n. 4.729, de 9.6.2003, inseriu o § 4º no art. 60 do Regulamento da Previdência Social, para estabelecer que se o documento apresentado pelo segurado não atender ao estabelecido neste artigo, a prova exigida pode ser complementada por outros documentos que levem à convicção do fato a comprovar, inclusive mediante justificação administrativa.

Acerca do reconhecimento do tempo de atividade rural, a Turma Nacional de Uniformização dos JEFs editou as seguintes Súmulas:

> - 5: *"A prestação de serviço rural por menor de 12 a 14 anos, até o advento da Lei n. 8.213, de 24 de julho de 1991, devidamente comprovada, pode ser reconhecida para fins previdenciários".*
> - 6: *"A certidão de casamento ou outro documento idôneo que evidencie a condição de trabalhador rural do cônjuge constitui início razoável de prova material da atividade rurícula".*
> - 10: *"O tempo de serviço rural anterior à vigência da Lei n. 8.213/91 pode ser utilizado para fins de contagem recíproca, assim entendida aquela que soma tempo de atividade privada, rural ou urbana, ao de serviço público estatutário, desde que sejam recolhidas as respectivas contribuições previdenciárias".*
> - 24: *"O tempo de serviço do segurado trabalhador rural anterior ao advento da Lei n. 8.213/91, sem o recolhimento das contribuições previdenciárias, pode ser considerado para a concessão dos benefícios do Regime Geral de Previdência Social (RGPS), exceto para efeito de carência, conforme a regra do art. 55, § 2º, da Lei n. 8.213/91".*
> - 30: *"Tratando-se de demanda previdenciária, o fato de o imóvel ser superior ao imóvel rural não afasta, por si só, a qualificação de seu proprietário como segurado especial, desde que comprovada nos autos, a sua exploração em regime de economia familiar".*
> - 34: *"Para fins de comprovação do tempo de labor rural, o início de prova material deve ser contemporâneo à época dos fatos a provar".*
> - 41: *A circunstância de um dos integrantes do núcleo familiar desempenhar atividade urbana não implica, por si só, a descaracterização do trabalhador rural como segurado especial, condição que deve ser analisada no caso concreto.*

Nos termos da Súmula n. 10 da Turma Nacional de Uniformização dos JEFs, a contagem recíproca é aquela que soma tempo de atividade privada, rural ou urbana, ao serviço público estatutário.

Entendemos, assim, que somente para a contagem recíproca, ou seja, aquela que soma o tempo de atividade privada (rural ou urbana) ao de serviço público, é que se faz necessária a indenização das contribuições. Consequentemente, é dispensável o recolhimento das contribuições previdenciárias em relação ao período de atividade rural anterior a novembro de 1991 para ser somado ao tempo de atividade urbana para fins de concessão de benefício pelo RGPS. Esta, inclusive, é a regra prevista no art. 123 do Decreto n. 3.048/99. Neste sentido: STJ. REsp n. 635.741/PR, 6ª Turma. Rel. Min. Hamilton Carvalhido, DJ de 25.10.2004.

11.4 Aluno-aprendiz

O trabalho em regime de aprendizagem tem previsão na Consolidação das Leis do Trabalho, e corresponde a uma relação de emprego com características próprias, acarretando a filiação obrigatória do indivíduo ao RGPS, na categoria de empregado. Todavia, diversa é a situação da pessoa que prestou serviços como aluno-aprendiz de Escolas Técnicas, matéria que não era regida pela CLT, que só foi editada em 1.5.1943.

O aluno-aprendiz é criação do Decreto-Lei n. 4.073, de 30.1.1942, denominada à época "Lei Orgânica do Ensino Industrial". No art. 9º, § 4º, do referido Decreto-Lei, se observa que "Os cursos de aprendizagem são destinados a ensinar, metodicamente aos aprendizes dos estabelecimentos industriais, em período variável, e sob regime de horário reduzido, o seu ofício". O mesmo diploma previa, em seu artigo 47, o estágio em estabelecimentos industriais, sob controle da autoridade escolar. Já no art. 67, inciso V, havia a previsão de que "o ensino será dado no horário normal de trabalho dos aprendizes, sem prejuízo de salário para estes". Quem remunerava o aluno, todavia, não era a empresa, mas a União, por recursos orçamentários próprios para tanto destinados.

Nota-se, portanto, que o aluno-aprendiz de Escolas Técnicas não se caracterizava como empregado, tal como acontece com o trabalhador contratado mediante o contrato de aprendizagem previsto na CLT, art. 427 e seguintes, razão pela qual não era segurado obrigatório de nenhuma Caixa ou Instituto de Aposentadoria existente à época.

Como bem salientado no artigo publicado pelo professor Sergio Lopes de Paula (O regime previdenciário do estudante: abordagem histórica e reflexos presentes. Jus Navigandi, Teresina, ano 10, n. 947, 5 fev. 2006. Disponível em: <http://jus2.uol.com.br/doutrina/texto.asp?id=7922>. Acesso em: 16.1.2007), somente em 1992, com a edição do Regulamento da Previdência Social - Decreto n. 611, os trabalhadores da iniciativa privada passaram a dispor do mesmo direito há tempos concedido aos servidores públicos, qual seja o de poder computar como tempo de serviço o prestado na condição de aluno-aprendiz nas escolas técnicas ou industriais, mesmo tendo este tempo sido cumprido sem contribuição, conforme previsão do art. 58, inciso XXI, alíneas "a" e "b", matéria que foi melhor delimitada no Regulamento editado pelo Decreto n. 2.172/97, que revogou o Decreto n. 611/92, vinculando tal contagem ao período de vigência do DL 4.073/42 (9.2.1942 - 16.2.1959).

No que tange ao aluno-aprendiz, destacamos as Súmulas que tratam do tema editadas pelo Tribunal de Contas da União e da Turma Nacional de Uniformização dos JEFs, respectivamente:

- Súmula n. 96 do TCU: "Conta-se para todos os efeitos, como tempo de serviço público, o período de trabalho prestado, na qualidade de aluno-aprendiz, em Escola Pública Profissional, desde que comprovada a retribuição pecuniária à Conta do Orçamento, admitindo-se, como tal, o recebimento de alimentação, fardamento, material escolar e parcela de renda auferida com a execução de encomendas para terceiros".

- Súmula n. 18 da TNU: "Provado que o aluno-aprendiz de Escola Técnica Federal recebia remuneração, mesmo que indireta, à conta do orçamento da União, o respectivo tempo de serviço pode ser computado para fins de aposentadoria previdenciária".

A Advocacia Geral da União, visando eliminar a produção de recursos e medidas judiciais e dirimir controvérsias internas na Administração Federal, baixou sobre a matéria o seguinte enunciado:

ENUNCIADO 24

"É permitida a contagem, como tempo de contribuição, do tempo exercido na condição de aluno-aprendiz referente ao período de aprendizado profissional realizado em escolas técnicas, desde que comprovada a remuneração, mesmo que indireta, à conta do orçamento público e o vínculo empregatício."

O Regulamento da Previdência Social prevê, em seu art. 60, o cômputo, como tempo de contribuição, do tempo exercido na condição de aluno-aprendiz, referente ao período de aprendizado profissional realizado em escola técnica, desde que comprovada a remuneração, mesmo que indireta, à conta do orçamento público e o vínculo empregatício (redação conferida pelo Decreto n. 6.722/2008).

11.5 Efeitos das decisões trabalhistas frente ao INSS

Questão deveras controvertida e complexa é a que se dá quando um trabalhador, sem registro formal, tem sua relação de emprego reconhecida pela Justiça do Trabalho a partir de provas testemunhais, dada a informalidade da relação laboral.

Trata-se, como será visto, de uma grave contradição do ordenamento jurídico em matéria de Direitos Sociais Fundamentais, pois nem sempre que há o reconhecimento de uma relação de emprego, assegurando-se os direitos da legislação trabalhista por decisão proferida na Justiça do Trabalho, a Previdência Social admite o cômputo do período reconhecido para fins de contagem do tempo de contribuição, negando a condição de segurado obrigatório ao trabalhador que obteve a tutela jurisdicional.

O INSS pauta sua "negativa" na regra disposta no art. 55, § 3º, da Lei n. 8.213/91 – a Lei de Benefícios da Previdência Social, que estabelece, para tal cômputo, que haja, por parte do segurado, "início de prova documental", não servindo para tal fim prova meramente testemunhal, salvo motivo de força maior.

A contradição se dá porque a Justiça do Trabalho, ao apreciar o pedido de reconhecimento da relação de emprego, não exige do trabalhador que faça prova documental dos fatos, podendo este valer-se da prova testemunhal, e até mesmo de confissão – real ou ficta – do réu considerado então empregador.

Surge daí uma grave disparidade – o trabalhador vê sua relação de emprego reconhecida em Juízo; a União (por intermédio da Receita Federal do Brasil) executa contribuições relativas ao período reconhecido no julgado, nos mesmos autos da ação trabalhista; mas a Previdência não considera o tempo, por força do referido artigo da Lei de Benefícios.

O regramento desse tema, objeto da Instrução Normativa INSS/PRES n. 45/2010 (art. 90), evolui em parte para afastar a necessidade de apresentação de início de prova material quando a ação envolver apenas salário de contribuição, mas incluiu que o INSS deve confrontar as provas apresentadas pelo segurado com as informações existentes nos bancos de dados do INSS (CNIS).

O Executivo apresentou ao Congresso, então, o Projeto de Lei n. 3.451/2008, e a pretexto de eliminar tal controvérsia, propõe a inclusão de três parágrafos no já referido art. 55 da Lei de Benefícios. O referido projeto encontra-se tramitando na Câmara dos Deputados, sem previsão de votação.

No primeiro deles (que seria o § 5º do artigo 55, caso aprovado), estabelece o que o INSS, na prática, já faz: somente reconhece a decisão para fins previdenciários se houver "início de prova documental" produzido na instrução processual da ação trabalhista. No segundo (caso aprovado, § 6º), admite o reconhecimento sem a prova documental, "limitada ao período não abrangido pela prescrição trabalhista e desde que tenha havido recolhimento de contribuições previdenciárias no curso do período laboral", como que estabelecendo um prazo prescricional para o reconhecimento de períodos de trabalho para fins previdenciários e criando o pressuposto de recolhimento de contribuições que não são de responsabilidade do trabalhador, mas sim de seu empregador, por força dos art. 30 e 33, § 5º, da Lei n. 8.212/91 – a Lei de Custeio da Seguridade Social. Por fim, no que seria o § 7º, a eficácia da decisão judicial trabalhista para fins previdenciários ficaria condicionada à comprovação, ao INSS, do "efetivo recolhimento das contribuições previdenciárias correspondentes ao respectivo período".

Entendemos que o referido projeto deva ser muito bem analisado para que se possa ter noção do que irá acontecer aos trabalhadores que se encontram ou já realizaram trabalho informal em condições típicas de empregado. E queremos crer que o primeiro aspecto a ser analisado é se o texto está em consonância com a Constituição e com os princípios que inspiram tanto o Direito do Trabalho como o Direito Previdenciário.

Sabe-se que, sob o ponto de vista dos princípios que norteiam o Direito do Trabalho, a relação de emprego é um "contrato-realidade", no qual se deve investigar a existência ou não das características típicas do empregado e do empregador, independentemente da formalização deste contrato. Ou seja, não será a falta de prova documental o empecilho para que se caracterize alguém como empregado de fato (urbano, rural ou doméstico). A lei exige apenas quatro requisitos: pessoalidade na prestação laboral, onerosidade da prestação, não-eventualidade e subordinação ao empregador. A Legislação do Trabalho, que rege as relações de emprego, portanto, não exige qualquer formalização para a caracterização da relação de emprego. Trata-se, como bem frisa a doutrina, de um contrato consensual, como tantos outros negócios jurídicos.

Submetendo a questão aos princípios regentes do Direito Previdenciário, tem-se que a proteção conferida pela Previdência Social a todo e qualquer trabalhador (princípio da universalidade da cobertura) se revela como compulsória e automática: compulsória, pois o indivíduo não tem como optar por ser ou não ser segurado do sistema; automática, porque sua filiação ao regime previdenciário decorre do mero exercício de atividade remunerada que o enquadre como segurado obrigatório, mesmo que a formalização de tal situação jurídica (que seria a inscrição junto ao órgão previdenciário, no caso, o INSS), e o recolhimento das contribuições previdenciárias devidas em função da remuneração paga/recebida não tenham ocorrido na "época própria" (mês seguinte àquele em que houve atividade laborativa).

Pois bem, partindo desse pressuposto, todo empregado é segurado obrigatório do Regime Geral da Previdência Social (gerido pelo INSS) a partir do primeiro dia de trabalho, independentemente de ter havido ou não registro do contrato de trabalho em sua Carteira de Trabalho e Previdência Social (CTPS), ou de ter o empregador inscrito o empregado no PIS e realizado a retenção e o recolhimento das contribuições incidentes.

É dizer, a informalidade da relação de emprego não retira do empregado mantido na informalidade o direito à proteção social, garantido constitucionalmente a todo trabalhador urbano ou rural, tanto que, se um auditor-fiscal da Receita Federal flagrar um trabalhador em tal condição, emitirá obrigatoriamente notificação fiscal contra o empregador, exigindo deste o recolhimento das contribuições devidas.

Não há, portanto, porque distinguir o tratamento dispensado ao empregado "não registrado" em relação ao "registrado", mantido na informalidade. Ambos são segurados obrigatórios do RGPS-INSS, desde o primeiro dia de trabalho.

Com isso, ousamos concluir que o projeto de lei em questão contraria frontalmente tanto o princípio da primazia da realidade quanto o da universalidade da cobertura previdenciária, do qual decorre a filiação automática à Previdência.

Não bastasse isso, há questões relacionadas ao custeio do sistema e aos princípios que regem a teoria processual, que também precisam ser investigados.

– Informalidade, Custeio da Seguridade Social e a Sonegação Fiscal Praticada Pelo "Empregador Informal".

À primeira vista, parece ter-se olvidado o mentor do projeto que a responsabilidade pelos recolhimentos de contribuições, em se tratando de relação de emprego (urbana, rural ou doméstica) é sempre do empregador, por força dos artigos 30 e 33, § 5º, da Lei n. 8.212/91 – a Lei de Custeio da Seguridade Social, não podendo ser imputada ao trabalhador.

Em síntese, pretender atrelar a contagem do tempo de atividade prestada pelo empregado na informalidade a tais recolhimentos é fazer recair a responsabilidade sobre o lesado – o trabalhador – e não sobre o infrator – seu empregador, que o manteve na informalidade.

Nunca é demais lembrar que todo e qualquer empregador que mantém pessoa trabalhando em condições típicas de empregado, além de cometer ilícito trabalhista (violação à legislação do trabalho), comete o delito de sonegação de contribuições previdenciárias, previsto no art. 337-A do Código Penal – fato que deve ser comunicado, pelo Juiz prolator da decisão, ao Ministério Público Federal, na forma do art. 40 do Código de Processo Penal.

Soa de forma estranha a redação do projeto, porque colide frontalmente com outro dispositivo da mesma Lei n. 8.213/91, o art. 34 e seu inciso I, o qual determina que no cálculo dos benefícios dos segurados empregados sejam considerados os salários de contribuição devidos no curso do contrato de trabalho, independentemente do recolhimento das contribuições terem sido feitas ou não, "sem prejuízo da respectiva cobrança e da aplicação das penalidades cabíveis" – evidentemente, aplicável esta última parte ao empregador.

Perde o Poder Executivo, por ora, a ímpar oportunidade de dar tratamento adequado e definitivo ao problema da decadência do direito de exigir contribuições em atraso em prazo mais elástico que os cinco anos previstos no Código Tributário Nacional, já que foi reconhecida como inconstitucional a instituição do prazo decenal por lei ordinária – Súmula Vinculante n. 8 do STF. Bastaria a inclusão de tal prazo por lei complementar.

Além disso, seria de todo conveniente acabar com a grave contradição existente na Lei de Custeio, a qual exige do contribuinte individual (que deseje computar o tempo de atividade) todo o período contributivo, sem que ocorra decadência (ainda que seja questionável tal regra), enquanto libera o sonegador fiscal da cobrança uma vez ultrapassado o prazo de 5 anos (na forma do CTN).

Mas, infelizmente, o Poder Executivo, ao elaborar a proposta, em nada se preocupou em atacar o problema de frente, combatendo a informalidade e a sonegação fiscal, como foi decidido como diretriz mestra nas conclusões do Fórum Nacional da Previdência Social; preferiu, no texto do projeto, limitar o alcance da proteção social, impedindo um maciço segmento de trabalhadores de ver reconhecido seu direito fundamental à proteção previdenciária, sob o incrível argumento do risco de fraude aos cofres previdenciários.

Não se precisa conhecer muito sobre a realidade brasileira para se chegar à conclusão de que, quando alguém visa fraudar os cofres públicos, "vai direto ao assunto": em vez de simular uma ação trabalhista, forja documentos, como por exemplo, registrando contratos falsos na Carteira de Trabalho – documentos estes que, por si, valeriam como prova da relação de trabalho, sem qualquer questionamento em Juízo.

Dizer, por sua vez, que a permissão legal de que qualquer decisão da Justiça do Trabalho seja reconhecida para fins de cômputo de tempo junto à Previdência é abrir margem à fraude, significa atribuir a este ramo do Judiciário uma pecha de conivência com situações simuladas, ou pior, de conluio. Evidentemente, há lides simuladas; mas os Juízes do Trabalho, tanto quanto os demais Magistrados que atuam em outros ramos do Judiciário, são ciosos de suas responsabilidades para com a sociedade, e estão atentos às fraudes tanto ou mais que os servidores do INSS – e bem menos sujeitos à corrupção, ao menos pelo que se nota das notícias veiculadas pela mídia.

Por fim, cumpre comentar a restrição imposta pelo projeto, a se computar somente o período de trabalho "não abrangido pela prescrição trabalhista". Outro grave equívoco: a declaração de existência de relação de emprego não está sujeita a prazo prescricional algum, como dispõe a CLT em seu art. 11. E, ainda que fosse sujeita a algum lapso temporal, o prazo de prescrição trabalhista não se confunde com o prazo de decadência do direito para que o Fisco possa exigir as contribuições previdenciárias correspondentes aos fatos geradores ocorridos durante a relação de emprego. Ademais, como já frisado, não sendo o trabalhador responsável tributário, não há que se penalizar a este pelo inadimplemento de contribuições – o que o projeto, nas entrelinhas, está sugerindo.

Mas a exigência de prova documental pela Previdência Social é razoável? Estaria a Justiça do Trabalho, desde seus primórdios, agindo de forma incorreta ao reconhecer relações de emprego sem a produção de tais provas "materiais"?

– A Jurisprudência da Justiça Federal sobre a Matéria. O Projeto n. 3.451/2008 na Contramão do Entendimento do Judiciário: Pode o Estado Negar Efeito às suas Próprias Decisões Judiciais?

É evidente que o anteprojeto caminha na contramão da jurisprudência dos Tribunais Regionais Federais e da Turma Nacional de Uniformização, como se nota a seguir:

A anotação na Carteira de Trabalho e Previdência Social - CTPS - decorrente de sentença trabalhista homologatória constitui início de prova material para fins previdenciários. O entendimento da TNU nesse sentido fundamentou decisão do ministro Gilson Dipp, presidente da Turma Nacional de Uniformização da Jurisprudência dos Juizados Especiais Federais (TNU), de 24 de março.

A questão levantada pelo INSS, que suscitou o incidente de uniformização, já foi decidida pela TNU, quando do julgamento do processo 2005.80.13.511255-5, publicado no Diário da Justiça de 27.02.2008. Entretanto, inconformado com o acórdão proferido pela Turma Recursal da Seção Judiciária do Espírito Santo, o requerente sustenta que o acórdão recorrido diverge de julgados do Superior Tribunal de Justiça.

(...)

O INSS insiste que o STJ entende que para o reconhecimento do vínculo empregatício não basta o início de prova já que é fundamental que ela seja contemporânea aos fatos e que mencione data de início e término da atividade laborativa.

Para o presidente da TNU o pleito do INSS não encontra guarida, pois o entendimento da Turma Recursal da Seção Judiciária do Espírito Santo acompanha decisão anteriormente deferida pela Turma, motivo pelo qual foi determinada a devolução do incidente para manutenção do acórdão recorrido.

(TNU. Processo n. 2003.50.50.003664-8. Presidente Gilson Dipp. Disponível em notícias da Justiça Federal - www.jf.jus.br - 18.04.2008)

Pelo visto, a Turma Nacional de Uniformização dos Juizados Especiais Federais tem a matéria pacificada (Súmula 31) no sentido de que a decisão proferida pela Justiça do Trabalho, (mesmo) homologatória de acordo, supre a ausência da "prova material" exigida pela legislação previdenciária.

O que se observa, portanto, é que a exigência constante do § 3º do art. 55 da Lei n. 8.213/91 tem sido aplicada no âmbito restrito do INSS, pois a Justiça Federal vem reconhecendo o pronunciamento judicial já tomado pela Justiça do Trabalho como suficiente.

Na verdade, não haveria sentido lógico se o Estado, ao se pronunciar sobre um caso concreto, no exercício da jurisdição, reconhecesse a relação de emprego, mas negasse as consequências deste mesmo reconhecimento no campo previdenciário – no qual o Estado, por intermédio de uma autarquia da União, é o sujeito passivo da obrigação de prestar benefícios e serviços ao segurado.

Nesse sentido, como contraponto, geralmente se sustenta que "o INSS não foi parte na lide trabalhista entre o empregado e o empregador", logo não estaria obrigado a cumprir a decisão judicial proferida por um órgão da Justiça do Trabalho.

Ocorre que o Poder Judiciário – no qual está inserida a Justiça do Trabalho – e o Poder Executivo – no qual está inserido o Ministério da Previdência Social e sua autarquia INSS – pertencem ao mesmo Estado, de modo que não vislumbro como razoável qualquer entendimento que leve a que o INSS (parcela da Administração Pública do Estado Brasileiro) não esteja vinculado à decisão do Judiciário (que também faz parte deste mesmo Estado Brasileiro). Conclusão em sentido oposto permitiria ao Estado negar efeito às suas próprias decisões.

– O Art. 55 da Lei de Benefícios e o Princípio de Aptidão para a Prova. A Inconstitucionalidade pela Afronta ao Princípio da Ampla Defesa.

Após fazer as digressões cabíveis a respeito do PL n. 3.451/2008, cumpre responder a uma última indagação: a rejeição do projeto de lei proposto, sem que haja uma disciplina do conteúdo que ele visa regular (reconhecimento do tempo de atividade informal pela Previdência), ou se mantendo o regramento atual (art. 55, § 3º, da Lei de Benefícios), faz com que o impasse entre decisões judiciais trabalhistas e decisões administrativas previdenciárias permaneça?

O que hoje vigora, nesta matéria, é a exigência realizada pelo INSS de "início de prova material" para cômputo do tempo de atividade do empregado sem registro.

Ocorre que tal dispositivo, embora constante do diploma comentado, é uma típica norma processual, já que se refere à produção de provas, em procedimento judicial ou administrativo. Neste sentido, considerando as garantias constitucionais relacionadas ao devido processo legal, nos quais se encontra o direito à ampla defesa dos interesses deduzidos numa lide, impõe-se uma investigação acerca do respeito a tais princípios.

Em termos práticos, o texto legal vigente estabelece que ao indivíduo que pretenda ver o seu tempo de atividade laboral reconhecido pela Previdência Social deve provar que efetivamente trabalhou, e para tanto, é necessário que apresente, no procedimento de justificação administrativa ou no processo judicial, "início de prova material".

O trabalho informal, é verdade, não necessariamente é prestado por pessoas que se encontram em condições típicas de empregado, como estabelecido no art. 3º da CLT. Há trabalhadores informais que prestam atividade não-subordinada, como os profissionais liberais, os trabalhadores eventuais, os ambulantes, camelôs, biscateiros.

Podemos então afirmar que o primeiro problema do dispositivo é tratar situações diversas sem fazer as necessárias distinções, quando evidentemente a diversidade das características impõe tratamento diferenciado.

Com efeito, uma situação é a dos trabalhadores não-subordinados, que querem computar seu tempo de atividade para fins previdenciários. Neste caso, tem-se que: (1) as relações jurídicas de trabalho em que o indivíduo realiza a atividade são múltiplas, não havendo, via de regra, um só tomador dos serviços prestados, e não tendo o indivíduo regras de ordem pública a lhe proteger os direitos como prestador de serviços; (2) o próprio indivíduo, em termos tributários, é o responsável pelo recolhimento das contribuições à Seguridade Social incidentes sobre os valores auferidos em função da atividade laboral, diferentemente do que ocorre na relação de emprego, em que o responsável tributário não é o indivíduo, mas seu empregador; (3) em função da sua responsabilidade tributária, a Previdência só admite o reconhecimento do tempo de atividade caso o indivíduo faça o recolhimento de todas as contribuições do período pretérito reconhecido, sem que haja incidência de prazo decadencial, segundo o art. 45-A da Lei de Custeio, com redação atual conferida pela LC n. 128/2008.

A situação do empregado é diametralmente oposta: (1) a relação jurídica de trabalho, única, se dá com um mesmo tomador dos serviços, e a legislação trabalhista, amparada no art. 7º da Constituição, assegura diversos direitos indisponíveis, caracterizados em normas de ordem pública, cuja imperatividade é pacífica na doutrina e na jurisprudência; (2) o responsável tributário pelo recolhimento de contribuições à Seguridade Social incidentes sobre os valores auferidos pelo empregado é, exclusivamente, o empregador, por força do art. 33, § 5º, da Lei de Custeio; (3) neste caso, uma vez reconhecida pela Previdência a relação de emprego, o empregado tem direito de ver computado o tempo de atividade prestado na informalidade, independentemente do recolhimento das contribuições, sem prejuízo da respectiva cobrança e das penalidades cabíveis ao responsável tributário, na forma do art. 34, inciso I, da Lei n. 8.213/91 e art. 143, § 4º, do Decreto n. 3.048/99.

Assim, se constata que há diferenças abissais entre o tratamento que já é conferido ao empregado (formalizado ou cujo trabalho informal foi reconhecido) e o dispensado aos demais segurados obrigatórios do Regime Geral de Previdência Social.

Todavia, o dispositivo comentado (art. 55, § 3º, da Lei n. 8.213/91) atribui um mesmo ônus de prova a empregados e não-empregados, para fins de cômputo previdenciário.

A primeira questão a ser analisada é: no caso do empregado mantido na informalidade, o que é esta prova documental e quem a produz (no sentido de quem a elabora).

A prova da atividade laborativa, conforme o Decreto n. 3.048/99, art. 62, corresponde àqueles documentos que são obrigatórios por lei nas relações de emprego, contemporâneos ao período que se pretende comprovar.

No caso do empregado informal, seu empregador, sem rodeios, é um sonegador fiscal (Cód. Penal, art. 337-A): mantém o empregado na informalidade para, fraudando os cofres públicos, deixar de recolher as contribuições devidas. Evidentemente, o comportamento esperado de um sonegador fiscal é o de evitar, a qualquer preço, que haja elementos que venham a comprovar a sua conduta delituosa. Ou seja, o empregador não produzirá, salvo por um ato falho, provas documentais de seu delito fiscal - principalmente os que caracterizem o indivíduo como seu empregado.

Então, em síntese do que até aqui foi dito, a lei atribui ao empregado o ônus de provar que seu empregador, sonegador fiscal, o manteve na informalidade, e para desincumbir-se de tal encargo, terá de apresentar documentos que seu empregador, muito provavelmente, não produziu, a não ser que queira confessar o crime de sonegação fiscal!

Portanto, é oportuno resgatar os princípios ligados ao devido processo, e mais especificamente, o princípio da aptidão para a prova, que advém do direito à ampla defesa.

O magistrado do trabalho César Machado Jr., em obra sobre a temática do ônus da prova, leciona que "por este princípio, devemos atribuir o ônus da prova ao litigante que tenha melhores condições de provar o fato controvertido" (O ônus da prova no processo do trabalho, LTr, p. 145).

Ainda que se deva concordar com Luiz Marinoni e Sérgio Arenhart, que a busca da verdade real no processo se caracteriza como utópica, dadas as condições de falibilidade humana e dos obstáculos do procedimento de investigação quanto aos elementos de prova (Curso de Processo Civil. v. 2, Revista dos Tribunais, 2007, pp. 247-249), o ideal do processo ainda é a tentativa de aproximação maior possível entre a verdade real e comprovação das alegações das partes litigantes.

Daí o questionamento que se coloca: atribuir ao trabalhador informal o ônus de provar, perante a Previdência Social, sua relação de emprego não formalizada, mediante apresentação de documentos, é regra que não atinge o desiderato acima, muito pelo contrário.

Novamente utilizando as lições de Marinoni e Arenhart,

> *De outra parte, vale lembrar que o culto à prova documental pode gerar conseqüências perniciosas, sentidas cada vez mais intensamente em nosso direito. O direito brasileiro, assim como o fazem outras legislações, exige, muitas vezes, o documento como único meio de prova admissível. Todavia, como bem salienta Calamandrei, 'quem propugna, mesmo in* iure condendo, *as mais severas limitações da prova testemunhal para torna sempre mais geral o uso da prova escrita, deve questionar-se se, com o nosso sistema de custas, judiciárias e contratuais, exigir a prova escrita não signifique colocar a parte muitas vezes na absoluta impossibilidade de obter justiça' (op. cit., p. 333).*

E concluem os mesmos doutrinadores ser imperioso pensar, de *lege ferenda*, na amenização de regras que restrinjam a produção da prova, ou mesmo no efetivo acesso das pessoas carentes a tais meios de prova.

Assim, concluindo e buscando amalgamar as duas situações observadas - o tratamento raso dado à matéria, igualando as situações desiguais de trabalhadores informais em geral dos trabalhadores informais que se revestem dos requisitos caracterizadores da relação de emprego, por um lado; e o princípio de aptidão para a prova, de outro - deve-se entender, como o faz Ellen Hazan, que "como é do empregador cumprir e fazer cumprir o contrato de emprego e as regras legais dele decorrentes, por certo é ele, empregador, quem possui os documentos relativos ao cumprimento destas normas e o ônus da prova lhe deve ser imputado (Lage e Lopes (coord.), Direito e Processo do Trabalho, Del Rey, 2003, p. 136).

Convém assinalar, como o faz Júlio Bebber:

"Atento para a realidade de que o escopo da atividade jurisdicional é a manutenção da integralidade do ordenamento jurídico, o juiz não pode contentar-se em ser um mero espectador, devendo assumir posição ativa na fase investigatória. É necessário ultrapassar o conservadorismo para romper preconceitos, a fim de visualizar o processo como algo realmente capaz de conduzir ao bem estar social, através da ordem jurídica justa" (Princípios de Processo do Trabalho, LTr, p. 448).

Caso o projeto seja aprovado, operar-se-á a exclusão social de trabalhadores que, sendo verdadeiros empregados, sofrem com a inércia fiscalizatória do Estado e o conservadorismo do legislador, inspirado em conclusões ultrapassadas a respeito do mercado de trabalho brasileiro. Somente o resguardo da proteção social do trabalhador com o reconhecimento de sua condição inafastável de segurado obrigatório, e a punição exemplar dos sonegadores fiscais, trará a verdadeira e almejada Justiça Social.

Assim, a exigência de início de prova material, constante do art. 55, § 3º, da Lei n. 8.213/91, constitui afronta ao direito do trabalhador à ampla defesa de seus interesses em Juízo, com o que concluímos pela inconstitucionalidade do mesmo.

Impõe-se reconhecer o direito ao trabalhador informal, revestido das condições típicas de empregado, de provar estas mesmas condições, a partir de todos os meios de prova admitidos em Direito, cabendo ao Judiciário estabelecer, em uma só decisão, pelo convencimento racional e fundamentado do Juízo, se efetivamente se trata de relação empregatícia – e consequentemente, filiação automática ao RGPS – ou se o Estado-Juiz não acolhe a pretensão, negando a existência da relação de emprego e a consequente filiação como segurado na categoria de empregado.

11.6 Contagem recíproca do tempo de contribuição

A garantia da contagem recíproca do tempo de serviço, prevista inicialmente na Lei n. 6.226/75, passou então a ser a contagem de tempo de contribuição, permitindo-se o cômputo, para fins de aposentadoria, do período trabalhado no serviço público e daquele prestado na iniciativa privada, inclusive para o trabalhador urbano e rural, hipótese em que os regimes de Previdência Social envolvidos se compensarão financeiramente conforme regra prevista no § 9º do art. 201 da Constituição Federal.

A compensação financeira será efetuada pelos demais regimes em relação ao regime em que o interessado estiver vinculado ao requerer o benefício, em relação aos respectivos tempos de contribuição ou serviço.

A regulamentação legislativa definindo os critérios para a compensação financeira entre o RGPS e os regimes de previdência dos servidores da União, dos Estados, do Distrito Federal e dos Municípios, nos casos de contagem recíproca de tempo de contribuição para efeito de aposentadoria, se deu com a Lei n. 9.796, de 26.5.99, e pelo Decreto n. 3.112, de 6.7.99.

O tempo de contribuição, em caso de contagem recíproca, será computado de acordo com a legislação pertinente, observadas, entre outras, as normas previstas no art. 96 da Lei n. 8.213/91, com alterações posteriores da Lei n. 9.528, de 10.12.97, quais sejam:

- não será admitida a contagem em dobro ou em outras condições especiais;
- é vedada a contagem de tempo de serviço público com o de atividade privada, quando concomitantes (ressalvados os casos de acumulação de cargos ou empregos públicos admitidos pela Constituição);
- não será contado por um sistema o tempo de serviço utilizado para concessão de aposentadoria pelo outro;
- o tempo de serviço anterior ou posterior à obrigatoriedade de filiação à Previdência Social só será contado mediante indenização da contribuição correspondente ao período respectivo, com acréscimo de juros moratórios de 0,5% ao mês e multa de 10%.

Segundo decidiu o TRF da 4ª Região, a indenização do período a ser reconhecido deverá obedecer aos parâmetros legais da época do requerimento da averbação, excluindo-se apenas a incidência de juros e multa, posto não haver mora, não cabendo invocar decadência ou prescrição quanto ao direito da Previdência em cobrar o crédito, já que não havia ação nem direito potestativo anteriormente ao pedido de reconhecimento de tempo de filiação (Ap. MS n. 2000.04.01.009294-8/RS, 2ª Turma, Rel. Juiz Vilson Darós, sessão de 14.8.2001, AC n. 2002.04.01.030830-9/RS, TRF 4ª Região, 2ª Turma, Rel. Des. Fed. Dirceu de Almeida Soares, DJU de 30.10.2002).

De acordo com a jurisprudência uniforme do STJ, a indenização de contribuições pagas com atraso pelo contribuinte individual só se sujeita a juros e multa a partir do advento da MP nº 1.523/96:

> *PREVIDENCIÁRIO. CONTAGEM RECÍPROCA. ART. 45, §§ 3º e 4º, DA LEI N. 8.212/1991. BASE DE CÁLCULO DA INDENIZAÇÃO. PERÍODO ANTERIOR À EDIÇÃO DA MEDIDA PROVISÓRIA N. 1.523/1996. JUROS E MULTA INCABÍVEIS.*
>
> *1. A respeito da cobrança das contribuições não pagas em época própria, para fins de contagem recíproca, dispõe a Lei de Custeio (8.212/1991), em seu artigo 45, § 3º, que a base de incidência será a remuneração sobre a qual incidem as contribuições para o regime específico de previdência social a que estiver filiado o interessado, ou seja, a atual remuneração do autor.*
>
> *2. O § 4º, introduzido pela Medida Provisória n. 1.523/1996, convertida na Lei n. 9.528/1997, determina que sobre os valores apurados na forma dos §§ 2º e 3º incidirão juros moratórios de um por cento ao mês e multa de dez por cento.*
>
> *3. Atualmente, a legislação alterada pela Lei Complementar n. 123, de 2006, prevê limitação até o percentual máximo de cinqüenta por cento.*

4. A jurisprudência desta Corte firmou-se no sentido de que a exigência de juros e multa somente tem lugar quando o período a ser indenizado é posterior à edição da Medida Provisória n. 1.523/1996. 5. Recurso especial parcialmente provido.

(REsp n. 889095, Quinta Turma, Rel. Min. Jorge Mussi, DJE 13.10.2009).

Discordamos em parte dessa posição, pois considerando que a "indenização" do período a ser reconhecido obedece aos parâmetros legais da época do requerimento da averbação, a incidência de juros e multa deve ser excluída, por não haver mora. Neste sentido: AR n. 2006.04.00007063-6, TRF da 4ª Região, Primeira Seção, Rel. Des. Federal Vilson Darós, DE 10.6.2009.

De acordo com o art. 19-A do Decreto n. 3.048/99, com redação conferida pelo Decreto n. 6.722/2008, "para fins de benefícios de que trata este Regulamento, os períodos de vínculos que corresponderem a serviços prestados na condição de servidor estatutário somente serão considerados mediante apresentação de Certidão de Tempo de Contribuição fornecida pelo órgão público competente, salvo se o órgão de vinculação do servidor não tiver instituído regime próprio de previdência social".

De acordo com o art. 130 do Decreto n. 3.048/99, o tempo de contribuição para o regime próprio de Previdência Social ou para o RGPS pode ser provado com certidão fornecida:

"I - pela unidade gestora do regime próprio de previdência social ou pelo setor competente da administração federal, estadual, do Distrito Federal e municipal, suas autarquias e fundações, desde que devidamente homologada pela unidade gestora do regime próprio, relativamente ao tempo de contribuição para o respectivo regime próprio de previdência social; ou

II – pelo setor competente do Instituto Nacional do Seguro Social, relativamente ao tempo de contribuição para o Regime Geral de Previdência Social".

O setor competente do INSS deverá promover o levantamento do tempo de contribuição para o RGPS à vista dos assentamentos internos ou das anotações na Carteira do Trabalho e/ou na CTPS, ou de outros meios de prova admitidos em direito.

O setor competente do órgão federal, estadual, do Distrito Federal ou municipal deverá promover o levantamento do tempo de contribuição para o respectivo regime próprio de previdência social à vista dos assentamentos funcionais.

No que tange a contagem recíproca do tempo de atividade especial, decidiu o Supremo Tribunal Federal nos seguintes termos:

"A contagem recíproca é um direito assegurado pela Constituição do Brasil. O acerto de contas que deve haver entre os diversos sistemas de previdência social não interfere na existência desse direito, sobretudo para fins de aposentadoria. Tendo exercido suas atividades em condições insalubres à época em que submetido aos regimes celetista e previdenciário, o servidor público possui direito adquirido à contagem desse tempo de serviço de forma diferenciada e para fins de aposentadoria. Não seria razoável negar esse direito à recorrida pelo simples fato de ela ser servidora pública estadual e não federal. E isso mesmo porque condição de trabalho, insalubridade e

periculosidade, é matéria afeta à competência da União (CB, artigo 22, I [direito do trabalho])" (RE 255.827, Rel. Min. Eros Grau, julgamento em 25.10.2005, DJ de 2.12.2005).

APOSENTADORIA - servidor público - TEMPO DE TRABALHO RURAL - CONTAGEM RECÍPROCA - CONTRIBUIÇÕES. Conforme disposto no § 9º do artigo 201 da Constituição Federal, a contagem recíproca do tempo de serviço rural pressupõe ter havido o recolhimento das contribuições. (STF. MS 26919/DF. Tribunal Pleno. Relator Ministro Marco Aurélio. DJe de 21.5.2008).

A respeito do direito do servidor público de exigir do INSS a certidão que comprova o exercício da atividade insalubre, assim se pronunciou o STF:

O servidor público tem direito à emissão pelo INSS de certidão de tempo de serviço prestado como celetista sob condições de insalubridade, periculosidade e penosidade, com os acréscimos previstos na legislação previdenciária. A autarquia não tem legitimidade para opor resistência à emissão da certidão com fundamento na alegada impossibilidade de sua utilização para a aposentadoria estatutária; requerida esta, apenas a entidade à qual incumba deferi-la é que poderia se opor à sua concessão. (RE 433.305, Rel. Min. Sepúlveda Pertence, julgamento em 14.2.2006, DJ de 10.3.2006. No mesmo sentido: RE 383.998-AgR, Rel. Min. Sepúlveda Pertence, julgamento em 13.2.2007, DJ de 27.4.2007).

Com relação à expedição de certidão de tempo de contribuição para período fracionado, não utilizado para efeito de concessão de benefício por regime diverso, decidiu o STJ nos termos que seguem:

PREVIDENCIÁRIO. RECURSO ESPECIAL. SEGURADO JÁ APOSENTADO NO SERVIÇO PÚBLICO COM UTILIZAÇÃO DA CONTAGEM RECÍPROCA. CONCESSÃO DE APOSENTADORIA JUNTO AO RGPS. TEMPO NÃO UTILIZADO NO INSTITUTO DA CONTAGEM RECÍPROCA. FRACIONAMENTO DE PERÍODO. POSSIBILIDADE. ART. 98 DA LEI N.º 8.213D 91. INTERPRETAÇÃO RESTRITIVA.

1. A norma previdenciária não cria óbice a percepção de duas aposentadorias em regimes distintos, quando os tempos de serviços realizados em atividades concomitantes sejam computados em cada sistema de previdência, havendo a respectiva contribuição para cada um deles.

2. O art. 98 da Lei n.º 8.213D 91 deve ser interpretado restritivamente, dentro da sua objetividade jurídica. A vedação contida em referido dispositivo surge com vistas à reafirmar a revogação da norma inserida na Lei n.º 5.890D 73, que permitia o acréscimo de percentual a quem ultrapassasse o tempo de serviço máximo, bem como para impedir a utilização do tempo excedente para qualquer efeito no âmbito da aposentadoria concedida.

3. É permitido ao INSS emitir certidão de tempo de serviço para período fracionado, possibilitando ao segurado da Previdência Social levar para o regime de previdência próprio dos servidores públicos apenas o montante de tempo de serviço que lhe seja necessário para obtenção do benefício almejado naquele regime. Tal período, uma vez considerado no outro regime, não será mais contado para qualquer efeito no RGPS. O tempo não utilizado, entretanto, valerá para efeitos previdenciários junto à Previdência Social.

4. Recurso especial a que se nega provimento (REsp 687.479, Rel. Min. Laurita Vaz, DJ 30.5.2005).

O benefício resultante da contagem recíproca do tempo será concedido e pago pelo sistema a que o interessado estiver vinculado ao requerê-lo, e calculado na forma da respectiva legislação.

Concedido o benefício, caberá, segundo o art. 131 do Regulamento da Previdência Social:

- ao INSS comunicar o fato ao órgão público emitente da certidão, para as anotações nos registros funcionais e/ou na segunda via da certidão de tempo de contribuição; e
- ao órgão público comunicar o fato ao INSS, para efetuar os registros cabíveis.

11.7 Justificação Administrativa

A Justificação Administrativa – JA é o meio utilizado para suprir a falta ou insuficiência de documentos ou produzir prova de fato ou circunstância de interesse dos beneficiários perante a Previdência Social – Lei n. 8.213/91, art. 108.

É um meio de prova de natureza administrativa, processada perante a própria Previdência Social. Esta vai avaliar a prova produzida para verificar sua autenticidade.

Utilizamos, por oportuno, a definição dada por *Osiris A. Borges de Medeiros* à justificação administrativa: "É o procedimento utilizado para provar fatos ou circunstâncias de interesse dos beneficiários frente à Previdência Social e que eles não conseguem deixar completamente demonstrados apenas com documentos".[346]

O Decreto n. 3.048/99 vedou a tramitação da justificação administrativa como processo autônomo, exigindo que seja parte de processo antecedente (art. 142, § 2º). Dessa forma, não pode ser processada isoladamente. Sua instrução passa a ser decorrente de processo de benefício, de averbação de tempo de serviço ou de Certidão de Tempo de Contribuição – CTC.

Não será admitida a JA quando o fato a comprovar exigir registro público de casamento, de idade ou de óbito, ou de qualquer ato jurídico para o qual a lei prescreva forma especial.

Só será admitido o processamento da JA na hipótese de ficar evidenciada a inexistência de outro meio capaz de configurar a verdade do fato alegado.

O interessado deverá apresentar início de prova material (prova documental contemporânea ao fato alegado), devendo ser apresentados indícios (um ou mais) como marco inicial, e outro, como marco final, que possam levar à convicção do que se pretende comprovar. Se o período a ser comprovado for superior a quatro anos, deverão ser apresentados indícios de prova intermediários relativo ao período a ser comprovado (um ou mais). A aceitação pelo INSS de um único documento está restrita à prova daquele ano a que se referir.

346 MEDEIROS, Osiris A. Borges de. *Aposentadoria ao alcance de todos*. Rio de Janeiro: Forense, 1995, p. 131.

Se no decorrer do processamento da JA ficar evidenciado que a prestação de serviço se deu sem relação de emprego, será feito o reconhecimento da filiação na categoria de contribuinte individual, com obrigatoriedade do recolhimento das contribuições.

Para efeito de comprovação de tempo de contribuição mediante processamento de JA, esteja ou não a empresa em atividade, deverá o interessado juntar prova oficial de sua existência no período que se pretende comprovar.

No caso de comprovação de tempo de contribuição, é dispensado o início de prova material quando houver ocorrência de motivo de força maior ou caso fortuito.

O motivo de força maior ou caso fortuito deverá ser comprovado por meio da certidão do corpo de bombeiro, Defesa Civil, boletim de ocorrência policial, conforme o caso. Da ocorrência policial deverão constar registros que evidenciem que a empresa foi atingida pelo sinistro (endereço, os setores atingidos, documentação destruída, danos causados, etc.).

O Laudo de Exame Grafotécnico/documentoscópico somente será aceito se apresentados os documentos originais que serviram de base para a realização do exame, para verificação sobre sua aceitação como indício de prova material para fins de processamento de JA.

A homologação da JA quanto à forma e ao mérito é de competência da autoridade que autorizou seu processamento. Cabe ao processante apenas fazer relatório sucinto do que colheu sobre os fatos, opinando conclusivamente sobre a prova produzida, isto é, se foram confirmados, ou não, os fatos alegados, não sendo de sua competência analisar o início de prova material apresentado.

Na hipótese das testemunhas residirem em localidade distante ou localidade pertencente à zona de influência de outro órgão local, caberá o julgamento quanto à eficácia da JA à autoridade que solicitou seu processamento.

De acordo com o art. 147 do Decreto n. 3.048/99, não caberá recurso da decisão da autoridade competente do INSS que considerar eficaz ou ineficaz a justificação administrativa.

A justificação poderá ser também judicial, cuja jurisdição é voluntária. A sentença apenas homologa a prova produzida, não adentrando o mérito de sua validade como meio de convencimento do Juízo, por isso, não há condenação do INSS a reconhecer o tempo de serviço.

Experiência exitosa tem sido adotada em alguns JEFs, em que o INSS é intimado, antes da citação ou após a contestação, para que efetue justificação administrativa para oitiva das testemunhas voltadas à comprovação do exercício da atividade rural. Tal prática tem dispensado a realização de audiências de instrução e proporcionado a realização de acordos nas ações que buscam a comprovação do tempo rural para a concessão de benefícios.

11.8 Cabimento da ação declaratória para reconhecimento de tempo de contribuição

Depois de alguma divergência inicial, a jurisprudência firmou o entendimento de que a ação declaratória é a via processual adequada para o reconhecimento de tempo de serviço/contribuição, uma vez que o fim visado é justamente a declaração de uma relação jurídica que precisa ser aclarada, sendo inegável a necessidade da tutela jurisdicional para a satisfação da pretensão de direito material. Neste sentido: "Processual Civil. Previdenciário. Tempo de Serviço para fins Previdenciários. Comprovação. Ação Declaratória. Instrumento Idôneo. A Ação Declaratória, segundo o comando expresso no art. 4º do Código de Processo Civil, é instrumento processual adequado para resolver incerteza sobre a existência de uma relação jurídica, sendo patente o interesse de agir do segurado da Previdência Social que postula, por essa via processual, o reconhecimento de tempo de serviço para efeito de percepção do benefício. Recurso Especial conhecido e provido. Embargos de Divergência não acolhidos" (ED em REsp n. 97.314/RS, STJ, 3ª Seção, rel. Min. Vicente Leal, DJU de 3.11.97, p. 56.217).

Ao considerar a jurisprudência consolidada do Superior Tribunal de Justiça, o Ministério da Previdência e Assistência Social editou a Portaria n. 5.409, de 8.7.99, dispensando o INSS de interpor recurso especial ao Superior Tribunal de Justiça nas causas judiciais quando a questão versada no acórdão do Tribunal de segunda instância tratar exclusivamente do cabimento de ação declaratória para reconhecimento do tempo de trabalho rural. E quando versar outra matéria, o INSS fica autorizado a não interpor recurso especial contra a parte da decisão que julga cabível a ação declaratória para reconhecimento de tempo de trabalho rural.

Em novembro de 2000, a Terceira Seção do Superior Tribunal de Justiça sumulou a matéria nos seguintes termos: "Súmula n. 242 – Cabe ação declaratória para reconhecimento de tempo de serviço para fins previdenciários".

Capítulo 12
Prescrição e decadência em matéria de benefícios

A doutrina civilista conceitua os institutos da prescrição e da decadência de modo relativamente uniforme. Destarte, pode-se observar um certo consenso no sentido de que se pode denominar prescrição à perda do direito de exigir uma obrigação pela via jurisdicional. Segundo *Washington de Barros Monteiro*, citando *Clovis Bevilacqua*, "prescrição é a perda da ação atribuída a um direito, e de toda a sua capacidade defensiva, em conseqüência do não-uso dela, durante determinado espaço de tempo".[347] Já a decadência, segundo o mesmo estudioso do tema, é observada quando "o direito é outorgado para ser exercido dentro em (*sic*) determinado prazo; se não exercido, extingue-se". É dizer, "a prescrição atinge diretamente a ação e por via oblíqua faz desaparecer o direito por ela tutelado; a decadência, ao inverso, atinge diretamente o direito e por via oblíqua, ou reflexa, extingue a ação".[348]

12.1 Prescrição do direito a prestações

A regra geral de prescritibilidade dos direitos patrimoniais existe em face da necessidade de se preservar a estabilidade das situações jurídicas. Entretanto, as prestações previdenciárias têm finalidades que lhes emprestam características de direitos indisponíveis, atendendo a uma necessidade de índole eminentemente alimentar. Daí que o direito ao benefício previdenciário em si não prescreve, mas tão-somente as prestações não reclamadas dentro de certo tempo, que vão prescrevendo, uma a uma, em virtude da inércia do beneficiário.

Sem prejuízo do direito ao benefício, prescreve em cinco anos, a contar da data em que deveriam ter sido pagas, o direito às prestações vencidas ou quaisquer restituições ou diferenças devidas pela Previdência Social, resguardados, na forma da lei civil, os direitos dos menores, dos incapazes ou dos ausentes (art. 103,

347 *Curso de direito civil*. 16 ed., São Paulo: Saraiva, 1986, v. 1, p. 286.

348 *Ibidem*, p. 288.

parágrafo único, da Lei n. 8.213/91), contra os quais não corre a prescrição, enquanto nesta situação. Dispondo acerca da matéria, o atual Código Civil - Lei n. 10.406/02 - em seu artigo 198, estabelece que não corre a prescrição "contra os incapazes de que trata o art. 3º", ou seja, os absolutamente incapazes; "contra os ausentes do País em serviço público da União, dos Estados ou dos Municípios"; e "contra os que se acharem servindo nas Forças Armadas, em tempo de guerra".

Ressaltamos que, não fluindo os prazos prescricionais contra o menor absolutamente incapaz, e não tendo se operado a prescrição quinquenal, a partir da data em que ele completou 16 anos de idade, assiste-lhe direito à retroação da data de início de sua pensão por morte, para a data do óbito do instituidor da pensão. Neste sentido: AC nº 2006.70.00.016681-2/PR, TRF da 4ª Região, Relator Juiz Fernando Quadros da Silva, DE 17.12.2007.

O INSS na via administrativa tem observado as regras do Código Civil, prevendo que (art. 446 da IN n. 45/2010):

> *- Não corre prescrição contra os absolutamente incapazes, na forma do inciso I do art. 198 do Código Civil, combinado com o art. 3º do mesmo diploma legal, dentre os quais:*
>
> *I - os menores de dezesseis anos não emancipados;*
>
> *II - os que, por enfermidade ou deficiência mental, não tiverem o necessário discernimento para a prática desses atos; e*
>
> *III - os que, mesmo por causa transitória, não puderem exprimir sua vontade.*
>
> *- Para os menores que completarem dezesseis anos de idade, a data do início da prescrição será o dia seguinte àquele em que tenha completado esta idade.*
>
> *- Para o incapaz curatelado, a contagem do prazo prescricional inicia a partir da data de nomeação do curador.*
>
> *- Na restituição de valores pagos indevidamente em benefícios será observada a prescrição qüinqüenal, salvo se comprovada má-fé.*
>
> *- Na revisão, o termo inicial do período prescricional será fixado a partir da DPR.*

Importante referir também que durante o período de tramitação de processo administrativo no qual se discute sobre o direito do dependente ou segurado, o prazo prescricional fica suspenso (art. 4º do Decreto n. 20.910/32). E a não ocorrência da prescrição em relação a alguns dos dependentes não beneficiaria os demais, ou seja, consumada a prescrição em relação ao dependente capaz, ao incapaz deve ser assegurado somente o pagamento de sua quota-parte. Neste sentido: AC nº 2003.04.01.051040-1/SC, TRF da 4ª Região, Relator Des. Federal Ricardo Teixeira do Valle Pereira, DE 27.8.2007.

O tema foi enfrentado também pela TNU, a qual definiu que o requerimento administrativo interrompe a prescrição. Segue ementa do julgado:

> *PREVIDENCIÁRIO. PEDIDO DE UNIFORMIZAÇÃO DE JURISPRUDÊNCIA. PEDIDO ACRÉSCIMO 25% SOBRE A APOSENTADORIA POR INVALIDEZ. PRESCRIÇÃO. REQUERIMENTO ADMINISTRATIVO. INTERRUPÇÃO. RECONHECIMENTO DA ADMINISTRAÇÃO. JURISPRUDÊNCIA DOMINANTE DO STJ. PEDIDO DE UNIFORMIZAÇÃO CONHECIDO E PROVIDO.*

1) O reconhecimento administrativo do direito do autor constitui causa interruptiva da prescrição, sendo este, portanto, o termo inicial a ser levado em consideração para a contagem da prescrição qüinqüenal.

2) A Autarquia Previdenciária reconheceu o direito do autor ao acréscimo de 25% sobre seu benefício de aposentadoria por invalidez, com base no art. 45 da Lei 8.213/91, o que implicou na renúncia tácita do prazo prescricional já transcorrido. Nesse sentido, a jurisprudência do C. Superior Tribunal de Justiça é pacífica quanto ao reconhecimento pela administração pública do seu débito é causa que interrompe a fluência do prazo prescricional, sendo a data do reconhecimento o termo a partir do qual o prazo volta a correr.

3) Assim o requerimento administrativo interrompeu a prescrição, sendo devidas as parcelas compreendidas nos cinco anos anteriores ao requerimento administrativo, estando prescritas todas as anteriores ao seu qüinqüênio. Pedido de Uniformização de Jurisprudência conhecido e provido.

(PU n. 2006.70.95.006794-9. Relator Juiz Federal Vladimir Santos Vitovsky. Sessão de 26.8.2008).

As ações referentes à prestação por acidente do trabalho prescrevem em cinco anos, observado o disposto no art. 104 da Lei n. 8.213/91, contados da data:

- do acidente, quando dele resultar a morte ou a incapacidade temporária, verificada esta em perícia médica a cargo da Previdência Social; ou
- em que for reconhecida pela Previdência Social, a incapacidade permanente ou o agravamento das sequelas do acidente.

Questionamento importante sobre a matéria diz respeito à possibilidade de o Juiz reconhecer de ofício a prescrição em favor do INSS. Acerca do assunto, decidiu favoravelmente a Turma Nacional de Uniformização dos JEFs:

PREVIDENCIÁRIO - REVISÃO DO SALÁRIO DE BENEFÍCIO - PRESCRIÇÃO - RECONHECIMENTO DE OFÍCIO - POSSIBILIDADE.

I - Sentença e acórdão que deferiram o pedido de revisão da renda mensal da aposentadoria por tempo de serviço, sem, todavia, limitar as parcelas prescritas.

II - Possibilidade de decretação de ofício da prescrição em se tratando de direitos da Fazenda Pública, porquanto indisponíveis.

III - Pedido de uniformização conhecido e provido.

(Pedido de Uniformização no Processo n. 200381100283235. Relator Juiz Federal Hermes Siedler da Conceição Júnior, DJU de 30.5.2006)

A partir do advento da Lei n. 11.280, de 2006, que alterou em parte o Código de Processo Civil, deverá o juiz decretar a prescrição de ofício em todos os feitos. Neste sentido, tem entendido o STJ: "Com o advento da Lei 11.280/06, tornou-se possível ao juiz decretar de ofício a prescrição." (AGA n. 1033755/MG, Segunda Turma, Relatora Ministra Eliana Calmon. DJE de 22.9.2008).

No caso de cessação do pagamento do benefício previdenciário, tendo o segurado interposto recurso contra tal decisão, a prescrição quinquenal somente começa a correr a partir da decisão definitiva do processo administrativo.

Na aferição da prescrição quinquenal, o que está em causa é o pagamento dos créditos do segurado, de modo que a aferição deve se dar a partir dos vencimentos destes, e não a partir das competências a que tais créditos se referem.

12.2 Decadência do direito à revisão do cálculo de benefício previdenciário

Com a Medida Provisória n. 1.523-9, de 27 de junho de 1997, que conferiu nova redação ao art. 103 da Lei n. 8.213/91, foi prevista pela primeira vez a existência de um prazo decadencial no âmbito do direito previdenciário brasileiro.

No período compreendido entre 1997 e 2004 ocorreram algumas alterações significativas no tocante ao prazo da decadência. Inicialmente, destacamos a redação original do artigo 103, da Lei n. 8.213/91:

> *Art. 103. Sem prejuízo do direito ao benefício, prescreve em 5 (cinco) anos o direito às prestações não pagas nem reclamadas na época própria, resguardados os direitos dos menores dependentes, dos incapazes ou dos ausentes.*

Essa regra que não contemplava prazo decadencial perdurou até 27 de junho de 1997, quando a MP n. 1.523-9 foi publicada e modificou a redação do referido dispositivo para:

> *Art. 103.* ***É de dez anos o prazo de decadência*** *de todo e qualquer direito ou ação do segurado ou beneficiário para a* ***revisão do ato de concessão de benefício****, a contar do dia primeiro do mês seguinte ao do recebimento da primeira prestação ou, quando for o caso, do dia em que tomar conhecimento da decisão indeferitória definitiva no âmbito administrativo.*
>
> *Parágrafo único. Prescreve em cinco anos, a contar da data em que deveriam ter sido pagas, toda e qualquer ação para haver prestações vencidas ou quaisquer restituições ou diferenças devidas pela Previdência Social, salvo o direito dos menores, incapazes e ausentes, na forma do Código Civil. (original sem grifos)*

Tal medida provisória foi convertida na Lei n. 9.528, de 10.12.1997, que vigorou até o advento da Lei n. 9.711/98, de 20.11.1998[349], que diminuiu para 5 anos o prazo de decadência para a revisão dos atos de concessão de revisão por iniciativa do segurado.

Ocorre que, em 2003, frente a uma massiva movimentação dos segurados, associações e advogados que resultou em um elevado ingresso de ações para revisão de benefícios com base no índice IRSM de fevereiro de 1994, o executivo se viu obrigado, por motivos políticos, a elastecer novamente o prazo decadencial.

---

349 Destacamos que a diminuição do prazo de 10 para 5 anos se deu inicialmente pela MP n. 1663-15, em 22/10/1998. Entretanto, como essa décima quinta edição da Medida Provisória não foi convalidada pela Lei 9.711, a redução do prazo passou a vigorar apenas a partir da edição da Lei em 21 de novembro de 1998. Nesse sentido observe-se o artigo 30 da Lei mencionada, que convalida os atos praticados com base na MP n. 1663-14, de 24/09/1998.

Editou então a Medida Provisória n. 138, de 29.12.2003, que foi convertida na Lei n. 10.839, de 5.2. 2004, voltando a fixar em 10 anos o prazo de decadência.

Destacamos que o aumento do prazo se deu antes de completos os 5 anos previstos em 1998, pela Lei n. 9.711, o que significa dizer que nesse ínterim, nenhum benefício foi atingido pela materialização da decadência.

Entendemos que a edição da MP n. 138/03 não significou o início de uma nova contagem, e sim um elastecimento do prazo já corrente.

– Da Aplicação do Instituto da Decadência

Como visto, a instituição do prazo decadencial para revisão do cálculo dos benefícios previdenciários se deu pela Medida Provisória nº. 1.523-9, de 27.6.1997, posteriormente convertida na Lei n. 9.528, de 10.12.97, que deu nova redação ao art. 103 da Lei n. 8.213/91.

Segundo a norma, a decadência atinge todo e qualquer direito ou ação do segurado ou beneficiário tendente à revisão do ato de concessão do benefício (cálculo da renda mensal inicial, por exemplo) e foi fixada inicialmente em dez anos, contados do dia primeiro do mês seguinte ao recebimento da primeira prestação, ou, quando for o caso, do dia em que o segurado tomar conhecimento da decisão indeferitória definitiva no âmbito administrativo.

Nos casos dos benefícios concedidos anteriormente à instituição da decadência, inexistia limitação no tempo à possibilidade de revisão, tendo se incorporado ao patrimônio jurídico do segurado o direito de questionar o ato concessório a qualquer tempo. Muitos julgados têm adotado a regra – que entendemos equivocada - de que o prazo decadencial começou a correr da data da publicação da lei que instituiu a decadência.

O Superior Tribunal de Justiça tem adotado em suas decisões a posição de que o art. 103 da Lei nº. 8.213/91, na redação conferida pela Lei nº. 9.528/97, não possui eficácia retroativa quando estabelece o prazo decadencial. Ou seja, a Lei nova não pode ser aplicada às relações jurídicas já constituídas, porque implicaria, em última análise, violar os direitos adquiridos dela resultantes. Neste sentido:

> *PREVIDENCIÁRIO. REVISÃO DE BENEFÍCIO. DECADÊNCIA. PERÍODO ANTERIOR À MEDIDA PROVISÓRIA 1.523/97. PRECEDENTES.*
>
> *1. É firme neste Superior Tribunal de Justiça o entendimento de que o prazo decadencial previsto no caput do artigo 103 da Lei de Benefícios, introduzido pela Medida Provisória n. 1.523-9, de 27.6.1997, convertida na Lei n. 9.528/1997, por se tratar de instituto de direito material, surte efeito apenas sobre as relações jurídicas constituídas a partir de sua entrada em vigor.*
>
> *2. Agravo interno ao qual se nega provimento.*
>
> *(AGA nº. 927300. Sexta Turma. Relator Des. Convocado Celso Limongi. DJE de 19.10.2009)*

Acerca do prazo decadencial, a Turma Nacional de Uniformização dos JEFs proferiu decisão seguindo orientação jurisprudencial do Superior Tribunal de Justiça, nos termos que seguem:

> *A aplicação retroativa do diploma legal em questão constituiria violação ao princípio da segurança jurídica e absoluta iniqüidade, pois, até 1997, o não-exercício da pretensão em comento não tinha condão de acarretar a perda dos direitos materiais a ela subjacentes. Assim, somente os segurados cujos benefícios foram concedidos depois da vigência da MP nº. 1.523/97 estão sujeitos aos prazos nela estabelecidos, ou seja, em 26/06/97.*
>
> *(PU nº. 2004.61.85.009918-9, Relatora Juíza Federal Renata Andrade Lotufo, DJU de 15.05.2006)*

No referido julgado da TNU, foi adotado também como fundamentação as lições de Simone Barbisan Fortes e Leandro Paulsen, nos seguintes termos:

> *A decadência previdenciária, ao contrário do que ocorre com a prescrição, atinge o próprio 'fundo de direito', isto é, uma vez decorrido o prazo legalmente previsto impede o próprio reconhecimento do direito, vedando assim também qualquer produção de efeitos financeiros.*
>
> *Todavia, é preciso que se frise que seu objeto, até mesmo em face dos princípios da hipossuficiência e da protetividade dos segurados, é bastante limitado, atingindo exclusivamente a revisão do ato de concessão de benefício.*
>
> *Portanto, não há decadência do direito ao benefício, já que o dispositivo legal determina sua incidência quando em discussão revisão de ato concessório, isto é, de benefício já em manutenção. Daí decorre que o segurado pode, a qualquer tempo, requerer, judicial ou administrativamente, benefício cujo direito tenha sido adquirido a bem mais de 10 anos.*
>
> *Por outro lado, discussões no entorno do benefício previdenciário ou de sua renda, que sejam posteriores ao ato de concessão também ficam fora do prazo decadencial, como por exemplo aquelas pertinentes ao reajustamento de benefícios previdenciários.*
>
> *Resta, portanto, como único objeto do prazo decadencial, a matéria pertinente ao cálculo da renda mensal inicial dos benefícios previdenciários: tem-se, aqui, um benefício concedido, e a discussão envolve revisão de um elemento do ato de concessão, qual seja a fixação da renda mensal inicial da prestação.*
>
> *(Direito da Seguridade Social - Simone Barbisan Fortes e Leandro Paulsen, editora livraria do advogado, - 2005 - págs. 252/253)*

No entanto, em 2010 (PEDILEF nº 2006.70.50.007063-9/PR, Rel. Juiz Fed. Otávio Henrique Martins Port, DJ 24.6.2010), a TNU alterou sua orientação para entender que também há decadência do direito de revisar o ato de concessão de benefício previdenciário concedido com data de início anterior a 28.6.97, quando foi publicada a Medida Provisória nº 1.523-9 (posteriormente convertida da Lei nº 9.528/97).

A discussão está pendente de apreciação pelo STF, o qual reconheceu a existência da Repercussão Geral:

> *Repercussão Geral no Recurso Extraordinário 626.489 Sergipe. Direito Previdenciário. Revisão de Benefícios. Decadência. Benefícios concedidos anteriormente à fixação de prazo decadencial. Abrangência. Direito Adquirido. Segurança Jurídica. Plenário Virtual - 17.09.2010.*

Na via administrativa o INSS acertadamente reconheceu que não se aplicam às revisões de reajustamento e às estabelecidas em dispositivo legal, os prazos de decadência de que tratam os arts. 103 e 103-A da Lei 8.213, de 1991 (art. 436 da IN 45/2010).

A matéria ainda renderá muitas discussões. Ressalta-se, no entanto, que os prazos prescricional e decadencial limitam sobremaneira o direito à revisão dos benefícios previdenciários. Por outro lado, solidificam os procedimentos adotados pelo ente Previdenciário em épocas passadas, evitando o pagamento de indenizações de grande vulto.

12.3 Da decadência no caso das ações declaratórias para contagem ou averbação de tempo de serviço/contribuição

As ações declaratórias de averbação de tempo de serviço/contribuição não estão sujeitas aos prazos prescricional ou decadencial, em face da ausência de cunho patrimonial imediato e diante da existência de direito adquirido à contagem do tempo trabalhado. Vale referir precedentes que respaldam esse entendimento:

> – *"Não se submete à prescrição a ação declaratória pura, proposta com o exclusivo fim de ter declarada a existência de uma relação jurídica. Precedentes." (STJ, REsp. n. 331306/MA, 5ª Turma, Rel. Min. Edson Vidigal, DJ 15.10.2001);*
>
> – *"O instituto da decadência previsto na nova redação do artigo 103, da Lei nº 8.213/91, apenas se aplica aos casos em que se deseja rever o ato de concessão do benefício, o que não ocorre, evidentemente, quando a aposentadoria sequer ainda foi requerida." (TRF da 5ª Região, AC n.º 2000.05.00.059051.6/RN, Primeira Turma, Rel. Des. Federal Margarida Cantarelli, DJ de 15.10.2001);*
>
> – *"Tratando-se de ação declaratória não há que se falar na aplicação do instituto da decadência ou da prescrição." (TRF da 4ª Região, AC nº 2001.71.08.003891-5, Turma Suplementar, Rel. Juiz Federal Fernando Quadros da Silva, DE em 27.10.2008).*

A discussão maior se dá no caso das ações de cunho condenatório, cuja inclusão de período trabalhado é requerida visando a revisão do benefício já concedido. Podemos tomar como exemplo alguém que se aposentou proporcionalmente, e que queira, posteriormente, averbar tempo rural, por exemplo, para aumentar o coeficiente de cálculo de seu benefício. Tal segurado está buscando rever o ato de concessão do benefício, ato esse que é a exata expressão legal. Porém, a aplicação da decadência para tal direito vai esbarrar na regra do direito adquirido. Se considerarmos o conceito de decadência, temos um direito que nasce vinculado ao tempo. Mas, no caso específico, não temos como aceitar tal vinculação temporal, até pelas características intrínsecas do direito à contagem e averbação do tempo de serviço/contribuição. Vejamos o posicionamento do STJ a respeito de matéria semelhante:

> *RECURSO ESPECIAL. PREVIDENCIÁRIO. CONVERSÃO DE TEMPO DE SERVIÇO PRESTADO EM CONDIÇÕES INSALUBRES. COMPROVAÇÃO. AGENTE NOCIVO ELETRICI-*

DADE. RECURSO QUE DEIXA DE IMPUGNAR OS FUNDAMENTOS DO ACÓRDÃO RECORRIDO. SÚMULA Nº 283/STF.

1. O direito à contagem, conversão e averbação de tempo de serviço é de natureza subjetiva, enquanto relativo à realização de fato continuado, constitutivo de requisito à aquisição de direito subjetivo outro, estatutário ou previdenciário, não havendo razão legal ou doutrinária para identificar-lhe a norma legal de regência com aquela que esteja a viger somente ao tempo da produção do direito à aposentadoria, de que é instrumental.

2. O tempo de serviço é regido pela norma vigente ao tempo da sua prestação, consequencializando-se que, em respeito ao direito adquirido, prestado o serviço em condições adversas, por força das quais atribuía a lei vigente forma de contagem diversa da comum e mais vantajosa, esta é que há de disciplinar a contagem desse tempo de serviço.

3. Considerando-se a legislação vigente à época em que o serviço foi prestado, não se pode exigir a comprovação à exposição a agente insalubre de forma permanente, não ocasional nem intermitente, uma vez que tal exigência somente foi introduzida pela Lei nº 9.032/95. (...).

(REsp. nº 658016/SC. STJ. 6ª Turma. Relator Ministro Hamilton Carvalhido. DJ 21.11.2005)

Como se observa, os Tribunais pátrios têm entendido que a averbação do tempo está diretamente relacionada ao direito adquirido. Por isso, inadequada a aplicação do prazo decadencial em época em que não existia a imposição dessa regra, visto que o mesmo já foi incorporado ao patrimônio jurídico do trabalhador, no caso o segurado ou seus dependentes, e tal direito passa a ter proteção constitucional.

Não há a possibilidade de vincularmos a utilização desse tempo de atividade já incorporado ao patrimônio do segurado a um prazo legal. Tal direito não se enquadra entre aqueles que poderiam ser limitados pelos prazos decadenciais, restando apenas, no tocante ao pagamento das parcelas, a aplicação da prescrição quinquenal.

Entendemos, também, que caso o pedido de reconhecimento de tempo de serviço/contribuição não tenha sido apreciado quando da concessão do benefício, que há incidência do prazo decadencial.

12.4 Prazo Decadencial para o INSS rever seus Atos

Para o INSS rever seus atos que decorram efeitos favoráveis aos beneficiários deve, necessariamente, fazê-lo com base em um processo administrativo que apurou alguma irregularidade na concessão da prestação. O poder-dever da Administração de desconstituir seus próprios atos por vícios de nulidade condiciona-se à comprovação das referidas ilegalidades em processo administrativo próprio, com oportunização ao administrado, das garantias constitucionais da ampla defesa e do contraditório (art. 5º, inciso LV, da CF/88 e Súmula n. 160 do extinto TFR). Nesse sentido:

MANDADO DE SEGURANÇA. PREVIDENCIÁRIO. ADMINISTRATIVO. PROCESSUAL CIVIL. ABONO DE PERMANÊNCIA EM SERVIÇO. APOSENTADORIA POR TEMPO DE SERVIÇO/CONTRIBUIÇÃO. CUMULAÇÃO. CANCELAMENTO. LIMITES AO DESFAZIMENTO DE ATO CONCESSÓRIO POR PARTE DA ADMINISTRAÇÃO PÚBLICA. CO-

BRANÇA DOS VALORES PAGOS INDEVIDAMENTE. PRESCRIÇÃO. PRINCÍPIO DA ISONOMIA. CARÁTER ALIMENTAR DAS PRESTAÇÕES PREVIDENCIÁRIAS.

1. Há e sempre houve limites para a Administração rever atos de que decorram efeitos favoráveis para o particular, em especial aqueles referentes à concessão de benefício previdenciário.

2. O cancelamento de benefício previdenciário pressupõe devido processo legal, ampla defesa e contraditório.

3. A Administração não pode cancelar um benefício previdenciário com base em simples reavaliação de processo administrativo perfeito e acabado.

4. A Lei 6.309/75 previa em seu artigo 7º que os processos de interesse de beneficiários não poderiam ser revistos após 5 (cinco) anos, contados de sua decisão final, ficando dispensada a conservação da documentação respectiva além desse prazo. Assim, em se tratando de benefício deferido sob a égide da Lei 6.309/75, ou seja, até 14/05/92 (quando entrou em vigor a Lei 8.422, de 13/05/92, que em seu artigo 22 revogou a Lei 6.309/75), caso decorrido o prazo de cinco anos, inviável a revisão da situação, ressalvadas as hipóteses de fraude, pois esta não se consolida com o tempo.

5. Segundo o Superior Tribunal de Justiça, para os benefícios deferidos antes do advento da Lei 9.784/99 o prazo de decadência deve ser contado a partir da data de início de vigência do referido Diploma, ou seja, 01/02/1999. Mesmo nestas situações, todavia, há necessidade de respeito ao princípio da segurança jurídica, à luz das circunstâncias do caso concreto.

6. Com o advento da Lei 9.784/99 (art. 54), foi instituído expressamente prazo decadencial de cinco anos para desfazimento de atos administrativos de que decorram efeitos favoráveis para os destinatários, incluídos os atos de concessão de benefício previdenciário.

7. A MP 138 (de 19/11/03, publicada no DOU de 20/11/03, quando entrou em vigor), instituiu o art. 103-A da Lei 8.213/91, estabelecendo prazo decadencial de dez anos para a Previdência Social anular os atos administrativos de que decorram efeitos favoráveis para os seus beneficiários.

8. Como quando a Medida Provisória 138 entrou em vigor não haviam decorrido cinco anos a contar do advento da Lei 9.784/99, os prazos que tiveram início sob a égide desta Lei foram acrescidos, a partir de novembro de 2003, quando entrou em vigor a MP 138/03, de tanto tempo quanto necessário para atingir o total de dez anos. Assim, na prática todos os casos subsumidos inicialmente à regência da Lei 9.784/99, passaram a observar o prazo decadencial de dez, anos aproveitando-se, todavia, o tempo já decorrido sob a égide da norma revogada.

9. O prazo decadencial somente será considerado interrompido pela Administração quando regularmente notificado o segurado de qualquer medida de autoridade administrativa para instaurar o procedimento tendente a cancelar o benefício.

10. Em toda situação na qual se aprecia ato de cancelamento de benefício previdenciário, (em especial para os benefícios deferidos entre a revogação da Lei 6.309/75 e o advento da Lei 9.784/99), há necessidade de análise do caso concreto, considerando-se, por exemplo, o tempo decorrido, as circunstâncias que deram causa à concessão do amparo, as condições sociais do interessado, sua idade, e a inexistência de má-fé, tudo à luz do princípio constitucional da segurança jurídica.

11. Nos processos de restabelecimento de benefício previdenciário compete ao INSS o ônus de provar a ocorrência de fraude ou ilegalidade no ato concessório, pois este se reveste de presunção de legitimidade.

12. Hipótese em que não se consumou a decadência para a revisão administrativa que culminou com a suspensão do abono de permanência em serviço.

13. A Fazenda Pública sempre teve prazo prescricional de cinco anos em seu favor no que toca às dívidas passivas (Dec. 20.910/32 - no caso do INSS especificamente, CLPS, art. 98, e Lei 8.213/98, art. 103). Assim, em se tratando de débitos de particulares para com a Fazenda Pú-

blica, deve ser aplicado, por uma questão de simetria e isonomia, o mesmo prazo prescricional previsto para as dívidas passivas desta última.

14. Esta Corte vem se manifestando no sentido da impossibilidade de repetição dos valores recebidos de boa-fé pelo segurado, dado o caráter alimentar das prestações previdenciárias, sendo relativizadas as normas dos arts. 115, II, da Lei nº 8.213/91, e 154, § 3º, do Decreto nº 3.048/99. (AC n. 2008.70.00.018672-8. TRF da 4ª. Região. Turma Suplementar. Rel. Desembargador Federal Ricardo Teixeira do Valle Pereira. D.E. 13.7.2009)

Nos casos em que o INSS não comprova que a revisão foi em face de alguma irregularidade apurada em processo administrativo, o benefício deve ser restabelecido. O beneficiário poderá obter sua pretensão em juízo, por meio de mandado de segurança, quando não demandar de instrução probatória, ou pela via ordinária, com a possibilidade da antecipação de tutela, quando demonstrar o preenchimento dos requisitos exigidos para a concessão da medida, previstos pelo art. 273 do Código de Processo Civil.

São casos de cancelamento de benefício: a) o retorno ao trabalho em atividade nociva à saúde ou à integridade física do segurado que percebe aposentadoria especial (art. 57, § 8º, da Lei n. 8.213/91; b) o reaparecimento do segurado considerado falecido por decisão judicial que havia declarado morte presumida (art. 78, § 2º, da Lei n. 8.213/91); c) o retorno ao trabalho do segurado aposentado por invalidez (art. 46 da Lei n. 8.213/91); d) a verificação, pelo INSS, de concessão ou manutenção de benefício de forma irregular ou indevida (art. 11 da Medida Provisória n. 83, de 12.12.2002).

Segundo o art. 11 da Medida Provisória n. 83, de 12.12.2002, convertida na Lei n. 10.666, de 8.5.2003, o INSS deve, antes de proceder ao cancelamento do benefício, notificar o beneficiário para que, no prazo de dez dias, se manifeste sobre as supostas irregularidades na concessão ou na manutenção do benefício, apresentando defesa e podendo colacionar as provas que entender pertinentes. Findo este prazo sem a manifestação do beneficiário, o benefício será suspenso, notificando-se deste procedimento o interessado. Com isso, ficaram tacitamente revogadas as disposições do art. 69 e seus §§ 1º a 3º da Lei n. 8.212/91.

A autoridade administrativa competente do INSS cancelará o benefício no caso de não haver defesa, quando esta for tida por improcedente, ou, ainda, quando as provas apresentadas forem insuficientes. Desta decisão será cientificado o beneficiário, que terá o direito de interpor recurso à Junta de Recursos do Conselho de Recursos da Previdência Social, ou, ainda, discutir em juízo a licitude do cancelamento.

A Medida Provisória n. 138, de 19.11.2003, convertida na Lei n. 10.839, de 5.2.2004, incluindo o art. 103-A no texto da Lei n. 8.213/91, disciplinou a matéria no que tange ao prazo para anulação de atos administrativos de que resultem benefícios indevidos a segurados e dependentes, fixando em dez anos, contados do dia em que foram praticados, salvo comprovada má-fé, sendo que, no caso de efeitos patrimoniais contínuos no tempo, considerar-se-á o prazo decadencial a partir do primeiro pagamento.

Na via administrativa, o INSS não aplica a decadência aos casos em que o ato concessório está correto, mas a manutenção do benefício está irregular por falta de cessação do beneficio ou cota parte, cuja causa esteja expressamente prevista em lei, podendo, neste caso, o beneficio ou a cota parte, ser cessado a qualquer tempo (Art. 444 da IN 45/2010).

A Turma Nacional de Uniformização dos Juizados Especiais Federais manteve decisão da Turma Recursal do Rio de Janeiro, que reconheceu ao autor o direito de manter o seu benefício, mesmo tendo sido concedido por erro de cálculo do Instituto Nacional do Seguro Social. No caso concreto o autor teve sua aposentadoria concedida pelo INSS em abril de 1983 e em 1996, o INSS cassou o benefício, por ter detectado erro no cálculo do tempo de serviço (Processo n. 2002.51.10.000721-7, Sessão de 24/5/2006).

Acerca do tema podemos concluir que a administração, em atenção ao princípio da legalidade, tem o poder-dever de anular seus próprios atos quando eivados de vícios que os tornem ilegais (Súmulas 346 e 473 do STF). Entretanto, este poder-dever deve ser limitado no tempo sempre que se encontrar situação que, frente a peculiares circunstâncias, exija a proteção jurídica de beneficiários de boa-fé, em decorrência dos princípios da segurança jurídica e da proteção da confiança. Neste sentido: AC n. 2002.70.00.039021-4/PR. TRF da 4ª. Região, 5ª Turma, Relator Des. Fed. Celso Kipper. DE 30.9.2008.

12.5 Conclusões sobre os Institutos da Prescrição e da Decadência

A prescrição diz respeito ao recebimento das parcelas não pagas, enquanto a decadência está relacionada com o direito à revisão do ato concessório do benefício.

No direito previdenciário a prescrição qüinqüenal tem sido aplicada desde o advento do Decreto n. 20.910, de 1932. Neste sentido:

> - *TFR – Súmula n. 107 – "A ação de cobrança de crédito previdenciário contra a Fazenda Pública está sujeita à prescrição qüinqüenal estabelecida no Decreto n. 20.910, de 1932."*
> - *STJ – Súmula n. 85 – "Nas relações jurídicas de trato sucessivo, em que a Fazenda Pública figure como devedora, quando não tiver sido negado o próprio reclamado, a prescrição atinge apenas as prestações vencidas antes do qüinqüênio anterior à propositura da ação."*

Já a decadência surgiu após 27.6.1997, e atualmente, depois de ter sofrido diversas modificações legislativas, seu prazo é de 10 anos, a contar do dia primeiro do mês seguinte ao do recebimento da primeira prestação ou, quando for o caso, do dia em que tomar conhecimento da decisão indeferitória definitiva no âmbito administrativo.

Quanto à prescrição, os tribunais já possuem jurisprudência sedimentada, até pela ausência de mudanças significativas na legislação.

No tocante à decadência, por ser matéria recente, os tribunais ainda estão solidificando o entendimento sobre os vários aspectos do instituto e sua aplicação aos benefícios previdenciários.

Em relação à possibilidade da Previdência Social rever seus atos que decorram efeitos favoráveis para os destinatários, houve a unificação dos prazos decadências previstos aos beneficiários, por uma questão de simetria e isonomia.

Citamos algumas conclusões extraídas das normas que regulamentam a matéria:

a) a decadência no direito previdenciário não poderá atingir o direito ao benefício em si, apenas o direito à revisão do benefício concedido erroneamente pelo INSS;

b) é inaplicável o prazo decadencial instituído pela MP nº 1.523/97 aos benefícios concedidos antes de 27.6.1997, com relação aos quais somente poderá ser aplicada a prescrição;

c) não tem cabimento o reinício da contagem do prazo decadencial mediante a modificação legislativa promovida pela MP nº 138, de 29.12.2003, que foi convertida na Lei nº 10.839, de 5.2.2004;

d) é inaplicável o prazo de decadência para os atos que não se enquadrem precisamente como atos de concessão de benefício, pela falta de amparo legal. Viável, portanto, as revisões a qualquer tempo para a aplicação de índices de reajustes da renda mensal (*v.g.* de novos tetos limitadores), desde que não estejam relacionados com o cálculo inicial do benefício;

e) é inaplicável o prazo decadencial para a revisão da decisão administrativa que negou o benefício previdenciário, haja vista que o segurado possui direito adquirido à prestação. Tal direito está protegido constitucionalmente e não pode ter seus efeitos tolhidos pela legislação infraconstitucional;

f) é inaplicável o prazo decadencial para as ações de averbação de tempo de serviço/contribuição, mesmo posteriores à concessão do benefício, posto que o direito ao cômputo do tempo de serviço prestado está inserido no patrimônio jurídico do segurado, protegido pelo direito adquirido.

Capítulo 13
Ações previdenciárias

Neste Capítulo são abordadas questões relacionadas com as ações previdenciárias, dada a relevância da prática processual para a solução de tais lides.

Para a propositura da ação previdenciária deve ser identificada a espécie da prestação que se pretende obter ou revisar, distinguindo-se os benefícios de natureza comum dos de natureza acidentária e assistencial. Essa distinção influenciará diretamente no estabelecimento da competência para o julgamento do feito.

É necessária a demonstração do prévio ingresso na via administrativa, nos casos em que a anterior provocação da administração é considerada indispensável para a propositura da ação. O Judiciário não pode substituir a administração nas atividades que lhe são afetas, entre elas, a concessão do benefício previdenciário. A prestação jurisdicional só se justifica quando há a comprovação do conflito de interesses.

Quando a pretensão a ser apresentada for a concessão de alguma prestação previdenciária, o autor deve demonstrar o preenchimento dos requisitos necessários para obtê-la, quais sejam: que se encontrava na qualidade de beneficiário do regime à época do evento que dá direito à prestação; a existência de um dos eventos cobertos pelo regime, conforme a legislação vigente à época; o cumprimento de exigências legais, tais como, carência de contribuições, idade mínima, ou a ausência de percepção de outro benefício inacumulável com o requerido; a iniciativa do beneficiário perante o ente concessor.

Quanto à possibilidade de concessão de antecipação de tutela nas ações previdenciárias, o tema foi pacificado pela edição da Súmula n. 729 do STF que dispõe: "A decisão na ADC-4 não se aplica à antecipação de tutela em causa de natureza previdenciária". Ou seja, não há vedação legal à concessão de antecipação de tutela em favor do segurado quando preenchidos os requisitos do art. 273 do CPC.

É de se destacar o procedimento adotado pelo TRF da 4ª Região que tem se utilizado de ofício da regra prevista do art. 461 do CPC para determinar o cumprimento imediato dos seus acórdãos nas ações de natureza previdenciária que determinam a obrigação de fazer. Confira-se o julgado:

PROCESSUAL CIVIL. PREVIDENCIÁRIO. CONCESSÃO DE BENEFÍCIO. ART. 461 do CPC. TUTELA ESPECÍFICA. OBRIGAÇÃO DE FAZER. EFICÁCIA PREPONDERANTEMENTE MANDAMENTAL DO PROVIMENTO. CUMPRIMENTO IMEDIATO DO ACÓRDÃO. POSSIBILIDADE. REQUERIMENTO DO SEGURADO. DESNECESSIDADE.

1. Atento à necessidade de aparelhar o processo de mecanismos preordenados à obtenção do resultado prático equivalente à situação jurídica que se verificaria caso o direito material tivesse sido observado espontaneamente pelo "devedor" através da realização da conduta imposta pelo direito material, o legislador, que já havia, na época da edição do Código de Defesa do Consumidor (Lei 8.078/90) instituído a tutela específica do direito do "credor" de exigir o cumprimento dos deveres de fazer ou não fazer decorrentes de relação de consumo, inseriu no ordenamento processual positivo, por meio da alteração no art. 461 do Código de Processo Civil operada pela Lei 8.952/94, a tutela específica para o cumprimento dos deveres de fazer ou não fazer decorrentes das relações do direito material que não as de consumo.

2. A adoção da tutela específica pela reforma processual de 1994 do CPC veio para suprir, em parte, a morosidade judicial, na proporção em que busca dar ao cidadão aquilo e somente aquilo que lhe é devido, tirando o direito do plano genérico-abstrato da norma, conferindo-lhe efeitos concretos, com o fito de lhe garantir a mesma conseqüência do que aquela que seria obtida pelo adimplemento voluntário.

3. A sentença que concede um benefício previdenciário (ou assistencial), em regra, compõe-se de uma condenação a implantar o referido benefício e de outra ao pagamento das parcelas atrasadas. No tocante à determinação de implantação do benefício (para o futuro, portanto), a sentença é condenatória mandamental e será efetiva mediante as atividades de cumprimento da sentença stricto sensu previstas no art. 461 do CPC, sem a necessidade de um processo executivo autônomo (sine intervallo).

4. A respeito do momento a partir do qual se poderá tornar efetiva a sentença, na parte referente à implantação futura do benefício, a natureza preponderantemente mandamental da decisão não implica automaticamente o seu cumprimento imediato, pois há de se ter por referência o sistema processual do Código, não a Lei do Mandado de Segurança, eis que a apelação de sentença concessiva do benefício previdenciário será recebida em seu efeito devolutivo e suspensivo, nos termos do art. 520, caput, primeira parte, do CPC, motivo pelo qual a ausência de previsão de efeito suspensivo ex lege da apelação, em casos tais, traz por conseqüência a impossibilidade, de regra, do cumprimento imediato da sentença.

5. Situação diversa ocorre, entretanto, em segundo grau, visto que o acórdão que concede o benefício previdenciário, que esteja sujeito apenas a recurso especial e/ou recurso extraordinário, enseja o cumprimento imediato da determinação de implantar o benefício, ante a ausência, via de regra, de efeito suspensivo daqueles recursos, de acordo com o art. 542, § 2º, do CPC. Tal cumprimento não fica sujeito, pois, ao trânsito em julgado do acórdão, requisito imprescindível apenas para a execução da obrigação de pagar (os valores retroativamente devidos) e, consequentemente, para a expedição de precatório e de requisição de pequeno valor, nos termos dos parágrafos 1º, 1º-A e 3º do art. 100 da Constituição Federal.

6. O cumprimento imediato da tutela específica, diversamente do que ocorre no tocante à antecipação de tutela prevista no art. 273 do CPC, independe de requerimento expresso por parte do segurado ou beneficiário, pois aquele é inerente ao pedido de que o réu seja condenado a conceder o benefício previdenciário, e o seu deferimento sustenta-se na eficácia mandamental dos provimentos fundados no art. 461 do CPC. Em suma, a determinação da implantação imediata do benefício contida no acórdão consubstancia, tal como no mandado de segurança, uma ordem (à autarquia previdenciária) e decorre do pedido de tutela específica (ou seja, o de concessão do benefício) contido na petição inicial da ação.

7. Questão de ordem solvida para que, no tocante à obrigação de implantar (para o futuro) o benefício previdenciário, seja determinado o cumprimento imediato do acórdão sujeito apenas a recurso especial e/ou extraordinário, independentemente de trânsito em julgado e de pedido específico da parte autora. (QOAC 2002. 71.00.050349-7/RS. 3ª Sessão. Rel. p/acórdão Des. Federal Celso Kipper. DE 2.10.2007).

Com base nessa sistemática, nos casos de procedência do pedido, estando o acórdão sujeito apenas a recurso especial e/ou extraordinário, o INSS é intimado para, em até 45 dias, implantar o benefício ou mesmo a revisão daqueles já concedidos.

13.1 Competência para as ações previdenciárias

Inicialmente, cumpre diferenciarmos jurisdição de competência. Jurisdição é a atividade do Estado que tem por objetivo fazer atuar concretamente a lei nos conflitos de interesse. Competência é a delimitação da jurisdição. Presta-se para dividir a jurisdição entre os órgãos do Judiciário.

Os critérios para determinação da competência são de caráter objetivo, funcional e territorial. O critério objetivo se subdivide na competência em razão do valor da causa, da matéria e da pessoa. O critério funcional diz respeito às funções do Juiz ou Tribunal dentro do processo. Pelo critério territorial, a competência se fixa pelo domicílio das partes, pela situação da coisa ou pelo lugar de certos atos ou fatos.

A competência pode ser classificada em absoluta e relativa. A incompetência absoluta deve ser declarada de ofício e pode ser alegada em qualquer tempo e grau de jurisdição, independentemente de exceção (art. 113 do CPC). A incompetência relativa cabe ao réu arguir, por meio de exceção. Se não o fizer, dar-se-á a prorrogação, e o Juiz, que era incompetente, passa a ser competente, embora pudesse ter sido afastado (art. 114 do CPC).

Para fins de definição de competência para processar e julgar as ações movidas pelos beneficiários contra a Previdência Social, podemos dividi-las em causas em que se discutem as prestações comuns e de índole assistencial e aquelas cuja origem é acidentária. Temos ainda a questão do valor da causa, como critério para o ajuizamento das demandas perante os Juizados Especiais Federais.

Surgindo conflito de competência entre juízes estaduais e federais, o STJ terá a responsabilidade de dirimir a controvérsia. Aos Tribunais Regionais Federais cabe solucionar os conflitos de competência verificados, na respectiva Região, entre Juiz Federal e Juiz Estadual investido de jurisdição federal (Súmula n. 3 do STJ), assim como, entre juizados especial e comum da mesma Seção Judiciária (STF. RE n. 590409 C/ REP. GERAL - Julg. em 26.8.2009).

13.1.1 Prestações comuns

Estabelece o art. 109, I, da Constituição Federal: "Aos juízes federais compete processar e julgar: I – as causas em que a União, entidade autárquica ou empresa pública federal forem interessadas na condição de autoras, rés, assistentes ou oponentes, exceto as de falência, as de acidentes de trabalho e as sujeitas à Justiça Eleitoral e à Justiça do Trabalho".

A competência definida no inciso I do art. 109 da Constituição é em razão da pessoa que é parte no feito (União, entidade autárquica ou empresa pública). Cabe à Justiça Federal julgar os litígios em que esses entes estejam presentes, salvo quando a matéria tratada diga respeito à falência, acidente de trabalho, eleitoral e trabalhista.

A competência da Justiça Federal, fixada na Constituição, somente pode ser ampliada ou reduzida por emenda constitucional, contra ela não prevalecendo dispositivo legal hierarquicamente inferior. Admite a Constituição, como veremos, delegação de parte da competência federal para a Justiça Estadual.

Dessa forma, as ações que buscam a concessão de benefícios previdenciários (cuja origem não esteja ligada a acidente de trabalho), as ações revisionais dos valores dos benefícios pagos pela Previdência, assim como as que objetivam a comprovação de tempo de serviço, entre outras, devem ser propostas perante a Justiça Federal.

13.1.2 Competência Federal delegada

A delegação da competência da Justiça Federal para a Justiça dos Estados para processar e julgar ações previdenciárias é prevista no art. 109, § 3º, da Constituição Federal, que assim estabelece: "Serão processadas e julgadas na justiça estadual, no foro do domicílio dos segurados ou beneficiários, as causas em que forem parte instituição de previdência social e segurado, sempre que a comarca não seja sede de vara do juízo federal, e, se verificada essa condição, a lei poderá permitir que outras causas sejam também processadas e julgadas pela justiça estadual".

Neste sentido a Súmula n. 8 do Tribunal Regional Federal da 4ª Região define: "Subsiste no novo texto constitucional a opção do segurado para ajuizar ações contra a previdência social no foro estadual do seu domicílio ou no do juízo federal".

A delegação de competência é uma opção do segurado para ajuizar ações contra a Previdência Social no foro estadual de seu domicílio ou no foro do Juízo Federal (do interior ou da capital). Cabe, por exemplo, em ação de revisão de benefício previdenciário, concessão de aposentadoria, auxílio-doença (não acidentário), pensão por morte etc.

A justificação judicial cujo julgamento é afeto à Justiça Federal, também admite a delegação de competência para a Justiça Estadual, quando o requerente for domiciliado em comarca do interior onde não funcionar Vara da Justiça Federal, consoante previsão contida no art. 15, II, da Lei n. 5.010/66, confirmada pela Súmula n. 32 do Superior Tribunal de Justiça: "Compete à Justiça Federal processar e julgar justificações destinadas a instruir pedidos perante entidades que nela têm exclusividade de foro, ressalvada a aplicação do art. 15, II, da Lei n. 5.010/66".

Em Mandado de Segurança não cabe delegação de competência, já que é privativo da Justiça Federal o processo de julgamento da ação mandamental contra ato de autoridade federal. O Mandado de Segurança deve sempre ser ajuizado no Juízo Federal que tenha jurisdição sobre a sede da autoridade impetrada. Neste sentido, a Súmula n. 216 do extinto Tribunal Federal de Recursos: "Compete à Justiça Federal processar e julgar mandado de segurança impetrado contra ato de autoridade previdenciária, ainda que localizada em comarca do interior".

A respeito da competência dos Juízes Federais da capital do Estado para julgamento das causas entre o INSS e segurado domiciliado em município sob jurisdição de outro Juízo Federal, o Supremo Tribunal Federal editou a Súmula n. 689 no sentido de que o art. 109, § 3º, da Constituição Federal, apenas faculta ao segurado o ajuizamento da ação no foro do seu domicílio, podendo este optar por ajuizá-la perante as varas federais da capital: "O segurado pode ajuizar ação contra a instituição previdenciária perante o juízo federal do seu domicílio ou nas varas federais da Capital do Estado-Membro".

Por fim, cabe salientar que a delegação de competência envolve apenas o primeiro grau de jurisdição, pois, de acordo com o § 4º do art. 109 da Constituição, o recurso cabível será sempre para o Tribunal Regional Federal da área de jurisdição do juiz monocrático. Cabe, também, aos Tribunais Regionais Federais julgar os conflitos de competência entre Juízes federais e Juízes estaduais investidos de competência delegada (art. 108, I, *e*, da CF/88).

13.1.3 Ações acidentárias

As ações propostas pelos segurados e beneficiários contra o INSS, cuja origem seja decorrente de acidente de trabalho, devem ser ajuizadas perante a Justiça Estadual, por tratar-se de competência residual prevista expressamente pela Constituição Federal (art. 109, I). O Superior Tribunal de Justiça acabou por sumular a matéria: "Súmula n. 15: Compete à Justiça Estadual processar e julgar os litígios decorrentes de acidente do trabalho".

Dessa forma, as ações que objetivam a concessão de auxílio-doença, aposentadoria por invalidez, auxílio-acidente ou pensão por morte, decorrentes de acidente de trabalho, doença profissional ou do trabalho, devem ser ajuizadas perante a Justiça Estadual, com recursos aos Tribunais de Justiça.

Questão que gera polêmica é a que envolve a competência para o julgamento das ações de revisão dos benefícios de origem acidentária. O Supremo Tribunal Federal tem entendido que a exceção prevista no art. 109, I, da Constituição Federal deve ser interpretada de forma extensiva, cabendo à Justiça Estadual o julgamento das ações de revisão de benefício de natureza acidentária (v.g. RE n. 205.886-6/SP, 1ª Turma, Rel. Min. Moreira Alves, DJ de 17.4.1998, p. 19).

Contrariando em parte a orientação do STF, o STJ tem decidido que as ações que envolvam concessão e revisão de pensão por morte, independentemente da circunstância em que o segurado faleceu, devem ser processadas e julgadas na Justiça Federal. Segundo precedente da Terceira Seção, a exceção a esta regra está nas ações acidentárias típicas, envolvendo o trabalhador e a autarquia previdenciária, nas quais há necessidade de prova pericial a ser realizada pelo INSS, o que justifica a manutenção da competência na Justiça Estadual (AGRCC nº 107796, Rel. Min. Arnaldo Esteves Lima, DJE 7.5.2010).

Quando a discussão envolver a acumulação de benefícios acidentários e previdenciários comuns, a competência é da Justiça Federal, consoante orientação do STF:

> *"ACUMULAÇÃO DE PROVENTOS DE APOSENTADORIA COM AUXÍLIO SUPLEMENTAR. RECURSO JULGADO POR TURMA RECURSAL DO JUIZADO ESPECIAL FEDERAL PREVIDENCIÁRIO. MATÉRIA QUE NÃO SE INSERE NA RESSALVA CONTEMPLADA PELO ART. 109, I, DA CF. QUESTÃO QUE ENVOLVE APENAS ACIDENTE DE TRABALHO. COMPETÊNCIA DA JUSTIÇA FEDERAL. RE IMPROVIDO. I - Tratando-se de matéria de interesse do INSS, qual seja, a possibilidade ou não de acumulação de proventos da aposentadoria com o auxílio suplementar, a matéria refoge à competência da Justiça comum. II - Questão que não se enquadra na ressalva do art. 109, I, da CF, visto que não cuida exclusivamente de acidente do trabalho. III - Reconhecida a competência da Justiça Federal para julgar o feito. IV - Recurso extraordinário improvido." (RE 461005/SP, 1ª. Turma. Rel. Min. Ricardo Lewandowski. DJe de 8.5.2008).*

13.1.4 Causas Referentes ao Benefício Assistencial

O benefício assistencial, no valor de um salário mínimo, pago aos idosos e deficientes carentes, previsto no art. 203 da Constituição Federal e regulado pelo art. 20 da Lei n. 8.742/93, não pode ser confundido com os benefícios de origem previdenciária da Lei n. 8.213/91, embora ambos sejam concedidos pelo INSS.

A legitimidade passiva para as causas que envolvem o benefício assistencial provocou alguma controvérsia jurisprudencial. O Tribunal Regional Federal da 4ª Região editou a Súmula n. 61 do seguinte teor: "A União e o INSS são litisconsortes passivos necessários nas ações em que seja postulado o benefício assistencial previsto no art. 20 da Lei n. 8.742/93, não sendo caso de delegação de jurisdição federal". No entanto, esta súmula foi revogada em maio de 2004.

Analisando-se a questão sob o aspecto normativo, a partir do disposto no art. 12 da Lei n. 8.742/93, pretensamente cabe à União a manutenção do benefício da prestação continuada, senão vejamos: "Art. 12. Compete à União: I – responder pela concessão e manutenção dos benefícios de prestação continuada definidos no artigo 203 da Constituição Federal; (...)".

No entanto, o parágrafo único do art. 29 da LOAS, introduzido pela Medida Provisória n. 1.599, de 5 de março de 1998, que após várias reedições foi convertida na Lei n. 9.720/1998, expressamente determina que os recursos de responsabilidade da União destinados ao pagamento da prestação em discussão serão repassados ao Ministério da Previdência Social, por meio do INSS, ente responsável pela concessão e manutenção do benefício assistencial: "Art. 29. Os recursos de responsabilidade da União destinados à assistência social serão automaticamente repassados ao Fundo Nacional de Assistência Social (FNAS), à medida que se forem realizando as receitas. Parágrafo único. Os recursos de responsabilidade da União destinados ao financiamento dos benefícios de prestação continuada, previstos no art. 20, poderão ser repassados pelo Ministério da Previdência e Assistência Social diretamente ao INSS, órgão responsável pela sua execução e manutenção" (parágrafo incluído pela MP n. 1.599/98 convertida na Lei n. 9.720, de 30.11.1998).

É oportuno ressaltar que, o Decreto n. 1.744, de 8 de dezembro de 1995, ao regulamentar o benefício de prestação continuada devido à pessoa portadora de deficiência e ao idoso, de que trata a Lei n. 8.742/1993, estabeleceu os parâmetros para o seu requerimento, nos termos que seguem: "Art. 7º O benefício de prestação continuada deverá ser requerido junto aos Postos de Benefícios do Instituto Nacional do Seguro Social – INSS, ao órgão autorizado ou à entidade conveniada".

Dessa forma, infere-se que a União é parte ilegítima para figurar no polo passivo de demandas judiciais que versem acerca da concessão e manutenção do benefício previsto no art. 20 da Lei n. 8.742/93. Neste sentido, é o entendimento firmado pelo Superior Tribunal de Justiça: REsp n. 308.711/SP. 6ª Turma. Rel Min. Hamilton Carvalhido. DJ de 10.3.2003, p. 323; EREsp n. 204.974/SP. 3ª Seção. Rel. Min. José Arnaldo da Fonseca. DJU de 29.5.2000.

Sobre a matéria, a Turma Regional de Uniformização dos JEFs da 4ª Região editou a Súmula n. 4 do seguinte teor: "A União é parte ilegítima para figurar no polo passivo nas ações em que seja postulado o benefício assistencial previsto no art. 20 da Lei n. 8.742/93."

Assim, entendemos que a União não deve participar do polo passivo das ações que versem sobre o benefício assistencial previsto no art. 20 da Lei n. 8.742/93.

13.1.5. Ações envolvendo benefícios de entidades fechadas de previdência complementar

Importante dúvida existe no tocante à competência para o julgamento de ações movidas por participante de plano de previdência complementar contra entidade fechada de previdência complementar.

A Justiça do Trabalho costuma se considerar competente para tais litígios, por entender que a demanda é decorrente da relação de emprego – quando o participante celebrou contrato de previdência privada em razão da sua condição de empregado de uma empresa patrocinadora. Todavia, há vozes na doutrina e na própria jurisprudência que defendem a competência da Justiça Estadual.

A matéria se encontra pendente de julgamento no STF, tendo sido reconhecida a repercussão geral, porém ainda não apreciada nos RE 586453 e 583050, interpostos, respectivamente, pela Fundação Petrobrás de Seguridade Social (Petros) e pelo Banco Santander Banespa S/A.

De relatoria da ministra Ellen Gracie, o RE 586453 foi interposto pela Petros contra acórdão do TST, que reconheceu a competência da Justiça trabalhista para julgar causas envolvendo complementação de aposentadoria por entidades de previdência privada. A Petros alega que foram violados os artigos 114 e 122, parágrafo 2º, da Constituição Federal, tendo em vista que a competência para julgar a causa seria da justiça comum, pois a relação entre o fundo fechado de previdência complementar e o beneficiário não seria trabalhista.

Também sustenta que a prescrição é total e não parcial e que entendimento contrário violaria o artigo 7º, inciso XIX, da Constituição. Aduz, por fim, que ao determinar o pagamento de diferença sobre as quais não incidiu o custeio da complementação de aposentadoria, o tribunal de origem não teria observado o disposto nos parágrafos 4º e 5º, do artigo 195, da Constituição.

No RE 583050, relatado pelo ministro Cezar Peluso, o Banco Santander Banespa S/A questiona decisão do Tribunal de Justiça do Rio Grande do Sul. O TJ-RS entendeu que o fato de a empresa ser patrocinadora da entidade de previdência privada não caracteriza que a relação seja trabalhista, mas demonstra que a relação decorre de contrato de previdência. Dessa forma, ficaria afastada a aplicação do artigo 114, da Constituição Federal, competente a justiça comum para processar e julgar a demanda.

Com fundamento no artigo 102, inciso III, alínea "a", da CF, o Santander Banespa sustenta que a decisão teria violado o artigo 114, da Constituição, pois no caso dos autos estaria evidente que a discussão se dá no campo do Direito do Trabalho, uma vez que há um nítido debate acerca da aplicação das normas coletivas de natureza salarial. De acordo com o banco, não se trata simplesmente de aplicação de normas ou contratos previdenciários, mas sim de interpretação e aplicação de normas coletivas do trabalho com reflexos nestes contratos.

Após as sustentações orais de vários *amici curiae* [amigos da Corte], a ministra Ellen Gracie leu o voto no RE 586453. Ela conheceu e deu provimento ao recurso, por entender que a competência para analisar a matéria é da Justiça comum, tendo em vista a inexistência de relação trabalhista entre o beneficiário e a entidade fechada de previdência complementar.

No presente caso, referente à Petros, a ministra considerou que a complementação de aposentadoria teve como origem um contrato de trabalho já extinto. "Embora a instituição, ex-empregadora, seja de fato garantidora da entidade fechada de previdência privada, o beneficiário não mais mantém com ela [Petrobrás] qualquer relação de trabalho e muito menos, diga-se, com o próprio fundo de previdência", disse.

Assim, para a ministra, a relação entre o associado e a entidade de previdência privada não é trabalhista, estando disciplinada no regulamento das instituições. De acordo com ela, a competência não pode ser definida levando-se em consideração o contrato de trabalho já extinto. "Entendo que compete, portanto, a Justiça comum o julgamento da causa tendo em vista a inexistência de relação trabalhista entre o beneficiário e a entidade fechada de previdência complementar", concluiu a relatora.

Ao final, a ministra Ellen Gracie propôs uma modulação aos efeitos da decisão em relação aos processos que já tenham sentença de mérito até a data da conclusão deste julgamento no STF. Assim, seriam de competência da Justiça comum todos os casos análogos que não tenham sentença permanecendo, portanto, na Justiça do trabalho, as questões que já tiveram sentença por ela proferida. "O necessário retrocesso às primeiras fazes processuais acarretaria inegável dano à celeridade processual estabelecida no artigo 5º e à eficiência, prevista no caput do artigo 37, da Constituição, além de um insuportável prejuízo aos interessados", destacou.

A ministra Ellen Gracie foi acompanhada pelos ministros Cezar Peluso, Dias Toffoli. Divergiu a ministra Cármen Lúcia Antunes Rocha, ao considerar que a matéria é de competência da justiça trabalhista.

Na leitura de seu voto no RE 583050, o ministro Cezar Peluso negou provimento ao recurso, reafirmando a jurisprudência da Corte. Ele manteve a competência da Justiça comum para julgar a questão.

Inicialmente, conforme ele, o Supremo tem assentado que compete à Justiça do Trabalho conhecer de pedido de complementação de aposentadoria no âmbito da previdência privada, mas apenas quando a instância ordinária reconhecer, à luz da prova, que a relação jurídica decorra do contrato de trabalho. Em seguida, de acordo com Peluso, a Corte tem entendido ser de competência da Justiça comum, causa em que a instância local reconhece que a relação jurídica não provenha do contrato de trabalho.

Por fim, o ministro votou no sentido de que nos casos em que seja controversa a natureza da relação jurídica e dê origem ao contrato de previdência, "quando a determinação da competência jurisdicional dependa de reexame de fatos e provas ou ainda de análise de cláusulas do contrato de trabalho é inviável o recurso extraordinário por impedimento das Súmulas 279 e 454".

Com base nisso, o ministro fez distinção de três casos, dependendo do que o tribunal local tenha decidido: I – se houve contrato de trabalho será competente a justiça do trabalho; II – se na matéria não estiver relacionada ao contrato de trabalho a justiça comum será competente; III – se houver controvérsia, não conhece do recurso (Informativo Notícias STF, in www.stf.jus.br, acesso em 3.3.2010).

13.2 Prévio ingresso na via administrativa

A exigência da comprovação do prévio ingresso na via administrativa, como condição para propositura de ação de natureza previdenciária, embora seja assunto há muito debatido em nossos Tribunais, é tema frequente e atual nas lides forenses.

A necessidade de prévia manifestação do Poder Público como condição para invocar a prestação jurisdicional pode, aparentemente, significar lesão ao direito de ação garantido pela Constituição, no art. 5º, inciso XXXV. Observamos, no entanto, que esse dispositivo estabelece que somente os casos de lesão ou ameaça de lesão a direito serão apreciados pelo Poder Judiciário.

Não se trata de forma de submissão do direito de ação à prévia manifestação da administração a respeito do pedido, mas de comprovação do legítimo interesse para o exercício desse direito, o qual é exigido pelo art. 3º do Código de Processo Civil. Sem a demonstração da existência de um conflito de interesses, não há como ser invocada a prestação jurisdicional.

Segundo *Humberto Theodoro Júnior*: "Localiza-se o interesse processual não apenas na utilidade, mas especificamente na necessidade do processo como remédio apto à aplicação do direito objetivo no caso concreto, pois a tutela jurisdicional não é jamais outorgada sem uma necessidade. (...) Só o dano ou o perigo de dano jurídico, representado pela efetiva existência de uma lide, é que autoriza o exercício do direito de ação".[350]

Os segurados têm interesse de agir e, portanto, há necessidade e utilidade do processo, quando sua pretensão encontra óbice na via administrativa, em face do indeferimento do pedido apresentado, ou, pela omissão no atendimento do pleito pela Autarquia Previdenciária.

350 THEODORO JÚNIOR, Humberto. *Curso de direito processual civil*. Rio de Janeiro: Forense, 1999, vol. I.

Ainda que o exaurimento da via administrativa não seja condição para a propositura da ação de natureza previdenciária, consoante jurisprudência consolidada na Súmula n. 213 do extinto Tribunal Federal de Recursos[351], entendemos que, em se tratando de pedidos de concessão de aposentadorias, pensão, auxílios ou contagem recíproca do tempo de serviço para fins de jubilação, a prévia manifestação da administração é necessária, pois, o Poder Judiciário, em tais casos, não deve se prestar a substituir a atividade administrativa de conferência de recolhimentos das contribuições, cálculo do tempo de serviço, avaliação da capacidade laborativa, entre outros requisitos.

Não se exige prévia provocação administrativa, quando se cuida de procedimento público e notório do INSS, que não atende às postulações dos segurados por divergência de interpretação de normas, ou quando não cumpre, por ação própria, as obrigações legais.

Diante da constatação de que o INSS não foi provocado administrativamente, nas hipóteses em que há necessidade da sua manifestação como órgão responsável pela concessão e manutenção dos benefícios previdenciários, caberá ao Juiz, como providência preliminar, oportunizar à parte autora que comprove, no prazo de dez dias, ter adotado essa providência. Caso a determinação não seja atendida, a petição inicial deverá ser indeferida por carência de ação, tendo em vista a falta de interesse de agir.

Registramos, entretanto, que a jurisprudência predominante no STJ é no sentido de que não se pode condicionar a busca da prestação jurisdicional a previa postulação administrativa. Neste sentido: REsp nº 905429, Quinta Turma, Rel. Min. Laurita Vaz, DJE 2.6.2008.

Sobre o tema, publicamos artigo por ocasião do 14º Congresso Brasileiro de Previdência Social, realizado pela LTr em março de 2001, com a seguinte conclusão: "Sintetizando a abordagem feita, podemos concluir que a inexistência de prévia postulação administrativa pode constituir óbice ao ingresso em Juízo, desde que não fique configurada a resistência à pretensão deduzida. A existência da lesão ou ameaça de lesão ao direito do segurado que caracteriza o interesse de agir, pode ser demonstrado pelo indeferimento do pedido da prestação previdenciária pelo INSS, ou, por se tratar de pretensão cuja negativa por parte do Ente Autárquico é pública e notória, ou, ainda, pela apresentação de contestação onde fique demonstrada a existência da lide".[352]

Importante destacar que a Turma Nacional de Uniformização de Jurisprudência dos JEFs tem entendido que a matéria não comporta solução única e de

351 Súmula n. 213 do extinto Tribunal Federal de Recursos: "O exaurimento da via administrativa não é condição para a propositura da ação de natureza previdenciária".

352 LAZZARI, João Batista. "Ingresso prévio na via administrativa", *in Jornal do 14º Congresso Brasileiro de Previdência Social*. São Paulo: LTr, 2001.

aplicação geral, mas, sim, a necessidade de que se faça um juízo de ponderação de valores em cada caso, com exame das circunstâncias envolvidas. (Incidente de Uniformização no Processo 2005.81.10.06.8277-1 – Julgado em 18/09/2009). Em outro precedente, a TNU acolheu a tese que defendíamos há muito, no sentido de conhecer de pedido sem prévio requerimento administrativo quando há contestação do INSS específica para o caso. (PU n. 2006.38.00.74.6330, Sessão de 16.2.2009).

Em se tratando de bóia-fria há consenso da desnecessidade do prévio requerimento administrativo, pois na grande maioria dos casos não possuem início de prova material ocasionando o indeferimento de plano ou a negativa de protocolo do pedido pelo INSS. A esse respeito: TNU, PEDILEF n. 2007.38.00.732910-0/MG, Rel. Juiz Fed. José Antônio Savaris, DJ 11.3.2010.

O III Fórum Nacional dos Juizados Especiais Federais aprovou os enunciados que seguem, dando um norte adequado sobre a questão:

> *Enunciado FONAJEF 77*
>
> *O ajuizamento da ação de concessão de benefício da seguridade social reclama prévio requerimento administrativo.*
>
> *Enunciado FONAJEF 78*
>
> *O ajuizamento da ação revisional de benefício da seguridade social que não envolva matéria de fato dispensa o prévio requerimento administrativo.*
>
> *Enunciado FONAJEF 79*
>
> *A comprovação de denúncia da negativa de protocolo de pedido de concessão de benefício, feita perante a ouvidoria da Previdência Social, supre a exigência de comprovação de prévio requerimento administrativo nas ações de benefícios da seguridade social.*
>
> *Enunciado FONAJEF 80*
>
> *Em juizados itinerantes, pode ser flexibilizada a exigência de prévio requerimento administrativo, consideradas as peculiaridades da região atendida.*

No que tange a denúncia da negativa de protocolo de pedido de benefício, entendemos que pode ser feita também perante o Ministério Público Federal, com base no art. 37, § 3º da CF. Como pressuposto para o ajuizamento da ação basta a comprovação do agendamento eletrônico, data que deve servir inclusive para fixação da data de início do benefício.

13.3 Juizados Especiais Cíveis na Justiça Federal

A criação dos Juizados Especiais Cíveis no âmbito da Justiça Federal encontra amparo na Emenda Constitucional n. 22, de 1999, e sua instituição se deu com a Lei n. 10.259, de 12.7.2001 (DOU de 13.7.2001), prevista para vigorar após seis meses da sua publicação.

Nos Juizados Especiais o processo deve observar os princípios da oralidade, simplicidade, informalidade, economia processual e celeridade, buscando sempre que possível, a conciliação ou a transação (art. 2º da Lei n. 9.099/1995). Merecem destaques no âmbito dos JEFs:

- a igualdade de prazos para a prática de qualquer ato processual, entre o particular e o ente público demandado;
- a abolição do reexame necessário;
- a redução dos recursos, pois somente se admitirá recurso de sentença definitiva e das decisões que deferirem medidas cautelares no curso do processo;
- o pagamento imediato (60 dias) das condenações até 60 salários mínimos (sem precatórios);
- a desnecessidade de que as partes estejam representadas por advogado[353]; e
- a autorização legal aos representantes judiciais dos entes públicos para conciliar, transigir ou desistir.

Os Juizados Especiais Federais foram instituídos a partir de valores novos, voltados à modernização da prestação jurisdicional no Brasil, primando pela celeridade e eficiência nas soluções dos conflitos.

Para o processualista e Ministro do STJ Teori Albino Zavascki, "*esta criação dos juizados é a grande reforma, oferece alternativa moderna e desburocratizada, permite que o juiz incorpore processos eletrônicos, não precisa de reuniões físicas, dá muito mais agilidade. Há eliminação de recursos em cascata, celeridade no julgamento, execução imediata e possibilidade de a pessoa ter acesso direto ao juiz e de haver conciliação entre as partes*".[354]

A facilidade de acesso aos juizados gerou um enorme acréscimo de ações. No entanto, em muitos locais, a estrutura dos JEFs é insuficiente para atender essa demanda na forma esperada quando da sua implantação.

É importante consignar a existência de Juizados com competência exclusiva para as ações previdenciárias nas Capitais e em outras cidades onde detectada a necessidade.

A tramitação das ações nos Juizados Especiais Federais pode ser visualizada nos fluxogramas elaborados pela Comissão dos Juizados Especiais do TRF da 4ª Região, os quais foram validados pelo Conselho da Justiça Federal e publicados no *site www.cjf.jus.br/jef/edoc.asp*, ao qual remetemos o leitor.

Para elucidar o tratamento processual das ações julgadas nos Juizados Especiais Federais, recomendamos a leitura das Resoluções do CJF n. 061/2009, que

353 O STF declarou constitucional a dispensa da atuação de advogados nos Juizados Especiais - Ação Direta de Inconstitucionalidade (ADI) 3168.

354 Site do TRF da 4ª Região: www.trf4.gov.br/noticias.

dispõe sobre a compatibilização dos regimentos internos das Turmas Recursais e das Turmas Regionais de Uniformização, e n. 022/2008 (com as alterações da Res. n. 062/2009), que dispõe sobre o Regimento Interno da TNU. De leitura obrigatória são também os enunciados aprovados pelo Fórum Nacional dos Juizados Especiais Federais - FONAJEF, promovido pela Associação dos Juízes Federais do Brasil - AJUFE, cuja íntegra está no anexo desta obra.

13.3.1 Competência dos JEFs

Compete ao Juizado Especial Cível processar, conciliar e julgar causas de competência da Justiça Federal até o valor de 60 salários mínimos, bem como executar suas sentenças. São excluídas dessa competência as causas referidas no art. 109, incisos II, III e XI, da Constituição Federal, as ações de mandados de segurança, de desapropriação, de divisão e demarcação, populares, execuções fiscais e por improbidade administrativa e as demandas sobre direitos ou interesses difusos, coletivos ou individuais homogêneos, as causas relativas aos imóveis da União e das autarquias e fundações públicas federais, entre outras, previstas no § 1º do art. 3º da Lei n. 10.259/2001.

Nas Subseções Judiciárias onde estiver instalado o JEF, sua competência é absoluta, sendo definida pelo valor da causa (art. 3º da Lei n. 10.259/2001).

A respeito da competência dos JEFs, o FONAJEF editou as orientações que seguem:

> *Enunciado FONAJEF 9*
>
> *Além das exceções constantes do § 1º do artigo 3º da Lei n. 10.259, não se incluem na competência dos Juizados Especiais Federais, os procedimentos especiais previstos no Código de Processo Civil, salvo quando possível a adequação ao rito da Lei n. 10.259/2001.*
>
> *Enunciado FONAJEF 22*
>
> *A exclusão da competência dos Juizados Especiais Federais quanto às demandas sobre direitos ou interesses difusos, coletivos ou individuais homogêneos somente se aplica quanto a ações coletivas.*
>
> *Enunciado FONAJEF 24*
>
> *Reconhecida a incompetência do JEF é cabível a extinção do processo, sem julgamento de mérito, nos termos do art. 1º da Lei n. 10.259/2001 e do art. 51, III, da Lei n. 9.099/95.*
>
> *Enunciado FONAJEF 91*
>
> *Os Juizados Especiais Federais são incompetentes para julgar causas que demandem perícias complexas ou onerosas que não se enquadrem no conceito de exame técnico (art. 12 da Lei n. 10.259/2001)*

Entendemos que a complexidade da causa ou da perícia não afasta a competência dos JEFs, já que o critério escolhido pelo legislador foi o do valor da causa, o qual tem natureza absoluta. A posição adotada pelo STJ a cerca da competência dos JEFs, da qual compartilhamos, é a que segue:

> *Em resumo:*
>
> *a) os juizados especiais federais têm competência absoluta, onde estiverem instalados, para toda ação cujo valor não ultrapasse sessenta salários mínimos;*
>
> *b) caso o autor da ação pretenda ver sua demanda julgada por um juizado especial, poderá renunciar ao valor que exceda o limite legal estabelecido no art. 3º, caput, da Lei n. 10.259/01;*
>
> *c) havendo a renúncia, a qual deve ser expressa, atraída a competência do juizado especial para o feito.*
>
> *(STJ, 3ª Seção, CC n. 86.398 - RJ, DJ: 22.2.2008).*

13.3.2 Valor da causa

Os critérios para definição do valor da causa geram controvérsias no âmbito dos Juizados. Concordamos com aqueles adotados pela Turma Recursal do Estado de Santa Catarina (disponíveis em *http://www.jfsc.gov.br*), que podem ser sintetizados da seguinte forma:

a) havendo prestações vencidas, estas necessariamente devem ser consideradas para a definição do valor da causa;
b) as parcelas vincendas somente devem ser consideradas quando a ação versar exclusivamente sobre elas;
c) as parcelas vincendas, quando postuladas também parcelas vencidas, são irrelevantes para determinação do valor da causa.

No entanto, o STJ decidiu, ao julgar o Conflito de Competência n. 46.732/MS, que para estabelecimento do valor da causa devem ser somadas as parcelas vencidas com doze vincendas pelo exame conjugado da Lei n. 10.259/2001 com o art. 260 do CPC (Rel. Min. José Arnaldo da Fonseca, DJU 14.3.2005).

No caso de cumulação objetiva de pedidos que ostentem causas de pedir diversas deve ser considerada a repercussão econômica de cada pretensão individualmente, sendo irrelevante o valor hipotético total da condenação.

Por sua vez, o Fórum Nacional dos Juizados Especiais Federais aprovou os seguintes enunciados sobre o valor da causa:

> *Enunciado FONAJEF 15*
>
> *Na aferição do valor da causa, deve-se levar em conta o valor do salário mínimo em vigor na data da propositura de ação.*
>
> *Enunciado FONAJEF 18*
>
> *No caso de litisconsorte ativo, o valor da causa, para fins de fixação de competência deve ser calculado por autor.*
>
> *Enunciado FONAJEF 20*

Não se admite, com base nos princípios da economia processual e do juiz natural, o desdobramento de ações para cobrança de parcelas vencidas e vincendas.

Enunciado FONAJEF 48

Havendo prestação vencida, o conceito de valor da causa para fins de competência do JEF é estabelecido pelo art. 260 do CPC.

Enunciado FONAJEF 49

O controle do valor da causa, para fins de competência do JEF, pode ser feito pelo juiz a qualquer tempo.

Na ação declaratória que objetiva o reconhecimento de tempo de serviço/contribuição para concessão de benefício futuro, o critério que entendemos apropriado para delimitação da competência dos JEFs é a fixação do valor da causa a partir de 12 (doze) salários de contribuição atuais do segurado.

13.3.3 Renúncia

Nos termos da Súmula n. 17 da Turma Nacional de Uniformização dos JEFs e do Enunciado FONAJEF n. 16, não há renúncia tácita nos Juizados Especiais Federais para fins de fixação competência.

Dessa forma, a renúncia quando do interesse da parte autora para postular nos JEFs deve ser expressa e não há limite quanto ao montante passível dessa renúncia. Por exemplo, caso o segurado tenha um suposto crédito de R$ 50.000,00, poderá abrir mão de todo o excedente.

O momento processual mais adequado para a renúncia do valor excedente a sessenta salários mínimos é o do ajuizamento da ação. Entretanto, via de regra, a determinação exata do valor da causa depende da elaboração de complexos cálculos de atualização monetária, notadamente em feitos de natureza previdenciária, razão pela qual é razoável que se oportunize ao autor a opção pela renúncia do valor excedente por ocasião da audiência de conciliação, instrução e julgamento, quando aqueles cálculos já terão sido feitos, ou mesmo, em momento posterior.

Havendo renúncia, o valor das parcelas vencidas e atualizadas na data do ajuizamento deve ser limitado em 60 salários mínimos. Ao limite devem ser acrescidos a atualização monetária desde a data do ajuizamento e os juros de mora de 1% a partir da data da citação. As prestações vencidas após o ajuizamento não são consideradas para verificação da competência, consoante entendimento expresso no item anterior. Nada impede, assim, condenação em montante superior a 60 salários mínimos, a despeito da renúncia manifestada.

Veja-se ainda o Enunciado FONAJEF 17: "Não cabe renúncia sobre parcelas vincendas para fins de fixação de competência nos Juizados Especiais Federais".

13.3.4 Legitimidade

Nos JEFs podem ser partes autoras, as pessoas físicas, microempresas e empresas de pequeno porte; e rés, a União, autarquias, fundações e empresas públicas federais (art. 6º da Lei n. 10.259/2001).

No que tange a esse aspecto da Lei dos JEFs, o FONAJEF editou os seguintes enunciados:

> *Enunciado FONAJEF 11*
>
> *No ajuizamento de ações no JEF, a microempresa e a empresa de pequeno porte deverão comprovar essa condição mediante documentação hábil.*
>
> *Enunciado FONAJEF 12*
>
> *No Juizado Especial Federal, não é cabível o pedido contraposto formulado pela União Federal, autarquia, fundação ou empresa pública federal.*
>
> *Enunciado FONAJEF 14*
>
> *Nos Juizados Especiais Federais, não é cabível a intervenção de terceiros ou a assistência.*
>
> *Enunciado FONAJEF 21*
>
> *As pessoas físicas, jurídicas, de direito privado ou de direito público estadual ou municipal podem figurar no pólo passivo, no caso de litisconsórcio necessário.*
>
> *Enunciado FONAJEF 82*
>
> *O espólio pode ser parte autora nos juizados especiais cíveis federais.*

A representação por advogado é facultativa para a propositura de ações nos JEFs. O art. 10 da Lei n. 10.259/2001 faculta as partes designar, por escrito, representantes para a causa, advogado ou não. O STF reconheceu a constitucionalidade dessa norma na ADIN n. 3.168/DF.

A respeito do tema, foi editado pelo FONAJEF o seguinte enunciado:

> *Enunciado FONAJEF 83*
>
> *O art. 10, caput, da Lei n. 10.259/2001 não autoriza a representação das partes por não-advogados de forma habitual e com fins econômicos.*

No entanto, na esfera recursal é indispensável a presença de advogado para representar as partes.

13.3.5 Sentença líquida

No âmbito dos Juizados Especiais a regra é de que a sentença seja líquida[355], pois após o trânsito em julgado deve-se apenas atualizar os valores da condenação e incluir parcelas vencidas com a finalidade de ser expedida desde logo a RPV ou

355 Art. 38, parágrafo único, da Lei n. 9.099/95.

o Precatório, sem nova oportunidade para discussões sobre os parâmetros de apuração da condenação.

O fato de a sentença adotar cálculos realizados pelo contador judicial sem que oportunizada a manifestação prévia das partes não implica nulidade. Isso decorre da necessidade de a sentença ser líquida e, ademais, a parte pode se insurgir contra o cálculo no recurso.

O FONAJEF editou orientação quanto ao que se entende por sentença líquida, nos termos do Enunciado 32: "A decisão que contenha os parâmetros de liquidação atende ao disposto no art. 38, parágrafo único, da Lei nº. 9.099/95". Também, firmou posição quanto o descabimento de embargos de execução:

> *Enunciado FONAJEF 13*
>
> *Não são admissíveis embargos de execução nos Juizados Especiais Federais, devendo as impugnações do devedor ser examinadas independentemente de qualquer incidente.*

13.3.6 Recursos

Os recursos só podem ser apresentados se forem baseados em uma sentença definitiva, salvo as concessões de medidas cautelares e, serão julgados por Turmas Recursais instituídas pelos Tribunais Regionais Federais, mas formadas por juízes de primeiro grau.

Cabe recurso da sentença que extingue o processo, com ou sem apreciação do mérito (art 5º da Lei n. 10.259/2001 – Súmula n. 6 da Turma Recursal dos JEFs de Santa Catarina). As "medidas cautelares" do art. 4º da Lei n. 10.259/01 também abrangem as medidas antecipatórias previstas no art. 273 do CPC. A antecipação dos efeitos da tutela pode, em tese, ser deferida de ofício.

Neste sentido, o Enunciado n. 86 do FONAJEF. E, ainda, segundo orientação do STF (Súmula n. 729) não há vedação legal à concessão de antecipação de tutela em favor do segurado quando preenchidos os requisitos do art. 273 do CPC.

O pedido de uniformização de interpretação de lei federal ocorre somente quando houver divergência entre decisões sobre questões de direito material proferido por Turmas Recursais na interpretação da lei.

As divergências entre turmas da mesma região são julgadas em reunião conjunta das turmas em conflito sob a presidência do juiz-coordenador. Já as divergências entre decisões de turmas de diferentes regiões ou proferidas em contrariedade à súmula ou jurisprudência dominante do Superior Tribunal de Justiça (STJ) são julgadas pela Turma de Uniformização com sede em Brasília, sob a presidência do coordenador da Justiça Federal.

De acordo com a alteração do Regimento Interno da TNU (Resolução n. 022, de 09/09/2008), foi incluída entre as atribuições do relator:

IX - negar seguimento ao incidente manifestamente inadmissível, improcedente, prejudicado ou em confronto com súmula ou jurisprudência dominante da Turma Nacional de Uniformização, do Superior Tribunal de Justiça ou do Supremo Tribunal Federal;

X - dar provimento ao incidente se a decisão recorrida estiver em manifesto confronto com súmula ou jurisprudência dominante da Turma Nacional de Uniformização, do Superior Tribunal de Justiça ou do Supremo Tribunal Federal, podendo determinar o retorno dos autos à origem para a devida adequação.

Essa importante modificação no Regime Interno da TNU confere ao relator a competência de dar provimento ao incidente de uniformização se a decisão recorrida estiver em confronto com súmula ou jurisprudência dominante da Turma Nacional. Também passa a prever a admissibilidade do incidente em caso de divergência com jurisprudência do Supremo Tribunal Federal. Antes, era admitido apenas incidente que apresentasse divergência entre decisões das turmas recursais de regiões distintas ou com a jurisprudência dominante do Superior Tribunal de Justiça.

Quando a orientação acolhida pela turma de uniformização contrariar súmula ou jurisprudência do STJ, a parte interessada pode provocar a manifestação desse tribunal superior, que decidirá sobre a divergência. Nesse caso, se houver plausibilidade do direito invocado e fundado receio de dano de difícil reparação, poderá o relator conceder, com ou sem requerimento do interessado, medida liminar determinando a suspensão dos processos nos quais a controvérsia esteja estabelecida.

Dos acórdãos das Turmas Recursais caberá, também, a interposição de recurso extraordinário ao Supremo Tribunal Federal, consoante previsão contida no art. 15 da Lei n. 10.259/2001.

Sobre o momento oportuno para a interposição do Recurso Extraordinário, o STF firmou entendimento no sentido de se considerar extemporâneo o RE interposto antes da publicação da decisão do incidente de uniformização de interpretação de lei. Somente após o pronunciamento da Turma de Uniformização estaria esgotada a prestação jurisdicional, que daria ensejo à interposição do recurso extremo. Nesse sentido, as seguintes decisões: RE 445.169/TO, Rel. Min. Carlos Velloso; RE 479.057/AM, Rel. Min. Sepúlveda Pertence; RE 468.365-AgR/AM, Rel. Min. Carlos Britto. AI n. 693.138-5, Rel. Min. Ricardo Lewandowski, julgado em 11.12.2007.

De acordo com a Súmula n. 203 do Superior Tribunal de Justiça: "Não cabe recurso especial contra decisão proferida por órgão de segundo grau dos Juizados Especiais".

Dada a escassa regulamentação legal acerca das regras processuais aplicáveis aos recursos no âmbito dos JEFs, o FONAJEF aprovou uma série de enunciados com objetivo de obter uma certa uniformização de procedimentos. Destacamos os que seguem:

Enunciado FONAJEF 28

É inadmissível a avocação, por Tribunal Regional Federal, de processos ou matéria de competência de Turma Recursal, por flagrante violação ao art. 98 da Constituição Federal.

Enunciado FONAJEF 29

Cabe ao Relator, monocraticamente, atribuir efeito suspensivo a recurso, bem assim lhe negar seguimento ou dar provimento nas hipóteses tratadas no art. 557, caput e § 1-A, do CPC, e quando a matéria estiver pacificada em súmula da Turma Nacional de Uniformização, enunciado de Turma Regional ou da própria Turma Recursal.

Enunciado FONAJEF 30

A decisão monocrática referendada pela Turma Recursal, por se tratar de manifestação do colegiado, não é passível de impugnação por intermédio de agravo regimental.

Enunciado FONAJEF 34

O exame de admissibilidade do recurso poderá ser feito apenas pelo Relator, dispensado o prévio exame no primeiro grau.

Enunciado FONAJEF 36

O momento para oferecimento de contra-razões de recurso é anterior ao seu exame de admissibilidade.

Enunciado FONAJEF 39

Não sendo caso de justiça gratuita, o recolhimento das custas para recorrer deverá ser feito de forma integral nos termos da Resolução do Conselho da Justiça Federal, no prazo da Lei nº 9.099/95.

Enunciado FONAJEF 42

Em caso de embargos de declaração protelatórios, cabe a condenação em litigância de má-fé (princípio da lealdade processual).

Enunciado FONAJEF 43

É adequada a limitação dos incidentes de uniformização às questões de direito material.

Enunciado FONAJEF 44

Não cabe ação rescisória no JEF. O artigo 59 da Lei n 9.099/95 está em consonância com os princípios do sistema processual dos Juizados Especiais, aplicando-se também aos Juizados Especiais Federais.

Enunciado FONAJEF 54

O artigo 515 e parágrafos do CPC interpretam-se ampliativamente no âmbito das Turmas Recursais, em face dos princípios que orientam o microssistema dos JEFs.

Enunciado FONAJEF 57

Nos JEFs, somente o recorrente vencido arcará com honorários advocatícios.

Enunciado FONAJEF 58

Excetuando-se os embargos de declaração, cujo prazo de oposição é de cinco dias, os prazos recursais contra decisões de primeiro grau no âmbito dos JEFs são sempre de dez dias, independentemente da natureza da decisão recorrida.

Enunciado FONAJEF 59

Não cabe recurso adesivo nos Juizados Especiais Federais.

Enunciado FONAJEF 60

A matéria não apreciada na sentença, mas veiculada na inicial, pode ser conhecida no recurso inominado, mesmo não havendo a oposição de embargos de declaração.

Enunciado FONAJEF 61

O recurso será recebido no duplo efeito, salvo em caso de antecipação de tutela ou medida cautelar de urgência.

Enunciado FONAJEF 85

Não é obrigatória a degravação, tampouco a elaboração de resumo, para apreciação de recurso, de audiência gravada por meio magnético ou equivalente, desde que acessível ao órgão recursal.

Enunciado FONAJEF 87

A decisão monocrática proferida por Relator é passível de Agravo Interno.

Enunciado FONAJEF 88

É admissível MS para Turma Recursal de ato jurisdicional que cause gravame a não haja recurso.

Enunciado FONAJEF 89

Não cabe processo cautelar autônomo, preventivo ou incidental, no âmbito do JEF.

Enunciado FONAJEF 98

Cabe incidente de uniformização de jurisprudência quando a questão deduzida nos autos tiver reflexo sobre a competência do juizado especial federal.

Enunciado FONAJEF 99

É inadmissível o reexame de matéria fática em pedido de uniformização de jurisprudência.

Enunciado FONAJEF 100 – No âmbito dos Juizados Especiais Federais, a Turma Recursal poderá conhecer diretamente das questões não examinadas na sentença que acolheu prescrição ou decadência, estando o processo em condições de imediato julgamento.

Enunciado FONAJEF 101 – A Turma Recursal tem poder para complementar os atos de instrução já realizados pelo juiz do Juizado Especial Federal, de forma a evitar a anulação da sentença.

Enunciado FONAJEF 102 – Convencendo-se da necessidade de produção de prova documental complementar, a Turma Recursal produzirá ou determinará que seja produzida, sem retorno do processo para o juiz do Juizado Especial Federal.

Enunciado FONAJEF 103 – Sempre que julgar indispensável, a Turma Recursal, sem anular a sentença, baixará o processo em diligências para fins de produção de prova testemunhal, pericial ou elaboraçao de cálculos.

Enunciado FONAJEF 104 – Cabe à Turma de Uniformização reformar os acórdãos que forem contrários à sua jurisprudência pacífica, ressalvada a hipótese de supressão de instância, em que será cabível a remessa dos autos à Turma de origem para fim de adequação do julgado.

Enunciado FONAJEF 105 – A Turma de Uniformização, ao externar juízo acerca da admissibilidade do pedido de uniformização, deve considerar a presença de similitude de questões de fato e de direito nos acórdãos confrontados.

Enunciado FONAJEF 106 – Cabe à Turma Recursal conhecer e julgar os conflitos de competência apenas entre Juizados Especiais Federais sujeitos a sua jurisdição.

Enunciado FONAJEF 107 – Fora das hipóteses do artigo 4º da Lei n. 10.259/2001, a impugnação de decisões interlocutórias proferidas antes da sentença deverá ser feita no recurso desta (art. 41 da Lei nº 9.099/95).

Enunciado FONAJEF 108 – Não cabe recurso para impugnar decisões que apreciem questões ocorridas após o trânsito em julgado.

Enunciado FONAJEF 109 – A tempestividade do recurso pode ser comprovada por qualquer meio idôneo, inclusive eletrônico.

Enunciado FONAJEF 110 – A competência das turmas recursais reunidas, onde houver, deve ser limitada à deliberação acerca de enunciados das turmas recursais das respectivas seções judiciárias.

Em relação aos aspectos relacionados à admissão e efeitos dos recursos é recomendável a consulta às Questões de Ordem publicadas pela Turma Nacional de Uniformização dos JEFs e disponibilizadas no site: www.justicafederal.jus.br.

13.3.7 Cumprimento da sentença

Caso o acordo ou a sentença, com trânsito em julgado, imponha obrigação de fazer, não fazer ou entregar coisa certa, o cumprimento é feito por meio de ordem, por ofício do juiz, para a autoridade citada.

Se for imposta obrigação de pagar quantia certa, deverá ser expedida ao Tribunal competente a requisição dos créditos de pequeno valor (RPV) ou o precatório. No prazo de 60 dias, contados do envio da requisição da RPV, o valor deve estar disponível na agência mais próxima da Caixa Econômica Federal ou do Banco do Brasil.

A respeito das questões relacionadas ao cumprimento da sentença, em especial aos pagamentos devidos pela Fazenda Pública, selecionamos os enunciados do FONAJEF que seguem:

Enunciados FONAJEF 35

A execução provisória para pagar quantia certa é inviável em sede de juizado, considerando outros meios jurídicos para assegurar o direito da parte.

Enunciado FONAJEF 47

Eventual pagamento realizado pelos entes públicos demandados deverá ser comunicado ao Juízo para efeito de compensação quando da expedição da RPV.

Enunciado FONAJEF 56

Aplica-se analogicamente nos JEFs a inexigibilidade do título executivo judicial, nos termos do disposto nos arts. 475-L, par. 1º e 741, par. único, ambos do CPC.

Enunciado FONAJEF 63

Cabe multa ao ente público pelo atraso ou não-cumprimento de decisões judiciais com base no artigo 461 do CPC, acompanhada de determinação para a tomada de medidas administrativas para a apuração de responsabilidade funcional e/ou por dano ao erário. Havendo contumácia no descumprimento, caberá remessa de ofício ao MPF para análise de eventual improbidade administrativa.

Enunciado FONAJEF 64
Não cabe multa pessoal ao procurador "ad juditia" do ente público, seja com base no art. 14, seja no art. 461, ambos do CPC.

Enunciado FONAJEF 65
Não cabe a prévia limitação do valor da multa coercitiva (astreintes), que também não se sujeita ao limite de alçada dos JEFs, ficando sempre assegurada a possibilidade de reavaliação do montante final a ser exigido na forma do parágrafo 6º do artigo 461 do CPC.

Enunciado FONAJEF 69
O levantamento de valores decorrentes de RPV's e Precatórios no âmbito dos JEF's, é condicionado à apresentação pelo mandatário de procuração específica com firma reconhecida, da qual conste, ao menos, o número de registro do Precatório ou RPV ou o número da conta do depósito, com o respectivo valor.

Enunciado FONAJEF 70
É compatível com o rito dos Juizados Especiais Federais a aplicação do art. 112 da Lei n. 8.213-91, para fins de habilitação processual e pagamento. (Precedente da 3ª Seção do STJ - ERESP 498864-PB, DJ 02.03.2005).

Enunciado FONAJEF 71
A parte autora deverá ser instada, na fase da execução, a renunciar ao excedente à alçada do JEF, para fins de pagamento por RPV, não se aproveitando, para tanto, a renúncia inicial, de definição de competência.

13.3.8 Aplicação da lei dos JEFs em caso de delegação de competência

Por força do art. 20 da Lei n. 10.259/2001, onde não houver Vara Federal a causa poderá ser proposta no Juizado Especial Federal mais próximo do foro definido no art. 4º da Lei n. 9.099/95 (a qual é aplicada de forma subsidiária), vedada a aplicação da Lei dos Juizados Federais no juízo estadual (neste sentido decidiu o STJ no RMS n. 18.433-MA e CC 46.672-MG).

Em face desse regramento, tem diminuído a procura pela competência delegada da justiça dos Estados, prevista no art. 109, § 3º, da Constituição. Os segurados, mesmo residindo em cidade que não seja sede de Vara Federal, têm preferido se deslocar para ter acesso aos JEFs, dada a agilidade e a eficiência que têm prevalecido nessa nova forma de prestação jurisdicional.

A Lei n. 10.259/2001 não se aplica às ações acidentárias, cuja competência é exclusiva da Justiça dos Estados. Esse fato tem causado grave prejuízo aos segurados, que por vezes têm urgência extrema na concessão das prestações em face da incapacidade laborativa a que são acometidos e, no entanto, enfrentam, via de regra, a morosidade do processo convencional.

13.3.9 Nulidades

Em face do entendimento de que não cabe ação rescisória ou anulatória no âmbito dos JEFs, eventual nulidade pode ser reconhecida por simples petição ao juiz da causa ou ao relator do recurso. Neste sentido:

> *Enunciado FONAJEF 55*
>
> *A nulidade do processo por ausência de citação do réu ou litisconsorte necessário pode ser declarada de ofício pelo juiz nos próprios autos do processo, em qualquer fase, ou mediante provocação das partes, por simples petição.*
>
> *Enunciado FONAJEF 84*
>
> *Não é causa de nulidade nos juizados especiais federais a mera falta de intimação das partes da entrega do laudo pericial.*

Os casos de erro material não só podem como devem ser corrigidos a qualquer tempo. Exemplo, corrigir erro da soma do tempo de contribuição e, em consequência, reconhecer o direito à aposentadoria por tempo de contribuição.

13.3.10 Custas e Honorários Advocatícios

A regra a ser observada no tocante a custas processuais é a do art. 54 da Lei n. 9.099/95 (aplicada subsidiariamente aos JEFs - art. 1º Lei n. 10.259/2001), que prevê que o acesso ao Juizado Especial independerá, em primeiro grau de jurisdição, do pagamento de custas, taxas ou despesas. Em caso de recurso, o preparo compreenderá todas as despesas processuais, inclusive aquelas dispensadas em primeiro grau de jurisdição, ressalvada a hipótese de assistência judiciária gratuita. Neste sentido:

> *Enunciado FONAJEF 39*
>
> *Não sendo caso de justiça gratuita, o recolhimento das custas para recorrer deverá ser feito de forma integral nos termos da Resolução do Conselho da Justiça Federal, no prazo da Lei n 9.099/95.*

Ressalta-se que incidem custas somente nos casos de recurso inominado para a Turma Recursal e de Recurso Extraordinário para o STF. Para os demais recursos não há previsão de cobrança de custas.

No que tange ao deferimento da assistência judiciária devem ser observados os ditames da Lei n. 1.060/50. Muitos julgados têm limitado a concessão desse benefício a uma determinada faixa de renda, conforme se verifica do enunciado que se transcreve:

> *Enunciado FONAJEF 38*
>
> *A qualquer momento poderá ser feito o exame de pedido de gratuidade com os critérios da Lei nº 1.060/50. Para fins da Lei nº 10.259/01, presume-se necessitada a parte que perceber renda até o valor do limite de isenção do imposto de renda.*

Relativamente aos honorários advocatícios, a disciplina legal (art. 55 da Lei n. 9.099/95) prevê que: "A sentença de primeiro grau não condenará o vencido em custas e honorários de advogado, ressalvados os casos de litigância de má-fé. Em segundo grau, o recorrente, vencido, pagará as custas e honorários de advogado, que serão fixados entre dez por cento e vinte por cento do valor de condenação ou, não havendo condenação, do valor corrigido da causa".

Sobre a matéria o FONAJEF uniformizou o entendimento nos termos que seguem:

Enunciado FONAJEF 57
Nos JEFs, somente o recorrente vencido arcará com honorários advocatícios.

Enunciado FONAJEF 90
Os honorários advocatícios impostos pelas decisões de Juizado Especial Federal serão executados no próprio Juizado, por quaisquer das partes.

Enunciado FONAJEF 97
O provimento, ainda que parcial, de recurso inominado afasta a possibilidade de condenação do recorrente ao pagamento de honorários de sucumbência.

Em relação aos honorários contratuais, o Conselho Nacional de Justiça editou Resolução prevendo:

a) se o advogado quiser destacar do montante da condenação o que lhe cabe por força de honorários, deverá juntar aos autos o respectivo contrato, antes da expedição da requisição;
b) após a apresentação da requisição no Tribunal, os honorários contratuais não poderão ser destacados (art. 22, § 4º, da Lei nº 8.906, de 1994), procedimento este vedado no âmbito da instituição bancária oficial, nos termos do art. 10 da Lei Complementar nº 101/2000;
c) a parcela da condenação comprometida com honorários de advogado por força de ajuste contratual não perde sua natureza, e dela, condenação, não pode ser destacada para efeitos da espécie de requisição;
d) consequentemente, o contrato de honorários de advogado, bem como qualquer cessão de crédito, não transforma em alimentar um crédito comum, nem substitui uma hipótese de precatório por requisição de pequeno valor, ou tampouco altera o número de parcelas do precatório comum, devendo ser somado ao valor do requerente para fins de cálculo da parcela;
e) em se tratando de RPV com renúncia, o valor devido ao requerente somado aos honorários contratuais não pode ultrapassar o valor máximo para tal modalidade de requisição.

13.4 Pagamentos devidos pelo INSS

Este ponto tem por objeto a análise da atual sistemática de pagamento das dívidas previdenciárias, decorrentes de sentença judiciária.

De acordo com as regras em vigor, o pagamento das somas a que o Instituto Nacional do Seguro Social (INSS) for condenado é feito por Requisição de Pequeno Valor (RPV), para créditos de até 60 salários mínimos, e por meio de precatório, para os valores superiores a esse limite.

13.4.1 Evolução legislativa

A Constituição Federal de 1988 estabeleceu no art. 100, *caput*, que os pagamentos devidos pela Fazenda Pública, nesta incluído o INSS, decorrentes de condenação judicial, estariam sujeitos ao regime do precatório, com ordem distinta para os de natureza alimentícia.

A Lei n. 8.213/91, ao regulamentar o Plano de Benefícios da Previdência Social, estabeleceu no art. 128 que os débitos até determinado valor (R$ 4.988,57 – última atualização procedida pela Lei n. 9.032/95) seriam quitados imediatamente, sem a necessidade de expedição de precatório, não se lhes aplicando o disposto nos arts. 730 e 731 do Código de Processo Civil.

O Supremo Tribunal Federal, por meio da ADIn n. 1.252-5/97, rel. Min. Maurício Correa (DJU de 24.10.1997), declarou inconstitucional a liquidação imediata dos débitos na forma prevista no art. 128 da Lei n. 8.213/91, por contrariar o disposto no art. 100, *caput*, da Constituição.

Em face da decisão do STF, os débitos de qualquer valor a que o INSS fosse condenado a pagar passaram a ser quitados mediante a morosa via do precatório judicial.

A Emenda Constitucional n. 20, de 15.12.1998, inseriu o parágrafo 3º ao artigo 100 da Constituição Federal, para excluir do regime do precatório os pagamentos de obrigações das Fazendas Federal, Estadual e Municipal, decorrentes de sentenças judiciais, transitadas em julgado, definidas em lei como de pequeno valor.

Posteriormente, foi aprovada a Emenda Constitucional n. 30, de 13 de setembro de 2000, que alterou novamente a redação do art. 100 da CF, estabelecendo: a) a atualização monetária dos valores após a expedição dos precatórios judiciários (§ 1º); b) a definição dos débitos de natureza alimentar, aí incluídos aqueles decorrentes de benefícios previdenciários (§ 1º-A); c) a inclusão das obrigações de pequeno valor da Fazenda Distrital na sistemática do § 3º; d) a possibilidade de serem fixados valores distintos para os pagamentos de pequeno valor, segundo as diferentes capacidades das entidades de direito público (§ 5º); e e) que o Presidente do Tribunal competente que, por ato comissivo ou omissivo, retardar ou tentar frustrar a liquidação regular de precatório incorrerá em crime de responsabilidade (§ 6º).

A Emenda Constitucional n. 37, de 12.6.2002, vedou a expedição de precatório complementar ou suplementar de valor pago, bem como fracionamento, repartição ou quebra do valor da execução, a fim de que seu pagamento não se faça, em parte, na forma de requisição de pequeno valor e, em parte, mediante expedição de precatório (art. 100, § 4º).

A fim de se cumprir a determinação inserida no parágrafo 3º do artigo 100 da Constituição Federal, foi editada a Lei n. 10.099, de 19.12.2000, que deu nova redação ao art. 128 da Lei n. 8.213/91. Ficou estabelecido que as demandas judiciais que tiverem por objeto o reajuste ou a concessão de benefícios regulados pela Lei n. 8.213/91, cujos valores de execução não forem superiores a R$ 5.180,25 por autor, poderão, por opção de cada um dos exequentes, ser quitadas no prazo de até sessenta dias após a intimação do trânsito em julgado da decisão, sem necessidade da expedição de precatório.

Por sua vez, a Lei n. 10.259, de 12.7.2001, que criou os Juizados Especiais no âmbito da Justiça Federal, estabeleceu que, para os efeitos do § 3º do art. 100 da Constituição, as obrigações ali definidas como de pequeno valor, a serem pagas independentemente de precatório, terão como limite o mesmo valor estabelecido para a competência dos Juizados Especiais Cíveis, ou seja, 60 salários mínimos.

Por último, a EC n. 62, de 11.11.2009, alterou o art. 100 da Constituição Federal e acrescentou o art. 97 ao Ato das Disposições Constitucionais Transitórias, instituindo regime especial de pagamento de precatórios pelos Estados, Distrito Federal e Municípios. Entre as novidades está a previsão de que os débitos de natureza alimentícia cujos titulares tenham 60 (sessenta) anos de idade ou mais na data de expedição do precatório, ou sejam portadores de doença grave, definidos na forma da lei, serão pagos com preferência sobre todos os demais débitos, até o valor equivalente ao triplo do fixado em lei como de pequeno valor (na esfera federal 60 salários mínimos), admitido o fracionamento para essa finalidade, sendo que o restante será pago na ordem cronológica de apresentação do precatório (com preferência sobre os créditos comuns).

Destaca-se, ainda, que a partir da promulgação da EC 62/2009, a atualização de valores de requisitórios, após sua expedição, até o efetivo pagamento, independentemente de sua natureza, será feita pelo índice oficial de remuneração básica da caderneta de poupança, e, para fins de compensação da mora, incidirão juros simples no mesmo percentual de juros incidentes sobre a caderneta de poupança, ficando excluída a incidência de juros compensatórios.

13.4.2 Requisição de Pequeno Valor (RPV)

Considera-se Requisição de Pequeno Valor (RPV) aquela relativa a crédito cujo valor atualizado não seja superior ao limite de 60 (sessenta) salários mínimos por beneficiário (art. 17, § 1º da Lei n. 10.259, de 12 de julho de 2001).

A Lei de Diretrizes Orçamentárias (Lei n. 10.266, de 24.7.2001), estabeleceu a obrigatoriedade de as requisições dos créditos de pequeno valor (RPV), serem dirigidas ao Tribunal competente, pondo fim a possibilidade de pagamento direto. Para *Antônio F. S. do Amaral e Silva*: "O objetivo da Lei n. 10.266, em seu art. 23, é bastante simples, atendendo à necessidade de efetivar-se o planejamento dos gastos da União, das autarquias e das fundações públicas com as requisições de pequeno valor".[356]

Algumas questões merecem destaque, em face das inovações que representam na sistemática da execução contra a Fazenda Pública.

A primeira refere-se ao disposto no art. 100, § 8º, da Constituição, regulado pelo § 3º do art. 17 da Lei n. 10.259/01, que veda a expedição de precatório complementar ou suplementar de valor pago, bem como fracionamento, repartição ou quebra do valor da execução, a fim de que seu pagamento não se faça, em parte na forma de RPV e, em parte, mediante expedição de precatório. Ou seja, caso o valor da execução ultrapasse o limite estabelecido como de pequeno valor, o pagamento far-se-á por meio de precatório, ressalvado o direito do credor renunciar ao crédito que exceda o limite de dispensa do precatório, consoante previsão do § 4º do art. 17 da Lei n. 10.259/01.

A vedação ao fracionamento do valor da execução e a possibilidade de renúncia do crédito excedente, já eram previstas na Lei n. 10.099/2000, que deu nova redação ao art. 128 da Lei n. 8.213/91.

A previsão de sequestro dos valores, antes exclusiva do Presidente do Tribunal, foi estendida ao Juiz de primeiro grau pela Lei n. 10.259/01 (art. 17, § 2º), caso a requisição para pagamento não seja atendida no prazo de 60 dias. Entendemos ser extremamente importante a previsão legal do sequestro dos valores, como forma de garantia da efetividade da ordem judicial em prol dos beneficiários, normalmente pessoas que passam por grandes dificuldades financeiras.

13.4.3 Pagamento por precatório

Os pagamentos de valores superiores ao limite de 60 (sessenta) salários mínimos serão requisitados mediante precatório judiciário, que possuem caráter alimentar e estão sujeitos à ordem cronológica distinta dos precatórios de natureza diversa.

356 SILVA, Antonio F. S. do Amaral; Schäfer, Jairo Gilberto. *Juizados especiais federais: aspectos cíveis e criminais*. Blumenau: Acadêmica, 2002. p. 63.

Os precatórios devem ser apresentados até 1º de julho para inclusão no orçamento da verba necessária ao pagamento, o qual deverá ocorrer até o final do exercício seguinte, quando terão seus valores atualizados monetariamente, segundo previsão do § 12 do art. 100 da Constituição.

A partir da promulgação da Emenda Constitucional n. 62, de 9.12.2009, a atualização de valores de requisitórios, após sua expedição, até o efetivo pagamento, independentemente de sua natureza, será feita pelo índice oficial de remuneração básica da caderneta de poupança, e, para fins de compensação da mora, incidirão juros simples no mesmo percentual de juros incidentes sobre a caderneta de poupança, ficando excluída a incidência de juros compensatórios.

Segundo orientação do Plenário do Supremo Tribunal Federal, não cabem juros em precatório complementar, dentro do ano constitucionalmente previsto para o pagamento, à vista da não-caracterização de inadimplemento por parte do poder público. Neste sentido, a Súmula Vinculante n. 17: "Durante o período previsto no parágrafo 1º do artigo 100 da Constituição, não incidem juros de mora sobre os precatórios que nele sejam pagos."

Da análise da sistemática atual de pagamento das dívidas previdenciárias decorrentes de condenação judicial, chega-se à conclusão de que houve avanços a partir da Emenda Constitucional n. 20, de 1998, que dispensou a expedição do precatório judiciário para pagamentos de pequeno valor.

13.4.4 Complemento positivo

As parcelas vencidas a partir da sentença constituem obrigação de fazer, sendo devido o pagamento diretamente pela administração, dispensada a requisição de pequeno valor ou precatório.

O pagamento sob a forma de complemento positivo deve limitar-se às parcelas posteriores à sentença recorrida, até a implantação ou revisão do benefício. As prestações devidas antes da sentença, ainda que posteriores ao cálculo, constituem-se crédito vencido (obrigação de pagar) e deverão ser pagas mediante requisição de pequeno valor ou precatório, na forma do art. 17 da Lei 10.259/01.

Sobre o pagamento da condenação judicial por meio de complemento positivo, merece destaque o seguinte enunciado:

Enunciado FONAJEF 72
As parcelas vencidas após a data do cálculo judicial podem ser pagas administrativamente, por meio de complemento positivo.

13.5 Idosos e portadores de doença grave

A Lei n. 10.173, de 9.1.2001, alterou o Código de Processo Civil para dar prioridade de tramitação aos procedimentos judiciais em que figure como parte pessoa com idade igual ou superior a sessenta e cinco anos.

Posteriormente, a Lei n. 12.008, de 29.7.2009, ampliou o benefício ao estabelecer em favor da parte ou interessado com idade igual ou superior a 60 (sessenta) anos, ou portadora de doença grave.

Os atos e diligências nos feitos atingidos pela norma terão prioridade na tramitação em todas as instâncias. O interessado na obtenção desse benefício, juntando prova de sua condição, deverá requerê-lo à autoridade judiciária competente para decidir o feito, que determinará ao cartório do juízo as providências a serem cumpridas. Deferida a prioridade, os autos receberão identificação própria que evidencie o regime de tramitação prioritária.

Concedida a prioridade, esta não cessará com a morte do beneficiário, estendendo-se em favor do cônjuge supérstite, companheiro ou companheira, com união estável.

Essa norma processual tem significativa importância para dar maior celeridade às ações previdenciárias, pois a maioria das pessoas que litigam contra o INSS são idosas ou doentes e, por isso, merecedoras de tratamento diferenciado.

Com certeza outras pessoas também merecem essa distinção no processo judicial, tais como, as portadoras de deficiência, física ou mental, que passaram a ter o prigilégio na tramitação na instância administrativos, por força da Lei n. 12.008/2009. Todavia, a norma legal não contemplou a todos, pois se generalizada poderia não trazer o resultado esperado. Em verdade, necessita-se de um Judiciário mais célere para todos. Iniciativa como a que criou os Juizados Especiais Cíveis na Justiça Federal, é um bom exemplo a ser seguido pelos legisladores para melhorar a prestação jurisdicional no Brasil.

13.6 Coisa Julgada Previdenciária

Tema extremamente polêmico é o que diz respeito à ocorrência da coisa julgada em matéria de benefícios previdenciários em face de decisões judiciais que tenham negado o direito à prestação postulada ou à revisão da renda mensal.

A análise da existência de coisa julgada material exige a observância da natureza social e alimentar dos benefícios previdenciários e a renovação do direito à prestação a cada mês (trato sucessivo), bem como o disposto no art. 471, I do CPC, *in verbis*:

> *Art. 471 - Nenhum juiz decidirá novamente as questões já decididas, relativas à mesma lide, salvo:*

I - se, tratando-se de relação jurídica continuativa, sobreveio modificação do estado de fato ou de direito; caso em que poderá a parte pedir a revisão do que foi estatuído em sentença.

Em relação aos benefícios por incapacidade é comum ocorrer o agravamento da doença após a perícia judicial ou, mesmo, o surgimento de outra moléstia incapacitante, impedindo o segurado de exercer suas atividades. Em tais casos, será necessário novo requerimento administrativo e nova análise do pedido, não se podendo falar em coisa julgada. Neste sentido, o pronunciamento do TRF da 3ª Região:

PREVIDENCIÁRIO. PROCESSO CIVIL. AUXÍLIO-DOENÇA. APOSENTADORIA POR INVALIDEZ. COISA JULGADA. INOCORRÊNCIA.

I - Tratando-se de ação de aposentadoria por invalidez, ou auxílio-doença, não ocorre a coisa julgada material, podendo configurar-se causa de pedir diversa, decorrente de eventual agravamento do estado de saúde do autor.

II - Necessária a realização de prova pericial a fim de se concluir quanto à existência de eventual agravamento do estado de saúde do autor, bem como a configuração de sua incapacidade laboral, somente possível na fase instrutória do feito.

III - Preliminar argüida pelo autor acolhida, determinando-se o retorno dos autos à Vara de origem para processamento do feito e novo julgamento. Mérito da apelação prejudicado.

(AC n. 2006.61.13.00.35390/SP. Décima Turma. Relator Juiz Sérgio Nascimento. DJF3 21/05/2008)

Contrario sensu, a jurisprudência admite que o benefício concedido judicialmente pode ser cancelado administrativamente em caso de recuperação da capacidade laborativa: "O INSS é carecedor de ação por falta de interesse de agir, uma vez que, após o trânsito em julgado do *decisum*, por se tratar de benefício temporário, a Autarquia pode, caso verificada a cessação da incapacidade, cancelar o auxílio-doença administrativamente, sem a necessidade de decisão judicial". (AC n. 2002.04.01.017795-1/SC. TRF da 4ª Região. Quinta Turma. Rel. Juiz Luiz Antônio Bonat. D.E. 06/10/2008).

Quanto ao reconhecimento do tempo de contribuição, é comum o segurado não instruir o seu pedido com os documentos necessários à comprovação do seu direito. Caso venha a apresentar novo requerimento administrativo com novas provas, a decisão anterior não pode impedir a reapreciação da pretensão. Neste sentido, precedentes do TRF da 4ª Região: AC n. 2003.70.01.008417-7/PR. TRF da 4ª Região. Turma Suplementar. Des. Federal Luís Alberto D Azevedo Aurvalle. D.E. 28.7.2008; AC n. 2001.04.01.075054-3.

Algumas vezes, a legislação é inovada com normas mais benéficas (v.g. Lei n. 11.718/2008). É de aceitação geral que no sistema de direito positivo brasileiro a lei nova não atinge o ato jurídico perfeito, o direito adquirido e a coisa julgada (Constituição Federal, artigo 5º, inciso XXXVI e Lei de Introdução ao Código Civil, artigo 6º). Entretanto, essa regra deve ser relativizada em face do disposto no citado art. 471, I do CPC e diante das características da prestação previdenciária.

Entendemos, assim, que nos casos de indeferimento do reconhecimento do tempo de atividade rural, novo requerimento administrativo pode ser apresentado ao INSS sob os ditames da nova ordem jurídica (Lei n. 11.718/2008), cujos efeitos financeiros serão devidos a partir dessa nova postulação.

A maior dificuldade em superar os efeitos da coisa julgada está nos casos em que ocorre mudança do entendimento jurisprudencial (*v.g.* a possibilidade de conversão do tempo especial para comum após 28.5.1998 e o fator de conversão a ser utilizado para o homem - 1,4 ao invés do 1,2). A propositura de ação rescisória não nos parece possível, pois a alteração de posição dos tribunais não pode modificar decisões já efetivadas, ou seja, valerá apenas para os novos casos a serem julgados.

Um novo requerimento administrativo será possível apenas para os casos dos segurados que continuaram a contribuir ou que tenham uma nova causa de pedir decorrente de uma situação que não tenha sido apreciada ou em virtude de alteração das normas que regem a matéria.

Sobre esses questionamentos, apresentamos as "*Considerações para efetividade do processo previdenciário - a segurança e a coisa julgada previdenciária*" externadas pelo Juiz Federal José Antônio Savaris, em sua obra Direito Processual Previdenciário, com as quais temos plena concordância e pedimos vênia para transcrever na íntegra:

> *Enquanto o processo civil se mostra exuberante no que conquista de mais elevada segurança com o instituto da coisa julgada, o direito previdenciário é guiado por um princípio fundamental de que o indivíduo não pode ser separado de seu direito de sobreviver pela solidariedade social por uma questão formal. Não é adequado que se sepulte, de uma vez por todas, o direito de receber proteção social em função da certeza assegurada pela coisa julgada, quando a pessoa na realidade, faz jus à prestação previdenciária que lhe foi negada judicialmente.*
>
> *Tal como no direito penal se admite a revisão criminal para beneficiar o réu quando, por exemplo, são descobertas novas provas que o favoreçam, o processo previdenciário pauta-se pelo comprometimento, a todo tempo, com o valor que se encontra em seu fundamento: a proteção social do indivíduo vulnerável, essa essencial dimensão de liberdade real e dignidade humana. Em relação a este valor, é de se reconhecer, a segurança contraposta deve ser superada como um interesse menor.*
>
> *A coisa julgada não deve significar uma técnica formidável de se ocultar a fome e a insegurança social para debaixo do tapete da forma processual, em nome da segurança jurídica. Tudo o que acontece, afinal, seria "apenas processual, mesmo que seus efeitos sejam desastrosos para a vida real" (SILVA, Ovídio Araújo Baptista da. Direito material e processo. Revista Jurídica. Porto Alegre, n. 321, p. 7-27, p. 14, jul. 2004).*
>
> *A fundamentação para a aceitação do que acima foi proposto não se dá apenas pelas três primeiras características da "singularidade previdenciária". Também o caráter público do instituto de previdência que assume o pólo passivo da demanda é relevante, pois não haverá o sentimento de eterna ameaça de renovação de um litígio ou de revisão de uma sentença. Não há insegurança em se discutir novamente uma questão previdenciária à luz de novas provas, como inexiste insegurança na possibilidade de se rever uma sentença criminal em benefício do réu. O que justifica esta possibilidade é justamente o valor que se encontra em jogo, a fundamentalidade do bem para o indivíduo e sua relevância para a sociedade.*

Mais ainda, não se pode esquecer que o indivíduo agravado com a sentença de não-proteção se presume hipossuficiente (em termos econômicos e informacionais) e sofrendo ameaça de subsistência pela ausência de recursos sociais. Seria minimamente adequada a sentença que impõe ao individuo a privação perpétua de cobertura previdenciária a que, na realidade, faz jus? Em nome do quê, exatamente?

De outro lado, a entidade pública chamada a conceder a prestação previdenciária tão-somente operará na melhor aplicação do princípio da legalidade, entregando ao indivíduo o que, ao fim e ao cabo, lhe era mesmo devido por lei.

Enquanto o processo civil clássico aponta para o fechamento preponderantemente indiscutível da coisa julgada, o processo previdenciário busca apoiar-se no princípio constitucional do devido processo legal com as cores específicas da não-preclusão do direito previdenciário.[357]

Em conclusão podemos definir que em primeiro lugar está a regra constitucional da proteção previdenciária, permitindo, em determinadas hipóteses, a desconsideração da eficácia plena da coisa julgada, pois: "O direito previdenciário não admite preclusão do direito ao benefício, por falta de provas: sempre será possível, renovadas estas, sua concessão" (AC n. 2001.04.01.075054-3. TRF da 4ª Região, Quinta Turma, Rel. Des. Federal Antônio Albino Ramos de Oliveira, DJ de 18/09/2002).

13.7 Execução do Julgado

Segundo o art. 569 do Código de Processo Civil, "*o credor tem a faculdade de desistir de toda a execução ou de apenas algumas medidas executivas*". Assim sendo, não há qualquer impedimento a que o autor execute apenas a obrigação de fazer, consistente na averbação do tempo de serviço/contribuição determinada pelo título judicial transitado em julgado, dispondo de cinco anos, a contar do trânsito em julgado, para executar, total ou parcialmente, o título.

É firme a jurisprudência do TRF da 4ª Região no sentido de que o segurado tem o direito de optar pelo benefício mais vantajoso. Todavia, ao optar por um ou outro dos benefícios, deverá sopesar as vantagens e as desvantagens da percepção da melhor renda (no caso do benefício postulado na via administrativa) ou da execução de parcelas vencidas (no caso do benefício concedido na via judicial), caso a caso, tendo em vista a impossibilidade de se misturar dois benefícios distintos, retirando de ambos apenas as vantagens (atrasados do benefício concedido na via judicial e manutenção da renda mensal superior do benefício concedido na via administrativa). Neste sentido: AG n. 2009.04.00.002416-0. TRF da 4ª Região. Quinta Turma. Relator Juiz Federal João Batista Lazzari. D.E. em 29.6.2009.

Há que destacar, ainda, que a concessão administrativa do benefício no curso do processo acarreta a extinção do feito, desde que corresponda ao pedido formulado na inicial com o pagamento das parcelas atrasadas desde a data de entrada

357 SAVARIS, José Antônio. *Direito processual previdenciário*. Curitiba: Juruá, 2008, p. 84-85.

do requerimento. Pelo Enunciado FONAJEF 93 essa extinção do processo é sem resolução do mérito. Entendemos, no entanto, que a concessão na via administrativa do benefício após o ajuizamento da demanda representa o reconhecimento do pedido e enseja a extinção com resolução do mérito e conseqüente condenação em honorários advocatícios, salvo na hipótese da demanda tramitar na primeira instância do JEF.

Parte V

Regimes Próprios de Previdência Social

Capítulo 1
Introdução

A Constituição brasileira foi, no âmbito das relações entre os entes da Administração Pública e seus servidores, bastante alterada por via de Emendas Constitucionais. A primeira, no ano de 1993, de número 3; duas delas, promulgadas no ano de 1998, as de números 19 e 20; e, no ano de 2003, a de número 41, e ainda, a Emenda n. 47, de 2005, traçaram significativas mudanças, seja no tocante à própria natureza jurídica das relações de trabalho entre servidores públicos e entes públicos, seja no aspecto dos direitos dos servidores, particularmente no campo dos direitos previdenciários, tendo como principal deles a aposentadoria, caracterizando-se o conjunto de mudanças pela redução da proteção até então assegurada aos servidores públicos, ante os novos critérios de concessão e cálculo do valor dos proventos.

O Brasil, na condição de Estado Federal, constitui-se de três esferas governamentais que gozam de autonomia política, administrativa e financeira: a União Federal, vinte e seis Estados e um Distrito Federal[358] e pouco mais de 5.500 Municípios.

A distinção entre a pessoa político-administrativa denominada União e a pessoa jurídica que se domina Republica Federativa do Brasil (o Estado Brasileiro) é assim explanada por Moraes:

> A União *é entidade federativa autônoma, constituindo pessoa jurídica de Direito Público Interno, cabendo-lhe exercer as atribuições da soberania do Estado brasileiro. Não se confundindo com o Estado Federal, este sim pessoa jurídica de Direito Internacional e formado pelo conjunto de União, Estados-membros, Distrito Federal e Municípios.*[359]

Acerca dos Estados e Municípios, o constitucionalista já citado esclarece que a autonomia destes se caracteriza pela denominada "tríplice capacidade de auto-organização e normatização própria, autogoverno e auto-administração".[360]

A auto-organização é identificada com a possibilidade de exercício do poder constituinte decorrente, ou seja, na promulgação de Constituições dos Estados e Leis Orgânicas Municipais, e após, de sua própria legislação, respeitados os princí-

358 O Distrito Federal possui *status* institucional similar ao dos Estados.

359 MORAES, **Direito Constitucional**, p. 271.

360 MORAES, **Direito Constitucional**, p. 272.

pios da Constituição da República (art. 25), os assim conhecidos como princípios constitucionais sensíveis.[361]

No que se refere às receitas tributárias, cada nível governamental tem o direito de instituir os tributos que lhe são constitucionalmente atribuídos e que pertençam à sua competência privativa. Isto é, a Constituição define claramente a atribuição das receitas tributárias a cada esfera de governo, não havendo possibilidade de sobreposição de competências em relação aos impostos e às contribuições sociais.

No entanto, é comum às três esferas a competência para instituir taxas (pelo exercício do poder de polícia e pela prestação de serviços públicos), contribuição de melhoria e contribuição para custeio da previdência e assistência social de seus servidores.[362]

Assim, dentro da capacidade de auto-organização, é fundamental ressaltar também que "na construção do sistema previdenciário brasileiro, afeto ao serviço público, os municípios e estados, por intermédio de seus respectivos legislativos, têm competência suplementar para estabelecer regras e normas próprias".[363]

Sobre a capacidade para autogovernar-se, considera-se configurada "uma vez que é o próprio povo quem escolhe diretamente seus representantes nos Poderes Legislativo e Executivo locais, sem que haja qualquer vínculo de subordinação ou tutela por parte da União",[364] sendo previsto o Poder Judiciário, também, no âmbito dos Estados e Distrito Federal.

E, em relação à auto-administração, esta se delineia a partir da previsão de existência de um mínimo de recursos financeiros, obtidos diretamente através de sua própria receita tributária,[365] com os quais cada Estado e cada Município é capaz de gerir os serviços públicos por estes mantidos, tendo, portanto, cada um, o seu regime administrativo, conceituado por Hauriou como aquele que

> *consiste em um poder político-jurídico, que é o poder executivo e administrativo, que se introduz como intermediário entre a lei e o juiz, a fim de assumir a aplicação das leis em todos os procedimentos que não sejam contenciosos, com a finalidade de facilitar e, se for necessário, impor aos*

361 Princípios constitucionais sensíveis são assim denominados, pois a sua inobservância pelos Estados-membros no exercício de suas competências legislativas, administrativas ou tributárias, pode acarretar a sanção politicamente mais grave existente em um Estado Federal, a intervenção na autonomia política. Estão previstos no art. 34, VII, da Constituição Federal: forma republicana, sistema representativo e regime democrático; direitos da pessoa humana; autonomia municipal; prestação de contas da administração pública, direta e indireta; aplicação do mínimo exigido da receita resultante de impostos estaduais, compreendida a provieniente de transferências, na manutenção e no desenvolvimento do ensino e nas ações e serviços públicos de saúde. (MORAES, **Direito Constitucional**, p. 272)

362 O Sistema Tributário Brasileiro está definido na Constituição da República de 1988, Título VI, Capítulo I, artigos 145 a 162, com as alterações inseridas pelas Emendas Constitucionais nº 3/93 e 42/2003.

363 STEPHANES, Reinhold. **Reforma da Previdência sem Segredos.** Rio de Janeiro: Record, 1999, p. 39.

364 MORAES, **Direito Constitucional**, p. 273.

365 MORAES, **Direito Constitucional**, p. 275.

> *cidadãos a execução das leis por meio de uma regulamentação própria, pela organização dos serviços públicos e por decisões executórias particulares.*[366]

Conclui-se que cada esfera territorial de Poder tem sua organização administrativa própria,[367] o que se revela como capacidade de possuir uma estrutura administrativa, bem como de legislar sobre essa mesma estrutura e manter financeiramente os serviços e o pessoal relacionados a essa estrutura. Tal estrutura é denominada Administração Pública.

Quanto à relação entre Estado, Governo e Administração, é clássica a distinção formulada por Meirelles: "A Administração é o instrumental de que dispõe o Estado para pôr em prática as opções políticas do Governo".[368]

Concorda-se, pois, com Carvalho Filho, para quem a Administração Pública

> *não deve ser confundida com qualquer dos Poderes estruturais do Estado, sobretudo o Poder Executivo, ao qual se atribui usualmente a função administrativa. Para a perfeita noção de sua extensão é necessário pôr em relevo a função administrativa em si, e não o Poder em que ela é exercida. Embora seja o Poder Executivo o administrador por excelência, nos Poderes Legislativo e Judiciário há numerosas tarefas que constituem atividade administrativa, como é o caso, por exemplo, das que se referem à organização interna dos seus serviços e dos seus servidores. Desse modo, todos os órgãos e agentes que, em qualquer desses Poderes, estejam exercendo função administrativa serão integrantes da Administração Pública.*[369]

No mesmo sentido, enfatizando os entes integrantes da Administração Pública, pontifica Hely Lopes Meirelles:

> *Na nossa Federação, portanto, as entidades estatais, ou seja, entidades com autonomia política (além da administrativa e financeira), são unicamente a União, os Estados-membros, os Municípios e o Distrito Federal (...) As demais pessoas jurídicas instituídas ou autorizadas a se constituírem por lei ou são autarquias, ou são fundações, ou são entidades paraestatais (...). Esse conjunto de entidades estatais, autárquicas, fundacionais e paraestatais constitui a Administração Pública em sentido instrumental amplo, ou seja, a Administração Pública centralizada e a descentralizada, atualmente denominada (sic) direta e indireta.*[370]

Paulo Cruz aponta que a estruturação jurídica do Poder estatal implica estabelecer os órgãos pelos quais o Estado atua, sendo fundamental o conhecimento do conceito de órgao público. Prosseguindo, o autor catarinense busca estabelecer um conceito operacional para este:

> *Os órgãos do Estado aparecem como os instrumentos através dos quais se expressa a sua vontade, e é levada a cabo a ação estatal. Em última análise, os órgãos do Estado, como os ministérios,*

---

366 Apud MORAES, **Direito Constitucional**, p. 314.

367 FERREIRA, Sérgio D'Andréa. **Direito Administrativo Didático**. 3. ed. Rio de Janeiro: Forense, 1985, p. 71.

368 MEIRELLES, **Direito Administrativo Brasileiro**, p. 61.

369 CARVALHO FILHO, **Manual de Direito Administrativo**, p. 7.

370 MEIRELLES, **Direito Administrativo Brasileiro,** p. 59.

os tribunais, o Parlamento, entre outros, estão integrados num grande organismo, de modo que a ação de qualquer dos órgãos estatais se converte, desta forma, em atos do Estado.[371]

Conforme o entendimento de Meirelles, órgãos públicos "São centros de competência instituídos para o desempenho de funções estatais, através de seus agentes, cuja atuação é imputada à pessoa jurídica a que pertencem".[372]

Os órgãos públicos não possuem personalidade jurídica[373]; cada órgão público pertence a uma entidade da Administração e a ela está vinculado.

As entidades públicas são aquelas dotadas de personalidade jurídica própria e autonomia administrativa e financeira,[374] constituindo-se em entidades estatais, ou pessoas político-administrativas - a União, os Estados, o Distrito Federal e os Municípios - e paraestatais - as autarquias, as fundações públicas, as empresas públicas e as sociedades de economia mista.[375]

Assim, as entidades da Administração são estruturadas de forma orgânica: suas atribuições são distribuídas por diversos órgãos públicos. Uma entidade da Administração é composta de órgãos públicos.

Do ponto de vista de nossa estrutura política, a Administração Pública pode ser federal, estadual e municipal.[376]

Ao conceito de entidade estatal (político-administrativa) corresponde o de Administração Direta: "No Brasil, como Estado Federal, cada pessoa político-administrativa constitucional territorial (União, Estado-membro, Município etc.) é considerada, separadamente, uma Administração Direta".[377]

Já a Administração Indireta "corresponde à organização administrativa das pessoas jurídicas criadas pelo Estado para com ele comporem a Administração Pública, auxiliando-o no exercício da atividade administrativa". Decorrem do processo de descentralização institucional,[378] que se caracteriza por conferir a entes autônomos personalidade jurídica, porém "não se desprendem de seu criador: são satélites que permanecem vinculados, e sobre os quais a Administração Direta estatal exer-

---

371 CRUZ, **Fundamentos do Direito Constitucional**, p. 98.

372 MEIRELLES, **Direito Administrativo Brasileiro,** p. 63.

373 "Como círculo interno de poder, o órgão em si é despersonalizado; apenas integra a pessoa jurídica." (CARVALHO FILHO, **Manual de Direito Administrativo**, p. 9)

374 "Dotadas de autonomia e, pois, da capacidade de auto-administração, as entidades federativas terão, por via de conseqüência, as suas próprias Administrações, ou seja, terão sua própria organização e seus próprios serviços, inconfundíveis com as de outras entidades." (CARVALHO FILHO, **Manual de Direito Administrativo**, p. 6)

375 BRASIL. **Decreto-Lei n. 200**. 25.2.67. Disponível em www.planalto.gov.br. Acesso em 6.9.2004.

376 SIMAS, **Manual Elementar de Direito Administrativo**, p. 84.

377 FERREIRA, **Direito Administrativo Didático**, p. 39.

378 "Não há, pois, como confundir descentralização administrativa com desconcentração. Nesta não se verifica a criação de pessoas. Naquela a personalidade é seu elemento definido, pois o organismo criado pode manifestar a sua vontade, agindo em nome próprio e não em nome de outrem." (TEMER, Michel. **Elementos de Direito Constitucional**. 7. ed. São Paulo: Revista dos Tribunais, 1990, p. 95)

ce poderes de fiscalização, de correção de atos, e, até mesmo, de intervenção, que compõem, em seu conjunto, a chamada tutela ou supervisão administrativa".[379]

São entidades da Administração Indireta da União, dos Estados-membros, do Distrito Federal e dos Municípios as respectivas autarquias, fundações públicas, empresas públicas e sociedades de economia mista.

Dentre estas entidades denominadas paraestatais, há uma distinção fundamental, que leva em conta a atividade a ser desempenhada.

Com efeito, as autarquias[380] e as fundações públicas são conceituadas como pessoas jurídicas de direito público,[381] e somente podem exercer atividade pública,[382] ou seja, função típica da Administração Pública Direta, transferida por *descentralização institucional.*

Já as empresas públicas e sociedades de economia mista, embora sejam pessoas jurídicas criadas por força de autorização legal como instrumento de ação do Governo, possuem natureza jurídica de direito privado, podendo assumir a forma de empresa com capital totalmente pertencente a pessoas de direito público (empresas públicas), ou com predominância acionária destas (sociedades de economia mista).[383]

Tal distinção gera uma digressão necessária: por força de disposição constitucional, as empresas públicas e sociedades de economia mista são regidas em suas relações jurídicas pelos diplomas que regem as pessoas jurídicas de direito privado,[384] não se aplicando, por exemplo, em matéria de relações de trabalho e previdenciárias, as disposições do Capítulo VII do Título III da Constituição da República, salvo aquelas que expressamente sejam aplicáveis.[385]

Vista a organização do Estado e da Administração Pública, é importante fixar, na sequência, quem são os agentes que atuam em nome de tais entidades, dos quais interessa identificar os chamados *servidores públicos.*

Para Di Pietro, os servidores públicos compreendem: 1) os servidores estatutários, ou doravante, servidores públicos em sentido estrito, ocupantes de cargos públicos; 2) os empregados públicos, contratados sob o regime da CLT e ocupantes de

379 FERREIRA, **Direito Administrativo Didático**, p. 75.

380 As agências reguladoras e as agências executivas, previstas pela Emenda Constitucional nº 19/98, são autarquias em regime especial (conforme MELLO, **Curso de Direito Administrativo**, pp. 156-167)

381 BRASIL, **Decreto-lei nº 200/67**, art. 5º.

382 MELLO, **Curso de Direito Administrativo**, pp. 147-169.

383 MELLO, **Curso de Direito Administrativo**, p. 172.

384 BRASIL, **Constituição da República Federativa do Brasil**, art. 173, § 1º, inc. II.

385 O artigo 40 da Constituição não se aplica a indivíduos vinculados por relação de trabalho a empresas públicas e sociedades de economia mista.

emprego público; e 3) os servidores temporários, contratados por tempo determinado (art. 37, IX, da Constituição), exercendo função, e não cargo ou emprego.[386]

Os servidores estatutários, ou servidores públicos em sentido estrito, são portanto os que possuem vínculo de trabalho regido por estatuto próprio. Ou, como explana Meirelles, os servidores públicos constituem subespécies dos agentes públicos administrativos, categoria que abrange a grande massa de prestadores de serviços à Administração e a ela vinculados por relações profissionais, em razão da investidura em cargos e funções.[387]

Para Carvalho Filho, "servidores públicos estatutários são aqueles cuja relação jurídica de trabalho é disciplinada por diplomas legais específicos, denominados de estatutos. Nos estatutos estão inscritas todas as regras que incidem sobre a relação jurídica, razão por que nelas se enumeram os direitos e deveres dos servidores e do Estado".[388]

Um traço característico dessa espécie de agentes públicos é a forma não-contratual[389] como se dá a identificação de seus direitos e deveres, na relação laboral que mantém com a entidade pública, a partir de um diploma específico, denominado *estatuto*, que deverá ser editado por cada ente político-administrativo:[390]

> *Duas são as características do regime estatutário. A primeira é a da pluralidade normativa, indicando que os estatutos funcionais são múltiplos. Cada pessoa da federação, desde que adote o regime estatutário para os seus servidores, precisa ter a sua lei estatutária para que possa identificar a disciplina da relação jurídica funcional entre as partes. (...) A outra característica concerne à natureza da relação jurídica estatutária. Essa relação não tem natureza contratual, ou seja, inexiste contrato entre o Poder Público e o servidor estatutário. Tratando-se de relação própria do direito público, não pode ser enquadrada no sistema dos negócios jurídicos bilaterais de direito privado.*[391]

O segundo aspecto que caracteriza os servidores públicos em sentido estrito é o fato de que todos, sem exceção, são titulares de cargos públicos na Administra-

---

386 DI PIETRO, Maria Sylvia Zanella. **Direito Administrativo**, p. 434.

387 MEIRELLES, **Direito Administrativo Brasileiro**, p. 363.

388 CARVALHO FILHO, **Manual de Direito Administrativo**, p. 403.

389 Nas relações contratuais, como se sabe, os direitos e obrigações recíprocos, constituídos nos termos e na ocasião da avença, são unilateralmente imutáveis e passsam a integrar de imediato o patrimônio jurídico das partes, gerando, desde logo, direitos adquiridos em relação a eles. Diversamente, no liame de função pública, composto sob a égide estatutária, o Estado, ressalvadas as pertinentes disposições constitucionais impeditivas, deterá o poder de alterar legislativamente o regime jurídico de seus servidores, inexistindo a garantia de que continuarão sempre disciplinados pelas disposições vigentes quando de seu ingresso. Bem por isto, os direitos que deles derivem não se incorporam integralmente, de imediato, ao patrimônio jurídico do servidor (firmandos-e como direitos adquiridos), do mesmo modo que nele se integrariam se a relação fosse contratual. (MELLO, **Curso de Direito Administrativo**, p. 235)

390 "Da entidade de que faz parte o serviço é a competência para organizar o funcionalismo. As normas estatutárias federais não se aplicam aos servidores estaduais ou municipais." (SIMAS, **Manual Elementar de Direito Administrativo**, p. 462)

391 CARVALHO FILHO, **Manual de Direito Administrativo**, pp. 404-405.

ção Direta, nas autarquias e fundações de direito público da União, dos Estados, do Distrito Federal e dos Municípios, em qualquer dos Poderes constituídos – Executivo, Legislativo ou Judiciário, bem como no Ministério Público, entendendo-se este como ente autônomo em relação aos três Poderes constituídos.[392]

A Constituição vigente concede, como veremos, tratamento diferenciado aos servidores públicos ocupantes de cargos efetivos da União, dos Estados, do Distrito Federal e dos Municípios, bem como os das autarquias e fundações públicas, ao prever a instituição de regime previdenciário próprio, de caráter contributivo (art. 40, *caput*, com a redação conferida pela EC n. 41, de 2003), o qual também se aplica aos agentes públicos ocupantes de cargos vitalícios (magistrados, membros do Ministério Público e de Tribunais de Contas).

392 MELLO, **Curso de Direito Administrativo**, p. 231.

Capítulo 2
Histórico

A primeira Constituição brasileira a tratar de matéria previdenciária foi a de 1891, que em seu artigo 75 estabeleceu: "A aposentadoria só poderá ser dada aos funcionários públicos em caso de invalidez a serviço da Nação", e no artigo 6º de suas Disposições Transitórias, estabeleceu:

> *Art. 6º Nas primeiras nomeações para a magistratura federal e para a dos Estados serão preferidos os juízes de direito e os desembargadores de maior nota.*
>
> *Os que não forem admitidos na nova organização judiciária, e tiverem mais de 30 anos de exercício, serão aposentados com todos os seus vencimentos.*
>
> *Os que tiverem menos de 30 anos de exercício continuarão a perceber seus ordenados, até que sejam aporveitados ou aposentados com ordenados correspondentes ao tempo de exercício.*
>
> *As despesas com os magistrados aposentados ou postos em disponibilidade serão pagas pelo governo federal.*[393]

Em 1892, a Lei n. 217, de 29 de novembro, instituiu a aposentadoria por invalidez e a pensão por morte dos operários do Arsenal de Marinha do Rio de Janeiro.

No ano de 1911, o Decreto n. 9.284, de 30 de dezembro, cria a Caixa de Aposentadoria e Pensões dos Operários da Casa da Moeda, abrangendo, portanto, os então funcionários públicos daquele órgão.

Observa-se, até então, que em matéria de aposentadoria, *os primeiros indivíduos beneficiados na ordem jurídica brasileira foram alguns agentes públicos* (à época denominados empregados ou funcionários públicos) e magistrados, o que também é ressaltado por Martinez.[394]

De acordo com Coimbra, "para empregados das empresas privadas, até 1923, nada se tinha feito. Só nesse ano veio a ser promulgada a Lei n. 4.682, de 24 de janeiro, conhecida como Lei Eloy Chaves, instituindo uma Caixa de Aposentadoria e Pensões junto a cada empresa ferroviária, e tornando seus empregados

393 DIAS, **Constituições do Brasil**., p. 358.

394 MARTINEZ, **Curso de Direito Previdenciário**, p. 21.

segurados obrigatórios"[395], ainda que tivessem natureza privada, pois vinculadas às empresas.[396] Somente em 20 de dezembro de 1926, a Lei n. 5.109 estenderia iguais normas a empregados de empresas de navegação marítima e fluvial, bem como aos portuários (permitindo, assim, também a filiação de trabalhadores avulsos).[397]

Quanto à Constituição de 1946, no que tange ao funcionalismo público, ao lado das aposentadorias por invalidez e compulsória por idade avançada, ganhava *status* constitucional a aposentadoria voluntária aos 35 anos de serviço público, embora desde 1939 já existisse sua previsão em norma legal; ocorre que, segundo Rocha, "*a concessão da prestação ficava ao alvedrio da administração, que poderia considerar que os serviços prestados não tinham sido bons e leais de maneira suficiente*".[398]

Nesse período, enquanto os trabalhadores urbanos da iniciativa privada contribuíam para as Caixas de Aposentadorias e Pensões, posteriormente transformadas em Institutos de Aposentadorias e Pensões, paralelamente, no âmbito do serviço público, as aposentadorias permaneceram sendo custeadas exclusivamente com recursos do Tesouro.

A Constituição promulgada em 1988 manteve regras diferenciadas para a aposentadoria dos servidores públicos da União, dos Estados, do Distrito Federal e dos Municípios, bem como os das autarquias e fundações públicas, na forma do art. 40, *caput*, do Texto Maior.

A primeira Emenda Constitucional que pretendeu alterar disposições atinentes à proteção social foi a de número 3, promulgada em 17 de março de 1993, e que estabelece, para os agentes públicos ocupantes de cargos vitalícios e efetivos, a obrigatoriedade de contribuição para custeio de aposentadorias e pensões concedidas a estes, modificando-se uma tradição do direito pátrio, qual seja, a de que tais concessões, no âmbito do serviço público, eram graciosas, independentes de contribuição do ocupante do cargo. O caráter contributivo é estendido, assim, e a partir de então, a todos os indivíduos amparados por algum diploma garantidor de aposentadorias e pensões, à exceção – ainda – dos militares das Forças Armadas.

A Emenda n. 3/93, contudo, não ensejou alterar as regras de concessão de aposentadorias e pensões, seja no âmbito do serviço público, seja no âmbito do Regime Geral de Previdência Social, dos trabalhadores em geral, tendo sido mantida a tendência de aumento do número de aposentadorias e pensões.

Para reduzir o impacto de tal tendência, houve por bem o Poder Executivo, no ano de 1995, enviar nova proposta de emenda constitucional ao Congresso

395 COIMBRA, **Direito Previdenciário Brasileiro**, p. 34.

396 TAVARES, **Previdência e Assistência Social**: legitimação e fundamentação constitucional brasileira, p. 210.

397 MARTINEZ, **Curso de Direito Previdenciário**, p. 75.

398 ROCHA, **O Direito Fundamental à Previdência Social na Perspectiva dos Princípios Constitucionais Diretivos do Sistema Previdenciário Brasileiro**, p. 63.

Nacional, promulgada, com diversas alterações quanto ao texto originalmente proposto, como a Emenda Constitucional n. 20, de 15 de dezembro de 1998.

Como relata Borges, em relação à necessidade de tal reforma,

> *A ilusão de que a cobertura dos pagamentos dos benefícios previdenciários, por parte do Tesouro Nacional era uma garantia inesgotável fez com que apenas diante de um déficit assustador de mais de 3% do PIB, atrelado ao grave desequilíbrio das contas públicas, a questão previdenciária brasileira fosse debatida e desaguasse na promulgação da Emenda Constitucional n. 20.*[399]

Conforme o entendimento de Roberto Luís Demo define-se uma mudança conceitual com a promulgação da Emenda Constitucional n. 20/98:

> *A aposentadoria no serviço público era vista como questão de política de servidor, questão funcional, não como questão de previdência (...). Esse novo paradigma tomou forma embrionária com a EC n. 20/98, determinando, em linha gerais, fosse o regime próprio de previdência social contributivo e, para fins de aposentadoria, proibindo a contagem de tempo fictício [ex. licença-prêmio] e aumentando idade mínima e a carência [para 10 anos no serviço público, mantendo a regra anterior de 5 anos no cargo]. Posteriormente, ganhou corpo com a EC n. 41/03, impondo regras ainda mais restritivas ao regime próprio de previdência social dos servidores.*[400]

No ano de 2003, nova proposta de Emenda Constitucional foi enviada pelo Poder Executivo ao Congresso Nacional, direcionada de forma mais clara a realizar alterações no artigo 40 da Constituição, que trata especificamente dos direitos previdenciários dos agentes públicos ocupantes de cargos efetivos (e, por força de outros dispositivos constitucionais, os ocupantes de cargos vitalícios), modificando, mais uma vez, as regras de concessão de aposentadoria e de pensão por morte a dependentes destes, sem contudo alterar os princípios fundantes do sistema.[401]

O que se constata, pois, pelo exame da evolução normativa no tocante às políticas de proteção social no Brasil, é que houve uma tendência, desde o Império até os dias atuais, segundo a qual a extensão de benefícios dessa natureza partiu sempre do casuísmo para a generalização, e inicia-se no âmbito da Administração Pública para depois se estender aos trabalhadores da iniciativa privada, primeiro no meio urbano, para depois atingir o meio rural[402], com evidente diferenciação no tratamento da matéria, desde o nível constitucional, quanto aos segmentos dos agentes públicos em relação aos trabalhadores em geral, o que tem gerado distorções no campo da redistribuição de renda.[403]

399 BORGES, **Previdência Funcional e Regimes Próprios de Previdência**, p. 71.

400 DEMO, **Reforma da Previdência. Servidor Público que toma posse em novo cargo. Regime previdenciário aplicável**, p. 215.

401 BORGES, **Previdência Funcional e Regimes Próprios de Previdência**, p. 82. As mudanças levadas a efeito serão objeto de análise no último capítulo deste trabalho.

402 RUSSOMANO, **Comentários à Consolidação das Leis da Previdência Social**, p. 7.

403 ROCHA, **O Direito Fundamental à Previdência Social na Perspectiva dos Princípios Constitucionais Diretivos do Sistema Previdenciário Brasileiro**, p. 74.

Capítulo 3
Aspectos Gerais dos Regimes Próprios

Em função da autonomia político-administrativa de cada um dos Entes da Federação, incumbe especificamente à União estabelecer, normatizar e fazer cumprir a regra constitucional do artigo 40 em relação aos seus servidores públicos ocupantes de cargos efetivos e aos vitalícios; a cada Estado-membro da Federação e ao Distrito Federal, em relação a seus servidores públicos estaduais ou distritais e agentes públicos vitalícios; e a cada Município, em relação aos seus servidores públicos municipais, o que acarreta a existência milhares de Regimes de Previdência Social na ordem jurídica vigente.

Todavia, tal regra não confere plenos poderes aos entes da Federação para definir critérios de estabelecimento dos respectivos Regimes Próprios.

Note-se, por exemplo, a decisão do STF na ADI 3106, em que o Procurador-geral da República questionava a filiação de servidores temporários ao regime próprio de previdência dos servidores públicos estaduais de Minas Gerais e a cobrança compulsória de assistência médica, hospitalar, odontológica, social, farmacêutica e complementar dos servidores temporários prestada pelo Instituto de Previdência dos Servidores daquele estado (IPSEMG). Pela decisão da Corte, o estado pode instituir plano de saúde para servidor, mas a adesão ou não ao plano deve ser uma opção dos servidores.

A Lei n. 9.717, de 27.11.98, dispõe sobre regras gerais para a organização e o funcionamento dos regimes próprios de previdência social dos servidores públicos da União, dos Estados, do Distrito Federal e dos Municípios, dos militares dos Estados e do Distrito Federal, e dá outras providências.

A Orientação Normativa MPS n. 1, 23.01.2007, que revogou a Orientação Normativa MPS n. 3/2004, prevê em seu art. 1º que ficam submetidos às normas ali previstas "os Regimes Próprios de Previdência Social dos servidores públicos titulares de cargos efetivos, dos Magistrados, Ministros e Conselheiros dos Tribunais de Contas, membros do Ministério Público e de quaisquer dos poderes da União, dos Estados, do Distrito Federal e dos Municípios, incluídas suas autarquias e fundações".

Além disso, estabelece em seu artigo 4º o seguinte:

> *Art. 4º Considera-se em extinção o RPPS do ente federativo que:*
>
> *I - vinculou, por meio de lei, seus servidores titulares de cargo efetivo ao RGPS;*
>
> *II - revogou a lei ou os dispositivos de lei que asseguravam a concessão dos benefícios de aposentadoria ou pensão por morte aos servidores titulares de cargo efetivo; e*
>
> *III - adotou, em cumprimento à redação original do art. 39, caput da Constituição Federal de 1988, o regime da Consolidação das Leis do Trabalho - CLT como regime jurídico único de trabalho para seus servidores, até 04 de junho de 1998, data de publicação da Emenda Constitucional nº 19, de 1998, e que garanta, em lei, a concessão de aposentadoria aos servidores ativos amparados pelo regime em extinção e de pensão a seus dependentes.*

Duas questões merecem análise, prefacialmente, sobre a matéria: a primeira diz respeito ao disciplinamento dos regimes de previdência de Estados, Distrito Federal e Municípios por normas infra-legais ditadas pela União, como a referida Orientação Normativa; a segunda diz respeito à facultatividade ou imperatividade da criação e manutenção de regime próprio de previdência por cada um dos entes federados, em relação a seus agentes públicos ocupantes de cargos efetivos e vitalícios.

É do texto constitucional, em seu art. 24, inciso XII, que se observa a competência legislativa concorrente entre União e Estados/Distrito Federal sobre a matéria previdenciária, e mais, diante do art. 149, § 1º, com a redação conferida pela Emenda Constitucional n. 41/2003, se observa que também os Municípios possuem tal competência, inclusive para a fixação da contribuição devida aos regimes próprios, *verbis*:

> *§ 1º Os Estados, o Distrito Federal e os Municípios instituirão contribuição, cobrada de seus servidores, para o custeio, em benefício destes, do regime previdenciário de que trata o art. 40, cuja alíquota não será inferior à da contribuição dos servidores titulares de cargos efetivos da União.*

A União, ao promulgar a Lei n. 9.717, em 1998, pretendeu esclarecer os limites da competência concorrente nesta matéria, em seu artigo 9º, abaixo transcrito:

> *Art. 9º Compete à União, por intermédio do Ministério da Previdência e Assistência Social:*
>
> *I - a orientação, supervisão e acompanhamento dos regimes próprios de previdência social dos servidores públicos e dos militares da União, dos Estados, do Distrito Federal e dos Municípios, e dos fundos a que se refere o art. 6º, para o fiel cumprimento dos dispositivos desta Lei;*
>
> *II - o estabelecimento e a publicação dos parâmetros e das diretrizes gerais previstos nesta Lei.*

Ocorre que tal previsão legal encontra severas críticas no campo doutrinário. Marcelo Campos, por exemplo, aponta que o MPS vem tratando Estados e Municípios da mesma forma que empregadores privados, com a fixação de regras a tais entes por intermédio de portarias, instruções normativas e ordens de serviços.

Recorda o referido autor que tais atos administrativos, pela lição de Hely Lopes Meirelles, não podem impor condutas a outras unidades da Federação. Critica, por fim, a criação do Certificado de Regularidade Previdenciária - CRP, que tem por escopo atestar a regularidade dos regimes de outros entes federativos que não a União, e se torna necessário para que Estados, Distrito Federal e Municípios tenham acesso a recursos decorrentes da repartição da receita tributária, o que a seu ver viola o princípio da autonomia.[404] No mesmo sentido, Mauro Borges discorre que "certos dispositivos da Lei n. 9.717/98 por determinarem aos Estados, Municípios e Distrito Federal a observância de regras que não se caracterizam como normas gerais, são de constitucionalidade duvidosa e, portanto, de validade e eficácia questionável".[405]

O Supremo Tribunal Federal, instado a se manifestar em Ação Cível Originária (ACO 830) ajuizada pela Paranaprevidência, concedeu antecipação de tutela para obrigar a União a efetivar repasse de compensação previdenciária, bem como abster-se de aplicar sanções relativas à Lei n. 9.717/98. O ministro Marco Aurélio considerou que, no caso em questão, a Lei n. 9.717/98 compromete o pacto federativo e a autonomia estadual, ao permitir que a União deixe de emitir o Certificado de Regularidade Previdenciária e ainda bloqueie as operações financeiras estaduais previstas no artigo 7º da mesma lei e no artigo 1º do Decreto n. 3.788/01.

Sustentou o ministro que o artigo 24 da Constituição garante à União a edição de normas gerais para os regimes de previdência. Porém, observou o ministro Marco Aurélio, a pretexto da edição dessas normas, não é possível haver "a ingerência na administração dos Estados, quer sob o ângulo direto, quer sob o indireto, por meio de autarquias".[406]

A nosso ver, de fato há evidente afronta ao princípio de autonomia dos entes federativos na disposição contida no art. 9º da Lei n. 9.717/98, e por conseguinte, nas Orientações Normativas do MPS sobre a matéria, não cabendo à União, em hipótese alguma, exercer atividades fiscalizatórias ou de certificação de regularidade de atos praticados por autoridades de outros entes, atribuição esta que é privativa dos Tribunais de Contas respectivos.

Sobre a criação, manutenção e extinção de regime próprio por entes da Federação brasileira, compreendida como inaplicável a Orientação Normativa antes citada, resta a discussão doutrinária e jurisprudencial acerca da matéria.

Talvez a discussão seja melhor colocada se, em vez da dúvida acerca da obrigatoriedade ou não da criação e manutenção de regime próprio por cada ente da Federação, se coloque em foco a regra contida no art. 10 da Lei n. 9.717/98, abaixo transcrita:

> *Art. 10. No caso de extinção de regime próprio de previdência social, a União, o Estado, o Distrito Federal e os Municípios assumirão integralmente a responsabilidade pelo pagamento dos*

404 CAMPOS, Marcelo Barroso Lima Brito. *Regime Próprio de Previdência Social de Servidores Públicos*. Belo Horizonte: Líder, 2004, p. 57.

405 BORGES, Mauro Ribeiro. *Previdência Funcional e Regimes Próprios de Previdência*. Curitiba: Juruá, 2003, p. 114.

406 SUPREMO TRIBUNAL FEDERAL. Notícias STF do dia 29.10.2007. Disponível em www.stf.jus.br. Acesso em 26.12.2007.

benefícios concedidos durante a sua vigência, bem como daqueles benefícios cujos requisitos necessários a sua concessão foram implementados anteriormente à extinção do regime próprio de previdência social.

Pelo texto da lei, tem-se a impressão que a interpretação conferida pelo legislador ordinário, ao regulamentar a matéria (diga-se, por apropriado, antes mesmo da promulgação da Emenda Constitucional n. 20, que veio à publicação apenas em 15.12.1998), foi de que até então havia mera faculdade de cada ente federativo em criar o seu regime próprio de Previdência Social, para atender aos ditames do art. 40 da Constituição, que na época ainda não se referia à aposentadoria do servidor público como sendo benefício pertencente a um regime previdenciário - foi a Emenda n. 20/98 que alterou o *caput* do art. 40 e inseriu tal expressão.

O sentido de existir tal interpretação pode ser objeto de duas hipóteses: a possibilidade (re)aberta pela Emenda Constitucional n. 19, de junho de 1998, de contratação pelo regime da CLT no âmbito da Administração Direta, autarquias e fundações, com o "fim" do regime jurídico único previsto no artigo 39, *caput*, da redação original do texto constitucional; ou o entendimento de que o artigo 40 da Constituição não estabelece o direito dos servidores públicos à aposentadoria calculada na forma como ali previsto de maneira absoluta, permitindo que servidores, mesmo ocupantes de cargos efetivos ou vitalícios, se aposentassem desde a promulgação da Constituição de 1988 sem o direito à integralidade dos proventos e à paridade entre ativos e aposentados.

Sobre a primeira premissa, cumpre recordar a decisão proferida pelo STF na Ação Direta de Inconstitucionalidade n. 2135, em 02.08.2007, no sentido de suspender liminarmente, até o julgamento final da ADI, os efeitos do art. 39, *caput*, da Constituição, com a redação conferida pela Emenda Constitucional n. 19, voltando a vigorar a redação anterior à EC n. 19/98. A ministra Ellen Gracie, ao proferir o resultado do julgamento, esclareceu que a decisão tem efeito *ex-nunc*, ou seja, passa a valer a partir de agora. Com isso, toda a legislação editada durante a vigência do art. 39, *caput*, com a redação da EC n. 19/98, continua válida, explicou a ministra, ressaltando que, dessa forma, ficam resguardadas as situações consolidadas, até o julgamento do mérito[407]. Ou seja, permanece vigente, na atualidade, a exigência de fixação de regime jurídico único para servidores ocupantes de cargos efetivos – o que leva, necessariamente, à conclusão de que o referido regime é o "estatutário", ou institucional, e não o contratual-CLT. Com isso, na mesma linha de raciocínio, não há que se falar em filiação de servidor estatutário ao RGPS, pois não se enquadra como "empregado".

A segunda possibilidade de se ter como correto o dispositivo do art. 10 da Lei n. 9.717/98 - a falta de obrigatoriedade de que os entes da Federação instituam

407 SUPREMO TRIBUNAL FEDERAL. Notícias STF do dia 02.08.2007. Disponível em www.stf.jus.br. Acesso em 26.12.2007.

o regime previdenciário próprio para seus servidores - envolve a interpretação que se possa conferir ao art. 40 da Constituição. Com efeito, parece correto o entendimento preconizado por Mauro Borges, que esclarece:

> *Cumpre resgatar, para melhor compreensão da matéria, que o art. 40 da Constituição Federal assegura Regime de Previdência ao servidor público, titular de cargo efetivo da União, dos Estados, do Distrito Federal e dos Municípios, exigindo apenas que este tenha caráter contributivo e que observe critérios que preservem o equilíbrio financeiro e atuarial. Não cabe, pois, que a lei ordinária e mesmo uma portaria estabeleçam requisitos segundo os quais o Regime Próprio não possa subsistir.*
>
> *A existência e manutenção do Regime Próprio decorrem de determinação do próprio texto constitucional e somente uma modificação no art. 40 da Carta Magna poderá ensejar que se estabeleçam exigências outras para a constituição e manutenção dos Regimes Próprios.*[408]

Na jurisprudência do STF também há acórdãos que demonstram o entendimento de haver a obrigatoriedade de manutenção de regimes próprios para todos os entes federados, e desde o texto original do art. 40 da Constituição:

> *Já assentou o Tribunal (MS 23047-MC, Pertence), que no novo art. 40 e seus parágrafos da Constituição (cf. EC 20/98), nela, pouco inovou "sob a perspectiva da Federação, a explicitação de que aos servidores efetivos dos Estados, do Distrito Federal e dos Municípios, "é assegurado regime de previdência de caráter contributivo, observados critérios que preservem o equilíbrio financeiro e atuarial", assim como as normas relativas às respectivas aposentadorias e pensões, objeto dos seus numerosos parágrafos: afinal,* ***toda a disciplina constitucional originária do regime dos servidores públicos - inclusive a do seu regime previdenciário*** *- já abrangia os três níveis da organização federativa,* ***impondo-se à observância de todas as unidades federadas,*** *ainda quando - com base no art. 149, parág. único - que a proposta não altera –* ***organizem sistema previdenciário próprio para os seus servidores:*** *análise da evolução do tema, do texto constitucional de 1988, passando pela EC 3/93, até a recente reforma previdenciária (STF, ADI 2024/DF, Rel. Sepúlveda Pertence, julg. 3.5.2007, DJ 22.6.2007 - sem grifos no original).*

Assim, entendemos que a fixação de regras constitucionais para a aposentadoria de servidores públicos, conforme a tradição do Direito pátrio, mantida pela redação original da Constituição de 1988, permite a ilação de que se trata de direito subjetivo destes servidores, exercitável em face do Estado, mais especificamente, do Ente da Federação que é responsável por tal concessão, cabendo divergir, nesse particular, da posição adotada por Marcelo Leonardo Tavares, para quem a criação de Regimes próprios de Previdência Social, de caráter contributivo, não seria obrigatória para a União, os Estados, o Distrito Federal e os Municípios.[409]

Acresça-se ao debate a previsão do § 1º do art. 149 da Constituição, com a redação conferida pela Emenda Constitucional n. 42, já citada linhas atrás, no sentido de que os entes federativos - todos - *instituirão* contribuição para custeio dos

408 BORGES, *Previdência Funcional* ..., cit., p. 115.

409 TAVARES, Marcelo Leonardo (coord.). *Comentários à reforma da previdência: EC n. 41/2003*. Rio de Janeiro: Lumen Juris, 2004, p. 3.

regimes de que trata o art. 40. A norma indica imperatividade, não facultatividade, da instituição da contribuição.

Marcelo Campos, em análise aprofundada acerca do tema da obrigatoriedade ou não da adoção de regime próprio por todos os entes federados, conclui que a Constituição efetivamente assegurou – por questão de isonomia – *a todos* os servidores titulares de cargos efetivos o direito subjetivo ao tratamento ditadopelas regras do art. 40, admitindo, todavia, a impossibilidade material de se exigir o cumprimento da regra por todos os entes, seja por depender de vontade política, seja pelas questões financeiras e atuariais, com o que defende, como saída para o impasse, que nos municípios em que não exista regime próprio, o servidor titular de cargo efetivo seja aposentado pelo INSS, porém devendo o INSS aplicar, no caso, as regras próprias dos servidores, pois este é apenas a entidade autárquica gestora do sistema, devendo aplicar, em cada caso concreto, a legislação aplicável ao respectivo segurado.[410]

A saída preconizada pelo ilustre professor mineiro é de fato uma alternativa possível, pois é fato que o INSS não aplica exclusivamente a legislação do RGPS no pagamento de benefícios. Basta recordar os benefícios de ex-combatentes e seus dependentes, as pensões a anistiados, os benefícios da LOAS, os pagos a ferroviários, etc.

Como bem esclarece o ilustre professor,

> *As regras previstas na Constituição de 1988 que disciplinam a previdência dos servidores públicos de cargos efetivos têm como destinatários todos os que se encontram nesta situação, independentemente de qual seja a unidade gestora responsável pela implementação dessas regras.*
>
> *Entendo também que a unidade federada não tem obrigação de criar e manter regime previdenciário, podendo vincular seus servidores titulares de cargos efetivos ao INSS (benefício) e à União – Receita Federal do Brasil (custeio), desde que estes apliquem as regras constitucionais referentes ao regime próprio a este universo de agentes públicos.*[411]

Algumas preocupações, contudo, prevalecem: por exemplo, como ficaria a questão do custeio, já que a legislação do ente federativo produz diferenças no conceito de fato gerador da contribuição, valor máximo do salário de contribuição, alíquotas diferenciadas tanto para o servidor quanto para o ente público? A Receita Federal do Brasil teria de admitir, também, a aplicação integral das regras de custeio dos regimes próprios.

A prevalência do entendimento da criação (e manutenção) facultativa de regimes próprios – apesar do posicionamento do STF sobre a matéria, já citado – levaria ainda a uma dúvida mais intensa: a se considerar juridicamente possível a

---

410 CAMPOS, op. cit., p. 89

411 CAMPOS, Marcelo Barroso Lima Brito de. A*s consequências da obrigatoriedade de regime próprio de previdência aos servidores públicos titulares de cargos efetivos. In:* FOLMANN, Melissa, e FERRARO, Suzani. Previdência: entre o direito social e a repercussão econômica no século XXI. Curitiba, Juruá, 2009, p. 232.

regra do art. 10 da Lei n. 9.717/98, poderia qualquer município, qualquer estado-membro, ou até mesmo a União extinguir o regime próprio de previdência de seus servidores, por mera opção política?

Duas hipóteses podem ser aventadas: (a) a adoção da regra legal de possibilidade de extinção do regime próprio por qualquer ente, sem que seja exigido qualquer fundamento; ou (b) a adoção de tal possibilidade, porém fundamentada a decisão política de extinção em estudos que demonstrem a inviabilidade financeira e atuarial definitiva do regime.

De todo modo, o custo que envolveria a transição parece ser mais alto do que o da manutenção, em razão, até mesmo, da própria regra do art. 10 da Lei n. 9.717/98, que prevê a obrigação de manter todos os benefícios em estoque e os dos detentores de direito adquirido.

Ademais, tem-se notado que a jurisprudência vem reconhecendo o direito dos servidores a receber, dos cofres dos municípios que não respeitaram o art. 40 da Constituição, o pagamento da diferença entre o valor devido conforme aquele dispositivo e o valor pago pelo RGPS - o que geraria também despesas não previstas nos cofres dos entes públicos, complicando as contas públicas destes. Neste sentido, colaciona-se a decisão abaixo:

> *ADMINISTRATIVO. SERVIDOR PÚBLICO ESTATUTÁRIO. APOSENTADORIA SOB A REGRA DO ART. 40, § 3º, COM A REDAÇÃO DA EC Nº 20/98. INEXISTÊNCIA DE REGIME PREVIDENCIÁRIO MUNICIPAL. CONTRIBUIÇÃO PARA O REGIME GERAL DE PREVIDÊNCIA SOCIAL. OBRIGAÇÃO DO MUNICIPIO DE COMPLEMENTAR OS PROVENTOS. RECURSO PROVIDO.*
>
> *Se o Município, após o advento da Emenda Constitucional nº 20/98, não criou ou extinguiu o regime próprio de previdência, fica obrigado a complementar os proventos da aposentadoria do servidor estatutário pela diferença entre o valor pago pelo Regime Geral da Previdência Social e a última remuneração no exercício do cargo público (TJSC, Apelação Cível 2005.024727-0, Rel. Desembargador Newton Janke, julg. 30.3.2006).*

Um indício de possível inconstitucionalidade da Lei n. 9.717 é a previsão de limites de gastos com aposentadorias e pensões, matéria reservada à Lei Complementar (art. 169 da Constituição Federal).

A norma em vigor é a Lei Complementar nº 82 (Lei de Responsabilidade Fiscal), que estabelece que nenhum ente federativo poderá dispender mais de 60% de suas receitas correntes líquidas com pessoal e encargos sociais, aí incluídos os ativos, inativos e pensionistas, civis e militares. Mas o art. 2º da Lei 9.717 dispõe:

> *§ 1º - A despesa líquida com pessoal inativo e pensionistas dos regimes próprios de previdência social dos servidores públicos e dos militares de cada um dos entes estatais não poderá exceder a doze por cento de sua receita corrente líquida em cada exercício financeiro, observado o limite previsto no caput, sendo a receita corrente líquida calculada conforme a Lei Complementar nº 82, de 27 de março de 1995.*

Todavia, ainda não houve manifestação jurisprudencial a esse respeito, já que os entes públicos preferem evitar o risco de eventual suspensão da transferência de recursos decorrentes da arrecadação tributária.

CAPÍTULO 4

PRINCIPAIS PONTOS DAS REFORMAS CONSTITUCIONAIS

Adotou-se, a partir da Emenda n. 20/98, a exigência de que os Regimes Previdenciários mantenham-se em "equilíbrio financeiro e atuarial", o que poderá autorizar o legislador infraconstitucional a modificar critérios de cálculo de contribuições ao mesmo, de modo a manter a higidez do sistema:

> *O sentido da norma constitucional apresenta dois aspectos inafastáveis. Em primeiro lugar, ter-se-á que observar o sistema da contributividade, a indicar que os servidores, como futuros beneficiários, devem ter o encargo de pagar contribuições paulatinas e sucessivas no curso de sua relação de trabalho. Depois, será também necessária a manutenção do equilíbrio financeiro e atuarial, de forma que haja a maior correspondência possível entre o ônus da contribuição e o valor dos futuros benefícios.*[412]

Quebra-se, assim, a tradição secular de que a aposentadoria dos servidores públicos decorria de mero exercício do cargo, sendo desnecessária qualquer contribuição, ou seja, estabelecida como uma vantagem concedida em função de seu "tempo de serviço"; passa-se a ter a aposentadoria como benefício custeado não somente pelo Estado, exigindo-se a contrapartida prévia de contribuições a um Regime de Previdência Social, tal como no Regime Geral de Previdência Social.

Outro aspecto importante a ser frisado é a exclusão da possibilidade de utilização das regras do art. 40 da Constituição a ocupantes de cargos em comissão que não exerçam cargo efetivo, bem como a contratados temporariamente e empregados públicos, desde a promulgação da Emenda n. 20, de 1998. O Governo do Estado do Mato Grosso do Sul provocou o STF pois pretendia manter os comissionados em seu Regime Próprio, aduzindo que a Emenda interferia no pacto federativo, violando a autonomia dos Estados e Municípios, mas o julgamento definiu a matéria de forma diversa:

> *Previdência social (CF, art. 40, § 13, cf. EC 20/98): submissão dos ocupantes exclusivamente de cargos em comissão, assim como os de outro cargo temporário ou de emprego público ao regime*

412 CARVALHO FILHO, **Manual de Direito Administrativo**, p. 440.

geral da previdência social: argüição de inconstitucionalidade do preceito por tendente a abolir a "forma federativa do Estado" (CF, art. 60, § 4º, I): improcedência. 1. A "forma federativa de Estado" - elevado a princípio intangível por todas as Constituições da República - não pode ser conceituada a partir de um modelo ideal e apriorístico de Federação, mas, sim, daquele que o constituinte originário concretamente adotou e, como o adotou, erigiu em limite material imposto às futuras emendas à Constituição; de resto as limitações materiais ao poder constituinte de reforma, que o art. 60, § 4º, da Lei Fundamental enumera, não significam a intangibilidade literal da respectiva disciplina na Constituição originária, mas apenas a proteção do núcleo essencial dos princípios e institutos cuja preservação nelas se protege (...) (STF, ADI 2024/DF, Rel. Sepúlveda Pertence, julg. 3.5.2007, DJ 22.6.2007)

Embora a legislação ordinária já disciplinasse a matéria concernente ao regime previdenciário dos ocupantes de cargos em comissão na esfera da Administração Federal, pela Lei n. 8.647/93, a Emenda n. 20/98 definitivamente fixou como regime dos comissionados o RGPS, da mesma forma que os ocupantes de cargos temporários e empregados "celetistas" da Administração – art. 40, § 13.

Também não se aplica o regime de que trata o art. 40 da Constituição aos serventuários da Justiça que não ocupam cargos públicos efetivos. Neste sentido:

"Art. 34, § 1º, da Lei estadual do Paraná n. 12.398/98, com redação dada pela Lei estadual n.12.607/99. (...) Inconstitucionalidade material que também se verifica em face do entendimento já pacificado nesta Corte no sentido de que o Estado-Membro não pode conceder aos serventuários da Justiça aposentadoria em regime idêntico ao dos servidores públicos (art. 40, caput, da Constituição Federal)." (ADI 2.791, Rel. Min. Gilmar Mendes, julgamento em 16.8.2006, DJ de 24.11.2006).

Ficou evidente, tanto na proposta inicial da Emenda quanto em seu texto final, que os principais atingidos pelas mudanças no ordenamento jurídico foram os servidores públicos, e por extensão, os membros do Poder Judiciário e do Ministério Público. Para estes, a partir de então, as regras para aposentação passaram a ser mais rígidas, pois ao tempo de contribuição (trinta e cinco anos para o homem, trinta anos para a mulher) somou-se a exigência de idade mínima (60 anos para o homem e 55 anos para a mulher), mais o cumprimento de tempo mínimo de dez anos de efetivo exercício no serviço público e cinco anos no cargo efetivo em que se dará a aposentadoria. Quanto às chamadas "regras de transição", os servidores que desejarem se aposentar pelos critérios antes vigentes deverão ter a idade mínima de 53 anos (homem) e 48 anos (mulher), mais o tempo mínimo de cinco anos no cargo em que pretende se aposentar, cumprido um tempo suplementar equivalente a 20% do tempo restante para atingir aquele previsto pelas regras anteriores, caso busque a aposentadoria com proventos integrais, e 40% do tempo restante, para que obtenha uma aposentadoria proporcional. No novo regramento, pós-Emenda 20/98, foi excluída a aposentadoria proporcional por tempo de serviço, que somente poderá ser obtida por aqueles que, à época, já tinham direito adquirido, ou se enquadrarem nas regras de transição estabelecidas na referida Emenda (até 31.12.2003, data da promulgação da Emenda n. 41).

Foi expressamente incluído o caráter contributivo do regime, o que caracterizou a obrigatoriedade de contribuição para obtenção de benefícios, e fixado o princípio do equilíbrio financeiro e atuarial, limitando o "teto" do benefício ao valor da remuneração do respectivo servidor, no cargo em que ocupava, quando da aposentadoria ou do falecimento – art. 40, *caput*.

Veda a Constituição, desde a redação dada ao § 6º do art. 40 pela Emenda n. 20/98, a acumulação de aposentadorias devidas em função de exercício de cargo público, salvo as hipóteses de acumulação remunerada de cargos públicos permitidas no texto constitucional. Também proibiu a contagem de tempo fictícia para a fixação do lapso necessário à concessão de aposentadoria (§ 10 do art. 40). E, mesmo em se tratando de hipótese de acumulação lícita de cargo público ou emprego na Administração Pública, direta ou indireta, com aposentadoria, ou acumulação de aposentadorias, o somatório dos valores percebidos não poderá ultrapassar o valor percebido como subsídio pelos Ministros do Supremo Tribunal Federal – § 11 do art. 40.

Facultava o texto dos §§ 14 e 15 do art. 40, acrescentados pela Emenda n. 20/98, a criação, pela União, pelos Estados, pelo Distrito Federal e pelos Municípios, de regime de previdência complementar, cujo caráter, naturalmente, seria facultativo no que tange à adesão dos agentes públicos, ante a aplicação subsidiária dos princípios do regime geral estabelecido no art. 201 da Carta Magna, conforme o § 12 do art. 40. É importante salientar, todavia, que a Constituição permitia ao ente público, ao instituir tal regime complementar, reduzir o valor máximo de benefícios do regime próprio ao valor-teto fixado para o regime geral de previdência social.

– Principais pontos da reforma de 2003

A Emenda Constitucional n. 41, promulgada em 19.12.2003 e publicada em 31.12.2003, novamente alterou as regras para os regimes próprios dos agentes públicos, passando a dispor, na nova redação do *caput* do art. 40 da Constituição, que tais regimes se caracterizam pelo caráter contributivo e solidário, "mediante contribuição do respectivo ente público, dos servidores ativos e inativos e dos pensionistas".

Indica-se, assim, a obrigatoriedade não só de contribuição dos agentes públicos em atividade, mas também dos aposentados e pensionistas dos regimes próprios, e ainda, e mais importante, a contribuição do ente estatal, com o que se pode afirmar, apesar das críticas formuladas a vários dispositivos emendados, que se trata, agora, verdadeiramente, de regimes de previdência social (o que se confirma pela redação do § 20 do art. 40 da Constituição, que exige a criação de uma – e somente uma – unidade gestora do regime – também único para cada ente estatal), pois que não mais somente o segurado é chamado a prestar contribuições.

Os agentes públicos que ingressarem no serviço público após a promulgação da Emenda n. 41 (após 31.12.2003) terão suas aposentadorias calculadas de acordo com o disposto nos §§ 3º e 17 do art. 40, o que em síntese significa que as aposentadorias passam a ser calculadas, para estes agentes públicos, pela média dos salários de contribuição que servirão de base para a contribuição vertida, tanto nos regimes próprios, como aquelas vertidas para o regime geral de previdência social, corrigidos monetariamente, fixando-se como limite máximo, inicialmente, a remuneração do próprio agente público (§ 2º do art. 40), obedecido o teto do regime geral de previdência social. Mantiveram-se as idades mínimas para a aposentação em 60 anos para o homem, e 55 anos para a mulher, bem como as exigências de tempo mínimo no serviço público e no cargo em que o agente pretende se aposentar.

A pensão por morte também teve suas regras de concessão alteradas, pela nova redação do § 7º do art. 40, sendo agora correspondente ao valor da totalidade dos proventos do servidor falecido, até o limite máximo estabelecido para os benefícios do regime geral de previdência social de que trata o art. 201, acrescido de setenta por cento da parcela excedente a este limite, caso aposentado à data do óbito ou ao valor da totalidade da remuneração do servidor no cargo efetivo em que se deu o falecimento, até o limite máximo estabelecido para os benefícios do regime geral de previdência social de que trata o art. 201, acrescido de setenta por cento da parcela excedente a este limite, caso em atividade na data do óbito.

Sobre a matéria, convém apontar que o novo critério de cálculo somente se aplica aos óbitos de servidores ocorridos após 19.2.2004, data da edição da Medida Provisória n. 167, mesmo que o requerimento de pensão seja feito após essa data.

Neste sentido, colhe-se da jurisprudência do STF: "*O benefício previdenciário da pensão por morte deve ser regido pela lei vigente à época do óbito de seu instituidor. Impossibilidade de retroação de lei nova para alcançar situações pretéritas*". (RE 453.298-AgR, Rel. Min. Ricardo Lewandowski, julgamento em 29.5.2007, *DJ* de 22.6.2007).

Foi instituída a exigibilidade da contribuição de inativos e pensionistas, segundo o § 18 do art. 40, com a redação dada pela Emenda n. 41, nas seguintes bases: "*incidirá contribuição sobre os proventos de aposentadorias e pensões concedidas pelo regime de que trata este artigo que superem o limite máximo estabelecido para os benefícios do regime geral de previdência social de que trata o art. 201, com percentual igual ao estabelecido para os servidores titulares de cargos efetivos*".

Ou seja, passou a existir uma faixa de isenção sobre a qual não incide contribuição. Entretanto, é conveniente esclarecer que o cálculo de aposentadorias e pensões, para os que venham a ter direito a benefícios após a promulgação da Emenda n. 41, já sofreu significativa redução, sendo ainda mais uma vez diminuída com a incidência de contribuição. Sobre a matéria contribuição de inativos, remetemos o leitor às considerações constantes no item 2.2 da Parte II deste Livro.

Convém apontar que, no interregno entre a promulgação da Emenda n. 20/98 e a instituição, por lei própria de cada ente federativo, da contribuição de aposentados e pensionistas, a jurisprudência tem acenado com a inexigibilidade de tal cobrança, cabendo a repetição do indébito, respeitado o prazo prescricional, como no julgado a seguir:

> *Revela-se constitucionalmente possível exigir-se, de pensionistas e inativos, o recolhimento de contribuição previdenciária, desde que a respectiva cobrança refira-se a período anterior ao advento da EC n. 20/98, pois, a partir da promulgação dessa emenda à Constituição da República – e quanto a inativos e pensionistas –, tornou-se juridicamente incabível, quer no plano da União Federal, quer no âmbito dos Estados-Membros e do Distrito Federal, quer, ainda, na esfera dos Municípios, a própria instituição de tal modalidade de contribuição especial. Precedentes. Se o Poder Público, no entanto, mesmo após o advento da EC n. 20/98, continuar a exigir, dos respectivos servidores inativos e pensionistas, o correspondente pagamento da contribuição previdenciária, sujeitar-se-á à obrigação de devolver-lhes os valores por eles eventualmente já recolhidos.*
>
> *Precedentes. Entendimento aplicável à contribuição destinada ao custeio de assistência médica a que se refere a Lei n. 12.398/98 do Estado do Paraná. Precedentes. (AI 357.012-AgR, Rel. Min. Celso de Mello, julgamento em 12.12.2006, DJe de 2.2.2007).*

A Emenda n. 41 produz, ainda, a desvinculação entre o reajuste de padrões remuneratórios dos agentes públicos (vencimentos, remunerações e subsídios) e o reajuste dos proventos de aposentados e pensionistas, pela nova redação conferida ao § 8º do art. 40, o qual, anteriormente, previa a paridade de tratamento entre agentes públicos em atividade e beneficiários do regime previdenciário. A medida pode trazer – ou não – vantagens para os futuros aposentados e pensionistas, dependendo da política de reajustamento, seja dos agentes públicos em atividade, seja dos proventos dos beneficiários dos regimes próprios. Uma situação, entretanto, se observa de imediato: a redação anterior do parágrafo em comento determinava a extensão a aposentados e pensionistas de vantagens concedidas aos servidores em atividade, quando decorrentes de transformação de cargos ou reclassificação; com a atual redação, tal obrigatoriedade de tratamento paritário está descartada. A regra que estabelece paridade de tratamento entre pessoal da ativa e beneficiários do regime previdenciário se manteve para os já aposentados e pensionistas antes da promulgação da reforma, conforme o art. 7º da Emenda n. 41.

Quanto à previdência complementar dos agentes públicos, ficou definido na nova redação do § 15 do art. 40 que: "*O regime de previdência complementar de que trata o § 14 será instituído por lei de iniciativa do respectivo Poder Executivo, observado o disposto no art. 202 e seus parágrafos, no que couber, por intermédio de entidades fechadas de previdência complementar, de natureza pública, que oferecerão aos respectivos participantes planos de benefícios somente na modalidade de contribuição definida*".

Assim sendo, o regime complementar tornou-se de instituição obrigatória pelos entes da Administração; fixou-se a impossibilidade de entrega desta modalidade de seguro à iniciativa privada, criando-se a necessidade de que cada ente público crie entidade com personalidade de direito público (a nosso ver, autarquia), que funcionará com entidade de previdência complementar fechada (ou, no jargão, fundo de pensão). Tais entidades deverão ser geridas e fiscalizadas pelos beneficiários, caracterizando uma verdadeira gestão pública de recursos, diferenciando-se da gestão estatal, que se demonstrou nociva aos interesses dos servidores públicos, até então, pela administração perdulária das contribuições vertidas e pela ausência da elaboração de estudos atuariais e de criação de um verdadeiro fundo previdenciário, a exemplo do regime geral de previdência social.

- A Emenda Constitucional n. 47

Muitos dos pontos aprovados pela Câmara dos Deputados, quando da tramitação da PEC que resultou na EC n. 41/2003, foram retirados do texto original da Proposta de Emenda por acordo entre o Governo Federal e os líderes partidários do Senado. Essas modificações acabaram introduzidas no texto constitucional com a aprovação da EC n. 47, de 2005.

A publicação *Panorama da Previdência Social Brasileira* apresenta uma pequena síntese do que foi essa reforma:

> *"A Emenda nº 47/2005, oriunda de discussão da Proposta de Emenda Constitucional denominada 'PEC Paralela', previu novas hipóteses de concessão de aposentadorias especiais. Nos incisos do § 4º do art. 40, estão previstos, como exceção à regra do caput desse dispositivo, os servidores portadores de deficiência e os que exercem atividades de risco, além daqueles sujeitos a atividades que prejudiquem a saúde ou a integridade física. Leis complementares irão dizer as condições de concessão em cada caso.*
>
> *Com relação à contribuição previdenciária dos segurados, ampliou-se o limite de imunidade quanto ao beneficiário de regime próprio portador de doença incapacitante. Essa nova previsão abarca todos os beneficiários - aposentados e pensionistas - que forem acometidos por doença incapacitante.*
>
> *Além disso, foi instituída outra regra de transição. No art. 3º, a Emenda nº 47/2005 estabeleceu mais uma hipótese de concessão de aposentadoria ao servidor que houver ingressado no serviço público até a data de publicação da Emenda nº 20/1998. Nessa hipótese, a aposentadoria desse servidor seria concedida com proventos integrais, correspondentes à sua última remuneração no cargo efetivo, garantindo-se a revisão dos proventos pela paridade com a remuneração dos ativos e com idades inferiores àquelas definidas no art. 40 da Constituição, para o servidor que possuir tempo de contribuição superior ao mínimo definido nesse artigo.*
>
> *Essa hipótese de aposentadoria assegura a paridade, também, à pensão decorrente do falecimento do servidor inativo, cujos proventos foram concedidos de acordo com sua regras."*[413]

O detalhamento das regras de transição introduzidas pela EC n. 47/2005 estão no Capítulo 6 da Parte V desta obra.

---

413 Ministério da Previdência Social. Panorama da Previdência Social Brasileira. 4 ed. Brasília. 2010. p. 42-43.

Capítulo 5
Custeio dos Regimes Próprios

Com a Emenda Constitucional n. 3, de 17.3.93, foi acrescentado o § 6º ao art. 40 do texto, prevendo o custeio por meio de recursos orçamentários da União e também de contribuições dos servidores, na forma da lei.

Promulgada a Emenda Constitucional n. 20, de 15.12.98, foram estabelecidos critérios mais bem definidos para a participação dos servidores no custeio de seu próprio regime.

As Leis n. 9.717/98 e 9.783/99 estabeleceram critérios para a participação dos servidores públicos no custeio de seus regimes próprios de previdência, fixando-se a contribuição destes com a aplicação da alíquota de 11% sobre o valor da remuneração do servidor, assim considerada, para fins previdenciários, o vencimento do cargo efetivo, acrescido das vantagens pecuniárias permanentes estabelecidas em lei, os adicionais de caráter individual, ou quaisquer vantagens, inclusive as relativas à natureza ou ao local de trabalho, excluídos os pagamentos a título de diárias para viagens, desde que não excedam a 50% da remuneração mensal; ajuda de custo em razão de mudança de sede; a indenização de transporte; e o salário-família.

A contribuição do ente federativo, por sua vez, não pode ser inferior ao valor a contribuição do servidor ativo, nem superior ao dobro desta contribuição.

O regulamento do custeio de cada um dos Regimes Próprios de Previdência se dá na forma do que for estabelecido pelo respectivo ente da Federação, sendo que *no âmbito federal* a disciplina do tema atualmente se encontra na Lei 10.887, de 18.6.2004, nos artigos 4º e 5º, a seguir transcritos:

> *Art. 4º A contribuição social do servidor público ativo de qualquer dos Poderes da União, incluídas suas autarquias e fundações, para a manutenção do respectivo regime próprio de previdência social, será de 11% (onze por cento), incidente sobre a totalidade da base de contribuição.*
>
> *§ 1º Entende-se como base de contribuição o vencimento do cargo efetivo, acrescido das vantagens pecuniárias permanentes estabelecidas em lei, os adicionais de caráter individual ou quaisquer outras vantagens, excluídas:*
>
> *I - as diárias para viagens;*
>
> *II - a ajuda de custo em razão de mudança de sede;*
>
> *III - a indenização de transporte;*
>
> *IV - o salário-família;*

V - o auxílio-alimentação;

VI - o auxílio-creche;

VII - as parcelas remuneratórias pagas em decorrência de local de trabalho;

VIII - a parcela percebida em decorrência do exercício de cargo em comissão ou de função de confiança; e

IX - o abono de permanência de que tratam o § 19 do art. 40 da Constituição Federal, o § 5º do art. 2º e o § 1º do art. 3º da Emenda Constitucional nº 41, de 19 de dezembro de 2003.

§ 2º O servidor ocupante de cargo efetivo poderá optar pela inclusão na base de contribuição de parcelas remuneratórias percebidas em decorrência de local de trabalho, do exercício de cargo em comissão ou de função de confiança, para efeito de cálculo do benefício a ser concedido com fundamento no art. 40 da Constituição Federal e art. 2º da Emenda Constitucional nº 41, de 19 de dezembro de 2003, respeitada, em qualquer hipótese, a limitação estabelecida no § 2º do art. 40 da Constituição Federal.

Art. 5º Os aposentados e os pensionistas de qualquer dos Poderes da União, incluídas suas autarquias e fundações, contribuirão com 11% (onze por cento), incidentes sobre o valor da parcela dos proventos de aposentadorias e pensões concedidas de acordo com os critérios estabelecidos no art. 40 da Constituição Federal e nos arts. 2º e 6º da Emenda Constitucional nº 41, de 19 de dezembro de 2003, que supere o limite máximo estabelecido para os benefícios do regime geral de previdência social.

A contribuição dos servidores públicos, portanto, tem como base de cálculo a soma do vencimento com as vantagens de caráter permanente, adicionais e outras vantagens, excetuadas as verbas indicadas nos incisos do parágrafo 1º do art. 4º da precitada Lei. Pode, todavia, o salário de contribuição ser acrescido das vantagens descritas nos incisos VII e VIII do parágrafo 1º em questão, a pedido do servidor – não podendo ser tais vantagens inseridas *ex officio*, portanto.

Não há que se falar em limitação do salário de contribuição ao valor máximo utilizado no RGPS, porquanto o cálculo da aposentadoria, como será visto, ainda não é limitado por este valor.

A opção pela inclusão de gratificações e parcelas remuneratórias pode ser vantajosa ou não para o servidor, conforme este esteja amparado ou não por regras de transição. O servidor que pretende se aposentar por alguma das regras de transição que garante a aposentadoria *calculada sobre o valor da última remuneração* não tem interesse na inclusão de tais verbas. Já o servidor que ingressou no serviço público *após a promulgação da Emenda 41*, ou não possui condições de se aposentar por regras de transição que lhe assegurem *proventos iguais aos da última remuneração* podem ter interesse, visto que o cálculo por média leva à utilidade da contribuição sobre maiores valores que o do vencimento básico, majorando a média contributiva.

Acerca dos aposentados e pensionistas da União, a base de cálculo da contribuição é o valor dos proventos recebidos em montante superior ao valor máximo do salário de benefício do RGPS, ou seja, não haverá contribuição sobre proventos cujo montante seja inferior a este valor "teto", e a incidência ocorrerá somente sobre a parcela excedente ao "teto".

Dúvidas existem sobre a validade de regras que dispunham sobre a contribuição de aposentados e pensionistas antes da previsão constitucional. O STF decidiu, quanto à contribuição de aposentados e pensionistas anteriormente à Emenda n. 41: a) reconhecer a repercussão geral da questão constitucional nele debatida — repetição de contribuição previdenciária (e afins) cobrados de servidor civil inativo ou pensionista no período referente à vigência da EC 20/98 até a publicação da EC 41/2003; b) reafirmar a jurisprudência da Corte segundo a qual é devida a devolução aos pensionistas e inativos, perante o competente Juízo da execução, da contribuição previdenciária indevidamente recolhida no aludido período, sob pena de caracterização de enriquecimento ilícito (RE 580871, Rel. Min. Gilmar Mendes, julg. 17.11.2010).

Todavia, a questão não se esgota aí, a nosso ver: é que para a cobrança da contribuição de aposentados e pensionistas, *faz-se necessária a edição de lei e a obediência ao princípio da anterioridade tributária*, o que no âmbito federal só veio a ocorrer com a edição da Lei n. 10.887, com efeitos a partir de 1.1.2005, portanto.

No que tange a Estados, Distrito Federal e Municípios, a cobrança lícita não se inicia tão logo promulgada a Emenda n. 41, mas sim no primeiro dia do exercício seguinte ao do ano em que publicada lei do ente da Federação respectivo, criando a contribuição. Note-se que, em função da competência comum fixada no art. 149 da Constituição, com a redação conferida atualmente pela Emenda n. 42, de 2005, cada ente da Federação deve legislar para a exigência de contribuição, devida por servidores, aposentados e pensionistas, para o custeio, em prol destes, dos Regimes de Previdência de que trata o art. 40 da Constituição.

O art. 6º da Lei n. 10.887 perdeu sua eficácia em função da declaração de inconstitucionalidade da Emenda n. 41, na parte relativa à diferenciação da incidência de contribuição sobre proventos de aposentadorias e pensões no serviço público, mantendo-se como regra única a do art. 5º, independentemente da época em que ocorreu o preenchimento dos requisitos para a aposentadoria, ou o óbito do servidor, no caso de pensões.

O ente da Federação também tem contribuições a verter, de modo a prover o fundo previdenciário específico, como tomador dos serviços. A matéria vem disciplinada, no âmbito federal, pelos art. 8º e 8º-A da Lei n. 10.887:

> *Art. 8º A contribuição da União, de suas autarquias e fundações para o custeio do regime de previdência, de que trata o art. 40 da Constituição Federal, será o dobro da contribuição do servidor ativo, devendo o produto de sua arrecadação ser contabilizado em conta específica.*
>
> *Parágrafo único. A União é responsável pela cobertura de eventuais insuficiências financeiras do regime decorrentes do pagamento de benefícios previdenciários.*
>
> *Art. 8º-A. A responsabilidade pela retenção e recolhimento das contribuições de que tratam os arts. 4º a 6º e 8º será do dirigente e do ordenador de despesa do órgão ou entidade que efetuar o pagamento da remuneração ou do benefício. (Incluído pela de Medida Provisória nº 497, de 2010)*
>
> *§ 1º O recolhimento das contribuições de que trata este artigo deve ser efetuado: (Incluído pela de Medida Provisória nº 497, de 2010)*

I - até o dia 15, no caso de pagamentos de remunerações ou benefícios efetuados no primeiro decêndio do mês; (Incluído pela de Medida Provisória nº 497, de 2010)

II - até o dia 25, no caso de pagamentos de remunerações ou benefícios efetuados no segundo decêndio do mês; ou (Incluído pela de Medida Provisória nº 497, de 2010)

III - até o dia 5 do mês posterior, no caso de pagamentos de remunerações ou benefícios efetuados no último decêndio do mês. (Incluído pela de Medida Provisória nº 497, de 2010)

§ 2º O não recolhimento das contribuições nos prazos previstos no § 1º: (Incluído pela de Medida Provisória nº 497, de 2010)

I - enseja a aplicação dos acréscimos de mora previstos para os tributos federais; e (Incluído pela de Medida Provisória nº 497, de 2010)

II - sujeita o responsável às sanções penais e administrativas cabíveis. (Incluído pela de Medida Provisória nº 497, de 2010)

Não vemos cabimento na previsão de cobrança de contribuições de servidores que não estejam recebendo remuneração, como no caso de licenças para tratar de interesses particulares, comuns aos estatutos de servidores públicos. É que falta, nesse caso, a existência de fato gerador, não havendo prestação laboral onerosa, nem valor sobre o qual possa incidir a contribuição, visto que a base de cálculo seria igual a zero. Todavia, vê-se tal disposição em algumas normas de entes públicos, como na novel legislação previdenciária do Estado de Santa Catarina (Lei Complementar Estadual n. 412, de 26.6.2008, art. 4º, § 4º).

A Emenda Constitucional n. 47, de 2005, acrescentou o § 21 ao art. 40 da Constituição, prevendo que "a contribuição prevista no § 18 deste artigo incidirá apenas sobre as parcelas de proventos de aposentadoria e de pensão que superem o dobro do limite máximo estabelecido para os benefícios do regime geral de previdência social de que trata o art. 201 desta Constituição, quando o beneficiário, na forma da lei, for portador de doença incapacitante". Dúvidas existem sobre a autoaplicabilidade dessa regra, o que já levou o STF a admitir a apreciação da matéria em âmbito de repercussão geral, conforme o acórdão abaixo:

CONSTITUCIONAL. TRIBUTÁRIO. CONTRIBUIÇÃO SOCIAL DESTINADA AO CUSTEIO DA PREVIDÊNCIA SOCIAL. IMUNIDADE CONCEDIDA NA HIPÓTESE DE ACOMETIMENTO DO SERVIDOR PÚBLICO POR DOENÇA INCAPACITANTE. ACÓRDÃO-RECORRIDO QUE ENTENDE SER A NORMA DE IMUNIDADE PLENAMENTE APLICÁVEL. AUSÊNCIA DE LEGISLAÇÃO COMPLEMENTAR. TOMADA DE EMPRÉSTIMO DE LEGISLAÇÃO LOCAL DEFINIDORA DAS DOENÇAS QUE PERMITEM A CONCESSÃO DE APOSENTADORIA ESPECIAL. REPERCUSSÃO GERAL DAS QUESTÕES CONSTITUCIONAIS. EXISTÊNCIA. Tem repercussão geral a discussão acerca da: (1) Eficácia da norma de imunização tributária prevista no art. 40, § 21 da Constituição (EC 47/2005), se plena (independente de intermediação por lei federal ou lei local), limitada (dependente de intermediação por lei federal ou lei local) ou contextual (em razão do transcurso do tempo, caracterizado pela omissão legislativa); e da (2) Possibilidade de o Judiciário utilizar as hipóteses estabelecidas em lei local específica para os casos de aposentação especial (Lei 10.098/1994) para o reconhecimento da imunidade tributária (separação dos Poderes). (STF, RE 630137 RG/RS, Rel. Min. JOAQUIM BARBOSA, DJE 04.11.2010).

A nosso ver, perfeitamente aplicável a regra constitucional, ante a omissão do legislador ordinário e enquanto essa omissão se mantiver, aplicando-se, na falta de regulamentação, a análise caso a caso, visto que não se trata de identificar doenças graves, contagiosas ou incuráveis, mas de doenças incapacitantes em geral, ou seja, enfermidades que impedem o exercício de atividade, o que deve ser objeto de perícia.

Compete à Secretaria da Receita Federal do Brasil a normatização, cobrança, fiscalização e controle da arrecadação da contribuição destinada ao custeio do Regime de Previdência Social do Servidor de que trata a Lei no 10.887, de 18 de junho de 2004. A contribuição sujeita-se às normas relativas ao processo administrativo fiscal de determinação e exigência de créditos tributários federais e de consulta, previstas no Decreto no 70.235, de 6 de março de 1972, e na Lei no 9.430, de 27 de dezembro de 1996.

Quanto à responsabilidade pela retenção e recolhimento das contribuições, a Lei n. 12.350, de 20.12.2010, atribuiu ao dirigente e ao ordenador de despesa do órgão ou entidade que efetuar o pagamento da remuneração ou do benefício. O recolhimento, por sua vez, deve ser efetuado:

I – até o dia 15, no caso de pagamentos de remunerações ou benefícios efetuados no primeiro decêndio do mês;

II – até o dia 25, no caso de pagamentos de remunerações ou benefícios efetuados no segundo decêndio do mês; ou

III – até o dia 5 do mês posterior, no caso de pagamentos de remunerações ou benefícios efetuados no último decêndio do mês.

O não recolhimento das contribuições nos referidos prazos enseja a aplicação dos acréscimos de mora previstos para os tributos federais e, sujeita o responsável às sanções penais e administrativas cabíveis.

Prevê, também, a Lei n. 12.350/2010 que a contribuição do Plano de Seguridade do Servidor Público (PSS), decorrente de valores pagos em cumprimento de decisão judicial, ainda que derivada de homologação de acordo, será retida na fonte, no momento do pagamento ao beneficiário ou seu representante legal, pela instituição financeira responsável pelo pagamento, por intermédio da quitação da guia de recolhimento remetida pelo setor de precatórios do Tribunal respectivo, no caso de pagamento de precatório ou requisição de pequeno valor, ou pela fonte pagadora, no caso de implantação de rubrica específica em folha, mediante a aplicação da alíquota de 11% (onze por cento) sobre o valor pago. Caberá a instituição financeira deverá efetuar o recolhimento do valor retido até o 10o (décimo) dia útil do mês posterior à sua efetivação.

Capítulo 6
Regras de Aposentadoria dos Regimes Próprios

A aposentadoria do servidor público pode ser conceituada como o direito subjetivo, exercitado em face do ente da Federação que o aposentou, de perceber determinada soma em pecúnia, denominada proventos, após ter permanecido em exercício de cargo público efetivo, diante da ocorrência de certos fatos jurídicos previamente estabelecidos, satisfeitos os requisitos estabelecidos pela ordem jurídica, inaugurando-se, com a concessão do benefício, uma nova relação jurídica entre o servidor, ora aposentado, e o ente da Federação, de natureza previdenciária.

A aposentadoria gera o rompimento do liame jurídico-laboral entre o servidor público e o ente da Administração Pública que o admitira em seu quadro, com o que é declarado vago o cargo que até então ocupava[414], podendo ser provido por outro servidor, iniciando-se aí nova relação jurídica[415], de natureza previdenciária[416], entre os mesmos sujeitos.

Ocorre então uma diferenciação bastante significativa em relação ao RGPS, já que no regime dos trabalhadores em geral, a aposentadoria não significa necessariamente o rompimento da relação laborativa. No âmbito do Regime Jurídico do servidor público, a aposentadoria é causa de vacância do cargo público, mesmo aquela causada por invalidez permanente. Vide, a esse respeito, a Lei n. 8.112, de 1990 (Regime Jurídico Único dos Servidores Públicos Federais).

É estabelecida, pelo § 6º do artigo 40 da Constituição, a proibição de acumulação de aposentadorias decorrentes do mesmo Regime Previdenciário, ressalva-

414 Cf. dispõe o art. 33, inciso VII, da Lei n. 8.112, de 11 de dezembro de 1990, que dispõe sobre o regime jurídico dos servidores públicos civis da União, autarquias e fundações públicas federais.

415 "A relação entre o aposentado e o Estado, reformulada, tem como objeto uma 'pensão vitalícia', irredutível, resultante de um direito subjetivo (ou de uma situação individual) do funcionário, frente à prestação obrigacional do Estado" (OLIVEIRA, J. E. Abreu de. **Aposentadoria no Serviço Público**. Rio de Janeiro: Freitas Bastos, 1970, p. 36).

416 DEMO, **Reforma da Previdência. Servidor Público que toma posse em novo cargo. Regime previdenciário aplicável**, p. 215.

das as hipóteses de acumulação permitida de cargos, empregos e funções públicas, constantes do artigo 37, incisos XVI e XVII, da Constituição.

A aposentadoria dos servidores públicos ingressantes na Administração Pública após a promulgação da Emenda n. 41, de 2003, foi o objetivo principal das alterações constitucionais levadas a termo. A Emenda em exame não realizou modificações nos requisitos de concessão de aposentadoria voluntária (tempo de contribuição, idade mínima, tempo mínimo de serviço público e no cargo ocupado), que permaneceram os mesmos já estabelecidos anteriormente pela Emenda n. 20, de 1998, fixando-se nos aspectos relacionados ao *cálculo do valor dos proventos de aposentadoria e critério de reajustamento destes.*

Pela Emenda n. 41, as aposentadorias[417] a serem concedidas aos servidores públicos que ingressarem na Administração Pública após a sua publicação, ou não tiverem direito a se aposentar pelas regras anteriores (direito adquirido), ou ainda, não se enquadrarem em nenhuma das regras de transição (vistas em tópico a seguir) serão calculadas de forma assemelhada às aposentadorias dos trabalhadores vinculados ao Regime Geral de Previdência Social[418]: apurando-se uma *média aritmética dos valores que serviram de base de cálculo para as contribuições vertidas ao Regime de Previdência a que pertenceram*, valores estes atualizados monetariamente, segundo os § 3º e 17 do artigo 40, com a redação que lhes foi conferida.

A matéria foi regulamentada, *no âmbito federal*, pela Lei n. 10.887, de 18 de junho de 2004, tendo esse diploma tratado da matéria em seu artigo 1º, *in verbis:*

> *Art. 1º. No cálculo dos proventos de aposentadoria dos servidores titulares de cargo efetivo de qualquer dos Poderes da União, dos Estados, do Distrito Federal e dos Municípios, incluídas suas autarquias e fundações, previsto no § 3º do art. 40 da Constituição Federal e no art. 2º da Emenda Constitucional nº 41, de 19 de dezembro de 2003, será considerada a média aritmética simples das maiores remunerações, utilizadas como base para as contribuições do servidor aos regimes de previdência a que esteve vinculado, correspondentes a 80% (oitenta por cento) de todo o período contributivo desde a competência julho de 1994 ou desde a do início da contribuição, se posterior àquela competência.*
>
> *§ 1º As remunerações consideradas no cálculo do valor inicial dos proventos terão os seus valores atualizados mês a mês de acordo com a variação integral do índice fixado para a atualização dos salários-de-contribuição considerados no cálculo dos benefícios do regime geral de previdência social.*
>
> *§ 2º A base de cálculo dos proventos será a remuneração do servidor no cargo efetivo nas competências a partir de julho de 1994 em que não tenha havido contribuição para regime próprio.*
>
> *§ 3º Os valores das remunerações a serem utilizadas no cálculo de que trata este artigo serão comprovados mediante documento fornecido pelos órgãos e entidades gestoras dos regimes de previdência aos quais o servidor esteve vinculado ou por outro documento público, na forma do regulamento.*

417 Tanto as voluntárias – objeto deste estudo – como as concedidas por invalidez e de forma compulsória, as quais não são abordadas no presente estudo (MELLO, **Curso de Direito Administrativo**, p. 268).

418 Matéria que se encontra disciplinada pela Lei n. 9.876, de 29 de novembro de 1999.

§ 4º Para os fins deste artigo, as remunerações consideradas no cálculo da aposentadoria, atualizadas na forma do § 12 deste artigo, não poderão ser:

I - inferiores ao valor do salário-mínimo;

II - superiores ao limite máximo do salário-de-contribuição, quanto aos meses em que o servidor esteve vinculado ao regime geral de previdência social.

§ 5º Os proventos, calculados de acordo com o caput deste artigo, por ocasião de sua concessão, não poderão ser inferiores ao valor do salário-mínimo nem exceder a remuneração do respectivo servidor no cargo efetivo em que se deu a aposentadoria.

Também no tocante ao valor da aposentadoria, as regras da Emenda n. 41, de 2003, limitam o seu valor máximo por um lado, à remuneração do cargo efetivo do próprio servidor requerente (art. 40, § 2º), e por outro, aos valores estabelecidos genericamente para a categoria, denominados "tetos e subtetos de remuneração do serviço público", de modo que as aposentadorias concedidas a partir da publicação da Emenda, portanto, não poderão exceder o subsídio mensal, em espécie, dos Ministros do Supremo Tribunal Federal, aplicando-se como limite, nos Municípios, o subsídio do Prefeito, e nos Estados e no Distrito Federal, o subsídio mensal do Governador no âmbito do Poder Executivo, o subsídio dos Deputados Estaduais e Distritais, no âmbito do Poder Legislativo e o subsídio dos Desembargadores do Tribunal de Justiça, limitado, nesse último caso, a noventa inteiros e vinte e cinco centésimos por cento do subsídio mensal, em espécie, dos Ministros do Supremo Tribunal Federal, no âmbito do Poder Judiciário, aplicável este limite aos membros do Ministério Público, aos Procuradores e aos Defensores Públicos dos Estados (CF, art. 37, XI).

6.1 Aposentadoria por invalidez permanente

A aposentadoria por invalidez, no âmbito dos regimes próprios de previdência social de que trata o artigo 40 da Constituição, decorre do reconhecimento da incapacidade laborativa permanente do agente público, declarada por junta médica oficial. Depende, portanto, da ausência de condições físicas ou psíquicas de permanecer o indivíduo exercendo a atividade no serviço público, podendo ser requerida pelo interessado ou decidida *ex officio*, por questões de interesse público.

O texto original da Constituição já previa, no artigo 40, inciso I, que - de forma diversa do que ocorre no Regime Geral de Previdência Social - o ocupante de cargo efetivo, uma vez caracterizada sua condição de invalidez, somente terá direito a "proventos integrais" se a causa da incapacidade permanente for "acidente em serviço, moléstia profissional, grave, contagiosa ou incurável, prevista em lei", sendo proporcional ao tempo trabalhado, nos demais casos.

O conceito de acidente em serviço é identificado no âmbito federal pelo art. 212 da Lei 8.112/90 - Regime Jurídico Único dos Servidores Públicos Federais, *verbis*:

Art. 212. Configura acidente em serviço o dano físico ou mental sofrido pelo servidor, que se relacione, mediata ou imediatamente, com as atribuições do cargo exercido.

Parágrafo único. Equipara-se ao acidente em serviço o dano:

I - decorrente de agressão sofrida e não provocada pelo servidor no exercício do cargo;

II - sofrido no percurso da residência para o trabalho e vice-versa.

Já a definição legal das doenças geradoras da aposentadoria "integral", no mesmo diploma, está prevista no art. 186, § 1º, com a seguinte redação:

Consideram-se doenças graves, contagiosas ou incuráveis, a que se refere o inciso I deste artigo, tuberculose ativa, alienação mental, esclerose múltipla, neoplasia maligna, cegueira posterior ao ingresso no serviço público, hanseníase, cardiopatia grave, doença de Parkinson, paralisia irreversível e incapacitante, espondiloartrose anquilosante, nefropatia grave, estados avançados do mal de Paget (osteíte deformante), Síndrome de Imunodeficiência Adquirida - AIDS, e outras que a lei indicar, com base na medicina especializada.

A Emenda nº 41/2003 interfere na forma de cálculo de todas as aposentadorias de Regimes Próprios de Previdência, já que estabelece a regra de cálculo pela média das maiores remunerações que serviram de base para a contribuição vertida aos regimes previdenciários a que pertenceu o agente público no curso de sua atividade laboral (mesmo aquelas vertidas ao RGPS-INSS, antes do ingresso no serviço público, ou a outros Regimes Próprios), atualizadas monetariamente - §§ 3º e 17 do art. 40 da Constituição.

A regulamentação da norma constitucional previu que o valor do cálculo das aposentadorias seria equivalente à média dos maiores salários de contribuição, equivalentes a 80% do período contributivo, contado desde julho de 1994, ou desde o início da atividade, quando posterior – Lei 10.887, de 2004, art 1º.

Assim, proventos "integrais", para aposentadorias concedidas após a edição da Medida Provisória n. 167, de 19/02/2004, significaria, segundo este entendimento, o equivalente ao valor da média dos seus maiores salários de contribuição equivalentes a 80% do período contributivo, exceção feita aos detentores de direito adquirido à aposentadoria antes da ocorrência da invalidez, ou cuja invalidez tenha sido diagnosticada antes da alteração constitucional.

Todavia o STJ vem decidindo no sentido de concessão de aposentadoria por invalidez *apurada sobre o valor da última remuneração percebida pelo servidor* (e não por média), mesmo quando a invalidez tenha ocorrido após a promulgação da Emenda n. 41, como no julgado que se segue:

MANDADO DE SEGURANÇA. SERVIDOR PÚBLICO CIVIL. APOSENTADORIA POR INVALIDEZ. MAL DE PARKINSON. DOENÇA PREVISTA NO ROL TAXATIVO DO ART. 186 DA LEI 8.112/90. PREVISÃO DE PROVENTOS INTEGRAIS. EMENDA CONSTITUCIONAL 41/03. NÃO APLICAÇÃO EM VIRTUDE DA EXCEPCIONALIDADE PREVISTA NO ART. 40, § 1o., I DA CF/88. DIREITO DO IMPETRANTE À PERCEPÇÃO DA APOSENTADORIA NA FORMA INTEGRAL. ORDEM CONCEDIDA.

1. A aposentadoria por invalidez decorrente de enfermidade grave e incurável gera direito à percepção do pagamento integral dos proventos, nos termos do art. 40, § 1o., I da CF/88 e do art. 186, I, da Lei 8.112/90.
2. A 3ª. Seção deste Tribunal pacificou o entendimento de que a Emenda Constitucional 41/03, ao extinguir o cálculo integral para os benefícios concedidos nos termos do art. 40, § 3o. (aposentadorias) e § 7o. (pensões) da Carta Magna e da Lei 10.887/04, excetuou expressamente os casos em que o pagamento deve ser percebido integralmente, como no caso de Servidor Público aposentado por invalidez permanente, decorrente de doença grave, prevista no rol taxativo da legislação regente.
3. In casu, o impetrante comprovou com a apresentação de laudo oficial ser portador do Mal de Parkinson, doença que consta do rol taxativo do art. 40, § 1o., I da CF/88, de sorte que a aplicação do cálculo aritmético previsto na Lei 10.887/04 pela Administração viola o princípio da estrita legalidade e a garantia constitucional de irredutibilidade de vencimentos.
4. Ordem concedida para anular o trecho da Portaria 1.497, de 21.10.08, do Advogado-Geral da União, que determinou o cálculo proporcional da aposentadoria do impetrante, devendo ser mantido o pagamento integral dos proventos, em conformidade com o art. 40, § 1º, I, da CF/88, nos termos do parecer do MPF (SJT, MS 14160 / DF, Rel. Min. NAPOLEÃO NUNES MAIA FILHO, DJE 23.3.2010).

Com isso, revemos nossa posição anterior, para reconhecer o acerto da jurisprudência do STJ, visto que melhor atende ao sentido da norma, provendo a subsistência do servidor público vítima de invalidez com vistas a garantir sua dignidade, cujos proventos então são baseados na última remuneração auferida.

Outro aspecto importante é relacionado à última parte do inciso I do art. 40, que se refere ao que devemos considerar pela expressão "proventos proporcionais ao tempo de contribuição", quando a invalidez não decorra de acidente em serviço ou moléstia profissional, nem doença tipificada em lei.

É o que comenta Marcelo Leonardo Tavares:

A aposentadoria por invalidez poderá ser proporcional ao tempo de contribuição, ou integral, em caso de acidente em serviço, moléstia profissional ou doença grave, contagiosa ou incurável, na forma da lei. Aqui houve uma pequena alteração trazida pela EC 41/2003. Antes a Constituição dispunha "especificadas em lei", e agora, "na forma da lei". Portanto, anteriormente a Carta apenas remetia à integração legislativa a especificação das doenças e as condições de acidente em serviço que ensejariam a aposentadoria integral; hoje, respeitados os requisitos básicos previstos na norma do art. 40 da CRFB/88, nada impede que a lei venha a disciplinar a matéria com mais amplitude, cuidando não somente da especificação das doenças, mas também sobre outros parâmetros.[419]

Convém, neste ponto, comparar o tratamento dispensado à modalidade de aposentadoria por invalidez pela legislação que trata do Regime Geral de Previdência Social – art. 44 da Lei n. 8.213/91. Nesse diploma, a aposentadoria por invalidez corresponde, em qualquer hipótese, a 100% do salário de benefício (média dos

419 TAVARES, Marcelo Leonardo (coord.). **Comentários à Reforma da Previdência – EC n. 41/2003**. Rio de Janeiro: Impetus, 2004, p. 16.

salários de contribuição tomados de julho de 1994 até o mês anterior à concessão do benefício).

De outra vertente, diversas eram as situações concretas de servidores públicos acometidos por doenças de gravidade indiscutível mas que, por não constarem do elenco do art. 186, geravam pagamento de proventos proporcionais, e não "integrais".

O STJ, em seus julgados sobre a matéria, tinha - até bem recentemente - posição definida no sentido de que a lista de que trata a legislação pertinente à invalidez seria taxativa, de modo que, por mais grave que fosse a doença diagnosticada no servidor público, não era possível conceder-lhe a integralidade dos proventos caso não estivesse a enfermidade catalogada na norma legal.

Todavia, em julgado inédito do dia 16.3.2010, a 5ª Turma do STJ, por unanimidade, deferiu, em julgamento de Recurso Especial, a uma servidora pública da Universidade Federal de Santa Maria (UFSM) o direito à integralidade dos proventos em razão de doença não tipificada no art. 186 da Lei 8.112/90. Os Ministros daquele Colegiado, acompanhando o voto do Ministro Jorge Mussi, entenderam que o elenco legal não é taxativo. Segundo constou da notícia publicada no sítio do STJ na *internet*, "os ministros definiram que não há como considerar taxativo o rol descrito na lei, porque é impossível a norma alcançar todas as doenças consideradas pela medicina como graves, contagiosas e incuráveis".[420]

A doença de que a servidora era portadora era degenerativa, e de ocorrência rara, como tantas outras doenças - graves, contagiosas ou incuráveis - que também não constam da lista constante da Lei. Não é demais lembrar que outras tantas doenças - graves, porém não raras - também não estão identificadas como geradoras da invalidez com proventos integrais, como, por exemplo, a doença de chagas.

A tendência de julgados daquele Pretório, por conseguinte, pode se alterar totalmente a partir daí, o que causará diversas demandas revisionais de benefícios por invalidez, até mesmo no RGPS, em situações similares à da servidora de que

420 DIREITO ADMINISTRATIVO. SERVIDOR PÚBLICO CIVIL. APOSENTADORIA POR INVALIDEZ. DOENÇA INCURÁVEL. ART. 186 DA LEI N. 8.112/1990. ROL EXEMPLIFICATIVO. PROVENTOS INTEGRAIS. POSSIBILIDADE. 1. Não há como considerar taxativo o rol descrito no art. 186, I, § 1º, da Lei n. 8.112/90, haja vista a impossibilidade de a norma alcançar todas as doenças consideradas pela medicina como graves, contagiosas e incuráveis, sob pena de negar o conteúdo valorativo da norma inserta no inciso I do art. 40 da Constituição Federal. 2. Excluir a possibilidade de extensão do benefício com proventos integrais a servidor que sofre de um mal de idêntica gravidade àqueles mencionados no 186, I, § 1º, da Lei n. 8.112/90, e também insuscetível de cura, mas não contemplado pelo dispositivo de regência, implica em tratamento ofensivo aos princípios insculpidos na Carta Constitucional, dentre os quais está o da isonomia. 3. À ciência médica, e somente a ela, incumbe qualificar determinado mal como incurável, contagioso ou grave, não à jurídica. Ao julgador caberá solucionar a causa atento aos fins a que se dirige a norma aplicável e amparado por prova técnica, diante de cada caso concreto. 4. A melhor exegese da norma em debate, do ponto de vista da interpretação sistemática, é a que extrai a intenção do legislador em amparar de forma mais efetiva o servidor que é aposentado em virtude de grave enfermidade, garantindo-lhe o direito à vida, à saúde e à dignidade humana. 5. Recurso especial improvido. (REsp nº 942.530 - RS (2007/0084348-0). STJ. Quinta Turma. Relator Ministro Jorge Mussi. DJ 29.3.2010)

tratou a decisão aqui comentada. Afinal, uma doença, para gerar invalidez, é *notoriamente* grave.

Quanto ao acidente não ligado ao serviço, que permaneceria sujeito à proporcionalidade dos proventos em relação ao tempo de contribuição, sugere-se que o patamar mínimo do salário de benefício corresponda a 70% da remuneração auferida pelo servidor, acrescida de 1% para cada ano de contribuição, até o limite de 100%, da mesma forma como a matéria se encontra disciplinada no Regime Próprio dos Servidores do Estado de Santa Catarina (art. 70, § 9º, da Lei Complementar Estadual n. 412, de 18.6.2008).

Ressalte-se que, no âmbito federal, não há regra legal prevendo o cálculo de tal proporcionalidade (tanto a Lei n. 8.112 quanto as Leis 9.717 e 10.887 são omissas a esse respeito), não podendo a matéria ser regida por ato administrativo, como pretende o Executivo Federal. Logo, a questão atrai a aplicação do § 12 do art. 40 da Constituição, aplicando-se subsidiariamente a norma que rege o RGPS.

6.2 Aposentadoria Compulsória por Idade

No âmbito dos Regimes Próprios, o art. 40 da Constituição prevê a compulsoriedade da aposentadoria, quando o servidor – seja do sexo masculino ou feminino – atinge a idade de 70 anos.

Esta aposentadoria ocorre *ex officio*, na mesma data em que o servidor atinge a idade limite, não sendo permitida a permanência no cargo após o dia em que o servidor completa 70 anos de idade.

O cálculo desta aposentadoria é proporcional ao tempo de contribuição do servidor, observando-se, para a base de cálculo, o disposto nos §§ 3º e 17 do art. 40 da Constituição, ou seja, correspondendo à média dos maiores salários de contribuição, equivalentes a 80% do período contributivo, contado desde julho de 1994, ou desde o início da atividade, quando posterior, corrigidos monetariamente. O cálculo abrangerá todos os salários de contribuição utilizados nos Regimes de Previdência para os quais o servidor tenha contribuído. Assim, se o servidor exerceu atividade vinculada ao RGPS, ou exerceu outro cargo público anteriormente, tais períodos também serão utilizados para o cálculo do valor da aposentadoria.

Para a aposentadoria compulsória, não se exige a permanência durante 10 anos no serviço público e 5 anos no cargo efetivo.

Existe proposta de Emenda à Constituição no sentido de aumentar a idade limite de permanência no serviço público para 75 anos, em relação aos cargos de magistério superior e às carreiras da Magistratura e do Ministério Publico e aos Ministros Tribunais de Contas.

Quanto à questão da proporcionalidade e seu cálculo, remetemos o leitor ao comentário do item 6.1 deste capítulo.

6.3 Aposentadoria Voluntária

Com as alterações promovidas pela Emenda Constitucional n. 20, de 15 de dezembro de 1998 — em vigor desde 16 de dezembro de 1998, no artigo 40 e parágrafos do Texto, estabeleceram-se novos requisitos para concessão de aposentadoria voluntária ao servidor público em Regimes Previdenciários Próprios.

Como bem salientado por Carvalho Filho, a Emenda n. 20/98 também ousou ao modificar critérios de aposentação de carreiras públicas não abrangidas no conceito de Servidor Público:

> *vale a pena consignar que algumas categorias funcionais específicas, que antigamente tinham regras próprias para a aposentadoria, passaram a enquadrar-se no regime previdenciário especial previsto no art. 40 e parágrafos. É o caso dos magistrados e dos Ministros dos Tribunais de Contas, por força da redação dada aos arts. 93, VI e 73, § 3º, da C.F., pela E.C. n. 20/98. Os membros do Ministério Público, por sua vez, também passaram ao referido regime, já que pelo art. 129, § 4º, da C.F., a eles se aplica, por remissão ao art. 93, VI, o regime adotado para os magistrados.*[421]

Uma primeira alteração substancial no que tange aos requisitos para a aposentadoria reside na modificação do critério "tempo de serviço" pelo critério de "tempo de contribuição", o que é esclarecido por Francisco Cavalcanti: "a adoção de tal requisito, em substituição ao tempo de serviço, justifica-se com a necessidade de fazer desaparecer as contagens de tempo fictícias de tempo de serviço, como conversão de licenças prêmios"[422], como se nota do § 10 do artigo 40. Entretanto, deve-se apontar que a Emenda n. 20/98 autoriza a contagem do tempo de serviço (sem contribuição) àqueles que já se encontravam no cargo quando de sua publicação (artigo 4º da Emenda).[423]

O entendimento do TCU, entretanto, é que contagens fictícias são permitidas a servidores, mesmo para contagem de tempo de contribuição para aposentadorias concedidas na forma da atual redação do art. 40, quando o direito à vantagem antecede a Emenda n. 20 (p. ex., licença prêmio não fruída cujo direito à fruição foi adquirido até 15/10/1996) (TCU, DC 0748-36/2000-P).

Pode surgir dúvida quanto ao sentido da expressão "serviço público" utilizada no Texto Constitucional, visto que a interpretação pode ser feita de forma mais restritiva, considerando-se somente o período como ocupante de cargo efetivo (na administração direta, autarquias e fundações), excluindo-se as situações de emprego público, ou por outra vertente, a interpretação mais elástica, tendo-se como serviço público toda atividade prestada por indivíduo em relação laboral com a

421 CARVALHO FILHO, **Manual de Direito Administrativo**, p. 444.

422 CAVALCANTI, **Tratado de Direito Administrativo**, p. 40.

423 TAVARES, **Previdência e Assistência Social**: legitimação e fundamentação constitucional brasileira, p. 93.

administração pública direta e indireta (cargos e empregos públicos), inclusive contratações temporárias.

A interpretação conferida pela administração pública federal considera serviço público "o tempo de exercício de cargo, função ou emprego público, ainda que descontínuo, na Administração direta, indireta, autárquica, ou fundacional de qualquer dos entes federativos" (Orientação Normativa SPS n. 2, de 31.3.2009).

6.3.1 Aposentadoria por Idade

A primeira das aposentadorias voluntárias – que dependem de manifestação de vontade do próprio servidor, requerendo o benefício – é a aposentadoria por idade, que não se confunde, portanto, com a aposentadoria compulsória.

Para que o servidor possa requerer e ter deferido este benefício, exige-se que o servidor possua 65 anos de idade, se do sexo masculino, ou 60 anos, se do sexo feminino. Além disso, deve o servidor ter cumprido 10 anos de serviço público e 5 anos no cargo público em que pretende se aposentar.

O cálculo da aposentadoria por idade corresponde a 100% da média dos maiores salários de contribuição, equivalentes a 80% do período contributivo, contado desde julho de 1994, ou desde o início da atividade, quando posterior, corrigidos monetariamente. Os proventos serão proporcionais ao tempo de contribuição.

6.3.2 Aposentadoria por Tempo de Contribuição

A aposentadoria por tempo de contribuição foi a que sofreu o maior número de alterações no período posterior à Constituição de 1988.

Nas regras do texto original da Carta Magna, caso o servidor público atingisse 35 anos de serviço, se homem, ou 30 anos de serviço, se mulher, a norma assegurava-lhe proventos integrais, ou seja, calculados com base na sua última remuneração. Exigia-se cinco anos de serviço a menos aos professores de instituições públicas de ensino de qualquer grau.

Se o servidor público pretendesse se aposentar com proventos proporcionais ao tempo de serviço, poderia fazê-lo a partir dos 30 anos de serviço, se homem, ou 25 anos de serviço, se mulher, apurando-se tal proporção tendo-se por base de cálculo sua última remuneração. O mesmo ocorria se o servidor público atingisse a idade de 65 anos, se homem, ou 60 anos, se mulher, quando, a partir de então, mesmo não tendo o número de anos de serviço exigidos, poderia se aposentar com proventos proporcionais ao tempo de serviço prestado, caso assim requeresse.

O Texto Constitucional, modificado pela Emenda n. 20/98, passou a exigir uma conjugação de requisitos para a aposentadoria voluntária por tempo de contribuição (art. 40, § 1º, inciso III, alínea *a*), não sendo mais suficiente, apenas, o tempo de serviço - ou de contribuição, doravante - desempenhado.

Ao lado deste requisito, surge a exigência de perfazer o servidor público uma idade mínima — de 60 anos para o homem, e de 55 anos para a mulher — sem a qual não pode aposentar-se voluntariamente, e ainda, a determinação de que tenha cumprido 10 anos de serviço público, sendo 5 anos no cargo em que pretenda se aposentar. Apenas os exercentes de funções de magistério na educação infantil e no ensino fundamental e médio foram mantidos pelo § 5º do artigo 40 com a redução em cinco anos de idade a perfazer e tempo de contribuição a cumprir, mantendo-se a tradição de regras especiais para essa categoria. Os professores de nível superior passaram a ser enquadrados na regra geral.

O cálculo da aposentadoria por tempo de contribuição corresponde a 100% da média dos maiores salários de contribuição, equivalentes a 80% do período contributivo, contado desde julho de 1994, ou desde o início da atividade, quando posterior, corrigidos monetariamente

Foi extinta a possibilidade de aposentação com tempo inferior ao exigido anteriormente para o direito a proventos integrais, é dizer, foi extinta a chamada "aposentadoria proporcional por tempo de serviço".

6.3.3 Regras de Transição para a Aposentadoria Voluntária

Em função das modificações introduzidas pela Emenda Constitucional n. 20/98, que em alguns casos poderiam acarretar aos Servidores que não implementaram os requisitos para aposentadoria voluntária anteriormente à sua publicação diferenças de grande magnitude entre o tempo faltante na forma do texto anterior e o tempo a cumprir (ou a idade a perfazer) com base no texto aprovado, preferiu-se adotar um conjunto de "regras de transição", a serem aplicadas aos servidores públicos já em atividade antes da publicação das Emenda n. 20 e 41 que quisessem se aposentar segundo os critérios estabelecidos no texto antes vigente da Constituição de 1988.

Bem assinala Di Pietro[424] que, com relação à aposentadoria voluntária, que ocorre a pedido, é preciso distinguir três situações: (a) a do servidor que ingressou ou vier a ingressar no serviço público, em cargo efetivo, a partir da entrada em vigor da Emenda Constitucional n. 41, de 2003, (b) a do servidor que ingressou até 15.12.1998 (data da promulgação da Emenda Constitucional n. 20, de 1998); e (c) a do servidor que ingressou após a promulgação da Emenda n. 20, mas antes da publicação da Emenda Constitucional n. 41, de 2003.

424 DI PIETRO, **Direito Administrativo**, p. 476.

- Servidores que ingressaram até a promulgação da Emenda n. 20

Este grupo de servidores chegou a exercer atividade no serviço público sob a égide do texto original da Constituição, porém não conseguiram preencher todos os requisitos exigidos para a aposentadoria até a promulgação da Emenda, em 15.12.1998. Como salienta Carvalho Filho,

> *A E.C. n. 20/98 disciplinou algumas situações transitórias que, embora nascidas sob o império do quadro normativo anterior à reforma da previdência, se prolongariam no curso da vigência das novas regras. É importante frisar que tais situações não se configuravam como definitivamente constituídas, já que o servidor em tais casos não havia consumado, integralmente, o fato gerador da aposentadoria. Sensível, porém, à realidade de que algumas etapas do fato gerador foram completadas, e para não acarretar maior gravame ainda aos servidores, o Constituinte reformador instituiu algumas regras disciplinadoras de tais situações transitórias.*[425]

Para a percepção de aposentadoria com proventos integrais, equivalentes ao valor da última remuneração, exigiu-se de 16.12.1998 em diante, até a promulgação da Emenda n. 41, em 31.12.2003, o cumprimento das seguintes condições, conforme o artigo 8º da Emenda n. 20/98:

> *I - ter cinqüenta e três anos de idade, se homem, e quarenta e oito anos de idade, se mulher;*
> *II - ter cinco anos de efetivo exercício no cargo em que se dará a aposentadoria;*
> *III - contar tempo de contribuição igual, no mínimo, à soma de:*
> *a) trinta e cinco anos, se homem, e trinta anos, se mulher; e*
> *b) um período adicional de contribuição equivalente a vinte por cento do tempo que, na data da publicação desta Emenda, faltaria para atingir o limite de tempo constante da alínea anterior.*

Já para percepção de aposentadoria com proventos proporcionais ao tempo de serviço, foram exigidos os seguintes requisitos:

- ter cinqüenta e três anos de idade, se homem, e quarenta e oito anos de idade, se mulher;
- ter cinco anos de efetivo exercício no cargo em que se dará a aposentadoria; e
- contar tempo de contribuição igual, no mínimo, à soma de trinta anos, se homem, e vinte e cinco anos, se mulher; e um período adicional de contribuição equivalente a quarenta por cento do tempo que, na data da publicação da Emenda, faltaria para atingir o limite de tempo constante da alínea anterior.

A Emenda Constitucional n. 41, de 31.12.2003, revogou as disposições do art. 8º da Emenda n. 20, ou seja, somente os servidores que implementaram aquelas condições até 31.12.2003 puderam se beneficiar daquela regra de transição.

425 CARVALHO FILHO, **Manual de Direito Administrativo**, p. 454.

De 1.1.2004 em diante, restaram fixadas novas regras de transição (art. 2º da Emenda n. 41) para os servidores públicos que tenham ingressado em cargo público de provimento efetivo anteriormente à vigência da Emenda n. 20, de 1998, de modo a permitir que se valham, ainda, do critério de reajuste de aposentadoria por paridade com os servidores públicos em atividade, *porém sem mais assegurar o cálculo dos proventos iguais à integralidade da remuneração auferida no cargo efetivo.*

As regras de transição instituídas pela Emenda n. 41/2003 constam de seus artigos 2º e 6º. Segundo o entendimento de Bandeira de Mello, o artigo 2º da Emenda n. 41 previu

> *uma modalidade de aposentadoria voluntária com proventos proporcionais, garantida a permanente preservação de seu valor real nos termos da lei (§ 6º do art. 2º), para quem, havendo ingressado no serviço público até a data da publicação daquela Emenda (Emenda 20), pretendesse antecipar sua aposentadoria para evadir-se o mais possível às novas disposições.*[426]

As regras fixadas pelo artigo 2º da Emenda n. 41, para aqueles que já eram Servidores anteriormente à promulgação da Emenda n. 20, estabelecem que, para estes, é assegurada aposentadoria com proventos calculados na forma dos §§ 3º e 17 do artigo 40 da Constituição — em sua redação atual, ou seja, *apurados a partir da média aritmética dos valores que serviram de cálculo para as contribuições ao Regime*, corrigidos monetariamente — desde que possuam:

> *(a) 53 anos [de idade], se homem, e 48, se mulher; (b) 5 anos de efetivo exercício no cargo em que se dará a aposentadoria; (c) tempo de contribuição mínimo igual à soma de 35 anos de contribuição, se homem, e 30, se mulher, somados a um período adicional (que, ao tempo da Emenda 20, era conhecido como "pedágio") equivalente a 20% do tempo que faltaria, na data da publicação da Emenda [n. 20], para atingir o limite do tempo previsto (35 anos, se homem; e 30, se mulher), (...) sofrendo uma redução nos proventos para cada ano antecipado em relação aos necessários para completar a idade de 60 anos, se homem, e 55, se mulher, na seguinte proporção: 3,5% para quem completar as exigências para aposentadoria até 31.12.2005 e 5% a partir de 1.1.2006. Neste caso, o tempo de serviço de magistrado, membro do Ministério Público ou de Tribunal de Contas, exercido até a publicação da Emenda Constitucional 20, de 15.12.1998, se homem, será contado com um acréscimo de 17% (§ 3º). Também será contado com este acréscimo e com o de 20%, se mulher, o tempo de professor, desde que se aposente, exclusivamente, com tempo de efetivo exercício nas funções de magistério (§ 4º).*[427]

Como leciona Tavares, "O art. 2º da EC n. 41/2003 praticamente repete o antigo art. 8º da EC 20/98, hoje revogado, prevendo, contudo, que a aposentadoria será calculada de acordo com as novas regras da Reforma, isto é, considerando a média das remunerações, atualizadas monetariamente, percebidas pelo servidor no período básico de cálculo de sua vida laboral",[428] e não mais pela remuneração do cargo então ocupado.

---

426 MELLO, **Curso de Direito Administrativo**, p. 270.

427 MELLO, **Curso de Direito Administrativo**, *p.* 271.

428 TAVARES, **Previdência e Assistência Social**: legitimação e fundamentação constitucional brasileira, p. 93.

Os servidores que não atenderam aos requisitos para obtenção de aposentadoria integral e reajustada segundo o critério da paridade antes da publicação da Emenda n. 41, de 2003, ainda podem fazer jus a proventos calculados sobre a remuneração integral do cargo efetivo ocupado, desde que satisfeitos os requisitos indicados pelo artigo 6º da Emenda:

> *Art. 6º Ressalvado o direito de opção à aposentadoria pelas normas estabelecidas pelo art. 40 da Constituição Federal ou pelas regras estabelecidas pelo art. 2º desta Emenda, o servidor da União, dos Estados, do Distrito Federal e dos Municípios, incluídas suas autarquias e fundações, que tenha ingressado no serviço público até a data de publicação desta Emenda poderá aposentar-se com proventos integrais, que corresponderão à totalidade da remuneração do servidor no cargo efetivo em que se der a aposentadoria, na forma da lei, quando, observadas as reduções de idade e tempo de contribuição contidas no § 5º do art. 40 da Constituição Federal, vier a preencher, cumulativamente, as seguintes condições:*
>
> *I - sessenta anos de idade, se homem, e cinqüenta e cinco anos de idade, se mulher:*
>
> *II - trinta e cinco anos de contribuição, se homem, e trinta anos de contribuição, se mulher;*
>
> *III - vinte anos de efetivo exercício no serviço público; e*
>
> *IV - dez anos de carreira e cinco anos de efetivo exercício no cargo em que se der a aposentadoria.*
>
> *Parágrafo único. Os proventos das aposentadorias concedidas conforme este artigo serão revistos na mesma proporção e na mesma data, sempre que se modificar a remuneração dos servidores em atividade, na forma da lei, observado o disposto no art. 37, Xl, da Constituição Federal.*

Ressaltando a diferenciação de tratamento entre as regras do artigo 2º e do artigo 6º da Emenda 41, Fábio Zambitte lbrahim aponta que

> *Enquanto a primeira regra transitória (art. 2º) admite servidores que tenham ingressado no serviço público até a data da publicação da EC n. 20/98 (16/12/98), a segunda regra (art. 6º) admite servidores [que tenham ingressado] até a data da publicação da EC n. 41/03 (31/12/2003).*
>
> *Obviamente, todos os servidores que estejam abrangidos pelo art. 2º poderão beneficiar-se, alternativamente, pelo art. 6º, mas a recíproca não é verdadeira. Os servidores que ingressaram no serviço público após 16/12/1998, mas antes de 31/12/2003, somente poderão utilizar-se da regra transitória do art. 6º. O ingresso no serviço público após 31/12/2003 impõe, necessariamente, a aplicação das regras definitivas do art. 40 da CRFB/88.*[429]

Impõe-se, nesse caso, que o servidor tenha cumprido bem mais requisitos que os exigidos em relação às regras atuais do artigo 40 da Constituição.

O reajustamento dos proventos de aposentadorias de servidores concedidas na forma do art. 6º da Emenda 41 se dará de acordo com a regra de paridade com os servidores públicos em atividade[430], limitados os proventos, sempre, ao valor limite de remuneração do serviço público, fixado pelo artigo 37, XI, da Constituição – o valor do subsídio mensal percebido, em espécie, pelos Ministros do Supremo Tribunal Federal, ao que se tem denominado "paridade parcial".[431]

---

429 TAVARES (coord.), **Comentários à Reforma da Previdência:** EC n. 41/2003. 2. ed. Rio de Janeiro: Impetus, 2004, p. 108.

430 MODESTO (org.), **Reforma da Previdência:** análise e crítica da Emenda Constitucional n. 41/2003, p. 97.

431 TAVARES (coord.), **Comentários à Reforma da Previdência:** EC n. 41/2003, p. 109.

A última regra de transição a ser analisada é a mais recente. Aplica-se aos agentes públicos que ingressaram no serviço público até 16.12.1998, e lhes assegura proventos integrais e paridade plena, desde que satisfeitos todos os requisitos a seguir:

- tempo de contribuição de 35 anos (homem) ou 30 anos (mulher);
- 25 anos de efetivo exercício no serviço público, 15 anos de carreira e 5 anos no cargo;
- idade mínima resultante da redução, relativamente aos limites do art. 40, § 1º, inciso III, alínea *a*, da Constituição Federal, de um ano de idade para cada ano de contribuição que exceder a condição prevista no inciso I do *caput* do artigo.

Trata-se da adoção da chamada "fórmula 95/85": por esta, o que importa, para fazer jus à aposentadoria, é a soma da idade com o tempo de contribuição: se o ocupante de cargo efetivo ou vitalício do sexo masculino tiver idade mais tempo de contribuição igual a 95, e a do sexo feminino tiver idade mais tempo de contribuição igual a 85, independentemente da idade mínima, fará jus à aposentadoria, desde que satisfaça as demais exigências (25 anos de serviço público, 15 anos de carreira e 5 anos no cargo em que pretende se aposentar).

É dizer, essa regra de transição assegura ao ocupante de cargo efetivo ou vitalício que preencha todos os requisitos estabelecidos, o direito de se aposentar com o valor da última remuneração do cargo em que permaneceu por cinco anos ou mais, bem como a paridade plena com os ocupantes de cargo efetivo ou vitalícios em atividade, sem exigir, no caso das mulheres, nenhum tempo a mais do que antes da Emenda n. 20 já fosse exigido (30 anos), e para os homens, exigindo apenas 5 anos a mais.

Evidentemente, a dificuldade maior estará na comprovação dos demais requisitos (25 anos de serviço público e 15 de carreira), que nem todos possuem ainda, mas podem vir a cumprir, quando, a partir de então, poderão requerer aposentadoria com base na Emenda n. 47.

Quanto à possibilidade de utilização da regra geral constante da atual redação do art. 40, § 1º, inciso III, alíneas *a* ou *b*, da Constituição, esta se mantém existente. Isto é, o ocupante de cargo efetivo ou vitalício que, por opção, pretender se aposentar pela média das remunerações que serviram de base para a contribuição previdenciária vertida aos Regimes a que esteve vinculado desde julho de 1994, ou desde o início de sua filiação a algum Regime (o que ocorreu, cronologicamente, por último), limitado ao valor de sua última remuneração, e com proventos reajustados pelos índices aplicados aos benefícios do RGPS-INSS, pode fazê-lo.

Aposentadorias deferidas entre 1.1.2004 e 5.7.2005 – com a promulgação da Emenda n. 47, em 5.7.2005, como visto, houve significativa mudança no tocante às regras de transição aplicáveis aos agentes públicos que tenham ingressado no serviço público antes da vigência da Emenda n. 20 (16.12.1998).

A regra da Emenda n. 47 (art. 3º), bem mais benéfica que as anteriores, acarretou, necessariamente, um prejuízo àqueles que, no interregno da vigência da Emenda n. 41 até a sua promulgação, requereram aposentadoria voluntária com fundamento na regra do art. 2º da Emenda n. 41.

É importante ressaltar que a Emenda n. 47, embora promulgada em 5.7.2005, teve seus efeitos retro-operantes a 1.1.2004 (art. 6º da Emenda n. 47).

Portanto, em função do princípio da uniformidade dos benefícios – art. 194, parágrafo único, inciso II, da Constituição – não se pode admitir que haja tratamento não-isonômico entre segurados do mesmo Regime Previdenciário, pelo simples fato de que alguns deles se anteciparam e requereram de imediato o benefício, enquanto outros, por algum motivo, resolveram aguardar para após requerer.

Ou seja, é imperioso, por questões de isonomia de tratamento, que se admita a revisão dos proventos dos que se aposentaram antes da Emenda n. 47, com base em alguma regra de transição, de 1.1.2004 em diante.

Assim, é curial apontar que, os agentes públicos que, nesse interregno, requereram aposentadoria com fulcro no art. 2º da Emenda n. 41, fazem jus à revisão de seus proventos, por existir norma mais benéfica em relação ao seu direito, a qual, tendo efeitos retro-operantes, deve ser considerada para efeito de concessão de aposentadorias entre 1.1.2004 e 5.7.2005.

O servidor aposentado com provento proporcional, cuja aposentadoria tenha se dado no período de 31.12.2003 a 19.2.2004 com fundamento legal no artigo 40 da Constituição Federal de 1988, com a redação dada pela EC n. 41, de 2003, que tenha sido acometido até 19.2.2004 de doença que justifique a incidência do artigo 190 da Lei n. 8.112, de 1990, em seus termos atuais, comprovada por laudo médico oficial emitido até 19.2.2004, tem direito à conversão de seu provento de proporcional para integral segundo a sistemática de cálculo vigente até a publicação da MP n. 167, de 2004. A matéria foi disciplinada no âmbito da Administração Federal pela Instrução Normativa n. 5/2008, do Ministério do Planejamento, Orçamento e Gestão.

Os proventos de aposentadoria, desde que motivada por acidente em serviço, e os percebidos pelos portadores de moléstia profissional e das doenças especificadas no artigo 6º, inciso XIV, da Lei n. 7.713, de 22 de dezembro de 1988, com redação dada pela Lei n. 11.052, de 29 de dezembro de 2004, são isentos de Imposto de Renda, mesmo que a doença tenha sido contraída depois da aposentadoria.

– Servidores que ingressaram entre a promulgação da Emenda n. 20 e a promulgação da Emenda n. 41

Os servidores públicos que tomaram posse em cargo público no período que mediou entre a promulgação das duas Emendas têm em seu favor apenas uma regra de transição: *a do art. 6º da Emenda n. 41/2003*, com proventos calculados sobre o valor da remuneração do cargo em que se der a aposentadoria, reajustados os proventos toda vez que a remuneração dos servidores em atividade for majorada.[432]

Evidentemente, caso não queiram se aposentar pelos critérios ali previstos, podem os servidores que ingressaram em cargo público antes da Emenda Constitucional n. 41/2003 optar pela aposentadoria segundo os requisitos da redação atual do art. 40 da Constituição, fazendo jus, então a proventos calculados segundo a média aritmética dos valores tomados como base para as contribuições aos Regimes de Previdência a que tenha sido filiado, corrigidos monetariamente (conforme a regulamentação conferida pela Lei n. 10.887), com direito a reajustes em percentuais iguais aos dos benefícios do Regime Geral de Previdência Social. [433]

6.4 Aposentadorias Especiais

O texto constitucional prevê, no § 4º do art. 40, as possibilidades de aposentadorias especiais nos Regimes Próprios de Previdência dos servidores ocupantes de cargo efetivo:

> *§ 4º É vedada a adoção de requisitos e critérios diferenciados para a concessão de aposentadoria aos abrangidos pelo regime de que trata este artigo, ressalvados, nos termos definidos em leis complementares, os casos de servidores: (Redação dada pela Emenda Constitucional nº 47, de 2005)*
>
> *I portadores de deficiência; (Incluído pela Emenda Constitucional nº 47, de 2005)*
>
> *II que exerçam atividades de risco; (Incluído pela Emenda Constitucional nº 47, de 2005)*
>
> *III cujas atividades sejam exercidas sob condições especiais que prejudiquem a saúde ou a integridade física.*

Em que pese a previsão da aposentadoria especial para atividades envolvendo agentes nocivos à saúde ou à integridade física desde o texto original da Constituição de 1988, até a presente data não há regulamentação legal da matéria, no âmbito federal e na maioria dos estados e municípios.

O tema chegou ao STF por força de diversos mandados de injunção impetrados por servidores públicos, no mais das vezes trabalhando na área da saúde. A decisão que se tornou precedente na matéria foi proferida no MI 721, cujo relator foi o Min. Marco Aurélio Mello, publicada no DJe de 30.11.2007, que assegurou a aplicação subsidiária das regras sobre aposentadoria especial previstas no RGPS para as atividades prestadas por servidor filiado a Regime Próprio de Previdência, por força do § 12 do art. 40 da Constituição, ante a ausência de lei específica do respectivo ente público, assim ementada:

> *MANDADO DE INJUNÇÃO - NATUREZA. Conforme disposto no inciso LXXI do artigo 5º da Constituição Federal, conceder-se-á mandado de injunção quando necessário ao exercício dos direitos e liberdades constitucionais e das prerrogativas inerentes à nacionalidade, à soberania*

---

432 CAMPOS, **Regime Próprio de Previdência Social dos Servidores Públicos**, p. 99.

433 TAVARES (coord.), **Comentários à Reforma da Previdência:** EC n. 41/2003, p. 107.

e à cidadania. Há ação mandamental e não simplesmente declaratória de omissão. A carga de declaração não é objeto da impetração, mas premissa da ordem a ser formalizada. MANDADO DE INJUNÇÃO - DECISÃO - BALIZAS. Tratando-se de processo subjetivo, a decisão possui eficácia considerada a relação jurídica nele revelada. APOSENTADORIA - TRABALHO EM CONDIÇÕES ESPECIAIS - PREJUÍZO À SAÚDE DO SERVIDOR - INEXISTÊNCIA DE LEI COMPLEMENTAR - ARTIGO 40, § 4º, DA CONSTITUIÇÃO FEDERAL. Inexistente a disciplina específica da aposentadoria especial do servidor, impõe-se a adoção, via pronunciamento judicial, daquela própria aos trabalhadores em geral - artigo 57, § 1º, da Lei nº 8.213/91.

Visando disciplinar o cumprimento das decisões proferidas, foi publicada a Instrução Normativa SPPS n. 1/2010, que "*estabelece instruções para o reconhecimento do tempo de serviço público exercido sob condições especiais que prejudiquem a saúde ou a integridade física pelos regimes próprios de previdência social para fins de concessão de aposentadoria especial aos servidores públicos amparados por Mandado de Injunção*".

O art. 2º da referida Instrução Normativa, ao procurar definir os critérios a serem utilizados para o reconhecimento do direito de servidores à aposentadoria especial, prevê:

> *Art. 2º A caracterização e a comprovação do tempo de atividade sob condições especiais obedecerão ao disposto na legislação em vigor na época do exercício das atribuições do servidor público.*
>
> *§ 1º O reconhecimento de tempo de serviço público exercido sob condições especiais prejudiciais à saúde ou à integridade física pelos regimes próprios dependerá de comprovação do exercício de atribuições do cargo público de modo permanente, não ocasional nem intermitente, nessas condições.*
>
> *§ 2º Não será admitida a comprovação de tempo de serviço público sob condições especiais por meio de prova exclusivamente testemunhal ou com base no mero recebimento de adicional de insalubridade ou equivalente.*

O que se observa, em relação a esse aspecto, é que a comprovação da atividade especial será dificultada para a grande maioria dos servidores, já que muitos dos entes públicos não produziram os laudos técnicos periciais para demonstrar o exercício do labor em caráter nocivo à saúde, a exemplo do que é exigido das empresas pelo RGPS. Assim, em que pese a Instrução Normativa prever a forma de comprovação (arts. 3º a 13), nota-se que ainda não será plenamente reconhecido o direito desses servidores.

Em paralelo a isso, tramita projeto de lei no Congresso Nacional (PL 555/2010) que visa regulamentar o assunto; todavia, já se constatam problemas no referido projeto:

- O artigo 2º do projeto 555 dispõe sobre tempo de atividade especial, exigindo mínimo de 25 anos na atividade pelo servidor (embora o RGPS tenha previsão de atividades que geram aposentadoria aos 15 e 20 anos);

- O artigo 4º prevê que caberá ao Executivo Federal regulamentar a forma de comprovação da atividade especial, o que acarreta grave violação do princípio federativo (restringindo a autonomia dos entes federados).

Além disso, continuará faltando regulamentar as demais aposentadorias "especiais" - dos portadores de necessidades especiais e de atividades de risco - esta última, objeto do projeto n. 554/2010.

Quanto à atividade de risco na carreira policial, o Plenário do STF tem jurisprudência firmada no sentido de que *o inciso 1º, artigo 1º da Lei Complementar n. 51/1985 foi recepcionado pela Constituição Federal de 1988.* Esse dispositivo prevê que ao servidor policial é garantido o direito à aposentadoria voluntária, com proventos integrais, após 30 anos de serviço, desde que conte pelo menos 20 anos de exercício em cargo de natureza estritamente policial. O Recurso Extraordinário nº 567110, protocolado no STF em outubro de 2007, teve reconhecido o caráter de repercussão geral. Posteriormente, em 13 de setembro daquele mesmo ano, o Plenário da Suprema Corte julgou um caso idêntico na ADI 3817, concluindo que o artigo 1º da LC 51 foi recepcionado pela EC 20/98, que deu nova redação ao artigo 40, parágrafo 4º da CF.

Pende de análise pelo STF, em repercussão geral reconhecida (RE 612358) a discussão a respeito do direito adquirido à contagem especial do tempo de serviço prestado em condições insalubres, enquanto celetistas, pelos servidores que posteriormente passaram ao regime estatutário. No recurso, a União sustenta não ser possível a contagem diferenciada do tempo de serviço exercido sob o regime da CLT, tendo em vista não ser passível de conjugar direitos decorrentes da aplicação desse regime com o estatutário. A ministra Ellen Gracie, relatora do RE, sustentou que a matéria já se encontra pacificada no STF, no sentido do direito adquirido à contagem especial, e sugeriu a mesma solução do processo anterior, com base no artigo 325 do Regimento Interno do STF (Informativo Noticias STF, sítio www.stf.jus.br, acesso em 24.8.2010).

Capítulo 7
Pensão por Morte nos Regimes Próprios

No tocante às pensões por morte, existia, desde 1890, o Montepio Civil, criado pelo Decreto n. 942-A, de 31 de outubro, cujo objetivo era o de "prover a subsistência e amparar o futuro das famílias dos empregados [públicos], quando estes falecessem ou ficassem impossibilitados para sustenta-las decentemente".[434] Em 1926, registra-se a criação do Instituto de Previdência dos Funcionários Públicos Civis da União[435], transformado no Instituto de Previdência e Assistência dos Servidores do Estado — IPASE, em 1938, pelo Decreto-Lei n. 288, que tinha por finalidade a cotização dos Servidores apenas para garantir a seus familiares a pensão por morte, o pecúlio e outros benefícios a dependentes, mas não a aposentadoria, que permaneceu custeada exclusivamente pelo Erário.

A pensão por morte, na redação original da Constituição de 1988, correspondia ao valor da última remuneração do servidor, quando o óbito ocorria em atividade, ou ao valor da aposentadoria, quando já aposentado.

A Emenda n. 41 passa a prever alteração na fórmula de cálculo, determinando, na nova redação do § 7º do art. 40:

> *§ 7º Lei disporá sobre a concessão do benefício de pensão por morte, que será igual:*
>
> *I - ao valor da totalidade dos proventos do servidor falecido, até o limite máximo estabelecido para os benefícios do regime geral de previdência social de que trata o art. 201, acrescido de setenta por cento da parcela excedente a este limite, caso aposentado à data do óbito; ou*
>
> *II - ao valor da totalidade da remuneração do servidor no cargo efetivo em que se deu o falecimento, até o limite máximo estabelecido para os benefícios do regime geral de previdência social de que trata o art. 201, acrescido de setenta por cento da parcela excedente a este limite, caso em atividade na data do óbito.*

---

434 "Alguns autores combateram a criação do montepio, entendendo não ser lícito ao Estado proceder a descontos no pagamento dos funcionários para constituir uma quantia de reserva, destinada a proteger as famílias desamparadas pela morte do chefe, porque, raciocinavam que, nesse caso, o Estado seria o tutor do funcionário obrigando-o a uma economia forçada" (CRETELLA JÚNIOR, **Tratado de Direito Administrativo**, p. 344).

435 VASCONCELOS, **Assistência Social do Estado**, p. 132.

Desta forma, o valor da pensão por morte passa a ser reduzido nos casos em que o servidor vinha recebendo remuneração ou proventos (aposentadoria) maior que o valor teto do RGPS.

Tal mudança, no âmbito federal, somente operou efeitos a partir da promulgação da Medida Provisória n. 167, em 20.2.2005, o que leva a concluir que as pensões devidas em razão de óbitos de servidores ocorridos até 19.2.2005 ainda são regidas pela regra anterior (cálculo igual ao valor da última remuneração ou aposentadoria percebida pelo *de cujus*).

Já no âmbito dos Estados, Distrito Federal e Municípios, há dúvida sobre se a mudança somente pode ser implementada a partir da edição da lei própria de cada ente da Federação, ou se é auto-aplicável a regra incluída pela Emenda n. 41. O Tribunal de Justiça do Rio Grande do Sul posicionou-se pela auto-aplicabilidade:

> *APELAÇÃO. PREVIDÊNCIA PÚBLICA. PENSÃO INTEGRAL. IMPOSSIBILIDADE. DESCONTO PREVIDENCIÁRIO. POSSIBILIDADE.*
>
> *I - A Emenda Constitucional 41/03 introduziu novas regras para a concessão da pensão por morte. Assim, sendo a data do óbito do servidor posterior à EC 41/03, deve ser considerado, para a fixação da pensão, o limite máximo estabelecido para os benefícios do Regime Geral de Previdência Social, acrescido de 70% da parcela excedente a este limite.*
>
> *II - Cabível desconto da contribuição previdenciária sobre proventos de servidor inativo e pensionista, sobre as parcelas que excedam o teto previsto na Emenda Constitucional nº 41/03, a partir da sua vigência. Jurisprudência do STF e Tribunal de Justiça do Estado. Apelação desprovida. (Apelação Cível Nº 70033174160, Terceira Câmara Especial Cível, Tribunal de Justiça do RS, Relator: Eduardo Delgado, Julgado em 22/06/2010).*

Ainda quanto à sistemática de revisão da pensão por morte há uma importante exceção prevista na Emenda Constitucional n. 47, de 2005, na hipótese das pensões decorrentes das aposentadorias integrais e com direito a paridade com base na regra de transição criada pelo art. 3º dessa Emenda, aplicável aos servidores que ingressaram no serviço público até a EC nº 20/98 (opção comentada no Capítulo 6).

Nesta situação, será adotado o critério de paridade às pensões derivadas dos proventos de servidores falecidos que tenham se aposentado em conformidade com o mencionado artigo. Importante para tanto transcrever os dispositivos constitucionais relacionados:

> *EC n. 47/2005: "Art. 3º Ressalvado o direito de opção à aposentadoria pelas normas estabelecidas pelo art. 40 da Constituição Federal ou pelas regras estabelecidas pelos arts. 2º e 6º da Emenda Constitucional nº 41, de 2003, o servidor da União, dos Estados, do Distrito Federal e dos Municípios, incluídas suas autarquias e fundações, que tenha ingressado no serviço público até 16 de dezembro de 1998 poderá aposentar-se com proventos integrais, desde que preencha, cumulativamente, as seguintes condições:*
>
> *I - trinta e cinco anos de contribuição, se homem, e trinta anos de contribuição, se mulher;*
>
> *II - vinte e cinco anos de efetivo exercício no serviço público, quinze anos de carreira e cinco anos no cargo em que se der a aposentadoria;*

III - idade mínima resultante da redução, relativamente aos limites do art. 40, § 1º, inciso III, alínea "a", da Constituição Federal, de um ano de idade para cada ano de contribuição que exceder a condição prevista no inciso I do caput deste artigo.

Parágrafo único. Aplica-se ao valor dos proventos de aposentadorias concedidas com base neste artigo o disposto no art. 7º da Emenda Constitucional nº 41, de 2003, observando-se igual critério de revisão às pensões derivadas dos proventos de servidores falecidos que tenham se aposentado em conformidade com este artigo."

EC n. 41/2003: "Art. 7º Observado o disposto no art. 37, XI, da Constituição Federal, os proventos de aposentadoria dos servidores públicos titulares de cargo efetivo e as pensões dos seus dependentes pagos pela União, Estados, Distrito Federal e Municípios, incluídas suas autarquias e fundações, em fruição na data de publicação desta Emenda, bem como os proventos de aposentadoria dos servidores e as pensões dos dependentes abrangidos pelo art. 3º desta Emenda, serão revistos na mesma proporção e na mesma data, sempre que se modificar a remuneração dos servidores em atividade, sendo também estendidos aos aposentados e pensionistas quaisquer benefícios ou vantagens posteriormente concedidos aos servidores em atividade, inclusive quando decorrentes da transformação ou reclassificação do cargo ou função em que se deu a aposentadoria ou que serviu de referência para a concessão da pensão, na forma da lei."

Capítulo 8

Reajustamento do Valor dos Benefícios

Garantia o Texto Constitucional que os proventos de aposentadoria seriam revistos na mesma proporção e na mesma data que o vencimento dos servidores públicos em atividade, mantendo a regra da paridade entre ativos e inativos.[436]

Altera a Emenda n. 41, de 2003, ainda, o critério de majoração das aposentadorias e pensões, para definir que, para os que ingressarem no serviço público após a sua promulgação, os proventos serão reajustados conforme critério definido em lei, quebrando-se a regra da paridade com os Servidores em atividade; a matéria, no âmbito dos servidores públicos Federais, já foi regulamentada pela Medida Provisória n. 167, de 19 de janeiro de 2004, convertida na Lei n. 10.887, de 18 de junho de 2004[437], em seu artigo 15, ficando ali definido que as aposentadorias e pensões devidas pelo Regime dos Servidores Federais receberão o mesmo índice de majoração utilizado para os benefícios do Regime Geral de Previdência Social, e serão reajustadas na mesma data que estes.[438]

Porém, essa nova regra é destinada tão somente para as aposentadorias a serem concedidas aos servidores que ingressarem no serviço público após a publi-

436 "Os direitos à integralidade e à paridade são estritamente associados e compõem um elemento diferencial fundamental do regime previdenciário próprio dos titulares de cargo efetivo. O direito à equivalência entre proventos de inatividade e vencimentos da atividade confere permanência ao direito à integralidade. Sem a equivalência, ou paridade, o direito à integralidade cessaria no próprio momento da concessão do benefício previdenciário. Sem a integralidade, a paridade importaria em igualdade percentual e não em igualdade de valores na revisão de benefícios, pois não haveria incidência de percentuais sobre as mesmas bases. Esta é a compreensão imediata que se extrai da redação dos §§ 3º e 8º do art. 40 da Constituição Federal, na redação anterior à Emenda Constitucional n. 41/03" (MODESTO, Paulo. Reforma da Previdência e Regime Jurídico da Aposentadoria dos Titulares de Cargo Público. *In*: MODESTO, Paulo (org.). **Reforma da Previdência:** análise e crítica da Emenda Constitucional n. 41/2003. Belo Horizonte: Fórum, 2004, p. 42.

437 A mesma Lei, alterando o texto da Lei n. 8.213, de 24 de julho de 1991, incluiu nesta o art. 29-B, o qual estabelece: "Art. 29-B. Os salários-de-contribuição considerados no cálculo do valor do benefício serão corrigidos mês a mês de acordo com a variação integral do Índice Nacional de Preços ao Consumidor - INPC, calculado pela Fundação Instituto Brasileiro de Geografia e Estatística — IBGE", que passou a ser o índice fixado para tal fim (CAMPOS, **Regime Próprio de Previdência Social dos Servidores Públicos**, p. 101).

438 DI PIETRO, **Direito Administrativo**, p. 448.

cação da EC nº 41/2003 e aos que não se aposentarem por regras de transição que assegurem a igualdade de tratamento com os servidores em atividade e os detentores de direito adquirido, já que estas últimas seguem os preceitos determinados pela EC nº 20/1998, ou seja, continuam sendo destinatárias de paridade com os servidores em atividade, sendo revistas na mesma proporção e na mesma data que se modificar a respectiva remuneração, dos ativos, estendido aos inativos quaisquer benefícios ou vantagens posteriormente concedidos aos servidores em atividade, na forma do disposto no art. 7º da EC nº 41/2003, *in verbis*:

> *Art. 7º- Observado o disposto no art. 37, XI, da Constituição Federal, os proventos de aposentadoria dos servidores públicos titulares de cargo efetivo e as pensões dos seus dependentes pagos pela União, Estado, Distrito Federal e Municípios, incluídas suas autarquias e fundações, em fruição da data de publicação desta Emenda, bem como os proventos de aposentadoria dos servidores e as pensões dos dependentes abrangidos pelo art. 3º desta Emenda, serão revistos na mesma proporção e na mesma data, sempre que se modificar a remuneração dos servidores em atividade, sendo também estendidos aos aposentados e pensionistas quaisquer benefícios ou vantagens posteriormente concedidos aos servidores em atividade, inclusive quando decorrentes da transformação ou reclassificação do cargo ou função em que se deu a aposentadoria ou que serviu de referência para a concessão da pensão, na forma da lei.*

Anote-se que, desde 2004, as aposentadorias e pensões concedidas com fundamento na nova redação do art. 40 da Constituição, no âmbito do Regime dos Servidores Públicos Federais, não têm sido reajustadas como determina o § 8º do art. 40 da Constituição e o art. 15 da Lei n. 10.887/2004. Tal situação já vem gerando demandas judiciais ajuizadas por servidores públicos federais, como é exemplo o Mandado de Segurança n. 25871/DF, impetrado no STF por um servidor aposentado que pertencia ao quadro do Tribunal de Contas da União, para compelir aquele órgão *a proceder ao reajuste anual de seu benefício:*

> *MANDADO DE SEGURANÇA. Legitimidade. Passiva. Tribunal de Contas da União - TCU. Caracterização. servidor público aposentado desse órgão. Proventos. Pedido de ordem para reajuste e pagamento. Verba devida pelo Tribunal a que está vinculado o funcionário aposentado. Efeito jurídico eventual de sentença favorável que recai sobre o TCU. Aplicação do art. 185, § 1º, da Lei Federal nº 8.112/90. Preliminar repelida. O Tribunal de Contas da União é parte passiva legítima em mandado de segurança para obtenção de reajuste de proventos de servidor seu que se aposentou. 2.Servidor público. Funcionário aposentado. Proventos. Reajuste ou reajustamento anual. Exercício de 2005. Índice. Falta de definição pelo TCU. Adoção do índice aplicado aos benefícios do RGPS. Direito líquido e certo ao reajuste. MS concedido para assegurá-lo. Aplicação do art. 40, § 8º, da CF, cc. art. 9º da Lei nº 9.717/98, e art. 65, § único, da Orientação Normativa nº 3 de 2004, do Ministério da Previdência Social. Inteligência do art. 15 da Lei nº 10.887/2004. Servidor aposentado do Tribunal de Contas da União tem direito líquido e certo a reajuste dos proventos na ordem de 5,405%, no exercício de 2005. (Rel. Min. Cezar Peluso, Pleno, DJe 04.04.2008).*

A Lei n. 11.784, de 22.9.2008, que trata de diversos assuntos ligados ao serviço público federal, alterou o art. 15 da Lei n. 10.887/2004 para prever que os proventos de aposentadoria e as pensões que não mais obedecem à regra da paridade com os servidores em atividade serão reajustados, *a partir de janeiro de 2008*, na mesma data e índice em que se der o reajuste dos benefícios do RGPS. Silencia o texto, contudo, acerca dos reajustes devidos nos anos anteriores (2004 a 2007), permanecendo, portanto, a mora legislativa sobre a matéria.

Capítulo 9

Direito Adquirido nos Regimes Próprios

Questão que merece especial análise, no trato dos denominados Regimes de Previdência Social, é a caracterização das situações de direito adquirido e a aplicação prática aos casos concretos.

Para fins da abordagem que se pretende, propõe-se estabelecer a noção de direito adquirido a partir do direito intertemporal, ou seja, em função dos efeitos da revogação da norma jurídica em que se sustenta o detentor de direito adquirido.

Há quem sustente que a aplicação prática aos casos concretos de direito adquirido corresponde a se "tirar uma fotografia" do beneficiário da regra jurídica revogada ao tempo da revogação: é a situação do indivíduo quando da modificação da ordem jurídica que deve ser assegurada. Tal procedimento se dá, por exemplo, no RGPS, quando o INSS concede aposentadoria a segurados que, ao tempo da Emenda Constitucional n. 20/98, preenchiam os requisitos para a aposentadoria por tempo de serviço (extinta): o benefício é calculado, segundo o previsto no Dec. 3.048/99, com base nos 36 últimos salários de contribuição computados da promulgação da referida Emenda para trás.

Noutra forma de ver o assunto, pode-se supor que a norma antiga, embora revogada, mantém seus efeitos, em caráter excepcional, àqueles que, ao tempo de sua vigência, obtiveram o direito a exercitar uma determinada pretensão, embora não o tenham feito. Isto porque é premissa fundamental que o detentor de direito adquirido pode, sempre e a qualquer tempo, exercitar a pretensão que a norma antiga lhe assegurou, não podendo a nova ordem jurídica modificar os efeitos da pretensão ainda não exercitada. Daí se poder afirmar que, para o detentor de direito adquirido, é como se houvesse uma "ultra-atividade" da norma revogada, o que permitiria a este indivíduo o exercício pleno de sua pretensão.

Para a plena efetividade do direito, então, dever-se-ia abstrair, quando da aplicação da norma antiga ao caso concreto, todas as mudanças ocorridas na ordem jurídica que pudessem, de alguma forma, afetar a pretensão do indivíduo, pois caso se permita que as modificações introduzidas acarretem alguma diferença na aplicação da regra antiga, então não se terá respeitado o princípio constitucional que exige o respeito, pelo legislador e pelo intérprete do Direito, às situações amparadas por este instituto.

Assim, no caso de servidores públicos, que adquiriram o direito antes das mudanças operadas no texto constitucional, e com isso têm assegurada a integralidade dos proventos calculados sobre "a última remuneração", tal como previa o texto original do art. 40 da Constituição, e mesmo sob a égide da redação conferida pela Emenda Constitucional n. 20/98 e suas regras de transição, e ainda, na forma das regras de transição hoje vigentes que permitem os proventos calculados desta forma, deve ser considerado como base de cálculo o valor da remuneração auferida ao tempo do requerimento e concessão da aposentadoria, e não o valor da remuneração quando da alteração constitucional.

Da mesma forma, não se pode exigir dos detentores de direito já adquirido qualquer dos requisitos impostos pelas alterações constitucionais. Neste sentido:

> *Magistrado: aposentadoria com proventos de Juiz Togado do TRT/12ª Região: preenchimento dos requisitos necessários previstos no primitivo art. 93, VI, da Constituição antes da promulgação da EC 20/98. 1. Retificada pela Justiça Trabalhista a data da posse do impetrante para a data em que se dera a rejeição ilegal de seu acesso ao TRT/12ª Região, tem-se que, para efeitos de aposentadoria, desde a mesma data deve ele ser considerado como integrante daquela Corte. 2. Preencheu, portanto, todos os requisitos para a sua aposentadoria (trinta anos de serviço e cinco de magistratura) antes da EC 20/98, aplicando-se-lhe o seu art. 3º, que assegura a concessão de aposentadoria aos que - até a data da publicação da Emenda - tenham cumprido os requisitos previstos na legislação antes vigente (antigo art. 93, VI, CF), sem a exigência atual de cinco anos no cargo (art. 40, § 1º, III, CF): donde, o direito do impetrante aos proventos de juiz togado do Tribunal (STF, MS 24008-3/DF, Rel. Min. Sepúlveda Pertence, DJ 18.3.2005).*

Cumpre lembrar ainda que a aquisição do direito à aposentadoria não depende de haver requerimento do interessado (Súmula n. 359 do STF), bastando que, ao tempo da norma antiga, revogada, o beneficiário já tivesse cumprido todos os requisitos estabelecidos para o exercício do direito:

> *Servidor público: aposentadoria: direito adquirido aos proventos conforme a lei regente ao tempo da reunião dos requisitos da inatividade, ainda quando só requerida na vigência da lei posterior menos favorável (Súmula 359, revista) (RE 382.631-AgR, Rel. Min. Sepúlveda Pertence, julgamento em 18.10.2005, DJ de 11.11.2005).*

Desta forma se conclui que a existência de direito adquirido deve ser analisada de acordo com o ordenamento jurídico até então vigente, desconsiderando-se todas as alterações normativas posteriores, sob pena de prejuízo à aplicação correta do instituto.

Capítulo 10
Previdência Complementar para Servidores Públicos

Com a Constituição Federal, a partir da Emenda Constitucional nº 20, de 16 de dezembro de 1998, iniciaram-se grandes reformas no sistema da seguridade social, dentre outras providências estabelecendo a necessidade de um novo marco regulatório para a previdência complementar, cujos princípios e premissas fundamentais foram fixados na redação que propiciou ao art. 40 e art. 202, e seus parágrafos, da Carta Política. Estes novos dispositivos determinaram que o regime de previdência complementar seria veiculado por lei complementar.

Em 1999 foram encaminhados 3 (três) Projetos de Lei Complementar, de nºs 8, 9 e 10, sendo que o primeiro e o último se converteram nas Leis Complementares nºs 108 e 109, respectivamente. A segunda a reger a atividade de previdência complementar, nos segmentos aberto e fechado, e a primeira a estabelecer aspectos de observância peculiares das Entidades Fechadas de Previdência Complementar patrocinadas por entidades públicas. O PLC nº 9 correspondia ao projeto de criação de previdência complementar para os membros do Poder Público, em substituição ao Regime do Servidor Público. Tal projeto não caminhou.

Novos lances a respeito do tema foram empreendidos a partir das Emendas Constitucionais nºs 41, de 19 de dezembro de 2003, 45, de 08 de dezembro de 2004 e 47 de 05 de julho de 2005; quando ao tratarem de diversas questões vinculadas ao funcionalismo público e à organização da Justiça nacional, estabeleceram algumas premissas e outras tantas limitações ao então vigente regime próprio de previdência social daqueles, ao mesmo tempo em que indicaram algumas sinalizações acerca do encaminhamento de montagem de previdência complementar como modelo opcional de previdência para os servidores públicos.

Leonardo Alves Rangel, técnico de planejamento e pesquisa do IPEA, produziu estudo onde afirma que: "*Pode-se afirmar que a previdência complementar dos servidores públicos, prevista na Emenda Constitucional no 41, terá duplo caráter a partir do momento de sua implantação. O primeiro será a complementação das aposentadorias dos servidores públicos que forem legalmente afetados pelo teto de pagamento de benefícios; outro será a formação de uma poupança de longo prazo que poderá servir como fonte de financiamento para investimentos de longa maturação, o que é de extrema importância para o desenvolvimento do país.*" [439]

Tramita no Congresso Nacional o projeto de lei que prevê a criação de fundo de previdência complementar para os servidores públicos (PL n. 1992/2007), com o nome de Fundação de Previdência Complementar do Servidor Público Federal - FUNPRESP, estabelecendo sua natureza jurídica como sendo de fundação privada, cujos patrocinadores seriam a União, suas autarquias e fundações públicas federais, e participantes, os titulares de cargos públicos federais, optando-se pela criação de um fundo de pensão único para todos os agentes públicos federais, incluindo Magistrados, membros do Ministério Público Federal e do Tribunal de Contas da União, independente do cargo ocupado ou de pertencer a órgãos ou entidades distintas da Administração Federal.

Quanto à natureza jurídica, a Mensagem n. 664/2007, da Presidência da República, que encaminha o Projeto de Lei, sustenta que a previsão constitucional de que o fundo tenha natureza pública não deve significar que seja instituído na forma de autarquia ou fundação pública, mas sim que deve obedecer ao mesmo regramento que os fundos de previdência fechada e que, como os patrocinadores serão todos entidades públicas, alguns limites e controles devem ser obedecidos.

Assim, a previsão é que o FUNPRESP tenha o mesmo regime jurídico que as empresas públicas federais, o que exclui prerrogativas como foro privilegiado, impenhorabilidade de bens e prazos processuais dilatados, e indica que a contratação de pessoal, ainda que por concurso público, seja feita sob a égide da CLT.

O professor Wagner Balera publicou estudo sobre o tema que sintetizou da seguinte forma:

> *"Aqui pretendemos estudar certos aspectos que o novo tratamento previdenciário a ser dado aos servidores públicos, notadamente quanto à instituição de regime de previdência complementar em favor dessa categoria, acabará suscitando.*
>
> *O sistema previdenciário privado acaba de receber estruturação normativa diferenciada, em conformidade com o comando estampado no art. 202 da Lei Suprema.*
>
> *Deveras, em manifesto cumprimento ao determinado pela Ordem Social, o constituinte emendador reconfigurou a matéria de arte a engastá-la no sistema de seguridade social.*
>
> *Seguridade social que, em perspectiva previdenciária, será implementada mediante a conjugação de diversificados regimes: o regime geral, gerido pelo Poder Público, apto a garantir as necessidades básicas dos beneficiários; o regime próprio dos servidores públicos vinculados às diversas pessoas políticas e os regimes privados, colocados sob o cuidado dos particulares.*
>
> *Mais precisamente, a seguridade social terá duas vias de proteção do tipo previdenciário: a] a via básica (o seguro social, que compreende a proteção dos trabalhadores em geral, de servidores*

439 RANGEL, Leonardo Alves. *Previdência complementar dos servidores públicos e poupança de longo prazo. In* políticas sociais – acompanhamento e análise. 10.2.2005. Disponível em: http://www.ipea.gov.br/sites/000/2/publicacoes/bpsociais/bps_10/ENSAIO3_Leonardo.pdf. Acesso em 2.12.2010.

públicos e dos dependentes desses dois grupos) e; b] a via complementar (o seguro complementar facultativo do tipo fechado e do tipo aberto).

CONCLUSÕES

a) A entidade de previdência complementar receberá o seu código genético da lei que ordenar a respectiva ereção. A expressão "natureza pública" tão só identifica essa matriz geracional da entidade.

b) São aplicáveis as regras estampadas na Lei Complementar n. 108, de 2001, ao ordenamento jurídico que vier a ser instituído em favor dos servidores das entidades."[440]

Regra também polêmica é a do art. 23 do Projeto, que prevê a permissão para que Estados e Municípios adiram, como patrocinadores, ao fundo, o que permitiria que também servidores estaduais e municipais respectivos participassem e pudessem ser beneficiários.

Outro ponto a ser salientado e que, com a instituição desse regime complementar, o ente público que o instituir poderá, daí para a frente, estabelecer para novos agentes públicos, admitidos após a sua instituição, o teto de benefícios igual ao estabelecido para o Regime Geral de Previdência Social, recolhendo destes, com o valor máximo de salário de contribuição, a alíquota incidente sobre o mesmo valor teto do RGPS. Todavia, isso não poderá afetar os futuros benefícios a serem concedidos aos ocupantes de cargos públicos que, antes da instituição de tal fundo, já pertençam aos quadros de pessoal do ente público instituidor; apenas por expressa opção destes agentes públicos poderá o ente da Federação submetê-los ao "teto" idêntico ao do RGPS.

É dizer, os entes que chegarem a instituir fundo de previdência complementar terão que conviver, durante um longo período, com uma duplicidade de situações: de um lado, os ocupantes de cargos públicos que ingressaram antes da instituição do fundo de previdência complementar, que continuarão recolhendo contribuição sobre a totalidade da remuneração auferida e terão direito a benefícios cujo valor máximo será a própria remuneração do cargo, e o teto de remuneração da Administração Pública a que pertence; de outro lado, os que ingressarem após a instituição do fundo, que contribuirão sobre a remuneração, desde que esta não ultrapasse o valor-teto fixado para o RGPS, e receberão benefícios calculados por média, com valor máximo igual ao do RGPS. Ou seja, essa nova condição se assemelha praticamente em tudo a condição dos segurados do RGPS, salvo pela inexistência do "fator previdenciário" sobre aposentadorias voluntárias no serviço público.

440 BALERA, Wagner. Natureza da entidade de previdência complementar dos servidores públicos. In Revista da Faculdade de Direito, 2009 - metodista.br. Disponível em: https://www.metodista.br/revistas/revistas-ims/index.php/RFD/article/viewFile/481/478. Acesso em 2.12.2010.

Parte VI

Tendências do Direito Previdenciário

Capítulo 1
A globalização e o Estado contemporâneo

Muito se discute, há tempos, sobre a razão de existir do Estado perante a sociedade. Quando uma comunidade de pessoas delega, expressa ou tacitamente, a um grupo de pessoas a incumbência de dirigir os seus destinos, estabelecido sob certo território e insubmisso a qualquer poder externo, o faz com algum fundamento. É este fundamento, esta razão que, nos tempos atuais, volta a ser discutida.

A queda dos regimes absolutistas e a ascensão dos regimes liberal-burgueses trouxeram a concepção de Estado moderno, até hoje presente em seus princípios básicos – a democracia representativa, a temporariedade do mandato dos governantes, a divisão funcional do poder.

Paulo Bonavides, lecionando sobre a matéria, ensina que "a transição do mercantilismo ao liberalismo assinala o apogeu do individualismo e a elevação da liberdade individual a alturas nunca antes atingidas".[441] A finalidade do Estado na época da mencionada ruptura era, tão-somente, a consecução do Direito enquanto ordem jurídica, segundo *Kant*. Era o Estado liberal mero espectador das relações sociais, em contraposição ao Estado absolutista, extremamente disciplinador das condutas. *Laissez faire, laissez passer* é a expressão que cunhou este modelo estatal deflagrado a partir da Revolução Francesa. Nessa época, seria inconcebível falar em intervenção do Poder constituído a fim de compelir alguém se filiar a um regime previdenciário, ou verter contribuições para este fim.

Ressaltando, porém, como o fez *Jhering*, que "o fim é o criador de todo o direito",[442] resta rejeitada a tese kantiana. Então, deve-se concordar com *Marcel de la Bigne de Villeneuve*, para quem "o fim é um dos elementos rigorosamente necessários, talvez o elemento primordial, à compreensão da verdadeira natureza do Estado".[443] É com *Hegel* que se vai chegar à concepção de que o Estado é mais do

441 BONAVIDES, Paulo. *Teoria do Estado*. 3. ed., São Paulo: Malheiros, 1995, p. 40.

442 *Idem, ibidem*, p. 22.

443 *Idem, ibidem*.

que a vontade do racionalismo *rousseauniano*, é a expressão unificada da vontade individual e da vontade social, vale dizer, o fim do Estado é o interesse coletivo, o interesse social.[444]

Foi somente com o Estado Contemporâneo que se entendeu possível a ingerência do Poder na questão da proteção do trabalhador, seja na sua relação com o empregador, seja na área da infortunística, para atender a esse interesse social.

Como relata *Cláudia Pereira*, de acordo com uma doutrina (denominada neoliberal) que visa "readequar" o Estado em sua condição de interventor e patrocinador de políticas sociais mediante dispêndio de verbas orçamentárias, houve um exacerbamento do papel do Estado Contemporâneo no campo das relações particulares, gerando despesas insustentáveis, devendo portanto retroceder em alguns de seus postulados.[445]

Uma fase de "crise" ou de redefinição do papel do Estado Contemporâneo (como preferimos identificar a fase atual) é tida como iniciada com "a decisão dos Estados Unidos de não manter a convertibilidade do dólar em ouro, tomada em virtude da quantidade da moeda norte americana (sic) em circulação em outros países".[446] Assim, embora o Estado Contemporâneo tenha evoluído, até mesmo em maior escala que no período entre guerras, na dicção e proteção dos direitos sociais no período que se estende do fim da Segunda Guerra Mundial até a década de setenta do século XX, nos anos que se seguiram, as políticas sociais, em velocidades e escalas de grandeza diversas, de modo geral, sofreram retrações do ponto de vista protetivo ou promocional. As razões que têm sido indicadas para esse processo são: o fim do ciclo de prosperidade econômica iniciado na década de cinquenta e o crescimento acentuado dos gastos públicos,[447] aliado a fatores de diminuição dos postos de trabalho (automação) e demográficos.[448]

Entretanto, em países – tais como o Brasil – que não atingiram o mesmo nível de proteção social que os dos continentes precursores de tais ideias – Europa, América do Norte, Oceania –, o período atual gera problemas de outra ordem: a redução de gastos públicos com políticas sociais, o que, em verdade, significa o não atingimento do prometido Bem-Estar Social.

Em que pese ser notório o problema do endividamento estatal em face da extensa gama de atribuições e responsabilidades com as quais se cometeu, não devemos, a nosso ver, limitar o problema à questão da dívida pública, o que será analisado oportunamente.

---

444 *Idem, ibidem*, p. 51.

445 PEREIRA, Cláudia Fernanda de Oliveira. *Reforma da Previdência*. 1. ed. Brasília: Brasília Jurídica, 1999, p. 23.

446 CRUZ, Paulo Márcio. *Política, Poder, Ideologia e Estado Contemporâneo*, Florianópolis: Diploma Legal, 2001 p. 239.

447 CRUZ, *Política, Poder, Ideologia...* cit., p. 240.

448 ROCHA, Daniel Machado da. *Op. cit.* p. 40.

É inegável que as sociedades contemporâneas estão vivendo um processo de modificação das políticas estatais. A internacionalização da economia, derrubando fronteiras até então mais ou menos respeitadas tanto pelo capital produtivo como pelo meramente especulativo, hoje impera com largueza, colocando em xeque vários conceitos antes intocáveis, como a soberania estatal, o valor social do trabalho e a intervenção do Estado com vistas à redução das desigualdades sociais.

O final do século XX e o início do século XXI são identificados como um período de alto nível de desemprego[449], de grande instabilidade econômica[450], culminando com uma suposta crise das políticas de bem-estar social.[451]

Como ressalta *Dowbor*,

> *O segmento que mais aumentou os* (sic) *gastos do Estado dos países desenvolvidos é o das aposentadorias, e resulta simplesmente do aumento do tempo de vida do ser humano e da mudança da pirâmide etária. Grande parte do que se nos apresenta como o odioso gigante estatal resulta do fato de que, como sociedade, temos que sustentar uma juventude que estuda mais tempo, e idosos que vivem mais tempo. O novo equilíbrio social entre ativos e inativos é simplesmente uma questão de custo para a sociedade, que resulta de uma evolução positiva. Culpar o Estado representa aqui uma solene bobagem, que só adquire respeitabilidade nos meios de comunicação pelo interesse natural dos grupos financeiros privados de se apropriarem de mais esta fatia de intermediação.*[452]

No bojo destas mudanças, ante o risco de uma eventual derrocada das políticas sociais[453], há doutrinas que pregam a saída de cena dos atores político-governamentais em várias das suas atuais atribuições, para que ocorra a prevalência da

449 "Nos países ricos o mercado de massa fora estabilizado pela transferência de mão-de-obra da indústria para ocupações terciárias, que tinham, em geral, um emprego muito mais estável, e pelo enorme crescimento nas transferências sociais (sobretudo seguridade social e previdência). (...) Contudo precisamente esses dois estabilizadores estavam sendo solapados. Ao acabar-se o Breve Século XX, os governos e a ortodoxia ocidentais concordavam em que o custo da seguridade social e da previdência social públicas (*sic*) estava demasiado alto e tinha de ser reduzido, e a redução em massa de empregos, até nos então mais estáveis setores de ocupações terciárias – emprego público, bancos e finanças, o tecnologicamente redundante trabalho de escritório de massa – tornou se comum" (HOBSBAWM, Eric. *A era dos extremos: o breve século XX: 1914 - 1991*. Trad. Marcos Santarrita. São Paulo: Companhia das Letras, 1995, p. 280).

450 Como relata *Borges*: "Com o recrudescimento da crise do petróleo, a partir de 1972, o mundo conheceu uma forte desaceleração econômica. Com isso alguns governos começaram a perceber o desequilíbrio de seus sistemas de previdência, que, atingindo certa maturidade, eram, até então, baseados quase que exclusivamente no regime de repartição. A partir daí os sistemas de previdência, em todo o mundo, têm passado por um amplo processo de crítica e reflexão" (BORGES, Op. cit., p. 55).

451 PALME, Joakim. *Fundamentos y Garantías del Derecho a la Seguridad Social a Comienzos del Siglo XXI.* Iniciativa de la AISS – Investigaciones y Puntos de Vista – jan. 2003. Disponível em www.issa.int. Acesso em 21.jul.2004.

452 DOWBOR, Ladislau (Org.) *et alii*. "Globalização e Tendências Institucionais". *In Desafios da Globalização.* Petrópolis: Vozes, 1997, p. 361.

453 "Os anos 70 mostraram a vulnerabilidade do crescimento, sendo incorreta a suposição de que o Estado social corrigiria injustiças e baixaria os seus custos sociais, conduzindo ao dilema de reconhecer reivindicações, sem podcr contê las" (ARRUDA JÚNIOR, Edmundo Lima de. *Direito, Marxismo e Liberalismo.* Florianópolis: CESUSC, 2001, p. 142).

liberdade individual, da luta de cada um por seu "lugar ao sol", da competitividade das empresas regulada pura e simplesmente pelo "livre mercado", está sendo posta à prova, também, a rede de segurança social, e mais especificamente, a Seguridade Social tal como concebida no século XX.

A nosso ver, no que diz respeito às nações, a globalização não gerou a melhoria das condições dos países economicamente débeis; pelo contrário, os mantém no estado em que se encontram, pois não se estabelece qualquer amparo a estes, não se podendo chamar assim os empréstimos das instituições financeiras (FMI e Banco Mundial) – pois estes, ao contrário, criam maior dependência, pelo endividamento progressivo e impagável. A debilidade das economias dos países periféricos é vítima constante dos ataques especulativos, demonstrando a fragilidade das políticas internas neste particular. O desemprego e a precarização do trabalho também têm sido uma constante, a partir da onda globalizante. *Michel Chossudovsky*, professor de economia da Universidade de Ottawa, faz a síntese da política monetarista hoje aplicada aos países periféricos: "A reestruturação da economia mundial sob a orientação das instituições financeiras sediadas em Washington nega cada vez mais aos países em desenvolvimento a possibilidade de construir uma economia nacional: a internacionalização da política macroeconômica transforma países em territórios econômicos abertos e economias nacionais em 'reservas' de mão-de-obra barata e de recursos naturais".[454]

Para os trabalhadores, como se há de ver, também não há motivos para comemorações.

A mesma Grã-Bretanha que viu nascer a concepção de previdência social predominante até o final deste século também foi a mãe das políticas de flexibilização (leia-se de cortes) dos direitos sociais. A partir do Governo *Thatcher*, demonstra-se a tendência de reduzir o campo da proteção estatal aos indivíduos menos afortunados. Aponta o historiador contemporâneo *Eric Hobsbawn* que tal mudança não se deu senão com apoio de uma parte do proletariado, que ele chama de "a ponta de cima" da classe operária. Foi desta forma, segundo ele, que o socialismo de redistribuição e seu aspecto capitalista mais próximo, o Estado do Bem-Estar, foram duramente atingidos com a crise econômica dos anos 70, a partir da constatação de que considerável parte da classe média "emprestou" seu voto a propostas de governos conservadores.[455] Rompeu-se, assim, o consenso sobre a solidariedade social, o "pacto entre gerações", alicerce das políticas públicas no campo da segurança social, e principal lema de *William Beverigde*. O povo inglês, sufragando as ideias de *Thatcher*, deu-lhe condições de implementar alterações substanciais no regime de seguridade.

---

454 CHOSSUDOVSKY, Michel. *A globalização da pobreza: impactos das reformas do FMI e do Banco Mundial.* Trad. Marylene Pinto Michael. São Paulo: Moderna, 1999.

455 HOBSBAWN, Eric. *Op. cit.* p. 302.

Sobre o tema, *Reinhold Stephanes* discorreu em seu livro sobre as mudanças na previdência brasileira:

> *A crise que afetou o mundo inteiro na década de 1980 evidenciou o esgotamento das fontes tradicionais de financiamento. Houve uma generalização da elevação do déficit público da maioria das nações e, em conseqüência, uma busca por saídas que não fossem o aumento dos impostos ou o endividamento. São desta época as primeiras iniciativas de privatização de empresas estatais e de reformulação dos sistemas previdenciários e de saúde, que são interligados em muitos países. Antes mesmo, em 1977, o Governo Jimmy Carter promoveu algumas alterações na legislação previdenciária dos Estados Unidos, para diminuir os efeitos da ampliação da cobertura dos programas previdenciários e do aumento dos benefícios. As medidas de Carter consistiram em aumento das taxas de contribuição e redução de benefícios. O Governo seguinte, de Ronald Reagan, em 1981, deu continuidade ao programa de reforma. As propostas aprovadas pelo Congresso previam o aumento gradativo das contribuições de empregados e empregadores (até 1990) e a elevação da idade mínima para a obtenção de aposentadoria a partir de 2003. O patamar definitivo será o de 67 anos para os nascidos desde 1960.*
>
> *Também na década de 1980, o Governo da primeira-ministra* Margaret Thatcher *introduziu uma reforma no sistema previdenciário inglês, que começou efetivamente em 1988. Os acordos políticos permitiram apenas uma reforma gradual do sistema público e a criação de incentivos aos contribuintes para optar por seguros privados. O objetivo era reduzir os encargos e obrigações de longo prazo do sistema de seguridade social. O valor das aposentadorias passou a ser calculado pela média dos salários ganhos durante a vida ativa do trabalhador e não mais pelos vinte melhores anos.*[456]

Veja-se, a respeito, a explanação de Echart Orús:

> *A mediados de los años setenta, los gobiernos de Margaret Thatcher e Ronald Reagan, los abanderados de la* new right, *hicieron el primer cuestionamento global del* welfare state, *más en concreto, del papel que el Estado debía desempeñar en la economía; de ello se derivó una reacción monetarista contraria a las políticas keynesianas de regulación de la demanda y una ofensiva antiestatalista que se propuso disminuir el sector público a través de privatizaciones. Los periodos de crisis económica han ido poniendo de manifiesto los problemas profundos que, lenta y silenciosamente, estaba alimentando el Estado de bienestar, orgullo de los socialdemócratas europeos. En los periodos de prosperidad económica, el Estado providencia no ha incentivado el ahorro y, por tanto, tampoco la inversión, a pesar del crecimiento incesante de los salarios. El Estado benefactor ha traído consigo el descenso de la natalidad y ha alargado la esperanza de vida, con lo que, por una parte, se ha aumentado la base de las personas que deben cobrar la jubilación o el desempleo y, por otra, ha disminuido sensiblemente el número de ciudadanos que cotizan.*[457]

O liberalismo clássico, adormecido durante os tempos áureos da social-democracia, pretende reconquistar seu lugar como ideologia predominante, sucedendo ao Estado social. Em texto que bem explica esta mudança conceitual, *José Alberto Couto Maciel* diz: "Assim, a doutrina liberal repousa na crença de uma harmonia natural decorrente da atividade econômica espontânea na procura do maior ganho. O interesse individual coincide com o interesse geral sendo que a idéia central é a de que o Estado deve abster-se de intervir na vida econômica, prevalecendo a lei

456 *Reforma da previdência sem segredos*. Rio de Janeiro: Record, 1998, p. 9.

457 ECHART ORÚS, Nazareth. *Revista Nuestro Tiempo*, jan./fev.1994, Barcelona, Espanha, p. 47.

da concorrência. O trabalho, para os neoliberais, não difere de outras mercadorias, estando essa filosofia baseada nas doutrinas da autonomia da vontade e da liberdade contratual".[458]

O colapso do financiamento, além de ser consequência do envelhecimento médio da população, ocorre também atualmente pelo fenômeno da precarização da mão-de-obra, da informalidade dos mercados, minando a fonte básica dos recursos, ou seja, as contribuições vertentes sobre a folha de pagamentos de empregados. Com a expansão do capital industrial pelos países subdesenvolvidos, em busca de mão-de-obra mais barata, o desemprego nestes mesmos países ganhou novo fator de agravamento. O resultado é a diminuição gradual de recursos vertidos aos cofres do sistema de segurança social. De forma clara, *Ladislau Dowbor* aponta a relação de causa e efeito da globalização dos mercados de trabalho e desemprego/precarização das relações de trabalho:

> *Abaixo do setor de ponta, desenvolve-se rapidamente um setor de emprego precário, para traduzir a fórmula americana de "precarious jobs". Antigamente os empregados da cantina da* General Motors *faziam parte do movimento organizado dos trabalhadores metalúrgicos, e se beneficiavam do fato de pertencer à empresa. Hoje, terceirizados, constituem uma mão-de-obra eminentemente intercambiável, a serviço de uma ou outra empresa local fornecedora de serviços de alimentação. Gradualmente, terceirizou-se as cantinas, a segurança, os transportes, a gestão das garagens, os serviços informáticos, e crescentemente para a própria produção. Empresas como a* Nike *e tantas outras subcontratam simplesmente os seus produtos na Ásia, com salários ínfimos, para que o setor de ponta, o chamado "core personnel" da empresa, apenas gere o conjunto.*
>
> *A grande empresa passa a trabalhar com espaço múltiplo. Contrata as pesquisas com os baratíssimos e bem formados engenheiros russos, transfere a digitação e programação para a Índia, subcontrata a produção com a Indonésia ou a Tailândia onde pagará 15 centavos de dólar por hora, e manterá nos Estados Unidos os serviços de organização geral do sistema, coordenação de serviços de "marketing" e semelhantes. Onde antigamente havia vantagens comparadas entre nações, hoje as empresas trabalham no espaço global captando a nata das vantagens de cada uma, e se tornam relativamente imbatíveis. O produto chega a preços que desestruturam os sistemas produtivos da Argentina, do Brasil e de tantos outros. E o emprego que a* Nike *gera na Indonésia vai se traduzir em termos práticos em desemprego em Franca, SP, e em outras cidades do Terceiro Mundo.*
>
> *Com isso, reduz-se o espaço do emprego formal, e explode o setor informal, resultante direto do enxugamento empresarial frente à teimosia das pessoas em querer sobreviver. Aparecem assim cifras fantásticas de países com 50% de emprego no setor informal, colocando-nos o problema de repensar afinal o que é formal e o que é informal.*[459]

Os efeitos da chamada globalização da economia parecem, pois, afetar de forma direta não apenas o tratamento das questões de proteção social, mas o próprio amálgama formador do Estado Contemporâneo:

> *Face a um sistema económico que destrói o trabalho e produz desemprego, parece estar a quebrar-se, nesta era de capitalismo global, a aliança histórica entre a sociedade de mercado, o*

458 MACIEL: José Alberto Couto. *Desempregado ou supérfluo? Globalização*. São Paulo: LTr, 1998.

459 DOWBOR, Ladislau (Org.). *Op. cit.*, p. 14.

> *Estado-Providência e a democracia que fundou o projecto de modernidade do Estado nacional. E convém lembrar, como faz Beck, que "a estreita relação, no Ocidente, entre o capitalismo e os direitos fundamentais políticos, sociais e económicos não constitui uma 'obra de benemerência' que, quando não temos dinheiro, podemos deixar de praticar. O capitalismo socialmente 'amortecido' foi conseguido, em vez disso, como resposta à experiência do fascismo e ao desafio do comunismo" (Beck, 1998: 97).*[460]

Ademais, com a expansão do capital industrial pelos países subdesenvolvidos, em busca de mão-de-obra mais barata, o desemprego nestes mesmos países ganhou novo fator de agravamento, o que resulta, também, em redução do número de contribuintes para os sistemas de proteção social.

Como ressalta *Giovanni Olsson*, ao identificar os fatores que caracterizam o processo de globalização e suas conseqüências:

> *As práticas econômicas transnacionais, nessa linha, produzem efeitos para além das fronteiras nacionais, e sua importância veicula-se pelas corporações transnacionais, uma forma altamente reelaborada da então empresa multinacional. Essas práticas modulam e definem em grande extensão as vocações das economias nacionais e a divisão internacional do trabalho; com seu poder expressivo, criam ou extinguem milhares de empregos em determinado local e em específica atividade produtiva, com efeitos extensos sobre as economias locais diretamente – instituindo novas demandas por matéria-prima, tecnologia e maquinários, novas ofertas e novos mercados – ou indiretamente – definindo a quantidade de pessoas com atividade remunerada e sua extensão, e, pois, os seus efeitos sobre outras atividades locais pelo poder aquisitivo geral disponibilizado.*[461]

O resultado de tal cenário também é a diminuição gradual de recursos vertidos aos sistemas de segurança social de países periféricos, abaixo dos níveis propostos pela Organização Internacional do Trabalho.[462]

Em razão desse conjunto de fatores tem-se assistido, particularmente na América Latina, a uma sequência de reformas estruturais em sistemas de proteção social, iniciado tal processo com a total privatização do sistema existente no Chile, na década de 1980, no período ditatorial de Augusto Pinochet – que passaria a ser moldado como uma poupança individual compulsória em entidades do sistema financeiro, autorizadas a operar no ramo de seguros (a exemplo das entidades abertas de previdência complementar privada, no Brasil), com recursos vertidos somente pelos trabalhadores.[463]

No contexto latino-americano, a aprovação de reformas desse gênero envolve um processo político importante, pois, como explicam *Mesa-Lago* e *Müller*, reformar as normas definidoras de Direitos Sociais "implica uma revisão substan-

460 HESPANHA, Pedro. "Mal-estar e risco social num mundo globalizado: novos problemas e novos desafios para a teoria social". *In*: SANTOS (Org.). *Op. cit.*, p. 169.

461 OLSSON, Giovanni. *Relações Internacionais e seus Atores na Era da Globalização*. Curitiba: Juruá, 2003, p. 171.

462 SANTOS (Org.). *Op. cit.*, p. 178.

463 JERALDO, Julio Bustamante (Coord.). *Reforma a los Sistemas de Pensiones*. Trad. Tânia Marques Cardoso e Paulo Castanheira. São Paulo: Geração Editorial, 1998, pp. 19-23.

cial do contrato social subjacente e desafia o senso comum nas pesquisas sobre o Estado de bem-estar".[464]

A Seguridade Social, nesse contexto de globalização, é justamente o oposto do que pregam os liberais, como se nota do pensamento de *Friedman*, um dos maiores opositores à doutrina *keynesiana*:

> *O programa de "seguro social" é uma dessas coisas em que a tirania do status quo está começando a exercer a sua mágica. A despeito da controvérsia que envolveu sua instituição, passou a ser tomado como fato consumado – e de tal forma que sua desejabilidade é muito dificilmente questionada nos dias que correm. No entanto, é uma invasão em larga escala da vida pessoal de enorme fração da nação (*sic*), sem – até onde posso julgar – qualquer justificação realmente persuasiva, não só em termos de princípios liberais, mas em termos de quaisquer outros. Proponho que se examine sua fase mais importante, a que envolve o pagamento a pessoas idosas.*[465]

Caracterizando-se, sempre, por uma indelével intervenção no mercado, a exigência de contribuições sociais impõe um ônus, é certo, a trabalhadores e empresas, como de resto, a toda a população economicamente ativa. Além disso, para a salvaguarda do regime de segurança social, há que se ter uma legislação reguladora, o que faz com que os agentes econômicos tenham de se curvar às normas impostas. E contra isso se insurgem, naturalmente, os defensores do livre mercado, como se vê no discurso de *Friedman*: "É difícil para mim, como liberal, encontrar alguma justificativa para a taxação gradual em termos de pura redistribuição de renda. Parece-me um caso claro de coerção, em que se tira de uns para dar a outros, e assim se entra em conflito frontal com a liberdade individual".[466]

Contudo, impõe-se salientar, seja em contraponto à teoria liberal, seja como ponderação sobre a ideia de Direitos Fundamentais como rol de direitos mínimos de Alexy, que "o nível de proteção social só pode ser avaliado dentro de um cenário específico, cuja compreensão é essencial quando se deseja alterar de maneira responsável uma instituição do quilate da previdência social".[467] E, assim sendo, qualquer mudança que vise ao alcance da proteção social deve ter em conta não apenas os antecedentes históricos, mas principalmente os fundamentos que regem as políticas de bem-estar social e, acima de tudo, deve se caracterizar por uma ampliação na gama de indivíduos e situações protegidas, tomando-se por diretriz uma política de Segurança Social global.

Não discrepa dessa ideia o pensamento de *Hespanha*:

---

464 MESA-LAGO, Carmelo; MÜLLER, Katharina. "Política e Reforma da Previdência na América Latina". In: COELHO, Vera Schattan P. (Org.). *A Reforma da Previdência Social na América Latina*. Rio de Janeiro: FGV, 2003, p. 29.

465 FRIEDMAN, Milton. *Capitalismo e Liberdade*. Trad. Luciana Carli. 3. ed. São Paulo: Nova Cultural, 1988, p. 169.

466 FRIEDMAN. *Op. cit.*, pp. 158-159.

467 ROCHA. *Op. cit.*, p. 77. No mesmo sentido, JAGUARIBE, Hélio. *Introdução ao desenvolvimento social*. São Paulo: Paz e Terra, 1978, p. 78.

Perante a actual situação de agravamento das desigualdades e da exclusão e de crise e perante a incapacidade de as políticas na-cionais de protecção social enfrentarem esses problemas, aumentam as expectativas e multiplicam-se as propostas para a constituição de um sistema de protecção social global capaz de garantir a estabilidade, a segurança, a identidade e a coesão social, mesmo no quadro da economia capitalista. Ou, dito de outra maneira, de ajustar a globalização económica à globalização dos padrões sociais (Mishra, 1998) ou, mesmo, de fazer evoluir a globalização económica para uma globalização socialmente responsável (Deacon, 1998).[468]

O Estado-Providência foi criado, segundo seus precursores, para a redução das desigualdades sociais. Assim, o sistema se sustenta e se legitima pelo fato de que a sociedade – e o Governo eleito por esta – tem um compromisso moral com os menos favorecidos. No momento histórico em que a sociedade quebra tal paradigma, adotando definitivamente a noção de que cada um deve buscar os próprios meios de sustento, e que os bem-sucedidos economicamente não possuem nenhuma "dívida social" a quitar, desaparece a integração social, e o individualismo materialista poderá ser declarado como doutrina predominante, em flagrante prejuízo aos indivíduos das camadas mais pobres da sociedade.

468 SANTOS (Org.). *Op. cit.*, p. 169.

Capítulo 2
As mudanças no Direito comparado

Constata-se, no exame do direito comparado, que a discussão acerca dos regimes previdenciários e suas reformas não se limita a um grupo reduzido de Estados, mas, pelo contrário, é uma tendência generalizada.

No bloco ocidental, é certo que a previdência social é uma política adotada quase sempre sob os mesmos fundamentos: um sistema previdenciário público básico e universal, ao lado de um sistema de aposentadoria complementar, este último ora compulsório, ora facultativo; custeado pelo sistema contributivo de repartição – a contribuição do segurado é a base principal do financiamento; e há limite de idade para a concessão de aposentadorias que não sejam por incapacidade definitiva. Vale dizer, como frisam os economistas *Francisco Oliveira*, *Kaizô Beltrão* e *Mônica Ferreira*, "tirando-se a moda chilena do regime básico em capitalização individual – uma caderneta de poupança compulsória – ao qual aderiram alguns países da América Latina (Argentina, México, Uruguai, Peru e Colômbia), a experiência capitalizada é a exceção, e não a norma".[469] Outrossim, segundo o Livro Branco da Previdência Social, quase todos os países possuem também regimes especiais para servidores públicos civis e militares, com regras diferenciadas dos demais trabalhadores.[470]

Segundo *Stephanes*, além do Brasil, apenas seis países possuem a aposentadoria calculada somente por tempo de serviço, e não por idade: Benin, Egito, Equador, Irã, Iraque e Kuwait.[471] O Brasil, destes, é o único que não condiciona o deferimento da aposentadoria por tempo de serviço à cessação da atividade laborativa. Nos países em que desde a criação do regime previdenciário se adotou a ideia de aposentadoria por idade, esta vem tendo majorada a idade mínima nas últimas décadas como forma de tornar viável o sistema, conforme explana o ex-ministro da pasta:

---

469 *Revolução na previdência: Argentina, Chile, Peru, Brasil*. Trad. Tânia Marques Cardoso e Paulo Castanheira. São Paulo: Geração Editorial, 1998, p. 295.

470 *Site* do MPAS: www.mpas.gov.br.

471 *Reforma da previdência sem segredos*. Rio de Janeiro: Record, 1998, p. 9.

> *Na Europa, a idade mínima para aposentadoria varia de 60 a 65 anos. Na América Latina, o Chile adotou a idade mínima de 60 anos para mulheres e 65 anos para os homens; o Uruguai, 60 anos de idade para ambos os sexos; e, recentemente, a Argentina decidiu ampliar gradativamente o mínimo de 60 e 65 anos (mulheres e homens) até o ano 2001. Na Alemanha, Suécia, Inglaterra e Estados Unidos, a idade de aposentadoria também foi elevada, de forma gradual, ao longo de trinta ou quarenta anos, afetando pouco ou quase nada os direitos de concessão.*[472]

Nos Estados Unidos, as aposentadorias e pensões pagas pelo sistema oficial são calculadas a partir do ganho médio real do segurado durante toda a sua vida ativa, sobre o qual incide uma alíquota variável. O resultado é que os trabalhadores de nível de renda baixa, média e alta se aposentam com, respectivamente, cerca de 60%, 45% e 25% de seus salários de benefícios. O sistema oficial também garante aos segurados aposentados e inválidos uma renda mínima.[473]

Na América Latina, além da questão da idade, o fator determinante das reformas tomou outra direção. Desde a Convenção realizada em meados de 1990, no Centro Interamericano de Estudos de Seguridade Social - CIESS, com sede na Cidade do México, na qual os participantes de países ibero-americanos afirmaram em sua maciça maioria serem simpatizantes do modelo chileno de capitalização em substituição à previdência social clássica, observa-se uma tendência na privatização de grande parcela dos sistemas vigentes.[474]

Dessa época em diante, o que se tem visto na América Latina é a prevalência de reformas assemelhadas à chilena, com algumas variações, o que tem merecido críticas veementes de consideráveis segmentos da doutrina:

> *La privatización de las pensiones se ha puesto de moda en la América Latina. El ejemplo chileno ha sido seguido no sólo por el Perú sino también por Argentina, Colombia, Uruguay, Venezuela, Ecuador y Bolivia. Pero también por México. La Nueva Ley de Seguro Social, que es nueva como ley pero no es del Seguro Social sino del seguro privado (...) y que entrará en vigor el 1º de enero de 1997 (...), sigue paso a paso la fórmula chilena, quizá con el cambio de nombre de las administradoras de los fondos que en México se denominan "Administradoras de Fondos de Retiro (AFORES)".*[475]

Tem-se, pois, que, de todos os regimes, talvez o que desperte maior interesse, em face da polêmica instalada sobre seus fundamentos, seja o do Chile. Ainda no ano de 1980, época em que era governado pelo General *Augusto Pinochet*, o país banhado pelo Pacífico experimentou uma radical alteração no conceito de proteção aos infortúnios.

Adotou-se um regime de capitalização individual, compulsório, e outro, também sob o mesmo sistema, complementar e facultativo, com a previsão de extinção do regime anterior - de repartição - no ano de 2038. As contribuições, con-

---

472 *Ibidem*, p. 10.

473 *Livro Branco da Previdência Social. Site* do MPAS: www.mpas.gov.br.

474 MORENO, Angel Guillermo Ruiz. *Nuevo derecho de la seguridad social.* México: Porrúa, 1997, p. 82.

475 DE BUÉN, Néstor. *El estado de malestar.* México: Porrúa, 1997, p. 15.

tudo, não mais vertem para o Estado com o novo regime: o aporte se faz em conta individual numa das Administradoras de Fundos de Pensão – AFPs, entidades da iniciativa privada, do ramo de seguros privados, podendo o segurado optar por qual entenda melhor, e trocar de instituição, quando assim entender conveniente. As AFPs, por seu turno, recebem uma contraprestação pelo serviço de manutenção das contas individuais dos segurados e são supervisionadas por um órgão estatal.

Como já foi observado no Capítulo 3 da Parte I desta obra, no ano de 2008 o governo Bachelet promoveu reformas pontuais no sistema chileno, sem que tenha modificado o modelo de cotização dos trabalhadores para AFPs. Adotou-se, além do benefício de pensão básica solidária, tipicamente assistencial, um benefício previdenciário estatal, custeado por aportes que podem ser feitos – voluntariamente – por trabalhadores que não tenham cotização bastante para assegurar o direito ao benefício mínimo pago pela AFP, que continua sendo o principal benefício – já que não houve a assunção de tais fundos pelo Estado.

Segundo as últimas estatísticas, que serviram de base para a defesa das alterações propostas, o baixo nível de cobertura da população trabalhadora no Chile, influenciado pelo alto índice de informalidade, pela precariedade dos vínculos laborais e pela não-adesão de muitos trabalhadores, principalmente no meio rural, caso nada fosse feito, haveria em um futuro breve uma verdadeira legião de idosos empobrecidos, sem acesso a benefício algum, pois estudos oficiais demonstraram que o Chile não seria capaz de garantir pensões mínimas a quase metade de seus cerca de sete milhões de pensionistas.

Como se pode observar, não se trata mais, definitivamente, de um regime de previdência social, mas apenas uma poupança individual forçada. "Se trata, ciertamente, de la cancelación de la Seguridad Social sustituída, como los chilenos reconocen sin eufemismos, por un seguro privado vinculado a organismos privados de inversíon (las AFP) y a instituciones de seguros garantes, en su caso, de las pensiones vitalicias que a elección del interesado se pueden comprometer con cargo a las cuotas enteradas en forma obligatoria y a las que de manera voluntaria pueda aportar el interesado".[476]

Para custear os benefícios pagos pelo regime em extinção, o governo chileno deverá arrecadar o suficiente em receitas tributárias, o que certamente acarretará um ônus a mais sobre os contribuintes de impostos, durante muitos anos ainda – o antigo regime só deixa de existir daqui a quatro décadas e, ainda assim, continuará pagando benefícios além deste prazo, até que o último beneficiário perca o direito à prestação.

Deve-se frisar, todavia, segundo as estatísticas citadas por *Oliveira, Beltrão* e *Ferreira*, que apenas 50% dos trabalhadores chilenos têm efetivamente contribuído

476 *Idem, ibidem*, p. 13.

para o sistema,[477] o que o torna tão falho como os de repartição. Ausente a proteção previdenciária, o indivíduo fica à mercê de toda sorte de riscos.

O modelo chileno, durante a década passada, foi adotado por outros países latino-americanos. México, Peru, Colômbia, Uruguai e Argentina são exemplos de processos de reformas similares. O sistema peruano, inaugurado em 1992, estabelece uma concorrência entre o regime público (de repartição) e o privado (de capitalização, seguindo o modelo das AFPs chilenas). A Argentina desenvolveu modelo semelhante, a partir de 1994.

Vinicius Carvalho Pinheiro, em estudo analisando a previdência argentina (*Reforma da Previdência e Crise na Argentina, Informe da Previdência Social, v. 13, n. 12, dez/2001*), identificou nela a principal causa do déficit público argentino, em função do elevado custo de transição e do alto endividamento externo praticado em função disso. Aliado a isso, também na Argentina se vislumbrou a progressiva queda na cobertura da população trabalhadora, pela falta de aportes decorrente dos mesmos fatores que comumente são encontrados nas economias da região – alta informalidade, rotatividade da mão-de-obra assalariada, falta de cultura previdenciária.

O Uruguai alterou sua previdência por lei de setembro de 1995, que entrou em vigor em abril de 1996. Segundo o Livro Branco da Previdência Social, "a nova legislação prevê um sistema misto de capitalização e repartição, com três níveis de cobertura. O trabalhador uruguaio tem direito a uma aposentadoria pelo sistema público básico, mas sua vinculação a um plano de aposentadoria complementar é obrigatória, caso seu salário ultrapasse o valor de cerca de US$ 650 mensais. Além disso, pode ter um plano de poupança individual para melhorar seus rendimentos durante a aposentadoria. O limite de idade para aposentadoria é de 60 anos para homens e 56 anos para mulheres, exigindo em ambos 35 anos de contribuição. A partir do ano de 2003, a idade mínima será de 60 anos para as mulheres".[478]

O México também passou por recentes alterações em sua previdência. Ao adotar parte das ideias contidas no "modelo chileno", estabelece a atual legislação mexicana o aporte compulsório a instituições privadas para os indivíduos que percebam remuneração acima de determinado patamar.

Como explica *Ricardo García Sanz*, ex-diretor do IMSS (órgão previdenciário oficial mexicano), comentando a reforma ocorrida no México:

> *La ley que entrará en vigor no tiene como objetivo central el mejorar la atención médica, ni resolver el espectacular rezago en guarderías, ni tampoco incrementar las pensiones. Su propósito es reducir servicios y coberturas y transferir al sector financiero cuantiosos recursos presupuéstales durante los próximos años que, etiquetados como ahorro de los trabajadores, permanecerán*

477 *Revolução na previdência: Argentina, Chile, Peru, Brasil.* São Paulo: Geração Editorial, 1998, p. 357.

478 *Site* do MPAS: www.mpas.gov.br.

para siempre a la libre disposición de los administradores de las AFORES por ser un pasivo exigible dentro de varios lustros y solamente a cuentagotas.[479]

Não poderíamos deixar de registrar, neste contexto comparativo, a política dos Tigres Asiáticos. Segundo *Pastore*, as relações de trabalho e seguridade nos países emergentes do continente asiático podem ser resumidas assim:

Os sistemas de proteção do trabalho na China e nos Tigres Asiáticos são incipientes. Aqueles países diferem da Europa e do Brasil, pois, seus sistemas, nunca chegaram a se regulamentar (sic). Eles não enfrentam, portanto, o problema de desregulamentar uma legislação que não chegou a existir.

Na China, a força de trabalho chega à espantosa cifra de 600 milhões de pessoas (...). A aposentadoria restringe-se basicamente aos trabalhadores urbanos das empresas estatais e das propriedades coletivas, que são a minoria. Os demais trabalhadores e os moradores mais velhos da zona rural (que somam 900 milhões de pessoas!) baseiam-se apenas no apoio familiar (...).

Ganhando apenas US$ 0,12 por hora e trabalhando de 12 a 13 horas por dia em situações perigosas e de pouca proteção à saúde, os trabalhadores chineses começam a mostrar uma insatisfação crescente (Goldstein e Huus, 1994) (...).[480]

Nos Tigres Asiáticos, os salários são bem mais altos do que na China e as jornadas "mais curtas" (Taiwan: 48 horas semanais; Coréia e Cingapura, 44 horas). Mas, como afirma *Pastore*, "aqueles países vêm resistindo às tentações de implantar sistemas de seguridade social do tipo europeu que se revelaram caros e inflexíveis. Na Ásia, a família continua desempenhando papel importante na educação da criança e no atendimento do velho".[481]

A Europa, sendo a precursora das políticas previdenciárias, merece atenção em termos de análise comparativa. Numa síntese dos seis países europeus considerados por *Ruiz Moreno* como os mais representativos do Estado de Bem-Estar Social,[482] o estudioso mexicano aponta os seguintes dados:

Na Alemanha, as prestações da Previdência atingem 11,8% do PIB (dados da OCDE, ano 2000). Tem-se considerado que a atual previdência, como está, tornar-se-á impraticável, sendo a relação hoje existente de cerca de 2,85 assalariados que aportam contribuições para cada beneficiário, o que nos próximos 30 anos cairá para 1,4 contribuintes por beneficiário. Agrava-se o problema alemão pela particularidade da unificação, que trouxe uma dívida do regime da ex-Alemanha Oriental até então inexistente, e que agora se apresenta como um pesado ônus. O limite atual de idade é de 65 anos para homens e mulheres, mas o sistema faculta a aposentadoria antecipada aos 63 anos para os homens e aos 60 anos para as mulheres, com valor em torno de 60% do salário médio, existindo previdência privada comple-

479 DE BUÉN, Néstor. *Op. cit.*, p. 16.

480 PASTORE, José. *Encargos sociais no Brasil: implicações para o salário, emprego e competitividade.* São Paulo: LTr, 1997, pp. 77-78.

481 *Idem, ibidem.*

482 *Op. cit.*, pp. 92-101.

mentar facultativa, organizada pelas próprias empresas, podendo também ser objeto de outras formas de seguro privado.[483] A carência para obtenção de benefícios é de quinze anos, e o valor máximo da aposentadoria é de US$ 4.615 por mês.[484]

No segundo país analisado pelo escritor mexicano, a França, o sistema legalmente atinge a totalidade da população, mas, conforme relata, cerca de setecentas a novecentas mil pessoas não estão sob o amparo do sistema, seja porque ficaram mais de três anos sem trabalhar, seja porque nunca trabalharam, e portanto, nunca aportaram contribuições. O sistema é mantido em grande parte pelas contribuições dos segurados e empregadores – 85%. A idade mínima de aposentadoria é de 65 anos, tanto para homens como para mulheres, após quarenta anos de contribuições. O sistema previdenciário é composto por um sistema público e um complementar, ambos obrigatórios. Os proventos de aposentadoria nos dois níveis asseguram, em média, 50% das remunerações da atividade. O valor mínimo da aposentadoria básica, em 1995, foi de US$ 600 e o teto foi de US$ 1.206.[485] O cálculo leva em conta os últimos dez anos de salários. O serviço de saúde cobre 80% dos gastos, mas apenas 70% do gasto com consultas médicas, salvo se o indivíduo for considerado pobre – neste caso, o amparo é integral, o mesmo ocorrendo com medicamentos indispensáveis à sobrevivência. Os gastos da previdência pública na França atingiram 12,1% do PIB em 2000 (dados da OCDE).

Por fim, a alteração mais recente em termos de sistema de proteção social se deu na França, em meio a manifestações populares veementes em sentido contrário à proposta encaminhada pelo Presidente Nicolas Sarkozy, cuja principal mudança acarretava o aumento da idade mínima para aposentadoria de 60 para 62 anos. Apesar da resistência popular, demonstrada claramente por uma greve geral e diversas outras formas de indicação do inconformismo – até certa forma com emprego de meios violentos – a proposta veio a ser promulgada.

A previdência social corresponde a uma necessidade reconhecida mundialmente, qual seja, a de existir um sistema de proteção contra eventuais vicissitudes por que passam as pessoas que exercem atividade remunerada, e que, em função de motivos diversos (incapacidade temporária ou permanente, maternidade etc.) não possuem condições de prover sua subsistência, por um período de tempo, ou em caráter permanente. Quando isso ocorre, a previdência social provê, em caráter substitutivo, a renda familiar. Logo, trata-se de um direito fundamental, totalmente interligado à preservação da vida e da dignidade humana, evitando a penúria daqueles trabalhadores – e seus dependentes – quando lhe falta a capacidade laborativa.

---

483 STEPHANES, Reinhold. *Previdência social. Uma solução gerencial e estrutural.* Porto Alegre: Síntese, 1993, p. 61.

484 *Livro Branco da Previdência Social. Site* do MPAS: www.mpas.gov.br.

485 *Ibidem.*

Não há como negar que os sistemas previdenciários públicos requerem, de tempos em tempos, ajustes que permitam a sua sustentabilidade para a presente geração mas, principalmente, para as gerações futuras. Tais mudanças importam, necessariamente, em implementar mudanças nas regras em dois aspectos fundamentais: o financiamento do regime e a concessão de benefícios. Por vezes, os governos adotam medidas tendentes a aumentar as fontes de receita; outras vezes, tornam os benefícios menos acessíveis (exemplo da França, na atual reforma); e outras vezes, são conjugadas medidas em ambos os sentidos.

O problema reside na constatação de que os governos não possuem políticas de médio e longo prazo para solucionar os problemas causados pelos fatores que estão envolvidos: crescimento (ou decréscimo) demográfico; aumento da expectativa de sobrevida; diminuição da taxa de natalidade; capacidade contributiva da população economicamente ativa; criação de novos postos de trabalho; entre outros.

Daí resulta que as reformas previdenciárias, quando realizadas, acabam por alterar as regras "no meio do jogo": um trabalhador segurado, com legítimas expectativas de se aposentar em alguns meses, se vê obrigado a repensar sua condição, pois com a reforma será obrigado a trabalhar não só alguns meses, mas alguns anos a mais.

Importa apontar que, para os estudiosos da Associação Internacional de Seguridade Social - AISS, o regime de repartição continua sendo viável, não sendo verídico que ele surta efeitos negativos sobre a competitividade internacional das empresas, tampouco que o regime de capitalização melhore o rendimento econômico e proporcione aos trabalhadores um melhor retorno de seus aportes.

Assim, o discurso liberal no qual se baseia a declaração de "falência" do regime atual não deve prevalecer. Há que se buscar saídas para enfrentar o problema de frente, e não por meio de abandono pelo Estado da questão social, cometendo aos particulares, exclusivamente, a responsabilidade pela cobertura dos riscos de perda da capacidade laborativa.

O aspecto fundamental do debate sobre as reformas nos sistemas de seguridade social não é nem pode ser o econômico. A rede de segurança social deve existir para garantir existência digna a todo indivíduo, como foi proclamado há mais de duzentos anos, na célebre Declaração de 1789: os socorros públicos são um direito sagrado. Existe seguridade para o bem-estar da população, principalmente a da camada social que depende de políticas estatais para romper a barreira da miséria, ou não descer a ela.

O debate sobre as iniciativas de reforma dos sistemas de segurança social é necessário e nele as nações devem estar engajadas, para se obter a melhor solução, não para as empresas nem para os Estados, mas, sim, para os indivíduos que dependem da seguridade. São conclusões a que também chegam os membros da AISS:

Las pensiones públicas tienen decisiva importancia para una significativa parte de la población de muchos países del mundo. Están destinadas a cobrar una significación aún mayor, a medida que se sientan plenamente los efectos de los cambios demográficos, del envejecimiento de la población y del aumento de la esperanza de vida. Es importante examinar las dimensiones sociales, políticas y culturales de la reforma de las pensiones así como los aspectos económicos y financieros. Si se toman cuidadosamente en consideración todas esas dimensiones, el debate sobre cómo deben estructurarse estas instituciones conducirá a un nuevo consenso respecto del papel y de la conformación de los regímenes públicos de pensiones. La aparición de un nuevo consenso ayudará a asegurar que los cambios incorporados en nombre de la reforma fortalezcan a estos regímenes y los mejoren para los muchos millones de personas que dependen de ellos en todo el mundo.[486]

Em função da constatação da necessidade de se debater as tendências da seguridade social no mundo, a AISS realizou, em junho/julho de 1998, na cidade de Estocolmo, uma grande Conferência. Segundo a agenda do encontro, buscaram-se respostas para as inquietações existentes em vários países-membros da Associação, e, fundamentalmente: quais são as condições prévias para a seguridade social em uma sociedade moderna; quais as implicações da seguridade social; como se podem realizar reformas de maneira eficaz, e quais são os critérios para o êxito de uma reforma; por fim, como podem ser estudados todos esses temas para que, da melhor maneira possível, sirvam de base para o processo de reforma.[487]

Extraem-se das conclusões do conclave algumas observações extremamente relevantes para o estudo do tema das reformas. Há um consenso sobre a importância da seguridade social para os indivíduos tanto quanto para a economia de um país e seu desenvolvimento. Isto porque um sistema "bem desenhado" de seguridade afeta positivamente a economia, pela fixação de uma rede de bem-estar. Além disso, parece irrefutável que a proteção social, o amparo às condições de impossibilidade de subsistência por conta própria, a redução da pobreza e das desigualdades, é dever do Estado. É outrossim interessante ressaltar que do encontro se concluiu não existir um "anteprojeto" ideal único para servir de modelo para a reforma de qualquer sistema. "Cada país necesita diseñar su propia solución, teniendo en cuenta las experiencias de otros países".[488]

A nós, parece certo que cada Estado deve buscar alternativas próprias para a proteção social. Não é admissível, apenas, o abandono puro e simples, pela adoção das políticas neoliberais. Esta é a nossa esperança, e, também, a de quem, por toda a parte no mundo, se preocupa com a questão social, como se vê nas conclusões de *Néstor de Buén Lozano*:

486 "El debate sobre la reforma de la seguridad social: en busca de un nuevo consenso". *Site* da AISS: www.issa.int.

487 *El futuro de la seguridad social*. Estocolmo: Federación de las Oficinas del Seguro Social, 1998, p. 5.

488 *Idem*, p. 33.

Sigo creyendo que el mundo no puede prescindir del Estado de bienestar del que la seguridad social es sustento principal. A pesar de las tendencias liberales, en el mal sentido de la palabra, descubro, quizá aún débil, una línea de recuperación de los intereses sociales. Como quiera que sea, son los intereses de la inmensa mayoría de nuestra población y de la población del mundo. Y aún en la tesis del mercado como principio y fin de las cosas, la seguridad social, como instrumento de distribución, resulta indispensable. Si no hay salarios ni pensiones, no hay compradores y el mercado no sirve para nada. Es exactamente lo que está pasando ahora. Ahí descansa mi esperanza.[489]

489 *Apud* TOYNBEE, Arnold, citado por MORENO, Angel Guillermo Ruiz. *Op. cit.*, p. 100.

Capítulo 3
As razões da crise brasileira

No Brasil, fala-se em crise da seguridade social há décadas. De fato, segundo cifras oficiais, o sistema brasileiro vem experimentando crescentes dificuldades financeiras. Cabe, nesta oportunidade, fazer um breve panorama desta crise, embora não somente sob a perspectiva governamental, uma vez que definitivamente haja conclusões que merecem maior reflexão.

Juliana Presotto Pereira Netto, em sua obra,[490] indica as razões da crise do sistema, distinguindo-as como sendo de índole: a) estrutural, decorrentes da transição demográfica da sociedade (envelhecimento médio da população); b) conjuntural, decorrentes de problemas econômico-sociais (mudanças no mercado de trabalho); e c) administrativas, decorrentes de problemas com os órgãos e entidades envolvidos (desvios de recursos e de má gestão do sistema).

A relação contribuinte-beneficiário é uma das preocupações dos estudiosos do tema. Segundo números oficiais, na década de 50, oito contribuintes financiavam cada beneficiário. Em 1970, essa relação era de 4,2 para 1; o número de contribuintes por beneficiário foi decrescendo: 2,8, em 1980; 1,9 em 1995. Esta relação tem que ver, naturalmente, com o tempo que os segurados, em média, contribuem para o sistema e, depois, percebem (ou geram para seus dependentes) benefícios cuja finalidade é a substituição do salário (via de regra, aposentadorias e pensões). Estima-se que, se as regras de concessão de aposentadorias de pensões fossem mantidas, a expectativa seria de que, em 2030, cada contribuinte teria de sustentar um beneficiário.[491]

Em que pese não se discutir tais estatísticas, até por falta de dados que demonstrem o contrário, deve-se recordar que a variável "número de contribuintes" é subestimada, já que, para o cálculo, leva-se em conta a população que se encontra trabalhando na chamada "economia formal": os empregados com carteira assinada, e uma parte dos contribuintes individuais e demais contribuintes – os que vertem

490 PEREIRA NETTO, Juliana Presotto. *A previdência social em reforma: o desafio da inclusão de um maior número de trabalhadores*. São Paulo: LTr, 2002, p. 86.

491 *Livro Branco da Previdência Social. Site* do MPAS: www.mpas.gov.br.

efetivamente seus aportes. Deixa-se à margem da estatística, portanto, mais da metade da população economicamente ativa, que se encontra no mercado não formal de trabalho. Um dado mais preciso sobre a saúde financeira do sistema no que diz respeito à relação contribuinte-beneficiário só seria possível com a inserção desses trabalhadores no cômputo, pois, como sustenta *Célia Opice Carbone*, os trabalhadores informais e por conta própria "encontram-se fora do esforço de arrecadação". Sugere a socióloga que a alternativa para o sistema previdenciário brasileiro, neste particular, dada a sua base de financiamento principal ser a decorrente das contribuições sobre a folha de salários, é a expansão do emprego.[492]

Stephanes, discorrendo sobre as mudanças nos regimes europeus, também vê a preocupação daqueles países com a questão do fomento ao emprego:

> *Na Europa, a busca de novas formas de financiamento não implicou o abandono do modelo clássico de repartição, conforme observa Danny Pieters, secretário geral do Instituto Europeu de Seguridade Social. Faz parte de seu estudo sobre as últimas tendências dos sistemas europeus as seguintes constatações:*
>
> *– de modo geral, os governos vêm estimulando a adesão a regimes complementares, formada por empresas sem fins lucrativos (mútuas) e fundos de pensão, mas mantêm um regime básico até determinado limite;*
>
> *– todas as fórmulas de cálculo têm sido feitas de maneira a estabelecer uma relação mais próxima entre as contribuições e os respectivos benefícios;*
>
> *– muitos países tendem a incrementar o financiamento de seus sistemas com impostos gerais, com a finalidade de desonerar a taxação sobre a folha.*
>
> *Em função de uma política proativa* (sic) *de estímulo ao mercado de trabalho, vários países têm indicado expressamente que a seguridade social deveria tratar, em primeiro lugar, de prevenir a incapacidade laboral e o próprio desemprego.*[493]

Ou seja, o caminho talvez seja o extremamente oposto ao recomendado pelos economistas-monetaristas. Estes, preocupados exclusivamente com a competitividade e o lucro das empresas, mas desatentos sobre a questão social, vêm defendendo a quebra do "pacto social" em nome da luta no mercado global. Para este fim, sustentam que a informalidade do mercado de trabalho, com as mudanças na concepção da relação de emprego são fatores irreversíveis e que devem nortear as políticas no campo social; vale dizer, já que não nos devemos pautar pela relação empregado-empregador, o custeio do sistema também não pode mais ser visto com sustentáculo nas contribuições sobre "folha de salários", já que "salário" é a forma de pagamento de apenas metade da população trabalhadora. Veja-se, a propósito, o pensamento de *José Pastore*:

> *O montante de custos fixos relativos aos encargos sociais compulsórios, evidentemente, afeta o nível de salário dos trabalhadores e o nível de emprego legal, pois as empresas só se dispõem a*

492 CARBONE, Célia Opice. *Seguridade social no Brasil: ficção ou realidade?*. São Paulo: Atlas, 1994, p. 103.

493 *Reforma da previdência sem segredos*. Rio de Janeiro: Record, 1998, p. 21.

contratar legalmente quando têm muita certeza de poder produzir e vender seus bens e serviços por preços compensadores.[494]

Ora, então, o problema não é dos encargos, é da relação do preço com a ambição de lucro. A empresa só contrata legalmente se a margem desejada de lucro for garantidamente atingida. Deve-se recordar, todavia, que, numa noção ampla de solidariedade, somente se os mais abastados abrirem mão de parcela dos seus ganhos, os menos favorecidos poderão ter a sonhada proteção social, e, em consequência, uma relação menos desigual na sociedade. Enquanto entendimentos como este, de que *Pastore* é interlocutor, forem vigorantes, realmente não há como ter um sistema de seguridade economicamente viável e socialmente justo.

É o esgarçado tema do "Custo Brasil". Reclamam economistas e empresários que, "devido aos encargos sociais, o custo da mão-de-obra no Brasil seria excessivamente alto, quando comparado com o custo de outros países".[495] Porém, as cifras falam por si. "Em 1994, o custo total da mão-de-obra industrial no Brasil, com todos os encargos tributários e trabalhistas, era de US$ 2,7 por hora. Na Alemanha, este custo é nove vezes maior, ou seja, de US$ 24,8; nos Estados Unidos, US$ 16,4; em Taiwan, US$ 5,1 e na Coréia do Sul US$ 4,9".

Em que pesem os argumentos por nós rechaçados, é imperioso dizer que as informações atuariais indicam de fato cautela. A viabilidade de um regime de segurança social só é possível com a observação prévia dos fenômenos que podem influenciar na prestação dos serviços. É como já foi salientado por *Almansa Pastor*, citado por *Juliana Presotto Pereira Netto*: "a visão paradisíaca que oferece um ordenamento de seguridade social termina onde acaba a idealidade platônica, porque o fato é que a porta que conduz a este ordenamento se fecha com a chave dos meios financeiros. Uma proteção de todas as necessidades e extensa a todos os cidadãos, que gravite sobre o Estado, requer extraordinários meios financeiros 'que, possivelmente a consciência de solidariedade de nenhum país esteja hoje em condições de suportar'".[496]

A má gestão dos recursos é outro fator desencadeante e fomentador da crise. Durante muitos anos, o regime serviu para custear não os benefícios, nem formar o fundo de reserva que hoje estaria sustentando as políticas sociais: ao contrário, serviu para construir Brasília e outras obras públicas "faraônicas". Dilapidou-se assim o lastro existente no sistema, que, segundo *Stephanes*, deveria ser de, no mínimo, seis meses de despesa.[497] Além disso, a falta de controle efetivo sobre a concessão

494 PASTORE, José. *Encargos sociais no Brasil: implicações para o salário, emprego e competitividade.* São Paulo: LTr, 1997, p. 34.

495 SPOSATI, Aldaíza. "Globalização: um novo e velho processo", *in Desafios da globalização* (Org.). Ladislau Dowbor et alii, Petrópolis: Vozes, 1997.

496 PEREIRA NETTO, Juliana Presotto. *A previdência social em reforma...*, cit., p. 41.

497 *Idem, ibidem*, p. 48.

de benefícios acarretou os escândalos das famosas fraudes das décadas de 80 e 90, com a descoberta de verdadeiras quadrilhas de assaltantes do caixa dos fundos previdenciários, compostas por servidores do próprio órgão, advogados e magistrados. A gestão não profissional da Previdência, vale dizer, com os cargos de direção sendo objeto de barganhas políticas e "cabides de emprego" para pessoal totalmente desqualificado, serviu para agravar o quadro e permitir o desajuste entre aportes e pagamentos.

A Emenda Constitucional n. 20 estabeleceu a vinculação das contribuições incidentes sobre a folha de pagamentos de empregados – destes e dos empregadores – exclusivamente ao pagamento de benefícios previdenciários. Conforme relato do ex- Ministro da pasta, *Waldeck Ornélas*, a regra em questão, juntamente com a promulgação da Lei de Responsabilidade Fiscal, garante o regime contra a utilização indevida dos aportes. Foi instituído o Fundo do Regime Geral de Previdência Social, de modo que, "além de vinculados, esses recursos estarão agora em uma conta orçamentária específica, tornando fácil visualizar as receitas e as despesas da Previdência Social. Os números estarão separados inclusive do custeio do próprio INSS".[498]

Outro aspecto grave da questão gerencial é o fato de que, ainda hoje, o INSS é um mau pagador. A política de discutir em Juízo até as últimas instâncias, valendo-se de todos os recursos e medidas procrastinatórias possíveis para postergar o pagamento de direitos assegurados por decisões judiciais, além de lamentável, do ponto de vista social, gera um efeito "bola-de-neve" sobre os valores a serem quitados. A dívida principal, quanto mais tempo demora para ser paga, é atualizada monetariamente e acrescida dos juros moratórios. Neste aspecto, de nada adiantará alterar-se o art. 100 da Constituição, para permitir pagamento de débitos judiciais sem a expedição do precatório (§ 3º, acrescentado pela Emenda n. 20/98), para condenações do INSS, se a política de procrastinar feitos permanecer.

A regulamentação do § 3º do art. 100 da Constituição pela Lei n. 10.099, de 19.12.2000, estabeleceu prazo de 60 dias após o trânsito em julgado da decisão para pagamento dos débitos até o limite de R$ 5.180,25, sem necessidade de expedição de precatório, o que visa reduzir a espera pela execução das decisões judiciais de beneficiários do regime.

Este limite foi elevado para 60 salários mínimos pela Lei n. 10.259/2001, que criou os Juizados Especiais Federais.

Por outra vertente, o número de sonegadores de contribuições sociais é assombroso. Segundo números citados pelo ex-ministro da pasta, há uma dívida histórica de R$ 29 bilhões, sendo considerado como recuperáveis apenas R$ 12

498 ORNÉLAS, Waldeck. *A previdência sem "caixa preta"*. Site do MPAS: www.mpas.gov.br.

bilhões,[499] em face do decurso de tempo de grande parte dos débitos, muitos já alcançados pela decadência ou prescrição.

A ampliação das coberturas sem a necessária fonte de custeio foi, durante muito tempo, outro fator de desequilíbrio financeiro das contas da Previdência. Apesar de ser princípio constitucionalmente previsto desde a Constituição de 1967, jamais foi cumprido na época de vigência do texto constitucional anterior. A legislação mal produzida, sem a menor preocupação com a relação custeio-despesa na concessão de benefícios, também acarretou acréscimos no déficit previdenciário. Extremamente esclarecedor é o exemplo citado por *Stephanes*:

> *Um trabalhador de 37 anos conseguiu provar 34 anos de serviço, o que induz à conclusão absurda de que ele começou a trabalhar com três anos de idade.*
>
> *Tal situação ocorre, por exemplo, mediante a utilização, como tempo de atividade rural, do período em que o menor, de 14 a 18 anos, vive com a sua família no campo. Este tempo de serviço pode, muitas vezes, ser contado para fins de aposentadoria em razão de distorções legais.*
>
> *Também podia ser contado o período de aprendizagem do menor entre 12 e 14 anos. Imagine alguém que tenha estudado em regime de aprendizagem dos 12 aos 14 anos e averbado tempo de atividade rural dos 14 aos 18 anos. Este cidadão hipotético terá 6 anos de serviço aos 18 anos de idade.*
>
> *Se a mesma pessoa trabalhar por mais 13 anos em mina de subsolo, cuja aposentadoria especial é aos 15 anos de serviço, terá 36 anos de serviço aos 31 anos de idade, por causa do sistema de conversão de tempo de serviço especial em tempo de serviço comum (6 anos + 13 anos x 2,33 = 36,3 anos).*[500]

É evidente que, na realidade, tal fato pode ocorrer. Também é verdade que, se alguém se aposenta nestas condições, não necessariamente é uma pessoa que se possa dizer tenha "burlado" o sistema: só o faz porque a lei permite. Assim, a legislação referente ao cômputo do tempo de serviço "fictício" tem sido objeto de alterações, e a aposentadoria especial tem sido revista quanto a critérios para a sua concessão. O problema é que os ajustes não podem afetar direitos já adquiridos em face da norma anterior, nem prejudicar os trabalhadores que, efetivamente, trabalham em atividade rural, ou condições nocivas à saúde, apenas para evitar sangria de recursos. Assim, as mudanças introduzidas, por exemplo, no art. 57 da Lei n. 8.213/91, com a exigência de comprovação de exposição à atividade nociva, durante o tempo necessário ao implemento do direito ao benefício, têm sido "um remédio forte demais", já que têm afetado o direito daqueles que exerceram atividades ditas especiais, mas não têm como comprovar o trabalho efetivo nestas condições (antes de 1995, a lei exigia somente o enquadramento em categorias que eram consideradas especiais, não havendo necessidade, até então, de comprovar o efetivo exercício de atividade insalubre ou perigosa).

---

499 STEPHANES, Reinhold. *Reforma da previdência...*, cit., p. 65.

500 *Idem, ibidem*, pp. 66-67.

A falta de um acompanhamento adequado da expectativa de vida e das despesas com benefícios também é sentida, pois tal preocupação só desponta a partir da segunda gestão de *Stephanes* no comando do MPAS. Trata-se de uma das medidas de suma importância para o controle das contas da Previdência, uma vez que não se pode pensar em termos de políticas de proteção somente a curto prazo. Felizmente, os atuais governantes têm demonstrado maior atenção para este detalhe.

Em relação aos regimes próprios de previdência dos agentes públicos, promulgou-se a Emenda n. 41/2003 e a Emenda n. 47/2005, que modificaram substancialmente a previdência dos ocupantes de cargos públicos. No governo anterior, muitas das medidas ora aprovadas já haviam sido propostas, sem contudo obter êxito na votação das propostas no Congresso Nacional.

Justificou o atual governo as propostas ora transformadas em Emendas Constitucionais no déficit decorrente dos gastos dos entes públicos com aposentadorias e pensões, utilizando-se de discurso semelhante ao adotado por *Stephanes*:

> *A despesa com benefícios previdenciários dos servidores públicos é maior que a receita obtida com as contribuições individuais. Em 1996, os servidores da União recolheram aproximadamente R$ 2,6 bilhões para a previdência, enquanto as despesas com os Encargos Previdenciários da União chegaram a R$ 17,1 bilhões. A diferença é de cerca de R$ 14,5 bilhões. Observe* (sic) *que a parte patronal não está incluída neste cálculo; caso estivesse, o déficit seria em torno de R$ 10 bilhões.*
>
> *Esse déficit tem sido parcialmente coberto mediante a utilização de recursos da Seguridade Social (Cofins e Contribuição sobre o Lucro Líquido), com virtual prejuízo para as áreas de saúde e assistência social. Em 1997, segundo o Tesouro Nacional, a folha de salários custou R$ 42,1 bilhões, dos quais R$ 17,1 bilhões com o pagamento de aposentados e pensionistas. Em 1990, os gastos com inativos eram de R$ 8,7 bilhões, ou um quarto das despesas globais com pessoal à época.*[501]

Em que pese o art. 40 da Constituição Federal, com a redação conferida desde a Emenda n. 20/98, ter fixado como direito de todo servidor público federal, estadual ou municipal, o acesso a um regime previdenciário diferenciado, cuja aposentadoria se calcula sobre o valor da última remuneração, a verdade é que ainda estamos bem distantes de ter assegurado a efetividade desta norma. Os agentes públicos de Municípios que não instituíram regime próprio de Previdência, ou que, depois de instituídos, concluíram pela inviabilidade financeira de sua manutenção, por estarem vinculados ao INSS, acabam tendo seus benefícios calculados conforme a regra dos trabalhadores da iniciativa privada, ocasionando aí um hiato entre a norma constitucional e a prática administrativa.

Muito se fala sobre o chamado déficit do sistema previdenciário. A matéria, embora noticiada como "lugar-comum" na imprensa, não tem a unanimidade entre os estudiosos do assunto. Os auditores fiscais do INSS, em documento intitulado "Seguridade e Desenvolvimento: um projeto para o Brasil", indicam que o su-

501 STEPHANES, Reinhold. *Reforma da previdência...*, cit., p. 100.

posto déficit não existe. Há razões fundadas para concordar. Números divulgados oficialmente pelas páginas do Governo Federal na internet e que foram tabulados pela FUNDAÇÃO ANFIP registram que a arrecadação do sistema de Seguridade Social foi de R$ 392,3 bilhões em 2009, enquanto, para o mesmo exercício, houve uma despesa geral de R$ 359,7 bilhões, já incluídos os benefícios assistenciais, os gastos com a saúde, com os benefícios de legislação especial, com a administração do INSS e outros, resultando num *saldo positivo* de R$ 32,6 bilhões.

A questão é que o Ministério da Previdência Social não considerava todas as contribuições para o sistema, mas apenas algumas delas, deixando de fora, por exemplo, a COFINS e a Contribuição sobre o Lucro Líquido. Também no que tange à despesa, contava-se apenas com os benefícios da Previdência Social e não com todas as despesas das três áreas. Esta é a razão do desencontro das contas.

Em verdade, nem todas estas contribuições acabam indo para os cofres da Seguridade Social. O Governo Fernando Henrique Cardoso conseguiu criar, por Emenda Constitucional, o chamado Fundo Social de Emergência, que hoje é chamado de Desvinculação de Receitas da União, e que é responsável pelo desvio de recursos da COFINS e da CSLL para os cofres da União. Curiosamente, o Governo Lula não o extinguiu, apesar das críticas a esse Fundo, notadamente quanto ao uso (indevido) de contribuições sociais para fins diversos da sua finalidade – o valor desvinculado da Seguridade Social em 2009 chegou à cifra de R$ 38,7 bilhões, maior que o do saldo positivo obtido, o que tornou "deficitária" a Seguridade Social, por vias transversas.[502]

Na verdade, a situação por que passam os regimes próprios de previdência, tal como o regime gerido pelo INSS, decorre de vários outros fatores:

- A má gestão dos recursos, pela utilização das contribuições dos servidores para outros fins que não a formação do "fundo previdenciário";
- A falta de fixação de contribuições capazes de gerar a sustentabilidade (entes públicos não contribuem com a sua parte);
- Legislações mal formuladas ou irreais sob o ponto de vista financeiro/atuarial (pensões e aposentadorias calculadas pelo valor integral, sem contribuição correspondente);
- Ações judiciais "empurradas para a frente" (gastos adicionais com juros e honorários) – Dívida Ativa de mais de R$ 160 bi e renúncia fiscal (isenção/imunidade das entidades filantrópicas);
- Desconhecimento das políticas previdenciárias (rurais, 86% de exclusão; urbanos, 59%, segundo PNAD/IBGE);

502 Associação Nacional dos Auditores Fiscais da Receita Federal do Brasil. *Análise da Seguridade Social 2009*. Brasília: ANFIP, 2010.

- Benefícios concedidos como privilégios (aposentadorias precoces, pensões vitalícias a dependentes de militares e ex-combatentes).

A verdade é que as Emendas Constitucionais n. 41 e 47, em linhas gerais, tornaram a previdência dos agentes públicos não igual, mas pior que a dos demais trabalhadores brasileiros, em muitos pontos. Observe-se, apenas, a questão da idade mínima (somente fixada para os regimes próprios, mas não para o RGPS), a criação da contribuição de aposentados e pensionistas (também não atingidos os do RGPS) e as regras para o cálculo da pensão por morte, que reduzem substancialmente o valor a ser recebido pelos dependentes do servidor falecido, enquanto no RGPS o valor da pensão corresponde, sempre, ao valor da aposentadoria devida ao segurado falecido, apurada pela média dos seus salários de contribuição, sem redutor algum.

Capítulo 4

Perspectivas da Seguridade Social Brasileira – A Experiência do Fórum Nacional da Previdência Social

Cumpre-nos, como proposta de encerramento desta obra, discutir os destinos da Seguridade Social – e, por conseguinte, da Previdência Social – no Brasil, analisando-os a partir da perspectiva das propostas de reformas que vêm sendo gestadas, especialmente a partir da participação dos autores deste livro, como membros observadores, do Fórum Nacional da Previdência Social.

Houve, no período posterior à Constituição de 1988, significativo aumento do montante anual de valores despendidos com a Seguridade Social, seja pelo número de benefícios previdenciários[503] e assistenciais[504] concedidos, seja pela diminuição da relação entre número de contribuintes e número de beneficiários, em função do "envelhecimento médio" da população e diante das previsões atuariais de que, num futuro próximo, a tendência seria de insolvência do sistema pelo esgotamento da capacidade contributiva da sociedade.[505]

Todavia, o fator mais frisado dentre todos para fundamentar o processo de modificação das políticas sociais é aquele relacionado ao endividamento dos países periféricos, como o Brasil, e sua relação com reformas "estruturais"[506] ou

503 Aposentadorias, pensões, auxílios-doença e reclusão, salários-maternidade, salários-família.

504 Renda mensal a idosos e deficientes, programas sociais em geral.

505 "O cenário que se desenha é de agravamento do desequilíbrio, a partir de 2020, decorrente do envelhecimento populacional. O aumento da participação dos idosos na população e, por conseqüência, dos beneficiários, acarreta esforço adicional de toda a sociedade no seu financiamento" (BRASIL. Ministério da Previdência Social. *Livro Branco da Previdência Social*. Brasília: MPAS/GM, 2002, p. 6).

506 Utilizando o conceito de *Mesa-Lago* e *Müller*, "reformas estruturais são as que transformam radicalmente um sistema de seguridade social (portanto, público), substituindo-o, suplementando-o ou criando um sistema privado paralelo" (COELHO (Org.). *Op. cit.*, p. 28).

"incrementais"[507], apregoadas por organismos internacionais, como o Fundo Monetário Internacional – FMI e o Banco Mundial:

> *O elevado grau de endividamento externo (...) freqüentemente induziu os governos a enfatizar o compromisso com reformas pró-mercado. O anúncio da privatização da previdência fazia parte de uma estratégia da sinalização, uma vez que em meados da década de 1990 as agências de classificação de risco incluíam a reforma previdenciária como ponto positivo em sua avaliação do país. Além disso, o endividamento em níveis críticos aumentava a probabilidade de as instituições financeiras internacionais envolverem-se na arena de reformas.*
>
> *Na década de 1980, o FMI e o Banco Mundial começaram a condicionar seus empréstimos para ajustes estruturais à reforma da previdência (como na Costa Rica e no Uruguai), tornando-se atores externos poderosos em vários países endividados da América Latina. Após a publicação do relatório de 1994*[508]*, a campanha do Banco Mundial em favor da privatização da previdência intensificou-se.*[509]

O Banco Mundial tem afirmado que para eliminar o risco de "quebra" do sistema previdenciário baseado em repartição, o ideal seria adotar um novo sistema, baseado em três pilares, estruturados da seguinte forma:

- um pilar obrigatório gerenciado pelo governo e financiado a partir dos impostos para fins de redistribuição;
- um pilar obrigatório gerenciado pelo setor privado e plenamente capitalizado, para fins de poupança;
- um pilar voluntário para aquelas pessoas que desejam mais proteção na aposentadoria.[510]

Desse modo, a primeira Emenda Constitucional que pretendeu alterar disposições atinentes à proteção social foi a de número 3, promulgada em 17 de março de 1993, e que estabelece, para os agentes públicos ocupantes de cargos vitalícios e efetivos, a obrigatoriedade de contribuição para custeio de aposentadorias e pensões concedidas a estes, modificando-se uma tradição do direito pátrio, qual seja, a de que tais concessões, no âmbito do serviço público, eram graciosas, independentes de contribuição do ocupante do cargo. O caráter contributivo é estendido, assim, e a partir de então, a todos os indivíduos amparados por algum diploma garantidor de aposentadorias e pensões, à exceção – ainda – dos militares das Forças Armadas.

A Emenda n. 3/93, contudo, não ensejou alterar as regras de concessão de aposentadorias e pensões, seja no âmbito do serviço público, seja no âmbito do Re-

507 Segundo os mesmos autores, "reformas incrementais são as que preservam o sistema público, reforçando suas finanças e/ou alterando benefícios e requisitos para habilitação como beneficiário" (COELHO (Org.). *Ibidem*).

508 Trata-se do relatório: WORLD BANK. *Averting the Old Age Crisis: Policies to Protect the Old and Promote Growth*. Oxford: 1994. Disponível em http://econ.worldbank.or/files/625_wps1572.pdf. Acesso em 30.set. 2004.

509 COELHO (Org.). *Op. cit.*, p. 51.

510 MAURIQUE, Jorge Antonio. *Reforma Previdenciária*. Brasília: 2003, p. 9. Disponível em www.cjf.gov.br/revista. Acesso em 10.jul.2004.

gime Geral de Previdência Social, dos trabalhadores em geral, tendo sido mantida a tendência de aumento do número de aposentadorias e pensões. Para reduzir o impacto de tal tendência, houve por bem o Poder Executivo, no ano de 1995, enviar nova proposta de emenda constitucional ao Congresso Nacional, promulgada, com diversas alterações quanto ao texto originalmente proposto, como a Emenda Constitucional n. 20, de 15 de dezembro de 1998.

Como relata *Borges*, em relação à necessidade de tal reforma,

> *A ilusão de que a cobertura dos pagamentos dos benefícios previdenciários, por parte do Tesouro Nacional era uma garantia inesgotável fez com que apenas diante de um déficit assustador de mais de 3% do PIB, atrelado ao grave desequilíbrio das contas públicas, a questão previdenciária brasileira fosse debatida e desaguasse na promulgação da Emenda Constitucional n. 20.*[511]

No ano de 2003, nova proposta de Emenda Constitucional foi enviada pelo Poder Executivo ao Congresso Nacional, direcionada de forma mais clara a realizar alterações no artigo 40 da Constituição, que trata especificamente dos direitos previdenciários dos agentes públicos ocupantes de cargos efetivos (e, por força de outros dispositivos constitucionais, os ocupantes de cargos vitalícios), modificando, mais uma vez, as regras de concessão de aposentadoria e de pensão por morte a dependentes destes, sem contudo alterar os princípios fundantes do sistema.[512] Tal proposta foi promulgada no final do mesmo ano, transformando-se na Emenda Constitucional n. 41, de 31.12.2003, e outra parte da mesma proposta foi aprovada após alterações e transformada na Emenda Constitucional n. 47, de 5.7.2005, as quais foram tratadas na Parte I desta obra.

O que se constata, pois, pelo exame da evolução normativa no tocante às políticas de proteção social no Brasil, é que houve uma tendência, desde o império até os dias atuais, segundo a qual a extensão de benefícios dessa natureza partiu sempre do casuísmo para a generalização, e inicia-se no âmbito da Administração Pública para depois se estender aos trabalhadores da iniciativa privada, primeiro no meio urbano, para depois atingir o meio rural[513], com evidente diferenciação no tratamento da matéria, desde o nível constitucional, quanto aos segmentos dos agentes públicos em relação aos trabalhadores em geral, o que tem gerado distorções no campo da redistribuição de renda.[514]

Ademais, inicia-se a normatização de tais políticas com medidas puramente assistenciais, para depois, já no século XX, assumir contornos de Seguro Social no padrão *bismarckiano*, e com a Constituição de 1988, se encontra o Estado brasileiro em estágio de pretensão a um modelo universal de proteção social, ampla, mais em consonância com o modelo de Beveridge, sendo que o sistema de Seguridade Social

511 BORGES. *Op. cit.*, p. 71.

512 BORGES. *Op. cit.*, p. 82.

513 RUSSOMANO. *Comentários à Consolidação das Leis da Previdência Social*, p. 7.

514 ROCHA. *Op. cit.*, p. 74.

brasileiro se ocupa apenas de proteção previdenciária, assistencial e de saúde, ficando o Estado diretamente responsável pela educação fundamental e pelas políticas de habitação, lazer e geração de empregos, como preconizado no ideário *beveridgeano*, constando todos esses como Direitos Sociais no artigo 6º da Constituição.

No tocante ao financiamento das políticas de proteção social, foram adotadas, no curso da história, duas linhas totalmente distintas para o custeio de benefícios de natureza previdenciária (notadamente aposentadorias e pensões): para os agentes públicos, os recursos para o pagamento dos benefícios eram obtidos diretamente do caixa do Tesouro, ou seja, da arrecadação tributária geral, sem contribuição individual específica destes; já para os trabalhadores da iniciativa privada, sempre houve a previsão de contribuição, que foi instituída juntamente com a do empregador (Caixas e Institutos de Aposentadoria e Pensões), sendo a contribuição do Poder Público sustentada por cotas ou taxas cobradas sobre o consumo de produtos das empresas envolvidas, o que, segundo Rosa Marques, tinha efeitos econômicos contraditórios. Com a criação do primeiro Instituto, o IAPM, anunciava-se um novo sistema: organizado como uma autarquia sob administração estatal, e tendo como base o território nacional, "passou também a contar de imediato com a contribuição paritária da União, configurando o chamado sistema tripartite de financiamento previdenciário".[515]

Ocorre que a mencionada contribuição da União nunca foi vertida por esta. Pelo contrário, tomou-se por empréstimo, a fundo perdido, o lastro contido nos institutos:

> *o controle sobre as reservas previdenciárias, desde os primeiros anos da década de 1930, transformaram a Previdência no principal "sócio" do processo de industrialização do país. De modo que, além de simplesmente burlar a lei, deixando de repassar ao instituto a arrecadação das cotas e taxas, nos montantes e prazos definidos, o governo passa a intervir sobre a aplicação das reservas.*[516]

A gestão dos recursos por pessoas que não tinham qualquer conhecimento técnico do assunto, com os cargos de direção sendo objeto de barganhas políticas, agravou o quadro e permitiu o desajuste entre aportes e pagamentos, por falta de maior preocupação com a viabilidade futura do sistema – o "equilíbrio financeiro e atuarial" – o qual somente é possível com a observação prévia dos fenômenos que podem influenciar na prestação dos serviços.

Fatores de natureza conjuntural também geraram sensíveis modificações no quadro da disponibilidade de recursos para financiamento do sistema. A crise financeira internacional do petróleo, bem antes da Constituição de 1988, e a desastrosa gestão da economia nacional, causadora da estagnação da chamada "década perdida" de 1980, o aumento do desemprego e do subemprego (trabalho informal,

515 MARQUES. *Op. cit.*, pp. 70-71.

516 MARQUES. *Op. cit.*, p. 73.

sem registro, e portanto sem contribuição ao sistema, logo sem proteção)[517], trouxeram problemas graves de arrecadação, potencializados por uma administração ineficiente, sujeita a fraudes e desvios de recursos.

Também ocorre, segundo as estatísticas oficiais, uma subversão dos princípios da seletividade e distributividade, pois em função da realidade social, trabalhadores de melhor condição têm se aposentado com idade bastante reduzida (aposentadorias por tempo de serviço ou contribuição) e com valores bem maiores, comparativamente aos trabalhadores de mais baixa renda, que também têm em seu desfavor a aposentação com idades mais avançadas, por causas diversas, mas principalmente pelo trabalho em condição de total informalidade, sem contribuição:

> *Assim, configurava-se um sistema de solidariedade às avessas, em que os trabalhadores com melhores condições financeiras se aposentavam por tempo de serviço mais cedo, recebiam um benefício maior e por um tempo maior. Além disso, eles continuavam no mercado de trabalho, e o benefício tornava-se mero complemento de renda. Os trabalhadores mais pobres se aposentavam por idade mais tarde, recebiam um benefício menor e por menos tempo.*[518]

Ainda que não se caracterize como um sistema de redução de desigualdades tão eficaz quanto se desejaria, em termos comparativos, o sistema brasileiro de Seguridade Social ainda é considerado sob certo prisma em tendência de crescimento do nível de proteção:

> *Apesar da existência de iniqüidades na estrutura e na distribuição dos benefícios, a cobertura do sistema de seguridade social tem se ampliado de forma crescente, sobretudo se considerarmos as modificações constitucionais introduzidas nos sistemas previdenciário e de saúde a partir de 1988, encontrando-se no patamar mais elevado da América Latina.*[519]

No plano presente, em vista das reformas introduzidas no texto original da Constituição de 1988, nota-se, entretanto, a tendência de redução de despesas do Estado com benefícios da Previdência Social, atingindo-se com maior ênfase o tratamento diferenciado concedido, até então, aos ocupantes de cargos vitalícios e efetivos da Administração Pública.

– Alterações nos regimes vigentes

No plano interno, o Governo, de tempos em tempos, acena com mudanças no campo social. As mais recentes tiveram por objetivo a redução do gasto com benefícios, em nada produzindo para melhorar a arrecadação. Discute-se o esgo-

517 "Nossa primeira característica é que a proteção social é incompleta, devido à presença majoritária da informalidade no nosso mercado de trabalho. No Brasil, 59,1% da população ocupada está na informalidade. Esse é um dado de 1997" (MARQUES. *Op. cit.*, p. 21).

518 Livro Branco da Previdência Social, p. 13.

519 SOARES, Laura Tavares Ribeiro. *Ajuste Neoliberal e Desajuste Social na América Latina*. Petrópolis: Vozes, 2001, p. 84.

tamento da capacidade contributiva da sociedade, sendo impossível majorar ainda mais as contribuições. A substituição da aposentadoria por tempo de serviço pela aposentadoria por tempo de contribuição e o fim da aposentadoria proporcional ao tempo previsto reduziram os pedidos de aposentadoria num primeiro momento, e a criação do princípio do equilíbrio financeiro e atuarial da Previdência Social deflagrou a possibilidade de adoção de medidas que permitem administrar o problema do pagamento de benefícios, como a fixação do "fator previdenciário".

Ainda como forma de melhorar a arrecadação, estabeleceu-se o contrassenso de executar – sem direito a prévio contraditório e ampla defesa – as contribuições à seguridade decorrentes de sentenças condenatórias na Justiça do Trabalho. A matéria foi regulamentada, tendo o Poder Executivo, para tanto, enviado projeto de lei ao Congresso Nacional em junho de 2000, que se transformou na Lei n. 10.035, de 25.10.2000. Porém, permanecem lacunas, a nosso ver, difíceis de serem saneadas. A continuar o raciocínio – correto, por sinal – de que o fato gerador da contribuição seja a dívida trabalhista, no momento em que deveria ter sido paga, ou seja, na "época própria", há que se esclarecer, por norma legal, a oneração do empregador quanto à mora, já que ao segurado-credor não se pode imputar tal inadimplemento, pois não era o responsável pelo recolhimento da contribuição. Várias decisões da Justiça do Trabalho têm – de forma inaceitável do nosso ponto de vista – imputado ao empregado o ônus de não só arcar com a sua parcela de contribuição, como também com a atualização monetária e juros moratórios, bem como, em casos menos comuns, pela multa pelo atraso no recolhimento. Ora, se o empregado não é responsável pelo recolhimento, como pode ser onerado com tais acréscimos? A matéria precisa ser definitivamente saneada pela lei que venha a disciplinar a execução perante a Justiça Laboral, utilizando-se, para isso, dos dispositivos já existentes no Código Tributário Nacional a respeito de inscrição de débitos em Dívida Ativa e cobrança posterior.

Além disso, possui indícios de inconstitucionalidade a Lei em questão, ao tratar o crédito fiscal como se fosse um crédito não sujeito à inscrição em Dívida Ativa, o que permite que devedores de contribuições não estejam assim caracterizados, permitindo, numa flagrante brecha normativa, a obtenção de certidões negativas de débito por quem esteja respondendo à execução das contribuições na Justiça do Trabalho e, pior, não havendo inclusão destes valores na previsão de receita da União, o que compromete a realização do orçamento da Seguridade Social. A matéria precisa ser definitivamente saneada, estabelecendo-se a execução mediante prévia inscrição dos valores devidos, tal como determinado pelo Código Tributário Nacional e pela Lei n. 6.830/80, para então se proceder a execução.

Com a adoção do fator previdenciário para o cálculo das aposentadorias, parece-nos que o intento de fixar uma idade mínima para a aposentadoria foi alcançado por via transversa, de modo que a alteração constitucional provavelmente não deverá ser proposta novamente, em face do desgaste político que a medida traz em si. Tendo o Supremo Tribunal Federal negado a liminar em Ação Direta de Inconstitucionalidade, parece-nos que a regra deverá permanecer no ordenamento e cumprir seu papel de aumentar a idade dos postulantes da aposentadoria por tempo de serviço/contribuição. Porém, deve-se dizer que o fator previdenciário não pode ser aplicado aos segurados que implementaram o direito à aposentadoria antes da publicação da Lei n. 9.876, em 28.11.1999. Então, os verdadeiros efeitos da adoção do fator previdenciário só serão observáveis à medida que não mais existam segurados se aposentando pelas regras antigas.

Porém, o efeito de redução de despesas com benefícios desejado pelos responsáveis pela política previdenciária foi atingido, ao menos num primeiro momento: os números da própria Previdência apontam para uma redução nos pedidos de concessão de aposentadorias. Com efeito, a redução tende a ser maior, apesar da quantidade de pessoas que venham a atingir as condições mínimas para a obtenção do benefício vir a aumentar nos próximos anos. É que o fator previdenciário passou a ser um inibidor do pedido, pois o segurado irá certamente pensar duas vezes antes de se decidir entre obter um benefício menor e aguardar mais tempo para obter um valor maior de aposentadoria.

Numa outra vertente, medidas adotadas pela Lei n. 9.876/99 e pela Lei Complementar n. 123/2006, pretendem trazer para o sistema os contribuintes individuais, categoria formada em grande parte por profissionais liberais e trabalhadores precarizados, acenando com benefícios como a possibilidade de contribuir sobre um salário mínimo e com alíquotas reduzidas e a redução de juros moratórios para os débitos destes. É política que merece acompanhamento, para que se observe a efetividade da tentativa governamental. Apesar disso, as medidas são dignas de encômios, no ponto em que estende benefícios a seguradas, que até então não tinham proteção previdenciária quando em período de gestação e possibilita a inclusão no sistema de contribuintes individuais e facultativos.

Neste tópico – direitos previdenciários da mãe – houve um grande avanço, para reconhecer o direito à licença e ao salário-maternidade também à mãe adotante, nos moldes do que já ocorre com a servidora pública federal, amparada pelo regime da Lei n. 8.112/90. Não se discute da necessidade de que a mãe adotante precise de um tempo para adequação da criança adotada a seu novo lar, incumbência que – culturalmente – é matriarcal, por regra. Num país onde há milhões de crianças abandonadas por seus pais biológicos, é um incentivo à adoção a concessão de benefício que permita à segurada um prazo para, adotando menor carente, incluí-lo no seio familiar. Todavia, a regra foi mal formulada e atinge o princípio isonômico, pois prevê a licença e o benefício correspondente apenas para as seguradas que adotem criança de até oito anos de idade, não havendo razoabilidade alguma para se discriminar a adoção de pessoas com idade superior a oito e inferior a dezoito anos.

Deve-se lembrar, todavia, que as medidas ora comentadas atingem apenas parcialmente o problema da informalidade e consequente negação ao trabalhador do direito a prestações previdenciárias, que pode ter contornos graves em futuro próximo. Segundo *Juliana Presotto Pereira Netto*, "projeções feitas por especialistas contratados pelo governo federal para analisar a situação da assistência social em virtude da relevante porcentagem da população ocupada atualmente não vinculada ao INSS indicam que, daqui a 20 anos, o Tesouro Nacional terá que pagar 2,76 milhões de benefícios anuais da LOAS, ante os atuais 1,29 milhão, o que significa um crescimento no número de prestações da ordem de 114%", e, em função disso, "poder-se-á chegar a uma pálida ideia da enorme pressão que representará sobre a sociedade o número expressivo de trabalhadores que hoje não estão cobertos pela previdência social. Ou seja, não tendo direito aos benefícios previdenciários, e sabendo-se que a assistência social não terá, provavelmente, condições de atender a esses trabalhadores que então se tornarão incapazes para o trabalho em decorrência das contingências sociais (idade, doença, invalidez, etc.), caberá à sociedade, ainda que desorganizadamente, albergá-los".[520]

No aspecto da relação de dependência para fins previdenciários, em que a jurisprudência já demonstrou seu papel, ao iniciar o reconhecimento dos direitos da companheira à pensão por morte de segurado – regra que se tornou legal após sedimentar-se no campo das decisões judiciais –, vem atualmente ganhando corpo o entendimento – do próprio INSS – de reconhecer a companheiro de mesmo sexo o direito à condição de beneficiário, quando comprovada união estável. Regra polêmica, pois a Constituição somente menciona a união estável entre pessoas de sexos distintos (art. 226, § 3º). Porém, não proíbe – nem poderia fazê-lo – a união entre pessoas do mesmo sexo. Assim, vem sendo concedido o direito a pessoas que viviam sob o mesmo teto com o segurado, ainda que do mesmo sexo, já que o INSS, por meio de Instrução Normativa, passou a reconhecer a união estável de homossexuais para o requerimento de pensão por morte de companheiros.

Há, ainda, a questão da isenção concedida às entidades que praticam a "filantropia", devendo ser novamente objeto de coragem política a redução deste conceito para incluir entre os contribuintes as entidades que obtêm resultados financeiros e apenas em pequeno grau praticam atividades assistenciais. Neste contexto, instituições de ensino, hospitais particulares e associações civis devem ser corretamente enquadradas e, não sendo de fato entidades assistenciais, excluídas da isenção.

520 PEREIRA NETTO, Juliana Presotto. *A previdência social em reforma...*, cit., pp. 174-175.

– Previdência ideal: repartição ou capitalização?

Alguns segmentos da sociedade pregam abertamente o fim da Previdência Social (pelo abandono da noção de seguro social) e a adoção de um regime de seguros privados, ao estilo chileno.

Dizia *Confúcio* que um bom governo deveria sentir vergonha da pobreza de seu povo. O abdicar da luta pela erradicação da miséria é atitude grave, ainda mais numa nação com mais de 30 milhões de pessoas vivendo em condições indignas. E, sendo assim, defender a saída paulatina do Poder Público da função de promover o bem-estar é algo inaceitável. Com efeito, em termos de Brasil, não se chegou e tão cedo não se chegará ao Estado de Bem-Estar Social imaginado por *Keynes* e *Beveridge*. Logo, não se pode conceber que sigamos aqui as ideias do bloco de nações nas quais a questão das desigualdades sociais extremas já deixou de existir – a Europa e demais países desenvolvidos. Deve-se dizer, ainda, que pelo Direito comparado se viu que mesmo o pior dos planos previdenciários europeus, com todas as mudanças, é melhor que o nosso regime geral, pelo menos no que se refere a limites máximos de cobertura.

Então, concordamos com a premissa de que "toda a discussão e eventuais medidas concretas implantadas no sentido de adequar o sistema previdenciário de cada país à atual realidade econômica mundial devem ser colocadas em prática sempre tendo como princípio o nível de proteção até então atingido. Não é possível pensar na redução do rol de benefícios, de seus valores ou de sua abrangência subjetiva, onde eles nem mesmo chegaram a ultrapassar um mínimo socialmente desejável".[521]

As políticas dos países do Oriente nunca foram o que se pode chamar de "paradigma" para outras nações. Há uma questão cultural nas sociedades orientais, que não desamparam o idoso, nem a criança. Mas o que dizer da sociedade brasileira, onde os de idade mais tenra são atirados ao abandono, na rua, e os idosos, marginalizados e excluídos pelo mercado de trabalho e, às vezes, pela própria família, colocados em asilos ou instituições afins?

Em termos de amparo ao trabalhador, como visto, os países mais "competitivos" são os que abandonam seus indivíduos à própria sorte. Hong Kong não tem regime de previdência pública; a Coréia do Sul mantém apenas um seguro-saúde compulsório. Alie-se a isso um "salário de fome", a má qualidade da matéria-prima e dos produtos lá manufaturados (dos quais nos abarrotamos nas "lojas de R$ 1,99") e chega-se ao sucesso dos "emergentes". A conclusão mais própria vem do próprio *José Pastore*, arauto-mor do livre mercado nas relações de trabalho e previdência no Brasil: "Os Tigres Asiáticos, por sua vez, cresceram dentro de um quadro pouco regulamentado decorrente de uma legislação incipiente. Aqueles

521 PEREIRA NETTO, Juliana Presotto. *A previdência social em reforma...*, cit., p. 49.

países, como já foi dito, educaram adequadamente seus povos. Hoje, colhem os frutos dessa boa semente".[522] Ou seja, a "educação ideal", segundo o economista, é aquela em que se considera "bom homem" o indivíduo que nada questiona, nada reivindica, nada exige do Estado. Nesse contexto individualista, se algo lhe acontece, cabe ao próprio sujeito, ou à sua família, buscar a saída para a impossibilidade de sua subsistência por conta própria. A nosso ver, tal forma de educação apenas demonstra o descaso para com a noção de solidariedade entre os indivíduos da mesma coletividade – fora da célula familiar –, o que só aumenta as distorções e o chamado "abismo social", em que os mais ricos são cada vez mais abastados, e os pobres, cada vez mais miseráveis.

Cláudia Fernanda de Oliveira Pereira, escrevendo sobre a Reforma da Previdência, e questionando a validade de se privatizar ou não a Previdência brasileira, cita manifestação do Deputado *Matheus Schmidt*, no sentido de que o principal objetivo era o de ampliar a previdência privada, particularmente a dos fundos abertos de adesão individual, sob o controle das instituições financeiras atuantes neste ramo, alertando para o fato de que o substitutivo do Senado permitia, num futuro próximo, a instalação no País de aportes de fundos de previdência privada que chegariam, em 2005, a um patrimônio de US$ 200 bilhões, pela supressão, do Texto Constitucional, da ideia de uma previdência complementar pública, lembrando que, em época ainda recente, já houve quem sofresse com os episódios de perda de recursos recolhidos, por exemplo, à extinta Capemi.[523]

Stephanes sintetiza bem a polêmica discussão sobre o modelo chileno e a defesa de sua instituição no Brasil:

> *No Brasil, dois defensores do modelo chileno são o deputado federal Roberto Campos e o economista Francisco Oliveira, ambos respeitados especialistas na área. Mesmo assim, suas idéias encontram a resistência do professor Celso Barroso Leite, decano dos doutrinadores brasileiros, que vê com reservas os resultados alcançados pelo Chile, conforme admitiu em artigo publicado recentemente:*
>
> *"Acontece que esse esquema, bem recente, pois ainda não completou duas décadas, não é bem previdência social e sim poupança individual. Voltando à origem das minhas dúvidas, receio que ele tenha sentido antes econômico do que social, e sabemos que aquele aspecto é mais atraente que este e dá mais prestígio". (...)*[524]

O que se observa, portanto, é que há um interesse dos defensores das políticas de "flexibilização" em "nivelar por baixo" a questão da segurança social. A comparação com países do Oriente, que nem sequer garantem a mínima proteção ao indivíduo, assim o demonstram. Em nome da competição, fala-se abertamente em

522 PASTORE, José. *Encargos sociais no Brasil: implicações para o salário, emprego e competitividade*. São Paulo: LTr, 1997, p. 13.

523 PEREIRA, Cláudia Fernanda de Oliveira. *Reforma da previdência*. Brasília: Brasília Jurídica, 1999, pp. 17-18.

524 *Reforma da previdência sem segredos*. Rio de Janeiro: Record, 1998, p. 17.

redução da proteção estatal, como se a população já tivesse atingido o bem-estar propalado pela política do Estado Benfeitor.

Os países da América Latina que adotaram o regime de capitalização como substitutivo do regime clássico de repartição também não são exemplos de prosperidade social, e, como já foi dito, o índice de proteção do novo modelo do Chile não atinge mais que a metade da população economicamente ativa. Assim, estamos diante de um sistema que não solucionou o problema da universalidade do atendimento à massa trabalhadora. Sobre os benefícios a serem pagos, não houve tempo suficiente para se ter noção, em face da juventude do regime – 20 anos de existência apenas –, sendo muito poucos os beneficiários até agora. A transição entre regimes e a carga fiscal que deverá ser suportada pela população pelo ônus de ter o Estado de pagar benefícios sem ter fonte específica de onde tirar também não pôde ser avaliada, e dependerá sobremaneira da política de gastos públicos a ser realizada nos próximos anos. Enfim, a credibilidade neste sistema só pode existir por convicção, e não por resultados.

– A questão dos "encargos sociais"

Os defensores das reformas políticas no campo social queixam-se constantemente de que a Carta Magna, que já foi chamada de Constituição Cidadã, é signo de atraso para o Brasil. Reclamam dos chamados "encargos sociais", ou, noutras palavras de "economês", falam do "custo Brasil". Veja-se, a propósito, o comentário do economista *José Pastore*:

> *Os países que competem com o Brasil, em especial, os Tigres Asiáticos e os NIC's (Newly Industrialized Countries) têm uma situação bastante diferente da brasileira. Os encargos sociais são consideravelmente mais baixos do que os nossos. Além do mais, a maioria é formada de custos variáveis, negociados através* (sic) *da contratação individual ou coletiva. Por isso, até o momento, a corrida da competição está sendo vencida por eles e perdida por nós.*
>
> *A luta pela redução e flexibilização dos encargos sociais no Brasil está se ampliando. Empresários e trabalhadores começam a perceber a importância de se pagar mais salários e menos impostos, em especial, menos encargos sociais (Amato, 1993; Medeiros, 1993).*
>
> *O custo dos encargos sociais no Brasil assume um papel ainda mais alarmante quando se considera a qualidade dos benefícios e a higidez do sistema. Os vários itens da seguridade social consomem quase 30% da folha de salários das empresas. Os benefícios são precários e o sistema previdenciário está virtualmente falido. As discussões no campo da seguridade social apontam também para a mais urgente necessidade de mudar o atual sistema.*
>
> *O modelo em vigor se baseia no conceito da "repartição", segundo o qual, cerca de 30 milhões de brasileiros ativos têm que garantir a seguridade social de 150 milhões de brasileiros. É evidente que, em um sistema desse tipo, as alíquotas têm de ser altas para os poucos que pagam. Isso sobrecarrega o setor formal e, ao mesmo tempo, provoca evasão, sonegação e o crescimento do setor informal.*
>
> *A Constituição de 1988, ao criar a expressão "seguridade social" misturou num só item três benefícios de natureza bastante diferente: previdência, saúde e assistência social. Nessa mistura, a Carta Magna fez os salários financiarem tanto bens privados (aposentadoria, FGTS, etc.)*

> *como bens públicos (saúde, assistência social, educação, etc.). Na verdade (sic), os bens públicos deveriam ser financiados através de impostos, pois visam o benefício generalizado de toda a sociedade.*[525]

Nota-se a intenção manifesta de questionar, desde os princípios norteadores, toda a concepção de Seguridade Social. A análise é sempre comparativa, e pretende convencer quanto aos proveitos de deixar-se a Previdência por conta das instituições privadas. Curiosamente, o discurso se contradiz: alega que a informalidade do mercado de trabalho e a sonegação fiscal decorrem do regime de repartição, e que a previdência e outros bens públicos deveriam ser financiados por impostos; mas quem irá pagar estes impostos, senão a mesma população economicamente ativa?

O interlocutor demonstra ainda um total desconhecimento sobre o que ele prefere chamar de "encargos sociais", mas que, em verdade, são direitos dos indivíduos. Com efeito, o Fundo de Garantia do Tempo de Serviço (ideia de outro pensador neoliberal, o hoje falecido economista *Roberto Campos*) não é financiado pelo "salário" dos trabalhadores, mas pelas contribuições das empresas. A noção de "bens" do economista também falece à mais superficial análise: considerando a "divisão" feita por *Pastore,* a prestação de serviços de saúde é pública, mas a Previdência não...

Ademais, é muito cômodo sentenciar a morte do sistema atual a partir da insuficiência do valor dos benefícios e da falência do regime. Pergunte-se, todavia, a um segurado que recebe aposentadoria se ele gostaria que a Previdência acabasse. A defesa do fim da Previdência por repartição é feita por quem não depende dela: o empresariado, a classe média e os proletários do "andar de cima", de que fala *Hobsbawm.*

Então, se todos os que têm melhor capacidade contributiva se recusarem a contribuir, o sistema sucumbirá e teremos de migrar para outro meio de prover a Assistência Social, a Saúde e a Previdência Social. Ou seja, os sonegadores podem postular o fim do regime, porque, em virtude da conduta por eles praticada, o sistema tornou-se insolvente...

É importante afirmar que muitos dos que sustentam a adoção do regime de capitalização pretendem, tão-somente, defender o fim das contribuições empresariais à seguridade. Várias vezes foi sustentado, talvez como "balão de ensaio", que, eliminando-se a contribuição das empresas sobre a folha de pagamentos, tal fato poderia acarretar imediato aumento da média salarial oferecida pelas empresas, como na proposta do Instituto Liberal.[526] Já houve quem propusesse a transferência da contribuição patronal para o salário, com a correspondente majoração da alíquota do segurado empregado no mesmo índice (ou seja, um segurado que contribui com 8% da sua remuneração passaria a contribuir com 28%, mais o percentual

525 PASTORE, José. *Op. cit.*, p. 83.

526 STEPHANES, Reinhold. *Reforma...*, cit., p. 140.

do SAT). Ocorre que "ganho" salarial não existe em tal proposta. E, mais, como não há estabilidade no emprego, nem garantia de que, ao menos por algum tempo, o empregado não possa ser despedido sem justo motivo, é certo pensar que, em seguida, o empregador dispensará grande parte dos empregados para recontratar, já livre da contribuição patronal, e sem necessidade de admitir novos trabalhadores com o mesmo salário acrescido da contribuição patronal que era vertida por este.

O problema fundamental da segurança social não é abordado pelo ideário liberal. Não existindo previdência pública, compulsória e universal, muitos indivíduos ficarão à própria sorte. E a função do Estado não é outra senão a de ter como meta garantir vida digna a todos, independentemente de terem ou não condição de poupar para os tempos adversos. Voltamos a *Maciel*, para fazer-lhe coro: "as políticas propriamente sociais devem ter um objetivo central: diminuir as desigualdades".[527] A rede de segurança social não existe senão para, em função do ônus aplicado à população mais abastada, fazer com que esta promova, com as suas contribuições sociais, a melhoria das condições de vida da população mais carente. Num país como o nosso, com milhões e milhões de pessoas vivendo abaixo da linha da miséria, isso jamais pode ser esquecido ou relegado a segundo plano. O Brasil necessita e ainda necessitará, por muito tempo, de políticas sociais fortes, de sensível intervenção no domínio da economia, para que se traga para a dignidade, para a verdadeira cidadania, a parcela excluída da nossa sociedade. Abolindo-se o sistema vigente, pura e simplesmente, para adoção da previdência privada, e custeio da assistência social e da saúde por meio da receita tributária, resta evidente que tais populações irão sofrer drásticas consequências, pois as despesas com tais obrigações estatais terão de dividir as migalhas do orçamento que sobrarem depois que for feito o jogo de interesses da classe política, com suas inúmeras obras públicas e seus faraônicos gastos com propaganda, prédios suntuosos, cargos comissionados, diárias de viagens e outras benesses custeadas com os nossos impostos.

– O Fator Previdenciário e as Perdas dos Aposentados

Atualmente no Brasil existem diversos projetos tramitando no Congresso Nacional, que podem influir de forma contundente nas aposentadorias concedidas pelo Regime Geral de Previdência Social (RGPS).

As maiores polêmicas estão no reajuste dos benefícios previdenciários e no fim do fator previdenciário. São quatro Projetos de Lei em pauta:

527 MACIEL, José Alberto Couto. *Desempregado ou supérfluo? globalização*. São Paulo: LTr, 1998, p. 18.

- Projeto de Lei nº 3299, de 2008

Esse Projeto de Lei trata da extinção do Fator Previdenciário e muda a forma de cálculo dos benefícios da Previdência voltando aos antigos últimos 36 meses.

A mudança, portanto, vai muito além da simples extinção do fator previdenciário, modificando profundamente a realidade das concessões de benefício no país.

Sendo aprovado, o projeto criará um problema em relação aos benefícios já concedidos, pois a lei não menciona a situação daqueles que tiveram seus benefícios concedidos com base nos ditames da Lei n. 9.876/99, ou seja, com base nos 80% maiores salários-de-contribuição, com ou sem a aplicação do fator previdenciário.

Nesse caso, fica a dúvida: é possível, com a aprovação do PL 3.299/08, a revisão automática dos benefícios previdenciários?

Parece-nos que a resposta é complexa. Primeiro porque o PL não menciona expressamente a possibilidade de revisão administrativa dos benefícios. Cumpre atentar também que o INSS não terá interesse em implementar a revisão dos benefícios em manutenção de forma unilateral.

A questão está se encaminhando para um acordo de lideranças. Nessa proposta o fator previdenciário é mantido com as seguintes alterações:

a) congelamento da tábua de expectativa de vida na data que o segurado completar os requisitos para aposentadoria. A vantagem seria o segurado continuar trabalhando além do tempo normal para, quando requerer o benefício, tê-lo calculado com base em uma tábua de expectativa de vida mais benéfica;

b) cálculo do benefício pela média de 70% (setenta por cento) das contribuições do período de cálculo, aproveitando as maiores contribuições. Hoje o cálculo é feito aproveitando 80% (oitenta por cento) das contribuições do período;

c) instituir uma nova regra que permita ao segurado se aposentar sem aplicação do Fator Previdenciário. Trata-se de uma fórmula, conhecida como regra 85/95, que soma a idade do segurado com o seu tempo de contribuição. Quando esta soma atingir 95, para o homem, e 85, para a mulher, não será aplicado o redutor do Fator Previdenciário. Para os professores, a fórmula seria 90 para o homem e 80 para a mulher.

Caso aprovado o projeto, não haverá idade mínima para aposentadoria. Quem completar o tempo de contribuição poderá se aposentar com o fator, caso não inplemente a regra da soma de tempo com a idade e não queira aguardar.

Outra novidade ocorrida em 2010 foi o índice de reajuste dos benefícios com valor acima do salário mínimo. A Medida Provisória n. 475, de 23.12.2009, fixou em de 6,14%, correspondente ao INPC acumulado no período de fevereiro a dezembro de 2009, e acrescentou aumento real de 2,518%. No entanto, o Congresso Nacional rejeitou esse índice e aprovou a Lei n. 12.254, de 15.6.2010, estabelecendo o mesmo percentual de aumento do salário mínimo, ou seja, 7,72% a partir de 1.1.2010.

Essa lei previa também a extinção do fator previdenciário, mas o artigo correspondente (5º.) foi vetado pelo Presidente da República, sob o seguinte argumento: "O dispositivo, da forma como aprovado, não atende ao disposto no art. 195, § 5º, da Constituição, que exige a indicação da correspondente fonte de custeio total para o aumento de despesa gerado pela extinção do fator previdenciário."

- Projeto de Lei nº 58, de 2003

Objetiva recompor o poder aquisitivo das aposentadorias e pensões pagas pela Previdência Social aos seus segurados, com base no número de salários mínimos que tinham na data de sua concessão.

Essa é a grande briga dos aposentados e pensionistas, que verificam, ano a ano, a diminuição real do valor dos seus benefícios, pois os reajustes não acompanham o reajustamento do salário mínimo.

Por esse motivo, mesmo que no início da aposentadoria uma pessoa receba o equivalente a 3 salários mínimos, essa proporção não se manterá verdadeira no decorrer do tempo, ou seja, durante a manutenção do benefício.

A cada reajuste a diferença diminuirá, e a tendência é que o benefício se transforme em 1 salário mínimo em um curto período de tempo.

Essa realidade revolta os beneficiários da Previdência Social brasileira desde o encerramento da vinculação entre salário mínimo e benefícios previdenciários, garantida pelo artigo 58 do ADCT.

Na Câmara, este projeto tramita com o número PL 4434/08, e tem poucas changes de aprovação, diante de falta de previsão constitucional que garanta essa forma de reajustes dos benefícios.

- Outras Atualidades sobre os Projetos de Lei

Importante destacarmos ainda a Emenda 01EMS – que altera o PL n. 01/07 para estender os reajustes futuros do salário mínimo aos aposentados e pensionistas do INSS e o veto do Presidente da República ao § 2º, do art. 1º, da Lei n. 11.321/06.

Esta lei fixou o reajuste do salário mínimo em 2006 no percentual de 16,66%, tendo o § 2º resultado de uma emenda que estendeu o reajuste aos benefícios do INSS.

Havia expectativa que o veto fosse apreciado, mas ainda não ocorreu.

– O Fórum Nacional da Previdência Social

Pelo Decreto n. 6.019, de 22.1.2007, o Presidente da República criou o Fórum Nacional da Previdência Social – FNPS. Segundo o Governo, o Fórum tem a finalidade de promover o debate entre os representantes dos trabalhadores, dos aposentados e pensionistas, dos empregadores e do Governo Federal, com vistas ao aperfeiçoamento e sustentabilidade dos regimes de previdência social e sua coordenação com as políticas de assistência social, além de subsidiar a elaboração de proposições legislativas e normas infralegais pertinentes.

A população brasileira, nos últimos anos, se acostumou a ouvir falar de Previdência Social associando-se a esta expressão, antes dela, a palavra "reforma". Ocorre que as "reformas" por que vem passando a Previdência partiram, todas elas, de um só norte: a redução de direitos, em vez do enfrentamento dos problemas mais profundos que envolvem uma política pública tão importante, e que não se resolvem no curto prazo.

Por isso é importante frisar o papel do Fórum Nacional da Previdência Social: discutir a Previdência do futuro, dos nossos filhos e netos. Tal pretensão suplanta os interesses meramente corporativistas e de época, colocando pela primeira vez na História do Brasil o assunto sob uma perspectiva intergeracional – o que já deveria ter ocorrido algumas gerações atrás, caso a Previdência tivesse sido gerida de forma profissional e não meramente política.

Não há como se discutir o futuro sem ter uma clara visão dos problemas do momento presente, bem como da trajetória cumprida até aqui. Sem sombra de dúvida, para se chegar a conclusões sobre os rumos a seguir, é fundamental que se faça um diagnóstico preciso da atualidade e das projeções futuras sobre dados como: idade de ingresso no mercado de trabalho, expectativa de vida, taxa de natalidade. Mas a novidade é que se pretende debater, com transparência, outras razões que não permitem que a Previdência seja, de fato, um direito de todo trabalhador.

Daí não há como fugir de buscar soluções para fenômenos graves, como: o trabalho informal e sem contribuição para o INSS, que gera uma legião de trabalhadores com dificuldades de acesso à aposentadoria; a sonegação fiscal praticada sem que haja um cruzamento de informações entre INSS e órgãos das Receitas Federal, Estaduais e Municipais; a falta de maior rigor na cobrança dos devedores e na punição dos fraudadores; a tributação excessiva da folha de pagamentos, que acaba gerando o trabalho "sem carteira assinada" e os pagamentos "por fora", que só prejudicam o trabalhador; o índice crescente de doenças ligadas ao trabalho e o consequente pagamento de benefícios por doença e invalidez, sem que haja a devida prevenção por parte de empresas; ou, ainda, o atendimento muitas vezes insatisfatório praticado em agências do INSS ante a falta de treinamento de seus servidores – sejam os técnicos, sejam os médicos peritos – não só na interpretação do direito dos segurados, mas também, e principalmente, quanto à falta de sensibilidade do caráter essencialmente humano e emergencial do serviço público ali prestado.

Porém, o maior problema a ser enfrentado é o de como criar, entre os brasileiros, uma verdadeira "cultura de previdência": fazer com que as pessoas entendam que a Previdência é um bem necessário (e não um mal) para a proteção de todos nós, em períodos de adversidade, e que ela só poderá funcionar bem se todos fizermos a nossa parte, contribuindo, e assim nos garantindo e a nossos dependentes para o tempo em que não mais possamos trabalhar. E que, se o atendimento do INSS por vezes é ruim, e a proteção não é a ideal, não é o caso de trilhar pelo perigoso caminho da imprevidência: ninguém sabe o dia de amanhã. Melhor ter uma Previdência que assegure essa proteção, e lutar para que ela seja melhor.

– Finalidade do FNPS

A proposta de criação do Fórum foi a de realizar um amplo debate entre representantes do Governo, trabalhadores e empregadores sobre o futuro da Previdência Social no Brasil, com vistas à formulação de consensos sobre o que seria necessário ajustar no atual sistema para assegurar às futuras gerações a sustentabilidade financeira e orçamentária, diante das perspectivas de alterações demográficas e atuariais na sociedade brasileira. Tais consensos, uma vez obtidos, serviriam para inspirar, por sua vez, propostas de Emendas Constitucionais ou projetos de lei visando reformar o atual sistema para os "novos entrantes", ou seja, para aqueles indivíduos que ainda não ingressaram no mercado de trabalho e, portanto, não são ainda segurados da Previdência Social.

Partiu-se, para tanto, de algumas premissas. A primeira delas foi de que não haveria discussão acerca do modelo previdenciário – de repartição simples, gerido pelo Estado, de natureza pública e financiado mediante contribuições. Deixou claro o então Ministro da Previdência, em sua fala inicial, que não se colocava em discussão propostas como a de privatização do sistema, ou de modelos de capitalização, preservando-se, assim, o caráter solidário e de política pública da Previdência. A segunda, de que não há necessidade de reformar a Previdência no curto prazo, sendo a intenção do Governo discutir o molde previdenciário das futuras gerações de segurados, ainda não participantes do mercado de trabalho, pois há sustentabilidade no curto prazo. A terceira, de que as propostas do Fórum não poderiam atentar contra direitos adquiridos dos beneficiários. A quarta, de que haveria respeito aos que, mesmo não detentores de direito adquirido, já ingressaram no mercado de trabalho e, portanto, já são filiados ao sistema, admitindo-se "regras de transição longas, que permitam o gradativo ajuste dos atuais trabalhadores ao modelo futuro". Por fim, se sugeria que o Fórum não se curvasse a pressões de grupos por tratamentos privilegiados injustos, que causam ainda hoje distorções na política de redistribuição de renda.

- Desenvolvimento dos Trabalhos

Para a realização dos trabalhos de debate, o Fórum contou com uma composição tripartite – Governo, bancada dos trabalhadores e bancada dos empregadores – e, como numa "quarta bancada", o grupo de observadores, este último composto por representantes do Judiciário, do Ministério Público, do Tribunal de Contas da União, da Organização Internacional do Trabalho e de entidades de pesquisa como o IPEA e o IBGE, grupo no qual tivemos efetiva participação.

O calendário de atividades foi dividido em três etapas. Na primeira etapa, que se desenrolou até junho, se tratou do chamado "diagnóstico do sistema". Na segunda etapa, de agosto a outubro, foram discutidos os temas propostos pelo Fórum e, na terceira, no mês de novembro, houve então a formulação de propostas e aprovação do relatório final.

Na primeira reunião do Fórum, houve entendimento de que seria necessário abordar o seguinte temário:

- Transformações Demográficas e Previdência
- Mercado de Trabalho Brasileiro e Previdência
- Previdência Rural
- Mulher e Previdência Social
- Panorama das Reformas no Mundo – Experiência do Pacto de Toledo
- Comparações Internacionais
- ssistência Social, Previdência, Pobreza e Distribuição de Renda
- Financiamento da Previdência Social e Projeções
- Regimes Próprios do Funcionalismo Público
- Gestão da Previdência Social
- Panorama da Previdência Social no Brasil – diagnóstico do MPS.

Durante as primeiras reuniões, houve explanações por técnicos do IPEA, IBGE, NAE-PR, pesquisadores de Universidades brasileiras e de Organizações Internacionais (OIT, OCDE), relacionadas a aspectos demográficos, atuariais e financeiros do Regime Geral de Previdência Social, bem como a situações de países da América Latina e Europa que passaram por reformas em seus sistemas de proteção social nos últimos anos. De tais apresentações, podemos destacar, por relevantes, os seguintes pontos:

a) Existe uma mudança em curso, no sentido do aumento de expectativa de vida da população brasileira, causando impactos na Previdência diante da necessidade de cobertura por benefícios previdenciários aos aposentados e pensionistas por mais tempo;

b) Há um decréscimo na taxa de natalidade, demonstrando mudanças no comportamento reprodutivo das famílias, o que no médio e longo prazo trará redução na proporção entre número de contribuintes e de beneficiários do sistema;

c) a informalidade das relações de trabalho vem se reduzindo em números ainda tímidos, porém demonstrando uma recuperação do "mercado formal" em vista do "mercado informal", nos últimos anos;

d) nota-se uma maior participação da mulher no mercado de trabalho, tendência que, segundo os estudos apresentados, deve se manter em ascensão nos próximos anos, também com impactos na Previdência;

e) houve mudanças também no perfil do trabalhador rural brasileiro, diante das inovações tecnológicas e do incremento do agronegócio, porém ainda existindo altos índices de informalidade em razão da sazonalidade e precariedade das relações de trabalho;

f) as tendências entre os países da Organização para a Cooperação e Desenvolvimento Econômico (OCDE) com relação aos regimes previdenciários são aumentar o limite de idade para a aposentadoria, reduzir as diferenças de critérios para homens e mulheres terem acesso aos benefícios e considerar a expectativa de vida no cálculo dos benefícios;

g) há distorções verificáveis quando comparadas as coberturas previdenciária e assistencial, cujos patamares mínimos são idênticos;

h) o benefício de prestação continuada precisa ser ajustado de modo a corrigir impropriedades da própria legislação que o prevê, o que é indicado pelos próprios representantes do Governo em seus diagnósticos.

Nas últimas reuniões, de agosto em diante, houve então deliberações sobre os chamados grandes temas, em rodadas de discussões que envolveram todas as bancadas, registrando-se que, apesar de no Regulamento aprovado para o funcionamento do Fórum, o chamado "grupo de observadores" teria voz, mas não teria direito a voto, ao final se concedeu tal direito também a esta "quarta bancada", o que a nosso ver foi relevante para o enriquecimento do debate, que muitas vezes se direcionou para o discurso corporativista e inflexível, seja da parte dos trabalhadores, como da parte dos empresários e, também, dos técnicos do Governo.

Dos temas abordados e que foram objeto de palestras e debates no Fórum, apenas um – o relacionado aos Regimes Próprios de Servidores – não foi objeto de deliberação, por conta de que o Fórum, a priori, não foi constituído para discutir tal matéria.

Concluídas as discussões, obtidos os consensos possíveis e registrados os pontos em que houve dissenso, foi produzido um documento final, que pode ser localizado no endereço http://www.previdencia.gov.br/docs/forum/ConclusoesForum_31out2007.pdf.

Dos consensos obtidos, pode-se destacar:

a) o reconhecimento de que a informalidade das relações de trabalho e da economia se constitui em entrave para a universalização das políticas sociais – que por sua vez, é objetivo fundamental a ser alcançado –, e deve ser pronta e eficientemente combatida pelo Poder Público, com a promoção da formalização e inclusão social de todos os trabalhadores, com o fortalecimento da fiscalização e modernização das formas de cobrança dos créditos da Seguridade Social;

b) o reconhecimento da necessidade de se implementar políticas de proteção do trabalhador contra acidentes e doenças ligadas ao trabalho, com a manutenção de regras diferenciadas para pessoas que exercem atividades em contato com agentes nocivos à saúde (a aposentadoria especial) e ênfase na prevenção dos males decorrentes da atividade laborativa;

c) a possibilidade de (re)criação de mecanismos de incentivo (monetário, como o abono de permanência) à postergação da aposentadoria voluntária, em função da transição demográfica por que passa a sociedade brasileira, com o aumento da expectativa de vida – ainda que o Fórum não tenha chegado a um consenso sobre o aumento do tempo de contribuição, a criação ou não de uma idade mínima para aposentadoria voluntária no RGPS ou algum ajuste no cálculo do fator previdenciário, que contemplasse tal circunstância – que constituem as três principais propostas apresentadas nesse aspecto;

d) a sinalização de que deve haver um aprofundamento nas políticas de redução das desigualdades de gênero, com vistas a uma futura mudança na relação entre idade e tempo de contribuição exigidos para o homem e para a mulher, visando a convergência de requisitos em longo prazo;

e) a preocupação com o ainda alto índice de informalidade do trabalho de mulheres, principalmente as que exercem atividade como domésticas, devendo ser fortalecida a inclusão feminina no sistema previdenciário;

f) quanto ao custeio do sistema, deve-se buscar a desoneração da folha de pagamento sem aumento da carga tributária e com ênfase no aumento do número de postos no mercado formal de trabalho, permitindo a inclusão social e o aumento da base de contribuintes, sem perder de vista o equilíbrio financeiro;

g) a proposta de recriação do Conselho Nacional de Seguridade Social, com atribuição de articular as políticas nos três campos de atuação – Saúde, Previdência e Assistência;

h) a necessidade de adoção de formas modernas de gestão para a Previdência, privilegiando a profissionalização da administração previdenciária, e de contabilização transparente das receitas e despesas;

i) quanto à Assistência Social, a necessidade de revisão do conceito de família para fins de concessão de benefícios, de modo a aperfeiçoar a focalização do Benefício de Prestação Continuada na camada mais necessitada da população, mantida a vinculação deste ao salário mínimo; e

j) a necessidade de se manter critérios diferenciados para o acesso à aposentadoria da população trabalhadora rural, com a preocupação de buscar a maior formalização das relações laborais rurais e a busca de formas de contribuição que contemplem a sazonalidade da atividade.

– Propostas do Grupo de Observadores do FNPS

Também consideramos que o principal tema a ser enfrentado, e de imediato, é o combate à informalidade. Segundo o próprio Ministro da Previdência Social, de acordo com os dados do MPS, há 7,9 milhões de pessoas atualmente exercendo algum tipo de atividade "por conta própria" (na categoria denominada de "contribuintes individuais") sem que estejam contribuindo para o sistema, acarretando tanto problemas de custeio do Regime Geral (não se arrecada contribuição destes) quanto, e o que é mais importante e grave, de ausência da devida proteção social pelo Estado (dado o entendimento predominante de que, apesar de filiado automaticamente ao sistema a partir do exercício de atividade remunerada no território nacional, a falta de contribuição lhes impediria, e a seus dependentes, de fruir da proteção previdenciária, o que a nosso ver contraria o princípio da universalidade constante do art. 194, § único, inciso I, da Constituição).

Esta realidade, como foi frisado por especialistas em demografia em suas palestras, corresponde a uma espécie de "bomba-relógio" montada para quando, daqui a vinte ou trinta anos, estas pessoas não tiverem mais condições de subsistir com a força de seu trabalho e não puderem ter acesso à aposentadoria, ou seus dependentes não tiverem acesso à pensão por morte. Trata-se de um verdadeiro vácuo no sistema de proteção social, já que tais pessoas não estarão cobertas – se mantido o atual entendimento predominante, frise-se novamente – nem pela legislação previdenciária, nem pela assistencial.

Há outros temas aprovados como consensos que demandam enfrentamento, porém podem esperar efetivamente pelo "médio e longo prazos". Não é o caso da falta de cobertura previdenciária, pois esta, ao se revelar hoje existente, já produz significativos – e muito negativos – resultados, também no presente, quando por exemplo, um trabalhador tem sua vida ou sua capacidade laborativa ceifada por algum acidente ou doença. É urgente que se adote mecanismos de inclusão previdenciária, bem como que se proceda a uma mudança paradigmática no conceito de Seguridade Social proposto, já que, entre o discurso constitucional de universalidade e a prática de acesso restrito aos que efetivamente contribuíram, há um grande abismo que, futuramente, causará danos irreparáveis ao tecido social.

Não obstante nossa efetiva participação, constatamos que o Fórum não se propunha a discutir alguns temas que reputamos relevantes para uma efetiva melhoria da gestão da Previdência e do acesso dos indivíduos aos relevantes serviços prestados nesta área.

Entendeu o grupo de observadores que um dos mais graves problemas que enfrenta a Previdência brasileira é a ausência de uma cultura previdenciária, aliada ao fato da descrença do trabalhador na instituição INSS.

A questão cultural deve ser abordada de modo a esclarecer a população sobre a necessidade da inserção no regime previdenciário, em campanhas que, a exemplo de outras tantas já realizadas pelos governos, venham a dar a real dimensão do que é a Previdência Social e sua importância para a proteção social não só do trabalhador como também de seus familiares.

Sobre a descrença nos serviços prestados pelo INSS, a mudança tem de partir da própria estrutura. Alguns sinais importantes de alteração já podem ser notados, como o fim dos advogados credenciados, bem como da terceirização das perícias, com a criação de cargos e a profissionalização e qualificação que daí decorrem, por assim dizer, automaticamente.

Todavia, entendemos que ainda há muito a fazer no sentido de levar um serviço de qualidade ao cidadão e incluí-lo no campo da segurança social não só no âmbito teórico das normas, mas efetivamente.

Partindo desta premissa, sintetizamos nossas ideias, as quais foram tidas por adotadas pelo "grupo de observadores", que são as seguintes:

1. APRIMORAMENTO DO ATENDIMENTO AO PÚBLICO

Faz-se necessária uma revisão da utilização de mão-de-obra não profissional – servidores cedidos por outros órgãos, uso de estagiários em atividades de atendimento ao público e análise de processos de concessão de benefícios. Impõe-se a implantação ou priorização de programas de qualidade de atendimento, ou aprimoramento dos já iniciados. Além disso, entende-se fundamental a ampliação e renovação dos quadros de pessoal nas agências e a valorização do servidor que atende diretamente ao público.

Quanto aos agendamentos feitos por telefone e dúvidas tiradas desta mesma forma, é conveniente que tais atividades sejam devidamente monitoradas, para que haja um controle da qualidade do atendimento e das informações prestadas.

Deve-se abolir, de uma vez por todas, a prática encontrada em algumas agências da Previdência, em que pessoas são impedidas de protocolar requerimentos, em evidente afronta ao direito constitucional de petição, com flagrante prejuízo a direitos fundamentais substantivos, já que via de regra relacionados à subsistência de quem postula.

2. MAIOR COMUNICAÇÃO DA PREVIDÊNCIA COM OS SEGURADOS DO INSS, INFORMANDO DADOS DE INTERESSE DESTES

De há muito o trabalhador brasileiro recebe, em sua residência, informações relacionadas aos recolhimentos do FGTS. Seria oportuno, dado que o banco de dados da informação é o mesmo (GFIP/CNIS) que também fosse encaminhado o extrato de contribuições vertidas em seu proveito, aliado a informações como: tempo de contribuição computado no CNIS, tempo computado para cumprimento de carência de benefícios, manutenção e perda da qualidade de segurado, etc.

Sobre este último item (perda da qualidade de segurado) nota-se que o indivíduo muitas vezes deixa de contribuir sem saber que, com isso, perde a proteção previdenciária. Caso fosse alertado deste fato, por uma correspondência tal como sugerida, talvez houvesse uma redução no número de pessoas que não contribuem.

Além disso, a correspondência teria dupla finalidade: uma, a fiscalização pelo próprio contribuinte da sua situação perante o sistema, combatendo problemas de sonegação fiscal, apropriação indébita pelo empregador e inadimplências; e ainda, informar ao segurado questões relativas à sua manutenção no sistema, permitindo uma maior proximidade entre o segurado e o INSS e provavelmente reduzindo o número de atendimentos de segurados, seja nas agências, seja por telefone.

3. CENSO PREVIDENCIÁRIO OU PESQUISA DE AMOSTRAGEM

Trata-se de proposta sugerida pelo representante do IBGE junto ao Fórum, cuja finalidade seria um melhor mapeamento de questões como informalidade, exclusão previdenciária/assistencial e visão da Seguridade Social pela sociedade – a exemplo do que já aconteceu com pesquisa similar, feita em relação ao SUS.

Sugere-se tal pesquisa como suplemento do censo do IBGE de 2010, para "fotografia da inclusão/exclusão".

Reputamos conveniente a medida, diante de algumas divergências verificadas nas diversas apresentações e palestras contidas no Fórum, bem como em função das interpretações que também divergem sobre este tema.

As razões da informalidade envolvem uma gama de fatores muito ampla, e que merecem ser estudados amiúde, para que se possa enfrentar o problema da exclusão social.

4. COMBATE À INFORMALIDADE E INCLUSÃO PREVIDENCIÁRIA

Compreendemos que o combate à informalidade deve ser informado à sociedade no sentido positivo, de inclusão previdenciária, de melhoria do sistema – cruzamento de informações fiscais da receita e demais órgãos deve ser amplamente informado, mas identificando para a sociedade o proveito de todos no aumento da arrecadação e combate à sonegação.

Há um risco de se entender que uma maior ênfase no combate ao dito mercado informal possa ser visto de forma errônea, como mera tentativa de aumentar a arrecadação tributária. Assim, qualquer programa ou campanha de inclusão previdenciária deve se preocupar em passar uma imagem positiva desta medida, frisando a melhoria da proteção de cada um dos integrantes da sociedade, relembrando o caráter imprevisível dos riscos cobertos pelas políticas sociais.

5. PLEITO AOS MINISTÉRIOS DA EDUCAÇÃO E DA CULTURA, DE INCLUSÃO, NO ENSINO FUNDAMENTAL/MÉDIO, DE CONTEÚDOS DE DISCUSSÃO E INFORMAÇÃO SOBRE A SEGURIDADE SOCIAL

Propõe-se, como forma de ampliação da cultura previdenciária, com a colaboração das instituições de ensino superior, médio e fundamental, que os conteúdos curriculares passem a conter informações que levem ao entendimento sobre as políticas de bem-estar social, a proteção previdenciária e assistencial (com a sua distinção), bem como noções gerais de funcionamento do sistema, com o conceito de quem sejam os segurados e dependentes do RGPS e como se dá a concessão de benefícios.

6. CRIAÇÃO DE FORMAS DE MAIOR CONTROLE DE ATIVIDADES PROFISSIONAIS, COM A EXIGÊNCIA DE COMPROVAÇÃO DE REGULARIDADE DE CONTRIBUIÇÕES À SEGURIDADE SOCIAL

É consabido que o problema da exclusão social ocorre em atividades laborativas com alto grau de informalidade e que esta, por sua vez, decorre da ausência de efetiva fiscalização do Estado sobre a sua existência.

Assim, o que se propõe é a maior intervenção estatal nestas atividades, no sentido de exigir, como sói acontecer em outros países, o cumprimento das obrigações para com a Seguridade Social (contribuições) como requisito para concessão de alvarás e licenças de atividades como profissionais liberais em geral, taxistas, motoristas carreteiros, feirantes, camelôs, pequenos comerciantes ambulantes, etc.

Além disso, caberia uma mudança de paradigma em relação ao trabalhador informal: uma vez atendido numa unidade do INSS alguém que afirma estar trabalhando na informalidade, cumpre ao Estado – através de seus auditores-fiscais, no pleno exercício do poder de polícia – investigar tal fato e, uma vez constatada a atividade como de fato informada, exigir do tomador dos serviços a imediata inscrição do trabalhador (e tantos mais que estejam na mesma condição) junto à Previdência, ao contrário do que ocorre hoje, em que o trabalhador informal tem o pesado – ou impossível – ônus de provar que, de fato, é trabalhador, para depois se ver amparado pelo Estado em matéria previdenciária.

7. CAMPANHA MACIÇA PARA A CONSCIENTIZAÇÃO DA SOCIEDADE, NO SENTIDO DE QUE A PREVIDÊNCIA SOCIAL É UM BEM NECESSÁRIO

Na atualidade, sabe-se da importância do marketing nas diversas atividades privadas, e também, de alguma forma, nas atividades prestadas pelo Poder Público, no sentido de dar transparência a realizações de administrações nas três esferas de governo.

Na nossa visão, a Previdência e o INSS não têm sido contemplados com estratégias desse gênero. Convém salientar que a Previdência deve ser apresentada como um produto que seja de interesse do seu consumidor – o trabalhador, ou seus dependentes – ao contrário do que ocorre, em que, quando chega às manchetes de jornais, vem sempre associada a palavras como déficit, filas, atraso, greve, mau atendimento.

Não se trata de esconder os fatos que, porventura, demonstrem haver falhas no sistema e merecem a crítica e a repulsa da sociedade, muito bem descritas pela mídia. Mas é necessário valorizar os avanços e dar visibilidade a todas as medidas tomadas para a melhoria da proteção social. Não basta fazer isso, com o devido respeito aos profissionais do MPS que pensam em sentido contrário – nos sítios de internet, cujo acesso é demasiadamente restrito, no Brasil. É preciso fazê-lo de forma bem mais visível ao cidadão.

8. MODERNIZAÇÃO DA GESTÃO DA INFORMAÇÃO

Uma das ferramentas mais importantes das grandes empresas e organizações é a utilização otimizada das informações que se encontram à disposição. O banco de dados da Previdência (CNIS) está, a nosso ver, subutilizado, não gerando maiores vantagens nem ao INSS, nem aos segurados e dependentes. O acesso às informações é altamente restrito.

Entende-se importante priorizar a modernização da gestão de dados, repensando-se inclusive a manutenção em funcionamento da DATAPREV, empresa pública que sabidamente tem prestado serviços muito aquém da necessidade de uma instituição do porte do INSS, permitindo – apenas para dar um pequeno exemplo da ineficiência – que, ainda hoje, a autarquia seja acionada judicialmente mais de uma vez pelo mesmo segurado ou dependente sem que esta informação possa ser captada pelo banco de dados existente.

9. COMUNICABILIDADE ENTRE TODOS OS CADASTROS DE PROGRAMAS SOCIAIS E BANCOS DE DADOS PÚBLICOS

Dentro do mesmo conceito de gestão otimizada da informação, não é concebível que os órgãos públicos detentores de cadastros de contribuintes e pessoas em geral, como Receita Federal, Receitas dos Estados, DF e Municípios, DRTs, Justiça Eleitoral, Programas Sociais e INSS não possuam mecanismos de cruzamento de dados, para combate a fenômenos como a sonegação fiscal e a ineficácia dos procedimentos de cobrança judicial.

Tal medida destinar-se-ia ao mapeamento preciso da situação dos indivíduos perante a Seguridade Social.

Cumpre aqui relembrar, como exemplo de eficiência, o sistema BACEN-JUD, que integrou os dados do Banco Central e instituições financeiras e vem sendo utilizado largamente para a satisfação de créditos devidos à Fazenda Pública.

Medida de grande repercussão, neste sentido, seria a criação de um cadastro único de pessoas, que conteria, a um só tempo, dados que hoje estão em bancos de dados os mais diversos, como: RG, CPF, CNH, Título Eleitoral, CTPS, PIS/PASEP. Não há sentido em se manter tamanha diversidade de cadastros de uma só pessoa.

10. INCREMENTO DA ATUAÇÃO NA COBRANÇA DA DÍVIDA PREVIDENCIÁRIA E IMPRESCRITIBILIDADE DA COBRANÇA DE CONTRIBUIÇÕES EM CASOS DE SONEGAÇÃO FISCAL E APROPRIAÇÃO INDÉBITA

Como medida de implantação também importante e de curto prazo, sustenta-se a necessidade de se repensar mecanismos de maior eficácia da cobrança da dívida ativa previdenciária, como forma de não se deixar atingir pelo fenômeno da prescrição valores significativos já em cobrança judicial.

De outra vertente, tem-se por injusto o tratamento concedido atualmente pela Lei a devedores da Seguridade Social, que, seja por mera inadimplência, seja por conduta delituosa, se veem sujeitos ao mesmo prazo de decadência e prescrição, enquanto para o contribuinte individual a regra é a imprescritibilidade da dívida, desde que o mesmo compareça à Previdência com o fito de contar o tempo de contribuição pretérito.

Defende-se, aqui, que a regra da imprescritibilidade recaia sobre o sonegador fiscal e o praticante de apropriação indébita previdenciária, pois sua conduta merece maior rigor que a do contribuinte individual inadimplente.

- Conclusões sobre o FNPS

Podemos concluir que o Fórum Nacional da Previdência Social cumpriu com a finalidade de "promover o debate entre os representantes dos trabalhadores, dos aposentados e pensionistas, dos empregadores e do Governo Federal, com vistas ao aperfeiçoamento e sustentabilidade dos regimes de previdência social e sua coordenação com as políticas de assistência social".

No entanto, a ausência de consensos sobre os temas mais relevantes e polêmicos impossibilitou a apresentação de uma contribuição mais efetiva da sociedade na elaboração de proposições legislativas e normas infralegais pertinentes.

De todo modo, tem-se que o diálogo social iniciado pela iniciativa do FNPS não deve ser abandonado, mas pelo contrário, deve se transformar em medida de política pública em que a participação da sociedade se torna muito mais eficaz.

Precisamos dar verdadeira efetividade às promessas estabelecidas na Constituição, de construir uma sociedade justa, solidária, e de assegurar o bem-estar dos indivíduos, com a redução das desigualdades sociais. É um grande desafio, mas que precisa ser enfrentado agora, para que as gerações seguintes não tenham de pagar uma conta muito maior, talvez impagável.

- Análise final

De tudo o que foi ressaltado, embora não exista condição de tecer exaustivamente conclusões sobre um tema tão complexo como o da segurança social, constatam-se alguns aspectos relevantes, abordados a seguir.

- Necessidade de ajustes ou reformas no campo da segurança social - tem-se demonstrado claro que os regimes de previdência dependem, para uma proteção adequada do indivíduo segurado, de alterações em sua concepção e nas regras adotadas. A razão disso é que os planos previdenciários, nos sistemas tradicionais, dependem diretamente da relação entre contribuintes e beneficiários, ou, ainda, entre contribuições arrecadadas e benefícios pagos. Tem sido uma constante, nos países da Europa e da América do Sul, a discussão acerca das alterações necessárias em termos de previdência, em face do aumento da expectativa de vida – já que, com o desenvolvimento cada vez maior da medicina, as pessoas tendem a viver mais –, juntamente com a queda de taxas de natalidade – as pessoas não têm mais proles numerosas, em regra. Entretanto, deve-se recordar que "qualquer alteração indevida, colocada em prática apenas para atender interesses imediatos, ainda que relevantes, terá seus reflexos daqui a 20, 30 ou 40 anos, e então poderá ser demasiadamente tarde para reverter o quadro então instalado".[528]
- Assim, é certo que a proteção social, no Brasil, também deve passar, ainda nos próximos anos, por mais reformas. Porém, tais reformas não devem ter apenas por escopo a redução de gastos públicos, mas, principalmente, a ampliação da cobertura com a aplicação efetiva do princípio da universalização do atendimento; a redução ou a eliminação da carência para a percepção do benefício do auxílio-doença, que muitas vezes deixa de ser deferido por este motivo, deixando o trabalhador sem fonte de subsistência; o acesso às prestações de assistência social, pela descentralização da atividade assistencial e a adoção de medidas concretas de combate à

528 PEREIRA NETTO, Juliana Presotto. *A previdência em reforma...*, cit., p. 49.

exclusão social e à vida em condições subumanas, objetivamente tratando dos segmentos da sociedade mais necessitados (menores de rua, idosos e inválidos carentes, viciados em drogas), promovendo não só condições de subsistência, mas também sua integração à sociedade; a adoção de projetos de "qualidade total" nas instituições de saúde pública, com a melhoria das condições de atendimento nos postos de saúde, ambulatórios e hospitais, o que passa talvez pela taxação da atividade de exploração da saúde pelas instituições privadas, principais beneficiadas com o péssimo serviço prestado pela rede pública.

- O financiamento do sistema de proteção social deve ser mais bem adequado às realidades da economia, com a mudança de paradigma de base principal de custeio. Deve-se fazer uma transição paulatina do custeio baseado na folha de pagamento de salários – até mesmo eliminando a contribuição patronal incidente sobre tal base de cálculo – para um outro regime de financiamento, lastreado em contribuições sobre o capital – à semelhança do modelo da CPMF – para que seja atingido o "mercado informal" e o "capital especulativo" – proporcionando verdadeira aplicação do princípio da equidade na participação do custeio. A medida aqui sugerida reduziria o custo da contratação formal de trabalhadores, e dividiria de forma mais equânime a participação das empresas no custeio do sistema, já que, pelo sistema atual, as empresas que empregam formalmente são mais atingidas pela carga tributária direcionada à Seguridade que as que empregam de forma irregular ou não empregam, realizando um processo de automação cada vez maior (ex.: Instituições financeiras, principalmente os bancos). Da mesma forma, deve o Estado aparelhar-se para coibir a sonegação e a fraude, com um corpo de profissionais não só competente – o que já existe –, mas também numeroso o suficiente para cumprir a função de exigir os débitos para com a Seguridade Social, garantindo justiça para com os contribuintes adimplentes.
- A discussão sobre o modelo ideal – em face da noção de que vivemos hoje um mercado mundial único, pelos efeitos da chamada globalização da economia, tem havido grandes discussões acerca do modelo de proteção ao indivíduo, seja pela já mencionada crise do sistema contributivo, seja pelo aspecto – puramente econômico – de que as empresas têm interesse em reduzir encargos sociais, para assim poder praticar preços finais mais baixos e se tornarem mais competitivas no mercado global. Há quem advogue a tese de que o modelo "chileno" é o melhor paradigma para um mercado global, pois as empresas deixam de fazer contribuições para o fundo previdenciário, ficando toda a carga deste sobre o trabalhador. Outros defendem a necessidade de permanecer o sistema de repartição, para que se mantenha a noção de solidariedade social, e para que haja uma

redistribuição da renda nacional, pela concessão de benefícios aos menos afortunados, custeados com contribuições dos mais abastados, inclusive com contribuições das empresas. Nosso entendimento é o de que deve prevalecer o sistema de repartição como regime básico, compulsório, e custeado por toda a sociedade. Para tanto, basta que se adotem métodos de financiamento mais equânimes que o atual, acabando com diferenças entre o mercado formal e o informal, e retirando o peso do financiamento do sistema de segurança social das contribuições sobre a folha de pagamentos de pessoal formalmente contratado, com a conversão paulatina num regime em que a contribuição decorra primordialmente da movimentação de capital. O regime de capitalização deve ser previsto legalmente, como forma de complementação do regime básico de repartição – como já ocorre –, com maior fiscalização sobre as instituições responsáveis pela administração dos fundos, a fim de evitar novas "Capemi" e planos inviáveis do ponto de vista atuarial e de lastro.

- O debate dos pontos em comum entre os diversos regimes – em face da complexidade da proteção ao indivíduo em termos de previdência, os Estados adotam regras observadas comumente noutros regimes, de modo a criar uma doutrina relativamente homogênea em relação a certos aspectos. Uma discussão bastante rica a respeito disso é aquela travada pelo Governo brasileiro, ao tentar adotar a idade mínima para a aposentadoria, ressaltando, como tese de defesa, que o Brasil é um dos pouquíssimos países que não exigem idade mínima para aposentação. Outra matéria em evidência é a aposentadoria por tempo (de serviço ou de contribuição), adotada por apenas mais seis países (Benin, Egito, Equador, Irã, Iraque e Kuwait).[529] Ainda assim, segundo *Stephanes*, tais sistemas exigem que o segurado se retire da atividade laboral para fazer jus ao benefício, o que não é exigido no Brasil, trazendo a situação paradoxal, segundo o ex-Ministro, de que vários aposentados permanecem trabalhando. A nosso sentir, a adoção do chamado fator previdenciário vem encerrar o problema da idade mínima, permitindo a jubilação com menos tempo e, ao mesmo tempo, equacionando o problema do déficit do fundo. Quanto ao problema da retirada da atividade laborativa, mantemos o mesmo entendimento esposado pelo STF no julgamento liminar das Ações Diretas de Inconstitucionalidade movidas em face dos §§ 1º e 2º do art. 453 da CLT, qual seja, o de que a relação de emprego e a relação previdenciária são distintas, de modo que não existe obrigatoriedade de que o empregado se demita do emprego para a obtenção do benefício. Uma vez implementado o direito à aposentadoria por tempo de contribuição ou de serviço,

529 STEPHANES, Reinhold. *Reforma da previdência sem segredos*. Rio de Janeiro: Record, 1988, p. 9

ou mesmo a por idade, nada impede que ele se mantenha no contrato de trabalho vigente – que não é extinto, no caso, pela aposentadoria. Recorde-se que, pelo princípio da autonomia da vontade, o distrato só ocorre por intenção manifesta de uma das partes contratantes, pela força maior ou pelo fim da existência de um dos contratantes. Se, bem ao contrário do que um eminente doutrinador, equivocadamente, sentenciou, a aposentadoria não equivale à morte, como de fato não equivale, é justo que a ordem jurídica assim não a trate.

- Sobre a previdência do setor público – a Reforma da Previdência Social, efetivada pela Emenda Constitucional n. 20, publicada no Diário Oficial da União de 16 de dezembro de 1998, deu início à mudança da concepção do sistema previdenciário do setor público brasileiro. Pretendem algumas autoridades – destacando-se aí o atual Presidente do Superior Tribunal de Justiça, Ministro Edson Vidigal – que as alterações continuem a ser implementadas, com a criação dos fundos de previdência complementar. O novo sistema previsto na segunda etapa da reforma previdenciária deve se basear totalmente no que a doutrina chama de modelo contributivo – aposenta-se no futuro quem pagar pelo benefício no presente. A ideia é dar aos servidores – bem como aos trabalhadores da iniciativa privada – contas individuais nas quais suas contribuições seriam capitalizadas. Se acontecer como nos fundos privados, a tese dos atuários da Previdência é a de que o benefício seja um pouco maior que as contribuições pagas por causa das aplicações que deverão ser feitas com o dinheiro. Dentro dessa linha reformista, as aposentadorias dos servidores públicos com remuneração acima do valor-teto do salário de benefício do RGPS – ou outro valor próximo a este – não serão mais custeadas pelo Tesouro Nacional, mas sim por instituições de previdência complementar, caso efetivamente instituídas.

Quanto a aposentadorias e pensões a servidores públicos, entendemos que deve haver um *regime híbrido*, no qual estaria abrangido por contribuições para um regime de repartição (já existente) o direito a prestações não-programadas (salário-maternidade, licenças para tratamento de saúde, aposentadoria por invalidez) e num regime público – gerido pelos próprios interessados – estariam custeados os benefícios programáveis (aposentadoria voluntária e por idade), a exemplo do que defende *Wladimir Novaes Martinez*. Deve haver o cumprimento da exigência de que os entes públicos façam a sua contribuição ao sistema (Lei n. 9.717/98), com o que não haveria déficit algum no que tange aos agentes públicos.

- Necessidade de adotarem-se medidas de prevenção dos acidentes de trabalho – enquanto não se adotarem medidas efetivas de prevenção dos acidentes de trabalho, bem como das doenças ocupacionais, o Brasil continuará batendo recordes de infortúnios, com elevados gastos para a

Previdência Social. Uma efetiva fiscalização por parte do Poder Público, aliada à atuação dos sindicatos e do Ministério Público, pode reduzir o número de acidentes, a partir da tentativa de uma mudança de mentalidade – prevenir, e não remediar. Neste ponto, a política governamental está no caminho errado. Tem-se dado prevalência às regras que impõem mais contribuições, para custeio dos benefícios acidentários e aposentadorias especiais. É temerária a tentativa governamental de extrair da proteção do Estado o acidente de trabalho, colocando-o nas mãos da iniciativa privada. Trata-se de um esboço de privatização da previdência como um todo, que não trará vantagem alguma para o trabalhador. Com base nos próprios números do MPAS, fica claro que a intenção do Governo é reduzir da sua conta os R$ 1,1 bilhão despendidos anualmente com benefícios decorrentes de acidentes de trabalho. Porém, o Estado não pode querer isentar-se de sua responsabilidade perante a questão social.

- Trabalho do menor de 16 anos – a alteração *pro forma* da idade mínima para o trabalho, adotada pela Emenda n. 20, apenas vem retirar do trabalhador adolescente a proteção previdenciária, e esta parece a intenção governamental – pois a medida não vem numa reforma da Constituição no campo do Direito do Trabalho, mas no bojo da "Reforma da Previdência". Num país onde mais de 50% dos trabalhadores estão entregues à selvageria da chamada economia informal, a precarização do trabalho do menor de 14 a 16 anos é de ser denunciada, e não excluída das regras de proteção. Com mais gravidade ainda, a exploração do trabalho daqueles que nem idade têm para prestar algum tipo de serviço deve ser exemplarmente punida. Com a devida vênia, não é alterando a norma que os tomadores da mão-de-obra infantil e infanto-juvenil deixarão de fazê-lo; o problema é cultural. Enquanto se tiver em mente – e este é um conceito disseminado entre a população – que, para o jovem, "é melhor trabalhar do que ficar na rua", não se vai chegar a lugar algum no campo da proteção ao menor. Não se cogita de uma segunda forma de pensar: "melhor na escola, melhor num lar onde nada falte, do que no trabalho, ou na rua", seria um ditado muito mais condizente com a realidade nacional. Em pleno século XXI, falando-se em globalização, o Brasil ainda está com um pé no século XVIII. Não há que pensar em flexibilizar direitos, se nem nossas crianças e adolescentes têm direito à escola e a um desenvolvimento digno.

Entendemos, enfim, ter cumprido a árida tarefa de tecer algumas considerações sobre os destinos da proteção social em nosso país, bem como no mundo. E assim o fizemos por um dever moral, que cremos ser existente e imposto a todos os que pensam o Direito não só como um conjunto de regras postas e que devem ser cumpridas.

Neste contexto, aqueles que pensam num mundo melhor - menos injusto, entre pessoas e entre nações - não podem se calar. É fundamental que nos manifestemos, por todos os meios possíveis, para dizer um estridente "não" às propostas de abandono das políticas sociais em nome do bem-estar do capital, mas que demonstram um "mal-estar social". Não há, permitam-nos, Estado de Bem-Estar Social. Existe Estado, e só existe Estado para promover o bem-estar dos integrantes da sociedade. Esta é a razão fundamental de sua existência. E, se o Planeta inteiro é formado por Estados cuja razão precípua é gerar o bem-estar, o mundo também tem de ser concebido com essa finalidade. A globalização, portanto, antes de ser da economia, deve ser do bem-estar. E desta globalização do bem-estar não devemos nos dissociar, sob pena de agravar ainda mais o abismo entre as camadas sociais, com repercussões evidentes para todos nós - miséria, fome, doenças, violência. Deve existir uma espécie de "regime de repartição" também entre as nações, para ao menos reduzir as desigualdades entre "desenvolvidos" e "periféricos", tal qual defende, entrementes, o Professor *Martínez Echevarría*, da Universidade de Navarra, Espanha:

> *Para corregir los desequilibrios sociales, hemos establecido impuestos a los que más se enriquecen, de modo que ese dinero pueda ser trasladado a los perjudicados de ese enriquecimiento, esto es, a los pobres o expropiados; pero de este modo no hemos integrado a los pobres en nuestra sociedad; en vez de ello les hemos dado subsidios de desempleo o ayudas económicas y nos hemos sacudido el problema de encima. El Estado de bienestar se ha convertido, de este modo, en un puente entre ricos y pobres. Pero el puente se ha partido sin posibilidad de reconstrucción desde el momento en que su financiación exige tanto esfuerzo económico que resulta imposible. Ello no impide que la verdadera causa de la crisis del Estado de bienestar se el planteamiento fundamental sobre el que nuestra sociedad vive sustentada desde hace dos siglos; poner las bases de la sociedad en la búsqueda de la riqueza produce una gran desintegración social, que se manifiesta en problemas que van desde el desempleo hasta la insensibilidad con que se mira a los inmigrantes que llegan a Europa en oleadas. Hemos de replantearmos a si nuestra sociedad debe basarse en el enriquecimiento; quizá debamos aumentar las condiciones de vida de muchos países antes que crear cada vez más riqueza para nosotros mismos. El Estado de bienestar no es más que una perversa consecuencia de haber construido una sociedad sobre el afán de lucro, una especie de parche a la insolidaridad.*[530]

Não é proibido, ainda, ser idealista. E, como diria *John Lennon*, pode-se dizer que somos sonhadores, mas não somos os únicos. Como prova disso, deixamos como conclusão final a de outro idealista, o mexicano *Ángel Guillermo Ruiz Moreno:*

> *Si la historia ha dado cuenta de la lucha permanente del hombre para acceder a un mundo más seguro y a una sociedad precisamente más humana, tenemos la esperanza en tocar una que otra fibra sensible y interesar a los futuros profesionistas al estudio de esta fascinante disciplina, para que con la contribución de todos ellos, nos esforcemos juntos en mantener siempre incólume el propósito de preservar y mejorar nuestro seguro social. Únicamente creando conciencia en la sociedad, al difundir y explicar los derechos inalienables y irrenunciables que le pertenecen, se*

530 Citação feita por MORENO, Angel Guillermo Ruiz. *Nuevo derecho de la seguridad social.* México: Porrúa, 1997, pp. 90-91.

coadyuva a lograr también una cultura de Estado responsable de su propia gente, al ser el pueblo, a fin de cuentas, la mayor riqueza de una nación.[531]

Em alguma época futura, mais cedo ou mais tarde, a população brasileira se verá novamente diante da perspectiva de reformas no sistema previdenciário. Espera-se, no entanto, que os governantes resolvam enfrentar o problema sem repetir o velho método, repisado pelo governo francês na reforma de 2010, de atropelar de forma injusta as legítimas expectativas daqueles homens e mulheres que, por longos anos de vida e trabalho, se dedicaram a construir as riquezas do País.

Uma bandeira a ser sustentada, sem apego à imutabilidade das regras, hipótese impossível de se concretizar, é lutarmos por reformas que visem a sustentabilidade a longo prazo, aplicando mudanças que venham a incidir apenas sobre os que ainda não contribuem para o sistema, e que, dessa forma, permitam às pessoas o direito de se programarem para obter a contraprestação do merecido descanso.

O tema da segurança social é vasto, mas esperamos, um dia, deixará de sê-lo. Não porque se tenha adotado outro conceito que não o da solidariedade social, mas porque exista mais que isso, a visão holística de sociedade, na qual cada um consegue viver bem se – e somente se – todos vivem bem; não porque se tenha entregado toda a proteção dos infortúnios ao livre mercado, e a previdência se tenha transformado em mercadoria, mas porque, um dia, tenha se transformado em fato concreto a proteção dos indivíduos por um sistema público, universal e justo; não porque a saúde tenha sido privatizada, mas porque todos tenham, de fato, direito à vida saudável e à prevenção dos males – em idênticas condições para qualquer um; não porque a assistência social tenha sido transformada em caridade de alguns poucos, pura e simplesmente, mas porque não haja mais a necessidade de prestar assistência social por não existirem pessoas carentes no seu significado mais contundente – o da ausência das condições mínimas de sobrevivência digna.

Este é o Brasil – e o mundo – que queremos.

531 *Idem, ibidem*, pp. 55-56.

Apêndice

Súmulas de interesse em matéria previdenciária

Súmulas do Supremo Tribunal Federal

10 – Tempo de serviço militar conta-se para efeito de disponibilidade e aposentadoria.

35 – Em caso de acidente de trabalho ou de transporte, a concubina tem direito de ser indenizada pela morte do amásio, se entre eles não havia impedimento para o matrimônio.

75 – Sendo vendedora uma autarquia, a sua imunidade fiscal não compreende o imposto de transmissão intervivos, que é encargo do comprador.

128 – É indevida a taxa de assistência médica e hospitalar das instituições de previdência social.

132 – Não é devida a taxa de previdência social na importação de amianto bruto ou em fibra.

141 – Não incide a taxa de previdência social sobre combustíveis.

142 – Não é devida a taxa de previdência social sobre mercadorias isentas do imposto de importação.

196 – Ainda que exerça atividade rural, o empregado de empresa industrial ou comercial é classificado de acordo com a categoria do empregador.

198 – As ausências motivadas por acidente do trabalho não são descontadas do período aquisitivo das férias.

207 – As gratificações habituais, inclusive a de natal, consideram-se tacitamente convencionadas, integrando o salário.

217 – Tem direito de retornar ao emprego ou ser indenizado em caso de recusa do empregador, o empregado que recupera a capacidade de trabalho dentro de 5 (cinco) anos, a contar da aposentadoria, que se torna definitiva após esse prazo.

220 – A indenização devida a empregado estável, que não é readmitido ao cessar sua aposentadoria, deve ser paga em dobro.

225 – Não é absoluto o valor probatório das anotações da carteira profissional.

229 – A indenização acidentária não exclui a de direito comum, em caso de dolo ou culpa grave do empregador.

230 – A prescrição da ação de acidente do trabalho conta-se do exame pericial que comprovar a enfermidade ou verificar a natureza da incapacidade.

232 – Em caso de acidente do trabalho são devidas diárias até 12 (doze) meses, as quais não se confundem com a indenização acidentária, nem com o auxílio-enfermidade.

234 – São devidos honorários de advogados em ação de acidente de trabalho julgada procedente.

235 – É competente para a ação de acidente de trabalho a Justiça Cível comum, inclusive em segunda instância, ainda que seja parte autarquia seguradora.

236 – Em ação de acidente do trabalho, a autarquia seguradora não tem isenção de custas.

238 – Em caso de acidente de trabalho, a multa pelo retardamento da liquidação é exigível do segurador sub-rogado, ainda que autarquia.

240 – O depósito para recorrer, em ação de acidente do trabalho, é exigível do segurador sub-rogado, ainda que autarquia.

241 – A contribuição previdenciária incide sobre o abono incorporado ao salário.

302 – Está isenta da taxa de previdência social a importação do petróleo bruto.

311 – No típico acidente do trabalho, a existência de ação judicial não exclui a multa pelo retardamento da liquidação.

337 – A controvérsia entre o empregador e o segurador não suspende o pagamento devido ao empregado por acidente do trabalho.

371 – Ferroviário que for admitido como servidor autárquico não tem direito a dupla aposentadoria.

372 – A Lei n. 2.752, de 10.4.1956, sobre dupla aposentadoria, aproveita, quando couber, a servidores aposentados antes de sua publicação.

382 – A vida em comum sob o mesmo teto, *more uxorio*, não é indispensável à caracterização do concubinato.

433 – A prescrição das prestações anteriores ao período previsto em lei não ocorrem quando não tiver sido negado, antes daquele prazo, o próprio direito reclamado, ou situação jurídica de que ele resulta.

439 – Estão sujeitos à fiscalização tributária, ou previdenciária, quaisquer livros comerciais, limitado o exame aos pontos objeto de investigação.

464 – No cálculo de indenização por acidente do trabalho inclui-se, quando devido, o repouso semanal remunerado.

466 – Não é inconstitucional a inclusão de sócios e administradores de sociedades e titulares de firmas individuais como contribuintes obrigatórios da previdência social.

467 - A base do cálculo das contribuições previdenciárias, anteriormente à vigência da Lei Orgânica da Previdência Social, é o salário mínimo mensal, observados os limites da Lei n. 2.755, de 1956.

501 - Compete à Justiça Ordinária Estadual o processo e o julgamento, em ambas as instâncias, das causas de acidentes do trabalho, ainda que promovidas contra a União, suas autarquias, empresas públicas ou sociedades de economia mista.

529 - Subsiste a responsabilidade do empregador pela indenização decorrente de acidente do trabalho, quando a seguradora, por haver entrado em liquidação, ou por outro motivo, não se encontra em condições financeiras de efetuar, na forma da lei, o pagamento que o seguro obrigatório visa garantir.

530 - Na legislação anterior ao art. 4º da Lei n. 4.729, de 12.8.1965, a contribuição para a previdência social não estava sujeita ao limite estabelecido no art. 69 da Lei n. 3.807, de 26 de agosto de 1960, sobre o 13º salário a que se refere o art. 3º da Lei n. 4.281, de 8.11.63.

546 - Cabe a restituição do tributo pago indevidamente, quando reconhecido por decisão, que o contribuinte "de jure" não recuperou do contribuinte "de facto" o "quantum" respectivo.

552 - Com a regulamentação do art. 15 da Lei n. 5.316/67, pelo Dec. n. 71.037/72, tornou-se exequível a exigência de exaustão da via administrativa antes do início da ação de acidente do trabalho.

567 - A Constituição ao assegurar, no parágrafo 3º do art. 102, a contagem integral do tempo de serviço público federal, estadual ou municipal para o efeito de aposentadoria e disponibilidade não proíbe a União, aos Estados e aos Municípios mandarem contar, mediante lei, para efeito diverso, tempo de serviço prestado a outra pessoa de direito público interno.

612 - Ao trabalhador rural não se aplicam, por analogia, os benefícios previstos na Lei n. 6.367, de 19.10.76.

613 - Os dependentes de trabalhador rural não têm direito à pensão previdenciária, se o óbito ocorreu anteriormente à vigência da Lei Complementar n. 11/71.

620 - A sentença proferida contra autarquias não está sujeita a reexame necessário, salvo quando sucumbente em execução de dívida ativa.

644 - Ao procurador autárquico não é exigível a apresentação de instrumento de mandato para representá-la em juízo.

655 - A exceção prevista no art. 100, *caput*, da Constituição, em favor dos créditos de natureza alimentícia, não dispensa a expedição de precatório, limitando-se a isentá-los da observância da ordem cronológica dos precatórios decorrentes de condenações de outra natureza.

659 – É legítima a cobrança da COFINS, do PIS e do FINSOCIAL sobre as operações relativas à energia elétrica, serviços de telecomunicações, derivados de petróleo, combustíveis e minerais do país.

669 – Norma legal que altera o prazo de recolhimento da obrigação tributária não se sujeita ao princípio da anterioridade.

687 – A revisão de que trata o art. 58 do ADCT não se aplica aos benefícios previdenciários concedidos após a promulgação da Constituição de 1988.

688 – É legítima a incidência da contribuição previdenciária sobre o 13º salário.

689 – O segurado pode ajuizar ação contra a instituição previdenciária perante o juízo federal do seu domicílio ou nas Varas federais da capital do Estado-membro.

726 – Para efeito de aposentadoria especial de professores, não se computa o tempo de serviço prestado fora da sala de aula. (*Vide: ADI 3772/DF – Rel. orig. Min. Carlos Britto, rel. p/ o acórdão Min. Ricardo Lewandowski, 29.10.2008. (ADI-3772) – Informativo 526 STF*)

729 – A decisão na ADC-4 não se aplica à antecipação de tutela em causa de natureza previdenciária.

730 – A imunidade tributária conferida a instituições de assistência social sem fins lucrativos pelo art. 150, VI, *c*, da Constituição, somente alcança as entidades fechadas de previdência social privada se não houver contribuição dos beneficiários.

736 – Compete à Justiça do Trabalho julgar as ações que tenham como causa de pedir o descumprimento de normas trabalhistas relativas à segurança, à higiene e à saúde dos trabalhadores.

Súmulas Vinculantes do Supremo Tribunal Federal

3 – Nos processos perante o Tribunal de Contas da União asseguram-se o contraditório e a ampla defesa quando da decisão puder resultar anulação ou revogação de ato administrativo que beneficie o interessado, excetuada a apreciação da legalidade do ato de concessão inicial de aposentadoria, reforma e pensão.

4 – Salvo nos casos previstos na Constituição, o salário mínimo não pode ser usado como indexador de base de cálculo de vantagem de servidor público ou de empregado, nem ser substituído por decisão judicial.

5 – A falta de defesa técnica por advogado no processo administrativo disciplinar não ofende a constituição.

8 – São inconstitucionais o parágrafo único do artigo 5º do Decreto-lei nº 1.569/1977 e os artigos 45 e 46 da Lei nº 8.212/1991, que tratam de prescrição e decadência de crédito tributário.

10 – Viola a cláusula de reserva de plenário (CF, artigo 97) a decisão de órgão fracionário de tribunal que, embora não declare expressamente a inconstitucionalidade de lei ou ato normativo do poder público, afasta sua incidência, no todo ou em parte.

14 – É direito do defensor, no interesse do representado, ter acesso amplo aos elementos de prova que, já documentados em procedimento investigatório realizado por órgão com competência de polícia judiciária, digam respeito ao exercício do direito de defesa.

16 – Os artigos 7º, IV, e 39, § 3º (redação da EC 19/98), da constituição, referem-se ao total da remuneração percebida pelo servidor público.

17 – Durante o período previsto no parágrafo 1º do artigo 100 da Constituição, não incidem juros de mora sobre os precatórios que nele sejam pagos.

21 – É inconstitucional a exigência de depósito ou arrolamento prévios de dinheiro ou bens para admissibilidade de recurso administrativo.

22 – A Justiça do Trabalho é competente para processar e julgar as ações de indenização por danos morais e patrimoniais decorrentes de acidente de trabalho propostas por empregado contra empregador, inclusive aquelas que ainda não possuíam sentença de mérito em primeiro grau quando da promulgação da Emenda Constitucional nº 45/04.

24 – Não se tipifica crime material contra a ordem tributária, previsto no art. 1º, incisos I a IV, da Lei nº 8.137/90, antes do lançamento definitivo do tributo.

25 – É ilícita a prisão civil de depositário infiel, qualquer que seja a modalidade do depósito.

28 – É inconstitucional a exigência de depósito prévio como requisito de admissibilidade de ação judicial na qual se pretenda discutir a exigibilidade de crédito tributário.

Súmulas do Tribunal Federal de Recursos (extinto pela Constituição Federal de 1988)

8 – Não constitui obstáculo à concessão da dupla aposentadoria de que trata a Lei n. 2.752/56, art. 1º e paragráfo único, em favor de ferroviário da Estrada de Ferro Central do Brasil, o fato de deter a condição de extranumerário da União à data da autarquização da referida Estrada.

9 – O aumento de 30% do Decreto-lei n. 1.348, de 1974, no que respeita aos funcionários aposentados anteriormente à implantação do Plano de Classificação de Cargos, incide sobre a totalidade dos respectivos proventos.

29 – Os certificados de quitação e de regularidade não podem ser negados, enquanto pendente de decisao, na via administrativa, o débito levantado.

38 – Os certificados de quitação e de regularidade não podem ser negados, se o débito estiver garantido por penhora regular (CTN, art. 206).

50 – Tem direito, em tese, à aposentadoria pelo Tesouro Nacional, o ferroviário da antiga *The Great Western of Brazil Railway Company Limited* que tenha nela ingressado antes da encampação, passando para a Rede Ferroviária Federal na condição de servidor cedido.

53 – Compete à Justiça Estadual processar e julgar questões pertinentes ao direito de família, ainda que estas objetivem reivindicação de benefícios previdenciários.

56 – Faz jus à aposentadoria estatutária o ferroviário servidor da administração direta que haja optado pelo regime da CLT após implementar 35 (trinta e cinco) anos de serviço efetivo.

57 – É cabível a reversão da pensão previdenciária e daquela decorrente de ato ilícito aos demais beneficiários, em caso de morte do respectivo titular ou a sua perda por força de impedimento legal.

63 – A pensão de que trata o art. 242 da Lei n. 1. 711, de 1952, não se confunde com a que decorre de filiação do falecido funcionário ao regime de previdência social (LOPS). É cabível sua cumulação, preenchidos os requisitos legais exigidos.

64 – A mulher que dispensou, no acordo de desquite, a prestação de alimentos, conserva, não obstante, o direito à pensão decorrente do óbito do marido, desde que comprovada a necessidade do benefício.

71 – A correção monetária incide sobre as prestações de benefícios previdenciários em atraso, observado o critério do salário mínimo vigente na época da liquidação da obrigação.

73 – Não cabe exigir dos municípios o certificado de quitação ou de regularidade de situação.

79 – Não incide contribuição previdenciária sobre a quantia a título de indenização de aviso prévio.

84 – A aposentadoria assegurada no art. 197, letra *c*, da Constituição Federal, aos ex-combatentes, submete-se, quanto ao cálculo dos proventos, aos critérios da legislação previdenciária, ressalvada a situação daqueles que, na vigência da Lei n. 4.297, de 1963, preencheram as condições nela previstas.

85 – A contribuição previdenciária da empresa, por serviços prestados por trabalhador autônomo, passou a ser devida a partir da vigência do Decreto-lei n. 959, de 13.10.1969.

91 – O reajuste do abono de permanência, a partir da vigência do Decreto-lei n. 795, de 1969, obedece ao critério das variações do salário mínimo.

93 – A multa decorrente do atraso no pagamento das contribuições previdenciárias não é aplicável às pessoas de direito público.

94 – Provadas as despesas com assistência médico-hospitalar prestada a segurado, vítima de acidente de trânsito, tem o INPS direito à sub-rogação perante a seguradora responsável pelo seguro obrigatório.

104 – A Lei n. 2.579, de 1955, somente ampara o ex-combatente que tenha servido no teatro de operações bélicas da Itália.

107 – A ação de cobrança de crédito previdenciário contra a Fazenda Pública está sujeita à prescrição quinquenal estabelecida no Decreto n. 20.910, de 1932.

108 – A constituição de crédito previdenciário está sujeita ao prazo de decadência de 5 (cinco) anos.

122 – A companheira, atendidos os requisitos legais, faz jus à pensão do segurado falecido, quer em concorrência com os filhos do casal, quer em sucessão a estes, não constituindo obstáculo a ocorrência do óbito antes da vigência do Decreto-lei n. 66, de 1966.

126 – Na cobrança de crédito previdenciário, proveniente da execução de contrato de construção de obra, o proprietário, dono da obra ou condomínio de unidade imobiliária, somente será acionado quando não for possível lograr do construtor, através de execução, contra ele intentada, a respectiva liquidação.

144 – Para que faça jus à isenção da quota patronal relativa às contribuições previdenciárias, é indispensável comprove a entidade filantrópica ter sido declarada de utilidade pública por decreto federal.

146 – A "quota de previdência" relativa aos serviços prestados pelos Estados, Municípios e suas autarquias, incide sobre tarifas ou preços públicos, mesmo no regime anterior ao Decreto-lei n. 1.505, de 1976, não atingindo, porém, as taxas, entendidas estas na restrita acepção de espécie do gênero tributo.

159 – É legítima a divisão da pensão entre a esposa e a companheira, atendidos os requisitos exigidos.

160 – A suspeita de fraude na concessão de benefício previdenciário não enseja, de plano, a sua suspensão ou cancelamento, mas dependerá de apuração em procedimento administrativo.

167 – A contribuição previdenciária não incide sobre o valor da habitação fornecida por empresa agroindustrial, a título de liberalidade, a seus empregados, em observância a acordo coletivo de trabalho.

170 – Não se extingue a pensão previdenciária se do novo casamento não resulta melhoria na situação econômico-financeira da viúva, de modo a tornar dispensável o benefício.

171 – No cálculo da renda mensal do benefício de aposentadoria por invalidez, é considerado como atividade o período em que o segurado tenha percebido auxílio-doença ou outra aposentadoria por invalidez.

175 – A base de cálculo da contribuição do FUNRURAL é o valor comercial da mercadoria, neste incluído o ICM, se devido.

180 – Compete à Justiça Federal processar e julgar pedidos de complementação de proventos da aposentadoria dos ferroviários cedidos à Rede Ferroviária S/A. Imprópria a reclamação trabalhista para a espécie.

185 – Filhos solteiros maiores e inválidos, presumida a dependência econômica, têm direito à pensão previdenciária por morte do pai.

197 – A pensão por morte de trabalhador rural, ocorrida após a entrada em vigor da Lei Complementar n. 11, de 1971, não requerida na via administrativa, é devida a partir da citação.

198 – Atendidos os demais requisitos, é devida a aposentadoria especial se perícia judicial constata que a atividade exercida pelo segurado é perigosa, insalubre ou penosa, mesmo não inscrita em Regulamento.

201 – Não constitui obstáculo a conversão da aposentadoria comum, por tempo de serviço, em especial, o fato de o segurado haver se aposentado antes da vigência da Lei 6.887, de 1980.

204 – O fato de a Lei n. 6.439, de 1977, que institui o SINPAS, dizer que as entidades da Previdência Social têm sede e foro no Distrito Federal podendo, provisoriamente, funcionar no Rio de Janeiro, não importa em que as ações contra elas interpostas devem ser necessariamente ajuizadas nesta última cidade.

206 – O reajuste da base de cálculo de contribuições previdenciárias, instituído pelo art. 5º e parágrafos da Lei n. 6.332, de 1976, não está sujeito ao princípio da anterioridade.

213 – O exaurimento da via administrativa não é condição para a propositura de ação de natureza previdenciária.

216 – Compete à Justiça Federal processar e julgar mandado de segurança impetrado contra ato de autoridade previdenciária, ainda que localizada em comarca do interior.

219 – Não havendo antecipação de pagamento, o direito de constituir crédito previdenciário extingue-se decorridos cinco anos do primeiro dia do exercício àquele em que ocorreu o fato gerador.

229 – A mãe do segurado tem direito à pensão previdenciária, em caso de morte do filho, se provada a dependência econômica, mesmo não exclusiva.

231 – O aeronauta em atividade profissional, após reunir as condições para aposentadoria especial por tempo de serviço, tem direito ao abono de permanência.

232 – A pensão do art. 5º, parágrafo único, da Lei n. 3.373, de 1958, ampara com exclusividade as filhas de funcionário público federal.

243 – É vedada a acumulação da pensão especial concedida pelo art. 30 da Lei n. 4.242, de 1963, com qualquer renda dos cofres públicos, inclusive benefício de previdência social, ressaltando o direito de opção, revogada a Súmula n. 228.

260 – No primeiro reajuste do benefício previdenciário, deve-se aplicar o índice integral do aumento verificado, independentemente do mês da concessão, considerado, nos reajustes subsequentes, o salário mínimo então atualizado.

Súmulas do Superior Tribunal de Justiça

3 – Compete ao Tribunal Regional Federal dirimir conflito de competência verificado, na respectiva Região, entre Juiz Federal e Juiz Estadual investido de jurisdição Federal.

15 – Compete à Justiça Estadual processar e julgar os litígios decorrentes de acidente do trabalho.

24 – Aplica-se ao crime de estelionato, em que figure como vítima entidade autárquica de Previdência Social, a qualificadora do § 3º do art. 171 do Código Penal.

32 – Compete à Justiça Federal processar e julgar justificações destinadas a instruir pedidos perante entidades que nela têm exclusividade de foro, ressalvada a aplicação do art. 15, II da Lei n. 5.010/66.

44 – A definição, em ato regulamentar, de grau mínimo de disacusia, não exclui, por si só, a concessão do benefício previdenciário.

58 – Proposta a execução fiscal, a posterior mudança de domicílio do executado não desloca a competência já fixada.

65 – O cancelamento previsto no art. 29 do Decreto-lei n. 2.303, de 21.11.86, não alcança os débitos previdenciários.

77 – A Caixa Econômica Federal é parte ilegítima para figurar no pólo passivo das ações relativas às contribuições para o fundo PIS/PASEP.

85 – Nas relações jurídicas de trato sucessivo, em que a Fazenda Pública figure como devedora, quando não tiver sido negado o próprio reclamado, a prescrição atinge apenas as prestações vencidas antes do quinquênio anterior à propositura da ação.

89 – A ação acidentária prescinde do exaurimento da via administrativa.

94 – A parcela relativa ao ICMS inclui-se na base de cálculo do FINSOCIAL.

107 – Compete à Justiça Comum Estadual processar e julgar crime de estelionato praticado mediante falsificação das guias de recolhimento das contribuições previdenciárias, quando não ocorrente lesão à autarquia federal.

110 – A isenção do pagamento de honorários advocatícios, nas ações acidentárias, é restrita ao segurado.

111 – Os honorários advocatícios, nas ações previdenciárias, não incidem sobre as prestações vencidas após a sentença.

144 – Os créditos de natureza alimentícia gozam de preferência, desvinculados os precatórios da ordem cronológica dos créditos de natureza diversa.

146 – Ao segurado, vítima de novo infortúnio, faz jus a um único benefício somado ao salário de contribuição vigente no dia do acidente.

148 – Os débitos relativos a benefício previdenciário, vencidos e cobrados em juízo após a vigência da Lei n. 6.899/81, devem ser corrigidos monetariamente na forma prevista nesse diploma legal.

149 – A prova exclusivamente testemunhal não basta à comprovação da atividade rurícola, para efeito da obtenção de benefício previdenciário.

150 – Compete à Justiça Federal decidir sobre a existência de interesse jurídico que justifique a presença, no processo, da União, suas autarquias ou empresas públicas.

159 – O benefício acidentário, no caso de contribuinte que perceba remuneração variável, deve ser calculado com base na média aritmética dos últimos doze meses de contribuição.

175 – Descabe o depósito prévio nas ações rescisórias propostas pelo INSS.

179 – O INSS não goza de isenção do pagamento de custas e emolumentos, nas ações acidentárias e de benefícios propostos na Justiça Estadual.

203 – Não cabe recurso especial contra decisão proferida por órgão de segundo grau dos Juizados Especiais.

204 – Os juros de mora nas ações relativas a benefícios previdenciários incidem a partir da citação válida.

212 – A compensação de créditos tributários não pode ser deferida em ação cautelar ou por medida liminar cautelar ou antecipatória.

213 – O mandado de segurança constitui ação adequada para a declaração do direito à compensação tributária.

226 – O Ministério Público tem legitimidade para recorrer na ação de acidente do trabalho, ainda que o segurado esteja assistido por advogado.

242 – Cabe ação declaratória para reconhecimento de tempo de serviço para fins previdenciários.

250 – É legítima a cobrança de multa fiscal de empresa em regime de concordata.

254 – A decisão do Juízo Federal que exclui da relação processual ente federal não pode ser reexaminada no Juízo Estadual.

272 – O trabalhador rural, na condição de segurado especial, sujeito à contribuição obrigatória sobre a produção rural comercializada, somente faz jus à aposentadoria por tempo de serviço, se recolher contribuições facultativas.

278 – O termo inicial do prazo prescricional, na ação de indenização, é a data em que o segurado teve ciência inequívoca da incapacidade laboral.

289 – A restituição das parcelas pagas a plano de previdência privada deve ser objeto de correção plena, por índice que recomponha a efetiva desvalorização da moeda.

290 – Nos planos de previdência privada, não cabe ao beneficiário a devolução da contribuição efetuada pelo patrocinador.

291 – A ação de cobrança de parcelas de complementação de aposentadoria pela previdência privada prescreve em cinco anos.

306 – Os honorários advocatícios devem ser compensados quando houver sucumbência recíproca, assegurado o direito autônomo do advogado à execução do saldo sem excluir a legitimidade da própria parte.

310 – O Auxílio-creche não integra o salário-de-contribuição.

311 – Os atos do presidente do tribunal que disponham sobre processamento e pagamento de precatório não têm caráter jurisdicional.

321 – O Código de Defesa do Consumidor é aplicável à relação jurídica entre a entidade de previdência privada e seus participantes.

325 – A remessa oficial devolve ao Tribunal o reexame de todas as parcelas da condenação suportadas pela Fazenda Pública, inclusive dos honorários de advogado.

326 – Na ação de indenização por dano moral, a condenação em montante inferior ao postulado na inicial não implica sucumbência recíproca.

336 – A mulher que renunciou aos alimentos na separação judicial tem direito à pensão previdenciária por morte do ex-marido, comprovada a necessidade econômica superveniente.

340 – A lei aplicável à concessão de pensão previdenciária por morte é aquela vigente na data do óbito do segurado.

349 – Compete à Justiça Federal ou aos juízes com competência delegada o julgamento das execuções fiscais de contribuições devidas pelo empregador ao FGTS.

351 – A alíquota de contribuição para o Seguro de Acidente do Trabalho (SAT) é aferida pelo grau de risco desenvolvido em cada empresa, individualizada pelo seu CNPJ, ou pelo grau de risco da atividade preponderante quando houver apenas um registro.

352 – A obtenção ou a renovação do Certificado de Entidade Beneficente de Assistência Social (Cebas) não exime a entidade do cumprimento dos requisitos legais supervenientes.

365 – A intervenção da União como sucessora da Rede Ferroviária Federal S/A (RFFSA) desloca a competência para a Justiça Federal ainda que a sentença tenha sido proferida por Juízo estadual.

367 – A competência estabelecida pela EC n. 45/2004 não alcança os processos já sentenciados.

373 – É ilegítima a exigência de depósito prévio para admissibilidade de recurso administrativo.

376 – Compete à turma recursal processar e julgar o mandado de segurança contra ato de juizado especial.

392 – A Fazenda Pública pode substituir a certidão de dívida ativa (CDA) até a prolação da sentença de embargos, quando se tratar de correção de erro material ou formal, vedada a modificação do sujeito passivo da execução.

393 – A exceção de pré-executividade é admissível na execução fiscal relativamente às matérias conhecíveis de ofício que não demandem dilação probatória.

406 – A Fazenda Pública pode recusar a substituição do bem penhorado por precatório.

409 – Em execução fiscal, a prescrição ocorrida antes da propositura da ação pode ser decretada de ofício (art. 219, § 5º, do CPC).

416 – É devida a pensão por morte aos dependentes do segurado que, apesar de ter perdido essa qualidade, preencheu os requisitos legais para a obtenção de aposentadoria até a data do seu óbito.

419 – Descabe a prisão civil do depositário judicial infiel.

421 – Os honorários advocatícios não são devidos à Defensoria Pública quando ela atua contra a pessoa jurídica de direito público à qual pertença.

423 – A Contribuição para Financiamento da Seguridade Social – Cofins incide sobre as receitas provenientes das operações de locação de bens móveis.

425 – A retenção da contribuição para a seguridade social pelo tomador do serviço não se aplica às empresas optantes pelo Simples.

427 – A ação de cobrança de diferenças de valores de complementação de aposentadoria prescreve em cinco anos contados da data do pagamento.

428 – Compete ao Tribunal Regional Federal decidir os conflitos de competência entre juizado especial federal e juízo federal da mesma seção judiciária.

430 – O inadimplemento da obrigação tributária pela sociedade não gera, por si só, a responsabilidade solidária do sócio-gerente.

435 – Presume-se dissolvida irregularmente a empresa que deixar de funcionar no seu domicílio fiscal, sem comunicação aos órgãos competentes, legitimando o redirecionamento da execução fiscal para o sócio-gerente.

436 – A entrega de declaração pelo contribuinte reconhecendo débito fiscal constitui o crédito tributário, dispensada qualquer outra providência por parte do fisco.

437 – A suspensão da exigibilidade do crédito tributário superior a quinhentos mil reais para opção pelo REFIS pressupõe a homologação expressa do comitê gestor e a constituição de garantia por meio do arrolamento de bens.

446 – Declarado e não pago o débito tributário pelo contribuinte, é legítima a recusa de expedição de certidão negativa ou positiva com efeito de negativa.

448 – A opção pelo Simples de estabelecimentos dedicados às atividades de creche, pré-escola e ensino fundamental é admitida somente a partir de 24/10/2000, data de vigência da Lei n. 10.034/2000.

456 – É incabível a correção monetária dos salários de contribuição considerados no cálculo do salário de benefício de auxílio-doença, aposentadoria por invalidez, pensão ou auxílio-reclusão concedidos antes da vigência da CF/1988.

458 – A contribuição previdenciária incide sobre a comissão paga ao corretor de seguros.

460 – É incabível o mandado de segurança para convalidar a compensação tributária realizada pelo contribuinte.

461 – O contribuinte pode optar por receber, por meio de precatório ou por compensação, o indébito tributário certificado por sentença declaratória transitada em julgado.

464 – A regra de imputação de pagamentos estabelecida no art. 354 do Código Civil não se aplica às hipóteses de compensação tributária.

468 – A base de cálculo do PIS, até a edição da MP n. 1.212/1995, era o faturamento ocorrido no sexto mês anterior ao do fato gerador.

Súmulas do Tribunal Superior do Trabalho

72 – Aposentadoria – Nova redação – Res. n. 121/2003, DJ 21.11.2003. O prêmio-aposentadoria instituído por norma regulamentar da empresa não está condicionado ao disposto no § 2º do art. 14 da Lei n. 8.036, de 11.5.1990.

92 – O direito à complementação de aposentadoria, criado pela empresa, com requisitos próprios, não se altera pela instituição de benefício previdenciário por órgão oficial.

97 – Instituída complementação de aposentadoria, por ato da empresa, expressamente dependente de sua regulamentação, as condições desta devem ser observadas como parte integrante da norma.

160 – Cancelada a aposentadoria por invalidez, mesmo após cinco anos, o trabalhador terá direito de retornar ao emprego, facultado, porém, ao empregador, indenizá-lo na forma da lei (ex-prejulgado n. 37).

282 – Abono de Faltas – Serviço Médico de Empresa – Ao serviço médico da empresa ou ao mantido por esta última, mediante convênio, compete abonar os primeiros quinze dias de ausência do trabalho.

288 – Complementação dos proventos de aposentadoria – A complementação dos proventos da aposentadoria é regida pelas normas em vigor na data da admissão do empregado, observando-se as alterações posteriores, desde que mais favoráveis ao beneficiário do direito.

362 – FGTS. Prescrição – Nova redação – Res. n. 121/2003, DJ 21.11.2003. É trintenária a prescrição do direito de reclamar contra o não-recolhimento da contribuição para o FGTS, observado o prazo de 2 (dois) anos após o término do contrato de trabalho.

363 – CONTRATO NULO. EFEITOS – Nova redação – Res. n. 121/2003, DJ 21.11.2003. A contratação de servidor público, após a CF/1988, sem prévia aprovação em concurso público, encontra óbice no respectivo art. 37, II e § 2º, somente lhe conferindo direito ao pagamento da contraprestação pactuada, em relação ao número de horas trabalhadas, respeitado o valor da hora do salário mínimo, e dos valores referentes aos depósitos do FGTS.

364 – ADICIONAL DE PERICULOSIDADE. EXPOSIÇÃO EVENTUAL, PERMANENTE E INTERMITENTE (conversão das Orientações Jurisprudenciais ns. 5, 258 e 280 da SBDI-1) – Res. n. 129/2005 – DJ 20.4.2005.

I – Faz jus ao adicional de periculosidade o empregado exposto permanentemente ou que, de forma intermitente, sujeita-se a condições de risco. Indevido, apenas, quando o contato dá-se de forma eventual, assim considerado o fortuito, ou o que, sendo habitual, dá-se por tempo extremamente reduzido (ex-OJs n. 05 – Inserida em 14.3.1994 e n. 280 – DJ 11.8.2003).

II – A fixação do adicional de periculosidade, em percentual inferior ao legal e proporcional ao tempo de exposição ao risco, deve ser respeitada, desde que pactuada em acordos ou convenções coletivos (ex-OJ n. 258 – Inserida em 27.9.2002).

367 – UTILIDADES *IN NATURA*. HABITAÇÃO. ENERGIA ELÉTRICA. VEÍCULO. CIGARRO. NÃO INTEGRAÇÃO AO SALÁRIO. (conversão das Orientações Jurisprudenciais ns. 24, 131 e 246 da SBDI-1) – Res. n. 129/2005 – DJ 20.04.2005.

I – A habitação, a energia elétrica e o veículo fornecidos pelo empregador ao empregado, quando indispensáveis para a realização do trabalho, não têm natureza salarial, ainda que, no caso de veículo, seja ele utilizado pelo empregado também em atividades particulares (ex-OJs n. 131 – Inserida em 20.4.1998 e ratificada pelo Tribunal Pleno em 7.12.2000 e n. 246 – Inserida em 20.6.2001).

II – O cigarro não se considera salário-utilidade em face de sua nocividade à saúde. (ex-OJ n. 24 – Inserida em 29.3.1996).

368 – DESCONTOS PREVIDENCIÁRIOS E FISCAIS. COMPETÊNCIA. RESPONSABILIDADE PELO PAGAMENTO. FORMA DE CÁLCULO (inciso I alterado) – Res. 138/2005, DJ 23, 24 e 25.11.2005.

I. A Justiça do Trabalho é competente para determinar o recolhimento das contribuições fiscais. A competência da Justiça do Trabalho, quanto à execução das contribuições previdenciárias, limita-se às sentenças condenatórias em pecúnia que proferir e aos valores, objeto de acordo homologado, que integrem o salário-de-contribuição. (ex-OJ nº 141 da SBDI-1 - inserida em 27.11.1998).

II. É do empregador a responsabilidade pelo recolhimento das contribuições previdenciárias e fiscais, resultante de crédito do empregado oriundo de condenação judicial, devendo incidir, em relação aos descontos fiscais, sobre o valor total da condenação, referente às parcelas tributáveis, calculado ao final, nos termos da Lei nº 8.541, de 23.12.1992, art. 46 e Provimento da CGJT nº 01/1996. (ex-OJs nºs 32 e 228 da SBDI-1 - inseridas, respectivamente, em 14.03.1994 e 20.06.2001).

III. Em se tratando de descontos previdenciários, o critério de apuração encontra-se disciplinado no art. 276, §4º, do Decreto n º 3.048/1999 que regulamentou a Lei nº 8.212/1991 e determina que a contribuição do empregado, no caso de ações trabalhistas, seja calculada mês a mês, aplicando-se as alíquotas previstas no art. 198, observado o limite máximo do salário de contribuição. (ex-OJs nºs 32 e 228 da SBDI-1 - inseridas, respectivamente, em 14.03.1994 e 20.06.2001).

371 - AVISO PRÉVIO INDENIZADO. EFEITOS. SUPERVENIÊNCIA DE AUXÍLIO-DOENÇA NO CURSO DESTE (conversão das Orientações Jurisprudenciais ns. 40 e 135 da SBDI-1) - Res. n. 129/2005 - DJ 20.4.2005. - A projeção do contrato de trabalho para o futuro, pela concessão do aviso prévio indenizado, tem efeitos limitados às vantagens econômicas obtidas no período de pré-aviso, ou seja, salários, reflexos e verbas rescisórias. No caso de concessão de auxílio-doença no curso do aviso prévio, todavia, só se concretizam os efeitos da dispensa depois de expirado o benefício previdenciário (ex-OJs ns. 40 e 135 - Inseridas respectivamente em 28.11.1995 e 27.11.1998).

378 - ESTABILIDADE PROVISÓRIA. ACIDENTE DO TRABALHO. ART. 118 DA LEI N. 8.213/1991. CONSTITUCIONALIDADE. PRESSUPOSTOS (conversão das Orientações Jurisprudenciais ns. 105 e 230 da SBDI-1) - Res. n. 129/2005 - DJ 20.4.2005.

I - É constitucional o artigo 118 da Lei n. 8.213/1991 que assegura o direito à estabilidade provisória por período de 12 meses após a cessação do auxílio-doença ao empregado acidentado (ex-OJ n. 105 - Inserida em 1.10.1997).

II - São pressupostos para a concessão da estabilidade o afastamento superior a 15 dias e a consequente percepção do auxílio-doença acidentário, salvo se constatada, após a despedida, doença profissional que guarde relação de causalidade com a execução do contrato de emprego (Primeira parte - ex-OJ n. 230 - Inserida em 20.6.2001).

380 - AVISO PRÉVIO. INÍCIO DA CONTAGEM. ART. 132 DO CÓDIGO CIVIL DE 2002 (conversão da Orientação Jurisprudencial n. 122 da SBDI-1) - Res. n. 129/2005 - DJ 20.4.2005. - Aplica-se a regra prevista no *caput* do art. 132 do

Código Civil de 2002 à contagem do prazo do aviso prévio, excluindo-se o dia do começo e incluindo o do vencimento (ex-OJ n. 122 – Inserida em 20.4.1998).

381 – CORREÇÃO MONETÁRIA. SALÁRIO. ART. 459 DA CLT (conversão da Orientação Jurisprudencial n. 124 da SBDI-1) – Res. n. 129/2005 – DJ 20.4.2005. – O pagamento dos salários até o 5º dia útil do mês subsequente ao vencido não está sujeito à correção monetária. Se essa data limite for ultrapassada, incidirá o índice da correção monetária do mês subsequente ao da prestação dos serviços, a partir do dia 1º (ex-OJ n. 124 – Inserida em 20.4.1998).

382 – MUDANÇA DE REGIME CELETISTA PARA ESTATUTÁRIO. EXTINÇÃO DO CONTRATO. PRESCRIÇÃO BIENAL (conversão da Orientação Jurisprudencial n. 128 da SBDI-1) – Res. n. 129/2005 – DJ 20.4.2005. – A transferência do regime jurídico de celetista para estatutário implica extinção do contrato de trabalho, fluindo o prazo da prescrição bienal a partir da mudança de regime (ex-OJ n. 128 – Inserida em 20.4.1998).

386 – POLICIAL MILITAR. RECONHECIMENTO DE VÍNCULO EMPREGATÍCIO COM EMPRESA PRIVADA (conversão da Orientação Jurisprudencial n. 167 da SBDI-1) – Res. n. 129/2005 – DJ 20.4.2005. – Preenchidos os requisitos do art. 3º da CLT, é legítimo o reconhecimento de relação de emprego entre policial militar e empresa privada, independentemente do eventual cabimento de penalidade disciplinar prevista no Estatuto do Policial Militar (ex-OJ n. 167 – Inserida em 26.3.1999).

387 – RECURSO. FAC-SÍMILE. LEI N. 9.800/1999 (conversão das Orientações Jurisprudenciais ns. 194 e 337 da SBDI-1) – Res. n. 129/2005 – DJ 20.4.2005.

I – A Lei n. 9.800/1999 é aplicável somente a recursos interpostos após o início de sua vigência (ex-OJ n. 194 – Inserida em 8.11.2000).

II – A contagem do quinquídio para apresentação dos originais de recurso interposto por intermédio de fac-símile começa a fluir do dia subsequente ao término do prazo recursal, nos termos do art. 2º da Lei 9.800/1999, e não do dia seguinte à interposição do recurso, se esta se deu antes do termo final do prazo (ex-OJ n. 337 – primeira parte – DJ 4.5.2004).

III – Não se tratando a juntada dos originais de ato que dependa de notificação, pois a parte, ao interpor o recurso, já tem ciência de seu ônus processual, não se aplica a regra do art. 184 do CPC quanto ao *dies a quo*, podendo coincidir com sábado, domingo ou feriado (ex-OJ n. 337 – *in fine* – DJ 4.5.2004).

389 – SEGURO-DESEMPREGO. COMPETÊNCIA DA JUSTIÇA DO TRABALHO. DIREITO À INDENIZAÇÃO POR NÃO LIBERAÇÃO DE GUIAS (conversão das Orientações Jurisprudenciais ns. 210 e 211 da SBDI-1) – Res. n. 129/2005 – DJ 20.4.2005.

I – Inscreve-se na competência material da Justiça do Trabalho a lide entre empregado e empregador tendo por objeto indenização pelo não-fornecimento das guias do seguro-desemprego (ex-OJ n. 210 – Inserida em 8.11.2000).

II – O não-fornecimento pelo empregador da guia necessária para o recebimento do seguro-desemprego dá origem ao direito à indenização (ex-OJ n. 211 – Inserida em 8.11.2000).

392 – DANO MORAL. COMPETÊNCIA DA JUSTIÇA DO TRABALHO (conversão da Orientação Jurisprudencial n. 327 da SBDI-1) – Res. n. 129/2005 – DJ 20.4.2005. – Nos termos do art. 114 da CF/1988, a Justiça do Trabalho é competente para dirimir controvérsias referentes à indenização por dano moral, quando decorrente da relação de trabalho (ex-OJ n. 327 – DJ 9.12.2003).

396 – ESTABILIDADE PROVISÓRIA. PEDIDO DE REINTEGRAÇÃO. CONCESSÃO DO SALÁRIO RELATIVO AO PERÍODO DE ESTABILIDADE JÁ EXAURIDO. INEXISTÊNCIA DE JULGAMENTO *EXTRA PETITA* (conversão das Orientações Jurisprudenciais ns. 106 e 116 da SBDI-1) – Res. n. 129/2005 – DJ 20.4.2005.

I – Exaurido o período de estabilidade, são devidos ao empregado apenas os salários do período compreendido entre a data da despedida e o final do período de estabilidade, não lhe sendo assegurada a reintegração no emprego (ex-OJ n. 116 – Inserida em 1.10.1997).

II – Não há nulidade por julgamento "extra petita" da decisão que deferir salário quando o pedido for de reintegração, dados os termos do art. 496 da CLT (ex-OJ n. 106 – Inserida em 20.11.1997).

401 – AÇÃO RESCISÓRIA. DESCONTOS LEGAIS. FASE DE EXECUÇÃO. SENTENÇA EXEQUENDA OMISSA. INEXISTÊNCIA DE OFENSA À COISA JULGADA. (conversão da Orientação Jurisprudencial n. 81 da SDI-II – Res. n. 137/2005 – DJ 22.8.2005). – Os descontos previdenciários e fiscais devem ser efetuados pelo juízo executório, ainda que a sentença exequenda tenha sido omissa sobre a questão, dado o caráter de ordem pública ostentado pela norma que os disciplina. A ofensa à coisa julgada somente poderá ser caracterizada na hipótese de o título exequendo, expressamente, afastar a dedução dos valores a título de imposto de renda e de contribuição previdenciária (ex-OJ n. 81 – inserida em 13.3.2002).

416 – MANDADO DE SEGURANÇA. EXECUÇÃO. LEI N. 8.432/92. ART. 897, § 1º, DA CLT. CABIMENTO (conversão da Orientação Jurisprudencial n. 55 da SDI-II – Res. n. 137/2005 – DJ 22.8.2005). – Devendo o agravo de petição delimitar justificadamente a matéria e os valores objeto de discordância, não fere direito líquido e certo o prosseguimento da execução quanto aos tópicos e valores não especificados no agravo (ex-OJ n. 55 – inserida em 20.9.2000).

417 - MANDADO DE SEGURANÇA. PENHORA EM DINHEIRO (conversão das Orientações Jurisprudenciais ns. 60, 61 e 62 da SDI-II - Res. n. 137/2005 - DJ 22.8.2005).

I - Não fere direito líquido e certo do impetrante o ato judicial que determina penhora em dinheiro do executado, em execução definitiva, para garantir crédito exequendo, uma vez que obedece à gradação prevista no art. 655 do CPC (ex-OJ n. 60 - inserida em 20.9.2000).

II - Havendo discordância do credor, em execução definitiva, não tem o executado direito líquido e certo a que os valores penhorados em dinheiro fiquem depositados no próprio banco, ainda que atenda aos requisitos do art. 666, I, do CPC (ex-OJ n. 61 - inserida em 20.9.2000).

III - Em se tratando de execução provisória, fere direito líquido e certo do impetrante a determinação de penhora em dinheiro, quando nomeados outros bens à penhora, pois o executado tem direito a que a execução se processe da forma que lhe seja menos gravosa, nos termos do art. 620 do CPC (ex-OJ n. 62 - inserida em 20.9.2000).

424 - RECURSO ADMINISTRATIVO. PRESSUPOSTO DE ADMISSIBILIDADE. DEPÓSITO PRÉVIO DA MULTA ADMINISTRATIVA. NÃO RECEPÇÃO PELA CONSTITUIÇÃO FEDERAL DO § 1º DO ART. 636 DA CL - Res. 160/2009, DJe divulgado em 23, 24 e 25.11.2009

O § 1º do art. 636 da CLT, que estabelece a exigência de prova do depósito prévio do valor da multa cominada em razão de autuação administrativa como pressuposto de admissibilidade de recurso administrativo, não foi recepcionado pela Constituição Federal de 1988, ante a sua incompatibilidade com o inciso LV do art. 5º.

Orientações Jurisprudenciais da SBDI-1 DO TST

18 - COMPLEMENTAÇÃO DE APOSENTADORIA. BANCO DO BRASIL (nova redação em decorrência da incorporação das Orientações Jurisprudenciais ns. 19, 20, 21, 136 e 289 da SBDI-1, DJ 20.4.2005).

I - As horas extras não integram o cálculo da complementação de aposentadoria (ex-OJ n. 18 da SBDI-1 - inserida em 29.3.96);

II - Os adicionais AP e ADI não integram o cálculo para a apuração do teto da complementação de aposentadoria (ex-OJ n. 21 da SBDI-1 - inserida em 13.2.95);

III - No cálculo da complementação de aposentadoria deve-se observar a média trienal (ex-OJs ns. 19 e 289 ambas da SBDI-1 - inseridas respectivamente em 5.6.95 e 11.8.03);

IV – A complementação de aposentadoria proporcional aos anos de serviço prestados exclusivamente ao Banco do Brasil somente se verifica a partir da Circular Funci n. 436/63 (ex-OJ n. 20 da SBDI-1 – inserida em 13.2.95);

V – O telex DIREC do Banco do Brasil n. 5.003/1987 não assegura a complementação de aposentadoria integral, porque não aprovado pelo órgão competente ao qual a instituição se subordina (ex-OJ n. 136 da SBDI-1 – inserida em 27.11.98).

26 – COMPETÊNCIA DA JUSTIÇA DO TRABALHO. COMPLEMENTAÇÃO DE PENSÃO REQUERIDA POR VIÚVA DE EX-EMPREGADO. Inserida em 1.2.95 (inserido dispositivo, DJ 20.4.2005). A Justiça do Trabalho é competente para apreciar pedido de complementação de pensão postulada por viúva de ex-empregado, por se tratar de pedido que deriva do contrato de trabalho.

52 – MANDATO. PROCURADOR DA UNIÃO, ESTADOS, MUNICÍPIOS E DISTRITO FEDERAL, SUAS AUTARQUIAS E FUNDAÇÕES PÚBLICAS. DISPENSÁVEL A JUNTADA DE PROCURAÇÃO (LEI N. 9.469, DE 10 DE JULHO DE 1997) (inserido dispositivo e atualizada a legislação, DJ 20.4.2005).

A União, Estados, Municípios e Distrito Federal, suas autarquias e fundações públicas, quando representadas em juízo, ativa e passivamente, por seus procuradores, estão dispensadas da juntada de instrumento de mandato.

82 – AVISO PRÉVIO. BAIXA NA CTPS. A data de saída a ser anotada na CTPS deve corresponder à do término do prazo do aviso prévio, ainda que indenizado.

100 – SALÁRIO. REAJUSTE. ENTES PÚBLICOS (título alterado e inserido dispositivo, DJ 20.4.2005). Os reajustes salariais previstos em legislação federal devem ser observados pelos Estados-membros, suas Autarquias e Fundações Públicas nas relações contratuais trabalhistas que mantiverem com seus empregados.

123 – BANCÁRIOS. AJUDA-ALIMENTAÇÃO. A ajuda-alimentação prevista em norma coletiva em decorrência de prestação de horas extras tem natureza indenizatória e, por isso, não integra o salário do empregado bancário.

129 – PRESCRIÇÃO. COMPLEMENTAÇÃO DA PENSÃO E AUXÍLIO-FUNERAL. A prescrição extintiva para pleitear judicialmente o pagamento da complementação de pensão e do auxílio-funeral é de 2 anos, contados a partir do óbito do empregado.

130 – PRESCRIÇÃO. MINISTÉRIO PÚBLICO. ARGUIÇÃO. *CUSTOS LEGIS*. ILEGITIMIDADE (nova redação, DJ 20.4.2005). Ao exarar o parecer na remessa de ofício, na qualidade de *custos legis*, o Ministério Público não tem legitimidade para arguir a prescrição em favor de entidade de direito público, em matéria de direito patrimonial (arts. 194 do CC de 2002 e 219, § 5º, do CPC).

133 – AJUDA-ALIMENTAÇÃO. PAT. LEI N. 6.321/76. NÃO INTEGRAÇÃO AO SALÁRIO. A ajuda-alimentação fornecida por empresa participante do programa de alimentação ao trabalhador, instituído pela Lei n. 6.321/76, não tem caráter salarial. Portanto, não integra o salário para nenhum efeito legal.

138 – COMPETÊNCIA RESIDUAL. REGIME JURÍDICO ÚNICO. LIMITAÇÃO DA EXECUÇÃO (nova redação em decorrência da incorporação da Orientação Jurisprudencial n. 249 da SBDI-1, DJ 20.4.2005).

Compete à Justiça do Trabalho julgar pedidos de direitos e vantagens previstos na legislação trabalhista referente a período anterior à Lei n. 8.112/90, mesmo que a ação tenha sido ajuizada após a edição da referida lei. A superveniência de regime estatutário em substituição ao celetista, mesmo após a sentença, limita a execução ao período celetista (1ª parte - ex-OJ n. 138 da SBDI-1 - inserida em 27.11.98; 2ª parte - ex-OJ n. 249 - inserida em 13.3.02).

143 – EMPRESA EM LIQUIDAÇÃO EXTRAJUDICIAL. EXECUÇÃO. CRÉDITOS TRABALHISTAS. LEI N. 6.024/74. A execução trabalhista deve prosseguir diretamente na Justiça do Trabalho mesmo após a decretação da liquidação extrajudicial. Lei n. 6.830/80, arts. 5º e 29, aplicados supletivamente (CLT, art. 889 e CF/1988, art. 114).

156 – COMPLEMENTAÇÃO DE APOSENTADORIA. DIFERENÇAS. PRESCRIÇÃO. Ocorre a prescrição total quanto a diferenças de complementação de aposentadoria quando estas decorrem de pretenso direito a verbas não recebidas no curso da relação de emprego e já atingidas pela prescrição, à época da propositura da ação.

157 – COMPLEMENTAÇÃO DE APOSENTADORIA. FUNDAÇÃO CLEMENTE DE FARIA. BANCO REAL. (Convertida na Orientação Jurisprudencial Transitória n. 41 da SBDI-1, DJ 20.4.2005). É válida a cláusula do Estatuto da Fundação que condicionou o direito à complementação de aposentadoria à existência de recursos financeiros, e também previa a suspensão, temporária ou definitiva, da referida complementação.

166 – PETROBRÁS. PENSÃO POR MORTE DO EMPREGADO ASSEGURADA NO MANUAL DE PESSOAL. ESTABILIDADE DECENAL. OPÇÃO PELO REGIME DO FGTS. (Convertida na Orientação Jurisprudencial Transitória n. 42 da SBDI-1, DJ 20.4.2005). Tendo o empregado adquirido a estabilidade decenal, antes de optar pelo regime do FGTS, não há como negar-se o direito à pensão, eis que preenchido o requisito exigido pelo Manual de Pessoal.

191 – DONO DA OBRA. RESPONSABILIDADE. Diante da inexistência de previsão legal, o contrato de empreitada entre o dono da obra e o empreiteiro não enseja responsabilidade solidária ou subsidiária nas obrigações trabalhistas contraídas pelo empreiteiro, salvo sendo o dono da obra uma empresa construtora ou incorporadora.

192 – EMBARGOS DECLARATÓRIOS. PRAZO EM DOBRO. PESSOA JURÍDICA DE DIREITO PÚBLICO. DECRETO-LEI N. 779/69.

É em dobro o prazo para a interposição de embargos declaratórios por pessoa jurídica de direito público.

199 – Jogo do bicho. Contrato de Trabalho. Nulidade. Objeto Ilícito. Arts. 82 e 145 do Código Civil.

205 – COMPETÊNCIA MATERIAL. JUSTIÇA DO TRABALHO. ENTE PÚBLICO. CONTRATAÇÃO IRREGULAR. REGIME ESPECIAL. DESVIRTUAMENTO (nova redação, DJ 20.4.2005).

I – Inscreve-se na competência material da Justiça do Trabalho dirimir dissídio individual entre trabalhador e ente público se há controvérsia acerca do vínculo empregatício.

II – A simples presença de lei que disciplina a contratação por tempo determinado para atender a necessidade temporária de excepcional interesse público (art. 37, inciso IX, da CF/1988) não é o bastante para deslocar a competência da Justiça do Trabalho se se alega desvirtuamento em tal contratação, mediante a prestação de serviços à Administração para atendimento de necessidade permanente e não para acudir a situação transitória e emergencial.

224 – COMPLEMENTAÇÃO DE APOSENTADORIA. REAJUSTE. LEI N. 9.069/95 (nova redação, DJ 20.4.2005).

A partir da vigência da Medida Provisória n. 542/94, convalidada pela Lei n. 9.069/95, o critério de reajuste da complementação de aposentadoria passou a ser anual e não semestral, aplicando-se o princípio *rebus sic stantibus* diante da nova ordem econômica.

246 – SALÁRIO-UTILIDADE. VEÍCULO. Inserida em 20.6.01 (Convertida na Súmula n. 367, DJ 20.4.2005).

A utilização, pelo empregado, em atividades particulares, de veículo que lhe é fornecido para o trabalho da empresa não caracteriza salário-utilidade.

321 – VÍNCULO EMPREGATÍCIO COM A ADMINISTRAÇÃO PÚBLICA. PERÍODO ANTERIOR À CF/1988. (nova redação, DJ 20.04.2005).

Salvo os casos de trabalho temporário e de serviço de vigilância, previstos nas Leis nºs 6.019, de 03.01.74, e 7.102, de 20.06.83, é ilegal a contratação de trabalhadores por empresa interposta, formando-se o vínculo empregatício diretamente com o tomador dos serviços, inclusive ente público, em relação ao período anterior à vigência da CF/88.

339 – TETO REMUNERATÓRIO. EMPRESA PÚBLICA E SOCIEDADE DE ECONOMIA MISTA. ART. 37, XI, DA CF/1988 (ANTERIOR À EMENDA CONSTITUCIONAL Nº 19/1998). (nova redação, DJ 20.04.2005).

As empresas públicas e as sociedades de economia mista estão submetidas à observância do teto remuneratório previsto no inciso XI do art. 37 da CF/1988, sendo aplicável, inclusive, ao período anterior à alteração introduzida pela Emenda Constitucional nº 19/1998.

363 - DESCONTOS PREVIDENCIÁRIOS E FISCAIS. CONDENAÇÃO DO EMPREGADOR EM RAZÃO DO INADIMPLEMENTO DE VERBAS REMUNERATÓRIAS. RESPONSABILIDADE DO EMPREGADO PELO PAGAMENTO. ABRANGÊNCIA.

A responsabilidade pelo recolhimento das contribuições social e fiscal, resultante de condenação judicial referente a verbas remuneratórias, é do empregador e incide sobre o total da condenação. Contudo, a culpa do empregador pelo inadimplemento das verbas remuneratórias não exime a responsabilidade do empregado pelos pagamentos do imposto de renda devido e da contribuição previdenciária que recaia sobre sua quota-parte.

368 - DESCONTOS PREVIDENCIÁRIOS. ACORDO HOMOLOGADO EM JUÍZO. INEXISTÊNCIA DE VÍNCULO EMPREGATÍCIO. PARCELAS INDENIZATÓRIAS. AUSÊNCIA DE DISCRIMINAÇÃO. INCIDÊNCIA SOBRE O VALOR TOTAL.

É devida a incidência das contribuições para a Previdência Social sobre o valor total do acordo homologado em juízo, independentemente do reconhecimento de vínculo de emprego, desde que não haja discriminação das parcelas sujeitas à incidência da contribuição previdenciária, conforme parágrafo único do art. 43 da Lei n. 8.212, de 24.07.1991, e do art. 195, I, "a", da CF/1988.

375 - AUXÍLIO-DOENÇA. APOSENTADORIA POR INVALIDEZ. SUSPENSÃO DO CONTRATO DE TRABALHO. PRESCRIÇÃO. CONTAGEM.

A suspensão do contrato de trabalho, em virtude da percepção do auxílio-doença ou da aposentadoria por invalidez, não impede a fluência da prescrição qüinqüenal, ressalvada a hipótese de absoluta impossibilidade de acesso ao Judiciário.

376 - CONTRIBUIÇÃO PREVIDENCIÁRIA. ACORDO HOMOLOGADO EM JUÍZO APÓS O TRÂNSITO EM JULGADO DA SENTENÇA CONDENATÓRIA. INCIDÊNCIA SOBRE O VALOR HOMOLOGADO.

É devida a contribuição previdenciária sobre o valor do acordo celebrado e homologado após o trânsito em julgado de decisão judicial, respeitada a proporcionalidade de valores entre as parcelas de natureza salarial e indenizatória deferidas na decisão condenatória e as parcelas objeto do acordo.

385 - ADICIONAL DE PERICULOSIDADE. DEVIDO. ARMAZENAMENTO DE LÍQUIDO INFLAMÁVEL NO PRÉDIO. CONSTRUÇÃO VERTICAL.

É devido o pagamento do adicional de periculosidade ao empregado que desenvolve suas atividades em edifício (construção vertical), seja em pavimento igual ou distinto daquele onde estão instalados tanques para armazenamento de líquido inflamável, em quantidade acima do limite legal, considerando-se como área de risco toda a área interna da construção vertical.

398 - CONTRIBUIÇÃO PREVIDENCIÁRIA. ACORDO HOMO-LOGADO EM JUÍZO SEM RECONHECIMENTO DE VÍNCULO DE EMPREGO.

CONTRIBUINTE INDIVIDUAL. RECOLHIMENTO DA ALÍ-QUOTA DE 20% A CARGO DO TOMADOR E 11% A CARGO DO PRESTADOR DE SERVIÇOS.

Nos acordos homologados em juízo em que não haja o reconhecimento de vínculo empregatício, é devido o recolhimento da contribuição previdenciária, mediante a alíquota de 20% a cargo do tomador de serviços e de 11% por parte do prestador de serviços, na qualidade de contribuinte individual, sobre o valor total do acordo, respeitado o teto de contribuição. Inteligência do § 4º do art. 30 e do inciso III do art. 22, todos da Lei n.º 8.212, de 24.07.1991.

Orientações Jurisprudenciais da SBDI-1 do TST (Transitórias)

24 – ABONO. COMPLEMENTAÇÃO DE APOSENTADORIA. REAJUSTE. CVRD (VALIA). A Resolução n. 7/89 da CVRD, que instituiu o benefício "abono aposentadoria" (art. 6º), determina que o reajuste seja feito na mesma época e com o mesmo índice aplicado pelo INSS ou observada a variação do IGP ou da OTN, aplicando-se o maior deles.

25 – BANCO MERIDIONAL. COMPLEMENTAÇÃO DE APOSENTADORIA. REAJUSTES. EXTENSÃO. Os reajustes salariais concedidos sobre quaisquer parcelas aos empregados ativos devem ser estendidos aos inativos, com exclusão apenas das parcelas ressalvadas expressamente no Regulamento do Banco.

51 – COMPLEMENTAÇÃO DE APOSENTADORIA. CAIXA ECONÔMICA FEDERAL. AUXÍLIO-ALIMENTAÇÃO. SUPRESSÃO. SÚMULAS NºS 51 E 288. (conversão da Orientação Jurisprudencial nº 250 da SBDI-1, DJ 20.04.2005). A determinação de supressão do pagamento de auxílio-alimentação aos aposentados e pensionistas da Caixa Econômica Federal, oriunda do Ministério da Fazenda, não atinge aqueles ex-empregados que já percebiam o benefício. (ex-OJ nº 250 da SBDI-1 – inserida em 13.03.02)

62 – PETROBRÁS. COMPLEMENTAÇÃO DE APOSENTADORIA. AVANÇO DE NÍVEL. CONCESSÃO DE PARCELA POR ACORDO COLETIVO APENAS PARA OS EMPREGADOS DA ATIVA. EXTENSÃO PARA OS INATIVOS. ARTIGO 41 DO REGULAMENTO DO PLANO DE BENEFÍCIOS DA PETROS. Ante a natureza de aumento geral de salários, estende-se à complementação de aposentadoria dos ex-empregados da Petrobras benefício concedido indistintamente a todos os empregados da ativa e estabelecido em norma coletiva, prevendo a concessão de aumento de nível salarial – "avanço de nível" -, a fim de preservar a paridade entre ativos e inativos assegurada no art. 41 do Regulamento do Plano de Benefícios da Fundação Petrobras de Seguridade Social – Petros.

63 – PETROBRÁS. COMPLEMENTAÇÃO DE APOSENTADORIA. INTEGRALIDADE. CONDIÇÃO. IDADE MÍNIMA. LEI N. 6.435, DE 15.07.1977. Os empregados admitidos na vigência do Decreto n. 81.240, de 20.01.1978, que regulamentou a Lei n. 6.435, de 15.07.1977, ainda que anteriormente à alteração do Regulamento do Plano de Benefícios da Petros, sujeitam-se à condição "idade mínima de 55 anos" para percepção dos proventos integrais de complementação de aposentadoria.

64 - PETROBRÁS. PARCELAS GRATIFICAÇÃO CONTINGENTE E PARTICIPAÇÃO NOS RESULTADOS DEFERIDAS POR NORMA COLETIVA A EMPREGADOS DA ATIVA. NATUREZA JURÍDICA NÃO SALARIAL. NÃO INTEGRAÇÃO NA COMPLEMENTAÇÃO DE APOSENTADORIA. As parcelas gratificação contingente e participação nos resultados, concedidas por força de acordo coletivo a empregados da Petrobras em atividade, pagas de uma única vez, não integram a complementação de aposentadoria.

65 - REPRESENTAÇÃO JUDICIAL DA UNIÃO. ASSISTENTE JURÍDICO. APRESENTAÇÃO DO ATO DE DESIGNAÇÃO. A ausência de juntada aos autos de documento que comprove a designação do assistente jurídico como representante judicial da União (art. 69 da Lei Complementar n. 73, de 10.02.1993) importa irregularidade de representação.

Orientações Jurisprudenciais da SBDI-2 do TST

57 - MANDADO DE SEGURANÇA. INSS. TEMPO DE SERVIÇO. AVERBAÇÃO E/OU RECONHECIMENTO. Conceder-se-á mandado de segurança para impugnar ato que determina ao INSS o reconhecimento e/ou averbação de tempo de serviço.

93 - MANDADO DE SEGURANÇA. POSSIBILIDADE DA PENHORA SOBRE PARTE DA RENDA DE ESTABELECIMENTO COMERCIAL. É admissível a penhora sobre a renda mensal ou faturamento de empresa, limitada a determinado percentual, desde que não comprometa o desenvolvimento regular de suas atividades.

94 - AÇÃO RESCISÓRIA. COLUSÃO. FRAUDE À LEI. RECLAMATÓRIA SIMULADA EXTINTA. A decisão ou acordo judicial subjacente à reclamação trabalhista, cuja tramitação deixa nítida a simulação do litígio para fraudar a lei e prejudicar terceiros, enseja ação rescisória, com lastro em colusão. No juízo rescisório, o processo simulado deve ser extinto.

Orientações Jurisprudenciais da Seção de Dissídios Coletivos (SDC) do TST

30 - ESTABILIDADE DA GESTANTE. RENÚNCIA OU TRANSAÇÃO DE DIREITOS CONSTITUCIONAIS. IMPOSSIBILIDADE. Nos termos do art. 10, II, "a", do ADCT, a proteção à maternidade foi erigida à hierarquia constitucional, pois retirou do âmbito do direito potestativo do empregador a possibilidade de despedir arbitrariamente a empregada em estado gravídico. Portanto, a teor do artigo 9º da CLT, torna-se nula de pleno direito a cláusula que estabelece a possibilidade de renúncia ou transação, pela gestante, das garantias referentes à manutenção do emprego e salário.

31 - ESTABILIDADE DO ACIDENTADO. ACORDO HOMOLOGADO. PREVALÊNCIA. IMPOSSIBILIDADE. VIOLAÇÃO DO ART. 118 DA LEI N. 8.213/91. Não é possível a prevalência de acordo sobre legislação vigente, quando ele é menos benéfico do que a própria lei, porquanto o caráter imperativo dessa última restringe o campo de atuação da vontade das partes.

Precedentes Normativos do TST

85 - GARANTIA DE EMPREGO. APOSENTADORIA VOLUNTÁRIA. Defere-se a garantia de emprego, durante os 12 meses que antecedem a data em que o empregado adquire direito à aposentadoria voluntária, desde que trabalhe na empresa há pelo menos 5 anos. Adquirido o direito, extingue-se a garantia.

Súmulas do Tribunal Regional Federal da 1ª Região

1 - A isenção de custas do art. 9º, I, da Lei n. 6.032/74 não desobriga seus beneficiários da reposição prevista no art. 10, § 4º, da mesma lei.

2 - A isenção prevista no art. 9º, I, da Lei n. 6.032/74, é aplicável às causas sob jurisdição federal processadas perante a Justiça Estadual.

4 - A preferência prevista no art. 100, *caput*, da Constituição Federal, não obriga a Fazenda Pública a dispensar a expedição de precatório no pagamento dos créditos de natureza alimentícia.

7 - Extinto o Bônus do Tesouro Nacional, a correção monetária de benefícios previdenciários oriundos de condenação judicial passou a ser feita pelo Índice Nacional de Preços ao Consumidor.

12 - A Lei n. 7.604/87 não impede a revisão dos cálculos iniciais e dos reajustes posteriores dos valores dos benefícios previdenciários (TFR, Súmula n. 260).

14 - O art. 202, da Constituição Federal, somente se aplica a partir da criação da respectiva fonte de custeio (Lei n. 8.212/91).

17 - Não existe direito adquirido à incorporação aos salários, vencimentos, proventos, soldos e pensões, do índice de reajuste de 84,32% de março e resíduos de janeiro e fevereiro de 1990 (Medida Provisória n. 154/90 e Lei n. 8.030/90).

19 - O pagamento de benefícios previdenciários, vencimentos, salários, proventos, soldos e pensões, feito administrativamente com atraso, está sujeito à correção monetária desde o momento em que se tornou devido.

20 - O critério de revisão previsto no art. 58, do Ato das Disposições Constitucionais Transitórias, da Constituição Federal de 1988, é diverso do estatuído na Súmula n. 260 do Tribunal Federal de Recursos, e aplica-se somente aos benefícios previdenciários concedidos até 4.10.1988.

23 - São autoaplicáveis as disposições constantes dos parágrafos 5º e 6º, do art. 201, da Constituição Federal.

27 - Não é admissível prova exclusivamente testemunhal para reconhecimento de tempo de exercício de atividade urbana e rural (Lei n. 8.213/91, art. 55, § 3º).

28 - Não existe direito adquirido à incorporação dos salários, vencimentos, proventos, soldos e pensões, do índice de reajuste de 26,05% de fevereiro de 1989 (Lei n. 7.730/89).

33 - A aposentadoria especial decorrente do exercício de atividade perigosa, insalubre ou penosa não exige idade mínima do segurado.

36 - O inciso II do art. 41, da Lei n. 8.213/91, revogado pela Lei n. 8.542/92, era compatível com as normas constitucionais que asseguram o reajuste dos benefícios para preservação de seu valor real.

40 - O mandado de segurança não é a via própria para a comprovação de tempo de serviço para efeito previdenciário, quando ensejar dilatação probatória.

41 - Os índices integrais de correção monetária, incluídos os expurgos inflacionários, a serem aplicados na execução de sentença condenatória de pagamento de benefícios previdenciários, vencimentos, salários, proventos, soldos e pensões, ainda que nela não haja previsão expressa, são de 42,72% em janeiro de 1989, 10,14% em fevereiro de 1989, 84,32% em março de 1990, 44,80% em abril de 1990, 7,87% em maio de 1990 e 21,87% em fevereiro de 1991.

42 - Nas execuções da dívida da União, o Juiz não poderá reduzir o encargo de 20% (vinte por cento), previsto no Decreto-lei n. 1.025/69.

45 - Não é devida a inclusão de juros moratórios em precatório complementar, salvo se não foi observado o prazo previsto no art. 100, § 1º da Constituição Federal no pagamento de precatório anterior.

49 - O critério de revisão previsto na Súmula n. 260 do Tribunal Federal de Recursos, diverso do estabelecido no art. 58 do Ato das Disposições Constitucionais Transitórias da Constituição Federal de 1988, perdeu eficácia a partir do Decreto-lei n. 2.335, de 12 de junho de 1987.

Súmulas do Tribunal Regional Federal da 2ª Região

1 - O art. 29 do Decreto-lei n. 2.303, de 1986, não se aplica aos créditos previdenciários.

15 - O § 3º do art. 109 da Constituição Federal de 1988, institui, quanto às causas de natureza previdenciária, hipótese de competência relativa, pelo que não elide a competência concorrente da Justiça Federal.

18 - O segurado da Previdência Social oficial, que recebe complementação de benefício de entidade de Previdência Privada, tem legitimidade *ad causam* para propor ação em face da primeira, com vistas à revisão de seu benefício previdenciário.

26 - O art. 202 da Constituição Federal, em sua redação original, não é autoaplicável, por depender de integração legislativa, só implementada com a edição das Leis ns. 8.212/91 e 8.213/91, que aprovaram o Plano de Custeio e de Benefícios da Previdência Social.

29 - No reajuste dos benefícios de prestação continuada mantidos pela Previdência Social, aplica-se o critério da Súmula n. 260 do extinto Tribunal Federal de Recursos até o sétimo mês após a vigência da Constituição Federal de 1988 e, a partir de então, os critérios de revisão estabelecidos nos arts. 58 do ADCT e 201, § 2º, da mesma Carta Magna.

32 - Conta-se como tempo de efetivo serviço, para fins previdenciários, o período de atividade como aluno-aprendiz em escola técnica, exercida sob a vigência do Decreto nº 4.073/42, desde que tenha havido retribuição pecuniária, admitindo-se como tal o recebimento de alimentação, vestuário, moradia, material escolar e parcela de renda auferida com a execução de encomendas para terceiros, à conta do orçamento da união, independente de descontos previdenciários.

33- Nas causas em que for vencida a Fazenda Pública são devidos honorários advocatícios, fixados consoante apreciação equitativa do juiz, não sendo obrigatória a fixação da verba honorária em percentual mínimo, conforme facultado pelo § 4º do art. 20 do CPC.

34 - A contribuição previdenciária sobre a remuneração paga aos administradores, autônomos e avulsos, tendo sido declarada inconstitucional, pode ser compensada com contribuições da mesma espécie, desnecessária a comprovação de inexistência de repercussão ou repasse, dada à sua natureza de tributo direto.

35 - Não há direito adquirido ao reajuste de vencimentos, proventos ou pensões, pelos índices de 26,06% (Plano Bresser) e 26,05% (Plano Verão), relativos, respectivamente, ao IPC de junho/87 e à variação da URP de fevereiro/89.

43 - A cassação ou suspensão de benefício previdenciário é ato administrativo único, de efeitos permanentes, razão pela qual, impetrado o mandado de segurança após o prazo de 120 dias, opera-se a decadência.

44 – Para a propositura de ações de natureza previdenciária é desnecessário o exaurimento das vias administrativas.

46 – A suspeita de fraude na concessão do benefício previdenciário não autoriza, de imediato, a sua suspensão ou cancelamento, sendo indispensável a apuração dos fatos mediante processo administrativo regular, assegurados o contraditório e a ampla defesa.

49 – As disposições contidas nos parágrafos §§ 5º e 6º do art. 201 da Constituição Federal, com redação dada pela Emenda Constitucional nº 20/ 98, são autoaplicáveis.

51 – O art. 32, da Lei n. 9.656/98, que trata do ressarcimento ao Sistema Único de Saúde (SUS), é constitucional.

52 – É inconstitucional a expressão "*observado, quanto ao art. 3º, o disposto no art. 106, inciso I, da Lei n. 5.172, de 25 de outubro de 1966 – Código Tributário Nacional*", constante do art. 4º, segunda parte, da Lei Complementar n. 118, de 09 de fevereiro de 2005, por violação ao art. 5º – XXXVI da Constituição Federal.

54 – A pensão de ex-combatente, por morte ocorrida na vigência das Leis 3.765/60 e 4.242/63, será devida às filhas, ainda que maiores e não inválidas, inclusive por reversão, em valor correspondente ao soldo de 2º sargento.

Súmulas do Tribunal Regional Federal da 3ª Região

5 – O preceito contido no art. 201, § 5º, da Constituição da República, consubstancia norma de eficácia imediata, independendo sua aplicabilidade da edição de lei regulamentadora ou instituidora da fonte de custeio.

6 – O reajuste dos proventos resultantes de benefícios previdenciários deve obedecer às prescrições legais, afastadas as normas administrativas que disponham de maneira diversa.

7 – Para a apuração da renda mensal inicial dos benefícios previdenciários concedidos antes da Constituição Federal de 1988, a correção dos 24 (vinte e quatro) salários de contribuição anteriores aos últimos 12 (doze) devem ser feita em conformidade com o que prevê o art. 1º da Lei n. 6.423/77.

8 – Em se tratando de matéria previdenciária, incide a correção monetária a partir do vencimento de cada prestação do benefício, procedendo-se à atualização em consonância com os índices legalmente estabelecidos, tendo em vista o período compreendido entre o mês que deveria ter sido pago, e o mês do referido pagamento.

9 – Em matéria previdenciária, torna-se desnecessário o prévio exaurimento da via administrativa, como condição de ajuizamento da ação.

11 – Na execução fiscal, a Fazenda Pública está obrigada a adiantar as despesas de transporte do oficial de justiça.

13 – O artigo 201, parágrafo 6º, da Constituição da República tem aplicabilidade imediata para efeito de pagamento de gratificação natalina dos anos de 1988 e 1989.

14 – O salário mínimo de NCz$120,00 (cento e vinte cruzados novos) é aplicável ao cálculo dos benefícios previdenciários no mês de junho de 1989.

18 – O critério do artigo 58 do ADCT é aplicável a partir do sétimo mês de vigência da Constituição Federal, até a regulamentação da Lei de Benefícios pelo Decreto n.° 357/91.

19 – É aplicável a variação do Índice de Reajuste do Salário Mínimo, no percentual de 39,67%, na atualização dos salários-de-contribuição anteriores a março de 1994, a fim de apurar a renda mensal inicial do benefício previdenciário.

20 – A regra do parágrafo 3º do artigo 109 da Constituição Federal abrange não só os segurados e beneficiários da previdência Social, como também aqueles que pretendem ver declarada tal condição.

22 – É extensível aos beneficiários da Assistência Social (inciso V do artigo 203 da CF) a regra de delegação de competência do parágrafo 3º do artigo 109 da Constituição Federal, sendo exclusiva a legitimidade passiva do INSS.

24 – É facultado aos segurados ou beneficiário da Previdência Social ajuizar ação na Justiça Estadual de seu domicílio, sempre que esse não for sede de Vara da Justiça Federal.

25 – Os benefícios previdenciários concedidos até a promulgação da Constituição Federal de 1988 serão reajustados pelo critério da primeira parte da Súmula nº 260 do Tribunal Federal de Recursos até o dia 04 de abril de 1989.

26 – Não serão remetidas aos Juizados Especiais Federais as causas previdenciárias e assistenciais ajuizadas até sua instalação, em tramitação em Vara Federal ou Vara Estadual no exercício de jurisdição Federal delegada.

28 – O PIS é devido no regime da Lei Complementar nº 7/70 e legislação subsequente, até o termo inicial de vigência da MP nº 1212/95, diante da suspensao dos Decretos-leis nº 2445/88 e nº 2449/88 pela Resolução nº 49/95, do Senado Federal.

31 – Na hipótese de suspensão da execução fiscal, com fundamento no artigo 40 da Lei 6.830/80, decorrido o prazo legal, serão os autos arquivados sem extinção do processo ou baixa na distribuição.

Súmulas do Tribunal Regional Federal da 4ª Região

2 – Para o cálculo da aposentadoria por idade ou por tempo de serviço, no regime procedente à Lei n. 8.213, de 24 de julho de 1991, corrigem-se os salários de contribuição, anteriores aos doze últimos meses, pela variação nominal da ORTN/OTN.

3 – Os juros de mora, impostos a partir da citação, incidem também sobre a soma das prestações previdenciárias vencidas.

7 – É inconstitucional o art. 8º da Lei n. 7.689 de 15 de dezembro de 1988.

8 – Subsiste no novo texto constitucional a opção do segurado para ajuizar ações contra a Previdência Social no foro estadual do seu domicílio ou no do juízo federal.

9 – Incide correção monetária sobre os valores pagos com atraso, na via administrativa, a título de vencimento, remuneração, provento, soldo, pensão ou benefício prevedenciário, face à sua natureza alimentar.

15 – O reajuste dos benefícios de natureza previdenciária, na vigência do Decreto-lei n. 2.351, de 7 de agosto de 1987, vinculava-se ao salário mínimo de referência e não ao piso nacional de salários.

16 – A apelação genérica, pela improcedência da ação, não devolve ao Tribunal o exame da fixação dos honorários advocatícios, se esta deixou de ser atacada no recurso.

20 – O art. 8º, § 1º, da Lei n. 8.620/93 não isenta o INSS das custas judiciais, quando demandado na Justiça Estadual.

21 – É constitucional a constituição social criada pelo art. 1º da Lei Complementar n. 70, de 1991.

24 – São autoaplicáveis os §§ 5º e 6º do art. 201 da Constituição Federal de 1988.

26 – O valor dos benefícios previdenciários devidos no mês de junho de 1989 tem por base o salário mínimo de NCz$ 120,00 (art. 1º da Lei n. 7.789/89).

28 – São inconstitucionais as alterações introduzidas no programa de Integração Social (PIS) pelos Decretos-leis ns. 2.445/88 e 2.449/88.

32 – No cálculo da liquidação de débito judicial, inclui-se o índice de 42,72% relativo à correção monetária de janeiro de 1989.

36 – Inexiste direito adquirido a reajuste de benefícios previdenciários com base na variação do IPC – Índice de Preços ao Consumidor – de março e abril de 1990.

37 – Na liquidação de débito resultante de decisão judicial, incluem-se os índices relativos ao IPC de março, abril e maio de 1990 e fevereiro de 1991.

40 – Por falta de previsão legal, é incabível a equivalência entre os salários de contribuição e o salário de benefício para o cálculo da renda mensal inicial dos benefícios previdenciários.

41 – É incabível o sequestro de valores ou bloqueio das contas bancárias do INSS para garantir a satisfação de débitos judiciais.

42 – A União e suas autarquias estão sujeitas ao adiantamento das despesas do oficial de justiça necessárias ao comprimento de diligências por elas requeridas.

44 - É inconstitucional a contribuição previdenciária sobre o *pro labore* dos administradores, autônomos e avulsos, prevista nas Leis n.s 7.787/89 e 8.212/91.

45 - Descabe a concessão de liminar ou de antecipação de tutela para a compensação de tributos.

46 - É incabível a extinção do processo de execução fiscal pela falta de localização do devedor ou inexistência de bens penhoráveis (art. 40 da Lei nº 6.830/80).

47 - Na correção monetária dos salários-de-contribuição integrantes do cálculo da renda mensal inicial dos benefícios previdenciários, em relação ao período de março a agosto de 1991, não se aplica o índice de 230,40%.

48 - O abono previsto no art. 9º, § 6º, letra *b*, da Lei n. 8.178/91 está incluído no índice de 147,06%, referente ao reajuste dos benefícios previdenciários em 1º de setembro de 1991.

49 - O critério de cálculo da aposentadoria proporcional estabelecido no art. 53 da Lei n. 8.213/91 não ofende o texto constitucional.

50 - Não há direito adquirido à contribuição previdenciária sobre o teto máximo de 20 salários mínimos após a entrada em vigor da Lei n. 7.787/89.

51 - Não se aplicam os critérios da Súmula n. 260 do extinto Tribunal Federal de Recursos aos benefícios previdenciários concedidos após a Constituição Federal de 1988.

53 - A sentença que, independentemente de pedido, determina a correção monetária do débito judicial não é *ultra* ou *extra petita*.

55 - É constitucional a exigência de depósito prévio da multa para a interposição de recurso administrativo, nas hipóteses previstas pelo art. 93 da Lei n. 8.212/91 - com a redação dada pela Lei n. 8.870/94 - e pelo art. 636, § 1º, da CLT.

59 - A UFIR, como índice de correção monetária de débitos e créditos tributários, passou a viger a partir de janeiro de 1992.

65 - A pena decorrente do crime de omissão no recolhimento de contribuições previdenciárias não constitui prisão por dívida.

66 - A anistia prevista no art. 11 da Lei n. 9.639/98 é aplicável aos agentes políticos, não aproveitando aos administradores de empresas privadas.

67 - A prova da materialidade nos crimes de omissão no recolhimento de contribuições previdenciárias pode ser feita pela autuação e notificação da fiscalização, sendo desnecessária a realização de perícia.

68 - A prova de dificuldades financeiras, e conseqüente inexigibilidade de outra conduta, nos crimes de omissão no recolhimento de contribuições previdenciárias, pode ser feita através de documentos, sendo desnecessária a realização de perícia.

69 - A nova redação do art. 168-A do Código Penal não importa em descriminalização da conduta prevista no art. 95, *d*, da Lei n. 8.212/91.

72 – É possível cumular aposentadoria urbana e pensão rural.

73 – Admitem-se como início de prova material do efetivo exercício de atividade rural, em regime de economia familiar, documentos de terceiros, membros do grupo parental.

74 – Extingue-se o direito à pensão previdenciária por morte do dependente que atinge 21 anos, ainda que estudante de curso superior.

75 – Os juros moratórios, nas ações previdenciárias, devem ser fixados em 12% ao ano, a contar da citação.

76 – Os honorários advocatícios, nas ações previdenciárias, devem incidir somente sobre as parcelas vencidas até a data da sentença de procedência ou do acórdão que reforme a sentença de improcedência.

77 – O cálculo da renda mensal inicial de benefício previdenciário concedido a partir de março de 1994 inclui a variação integral do IRSM de fevereiro de 1994 (39,67%).

78 – A constituição definitiva do crédito tributário é pressuposto da persecução penal concernente a crime contra a ordem tributária previsto no art. 1ª da Lei nº 8.137/90.

Súmulas do Tribunal Regional Federal da 5ª Região

1 – Na execução de dívida alimentícia da Fazenda Pública, observa-se o rito do art. 730 do CPC, expedindo-se precatório, cujo pagamento tem preferência, em classe especial.

5 – As prestações atrasadas reconhecidas como devidas pela Administração Pública devem ser pagas com correção monetária.

6 – Subsiste, até a vigência e eficácia da Lei Complementar n. 70/91, a cobrança do FINSOCIAL, com base no Decreto-lei n. 1.940, sendo inconstitucionais as alterações introduzidas pela Lei n. 7.787/89, ressalvada a situação das empresas prestadoras de serviços.

7 – São inconstitucionais as alterações na contribuição para o Programa de Integração Social introduzidas pelos Decretos-leis ns. 2.445 e 2.449.

8 – São autoaplicáveis as regras dos §§ 5º e 6º do art. 201 da Constituição Federal ao estabelecerem o salário mínimo e a gratificação natalina para o benefício previdenciário.

9 – É imediata a incidência da forma de cálculo prevista no art. 202 da Constituição Federal, mas não se aplica à aposentadoria implantada antes de outubro de 1988.

10 – A contribuição previdenciária incide sobre a parte da folha de pagamentos da empresa aos seus administradores, sócio-gerentes e autônomos.

18 – Previdenciário. Tempo de Serviço. Monitor Universitário. Contagem Indevida. O tempo de treinamento do estudante como monitor universitário não é contado para fins previdenciários.

Súmulas do Tribunal Regional do Trabalho da 1ª Região

7 – AVISO PRÉVIO INDENIZADO – NÃO INCIDÊNCIA DE CONTRIBUIÇÃO PREVIDENCIÁRIA. O salário-de-contribuição não é integrado pelo aviso prévio indenizado, mas tão somente pelas parcelas que remuneram o trabalho efetivamente prestado ou o tempo à disposição do empregador, não servindo de base de incidência de contribuição previdenciária.

Súmulas do Tribunal Regional do Trabalho da 3ª Região

23 – CONTRIBUIÇÃO PREVIDENCIÁRIA – BASE DE CÁLCULO – ACORDO JUDICIAL FIRMADO ANTES DO TRÂNSITO EM JULGADO DA SENTENÇA – PROPORCIONALIDADE COM OS PEDIDOS INICIAIS. A fixação das parcelas integrantes do acordo judicial constitui objeto de negociação, em que as partes fazem concessões recíprocas para a solução do litígio. Inexigível, para fins de cálculo da contribuição previdenciária, a observância de proporcionalidade entre as verbas acordadas e as parcelas salariais e indenizatórias postuladas na inicial, sendo possível que apenas parte do pedido seja objeto da avença.

24 – CONTRIBUIÇÕES DEVIDAS A TERCEIROS – EXECUÇÃO – INCOMPETÊNCIA DA JUSTIÇA DO TRABALHO – ART. 114 DA CR/1988. A Justiça do Trabalho é incompetente para executar as contribuições arrecadadas pelo INSS, para repasse a terceiros, decorrentes das sentenças que proferir, nos termos do art. 114 da Constituição da República.

25 – CONTRIBUIÇÃO PREVIDENCIÁRIA – INCLUSÃO NO PROGRAMA DE RECUPERAÇÃO FISCAL – REFIS – EXTINÇÃO DA EXECUÇÃO. A comprovada inclusão do débito previdenciário exeqüendo no Programa de Recuperação Fiscal – Refis, instituído pela Lei n. 9.964/00, extingue a sua execução na Justiça do Trabalho.

28 – PARCELAMENTO DO DÉBITO FISCAL / PREVIDENCIÁRIO. LEIS NºS 10.522/02, 10.684/03 E MP Nº 303/06. EXTINÇÃO DA EXECUÇÃO. A comprovada inclusão do débito executado em parcelamento instituído pelas Leis nºs 10.522/02, 10.684/03 e Medida Provisória nº 303/06 enseja a extinção de sua execução na Justiça do Trabalho.

Súmulas do Tribunal Regional do Trabalho da 4ª Região

25 - DESCONTOS PREVIDENCIÁRIOS E FISCAIS. São cabíveis, independentemente de sua previsão no título judicial, resguardada a coisa julgada.

26 - DESCONTOS PREVIDENCIÁRIOS. BASE DE CÁLCULO. Os descontos previdenciários apuram-se mês a mês, incidindo sobre o valor histórico sujeito à contribuição, excluídos os juros de mora, respeitado o limite máximo mensal do salário-de-contribuição, observados as alíquotas previstas em lei e os valores já recolhidos, atualizando-se o valor ainda devido.

30 - CONTRIBUIÇÃO PREVIDENCIÁRIA. INCIDÊNCIA. VALE-ALIMENTAÇÃO. Não incide contribuição previdenciária sobre vale ou ticket alimentação quando seu pagamento decorrer de decisão ou acordo judicial, ressalvada a hipótese de que trata a súmula 241 do TST.

31 - CONTRIBUIÇÃO PREVIDENCIÁRIA. INCIDÊNCIA. VALE-TRANSPORTE INDENIZADO. Não incide contribuição previdenciária sobre o vale-transporte indenizado em decorrência de decisão ou acordo judicial.

39 - CONTRIBUIÇÕES PREVIDENCIÁRIAS. ACORDO. DISCRIMINAÇÃO DAS PARCELAS. Nos acordos em que não figurarem, discriminadamente, as parcelas objeto da conciliação, a contribuição previdenciária incide sobre o valor total acordado, não se admitindo a mera fixação de percentual de verbas remuneratórias e indenizatórias.

40 - CONTRIBUIÇÕES PREVIDENCIÁRIAS. ACORDO. PARCELAS NÃO POSTULADAS. Na fase de conhecimento, a inclusão no acordo de parcelas não postuladas ou a não-observância da proporcionalidade entre as parcelas de natureza remuneratória e indenizatória objeto da ação, não caracterizam, necessariamente, simulação ou fraude à lei.

41 - CONTRIBUIÇÕES PREVIDENCIÁRIAS. ACORDO SEM VÍNCULO DE EMPREGO. Incide contribuição previdenciária, observada a alíquota própria, quando firmado acordo sem reconhecimento de vínculo empregatício, mas com prestação de trabalho e o tomador for empresa ou a ela equiparada na condição de contribuinte individual na forma do parágrafo único do artigo 15 da lei 8.212/91.

49 - CONTRIBUIÇÃO PREVIDENCIÁRIA. AVISO PRÉVIO INDENIZADO. Incide contribuição previdenciária sobre o aviso prévio indenizado.

50 - RESPONSABILIDADE CIVIL. DANO MORAL. CORREÇÃO MONETÁRIA. TERMO INICIAL. Fixada a indenização por dano moral em valor determinado, a correção monetária flui a partir da data em que prolatada a decisão, sob o pressuposto de que o *quantum* se encontrava atualizado naquele momento.

Súmulas do Tribunal Regional do Trabalho da 5ª Região

8 - SUSPENSÃO CONTRATUAL. PLANO DE SAÚDE. MANUTENÇÃO. O empregado com o contrato de trabalho suspenso em decorrência de aposentadoria por invalidez tem direito à manutenção do plano de saúde.

Súmulas do Tribunal Regional do Trabalho da 6ª Região

14 - CONTRIBUIÇÕES PREVIDENCIÁRIAS. MOMENTO DE INCIDÊNCIA DE JUROS E MULTA. A hipótese de incidência da contribuição social prevista no artigo 195, inciso I, alínea "a", da Constituição da República Federativa do Brasil ocorre quando há o pagamento ou o crédito dos rendimentos de natureza salarial decorrentes do título judicial trabalhista, razão pela qual, a partir daí, conta-se o prazo legal para o seu recolhimento, após o que, em caso de inadimplência, computar-se-ão os acréscimos pertinentes a juros e multa mencionados na legislação ordinária aplicável a espécie.

Súmulas do Tribunal Regional do Trabalho da 8ª Região

1 - CONTRIBUIÇÕES PREVIDENCIÁRIAS E IMPOSTO DE RENDA. Incumbe ao devedor, nos autos do processo trabalhista, calcular, reter e recolher: I - As contribuições sociais do período de trabalho reconhecido na decisão judicial, realizadas por meio de GFIP/NIT (Guia de Recolhimento do FGTS e de Informações à Previdência Social; e Número de Identificação do Trabalhador), no caso de pessoa jurídica, e por intermédio de Guia da Previdência Social (GPS) consolidada com vinculação ao NIT (Número de Identificação do Trabalhador), quando o empregador for pessoa natural, comprovadas, em qualquer caso, com a apresentação da regularidade dos recolhimentos através do histórico ou extrato do Cadastro Nacional de Informações Sociais (CNIS). II - A contribuição previdenciária relativa ao período de trabalho terá como base de cálculo as parcelas de natureza remuneratória pagas, apuradas mês a mês, na forma da legislação (art. 35 da Lei 8.212/91 e art. 276, § 4º, do Decreto 2.048/99). III - As contribuições previdenciárias incidentes sobre o valor do acordo celebrado por mera liberalidade devem ser recolhidas através de Guia da Previdência Social (GPS), consolidada com vinculação ao NIT (Número de Identificação do Trabalhador) em que o trabalhador for cadastrado e que contenha o número do processo trabalhista, na forma do art. 889-A da CLT, mediante comprovação obrigatória nos autos. IV - O Imposto de Renda, incidente sobre parcelas remuneratórias, observadas as normas legais respectivas, inclusive quanto a limites de isenção e deduções por dependentes econômicos, mediante juntada, nos autos, do Documento de Arrecadação de Receitas Federais - DARF.

4 - Nos processos em que se discute indenização por dano, remetidos pela Justiça Estadual, em observância ao que determina a Emenda Constitucional n. 45/2004, não incide o prazo prescricional previsto no artigo 7°, XXIX, da Constituição Federal e no artigo 11 da CLT.

5 - AVISO PRÉVIO - CONTRIBUIÇÃO PREVIDENCIÁRIA - Não há incidência de contribuição previdenciária sobre o aviso prévio indenizado.

6 - CONTRIBUIÇÃO PREVIDENCIÁRIA - ACORDO CELEBRADO SEM O RECONHECIMENTO DE VINCULO EMPREGATÍCIO - ALÍQUOTA - Nos acordos celebrados sem o reconhecimento de vínculo empregatício ou com a cláusula "por liberalidade", a contribuição previdenciária aplicável é de 31% (20% - empresa e 11% - reclamante). Inteligência do estabelecido pelos artigos 12, V, "h", 21, 22, III e 30, § 4º, da Lei nº 8.212/91, que dispõe sobre a organização da Seguridade Social, institui Plano de Custeio e dá outras providências

Súmulas do Tribunal Regional do Trabalho da 9ª Região

13 - CONTRIBUIÇÕES PREVIDENCIÁRIAS. ACORDO ANTES DO TRÂNSITO EM JULGADO. LIMITAÇÃO AO PEDIDO INICIAL. Na fase de conhecimento, o acordo judicial homologado pode abranger todos os direitos decorrentes da relação jurídica de direito material, inclusive pedidos não formulados na petição inicial (CPC, art. 475-N, III).

Súmulas do Tribunal Regional do Trabalho da 12ª Região

6 - CONTRIBUIÇÃO PREVIDENCIÁRIA DEVIDA A TERCEIROS. INCOMPETÊNCIA DA JUSTIÇA DO TRABALHO. A Justiça do Trabalho não detém competência para executar as contribuições sociais devidas a terceiros.

7 - INDENIZAÇÃO POR DANO MORAL. NÃO INCIDÊNCIA DE IMPOSTO DE RENDA. A indenização por dano moral não é passível de imposto de renda, porquanto o montante reparatório da ofensa não se conforma ao conceito de renda ou provento.

10 - ACORDO JUDICIAL. CONTRIBUIÇÕES PREVIDENCIÁRIAS. FASE DE CONHECIMENTO. VERBAS INDENIZATÓRIAS. Na fase de conhecimento é lícito às partes acordarem, dentre as parcelas postuladas, somente verbas indenizatórias, ainda que também constem do pedido verbas salariais.

14 - HONORÁRIOS ASSISTENCIAIS OU ADVOCATÍCIOS. CONTRIBUIÇÃO PREVIDENCIÁRIA. NÃO INCIDÊNCIA. Na Justiça do Trabalho, a verba relativa aos honorários assistenciais ou advocatícios não sofre a incidência de contribuição previdenciária. No concernente à relação entre o advogado, profissional liberal, e a Previdência Social, trata-se de questão que refoge à competência material da Justiça do Trabalho.

Súmulas do Tribunal Regional do Trabalho da 13ª Região

10 - ACIDENTE DE TRABALHO. É objetiva a responsabilidade de empresa que exerça atividade de risco diferenciado, nos casos de acidente de trabalho.

11 - ACIDENTE DE TRABALHO. MORTE DO EMPREGADO. PENSIONAMENTO DE FILHOS MENORES. No acidente de trabalho de que resulte morte do empregado, por culpa ou dolo do empregador, é devido, aos filhos menores do falecido, pensionamento não vitalício compatível com a situação financeira ao tempo do sinistro.

12 - ACIDENTE DE TRABALHO. REDUÇÃO DA CAPACIDADE LABORATIVA DO EMPREGADO. PENSIONAMENTO. Em caso de acidente de trabalho que implique redução da capacidade laboral, por culpa ou dolo do empregador, é devido pensionamento enquanto perdurar essa circunstância.

13 - ACIDENTE DE TRABALHO. PENSÃO E BENEFÍCIO PREVIDENCIÁRIO. DISTINÇÃO. A pensão e o benefício previdenciário não se confundem, possuindo naturezas jurídicas distintas e estando a cargo de titulares diversos.

Súmulas do Tribunal Regional do Trabalho da 14ª Região

3 - CAERD. INCENTIVO PARA DESLIGAMENTO VIA APOSENTADORIA VOLUNTÁRIA. CASSAÇÃO DA APOSENTADORIA. REINTEGRAÇÃO. CONTAGEM DO PRAZO DO ARTIGO 7º, XXIX, DA CF/88. Servidores da CAERD que espontaneamente se aposentaram e tiveram os seus contratos rescindidos, recebendo inclusive incentivo financeiro para tanto. Benefício previdenciário cassado por irregularidade constatada pelo INSS, para a qual não concorreu a empresa. O prazo do artigo 7º, inciso XXIX, da CF/88, deve ser contado a partir da rescisão implementada pela empresa e anuída pelo trabalhador.

Súmulas do Tribunal Regional do Trabalho da 15ª Região

9 - PIS. A competência da Justiça do Trabalho, no que diz respeito ao Plano de Integração Social, o PIS, restringe-se às lides que versem sobre o cadastramento do trabalhador.

Súmulas do Tribunal Regional do Trabalho da 17ª Região

6 - ACIDENTE DE TRABALHO. TERCEIRIZAÇÃO. SOLIDARIEDADE. Em caso de terceirização de serviços, o tomador e o prestador respondem solidariamente pelos danos causados à saúde e à integridade física e moral dos trabalhadores. Inteligência dos artigos 932, III, 933 e 942, do Código Civil e Norma Regulamentadora nº 4, da Portaria 3.214/78, do Ministério do Trabalho e Emprego.

Súmulas do Tribunal Regional do Trabalho da 18ª Região

5 - AVISO PRÉVIO INDENIZADO. CONTRIBUIÇÃO PREVIDENCIÁRIA. NÃO-INCIDÊNCIA. Mesmo após o advento do Decreto nº 6.727/2009, os valores pagos a título de aviso prévio indenizado não se sujeitam à incidência da contribuição previdenciária.

6 - ACORDO ANTERIOR À SENTENÇA. CONTRIBUIÇÃO PREVIDENCIÁRIA. OBSERVAÇÃO DA PROPORCIONALIDADE ENTRE PARCELAS PLEITEADAS E PARCELAS ACORDADAS. INEXIGÊNCIA. No acordo celebrado antes de proferida a sentença, é inexigível que a natureza jurídica das parcelas acordadas observe, proporcionalmente, a natureza jurídica das parcelas reclamadas.

7 - ACORDO. PRETENSÕES DECORRENTES DE ACIDENTE DO TRABALHO. QUITAÇÃO DADA PELO EMPREGADO EM RECLAMAÇÃO TRABALHISTA. ALCANCE. A quitação dada pelo empregado em acordo judicial 'por todas as obrigações decorrentes do contrato de trabalho' alcança também as decorrentes de acidente de trabalho, se a ação foi ajuizada depois que o STF reconheceu a competência desta Justiça Especializada para conciliar e julgar os litígios decorrentes de acidente de trabalho. II. A quitação dada pelo empregado em acordo judicial 'por todas as obrigações decorrentes do contrato de trabalho' não alcança as pretensões decorrentes de dano que ainda não havia se manifestado ao tempo do acordo.

Súmulas do Tribunal Regional do Trabalho da 20ª Região

1 - CONTRIBUIÇÃO PREVIDENCIÁRIA - RESPONSABILIDADE. A responsabilidade pela contribuição previdenciária incidente sobre as parcelas resultantes de decisão judicial é do empregado e do empregador.

3 - CONTRIBUIÇÃO PREVIDENCIÁRIA - Execução de valor inferior ao limite estabelecido pela Resolução INSS/PR nº 371/96. A Resolução INSS/PR nº 371/96, que estabelece critérios para a dispensa de constituição de créditos previdenciários, tem aplicação restrita ao Instituto Nacional do Seguro Social, não impedindo a execução de ofício de contribuição resultante de débito trabalhista, em face da competência definida no § 3º, do artigo 114 da Constituição da República.

Súmulas do Tribunal Regional do Trabalho da 22ª Região

14 - AÇÃO DE INDENIZAÇÃO POR DANO MORAL OU PATRIMONIAL DECORRENTE DA RELAÇÃO DE TRABALHO. COMPETÊNCIA DA JUSTIÇA DO TRABALHO. A Justiça do Trabalho é competente para processar e julgar o pedido de reparação por dano moral ou patrimonial decorrente da relação de trabalho, conforme dicção do inciso VI do art. 114 da CF, acrescentado pela EC 45/2004.

16 - ACIDENTE DE TRABALHO COM EVENTO MORTE. CÁLCULO DA INDENIZAÇÃO. O cálculo da indenização por acidente de trabalho fatal observará a expectativa de vida do falecido, segundo dados oficiais, bem como a remuneração mensal na data do óbito ou, no caso de remuneração variável, a média da remuneração mensal nos últimos doze meses do contrato.

Súmulas da Turma Nacional de Uniformização de Jurisprudência dos Juizados Especiais Federais

1 - A conversão dos benefícios previdenciários em URV, em março/94, obedece às disposições do art. 20, incisos I e II da Lei n. 8.880/94 (MP n. 434/94).

2 - Os benefícios previdenciários, em maio de 1996, devem ser reajustados na forma da MP n. 1.415, de 29 de abril de 1996, convertida na Lei n. 9.711, de 20 de novembro de 1998.

4 - Não há direito adquirido à condição de dependente de pessoa designada, quando o falecimento do segurado deu-se após o advento da Lei n. 9.032/95.

5 - PRESTAÇÃO DE SERVIÇO RURAL. A prestação de serviço rural por menor de 12 a 14 anos, até o advento da Lei n. 8.213, de 24 de julho de 1991, devidamente comprovada, pode ser reconhecida para fins previdenciários.

6 - COMPROVAÇÃO DE CONDIÇÃO RURÍCULA. A certidão de casamento ou outro documento idôneo que evidencie a condição de trabalhador rural do cônjuge constitui início razoável de prova material da atividade rurícula.

8 - BENEFÍCIOS PREVIDENCIÁRIOS. Os benefícios de prestação continuada, no Regime Geral da Previdência Social, não serão reajustados com base no IGP-Di nos anos de 1997, 1999, 2000 e 2001.

9 - APOSENTADORIA ESPECIAL - EQUIPAMENTO DE PROTEÇÃO INDIVIDUAL. O uso de Equipamento de Proteção Individual (EPI), ainda que elimine a insalubridade, no caso de exposição a ruído, não descaracteriza o tempo de serviço especial prestado.

10 – TEMPO DE SERVIÇO RURAL. CONTAGEM RECÍPROCA. O tempo de serviço rural anterior à vigência da Lei n. 8.213/91 pode ser utilizado para fins de contagem recíproca, assim entendida aquela que soma tempo de atividade privada, rural ou urbana, ao de serviço público estatutário, desde que sejam recolhidas as respectivas contribuições previdenciárias.

14 – Para a concessão de aposentadoria rural por idade, não se exige que o início de prova material, corresponda a todo o período equivalente à carência do benefício.

17 – Não há renúncia tácita no juizado especial federal, para fins de competência.

18 – Provado que o aluno aprendiz de Escola Técnica Federal recebia remuneração, mesmo que indireta, à conta do orçamento da União, o respectivo tempo de serviço pode ser computado para fins de aposentadoria previdenciária.

19 – Para o cálculo da renda mensal inicial do benefício previdenciário, deve ser considerada, na atualização dos salários de contribuição anteriores a março de 1994, a variação integral do IRSM de fevereiro de 1994, na ordem de 39,67% (art. 21, § 1º, da Lei n. 8.880/94).

20 – A Lei n. 8.112, de 11 de dezembro de 1990, não modificou a situação do servidor celetista anteriormente aposentado pela Previdência Social Urbana.

21 – Não há direito adquirido a reajuste de benefícios previdenciários com base na variação do IPC (Índice de Preço ao Consumidor), de janeiro de 1989 (42,72%) e abril de 1990 (44,80%).

22 – Se a prova pericial realizada em juízo dá conta de que a incapacidade já existia na data do requerimento administrativo, esta é o termo inicial do benefício assistencial.

24 – O tempo de serviço do segurado trabalhador rural anterior ao advento da Lei n. 8.213/91, sem o recolhimento de contribuições previdenciárias, pode ser considerado para a concessão de benefício previdenciário do Regime Geral de Previdência Social – RGPS, exceto para efeito de carência, conforme a regra do art. 55, § 2º, da Lei n. 8.213/91.

25 – A revisão dos valores dos benefícios previdenciários, prevista no art. 58 do ADCT, deve ser feita com base no número de salários mínimos apurado na data da concessão, e não no mês de recolhimento da última contribuição.

26 – A atividade de vigilante enquadra-se como especial, equiparando-se à de guarda, elencada no item 2.5.7 do Anexo III do Decreto n. 53.831/64.

27 – A ausência de registro em órgão do Ministério do Trabalho não impede a comprovação do desemprego por outros meios admitidos em Direito.

29 – Para os efeitos do art. 20, § 2º, da Lei n. 8.742, de 1993, incapacidade para a vida independente não é só aquela que impede as atividades mais elementares da pessoa, mas também a impossibilita de prover ao próprio sustento.

30 - Tratando-se de demanda previdenciária, o fato de o imóvel ser superior ao módulo rural não afasta, por si só, a qualificação de seu proprietário como segurado especial, desde que comprovada, nos autos, a sua exploração em regime de economia familiar.

31 - A anotação na CTPS decorrente de sentença trabalhista homologatória constitui início de prova material para fins previdenciários.

32 - O tempo de trabalho laborado com exposição a ruído é considerado especial, para fins de conversão em comum, nos seguintes níveis: superior a 80 decibéis, na vigência do Decreto n. 53.831/64 (1.1.6); superior a 90 decibéis, a partir de 5 de março de 1997, na vigência do Decreto n. 2.172/97; superior a 85 decibéis, a partir da edição do Decreto n. 4.882, de 18 de novembro de 2003.

33 - Quando o segurado houver preenchido os requisitos legais para concessão da aposentadoria por tempo de serviço na data do requerimento administrativo, esta data será o termo inicial da concessão do benefício.

34 - Para fins de comprovação do tempo de labor rural, o início de prova material deve ser contemporâneo à época dos fatos a provar.

35 - A Taxa SELIC, composta por juros de mora e correção monetária, incide nas repetições de indébito tributário.

36 - Não há vedação legal à cumulação da pensão por morte de trabalhador rural com o benefício da aposentadoria por invalidez, por apresentarem pressupostos fáticos e fatos geradores distintos.

37 - A pensão por morte, devida ao filho até os 21 anos de idade, não se prorroga pela pendência do curso universitário.

38 - Aplica-se subsidiariamente a Tabela de Cálculos de Santa Catarina aos pedidos de revisão de RMI - OTN/ORTN, na atualização dos salários de contribuição.

39 - Nas ações contra a Fazenda Pública, que versem sobre pagamento de diferenças decorrentes de reajuste nos vencimentos de servidores públicos, ajuizadas após 24/08/2001, os juros de mora devem ser fixados em 6% (seis por cento) ao ano (art. 1º-F da Lei 9.494/97).

40 - Nenhuma diferença é devida a título de correção monetária dos depósitos do FGTS relativos ao mês de fevereiro de 1989.

41 - A circunstância de um dos integrantes do núcleo familiar desempenhar atividade urbana não implica, por si só, a descaracterização do trabalhador rural como segurado especial, condição que deve ser analisada no caso concreto.

Questões de Ordem da Turma Nacional de Uniformização de Jurisprudência dos Juizados Especiais Federais

01 - EMENTA: PROCESSUAL CIVIL. DIVERGÊNCIA ENTRE DECISÕES DE TURMA DE REGIÕES DIFERENTES. PEDIDO DE UNIFORMIZAÇÃO (LEI Nº. 10259/2001, ART. 14, §§ 2º, 6º E 9º). JUÍZO DE RETRATAÇÃO. DECLARAÇÃO DE PREJUDICIALIDADE.

1. Os Juizados Especiais orientam-se pela simplicidade e celeridade processual nas vertentes da lógica e da política judiciária de abreviar os procedimentos e reduzir os custos.

2. Diante de divergência entre decisões de Turma Recursais de regiões diferentes, o pedido de uniformização tem a natureza jurídica de recursos, cujo julgado, portanto, modificando ou reformando, substitui a decisão ensejadora do pedido provido.

3. A decisão constituída pela Turma de Uniformização servirá para fundamentar o juízo de retratação das ações com o processamento sobrestado ou para ser declarada a prejudicialidade dos recursos interpostos.

02 - O acolhimento do pedido de uniformização gera dois efeitos: a reforma da decisão da Turma Recursal e a conseqüente estipulação de honorários advocatícios, se for o caso, bem assim a prejudicialidade do recurso extraordinário, se interposto.

03 - A cópia do acórdão paradigma somente é obrigatória quando se tratar de divergência entre Turmas Recursais de diferentes Regiões.

04 - Se o pedido de uniformização indicar como paradigma acórdãos proferidos pelo Superior Tribunal de Justiça e por Turmas da mesma Região, a Turma Nacional de Uniformização apreciará a divergência que lhe cabe dirimir, prejudicado o mais.

05 - Um precedente do Superior Tribunal de Justiça é suficiente para o conhecimento do pedido de uniformização, desde que o relator nele reconheça a jurisprudência predominante naquela Corte.

06 - Se a Turma Recursal não reconhecer a existência de início de prova material, e este juízo for contrariado pela Turma Nacional de Uniformização, esta só poderá prosseguir no julgamento da causa se a instância ordinária tiver aprofundado o exame da prova testemunhal; se a Turma Nacional só proclamar a existência do início de prova material, devolverá os autos à origem, para que a Turma Recursal extraia da prova as suas conseqüências, seja pela procedência, seja pela improcedência da ação.

07 - Na Turma Nacional de Uniformização, afastada a prescrição ou a decadência decretada na instância ordinária, os autos são devolvidos ao juizado ou à Turma Recursal, conforme o caso.

08 - Conhecido o pedido de uniformização e constatada a falta de pressupostos processuais ou de condições da ação, o processo deve ser anulado de ofício.

09 - Deferindo ou indeferindo, monocraticamente, o pedido de uniformização, a decisão do Relator poderá ser submetida, nos próprios autos, ao Presidente da Turma Nacional de Uniformização de Jurisprudência dos Juizados Especiais Federais, no prazo de dez dias.

10 - Não cabe o incidente de uniformização quando a parte que o deduz apresenta tese jurídica inovadora, não ventilada nas fases anteriores do processo e sobre a qual não se pronunciou, expressamente a Turma Recursal no acórdão recorrido.

11 - A Turma Recursal deve sobrestar o Pedido de Uniformização que versar sobre matéria já encaminhada à Turma Nacional.

§1º: Havendo pedido simultâneo das partes, sendo um deles admitido pela Turma Recursal, ambos devem ser processados e encaminhados à Turma Nacional para julgamento.

§2º: Se uma das partes pedir a uniformização a respeito de mais de uma matéria, aquela que já tenha sido encaminhada à Turma Nacional não será sobrestada se a outra for admitida.

12 - Quando o acórdão indicado como paradigma já foi vencido na Turma de origem, por súmula, não serve para demonstração da divergência.

13 - Não cabe Pedido de Uniformização, quando a Jurisprudência da Turma Nacional de Uniformização de Jurisprudência dos Juizados Especiais Federais se firmou no mesmo sentido do acórdão recorrido.

14 - Os temas tratados no voto vencido, sem terem sido enfrentados pelo voto condutor, não satisfazem o requisito do prequestionamento.

15 - Reconhecida a divergência, a Turma Nacional de Uniformização de Jurisprudência editará a súmula correspondente, se for aprovada pela maioria dos membros exigida pelo Regimento Interno.

16 - Na Turma Nacional de Uniformização de Jurisprudência dos Juizados Especiais Federais, admite-se reclamação contra decisão da Turma Recursal que recusa adaptar acórdão à jurisprudência consolidada.

17 - Quando o acórdão decidir tema alheio à controvérsia, a Turma Nacional de Uniformização de Jurisprudência dos Juizados Especiais Federais deve anular o julgado.

18 - É inadmissível o pedido de uniformização quando a decisão impugnada tem mais de um fundamento suficiente e as respectivas razões não abrangem todos eles.

20 - Caso a Turma Nacional decida pelo conhecimento e provimento do incidente de uniformização no tocante a matéria de direito e importando essa conclusão na necessidade de exame de provas sobre matéria de fato – que foram requeridas e não produzidas, ou foram produzidas mas não apreciadas pelas instâncias inferiores -, a sentença ou acórdão da Turma Recursal deverá ser anulado para que se produzam ou apreciem referidas provas, ficando o juiz de 1º grau e a respectiva Turma Recursal vinculados ao entendimento da Turma Nacional sobre a matéria de direito.

21 - Se, antes de distribuir os autos do incidente, a Secretaria da Turma Nacional verificar que não foram transcritas as gravações relativas à prolação de voto(s) na turma recursal, serão os autos devolvidos à turma de origem, a fim de que sejam trasladadas as referidas gravações.

22 - É possível o não-conhecimento do pedido de uniformização por decisão monocrática quando o acórdão recorrido não guarda similitude fática e jurídica com o acórdão paradigma.

23 - Estando a matéria sobrestada por decisão do Supremo Tribunal Federal, do Superior Tribunal de Justiça, bem como da própria Turma Nacional de Uniformização, novos pedidos de uniformização sobre a mesma matéria serão sobrestados, independentemente de prévio juízo de conhecimento do incidente, salvo quando disser respeito à sua tempestividade.

24 - Não se conhece de incidente de uniformização interposto contra acórdão que se encontra no mesmo sentido da orientação do Superior Tribunal de Justiça, externada em sede de incidente de uniformização ou de recursos repetitivos, representativos de controvérsia.

25 - Decretada de ofício a nulidade do acórdão recorrido, ficam prejudicados os pedidos de uniformização e eventual agravo regimental.

26 - Serve para caracterizar a divergência jurisprudencial, que permite o conhecimento do incidente de uniformização, o acórdão apontado como paradigma que, conquanto não tenha conhecido do recurso, afirma tese jurídica contrária à adotada pelo acórdão recorrido.

27 - Havendo pedido de vista, os processos com a mesma tese jurídica ficam automaticamente sobrestados na Turma Nacional de Uniformização.

Súmulas da Turma Regional de Uniformização de Jurisprudência dos Juizados Especiais Federais da 2ª Região

1 - Não se admite a restauração da pensão estatutária por morte, prevista no art. 5º da Lei n. 3.373/58, à filha do instituidor a partir de quando divorciada, desquitada ou separada judicialmente.

2 - A isenção de imposto de renda sobre as pensões de ex-combatentes, prevista no art. 6º, inc. XII, da Lei n. 7.713/1988, tem aplicação restrita às hipóteses dos ex-combatentes que efetivamente participaram do teatro de operações bélicas na Itália (*Decreto-lei n. 8.794/1946, Decreto-lei n. 8.795/1946 e Lei n. 2.579/1955*) e para aqueles que, tendo participado ativamente de operações de guerra, se encontrem incapacitados (*Lei n. 4.242/1963*), não podendo ser estendida às pensões concedidas aos ex-combatentes com base na Lei n. 8.059/1990 ou outra que não especificamente prevista na norma instituidora da isenção tributária.

3 – A notificação da autoridade impetrada em mandado de segurança, objetivando benefício previdenciário, interrompe a prescrição da cobrança das prestações do benefício compreendidas no lustro que precede a impetração.

4 – A contribuição previdenciária dos servidores públicos estatutários não incide sobre o adicional de um terço de férias.

5 – Aos militares não é devido o pagamento de "adicional de compensação orgânica", por risco potencial de exposição à radiação, ante a ausência de expressa disposição legal.

6 – É devida a restituição aos servidores dos valores relativos ao auxílio alimentação, indevidamente descontados nos períodos de gozo de férias e afastamentos regulamentares.

7 – A natureza do lançamento tributário, no caso de contribuição previdenciária devida pelo servidor público, é a de lançamento por homologação.

8 – Em 01.08.2007 operou-se a decadência das ações que visem à revisão de ato concessório de benefício previdenciário instituído anteriormente a 28.06.1997, data de edição da MP nº 1.523-9, que deu nova redação ao art. 103 da Lei nº 8.213/91.

12 – É inadmissível o incidente de uniformização, quando a decisão recorrida assenta em mais de um fundamento suficiente e o recurso não abrange todos eles.

14 – O lançamento tributário no caso da contribuição para os fundos de saúde das forças armadas e de ofício e, conseqüentemente, o prazo de prescrição para repetição do indébito é de cinco anos, contado pela forma prevista no CTN.

Súmulas da Turma Regional de Uniformização de Jurisprudência dos Juizados Especiais Federais da 3ª Região

1 – A homologação do pedido de desistência da ação independe da anuência do réu.

2 – Na hipótese de direito adquirido ao pecúlio, o prazo prescricional começa a fluir a partir do afastamento do trabalho.

3 – Com a implantação do Plano de Benefício da Previdência Social, oriundo da Lei nº. 8.213/91, o benefício previdenciário de prestação continuada não mais está mais vinculado ao número de salários mínimos existentes quando de sua concessão.

4 – É devida a revisão da renda mensal inicial do benefício previdenciário cujo período básico de cálculo considerou o salário de contribuição de fevereiro de 1994, a ser corrigido pelo índice de 39,67% (trinta e nove vírgula sessenta e sete por cento), relativo ao IRSM daquela competência.

5 – A renda mensal 'per capita' correspondente a 1/4 (um quarto) do salário mínimo não constitui critério absoluto de aferição da miserabilidade para fins de concessão de benefício assistencial.

6 – Nas ações envolvendo o benefício assistencial previsto no artigo 20 da Lei nº 8.742/73, o INSS detém a legitimidade passiva exclusiva.

7 – A comprovação de tempo de serviço rural ou urbano depende de início de prova material da prestação de serviço, nos termos do artigo 55, § 3º, da Lei nº 8.213/91.

8 – É de 10 (dez) dias, o prazo para interposição de recurso contra medida cautelar prevista no artigo 4º da Lei nº 10.259/2001.

9 – A Justiça Federal é competente para apreciar pedido de concessão de auxílio-acidente decorrente de acidente não vinculado ao trabalho.

10 – Nos benefícios concedidos a partir de 01.03.94, na hipótese do salário de benefício exceder ao limite previsto no artigo 29, §2º, da Lei nº 8.213/91, aplica-se o disposto no artigo 21, §3º, da Lei n. 8.880/94.

11 – Em caso de morte de filho segurado, os pais têm direito à pensão por morte, se provada a dependência econômica, ainda que não seja exclusiva.

12 – Para a concessão de aposentadoria por idade, desde que preenchidos os requisitos legais, é irrelevante o fato de o requerente, ao atingir a idade mínima, não mais ostentar a qualidade de segurado.

13 – Em matéria de comprovação de tempo de serviço especial, aplica-se a legislação vigente à época da prestação de serviço.

14 – Nos termos do art. 55 da Lei nº 9.099/1995, são devidos honorários advocatícios, por parte do recorrente vencido em segundo grau de jurisdição, quando houver atuação de advogado constituído.

15 – Em consonância com o art. 103, parágrafo único, da Lei nº 8.213/1991, o juiz deverá, de ofício, reconhecer a prescrição qüinqüenal nas ações pertinentes às parcelas vencidas de benefícios previdenciários, inclusive em grau recursal.

16 – É possível a expedição de precatório no Juizado Especial Federal, nos termos do artigo 17, §4º, da Lei nº 10.259/2001, quando o valor da condenação exceder 60 (sessenta) salários mínimos.

17 – O reconhecimento de tempo de serviço rural anterior à Lei nº 8.213/1991, como segurado empregado ou especial, somente pressupõe o recolhimento das respectivas contribuições, quando destinado à contagem recíproca junto a regime próprio de Previdência Social de servidor público.

18 – A qualidade de segurado, para fins de concessão de auxílio-doença e de aposentadoria por invalidez, deve ser verificada quando do início da incapacidade.

19 – O valor da causa, nas ações de revisão da renda mensal de benefício previdenciário, corresponderá à diferença entre a renda devida e a efetivamente paga, multiplicada por 12 (doze).

20 – A competência dos Juizados Especiais Federais é determinada, unicamente, pelo valor da causa e não pela complexidade da matéria (art. 3º, da Lei nº 10.259/2001).

21 – As ações de repetição de indébito de contribuições previdenciárias têm natureza tributária e não previdenciária.

22 – O incapaz pode ser parte autora nas ações ajuizadas perante o Juizado Especial Federal.

23 – O prazo para a interposição, e para a resposta do Recurso Sumário é de 10 (dez) dias.

24 – A interposição do Recurso Sumário independe de traslado de peças.

25 – Não cabe a concessão de prazo especial, em quádruplo ou em dobro, no âmbito do Juizado Especial Federal.

26 – Cabe recurso da sentença que julga extinto o processo sem resolução do mérito.

27 – Incide a contribuição previdenciária sobre o 13º salário nos termos do §2º do artigo 7º da Lei n. 8.620/93.

28 – Os requisitos para concessão do benefício de aposentadoria por idade não precisam ser cumpridos simultaneamente.

29 – É aplicável aos Juizados Especiais o disposto no § 3º do art. 515, do Código de Processo Civil.

30 – O valor do benefício equivalente a um salário mínimo, concedida a idoso, a partir de 65 anos, também não é computado para fins do cálculo da renda familiar a que se refere o artigo 20, § 3º da Lei n. 8.742/93.

31 – O recolhimento de 1/3 (um terço) do número de contribuiçoes, relativo à carência do benefício pretendido, permite a contagem de todas as contribuições anteriores, ainda que correspondentes a períodos descontínuos.

32 – É devida a correção monetária nos pagamentos administrativos de valores em atraso desde a data do início do benefício e a partir do vencimento de cada parcela.

33 – É qüinqüenal a prescrição para pleitear a correção do saldo de contas vinculadas de PIS-PASEP.

34 – A confirmação da sentença por seus próprios fundamentos, nos termos 46 da Lei n. 9.099/95, não ofende a garantia constitucional esculpida no inciso IX do art. 93 da Constituição Federal de 1988.

35 – A garantia constitucional de reajustamento dos benefícios para preservar-lhes, em caráter permanente, o valor real, inserta no § 4º do art. 201 da Constituição Federal de 1988, não confere ao Judiciário o poder de modificar critérios de reajustamento eleitos pelo legislador, substituindo-os por outros que entenda mais adequados para repor as perdas geradas pela inflação, sob pena de ingerência indevida de um Poder na esfera do outro.

36 – A multa decorrente do exercício de poder de polícia não se insere na competência do Juizado Especial Federal, nos termos do inciso III do art. 3º da Lei n. 10.259/2001.

37 – É possível, ao relator, negar seguimento ou não conhecer de recurso manifestamente inadmissível, prejudicado, improcedente ou em confronto com a jurisprudência dominante do Supremo Tribunal Federal, Superior Tribunal de Justiça, Turma Nacional de Uniformização de Jurisprudência dos Juizados Especiais Federais, Turma Regional de Uniformização de Jurisprudência dos Juizados Especiais Federais e de Súmulas desta Turma Recursal.

Súmulas da Turma Regional de Uniformização de Jurisprudência dos Juizados Especiais Federais da 4ª Região

1 – Não caberá pedido de uniformização de interpretação de lei federal quando a divergência versar sobre questões de direito processual.

2 – Para a concessão da aposentadoria por idade, não é necessário que os requisitos da idade e da carência sejam preenchidos simultaneamente.

3 – Não cabe agravo contra decisão monocrática que, com fundamento no artigo 557, caput, do Código de Processo Civil, negou seguimento ao pedido de uniformização jurisprudencial com base em orientação sumulada pelo órgão colegiado.

4 – A União é parte ilegítima para figurar no pólo passivo nas ações em que seja postulado o benefício assistencial previsto no art. 20 da Lei n.º 8.742/93.

7 – Computa-se para efeito de carência o período em que o segurado usufruiu benefício previdenciário por incapacidade.

8 – A falta de prova material, por si só, não é óbice ao reconhecimento da dependência econômica, quando por outros elementos o juiz possa aferi-la.

9 – Admitem-se como início de prova material, documentos em nome de integrantes do grupo envolvido no regime de economia familiar rural.

10 – É indispensável o porte de arma de fogo à equiparação da atividade de vigilante à de guarda, elencada no item 2.5.7 do anexo III do Decreto n. 53.831/64.

11 – O marido ou companheiro de segurada falecida, não inválido, não faz jus à pensão por morte, caso o óbito tenha ocorrido antes de 05/04/1991, data do início dos efeitos da Lei nº 8.213/91.

13 - O imposto de renda incidente sobre as prestações previdenciárias pagas com atraso, de forma acumulada, deve ser aferido pelo regime de competência.

14 - A falta de início de prova material não é impeditiva da valoração de outros meios de prova para o reconhecimento do labor rural por bóia fria.

15 - É possível a conversão em tempo de serviço comum do período trabalhado em condições especiais relativamente à atividade exercida após 28 de maio de 1998.

Súmulas da Turma Recursal dos Juizados Especiais Federais das Seções Judiciárias dos Estados de Amazonas e Roraima - AM-RR. - 1ª TR

4 - Na esteira da Súmula nº 8 da Turma de Uniformização, entende esta Turma Recursal que os benefícios de prestação continuada, no regime geral da Previdência Social, não serão reajustados com base no IGP-DI nos anos de 1997, 1999, 2000 e 2001.

9 - Em sendo o caso de benefícios previdenciários concedidos antes da promulgação da Carta de 1988 e na vigência da Lei n. 6.423/77, cuja renda mensal leve em consideração os 36 (trinta e seis) últimos salários-de-contribuição anteriores aos 12 (doze) últimos meses devem ser corrigidos pela variação da ORTN/OTN/BTN.

10 - Nos casos dos benefícios previdenciários, a partir da vigência do Novo Código Civil, os juros de mora deverão ser aplicados no percentual de 1% ao mês, a contar da citação.

12 - Nos termos do disposto no art. 7º, § 2º, da Lei n. 8.620/93, é legal a aplicação de alíquotas em separado na cobrança da contribuição previdenciária sobre o décimo terceiro salário.

Súmulas das Turmas Recursais dos Juizados Especiais Federais da Seção Judiciária do Estado da Bahia

1 - A taxa de juros moratórios a que se refere o art. 406 do Código Civil é a indicada no art. 161, § 1º, do Código Tributário Nacional, correspondente a 1% (um por cento) ao mês, computada desde a citação do devedor, nas ações cíveis e previdenciárias em geral.

2 - A limitação da Renda Mensal Inicial (RMI) ao teto do salário-de-benefício na data da concessão, não impede o acréscimo decorrente da reposição do IRSM integral de fevereiro de 1994 à média dos salários-de-contribuição imediatamente anteriores (39,67%), desde que a diferença percentual apurada seja lançada apenas a partir do primeiro reajuste subsequente à data de início do benefício (DIB).

3 – No âmbito dos Juizados Especiais Federais não há a prerrogativa de intimação pessoal dos procuradores federais.

5 – Das decisões monocráticas previstas no artigo 557, caput e § 1º-A, do Código de Processo Civil, é cabível a interposição de agravo regimental, no prazo de cinco dias, para a Turma Recursal, sujeitando-se o agravante à multa prevista no § 2º, quando manifestamente inadmissível ou infundado o recurso.

6 – Não se impõe ao réu a obrigação de realizar cálculos para apuração do valor da condenação, cabendo a tarefa ao autor (ou ao contador judicial, a mando do juiz), exigindo-se daquele, apenas, que disponibilize os elementos materiais mantidos em seu poder que sejam necessários à confecção da conta.

7 – O INPC-IBGE não pode ser utilizado para o reajuste dos benefícios previdenciários de prestação continuada, no período de 1º/01/93 a 1º/06/01 (Lei 8.542, de 23/12/92, art. 9º, § 2º e Medida Provisória 2.187-11, de 28/06/01, art. 4º).

8 – O valor da renda mensal do salário-maternidade requerido depois do nascimento da criança pela trabalhadora rural (segurada especial), corresponde a um salário mínimo vigente na data do parto, devendo ser corrigidas monetariamente as diferenças apuradas, com incidência de juros moratórios desde a citação da autarquia previdenciária.

9 – A partir do início da vigência da Lei n. 8.620/93 é válido o cálculo em separado da contribuição previdenciária incidente sobre o décimo terceiro salário (gratificação natalina).

Turma Recursal do Juizado Especial Federal de Campinas/SP

1 – A renda mensal per capita inferior a ¼ (um quarto) do salário mínimo não constitui critério absoluto de aferição de miserabilidade para a obtenção de benefício assistencial.

2 – O prazo em dobro previsto no artigo 44, I, da Lei Complementar n. 80/94 não se aplica aos Juizados Especiais Federais, pois incompatível com o rito adotado.

Súmulas da Turma Recursal dos Juizados Especiais Federais da Seção Judiciária do Distrito Federal

1 – A antecipação de tutela por ocasião da prolação da sentença é cabível nos Juizados Especiais Federais.

7 – A realização de trabalho urbano eventual não infirma a qualidade de trabalhador rural nem inviabiliza a percepção de aposentaria por idade como segurado especial.

9 - A audiência de conciliação inicial pode ser dispensada quando a matéria for exclusivamente de direito.

10 - O recurso adesivo, a míngua de previsão legal na legislação de regência (Leis n° 9.099, de 26.09.95, e 10.259, de 12.07.2001) e sendo incompatível com o princípio da celeridade, não é admitido nos Juizados Especiais.

11 - Na atualização do salário-de-contribuição para fins de cálculo da renda mensal inicial do benefício, deve-se levar em consideração o IRSM de fevereiro de 1994 (39,67%) antes da conversão em URV.

18 - É inconstitucional o art. 1°., I da Lei n. 9.783/99, em sua redação original, quando determinava a incidência da contribuição previdenciária sobre as diárias pagas ao servidor e que excediam a 50% (cinqüenta inteiros por cento) de sua remuneração mensal, por isso que violava o art. 40, *caput* da Constituição Federal.

19 - A contribuição previdenciária não incide sobre as parcelas não incorporáveis pagas aos funcionários em atividade no exercício de funções comissionadas e gratificadas.

21 - O prévio exaurimento da via administrativa não constitui condição para o ajuizamento de ação destinada à obtenção de benefício previdenciário.

24 - Para fins de benefício assistencial da Lei n°8.742/93, a renda mensal "per capita" de 1/4 (um quarto) do salário-mínimo não constitui critério único de aferição de miserabilidade.

27 - Aos benefícios concedidos após a promulgação da Constituição Federal de 1988, não se aplica a ORTN/OTN à apuração do salário de benefício na atualização do salário de contribuição.

28 - Não se aplica o artigo 58 do ADCT aos benefícios concedidos após a promulgação da Constituição Federal de 1988.

29 - Os Juizados Especiais Federais são incompetentes para processar e julgar ações que tenham por objeto a concessão, revisão, manutenção e reajustamento de benefícios previdenciários decorrentes de acidente do trabalho (art. 109, inciso I, da Constituição da Federal de 1988).

31 - O valor da aposentadoria por invalidez concedida antes da Lei n. 9.032/95 deve ser revisado nos termos da nova redação do art. 44 da Lei n. 8.231/91, para ser procedido o pagamento integral do salário-benefício.

33 - Nos termos do artigo 3° da Lei n° 10.259/2001, que definiu a competência do Juizado Especial Federal, o ajuizamento da ação perante esse implica renúncia ao que ultrapassar esse valor, considerando-se o montante corrigido monetariamente na data do ajuizamento da ação, ressalvadas as parcelas que vencerem posteriormente.

34 - A partir de 1.1.96, data da vigência da Lei n. 9.250/95, o valor do indébito tributário deve ser atualizado apenas pela taxa SELIC, que é composta de juros e correção monetária.

36 – Em face das disposições do art. 3º, § 2º, da Lei nº 10.259/01, os Juizados Especiais Federais são incompetentes para processar e julgar ações que tenham por objeto a implantação de prestação mensal, permanente e continuada quando a soma de doze parcelas vincendas exceder o limite de sessenta salários-mínimos.

37 – Quando a prova pericial realizada em juízo constatar que a incapacidade já existia na data do requerimento administrativo, este deve ser o termo *a quo* de concessão do benefício assistencial instituído pela Lei n. 8.742/93.

43 – Os Juizados Especiais Federais do Distrito Federal são competentes para processar e julgar ação proposta por pessoa domiciliada fora do Distrito Federal quando este for o juizado especial federal mais próximo do domicílio do autor.

Súmulas das Turmas Recursais dos Juizados Especiais Federais da Seção Judiciária do Estado do Espírito Santo

3 – É admissível no âmbito dos Juizados Especiais Federais a concessão de antecipação de tutela e medidas cautelares *stricto sensu*, atendidos os requisitos legais.

4 – A sentença que julgar procedente pedido de concessão de benefício previdenciário ou estatutário fixará a data de início do benefício (DIB) e condenará o réu na obrigação de implantar o benefício, podendo a apuração e o pagamento dos atrasados ser feitos no âmbito administrativo.

5 – Não cabe ao Poder Judiciário conceder outros índices além daqueles previstos em lei para a correção dos benefícios previdenciários. Procedentes do Supremo Tribunal Federal quanto à utilização do critério legal de reajuste.

6 – Compete à Turma Recursal dos Juizados Especiais Federais processar e julgar Mandado de Segurança contra ato jurisdicional da lavra de Juízes vinculados às Varas dos Juizados Especiais Federais Cíveis e Criminais.

7 – É possível a cumulação de benefícios previdenciários rural e urbano, embora distintos os pressupostos fáticos e fatos geradores. O artigo 124 da Lei n. 8.213/91 não veda a percepção cumulativa.

8 – O laudo médico particular é prova unilateral, enquanto o laudo médico pericial produzido pelo juízo é, em princípio, imparcial. O laudo pericial, sendo conclusivo a respeito da plena capacidade laborativa, há de prevalecer sobre o particular.

9 – A não-nomeação de defensor público ou advogado dativo para formular quesitos para a perícia não acarreta cerceamento de defesa, eis que, no âmbito dos Juizados Especiais Federais, a parte pode exercer o jus *postulandi* (art. 10 da Lei n. 10.259/01). Ademais, sendo os quesitos do juízo suficientes para aferir a existência ou não de capacidade laborativa, afastada está o cerceamento.

13 – Para que o uso de equipamento de proteção individual possa afastar a condição de insalubridade, computando-se o tempo de serviço como comum, é necessário que a redução ou eliminação de risco à saúde seja comprovada de forma cabal.

14 - Para concessão de aposentadoria por idade, não é necessário que os requisitos legais sejam preenchidos simultaneamente. É irrelevante que, quando do alcance da idade, já tenha o segurado perdido essa qualidade.

16 - Segurado autônomo que não recolheu as contribuições na época própria deve ressarcir ao INSS mediante o pagamento da indenização a que se refere o artigo 96, IV da Lei n. 8.213/91, cuja apuração é regida pelo artigo 45, §§ 2º e 4º, da Lei n. 8.212/91, devendo o cálculo da indenização das contribuições em atraso, para efeito de aproveitamento de tempo de serviço, observar os critérios vigentes no momento em que o segurado manifesta interesse na regularização da situação.

22 - Não há julgamento "extra petita" quando a decisão concede auxílio-doença ao invés da aposentadoria por invalidez, ou vice-versa, desde que satisfeitos todos os requisitos para obtenção do benefício concedido.

24 - Não há que se falar em *reformatio in pejus* do recorrente quando a parte a quem lhe aproveita aduz, em contra-razões, a prescrição, uma vez que tal matéria, sendo de ordem pública, pode ser alegada a qualquer tempo.

26 - É inaplicável o índice do IGP-DI nos reajustes dos benefícios previdenciários nos meses de junho de 1997, 1999, 2000 e 2001, por já terem sido feitos em observância ao § 4º do art. 201 da CF/88.

27 - Os valores recebidos a título de décimo terceiro salário (gratificação natalina) são de caráter remuneratório, constituem acréscimo patrimonial e, portanto, ensejam a incidência do imposto de renda e da contribuição previdenciária.

28 - Os benefícios de aposentadoria por idade, tempo de serviço e especial, concedidos entre a data de entrada em vigor da Lei n. 6.423/77 e a data de promulgação da Constituição Federal de 1988, devem ser atualizados com base na média dos 24 salários-de-contribuição, anteriores aos 12 últimos, pela variação da ORTN/OTN.

30 - O fato do dependente do segurado falecido ser estudante universitário, não autoriza a prorrogação da pensão por morte até os 24 anos de idade, levando-se em conta que, após esta data, há a possibilidade de prosseguimento dos estudos concomitantemente ao desenvolvimento de atividades laborativas. Ademais, não se aplica na hipótese a regra prevista no art. 35, § 1º da Lei 9.250/95, tendo em vista que a norma se refere especificamente ao Imposto de Renda.

33 - A exigência de incapacidade para a vida independente como requisito ao deferimento do benefício assistencial de que trata o art. 20 da Lei n.º 8.742/93 não deve ser interpretada literalmente, sob pena de restringi-lo aos portadores de deficiência prejudicados em sua capacidade de locomoção, o que não se ajusta ao plexo de princípios constitucionais que norteiam a assistência social.

34 – O critério de equivalência salarial, previsto no art. 58 do ADCT, além de aplicar-se somente aos benefícios previdenciários de prestação continuada concedidos anteriormente a 05 de outubro de 1988, vigorou apenas até o advento do plano de benefícios da Previdência Social (Lei n.º 8.213/91), que passou a definir o critério para a preservação do seu valor real, não havendo possibilidade de sua perpetuação.

35 – Não ofende o princípio do devido processo legal a decisão do relator que, negando seguimento a recurso manifestamente improcedente ou inadmissível, nos termos do art. 3º, VIII do Provimento n. 13 da Coordenadoria dos Juizados Especiais Federais, nega-lhe provimento, sendo descabidos os embargos de declaração contra tal decisão, em virtude da ausência de interesse de agir por falta de utilidade do recurso.

37 – É indevida a majoração do coeficiente de cálculo da renda mensal inicial (RMI) dos benefícios de pensão por morte concedidos antes da edição da Lei 9.032, de 28 de abril de 1995, para 100% (cem por cento) do salário-de-benefício do segurado instituidor, conforme precedente do Supremo Tribunal Federal.

38 – Na revisão do salário-de-benefício com base na adoção da ORTN/OTN como indexador de correção monetária dos 24 primeiros salários-de-contribuição, não se aplica, para todos os salários-de-contribuição de um mesmo ano-base, a variação acumulada do indexador entre o mês de janeiro desse ano e o mês da DIB, devendo ser considerada a variação pro rata, mês a mês, do aludido índice.

39 – Não incide contribuição previdenciária sobre o terço constitucional de férias ou quaisquer outras parcelas não incorporáveis ao salário de servidor público.

41 – O prazo para a ação de repetição de indébito de tributos pagos a partir da 9/6/2005, data da vigência da Lei complementar 118/2005, é de cinco anos a contar da data do pagamento; e, quanto aos pagamentos anteriores, a prescrição é de cinco anos, contados do fato gerador, acrescido de mais cinco anos, a partir da homologação tácita, na forma do art. 150 §4º c/c art. 168 do CTN.

43 – No cálculo do valor da RMI da aposentadoria por invalidez, deverão ser utilizados os salários-de-benefício do auxílio-doença como salários-de-contribuição, quando este preceder aquela.

45 – Para os benefícios previdenciários com data de início a partir de 1º de maio de 1982, é inaplicável a revisão judicial do menor valor teto pelo INPC com base no art. 14 da Lei n. 6.708/79.

46 – A renda mensal de aposentadoria em valor equivalente a um salário mínimo concedida a pessoa com mais de 65 anos de idade não deve ser computada para efeito de apuração da renda familiar per capita a que se refere o art. 20, § 3º, da Lei Orgânica de da Assistência Social – LOAS. Aplica-se, por analogia, o art. 34, parágrafo único, da Lei n. 10.741/2003

47 - Para a aposentadoria por invalidez e para o auxílio-doença concedido sob a vigência da Lei n. 9.876/99, o salário-de-benefício deve ser apurado com base na média aritmética simples dos maiores salários-de-contribuição correspondentes a 80% do período contributivo, independentemente da data de filiação do segurado e do número de contribuições mensais no período contributivo. É ilegal o art. 32, § 20, do Decreto nº 3.048/99, acrescentado pelo Decreto nº 5.545/2005

Súmulas das Turmas Recursais dos Juizados Especiais Federais da Seção Judiciária do Estado do Maranhão

1 - Para fins de apuração da Renda Mensal Inicial (RMI), deve ser aplicado o IRSM integral dos meses de janeiro e fevereiro de 1994, no percentual de 39,67%. (Precedentes do STJ).

2 - Ressalvados os casos de força maior ou caso fortuito, a comprovação do exercício da atividade rural impõe a conjugação de início razoável de prova material corroborada por prova testemunhal. (STJ, verbete 149).

7 - O valor do salário-maternidade requerido após o parto deve ser corrigido monetariamente, desde o momento em que se tornou devido, por se tratar de mera recomposição do poder aquisitivo, não importando tal correção em sanção por eventual inadimplemento de obrigação legal.

8 - O pagamento de correção monetária de benefício de salário maternidade já recebidos na via administrativa, deve ser recebido mediante Requisição de Pequeno Valor (RPV), por não configurar obrigação de fazer.

Súmulas das Turmas Recursais dos Juizados Especiais Federais da Seção Judiciária do Estado do Mato Grosso do Sul

1 - Para fins de benefício assistencial, a renda mensal "per capita" de 1/4 (um quarto) do salário mínimo não constitui critério único de aferição de miserabilidade.

2 - Para fins de benefício assistencial, o cômputo da renda mensal "per capita" deve considerar o conjunto de dependentes elencados no art. 16 da Lei 8.213/91, desde que vivam sob o mesmo teto.

3 - Para fins de benefício assistencial, pessoa deficiente é aquela privada de condições físicas ou mentais para o desempenho de atividade laboral com que possa prover o sustento próprio.

4 - Nas ações envolvendo benefício assistencial, o INSS detém a legitimidade passiva exclusiva.

5 - Os requisitos para concessão do benefício de aposentadoria por idade não precisam ser cumpridos simultaneamente.

6 – A regra definidora do período de carência para fins de concessão do benefício de aposentadoria por idade do filiado ao Regime Geral Previdenciário antes de 24.7.1991 é a do art. 142 da Lei 8.213/91, ainda que tenha havido perda da qualidade de segurado.

7 – Para fins de cálculo da renda mensal inicial, o salário de contribuição de fevereiro de 1994 deve ser corrigido pelo IRSM desse mês antes da conversão em URV.

8 – É incapaz, para fins de concessão do benefício de aposentadoria por invalidez, o segurado que não possa mais desempenhar suas atividades habituais nem possa se readaptar a outra profissão em decorrência de idade avançada ou baixo grau de instrução.

9 – É aplicável aos Juizados Especiais o disposto no § 3º do art. 515 do Código de Processo Civil.

10 – O valor da causa, no Juizado Especial Federal, é calculado pela soma de doze prestações vincendas e das prestações vencidas atualizadas até a data da propositura da ação.

12 – O valor de aposentadoria equivalente a um salário mínimo, concedida a idoso, a partir de 65 anos, também não é computado para fins do cálculo da renda familiar a que se refere o artigo 20, § 3º da Lei n.. 8.742/93.

13 – Quem perde a condição de segurado quando ainda é capaz para o trabalho não faz jus aos benefícios de auxílio-doença ou aposentadoria por invalidez, mesmo se já estava acometido da doença progressiva que posteriormente resultou na incapacidade.

14 – A exploração de grandes propriedades rurais, por si só, afasta a caracterização do regime de economia familiar, salvo comprovação da necessidade de utilização de toda área para a subsistência de família numerosa ou de aproveitamento parcial da terra.

15 – O recolhimento de 1/3 do número de contribuições relativo à carência do benefício pretendido permite a contagem de todas as contribuições anteriores, mesmo correspondentes a períodos descontínuos.

16 – O deferimento de pedido de aposentadoria no regime previdenciário público parcialmente baseado em período de trabalho rural depende do recolhimento das correspondentes contribuições.

17 – É incapaz, para fins de concessão de benefício assistencial, a pessoa que não possa mais desempenhar suas atividades habituais nem possa se readaptar a outra profissão em decorrência de idade avançada ou baixo grau de instrução.

Súmulas das Turmas Recursais dos Juizados Especiais Federais da Seção Judiciária de Minas Gerais – Enunciados Unificados

16 – Nas ações de cobrança de diferenças de correção monetária incidente sobre os saldos do PIS/PASEP, é aplicável o prazo prescricional qüinqüenal previsto no Decreto 20.910/32, o qual atinge o fundo de direito.

17 – Após a edição da Lei n. 8.630/93, tornou-se legítima a incidência em separado de contribuição previdenciária sobre o décimo terceiro salário.

20 – Antes do advento da Lei n. 9.032/95, não era exigível, para fins de classificação da atividade como especial, que a exposição do trabalhador aos agentes considerados prejudiciais à saúde e à integridade física se desse de forma permanente e habitual, não ocasional nem intermitente, razão pela qual não se admite a imposição de tais requisitos em relação aos serviços prestados anteriormente à sua vigência.

21 – Considerando que os Decretos 53.081/64 e 83.080/79 tiveram vigência concomitante até a edição do Decreto 2.172/97, devem ser classificadas como insalubres as atividades exercidas com exposição a ruídos superiores a 80 decibéis, conforme foi reconhecido inclusive pelo próprio INSS, nos termos do art. 173 da Instrução Normativa 57, de 10-10-2001.

22 – A inclusão dos índices de variação da ORTN/OTN na correção monetária dos 24 primeiros salários-de-contribuição considerados no período básico de cálculo aplica-se somente aos benefícios de aposentadoria por idade, aposentadoria por tempo de serviço, aposentadoria especial e abono de permanência em serviço concedidos entre 17 de junho de 1977 e 4 de outubro de 1988.

23 – Na correção monetária dos salários-de-contribuição, para fins de apuração da renda mensal inicial dos benefícios previdenciários, é devida a inclusão, antes da conversão em URV, do IRSM integral de fevereiro de 1994, no percentual de 39,67%, ante o disposto no art. 21, § 1º, da Lei n. 8.880/94.

24 – Os benefícios de prestação continuada no regime geral da Previdência não serão reajustados com base no IGP-DI nos anos de 1997, 1999, 2000 e 2001.

25 – O disposto no art. 34, parágrafo único, do Estatuto do Idoso, em razão do qual não se deve computar, para fins de cálculo da renda familiar per capita a que se refere a LOAS, o benefício assistencial pago a maior de 65 (sessenta e cinco) anos, aplica-se igualmente ao benefício previdenciário igual ao salário mínimo, pago ao idoso.

26 – É incabível a extensão do pagamento da pensão por morte ao estudante universitário maior de vinte e um anos de idade.

27 – A perda da qualidade de segurado não importa o perecimento do direito à aposentadoria por idade, desde que, atendido o requisito da carência, venha o autor a implementar a idade mínima exigida.

28 – A concessão judicial de benefício previdenciário não impede a observância, pelo INSS, dos procedimentos prescritos pelo art. 101 da Lei n. 8.213/91.

29 – É desnecessário o prévio requerimento administrativo para o ajuizamento de demanda na qual se pleiteia a concessão de benefício previdenciário ou assistencial.

36 – É possível a antecipação de tutela contra o Poder Público, para a concessão de benefício previdenciário ou de assistência social.

Súmulas das Turmas Recursais dos Juizados Especiais Federais da Seção Judiciária do Piauí

1 – Não sendo possível aferir por outros elementos de prova o início da incapacidade, o benefício deve ser concedido a partir da data da confecção do laudo pericial oficial.

3 – Poderá o juiz relator na Turma Recursal negar seguimento ou não conhecer de recurso manifestamente inadmissível, prejudicado, improcedente ou em confronto com a jurisprudência dominante do Supremo Tribunal Federal, Superior Tribunal de Justiça, Turma Nacional de Uniformização de Jurisprudência dos Juizados Especiais Federais, Turma Regional de Uniformização de Jurisprudência dos Juizados Especiais Federais e de súmulas desta Turma Recursal.

4 – Não há nulidade na sentença condenatória do Juizado Especial Federal que contenha os parâmetros de cálculo de liquidação.

5 – Em caso de benefício postulado no juizado itinerante, a falta de requerimento administrativo não descaracteriza o interesse de agir.

6 – Presume-se válido o acordo realizado entre as partes no Juizado Especial Federal perante o juiz que preside audiência, embora ausente o advogado devidamente intimado.

7 – Ocorrido o óbito do instituidor quando já vigente a Medida Provisória n. 1.596-14, de 11.11.1997, o benefício de pensão requerido mais de trinta dias depois do evento morte somente é devido a partir da data do requerimento, mesmo em caso de beneficiários menores, incapazes ou ausentes.

8 – Em caso de óbito do instituidor ocorrido antes da vigência da Medida Provisória n. 1.596-14, de 11.11.1997, o benefício de pensão é devido a partir da data do evento morte, independentemente da data do requerimento administrativo ou judicial, ressalvada a prescrição qüinqüenal progressiva, não aplicável esta aos menores, incapazes e ausentes.

9 – Não cabe recurso adesivo no âmbito dos Juizados Especiais Federais.

10 – Nas ações que visem à concessão de benefício previdenciário, quando controversa a qualidade de segurado especial do autor da demanda ou do "de cujus", nas ações propostas por dependentes, é inviável o julgamento antecipado da lide.

11 – Não cabe recurso contra sentença que extingue o processo sem resolução do mérito no âmbito do Juizado Especial Federal, salvo quando o fundamento do julgado recorrido impedir juridicamente o ajuizamento de nova demanda com o mesmo objeto e perante o mesmo Juízo.

12 – Os honorários advocatícios contra a Fazenda Pública no âmbito da Turma Recursal devem ser fixados com base nos critérios do art. 20, § 4º, do Código de Processo Civil.

13 – Nos casos de ações previdenciárias aforadas no Juizado Especial Federal por segurado não assistido por advogado, é admissível o deferimento de benefício diverso do requerido ou de revisão de benefício diferente da demandada, desde que o juiz ou a Turma Recursal observe estarem presentes nos autos provas suficientes para tanto.

14 – Em caso de cônjuge aposentado como segurado especial, há presunção relativa dessa condição em favor do outro cônjuge.

Súmulas das Turmas Recursais dos Juizados Especiais Federais da Seção Judiciária do Estado do Rio de Janeiro

5 – Os incapazes podem ser parte no JEF, sendo obrigatórias a assistência por advogado e a intimação do MPF, podendo haver conciliação.

6 – Pode o Juiz determinar de ofício a complementação das provas indispensáveis à apreciação de pedido de tutela de urgência.

7 – O pedido de desistência da ação pelo autor independe da anuência do réu.

10 – Não há renúncia tácita no JEF, para fins de competência.

11 – No caso de o Juiz do JEF reconhecer sua incompetência, deverá extinguir o processo ou suscitar conflito, se for o caso.

12 – Embora seja regra geral a realização de audiência no âmbito do JEF, a não realização da mesma, a critério do Juiz, não induz em princípio à nulidade.

14 – Sendo possível a concessão de antecipação dos efeitos da tutela no âmbito do JEF, será vedado o ajuizamento de ação cautelar autônoma, ressalvada a possibilidade de pedido incidental cautelar (art. 4º, da Lei n. 10.259/2001), desde que o Juizado seja competente para apreciar o pedido principal.

17 – Quando não houver prévia análise da admissibilidade pelo juiz a quo, a mesma será efetuada pelo relator, sem devolução ao Juizado de origem.

18 – Não cabe recurso de sentença que não aprecia o mérito em sede de Juizado Especial Federal (art. 5º da Lei 10.259/2001), salvo quando o seu não conhecimento acarretar negativa de jurisdição.

19 – Não será conhecido o recurso sem que a prova do preparo tenha sido feita no prazo legal de 48 horas, contadas da interposição.

24 – É devida a correção monetária de salários de contribuição, para fins de apuração de renda mensal inicial, com base no IRSM integral do mês de fevereiro de 1994, da ordem de 39,67%, conforme precedentes do Superior Tribunal de Justiça.

25 – O relator poderá, por decisão monocrática, negar seguimento ao recurso de sentença proferida de acordo com enunciados e súmulas das Turmas Recursais e das Turmas de Uniformização e jurisprudência dominante do Supremo Tribunal Federal ou do Superior Tribunal de Justiça.

26 – Decisão monocrática proferida pelo relator não desafia recurso à Turma Recursal.

29 – Os Juizados Especiais Federais são incompetentes para processar e julgar ações que tenham por objeto a concessão, revisão, manutenção e reajustamento de benefícios previdenciários decorrentes de acidente do trabalho (art. 109, inciso I, da Constituição da República).

30 – O exame da admissibilidade do recurso pelo Juizado Especial Federal é provisório, não obstando sua apreciação pela Turma Recursal se a parte interessada o requerer, mediante simples petição nos autos, no prazo previsto em lei para os embargos de declaração.

31 – A taxa de juros moratórios de que trata o art. 406 da Lei n. 10.406/2002 (Código Civil) é de 1 % (um por cento) ao mês, nos termos do §1º do art. 161 do Código Tributário Nacional.

33 – Os Juizados Especiais Federais são incompetentes para processar e julgar execução de honorários de advogado em favor das entidades mencionadas no art. 6º, II, da Lei n. 10.259/2001.

34 – É inadmissível a expedição de carta de sentença no âmbito dos Juizados Especiais Federais.

35 – Somente nas ações de natureza previdenciária e assistencial a competência é concorrente entre Juizado Especial Federal da Subseção Judiciária do interior e da capital (art.109, § 3º da CF e Súmula 689 do STF). Nas demais causas a competência é absoluta, com base no critério funcional-territorial.

36 – A publicação na imprensa oficial e a disponibilização da decisão na Internet não suprem a necessidade de intimação pessoal da parte desassistida por advogado, no âmbito dos Juizados Especiais Federais, quanto aos atos processuais praticados até a remessa dos autos às Turmas Recursais.

37 – É devida a revisão de renda mensal inicial das aposentadorias por idade, por tempo de serviço e especial, concedidas entre a entrada em vigor da Lei n.

6.423, de 17 de junho de 1977, e a CRFB/88, bem como dos benefícios decorrentes, para corrigir os primeiros vinte e quatro salários-de-contribuição do período básico de cálculo pela variação da ORTN/OTN, sendo necessária a intimação das partes para apresentação da memória dos elementos integrantes do cálculo do salário-de-benefício e a verificação da existência de eventual crédito do demandante pelo Setor de Cálculos.

38 - A intimação pessoal da sentença a que se refere o caput do art. 8º da Lei 10.259/2001 é exigível exclusivamente quanto à parte desassistida, sendo válida a intimação por publicação na Imprensa Oficial quando houver representação por advogado ou procurador, ressalvado o disposto no caput do art. 7º do mesmo diploma legal.

39 - A obrigatoriedade de intimação pessoal dos ocupantes de cargo de Procurador Federal, prevista no art. 17 da Lei n. 10.910/2004, não é aplicável ao rito dos Juizados Especiais Federais.

41 - A contribuição previdenciária incide sobre a gratificação natalina dos segurados do Regime Geral de Previdência Social - RGPS, em separado da remuneração do mês de dezembro.

42 - É indevida a contribuição dos militares e pensionistas para os fundos de saúde das Forças Armadas, desde o início da vigência da Lei n. 8.237/91 até fevereiro de 2001.

43 - A União é parte legítima nas demandas que visem assegurar o direito às prestações do Sistema Único de Saúde - SUS.

46 - O Juizado Especial Federal é absolutamente incompetente para processar e julgar as causas envolvendo obrigações de trato sucessivo, cuja soma das doze prestações vincendas ultrapassar o limite de sessenta salários mínimos, não cabendo, neste caso, renúncia ao excedente.

47 - A renúncia, para fins de fixação de competência dos Juizados Especiais Federais, só é cabível sobre parcelas vencidas até a data do ajuizamento da ação, tendo por base o valor do salário mínimo então em vigor.

48 - A renúncia ao excedente do valor da causa não exclui o cômputo, no valor da condenação, da correção monetária e juros, bem como das prestações que vencerem no curso do processo, observada a regra do §4 o do art. 17 da Lei 10.259/2001.

51 - A instrução processual deverá se exaurida com vistas à prolação de sentença líquida, salvo quando houver inviabilidade material, devidamente fundamentada, hipótese em que deverão ser indicados os parâmetros de cálculo.

52 - Nas ações que tenham por objeto prestações de trato sucessivo, a sentença ou acórdão que julgar procedente o pedido determinará a implantação administrativa da prestaçao, podendo o juiz ordenar que a parte ré forneça os elementos de cálculo ou indique o valor dos atrasados, para o fim de pagamento na forma do art. 17 da Lei 10.259/01.

53 - A exigência legal de execução da obrigação de pagar prevista no art. 17 da Lei 10.259/01 não retira a faculdade do ente público de promover o pagamento do crédito na via administrativa.

54 - Antes da prolação de sentença, é imprescindível que a parte autora seja instada a dizer se renuncia a eventual excedente ao limite de alçada dos Juizados Especiais Federais.

55 - Os integrantes da polícia militar e do corpo de bombeiros militar do antigo DF e respectivos pensionistas não têm direito à vantagem pecuniária especial prevista no art. 1º da Lei 11.134/2005.

56 - Nos processos cujo objeto seja a concessão do benefício assistencial previsto no art. 20 da Lei 8.742/93, é indispensável a realização de investigação sócio-econômica da parte autora, ainda que realizada por mandado de verificação a ser cumprido por oficial de justiça.

60 - Nos processos cujo objeto seja a revisão da RMI de benefício previdenciário de acordo com o art. 29, § 5º, da Lei n. 8.213/91, é indispensável a realização de cálculos para a descoberta do novo valor da RMI antes da prolação da sentença.

63 - Em 01.08.2007 operou-se a decadência das ações que visem à revisão de ato concessório de benefício previdenciário instituído anteriormente a 28.06.1997, data de edição da MP n. 1.523-9, que deu nova redação ao art. 103 da Lei n. 8.213/91.

64 - Admite-se a conversão para comum do tempo de serviço prestado sob condições especiais em qualquer época, por não ter a Lei nº 9.711/98 revogado o art. 57, § 5º da Lei nº 8.213/91.

65 - No juizado especial federal, o valor da causa é calculado pela soma de doze prestações vincendas e das prestações vencidas atualizadas até a data da propositura da ação, na forma do art. 260 do CPC, e não poderá exceder sessenta salários mínimos.

66 - O pedido de revisão para a adequação do valor do benefício previdenciário aos tetos estabelecidos pelas EC 20/98 e 41/03 constitui pretensão de reajuste de Renda Mensal e não de revisão de RMI (Renda Mensal Inicial), pelo que não se aplica o prazo decadencial de 10 anos do artigo 103 da Lei n. 8.213/91, mas apenas o prazo prescricional das parcelas.

67 - É cabível a revisão de benefício previdenciário para resgatar eventual diferença entre a média do salário-de-contribuição e o valor do salário-de-benefício que, porventura, não tenha sido recuperada no primeiro reajustamento do benefício previdenciário, na forma das Leis 8.870/94 e 8.880/94, até o limite do novo teto (EC 20/98 e 41/03), sendo indispensável a elaboração de cálculos para a solução da lide.

68 – É constitucional a retenção da contribuição previdenciária no momento do pagamento do precatório ou da requisição de pequeno valor, conforme prevista no artigo 16-A da Lei nº 10.887/2004, incluído pela Lei nº 11.941/2009, desde que a matéria tenha sido discutida no curso do processo, antes do trânsito em julgado, com observância do contraditório e com a definição dos parâmetros de incidência da contribuição.

69 – É constitucional a retenção da contribuição previdenciária no momento do pagamento do precatório ou da requisição de pequeno valor, conforme prevista no artigo 16-A da Lei nº 10.887/2004, incluído pela Lei nº 11.941/2009, desde que a matéria tenha sido discutida no curso do processo, antes do trânsito em julgado, com observância do contraditório e com a definição dos parâmetros de incidência da contribuição. (Precedente: Processo nº 2006.51.52.003950-6/01)

70 – É inviável a desaposentação no Regime Geral da Previdência Social para fins de aproveitamento do tempo de contribuição anterior para uma nova aposentadoria neste mesmo regime.

71 – É absoluta a competência do juizado especial federal do domicílio da parte autora, inclusive nas ações previdenciárias e assistenciais, nos termos do art. 3º, § 3º da Lei 10.259/2001.

72 – Não merece reforma a sentença que acolhe os fundamentos técnicos do laudo pericial para conceder ou negar benefício previdenciário ou assistencial quando o recurso não trouxer razões que possam afastar a higidez do laudo.

73 – É inviável o mandado de segurança contra decisão pelo rito dos juizados especiais federais, salvo na fase de cumprimento da sentença e desde que evidenciada a teratologia do ato impugnado.

75 – Em caso de divergência entre o domicílio voluntário (residencial) e o necessário (profissional), deve prevalecer, para fins de fixação de competência, o domicílio voluntário da parte autora, independentemente do ente que figure no pólo passivo.

76 – O conceito de renda para fins de verificação do direito ao benefício assistencial (LOAS) inclui verbas relativas ao bolsa família, salários e benefícios previdenciários percebidos por não idosos e outras receitas habituais.

77 – Os juizados especiais federais são absolutamente incompetentes para processar e julgar feitos relativos à incidência do imposto de renda sobre proventos de previdência complementar, nos termos das Leis n. 7.713/88 e n. 9.250/95, em razão da complexidade da matéria.

78 – Não se aplicam à Fazenda Pública os prazos prescricionais do art. 206, §§ 2º e 3º, incisos II e III do Código Civil.

79 – Não merece reforma a sentença que fixa a data de início do benefício na data da perícia médica judicial quando esta não puder definir o início da incapacidade.

80 - Não se conhecerá do recurso de que tratam os arts. 4º e 5º da Lei 10.259/2001, caso não estejam presentes, de plano, os requisitos exigidos para a apreciação da tutela emergencial.

81 - A transformação do regime de trabalho de celetista para estatutário faz cessar o vínculo de emprego público e autoriza o levantamento dos valores depositados na conta de FGTS do trabalhador.

82 - A falta de pagamento de verbas reconhecidas administrativamente, por ausência de previsão orçamentária, caracteriza a existência de lide, sendo devido o pagamento judicial, até mesmo em função do art. 100 da Constituição Federal.

84 - O momento processual da aferição da incapacidade para fins de benefícios previdenciários ou assistenciais é o da confecção do laudo pericial, constituindo violação ao princípio do contraditório e da ampla defesa a juntada, após esse momento, de novos documentos ou a formulação de novas alegações que digam respeito à afirmada incapacidade, seja em razão da mesma afecção ou de outra.

85 - É incabível a cessação administrativa do auxílio-doença em razão de alta programada, ou seja, sem que seja feita reavaliação médica, uma vez que esse procedimento viola o art. 60 da Lei n. 8.213/91.

86 - Não podem ser levados em consideração, em sede recursal, argumentos novos, não contidos na inicial e não levados a debate no decorrer do feito, sob pena de violação ao princípio constitucional do contraditório e da ampla defesa.

87 - Não começa a correr o prazo prescricional enquanto não houver resposta definitiva ao requerimento administrativo por não haver inércia do suposto titular do alegado direito material.

88 - Por não correr prescrição contra o absolutamente incapaz, a regra do artigo 74, II, da Lei 8.213/91, de natureza prescricional, não pode ser utilizada para impedir que ele faça jus à pensão por morte a contar da data do óbito do instituidor.

89 - A anotação em CTPS goza de presunção relativa quanto à existência e duração do vínculo, só podendo ser desconstituída por prova documental inequívoca, em sentido contrário, inclusive para fins previdenciários.

90 - É assegurado o direito à aposentadoria urbana por idade, desde que preenchidos os requisitos legais para tanto, quais sejam, idade mínima e carência, ainda que não simultaneamente, sendo irrelevante a perda da qualidade de segurado para a concessão do benefício.

91 - É assegurado o direito à aposentadoria rural por idade, desde que preenchidos os requisitos legais para tanto, quais sejam, idade mínima e comprovação do exercício de atividade rural, ainda que de forma descontínua, no período imediatamente anterior ao mês em que cumprido o requisito etário, em número de meses idêntico à carência exigida para concessão do benefício, independentemente de carência.

92 - O prazo prescricional das ações que objetivam a correção monetária ou juros referentes a passivos pagos administrativamente começa a correr da data do último pagamento.

Súmulas das Turmas Recursais dos Juizados Especiais Federais da Seção Judiciária do Rio Grande do Norte

2 - O período de estudo do aluno-aprendiz, desde que realizado em escola profissional e comprovada a retribuição pecuniária à conta do orçamento público sob a forma de alimentação, fardamento, material escolar ou mesmo parcela de renda auferida com a execução de encomendas para terceiros, é contado como tempo de serviço para efeito de aposentadoria.

3 - A renda per capta de ¼ do salário-mínimo, embora sirva como referencial para a aferição da situação familiar, não impede que, na via judicial, sejam reconhecidos outros indicadores que revelem a necessidade de amparo assistencial ao deficiente ou ao idoso.

4 - O salário de contribuição do mês de fevereiro de 1994, que integra o cálculo de benefício previdenciário, deve ser atualizado com a aplicação do IRSM de fev/94, no percentual de 39,67%.

5 - No Juizado Especial Federal não se aplica a assistência obrigatória prevista na Lei nº 9.099/95 para as demandas de valor superior a vinte salários mínimos, cabendo ao Juiz alertar as partes sobre a conveniência do patrocínio, quando a causa recomendar.

6 - Não há direito a restituição de contribuição social incidente sobre gratificação natalina cobrada nos termos das Leis 8.212/91, 8.620/93 e 8.870/94.

7 - Não cabe recurso de sentença que não aprecia o mérito em sede de Juizado Especial Federal (artigo 5º da Lei 10.259/2001), salvo excepcionalmente quando o seu não conhecimento acarretar negativa de jurisdição.

8 - A União é parte legítima para integrar o pólo passivo das ações que objetivem fornecimento de medicamentos, realização de exames ou outras providências vinculadas ao Sistema Único de Saúde.

9 - O salário-maternidade devido à segurada especial toma por base o salário mínimo da época do nascimento do filho, atualizado monetariamente até o momento do efetivo pagamento, sendo irrelevante para esse fim a demora da parte autora em formular o requerimento administrativo.

Súmulas das Turmas Recursais dos Juizados Especiais Federais da Seção Judiciária do Rio Grande do Sul

1 – Havendo parcelas vencidas e vincendas, o valor da causa corresponde à soma das parcelas vencidas com doze vincendas, conforme o disposto no artigo 260, do Código de Processo Civil.

2 – Tratando-se de concessão de prestações previdenciárias, é imprescindível o prévio requerimento administrativo, que deve ser comprovado pela Carta de Indeferimento ou pelo protocolo fornecido pela Administração (no caso de demora injustificável). No caso de cancelamento de prestações previdenciárias, ou de ações de reajustamento, o exame das questões ventiladas prescinde da via administrativa.

3 – O tempo de serviço prestado após a aposentação somente poderá ser contado para concessão de nova aposentadoria se houver renúncia ao benefício ou desaposentação, com restituição de todos os valores já recebidos.

9 – As contribuições para o Plano de Seguridade dos Servidores Públicos são classificadas como tributos lançados por homologação.

10 – Não incide contribuição previdenciária para o Plano de Seguridade dos Servidores Públicos – PSS sobre o terço constitucional de férias, o adicional pelo exercício de atividades insalubres, perigosas ou penosas, o adicional pela prestação de serviço extraordinário, o adicional noturno, a gratificação pelo exercício de função de direção, chefia e assessoramento e a gratificação por participação em curso/concurso.

12 – É incabível ação cautelar autônoma nos Juizados Especiais Federais.

13 – O recurso de medida cautelar somente é cabível contra decisão em que foi deferida antecipação de tutela.

14 – Não se admite ação rescisória no âmbito das Turmas Recursais dos Juizados Especiais Federais.

15 – Não cabe mandado de segurança contra acórdão de Turma Recursal.

16 – O salário-de-benefício que serviu de base para o cálculo da renda mensal inicial do auxílio-doença, devidamente reajustado, deve ser considerado como salário-de-contribuição para a aposentadoria por invalidez, nos termos do § 5º do art. 29 da Lei nº 8.213/91.

17 – Para o cálculo da renda mensal inicial dos benefícios previdenciários cuja renda mensal inicial tenha sido limitada ao teto, em havendo alteração desse limite, tal como foi feito pelas Emendas Constitucionais 20/1998 e 41/2003, cumpre ter presente o novo parâmetro fixado, observados os cálculos primitivos. Assim, a limitação do benefício ao teto será feita somente para fins de pagamento, mantendo-se o valor histórico para fins de incidência dos reajustes.

18 – A incapacidade temporária, ainda que parcial, é suficiente para o reconhecimento do direito ao benefício assistencial.

19 – Incabível a concessão do beneficio de pensão por morte da esposa, cujo óbito tenha ocorrido após a promulgação da Constituição Federal, mas antes de 05.04.1991, conforme o disposto no artigo 145 da Lei 8.213/91, porquanto esse benefício previdenciário é regido pela lei vigente à data do óbito.

Súmulas das Turmas Recursais dos Juizados Especiais Federais da Seção Judiciária do Estado de Rondônia

4 – É indevida a cobrança de contribuição previdenciária sobre a função comissionada dos servidores públicos, a partir da vigência da Lei 9.527/97.

5 – Para comprovação do tempo de trabalho rural, o início de prova material deve ser contemporâneo à época dos fatos cuja demonstração se pretenda, embora não se imponha, necessariamente, abrangê-lo integralmente.

11 – As modificações introduzidas pelas Emendas Constitucionais n.s 20/98 e 41/2003, ao alterarem o teto do benefício, não ensejaram o direito ao incremento das benesses em manutenção, por ausência de violação ao princípio constitucional da irredutibilidade.

14 – Descumprido o despacho ordenando a apresentação, pela parte autora, de fichas financeiras, planilhas de cálculos e outros documentos essenciais à propositura/processamento da ação (CPC, artigos 283 e 284, parágrafo único, Lei 9.099/95, artigo 14, III), correto se mostra o indeferimento da petição inicial (CPC, artigos 295, VI, e 267, I).

17 – Não incide contribuição previdenciária sobre parcelas insuceptíveis de incorporação a proventos de inatividade de servidor.

Súmulas das Turmas Recursais dos Juizados Especiais Federais da Seção Judiciária do Estado de Santa Catarina

1 – A União é parte ilegítima para figurar no pólo passivo nas ações em que seja postulado o benefício assistencial previsto no art. 20 da Lei n. 8.742/93.

2 – Nas causas de natureza previdenciária incidem, sobre as prestações em atraso, juros moratórios de 1% (um por cento) ao mês, a partir da citação.

3 – Na correção monetária dos salários de contribuição anteriores a março de 1994 deve ser incluída a diferença decorrente da variação do IRSM relativa ao período de 1.2.1994 a 28.2.1994 (39,67%).

4 – O enquadramento do tempo de atividade especial por categoria profissional prevalece somente até 28-04-1995 (Lei 9032/95).

5 – Exige-se laudo técnico para comprovação da efetiva sujeição do segurado a agentes agressivos somente em relação à atividade prestada a partir de 06/03/1997 (decreto 2172/97), exceto quanto ao ruído, para o qual imprescindível aquela prova também no período anterior.

6 – Cabe recurso da sentença que extingue o processo, com ou sem apreciação do mérito. (art. 5º da Lei n. 10.259/2001).

7 – Em ações de concessão ou revisão de benefícios previdenciários o INPC substitui o IGP-Di na atualização das parcelas vencidas, desde 02-2004 (MP n. 167, convertida na Lei n. 10.887/2004, que acrescentou o artigo 29B à Lei n. 8.213/91, combinada com o art. 31 da Lei 10741/2003).

8 – Não há direito ao reajustamento dos benefícios previdenciários com base nas Portarias MPAS n. 4.883/98 e MPS n. 12/2004, que trataram do escalonamento das alíquotas incidentes sobre os novos valores máximos contributivos estipulados pelas EC n.s 20/98 e 41/2003.

9 – Na fixação da renda mensal inicial da aposentadoria por invalidez precedida de auxílio-doença deve-se apurar o salário-de-benefício na forma do artigo 29, § 5º, da Lei n. 8.213/91.

12 – Nas demandas em que se postulam prestações vencidas e vincendas, fixa-se o valor da causa com base apenas no montante atualizado das parcelas vencidas até a data do ajuizamento da ação.

13 – As parcelas vencidas a partir da sentença constituem obrigação de fazer, sendo devido o pagamento diretamente pela administração, dispensada a requisição de pequeno valor ou precatório.

15 – O tempo de serviço do segurado trabalhador rural anterior a novembro de 1991, ainda que ausente o recolhimento das contribuições previdenciárias, pode ser considerado para a concessão dos benefícios do Regime Geral de Previdência Social (RGPS), exceto para efeito de carência.

16 – É considerado especial, até 5-3-1997 (Decreto n. 2.172), o trabalho exercido com sujeição a ruído superior a 80 dB.

17 – É legítimo o cálculo em separado da contribuição previdenciária incidente sobre o décimo terceiro salário, na forma estabelecida no § 2º do artigo 7º da Lei n. 8.620/93, que está em pleno vigor.

Súmulas das Turmas Recursais Reunidas dos Juizados Especiais Federais da Seção Judiciária do Estado de Santa Catarina

18 – É indevida a inclusão da gratificação natalina nos salários-de-contribuição ou no período base de cálculo de benefícios previdenciários, mesmo no regime anterior ao advento da Lei n. 8.870/94.

19 – Nos Juizados Especiais Federais, só cabe condenação em honorários advocatícios quando o recorrente é integralmente vencido no recurso e não é caso de sucumbência recursal recíproca.

20 – O benefício previdenciário de valor mínimo percebido por idoso é excluído da composição da renda familiar, apurada para o fim de concessão de benefício assistencial.

21 – Nas ações contra a Fazenda Pública, que versem sobre verbas remuneratórias devidas a servidores públicos civis e militares, ajuizadas após 24/08/2001, os juros de mora devem ser fixados em 6% (seis por cento) ao ano (art. 1º-F da Lei 9.494/97).

22 – Não cabe recurso contra decisão interlocutória proferida no rito dos Juizados Especiais Federais, exceto nos casos de deferimento de medida cautelar pelo juiz de 1º Grau.

24 – Para os benefícios previdenciários de aposentadoria por invalidez, auxílio-doença e auxílio-acidente, concedidos após a vigência da Lei n. 9.876/99, o salário-de-benefício consistirá na média aritmética simples dos maiores salários-de-contribuição correspondentes a 80% de todo o período contributivo, independentemente da data de filiação ao RGPS e do número de contribuições mensais vertidas no período contributivo.

26 – É de dez anos o prazo decadencial para revisão de todo e qualquer benefício previdenciário concedido a partir de 27/06/1997 – data da nona edição da Medida Provisória n. 1.523/97, transformada na Lei n. 9.528/97, a qual alterou o artigo 103 da Lei 8.213/91.

27 – Nos pedidos de concessão ou restabelecimento de benefício por incapacidade, a nomeação de médico não especialista na área da patologia da qual a parte-autora alega ser portadora, por si só, não implica nulidade.

Súmulas das Turmas Recursais dos Juizados Especiais Federais da Seção Judiciária do Estado de São Paulo

1 – A homologação do pedido de desistência da ação independe da anuência do réu.

2 – Na hipótese de direito adquirido ao pecúlio, o prazo prescricional começa a fluir do afastamento do trabalho.

3 – Com a implantação do Plano de Benefício da Previdência Social (Lei n.º 8.213/91), o benefício previdenciário de prestação continuada não está mais vinculado ao número de salários mínimos da sua concessão.

4 – É devida a revisão da renda mensal inicial do benefício previdenciário cujo período básico de cálculo considerou o salário-de-contribuição de fevereiro de 1994, que deve ser corrigido pelo índice de 39,67%, relativo ao IRSM daquela competência.

5 – A renda mensal per capita de ¼ (um quarto) do salário mínimo não constitui critério absoluto de aferição da miserabilidade para fins de benefício assistencial.

6 – Nas ações envolvendo o benefício assistencial previsto no art. 20 da Lei n. 8.742/73 o INSS detém a legitimidade passiva exclusiva.

7 – A comprovação de tempo de serviço rural ou urbano depende de início de prova material da prestação de serviço, nos termos do art. 55, § 3°, da Lei n. 8.213/91.

8 – A contestação poderá ser apresentada até a audiência de instrução e julgamento.

9 – A correção dos 24 primeiros salários-de-contribuição pela ORTN/OTN nos termos da Súmula n.º 7 do Egrégio Tribunal Regional Federal da 3ª Região não alcança os benefícios de auxílio-doença, aposentadoria por invalidez, pensão por morte e auxílio-reclusão (art. 21, I, da Consolidação das Leis da Previdência Social aprovada pelo Decreto n.º 89.312/84).

10 – É de 10 (dez) dias o prazo para interposição de recurso contra medida cautelar prevista no art. 4º da Lei n.º 10.259/2001.

11 – A Justiça Federal é competente para apreciar pedido de concessão de auxílio-acidente decorrente de acidente não vinculado ao trabalho.

12 – Nos benefícios concedidos a partir de 01.03.94, na hipótese do salário-de-benefício exceder ao limite previsto no art. 29, § 2°, da Lei n. 8.213/91, aplica-se o disposto no art. 21, § 3°, da Lei n. 8.880/94.

13 – O valor da causa, quando a demanda envolver parcelas vincendas, corresponderá à soma de doze parcelas vincendas controversas, nos termos do art. 3°, § 2°, da Lei n. 10.259/01.

14 – Em caso de morte de filho segurado, os pais têm direito à pensão por morte, se provada a dependência econômica mesmo não exclusiva.

15 – Para efeitos de cômputo da renda mensal per capita com vistas à concessão do benefício assistencial previsto no art. 20 da Lei n. 8.742/93, considera-se família o conjunto de dependentes do Regime Geral de Previdência Social que vivam sob o mesmo teto.

16 – Para a concessão de aposentadoria por idade, desde que preenchidos os requisitos legais, é irrelevante o fato do requerente, ao atingir a idade mínima, não mais ostentar a qualidade de segurado.

17 – Em matéria de comprovação de tempo de serviço especial, aplica-se a legislação vigente à época da prestação de serviço.

18 – São devidos honorários advocatícios por parte do recorrente vencido em segundo grau (art. 55 da Lei n. 9.099/1995), quando houver atuação de advogado constituído.

19 – O juiz deverá, de ofício, reconhecer a prescrição quinquenal nas ações envolvendo parcelas vencidas de benefícios previdenciários (art. 103, parágrafo único da Lei n. 8.213/1991), inclusive em grau recursal.

20 – É possível a expedição de precatório no Juizado Especial Federal, nos termos do art. 17, § 4°, da Lei n. 10.259/2001), quando o valor da condenação exceder 60 (sessenta) salários mínimos.

22 – O reconhecimento de tempo de serviço rural anterior à Lei n. 8.213/1991, como segurado empregado ou especial, só pressupõe o recolhimento das respectivas contribuições, quando destinado à contagem recíproca junto a regime próprio de previdência social de servidor público.

23 – A qualidade de segurado, para fins de concessão de auxílio-doença e aposentadoria por invalidez, deve ser verificada quando do início da incapacidade.

24 – O valor da causa, em ações de revisão da renda mensal de benefício previdenciário, é calculado pela diferença entre a renda devida e a efetivamente paga multiplicada por 12 (doze).

25 – A competência dos Juizados Especiais Federais é determinada unicamente pelo valor da causa e não pela complexidade da matéria (art. 3° da Lei n. 10.259/2001).

26 – As ações de repetição de indébito de contribuições previdenciárias têm natureza tributária e não previdenciária.

27 – O incapaz pode ser parte autora nas ações perante o Juizado Especial Federal.

30 – Não cabe a concessão de prazo especial, em quádruplo ou em dobro, no âmbito do Juizado Especial Federal.

31 – Cabe recurso da sentença que julga extinto o processo sem o julgamento do mérito.

33 – Incide contribuição previdenciária sobre o 13º salário nos termos do § 2º do artigo 7º da Lei 8620/93.

34 – Não cabe recurso adesivo nos Juizados Especiais Federais.

35 – O ajuizamento da ação de concessão de benefício da seguridade social reclama prévio requerimento administrativo.

36 – O ajuizamento da ação revisional de benefício da seguridade social que não envolva matéria de fato dispensa o prévio requerimento administrativo.

37 – É possível ao relator negar seguimento ou não conhecer de recurso manifestamente inadmissível, prejudicado, improcedente ou em confronto com a jurisprudência dominante do Supremo Tribunal Federal, Superior Tribunal de Justiça, Turma Nacional de Uniformização de Jurisprudência dos Juizados Especiais Federais, Turma Regional de Uniformização de Jurisprudência dos Juizados Especiais Federais e de Enunciados destas Turmas Recursais.

38 – A decisão monocrática que negar seguimento ou não conhecer de recurso no âmbito destas Turmas Recursais substitui, para todos os efeitos, a decisão colegiada.

39 – Aplicam-se as disposições contidas no parágrafo único do artigo 14 do CPC às multas impostas no âmbito do Juizado Especial Federal, em decorrência do descumprimento de suas decisões.

Súmulas das Turmas Recursais dos Juizados Especiais Federais da Seção Judiciária de Sergipe

1 – Aplica-se o índice de 39,67%, correspondente ao IRSM de fevereiro de 1994, na correção monetária do salário de contribuição, para fins de cálculo da renda mensal inicial dos benefícios previdenciários, antes da conversão em URV, concedidos após março de 1994.

2 – É carente de ação o segurado que ingressa em juízo com ação objetivando a concessão de benefício de aposentadoria, sem, antes, ter formulado tal pretensão na via administrativa

3 – É possível a renúncia expressa quanto aos valores excedentes a 60 (sessenta) salários mínimos, para fins de fixação de competência, no âmbito dos Juizados Especiais Federais.

4 – Aplica-se a correção monetária, prevista na Lei 6.423, de 17.06.1977, aos benefícios previdenciários concedidos antes da vigência da Lei 8.213, de 24.07.1991, objetivando a revisão da renda mensal inicial.

5 – Não é inconstitucional o IRSM, aplicado no reajuste dos benefícios previdenciários, previsto na Lei n. 8.542, de 23.12.1992.

6 – O juiz deve ouvir as partes quando os cálculos apontam soma superior a sessenta salários mínimos, a fim de poder possibilitar a renúncia, se for o caso.

8 – Nos procedimentos, cujo valor da condenação ultrapasse sessenta salários mínimos, desde que tal acréscimo ocorra no curso do processo, e a parte não renuncie ao valor excedente, a execução deverá ser procedida no Juizado Especial Federal, via precatório.

10 – A contribuição previdenciária sobre 13º salário, incidirá por meio de aplicação em separado das alíquotas estabelecidas nos arts. 20 e 22 da Lei n. 8.212, de 24 de julho de 1991, observando-se o o art. 28 do mesmo diploma.

14 – Não cabe recurso em face de sentença que extinguiu o processo sem resolução do mérito, no âmbito da Turma Recursal dos Juizados Especiais Federais.

19 – O recurso adesivo é compatível com o rito previsto na lei de Juizados Especiais Federais.

20 – Além das hipóteses previstas no art. 5º, da Lei n. 10.259/2001, também é cabível o agravo em face de decisões que apresentem grave risco de lesividade à parte.

21 – Não cabe agravo regimental da decisão singular que aprecia o pedido de antecipação de tutela recursal em agravo de instrumento, ante a sua irrecorribilidade (parágrafo único, do art. 527, do CPC).

Súmulas das Turmas Recursais dos Juizados Especiais Federais da Seção Judiciária do Estado do Tocantins

1 – O juiz não está vinculado ao laudo socioeconômico produzido pela parte, podendo determinar diligências, inclusive de ofício, para o adequado esclarecimento dos fatos.

2 – O caráter temporário da incapacidade não impede a concessão de benefício assistencial.

3 – Contra decisões proferidas na fase de cumprimento da sentença, cabe recurso inominado no prazo de 10 dias.

4 – A ausência da parte à perícia enseja extinção do processo sem resolução do mérito.

Enunciados aprovados pelo Fórum Nacional dos Juizados Especiais Federais – FONAJEF

1 – O julgamento de mérito de plano ou *prima facie* não viola o principio do contraditório e deve ser empregado na hipótese de decisões reiteradas de improcedência pelo juízo sobre determinada matéria.

2 – Nos casos de julgamentos de procedência de matérias repetitivas, é recomendável a utilização de contestações depositadas na Secretaria, a fim de possibilitar a imediata prolação de sentença de mérito.

3 – A auto-intimação eletrônica atende aos requisitos das Leis nºs 10.259/2001 e 11.419/2006 e é preferencial à intimação por e-mail.

4 – Na propositura de ações repetitivas ou de massa, sem advogado, não havendo viabilidade material de opção pela autointimação eletrônica, a parte firmará compromisso de comparecimento, em prazo pré-determinado em formulário próprio, para ciência dos atos processuais praticados.

5 – As sentenças e antecipações de tutela devem ser registradas tão-somente em meio eletrônico.

6 – Havendo foco expressivo de demandas em massa, os juizados especiais federais solicitarão às Turmas Recursais e de Uniformização Regional e Nacional o julgamento prioritário da matéria repetitiva, a fim de uniformizar a jurisprudência a respeito e de possibilitar o planejamento do serviço judiciário.

7 – Nos Juizados Especiais Federais o procurador federal não tem a prerrogativa de intimação pessoal.

8 – É válida a intimação do procurador federal para cumprimento da obrigação de fazer, independentemente de oficio, com base no artigo 461 do Código de Processo Civil.

9 – Além das exceções constantes do § 1º do artigo 3º da Lei n. 10.259, não se incluem na competência dos Juizados Especiais Federais, os procedimentos especiais previstos no Código de Processo Civil, salvo quando possível a adequação ao rito da Lei n. 10.259/2001.

10 – O incapaz pode ser parte autora nos Juizados Especiais Federais, dando-se-lhe curador especial, se ele não tiver representante constituído.

11 – No ajuizamento de ações no JEF, a microempresa e a empresa de pequeno porte deverão comprovar essa condição mediante documentação hábil.

12 – No Juizado Especial Federal, não é cabível o pedido contraposto formulado pela União Federal, autarquia, fundação ou empresa pública federal.

13 – Não são admissíveis embargos de execução nos Juizados Especiais Federais, devendo as impugnações do devedor ser examinadas independentemente de qualquer incidente.

14 – Nos Juizados Especiais Federais, não é cabível a intervenção de terceiros ou a assistência.

15 – Na aferição do valor da causa, deve-se levar em conta o valor do salário mínimo em vigor na data da propositura de ação.

16 – Não há renúncia tácita nos Juizados Especiais Federais para fins de fixação de competência.

17 – Não cabe renúncia sobre parcelas vincendas para fins de fixação de competência nos Juizados Especiais Federais.

18 – No caso de litisconsorte ativo, o valor da causa, para fins de fixação de competência deve ser calculado por autor.

19 – Aplica-se o parágrafo único do art. 46 do CPC em sede de Juizados Especiais Federais.

20 – Não se admite, com base nos princípios da economia processual e do juiz natural, o desdobramento de ações para cobrança de parcelas vencidas e vincendas.

21 – As pessoas físicas, jurídicas, de direito privado ou de direito público estadual ou municipal podem figurar no polo passivo, no caso de litisconsórcio necessário.

22 – A exclusão da competência dos Juizados Especiais Federais quanto às demandas sobre direitos ou interesses difusos, coletivos ou individuais homogêneos somente se aplica quanto a ações coletivas.

24 – Reconhecida a incompetência do Juizado Especial Federal, é cabível a extinção do processo, sem julgamento de mérito, nos termos do art. 1º da Lei n. 10.259/2001 e do art. 51, III, da Lei n. 9.099/95, não havendo nisso afronta ao art. 12, § 2º, da Lei n. 11.419/06.

26 – Nos Juizados Virtuais, considera-se efetivada a comunicação eletrônica do ato processual, inclusive citação, pelo decurso do prazo fixado, ainda que o acesso não seja realizado pela parte interessada.

27 – Não deve ser exigido o protocolo físico da petição encaminha da via Internet ou correio eletrônico ao Juizado Virtual, não se aplicando as disposições da Lei n 9.800/99.

28 – É inadmissível a avocação, por Tribunal Regional Federal, de processos ou matéria de competência de Turma Recursal, por flagrante violação ao art. 98 da Constituição Federal.

29 – Cabe ao Relator, monocraticamente, atribuir efeito suspensivo a recurso, bem assim lhe negar seguimento ou dar provimento nas hipóteses tratadas no art. 557, caput e § 1-A, do CPC, e quando a matéria estiver pacificada em súmula da Turma Nacional de Uniformização, enunciado de Turma Regional ou da própria Turma Recursal.

30 – A decisão monocrática referendada pela Turma Recursal, por se tratar de manifestação do colegiado, não é passível de impugnação por intermédio de agravo regimental.

32 – A decisão que contenha os parâmetros de liquidação atende ao disposto no art. 38, parágrafo único, da Lei nº 9.099/95.

34 – O exame de admissibilidade do recurso poderá ser feito apenas pelo Relator, dispensado o prévio exame no primeiro grau.

35 – A execução provisória para pagar quantia certa é inviável em sede de juizado, considerando outros meios jurídicos para assegurar o direito da parte.

36 – O momento para oferecimento de contra-razões de recurso é anterior ao seu exame de admissibilidade.

38 – A qualquer momento poderá ser feito o exame de pedido de gratuidade com os critérios da Lei nº 1.060/50. Para fins da Lei nº 10.259/01, presume-se necessitada a parte que perceber renda até o valor do limite de isenção do imposto de renda.

39 – Não sendo caso de justiça gratuita, o recolhimento das custas para recorrer deverá ser feito de forma integral nos termos da Resolução do Conselho da Justiça Federal, no prazo da Lei n 9.099/95.

42 - Em caso de embargos de declaração protelatórios, cabe a condenação em litigância de má-fé (princípio da lealdade processual).

43 - É adequada a limitação dos incidentes de uniformização às questões de direito material.

44 - Não cabe ação rescisória no JEF. O artigo 59 da Lei n 9.099/95 está em consonância com os princípios do sistema processual dos Juizados Especiais, aplicando-se também aos Juizados Especiais Federais.

45 - Havendo contínua e permanente fiscalização do juiz togado, conciliadores criteriosamente escolhidos pelo Juiz, poderão, para certas matérias, realizar atos instrutórios previamente determinados, como redução a termo de depoimentos, não se admitindo, contudo, prolação de sentença a ser homologada.

46 - A litispendência deverá ser alegada e provada, nos termos do CPC (art.301), pelo réu, sem prejuízo dos mecanismos de controle desenvolvidos pela Justiça Federal.

47 - Eventual pagamento realizado pelos entes públicos demandados deverá ser comunicado ao Juízo para efeito de compensação quando da expedição da RPV.

48 - Havendo prestação vencida, o conceito de valor da causa para fins de competência do JEF é estabelecido pelo art. 260 do CPC.

49 - O controle do valor da causa, para fins de competência do JEF, pode ser feito pelo juiz a qualquer tempo.

50 - Sem prejuízo de outros meios, a comprovação da condição sócio-econômica do autor pode ser feita por laudo técnico confeccionado por assistente social, por auto de constatação lavrado por oficial de justiça ou através de oitiva de testemunha.

51 - O art. 20, parágrafo primeiro, da Lei n. 8.742/93 não é exauriente para delimitar o conceito de unidade familiar.

52 - É obrigatória a expedição de RPV em desfavor do ente público para ressarcimento de despesas periciais quando este for vencido.

53 - Não há prazo em dobro para a Defensoria Pública no âmbito dos JEFs.

54 - O artigo 515 e parágrafos do CPC interpretam-se ampliativamente no âmbito das Turmas Recursais, em face dos princípios que orientam o microssistema dos JEFs.

55 - A nulidade do processo por ausência de citação do réu ou litisconsorte necessário pode ser declarada de ofício pelo juiz nos próprios autos do processo, em qualquer fase, ou mediante provocação das partes, por simples petição.

56 - Aplica-se analogicamente nos JEFs a inexigibilidade do título executivo judicial, nos termos do disposto nos arts. 475-L, par. 1º e 741, par. único, ambos do CPC.

57 – Nos JEFs, somente o recorrente vencido arcará com honorários advocatícios.

58 – Excetuando-se os embargos de declaração, cujo prazo de oposição é de cinco dias, os prazos recursais contra decisões de primeiro grau no âmbito dos JEFs são sempre de dez dias, independentemente da natureza da decisão recorrida.

60 – A matéria não apreciada na sentença, mas veiculada na inicial, pode ser conhecida no recurso inominado, mesmo não havendo a oposição de embargos de declaração.

61 – O recurso será recebido no duplo efeito, salvo em caso de antecipação de tutela ou medida cautelar de urgência.

62 – A aplicação de penalidade por litigância de má-fé, na forma do art. 55 da Lei nº 9.099/95, não importa na revogação automática da gratuidade judiciária.

63 – Cabe multa ao ente público pelo atraso ou não-cumprimento de decisões judiciais com base no artigo 461 do CPC, acompanhada de determinação para a tomada de medidas administrativas para a apuração de responsabilidade funcional e/ou por dano ao erário. Havendo contumácia no descumprimento, caberá remessa de ofício ao MPF para análise de eventual improbidade administrativa.

64 – Não cabe multa pessoal ao procurador "ad juditia" do ente público, seja com base no art. 14, seja no art. 461, ambos do CPC.

65 – Não cabe a prévia limitação do valor da multa coercitiva (astreintes), que também não se sujeita ao limite de alçada dos JEFs, ficando sempre assegurada a possibilidade de reavaliação do montante final a ser exigido na forma do parágrafo 6º do artigo 461 do CPC.

66 – Os JEFs somente processarão as cartas precatórias oriundas de outros JEFs de igual competência.

67 – O caput do artigo 9º da Lei n. 9.099/1995 não se aplica subsidiariamente no âmbito dos JEF's, visto que o artigo 10 da Lei n. 10.259/2001 disciplinou a questão de forma exaustiva.

68 – O estagiário de advocacia, nos termos do Estatuto da OAB, tão-só pode praticar, no âmbito dos JEF's, atos em conjunto com advogado e sob responsabilidade deste.

69 – O levantamento de valores decorrentes de Requisições de Pequeno Valor e Precatórios no âmbito dos Juizados Especiais Federais pode ser condicionado à apresentação, pelo mandatário, de procuração específica com firma reconhecida, da qual conste, ao menos, o número de registro do Precatório ou Requisições de Pequeno Valor ou o número da conta do depósito, com o respectivo valor.

70 – É compatível com o rito dos Juizados Especiais Federais a aplicação do art. 112 da Lei n. 8.213-91, para fins de habilitação processual e pagamento.

71 – A parte autora deverá ser instada, na fase da execução, a renunciar ao excedente ± alçada do JEF, para fins de pagamento por RPV, não se aproveitando, para tanto, a renúncia inicial, de definição de competência.

72 – As parcelas vencidas após a data do cálculo judicial podem ser pagas administrativamente, por meio de complemento positivo.

73 – A intimação telefônica, desde que realizada diretamente com a parte e devidamente certificada pelo servidor responsável, atende plenamente aos princípios constitucionais aplicáveis à comunicação dos atos processuais.

74 – A intimação por carta com aviso de recebimento, mesmo que o comprovante não seja subscrito pela própria parte, é válida desde que entregue no endereço declarado pela parte.

75 – É lícita a exigência de apresentação de CPF para o ajuizamento de ação no Juizado Especial Federal.

76 – A apresentação de proposta de conciliação pelo réu não induz a confissão.

77 – O ajuizamento da ação de concessão de benefício da seguridade social reclama prévio requerimento administrativo.

78 – O ajuizamento da ação revisional de benefício da seguridade social que não envolva matéria de fato dispensa o prévio requerimento administrativo.

79 – A comprovação de denúncia da negativa de protocolo de pedido de concessão de benefício, feita perante a ouvidoria da Previdência Social, supre a exigência de comprovação de prévio requerimento administrativo nas ações de benefícios da seguridade social.

80 – Em juizados itinerantes, pode ser flexibilizada a exigência de prévio requerimento administrativo, consideradas as peculiaridades da região atendida.

81 – Cabe conciliação nos processos relativos à pessoa incapaz, desde que presente o representante legal e intimado o Ministério Público.

82 – O espólio pode ser parte autora nos juizados especiais cíveis federais.

83 – O art. 10, caput, da Lei n. 10.259/2001 não autoriza a representação das partes por não-advogados de forma habitual e com fins econômicos.

84 – Não é causa de nulidade nos juizados especiais federais a mera falta de intimação das partes da entrega do laudo pericial.

85 – Não é obrigatória a degravação, tampouco a elaboração de resumo, para apreciação de recurso, de audiência gravada por meio magnético ou equivalente, desde que acessível ao órgão recursal.

86 – A tutela de urgência em sede de turmas recursais pode ser deferida de oficio.

87 – A decisão monocrática proferida por Relator é passível de Agravo Interno.

88 – É admissível MS para Turma Recursal de ato jurisdicional que cause gravame e não haja recurso.

89 – Não cabe processo cautelar autônomo, preventivo ou incidental, no âmbito do JEF.

90 – Os honorários advocatícios impostos pelas decisões de juizado especial federal serão executados no próprio juizado, por quaisquer das partes.

91 – Os Juizados Especiais Federais são incompetentes para julgar causas que demandem perícias complexas ou onerosas que não se enquadrem no conceito de exame técnico (art. 12 da Lei n. 10.259/2001).

92 – O artigo 51, I, da Lei n. 9.099/95 é aplicável aos Juizados Especiais Federais, ainda que a parte esteja representada na forma do artigo 10, caput, da Lei n. 10.259/01.

93 – A concessão administrativa do benefício no curso do processo acarreta a extinção do feito sem resolução de mérito por perda do objeto, desde que corresponda ao pedido formulado na inicial.

97 – O provimento, ainda que parcial, de recurso inominado afasta a possibilidade de condenação do recorrente ao pagamento de honorários de sucumbência.

98 – Cabe incidente de uniformização de jurisprudência quando a questão deduzida nos autos tiver reflexo sobre a competência do juizado especial federal.

99 – É inadmissível o reexame de matéria fática em pedido de uniformização de jurisprudência.

100 – No âmbito dos Juizados Especiais Federais, a Turma Recursal poderá conhecer diretamente das questões não examinadas na sentença que acolheu prescrição ou decadência, estando o processo em condições de imediato julgamento.

101 – A Turma Recursal tem poder para complementar os atos de instrução já realizados pelo juiz do Juizado Especial Federal, de forma a evitar a anulação da sentença.

102 – Convencendo-se da necessidade de produção de prova documental complementar, a Turma Recursal produzirá ou determinará que seja produzida, sem retorno do processo para o juiz do Juizado Especial Federal.

103 – Sempre que julgar indispensável, a Turma Recursal, sem anular a sentença, baixará o processo em diligências para fins de produção de prova testemunhal, pericial ou elaboração de cálculos.

104 – Cabe à Turma de Uniformização reformar os acórdãos que forem contrários à sua jurisprudência pacífica, ressalvada a hipótese de supressão de instância, em que será cabível a remessa dos autos à Turma de origem para fim de adequação do julgado.

105 – A Turma de Uniformização, ao externar juízo acerca da admissibilidade do pedido de uniformização, deve considerar a presença de similitude de questões de fato e de direito nos acórdãos confrontados.

106 – Cabe à Turma Recursal conhecer e julgar os conflitos de competência apenas entre Juizados Especiais Federais sujeitos a sua jurisdição.

107 – Fora das hipóteses do artigo 4º da Lei n. 10.259/2001, a impugnação de decisões interlocutórias proferidas antes da sentença deverá ser feita no recurso desta (art. 41 da Lei nº 9.099/95).

108 – Não cabe recurso para impugnar decisões que apreciem questões ocorridas após o trânsito em julgado.

109 – A tempestividade do recurso pode ser comprovada por qualquer meio idôneo, inclusive eletrônico.

110 – A competência das turmas recursais reunidas, onde houver, deve ser limitada à deliberação acerca de enunciados das turmas recursais das respectivas seções judiciárias.

Enunciados da I Jornada de Direito Material e Processual na Justiça do Trabalho

36 – ACIDENTE DO TRABALHO. COMPETÊNCIA. AÇÃO AJUIZADA POR HERDEIRO, DEPENDENTE OU SUCESSOR. Compete à Justiça do Trabalho apreciar e julgar ação de indenização por acidente de trabalho, mesmo quando ajuizada pelo herdeiro, dependente ou sucessor, inclusive em relação aos danos em ricochete.

37 – RESPONSABILIDADE CIVIL OBJETIVA NO ACIDENTE DE TRABALHO. ATIVIDADE DE RISCO. Aplica-se o art. 927, parágrafo único, do Código Civil nos acidentes do trabalho. O art. 7º, XXVIII, da Constituição da República, não constitui óbice à aplicação desse dispositivo legal, visto que seu caput garante a inclusão de outros direitos que visem à melhoria da condição social dos trabalhadores.

38 – RESPONSABILIDADE CIVIL. DOENÇAS OCUPACIONAIS DECORRENTES DOS DANOS AO MEIO AMBIENTE DO TRABALHO. Nas doenças ocupacionais decorrentes dos danos ao meio ambiente do trabalho, a responsabilidade do empregador é objetiva. Interpretação sistemática dos artigos 7º, XXVIII, 200, VIII, 225, § 3º, da Constituição Federal e do art. 14, § 1º, da Lei 6.938/81.

39 – MEIO AMBIENTE DE TRABALHO. SAÚDE MENTAL. DEVER DO EMPREGADOR. É dever do empregador e do tomador dos serviços zelar por um ambiente de trabalho saudável também do ponto de vista da saúde mental, coibindo práticas tendentes ou aptas a gerar danos de natureza moral ou emocional aos seus trabalhadores, passíveis de indenização.

40 – RESPONSABILIDADE CIVIL. ACIDENTE DO TRABALHO. EMPREGADO PÚBLICO. A responsabilidade civil nos acidentes do trabalho envolvendo empregados de pessoas jurídicas de Direito Público interno é objetiva. Inteligência do artigo 37, § 6º da Constituição Federal e do artigo 43 do Código Civil.

41 - RESPONSABILIDADE CIVIL. ACIDENTE DO TRABALHO. ÔNUS DA PROVA. Cabe a inversão do ônus da prova em favor da vítima nas ações indenizatórias por acidente do trabalho.

42 - ACIDENTE DO TRABALHO. NEXO TÉCNICO EPIDEMIOLÓGICO. Presume-se a ocorrência de acidente do trabalho, mesmo sem a emissão da CAT - Comunicação de Acidente de Trabalho, quando houver nexo técnico epidemiológico conforme art. 21-A da Lei 8.213/1991.

43 - ESTABILIDADE ACIDENTÁRIA. AUSÊNCIA DE EMISSÃO DA CAT. A ausência de emissão da CAT - Comunicação de Acidente do Trabalho pelo empregador não impede o direito à estabilidade do art. 118 da Lei 8.213/1991, desde que comprovado que o trabalhador deveria ter se afastado em razão do acidente por período superior a quinze dias.

44 - RESPONSABILIDADE CIVIL. ACIDENTE DO TRABALHO. TERCEIRIZAÇÃO. SOLIDARIEDADE. Em caso de terceirização de serviços, o tomador e o prestador respondem solidariamente pelos danos causados à saúde dos trabalhadores. Inteligência dos artigos 932, III, 933 e 942, parágrafo único, do Código Civil e da Norma Regulamentadora 4 (Portaria 3.214/77 do Ministério do Trabalho e Emprego).

45 - RESPONSABILIDADE CIVIL. ACIDENTE DO TRABALHO. PRESCRIÇÃO. A prescrição da indenização por danos materiais ou morais resultantes de acidente do trabalho é de 10 anos, nos termos do artigo 205, ou de 20 anos, observado o artigo 2.028 do Código Civil de 2002.

46 - ACIDENTE DO TRABALHO. PRESCRIÇÃO. TERMO INICIAL. O termo inicial do prazo prescricional da indenização por danos decorrentes de acidente do trabalho é a data em que o trabalhador teve ciência inequívoca da incapacidade laboral ou do resultado gravoso para a saúde física e/ou mental.

47 - ACIDENTE DO TRABALHO. PRESCRIÇÃO. SUSPENSÃO DO CONTRATO DE TRABALHO. Não corre prescrição nas ações indenizatórias nas hipóteses de suspensão e/ou interrupção do contrato de trabalho decorrentes de acidentes do trabalho.

48 - ACIDENTE DO TRABALHO. INDENIZAÇÃO. NÃO COMPENSAÇÃO DO BENEFÍCIO PREVIDENCIÁRIO. A indenização decorrente de acidente de trabalho ou doença ocupacional, fixada por pensionamento ou arbitrada para ser paga de uma só vez, não pode ser compensada com qualquer benefício pago pela Previdência Social.

73 - EXECUÇÃO DE CONTRIBUIÇÕES PREVIDENCIÁRIAS. REVISÃO DA SÚMULA 368 DO TST.

I - Com a edição da Lei 11.457/2007, que alterou o parágrafo único do art. 876 da CLT, impõe-se a revisão da Súmula nº 368 do TST: é competente a Justiça do Trabalho para a execução das contribuições à Seguridade Social devidas durante a relação de trabalho, mesmo não havendo condenação em créditos trabalhistas, obedecida a decadência.

II – Na hipótese, apurar-se-á o montante devido à época do período contratual, mês a mês, executando-se o tomador dos serviços, por força do art. 33, § 5º, da Lei 8.212/91, caracterizada a sonegação de contribuições previdenciárias, não devendo recair a cobrança de tais contribuições na pessoa do trabalhador.

III – Incidem, sobre as contribuições devidas, os juros e a multa moratória previstos nos artigos 34 e 35 da Lei 8.212/91, a partir da data em que as contribuições seriam devidas e não foram pagas.

74 – CONTRIBUIÇÕES DEVIDAS A TERCEIROS. INCOMPETÊNCIA DA JUSTIÇA DO TRABALHO. A competência da Justiça do Trabalho para a execução de contribuições à Seguridade Social (CF, art. 114, § 3º) nas ações declaratórias, condenatórias ou homologatórias de acordo cinge-se às contribuições previstas no art. 195, inciso I, alínea "a" e inciso II, da Constituição, e seus acréscimos moratórios. Não se insere, pois, em tal competência, a cobrança de "contribuições para terceiros", como as destinadas ao "sistema S" e "salário-educação", por não se constituírem em contribuições vertidas para o sistema de Seguridade Social.

Enunciados da Advocacia Geral da União

6 – Da decisão judicial que reconhecer ao companheiro ou companheira de militar, o direito ao recebimento da pensão por ele instituída, desde que o óbito tenha ocorrido após o advento da Constituição Federal de 1988, não se interporá recurso.

7 – Da decisão judicial que determinar a percepção cumulada da pensão especial prevista no art. 53-II, do ADCT, com os benefícios previdenciários, não se interporá recurso.

8 – Da decisão judicial que deferir reversão à filha, em razão do falecimento de sua genitora, de pensão instituída, nos moldes do art. 30 da Lei nº 4.242 de 17.07.1963, em favor do ex-combatente, cujo óbito tenha ocorrido antes do advento da atual Constituição, não se interporá recurso.

10 – Não está sujeita a recurso a decisão judicial que entender incabível a remessa necessária nos embargos à execução de título judicial opostos pela Fazenda Pública, ressalvadas aquelas que julgarem a liquidação por arbitramento ou artigo, nas execuções de sentenças ilíquidas.

12 – É facultado ao segurado ajuizar ação contra a instituição previdenciária perante o Juízo Federal do seu domicílio ou nas Varas Federais da capital do Estado-membro.

13 – Da decisão judicial que excluir a incidência de multa fiscal sobre a massa falida, não se interporá recurso.

14 – Da decisão judicial que determinar a incidência da taxa SELIC, em substituição à correção monetária e juros, a partir de 1º de janeiro de 1996, nas compensações ou restituições de contribuições previdenciárias, não se interporá recurso.

15 – Da decisão judicial que restabelecer benefício previdenciário, suspenso por possível ocorrência de fraude, sem a prévia apuração em processo administrativo, não se interporá recurso.

17 – Da decisão judicial que determinar a expedição de certidão positiva de débitos com efeito de negativa, sem a exigência de garantia posterior ao parcelamento regularmente em cumprimento, não se interporá recurso.

18 – Da decisão judicial que determinar a concessão de Certidão Negativa de Débito (CND), em face da inexistência de crédito tributário constituído, não se interporá recurso.

24 – É permitida a contagem, como tempo de contribuição, do tempo exercido na condição de aluno-aprendiz referente ao período de aprendizado profissional realizado em escolas técnicas, desde que comprovada a remuneração, mesmo que indireta, à conta do orçamento público e o vínculo empregatício.

25 – Será concedido auxílio-doença ao segurado considerado temporariamente incapaz para o trabalho ou sua atividade habitual, de forma total ou parcial, atendidos os demais requisitos legais, entendendo-se por incapacidade parcial aquela que permita sua reabilitação para outras atividades laborais.

26 – Para a concessão de benefício por incapacidade, não será considerada a perda da qualidade de segurado decorrente da própria moléstia incapacitante.

27 – Para concessão de aposentadoria no RGPS, é permitido o cômputo do tempo de serviço rural exercido anteriormente à Lei nº 8.213, de 24 de julho de 1991, independente do recolhimento das contribuições sociais respectivas, exceto para efeito de carência.

28 – O pagamento das parcelas atrasadas de benefício previdenciário deve ocorrer sempre com correção monetária, independentemente de ocorrência de mora e de quem lhe deu causa, vez que representa mera atualização da moeda.

29 – Atendidas as demais condições legais, considera-se especial, no âmbito do RGPS, a atividade exercida com exposição a ruído superior a 80 decibéis até 05/03/97, superior a 90 decibéis desta data até 18/11/2003, e superior a 85 decibéis a partir de então.

30 – A incapacidade para prover a própria subsistência por meio do trabalho é suficiente para a caracterização da incapacidade para a vida independente, conforme estabelecido no art. 203, V, da Constituição Federal, e art. 20, II, da Lei nº 8.742, de 7 de dezembro de 1993.

31 – É cabível a expedição de precatório referente à parcela incontroversa, em sede de execução ajuizada em face da Fazenda Pública.

32 – Para fins de concessão dos benefícios dispostos nos artigos 39, inciso I e seu parágrafo único, e 143 da Lei 8.213, de 24 de julho de 1991, serão considerados como início razoável de prova material documentos públicos e particulares dotados de fé pública, desde que não contenham rasuras ou retificações recentes, nos quais conste expressamente a qualificação do segurado, de seu cônjuge, enquanto casado, ou companheiro, enquanto durar a união estável, ou de seu ascendente, enquanto dependente deste, como rurícola, lavrador ou agricultor, salvo a existência de prova em contrário.

38 – Incide a correção monetária sobre as parcelas em atraso não prescritas, relativas aos débitos de natureza alimentar, assim como aos benefícios previdenciários, desde o momento em que passaram a ser devidos, mesmo que em período anterior ao ajuizamento de ação judicial. (*Altera a Súmula n. 28 da Advocacia-Geral da União*)

39 – São devidos honorários advocatícios nas execuções, não embargadas, contra a Fazenda Pública, de obrigações definidas em lei como de pequeno valor (art. 100, § 3º, da Constituição Federal).

40 – Os servidores públicos federais, aposentados na vigência do Regime Jurídico Único, têm direito à percepção simultânea do benefício denominado 'quintos', previsto no art. 62, § 2º, da Lei n. 8.112/1990, com o regime estabelecido no art. 192 do mesmo diploma.

44 – É permitida a cumulação do benefício de auxílio-acidente com benefício de aposentadoria quando a consolidação das lesões decorrentes de acidentes de qualquer natureza, que resulte em seqüelas definitivas, nos termos do art. 86 da Lei nº 8.213/91, tiver ocorrido até 10 de novembro de 1997, inclusive, dia imediatamente anterior à entrada em vigor da Medida Provisória nº 1.596-14, convertida na Lei nº 9.528/97, que passou a vedar tal acumulação.

45 – Os benefícios inerentes à Política Nacional para a Integração da Pessoa Portadora de Deficiência devem ser estendidos ao portador de visão monocular, que possui direito de concorrer, em concurso público, à vaga reservada aos deficientes.

51 – A falta de prévia designação da (o) companheira (o) como beneficiária (o) da pensão vitalícia de que trata o art. 217, inciso i, alínea "c", da Lei nº 8.112, de 11 de dezembro de 1990, não impede a concessão desse benefício, se a união estável restar devidamente comprovada por meios idôneos de prova.

Enunciados do Conselho de Recursos da Previdência Social

4 – Consoante inteligência do § 3º, do artigo 55, da Lei nº 8.213/91, não será admitida como eficaz para comprovação de tempo de contribuição e para os fins previstos na legislação previdenciária, a ação Reclamatória Trabalhista em que a decisão não tenha sido fundamentada em início razoável de prova material contemporânea constante nos autos do processo.

5 - A Previdência Social deve conceder o melhor benefício a que o segurado fizer jus, cabendo ao servidor orientá-lo nesse sentido.

6 - O ingresso do segurado em regime próprio de previdência pelo mesmo emprego, importa a sua exclusão automática da Previdência Social para o qual não pode contribuir como facultativo.

7 - O tempo de serviço prestado no exterior à empresa não vinculada à Previdência Social brasileira não pode ser computado, salvo tratado de reciprocidade entre Brasil e Estado Estrangeiro onde o trabalho, prestado num, seja contado no outro, para os efeitos dos benefícios ali previstos.

8 - Fixada a data do início da incapacidade antes da perda da qualidade de segurado, a falta de contribuição posterior não prejudica o seu direito as prestações previdenciárias.

13 - A dependência econômica pode ser parcial, devendo, no entanto, representar um auxílio substancial, permanente e necessário, cuja falta acarretaria desequilíbrio dos meios de subsistência do dependente.

18 - Não se indefere benefício sob fundamento de falta de recolhimento de contribuição previdenciária quando esta obrigação for devida pelo empregador.

19 - Transcorrido mais de dez anos da data da concessão do benefício, não poderá haver sua suspensão ou cancelamento na hipótese de o interessado não mais possuir a documentação que instruiu o pedido, exceto em caso de fraude ou má-fé.

20 - Salvo em relação ao agente agressivo ruído, não será obrigatória a apresentação de laudo técnico pericial para períodos de atividades anteriores à edição da Medida Provisória nº 1.523 -10, de 11/10/96, facultando-se ao segurado a comprovação de efetiva exposição a agentes agressivos à sua saúde ou integridade física mencionados nos formulários SB-40 ou DSS-8030, mediante o emprego de qualquer meio de prova em direito admitido.

21 - O simples fornecimento de equipamento de proteção individual de trabalho pelo empregador não exclui a hipótese de exposição do trabalhador aos agentes nocivos à saúde, devendo ser considerado todo o ambiente de trabalho.

22 - Considera-se segurada especial a mulher que, além das tarefas domésticas, exerce atividades rurais com o grupo familiar respectivo, aproveitando-se-lhe as provas materiais apresentadas em nome de seu cônjuge ou companheiro, corroboradas por meio de pesquisa, entrevista ou Justificação Administrativa.

23 - O pecúlio previsto no inciso II do artigo 81 da Lei nº 8.213/91, em sua redação original que não foi pago em vida ao segurado aposentado que retornou à atividade quando dela se afastou, é devido aos seus dependentes ou sucessores, relativamente às contribuições vertidas até 14/04/94, salvo se prescrito.

25 – A notificação do sujeito passivo após o prazo de validade do Mandado de Procedimento Fiscal – MPF – não acarreta nulidade do lançamento.

26 – A concessão da pensão por morte ao cônjuge ou companheiro do sexo masculino, no período compreendido entre a promulgação da Constituição Federal de 1988 e o advento da Lei nº 8.213 de 1991, rege-se pelas normas do Decreto nº 83.080, de 24 de janeiro de 1979, seguido pela Consolidação das Leis da Previdência Social (CLPS) expedida pelo Decreto nº 89.312, de 23 de janeiro de 1984, que continuaram a viger até o advento da Lei nº 8.213/91, aplicando-se tanto ao trabalhador do regime previdenciário rural quanto ao segurado do regime urbano.

27 – Cabe ao contribuinte individual comprovar a interrupção ou o encerramento da atividade pela qual vinha contribuindo, sob pena de ser considerado em débito no período sem contribuição. A concessão de benefícios previdenciários, requeridos pelo contribuinte individual em débito, é condicionada ao recolhimento prévio das contribuições em atraso, ressalvada a alteração introduzida pelo Decreto nº 4.729/2003, no artigo 26, § 4º e no artigo 216, I, a, do Decreto 3.048/99, que, a partir da competência Abril/2003, torna presumido o recolhimento das contribuições descontadas dos contribuintes individuais pela empresa contratante de seus serviços.

28 – Não se aplica o disposto no artigo 76 do Regulamento da Previdência Social, aprovado pelo Decreto 3.048/99, para justificar a retroação do termo inicial do benefício auxílio doença requerido após o trigésimo dia do afastamento da atividade, nos casos em que a perícia médica do INSS fixar a data de início da incapacidade anterior à data de entrada do requerimento, tendo em vista que esta hipótese não implica em ciência pretérita da Previdência Social.

29 – Nos casos de levantamento por arbitramento, a existência do fundamento legal que ampara tal procedimento, seja no relatório Fundamentos Legais do Débito – FLD ou no Relatório Fiscal – REFISC garante o pleno exercício do contraditório e da ampla defesa, não gerando a nulidade do lançamento.

30 – Em se tratando de responsabilidade solidária o fisco previdenciário tem a prerrogativa de constituir os créditos no tomador de serviços mesmo que não haja apuração prévia no prestador de serviços.

31 – Nos períodos de que trata o artigo 15 da Lei 8.213/91, é devido o salário maternidade à segurada desempregada que não tenha recebido indenização por demissão sem justa causa durante a estabilidade gestacional, vedando-se, em qualquer caso, o pagamento em duplicidade.

Bibliografia

ABREU, Nylson Paim de. "Regime de economia familiar". *In Revista do Tribunal Regional Federal da 4ª Região*. Porto Alegre, ano 11, n. 36, 2000.

ACCADROLLI, Jelson Carlos. "A influência do fator previdenciário no cálculo do valor da aposentadoria". *Revista RPS*, São Paulo: LTr, 249/583.

AFONSO, Luís Eduardo; FERNANDES, Reynaldo. *Uma estimativa dos aspectos distributivos da previdência social no Brasil*. São Paulo: *mimeo*, FEA-USP, 2004.

ALEXY, Robert. *Teoria de los Derechos Fundamentales*. Madrid: Centro de Estudios Políticos y Institucionales, 2002.

AMARAL E SILVA, Antônio Fernando Schenkel do. "Questões pertinentes ao crime de não-recolhimento de contribuições previdenciárias — art. 95, *d*, da Lei n. 8.212/91". *In Revista da Escola Superior da Magistratura do Estado de Santa Catarina*, v. 7, ano 5, outubro de 1999.

ANDREUCCI, Ana Claudia Pompeu Torezan. "Salário-maternidade para a mãe adotiva: uma análise do acórdão proferido pelo Supremo Tribunal Federal à luz dos métodos de interpretação". Tese publicada no *Jornal do 15º Congresso Brasileiro de Previdência Social*. São Paulo: LTr, 15.4.2002.

ARENDT, Hannah. *A condição humana*. Trad. Roberto Rapouso. Rio de Janeiro: Forense Universitária, 2001.

ARRUDA JÚNIOR, Edmundo Lima de. *Direito, Marxismo e Liberalismo*. Florianópolis: CESUSC, 2001.

ASSOCIAÇÃO NACIONAL DOS AUDITORES FISCAIS DA RECEITA FEDERAL DO BRASIL. *Análise da Seguridade Social 2009*. Brasília: ANFIP, 2010.

ATALIBA, Geraldo. *Hipótese de incidência tributária*. 6. ed. São Paulo: Malheiros, 2004.

AURVALLE, Luís Alberto d'Azevedo. *A pensão por morte e a dependência econômica superveniente*. Revista de Doutrina da 4ª Região, Porto Alegre, n. 18 , jun. 2007. Disponível em: http://www.revistadoutrina.trf4.gov.br/artigos/Edicao018/Luis_Aurvalle.htm. Acesso em: 19 dez. 2007.

BALERA, Wagner. "Características de Regime Previdenciário". *In Revista de Previdência Social*, n. 44, São Paulo: LTr, 1992.

_________. *Natureza da entidade de previdência complementar dos servidores públicos. In* Revista da Faculdade de Direito, 2009 - metodista.br. Disponível em: https://www.metodista.br/revistas/revistas-ims/index.php/RFD/article/viewFile/481/478. Acesso em 2.12.2010.

_________. *Noções Preliminares de Direito Previdenciário*. São Paulo: Quartier Latin, 2004.

BALTAZAR JÚNIOR, José Paulo. *Crimes federais: contra a administração pública, a previdência social, a ordem tributária, o sistema financeiro nacional, as telecomunicações e as licitações, estelionato, moeda falsa, abuso de autoridade, tráfico transnacional de drogas, lavagem de dinheiro*. 2 ed. Porto Alegre: Livraria do Advogado, 2007, 472p.

BASTOS, Celso Ribeiro. *Curso de direito constitucional*. 19. ed. São Paulo: Saraiva, 1998.

_________. *Curso de direito financeiro e de direito tributário*. 6. ed. São Paulo: Saraiva, 1998.

BERBEL, Fábio Lopes Vilela. Teoria Geral da Previdência Social. São Paulo: Quartier Latin, 2005.

BEVERIDGE, William. *O Plano Beveridge*. Trad. Almir Andrade. Rio de Janeiro: José Olympio Editora, 1943.

BOBBIO, Noberto. *Igualdade e Liberdade*. Trad. Carlos Nelson Coutinho. Rio de Janeiro: Ediouro, 1996.

BOBBIO, Norberto. *Teoria do ordenamento jurídico*. Trad. Maria Celeste C. J. Santos. 10. ed. Brasília: Editora Universidade de Brasília, 1997.

BOLLMANN, Vilian. *Hipótese de Incidência Previdenciária e Temas Conexos*. São Paulo: LTr, 2005.

BONAVIDES, Paulo. *Teoria do Estado*. 3. ed. São Paulo: Malheiros, 1995.

BORGES, Mauro Ribeiro. *Previdência Funcional e Regimes Próprios de Previdência*. Curitiba: Juruá, 2003.

BRAMANTE, Ivani Contini. "Desaposentação e nova aposentadoria". *In Revista de Previdência Social*. São Paulo: LTr, ano XXV, n. 224, mar./2001.

BRANDIMILLER, Primo. *Perícia judicial em acidentes e doenças do trabalho*. São Paulo: Editora SENAC, 1996.

CAMPOS, José Luiz Dias. *Acidentes do trabalho: prevenção e reparação*. 3. ed. São Paulo: LTr, 1996.

CAMPOS, Marcelo Barroso Lima Brito de. *As consequências da obrigatoriedade de regime próprio de previdência aos servidores públicos titulares de cargos efetivos. In:* FOLMANN, Melissa, e FERRARO, Suzani. Previdência: entre o direito social e a repercussão econômica no século XXI. Curitiba, Juruá, 2009.

________. *Regime Próprio de Previdência Social dos Servidores Públicos.* Belo Horizonte: Líder, 2004.

CARBONE, Célia Opice. *Seguridade social no Brasil: ficção ou realidade?* São Paulo: Atlas, 1994.

CARDONE, Marly. *Previdência, assistência, saúde: o não trabalho na Constituição de 1988.* São Paulo: LTr, 1990.

CARRAZZA, Roque Antônio. *Curso de direito constitucional tributário.* 9. ed. São Paulo: Malheiros, 1997.

________. "A extinção da punibilidade no parcelamento de contribuições previdenciárias descontadas, por entidades beneficentes de assistência social, dos seus empregados, e não recolhidas, à previdência, no prazo legal. Questões conexas". *In Revista Justitia.* São Paulo, 58 (174), abr./jun., 1996.

CARRION, Valentin. *Comentários à Consolidação das Leis do Trabalho.* 19. ed., São Paulo: Saraiva, 1999.

CARVALHO FILHO, José dos Santos. *Manual de Direito Administrativo.* 4. ed. rev. ampl. atual. Rio de Janeiro: Lumen Juris, 1999.

CASTILHO, Paulo de. *Execução de Contribuição Previdenciária pela Justiça do Trabalho.* São Paulo: RT, 2005, pp. 60/61.

CASTRO, Carlos Alberto Pereira de e LAZZARI, João Batista. "Contribuições à seguridade social em face de decisões proferidas pela Justiça do Trabalho e sua execução". *In Revista LTr,* São Paulo: LTr, fevereiro de 1999.

CATHARINO, José Martins. *Compêndio de direito do trabalho.* São Paulo: LTr, 1990.

CHOSSUDOVSKY, Michel. *A globalização da pobreza: impactos das reformas do FMI e do Banco Mundial.* Trad. Marylene Pinto Michael. São Paulo: Moderna, 1999.

COELHO, Vera Schattan Pereira (Org.). *A Reforma da Previdência Social na América Latina.* Rio de Janeiro: Editora FGV, 2003.

COIMBRA, J. R. Feijó. *Direito previdenciário brasileiro.* 7. ed. Rio de Janeiro: Edições Trabalhistas, 1997.

COSTA, Eliane Romeiro. "Tendências do sistema de previdência social". *Revista de Previdência Social.* São Paulo: LTr, novembro de 2001.

CRUZ, Paulo Márcio. *Fundamentos do Direito Constitucional*. Curitiba: Juruá, 2001.

________. *Poder, Política, Ideologia e Estado Contemporâneo*. Florianópolis: Diploma Legal, 2001.

DE BUÉN, Nestor. *El estado de malestar*. México: Porrúa, 1997.

DEL VECCHIO, Giorgio. *A Justiça*. Trad. Antônio Pinto de Carvalho. São Paulo: Saraiva, 1960.

DELMANTO, Celso. *Código Penal comentado*. Rio de Janeiro: Renovar, 1986.

DEMO, Roberto Luis Luchi. *Reforma da Previdência. Servidor Público que toma posse em novo cargo. Regime previdenciário aplicável*. In: Revista de Previdência Social. São Paulo: LTr, n. 280, mar. 2004.

DIAS, Floriano de Aguiar. *Constituições do Brasil*. Rio de Janeiro: Liber Juris, 1975.

DIAS, Marcus Vinícius de Viveiros; SOARES, Jefferson Douglas. "Breves considerações sobre o artigo 9º da Lei n. 10.684/2003. O novo 'refis'. Aspectos penais". *In Boletim dos Procuradores da República*, ano V, n. 60, abril/2003.

DI PIETRO, Maria Sylvia Zanella. *Direito Administrativo*. 17. ed. São Paulo: Atlas, 2004.

DOBROWOLSKI, Silvio. "Novas considerações sobre o crime de omissão de recolhimento de tributos e contribuições". *In Revista da Escola Superior da Magistratura do Estado de Santa Catarina*, v. 7, ano 5, outubro de 1999.

DONADON, João. *O benefício de aposentadoria especial aos segurados do regime geral de previdência social que trabalham sujeitos a agentes nocivos – origem, evolução e perspectivas*. Brasília/DF, 2º Semestre/2003.

DOWBOR, Ladislau (Org.) [*et al*]. "Globalização e tendências institucionais". *In Desafios da globalização*. Petrópolis: Vozes, 1997.

DUGUIT, Léon. *Fundamentos do Direito*. Trad. Márcio Pugliesi. São Paulo: Ícone, 1996.

ECHART ORÚS, Nazareth. *Revista Nuestro Tiempo*. Barcelona, jan./fev.,1994.

EISELE, Andréas. *Crimes contra a ordem tributária*. 2. ed. São Paulo: Dialética, 2002.

FERNANDES, Emília. *Regulamentação da previdência social contém mais prejuízos para as mulheres*. Brasília: Jornal do DIAP, setembro de 1999.

FERREIRA, Dâmares. *A inconstitucionalidade do "FUNRURAL" após a EC 20/98*. *In* Revista de Direito Previdenciário v. 2, ano 1 (2010). São Paulo: Conceito Editorial, 2010.

FERREIRA, Sérgio D'Andréa. *Direito Administrativo Didático*. 3. ed. Rio de Janeiro: Forense, 1985.

FLORINDO, Valdir. *Dano moral e o direito do trabalho.* 3. ed. São Paulo: LTr, 1999.

FRIEDMAN, Milton. *Capitalismo e Liberdade*. Trad. Luciana Carli. 3. ed. São Paulo: Nova Cultural, 1988.

GALVÃO, Paulo Braga. *Os Direitos Sociais nas Constituições*. São Paulo: LTr, 1981.

GOMES, Luiz Flávio. *Crimes previdenciários*, Série: As Ciências Criminais do Século XXI, vol. I, São Paulo: Ed. Revista dos Tribunais, 2001.

GOUVÊA, Marcus de Freitas. *O lançamento no direito tributário brasileiro: a prescrição e a decadência nos tributos lançados por homologação*. Jus Navigandi, Teresina, ano 10, n. 1162, 6 set. 2006. Disponível em: <http://jus2.uol.com.br/doutrina/texto.asp?id=8877>. Acesso em: 06 jan. 2008.

HOBSBAWN, Eric. *A era dos extremos: o breve século XX: 1914-1991*. Trad. Marcos Santarrita. São Paulo: Companhia das Letras, 1995.

IBRAHIM, Fábio Zambitte. *Decadência e Prescrição no Benefício Previdenciário.* Jornal do 17º Congresso Brasileiro de Previdência Social, São Paulo: LTr, 2004.

LACOMBE, Américo. Obrigação Tributária. 2. ed. Florianópolis: Obra Jurídica, 1996.

LAZZARI, João Batista. "Ingresso prévio na via administrativa". *In Jornal do 14º Congresso Brasileiro de Previdência Social.* São Paulo: LTr, 2001.

________. "Ação regressiva acidentária". *In Jornal do 14º Congresso Brasileiro de Previdência Social.* São Paulo: LTr, 2001.

LEIRIA, Maria Lúcia Luz. *Direito previdenciário e estado democrático de direito: uma (re)discussão à luz da hermenêutica.* Porto Alegre: Livraria do Advogado, 2001.

LEITE, Celso Barroso. *A proteçao social no Brasil.* 2. ed. São Paulo: LTr, 1978.

________. *Livro branco da previdência social. Site* do MPAS: www.mpas.gov.br

LIMA, Manoel Hermes de. *Contribuição Previdenciária, Fato Gerador e sua Execução de Ofício pela Justiça do Trabalho.* Revista de Previdência Social. São Paulo: LTr, n. 282, maio/2004.

MACHADO, Hugo de Brito. *Curso de direito tributário.* 10. ed. São Paulo: Malheiros, 1995.

______ *Impossibilidade de tributo sem lançamento.* Jus Navigandi, Teresina, ano 7, n. 61, jan. 2003. Disponível em: <http://jus2.uol.com.br/doutrina/texto.asp?id=3678>. Acesso em: 06 jan. 2008.

MACIEL, José Alberto Couto. *Desempregado ou supérfluo? Globalização.* São Paulo: LTr, 1998.

MARANHÃO, Délio. *Direito do trabalho.* 17. ed. Rio de Janeiro: Fundação Getúlio Vargas, 1993.

MARQUES, Rosa Maria [*et al*]. *A Previdência Social no Brasil.* São Paulo: Fundação Perseu Abramo, 2003.

MARTINEZ, Wladimir Novaes. *Comentários à lei básica da previdência social — CD.* Brasília: LTr/Rede Brasil, 1999.

________. *Comentários à lei básica da previdência social.* 2. ed. São Paulo: LTr, 1996, tomo I.

________. *Comentários à lei básica da previdência social.* 4. ed. São Paulo: LTr, 1997, tomo II.

________. *Curso de direito previdenciário: Tomo I — Noções de direito previdenciário.* São Paulo: LTr, 1997.

________. *Obrigações previdenciárias na construção civil.* São Paulo: LTr, 1996.

________. *O salário-base na previdência social.* São Paulo: LTr, 1986.

________. *O salário de contribuição na lei básica da previdência social.* São Paulo: LTr, 1993.

________. "Reajustamento dos benefícios após a Lei n. 8.213/91". *In Revista da Previdência Social.* São Paulo: LTr, n. 138, maio de 1992.

________. *Reforma da previdência social: comentários à Emenda Constitucional n. 20/98.* São Paulo: LTr, 1999.

________. (Coord). *Temas atuais de previdência social.* São Paulo: LTr, 1998.

________. *Aposentadoria especial.* 2. ed. São Paulo: LTr, 1999.

________. "Pontos polêmicos do PPP". *Revista de Previdência Social.* São Paulo: LTr, dezembro de 2002.

________. *PPP na aposentadoria especial: quem deve fazê-lo, como elaborá-lo, períodos incluídos, seus signatários, para quem entregá-lo: 230 perguntas e respostas sobre o PPP e o LTCAT*. São Paulo: LTr, 2003.

________. "Mês de Competência do Fato Gerador Previdenciário". *In Jornal do 17º Congreso Brasileiro de Previdência Social.* São Paulo: LTr, 2004

MARTINS, Sergio Pinto. *Direito da seguridade social.* 8. ed. São Paulo: Atlas, 1997; 11. ed., 1999.

MEDEIROS, Osiris A. Borges de. *Aposentadoria ao alcance de todos.* Rio de Janeiro: Forense, 1995.

MEIRELLES, Hely Lopes. *Direito administrativo brasileiro.* 24. ed. São Paulo: Malheiros, 1999.

MELLO, Celso Antônio Bandeira de. *Curso de Direito Administrativo.* 17. ed., rev. atual. São Paulo: Malheiros, 2004.

MELO, José Eduardo Soares de. *Contribuições sociais no sistema tributário.* 3. ed. São Paulo: Revista dos Tribunais, 2000.

MINISTÉRIO DA PREVIDÊNCIA E ASSISTÊNCIA SOCIAL. Sistema de Legislação, Jurisprudência e Pareceres da Previdência e Assistência Social — CD. Brasília: DATAPREV, 1999.

MODESTO, Paulo (org.). *Reforma da Previdência: análise e crítica da Emenda Constitucional n. 41/2003.* Belo Horizonte: Fórum, 2004

MONTEIRO, Washington de Barros. *Curso de direito civil:* parte geral. 16. ed. São Paulo: Saraiva, 1986, v. 1.

MORAES, Alexandre de. *Direito Constitucional.* 15. ed. atual. São Paulo: Atlas, 2004.

MORAES FILHO, Evaristo de. *Introdução ao direito do trabalho.* 6. ed. São Paulo: LTr, 1993.

_____. *A justa causa na rescisão do contrato de trabalho.* 2. ed. Rio de Janeiro: Forense, 1960.

__________. *O Direito e a Ordem Democrática.* São Paulo: LTr, 1984

MORAIS, Antônio Glaucus de. "Lei de crimes da previdência social". *In Revista Virtual da Consultoria Jurídica/MPAS.* Brasília, maio/2000. www.mpas.gov.br

MORENO, Angel Guillermo Ruiz. *Nuevo derecho de la seguridad social.* México: Porrúa, 1997.

NASCIMENTO, Carlos Valder do (Coord.). *Comentários ao Código Tributário Nacional.* Rio de Janeiro: Forense, 1997.

NERY JUNIOR, Nelson; NERY; Rosa Maria de Andrade. *Novo Código Civil e legislação extravagante anotados.* São Paulo: Revista dos Tribunais, 2002.

NOVAES FILHO, Wladimir (Coord.). *Normas previdenciárias administrativas das áreas de arrecadação e benefícios: Instrução Normativa INSS/DC n. 78/02.* São Paulo: LTr, 2002.

________. *Normas previdenciárias administrativas sobre custeio: Instrução Normativa INSS/DC n. 71/02.* São Paulo: LTr, 2002.

OLIVEIRA, Antonio Carlos de. *Direito do trabalho e previdência social: estudos.* São Paulo: LTr, 1996.

_________. *Temas de previdência social.* São Paulo: LTr, 1999.

OLIVEIRA, Francisco; BELTRÃO, Kaizô; FERREIRA, Mônica. *Revolução na previdência: Argentina, Chile, Peru, Brasil.* Trad. Tânia Marques Cardoso e Paulo Castanheira. São Paulo: Geração Editorial, 1998.

OLIVEIRA, José de. *Acidentes do trabalho: teoria, prática, jurisprudência.* 2. ed. São Paulo: Saraiva, 1992.

OLIVEIRA, Milton Luiz Gazaniga de. "Responsabilidade solidária". *In Revista da Procuradoria Geral do INSS*, Brasília, v. 5, n. 3, s/d.

OLSSON, Giovanni. *Relações Internacionais e seus Atores na Era da Globalização.* Curitiba: Juruá, 2003.

PALME, Joakim. *Fundamentos y Garantías del Derecho a la Seguridad Social a Comienzos del Siglo XXI.* Iniciativa de la AISS – Investigaciones y Puntos de Vista – jan. 2003. Disponível em www.issa.int. Acesso em 21.jul.2004.

PASTORE, José. *Encargos sociais no Brasil: implicações para o salário, emprego e competitividade.* São Paulo: LTr, 1997.

PEREIRA, Cláudia Fernanda de Oliveira. *Reforma da previdência.* Brasília: Brasília Jurídica, 1999.

PEREIRA, Caio Mário da Silva. *Instituições de direito civil.* Rio de Janeiro: Forense, 1966, v. 1.

PEREIRA NETTO, Juliana Presotto. *A previdência social em reforma: o desafio da inclusão de um número maior de trabalhadores.* São Paulo: LTr, 2002.

PESSOA SOBRINHO, Eduardo Pinto. *Manual dos Servidores do Estado.* 13. ed. Rio de Janeiro: Freitas Bastos, 1985.

PORTO, Sérgio Gilberto. *Coisa Julgada Civil.* 3. ed., São Paulo, Revista dos Tribunais, 2006.

PRZEWORSKI, Adam. "Sobre o desenho do Estado: uma perspectiva *agent* x *principal*". *In*: PEREIRA, Luiz Carlos Bresser, e SPINK, Peter (Org.). *Reforma do Estado e Administração Pública Gerencial.* 5. ed. Rio de Janeiro: Editora FGV, 2003.

RANGEL, Leonardo Alves. *Previdência complementar dos servidores públicos e poupança de longo prazo. In* políticas sociais – acompanhamento e análise. 10.2.2005. Disponível em: http://www.ipea.gov.br/sites/000/2/publicacoes/bpsociais/bps_10/ENSAIO3_Leonardo.pdf. Acesso em 2.12.2010.

REALE, Miguel. *Lições preliminares de direito.* 27. ed. São Paulo: Saraiva, 2003.

ROCHA, Daniel Machado da. *O Direito Fundamental à Previdência Social na Perspectiva dos Princípios Constitucionais Diretivos do Sistema Previdenciário Brasileiro.* Porto Alegre: Livraria do Advogado, 2004.

ROCHA, Daniel Machado da; BALTAZAR JÚNIOR, José Paulo. *Comentários à lei de benefícios da previdência social.* 3 ed. rev. atual. Porto Alegre: Livraria do Advogado: Esmafe, 2003.

RUSSOMANO, Mozart Victor. *Curso de direito do trabalho*. 6. ed. Curitiba: Juruá, 1997.

_________. *Comentários à Consolidação das Leis da Previdência Social.* 2. ed. São Paulo: Revista dos Tribunais, 1981.

RUPRECHT, Alfredo J. *Direito da seguridade social.* São Paulo: LTr, 1996.

SAAD, Eduardo Gabriel. *CLT comentada.* 26. ed. São Paulo: LTr, 1993.

SANTOS, Boaventura de Sousa (Org.) *A Globalização e as Ciências Sociais.* 2. ed. São Paulo: Cortez, 2002.

SAVARIS, José Antônio. *Direito processual previdenciário.* Curitiba: Juruá, 2008.

SILVA, Antonio F. S. do Amaral e SCHÄFER, Jairo Gilberto. *Juizados especiais federais: aspectos cíveis e criminais.* Blumenau: Acadêmica, 2002.

SILVA, José Afonso da. *Curso de direito constitucional positivo.* 16. ed. São Paulo: Malheiros, 1999.

SIMAS, Henrique de Carvalho. *Manual Elementar de Direito Administrativo.* 3. ed. ampl. rev. atual. Rio de Janeiro: Liber Juris, 1987.

SOARES, Laura Tavares Ribeiro. *Ajuste Neoliberal e Desajuste Social na América Latina.* Petrópolis: Vozes, 2001.

STEPHANES, Reinhold. *Previdência social. Uma solução gerencial e estrutural.* Porto Alegre: Síntese, 1993.

_________. *Reforma da previdência sem segredos.* Rio de Janeiro: Record, 1998.

STRECK, Lênio Luiz. *Hermenêutica jurídica e(m) crise.* 5. ed. rev. e atual. Porto Alegre: Livraria do Advogado, 2004.

SÜSSEKIND, Arnaldo [*et al.*]. *Instituições de direito do trabalho.* 14. ed. São Paulo: LTr, 1993, v. 1.

SÜSSEKIND, Arnaldo. *Tratados ratificados pelo Brasil.* Rio de Janeiro: Freitas Bastos, 1981.

_________. *Curso de Direito do Trabalho.* Rio de Janeiro: Renovar, 2002.

TAVARES, Marcelo Leonardo (coord.). Comentários à Reforma da Previdência: EC n. 41/2003. Rio de Janeiro: Lumen Juris, 2004.

TAVARES, Marcelo Leonardo. *Direito previdenciário.* 4. ed. rev., atual. e ampl. Rio de Janeiro: Lumen Juris, 2002.

_________. *Previdência e Assistência Social: legitimação e fundamentação constitucional brasileira.* Rio de Janeiro: Lumen Juris, 2003.

THEODORO JÚNIOR, Humberto. *Curso de direito processual civil.* Rio de Janeiro: Forense, 1999, v. I.

THIESEN, Ana Maria Wickert [*et al.*]; FREITAS, Vladimir Passos de. (Coord). *Direito previdenciário: aspectos materiais, processuais e penais.* 2. ed. Porto Alegre: Livraria do Advogado, 1999.

TORRES, Marcelo Douglas de Figueiredo. *Estado, Democracia e Administração Pública no Brasil.* Rio de Janeiro: Editora FGV, 2004.

VASCONCELOS, José Matos. *Assistência Social do Estado.* Rio de Janeiro: Imprensa Oficial, 1936.

VELLOSO, Andrei Pitten, ROCHA, Daniel Machado, e BALTAZAR JÚNIOR, José Paulo. *Comentários à Lei do Custeio da Seguridade Social.* Porto Alegre: Livraria do Advogado, 2005.

VVAA. *El futuro de la seguridad social.* Estocolmo: Federación de las Oficinas del Seguro Social, 1998.

_________. *Debate sobre la reforma de la seguridad social: en busca de un nuevo consenso.* — Genebra: Associação Internacional de Seguridade Social, 1998.

_________. *Revolução na previdência: Argentina, Chile, Peru, Brasil.* Trad. Tânia Marques Cardoso e Paulo Castanheira. São Paulo: Geração Editorial, 1998.

Anexos

Códigos de Interpretação dos Benefícios Concedidos pelo INSS

Código	Interpretação
B-01	Pensão (Trabalhador Rural)
B-02	Pensão por Acidente de Trabalho (Trabalhador Rural)
B-03	Pensão (Empregador Rural)
B-04	Aposentadoria por Invalidez (Trabalhador Rural)
B-05	Aposentadoria por Invalidez Acidentária (Trabalhador Rural)
B-06	Aposentadoria por Invalidez (Empregador Rural)
B-07	Aposentadoria por Velhice (Trabalhador Rural)
B-08	Aposentadoria por Velhice (Empregador Rural)
B-09	Complemento por Acidente do Trabalhador (Rural)
B-10	Auxílio-Doença Acidentário (Empregador Rural)
B-11	Amparo Previdenciário por Invalidez (Empregador Rural)
B-12	Amparo Previdenciário por Velhice (Empregador Rural)
B-13	Auxílio-Doença (Empregador Rural)
B-15	Auxílio-Reclusão (Empregador Rural)
B-19	Pensão de Segurado Estudante – Lei n. 7.004/82
B-20	Pensão de Ex-Diplomata
B-21	Pensão por Morte
B-22	Pensão Estatutária
B-23	Pensão de Ex-Combatente – Leis ns. 4.297/63 e 5.698/71
B-24	Pensão do Cassado
B-25	Auxílio-Reclusão
B-26	Pensão da Lei n. 593/48 (ex-Ferroviário)
B-27	Pensão Servidor Público c/ Dupla Aposentadoria
B-28	Pensão Decreto n. 20.465/31
B-29	Pensão Ex-Combatente Marítimo – Lei n. 1.756/52
B-30	Renda Mensal Vitalícia por Incapacidade – Lei n. 6.179/74
B-31	Auxílio-Doença Previdenciário
B-32	Aposentadoria por Invalidez
B-33	Aposentadoria por Invalidez de Aeronauta
B-34	Aposentadoria por Invalidez de Ex-Combatente Marítimo – Lei n. 1.756/52
B-36	Auxílio-Acidente Previdenciário

B-37	Aposentadoria Funcionário Extranumerário da União – Dec.-lei n. 3.768/41
B-38	Aposentadoria Extranumerário Capin – Dec.-lei n. 6.219/44
B-39	Auxílio-Invalidez de Estudante – Lei n. 7.004/82 (extinta)
B-40	Renda Mensal Vitalícia a Maiores de 70 anos – Lei n. 6.179/74
B-41	Aposentadoria por Idade
B-42	Aposentadoria por Tempo de Serviço (Contribuição)
B-43	Aposentadoria por Tempo de Serviço de Ex-Combatente – Leis ns. 4.297/63 e 5.698/71
B-44	Aposentadoria Especial de Aeronauta
B-45	Aposentadoria por Tempo de Serviço de Jornalista Profissional
B-46	Aposentadoria Especial
B-47	Abono de Permanência em Serviço (25%)
B-48	Abono de Permanência em Serviço (20%)
B-49	Aposentadoria Ordinária
B-50	Auxílio-Doença Extinto Plano Básico
B-51	Aposentadoria por Invalidez – Extinto Plano Básico
B-52	Aposentadoria por Velhice – Extinto Plano Básico
B-53	Auxílio-Reclusão – Extinto Plano Básico
B-55	Pensão por Morte – Extinto Plano Básico
B-56	Pensão Especial – Deficiente Físico Síndrome da Talidomida – Lei n. 7.070/82
B-57	Aposentadoria de Professor – Emenda Constitucional n. 18/81
B-58	Aposentadoria Excepcional de Anistiado – Lei n. 6.683/79 – Emenda Constitucional n. 26/85
B-59	Pensão por Morte de Anistiado – Lei n. 6.683/79 – Emenda Constitucional n. 26/85
B-61	Auxílio-Natalidade
B-62	Auxílio-Funeral
B-65	Pecúlio Especial de Servidor Autárquico – Lei n. 3.373/58
B-66	Pecúlio Especial de Servidor Autárquico – Decreto n. 28.798-A/50
B-68	Pecúlio Especial de Aposentados
B-69	Pecúlio de Estudante – Lei n. 7.004/82
B-70	Pecúlio Especial de Pessoas que Entravam na Previdência Social com mais de 60 Anos
B-71	Salário-Família Previdenciário (Incorporado à Renda Mensal do Benefício)

B-72	Aposentadoria por Tempo de Serviço de Ex-Combatente Marítimo – Lei n. 1.756/52
B-73	Salário-Família Estatutário, à Conta da União – Decreto n. 73.833/74 – Ex-Ipase
B-74	Complemento de Pensão à Conta da União (Incorporado ao Valor do Benefício)
B-75	Complemento de Aposentadoria à Conta da União (Incorporado ao Valor do Benefício)
B-76	Salário-Família Estatutário à Conta da União – Dec.-lei n. 956/69 – RFFSA
B-77	Salário-Família dos Servidores do INPS ou EX-IAPFESP, Aposentados pela Previdência
B-78	Aposentadoria por Velhice de Ex-Combatente Marítimo – Lei n. 1.756/52
B-79	Vantagens da Lei n. 1.756/52 a Servidor Aposentado pela Autarquia Empregadora
B-80	Salário-Maternidade
B-81	Aposentadoria Compulsória – Ex-Sasse
B-82	Aposentadoria por Tempo de Serviço – Ex-Sasse
B-83	Aposentadoria por Invalidez – Ex-Sasse Manual de Direito Previdenciário 780
B-84	Pensão – Ex-Sasse
B-85	Pensão Mensal Vitalícia – Seringueiro
B-86	Pensão Mensal Vítalícia – Dependentes de Seringueiro
B-87	Amparo Assistencial ao Deficiente
B-88	Amparo Assistencial ao Idoso
B-89	Pensão Especial Vítima Hemodiálise – Caruaru 90
B-91	Auxílio-Doença por Acidente de Trabalho
B-92	Aposentadoria por Invalidez de Acidente de Trabalho
B-93	Pensão por Morte de Acidente de Trabalho
B-94	Auxílio-Acidente
B-95	Auxílio Suplementar
B-96	Pecúlio por Invalidez de Acidente de Trabalho
B-97	Pecúlio por Morte de Acidente de Trabalho
B-99	Afastamento até 15 (quinze) dias para Acidente de Trabalho

Tabelas de Contribuições Mensais

Contribuições de Segurados Empregados, Inclusive Domésticos e Trabalhadores Avulsos

TABELA DE SALÁRIOS DE CONTRIBUIÇÃO DOS SEGURADOS EMPREGADO, EMPREGADO DOMÉSTICO E TRABALHADOR AVULSO, A PARTIR DE 17.6.99		
SALÁRIO DE CONTRIBUIÇÃO (R$)	ALÍQUOTA PARA FINS DE RECOLHIMENTO AO INSS (%)	ALÍQUOTA PARA DETERMINAÇÃO DA BASE DE CÁLCULO DO IRPF (%)
Até 376,60	7,65	8,00
De 376,61 até 408,00	8,65	9,00
De 408,01 até 627,66	9,00	9,00
De 627,67 até 1.255,32	11,00	11,00

TABELA DE SALÁRIOS DE CONTRIBUIÇÃO DOS SEGURADOS EMPREGADO, EMPREGADO DOMÉSTICO E TRABALHADOR AVULSO, PARA PAGAMENTO DE REMUNERAÇÃO NO PERÍODO DE 1º A 16.6.2000		
SALÁRIO DE CONTRIBUIÇÃO (R$)	ALÍQUOTA PARA FINS DE RECOLHIMENTO AO INSS (%)	ALÍQUOTA PARA DETERMINAÇÃO DA BASE DE CÁLCULO DO IRPF (%)
Até 398,48	7,65	8,00
De 398,49 até 453,00	8,65	9,00
De 453,01 até 664,13	9,00	9,00
De 664,14 até 1.328,25	11,00	11,00

TABELA DE SALÁRIOS DE CONTRIBUIÇÃO DOS SEGURADOS EMPREGADO, EMPREGADO DOMÉSTICO E TRABALHADOR AVULSO, PARA PAGAMENTO A PARTIR DE 17.6.2000		
SALÁRIO DE CONTRIBUIÇÃO (R$)	ALÍQUOTA PARA FINS DE RECOLHIMENTO AO INSS (%)	ALÍQUOTA PARA DETERMINAÇÃO DA BASE DE CÁLCULO DO IRPF (%)
Até 398,48	7,72	8,00
De 398,49 até 453,00	8,73	9,00
De 453,01 até 664,13	9,00	9,00
De 664,14 até 1.328,25	11,00	11,00

TABELA DE CONTRIBUIÇÃO DOS SEGURADOS EMPREGADO DOMÉSTICO E TRABALHADOR AVULSO, PARA PAGAMENTO A PARTIR DA COMPETÊNCIA ABRIL DE 2002	
SALÁRIO DE CONTRIBUIÇÃO (R$)	ALÍQUOTA PARA FINS DE RECOLHIMENTO AO INSS (%)
Até 429,00	7,65

De 429,01 até 600,00	8,65
De 600,01 até 715,00	9,00
De 715,01 até 1.430,00	11,00

TABELA DE CONTRIBUIÇÃO DOS SEGURADOS EMPREGADO DOMÉSTICO E TRABALHADOR AVULSO, PARA PAGAMENTO A PARTIR DE 1º DE JUNHO DE 2002	
SALÁRIO DE CONTRIBUIÇÃO (R$)	ALÍQUOTA PARA FINS DE RECOLHIMENTO AO INSS (%)
Até 468,47	7,65
De 468,48 até 600,00	8,65
De 600,01 até 780,78	9,00
De 780,79 até 1.561,56	11,00

TABELA DE CONTRIBUIÇÃO DOS SEGURADOS EMPREGADO, EMPREGADO DOMÉSTICO E TRABALHADOR AVULSO, PARA PAGAMENTO A PARTIR DA COMPETÊNCIA 04/2003	
SALÁRIO DE CONTRIBUIÇÃO (R$)	ALÍQUOTA PARA FINS DE RECOLHIMENTO AO INSS (%)
Até 468,47	7,65
De 468,48 até 720,00	8,65
De 720,01 até 780,78	9,00
De 780,79 até 1.561,56	11,00

TABELA DE CONTRIBUIÇÃO DOS SEGURADOS EMPREGADO, EMPREGADO DOMÉSTICO E TRABALHADOR AVULSO, PARA PAGAMENTO DE REMUNERAÇÃO RELATIVA AO PERÍODO DE JUNHO DE 2003 A DEZEMBRO DE 2003	
SALÁRIO DE CONTRIBUIÇÃO (R$)	ALÍQUOTA PARA FINS DE RECOLHIMENTO AO INSS (%)
Até 560,81	7,65
De 560,82 até 720,00	8,65
De 720,01 até 934,67	9,00
De 934,68 até 1.869,34	11,00

Portaria MPS n. 727, de 30 de maio de 2003.

TABELA DE CONTRIBUIÇÃO DOS SEGURADOS EMPREGADO, EMPREGADO DOMÉSTICO E TRABALHADOR AVULSO, PARA PAGAMENTO DE REMUNERAÇÃO A PARTIR DE JANEIRO DE 2004	
SALÁRIO DE CONTRIBUIÇÃO (R$)	ALÍQUOTA PARA FINS DE RECOLHIMENTO AO INSS (%)
Até 720,00	7,65
De 720,01 até 1.200,00	9,00
De 1.200,01 até 2.400,00	11,00

Portaria MPAS n. 12, de 6 de janeiro de 2004.

TABELA DE CONTRIBUIÇÃO DOS SEGURADOS EMPREGADO, EMPREGADO DOMÉSTICO E TRABALHADOR AVULSO, PARA PAGAMENTO DE REMUNERAÇÃO A PARTIR DE 1º DE MAIO DE 2004	
SALÁRIO DE CONTRIBUIÇÃO (R$)	ALÍQUOTA PARA FINS DE RECOLHIMENTO AO INSS (%)
Até 752,62	7,65
De 752,63 até 780,00	8,65
De 780,01 até 1.254,36	9,00
De 1.254,37 até 2.508,72	11,00

Portaria MPAS n. 479, de 7 de maio de 2004.

TABELA DE CONTRIBUIÇÃO DOS SEGURADOS EMPREGADO, EMPREGADO DOMÉSTICO E TRABALHADOR AVULSO, PARA PAGAMENTO DE REMUNERAÇÃO A PARTIR DE 1º DE MAIO DE 2005	
SALÁRIO DE CONTRIBUIÇÃO (R$)	ALÍQUOTA PARA FINS DE RECOLHIMENTO AO INSS (%)
Até 800,45	7,65
De 800,46 até 900,00	8,65
De 900,01 até 1.334,07	9,00
De 1.334,08 até 2.668,15	11,00

Portaria MPS n. 822, de 11 de maio de 2005.

TABELA DE CONTRIBUIÇÃO DOS SEGURADOS EMPREGADO, EMPREGADO DOMÉSTICO E TRABALHADOR AVULSO, PARA PAGAMENTO DE REMUNERAÇÃO A PARTIR DE 1º DE ABRIL DE 2006	
SALÁRIO DE CONTRIBUIÇÃO (R$)	ALÍQUOTA PARA FINS DE RECOLHIMENTO AO INSS (%)
Até 800,47	7,65
De 800,48 até 1.050,00	8,65
De 1.050,01 até 1.400,77	9,00
De 1.400,78 até 2.801,56	11,00

Portaria MPS n. 119, de 18 de abril de 2006.

TABELA DE CONTRIBUIÇÃO DOS SEGURADOS EMPREGADO, EMPREGADO DOMÉSTICO E TRABALHADOR AVULSO, PARA PAGAMENTO DE REMUNERAÇÃO A PARTIR DE 1º DE AGOSTO DE 2006	
SALÁRIO DE CONTRIBUIÇÃO (R$)	ALÍQUOTA PARA FINS DE RECOLHIMENTO AO INSS (%)
Até 800,55	7,65
De 800,56 até 1.050,00	8,65
De 1.050,01 até 1.400,91	9,00
De 1.400,92 até 2.801,82	11,00

Portaria n. 342, de 16 de agosto de 2006.

TABELA DE CONTRIBUIÇÃO DOS SEGURADOS EMPREGADO, EMPREGADO DOMÉSTICO E TRABALHADOR AVULSO, PARA PAGAMENTO DE REMUNERAÇÃO A PARTIR DE 1º DE ABRIL DE 2007	
SALÁRIO DE CONTRIBUIÇÃO (R$)	ALÍQUOTA PARA FINS DE RECOLHIMENTO AO INSS (%)
Até 868,29	7,65
De 868,30 até 1.140,00	8,65
De 1.140,01 até 1.447,14	9,00
De 1.447,15 até 2.894,28	11,00

Portaria n. 342, de 16 de abril de 2007.

TABELA DE CONTRIBUIÇÃO DOS SEGURADOS EMPREGADO, EMPREGADO DOMÉSTICO E TRABALHADOR AVULSO, PARA PAGAMENTO DE REMUNERAÇÃO A PARTIR DE 1º DE JANEIRO DE 2008	
SALÁRIO DE CONTRIBUIÇÃO (R$)	ALÍQUOTA PARA FINS DE RECOLHIMENTO AO INSS (%)
Até 868,29	8,00
De 868,30 até 1.447,14	9,00
De 1.447,15 até 2.894,28	11,00

Portaria n. 501, de 28 de dezembro de 2007.

TABELA DE CONTRIBUIÇÃO DOS SEGURADOS EMPREGADO, EMPREGADO DOMÉSTICO E TRABALHADOR AVULSO, PARA PAGAMENTO DE REMUNERAÇÃO A PARTIR DE 1º DE MARÇO DE 2008	
SALÁRIO DE CONTRIBUIÇÃO (R$)	ALÍQUOTA PARA FINS DE RECOLHIMENTO AO INSS (%)
Até 911,70	8,00
De 911,71 até 1.519,50	9,00
De 1.519,51 até 3.038,99	11,00

Portaria n. 77, de 12 de março de 2008.

TABELA DE CONTRIBUIÇÃO DOS SEGURADOS EMPREGADO, EMPREGADO DOMÉSTICO E TRABALHADOR AVULSO, PARA PAGAMENTO DE REMUNERAÇÃO A PARTIR DE 1º DE FEVEREIRO DE 2009	
SALÁRIO DE CONTRIBUIÇÃO (R$)	ALÍQUOTA PARA FINS DE RECOLHIMENTO AO INSS (%)
Até 965,67	8,00
De 965,68 até 1.609,45	9,00
De 1.609,46 até 3.218,90	11,00

Portaria Interministerial MPS/MF n. 48, de 12 de fevereiro de 2009.

TABELA DE CONTRIBUIÇÃO DOS SEGURADOS EMPREGADO, EMPREGADO DOMÉSTICO E TRABALHADOR AVULSO, PARA PAGAMENTO DE REMUNERAÇÃO A PARTIR DE 1º DE JANEIRO DE 2010	
SALÁRIO DE CONTRIBUIÇÃO (R$)	ALÍQUOTA PARA FINS DE RECOLHIMENTO AO INSS (%)
Até 1.024,97	8,00
De 1.024,98 até 1.708,27	9,00
De 1.708,28 até 3.416,54	11,00

Portaria Interministerial MPS/MF n. 350, de 30 de dezembro de 2009.

TABELA DE CONTRIBUIÇÃO DOS SEGURADOS EMPREGADO, EMPREGADO DOMÉSTICO E TRABALHADOR AVULSO, PARA PAGAMENTO DE REMUNERAÇÃO A PARTIR DE 16 DE JUNHO DE 2010	
SALÁRIO DE CONTRIBUIÇÃO (R$)	ALÍQUOTA PARA FINS DE RECOLHIMENTO AO INSS (%)
Até 1.040,22	8,00
De 1.040,23 até 1.733,70	9,00
De 1.733,71 até 3.467,40	11,00

Portaria n. 408, de 17 de agosto de 2010.

TABELA DE CONTRIBUIÇÃO DOS SEGURADOS EMPREGADO, EMPREGADO DOMÉSTICO E TRABALHADOR AVULSO, PARA PAGAMENTO DE REMUNERAÇÃO A PARTIR DE 1º DE JANEIRO DE 2011	
SALÁRIO DE CONTRIBUIÇÃO (R$)	ALÍQUOTA PARA FINS DE RECOLHIMENTO AO INSS (%)
Até 1.106,90	8,00
De 1.106,91 até 1.844,83	9,00
De 1.844,84 até 3.689,66	11,00

Portaria Interministerial MPS/MF n. 568, de 31.12.2010 (DOU de 3.1.2011).

Escala de Salário-Base para os Segurados Contribuintes Individuais e Facultativos Inscritos na Previdência Social até 28.11.1999 (Lei n. 9.876/99)

(extinta a partir de 1.4.2003 pela MP 83/2002, convertida na Lei n. 10.666/2003)

PERÍODO - 29/11/1999 a 31/5/2000						
Classe	Salário Base (R$)	De 12/1999 a 11/2000	De 12/2000 a 11/2001	De 12/2001 a 11/2002	De 12/2002 a 11/2003	A partir de 1/4/2003
1	136,00	-	-	-	-	-
2	251,06	-	-	-	-	-
3	376,60	12	-	-	-	-
4	502,13	12	-	-	-	-
5	627,66	24	12	-	-	-
6	753,19	36	24	12	-	-
7	878,72	36	24	12	-	-
8	1.004,26	48	36	24	12	-
9	1.129,79	48	36	24	12	-
10	1.255,32	-	-	-	-	-

PERÍODO - 1/6/2000 a 30/11/2000				
Classe	Nº mínimo meses de permanência	Salário Base (R$)	Alíquota (%)	Contribuição (R$)
De 1 a 3	12	151,00 a 398,48	20,00	De 30,20 a 79,70
4	12	531,30	20,00	106,26
5	24	664,13	20,00	132,83
6	36	796,95	20,00	159,39
7	36	929,77	20,00	185,95
8	48	1.062,61	20,00	212,52
9	48	1.195,43	20,00	239,09
10	-	1.328,25	20,00	265,65

PERÍODO - 1/12/2000 a 31/3/2000				
Classe	Nº mínimo meses de permanência	Salário Base (R$)	Alíquota (%)	Contribuição (R$)
De 1 a 5	12	151,00 a 664,13	20,00	De 30,20 a 132,83
6	24	796,95	20,00	159,39
7	24	929,77	20,00	185,95
8	36	1.062,61	20,00	212,52

PERÍODO - 1/12/2000 a 31/3/2000				
Classe	Nº mínimo meses de permanência	Salário Base (R$)	Alíquota (%)	Contribuição (R$)
9	36	1.195,43	20,00	239,09
10	-	1.328,25	20,00	265,65

PERÍODO - 1/4/2001 a 31/5/2001				
Classe	Nº mínimo meses de permanência	Salário Base (R$)	Alíquota (%)	Contribuição (R$)
De 1 a 5	12	180,00 a 664,13	20,00	De 36,00 a 132,83
6	24	796,95	20,00	159,39
7	24	929,77	20,00	185,95
8	36	1.062,61	20,00	212,52
9	36	1.195,43	20,00	239,09
10	-	1.328,25	20,00	265,65

PERÍODO - 1/6/2001 a 30/11/2001				
Classe	Nº mínimo meses de permanência	Salário Base (R$)	Alíquota (%)	Contribuição (R$)
De 1 a 5	12	180,00 a 715,00	20,00	De 36,00 a 143,00
6	24	858,00	20,00	171,60
7	24	1.000,99	20,00	200,20
8	36	1.144,01	20,00	228,80
9	36	1.287,00	20,00	257,40
10	-	1.430,00	20,00	286,00

PERÍODO - 1/12/2001 a 31/3/2002				
Classe	Nº mínimo meses de permanência	Salário Base (R$)	Alíquota (%)	Contribuição (R$)
De 1 a 6	12	180,00 a 848,00	20,00	De 36,00 a 171,60
7	12	1.000,99	20,00	200,20
8	24	1.144,01	20,00	228,80
9	24	1.287,00	20,00	257,40
10	-	1.430,00	20,00	286,00

PERÍODO - 1/4/2002 a 31/5/2002				
Classe	Nº mínimo meses de permanência	Salário Base (R$)	Alíquota (%)	Contribuição (R$)
De 1 a 6	12	200,00 a 858,00	20,00	De 40,00 a 171,60
7	12	1.000,99	20,00	200,20
8	24	1.144,01	20,00	228,80

PERÍODO - 1/4/2002 a 31/5/2002				
Classe	Nº mínimo meses de permanência	Salário Base (R$)	Alíquota (%)	Contribuição (R$)
9	24	1.287,00	20,00	257,40
10	-	1.430,00	20,00	286,00

PERÍODO - 1/6/2002 a 31/3/2003				
Classe	Nº mínimo meses de permanência	Salário Base (R$)	Alíquota (%)	Contribuição (R$)
De 1 a 6	12	200,00 a 936,94	20,00	De 40,00 a 187,36
7	12	1.093,08	20,00	218,62
8	24	1.249,26	20,00	249,85
9	24	1.405,40	20,00	281,08
10	-	1.561,56	20,00	312,31

Contribuições dos Segurados Contribuintes Individuais e Facultativos a partir da Competência Abril de 2003

TABELA DE CONTRIBUIÇÃO PARA SEGURADOS CONTRIBUINTE INDIVIDUAL E FACULTATIVO PARA PAGAMENTO DE REMUNERAÇÃO RELATIVA AO PERÍODO DE ABRIL DE 2003 E MAIO DE 2003	
SALÁRIO DE CONTRIBUIÇÃO (R$)	ALÍQUOTA PARA FINS DE RECOLHIMENTO AO INSS (%)
De 240,00 (valor mínimo) até 1.561,56 (valor máximo)	20

TABELA DE CONTRIBUIÇÃO PARA SEGURADOS CONTRIBUINTE INDIVIDUAL E FACULTATIVO PARA PAGAMENTO DE REMUNERAÇÃO RELATIVA AO PERÍODO DE JUNHO DE 2003 E DEZEMBRO DE 2003	
SALÁRIO DE CONTRIBUIÇÃO (R$)	ALÍQUOTA PARA FINS DE RECOLHIMENTO AO INSS (%)
De 240,00 (valor mínimo) até 1.869,34 (valor máximo)	20

TABELA DE CONTRIBUIÇÃO PARA SEGURADOS CONTRIBUINTE INDIVIDUAL E FACULTATIVO PARA PAGAMENTO DE REMUNERAÇÃO A PARTIR DE JANEIRO DE 2004	
SALÁRIO DE CONTRIBUIÇÃO (R$)	ALÍQUOTA PARA FINS DE RECOLHIMENTO AO INSS (%)
De 240,00 (valor mínimo) até 2.400,00 (valor máximo)	20

TABELA DE CONTRIBUIÇÃO PARA SEGURADOS CONTRIBUINTE INDIVIDUAL E FACULTATIVO PARA PAGAMENTO DE REMUNERAÇÃO A PARTIR DE MAIO DE 2004	
SALÁRIO DE CONTRIBUIÇÃO (R$)	ALÍQUOTA PARA FINS DE RECOLHIMENTO AO INSS (%)
De 260,00 (valor mínimo) até 2.508,72 (valor máximo)	20

TABELA DE CONTRIBUIÇÃO PARA SEGURADOS CONTRIBUINTE INDIVIDUAL E FACULTATIVO PARA PAGAMENTO DE REMUNERAÇÃO A PARTIR DE 1º DE MAIO DE 2005	
SALÁRIO DE CONTRIBUIÇÃO (R$)	ALÍQUOTA PARA FINS DE RECOLHIMENTO AO INSS (%)
De 300,00 (valor mínimo) até 2.668,15 (valor máximo)	20

TABELA DE CONTRIBUIÇÃO PARA SEGURADOS CONTRIBUINTE INDIVIDUAL E FACULTATIVO PARA PAGAMENTO DE REMUNERAÇÃO A PARTIR DE 1º DE ABRIL DE 2006	
SALÁRIO DE CONTRIBUIÇÃO (R$)	ALÍQUOTA PARA FINS DE RECOLHIMENTO AO INSS (%)
De 350,00 (valor mínimo) até 2.801,56 (valor máximo)	20

TABELA DE CONTRIBUIÇÃO PARA SEGURADOS CONTRIBUINTE INDIVIDUAL E FACULTATIVO PARA PAGAMENTO DE REMUNERAÇÃO A PARTIR DE 1º DE AGOSTO DE 2006	
SALÁRIO DE CONTRIBUIÇÃO (R$)	ALÍQUOTA PARA FINS DE RECOLHIMENTO AO INSS (%)
De 350,00 (valor mínimo) até 2.801,82 (valor máximo)	20

TABELA DE CONTRIBUIÇÃO PARA SEGURADOS CONTRIBUINTE INDIVIDUAL E FACULTATIVO PARA PAGAMENTO DE REMUNERAÇÃO A PARTIR DE 1º DE ABRIL DE 2007	
SALÁRIO DE CONTRIBUIÇÃO (R$)	ALÍQUOTA PARA FINS DE RECOLHIMENTO AO INSS (%)
380,00 (valor mínimo)	11*
De 380,00 (valor mínimo) até 2.894,28 (valor máximo)	20

TABELA DE CONTRIBUIÇÃO PARA SEGURADOS CONTRIBUINTE INDIVIDUAL E FACULTATIVO PARA PAGAMENTO DE REMUNERAÇÃO A PARTIR DE 1º DE MARÇO DE 2008	
SALÁRIO DE CONTRIBUIÇÃO (R$)	ALÍQUOTA PARA FINS DE RECOLHIMENTO AO INSS (%)
415,00 (valor mínimo)	11*
De 415,00 (valor mínimo) até 3.038,99 (valor máximo)	20

TABELA DE CONTRIBUIÇÃO PARA SEGURADOS CONTRIBUINTE INDIVIDUAL E FACULTATIVO PARA PAGAMENTO DE REMUNERAÇÃO A PARTIR DE 1º DE FEVEREIRO DE 2009	
SALÁRIO DE CONTRIBUIÇÃO (R$)	ALÍQUOTA PARA FINS DE RECOLHIMENTO AO INSS (%)
465,00 (valor mínimo)	11*
De 465,00 (valor mínimo) até 3.218,90 (valor máximo)	20

TABELA DE CONTRIBUIÇÃO PARA SEGURADOS CONTRIBUINTE INDIVIDUAL E FACULTATIVO PARA PAGAMENTO DE REMUNERAÇÃO A PARTIR DE 1º DE JANEIRO DE 2010	
SALÁRIO DE CONTRIBUIÇÃO (R$)	ALÍQUOTA PARA FINS DE RECOLHIMENTO AO INSS (%)
510,00 (valor mínimo)	11*
De 510,00 (valor mínimo) até 3.467,40 (valor máximo)	20

TABELA DE CONTRIBUIÇÃO PARA SEGURADOS CONTRIBUINTE INDIVIDUAL E FACULTATIVO PARA PAGAMENTO DE REMUNERAÇÃO A PARTIR DE 1º DE JANEIRO DE 2011	
SALÁRIO DE CONTRIBUIÇÃO (R$)	ALÍQUOTA PARA FINS DE RECOLHIMENTO AO INSS (%)
540,00 (valor mínimo)	11*
De 540,00 (valor mínimo) até 3.689,66 (valor máximo)	20

TABELA DE CONTRIBUIÇÃO PARA SEGURADOS CONTRIBUINTE INDIVIDUAL E FACULTATIVO PARA PAGAMENTO DE REMUNERAÇÃO A PARTIR DE 1º DE MARÇO DE 2011	
SALÁRIO DE CONTRIBUIÇÃO (R$)	ALÍQUOTA PARA FINS DE RECOLHIMENTO AO INSS (%)
545,00 (valor mínimo)	11*
De 545,00 (valor mínimo) até 3.689,66 (valor máximo)	20

* PLANO SIMPLIFICADO DE PREVIDÊNCIA SOCIAL (PSP): Opção para o caso de contribuinte individual sem relação de trabalho com empresa ou equiparada, bem como para o facultativo, hipótese que gera o direito ao recebimento de todos os benefícios do RGPS, salvo a contagem do tempo para a concessão da aposentadoria por tempo de contribuição.

Tabela de Incidência

RUBRICA	INCIDÊNCIA
ABONOS	
Abonos	Sim
ABONO SALARIAL	
Definição: Quantia que o Empregador concede a seus empregados de forma espontânea e em caráter transitório ou eventual ou por determinação legal. Não integram o salário de contribuição os abonos expressamente desvinculados dos salários, a partir de 22/05/98. (Lei 8.212, art. 28 § 9º, item 7).	Não
ADICIONAL DE FÉRIAS - CF/88, Art. 7º	
Definição: É a remuneração adicional de férias de pelo menos 1/3 (um terço) a mais do que o salário normal, devida a partir de 05/10/88, na forma prevista no inciso XVII do art. 7º da Constituição Federal. Quando é devido: Por ocasião do pagamento das férias gozadas na vigência do contrato de trabalho ou indenizadas, integrais e/ou proporcionais na rescisão do contrato de trabalho. A quem é devido: Empregados; Trabalhadores avulsos; e Empregados domésticos. Incidência de contribuição: Quando o adicional é pago juntamente com a remuneração de férias gozadas, na vigência do contrato de trabalho. Não incidência de contribuição: Quando o adicional é pago relativamente às férias indenizadas integrais e/ou proporcionais, na rescisão do contrato de trabalho (art. 28 § 9º "d" da Lei 8.212/91).	Sim
ABONO DE FÉRIAS	
Definição: É aquele concedido em virtude de cláusulas do contrato de trabalho, do regulamento da empresa, de convenção ou acordo trabalhista, na forma do art. 144 da CLT e não se confunde com o abono pecuniário, que é a venda de 1/3 das férias de que trata o art. 143 da CLT, nem com o 1/3 constitucional.	Sim
ABONO PECUNIÁRIO	
- Dias vendidos (art. 143 da CLT) - Não excedente de 20 dias do salário (art. 144 da CLT). (MP 1.663-10, de 28/05/98). Definição: É a conversão de 1/3 de período de férias a que tem direito, em espécie (dinheiro), ou seja, a venda de 10 dias de férias.	Não
ACORDO NA JUSTIÇA DO TRABALHO	
a) Importância paga a empregado, resultante de acordo celebrado entre as partes, a fim de pôr termo ao processo trabalhista:	
a.1) Parcelas que integram o salário de contribuição ou o total do acordo quando aquelas não estiverem discriminadas;	Sim
a.2) Parcelas não integrantes do salário de contribuição caso estejam discriminadas no acordo.	Não
b) Férias indenizadas e a importância prevista no inciso I do art. 10 do Ato das Disposições Constitucionais Transitórias (40% FGTS).	Não
c) Atualização monetária das parcelas	Sim

d) Juros de Mora	Não
e) Honorários periciais	Não
ADIANTAMENTOS	
- De 13º salário.	Não
- De férias (pagamento antecipado na forma da legislação trabalhista).	Não
- Adiantamento de salários deduzidos do respectivo salário ou compensados no próprio mês.	Não
- De salários.	Sim
- Antecipação em função de política salarial.	Sim
- Adiantamentos (vales) não restituídos	Sim
ADICIONAIS	
- Insalubridade, periculosidade de trabalho noturno e de tempo de serviço, além de outros.	Sim
ADICIONAL PAGO A AERONAUTA	
- Indenização das despesas com alimentação e pousada, quando não por imposição de vôos tenha que se deslocar para outra base, e das despesas de sua mudança e a de sua família, quando transferido de uma para outra base, com mudança de domicílio.	Não
AJUDA DE CUSTO	
Definição: Pagamento único destinado a indenizar as despesas do empregado, oriundas de sua transferência para local diverso daquele em que tem domicílio.	
1 - Exclusivamente em decorrência de mudança de local de trabalho do empregado:	
a) paga de uma única vez na forma do art. 470 da CLT.	Não
b) quando recebido em mais de uma parcela.	Sim
2 - Recebido pelo Aeronauta, nos termos do art. 51, § 5º "a" da Lei 7.183/84.	Não
ALIMENTAÇÃO (VER: SALÁRIO IN NATURA)	
- De acordo com o PAT - Programa de Alimentação do Trabalhador.	Não
ALUGUEL	
- Acréscimo de salário quando pago ao empregado para atender a despesas com habitação.	Sim
APRENDIZ	
- Ver Bolsa de Estudos - menor aprendiz	
ASSISTÊNCIA ESCOLAR	
- O valor relativo a plano educacional que vise à educação básica, nos termos do art. 9º, da Lei nº 9.394/96, e a cursos de capacitação e qualificação profissionais vinculados às atividades desenvolvidas pela empresa, desde que não seja utilizado em substituição de parcela salarial e que todos os empregados e dirigentes tenham acesso ao mesmo.	Não
ASSISTÊNCIA MÉDICA (VER: REEMBOLSO - DESPESAS MÉDICAS E MEDICAMENTOS)	
- O valor relativo à assistência prestada por serviço médico ou odontológico, próprio da empresa ou por ela conveniado.	Não

AUXÍLIO-DOENÇA	
- Até 15 dias. (Afastamento da atividade por doença com ou sem a posterior concessão de beneficio pelo INSS).	Sim
- Complementação salarial (a importância paga ao empregado a título de complementação ao valor do auxílio-doença, desde que este direito seja extensivo à totalidade dos empregados da empresa).	Não
AVISO PRÉVIO TRABALHADO	
Aviso prévio trabalhado	Sim
AVISO PRÉVIO INDENIZADO	
A partir da MP 1523-7/97 até a vigência da MP 1596-14/97 (Exigibilidade suspensa a partir de 27/11/97 -ADIN 1659.6) Definição: Aviso dado pela parte (empregado ou empregador) que, sem justo motivo, quiser rescindir o contrato por prazo indeterminado: Aviso Prévio será proporcional ao tempo de serviço, sendo no mínimo 30 dias (art. 7°, inciso XXI, Constituição Federal). Aviso Prévio Trabalhado /Incidência: Quando a parte é pré-avisada da futura rescisão, denomina-se aviso prévio trabalhado e, portanto, com relação a esse período, são pagos normalmente os salários e sobre esses incidem as contribuições previdenciárias.	Sim
Aviso Prévio Indenizado/Não Incidência[1]: Por outro lado, quando a rescisão de contrato se dá imediatamente, ou seja, sem o aviso prévio, diz-se que este é indenizado e, portanto, não integra o salário de contribuição.	Não
Aumento salarial: Ocorrido durante o cumprimento do aviso prévio, bem como as demais vantagens econômicas gerais, beneficiarão o trabalhador. Reconsideração: O aviso prévio pode ser reconsiderado desde que com a concordância de ambas as partes.	Sim
BENEFÍCIOS DA PREVIDÊNCIA SOCIAL	
- Os beneficios da previdência social, nos termos e limites legais, salvo o salário-maternidade.	Não
BICHO	
- Prêmio a jogador de futebol profissional por vitória, empate, classificação, título obtido, etc.	Sim
BOLSA DE ESTÁGIO	
- Atividade de aprendizagem social, profissional e cultural de estudantes regularmente matriculados e com freqüência efetiva nos cursos vinculados ao ensino oficial e particular, em nível superior e de 2° grau profissionais e de escola de educação especial. (Admitidos na forma da Lei nº 6.494/72 e 8.859/94).	Não

1 Ver Instrução Normativa RFB nº 925, de 6 de março de 2009: "Art. 7º Para fins de cálculo das contribuições e de enquadramento na Tabela de Salário de Contribuição, o valor do aviso prévio indenizado deverá ser somado às outras verbas rescisórias que possuem incidência de contribuições previdenciárias, na competência do desligamento."

BOLSA DE ESTUDOS	
a - Bolsa concedida a empregado (desde que não concedida a todos - Ver item Assistência Escolar) b - Bolsa a menor assistido c - Bolsa de residência médica (integra o valor da bolsa o reembolso de 10% do salário-base. Lei 8.138/90)	Sim
BONIFICAÇÃO	
(ver Gratificações)	Sim
CESTA BÁSICA	
De acordo com o PAT (Programa de Alimentação ao Trabalhador)	Não
COMISSÕES DE QUALQUER ESPÉCIE	
- No mês do pagamento crédito.	Sim
CRECHE	
- reembolso creche pago em conformidade com a legislação trabalhista, observado o limite máximo de seis anos de idade, quando devidamente comprovadas as despesas realizadas. - reembolso-babá limitado ao menor salário de contribuição mensal e condicionado à comprovação do registro na Carteira de Trabalho e Previdência Social da empregada, do pagamento da remuneração e do recolhimento da contribuição previdenciária, pago em conformidade com a legislação trabalhista, observado o limite máximo de seis anos de idade da criança.	Não
DÉCIMO TERCEIRO SALÁRIO	
Até 08/89	Não
A partir de 09/89 Observação: O valor de 1/12 do décimo terceiro salário pago no aviso prévio tem natureza indenizatória e desde 11/91 não é base de incidência de contribuição previdenciária.	Sim
DIÁRIA PARA VIAGEM	
Definição: São valores destinados a cobrir as despesas com alimentação e hospedagem nas viagens do empregado a serviço da empresa. Incidência de contribuição: Quando o valor das diárias excede a 50% (cinqüenta por cento) da remuneração mensal do empregado, elas integram o salário de contribuição pelo seu valor total. (art. 28, § 8° "a" da Lei 8.212/91). Para efeito de verificação do limite (50%), o valor das diárias não será computado no cálculo da remuneração. (item 13.4 "b" e 13.10 da ON 08/97) Não há incidência de contribuição: Diárias para viagens cujo valor total não excede a 50% da remuneração mensal do empregado. (art. 28, § 9°, "h" da Lei 8.212/91)	Sim
DIREITOS AUTORAIS	
- Pagamento pela exploração de obras artísticas. No contrato de direitos autorais inexiste prestação de serviços que caracterizem vínculo empregatício ou locação de serviços.	Não
ETAPAS	
(Marítimos) alimentação fornecida a bordo e constitui-se no pagamento da importância correspondente quando desembarcado o prestador de serviços.	Sim

FÉRIAS	
a) Gozadas simples (remuneração + adicional de 1/3 - CF /88)	Sim
b) Pagas em dobro, gozadas na vigência do contrato de trabalho:	
b.1) referentes às férias gozadas (valor da remuneração + adicional de 1/3 - CF/88).	Sim
b.2) referente ao adicional (dobra da remuneração de que trata o artigo 137 da CLT + 1/3 - CF/88).	Não
c) Férias Indenizadas - vencidas, simples, em dobro ou proporcionais, pagas na rescisão (remuneração + adicional de 1/3).	Não
FRETES, CARRETOS E TRANSPORTE	
a) Pagos à pessoa jurídica	Não
b) Pagos à pessoa física autônoma	Sim
GORJETAS	
Gorjetas	Sim
GRATIFICAÇÕES	
- As gratificações concedidas a qualquer título, quando habituais.	Sim
GRATIFICAÇÕES A DIRIGENTE SINDICAL	
Gratificações a Dirigente Sindical	Sim
HABITAÇÃO	
- Fornecida ou paga pelo empregador, contratualmente estipulada ou recebida por força de costume.	Sim
- Fornecida ao empregado contratado para trabalhar em localidade distante de sua residência, em canteiro de obras (ver salário in natura).	Não
HORAS EXTRAS	
Horas Extras	Sim
LICENÇA-PRÊMIO INDENIZADA	
Licença-Prêmio indenizada	Não
LICENÇA REMUNERADA	
Licença Remunerada	Sim
LUCROS DISTRIBUÍDOS	
- Pagos ou creditados ao segurado contribuinte individual atividade: empresário (sociedades mercantis)	Não
- Valores totais pagos ou creditados aos sócios, ainda que a título de antecipação de lucro da pessoa jurídica, quando não houver discriminação entre remuneração decorrente do trabalho e a proveniente do capital social (sociedade civil) ou tratar-se de adiantamento de resultado ainda não apurado por meio de demonstração de resultado do exercício ou quando a contabilidade for apresentada de forma deficiente. (art. 201, § 5°, II, do RPS, aprovado pelo Decreto nº 3.048/99 e inciso II do § 5° e § 6° do art. 77 da IN nº 100 /2003).	Sim
LUVAS	
- Importância paga pelo empregador ao atleta profissional de futebol.	Sim
MULTA	
- Multas incluídas em acordo ou sentença decorrente de ação trabalhista.	Não

- Multa prevista no § 8° do art. 477 da CLT (não cumprimento do prazo previsto no § 6° do mesmo artigo, para pagamento da rescisão contratual).	Não
PARTICIPAÇÃO NOS LUCROS	
- Em desacordo com a MP 794/94 e reedições.	Sim
- Quando paga ou creditada ao empregado de acordo com lei específica.	Não
PASSE (PARTICIPAÇÃO DO ATLETA EM 15% DE SEU VALOR)	
- Passe é a importância devida por uma associação desportiva para outra, pela cessão do atleta profissional de futebol durante a vigência do contrato ou depois do seu término. Na cessão, o atleta terá direito à parcela de 15% do montante do passe, devido e pago pelo empregador cedente.	Sim
PERCENTAGENS	
Percentagens	Sim
PRÊMIOS	
Prêmios	Sim
PREVIDÊNCIA PRIVADA	
- O valor das contribuições efetivamente pago pela pessoa jurídica relativa ao programa de previdência complementar privada, aberta ou fechada, e do prêmio de seguro devida em grupo, desde que disponível à totalidade de seus empregados e dirigentes, observados, no que couber, os artigos 9° e 468 da CLT.	Não
PRODUTIVIDADE	
Produtividade	Sim
QUEBRA DE CAIXA	
Quebra de Caixa	Sim
REEMBOLSO-CRECHE	
- Ver Creche	
REEMBOLSO POR DESPESAS MÉDICAS E MEDICAMENTOS	
- Desde que a cobertura abranja a totalidade dos empregados e dirigentes da empresa	Não
REMUNERAÇÃO DE EMPRESÁRIOS	
Remuneração de Empresários (Pró-Labore)	Sim
REPOUSO SEMANAL	
Repouso Semanal	Sim
REPRESENTAÇÃO (SALÁRIOS)	
Representação (Salários)	Sim
SALÁRIO-FAMÍLIA	
a) Nos valores legais;	Não
b) Valores excedentes aos legais ou ao limite de idade legalmente estabelecido.	Sim
SALÁRIO IN NATURA	
- Alimentação, habitação, vestuário ou outras prestações in natura que a empresa, por força de contrato ou de costume, fornecer habitualmente.	Sim
- Pago ao trabalhador contratado para prestação de serviço em localidade distante de sua residência habitual (frentes de trabalho).	Não

Alimentação de acordo com o PAT. Definição: É o programa de benefício-alimentação, oriundo de incentivo criado pelo governo, para fins de propiciar melhores condições à alimentação do trabalhador. Adesão da empresa: Consiste no encaminhamento, pela empresa, da Carta de Adesão, formulário próprio, instruído com os seguintes elementos: a) identificação da empresa beneficiária; b) número de trabalhadores beneficiados no ano anterior; c) número de refeições maiores (almoço, jantar e ceia) e menores (desjejum e merenda) no ano anterior;	
d) tipo de serviço de alimentação e percentuais correspondentes (próprio, fornecedor, convênio e cesta básica); e) número de trabalhadores beneficiados por faixas salariais no ano anterior; f) termo de responsabilidade e assinatura do responsável pela empresa. Execução do programa: A empresa beneficiária pode manter serviço próprio de refeições, distribuir alimentos e firmar convênio com entidades fornecedoras de alimentação coletiva, sociedades civis, sociedades comerciais e sociedades cooperativas. Natureza salarial / Não incidência: A parcela in natura paga pela empresa não tem natureza salarial, não se incorpora à remuneração para quaisquer efeitos, não constitui base de incidência de contribuição previdenciária e nem se configura como rendimento tributável do trabalhador, desde que constituída e formalizada de acordo com o Programa de Alimentação ao Trabalhador, caso contrário deve ser considerado salário.	
SALÁRIO-MATERNIDADE	
- Remuneração do período de estabilidade, prevista na alínea b, inciso II, artigo 10 do Ato das Disposições Constitucionais Transitórias - CF/88.	Sim
- Nos casos de conversão em indenização previstos no artigo 496 e 497 da CLT.	Não
SALDO DE SALÁRIOS	
Saldo de Salários	Sim
SENTENÇA JUDICIAL NA JUSTIÇA DO TRABALHO	
(Vide Acordo na Justiça do Trabalho)	
TRANSPORTE	
- Ver Tópicos: Salário In Natura, Vale-Transporte e Veículos.	
UNIFORME	
(Fornecido aos empregados e utilizado no local do trabalho para prestação dos respectivos serviços)	Não
VALE-TRANSPORTE	
(Lei 7.418/85 e Dec. 95.247/87)	Não
VEÍCULO (USO DE VEÍCULO PRÓPRIO DO EMPREGADO)	
- com ressarcimento de despesa comprovada	Não
- despesa não comprovada	Sim

Fonte: http://www.mps.gov.br/arquivos/office/3_081014-111324-581.pdf

Contribuição sobre a Produção Rural a partir de 1º/11/1991

Instrução Normativa RFB nº 971, de 13 de novembro de 2009 - Anexo III

CONTRIBUINTE	FUNDAMENTAÇÃO	PERÍODO	ALÍQUOTAS				FPAS
			PREVIDÊNCIA	GILRAT	SENAR	TOTAL	
Produtor Rural Pessoa Jurídica (5)	Art. 25 da Lei nº 8.870, de 1994 (1) (2)	01/08/94 a 31/12/01	2,5%	0,1%	0,1%	2,7%	744
	Art. 25 Lei nº 8.870, de 1994 com a redação dada pela Lei nº 10.256, de 2001	01/01/02 a	2,5%	0,1%	0,25%	2,85%	744
Produtor Rural Pessoa Física - Equiparado a Trabalhador Autônomo (contribuinte individual a partir de 29/11/1999)	Art. 1º da Lei nº 8.540, de 1992 (3)	01/04/93 a 11/01/97	2,0%	0,1%	0,1%	2,2%	744
	Art. 25 da Lei nº 8.212, de 1991 e MP nº 1.523, de 1996 (4)	12/01/97 a 10/12/97	2,5%	0,1%	0,1%	2,7%	744
	Art. 25 da Lei nº 8.212, de 1991 e Lei nº 9.528, de 1997	11/12/97 a 31/12/01	2,0%	0,1%	0,1%	2,2%	744
	Art. 25 da Lei nº 8.212, de 1991, Art. 6º da Lei nº 9.528, de 1997 com a redação dada pela Lei nº 10.256/01	01/01/02 a	2,0%	0,1%	0,2%	2,3%	744
Produtor Rural Pessoa Física - Segurado Especial	Art. 25 da Lei nº 8.212, de 1991	01/11/91 a 31/03/93	3,0%			3,0%	744
	Art. 1º da Lei nº 8.540, de 1992	01/04/93 a 30/06/94	2,0%	0,1%		2,1%	744
	Art. 2º da Lei nº 8.861, de 1994	01/07/94 a 11/01/97	2,2%	0,1%		2,3%	744
	Art. 25 da Lei nº 8.212, de 1991 e MP nº 1.523, de 1996 (4)	12/01/97 a 10/12/97	2,5%	0,1%	0,1%	2,7%	744
	Art. 25 da Lei nº 8.212, de 1991 e Lei nº 9.528, de 1997	11/12/97 a 31/12/01	2,0%	0,1%	0,1%	2,2%	744
	Art. 25 da Lei nº 8.212, de 1991, Art. 6º da Lei nº 9.528, de 1997 com a redação dada pela Lei nº 10.256, de 2001	01/01/02 a	2,0%	0,1%	0,2%	2,3%	744
Agroindústria (5)	Art. 22 A da Lei nº 8.212, de 1991 acrescentado pela Lei nº 10.256, de 2001 (6)	01/11/01 a 31/12/01	2,5%	0,1%	-	2,6%	744
		01/01/02 a 31/08/03	2,5%	0,1%	0,25%	2,85%	744
	Art. 22 A da Lei nº 8.212, de 1991 acrescentado pela Lei nº 10.256, de 2001, alterado pela Lei nº 10.684, de 2003 (7)	01/09/03 a	2,5%	0,1%	0,25%	2,85%	744

Notas:

(1) Excluídas as agroindústrias (Decisão do STF na ADIN 1.103-1/6000).

(2) De 01/11/91 a 31/07/94, a contribuição do produtor rural pessoa jurídica era apenas sobre a folha de pagamento.

(3) De 01/11/1991 a 31/03/1993, a contribuição do produtor rural pessoa física - equiparado a autônomo era apenas sobre a folha de pagamento.

(4) Art. 25 da Lei nº 8.212, de 1991 com a redação dada pelo art. 1º da Medida Provisória nº 1.523, de 1996, publicada no DOU de 14/10/1996, c/c art. 4º da Medida Provisória nº 1.596-14, de 10 de novembro de 1997, convertida na Lei nº 9.528, de 1997, com alteração para 2,0% (dois por cento) da alíquota do produtor rural pessoa física e do segurado especial.

(5) A prestação de serviços a terceiros pelas agroindústrias e pelos produtores rurais pessoas jurídicas está sujeita às contribuições sociais calculadas sobre a remuneração dos segurados, sendo que a receita bruta correspondente aos serviços prestados a terceiros é excluída da base de cálculo da contribuição sobre a comercialização da produção. Fica excluído da substituição, devendo contribuir sobre a remuneração dos segurados, o produtor rural pessoa jurídica que tem outra atividade econômica.

(6) O fato gerador das contribuições ocorre na comercialização da produção própria e da adquirida de terceiros, industrializada ou não, pela agroindústria, a partir de 1º de novembro de 2001; a contribuição para o Senar, todavia, em face do princípio da anualidade, é devida a partir de 1º de janeiro de 2002. Excluídas as agroindústrias, inclusive sob a forma de cooperativa, de piscicultura, carcinicultura, suinocultura e avicultura, que permanecem com a obrigação do recolhimento sobre a folha de pagamento, setor agrário e industrial (§ 4º, do art. 22-A, da Lei nº 8.212, de 1991, acrescentado pela Lei nº 10.256, de 2001).

(7) A Lei nº 10.684, de 2003, alterou o art. 22-A da Lei nº 8.212, de 1991, na redação da Lei nº 10.256, de 2001, para excluir, a partir de 1º de setembro de 2003, as pessoas jurídicas que se dediquem apenas ao florestamento e reflorestamento como fonte de matéria-prima para industrialização própria mediante a utilização de processo industrial que modifique a natureza química da madeira ou a transforme em pasta celulósica, ainda que comercialize resíduos vegetais ou sobras ou partes da produção rural (exceto se a receita bruta decorrente desta comercialização represente 1% (um por cento) ou mais de sua receita bruta proveniente da comercialização da produção).

Contribuições Devidas pela Agroindústria, Produtores Rurais (pessoa jurídica e física), Consórcio de Produtores, Garimpeiros, Empresas de Captura de Pescado

Instrução Normativa RFB nº 1.080, de 3 de novembro de 2010 – Anexo único

ARTIGO DA IN 971	CONTRIBUINTE	BASE	FPAS	PREVIDÊNCIA SOCIAL			TERCEIROS								
				SEGURADO	EMPRESA	GILRAT	FNDE 0001	INCRA 0002	SENAI 0004	SESI 0008	SEBRAE 0064	DPC 0128	SENAR 0512	SESCOOP 4096	TOTAL
174	Agroindústria de piscicultura, carcinicultura, suinocultura ou avicultura	Mão de obra setor criação	787	8% a 11%	20%	1% a 3%	2,5%	0,2%	-	-	-	-	2,5%	-	5,2%
		Mão de obra setor abate e industrialização	507	8% a 11%	20%	1% a 3%	2,5%	0,2%	1,0%	1,5%	0,6%	-	-	-	5,8%
175 § 5º II	Agroindústria de florestamento e reflorestamento não sujeita à contribuição substitutiva	Mão de obra setor rural	787	8% a 11%	20%	1% a 3%	2,5%	0,2%	-	-	-	-	2,5%	-	5,2%
		Mão de obra setor industrial	507	8% a 11%	20%	1% a 3%	2,5%	0,2%	1,0%	1,5%	0,6%	-	-	-	5,8%
111-F, III	Agroindústria sujeita à contribuição substitutiva (Lei nº 10.256/01)	Receita bruta da produção	744	-	2,5%	0,1%	-	-	-	-	-	-	0,25%	-	0,25%
		Remuneração de segurados	833	8% a 11%	-	-	2,5%	0,2%	1,0%	1,5%	0,6%	-	-	-	5,8%
111-G § 1º	Pessoa jurídica que desenvolve, além da atividade rural, outra atividade econômica autônoma (Nota 5.7)	Total de remuneração de segurados (em todas as atividades)	787	8% a 11%	20%	1% a 3%	2,5%	0,2%	-	-	-	-	2,5%	-	5,2%
111-G §§ 2º e 3º	Pessoa jurídica, inclusive agroindústria, que além da atividade rural, presta serviços a terceiros (atividade não autônoma)	Remuneração de segurados (somente em relação a serviços prestados a terceiros)	787	8% a 11%	20%	1% a 3%	2,5%	0,2%	-	-	-	-	2,5%	-	5,2%
110-A e 111-G	Pessoa jurídica que se dedica apenas à atividade de produção rural	Receita bruta da produção	744	-	2,5%	0,1%	-	-	-	-	-	-	0,25%	-	0,25%
		Remuneração de segurados	604	8% a 11%	-	-	2,5%	0,2%	-	-	-	-	-	-	2,7%

110-A § 1º e 111-G	Pessoa jurídica que desenvolve atividade prevista no art. 2º do Decreto-lei nº 1.146/70, não exclusiva, com preponderância rural, não sujeita a substituição	Remuneração de segurados	531	8% a 11%	20%	1% a 3%	2,5%	2,7%	-	-	-	-	-	-	5,2%
110-A § 4º e 111-G § 4º	Pessoa jurídica que desenvolve atividade prevista no art. 2º do Decreto-lei nº 1.146/70, não exclusiva, com preponderância da industrialização, não sujeita a substituição	Remuneração de segurados	507	8% a 11%	20%	1% a 3%	2,5%	0,2%	1,0%	1,5%	0,6%	-	-	-	5,8%
165, I, a	Produtor rural pessoa física equiparado a autônomo (cont. individual), empregador	Remuneração de segurados	604	8% a 11%	-	-	2,5%	0,2%	-	-	-	-	-	-	2,7%
6º XXX e 10	Produtor rural pessoa física e segurado especial	Receita bruta da comercialização da produção rural	744	-	2,0%	0,1%	-	-	-	-	-	-	0,2%	-	0,2%
165, XIX	Consórcio simplificado de produtores rurais	Remuneração de segurados	604	8% a 11%	-	-	2,5%	0,2%	-	-	-	-	-	-	2,7%
186	Garimpeiro - empregador	Remuneração de segurados	507	8% a 11%	20%	3%	2,5%	0,2%	1,0%	1,5%	0,6%	-	-	-	5,8%
9º	Empresa de captura de pescado	Remuneração de segurados	540	8% a 11%	20%	3%	2,5%	0,2%	-	-	-	2,5%	-	-	5,2%

Notas:

1. AGROINDÚSTRIAS. Sujeitam-se à contribuição substitutiva instituída pela Lei nº 10.256, de 9 de julho de 2001, as agroindústrias abaixo enumeradas, as quais contribuirão - para a Previdência Social, GILRAT e Senar - sobre a receita bruta proveniente da comercialização da produção e - para as demais entidades e fundos - sobre o valor total da remuneração paga, devida ou creditada a empregados e trabalhadores avulsos a seu serviço:

a) de florestamento e reflorestamento a que se refere o inciso I do § 5º do art. 175 desta Instrução Normativa;

b) de cana de açúcar;

c) de laticínios;

d) de carnes e seus derivados;

e) da uva;

f) de beneficiamento de cereais, café, chá, mate, fibras vegetais, algodão e madeira.

2. COOPERATIVA. A cooperativa que atua nas atividades de que tratam os arts. 174 e 175, § 5º, II, desta Instrução Normativa, informará os mesmos códigos FPAS das demais agroindústrias e o código de terceiros 4099.

3. COOPERATIVA. A cooperativa que atua nas atividades de que trata o inciso III do art. 111-F, desta Instrução Normativa, informará os mesmos códigos FPAS das demais agroindústrias e o código de terceiros 4163.

4. COOPERATIVA. Sobre a remuneração de trabalhadores contratados exclusivamente para a colheita da produção dos cooperados, a cooperativa fica obrigada ao pagamento das contribuições devidas ao Fnde e ao Incra, calculadas mediante aplicação das alíquotas previstas no Anexo II, desta Instrução Normativa, de acordo com o código FPAS 604 e código terceiros 0003, bem assim à retenção e ao recolhimento das contribuições devidas pelo segurado.

5. PRODUTOR RURAL PESSOA JURÍDICA

5.1 As contribuições devidas pela pessoa jurídica que tenha como fim **apenas a atividade de produção rural** incidem sobre a receita bruta da comercialização da produção rural, em substituição às instituídas pelo art. 22, I e II da Lei nº 8.212, de 1991, e são calculadas de acordo com o código FPAS 744 (2,5% para Previdência Social; 0,1% para GILRAT e 0,25% para o Senar).

5.2 A substituição não se aplica às contribuições devidas ao FNDE e ao Incra, que continuam a incidir sobre a folha, de acordo com o código FPAS 604 e código de terceiros 0003 (2,5% salário-educação e 0,2% Incra).

5.3 Se a pessoa jurídica, exceto a agroindústria, explorar, além da atividade de produção rural, outra atividade econômica autônoma comercial, industrial ou de serviços, no mesmo ou em estabelecimento distinto, fica obrigada às seguintes contribuições, em relação a todas as atividades:

I - 20% (vinte por cento) sobre o total da remuneração paga, devida ou creditada a empregados e trabalhadores avulsos a seu serviço;

II - 20% (vinte por cento) sobre a remuneração de contribuintes individuais (trabalhadores autônomos) a seu serviço;

III - 15% (quinze por cento) sobre o valor bruto da nota fiscal ou fatura de prestação de serviços, relativamente a serviços que lhe são prestados por cooperados por intermédio de cooperativas de trabalho;

IV - contribuição destinada ao financiamento da aposentadoria especial e dos benefícios concedidos em razão do grau de incidência de incapacidade laborativa decorrente dos riscos ambientais do trabalho, incidente sobre a remuneração de empregados e trabalhadores avulsos (Decreto nº 3.048, de 1999, art. 202);

5.4 Aplica-se a substituição prevista no item 5.1 ainda que a pessoa jurídica tenha como atividade complementar a prestação de serviços a terceiros, sem constituir atividade econômica autônoma. Sobre essa atividade (serviços a terceiros) contribuirá para a Previdência Social e terceiros de acordo com o código FPAS 787 e o código de terceiros 0515.

5.5 A agroindústria de que trata o inciso III do art. 111-F estará sujeita à contribuição substitutiva instituída pela Lei nº 10.256/2001 ainda que explorar, além da atividade agroindustrial, outra atividade econômica, independentemente de ser autônoma ou não. Nessa hipótese a contribuição incidirá sobre a receita total (art. 173 parágrafo único).

5.6 Na hipótese de a agroindústria de que tratam os incisos I, II e III do art. 111-F prestar serviços a terceiros, sobre essa atividade deverá contribuir na forma do art. 22 da Lei nº 8.212, de 1991, de acordo com o código FPAS 787 e código de terceiros 0515.

5.7 O código FPAS 787 não deve ser utilizado se houver preponderância da outra atividade econômica autônoma, na forma do inciso III do art. 109-C.

6. PRODUTOR RURAL PESSOA FÍSICA. Aplica-se ao produtor rural pessoa física as seguintes regras:

a) se qualificado como **segurado especial** (Lei nº 8.212 art. 12, VII), contribuirá sobre a comercialização da produção rural (2,0% para Previdência; 0,1% para GILRAT e 0,2% para Senar); não contribui sobre a remuneração dos trabalhadores que contratar (empregado ou contribuinte individual), mas é responsável pela retenção e recolhimento da contribuição destes (8%, 9% ou 11% do empregado e 20% do contribuinte individual).

b) **se contribuinte individual**, **empregador rural** (Lei nº 8.212 art. 12, V), contribuirá sobre a comercialização da produção (2,0% para Previdência; 0,1% para GILRAT e 0,2% para Senar) em relação a empregados e trabalhadores avulsos; sobre a remuneração de outros contribuintes individuais ou cooperados (por intermédio de cooperativa de trabalho) que contratar, conforme art. 22, III e IV da Lei nº 8.212, de 1991, e ainda sobre seu salário-de-contribuição (20%).

Tabela de Alíquotas por Códigos FPAS

Instrução Normativa RFB nº 971, de 13 de novembro de 2009 - Anexo II

CÓDIGO DO FPAS	ALÍQUOTAS (%)															
	Prev. Social	GILRAT	Salário-Educação	INCRA	SENAI	SESI	SENAC	SESC	SEBRAE	DPC	Fundo Aeroviário	SENAR	SEST	SENAT	SESCOOP	Total Outras Ent. Ou Fundos
	---	---	0001	0002	0004	0008	0016	0032	0064	0128	0256	0512	1024	2048	4096	
507	20	Variável	2,5	0,2	1,0	1,5	---	---	0,6	---	---	---	---	---	---	5,8
507 Cooperativa	20	Variável	2,5	0,2	---	---	---	---	0,6	---	---	---	---	---	2,5	5,8
515	20	Variável	2,5	0,2	---	---	1,0	1,5	0,6	---	---	---	---	---	---	5,8
515 Cooperativa	20	Variável	2,5	0,2	---	---	---	---	0,6	---	---	---	---	---	2,5	5,8
523	20	Variável	2,5	0,2	---	---	---	---	---	---	---	---	---	---	---	2,7
531	20	Variável	2,5	2,7	---	---	---	---	---	---	---	---	---	---	---	5,2
540	20	Variável	2,5	0,2	---	---	---	---	---	2,5	---	---	---	---	---	5,2
558	20	Variável	2,5	0,2	---	---	---	---	---	---	2,5	---	---	---	---	5,2
566	20	Variável	2,5	0,2	---	---	---	1,5	0,3	---	---	---	---	---	---	4,5
566 Cooperativa	20	Variável	2,5	0,2	---	---	---	---	0,3	---	---	---	---	---	2,5	5,5
574	20	Variável	2,5	0,2	---	---	---	1,5	0,3	---	---	---	---	---	---	4,5
574 Cooperativa	20	Variável	2,5	0,2	---	---	---	---	0,3	---	---	---	---	---	2,5	5,5
582	20	Variável	---	---	---	---	---	---	---	---	---	---	---	---	---	---
590	20	Variável	2,5	---	---	---	---	---	---	---	---	---	---	---	---	2,5
604	---	---	2,5	0,2	---	---	---	---	---	---	---	---	---	---	---	2,7
612	20	Variável	2,5	0,2	---	---	---	---	0,6	---	---	---	1,5	1,0	---	5,8
612 Cooperativa	20	Variável	2,5	0,2	---	---	---	---	0,6	---	---	---	---	---	2,5	5,8
620	20	---	---	---	---	---	---	---	---	---	---	---	1,5	1,0	---	2,5
639	---	---	---	---	---	---	---	---	---	---	---	---	---	---	---	---
647	---	---	2,5	0,2	---	---	---	1,5	0,3	---	---	---	---	---	---	4,5
655	20	Variável	2,5	---	---	---	---	---	---	---	---	---	---	---	---	2,5
680	20	Variável	2,5	0,2	---	---	---	---	---	2,5	---	---	---	---	---	5,2
736	22,5	Variável	2,5	0,2	---	---	---	---	---	---	---	---	---	---	---	2,7
736 Cooperativa	22,5	Variável	2,5	0,2	---	---	---	---	---	---	---	---	---	---	2,5	5,2
744 Seg. Especial	2,0	0,1	---	---	---	---	---	---	---	---	---	0,2	---	---	---	0,2

CÓDIGO DO FPAS	ALÍQUOTAS (%)															
	Prev. Social	GILRAT	Salário-Educação	INCRA	SENAI	SESI	SENAC	SESC	SEBRAE	DPC	Fundo Aeroviário	SENAR	SEST	SENAT	SESCOOP	Total Outras Ent. Ou Fundos
	---	---	0001	0002	0004	0008	0016	0032	0064	0128	0256	0512	1024	2048	4096	
744 Pessoa Física	2,0	0,1	---	---	---	---	---	---	---	---	---	0,2	---	---	---	0,2
744 Pes. Jurídica	2,5	0,1	---	---	---	---	---	---	---	---	---	0,25	---	---	---	0,25
744 Agroindústria	2,5	0,1	---	---	---	---	---	---	---	---	---	0,25	---	---	---	0,25
779	5,0	---	---	---	---	---	---	---	---	---	---	---	---	---	---	---
787	20	Variável	2,5	0,2	---	---	---	---	---	---	---	2,5	---	---	---	5,2
787 Cooperativa	20	Variável	2,5	0,2	---	---	---	---	---	---	---	---	---	---	2,5	5,2
795 Cooperativa	20	Variável	2,5	2,7	---	---	---	---	---	---	---	---	---	---	2,5	7,7
825	---	---	2,5	2,7	---	---	---	---	---	---	---	---	---	---	---	5,2
833	---	---	2,5	0,2	1,0	1,5	---	---	0,6	---	---	---	---	---	---	5,8
876	20	Variável	---	---	---	---	---	---	---	---	---	---	---	---	---	---

Benefícios

VALOR DA COTA DE SALÁRIO-FAMÍLIA E VALOR DE RENDA BRUTA MÁXIMA PARA CONCESSÃO DO SALÁRIO-FAMÍLIA E DO AUXÍLIO-RECLUSÃO		
A PARTIR DE	VALOR (R$)	RENDA MENSAL BRUTA MÁXIMA (R$)
16.12.1998	8,65	360,00
1°.6.1999	9,05	376,60
1°.6.2000	9,58	398,48
1°.6.2001	10,31	429,00
1°.6.2002	11,27	468,47
1°.6.2003	13,48	560,81
1°.1.2004	20,00	390,00(*)
1°.5.2004	14,09	de 390,01 até 586,19
1°.5.2005	21,27	414,78
1°.5.2005	14,99	de 414,79 até 623,44
1°.4.2006	22,34	até 435,46
1°.4.2006	15,74	de 435,47 A 654,67
1°.4.2007	23,08	até 449,93
1°.4.2007	16,26	de 449,94 até 676,27
1°.3.2008	24,23	até 472,43
1°.3.2008	17,07	de 472,44 até 710,08
1°.2.2009	25,66	até 500,40
1°.2.2009	18,08	de 500,41 a 752,12
1°.1.2010	27,64	até 539,03
1°.1.2010	19,48	De 539,04 a 810,18
1º.1.2011	29,41	até 573,58
1º.1.2011	20,73	De 573,59 a 862,11

(*) Válido apenas para o salário-família - Lei n. 10.888/2004.

VALORES MÍNIMOS DO SALÁRIO DE BENEFÍCIO (SALÁRIO MÍNIMO)	
A PARTIR DE	SALÁRIO MÍNIMO (R$)
1°.5.1998	120,00
1°.5.1999	136,00
1°.5.2000	151,00
1°.5.2001	180,00
1°.4.2002	200,00
1°.4.2003	240,00
1°.5.2004	260,00
1°.5.2005	300,00

1°.4.2006	350,00
1°.4.2007	380,00
1°.3.2008	415,00
1°.2.2009	465,00
1°.1.2010	510,00
1º.1.2011	540,00
1º.3.2011	545,00

VALORES MÁXIMOS DO SALÁRIO DE BENEFÍCIO (TETO DO RGPS)	
A PARTIR DE	VALOR MÁX. (R$)
16.12.1998	1.200,00
1°.6.1999	1.255,32
1°.6.2000	1.328,25
1°.6.2001	1.430,00
1°.6.2002	1.561,56
1°.6.2003	1.869,34
1°.5.2004	2.400,00
1°.5.2004	2.508,72
1°.5.2005	2.668,15
1°.4.2006	2.801,56
1°.8.2006	2.801,82
1°.4.2007	2.894,28
1°.3.2008	3.038,99
1°.2.2009	3.218,90
1°.1.2010	3.467,40
1º.1.2011	3.689,66

Tabela de Carência – Art. 142 da Lei n. 8.213/91

ANO DE IMPLEMENTAÇÃO DAS CONDIÇÕES	MESES DE CONTRIBUIÇÃO EXIGIDOS
1991	60 meses
1992	60 meses
1993	66 meses
1994	72 meses
1995	78 meses
1996	90 meses
1997	96 meses
1998	102 meses
1999	108 meses
2000	114 meses
2001	120 meses
2002	126 meses
2003	132 meses
2004	138 meses
2005	144 meses
2006	150 meses
2007	156 meses
2008	162 meses
2009	168 meses
2010	174 meses
2011	180 meses

Tabela de Enquadramento do Período Trabalhado em Atividade Especial

PERÍODO TRABALHADO	ENQUADRAMENTO
Até 28/4/1995	Quadro Anexo ao Decreto n. 53.831, de 1964. Anexos I e 11 do RBPS, aprovado pelo Decreto n. 83.080, de 1979. Formulário; CP/CTPS; LTCAT, obrigatoriamente para o agente físico ruído
De 29/4/1995 a 13/10/1996	Código 1.0.0 do Quadro Anexo ao Decreto n. 53.831, de 1964. Anexo I do RBPS, aprovado pelo Decreto n. 83.080, de 1979. Formulário; LTCAT ou demais Demonstrações Ambientais, obrigatoriamente para o agente físico ruído.
De 14/10/1996 a 5/3/1997	Código 1.0.0 do Quadro Anexo ao Decreto n. 53.831, de 1964. Anexo I do RBPS, aprovado pelo Decreto n. 83.080, de 1979. Formulário; LTCAT ou demais Demonstrações Ambientais, para todos os agentes nocivos.
De 6/3/1997 a 31/12/1998	Anexo IV do RBPS, aprovado pelo Decreto n. 2.172, de 1997. Formulário; LTCAT ou demais Demonstrações Ambientais, para todos os agentes nocivos.
De 1°/1/1999 a 6/5/1999	Anexo IV do RBPS, aprovado pelo Decreto n. 2.172, de 1997. Formulário; LTCAT ou demais Demonstrações Ambientais, para todos os agentes nocivos, que deverão ser confrontados com as informações relativas ao CNIS para homologação da contagem do tempo de serviço especial, nos termos do art. 19 e § 2° do art. 68 do RPS, com redação dada pelo Decreto n. 4.079, de 2002.
De 7/5/1999 a 31/12/2003	Anexo IV do RPS, aprovado pelo Decreto 3.048/1999. Formulário; LTCAT ou demais Demonstrações Ambientais, para todos os agentes nocivos, que deverão ser confrontados com as informações relativas ao CNIS para homologação da contagem do tempo de serviço especial, nos termos do art. 19 e § 2° do art. 68 do RPS, com redação dada pelo Decreto n. 4.079, de 2002.
A partir de 1°/1/2004	Anexo IV do RPS, aprovado pelo Decreto 3.048/1999. Formulário, que deverá ser confrontado com as informações relativas ao CNIS para homologação da contagem do tempo de serviço especial, nos termos do art. 19 e § 2° do art. 68 do RPS, com redação dada pelo Decreto n. 4.079, de 2002.

Tabela de Conversão do Tempo Trabalhado em Atividade Especial

TEMPO DE ATIVIDADE A SER CONVERTIDO	PARA 15	PARA 20	PARA 25	PARA 30 (MULHER)	PARA 35 (HOMEM)
DE 15 ANOS	1,00	1,33	1,67	2,00	2,33
DE 20 ANOS	0,75	1,00	1,25	1,50	1,75
DE 25 ANOS	0,60	0,80	1,00	1,20	1,40

Tabela de Reajustes de Benefícios

Mês/ano	Percentual
01/1992	119,82%
05/1992	130,36%
09/1992	124,79%
01/1993	141,21%
03/1993	36,67%
05/1993	91,71%
07/1993	40,46%
08/1993	19,26%
09/1993	70,74%
10/1993	25,17%
11/1993	24,92%
12/1993	24,89%
01/1994	75,28%
02/1994	30,25%
05/1995	42,86%
05/1996	15%
06/1997	7,76%
06/1998	4,81%
06/1999	4,61%
06/2000	5,81%
06/2001	7,66%
06/2002	9,20%
06/2003	19,71%
05/2004	4,53%
04/2005	6,355%
04/2006	5,010%
04/2007	3,30%
03/2008	5%
02/2009	5,92%
01/2010	7,72%
01/2011	6,41%

BRASIL: Tábua Completa de Mortalidade
Ambos os Sexos - 2008

Idades Exatas (X)	Probabilidades de Morte entre Duas Idades Exatas Q (X, N) (por mil)	Óbitos D (X, N)	I (X)	L (X, N)	T (X)	Expectativa de Vida à Idade X E (X)
41	3,542	326	92050	91887	3361085	36,5
42	3,785	347	91724	91551	3269198	35,6
43	4,054	370	91377	91192	3177647	34,8
44	4,348	396	91007	90809	3086455	33,9
45	4,671	423	90611	90399	2995646	33,1
46	5,016	452	90188	89962	2905246	32,2
47	5,371	482	89735	89494	2815285	31,4
48	5,731	511	89253	88998	2725790	30,5
49	6,105	542	88742	88471	2636793	29,7
50	6,501	573	88200	87913	2548322	28,9
51	6,940	608	87627	87323	2460408	28,1
52	7,441	647	87019	86695	2373085	27,3
53	8,016	692	86371	86025	2286390	26,5
54	8,661	742	85679	85308	2200365	25,7
55	9,361	795	84937	84539	2115058	24,9
56	10,102	850	84142	83717	2030518	24,1
57	10,879	906	83292	82839	1946802	23,4
58	11,689	963	82386	81904	1863963	22,6
59	12,542	1021	81422	80912	1782059	21,9
60	13,461	1082	80401	79860	1701147	21,2
61	14,460	1147	79319	78746	1621287	20,4
62	15,534	1214	78172	77565	1542542	19,7
63	16,693	1285	76958	76315	1464977	19,0
64	17,949	1358	75673	74994	1388661	18,4
65	19,281	1433	74315	73598	1313668	17,7
66	20,731	1511	72882	72126	1240069	17,0
67	22,386	1598	71371	70572	1167943	16,4
68	24,296	1695	69773	68926	1097371	15,7
69	26,443	1800	68078	67178	1028445	15,1
70	28,766	1907	66278	65325	961267	14,5
71	31,234	2011	64371	63366	895942	13,9
72	33,892	2114	62361	61304	832576	13,4
73	36,746	2214	60247	59140	771272	12,8
74	39,812	2310	58033	56878	712132	12,3

75	43,097	2401	55723	54522	655254	11,8
76	46,629	2486	53321	52078	600732	11,3
77	50,450	2565	50835	49553	548654	10,8
78	54,596	2635	48270	46953	499101	10,3
79	59,091	2697	45635	44287	452148	9,9
80 ou mais	1000,000	42938	42938	407861	407861	9,5

Fonte: IBGE, Diretoria de Pesquisas (DPE), Coordenação de População e Indicadores Sociais (COPIS).

Notas:

N = 1

Q (X, N) = Probabilidades de morte entre as idades exatas X e X+N.

I (X) = Número de sobreviventes à idade exata X.

D (X, N) = Número de óbitos ocorridos entre as idades X e X+N.

L (X, N) = Número de pessoas-anos vividos entre as idades X e X+N.

T (X) = Número de pessoas-anos vividos a partir da idade X.

E (X) = Expectativa de vida à idade X.

Fator Previdenciário 2010 (Tabela IBGE 2008)

	IDADE DA APOSENTADORIA																											
TEMPO DE CONTRIBUIÇÃO	43	44	45	46	47	48	49	50	51	52	53	54	55	56	57	58	59	60	61	62	63	64	65	66	67	68	69	70
15	0,197	0,204	0,210	0,218	0,225	0,233	0,241	0,249	0,258	0,267	0,277	0,287	0,298	0,310	0,321	0,335	0,347	0,361	0,378	0,393	0,410	0,426	0,446	0,467	0,487	0,511	0,535	0,560
16	0,211	0,218	0,225	0,233	0,240	0,249	0,257	0,266	0,275	0,285	0,296	0,307	0,319	0,331	0,343	0,358	0,371	0,386	0,404	0,420	0,438	0,455	0,476	0,499	0,520	0,546	0,571	0,598
17	0,225	0,232	0,239	0,248	0,256	0,265	0,274	0,283	0,293	0,304	0,315	0,327	0,339	0,353	0,365	0,381	0,395	0,411	0,430	0,447	0,467	0,485	0,507	0,531	0,554	0,582	0,608	0,637
18	0,238	0,246	0,254	0,263	0,271	0,281	0,290	0,300	0,311	0,322	0,334	0,346	0,360	0,374	0,388	0,404	0,419	0,436	0,456	0,475	0,495	0,514	0,538	0,563	0,587	0,617	0,645	0,676
19	0,252	0,260	0,269	0,278	0,287	0,297	0,307	0,318	0,329	0,341	0,353	0,366	0,381	0,396	0,410	0,427	0,443	0,461	0,482	0,502	0,524	0,544	0,569	0,596	0,621	0,652	0,682	0,714
20	0,266	0,275	0,283	0,293	0,302	0,313	0,324	0,335	0,347	0,359	0,372	0,386	0,401	0,417	0,432	0,450	0,468	0,486	0,508	0,529	0,552	0,574	0,600	0,628	0,655	0,688	0,719	0,753
21	0,280	0,289	0,298	0,308	0,318	0,330	0,341	0,353	0,365	0,378	0,392	0,407	0,422	0,439	0,455	0,474	0,492	0,511	0,535	0,557	0,581	0,603	0,631	0,661	0,689	0,724	0,757	0,792
22	0,294	0,303	0,313	0,324	0,334	0,346	0,358	0,370	0,383	0,397	0,411	0,427	0,443	0,461	0,477	0,497	0,516	0,537	0,561	0,584	0,610	0,633	0,662	0,693	0,723	0,759	0,794	0,832
23	0,308	0,318	0,328	0,339	0,350	0,363	0,375	0,388	0,401	0,416	0,431	0,447	0,464	0,483	0,500	0,521	0,541	0,562	0,588	0,612	0,638	0,663	0,693	0,726	0,757	0,795	0,832	0,871
24	0,322	0,332	0,343	0,355	0,366	0,379	0,392	0,405	0,419	0,435	0,450	0,467	0,485	0,505	0,523	0,545	0,565	0,588	0,614	0,640	0,667	0,693	0,725	0,759	0,791	0,831	0,869	0,910
25	0,336	0,347	0,358	0,370	0,382	0,396	0,409	0,423	0,438	0,454	0,470	0,488	0,507	0,527	0,546	0,568	0,590	0,613	0,641	0,668	0,696	0,723	0,756	0,792	0,826	0,868	0,907	0,950
26	0,350	0,362	0,373	0,386	0,398	0,412	0,426	0,441	0,456	0,473	0,490	0,508	0,528	0,549	0,569	0,592	0,615	0,639	0,668	0,696	0,726	0,754	0,788	0,825	0,860	0,904	0,945	0,990
27	0,364	0,376	0,388	0,401	0,414	0,429	0,443	0,459	0,475	0,492	0,510	0,529	0,549	0,571	0,592	0,616	0,640	0,665	0,695	0,724	0,755	0,784	0,820	0,859	0,895	0,940	0,983	1,030
28	0,378	0,391	0,403	0,417	0,430	0,446	0,461	0,477	0,493	0,511	0,530	0,549	0,571	0,593	0,615	0,640	0,665	0,691	0,722	0,752	0,784	0,815	0,852	0,892	0,930	0,977	1,021	1,070
29	0,393	0,406	0,418	0,433	0,447	0,463	0,478	0,495	0,512	0,530	0,550	0,570	0,592	0,615	0,638	0,664	0,690	0,717	0,749	0,780	0,814	0,845	0,884	0,925	0,965	1,013	1,060	1,110
30	0,407	0,421	0,434	0,449	0,463	0,480	0,496	0,513	0,531	0,549	0,570	0,591	0,614	0,638	0,661	0,688	0,715	0,743	0,776	0,809	0,843	0,876	0,916	0,959	1,000	1,050	1,098	1,150
31	0,421	0,435	0,449	0,464	0,479	0,497	0,513	0,531	0,549	0,569	0,590	0,612	0,635	0,660	0,684	0,713	0,740	0,769	0,804	0,837	0,873	0,907	0,948	0,993	1,035	1,087	1,137	1,190
32	0,436	0,450	0,464	0,480	0,496	0,514	0,531	0,549	0,568	0,588	0,610	0,633	0,657	0,683	0,708	0,737	0,765	0,795	0,831	0,866	0,903	0,938	0,980	1,027	1,070	1,124	1,175	1,231
33	0,450	0,465	0,480	0,496	0,512	0,531	0,548	0,567	0,587	0,608	0,630	0,654	0,679	0,706	0,731	0,762	0,791	0,821	0,859	0,894	0,933	0,969	1,013	1,060	1,106	1,161	1,214	1,272
34	0,465	0,480	0,495	0,512	0,529	0,548	0,566	0,585	0,606	0,628	0,650	0,675	0,701	0,728	0,755	0,786	0,816	0,848	0,886	0,923	0,963	1,000	1,045	1,095	1,141	1,199	1,253	1,312
35	0,480	0,496	0,511	0,529	0,545	0,565	0,584	0,604	0,625	0,647	0,671	0,696	0,723	0,751	0,778	0,811	0,841	0,874	0,914	0,952	0,993	1,031	1,078	1,129	1,177	1,236	1,292	1,353
36		0,511	0,527	0,545	0,562	0,582	0,602	0,622	0,644	0,667	0,691	0,717	0,745	0,774	0,802	0,835	0,867	0,901	0,942	0,981	1,023	1,062	1,111	1,163	1,212	1,274	1,332	1,394
37			0,542	0,561	0,579	0,600	0,620	0,641	0,663	0,687	0,712	0,738	0,767	0,797	0,826	0,860	0,893	0,928	0,970	1,010	1,053	1,094	1,144	1,197	1,248	1,311	1,371	1,435
38				0,577	0,596	0,617	0,638	0,659	0,682	0,707	0,732	0,760	0,789	0,820	0,850	0,885	0,919	0,955	0,998	1,039	1,084	1,125	1,177	1,232	1,284	1,349	1,410	1,477
39					0,613	0,635	0,656	0,678	0,702	0,727	0,753	0,781	0,811	0,843	0,874	0,910	0,945	0,981	1,026	1,068	1,114	1,157	1,210	1,267	1,320	1,387	1,450	1,518
40						0,652	0,674	0,697	0,721	0,747	0,774	0,803	0,834	0,866	0,898	0,935	0,970	1,008	1,054	1,098	1,145	1,189	1,243	1,301	1,356	1,425	1,490	1,560
41							0,692	0,716	0,740	0,767	0,795	0,824	0,856	0,890	0,922	0,960	0,997	1,035	1,082	1,127	1,175	1,221	1,276	1,336	1,393	1,463	1,529	1,602
42								0,734	0,760	0,787	0,816	0,846	0,879	0,913	0,946	0,985	1,023	1,063	1,111	1,157	1,206	1,253	1,310	1,371	1,429	1,501	1,569	1,643
43									0,780	0,807	0,837	0,868	0,901	0,937	0,970	1,011	1,049	1,090	1,139	1,186	1,237	1,285	1,343	1,406	1,466	1,540	1,610	1,685
44										0,828	0,858	0,890	0,924	0,960	0,995	1,036	1,075	1,117	1,168	1,216	1,268	1,317	1,377	1,441	1,502	1,578	1,650	1,727
45											0,879	0,912	0,947	0,984	1,019	1,061	1,102	1,145	1,196	1,246	1,299	1,349	1,410	1,477	1,539	1,617	1,690	1,770
46												0,934	0,969	1,007	1,044	1,087	1,128	1,172	1,225	1,276	1,330	1,382	1,444	1,512	1,576	1,655	1,731	1,812
47													0,992	1,031	1,068	1,113	1,155	1,200	1,254	1,306	1,362	1,414	1,478	1,548	1,613	1,694	1,771	1,855
48														1,055	1,093	1,138	1,181	1,227	1,283	1,336	1,393	1,447	1,512	1,583	1,650	1,733	1,812	1,897
49															1,118	1,164	1,208	1,255	1,312	1,366	1,425	1,479	1,546	1,619	1,687	1,772	1,853	1,940
50																1,190	1,235	1,283	1,341	1,397	1,456	1,512	1,581	1,655	1,725	1,812	1,894	1,983
51																	1,262	1,311	1,370	1,427	1,488	1,545	1,615	1,691	1,762	1,851	1,935	2,026
52																		1,339	1,400	1,458	1,520	1,578	1,650	1,727	1,800	1,890	1,976	2,069
53																			1,429	1,488	1,552	1,611	1,684	1,763	1,838	1,930	2,018	2,112
54																				1,519	1,584	1,644	1,719	1,799	1,875	1,970	2,059	2,156
55																					1,616	1,678	1,754	1,836	1,913	2,010	2,101	2,199

Elaboração: SPS/MPS.

BRASIL: Tábua Completa de Mortalidade
Ambos os Sexos - 2009

Idades Exatas (X)	Probabilidades de Morte entre Duas Idades Exatas Q(X,N) (por mil)	Óbitos D(X, N)	l(X)	L(X, N)	T(X)	Expectativa de Vida à Idade X E(X)
0	22,467	2247	100000	98017	7317212	73,2
1	2,152	210	97753	97648	7219195	73,9
2	1,132	110	97543	97488	7121546	73,0
3	0,750	73	97432	97396	7024059	72,1
4	0,552	54	97359	97333	6926663	71,1
5	0,432	42	97306	97285	6829330	70,2
6	0,354	34	97264	97246	6732046	69,2
7	0,302	29	97229	97214	6634799	68,2
8	0,268	26	97200	97187	6537585	67,3
9	0,248	24	97174	97162	6440398	66,3
10	0,244	24	97150	97138	6343236	65,3
11	0,256	25	97126	97114	6246098	64,3
12	0,292	28	97101	97087	6148985	63,3
13	0,350	34	97073	97056	6051898	62,3
14	0,489	47	97039	97015	5954842	61,4
15	0,719	70	96991	96956	5857827	60,4
16	0,891	86	96922	96878	5760871	59,4
17	1,051	102	96835	96784	5663993	58,5
18	1,188	115	96733	96676	5567208	57,6
19	1,304	126	96619	96556	5470532	56,6
20	1,423	137	96493	96424	5373977	55,7
21	1,541	149	96355	96281	5277553	54,8
22	1,631	157	96207	96128	5181272	53,9
23	1,685	162	96050	95969	5085144	52,9
24	1,712	164	95888	95806	4989175	52,0
25	1,729	166	95724	95641	4893369	51,1
26	1,752	167	95558	95474	4797728	50,2
27	1,783	170	95391	95306	4702253	49,3
28	1,830	174	95221	95134	4606948	48,4
29	1,890	180	95046	94957	4511814	47,5
30	1,956	186	94867	94774	4416858	46,6
31	2,025	192	94681	94585	4322084	45,6
32	2,105	199	94489	94390	4227498	44,7
33	2,195	207	94291	94187	4133108	43,8
34	2,298	216	94084	93976	4038921	42,9
35	2,412	226	93867	93754	3944945	42,0
36	2,541	238	93641	93522	3851191	41,1

Idades Exatas (X)	Probabilidades de Morte entre Duas Idades Exatas Q(X,N) (por mil)	Óbitos D(X, N)	l(X)	L(X, N)	T(X)	Expectativa de Vida à Idade X E(X)
37	2,687	251	93403	93278	3757669	40,2
38	2,851	266	93152	93019	3664392	39,3
39	3,035	282	92887	92746	3571372	38,4
40	3,235	300	92605	92455	3478627	37,6
41	3,453	319	92305	92146	3386172	36,7
42	3,693	340	91986	91816	3294026	35,8
43	3,957	363	91647	91465	3202210	34,9
44	4,243	387	91284	91090	3110744	34,1
45	4,558	414	90897	90690	3019654	33,2
46	4,894	443	90482	90261	2928964	32,4
47	5,242	472	90040	89804	2838704	31,5
48	5,597	501	89568	89317	2748900	30,7
49	5,967	531	89066	88801	2659583	29,9
50	6,359	563	88535	88253	2570782	29,0
51	6,794	598	87972	87673	2482529	28,2
52	7,289	637	87374	87056	2394856	27,4
53	7,858	682	86737	86396	2307801	26,6
54	8,495	731	86056	85690	2221404	25,8
55	9,186	784	85325	84933	2135714	25,0
56	9,918	838	84541	84122	2050781	24,3
57	10,686	894	83702	83255	1966660	23,5
58	11,487	951	82808	82332	1883405	22,7
59	12,329	1009	81857	81352	1801072	22,0
60	13,238	1070	80848	80312	1719720	21,3
61	14,226	1135	79777	79210	1639408	20,5
62	15,288	1202	78642	78041	1560198	19,8
63	16,431	1272	77440	76804	1482157	19,1
64	17,669	1346	76168	75495	1405353	18,5
65	18,981	1420	74822	74112	1329858	17,8
66	20,413	1498	73402	72653	1255746	17,1
67	22,051	1586	71903	71111	1183094	16,5
68	23,947	1684	70318	69476	1111983	15,8
69	26,083	1790	68634	67739	1042507	15,2
70	28,396	1898	66844	65895	974768	14,6
71	30,852	2004	64946	63944	908874	14,0
72	33,496	2108	62942	61888	844930	13,4
73	36,335	2210	60834	59728	783042	12,9
74	39,382	2309	58623	57469	723314	12,3
75	42,648	2402	56315	55114	665845	11,8
76	46,159	2489	53913	52669	610731	11,3

Idades Exatas (X)	Probabilidades de Morte entre Duas Idades Exatas Q(X,N) (por mil)	Óbitos D(X, N)	l(X)	L(X, N)	T(X)	Expectativa de Vida à Idade X E(X)
77	49,961	2569	51424	50140	558062	10,9
78	54,091	2643	48855	47534	507923	10,4
79	58,572	2707	46212	44859	460389	10,0
80 ou mais	1000,000	43506	43506	415530	415530	9,6

Fonte: IBGE, Diretoria de Pesquisas (DPE), Coordenação de População e Indicadores Sociais (COPIS).

Notas:

N = 1

Q (X, N) = Probabilidades de morte entre as idades exatas X e X+N.

l (X) = Número de sobreviventes à idade exata X.

D (X, N) = Número de óbitos ocorridos entre as idades X e X+N.

L (X, N) = Número de pessoas-anos vividos entre as idades X e X+N.

T (X) = Número de pessoas-anos vividos a partir da idade X.

E (X) = Expectativa de vida à idade X.

Fator Previdenciário 2011 (Tabela IBGE 2009)

TEMPO DE CONTRIBUIÇÃO	IDADE DA APOSENTADORIA																											
	43	44	45	46	47	48	49	50	51	52	53	54	55	56	57	58	59	60	61	62	63	64	65	66	67	68	69	70
15	0,197	0,203	0,210	0,216	0,224	0,231	0,239	0,248	0,257	0,266	0,276	0,286	0,297	0,307	0,320	0,333	0,346	0,359	0,376	0,391	0,408	0,424	0,443	0,464	0,484	0,508	0,531	0,556
16	0,210	0,217	0,224	0,231	0,239	0,247	0,255	0,265	0,274	0,284	0,295	0,306	0,317	0,329	0,342	0,356	0,370	0,384	0,402	0,418	0,436	0,453	0,474	0,496	0,517	0,543	0,568	0,594
17	0,224	0,231	0,239	0,246	0,255	0,263	0,272	0,282	0,292	0,302	0,314	0,325	0,338	0,350	0,364	0,379	0,394	0,409	0,427	0,445	0,464	0,482	0,504	0,528	0,550	0,578	0,604	0,633
18	0,238	0,245	0,253	0,261	0,270	0,279	0,288	0,299	0,310	0,321	0,333	0,345	0,358	0,371	0,386	0,402	0,417	0,434	0,453	0,472	0,493	0,511	0,535	0,560	0,584	0,613	0,641	0,671
19	0,251	0,259	0,268	0,276	0,286	0,295	0,305	0,317	0,328	0,339	0,352	0,365	0,379	0,392	0,408	0,425	0,441	0,459	0,480	0,499	0,521	0,541	0,565	0,592	0,617	0,648	0,678	0,710
20	0,265	0,273	0,282	0,291	0,302	0,311	0,322	0,334	0,346	0,358	0,371	0,385	0,400	0,414	0,431	0,448	0,466	0,484	0,506	0,527	0,549	0,570	0,596	0,624	0,651	0,684	0,715	0,748
21	0,279	0,287	0,297	0,306	0,317	0,328	0,339	0,351	0,364	0,377	0,390	0,405	0,421	0,435	0,453	0,472	0,490	0,509	0,532	0,554	0,578	0,600	0,627	0,657	0,685	0,719	0,752	0,787
22	0,293	0,302	0,312	0,322	0,333	0,344	0,355	0,369	0,382	0,395	0,410	0,425	0,441	0,457	0,475	0,495	0,514	0,534	0,558	0,581	0,606	0,630	0,658	0,689	0,718	0,755	0,789	0,826
23	0,307	0,316	0,327	0,337	0,349	0,360	0,372	0,386	0,400	0,414	0,429	0,445	0,462	0,479	0,498	0,519	0,538	0,559	0,585	0,609	0,635	0,660	0,689	0,722	0,752	0,790	0,826	0,865
24	0,321	0,330	0,342	0,352	0,365	0,377	0,389	0,404	0,418	0,433	0,449	0,466	0,483	0,500	0,521	0,542	0,563	0,585	0,611	0,637	0,664	0,689	0,721	0,755	0,787	0,826	0,864	0,904
25	0,335	0,345	0,357	0,368	0,381	0,393	0,406	0,422	0,436	0,452	0,468	0,486	0,505	0,522	0,543	0,566	0,587	0,610	0,638	0,664	0,693	0,719	0,752	0,787	0,821	0,862	0,901	0,944
26	0,349	0,359	0,372	0,383	0,397	0,410	0,423	0,439	0,455	0,471	0,488	0,506	0,526	0,544	0,566	0,590	0,612	0,636	0,665	0,692	0,722	0,750	0,784	0,820	0,855	0,898	0,939	0,983
27	0,363	0,374	0,387	0,399	0,413	0,426	0,441	0,457	0,473	0,490	0,508	0,527	0,547	0,566	0,589	0,613	0,637	0,662	0,692	0,720	0,751	0,780	0,815	0,853	0,890	0,934	0,977	1,023
28	0,377	0,389	0,402	0,414	0,429	0,443	0,458	0,475	0,491	0,509	0,528	0,547	0,568	0,588	0,612	0,637	0,662	0,687	0,718	0,748	0,780	0,810	0,847	0,887	0,924	0,971	1,015	1,062
29	0,392	0,403	0,417	0,430	0,445	0,460	0,475	0,493	0,510	0,528	0,547	0,568	0,590	0,610	0,635	0,661	0,686	0,713	0,745	0,776	0,810	0,841	0,879	0,920	0,959	1,007	1,053	1,102
30	0,406	0,418	0,432	0,446	0,461	0,477	0,492	0,511	0,529	0,547	0,567	0,589	0,611	0,633	0,658	0,685	0,711	0,739	0,773	0,805	0,839	0,871	0,911	0,953	0,994	1,044	1,091	1,142
31	0,420	0,433	0,448	0,462	0,478	0,493	0,510	0,529	0,547	0,567	0,587	0,609	0,633	0,655	0,681	0,710	0,737	0,765	0,800	0,833	0,868	0,902	0,943	0,987	1,029	1,080	1,129	1,182
32	0,435	0,448	0,463	0,477	0,494	0,510	0,527	0,547	0,566	0,586	0,608	0,630	0,654	0,677	0,705	0,734	0,762	0,791	0,827	0,861	0,898	0,933	0,975	1,021	1,064	1,117	1,168	1,222
33	0,449	0,463	0,478	0,493	0,511	0,527	0,545	0,565	0,585	0,606	0,628	0,651	0,676	0,700	0,728	0,758	0,787	0,818	0,854	0,890	0,928	0,963	1,007	1,054	1,099	1,154	1,206	1,263
34	0,464	0,478	0,494	0,509	0,527	0,544	0,562	0,583	0,604	0,625	0,648	0,672	0,698	0,722	0,751	0,783	0,812	0,844	0,882	0,918	0,958	0,994	1,039	1,088	1,134	1,191	1,245	1,303
35	0,478	0,493	0,509	0,525	0,544	0,561	0,580	0,602	0,623	0,645	0,668	0,693	0,720	0,745	0,775	0,807	0,838	0,870	0,910	0,947	0,988	1,025	1,072	1,122	1,169	1,228	1,284	1,344
36		0,508	0,525	0,541	0,560	0,579	0,598	0,620	0,642	0,665	0,689	0,714	0,742	0,768	0,799	0,832	0,863	0,897	0,937	0,976	1,018	1,057	1,104	1,156	1,205	1,265	1,323	1,385
37			0,541	0,557	0,577	0,596	0,616	0,639	0,661	0,684	0,709	0,736	0,764	0,790	0,822	0,856	0,889	0,923	0,965	1,005	1,048	1,088	1,137	1,190	1,241	1,303	1,362	1,426
38				0,574	0,594	0,613	0,633	0,657	0,680	0,704	0,730	0,757	0,786	0,813	0,846	0,881	0,914	0,950	0,993	1,034	1,078	1,119	1,170	1,225	1,276	1,340	1,401	1,467
39					0,611	0,630	0,651	0,676	0,699	0,724	0,750	0,778	0,808	0,836	0,870	0,906	0,940	0,977	1,021	1,063	1,108	1,151	1,203	1,259	1,312	1,378	1,440	1,508
40						0,648	0,669	0,694	0,718	0,744	0,771	0,800	0,830	0,859	0,894	0,931	0,966	1,004	1,049	1,092	1,139	1,182	1,236	1,294	1,348	1,416	1,480	1,549
41							0,687	0,713	0,738	0,764	0,792	0,821	0,853	0,882	0,918	0,956	0,992	1,031	1,077	1,121	1,169	1,214	1,269	1,328	1,384	1,454	1,519	1,591
42								0,732	0,757	0,784	0,813	0,843	0,875	0,906	0,942	0,981	1,018	1,058	1,105	1,151	1,200	1,246	1,302	1,363	1,421	1,492	1,559	1,632
43									0,777	0,804	0,834	0,865	0,898	0,929	0,966	1,006	1,044	1,085	1,134	1,180	1,231	1,278	1,335	1,398	1,457	1,530	1,599	1,674
44										0,825	0,854	0,886	0,920	0,952	0,990	1,031	1,070	1,112	1,162	1,210	1,261	1,310	1,369	1,433	1,493	1,568	1,639	1,716
45											0,876	0,908	0,943	0,976	1,015	1,057	1,097	1,139	1,191	1,240	1,292	1,342	1,402	1,468	1,530	1,606	1,679	1,758
46												0,930	0,965	0,999	1,039	1,082	1,123	1,167	1,219	1,269	1,323	1,374	1,436	1,503	1,567	1,645	1,719	1,800
47													0,988	1,023	1,064	1,108	1,150	1,194	1,248	1,299	1,355	1,406	1,470	1,539	1,603	1,684	1,760	1,842
48														1,046	1,088	1,133	1,176	1,222	1,277	1,329	1,386	1,439	1,504	1,574	1,640	1,722	1,800	1,884
49															1,113	1,159	1,203	1,249	1,306	1,359	1,417	1,471	1,538	1,610	1,677	1,761	1,841	1,927
50																1,185	1,229	1,277	1,335	1,390	1,449	1,504	1,572	1,645	1,714	1,800	1,881	1,969
51																	1,256	1,305	1,364	1,420	1,480	1,537	1,606	1,681	1,752	1,839	1,922	2,012
52																		1,333	1,393	1,450	1,512	1,569	1,640	1,717	1,789	1,878	1,963	2,055
53																			1,422	1,481	1,543	1,602	1,675	1,753	1,827	1,918	2,004	2,098
54																				1,511	1,575	1,635	1,709	1,789	1,864	1,957	2,046	2,141
55																					1,607	1,669	1,744	1,825	1,902	1,997	2,087	2,184

Elaboração: SPS/MPS.